國家社會科學基金項目　　本書的出版，承蒙中國社會科學院出版基金資助

[清] 沈家本　撰　　劉海年　韓延龍　等整理

社科學術文庫
LIBRARY OF
ACADEMIC WORKS OF
SOCIAL SCIENCES

沈家本未刻書集纂

上卷

（清）沈家本 撰

中国社会科学出版社

圖書在版編目(CIP)數據

沈家本未刻書集纂：全2卷／（清）沈家本撰，劉海年等整理. —北京：中國社會科學出版社，2018. 10

ISBN 978-7-5203-2913-2

Ⅰ. ①沈… Ⅱ. ①沈…②劉… Ⅲ. ①法制史-中國-清代 Ⅳ. ①D929. 49

中國版本圖書館 CIP 數據核字(2018)第 172834 號

出 版 人　趙劍英
責任編輯　任　明
責任校對　韓天炜
責任印製　李寡寡

出　　版　中國社會科學出版社
社　　址　北京鼓樓西大街甲 158 號
郵　　編　100720
網　　址　http：//www. csspw. cn
發 行 部　010-84083685
門 市 部　010-84029450
經　　銷　新華書店及其他書店

印刷裝訂　北京君昇印刷有限公司
版　　次　2018 年 10 月第 1 版
印　　次　2018 年 10 月第 1 次印刷

開　　本　787×1092　1/16
印　　張　118. 75
字　　數　1925 千字
定　　價　950. 00 圓（全 2 卷）

沈家本（1840——1913）畫像

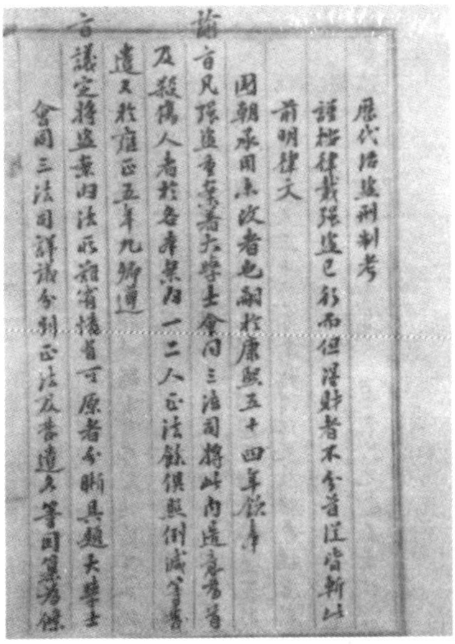
歷代治盜刑制考
謹按律載强盜已行而但得財者不分首從皆斬此
前明律文
國朝承用未改者也嗣於康熙五十四年欽奉
諭旨凡强盜重案著大學士會同三法司將此内造意為首
及殺傷人者於各本案內一二人正法餘俱照例減等發
遣又於雍正五年九月遵
旨議定將盜案內法所難寬情有可原者分晰具題大學士
會同三法司詳議分別正法及發遣[illegible]

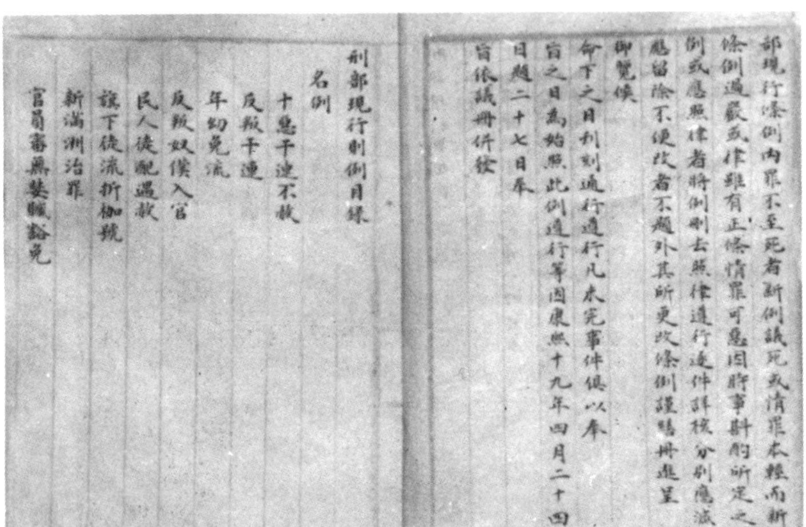
部現行條例內罪不至死者新例議死或情罪本輕而新
條例過嚴或律雖有正條情罪可惡因時事斟酌所定之
例或應照律者將例刪去照律遵行逐件詳核分別應減
應留除不便改者不議外其所更改條例謹繕冊進呈
御覽候
命下之日刊刻通行遵行凡未完事件俱以奉
旨之日為始照此例遵行等因康熙十九年四月二十四
日題二十七日奉
旨依議冊併發

刑部現行則例目錄
名例
十惡干連不赦
反叛干連
年幼免流
反叛奴僕入官
民人徒配遇赦
旗下徒流折枷號
新滿洲治罪
官員審無婪贓豁免

沈家本手稿影印件

一凡殺一家非死罪三人

薛云律例總注云殺死非死罪一家三人或此一家而殺三人無與謀殺人者情罪較重應擬斬決以示懲

定屬允協又查從前條例殺一家二命及殺一家三命其情罪比謀殺一人為重俱擬斬決此本係二項其

謀殺一人情罪較重一項也乾隆十一年將與謀殺一人並情罪較重改為與謀殺一人之情罪較重係

字誤作之字而文義仍是雖錯此段以謀殺情罪較重謂即係指本犯謀殺一人而殺其家三人案內之造

意者而言果何所據而云然律注內言仍以非時之兵殺三人其必有出於其上者又所抑抑者豈無是說

所並總注殺案自目殊不可解大要殺至三命不同謀死情重之無可如何係下手者更以重者對照之

意者之情重則殺天下之人為甚故殺人之限凡為已三命者造意者殺其人所以共謀之三命者為下

共非時之三人不問可知以起意之殺死一命與起意者殺死三命兩相比較其輕重本自懸殊修例時未加詳

察任意妄改遂致錯誤律注行之已久且可見其毫無疑義原可援照辦理不致歧誤此例新為之

薛云此條係專言本夫殺死姦夫而未言本夫殺死姦婦以應條參觀　原例無此六字此就拘執而殺者言引以為姦夫之犯已就拘

執而殺者律以擅殺論絞例則係由此例改引出本夫並無殺死姦夫之均係已經刪除之例

一 本夫登時捉姦誤殺旁人

薛云此條律無擬絞明文因此條僅言姦夫故無此例本條擬本夫殺死姦夫有姦誤殺者擬絞監候亦一

概論誤殺旁人即擬絞罪似無所區別若係姦夫並姦婦同在姦所擬杖被捕殺之

情誤殺旁人何以又應與過失殺論耶律內所云因姦誤殺旁人之擬斬監候因姦謀殺無論

姦婦不知情而自盡者係原奏係專指姦夫當時脫逃而設故止言登時而不言事後之時本夫之外之

及親屬並非姦所之人亦為姦所之人此擬徒十年例時捉姦親屬一層刪去有犯時難擬引又並無本夫例

擬姦夫同至姦所者絞斬監候誤殺亦無此等者遇有此等亦照錄以誤殺罪名者矣　原奏除本夫及例內擬徒者仍照本律例定擬其不應照律擬絞監候者

乾隆四十二年定例

一 親屬相姦

沈家本未刻書集纂整理者名單

一、律例校勘記	五卷	張少瑜　李貴連
二、律例偶箋	三卷	蘇亦工
三、律例雜説	二卷	劉海年
四、刑法雜考	一卷	俞鹿年
五、刑部奏删新律例	五卷	李貴連
六、最新法部通行章程	一卷	李貴連
七、秋讞須知	十卷	韓延龍
八、舊抄内定律例稿本	六卷	李貴連
九、刑案删存	六卷	李貴連
十、駁稿彙存	一卷	韓延龍
十一、奏讞彙存	一卷	齊　鈞
十二、壓綫編	一卷	韓延龍
十三、雪堂公牘	一卷	徐立志
十四、晉書五行刑法二志校語	一卷	沈厚鐸
十五、明史瑣言	一卷	宋國範
十六、古今官名異同考	一卷	楊一凡、田　禾
十七、周官書名考古偶纂	一卷	高　恒

前言

沈家本（一八四〇——一九一三），字子惇，又作子敦，號寄簃，清浙江歸安（今浙江湖州）人，同治四年舉人，光緒九年進士。同治三年入刑部任職，『自此遂專心法律之學』。三十年中，先後任刑部直隸司主稿，陝西司主稿，奉天司主稿，兼秋審處坐辦，律例館幫辦提調，協理提調，管理提調等職。光緒十九年出知天津、保定。光緒二十七年後，歷任刑部右、左侍郎，大理院正卿，法部右、左侍郎，管理京師法律學堂事務大臣，資政院副總裁等職。光緒二十八年，奉清廷之命主持修律，光緒三十三年充任清修訂法律大臣，主持清末修律達十年之久。清史稿有傳。

沈家本以律鳴於時，『博稽掌故，多所纂述』，係清末著名法學家、立法專家和法學教育家。他精通舊律，學貫中西，對中國法律近代化和中國近代法學興起，起了承先啓後作用。沈家本平生著述甚豐，除已刊寄簃文存、沈寄簃先生遺書外，尚有大量著作未曾刊刻。對此，沈寄簃先生遺書甲編所附未刻書目有較詳記載。

據該書目，沈氏未刻著作共十六種一百三十一卷，即秋讞須知十卷，律例偶箋三卷，律例雜説二卷，讀律校勘記五卷，奏讞彙存一卷，駁稿彙存一卷，雪堂公牘一卷，壓綫編一卷，刺字集一卷，文字獄一卷，刑案彙覽三編一百卷，周官書名考一卷，借書記一卷，奇姓彙編一卷，吴興瑣語一卷，金井雜志一卷。

經查核，未刻書目有以下問題：其一，所收録之未刻書目尚有疏漏。未刻書刑法雜考一卷、内定律例稿本（又作舊抄内定律例稿本）六卷、刑案删存六卷、晋書五行刑法二志校語一卷、刑部奏删新律例五卷、最新法部通行章程一卷等，均爲未刻書目所不載。此次整理，一併收録。其二，未刻書目所列書名多與書稿不符。奇姓彙編書稿封面及書中均題爲奇姓彙抄，讀律校勘記書稿封面及書中均作律例校勘記，周官書名考則爲周官書名考古偶纂。此次整理，均以書稿爲准。其三，未刻書目所列之書有的並非未刻。其中刺字集光緒十二年即有刻本，現存書稿與光緒二十四年江蘇書局刊本相符。此次整理，不予收録。未刻書目所載金井雜志、文字獄，經多年查找，迄今仍無下落，而刑案彙覽三編一百卷，由於卷帙浩繁，待他日另行整理，單獨出版。

除沈寄簃先生遺書甲編所附未刻書目之外，沈寄簃先生遺書乙編目録開列書目九種，而實際刊刻四種。説文引經異同二十六卷附録二卷，漢書侯國郡縣表一卷，古今官名異同考一卷，三國志校勘記六卷，日南讀書記十八卷等五種，書目開列，刊版闕如。此次整理，將乙編目録所列而未刊之部分書稿一併收録。

沈家本未刻書集纂共收録沈氏未刻書二十一種六十八卷。據其内容，大體可分五類，法學類爲主要部分，共十五種，小學類一種，經學類一種，史學類一種，雜記類三種。

沈家本精於法律之學，十五種法學論著的大部分，係對傳統律學和司法實踐之研究，也有部分著作是爲清末法律改革所撰。其中，秋讞須知叙述秋審文書册籍之寫作及注意事項，分前除筆、查筆、尾部等近二十個細目，並附有大量案例。駁稿彙存載光緒八年至十五年刑部各司議駁地方審判衙門報部疑難案件之稿本、説帖，駁稿大都附有律例館核語、堂批及沈氏按語。壓綫編載光緒十三年至十四年刑部議駁御史及地方官奏咨文稿，係沈氏爲刑部友人所代擬，故取貧女詩：『每恨年年壓金綫，爲他人作嫁衣裳』中之『壓綫』二字以爲書名。雪堂公牘載光緒十四年至十八年爲刑部代擬答覆報部案件之奏咨文書。奏讞彙存載光緒十五年至十九年爲刑部代擬之辦案奏稿。刑案删存彙集清代咸豐、同治、光緒三朝刑部所辦重要案件，大部分爲其他典籍所不載或載而不詳。刑法雜考分『五刑』、『赦』、『犯贜』、『謀殺人』、『捕亡』等二十九個細目，由宋、遼、金、元等正史志傳中摘録之有關各朝史實彙集而成。律例雜説闡發大清律例甚精詳，尤就律意含混、言詞晦澀之處發微闡幽，爲内外官引用律例之指導。律例偶箋就大清律例中輕重失衡、繁簡不當或應存應廢之條抒發意見，並糾正清人註律各説之訛誤。晋書五行刑法二志校語校正二志舛誤，詳考其引文出處。律例校勘記係爲清末修律而作，將大清律例中應修併、修改、移改、删除之條逐一録出，附以薛允升讀例存疑中之有關論述，並加具按語。刑部奏删新律例、最新法部通行章程，由沈家本、伍廷芳輯纂，收入清朝刑部、法部二十世紀初改造舊律、制訂新法的抄件，其内容多爲國内外人士所未見，是研究清末法律改革的重要文讞。舊抄内定律例稿本簡要摘録嘉慶、道光和咸豐二年以前秋審案件一千一百多起。以類相從，加以編排，並在各類之前，就如何區分『實』、『緩』加具精到之出語，是了解嘉、道、咸三朝秋審的一手資料。

沈家本青年時致力於小學和經學，兼及史學。清史稿本傳稱其『少讀書，好深湛之思，於周官多創獲』。周官書名考古偶纂成書於咸豐九年，書中徵稽探隱，刪謬補缺，力求窮書，其小學功力可見一斑。該書參照阮元周禮註疏校勘記等多家註本，疏證周禮字義，『以備案頭考究之用』。日南讀書記是沈氏長期研究十三經的重要成果，該書對十三經的文字、典故及内容之精湛考釋，對歷代學者解説的舛誤多有匡正。它側重於對古代典章制度的研究，對歷史事實、人文思想也有精辟見解。明史瑣言重在考證明史記載抵牾舛錯之處，並附以案語，與其所著諸史瑣言相類。

未刻書中的雜記類爲研究光緒九年前沈家本的生活軌跡提供了可靠綫索。借書記記載同治元年至四年沈氏客居長沙時借閲書籍近三百種，每篇『　具大旨，以存崖略』，間有評説。奇姓彙抄摘録其曾祖收録之奇姓和居易録、縉紳録等書記載以及本人『聞見』之奇姓，彙爲一書。吴興瑣語摘録清人筆記之明清時期今浙江湖州一帶文人名士事蹟，書後附有吴興瑣事數頁。

沈家本未刻書集纂所收以上各書之稿本或抄本，除刑案删存、刑部奏删新律例、最新法部通行章程藏於北京大學圖書館，舊抄内定律例稿本藏於日本東京大學東洋文化研究所圖書館，晋書五行刑法二志校語由沈厚鐸先生收藏外，其他書稿均藏於中國社會科學院法學研究所圖書館。其中，日南讀書記有兩種内容相同的抄本，分别由中國社會科學院法學研究所圖書館和沈厚鐸先生收藏。古今官名異同考也有兩種内容相同的抄本，一種由中國社會科學院法學研究所圖書館收藏，一種由日本關西大學奥村襄三教授提供。

以上稿本或抄本爲整理點校工作的底本。稿本由沈氏以草書撰寫，字蹟潦草凌亂，辨識困難。部分抄本雖較整齊，有的且經沈氏自校，但漏錯之處所在多有。整理點校時，異體字、明顯的點畫之　，以及脱訛衍倒確有堅實理據的逕改；實在難以識别的字，以方括示之；書中原文凡未分段的，由整理者斟酌文理劃分段落。除此之外，一般不予改動，以保持著作原貌。

沈家本係我國近代著名法學大師，其未刻書稿是研究我國法律發展史和法律思想史之極其珍貴的資料，具有重要的學術價值。值此沈家本未刻書集纂付梓之際，謹向提供沈氏未刻書稿的中國社會科學院法學研究所圖書館、北京大學圖書館、日本東京大學東洋文化研究所圖書館和沈厚鐸先生以及日本關西大學奥村襄三教授表示由衷謝意，同時也向參與復校的王克仲、杜曉明先生以及中國社會科學出版社任明先生深表謝忱。由於我們的學識功力均有未逮，整理標點難免存在疏漏，敬祈讀者指正。

劉海年
韓延龍
一九九六年八月於
中國社會科學院法學研究所

目録

律例偶箋卷一……（二七一）

律例偶箋卷三……(三一九)

律例雜説 二卷……（三三九）

刑法雜考 一卷……（三六三）

律例校勘記

五卷

律例校勘記 卷一

本按：律例自同治九年大修以後，久未修改，迄今三十二年矣，其中應修之處甚多。近奉明諭删繁就簡，自應乘此整頓庶務之時，詳細考究，大加修改。兹將應修並、應修改、應移改、應删除各條，逐一録出。薛大司寇於此書用力數十年，其説最爲精核，故備録其説而參以管見，將來修例時即以此作藍本可也。

名例律

五刑

斬内外死罪人犯，除應決不待時外，餘俱監固，候秋審、朝審分别情實、緩決、矜疑，奏請定奪。

薛云：秋審之名不著於律，此小註内始添入秋、朝審字樣，似應纂爲條例。凡斷獄門關係秋審各條，均分列於此例之後，或照贖刑名目標明秋審、朝審字樣，列於贖刑各條之前，以爲一代之典章。本按：秋審各例，載在有司決囚等第門内，前後不免參差。如據此注，有秋、朝審字樣彙附於此，庶便於檢尋，此應移改者也。有司決囚等第門内薛説與此不同，應參。

條例

一、凡笞杖罪名，打責概用竹板，至其强盗、人命事件，酌用夾棍。

薛云：此言笞杖輕重長短之式，非言用笞杖之法也。末句『酌用夾棍』一層似應删併，入於下條。

一、夾棍中梃木長三尺四寸至交部議處。

薛云：此條末段及上條末句似應修併爲一，改爲『强盗、人命案件，許酌用夾棍』。『其應夾人犯』云云，另立一條，移於故勘平人門内，亦與上下笞杖枷號二條均歸畫一。

本按：以上二條應照改。

一、每年於小滿後十日起至滿日發落。

薛云：凡遇熱審，杖罪人犯均准減等，獨竊盗及鬥毆傷人二項不減，未免偏枯。且笞罪究較杖罪情節爲輕，别項杖罪俱准減等發落，此二項笞罪亦不准減，尤屬偏枯。如以損傷於人而論，彼姦通人妻女者尚準減等，而竊盗未得財者不准減等，果爲輕重得平否耶？犯杖、笞者不止一端，而獨嚴於此二項，似非例意。十惡内亦有擬杖人犯，何以不聞立有不准減等明文耶？

本按：竊盗犯笞係未得財者，鬥傷犯笞係手足、他物及拔髪方寸以上者，情節較輕，熱審時亦准寬免，不爲失之輕縱。似可將例文内『除竊』至『其餘』二十字删去，亦删繁就簡之一端也。此等細微處，節目總以疏闊爲是。

薛又云：查應擬枷號杖笞之竊盗，熱審不准減免之例，謂笞杖既不減免，則枷號亦不應減等也。嘉慶六年修例按語，以從前例文並無『枷號不准減免』之語，將『枷號』二字删去，則凡竊盗再犯枷杖並加之犯杖罪不減，枷號應准減矣，豈例意乎？再，枷號人犯由杖罪酌加者居多，如犯賭、犯姦之類皆是。既以滿日發落，則枷號減而杖亦應減，枷號不減而杖亦不減可知。若如此例所云枷號減等而杖數不減，未免兩歧，如並杖數亦減，又與上文『發落已逾熱審，概不准減』之語不符。例既以審題無論是否在熱審期内，總以發落之時是否已逾熱審爲斷，明立界限，辦理自無歧誤。至秋凉補枷之例，與軍、流停遣之例事異而情同，蓋不忍使荷校纍纍者羣聚於烈日盛暑之時故也，緩至秋凉照數補枷，已屬倖邀寬典，若再行減等，則寬之又寬，不特與『發落已逾熱審不准減免』一語互相牴牾，且由杖罪加枷者可以減等，由軍、流、徒加枷者亦可減等耶？平情而論，似應以不減等爲是。本按：枷號人犯皆情節較杖笞稍重者，此而不予減等，亦不爲苛。第審題、發落，相去稍隔時日，故有審題在期内，而發落已逾期者。若補枷人犯，其發落本應在期内，因熱審而遲至秋後，今例先枷而後責，則將減杖不減枷乎？抑枷杖俱不減乎？體寬恤之意，似不若枷杖俱減，然寬恤本因暑熱，暑熱既過，俱不減亦可。軍、流、徒加枷者情節較重，自難相提並論。

贖刑

納贖無力依律決配，有力照律納贖。

薛云：嘉慶六年改爲『無論有力無力，俱准納贖』，此律贖罪一層及小注云云，俱屬贅文。

贖罪官員正妻及例難的決並婦人有力者，照律贖罪。

舊説云：贖罪本於條例，收贖本於律文，故向有律贖、例贖之分。此例贖也，而注云『照律贖罪』，誤。

本按：納贖圖内『照律』作『照例』，可據以訂正。尋常婦人亦無論有力無力，更何論官員正妻等，惟贖罪銀數則與納贖、收贖仍不同也。

薛又云：此例之外又有捐贖之例，其銀數若干，似應叙於此門贖罪之下，並於納贖下注明『官員命婦例難的決之人及舉貢生監之類』，贖罪下刪去小注各語。本按：納贖、贖罪，銀數不同，官員正妻收贖、贖罪，辦法亦異，文繁轉增轇轕，不如仍其舊。納贖下注文似贅，然現在軍臺人員，三年期滿後無力呈交臺費者，有擬徒發配之人，此即有力無力之意，似亦可以仍之。會典此文下引下文進士舉人等、各壇祠丞等、太常寺廚役、僧道官四條例文，此律或補注亦可，存參。會典云『命婦及凡官員正妻犯罪應杖，非例應的決者，依收贖法外，其例應的決而聽其贖者，用贖罪之數』。據此，則命婦及官員正妻犯罪應杖，有收贖、贖罪之分，似應於例内叙明。捐贖銀數似應另作一圖，與各圖彙列一處，另纂准贖一條列於此門。

條例　本按：原文無此二字，似應增入，以歸畫一。

一、凡律例開明准納贖至計贓科罪。

薛云：律例未開載即係不應納贖者也，又何臨時詳審之有？此例亦係虚設。本按：情輕准贖，律例容有未賅者，此條仍之爲是。

一、各壇祠祭署奉祀至照律納贖。

薛云：舊例非犯一應贓私等罪，祇係公錯者，笞杖納贖，徒罪以上運炭等項，還職著役。改定之例以今無運炭還職着役之法，將此層刪除，並將笞杖徒罪一併刪去，則此條所云似專指杖罪而下而言矣。若公錯過誤，犯該徒罪，是否一體納贖之處，轉不分明。

一、太常寺廚役至光禄寺應役。

薛云：分别笞、杖、徒罪，上條與此條同。上條將『笞』、『杖』、『徒』字樣删去，與此條不同，可知上條删改之非是。此與上條例意大略相同，應修併爲一。俱係前代例文，與現在辦法不同。改撥光禄寺應役，係前代之例，與别條不符。本按：此因其習於禮樂之事而優待之，且遽予擯斥，恐無人將事也。然奉祀等官及樂舞生，諳習較難，不得不稍寬之，若養牲官軍及太常寺廚役，與各衙門在官人役等耳，何患無人，寬之適遂其盤踞之私，似應切實查明現在如何情形，將前條修改，後條删除，存參。

一、凡官員有先參婪贓至准予開復。

薛云：此三項均有治罪減免專條，應照各本律例辦理。又云：此專指以贓入罪而言，故有分别是否入己准予納贖之文，既將納贖一層删去，則凡犯各項贓款均有治罪明文，此例無關引用，似應删除。本按：此條與職官有犯門條例相複，應删。

一、僧道官至爲僧爲道。

薛云：除名當差律云『僧道犯罪，曾經決罰者並令還俗』。雍正五年四月十四日奉上諭『凡僧人犯斬、絞至枷號等罪者，俱勒令永遠還俗』云云，均應參看。本按：枷號等罪，不外姦盗、詐僞等項，應否於此條添修詳備，存參。

一、凡進士、舉人至禮部辦理。

薛云：此例應將『生員犯輕罪會同教官發落』之處添入，作爲除筆，以下再叙知照禮部及會同禮部二層，方與職官有犯門内例文相符。本按：此條爲納贖而設，故附於此門。至『生監以下』云云，係爲知照禮部、會同禮部而言，似應删併於職官有犯門文武生員犯該徒流以上等罪一條内。

應議者之父祖有犯

條例

一、凡滿洲至聲請。

薛云：原定例文，情節重者不准聲叙，情節輕者隨本聲叙，原可隨案減等，不必俟至秋審時也。是聲叙一層，專爲情節較輕人犯而設，情重者併不在内，後改爲秋審時恭候欽定，與例意不無參差。查成案，情實人犯有於黄册内聲叙免勾者，緩決人犯並不聲叙，是此例專爲情實人犯而設矣，殊嫌未協。歷年來緩決人犯内並未見有聲叙成案，而朝廷矜恤之意竟化爲烏有矣。又云：此條原例定於順治年間，爾時並無秋審名目，即後來修改之例亦係隨本聲叙，與秋審有何干涉？乾隆四十三年添入『秋審時』三字，遂致諸多窒礙。本按：光緒十年曾申明舊例，奏定新章，分别情實、緩決人犯准予聲叙，應查明參酌修改。

職官有犯

條例

一、廕生有犯至有犯同。

薛云：舊例本係二條，廕生、貢監爲一條，文武生員爲一條，删併爲一，轉有未盡明晰之處。查乾隆二十四年原奏，先叙輕罪，會同教官戒飭作爲除筆，後叙徒、流以上云云，下接貢監生有犯同，謂均以斥革之日起限也，語意正自一綫，改定之例前後倒置，遂致『貢監生有犯』句不大明晰，似應將此句移於『始行究擬』之下。生員、監生應戒飭者移會教官發落，貢生已不由教官管束，末句『會同教官』之處似應修改。此條云情節本輕，罪止戒飭者，審明移會該學教官照例發落，云無納贖之説，究竟何項應准納贖，何項會同戒飭之處，例未分晰指明，辦理恐難畫一，是否由外結者即會同戒飭，由内結者即照例納贖，存以俟考。本按：戒飭、納贖如何分别，似應於例添修明晰。至詳報學政而不及禮部，辦法亦未周到，似應將贖刑門内貢監生員有犯一條後半段移併於此條之内。

犯罪免發遣

一、凡旗人犯罪至邊遠沿海、邊外者八十日，極邊、烟瘴者九十日。

薛云：現在充軍地方並無沿海、邊外名目。徒罪以五日爲一等，由徒入流則以十日爲一等，由流入軍亦同，乃由近流入遠流及附近、近邊，仍以五日爲一等，邊遠、烟瘴又以十日爲一等，未免參差。

本按：律文『沿海、邊外』四字應删。至五日、十日遞加，不免參差，極邊、烟瘴又併爲一等，究未妥協，現在新章已將附近、近邊、邊遠三軍删除，滿流即加入極邊，似應將此律内『附近』、『近邊』、『邊遠』三層删去。流二千五百里者六十日，流三千里者七十日，極邊充軍者八十日，烟瘴充軍者九十日，則由徒入軍、流並以十日爲一等，似較畫一。

條例

一、凡移來盛京、新滿洲至照舊人治罪。

薛云：新滿洲例刑律並無明文，且現在亦無此等人犯，無關引用。舊例尚有盛京所招之民犯徒流者照旗下折枷之例，後經删除，此條似亦可删去。

一、凡八旗、滿洲、蒙古、漢軍奴僕至照例問發。

薛云：原例已入籍爲民者照民人辦理，贖身爲旗人者照旗下正身例折枷鞭責，其設法贖身，並未報明旗部之人，仍照旗下家奴定擬，謂犯軍、流罪酌發駐防爲奴，犯該徒罪仍折枷鞭責發落也。乾隆二十一年奉旨將開户之人一體放入民籍，改定之例因將『已經贖身』一層一併删去，遂致下文『設法贖身』一層並無照應。至漢軍奴僕犯軍、流罪，與滿洲奴僕俱發駐防爲奴，而犯徒則有折枷、實徒之分，尤屬參差，似應於例首除筆内『入籍』上添入『贖身』及『放出』等字樣。查漢軍家奴犯該徒罪不准折枷，係乾隆二十八年定例，原因二十七年上諭『漢軍正身旗人有犯軍、流、徒不准折枷』之語，是以奏明，奴僕有犯亦不准折枷。迨後遵奉三十一年上諭纂定條例，滿洲與漢軍正身，仍係分别情節定擬實發、折枷，並無漢軍不准折枷之文，奴僕有犯，似亦未便强爲區别，旗下家奴犯徒罪，並非不論情節輕重一概折枷。道光年續纂之例，在旗人應銷檔實發者，旗下家奴亦應問擬實徒；在旗人應準折枷者，家奴自應一體折枷。兩例互相發明，並無歧誤，何獨於漢軍家奴而歧視之耶？本按：此條似應修改一律。凡此皆節目太繁之處，必應酌修，以歸簡易。

一、凡旗人毆死有服卑幼至亦如之。

薛云：此於例折枷之中摘出數條實發者並不銷除旗籍，下條有犯誣告、詐詐等類即銷除旗檔，與此不符，應將例上數語删去，以免牽混。本按：應照删。

薛云：此門係旗人犯罪正律。凡旗人有犯，若者應折枷，若者應實發，均應載入此門方合。乃旗人犯罪分見各門者仍不一而足，似應查明，統移入此門。本按：此必應移改者彙在一處，既易稽考，且體例方不參差。條例中類此者頗多，往往有檢此遺彼之慮，彙聚排比，引用方免歧誤。

除名當差

條例

一、凡知縣以上至免其追賠

薛云：户部既有專條，此例無關引用，似應删除。

流囚家屬

條例

一、凡實犯大逆之子孫至一體辦理

薛云：『出户』下應添『贖身』二字，緣永不許贖身例文既經删除，不得不修併於此也。

一、凡軍、流、徒犯至旗色佐領

薛云：此條原例專指發遣流徙人犯而言，與尋常流犯由此省發往彼省者本不相侔，後添入軍、徒二層，又將發遣人犯專歸入解部之内，與律及例意俱不相符，緣爾時外遣非吉林即黑龍江等處，即流徙亦係遼陽、尚陽堡，是以此等人犯俱解部發遣。乾隆二十四年以後，發遣新疆者不一而足，解部發遣之例亦旋經停止，本門後條例内又有軍、流、遣犯有情願隨帶妻室子女者，聽其自便一條，此例無關引用，似應删除。

一、内地軍、流人犯至官爲資送

薛云：此尋常軍、流犯身故，妻子聽其回籍之例，蓋專爲律應僉發而設。惟流犯僉妻之例，乾隆初年已經停止，後發往烏魯木齊等處遣犯仍僉妻同發，其子女願隨往者，亦一體官爲資送，蓋指發往種地而言，故此條專言内地，以示區别之意。嘉慶六年奏明烏魯木齊等處遣犯亦不僉妻，即與尋常軍、流人犯無異，『内地』二字似應删去。本按：流犯停止僉妻之後，如有情願携帶者，聽其自便，不得官爲資送，見後條例内，則回籍之不得官爲資送可知，此時既無此項犯屬，此條似在可删之列。至新章免死流犯改發新疆種地，係爲興屯起見，故妻室一併僉發，自應官爲資送，有願回籍者，自應照下條遣犯之例辦理，與此條無涉。再，此例改定於停止僉妻之後，當時初議停止，必尚有此等犯屬也。今則停僉已百數十年矣，豈尚有此等犯屬乎？此條似係虚設，不如删併於下條例内。

一、旗民發遣人犯至分别議處

薛云：此發遣本犯身故，妻子携骸回籍之例，與上條似應修併爲一。上條專言軍、流而未及外遣，此條專言發遣人犯而未及軍、流，均未賅括，即如婦人無子及子幼者，遣犯内豈無此等情節？情願携賅回歸，軍流何獨不然？從前軍、流、遣犯無有不僉妻者，故定案時必聲明『僉妻發往』云云，即奉特旨發遣之犯，亦有『僉妻』字樣，爾時公牘皆然，非因爲僉妻而奉此特旨也，且有連其妻子一同發遣者，今則絶無其事矣。本按：内地軍、流人犯今無僉妻者，惟秋審免死減流改發新疆助興屯政人犯，新章有妻室者一同僉發，似應將上條删除。『其婦人無子及子幼者』一節添入此條，並聲明『秋審免死減流改發新疆助屯人犯』字樣。

一、凡律應定擬僉遣之犯至分别議處

薛云：此專指律應僉發者而言，後改爲無庸僉發，則律應僉妻之犯即屬無幾。此例定於停止僉妻之前，則所云律應定擬愈僉遣之犯，蓋猶是舊日辦法。祖父母、父母將子孫及子孫之婦一併呈送者，將被呈之婦與其夫一併僉發安置。婦女有犯毆差鬨堂之案，若與夫男同犯徒罪，一體隨同實發。例内僉妻同發者祇此二條，然均非所謂律應僉妻者也。本按：僉妻之例既停，則此條即屬無用，例内僉妻同發二條，係婦女一同犯罪，亦與此例所言不符。至新章發遣新疆助屯人犯，係免死減流後方行改發，不能於招詳内預先查僉。或如留養人犯之例，凡斬、絞人犯皆於初供内訊明妻室有無，不得遺漏，似尚簡易可行，存參。近來外省訊供皆叙入娶妻何氏，或未娶妻一句。

一、軍流發遣人犯至自便。本按：僉妻例停，内地軍、流人犯已無此項家屬，例内『軍、流』二字應删。

一、賞旗爲奴至交部議處

薛云：此專指在籍及隨往子孫而言，在配所生之子是否一體辦理並未議及。本按：此層似應添入，存參。

一、凡罪應緣坐至官爲資送

薛云：此條係遣、軍、流犯無庸僉妻之通例，各條内有與此相類者，似均應併入此條之内。本按：應發烏魯木齊等處亦是遣犯，且烏魯木齊已改行省，此句『及應發烏魯木齊等處人犯』十一字應删。

一、發往烏魯木齊等處人犯至復令爲奴

薛云：此專指在途病故之正犯妻子而言。第祇言烏魯木齊而未及別處，以爾時祇該處僉發故也。後來僉發之例均經停止，此例即屬贅文，但本犯中途病故亦所或有，似應將此層修併於上條遣犯之内。本按：僉妻例停，則遣犯之妻皆係情願跟隨者，既非例應僉遣之人，自無再令爲奴之理。至新章新疆助屯人犯，其妻子亦係無罪之人，如遇正犯病故，亦應酌量辦理，似應於此條内聲明。

一、滿洲、蒙古、漢軍至一例羈管

薛云：止言新疆而不及吉林等處，以爾時專爲烏魯木齊、新疆墾種需人故也。後旗人均發吉林等處，並不發往新疆，又與此例不符。本按：此條應修。

一、緣坐案内至官爲經理

薛云：反逆例文律應緣坐男犯，並非逆犯子孫，發往新疆給官兵爲奴。此言正犯之伯叔及兄弟等親，然律並不及其妻，則不應僉發矣。緣坐婦女發駐防爲奴律文母女、妻妾、姊妹，若子之妻妾，給功臣之家爲奴。謀叛律文妻妾、子女給功臣爲奴，父母、祖孫、兄弟流二千里。其妻亦不並僉。例文，律應緣坐流犯發往新疆當差，並無所謂例應僉遣伊犂等處爲奴之犯。至造畜蠱毒等項，律止擬流，並不發遣，此例所云與各條俱不相符。本按：緣坐男犯，並非逆犯子孫，從前有發伊犂等處安插者，此例所言未知是否此項人犯，惟現在此項人犯已改發駐防。婦女本身犯罪應遣，現在亦係改發駐防，無發往伊犂等處者，此例應詳查刪除。

薛云：康熙年間定例，叛逆案内奉特旨免死僉妻發遣給與盛京、甯古塔等處爲奴者，永不許贖身。嘉慶十七年以遣犯不准贖身另有專條，毋庸複載，因將此條刪除。本按：遣犯不准贖身，人户以籍爲定門本有明文，嘉慶十九年改定之例將此句刪去，是爲奴遣犯並無不准贖身之例文矣，似應將此層併入第一條『不准出户』之内。

常赦所不原

條例

一、凡殺死本宗緦麻至不准援赦

律例通考云：查雍正十三年九月初三等日，欽奉恩詔部覆内開：『十惡律注「毆殺伯叔、父母並兄者方入惡逆」，並未載有「緦麻服叔併緦麻兄」字樣等，因乾隆元年四月十七日有卑幼毆本宗緦麻尊屬及緦麻兄死者斬犯陳討氣等九名覆准援赦，嗣後如遇毆死緦麻尊長之犯，逢赦時似可聲明請免』云云，此等人犯現在如遇恩赦仍准查辦，與此例不符。本按：此條應查明近年赦款章程酌修。凡例內言殺死者多指謀、故言，此條如指謀、故，則期功罪干凌遲立決，自不能援赦。若指毆死言，則仍准查辦，與此例不符。赦款既有章程，不如將此條刪去，既免歧誤，亦不至挂一漏萬之虞。

一、以赦前事至究問明白

薛云：大赦以前犯事，詔書俱有『已發覺、未發覺，俱從赦免』之語，謂已結者即行釋放，未結者亦不究問也。今則已結者必候部覆，未結者亦必審明定案，聲明事在赦前方可援免也，其不同如此。本按：光緒十五年恭逢恩赦，刑部定有現審人犯在應赦之列者，毋論已、未訊明，酌量結釋章程，應否增修例內，記參。

一、誣告叛逆至不准援免

薛云：番役誣陷無辜，妄用腦箍等刑致斃命者，以故殺論，不准援赦原例亦載此門，與此條例意相符。乾隆五年將彼條移於誣告門內，刪去『不准援赦』一語，未免參差。本按：故殺遇赦，向不准減免，此條刪移，似尚不誤。

一、凡遇恩詔內開有軍、流至一體援免

薛云：此條和同誘拐案犯，歷年辦理，恩詔俱在准予援免之列，似毋庸特立專條，以免挂漏。再，烟瘴少輕地方亦係從前舊例，與現行例文不符，現行例係極邊足四千里。似應刪除。本按：此條應刪。

一、直省地方至一面奏聞

薛云：京師及畿輔地方，如值雨澤愆期，每有查辦清刑恩旨，別省未經舉行，以具奏奉旨後始行查辦，是必由部核復，爲時已閱多日，勢難舉行故也。惟同係災眚，俱應清理庶獄，何以辦理兩歧？此例止言牽連待質及杖、笞人犯，徒、流並不在內，亦知徒、流之礙難辦理也。然牽連及杖、笞人犯並不咨部，儘可自行省釋，何必定立專條耶？各省如遇災眚，即應奏請清理刑獄，徒罪以下量行寬減，彙册咨部，方不致彼此參差。

一、凡在京、在外已徒至爲徒三年

薛云：三流均減滿徒，總徒亦減滿徒，准徒則仍減總徒，其情罪本較流犯爲輕，而遇赦減等反較流犯爲重，似非例意。即如監守盜四十兩律應准徒五年，一百兩以上例應流二千里；常人盜八十兩之從犯，律應准徒五年，八十五兩例亦應流二千里。如遇赦減等，流罪減爲滿徒，徒五年減爲四年，有是理乎？緣向來徒犯無論已、未到配均准查辦，流犯已經到配即不在查辦之列，是以此條專論總徒減等之法，未及流罪以上也。准徒係後來添入者。現在五年三流人犯，遇赦均准減一等，一減即爲滿徒，總徒准徒皆徒罪也，軍流雖有差等而減法則同，准徒、總徒似亦不應獨異。若謂一例減杖似嫌無所區别，徒三年之與徒一年何所區别耶？徒流人逃門又云『徒犯中途脱逃，徒三年加爲總徒四年，總徒加爲准徒五年，准徒改爲杖一百、流二千里』。如遇赦減等，將如何辦理耶？若如此例，則輕重失平，不如此又與例文不符。兩處必有一誤，存以俟參。本按：此條必應修改。總徒、准徒較滿徒爲重，未便一律減杖，或減杖而酌加枷責，稍示區别，未知當否，姑備一説，存參。

一、凡侵盜倉庫至不准援免

薛云：上條有干係錢糧等項應追取者仍行追取之文，則此條侵盜罪名雖准援免，入己之贓仍應著追明矣。此等免罪之犯究竟如何著追之處，例未叙明，現在此等案件罪名歸刑部核定，錢糧應免與否則歸户部核辦，往往有不能畫一之處，且有户部已經豁免而刑部尚未免罪者，總由例文不大明顯，故不免諸多參差也。本按：此等案件如户部核辦，豁免之時會同刑部，或可稍爲畫一，存參。

一、凡觸犯祖父母至黑龍江當差

薛云：初次呈送，民人發烟瘴充軍，旗人發黑龍江當差，罪名尚屬相等，乃釋回復犯，竟有分别爲奴、當差之殊，似嫌參差。本按：此項民人犯事，新例已改駐防爲奴，惟此等人犯究與匪盜有殊，似未便竟令爲奴，或發新疆當差已屬加等，似較平允，存參。

一、文武官員、舉人、監生、生員及吏典、兵役至革去職役

薛云：官員犯罪遇赦，律無專條，蓋統括於常赦所不原之内矣。例始有罪雖宥免仍革職役一條，然亦指杖罪而言，此外俱無明文。後來辦法，凡軍、流發往黑龍江、新疆等處者，俱由該將軍奏請減免；徒罪發往軍臺者，則由該都統奏請核減年限。惟已經降革之員，俱在無庸置議之列，即犯在赦前、後經發覺等案，亦俱聲明『業已革職，免其發落』，或云『毋庸再議』，從無免其降革之事，是常人犯死罪者尚得寛免，而官員犯杖罪者反未能邀恩，揆之情法，似未允協，非朝廷之有意從嚴，亦立法之未能詳慎耳。唐律有六年、三年聽叙之法，似可仿照辦理，或另立降革後遇赦聽叙專條，以示不忍終身廢棄之意亦可。

流犯在道會赦

條例

一、凡官員問擬徒罪至按季册報

本按：此條重在造册彙題、按季册報兩層，似應移改於照刷文卷門内。

一、凡在京八旗至本例科斷

薛云：此條原例專指在逃而言，改定之例添入别項罪名，與原例並不相符。原例係在途遇赦，是以附入此門，後添入在配一層，與此律亦屬不類，且止言京旗而未及各省，亦未賅括。旗人犯罪現俱發黑龍江、吉林，並不發新疆，赦後復逃仍發黑龍江，現在亦不照此辦理，均與此例不符。八旗逃人、匪類發遣黑龍江、吉林，令該將軍嚴行約束。如不知改悔，即銷除旗檔，改發雲南、兩廣等處，見徒流遷徙地方。旗下逃人、匪類發遣黑龍江等處，三年後悔過者挑選匠役，復犯罪者銷除旗檔，發雲貴、兩廣管束，見徒流人又犯罪。旗人因犯逃人、匪類及别項罪名發遣黑龍江等處者，三年後果能悔罪改過，即入本地丁册，挑選匠役披甲，復行犯罪者改發雲貴等省，見督捕則例。均不免互相參差，且有重複之處，似應修改一律，列入犯罪免發遣門。

犯罪存留養親

條例

一、凡部内題結至情例議處

一、軍、流、徒犯並非獨子至情例議處

薛云：舊例係『部題完結、部内審結及各省督撫具題完結、照常審結所擬軍、流人犯，有以父母老疾控告者』云云，此處專言部内題結便不賅括，似應改爲『部内及各省督撫審擬題結軍、流、徒犯』云云，删去『其各省人犯，該督撫照此確查辦理』二句。本按：以文法論，『各省督撫』字樣亦應在前。免死流犯究與實犯死罪不同，而均擬枷號兩個月，似嫌無所區别，且祇言免死流犯，未及免死軍犯，似應一併纂入。此例『查明』二字原係『出結』，乾隆三十一年吏部議覆河撫阿思哈條奏停止文外復在『印結』改爲『查明』，近則此項無不用『印結』者。本按：上言『查明』，下言『確查』，語意重複，不如仍改『出結』。此項查報不實例有處分，故須取具印結存案。人犯咨解到部，自係指解部發遣者而言，惟解部發遣之例嘉慶六年已經停止，即無此等人犯矣。本按：既無此等人犯，例文即屬贅設，似應將『若在外人犯咨解到部』一段全行刪去，以免牽混。

一、凡人命案件於相驗時至一體遵行

一、凡戲殺至報部辦理。如係至父母

薛云：此二條俱指死罪人犯而言，而語意不免有重複之處，似應修併一條，以省繁冗。擅殺向係分別情節擬入可矜。道光二十二年奏明一次減等並不入矜，此處似應修改。承祀一層專指毆故殺妻而言，其毆死妻例不應抵之案，應否准予承祀，例未議及。若因例無明文，凡犯非死罪概不准其承祀，未免輕重不得其平，下條亦有毆死妻承祀之文，似應提出，與此層修併，另作一條。本按：另作一條眉目較明。『未經審出實情』專條。查處分則例捏報留養條云『人犯到案，承問官務將該犯有無祖父母、父母、兄弟、子姪，及年歲若干，是否孀婦之子，詳悉取供。若漏未取供，係斬、絞人犯，承問官罰俸一年，係軍、流、徒犯，承問官罰俸六個月』云云，均不照未能審出實情例議處，似應詳加修改。本按：處分事隸吏部，刑例可不詳載。此處似應改爲『交部照例議處』較爲渾括。犯罪留養，自昔已然，律係開具所犯罪名及應侍緣由奏聞，取自上裁，並不再爲區分。至於秋審，起於康熙年間，本爲實、緩、矜、疑而設，與留養並無干涉。乾隆十六年定例，凡鬥毆理直傷輕及戲殺、誤殺等案，俱准其隨本聲請留養，情重各犯，俟秋審時再行核辦。二十六年，大學士、九卿會議御史周於禮條奏，又經申明前例，添纂在案，嗣後屢經修改，以秋審應入可矜及例應一次減等者俱準其隨案聲請留養，餘俱於秋審時取結，分別辦理，歷久遵行，並無差錯。乃近數十年來，戲、誤等案均於秋審時取結留養，隨本聲請者十無一二，而此例亦幾成虛設矣。再第一條『到案時非例應留養之人』云云，係指尚未具題而言。第二條『到案時犯親年歲不符』云云，係指已經具題而言，相似而實不同。惟既准隨時隨案具題聲請查辦，乃又添入已、未入於秋審各層，似可不必。

本按：查咸豐十一年新章，救親斃命之案，兇犯因見父母受傷，救護起衅者，不論傷痕多寡，是否互鬥，俱照本例擬絞監候，秋審時酌入可矜。至父老並未受傷之案，仍分別是否事在危急、傷痕多寡及是否互鬥，照定例及向章辦理。前一條『救親情切傷止一二處』句應修改明晰，後一條擬修併於前一條內，更無論矣。擅殺，不查被殺之家有無父母，後有例文，此處不必複出，小注可刪。承祀一節後另有說，應參看，似不若刪之爲净。竊謂如此類應刪之處，或先擇其尤者專摺請旨，如蒙允准，則修例時省却許多斟酌矣。隨本留養，前在部時曾辦過一件，此外絶不多見，詢之老吏，皆不能言其所以然。查道光二十五年皖撫題王新民擅殺竊賊田牙兒身死一案，該省隨本聲請留養，經刑部以擅殺應否隨案聲請留養，總以所犯情節是否應入秋審可矜爲斷，今王新民擅殺不拒捕罪人，按照向辦秋審章程祇應入緩，並非應入可矜之犯，其親老丁單之處，例應俟秋審時始行查辦等因通行各省在案。或外省從此誤會，不論合例與否均不隨案聲請，部中亦遂略而不問，未可知也。竊謂外省查辦，委員覆訊，層層加結，書吏之需索本費，犯之營求，均所難免，迨取結到部，准者半，不准者亦半，准者固邀恩矣，不准者於本罪之外又多此一番花費，亦非矜恤罪囚之意。近年查辦留養，較之從前爲嚴，不如將萬不能准各案明晰定一章程，如有似此者免其取結，可省查核之繁，亦省事之一端也。

一、凡鬥殺等案至不准復行聲請

薛云：查雍正四年，有弟殺胞兄之案奉旨：『一家兄弟二人，弟毆兄致死而父母尚存，則有家無次丁，存留養親之請。倘父母已故而弟殺其兄，已無請留養親之人，一死一抵，必致絶其祖宗禋祀，此處甚宜留意』等因。經九卿議准，定有父母尚在，則准予留養，父母已没，則准予承祀專條，蓋爲兄弟二人一死一抵，恐絶祖宗祭祀而設。雍正十一年又定有夫毆妻至死，並無故殺別情者，果係父母已故，取結存留承祀之例，案語内並未聲明因何纂定，似係由弟殺胞兄例文推廣而及。迨乾隆十三年陝西巡撫陳宏謀條奏將弟殺胞兄准其承祀之例删除，原奏有『除夫毆妻至死，並無故殺及可惡别情者，仍照例准其存留承祀』一語，而承祀一層遂爲毆死妻專例矣。平情而論，留養已屬寬典，若推及於承祀，則未免太寬矣。且祇言毆死妻而未及别項，設有兄殺胞弟及殺妻罪不應抵者，又應何如辦理耶？似應一併删除，以歸畫一。本按：承祀非古法，原例爲恐絶祖宗祭祀而設。然如毆妻至死者，由絞減等之後即屏之遠方，亦不至絶其祭祀，豈必長守其墳墓耶？删之最是。前有另立一條之説，姑兩存之，以備參定。

一、殺人之犯至是否獨子。

薛云：留養本法外之仁，律應開具所犯罪名奏聞，取自上裁，此專言犯親老疾應侍也，被殺者之父母並無明文。雍正二年欽奉諭旨，特定有被殺之人亦係獨子、親老無人奉侍，殺人之犯不准留養之例，自係對舉以見義。然諭旨内明言親老無人養贍，則被殺者之親尚未老疾，即不在不准留養之列，自無疑義。道光四年，直隸總督以辦理留養，如被殺之人亦懾係獨子，而其親並未老疾，是否即准兇犯留養咨准部覆，以被殺者果係獨子，其父母雖未老疾，而現在別無次丁，即屬無人奉侍，豈得以年齒尚壯懸揣他日或可生子，遂准兇犯留養，改爲其親尚在，無論老疾與否，殺人之犯皆不准留養，殊與原奉諭旨不符。本按：如此議論，是被殺者之父母年止四五十歲，殺人之犯亦不准留養矣。死者之父母尚在壯年，兇犯之父母實已衰老，年壯者尚可營生，衰老者令誰侍養耶？例文之難盡平允，此類是也。且原奉諭旨祇云被殺之人有無父母，以次成丁之處一並查明，於本内聲明具奏，即係取自上裁之意。例云不准留養，殊嫌未協，似不如將被殺者之父母是否老疾、有無以次成丁之人一併叙明，奏請上裁，庶爲得體。再，毆死婦女之犯，並不查被殺之家，如實有姑媳相依爲命者，媳被人殺，以此例推之，似亦應不准聲請。又或婦女尚有幼子正需哺乳，被人殺死，情節亦屬可憫，例無明文，何也。本按：媳死尚有男丁，子幼可倩人哺乳，似不必慮及此。且此例已屬增添，不便更行推廣，益覺支蔓。至戲、誤殺雖較兇殺爲輕，惟死亦屬平人，或親老無人侍奉，何以並不查被殺之家？且例末又專言擅殺，何以不言戲、誤耶？一概不准，未免過刻。有准有不准，則又覺偏枯，必如何而後可得其平，議法者恐不免紛紛聚訟矣。本按：誤殺似應添入，以昭周密。

一、尊長故殺至輕重辦理

薛云：毆殺卑幼亦有擬絞者，及毆殺罪止徒流之犯似應添叙。殺死卑幼較凡鬥爲輕，凡人鬥殺之案俱准留，則殺死卑幼之應准留養即不待言。惟卑幼之父母，或即係殺人者之尊長，如係老疾無人侍奉，殺人之人是否准其留養，纂例時何以並不叙及耶？本按：此條應查向來辦法，添叙明晰。

一、凡旗人至承祀

薛云：謀、故、鬥、毆殺人之案，不聞旗人另立專條，此處特立旗人留養承祀，似可不必。本按：此條可删。

薛云：此軍、流之不准留養者，似應修併於末條之内。死罪尚准留養，誣告擬流人犯豈有不准留養之理，例特爲被誣之人久淹獄底，受刑破家而設，如無此等情節，是否准予留養，記核。

一、凡死罪及軍、流、遣犯至聲請留養

薛云：留養本係寬典，此處有寬有嚴，殊不畫一。親老丁單，律准留養。兄弟既經出繼，則所投首照律免罪之例在後，此例在先，纂定後例時未將前例修改，是以不免參差。既免罪矣，又何留養之有？似應修改明晰。本按：此項逃兵，同治年間新例，在途患病及打仗受傷，或失迷路徑與落後有因，並非有心脱逃，若在軍務未竣以前投首，照自首律免罪，被獲者杖一百、徒三年；在軍務告成以後投首亦杖一百、徒三年，被獲者改發各省駐防給官兵爲奴，與此不符。免罪者無論矣，如分別擬徒者准留養，擬遣者不准，亦尚平允，應於不准留養條内添入『在軍務告成以後被獲者』一項，此條既無關引用，可以從删。

一、凡卑幼毆死至分別辦理

薛云：殺死有服尊長，律内並無准予留養明文。雍正四年欽奉上諭，始定有弟殺胞兄，其父母存則留養，没則承祀之例。乾隆初年嫌於太寬，改爲斬監候，秋審時另册進呈，並添入大功以下尊長一層。十三年，陝西巡撫陳宏謀條奏改爲不准留養，將從前舊例一併删除。道光年間改定今例，此服制案分別留養之源委也。就犯親而論，二子一死一抵，其情固屬可憫；就本犯而論，逞兇殘殺尊長，於法本無可原。況案關十惡，律内明言不准留養，又何必曲爲之原耶？爾時所定之例與律不符者甚多，即如因姦致夫被殺，有不忍致死其夫之心即准聲請減流，假印誆騙財物無多亦准減流。皆此類也。

繼者，即爲父母因本犯犯罪而令其别繼，已多窒礙，本犯父母尚存乃不另繼，而必令該犯留養，何耶？此等例文頗極煩瑣，假有兄弟二人，弟早出繼，兄犯死罪及軍流等罪，有子尚未成丁，伊弟出繼之家或生有子嗣，即係可以歸宗，如所生之子年歲尚幼，或小於本犯未成丁之子，將如之何？出繼之家不分嗣子是否成丁，本犯之子則以是否成丁爲斷，出繼之父母或老或疾，將令未成丁之子養贍乎？本犯身爲人後者，如已有子成丁，即無庸議。如子未成丁，或並無子，所後之父母可以另繼而亦年未成丁，且應繼者或更小於本犯之子，又如之何？以本律論，子未成丁者即准該犯留養，以可繼論，無論是否成丁，均爲合例。且本犯之子雖未成丁，所後之家已有嗣孫，必强令更繼一子，亦非情理，設可繼之人並非所後父母所喜悦者，能概令其承繼乎？唐律『家無期親成丁者上請』一語最爲直截了當，後來條例愈多愈覺混淆不清矣。本按：此條例文徒資吏役需索、房族争繼，其窒礙之處甚多，不如删之爲净，存參。

一、凡軍務未竣以前自首逃兵至准其留養

薛云：後遣犯一條有『軍營脱逃兵丁在軍務未竣以前投首者不准留養』之語，此條重在因病落後，伊兄既已陣亡，故准留養。查從前逃兵例内並無因病落後明文，嗣於嘉慶七年始定有患病落後、軍務未竣以前投首，照自首律免罪，獲者徒三年之例，與此例均屬不符。

一、各衙門差役至聲請留養

薛云：差役犯罪，例祇加平人一等，況搶竊等犯均准留養，何獨於差役而嚴之耶？留養本爲犯親而設，乃孝治天下之意。差役固可惡，豈差役之父母亦可惡耶？

一、遣犯内强盗窩主造意不行，又不分贓者，現改新疆爲奴。獲逃人不將實在窩留之人指出，再行妄扳者，烏魯木齊種地當差。此條道光十四年已改爲『逃人續供之窩家提來審明又屬誣扳』，此處亦應修改。發遣雲貴、兩廣烟瘴。偷刨人犯在配所脱逃者，伊犁爲奴。盛京旗下家奴爲匪逃走至二次者，駐防爲奴。派往各省駐防滿洲兵丁臨行及中途脱逃者，伊犁當兵。用藥迷人甫經學習即行敗露者，伊犁爲奴。用藥迷人已經得財爲從者，新疆爲奴。用藥迷人，被迷之人當時知覺未經受累者，伊犁爲奴。閩省不法棍徒引誘偷渡之人包攬過臺，中途謀害人未死同謀者，烟瘴充軍。本按：此條似可删除。應發極邊、烟瘴。罪人事發在逃、被獲時有拒捕者，新疆爲奴。本按：『有』字可删。開窑誘取婦人子女勒賣爲從者，烟瘴充軍。永遠枷號人犯已逾十年，原擬死罪應發遣充軍者，發往伊犁。大夥梟徒拒捕傷差案内之竈丁窩家，伊犁爲奴。及軍營脱逃兵丁在軍務未竣以前投首者，駐防爲奴。本按：此處加『及』字，當因上句不能加『者』字之故，然中間忽加『及』字，究屬不妥，去之爲是。軍營脱逃餘丁被獲者，極邊足四千里。聚衆奪犯殺差案内隨同拒捕未經毆人成傷者，極邊四千里。川省匪徒在野攔搶四人至九人未經傷人者，伊犁爲奴。臺灣無籍游民兇惡犯該徒罪以上情重者，新疆爲奴。本按：此項應删。賊犯犯罪事發抗拒殺差案内爲從在場助勢者，極邊足四千里。罪囚越獄脱逃三人以上，原犯徒罪爲從及杖笞爲首，並一二人原犯軍流爲從及徒罪爲首者，伊犁爲奴。幕友、長隨、書役等倚官妄爲累及本官，罪應軍流以上與同罪者，新疆兵丁、跟役如有酗酒滋事互相調發者，本按：此處爲奴。行竊軍犯在配復行竊者，二次烟瘴軍，三次新疆當差。搶奪金刃傷人及打傷下手爲從者，邊遠軍。積匪、猾賊及窩留者，烟瘴軍。回民犯竊結夥三人以上，執持繩鞭器械者，烟瘴軍。開棺見屍二次爲從者，此條已改絞罪。盗未殯、未埋屍柩，開棺見屍，爲從二次發邊遠充軍，三次發烟瘴充軍，似應修改。引誘包攬偷流過臺，招集男婦至三十人以上者，新疆爲奴。蠹役詐贓十兩以上者，近邊軍。積慣訟棍應擬軍者，軍、流、徒犯内强盗並有關倫理及兇徒擾害地方，罪應發遣者，本按：兇徒擾害地（方），今例極邊四千里。俱不准聲請留養。

一、搶竊滿貫擬絞，秋審緩決一次者，烟瘴軍。竊盗三犯贓至五十兩以上擬絞，秋審緩決一次者，烟瘴軍。三次犯竊，計贓五十兩以下至三十兩者，烟瘴軍。三十兩以下至十兩者，邊遠軍。竊贓數多罪應滿流者，附近軍。搶奪傷人，傷非金刃，傷輕平復者，烟瘴軍。竊盜臨時拒捕，傷非金刃，傷輕平復者，邊遠軍。發掘他人塚見棺槨爲首，近邊。及開棺見屍爲從者，此條已改絞罪。內地民人在新疆犯至軍流互相調發者，此條本例已改爲解回內地，互相調發之例已改，此條即應删除。調姦未成，和息後因人耻笑復追悔抱忿自盡，致死二命者，邊遠軍。行營金刃傷人者，伊犁爲奴。川省匪徒在野攔搶十人以上被脅隨行者，烏魯木齊爲奴。凶徒因事忿爭，執持軍器毆人至篤疾者，邊遠軍。夥衆搶去良人子弟强行鷄姦之餘犯問擬充軍者，烟瘴。並軍、流、徒犯內造賣、販賣賭具，誘拐及各項情輕人犯，果於未經發配、甫經到配以前告稱祖父母、父母老疾應侍，與例相符，准其留養一次，照例枷責，分别刺字，詳記檔案。若留養之後復犯軍遣、本按：應作「遣軍」。流、徒等罪，概不准再爲留養。

薛云：此二條專指發遣人犯而言，爾時條款無多，近則不止此數十條矣，似應查照例文，將情重各條摘出添入此條之內，庶免挂漏。此例原爲發遣人犯而言，近則軍流多而遣犯少，首句似應改爲「遣、軍、流犯」。

又云：近數十年以來，凡情傷稍重者即不在准留之列，而定案時凡與例相合者即令取結送部，迨結已到矣而又有不准留者，不太涉於紛煩乎？本按：前條已見及此，雖議及之，然明定章程亦甚不易，或將情重不准留者於原題內先行聲明，亦一法也，存參。

工樂户及婦人犯罪

薛云：此與上天文生有犯律均係犯罪免發遣之事，似應附入彼門，無庸另立名目，婦女一層亦可併入婦女犯罪門內。再，天文生有犯，原律係統於工樂户之內。雍正三年分列兩門，又將工樂户犯流罪者改爲徒罪，而其實並無工匠、樂户名目，律亦係虛設耳。

條例

一、和聲署至革去職役

薛云：此前代例文，與現在情事不同，似應删除。

一、各直省審理婦女翻控之案至分别禁釋

薛云：婦女翻控，初定之例本係實發駐防爲奴，此例略爲變更，是以有「免其實發」之語。婦女犯盜致縱容祖護之父母等自盡，係由「爲奴」改「發烟瘴充軍」，是以亦有「免其實發」之語。第圖詐、挾嫌、翻控，係屬出於有心，因盜致父母自盡，實係出於意外。圖詐等項尚可改悔，致父母自盡何改悔之可言？措辭未見允協。子孫犯姦、盜致縱容祖護之祖父母、父母畏罪自盡，發黑龍江給披甲人爲奴，係嘉慶六年定例。十七年改發新疆給官兵爲奴，並添『子孫之婦有犯，與子孫同科』等語，二十二年又改爲烟瘴充軍，載入訴訟門內。其例文云『子孫有犯姦、盜，如祖父母、父母縱容祖護後經發覺畏罪自盡者，將犯姦、盜之子孫改發云貴、兩廣極邊、烟瘴充軍，子孫之婦有犯，悉與子孫同科』云云，是無論因姦、因盜，均應發烟瘴充軍，免其爲奴矣。而因姦致縱容之父母自盡，婦女實發駐防奴爲，又載在威逼致死門內，不免參差，且婦女犯軍罪無有不收贖者，此處復奏請監禁三年，何也？豈忘却此項之並不爲奴乎？殊不可解。原奏請免其爲奴、酌加監禁者四條，本爲婦女翻控起見，而類及於毆差鬨堂、姑謀殺子婦及因盜致父母自盡三項，上諭祇准此二項，而因盜致父母自盡一項本不在爲奴之列，反多監禁三年，不幾多此一舉乎？再，訴訟門内係統指男女而言，威逼門内專言婦女因姦，不特與訴訟門稍有參差，且因盜者監禁，因姦者實發，男子不論因姦、因盜均擬充軍，婦女則如係因姦，即應實發爲奴，尤嫌參差。本按：此等條例應修改畫一，其不畫一者，總由改例之時顧此失彼故也，然則修例豈易事哉！『免其實發』云云，係修改時語意，即纂爲定例，似應删去。

徒流人又犯罪

條例

一、先犯雜犯死罪至奏請定奪

薛云：此係前代例文，係專指運炭、納米及做工等項而言，故決杖外餘罪皆准收贖，現在並無此等案犯矣。此原例本係三條，首條言先犯雜犯死罪，復犯雜犯死罪及徒流笞杖之罪，二條、三條言先犯徒流笞杖，後犯雜犯斬、絞之罪，皆所以補律之未備。後將下二條删去，因此條有『三犯奏請定奪』之文，是以仍存例内，惟究與現行定例諸多不符，似應一併删除。徒流重犯，律係在配拘役，例則加擬重枷號，烏魯木齊遣犯又係鎖帶鐵杆，此則准予收贖，與律、例均屬不符。若謂係雜犯死罪專條，彼五徒外尚有遷徙一條，又如何辦理耶？一事一例，殊嫌紛煩。徒流人重犯徒流，律有『拘役四年』之文，准徒與徒犯不同，與軍流亦異，是以又立有此條。惟以准徒五年之罪，僅贖銀四錢五分，殊嫌太輕，亦與軍流在配復犯徒流等罪科斷迥殊，且此等案件百無一二，有犯無難比照定斷，似可毋庸定立專條。

一、免死減等至鞭責發落

薛云：此例祇言免死發遣盗犯，而不言免死軍流人犯，徒流人逃門又有秋審緩決遣犯，第免死盗犯亦有問擬軍流者，脱逃即應正法，則犯應死罪名，亦應以免死遣犯論，名目既多，例益紛煩矣。本按：現在准無發遣寧古塔、黑龍江等處盗犯，此句應修。又，此條係在配殺人之例，脱逃例在徒流人逃門内，此處除筆無用，可删。

一、閩省沿海至近邊充軍

薛云：强悍好鬥之風，不獨閩省爲然，鬥毆門内有沿江濱海及南陽等兇徒各條，應參看。此條應與沿江濱海條修並爲一。本按：此條是復犯，彼條是初犯，故分見兩門，似不修併亦可。惟『閩省』字不賅括，應改。

一、軍犯在配復犯至種地當差

薛云：此例專言軍犯，而未及流犯，以軍犯本係應役之人，與流犯不同。已流又犯流，仍應照律拘役，故不復叙也。第近來軍犯不應役者居多，與流犯不甚懸殊，不過名目不同耳。其實在配拘役亦係空言，似不如一體枷號較覺畫一，特計較輕重調發别處，似可不必。已流又犯流罪，律止擬杖拘役，並不另流别處。即唐律疏議所謂前犯處近，後犯處遠，即於前配所科決，不復更配遠流之意也。此例加擬枷號，自係以枷代其拘役，尚不至大相懸絶，然必改調他處，義無所取。流犯不改發，雖原犯二千里，後犯三千里，亦祇在配拘役，軍犯既加枷，又調發，殊覺無謂。言枷號而未及杖，似應添入，以本律原有決杖之文也，上條遣犯枷號之外俱鞭一百，此等應杖即可類推。本按：調發之例，最爲紛擾無謂，軍罪一項本可廢，此條尤宜斟酌。新章將附近、近邊、邊遠停止，滿流加等即係極邊，與舊法已不同矣。

一、尋常竊盗至擬絞監候

薛云：已徒、已流而又犯徒、流等罪，及流徒犯在配脱逃，律内俱有決杖拘役之法。至竊盗罪名，總應以贓數爲斷，如在配、在逃復行犯竊，自應計其贓數之多寡，與逃罪相比，從其重者論，方無歧誤。此條例意雖係爲嚴懲竊盗而設，惟不計贓論罪，而但以已至三次以上即擬以充軍外遣，究嫌未盡允協，且既不照徒流人又犯罪律科斷，自應移入竊盗門内，即如因搶奪問擬徒、流、軍罪復犯搶奪載在搶奪門，此條何以又附入此律耶？亦不畫一。

此例在配、在逃行竊，雖不明言再犯，其實皆再犯也，改發之後又復犯竊，則三犯矣，如何科罪，此條及下條俱未叙明。是犯徒流者較尋常竊盗爲嚴，犯死罪者較尋常竊盗爲寬，殊非律意。再，此條係别於下條改發極邊、烟瘴充軍之竊盗而言，故添入『尋常』二字。如三犯計贜銀不及十兩、錢不及十千即應擬流，此等人犯在配、在逃行竊，應否以尋常竊盗論之處礙難辦理，添入此二字，殊覺無謂。本按：此條似嫌過重，似應與改發極邊、烟瘴之竊盗一條斟酌輕重，修併爲一。同一竊盗，有何尋常非尋常之分耶？

一、旗下另户至請旨辦理

薛云：從前另户旗人逃走一月以外者，不論投回、拏獲，俱發黑龍江當差。在逃匪類，一月以内投回者，仍送部發遣拉林，即此條所云『逃人、匪類』是也。後例初次逃走者，改爲投署免罪，被獲者鞭一百，則犯逃罪者並不發黑龍江矣。若匪類則銷除旗檔，與民人一體定擬，犯罪免發遣門例文極明，此例『逃人、匪類』等語即屬贅文。至『年終彙題』，犯罪事發在逃及徒流遷徙地方門均有此語，此例即係照彼條辦理。後將彼條改爲年終咨報軍機處、刑部，此條仍從其舊，似應一併删改。本按：逃人、匪類例文既改，則此條例首數語即應删除。徒流遷徙地方門有發改新疆當差之犯例文一條，似應修併爲一。至應發黑龍江人犯，奉天由盛京刑部、奉天府發遣，各省由督撫徑行解往，毋庸解部，例見徒流遷徙地方門。亦應删修。

一、改發極邊至分别辦理

薛云：改發極邊、烟瘴充軍之竊盗，有因犯積匪、猾賊改發者，有照上條在配、在逃復竊改發者，有竊盗三犯計贜三十兩以上改發者，有由秋審緩決改發者。三犯計贜改發及秋審緩決改發内亦有三犯計贜擬絞之案，此次在配復竊則四犯矣，在逃行竊發往新疆後復行犯竊則五犯矣，即積匪、猾賊及在配、在逃之徒、流、軍犯，亦有三犯在内。如贜至五十兩以上仍擬枷號，不以三犯論，是律應輕者而反從重，律應重者而反從輕，殊嫌未協。三犯律應擬絞，例則計贜五十兩方擬絞罪，已屬從寬，緩決減軍後復犯行竊，計贜在徒流以上僅擬枷號，是何理也？同一計贜五十兩以上之案，初則問絞，後則加枷，情法固應如是耶？再，原例雖無三犯之文，而計贜滿貫即擬絞決，尚非一概從寬，改爲絞候未知何故。其未至死罪者照軍犯在配復竊例辦理，即本條計贜分别枷號之例也，與下遣犯在配復犯例亦不無參差，應參看。此例與問擬軍、流、徒罪之尋常竊盗一條均指竊盗而言，並不用徒流又犯罪之律，似應歸入竊盗門内。本按：究係犯罪擬罪復犯之犯，在此門似尚無礙，惟與前一條應修併爲一，輕重之間亦須斟酌耳。

一、凡發遣人犯至分别治罪

薛云：此例係遵照雍正七年上諭纂定，蓋專爲由京充發烟瘴之包衣、旗人、太監等犯而設。上諭内明言『此等八旗包衣發遣重罪欽犯，一到外省，衆人不知其來歷，認爲朝廷得力之人』云云，甚屬明顯，修改之例則專指免死遣犯言之矣，軍流如何科斷，並無明文。其生事不法與辱官詐財是否一串，抑係另犯别事之處亦難臆斷。至遣犯另犯軍、流、徒罪，例係酌加枷號，此云『照律治罪』，亦屬參差。本按：似應修改明晰。

一、發遣吉林至本例問擬

薛云：現在免死盗犯並不發遣吉林、黑龍江，似應改『爲强盗案内免死發遣之犯在配』云云，此即免死盗犯在配犯該徒罪以上之事也，既有專條，似可毋庸另纂爲例。本按：免死盗犯在配犯徒罪以上，例係斬候，此加爲立決，故另立專條。

一、回民因行竊至不准援減

薛云：此例共係三條，一載在徒流人逃，一載在盗賊窩主，應參看。回民窩竊，罪應烟瘴充軍者，改發新疆爲奴，載在盗賊窩主門内。其竊盗門内回民行竊，如係結夥持械，俱改發烟瘴充軍，並不發遣新疆，黑龍江等處爲發遣，而烟瘴軍犯與近邊等項相等，相沿至今，諸多參差。况犯罪免發遣係屬律目，又何嘗專指新疆等處耶？似應將新疆、黑龍江、吉林等處及四省烟瘴並各省駐防爲奴者均謂之遣犯，其餘仍謂之軍犯，明立界限，庶無錯誤。若謂四省烟瘴究屬内地，與新疆不同，彼吉林、黑龍江等處又豈得歧視之耶？再，烟瘴及新疆人犯，現在均係改發極邊足四千里，並不實發，若在配有犯，亦難定擬，似應於徒流遷徙地方門内。特立專條，以免歧誤。尋常竊盗亦有問發新疆者，如本門因竊擬以軍流，在配、在逃復竊三次等類是也。回民内亦有此等人犯，例祇言復犯行竊，而不言復犯窩竊，亦不賅括。逃後行兇爲匪，犯該軍流即應擬絞，不止枷號二三年已也，逃後行竊非爲匪乎？而仍照在配定擬，何也？下發遣爲奴人犯在配行竊一條，其枷號日期與此亦不相符，均屬參差。此條計贓逾貫，自係指一百二十兩以上而言。若三犯贓至五十兩，是否擬絞，抑仍枷號三年之處，記核。本按：徒流人逃門内之回民行竊發遣例内有逃走後行兇爲匪一段，與此參差，似應修併一律。

一、發遣黑龍江等處爲奴人犯至治罪

薛云：此條與徒流人又犯罪例文未符，似應移於奴婢毆家長門，與家主將奴僕之妻妾妄行占奪一條修併爲一。故殺無罪奴婢，律止杖六十、徒一年，即官員故殺奴婢，例亦止降級調用，此云『照故殺奴婢例治罪』，彼云『發黑龍江當差』，輕重殊不畫一。

一、凡發遣新疆至援免

薛云：此條是否專指因竊發遣，抑無論因别事發遣均照此例定擬，並未叙明。軍犯在配行竊，例有明文，遣犯例無治罪之條，是以定有此例。嘉慶六年修例時，將『三次、四次』字改爲『初犯、再犯、三犯四犯，無論竊盜』，無『四犯』之文，且不論贓數多寡，亦與軍犯在配復竊分别贓數科斷之處不符，況前條明言改發新疆後復犯行竊，照軍犯在配復竊例辦理，與此條亦覺參差，且與回民復竊一條亦彼此互異，似應修改一律。尋常竊三犯，如贓至五十兩即應擬絞，此條及上回民在配行竊一條，三犯不問死罪，意在從嚴而例文又復從寬，何也？

本按：既多參差，不如删去『改發新疆後復竊』，前條既云『照軍犯在配復竊例辦理』，非無辦法也。

一、烏魯木齊地方至照例辦理

薛云：此亦遣犯也，與平常遣犯分别枷號之例不符。因枷責太輕，故改爲擊帶鐵桿，然日久亦成具文，現在鎖帶鐵桿、石墩之犯脱逃者比比皆是，果何益耶？似應改爲外遣人犯通例。本按：烏魯木齊已改行省，此時情形亦與從前不同，此例似可删除。遣犯在配犯法及脱逃，及逃後爲匪，例文已具，似不必一地立一例也。

老小廢疾收贖

條例

一、内外現審至亦得收贖

薛云：此例專爲送部發遣人犯而設，現在送部發遣之例已經停止，此例即可删除。本按：徇情題免議處一層似應酌留，處分則例有專條。

一、凡瞎一目至科罪

薛云：此專指瞎一目之人而言，以此等人原與平人無異也，非此而與此相類者，似應一併添入，凡侏儒、癡呆等類皆是。

一、每年秋審至照此例行

薛云：從前死罪人犯，凡情節較輕者均入秋審可矜，後又添纂一次減等之例，如戲、誤、擅殺之類，與可矜人犯事同一例，此例可矜下似應添『及緩決一次准其減等者』。

一、七歲以下至恭請欽定

薛云：七歲以下不論死者年歲若干爲一層，十歲以下分別死者年歲聲請爲一層，十五歲以下確查死者年歲援案聲請爲一層，例凡三層，其實則二層也。理曲逞兇專指十五歲以下一層而言，謂死者雖長兇犯四歲以上，如非理曲逞兇，亦不准援案聲請也，十歲以下並無此語，自不論死者是否理曲逞兇。但年長四歲以上即應聲請，倘實係死者理曲逞兇，而年長三歲以下即不得概行雙請，似嫌未協。十歲以下斃命之案，究係律應奏請，死者長於兇犯不及四歲不得雙請，係屬較律加重，然案情各有輕重，似未便僅以年歲論擬，請於例內添入『雖長於兇犯不及四歲，而實係理曲逞兇者，亦准雙請』。丁乞三仔之案，係雍正十年奉特旨減等發落。乾隆十年九卿奏准，十五歲以下殺人之犯，令該督撫查明實與丁乞三仔情罪相等者援照聲請，聽候上裁，並未著爲成例。原因十五歲以下犯殺人死罪，律無奏聞之語，與十歲以下本有區別，是以祇准援案聲請也。劉縻子案年未及十歲，因死者亦係同歲幼孩，故又定有年長四歲以上及三歲以下分別聲請之例，並將十五歲以下援照丁乞三仔之案亦纂入例內。是律本輕者而反形加重，律本重者而反從輕矣，似不無稍有參差。本按：十歲以下一段應於『准其依律聲請』句上添『或長於兇犯不及四歲而理曲逞兇』十四字，若所長下改『不及四歲而又非理曲逞兇』。十五歲一段既纂爲定例，則舊案不必引入例內，從前例文似此者絶少，後來則漸多矣。似可將『援照丁乞三仔之例』八字删去。

一、各直省至不准收贖

薛云：見禁囚不得告舉他事門，條例云『年老及篤疾之人許令同居親屬代告，誣告者罪坐代告之人』，應與此條參看。老疾誣告反坐之案，例無不准收贖明文，乃翻控審虚者即不准其收贖，似嫌參差，亦與罪坐代告之例不符。老疾之人，刑法所不能加，故律不准告，例許代告，而誣則坐代告之人，情法係屬兩全。此例舍代告之人不問，而仍罪坐老疾之人，非特與律不符，亦與例意互相歧異。罪應軍流以上不准收贖，徒罪以下自應仍准收贖矣。惟翻控之案，大約人命居多，誣告人死罪未決，律應加徒役三年，此等老疾之人礙難拘役，應否免加徒役，設或在配脱逃復犯别項罪名是否一體酌加枷號之處，一併存參。本按：各省刁民倚恃老疾、婦女妄控之案不一而足，必應申明代告之例，從嚴懲辦，庶可以戢囂凌之氣。如有老疾、婦女親身控訴者，概不准理，或可稍挽積習，存參。

給没贜物

條例

一、在京在外至彙題一次

薛云：追贜名目雖多，總不外還官、入官、給主三項，凡監守、挪移、搶竊、詐欺等項，均在其内。此例還官贜物祇云『監追年久』，並未敘明限期，是以又立有『欺侵枉法充軍追贜人犯，嚴追至一年以上，先將正犯發遣，仍拘的親家屬監追，無的親家屬，仍將正犯監追』一條。雍正三年將彼條删除，此條還官贜物亦改爲一年以上，係屬追贜通例。後監守、挪移及獨賠、分賠各款，並追賠拖欠工程核減銀兩例内均有限期，即准枉法、不枉法等贜，亦有按限著追明文。惟搶、竊等項亦係給主之贜，其限期自應照此條以半年、三月爲斷，而除筆又云『搶、竊等贜照本例辦理』等語。查下條搶奪、竊盜之贜，著地方官於定案時嚴行比追，如果力不能完，即將本犯治罪，亦未敘明限期若干月日，究屬不大明顯。至埋葬銀兩，本係一年之限，是以戲殺門内祇言『照數追給』、『勒限追給』等語，其不言若干日，此處已有明文故也。乾隆五十三年，以命案内埋葬銀兩另有專例，將此例内『埋葬銀』三字删去，是又將各項埋葬銀兩與命案減等應追埋葬銀兩混而爲一矣。參看自明。還官一層似指侵盜、挪移等項而言，入官一層似指彼此俱罪等項而言，給主一層似指用强逼取等項而言。監守盜即在還官之内，搶、竊盜即在給主之内，例意本無不包，後愈改而愈覺牽混。緣此例在先，各條例文在後，定彼例時未能關照此例，以致諸多參差。還官之贜，既關係國帑，應否請豁，自應題請。惟虧短官項，無論侵、挪，即坐贜致罪之款，亦各有定限，從無半年彙題請豁之文，與此例俱不相符。此例所云，惟常人盜及損壞官物等類方合。然常人盜係分别贜數多寡問擬絞候、軍流，又從何彙題請旨耶？必如盜官物問擬杖徒罪名，方可援引此例，而現在俱不按季彙題，亦無半年限期，此例不幾成虚設乎？現在辦理搶、竊及盜劫並常人盜官物案件，俱云所得贜物已賣錢花用，赤貧免追，千篇一律，並未聲明監追日期，若不知有此條例文者。平情而論，原定之例未免過於嚴厲，嗣酌改爲一年，後又分别改爲半年、三月，近來並半年、三月亦俱不行，又何論按季彙題及年終彙題耶？既不照此辦理，此例似可删除。本按：追贓一事，似應將各新例參酌，定一通例，載入此門，方是提綱挈領辦法。一事一例，過涉瑣碎，非政體也。搶、竊等贓，何從著追？若照監守之例，定一完贓減罪之例，或尚可行，存參。

一、命案内減等至照例議處

薛云：人命門應該償命罪囚，遇赦追銀二十兩，貧難者量追一半，與此例情事相同。惟此例有一月限期，而彼條無文，應參看彼門。所載過失殺人則收贖十二兩四錢二分，與此條銀數既異，亦無限期若干日，其力不能交者，又照不應重發落，此條及償命罪囚祇云量追一半，並無力不能交罪名，此外免罪留養人犯亦同。均屬參差。本按：此類似應修改畫一。

一、凡八旗應至枷責結案

薛云：八旗應入官之人，大抵指不能完交錢糧者，今並無此等人犯。本按：近數十年來久無入官人犯，此等例文既係虚設，似可删除。『辛者庫』三字，詢之旗籍善翻譯者，並不能解其義，似此項人久已無之。

一、凡官役犯贓至概追入官

薛云：以告與不告分别入官、給〔原主〕，似與律意不符，被官役詐騙逼勒，不敢控告者居多，大抵皆良懦之人畏其威勢故也，與彼此俱罪之贓不同，概追入官似嫌未協。本按：此條似可删除。

一、歸旗人員至不得免追

薛云：交旗追贓之例現已不行，侵、挪如有追贓治罪專條，此例無關引用，似應删除。

一、刑部現審至照例議處

薛云：此條行追之上似應添『發交該犯旗籍地方』，原奏本有此句，承追各官即指旗籍而言，非刑部原審司官也。

一、州縣有盗至上司分賠

薛云：被盗究與侵虧不同，令上司分賠似嫌太過。餉鞘失事一條，分賠之法與此不同，而亦無限期，其實上司又何嘗分賠耶？不過仍攤諸各屬，甚且有攤至數年者，立一法即有一法以破之，果何益乎？本按：法太密則不行，而反滋流弊，不如疎節濶目之爲得體也。近數十年來，未聞有盜劫庫項上司分賠之事，此等例皆虛設，不如删之。

一、凡追贜至豁免

薛云：此例行而搶、竊等項除現獲之贜外，其餘遂無給主具領之事，亦無追贜之事矣。此等賊犯均係藐法之徒，照前分別贜數多寡，監追一年、半年有何不可，乃急欲放出，勢必仍復偷竊，否則在配脱逃耳，何益之有？本按：此論誠是矣。惟近來此等人犯，大抵皆游蕩無業之人，其中有家室者十無一二，更何論産業耶？即間或亦有妻室之人，其妻亦小知何自而來，無可根究。前議立一完贜減等之法，亦係藉以監禁之意，然總非探原之道也。

一、參革漢軍至解旗治罪

薛云：現在虧空人員無論滿漢，均係一體辦理，並無解旗治罪之例，此例亦係虛設。本按：似亦可删。

一、盜劫之案至不在此例

薛云：强竊、盜贜均載賊盜門内，此條及上搶、竊追贜一條又列入此門，似不畫一。盜案各省皆有，地方官賠贜之案百無一二，平情而論，未免太嚴，然已成虛設矣。律稱以贜入罪已費用者，犯人身死勿徵，雖不專言盜賊，而盜賊已包舉在内，已死勿徵，則業經正法應亦在勿徵之列矣。例將其家産封記變賣，資財什物給主，自係從嚴之意，乃辦案者一味含糊，不肯認真，在已經正法之犯尚非失之寬縱，流徒以下則與律意全不相符矣。舍律言例，無怪諸多抵牾也。

本按：以身死勿徵之贜而令地方官罰賠，無乃太苛，且近年盜風甚盛，而從無照此例辦理者，虛設不用，何如删去。

一、刑部現審至毋庸估變

薛云：似應併入下竊盜案内無主贜物一條之内。

一、虧空貪贜官吏至贜律治罪

一、地方官吏至糧例治罪

一、田房産業至出示招賣

薛云：此例三條，乾隆五年删併爲一，甚屬簡當。既經欽奉諭旨仍列三條，以後稍經修改，大半仍係舊例。此外呈進黄册聲明删除。奉旨仍行纂入者不一而足，皆此類也。本按：此三條似可修改爲一，當此整頓之時，或無礙也。

一、八旗催追至盡行入官

薛云：乾隆五年，查估變家産前例已經明晰，八旗事同一體，不應另立例款，毋庸纂入，進呈後遵旨仍照舊例改正編輯。本按：現在既無歸旗催追之事，此條似可删除。

一、竊盗案内至御史查參

薛云：户部則例庫藏門隨時解款數條應參看。一、在京衙門交納現審臟罰銀錢，數在十兩以上者，隨時交户部查收，數在十兩以下，隨案先交刑部收儲，歲底由刑部彙交户部。一、外省隨時帶解臟罰銀兩，除原文投送刑部外，其銀隨批徑投户部，俟收足後知會刑部，查案完結。一、現審有關臟罰銀錢、什物變價等項，定案時鈔録全案，並臟罰銀錢立即咨送户部，如勒追未交者，隨案聲明，户部查催交納後，知照刑部完結。一、一切臟罰銀錢年終彙册，開列案由，分晰數目，已交者注明銀庫兑收日期，未交者聲明何年月日追出，造册送部綜核。此數條刑例不載，刑例所載者户例亦漏未列入，且不免有參差之處，似應查照修改一律。又蠲卹門矜卹罪囚事例：一、各省贖鍰銀兩，無論内結、外結，所納銀兩停其解部，留充各本省獄囚棉衣、藥餌報查等項之用。現在各省均經照辦，有具題者，有專咨者，刑例轉無明文，未免疏漏。

犯罪自首

條例

一、小功緦麻至首律免罪

薛云：反逆一段見賊盗謀反律，與彼重複。親屬律得容隱，而小功以下有犯減凡人三等，無服之親減一等，此例即照彼律纂定，但小功、緦麻亦有不同，如小功堂姪及緦麻姪孫二項，服雖疎而情最親，有犯毆殺，律與大功弟妹同擬流罪，首告不得全免，似嫌參差。無服之親亦准代首，尤與古法不合。本按：反逆一段，兩處應删其一，此本纂律注爲例，則删彼注亦可。

一、在監斬、絞至律例問擬

薛云：此條專言謀反、叛逆之犯不准自首，其餘俱未議及，以俱在准減之列矣。惟强盗及蔑倫重犯並一應凌遲立決之犯，均屬情罪重大，若一概減等，似嫌輕縱，應仍分別原犯情節輕重，如應立決者改爲監候，應情實者酌入緩決，應緩決者方准減等，其謀逆及凌遲人犯仍不准自首，記參。末段與下越獄分別投首一條參看。本按：强盗等犯有向辦章程，應查明添入，以免歧誤。外省每有不分輕重，一概減等之案，故不如明定章程。自行越獄之犯已詳下條，此段可删。

一、被擄從賊至免罪

薛云：『俱著免』上諭内語也，似應改爲『俱免其罪』。本按：删『俱著』二字，存『免罪』二字，此祇一項人，例文不必用俱字也。

一、凡遇强盗至不在此例

薛云：此條專爲親屬首告而設，原例『依律免罪，減等擬斷』，謂大功以上親首告則免罪，小功以上親首告則減三等擬斷也，後改爲『照例擬斷』，似係照乾隆三十二年纂定强盗及夥盗自首，分別行劫次數及是否傷人例文辦理，不特與原定此條例意迥不相符，亦並無大功以上及小功以下之分矣。强首均載在此門，後俱移入强盗門内，而此條仍在此門，亦不畫一。

本按：似應將强盗門内各條移入此門，列於此條之後，親屬首告一節亦應依律分別定擬，以符律意而歸畫一。

一、竊盗自首至俱免刺

本按：此條重在免刺，似應移入起除刺字門内，列於監守常人盗及搶奪畏罪自首一條之後。

一、不論强竊至縱律治罪

薛云：現在强盗自首條，例較律加嚴，雖捕役教令投首，情節重者仍應擬以死罪，無虞寬縱，此條似可删除。本犯無自首之心，因聽旁人教令始行投首，未聞將旁人治以重罪，因係捕役教令，特定此例，究嫌過重，亦與律意不符。

一、强盗同居之父兄伯叔與弟至發落

薛云：照律減免發落，似係照前依律免罪減等。第前條例文已經删改，此例即屬無據，罪名亦迥不相同。減謂減三等，免謂免罪也，除前條外再無減免之例。得相容隱之親屬代首及彼此互相告言，律與自首同，雖强盗亦可免罪。現在强盗自首之例較律加嚴，並不全免其罪，此云許其據實出首，均准免罪，與例不符，與別條不無參差，且例止言弟而不及別項卑幼有犯，殊難援引。本按：本犯自首之例既改從嚴，則親屬代首者自難照律辦理，此條末句祗可酌改。

一、聞拏投首至科斷

薛云：知人欲告而自首，律得減罪二等，此又立減一等之條，較知人欲告又加嚴矣。唐律疏議謂『犯罪之徒，知人欲告及案問欲舉而自首陳，各得減二等』，是聞拏自首亦得減二等也，又何減一等之有？本按：此等行之已久，不知其非矣，蓋唐律一書無人研究也。

一、一人越獄至分別完結

薛云：投回之犯免其逃罪可矣，若因供出同夥即予減等，似嫌太寬。聽從越獄之犯限内投首，供出首、夥各犯盡行拏獲，減等發落，與强盗供出首、夥逃匿所在一條相合。若起意糾夥越獄之犯投回供出同夥，亦准減等，係死罪人犯不但免其立決，且得減流，軍、流以下人犯不但免死，兼可減等，被糾者仍行加等，情法未見平允，且與犯罪共逃之律不相符合。以半年爲限，未知本於何例，若限外投首，自係仍照越獄辦理矣，犯別項罪名並無投首限期，又何説耶？監犯越獄，管獄於四個月限内拏獲，革職，免其拏問。此處以半年爲限，似嫌參差。且各犯均未明立限期，而越獄之犯以半年爲限，亦嫌參差。

一、鴉片烟案至再首

薛云：此條似可删除。本按：此條重在末一句，然此時此等案豈有辦法？删之爲净。

二罪俱發以重論

條例

一、凡人命案件至加等治罪

薛云：各條内惟家長、有服親屬强姦奴、雇妻女未成，致令自盡一條，情節爲重，且内有死係一命，按律亦應擬抵者，原例概擬充軍，已屬含混，此例二命仍擬充軍，三命以上以次加等，尤覺未協。而奴、雇亦大有區別，設家長之功緦親屬强姦雇工人妻女未成，致死三四命以上並無死罪，殊與例意不符。

一、凡兩犯凌遲至刀數

薛云：此條似可毋庸纂入，法至凌遲至矣、盡矣。即或情罪重大，連坐其妻子、籍没其財産已足蔽辜。此例於凌遲之外又行加重，且明纂爲例文，似可不必。

犯罪事發在逃

條例

一、各處將軍至恭候欽定

薛云：此條原例上一段係指在配脱逃分別正法而言，下一段係指旗下家人逃走而言，與民人事發逃走之律無涉，後將上一段移改於徒流人逃門内，下一段則專指八旗言之矣，似應移於捕亡門内。徒流遷徙地方門載『發遣人犯，該將軍等於每年十月截數。將該處一年内發到遣犯名數同節年問發到配遣犯現在共計若干名，並安插遣犯有無脱逃及已、未拏獲各數目詳細聲叙，咨報軍機處、刑部，均限十二月初旬咨齊，照例彙奏』，與此係屬一事，不應分別兩門。但彼條云照例彙奏，此條云以憑核覆具題；此條云兵、刑二部，彼條祇云刑部，均屬參差。每年派員帶領催專緝逃人及八旗家人逃走造册報部，均與督捕例文相類，然彼門所載半屬空言，此則更成具文矣。本按：督捕則例有盛京、寧古塔、黑龍江將軍及邊汛等官各於所屬内緝拏逃人一條，與此條情事相類，似可將此條修併於彼條之内。此條本與此律無涉也，且緝逃一事，國初極重，專設一督捕侍郎主之，後將侍郎裁去，而改設督捕司員主之，必其時此等逃人已漸少矣。近則旗人逃走之事絶無僅有，督捕司例稿每年不過十餘件，並督捕司員亦可裁去，則此等例文皆屬無用，即删除亦無不可。

一、凡内外現任至不准減等

薛云：此例既增入『現任』二字，則非現任人員有犯如何科斷，例内轉無明文。李容之案既仍照本律擬絞，如犯軍、流以下罪名，即不能概擬絞候。若照民人加逃罪二等，則犯杖罪以下之犯反較無故逃走者科罪轉輕，且官員萬無無故逃走之理，此例亦係虛設。假如有或避難解之錢糧、難捕之盜賊及難辦之差役而在逃者，是否以負罪論，抑係以無故論之處，生死出入攸關，存以俟參。首段係並非脱逃者，次段係負罪潛逃者，末段係無故逃走者。末段有『投回減等』之文，次段並無『投回』字樣，設有潛逃之後悔罪投回者，是否免其逃罪，礙難定擬。逃犯均准自首，均准免逃罪，此不言者，豈因係職官而嚴之乎？惟從前舊例職官犯罪均較民人從寬，此條又較民人從嚴，且與擅離職役罪名相去太遠。軍、流以下是否包杖、徒罪名在内，且無論本罪重輕，一經脱逃即改絞候，似嫌太重。在京旗下官員逃走一次者革職，銷除旗檔，見督捕則例，與此例亦大相懸殊。本按：此條係乾隆二十八年因浙江衛千總朱振清一案奏定之例，原例徒改軍，杖、笞改徒，尚分别輕重。乾隆三十年因臺灣把總李丹桂一案，遂改爲軍、流以下，無論本罪輕重，愈嚴厲矣。乾隆六十年，兩江審擬在籍郎中李容砍死伊妻脱逃被獲擬絞，奏請正法奉諭『李容究非現任，止須照例擬絞，何必遽請正法』？蓋已覺此例之太重矣，似應參酌改定爲是。朱振清係侵用旗丁銀米，李丹桂侵用息莊穀價，當時特用重典，殆以懲貪歟。

一、凡人命、搶竊及拒捕、共毆等案至查辦省釋

一、凡人命、搶竊等案至一例辦理

薛云：未定罪名人犯，情形不一，有初認重罪而隨後翻供者，有因拏甲而誤及乙者，或擬死罪，或無庸議，出入所關甚鉅，即所謂疑案也，二年保釋，似嫌未協。道光十三年修改按語所云，則未定罪名人犯並非無罪可科，特不能定爲何罪，據供斷結耳，二年之限亦未可拘定。咸豐元年安三案内通行，應與此條參看。監候待質之例，特爲死罪而設。流、徒以下自有通計前罪以充後數之法，本無虞其避就。乾隆十七年將監候待質之例删除，遇有疑難大案即無辦法。嘉慶年間又定有軍、流以下酌定年限准予待質，死罪不准之例，而此律竟成虚設矣，不惟輕重失平，辦法亦多窒礙。伏查嘉慶年間欽奉上諭，本爲狡避死罪人犯而設，例内並未叙明有關斬、絞字樣，遂致首、從罪名稍有出入者，無不監候待質。是直爲辦案者開一方便之門，而於法制毫無裨益也。若謂先決從罪，凡犯笞、杖及徒、流者無難通計前罪以充後數。如係死罪人犯狡供爲從，或笞、杖或徒、流已經決訖，後獲逃犯訊明前人爲首，律内並無科斷之法，不知此律所云與二罪俱發以重論律意相符，彼律祇云一罪先發，已經論決，餘罪後發，其輕若等勿論，重者更論之，通計前罪，以充後數，亦無先發輕罪已決，後發應死罪名作何擬斷之文。可知罪應論死者，無論先發已決、未決，仍應擬以死罪矣。若謂先決從罪又擬死刑近於重科，不知别項罪名可以通論，死罪並無通論之法。即以此例而論，本應擬以杖徒及流之罪，因其恐有狡避，加以監禁三年、五年及十年之久，不特逃犯未獲仍須決配，即逃犯已

獲，訊明亦須決配，此監禁之年分即屬多加，獨不慮其重科乎？且此數年中難保不有因待質而在監瘐斃之事。在狡供避就者尚可云咎由自取，而據實供明者反致負屈莫伸，情法固應如是耶？首、從罪名，律例各不相同，有首、從均應杖徒者，有首問軍、從問流者，有首問軍流、從問徒者，且有首問死罪、從問杖罪者，以從犯定擬之罪爲斷，似不如以所避之罪爲斷。如均係杖徒、均係軍流，或一流一徒及一軍一徒之類，俱可先決從罪，毋庸監候待質。若首應死而從應流、徒及杖罪者，酌量監候，亦無不可，原定三年限期本無窒礙，後以爲無所區別，分定年限，設所避罪名不甚懸絶，如一軍一流之類，遂致多禁五年及十年之久，似未平允。本係從犯而科以爲首，問心自覺不安，所供本係實情，恐有虛捏，既擬罪而又加監禁，於心安乎？且爲首而供稱爲從，先決從罪，律原不以失出論，爲從而恐係爲首，多加監禁，獨不慮其失入乎？平人及輕罪人犯固不應監禁，即監禁罪囚亦不應過期不放，是以不應禁而禁及故禁平人明載律内，即稽留囚徒及淹禁各律亦著有明文，總不欲罪囚長羈囹圄之意。此例行而監禁之犯較前更多，殊與各律不符。本按：死罪以所避之罪爲斷，軍流以下先決從罪，辨法極是，不獨可以清囹圄，而遇疑難大案亦有辨法矣。大約搶竊等案罪名縱有出入，不過寬一匪人，尚無大害，命案則生死攸關，豈容妄斷，往往有謀、故重情，犯人到案，忽認忽翻，礙難定獄，其中固多狡展之徒，若供不吐，抑豈無真正冤抑者乎？如山東安三一案，即其比也。此等人犯若僅照未定罪名人犯待質二年，殊覺輕縱，若照所避之罪酌定年限，庶得其平。此條似當改定，記參。

待質之案，如將來獲犯，更正罪名，原審官處分應予寬免，處分則例内未詳此條，似應奏明添入。

一、内外問刑衙門至咨部完結

薛云：犯在逃者尚可定擬完結，犯未逃者即可類推。若必取具輸服供詞方成信讞，則『衆證明白』之語幾成虛設。設如犯人在逃，據衆證定斷之後逃犯就獲，不肯輸服，將如之何？案情以衆證爲憑，固已十得八九，舍衆證而信犯供，供遂可盡信乎？唐律斷獄門云『若贓狀露驗，理不可疑，雖不承引，即據狀斷之』。疏議謂『計贓者，見獲真贓，殺人者，驗得實狀也』等語。明律不載，而添纂『犯罪事發在逃者，衆證明白，即同獄成，不須對問』之語。明律指犯逃走而言，唐律指犯不承引而言，雖不無稍有參差，而『衆證明白，即同獄成』，與『理不可疑，即據狀斷之』之義，彼此相符。且律明言不須對問，此處云『務得輸服供詞』，亦屬與律不合。此等議論，殊無足取。即以現在例文而論，犯逃者准引『衆證明白，即同獄成』之律，犯未逃者不得遽請定案，是何情理？謂恐本犯或有屈抑，逃犯獨不慮其有屈抑乎？以衆證爲不可憑，犯在逃者衆證反可憑乎？且既嚴立科條，犯未逃者不得節引律文定案，而實在刁健不承者又許具衆證情狀奏請定奪，後又添入杖罪以下者咨部完結，仍係照衆證定案，而徒多生枝節，果何益乎？訟獄雖極紛煩，立法總期簡易，法令煩矣，訟獄安得不多耶？

本按：刁狡之徒，往往恃係原告，即四面環質，衆證確鑿，俯首無辭，而令具輸服供詞，則狡展不服。如必遵照此例而行，則積案更纍纍矣，此不得不變通辦理者也。例文語涉騎墻，無關引用，惟徒罪以上奏請定奪尚屬慎重之道。

一、凡有關人命至改爲立決連條款

薛云：例款所擬各項，均係爾時應入情實之犯，近來亦有核其情節酌入緩決者，即與尋常命案無異，一經脱逃即改立決，似未允協。此外尚有情節較重者，因條款未載，仍照常辦理，亦未平允。

本按：此條原例斬、絞皆改爲立決。雍正七年改爲秋審無可寬緩者方可改爲立決，條款内所列皆當時秋審情實者也，然其中如毆宗室覺羅者，毆死内外緦麻尊長者，毆外姻小功尊長死者，妻妾毆夫之期親尊長死者，妻妾毆夫之大功、小功尊長死者，官司差人追徵錢糧、句攝公事而毆死差人者六項非例實之案；聽從下手毆本宗大功、小功兄姊尊長，僅令毆打輒叠毆多傷至死者，此一項雖例實，向俱免句；因事逼迫期親尊長致死者，近來亦有免勾之案，似皆應删除，而添纂近年例實各款，以昭平允。

親屬相爲容隱

條例

一、父爲母所殺至免科

薛云：此倫常之變，雖聖賢亦無兩全之法，而顧責之區區愚氓耶？此等情罪律不言者，不忍言也，似可無庸纂爲條例。

化外人有犯

條例

一、蒙古與民人至古例辦理

薛云：此以犯事地方爲區別者。原奏係專指賊犯拒捕及鬥毆保辜二項而言。本因蒙古例文較刑律過重起見，部駁各層亦不爲苛，而必以犯事地方分別科罪，是原奏欲將蒙古一律改輕，而定例反致將民人無故加重，殊嫌未協。且遇應抄没財産及妻子發鄰封爲奴之處，亦難辦理。

一、蒙古地方搶劫至刑律問擬

薛云：此以蒙古、民人爲區別者，專指搶劫案件而言。上條以犯事地方爲區別，此條又以犯人係蒙古、民人爲區別，下條又以事主係蒙古、民人爲區別，上條專言拒捕、鬥毆，此條專言搶劫，下條又專言搶奪，均不畫一。

一、熱河、承德至刑律科斷

薛云：此以事主爲區別者，專指承德府屬而言，亦專指搶奪而言。

本按：此不如概以本犯爲區別較爲平允，亦簡便易遵，何必此紛紛爲耶？

薛云：此門所載均指蒙古有犯而言，其苗、猺等夷人有犯散見各門，似不畫一，應將例内苗、蠻等項及土司有犯各條均移入此門。徒流遷徙地方門五條，私藏應禁軍器門一條，私越冒流關津門一條，恐嚇取財門一條，斷罪不當門一條，謀殺人門一條，徒渡人逃門一條，此條蒙古。

加減罪例

條例

一、凡例應枷至枷責之罪

薛云：此例似係指職官及旗人而言。旗人有犯軍、流等罪俱行折枷，然亦有酌量實發吉林等處者，是以定有此例。近則實發者俱有專條，此例即屬贅文，且由枷責加重發遣，則枷責即屬輕罪不議，何不可免之有？此條無關引用，似應删除。近來例文有先行枷號再行發遣者，亦有發配後再行枷號者，均與此例不符。

一、審擬罪名至遵照辦理

薛云：律爲一定之法，擅擬加等則有定而無定矣，既經欽奉諭旨定爲不准加等擅擬改發新疆等處，成例即應永遠遵行，乃近來加等定擬改發新疆等處者，仍不一而足，若不知有此例者，不幾成虚設乎？再，此條係仁宗親政第一善政，與監守自盜門侵虧之案按限著追一條係先後纂定，乃彼條迄今遵行，而此條竟成具文，何也？

稱期親祖父母

其嫡母、繼母、慈母、養母。皆服三年喪

薛云：養母一項，道光四年經大學士、九卿奏明，改爲齊衰期服，此注内三年喪亦應修改。

斷罪無正條

條例

一、引用律例至交部議處

薛云：專指刑部司官而言，似不賅括，可改爲通例。

徒流遷徙地方

條例

一、直省軍流遣犯至照例議處

薛云：新疆及改發内地二項已包於遣犯之内，言新疆而不及黑龍江等處，未免掛漏，且例内亦有由黑龍江改發内地者，未便兩歧，似應删去。本犯情願赴配，即行起解，不願者聽，係屬體貼人情之意，蓋久羈囹圄亦有愁苦之處故也。第專言東南省分，則發往西北省分之犯，雖情願赴配，亦在不准之列矣。至東南西北省分，亦有難强爲區分者，似不如不分何省，總以本犯是否情願赴配爲斷。例内『其』字太多，似應修改。

一、凡發遣人犯至分别議處

薛云：從前發遣人犯，均係解送刑部轉發，是以有酌定名數之例，現在係由各省發往，即與此例不符。此解送發遣人犯與此律意不相符，似應移入稽留囚徒或修併於主守不覺失囚例内亦可。

一、凡土蠻、猺、獞及苗人至交部議處

薛云：土蠻、猺、獞及苗人有犯軍、流、徒罪，均應折枷，而例無專條，附見於此，似應於化外人有犯門特立專例，將本門各條均分别修併纂入彼門。脱逃生事，照平常遣犯分别治罪，而在安插地方行兇生事，又照已徒、已流又犯律科斷，似嫌參差。且家口與本犯亦有區别，一體治罪，尤覺未協。即如平常遣犯脱逃爲匪，如犯該軍流，即應擬絞矣，遷徙之家口有犯，似應斟酌。

一、雲南、貴州苗人至民例治罪

薛云：原例指貴州一省，故專言苗人，添入云南，則土蠻、夷倮等類似亦應一併添入，況原奏本有夷倮等字樣。

本按：貴州亦有夷倮，不止苗人。

一、凡苗疆地方至分别察議

薛云：原奏既有『土苗、傜、僮』字樣，似應添入。折枷雖免發遣，究未全出罪名，揑結之鄰保，似應於減二等律上再減一等。

一、凡土司有犯至户部查核

薛云：土司改流，雍正、乾隆年間頗多，近則絶無僅有，且從前改土爲流之土司已經數世，均與民人無異，有犯亦不照此科斷。

一、各省遷徙土司至不在此例

薛云：此專指遷徙土司家屬而言，似仍應併入流囚家屬門内，然近來亦無此等案件矣。

本按：不如與以上各條俱移入化外人有犯門，使以類相從，便於尋檢。

一、各省僉發至字樣

薛云：此例原係五條，一係貴州省奏准，而未專指貴州，修併之例衹有廣西土司，廣東瓊連二屬，四川、湖南等處，而反無貴州，其云南亦無明文，明係遺漏。一係專指廣西土司及烟瘴而言。土司所屬地方，不得安置軍、流等犯，各省均應照辦，不獨廣西爲然也。因廣西省奏請特定此例，後遂與廣東、四川等省修併爲一，而獨無云、貴二省，何也？本按：原例有烟瘴地方，則雲南必應在内。一係專指廣東瓊、連二屬言。一係刑部議覆廣西、山西條奏。一係刑部議覆四川、湖南條奏。乾隆五十三年删併。廣東、廣西、四川、湖南應發人犯，因不便與苗、傜等聚處，俱解巡撫衙門，與別省不同。惟別省軍、流人犯，均係咨明該督撫，先期定地，無庸指定府、州，則此數省之督撫，獨不能通融派撥乎？將五條修並爲一，本爲删繁就簡，轉致多所挂漏，似無分作兩條，將苗疆地方列爲一條，其餘軍流列爲一條，一係解赴巡撫衙門，一係毋庸解赴巡撫衙門也。從前軍流均係僉妻發配，後將僉妻之例停止，此處『僉發』二字亦應酌改。

一、奉天所屬至折枷完結

薛云：奉天雖有民人亦准折枷之例，後經奏准改正，此例即可删除，似無庸另立專條。

一、奉天省應至刑部轉發

本按：解部之例久停，則末句係屬贅文，各省既徑行解往，奉天何獨不可，而必多兵部一轉乎？似應修改畫一。

一、奉天、寧古至共發一處

薛云：『同案之犯不得同發一處』，此語專見此條，別項人犯並無明文，似可改爲通例。

一、在京滿洲至本例辦理

薛云：督捕則例載『旗人初次逃走一月以外被獲者及二次逃走者，均銷除旗檔爲民，聽其自謀生理』，並不問有無甘心下賤情事，與此例不符，蓋此條在先，而彼條修改在後也。

本按：此條可删。

一、發遣伊犂至照例彙奏

薛云：此條與犯罪事發在逃第一條並下逃人匪類一條均有重複之處，似應删並。

一、曾爲職官至發遣爲奴

薛云：此專指漢人而言，乾隆五十六年所奉上諭，祇言監生等類，並無職官在内，修併之例連職官一併加以爲奴，似嫌未協。平情而論，外遣罪已極矣，又加重爲奴，似可不必，況犯杖罪未聞與平人一體的決，犯遣罪者俱與平人一體爲奴，亦嫌參差。盜賊窩主門職官窩藏強竊盜，則明明黨惡窩匪矣，例内止云概行發遣黑龍江當差，並不問擬爲奴，應與此條參看。周禮司厲『凡有爵者與七十者與未齔者，皆不爲奴』，乾隆元年諭旨『職官舉貢生監等有犯發遣者，不得加以爲奴』，即此意也。

本按：古云刑不上大夫，况爲奴乎？似應遵照乾隆元年諭旨改定方妥。

一、文武員弁至照例辦理

薛云：徒犯不拘有無驛站，官犯仍定驛發配，未免參差，其實在驛亦無應當之差，亦空言耳。現在官員犯徒罪，俱係發往軍臺效力贖罪，較此例爲更嚴矣。

本按：官員犯徒改發軍臺，並無明文，故向來稿内皆聲明『從重』字樣，此事究屬未協。似應與官犯發新疆一事一體分別明定章程，方與嘉慶初年諭旨符合。

一、發遣新疆及黑龍江至不必復奏

薛云：發遣新疆等處效力官犯，分別年限奏請釋回之例，原指奮勉當差，着有勞績者而言，是以從前三年限滿，即准具奏釋回。具奏云者，即奏其効力之勞績也。乾隆三十八年，分別原犯情罪輕重，定有三年、十年之例，四十七年又定有十年限滿，仍解回内地問擬軍、流之例。嘉慶六年以新疆究與内地不同，十年後仍擬軍、流未免太重，請嗣後官民人等有犯軍、流等罪，不得以『情重』字樣擅議改發新疆。其從前改發各犯，十年期滿，即遵例奏請釋回。並將『官員軍民人等有犯軍、流等罪，即照本律定擬，不得以情節較重擅議改發新疆』等語纂入例册，是此後官員有犯軍、流等罪，即無庸加重改發新疆。其從前發往之犯，因業已從重問擬，是以仍准分別年限奏請釋回，無庸照原犯軍、流再行發配。例内『從前』二字本極分明，十一年修例時，將例末『不得擅議改發新疆』數語删除，文意便不明顯，而嗣後官員犯軍、流罪改發新疆者仍不一而足，相沿至今，幾成官員犯罪專條，已與此條例意不符。且不問在配有無勞績，俱按年限辦理，是不特常犯與官犯相去懸絶，即發遣官犯與軍臺効力官犯亦彼此歧異。

本按：官員犯罪，徒發軍臺，軍、流發新疆，皆無明文。嘉慶年間既奏有不准加重諭旨，何以又相沿遵用？近年官員犯徒發配百無一二。軍、流則無不改發新疆，且軍臺須繳臺費，三年後尚須請旨，有再留五年，又有臺費不繳仍發徒配者。新疆則三年、十年即可釋回，一若新疆轉輕於軍臺，殊未平允。此例是必須改定者。乾隆年間，官犯發新疆由特旨者居多，故有罪止杖徒亦發往新疆者，近來則無此等人犯矣。

一、八旗另户至會核彙奏

本按：八旗逃人匪類，新例即須銷檔，與民人一體辦理，則此條例文已與現在辦法不符，應删改。應與犯罪免發遣徒流人又犯罪各條參酌修併。

一、滿洲、蒙古至緑營食糧

薛云：旗人俱發吉林及駐防等處，即不應有發往新疆當差之犯。爾時原因種地需人起見，是以改發新疆，且爲迎娶家口而設，分別年限食糧當差，即所謂眷兵也。現在並無此等人犯，似應删除。

一、凡下五旗至黑龍江等處

薛云：烏喇地方，康熙年間已經停止發遣。包衣人一經送部，並不分別情節輕重即發打牲烏喇，似嫌過重，然係爾時辦法耳。再，查創參舊例，爲從係包衣佐領下另户，發烏喇，交該管官令其打牲，係家人，給與打牲人爲奴。後於乾隆五年修例時聲明，發遣打牲烏喇之例久經停止，因將此層删去，而此處仍發打牲烏喇，未免參差。

本按：此條應修改。

一、各旗將家奴至照此遵行

薛云：發遣並未聲明何處。咸豐二年，因八旗正身喫酒行兇條内祇言送部發遣，並未指明地方，是以添入『吉林、黑龍江』字樣。此條事屬一例，亦應添叙明晰。惟查犯罪免發遣門載『旗下家奴犯軍、流等罪，俱酌發駐防爲奴』，此處既未載明發遣地方，又似應發駐防矣。許伊主赴部遞呈，與刑部不准收呈之例微有不符，應參看。本按：此項應發駐防，應添叙明晰。旗人犯罪各例，如俱移入犯罪免發遣門，以類相從，既便尋檢，亦免參差。

一、新疆及内地至嚴加管束

薛云：現在並無此等人犯，此例亦係虚設。

本按：既云虚設，即可删除。下條同。

一、凡發往熱河至隨時附奏

薛云：現在並無發往熱河廢員，此例亦係虚設。

一、回民除犯至聚集之地

薛云：似應與下回民犯罪應發回疆一條修併爲一。『審有糾謀持械逞强情狀者』句可删。

本按：此條專爲不發回民聚集之地，近年有新定章程，應參酌修入。再，查回民結夥三人以上，執持兇器傷人，例在鬥毆門，道光四年已改爲『但有一人執持器械，不分首從，俱發四省烟瘴』，白晝搶奪門例文亦已修改，均與此不符。此條既專爲回避回民聚集之地而言，似應改爲『回民實發雲貴、兩廣極邊烟瘴充軍之犯，如係籍隸四省，回民照例於隔遠烟瘴』云云，存參。

一、發往伊犁至得過二人

薛云：新疆逃遣拏獲，例應正法，是以拏獲此等人犯即准爲民。現在遣犯脱逃，除免死盗犯外，其餘均不正法，不過遞回鞭責，似應添入正法一層。

一、凡由新疆條款至酌撥安置

薛云：例首數語即下條新疆條款改發雲貴、兩廣烟瘴人犯之例文也，與現在之例均不相符。其解交巡撫衙門之處與咨明該省預先定地之例亦有參差。兵部原定之例，本非爲此六項人犯而設，乾隆三十二年例内載明六條。三十七年改定例文，則似專指此六項矣。後經屢次修改，不但此六項不在其内，即道光年間改定各條亦不在内，而實發四省烟瘴者又另立有十八條，例文之糾擾紛歧莫甚於此。

本按：此等糾擾紛歧之例，亟應修改一定，以便引用。先由内地改發新疆，復由新疆改發内地，復由新疆與黑龍江等互相調劑，遂至紛擾如此。似不若内地之例仍改回内地，删去改發烟瘴。改發等項名目，其情節較重者，專定爲新疆條款，必令簡而易行，方無歧異之患。

一、發往伊犁至隨同力作

本按：現在並無察哈爾移駐兵丁，此條應删改。又查伊犁尚有察哈爾領隊大臣，此項兵丁經回亂後如何情形，應查明酌修。

一、派往烏魯木齊至准其回籍

薛云：應與兵律從征守禦官軍逃一條參看。此門所載均係發遣之事，與兵丁脱逃之例無涉，似應修併於彼條之内。

本按：現在烏魯木齊等處已改行省，並無此項換班屯兵，此條似可删除。

一、民人發往伊犁至准其回籍原例係二條

薛云：似仍應分列二條，一專言爲民種地之犯，一專言入廠効力之犯，似尚分明。原定例分别此等人犯情節輕重，定以三年、五年限期，編入該處民户册内，給與地畝，耕種納糧，蓋即編入民册，即爲該處之平民矣。辦法甚爲妥善，與唐律流犯附籍之法亦屬相符。屢次修改，遂全失定例之意，而又與入廠効力人犯修併爲一，益覺混淆不清矣。

不准入廠自係不准爲民之意，既不論罪由輕重准其入廠矣，而又以原犯罪重者不准留廠，義無所取。上層不准入廠各項例有明文，下層何項爲罪輕、何項爲罪重並未叙明，且既以入廠効力、捐貲並列，而下文又係專言効力，其如何捐貲並無明文。户部則例褋支門新疆遣犯事例兼言捐貲，可與此例互相發明。此等編入民户之人，如有脱（逃），是否仍以遣犯論，與永遠種地之犯有無區别，均未叙明。

一、烏魯木齊等處至照例辦理

本按：現在已無换班兵丁，此條應否删除，記酌。

一、賞給爲奴至永行停止

薛云：賞給功臣爲奴之犯，除叛逆外，律文並不多見，而發往（黑）龍江及駐防爲奴之例不一而足，緣國初情重各犯均流徙關外，如流徙尚陽堡，發遣打牲烏喇及（黑）龍江、甯古塔爲奴之類是也。爾時約束甚嚴，脱逃罪名亦重，又有各處將軍派員專緝，逃人法尚能行，故遣奴雖多而逃走者頗少，因而發遣爲奴之例較前愈增愈多。嗣後黑龍江等處擁擠，則調發新疆，新疆擁擠，又改發黑龍江等處。兩處俱不能發，則又改發四省烟瘴，四省烟瘴又虞擁擠，則仍改發内地。現在此等人犯均改爲極邊足四千里充軍。惟留駐防爲奴十餘條載在例内，而亦輕重參差，不甚畫一。且此等人犯强横不法者頗多，名雖爲奴，實不能謹受約束，而兵丁窮苦情形較甚於前，又誰能以有限之錢糧令此輩安坐而食耶？古人制律，减死一等即爲滿流，前明以流罪爲輕而加擬充軍，本朝於充軍之外又加擬爲奴，迨至爲奴之法窮而仍改充軍，而所謂充軍，仍與流犯無異，又何必多立此項名目耶？朝廷矜恤罪囚，於應死之犯屢蒙宥免，全活者不下數十萬，而於罪不至死者反過於嚴厲，亦屬輕重不倫，似不如全行删去之爲愈也。

本按：乾隆間發往新疆人犯，本爲地方速爲豐富起見，並非謂此等人應發該處，後來遂以發遣新疆爲軍罪加等之用，全失創始之本意矣，此宜亟爲變通者也。

一、凡發往軍臺至定驛充徒

薛云：官犯發往軍臺，始於乾隆六年尚書訥欽等欽遵諭旨奏准，原係專指侵貪之案完贓後減爲徒流者而言，諭旨内明言『此輩既屬貪官，除參款之外，必有未盡之贓私，完贓之後仍得飽其囊橐，殊不足以示懲儆』等語，是發往軍臺本爲贖貨營私者戒，其犯别項罪名，原有應流、應徒地方，即不得概行發往軍臺，自可概見。嗣後辦理官犯案件，有奉特旨發往軍臺者，亦有從重擬發軍臺者，相沿日久，遂爲職官犯徒罪之定例，猶之官員犯軍流以上即行發往新疆也。查發往軍臺，原以懲戒貪墨，是以定有完繳臺費之例，若因别事獲罪，則坐臺三年期滿即可抵應得徒罪，又令完繳臺費，不幾加倍示罰乎？而核其所犯本罪，或由杖徒加等；或係一年及二年不等，且有因公獲咎、過誤致罪者亦照此例辦理，似不平允。再，軍臺効力廢員，由杖徒發往者居多，其中亦有大員不便充徒，從重擬發軍臺者，如不能完繳臺費，知縣以上三年期滿，再行留臺五年，共計在臺八年；佐雜以下三年期滿，復實徒三年，共計在配六年，而核其原犯情罪，或由杖罪加重，或本係一年、二年不等，概限三年期滿復追繳臺費，已屬從重辦理。況由杖徒加發新疆，定限三年奏請釋回，今於三年之外又加以五年、三年，似嫌太重，辦理亦不畫一。

一、凡内地回民至烟瘴充軍

薛云：此例所云均係已改之例，無關引用。上條例内明言回民犯罪不得編發甘肅等省回民聚集之地，此條似可删併於彼條之内。本應爲奴，因回避新疆反得免爲奴。且名爲烟瘴充軍，仍係改發内地，而民人由新疆改軍者尚分别酌加枷號，較回民反形加重，似嫌參差。

一、發遣新疆至各回旗籍

薛云：發往新疆之犯，杖徒者三年奏請，軍流者十年奏請，此定例也，並無再有分别原犯罪由明文。乃管廠之廢員又分别情罪輕重，義無所取，且管廠即係効力，不令管廠，是不准其効力矣，而十年後又復奏請釋回，又何理耶？

一、發遣回疆至永遠枷號

薛云：發遣回疆均係爲奴人犯，非學習邪教即造妖書、妖言及輪姦案内餘犯，此外並不發遣，現在亦無此等人犯。

本按：現在情形，回疆能否發往尚須察看，此條應酌。

一、新疆各城至官兵爲奴

薛云：此條因係在新疆犯事，故不准解回内地，即在該處互相調發，與上换班緑旗兵丁及内地貿易商民之例意相符。後將彼例删改，此條仍從其舊，似不畫一。

一、凡新疆條款至分别治罪

薛云：軍流遣犯預行咨明應發省分，督撫先期定地，飭知入境首站州、縣隨到隨發之例，係乾隆三十九年議准。此處及上條『解交巡撫衙門』一句定例在先，漏未修改耳。烟瘴改發之例屢次修改，此條所云亦與現行例文不符，似應改爲『凡由新疆及黑龍江等處改發云貴、兩廣烟瘴充軍人犯，除名例載閩省不法棍徒等項仍照例實行發往外，其餘本例應發四省』云云。

一、停發新疆至二等調發

薛云：凡由新疆等處改發内地及由内地改發新疆等處者，因各本條内未能分晰叙明，是以彙總纂入名例，以便引用，兼免歧誤。此處改發各條，後於修例時本門内均經陸續載明，自可查照援引。此例即屬贅文，且由外遣改發内地尚不止此數條，此處似無庸重複另叙，擬合删除，下條亦同。同治九年又定有改發新例數條，與此意同，彼則各條均未改正，故總列入名例，此則各條俱有明文，自毋庸又入於名例也。

本按：此條殆爲刺字及脱逃加二等而設，然改發本不必刺，加等亦是具文，删之是。

一、逃人續供至本例辦理

薛云：此三項均見督捕則例，已於各條内修改明晰，無庸僉妻亦例有明文。至脱逃用重枷號三個月，原例本不止此數條，且與平常遣犯脱逃之例互相參差，似應删除。

一、應行發遣黑龍江至遣犯治罪

一、應發駐防爲奴至本例問擬

一、應發新疆及回城至分别核辦

薛云：第一條係應發黑龍江改發四省烟瘴之例。奴婢毆家長門載有圖姦不遂殺死奴僕及其妻，不分官員、平人，發黑龍江當差一條，此處並未叙入，自係疎漏。現在職官等有犯，仍係發往新疆，與此例又不相同。

本按：光緒□年，刑部請將職官有犯仍發新疆，此條應修。第二條收買私錢及邊錢攙和行使，十千以上亦發駐防爲奴，此條不言以例内已有明文，故不複叙也。惟隨征兵丁及跟隨餘丁二條，本門内已詳晰載明，此復列入，且有『共八條』字樣，殊未畫一。

律例校勘記　卷二

吏律

職制

一、武臣出征至並給世職

薛云：受傷給賞與襲職無干，此層似應删除。

一、武職失守至子孫不許

薛云：下條强盗、人命等項似應修併於此條之内。

一、世職有犯至不准承襲

薛云：『並』字下似應添『負罪』二字。

一、凡世職官至亦給半俸

薛云：末段查立職之官二句與上條〔重〕複，似應删。與上條似應併作一條。

一、凡世襲至請旨定奪

薛云：本犯無親兄弟及其子孫，原立勳績之人另有次房、三房子孫，亦准承襲，即上條取祖父次子孫之意也。

此例祇言本犯兄弟及兄弟之子孫，而未及原立勳績人之子孫，與上條取祖父次子孫襲職之意不符。

一、凡土舍至護印

薛云：土舍，土官之子也，似應修併於上條之内。土官故絶無子條。

濫設官吏

一、坐糧廳至徒二年

薛云：原例旗人枷號一個月鞭一百，與民人責四十板徒二年罪名相等，即係律内杖一百、徒二年遷徙之罪。蓋遷徙律應滿杖，而比流減半准徒二年，與五徒以次遞加不同。是又在五徒以外者。修改之例以既係徒二年即應杖八十，是不用遷徙之律矣。巡倉御史已改查倉應改。

本按：杖係以四折十，故律杖一百例言四十板也，改爲杖八十，則除零止責三十板，較律爲輕矣。修改之時，蓋泥於杖八十、徒二年之文，而未考律文也。

一、各直省至議處

薛云：遷徙係明律，現在並不照此辦理，此處云照律治罪，蓋治以杖一百、徒二年之罪也。然上條已改爲杖八十、徒二年矣，此處亦應酌改。

信牌

一、道府以上至議處

薛云：督撫司道各上司差役擾害鄉民，許州縣查拏，見官吏受財門，似應修併於此例之内。處分則例無此專條，末段似可删去。

貢舉非其人

條例

一、歲貢生至重者論

薛云：歲貢事例載在學政全書，此條專爲朦朧選補而設，有犯自當查照律文辦理，此例似可删除。

一、應試舉監生儒至擬斷

薛云：前朝有生儒名目，明史選舉志『士子未入學者，通謂之童生。當大比之年，間收一二英敏，三場並通者，俾與諸生一體入場，謂之充場。儒士中式即爲舉人，不中式仍候提學官歲試，合格乃准入學』。現在不行，『儒』字似可改爲『童』字。此例嚴夫匠、軍役而寬舉監生儒。以此等俱係在官人役，本有監察之責而反通同作弊，故重其罰。舉監生儒止擬枷杖，而軍役必調發邊衛，夫匠必發邊外爲民也，後將邊外爲民俱改爲充軍。此條越舍換卷之舉貢生儒並用財雇倩夾帶、傳遞等項，與夫匠、軍役均擬一體充軍，殊嫌無所區別，且自己懷挾者祇問枷杖，而雇倩夾帶者加重充軍，亦嫌參差。

本按：自己懷挾及雇夾帶，似應修改一律。

一、官生録科至議處

乾隆五年進呈黄册時，聲明此例已於律文第二節考試藝業内包舉，並載學政全書，無庸纂入。奉旨不必删去，仍行纂入處分則例，學政降一級調用。

本按：依律應杖六十，故降一級調用，以私罪論也。

一、考職至議處。

乾隆五年以包攬代作、頂名重考等弊，科場考試俱有定例，身故繳照亦有定限。此條專爲其時考貢監生，令其引見，不次擢用，故特嚴設例款。今考職貢監生引見之例已停，無庸纂入。進呈時奉旨不必删去，仍行纂入。

薛云：頂名代考，中式不問死罪，此一經假冒頂替即擬斬，似屬參差。貢監與官不同，照假官律治罪似嫌太重。

本按：以删去爲是，考職亦久不行矣。

舉用有過官吏

條例

一、奉旨不准至發落

薛云：前明選法與今不同，貢監吏員、承差人等均在入選之列，是以有『貢監』等字樣。現在監生並不選官，且另立監生被革易名復捐條例，此處自應删改。例首已改爲文武各員，下文吏部門首即難賅括。且祇言文武官員及起送官吏等項，然無部中官吏通同作弊，亦屬無成，似應於充軍下添『官吏知情通同作弊者罪同，贜重者『以枉法從重論』。已除授、未除授究有不同，均擬充軍，似嫌無所區別。例内『亦發附近充軍』語，自係指起送官吏而言，其通同作弊之部中官吏似亦應一體同科。詐假官門『假冒頂戴，自稱職官，止圖鄉里光榮者，徒一年』，此問滿杖，亦應參看。彼條祇係一人詐冒，此則不免有買求官吏之事，擬杖未免太輕。假如有被參革職之員買求官吏改爲丁憂、告病等項，過後起復、起病，止圖頂戴榮身，並不赴選，均擬滿杖，似嫌未協。且與上文未除授充軍之處相去懸絶。玩例末數語，似係指改名冒捐者而言，與下文斥革監生一條相類，應併入彼條之内。再，大計内亦有年老被劾者，原例『年老』二字似不可删。

一、凡部院至革退

薛云：此專言部院而未及大小衙門，似不賅括。然既非有心作弊，即不必禁其復充，此條似可删除。

一、凡在外至議處

薛云：役若干年方滿亦應叙明。

本按：更名重役一層必有故者也，似可修併於此條之内。

一、凡在京各至議處

薛云：『順天以下』等語似應分註。外省本州縣人均可當該州縣書吏，而大、宛二縣人不准充當，似不晝一，應治何罪亦未叙明。

擅離職役

條例

一、監生至問革

薛云：辦事官亦係前明名目，大半以監生爲之，今無。

官員赴任過限

一、陞除出外至議處　薛云：本係半月之上，雍正三誤刊爲『年』字，相沿至今，未經改正。明律及輯注均係半月之上。

薛云：官員赴任逾限若干日，吏、兵部均定有處分，此條似可删除。

一、外任漢軍至沿途押解

薛云：處分則例統言旗，此僅言漢軍，似不賅括。又云：文武官員赴任，吏、兵二部均有定限。此門各例與處分例不無參差之處，且專言文官而不及武職，亦未賅括，似均應删除。

上言大臣德政

條例

一、督撫至治罪

薛云：見任官輒自立碑，遣人妄稱己善，見禮律。降革官賄囑百姓保留，見囑託公事。應參看。此處但云治罪，從重治罪，並未指明何罪，似應酌添。

公式

棄毀制書印信

條例

一、凡直省至議處

薛云：此條於州縣之外兼及知府、直隸州，下條於臬司之外兼及道廳，未免煩雜，似應併於一條之内。府、州、縣交代自行審理事件，已結者鈐印，未結者不鈐印，似不畫一。再，原例有『粘連卷宗、鈐蓋印信』等句，改定之例上層將『粘連』字删去，則接縫處便説不去，下層忽添入『或卷不粘連』，看去殊不明晰，處分則例較覺詳明。

一、緣事降調至呈繳

薛云：硃批奏摺從前多係私事，故此例專言降調及病故之員，近則公事均用奏摺，與此例不符。

事應奏不奏

條例

一、各省學、臣至議處

薛云：學臣發審事件，大抵爲考試者居多，似應移入貢舉非其人門内。徒犯向不解司，此枷責以上之犯即詳解藩臬核轉，似嫌參差。如係距省遥遠地方，例應歸巡道核轉完結者，又將如何辦理耶？

本按：此條爲不行通報起見，故在此門不移亦可。

一、都察院至議處

薛云：嘉慶二十五年又奉有上諭一道，與此例互相發明，例内未經修改詳明，未免疎漏。現在京控案件，經都察院駁斥不准將呈詞發還者頗多，即係欽遵後次諭旨辦理，載在臺規，刑例仍從其舊，殊不畫一，似應查明修改。乾隆三十一年二月初五日奉上諭：『嗣後著各該部遇有此等照例彙奏事件，及一切督撫等題奏，經朕批交該部知道者，將應否准駁之處，俱於年終詳查核議具奏。欽此。』

薛云：現在有具奏者，有不奏者，俱不畫一。

薛云：乾隆三年議准，各部設立督催所，酌委司官專司稽察，將已、未完結之處三月具奏一次，此即所謂三月奏聞者。例無明文，似應添入。

官文書稽程

條例

一、刑部應會至法司衙門

薛云：舊係由十日改爲五日，此又由五日改爲八日，以事關刑名最宜詳慎故也。然仍復舊例改爲十日，亦屬允妥，且與下户、刑二部十日限期一條亦屬相符，改爲八日殊覺無謂。

本按：近年都、大兩衙門公事遲延，即改爲十日亦不能照限送回，况八日乎？都察院雖有雙日衙門，而六堂常來之時甚少，大理更無論矣。

一、州縣官承審至議處此例原係四條。

薛云：『病愈之日起解』與下文『帶病起解』語互相照應，修併之例删去上句，便不明顯。第一條言案犯患病毋庸按限起解。一案有數犯，此犯甫痊愈，彼犯復經患病，亦係情理所有之事，下條所以又有『犯多之案不能依限痊愈者，奏請定奪』之語也。後將此條删去，是無論案犯多寡，均祇准一人患病矣。第二條言犯病應勒定限期。從前犯病係以三個月爲限，監犯雖多，其病限總不得過三個月，限期本寬，若再延緩，則無了期矣，是以不准再展。後統改爲一月限期，在一案祇係一犯尚可趕辦，倘犯多之案，轉難禁其不病，此等處似應酌改。第三條言犯病委正印官確驗，第四條言犯病止准扣展一月。此條例文專爲犯病扣限而設，與官文書無涉，似應移改於斷獄門内。承審逾限，捏報犯病者固所不免，是以定有衹准一個月之例，惟原例本爲帶病起解而設，後者防其揑報假病之意居多，本係寬典，後則涉於嚴矣。

本按：一案一犯，衹准一月尚可説也。一案數犯亦衹准一月，實不近情理，似應改爲一犯一月，二犯兩月，三犯以上無論人數多寡，不得逾三月之限，較爲平允，與定例之意亦不悖。此條如爲勒限起見，在此門亦無不可，如爲恤犯起，似非此條律文之意，應酌。

一、凡各部事至參處

薛云：此亦專指科抄題覆之件而言，與下刑部議覆斬、絞監候一條限期不符。此統言各部，下則刑部專條，然三十日、五十日究與下條參差。

一、凡州縣至嚴參

薛云：處分則例，州縣審辦命案，有詳請開棺檢驗者，准其以開檢之日起，另扣承審限期，並無分别曾否批駁之處，與此例稍有參差，似應删改畫一。

承審命盜案件限期，刑律並未列有專門，條例則分見於官文書稽程及盜賊捕限並鞫獄停囚待對各門，既均審限例文，似應均歸於斷獄門内。

一、各省報部至質明辦理。

薛云：報部難結事件，大抵多指要犯在逃而言，似可移於盜賊捕限門，以核計逸犯年歲，未必尚存也，遺犯有無脱逃，從前均係年終彙奏，後於乾隆五十九年改爲每年十月截數，咨報軍機處、刑部，均限十二月咨齊，即由軍機大臣會同刑部於年底具奏，仍交部照例具題，纂入例册。是通緝人犯並不由外省彙奏，似應將通緝已屆四十年一層與捕亡門逃犯、徒流人逃門以年逾七十一層修併爲一。

一、刑部議覆至附參

薛云：立決本不得過八件，尋常本不得過若干件亦應添入。現在辦法總不得過三十三件。此例監候者八十日，立決者七十日，與上三十日、五十日一條限期不符。現在刑部辦法，題本則按照此條，議奏則按照上條，似應修改詳明，且奏案内亦有奉旨速議者，其限期仍應叙明。又云：處分例『一、刑部現審尋常事件，如遇反覆推鞫、難以速結之案，堂畫未全，適届限滿，該司即將未曾畫全緣由於注銷册内預行聲明，俟下次注銷知照該科道查核。』此刑部專條，例内轉無明文，似應添入。

照刷文卷

條例

一、各省彙題至議處

薛云：此彙題之定例也，所開各目自係爾時辦法，近來多有不同之處，似應修改詳明，將應行彙題各叙明添入例内。下條同。

一、各省彙奏至察議

薛云：此統指各部而言，與上條似不畫一。近來各省亦有年終具奏者，其名目亦不畫一，如私設班館、查禁小錢之類。此條及上條與照刷文卷之義不符，似應移於事應奏不奏門。

一、各省軍流至報部原例仍於年終彙册報部。

薛云：軍流年終造册報部，以便稽考入犯數目多少，此册似不可裁。此條似應移於徒流遷徙地方門内。

同僚代判署文案

條例

一、刑部遇有三法至議處

薛云：此條係會審之定例，與此門律意不符，似應移於有司决囚等第門内。

漏使印信

條例

一、陵寢至咨行

薛云：此專指一事而言，似應改各部院通例。

户律

户役

脱漏户口

條例

一、直隸各省至題參

薛云：編審之例既經奉旨停止，此處即應修改。擬將『編審察出』至『户口册』共二十四字删去，『如額徵丁糧』至『新增人丁』亦可删除，擬改爲『仍令各省督撫將民數按年摺報，州縣官』。此條薛全稿已删，乃初説也，今仍之，備參。

一、八旗至查議

薛云：此例送部及經部察出，均指户部而言，户部定有專條，較爲詳明。此例無關引用，似應删除。

人户以籍爲定

薛云：此律與今不合。

條例

一、各處衛所至治罪

薛云：此條專爲衛所等舍餘人等而設，今既無此項名色，無論何項人有犯，均應照律治罪，似無庸另立專條。

一、雍正十三年至者聽

薛云：此條分别雍正十三年以前及乾隆元年以後，以例文係乾隆五年修改，故以此二年明立界限也。第現在不特無雍正十三年以前白契所買之人，即乾隆元年以後白契所買及配給妻室者已經數輩，均與此例不符。例内如此者甚多，蓋專就修例時年歲核算，每届重修時即應奏明更正此辦法也，乃二百年來，從無改正一條，何也？再，此係白契家奴分别准贖、不准贖之例，後乾隆二十五年又有定例以本主情願爲斷，本主不願，概不准贖，與此條不無參差。

『未經賣身之先』以下數語與户部則例同，似應摘出另爲一條，移於良賤爲婚門內。奴婢毆家長門，雍正十三年以前白契所買與投靠養育年久等項俱係家奴，與此相同。但此條專言八旗而彼條又係民人，並無『八旗』字樣，亦嫌參差。

一、旗下奴僕至治罪

薛云：此條『數輩出力』等語，見後二十四、五年所定各例。八旗家奴如係累代出力，經本主呈明，令其出户。八旗白契所買家奴，本主念有微勞，情願令其贖身者仍准贖身。『仍歸民籍』等語，見後五十三年改定之例，均不免有重複之處，似應修併。既准贖身爲民，自無庸再查檔案册籍矣。下有報明本籍地方官咨部存案例文，應參看。僅祇私自爲民而無誣指陷害情節作何科斷，亦應叙明。

一、乾隆元年至議處

薛云：現在並無此等人犯。至潛入民籍及鑽營勢力贖身，另有條例，此條似應删除。乾隆元年至今百數十年無論，並無以前放出之人，即以後放出者，亦已經數輩矣。

一、乾隆元年以後白契所買之人至起限

薛云：此條專爲放出家奴之子孫考試而設，自應改爲通例。原例本指旗下奴僕而言，乾隆四十八年奏有諭旨，漢人俱在其內，則不專言旗下矣。假首一段亦與上條重複，似應改『滿、漢官員人等契買家奴，本主念其微勞，情願』云云。

一、各省樂籍至議處

薛云：乾隆三十六年禮部議覆陝西學政劉增條奏，削籍之樂户、丐户，應以報官改業之日爲始，下迨四世，本族親支皆係清白自守，方准報捐應試。該管州縣取具親黨里鄰甘結，聽其自便，不許無賴之徒籍端攻訐。若係本身脱籍或僅一二世，及親伯叔姑姊尚習猥業者，一概不許濫厠士籍，僥幸出身。至廣東之蛋户、浙江之九姓漁户及各省凡有似此者，即令該地方官照此辦理等因在案，似應附入此條之內。

本按：此條係雍正元年所定之例，迄今百數十年矣。即有此等墮民，各項久歷數世，此例已屬虛設，或行查各省，現在如已無有此等名目，此條即可删除。

一、遠年印契至查核

薛云：與上雍正十三年以前及乾隆元年以後白契二條參看。上二條均言白契，此條指明印契，雖稍有不同，而三輩後准其爲民則事屬相類，似應修併。

一、駐防旗人至爲民

薛云：此條似應併入下八旗白契所買家奴之内，於本主不能養贍下添『或因其不堪驅使』。

一、凡八旗滿洲蒙古至問擬

薛云：滿洲等准其改入民，漢軍自不待（言），應於彼纂明晰。此例應移於此門最後一條。

本按：坊本本係末一條，似應與八旗漢軍人等一條類列。

一、八旗從前投充至給主

薛云：此時如有此項人等，恐亦無從查究矣，且專言竈丁而未及別項，亦不畫一，似應刪除。

一、凡八旗絶户至辦理

薛云：絶户財産入官例已修改，此處亦應删改。旗下尚准改入民籍，此等無族可歸之人似應聽其爲民，况二十一年上諭内有『願入何籍，各聽其便』之語，似可無庸造入原主户下。户部則例與刑例不符。

一、凡八旗漢軍至辦理

薛云：此例應將改入民籍一層添入，或作爲除筆亦可。先言改入民籍之漢軍一切均照民例辦理，後再言屯居之漢軍。此處分別漢軍屯居與滿洲、蒙古旗人附京居住不同，則犯罪免發遣門自應修改詳明。八旗、漢軍准其改入民籍，見户部及處分則例，應參看。

一、八旗家奴至爲奴

薛云：不行呈明應治何罪，下文照例治罪亦然，均應修改。從前八旗奴僕最多，或係世僕，或係契置，呈控奴僕之案亦復不少，近則絶無僅有，而世族大家亦無契買奴僕之事，此門各例存而勿論可也。

一、凡八旗白契至辦理乾隆二十五年定。

薛云：此條因乾隆五年修改之例内云『乾隆元年以後所買之人俱准贖身』，而治罪又輕於紅契家人，是以又定有此例，蓋謂雖係元年以後白契所買之人，亦應以伊主是否情願爲斷，不得一概聽其贖身，自係補前例之所未及。然兩例並存，究不免稍有參差，況此例纂定在後，則以前舊例如有與新例不符之處，似亦應略爲修改。

一、凡籍隸順天至追賠

薛云：此例專言順天大、宛兩縣，他處並未議及，有犯自應一體照辦，似應改爲通例。

本按：『定例後』三字可去。

一、凡織造至辦理

薛云：此無關緊要之事，纂入例内殊嫌瑣碎。至陷主於過應如何懲治之處，亦未明晰，似應删除。

一、發遣賞給至領回

薛云：叛逆案内爲奴人犯永不准贖身，見流囚家屬門，後聲明例有專條，曾經删除。所謂專條，蓋即指此處『照例不准贖身』等語而言，今此等語亦經删去，是爲奴人犯兩處均無不准贖身明文矣。自應於此例爲奴人犯添『永不准贖身、典賣，倘無應賣』云云。

私創庵院及私度僧道

條例

一、民間子弟至還俗

薛云：原例本係三層，均應枷杖，例不言杖若干者，以律有杖八十之文，故不複叙也。删去上一層，下二條則有枷號而無杖罪矣。

一、現在應付至還俗

薛云：應付、火居等項僧道，皆僧道中之最下者也，是以不准招受生徒，其云『例應招徒之僧道』，皆非應付、火居者也。修併之例删去『例應招徒』一句，則似係專指應付、火居等項言矣，大非例意。

本按：既删『例應招徒』一句，則此條已屬僧道通例，例首現在應付、火居等項無用，可删，伊師亦可删。

一、僧道如不至八十

薛云：從前僧道均僧綱道紀稽查管束，自停給度牒以後，無人不可爲僧爲道，與僧綱道紀並不相聞問矣。有科僧綱道紀以故縱失察之罪似嫌未允。此例定於乾隆十八年，至三十九年停給度牒，此例自可刪除。

立嫡子違法

條例

一、旗人除乞至議處

薛云：既因詐冒科以徒罪，似無庸更科贓罪，『若有冒食錢糧』至『辦理』等句似應刪，緣乞養異姓爲子律止杖六十，因冒食錢糧加重擬杖已屬從嚴，再計贓治罪，似非律意。　此條例文雖經修改，惟户部則例及中樞政考例文均准異姓親爲嗣，殊不畫一。户、兵二部則例所云，係指異性親屬而言，蓋彼此均係旗人，且有戚誼者也，故准承繼。刑例所云，係指民間子弟、户下家奴而言，恐其紊亂旗籍，故不准承繼也。

賦役不均

薛云：雍正六年將丁銀攤入地畝，均征丁糧，合而爲一，即無所謂差徭，又安有餘剩銀兩？此條似應刪除。

本按：直隸、河南等省正賦之外尚有差徭之費，係各村按田攤派，交官應差之外皆入州縣私囊。然無此，即雜差無從支應，且有差多之年不敷供應之時，故亦無人問及也。

一、各省藩司至治罪

乾隆五年呈進黄册，聲明『今無各部派到物料，應刪』。奉旨：『現今雖無各部派到物料，但恐豪猾之徒或有串通官吏揑稱坐派，借端害民等弊，亦應照此例治罪，不必刪去。欽此』。謹遵旨增輯『若本無部派物料』等句。

薛云：此門條例所言多係丁役之事，然丁之無役已百十年矣，此例亦係虚設。

本按：此條前段大可刪除，或酌留後段修改。

一、紳衿至同論

薛云：現在並無此等辦法，似應刪除。

本按：直隸省雜項差徭，生員等有優免若干畝章程。係外省辦法，不達部。

禁革主保里長

條例

一、直省各至一本

薛云：里長係糧多者爲之，似應於『丁』字下添一『糧』字。

卑幼私擅用財

條例

一、嫡庶至全分

薛云：除筆兩句與各律重複，應删。『依子』二字可删。

收養孤老

條例

一、軍流至辦理

薛云：軍流現不僉妻，願隨者不准官爲資送，則妻室子女似無庸給與口糧。户部例蠲卹門矜卹罪犯事例内各省收到軍流一條，與此大略相同，並無『給與妻子口糧』之語，應參看。

一、老人九十至實惠

薛云：此條與刑例無涉，似應删除。初説正本無。

一、京師五城至治罪

薛云：户部例棲流所各條動支銀數，蠲卹門與此例不符，似應修改一律。

本按：銀數似可删去

田宅

欺隱田糧

條例

一、將自己至追徵

薛云：以枉法論罪，無論一主、數主及年分久暫，均應併計科斷，統計灑派之贓，如至八十兩及一百二十兩以上者，即應分别有禄無禄擬以實絞，似非例意，似應於末句追徵之下添『灑派别户給領』，緣既已將田地入官，又追徵灑派錢糧，已足示懲，照准不枉法科罪，庶爲平允。且此等事件容有行之多年而始發露者，一家之中父子相繼、兄弟相傳已非一人，或其父强横，人不敢與之較論，及其子而始告發者，將科何人以枉法罪名耶？原例因其肥己瘠人，故擬以全家抄没，以懲其姦。改定之例聲明過重，而又以枉法論罪，是免其抄没而轉立一死罪名目，似未允協，亦多窒碍難行。

本按：灑派别户，於法不得云非枉，照不枉法科罪似不相符，不若准枉法論較妥。

一、各處姦頑至免罪

薛云：首告均應免罪，不獨此一事爲然，既將就賞爲業一層删去，此例似應一併删除。

一、各鄉里至充軍

薛云：至二百石以上，例無治罪之文，有犯自應照上二條科斷，飛灑者問枉法，詭寄者問滿杖。第糧至二百石以上，核計應納銀數當逾一百二十兩以上之數矣，照枉法科罪，即未至二百后，亦應論死，二百石以上反擬充軍，何也？大抵里書係在官人役，其飛灑、詭寄多係代人舞弊，故定有二百石以上擬軍之例，惟不及二百石未經議及，且此輩若非聽受賄囑，亦不至公然作弊，似應將二百石以下分别定擬罪名，並添入受贓一層。

檢踏災傷田糧

條例

一、州縣詳報至議處

薛云：應與上條修併爲一，户部則例係一條。

一、賑饑被災至革職

本按：光緒四年有侵賑新章，似應纂入。

一、凡遇蠲至特諭

薛云：刑律所奉諭旨均經纂爲條例，從未直録諭旨作爲定例者，此處以諭旨爲條例，與他處不符。查會典有例文一條『凡遇蠲免錢糧之年，將所免錢糧分作十分，以七分免業户，以三分免佃户，仍令所在有司善爲勸諭，各業户酌量寬減佃户之租，不必限定分數。若有素封業户能加惠佃户者，酌量給賞，其不願者聽』。聲明此條係乾隆五年遵旨定例，似可將此條載入例中，所奉諭旨不必登載，方與體裁相合。

一、凡有蠲免至治罪

薛云：『永着爲令』似可删除，户部例無此四字。又有蠲免錢糧，該管官刊刻免單，按户付執，若不給或給而不實，以違旨計贓論罪一條，刑律所無。

一、凡各省地方被災至民力

本按：直隸現在辦法，被災九分十分者准免錢糧十分之二，七分八分准免十分之一，應查户部則例修改畫一。『以紓民力』四字可删。

一、各直省遇有至請旨

薛云：近來京師及直隸省遇有災眚，俱係欽奉特旨遵辦，其外省水旱偏災，並無由督撫奏請清理刑獄之案，此例幾成虛設。雨澤愆期清理刑獄，見常赦所不原，應與彼條修併爲一。

盜賣田宅

條例

一、軍民人等至問發

薛云：參究治罪，是否照律治以徒罪，抑照投獻之人例擬軍，未經叙明。查盜賣田宅律係計數分别治罪，朦朧投獻，並不分田産多寡，概擬滿徒，因其藉勢害人，亦情重於物也，是律已加重矣，而例又加重擬軍，似可不必。若田産爲數過多，或酌重擬流亦可，爲數無多，遂擬軍罪，似嫌太重。

一、凡子孫盜至治罪

薛云：蘇撫原奏，三者並無區分，部議以祀田較義田爲重，已不可通，而宗祠又較祀田爲輕，尤不解其故。

一、盛京至治罪

薛云：此條專指盛京而言。京城附近地方有犯例無明文，似應改爲通例。

一、土目至議處

薛云：係爾時辦法，今無此事。

本按：既云比照盜賣他人田畝律，則『田一畝』至『二年』可改爲『治罪』二字。

一、近邊分守至議處

薛云：此例與現在情形不符，似應删除。現在近邊並無應禁林木。

一、凡租種山地至者論

薛云：公共畫押出租者均可免罪，一家私租者即擬軍罪，未免太重，似應減爲滿徒。如所招之人釀成事端，加重擬軍，記參。與盤詰姦細門廣東窮民一條及浙江、江西、福建等省棚民一條參看。

一、黔省漢民至科斷

薛云：一事一例，未免紛煩，如别省有此案件，辦理又不畫一。

本按：此例似在可删之列。

任所置買田宅

條例

一、各關出差至治罪

薛云：此專爲各處關差而設，現在祇論徵收足額與否，其餘則無庸置議矣，此例似可删除。

典買田宅

條例

一、凡八旗人員至議處按此於旗民生計大有關繫，近年似已有旗人准在外省置産居住，及旗民准其交産之請，應查明酌量辦理。

薛云：户部例亦有此條，惟例末注云『駐防兵丁不在此例』，自係遵照諭旨纂定，刑例未經添入，係屬遺漏。

一、賣産立有至治罪

薛云：原奏有『原主不得於年限未滿之時强行告贖，現業主亦不得於年限已滿之後藉端措贖』，最爲明晰。此例及執産動歸原二語，似系指原業主而言。下藉端措勒又似係指現業主而言，語意並未分明。似應將已經賣絶。復行找贖爲一層，年限未滿强爲一層，年限已滿、現業主措勒爲一層。産動歸原，先儘親鄰之説，原奏並無此層，因何添入按語，亦無明文。户部例無此條。

一、八旗官兵人等至入册原在任所置買田宅門。

乾隆五年以此條乃八旗坐扣俸禄錢糧之事，與律例無關，無庸纂入。進呈黄册後奉旨：『此條在任所置買田宅内固屬無涉，當移入典賣田宅條例内甚屬符合。欽此』。因遵旨移入此門。

薛云：爾時人口、田房一體入官，且有承買人口者，今則絶無其事矣。此條究與刑名無涉，可删。

一、嗣後民間至治罪

薛云：此係乾隆十八年纂定之例，是以『十八年』以前有『分别三十年内外』字樣。若由現在溯自十八年以前，萬無三十年以内之理，例内如此者甚多，每值大修之年，何以並未更正耶？再，分别三十年内外，現在各省仍未能一律辦理，且有不知此例者。

盜耕種官民田

條例

一、近邊

薛云：此前代例文，似應修改。

一、旗地、旗房不准民人典賣

本按：此與上旗員置買産業一條同，從前有旗地、旗房，如准民人典買，則旗益貧，豈知不准其典賣，旗人生計益絀乎？

荒蕪田地

條例

一、盛京等處莊頭

本按：盛京地方近年奏准開荒，馬廠空閒地畝亦有准民人墾種者。至將官地請換地畝，情節究輕，可置勿論，近年亦不聞有此事，此例虚設無用，可删。

棄毁器物稼穡等

條例

一、凡廣收麥石

本按：現燒鍋户部業已收税，何禁之有？可删。

婚姻

男女婚姻

條例

一、凡女家悔盟至

薛云：强娶律已從輕，此輕於强娶，似嫌未盡允協。原奏係補律之未備，不爲無見。改杖八十爲笞三十，未免誤會原例之意。典雇妻女條例，將親女嫁賣與人，中途邀搶，問擬軍罪，此問徒罪，殊不相符，緣此例在先，後定各條例文時未能查照改正，遂致互有參差。

本按：彼條有『聚衆行兇』字，故問軍。此但奪回，未聚衆，故問徒。似此分別亦可，第須於例内叙明。彼條與此條例意不甚相同。

典雇妻女

條例

一、將妻妾原例及將下係『拐帶不明婦女，或將親女並居喪姊妹』，『無照誆騙律』一句。

薛云：原例指居喪未滿而言，與拐帶不明婦女均係有干例禁，特叙次未明晰耳。乾隆五年删改時，似未得原例之意。略賣弟妹及己之妾爲奴婢者徒二年，和賣者減二等。其和略賣妻及大功以下親爲婢者，從凡人和略法。和賣凡人爲婢，律應滿徒，此作使女名色，非婢而何？原例分別問擬充軍及邊外爲民，本不爲苛，改照誆騙律治罪，是不以情節分輕重，而直以贓數分輕重矣。將妻妾作姊妹嫁人，不論得贓多少，律應滿杖。騙財之後公然領去，則行强矣，故例應擬軍，今改爲照誆騙律治罪，如價銀不及五十兩，如何科斷？即未設詞託故公然領去，亦應照律分别擬徒，乃公然領去，僅計贓擬杖，有是理乎？再，如將妻妾作姊妹嫁人作妾，將妾妄作姊妹嫁人爲妻，似亦當有分別，例均一體同科，已嫌未協。至將親女及姊妹嫁賣與人爲妻妾，係屬婚姻之事，一經嫁賣，夫妻名分已定，公然領去亦不應以誆騙論。下逐壻嫁女律内示掌云『若將嫁出之女拐逃另嫁，應比照此律加一等問擬徒一年』，蓋已不以此例爲然矣。

本按：此例似專指假妻妾、使女名色誆騙人財物者而言，如俗語所稱放鷹打虎之類。然妻妾、親女、姊妹等，豈可以誆騙人之具？故原例不用誆騙律也。

居喪嫁娶

條例

一、孀婦

薛云：强嫁之親屬，唐律祇有徒一年，杖九十之分，餘俱無文。前明時始有用强求娶、逼受聘財因而致死，依律問罪，發近邊充軍之例。雍正年間又定有親屬按服制加三等之例，加三等至重不過擬徒，婦女不甘失節因而自盡，娶主即應擬軍，本極平允，減親屬罪一等殊嫌未協。而不言致令自盡者，以威逼致死可以援照定擬，故不複叙也。嗣後改定之例日益增多，親屬强嫁之罪愈改愈嚴，娶主幫搶之罪愈改愈寬，殊與原定之例意不符。即就改定之例而論，以服制親屬分別定擬固有等差，第夫之兄弟均不以期親尊長卑幼論，有犯礙難定擬。至婦女出嫁，其於母家親屬服制均減一等，即無期親尊長卑幼其人，下謀占資財條有期功卑幼搶賣兄妻、胞姊之語，是兄妻即以尊長論矣。威逼兄弟致死按凡人論，罪應滿杖，此處若以期親卑幼論，即應擬死，罪名相去懸絶，不可不慎。卑幼搶奪尊長强嫁已屬不法，又致釀尊長之命，較因別事干犯爲重。例内期功卑幼問擬絞候，與威逼致死罪名相等，第期親尊長止有伯叔母一項，干犯兄妻並不在尊長之列，若胞姑、胞姊雖係期親尊長，惟出嫁則應降服一等，即非期親，例既指名孀婦，即無此項尊長矣。查服圖内齊衰不杖期有一條云『女雖適人，而無夫與子者，爲其兄弟姊妹及姪者』，又一條『女適人，爲兄弟之爲父』，後者似又當以期服論矣。此例既云『孀婦』，則無夫可知，若並無子，似可援照服圖辦理，姑姊則以尊屬、尊長論，妹及姪女則以卑幼論，亦無大窒礙，惟功緦以下及兄弟妻究難臆斷耳。至各項親屬强嫁，均係指並非圖財而言。下强占門例祇有期功以下尊長卑幼，而無翁姑、父母，亦屬參差，豈翁姑、父母即無貪圖聘禮之事耶？律祇言孀婦守志，而强嫁者之罪例又添入『自願改嫁』，而母家及夫家强嫁之罪是否不欲孀婦改嫁，抑係別有意見之處，例未叙明，究竟聚衆搶奪意欲何爲耶？且祇言母家，並未分別親疎，是凡母家之人均杖八十矣。

再，此例云夫家，並無『例應主婚之人』云云，夫家究係何人例應主婚耶？查康熙十二年題准『凡婦人夫亡之後，願守節者聽，欲改嫁者母家給還財禮，准其領回』載在會典，修例時未經纂入，自係疎漏。若如此例所云，是直以醮婦爲主婚矣，錯誤之至。吴紫卿中丞律例通考云『孀婦改嫁，事所恒有，母家、夫家恒致争奪滋訟，自應補纂列爲例款，以昭畫一』，不爲無見。强嫁孀婦，唐律係徒一年，期親減二等則杖九十。明律俱改杖八十，本較唐律爲輕，乃例則愈改愈重，尊長有問擬流徒，卑幼有問擬死罪者矣。律添入『已、未成婚』，例又添入『已、未被污』，均屬節外生枝，且搶奪强嫁以致被污，親屬加重擬徒，知情同搶者僅擬杖罪，其義安在？而又有大未允協者，原例充軍係指强娶者而言，修改之例將强嫁之親屬亦加等擬以徒流，祖父母等並擬滿徒，毆殺子孫者杖一百，故殺者徒一年。此致令自盡即擬滿徒，故殺子孫之婦罪應滿徒，致令自盡究與故殺有間，亦科滿徒。婦女自盡，情節各有不同，有强嫁後即行自盡者，有被娶主强逼成婚因而自盡者。未被污者照親屬罪名減一等，已被污者，亦照親屬罪名減一等。親屬尚可以服制尊卑爲罪名輕重之分，而娶主均以爲從論，皆其顯然者也。假如有兩人，於此均係知情强娶孀婦因而自盡，一則强逼婦女成婚，而强嫁者係婦之父母，一則並未逼迫，亦未被污，而强嫁者係婦之期親卑幼，被污者問徒二年半，未被污者問擬滿流。再，未致婦女自盡，親屬雖罪名不同，而娶主則杖八十。婦女因而自盡，娶主又視親屬之罪名以爲差等，情法果應如是耶？原例頗覺簡明，屢次修改，遂不免諸多參差，要知此事總以簡爲貴也。

娶親屬妻妾

條例

一、凡收

薛云：律有以姦論者，不以姦論者，收伯叔兄妾，律既不以姦論，是以減二等擬徒，例改爲滿流，是直科姦罪矣。彼兄亡收嫂，弟亡收弟婦者何以又有絞候之例耶？原奏謂律内姦伯叔兄弟妾者止減妻一等，而收爲妾者得減罪二等，情罪輕重未協，因改爲減一等擬流。第娶與姦究有分别，而妾與妻亦有不同，減妻一等，唐律已然，且不止伯叔兄弟等項，凡小功以上親各有以姦論之文，妾各得減二等，此改而彼不改，情罪輕重未見允協。况姦緦麻以上親之妻，律應各徒三年，而娶爲妻者祇徒一年，又何説耶？娶親屬之妻者尚不能概以姦論，娶親屬之妾獨可盡以姦論乎？

强占良家姦女

條例

一、强奪良家至八十

薛云：此條與上條均在續定聚衆搶奪婦女嚴例以前，是以與下條不符。近來案件，如係聚衆則引下條，未聚衆者則引此條。惟首從之外又有逼誘幫同扛抬之人，則不止二人矣，未免彼此參差。

一、凡謀占資財

薛云：此伯叔姑是否無論，出嫁、在室尚未分明，期功擬斬，緦麻擬絞，究有分別。此處兄妻以尊長論，則弟妻自應以卑幼論矣。第鬥毆門内毆兄弟妻至死均以凡論，與此不符。既云期功卑幼，則大功小功兄妻均在其内矣，緦麻兄妻似不在内。下緊接緦麻卑幼，並無服親屬云云，則緦兄之妻亦包舉在内矣。小功緦麻兄弟之妻，律皆無服，是否可作尊卑論斷？抑仍照凡人定擬？若以夫之服制爲斷，凡係尊長之妻即爲尊長，係卑幼之妻即爲卑幼，則搶賣緦麻姪婦致令自盡即應擬絞，搶賣大小功弟妻致令自盡反應擬軍，不特情罪大不允協，且與上文僅止搶賣而未釀命者亦屬參差。再，故殺緦姪之婦罪止擬絞，故殺兄弟之妻無論期功均應擬斬，今搶賣政令自盡較故殺情節爲輕，而以緦麻及期功强分生死，殊未平允。再，如緦麻姊妹出嫁即降爲無服，又當如何酌斷？例末小注云云，係指别於圖財而言，即係居喪嫁娶門内孀婦自願守志例文注脚，似應將此二條修並爲一，先叙圖財嫁賣罪名，下再叙如因家貧不能養贍强嫁云云，然上層罪名頗重，似應再行核減。

董宫之案，原奏以强奪良人妻女賣與他人爲妻妾，例内已有擬絞明文，因係期親尊屬，是以加重擬斬。至强娶之案均屬凡人，除强奪良人妻女姦占爲妻妾者已有擬絞正條，其中途奪回未及姦污者亦有擬流正例外，若已被姦污而本婦自盡者，應照强姦已成、本婦羞忿自盡例擬斬監候；未被姦污而本婦羞忿自盡者，應照强姦未成、本婦羞忿自盡例擬絞監候，亦經分晰，毋庸另立科條云云。是强賣强娶原奏係屬並舉，且有『或係貪色，或係圖財，厥罪維均』之語，則商同强娶致婦女不甘失節因而自盡者，豈得量從未減？改定之例嚴於責親屬而寛以恕娶主，似嫌未協。且此例重在謀占資財，尤重搶奪，其云疎遠親屬者即照凡論之意也。凡由本婦家搶出嫁賣，除期親尊屬外，其餘俱擬絞罪，若貪圖聘禮，則娶主一邊起意者居多。乃親屬概擬重罪，强娶者反減正犯罪一等，而置同搶及姦污之情不問，殊與原奏不符。查本婦之自盡，既由於姦污，謀娶者又係知情同搶，坐以爲首之罪，亦屬應得。况用强求娶、逼受聘財因而致令自盡者尚擬軍罪，豈有自行姦污反減親屬一等之理？乃親屬則科罪從嚴，而娶主則曲意從寛，未知何故？卑幼尚可言也，尊長則情理難通矣。尤可異者，圖財者係疎遠親屬等項，强娶者即應擬流，圖財者係期功尊長，强娶者則祇擬徒，又何理也？謀占資財、貪圖聘禮用强搶賣，若胞姊出嫁降服，仍大功也，大功姊出嫁降服，亦小功也，毆死仍應斬決，强嫁不照伯叔姑擬斬，其義安在？緦麻姪女及妹出嫁即無服，以緦麻尊長論，應附近充軍，以無服親屬論，應擬絞候。

期功及緦麻等項，弟妻以凡人論，則應擬絞；以有服卑幼論，則應分别擬以滿流、充軍，是否照本夫之服定斷，抑或照律内服圖所載爲准，弟妻小功、堂弟緦麻，餘俱無服，此尤不可不詳爲酌核者也。

一、凡聚衆夥謀搶奪路行婦女

吴紫峰律例通考云：『按：搶奪本律係專指搶人財物而言，此條搶奪婦女，或賣或自爲奴婢，與略人略賣人律内夥衆開窑、川販捆擄等類相仿，似應移入彼門』。

薛云：以有無瓜葛分别科罪，似嫌節外生枝。蓋搶奪婦女近於强劫，强盜得財豈得亦以素有瓜葛論減耶？入室未將婦女搶獲，與强盜未得財情事相同，問擬絞候，科罪反較强盜爲重。惟强盜分别首從，此條似覺過嚴。今强盜不分首從，此條又似覺從寬。家奴及領催總甲一段似應删去。

一、凡聚衆夥謀搶奪曾經犯姦婦女已成

薛云：誘拐之案，不因婦女曾經犯姦量從末减，搶奪之案，乃因先曾犯姦免其死罪，似未盡妥。下搶奪興販婦女條，首犯問絞監候，似可照辦。

一、凡聚衆夥謀搶奪興販婦女

薛云：犯姦與興販均與良家婦女有别，似應修爲一條，毋庸再爲區别。

嫁聚違律主婚媒人罪

一、福建、臺灣

光緒元年大臣沈奏准删除。

一、湖南省

薛云：專言湖南而未及别省，蓋由各督撫未經奏請耳。修例時自應通行苗疆省分，體察情形，畫一辦理，庶不致彼此參差。

一、凡嫁娶違律至定擬

薛云：尊卑爲婚，係名分之大不正者，與同姓等項有殊，唐律疏議已詳言之矣。修例時未加詳核，以類列入，殊覺不妥，此層似應删去。

倉庫

錢法

薛云：户部則例錢法門各條俱極詳備，刑例所載寥寥數條，殊嫌掛漏，似應將有罪名者酌留一二，無關罪名而與户部例文不符者全行删除，以免參差。

條例

一、各省開採銅鉛

薛云：『别州縣』下似應添『並不報明』，『越境』下添『私自』。倘係有主之山，經山主租給外人，似應勿論。

一、承辦銅商

薛云：此專爲銅商舞弊而設，均無如何治罪之處，語意亦未明顯，查户部例内並無此條，似應删除。

收糧違限

一、運弁以通幫糧米計算

薛云：轉解官物門掣欠之例較此處爲嚴，惟彼條係指由通至京倉而言，故專言丁舵脚夫等項，未及運弁，亦無分賠、代賠之文。此條係指由南抵通而言，是以各不相同，然均係虧短漕米之例，分列兩門，究嫌未協，似應歸入彼門。

一、掛欠漕糧弁丁

薛云：掛欠例文在先，監守那移等項完贓限内、限外。例文在後，遂不免有參差之處，其限期若干日並未叙明，處分例云『按刑律』，係一年爲限，而限内全完應治何罪，是否酌減，亦未叙明。至『十分全完，照例議叙』二句不知系何年添入，乾隆五年進呈黄册内並無此二句。以上二條均係康熙年間舊例，與現行例多不符合，而漕運全書又以千石上下分别追比，均屬彼此參差，且與收糧違限律意無涉，應與下一條均修改詳明，移入轉解官物門内。

一、同幫運丁至賠補原載轉解官物門，乾隆五年移附此律。

薛云：本丁既添『赤貧無賴』，從何賠補？上條有『仍著總漕等官賠償』之語，似應修併爲一，並與上二條均應修改，移於轉解官物門内。

多收税糧斛面

條例

一、凡貢監生員至完足乾隆五年修例時聲明此條無庸纂入，奉旨仍行纂入。

本按：今昔情形不同，外省久不照此辦理，此例虛設無用，可删。

薛云：收糧違限門内載明次年奏銷以前爲限，與此參差，似應修併於彼條之内。

一、在京在外

薛云：例末一段係專言在京各倉花户知而不舉之罪，似應另列一條，或修併於下條例内亦可。

一、各倉花户

薛云：此條專指在京各倉而言，向闕米之人勒索一層與下收支留難條例重複。轉解官物門結黨盤踞把持，積年吃倉分肥者，照打攬倉場例加一等，此處之積年匪徒與上條所云正是一類，亦即積年吃倉者也，此處均不加等，似嫌參差。

隱匿費用税糧

條例

一、石壩、大通橋

薛云：此船户代役攤賠之例，亦經紀等掣欠之例也，似應移併於彼門。

攬納税糧

條例

一、凡内府錢糧

薛云：户部則例，一、地方應納地丁銀兩、糧，如貢監生員借儒户、官户名目，包攬侵收入己者，照常人盗倉庫錢糧律擬罪。包攬而尚無拖欠者，八十兩以上照不應爲律斥革治罪。八十兩以下照攬納税糧律定擬，仍令照數納足。禮部例同，刑例無此條，似應添入。照常發落未明。銀一百、糧二百石並舉，係明時通例，今不然矣。

虚出通關硃鈔

條例

一、凡州縣倉庫錢糧

薛云：此條與户部則例同，似應點明『侵盗』二字。將第二層『無論侵那』一語，及第三層自『如止盤查不實』至『分賠一半』等語全行删去，修改明晰，列爲一條。下條再將失察侵盗、不行揭報者分出另爲一例，那移免其分賠者另爲一例，較覺分明。列揭請參州縣虧空，免議；徇隱州縣虧空，着落獨賠。盤查不實，不行揭報，獨非徇隱乎？再，此處明言失察，例内並未將『失察』二字列入，止云『盤查不實，不行揭報』，殊未明晰。那移罪輕，侵盗罪重，失察侵盗之知府議處，免其分賠，失察那移之知府反令分賠一半，似未允協。且此條原例止令分賠，並無處分。下條添入『革職、勒限著追』之文，又有『三限不完，不准開復，仍着落追賠銀兩』之語，較失察侵盗之案辦理反嚴。

再，此係雍正六年定例，乾隆十六年又有那移等項，祇將該員擬罪着追，不必概令上司分賠之例，係欽奉諭旨纂定。則失察分賠之例即不得復行引用，爾時未將此層删去，以致彼此牴牾。

本按：既奉諭旨停止分賠之例，自應於例内删改明晰。

一、凡州縣侵那虧空

薛云：後又定有分别科罪之例，未免太嚴，似亦應照上條修改，專言侵虧，不必牽及那移一層，以免淆混。律既分別兩門，而例仍一體同科，亦嫌未協。處分例分五條較明晰。

一、各府倉庫

本按：現在各省知府皆無庫，無錢糧可收，有倉者亦少。惟貴州省各府除遵義外皆有徵收錢糧之責，與直隸州同，直隸之承德一府亦同。

一、凡州縣那移虧空

薛云：此專言那移一項，欺侵並不在内。那移出納門追賠拖欠各項銀兩，分別銀數，按限完交，此例不分銀數多寡，統限三年追完。户部則例則云『按銀數多寡，按年完交』，與彼門所載『八旗直省應交欠項人員，如事屬因公，核減分賠、代賠』一條相符。刑例此條未將按銀數多寡一層列入，而彼條又祇言拖欠各項，並未添『分賠代賠』字樣，遂不免彼此參差，不如户部則例之顯明，似應删改爲『州縣侵虧，知府並非徇隱，止係盤查不實，不行揭報及失於覺察者，將知府革職離任』云云，仍删去那移一層。『其虧空銀米先於本犯名下儘數着追，限滿不能完足，查實果係家産全無，將未完銀米確數着知府』云云，下又云『無論侵那』，似未明晰。此處按成分賠與前條不符，分別開復、降調之處亦與上條互相參差。未完銀兩仍着追賠，並無治罪之語，與下條亦屬不符。

本按：此門各例應查照户部則例修改畫一。

一、凡順天府

薛云：刑名事件向歸直督具題，例無專條，似應補。

本按：此係户律，刑名事未便補於此。

一、凡該年奏銷錢糧

薛云：此爲防那新掩舊情弊而設，似應移於那移門内。

一、凡各省虧空案件

薛云：與第一條例文不符，應參看。上條例文在先，此條在後，且係奉旨纂定，自應將上條删改畫一。此後分賠、代賠之例仍不一而足，均不照此辦理，吏、户等、部亦各有專條，俱與此例互相參差。

一、各省屬官虧空

乾隆五年修例時，以上司分賠之例已奏請停止，此條無庸纂入，奉旨仍行纂入。

一、凡知府、直隸州知州

薛云：屬員虧空，徇隱之上司例止勒限追賠，並無治罪之文，以贓未入己，無從計算科罪也。若以屬員侵虧之數科該上司以入己之條，似屬未協，故罪止於革職責賠，此例於限滿未完之後加重擬徒，是原例已重，此例又加嚴矣，殊未平允。

那移出納

條例

一、州縣虧空

薛云：此門專言那移之罪，而此條所云虧空侵盗均在其內，且與下隱瞞入官家産條例所稱『行查原籍任所』亦復相類，分列三門，未免煩複。

一、除侵盗虧空

乾隆五年以承追勒限處分俱各有定例可循，毋庸另立條款，此條應删，遵旨仍行纂入。

薛云：户、工二部之例頗覺明顯，刑例祇云拖欠各項，並未指明係何贓款，而又云户、工二部定有專條者，聽各照本例辦理，看去殊不分明，且銀數在千兩以上仍照工程核減例治罪，尤與吏、户二例不符，各項限期亦未叙明，例文專言追賠拖欠各項銀兩，而刑律内並無此等名目。虚出通關門分賠一條與此係屬一款，特未修改詳明而又分列兩門，遂致混淆。此條本在應删之列，雖奉旨仍行纂入，亦應修改詳明，似不應仍如此含混也。再，承追一切賠項銀兩均載在户部則例，有與刑例相同者，亦有彼此互異者，且有此有而彼無、彼有而此無者，緣修改舊例時未能會同具奏，是以諸多參差，似應將有關罪名者存入例内，其無關罪名各條酌加删改，以免混淆、挂漏諸弊。

一、凡州縣虧空倉穀

薛云：霉變與侵那究有不同，似應將下層移入損壞倉庫財物門。上層另列一條，或修併於下州縣官交代存倉米穀例内亦可。

一、凡追賠還官各款
薛云：此條似應移於給没贜物門。
一、凡虧空之案
薛云：此條應與上州縣交代一條參看。原本云修併爲一。
一、接任官承查
乾隆五年修例時以責以遲延足矣，着落賠補則前任虧空之員反得置身事外，未爲平允。聲明此條擬删，遵旨仍行纂入。
一、凡地方有軍需
薛云：與處分則例參差。
一、凡審擬那移
薛云：此條與第二條重複，似應修併爲一。

錢糧互相覺察

條例

一、凡侵盜
薛云：完贜減免，不獨侵盜錢糧爲然，凡受不枉法等贜及坐贜致罪之類均准免，案内説事過錢與同罪者情事亦屬相等，此處特立專條亦嫌挂漏。本犯尚在追贜，連累人先行決配，倘本犯於完贜後例得免罪，先決連累人以杖流徒罪終覺未盡允協。

倉庫不覺被盜

一、内外官庫
薛云：似應查照吏部則例修改畫一。
一、將進倉
薛云：旗下奴僕犯軍流發駐防爲奴，犯罪免發遣門已有明文，此處重複。進倉偷米即係穴壁封，常人盜門内亦有專條，此處均應删去。旗人初次犯竊銷除旗檔，徒罪以上刺字，杖笞免刺，見竊盜，此處云與民人一體問擬，是罪應枷杖者亦刺字矣，與彼條不符。

本按：此條應删改畫一。

出納官物有違

條例

一、凡兵丁

薛云：乾隆三十四年，户部曾將兵丁生息營運名目奏明删除，此例尚有生息名目，似嫌参差。

收支留難

一、大通橋監督原例末句係『以不應重治罪』，乾隆五年改。

薛云：偷盗必計數議罪，末句未明晰。原例治以不應，謂違期中途寄放也，照偷盗議罪似未妥協。

一、凡錢糧物料等項

薛云：解官一體治罪，未免過嚴，准以與受同科之例，則出銀六兩及十兩以上即擬以軍、徒等罪，可乎？

本按：解官之聽其包攬，畏其挑剔也，囑托行賄，受其勒措也，豈真甘心乎？一體治罪，非探原之論。

一、凡糧船運抵石壩

薛云：前二段受財即勒索也。下一層係總承上二層而言，謂無贓依本律科斷，有贓應别論也。乃前二層以枉法論，與下文計贓治罪之法不同，殊覺参差。上二層均明言衙役人等，與下文書役有何分别？而科罪均各不同，何也？原例無『計贓，依枉法律治罪』句，其漕糧以下一段亦無『計贓，以枉法從重論』之語，如坐糧廳以下一段方有『計贓，分别擬以軍、徒』之語，此二層何故又以枉法論？枉法固重，蠹役詐贓則較枉法尤重也。勒措不令入倉，與下指稱『掣批』等項名色何異？而科罪不同，未知何故。『支放米石』以下云云，另是一事，以上俱言收，此數專言支也，與多收税糧斛面條例亦有重複之處。

本按：南漕現不運通，二壩之缺已裁，此條可删。

轉解官物

條例

一、衛所運弁正丁雇覓頭船、水手

薛云：『頭船』本係『頭舵』二字，户部例及處分例均係『頭舵』，『頭』謂在船首者，『舵』謂在船尾者，舵工，頭工也，其餘皆水手也，改爲『船』自係錯誤。與下隱匿腰牌一條情事相類，似應修併爲一。

一、委解銅斤

薛云：此例分三層，上下二層指運員言，中一層指收銅者言。按律治罪，似即收支留難之律，應歸彼門。

一、解餉失鞘地方

薛云：與上鹽課一條參看。户部則例將兩例修併爲一，此例亦應查照修改。

一、糧船舵工

薛云：米一石，以銀一兩核算，不過五兩耳，由杖罪加至充軍，雖係嚴懲舵工之意，究嫌太重。

一、漕船被竊

薛云：議處一段專言被劫，未及被竊，似未包括。處分例分兩層。例末數語未明晰。應參看兵部處分例及原奏。

一、州縣起解銀兩

薛云：與吏、户、兵三部例文不符合，似應查照修改。上條專言兵丁，此條專言解役，不畫一。

一、朝鮮國進貢

薛云：專言朝鮮而未及他處，處分例則兼他國言之，今則無庸置議矣。

本按：此條似在應删之列。

一、運糧旗丁

薛云：買米輒漕，雖與完贓不同，然較之盜賣官米全不完交者亦屬有間。假如中途盜賣，至京、通查出破案，即不能不勒限嚴追，如於初限内將米買齊賠交，與買米輒漕事異而情同，一免一不免，且米價入官，仍勒限嚴追，殊未平允。

一、轉運漕糧經紀、車户。

薛云：掣欠名目既與偷竊不同，即應從寬科罪，乃五斗以上即科滿杖加枷，一二石即擬徒罪，反較監守自盜罪名爲重，似嫌未協。

本按：不偷竊何至有掣欠，照監守盜科之，彼何辭？惟經紀、車户人等，到處有花費，不偷盜從何而來？事不究其病根，徒懸一重法，於事何濟。

守掌在官財物

條例

一、凡八旗

薛云：監守自盜律例，無論中外文武，均包舉在内，此處所云，與監守盜條例重複，似應删除。

隱瞞入官家産

條例

一、凡罪犯入官

薛云：與擬斷贓罰不當門不得於本犯之外混追賠補之意相同，似應修併爲一。

一、凡欠帑人員

薛云：給没贓物門有不准原主勒索找價一層，並無「不准本人及本人之子孫認買」之語，應參看。户部則例無此條，處分則例亦不載，似應删除。

一、凡虧空人員房地

薛云：亦係入官之款，似應移於給没贓物門。

一、除隱匿

薛云：原奏係指已經豁免後查出隱匿者而言，故治罪從嚴。若未經豁免，仍應勒限監追，能將隱匿之贓交出即可免罪，豈有仍科隱匿之理？似應將此層添入。

一、凡一切承追案

户部則例勒追門一條例文與此不同，此條係乾隆三十七年定例。户部例係嘉慶七年修改。

薛云：彼此不無參差。

課程

鹽法

一、凡僞造監引印信『應流』二字雍正三年增入。

薛云：僞造印信爲首，律應擬斬，爲從自應擬流，此爲從問發充軍，係屬從嚴辦理。其經紀牙行等不云『爲從』而云『知情』，則贓至滿數亦應充軍也，不言流而流自在其内。雍正三年以誆騙罪止滿流，添『應流』二字，未免誤會例意。此計贓謂受賄囑者之贓，與誆騙無涉。

一、凡豪强鹽徒

薛云：傷二人與傷一人情形本無甚區别，乃首犯此條以此分别斬決斬候，下條以此分别斬絞，已嫌未協。而下手者均以此分别生死，尤不甚允。再，搶竊拒捕各例均以金刃、他物、手足爲罪名輕重之分。此處不以刃、物論而以人數論，設傷二人案内下手者俱係他物或俱係輕傷，一人案内或係金刃或係傷重，他物傷人者擬死，金刃傷人者充軍，又何理？傷人爲從，自係指下手者而言，二人下手各拒傷一人均擬絞候，一人下手獨拒傷一人則問軍罪，且較得贓包庇之兵役治罪反輕。再，末一層與下貧難小民一條語意重複，應並於下條之内。

一、凡兵民聚衆十人以上

薛云：此條十人以上原定之例頗嚴，屢次修改遂致上條科罪較此條爲重，似未畫一。陸路之車裝馱載，帶有軍器，公然拒敵官兵，致有殺傷，與水路之撑駕大船何異？況律明言車船頭匹，則統指水陸而言。今在水路犯者引上條，在陸路犯者引此條，豈陸路竟無豪强鹽徒耶？似應修併一條，改爲『或撑駕大船，或車馬馱載』，或用小注云『船載車載』亦可。傷人不分金刃他物、手足，俱分别首從問擬斬絞，較他處拒捕爲嚴。惟傷一人爲從下手之犯，十人上下均無死罪。是二人拒傷二人，或係手足、或傷他物，傷輕均應論死。一人拒傷一人，或二人拒傷一人，俱係金刃俱係他物打傷、或用鳥鎗拒傷捕人，亦僅擬軍流。是不以拒傷之輕重爲憑，而惟以受傷之多寡爲斷。在首犯係同一論死，而從犯則大有區分。拒捕不傷人之罪較律爲輕，帶有軍器不拒捕之罪又較律爲重，未免參差。犯罪拒捕殺差，爲首及下手之人均應立決，監匪但經拒捕即律應擬斬，本較別項拒捕爲重，乃十人以下拒捕殺人俱擬盜候，較拒捕殺差之例爲輕，殊嫌參差，後鹽買官監非私梟一條『拒捕殺人，其打傷以上者絞』，又較別項拒捕傷差科罪爲重，亦未允協。

一、凡回空糧船

薛云：兵律關津留難門『官豪勢要之人，乘船經過關津，不服盤驗者杖一百』，與此科罪輕重太覺懸殊，雖係爲回空糧船嚴定專條，究嫌彼此參差。

一、拏獲販私鹽犯

薛云：上條竈丁販賣私鹽、大使失察，似應併於此條之內。律係以私鹽論罪，例則賣與豪强監徒者爲奴，賣與糧船者流二千里，是俱不論斤數多寡矣。與例與犯人同罪，均不畫一。

一、凡大夥興販

薛云：此條專言文武官員處分，併無治罪之處，似應删。

一、除行鹽地方

薛云：應與上豪强鹽徒條内末段參看，似應併於此條之内。

一、凡收買肩販

薛云：打傷以上即問絞罪，與別條大有參差。

一、鹽船在大江

薛云：與下引鹽淹消一條似應修併爲一。

一、江西省行銷

薛云：似應改爲通例。末句應修改。

一、直隸、山東

薛云：他省必報部有名者方可以擅殺論，此二省則報院有名即與報部無異，似不畫一。

私茶

一、凡興販私茶

薛云：此條專言西寧等處，似不賅括，應與違禁下海門商人携帶引茶一條修併爲一。

本按：今日茶爲出洋一大宗，豈能禁止與外國交易？明代西寧等處邊防最重，故嚴其禁，與今日情形已大不同矣。不如開禁，酌收税課，於國用不無裨益也。

一、私茶有興販

薛云：私鹽三千斤以上充軍，私茶則五百斤即充軍，與私鹽法論罪不符。

一、凡茶商赴楚

薛云：産茶地方不獨楚省，應改通例。此例首似應改爲『甘肅省茶商』。『應照會典』句似應删去。户部則例甘肅有三茶司，此云五司，亦不符。

匿税

一、屯莊居住旗人

薛云：原例私自買賣馬匹者杖一百，此例既改爲照律治罪，則與别項牲畜一體笞五十矣。律内既有明文，似可毋庸另立專條。

人户虧兑課程

條例

一、管收税課錢糧

乾隆五年以加倍著追，原爲雍正初年各處關税侵隱甚多，立法不嚴則積弊難除而設，並非永著爲令，此條毋庸纂入。遵旨仍行纂入。

本按：加倍著追之例久不遵行，近來管收税課缺額更有交七免三章程，何加倍之有？此條似可删除。

錢債

違禁取利

條例

一、聽選官吏監生

薛云：前明之監生與今不同，此『監生』二字似可删。

一、凡負欠私債

薛云：此正係越訴之事，應與彼門直省客商一條修併爲一。

一、放債之徒

薛云：此例原奏亦係爲聽選官員而設，似應與第一條修併爲一。若非聽選官員則有本律可引。

一、佐領驍騎校

薛云：原例，民人違禁，向八旗官兵放轉子、印子、長短錢者，亦照旗人例治罪，謂治以軍、流、徒罪也。乾隆七年雖經議准『交通領催兵丁，扣取錢糧』等字樣應照領催例減等，枷號四十日，並未纂入例内。後改爲照詐欺從重治罪，究竟治以何罪，亦未叙明，嘉慶年間改爲計所得餘利准竊盜論，遂不免互有參差。准竊盜論，是否併贜科罪，亦無明文，若所得餘利無幾，其擬罪反較指米借債之人爲輕。夥同放印子銀者，如民人，是否實徒，抑仍照此例折枷，記考。原奏係『照爲從律杖一百、徒三年，係旗人枷號四十日、鞭一百』。第一層不計得贜多少，俱擬軍、流、徒罪。第二層計所得餘利科罪，是起意放印子之民人較夥同放印子之民治罪參差，且一則折枷，一則實發，亦未妥協。至代屬下兵丁保借銀錢即應革職，在非本佐領下舉放重債，止計所得餘利科罪，亦嫌太輕。

費用受寄財物

條例

一、親屬費用受寄財物

薛云：此例因前明原例與律不符，是以特立此條。惟既照服制遞減，自有各本律可引，似不必另立專條。

市廛

私充牙行埠頭

一、凡在京各牙行

薛云：五年編審既專爲京城而設，則外省並不編審换帖矣。恐擾累而停止，京城何以不虞其擾累耶？且定例之意，蓋恐久則累商而設，一概停止，似與例意未符。處分例清查牙行各條，係統京外言之，而户部例『牙帖由布政司鈐印頒發』云云，則專指外省言之，刑例有京城而無外省，均不畫一。删除例有私立水窩一條，開設猪圈一條。

薛云：私立水窩條刑律删除，而處分例仍其舊，似不畫一，與上仵作私分地界一條相類，删此二條，留彼一條，亦屬參差。

市司評物價

條例

一、京城鸝米

一、濱臨水次

薛云：此二條均係京城米石不准出外之意，然罪名究嫌太重。

把持行市

條例

一、凡外國人

薛云：開市五日之例現已不行。

一、甘肅、西寧等處

薛云：此專指甘肅、西寧等處而言，今不行矣。

本按：以上二條似應删。

一、各處客商輻輳

薛云：此處並不載明杖數，下條云杖八十，似應添入。追贓均有限期，年久無償，亦與例不符，似應將『年久』改爲『限滿』。

本按：私債如何定限，然亦無竟無限期之理，應酌。如以給主贓論，監追半年，此等或亦以半年爲限，然不可拘定。現在外省案件多係酌量給限，以其非官款，難計贓定限也。

一、凡内府人員

薛云：前明照光棍例定擬者未必即係斬決罪名，此條原例上層即行處斬，較下層治罪爲重。改定之例將上層改輕，下層轉形加重，殊未妥協，似應修改明晰，將下層併入上層之内。『即行處斬』上無『光棍』字樣，下『照光棍例治罪』亦無『處斬』字樣，則上層重而下層輕可知，更定之例殊未允當。咸豐二年修改時，又將此條遺漏，是以不免參差。

本按：原例下層係『照光棍例處決』，是上下兩層罪名相等。今改定云『照光棍例治罪』，則有首、從之分矣。

一、牙行侵欠控追

薛云：給主贓本係監追一年，後已改爲半年，此處應修改畫一。依限追贓，分别議處之例久已不行，雖庫款亦然，不應此條獨嚴。

本按：此照私債律治罪，非國帑可比，承追處分一段似應删除。

一、京城官地井水

薛云：此亦專指一事而言，與上私充牙行埠頭門私立水窩之人情事相等。彼條於乾隆五年聲明係把持行市之一端，奏准删除，而又添纂此條，似屬歧異。吏部處分則例則專爲彼條而設，此條並未議及，尤屬參差。

一、大小衙門

薛云：枉法贓三十兩應杖八十、徒二年。此枷號一個月、杖八十，以旗人折枷之法計之，似即係徒二年之罪，惟至三十五兩即照枉法問擬實徒，義何所取？且此等贓亦與枉法不同，設贓僅止十兩、二十兩，同一枷杖又覺無所區别。

禮律

祭祀

祭享

條例

一、大祀前三月

薛云：此及上條均與刑名無干。

毁大祀邱壇

條例

一、八旗大臣

薛云：現在並不照此遵行，此例亦係虚設。

禁止師巫邪術

條例

一、私刻地畝經

薛云：地畝經及小通書等書所載均係農家占驗之語，與妖書大不相同，因内有『甲子年來起大災』等語，乾隆九年適歲次甲子，一故以爲妖言耳。然祇科以滿杖，則與妖書罪名輕重懸殊矣。而又添入『妄誕』二字何也？

本按：『妄誕不經』四字乃原奏内語，然此等農家占驗之書似無違礙之處，此例似可刪除。以一事立一例必至顧此失彼，甚無謂也。

一、凡傳習白陽

薛云：紅陽教雖無不經咒，亦左道異端也。此例歸白陽等教照律加重，而又歸紅陽等教比律改輕，雖係稍示區別之意，究嫌未協。

本按：等邪教也，何區分之有？至今日又別立名目矣。

一、各項邪教案内

薛云：現在並無此等人犯。

本按：新章已將邪教案内發遣人犯改爲監禁。此條已無關引用，似可刪除。

刪除例『西洋人云云一條。

薛云：此例雖經刪除，然亦不過爲西洋人及天主教等耳，似應改爲『一切邪教』，或修併於下條之内。下條亦係刪除之例，『私習羅教』云云一條。

儀制

合和御藥

條例

一、醫官

薛云：此例與刑名無干。

失儀

條例

一、凡壇廟祭祀

薛云：『拏送該部』及『大臣』字應删。

朝見留難律

薛云：今朝見人員並不由鴻臚寺。此律無關引用，似應删去。

禁止迎送

條例

一、上司入城

一、凡提鎮赴任

薛云：上條祇言入城過境而未及赴任，此條專言赴任而未及入城過境，均不畫一。

一、凡書役迎接

薛云：原奏『新官到任，令舊任官於書役内量撥數人』云云，删去此句，下文『其餘書役』一句便不分明。處分例首句係『新官到任，舊任官於書役内酌撥數人，在交界處等候』云云。

公差人員欺凌長官律

本按：今公差無校尉名目，應改。

服舍違式

條例

一、公侯文武各官

薛云：『生儒』應改『生監』。

一、在籍候選吏員

薛云：未經考職書吏冒戴頂帽，照假官例徒一年，見詐假官，彼問徒而此止擬杖，殊嫌參差。蓋彼之冒戴頂帽猶此之僭穿補服也，況干謁地方官乎？

本按：如止圖鄉里光榮，其情輕，照違制可矣。干謁地方官，其情重，干者有所求也。似應加等。至此例云『在籍候選吏員』，是本有職者；彼云『未經考職』，是本無職者，其情節亦不同。

匿父母夫喪

條例

一、内外官員例合

薛云：服滿在家遷延，賢者之過，交部議處，似可不必，處分例無此層，似可刪去。

一、凡官員出繼

薛云：『不准原赦』似應刪去。

兵律

宮衛

宮殿門擅入

一、太監等

薛云：『等』字似可删。唐律『若於闌仗内誤遺兵仗者杖一百』，弓箭相須乃坐，與此相類。責四十板、罰當下賤差使足矣，似毋庸再加枷號。

一、繡漪橋

薛云：自溺之人原無大罪，特不應在禁地輕生耳，枷杖不足示懲，或酌量加等亦可，遽擬遣罪，仍枷號半年，似嫌太重。越訴門『姦徒身藏金刃，擅入午門、長安等門者，杖一百發近邊充軍。曾經法司等問斷明白，意圖翻異，於登聞鼓下及長安門等處自刎、自縊者，杖一百、徒三年』。赴溺之人情節較彼條爲輕，而科罪反重，如謂例係奉旨從嚴纂定，嗣後修改時亦當略爲變通。從前奉旨從重，後經改輕之例不一而足，此條何必過拘耶？

從駕稽違

條例

一、凡八旗正身

薛云：旗人一經脱逃即應銷檔，隨車駕行脱逃情節尤重，應否銷檔，此例並未叙明，緣爾時旗人犯罪多不銷檔，是以例不載入。

直行御道

條例

一、凡遇祭祀日期

薛云：分别頭、二、三等，係國初定制。上諭係『一品、二品、三品』，以下『侍衛官員』等應修改。

衝突儀仗

條例

一、聖駕出郊

本按：玩例内『俱』字、『各』字，是專指主使教唆之人，如有倩人作抱投遞者，礙難問斷。光緒十八年曾酌定新章，似應添纂明晰。玩例末二句，是無復得實免罪者矣，然其中情節亦有不同，似宜斟酌。

一、聖駕臨幸地方

薛云：民間詞訟均由地方有司審理，往往有刁健之徒將錢債、鬥毆等細事添砌情節，赴京叩閽，或俟車駕行幸，道旁呈訴，雖未衝入仗内，所控亦未必盡虚，仍應治以衝突儀仗之罪，以懲刁風。若關係人命生死出入，地方官或審斷不公、或徇情枉法，歷控上司不爲申理，情急無奈叩閽呈訴者，幸而審出實情，則寃抑得以申雪，若仍將申訴者治以重罪，勢必畏罪者多不敢控訴。律文『得實免罪』似尚平允。乾隆四十六年浙江汪進修、嘉慶十四年陝西張陞二犯均係叩閽，所告得實，曾經欽奉諭旨，即予省釋，免其治罪。似可於例内添入『如果申訴寃抑，審係得實者，仍照律免罪，奏請定奪』。

一、凡八旗兵丁

薛云：衝突儀仗下似應照上二條添入『妄行控訴』句。寶儀及英文保二案均非控訴寃抑，亦未誣陷人罪，改發駐防，實屬咎由自取。如實有寃抑情事，控訴得實，似不應一概擬發駐防，應修改明晰。

越城

條例

一、各衙門親戚

薛云：『親戚』應改爲『官親幕友』。

一、京城該班兵丁

薛云：什物不應由城上縋取，中外皆然。欽奉諭旨雖專指京城，惟既纂爲定例，似應添入各省，以免參差。

軍政

漏洩軍情大事

一、在京在外軍民人等

薛云：此例重在因私通往來而透漏事情，不應添入害人一層，致涉紛歧。似應將『投託』等六字删去，以害人自有教誘犯法之例也。

一、凡内外衙門

薛云：此條原例詞雖繁冗，却極詳晰，後删減太多，反不分明。

一、凡平常事件

薛云：應與造妖書妖言門内抄房探聽一條參看。一流二千里，一滿流，似嫌參差。各省抄房在京探聽事件、捏造言語録報各處者，係官革職，軍民流三千里。此條捏造訛言一段應併於彼條之内。

主將不固守

條例

一、凡沿邊、沿海及腹裏

薛云：前明舊例，失守城池，衛所掌印武官較文職知縣治罪爲重。乾隆三十九年將知縣改爲斬候，同城之知府何以僅擬充軍？假令遇警不行固守，相率同逃，則厥罪維均，一斬一軍，似嫌未協。此武職自係千總、把總等官而言，若與都、守等官同駐一城，是否一例擬斬。以知縣擬斬、同城知府擬軍之例例之，則千、把擬斬，都、守擬軍矣，豈律意乎？

一、各省督撫、提鎮

薛云：守邊將帥棄城逃走及失陷城寨尚應擬斬，况省城耶？腹裏武職及州縣亦擬斬候，况督撫、提鎮耶？有犯均有援引，似無庸另立專條。

縱軍擄掠

一、調臺兵丁

本按：此條在應删之列。

一、凡領兵王、貝勒

嘉慶六年修例時，此條列於删除項下，奉旨照舊遵行，毋庸删除。

薛云：應酌加修改。

不操練軍士

條例

一、架炮

薛云：止言發落，無杖數，似應添『仗一百』句。今無架炮夜不收名目，前主將不固守，失誤軍機一條內有『爪探、夜不收』字樣，後經删改，此處仍舊，亦不畫一。

激變良民

條例

一、凡刁惡之徒

薛云：原奏有『如公然抗拒，許官兵施放器械，殺死勿論』之語，定例時删去，是責令地方官擒拏而不許地方官專殺，殊不可解。

本按：似應於擒拏添『格殺勿論』四字。

一、直省刁民假地方公事

薛云：此例重在抗糧、斂錢、罷市、罷考，若無此等情事，僅止聚衆四五十人，未便援引，似應於『聚衆』字下添『至五十人』、『以上』，添一『或』字，删去『或果有冤抑』至『四五十人』等句。約會抗糧及罷市、罷考並抗官、塞署，係無法之尤者。至聚衆斂錢搆訟，情節稍輕。實有冤抑不上控而聚衆至四五十人，如無前項情事，則情節尤輕矣。俱照光棍定擬，殊嫌無別，似應改爲『如因事聚衆、斂錢搆訟，或果有冤抑不於上司控告，擅自聚衆至四五十人，尚無前項情事者，減一等定擬。』如尚未毆官，俱可照光棍例分別首從問擬，若已經毆官，將爲首者加梟，同謀者斬決，其餘絞候，似覺允協。

私賣戰馬

條例

一、民人出口

薛云：以三十四上下分別定罪，則僅止一二匹亦應以違制論矣，與户部則例兩歧。似應酌改爲『未至二十四者免議，二十四以上至三十四者照違制律』云云。

私藏應禁軍器

一、苗、倮、獞户

示掌云：苗人帶佩刀無庸禁止，見乾隆三十九年例。與此條不符。

薛云：觀原奏所云，自係指改土歸流者而言，若純係苗、倮、獞儀，似難一概禁止。私有者杖八十，知而不報者杖一百，似嫌參差。

一、臺灣民人

本按：此條在應删之列。

一、内地民人窩囤

一、内地姦民在産

薛云：合成火藥十斤以上即擬斬決緣坐，未免太重，似應仍以有無濟匪分別定擬。姦民如不興販圖利，煎挖何爲？似應改爲『合成火藥十斤以上者發近邊充軍，百斤以上者斬候，賣給賊匪者不論斤數多寡，以通賊論』。再，『買完』係『賣完』之訛，每次修例時俱因仍未改，遂致因訛成訛。

一、京城制造花爆

薛云：製造花爆，各處俱有，不獨京城，應改爲通例。售賣火藥似應改爲照興販硫黄例治罪，興販硫黄例已改重，此處亦應修改。

從征守禦官軍逃

條例

一、旗丁不拘重運

薛云：此指漕運旗丁而言，似應移入轉解官物門内。

一、凡駐防兵丁

薛云：駐防旗人逃走有治罪專條，見督捕則例。此例無關引用，似應刪除。

一、京外在伍兵丁脱逃

薛云：起除刺字門『被獲及逾限投輒，均刺「逃兵」二字』，即指此。惟投回與被緝獲同一枷杖，似嫌無所區別。投輒者枷責之外，似應准其入伍，逾限投回者不准入伍，庶與律意相符。竊盜自首不實、不盡，尚免刺字，逃兵投回雖在限外，究與被獲不同，仍行刺字，似與律意不符。

一、派往伊犁等處按：現在已無此項派往换防之兵丁，此條可刪。

徒流遷徙地方門有派往烏魯木齊等處換班種地滿、漢屯兵脱逃一條，督捕有派往各省駐防滿州兵丁有臨行及中途脱逃被獲一條，彼此參差。

薛云：似應將三條修改詳明，併爲一條，歸於此門。

關津

私越冒渡關津

條例

一、凡雇口内之人

薛云：此專爲古北口而設，其餘均未議及。惟律有明文，有犯均可照律定斷，似無庸另立專條。

一、凡民人無票

薛云：此條擬流之處似嫌太重。律有明文，似無庸另立專條。

一、凡土官、土人

薛云：此土司專例，似應移化外人有犯門。

一、緣邊關口

薛云：偷越之人照越度緣邊關塞即應擬徒，夾帶違禁貨物出口情更重矣。引送之人似亦應略爲區别，既不計贜定罪，則以僅圖微利及婪索多贜分别定擬之處似嫌含混。假如上層受賄較多，下層計贜無幾轉難科斷。越度即應科罪，引送非越度乎？名例明言同犯私越度關均無首從可分，何得僅擬枷杖耶？且既經受賄，即難言不知情矣。

一、指引逃匪

薛云：似應與上條修併爲一。此處有再犯、三犯，上條未言。知情故縱均指在官人役而言，此二條均以知情故縱，似嫌未協。

一、凡山東民人前往奉天

薛云：與違禁下海門東省登萊等處一條係屬一事，蓋恐無業游民滋擾根本重地也。近則山東人俱在東三省往來無阻矣。

本按：現在情形與舊時迥異，此條似可删除。

一、東三省身任京員

薛云：官員毆死奴婢不過罰俸，轉賣奴婢即應擬流，情法未見平允。

一、吉林地方卡倫

本按：此具文耳，况近日情形迥不同矣，此等條例不如删去。

一、凡滇省永昌

乾隆五十五年三月奉上諭：『緬甸自通商以來，需用中國物件無從購覓，而該國所産棉花等物，亦不能進關銷售。今既納貢稱藩，列於屬國，應准其照舊開關通市，以資遠夷生計等因。欽此。』

本按：既已開關通市，則此例已無關引用，何以屢次修例並未删除。現在蒙自等處已設關通商，與往日情形更不相同，此條在應删之列。

盤詰姦細

條例

一、凡盤獲形迹可疑之人

薛云：與違禁下海門各條參看。

一、廣東省窮民

薛云：此專指廣東言，似應與下條修併爲一。

一、浙江、江西

薛云：安徽省亦有棚民，似應添入。

一、滇省與外夷商販

薛云：與私越冒度關津門滇省永昌、順寧二府一條係屬一事，均係爾時辦法。

本按：此時情形不同，此條亦應删除。

一、凡有外國人等

本按：現在情形不同，此條無用，似應删除。

一、洋面山島

薛云：與違禁下海門給票時查明人數係屬一事。乾隆五十五年九月上諭：『前因顧學潮奏稱，沿海各省所屬島嶼多有内地民人建蓋草寮房屋居住，日聚日多，誠恐相聚爲匪，查察難周。令各該督撫查明海島情形，如有匪徒潛搭草寮房屋居住者，立即燒燬。今據伍拉納奏稱，浙、閩兩省海島居民甚多，已成市肆，不便概行燒燬驅逐。所奏甚是，自當如此辦理。等因』。既經欽奉諭旨，此例自可删改。且中樞政考及户部則例均已定立專條，與此例亦屬互相參差。

本按：此事本屬具文，況今日更不同乎？似可删去。

一、盛京地方

薛云：與違禁下海門偷運外洋接濟姦匪一條科罪不同。言吉林而未及吉林、黑龍江，盗田野穀麥門三姓、琿春等有違禁携帶米石、什物易换人參、貂皮；又，索倫達呼里越界至松阿里烏剌地方私帶米糧賣給刨參之人，科罪各不相同。

私出外境及違禁下海

條例

一、凡民人偷越定界私入臺灣

此條光緒元年大臣沈葆楨奏准刪除。

一、凡沿海地方

薛云：既不緣坐全家，而必罪及父兄等項，何也？將船雇與下海之人分取番貨，原例指違式大船而言，後既有不論雙桅、單桅，聽從民便之文，似不應遽擬充軍。且與自造商船租與他人之例不符。

本按：此條與現在情形不同，外國船隻堅利，何待中國打造？海禁既開，則接買番貨又何罪之有？應修改。

一、商漁船隻

薛云：中樞政考條例最詳，似應將商、漁船分爲二條。

本按：海禁既開，接濟外洋之事何從禁止？况外洋正無待接濟乎？此等條例似應刪改。

一、船隻出洋

薛云：中樞政考係專指漁船而言，較爲明晰。自造商船似是指未經呈報取結而言，與此處專言偷越之罪不甚浹洽，似應將此層移入上條之内。

一、凡商、漁船隻分别

薛云：例首應點明沿海地方。

一、沿海一切採捕

薛云：以上各條均係船隻出洋之禁，間有與後條例文重復者，似應酌加修改。違禁應改，各本以接濟洋盜論，似嫌太重。

一、往販外夷之大洋船

本按：近來輪船、夾板船往來如織，此等洋船日見其少，此等例似應查明近日情形，酌定删存。

一、附近苗疆

薛云：既經改爲通例，私藏應禁軍器門。此條似應删除。

一、黄金白銀

薛云：商船既准出洋販貨，若不帶銀兩，究憑何物交易？此例亦係虚設，近則更難禁止矣。

本按：此今日萬不能行之事也，不籌所以收回利權之術，徒懸厲禁亦空文耳，删之爲是。

一、商民收買鐵斤

薛云：鐵不准出洋可也，煮飯之鍋、砍柴之斧亦設厲禁，此何爲者耶？近則無庸禁矣。

本按：此亦今日不能禁之事，此條亦可删。

一、姦徒將米穀

薛云：銅鐵不准出洋，近則有收買洋鐵者矣；米糧不准出洋，近則閩、粤等省且有食洋米者矣。天下事豈可一概而論耶？

本按：此條亦可删。

一、凡外國貢船到岸

本按：此條亦在應删之列。

一、臺灣流寓之人

薛云：渡臺之例既删，此條應一併删除。

一、出海樵採船隻

薛云：應修併於銅鐵一條之內。

本按：海禁既開，盗匪何處不可購買，禁之何益？不若删之。

一、閩省不法棍徒
此條光緒元年大臣沈奏准删除。
薛云：謀害人一層並不在删除之列，似應酌加修改。
本按：謀害人照律辦罪可矣，何必另立科條。
一、臺灣流寓之民
薛云：與上條臺灣流寓一條情事相等，應一體删除。
一、在番開住居人
薛云：自康熙五十六年至今已經百五十餘年，何能有此出洋之人？且爾時船户亦不能至今存也，此例似可删除。
一、凡守把海防
薛云：此條亦應删除。
一、洋船挂驗出口之時
薛云：似應修併於下條人照不符之内。
一、奉天 錦汶
薛云：與下東省 登萊等一條不同，四城名目又與下山海關所屬一條互異，下條定例在後，似應將此條删除，修併於下二條之内。
本按：輪船往來如梭，能禁其私度民人乎？不若删之。
一、絲斤違例出洋
本按：絲斤出洋爲收回銀利一大宗，從前本不必禁，今日更無論矣，此條應删。
一、拏獲偷渡過臺
薛云：偷渡之例既經弛禁，此條亦應删除。
本按：查沈大臣原奏，此條似已在删除之列。

一、東省 登萊

薛云：與私越冒渡關津門山東民人一條係屬一事。此例見上奉天 錦汶、雄蓋、四城條內，似應將彼條修併於此條之內。

本按：山東人赴奉天由來久矣，從前且不能禁，況今日乎？應删。

一、沿海各省商漁船隻

薛云：與上出洋船隻一條參看。

本按：此等似可修併一條，以存舊制可矣，事則不能行也。

一、商民等偷越生番

薛云：此專指青海一帶而言，似應點明青海地方。

一、山海關所屬冷口

本按：此條亦可删除。外洋之鐵出産甚多，不仗中華也。

一、凡商人有携帶引茶

本按：喀什噶爾等處情形與從前迥不相同，此條可删。

一、凡沿海船隻在朝鮮

薛云：充軍之例係指引惹邊衅、貽患地方而言，故嚴其罪。若僅止越江漁採，並未滋生事端，遽擬充軍，似嫌未協，且與下匪類在朝鮮妄行生事一條參差。

本按：可與下條修併爲一，或徑删去，今昔情形異也。

一、內地姦民有摹造洋板

本按：銀圓近日各省鼓鑄，業已通行，此條應删。

一、盜賊前往朝鮮

本按：咨部以下應删，該國王句亦應修。此條或與上條修併，或徑删去皆可。

一、臺灣地方拏獲番割
本按：此條應删。
一、臺灣姦民私煎硝黄
薛云：已纂有通例，此條應删。

廄牧

牧養畜産不如法

條例
一、解送軍營
薛云：事關軍機，敢於盜賣，玩法已極，計職科罪未免太輕。

驗畜産不以實

條例
一、州縣
薛云：現在並無此事，似應删除。

乘官畜脊破領穿

條例
一、車駕行幸
薛云：枉道馳驛因而走死驛馬，見多乘驛馬，擬杖七十之外，仍追償馬匹還官。此處似應添此一層。

宰殺馬牛

條例

一、凡屠户

薛云：價買他人牲畜與賤買偷竊牲畜宰殺本有分别，此處依宰殺本例問擬，是將二層併而爲一矣。再，上層依故殺他人駝騾律杖一百，明其非馬牛也；下層從重依宰殺本例問擬，而宰殺例文有耕牛而無駝騾，又似統耕牛在内。查原定例文，堪用牲畜本無牛馬在内，故照殺他人駝騾律問擬滿杖。嘉慶年間因雷順故買贜牛宰殺一案擬軍，罪名太重故照私宰例擬以枷號兩個月、杖一百，遂與原定之例互相參差。上層專言駝騾，下層兼及耕牛，以致不能明晰。

本按：宰殺馬牛既有專條，自不在此條之内，似應將『依宰殺本例』改爲『依宰殺駝贏本律』方妥。

一、凡宰殺耕牛

薛云：此例首句係價買他人牛隻而殺，第二句係將牛隻販賣與宰殺之人者，均非竊盗而殺也。若盗賣與宰殺之人及故買竊盗之牛宰殺，例無明文，以上條例文科斷，則仍滿杖枷號兩個月矣。上文例末數語係因雷順之案添入，即此例之枷號兩月杖一百也。此例本係别於故買贜牛而言，而故買贜牛宰殺又援照此條科罪，以致前後諸多參差，應與盗牛門條例參看。

查盗牛，十隻以上滿流，二十隻以上擬絞，此云罪止滿流，謂計隻雖多，不與竊盗一體擬絞也，彼此已覺歧異。至盗牛賣與宰殺之人及知情故買竊盗之牛宰殺，此條並無治罪明文，因竊盗門内有盗殺及盗賣發附近充軍之文，故不複叙也。後竊盗門内將盗賣一層删去，止留『盗殺』二字，似係指盗而又殺者言，若盗賣而未宰殺及宰殺而非竊盗則不問充軍矣。盗牛一隻賣給宰殺之人，按盗牛本例止應枷號一個月、杖八十，較販賣而非竊盗者擬罪反輕至數等，販賣與宰殺之人，初犯枷號兩個月杖一百，私開圈店宰殺者亦然。似非例意。價買他人牛隻而殺，雖一隻亦擬滿杖、枷號兩月，故買竊牛殺宰不應治罪反輕。竊盗門内例，似應酌加修改。觀乾隆五年修例按語，益知彼門删去『盗賣』二字之誤，嘉慶年間又添入『從重，依宰殺例治罪』，益混淆不清矣。再查盗牛例内枷號至四十日爲止，四隻以上則由杖入徒，此云計隻重於本罪者照盗牛例治罪，是三隻仍枷號兩個月杖一百，四隻則枷號四十日徒一年矣，科罪亦屬參差。私宰自己牛、律係杖一百，此例雖加枷號一月，而改滿杖爲杖八十，殊覺無謂。原例有『殺自己牛者，照盗牛例計隻治罪』之語，盜牛一隻枷號一月杖八十。此例即係仿照此語科罪，後將此語刪去，便不分明，如宰殺二三隻以上即難援引科斷。

一、開設湯鍋宰殺堪用馬匹

薛云：殺馬一二匹較殺牛一二隻少枷四十日，似殺馬輕於殺牛，乃殺馬三匹即擬徒一年，殺牛三隻仍係枷號兩個月滿杖，四匹、四隻均徒一年，而殺牛則多枷號四十日，殺牛十隻以上即擬滿流，而亦罪止滿流，殺馬三十匹則擬滿流，三十匹以上則應充軍，殺牛五隻以上枷號四十日、滿徒，殺馬五匹以上者僅擬徒一年半。私宰牛馬律無分別，例則分列兩條，罪名遂有參差之處，似應將故殺自己及親屬旁人牛馬牲畜列入此門。盜殺、盜賣及故買竊盜牲畜宰殺移入賊盜門内，庶不致彼此互異。

本按：牛馬似可修併一條，將第一條『將竊盜所偷』云云另爲一條，移入彼門。

郵驛

遞送公文

條例

一、馬上飛遞

薛云：一應文書遺失均應徑報補給，不獨馬上飛遞爲然。

鋪舍損壞

條例

一、急遞鋪

示掌云：例内『襻』字，查字典本無其字，乃係『⿰木攀』字之訛，在字典衣部，應改正。諸司職掌此條，『攀』字不加偏旁，尚爲近古。

驛使稽程

條例

一、各處水馬驛遞

此例原係二條，乾隆五十三年修併爲一。

薛云：前明問刑條例首條載在户律賦役不均門，原係三項平列，蓋謂此等均係應役在官之人，豈容旁人用强包攬，故重其罪。下條則專指各鋪司兵言之，載在遞送公文門，與上條例義相同而名目迥異。國初俱列入此門，而雍正三年修例按語又不大明晰，已覺費解。乾隆五十三年修併一條，按語又謂指驛遞夫役及各鋪司兵用强包攬而言，似屬誤會例意。運所夫役係指運軍旗丁言之，兵則在巡檢司應役者。前明諸司職掌吏選部各府下有府、州、縣水馬驛驛丞，府、州、縣各水馬驛有驛吏；各遞運所有司吏、典吏，遞運所大使，府、州、縣河伯所所官。是水馬驛爲一項，遞運所爲一項，似非指運軍旗丁也，運軍旗丁自歸各衛。

多乘驛馬

條例

一、勘合之外

薛云：一揭報都察院，一揭報督撫，似不畫一。處分例夫馬之外兼及船隻車輛，此處亦應添入。

一、凡馳驛官員

薛云：處分例以本官是否知情分别革職降調。此例衹言縱容而未及不知情，似應添入，從重治罪句亦應修改。

多支廩給

條例

一、各處地方

薛云：不如與違禁下海門内一條修併爲一。按律治罪係減出使人一等外國，亦可將多支之項照不枉法科斷矣。

乘驛馬齎私物

條例

一、奉差員役

薛云：處分例『其背包不得過六十斤』似應添入。

一、積慣漁利

薛云：『舊』字應删。

乘官畜産車船附私物

條例

一、漕船旗丁

薛云：出錢之人問行求，與與受同科之例不符。

一、漕運船隻

薛云：有稱運軍者，有稱旗丁者，有稱旗軍者，有稱運丁者，亦有稱爲屯丁者，而其實則一人也。上條既改『運軍』爲『旗丁』，此處亦應修改一律。

一、沿河一帶

薛云：巡河、巡鹽，現無此官，似應修改。應治何罪並未叙明。

律例校勘記　卷三

刑律上

賊盜

條例

一、反逆案内律應問擬凌遲

本按：『如年在十五歲以下者，牢固監禁，俟成丁時，再行發遣』二十一字，同治九年官本如是。嘉慶四年舊例作『如在十一歲以上，十五歲以下者，牢固監禁，俟成丁時，發往伊犁、烏魯木齊等安插，令該將軍等嚴加管束。』其時十歲以下，係交值年旗給官員爲奴，故有十一歲以上之文。今十歲以下爲奴之例已改，自不必再言十一歲以上矣。坊本此處作：『若年在十一歲以上，十五歲以下者，牢固監禁，俟成丁時，發往伊犁、烏魯木齊等處安插。』不知何據？坊本有道光二十五年修改之文，而根原無之。坊本或非無本，根原遺之耳。

今例再行發遣，是否亦發新疆，抑仍照舊例發伊犁、烏魯木齊等處？且安插與爲奴亦大有區别。同治九年將年十六歲以上者改發駐防，而不及十五歲以下。蓋亦以例文含混故也。此處應酌改。例末二句似可删。

薛云：逆犯之伯叔、兄弟與侄均應緣坐，與子孫並無輕重之分。此例將逆犯子孫改從閹割，其弟侄等項均謂之其餘親屬，與律不符。

本按：既謂之其餘親屬，又以十六歲上下爲奴安插之分，更形繁瑣。此等應改畫一。

一、除實犯反逆

薛云：反獄劫囚殺官案内之親屬，例内應行緣坐者也。倡立邪教，傳徒滋事，非叛逆而情同叛逆者也，故家屬亦俱行緣坐。如因别事糾衆戕官應否緣坐？例内並無明文。即如部民、軍士、吏卒懷挾私仇及假地方公事挺身鬧堂，逞兇殺害本官，無論本官品級及有無謀故，已殺者不分首從皆斬立決，載在鬥毆門内。謀殺本官，已殺者不分首從皆斬，載在人命門内。俱不言親屬緣坐。惟八旗兵丁，因管教將本管官戳死，妻子發遣黑龍江。均不畫一。至倡立邪教，傳徒惑衆各本例内，亦無親屬緣坐之語。而律内載明造畜蠱毒等類，反未添入。且既云照律緣坐，又歸入除筆，自係因律有明文，此處不便複説之意。此等既未載入律例，則此條所云，殊嫌未能明晰。似應添入『以反叛定擬之犯』云云，庶無窒礙。

本按：鬥毆、人命二例，本與叛逆不同。兵丁戳死本管官，妻子發遣，亦非叛逆之謂。究不畫一，似可删改。至糾衆戕官反獄，例係依謀反大逆律緣坐，自不待言。惟倡立邪教罪名與反逆懸殊，例内又無緣坐明文，殊不可解。查向來傳教惑衆之案，有照大逆辦理者，此條蓋指此等而言。竊謂此除筆究未妥協，不如改爲『除實犯叛逆及依叛逆律定擬案内』云云，似較渾括。記參。

薛又云：真正反逆案内之祖父母、父母實不知情，如何科罪？例無明文。按律則祖父、父均應擬斬，母發功臣爲奴。例則祇有子孫及律應緣坐男犯二層，祖父、父應否以律應緣坐男犯論，轉無明文。

一、反逆緣坐案内

薛云：照例從重辦理，未知如何辦法。原奏内係即行杖斃，而刑例並無此語。大逆緣坐男犯，同治九年均改發駐防，並不照律賞給功臣之家。此條即屬贅文。

謀叛

條例

一、叛案内律應緣坐

薛云：律應緣坐流犯，係指叛犯之父母、祖孫、兄弟而言，除父之妻，即正犯之母；父之子，即正犯之兄弟仍應緣坐外，其餘妻、子俱不在緣坐之列。本犯即不身故，妻、子亦應免遣。例内未經到配以前身故，妻、子亦免遣，似覺含混。緣從前流犯均係僉妻發配，此條就康熙年間舊例略加修改，是以未能明晰，恐辦理亦多窒礙。似不如將各本犯未經到配以下數句，全行删去，較覺簡便。

本按：叛犯之孫，既由流改遣，其母則正犯之子妻，不在緣坐之列。若將此段删除，設有年幼未便與父母拆離者，轉無辦法矣。原例有親屬收養之文，後改爲聽其母隨帶撫養。蓋爾時流犯無不僉妻，故准其隨帶配所。現僉妻之例已停，其母如仍在籍，似可交其母收養。修改明晰，另列一條。記參。原例本係二條。

一、謀叛案内，被脅入夥

薛云：例首〔謀叛〕二字，似可改爲『叛逆』。緣謀逆、謀叛正犯雖有區別，而此等人犯，均係被脅入夥，均係並未同謀，且均未拒敵官軍，似無輕重可分。獨於謀叛門内定立專條，彼反逆案内獨無被脅入夥者乎？此條當與自首門内被擄從賊一條參看。彼條似係指賊勢尚未窮蹙，能由賊中自拔來歸者而言，此條似係指賊已剿滅，聞拏投首者而言。惟此等人犯，究係被脅入夥，與甘心從逆者不同。既經訊無焚汎戕官及抗拒官兵情事，如當被拏獲，亦可酌量貸其一死。今已悔罪自首，仍擬發遣，殊覺無所區別。似應改爲被脅入夥之犯，並無隨同焚汎戕官、抗拒官兵情事，如被拏獲者，於斬罪上酌減一等，擬發新疆給官兵爲奴。一聞查拏悔罪自行投首者，再減一等，擬杖一百、徒三年。

本按：此例係因謀叛案内有此等人犯，故專定此條入於此門，不復顧謀逆門矣。從前一事一例，往往如此，故多參差。此條與自首門之條相類，似可歸入彼門，俾以類相從。

一、凡異姓人

薛云：『異姓人』似應改爲『不法匪徒』。『但有』下似應添『聚衆』二字。因人數過多而加重，與別條尚屬相符。因年少居首而加重，係屬他律所無。犯他罪名不分年少居首，而獨嚴於結拜兄弟，自係遵照諭旨纂定，何敢輕議。惟四十人以上者絞決，並未叙明有無歃血焚表。未及四十人者絞候，亦未叙及二十人上下。若結拜僅止數人，年少居首者轉無治罪明文。結拜之案，原例以有無歃血盟誓等情分別定擬。後又以人數多少及年少居首二層分別絞決絞候。有歃血等情者，二十人以上即擬絞決，雖四十人亦無可再加矣。無歃血等情者，必四十人方擬絞候，雖二十人以上亦止問擬滿流。惟年少居首一層，專承無歃血等情而言，若有歃血焚表情事，轉難援引。若謂謀叛未行律止絞決而止，既照謀叛定擬，即屬無可再加，亦應於例内修改明晰。

分別首從擬以斬絞，原例蓋謂一經抗官拒捕，即無〔論〕成傷與否，是否何人起意，均擬死罪也。因此等首犯罪應擬絞，從犯罪應擬流，故從嚴將首犯問斬、從犯問絞。後定之例，罪名有僅止枷杖者，一概擬死，殊嫌太重。且起意抗官拒捕者，如非爲首結拜之犯，亦難辦理。

抗官拒捕，持械格鬥首從各犯，似係統承上文而言。惟上文首從各犯，凡分七層，有絞決、絞候、流杖之分。爲從罪止軍流枷杖；若一有拒捕情事，即無論原犯罪名輕重，概予斬絞，似嫌太重；且較罪人拒捕及奪犯傷差各例，亦覺參差。

結會樹黨以下云云，原例係專指閩省而言。歃血訂盟者，不論人數多寡，首絞從流。結會樹黨非結拜兄弟而何？特陰作記認與歃血焚表有間耳。既已魚肉鄉民。故亦不論人數多寡，首遣從徒。係於歃血訂盟罪上，酌減一等。不得與結拜而未歃血等項，僅擬滿杖也。惟後來條例，結拜而未歃血訂盟者，四十人以上即擬絞罪，年少居首者即擬立決，結會樹黨並無死罪，已屬參差。如有設立會名，結成死黨四五十人，意在倚衆逞兇，或內有年少居首之人，與結拜兄弟情節何異？且結拜原例係以有無歃血等情科罪，並不分別人數多寡，後又以二十人及四十人上下分別定擬。結會樹黨一層仍係不分人數多寡，尤嫌未協。即以未及二十人而論，結拜兄弟者，首從罪止枷杖，結會樹黨，首遣從徒。以二十人以上而論，結拜兄弟者，爲首亦止滿流，似較結會樹黨者治罪爲輕。而至四十人以上結拜兄弟者，首絞從流，又較結會樹黨者科罪反重。果何理耶？以結會者情節爲重，則人數過多，治罪即不應較結拜爲輕；以結會者情節爲輕，則人數無幾，治罪即不應較結拜反重。兩相比較，必有一錯。緣原例本係兩條，嘉慶年間並作一條，遂致互相岐異。

本按：此例仍應分作兩條。結會樹黨既照棍徒治罪，即與此門律意不符。意另作一條，移改恐赫取財門。

一、凡不逞之徒

薛云：從重治罪，未指明何罪？修改明晰。

一、閩、粵等省不法原例無年月，並無爲匪一層。

薛云：爾時因有天地會名目，聚衆滋事成案，是以例有『復興』字樣，若更易一名目，即難引用，似應酌加修改。

改定之例，添入平日並無爲匪，僅止隨同入會，自係指聽誘被脅一層而言。惟改聽誘被脅爲一時隨同入會，究嫌與上層稍有含混。

一、滇省匪徒

薛云：竊盜門內一條，恐嚇取財門內一條，均係一事，不應分別三門，應修並爲一。

因結拜弟兄而有滋事訛詐等情，故擬以鎖帶鐵桿，且有不知悛改及始終怙惡之語。删去訛詐等項，則專指結拜一層而言矣。似非例意。

造妖書妖言

條例

一、凡妄布邪言

薛云：此條係專指京城而言，故將首犯加重，擬以立決。他省有犯，自應仍擬斬〔候〕。乾隆五年改爲通例，無故將罪名加重，似覺過嚴，且與謀叛罪名無别，即較造妖書妖言科罪尤重。再：邪言與妖言，有何分别，傳及造用即包書寫張貼在内，例與律科罪不同，殊嫌參差。

一、凡坊肆

薛云：此亦不應罪名耳，遽科徒流，似嫌太重。

一、各省鈔房

薛云：揑造訛言刊刻，見漏洩軍情大事。惟彼係流二千里，此係滿流，亦有不同。似應修並爲一。此例似係照上條定擬者，第流罪減死一等，揑造言語録報即擬滿流，未免太重。且揑造必有所爲，一概定擬，亦嫌無所區别。

盜内府財物

條例

一、凡盜内府財物

薛云：盜乘輿服御物，唐律分晰極明。明律不載，而另立條例，由雜犯死罪改爲實斬，罪名極重。究竟何者爲乘輿服御物，何者非乘輿服御物，有犯礙難援引，似應照唐律修改詳明。

盜軍器

條例

一、拏獲偷盜

〔本〕按：此偶因一案加重，遂纂爲條例者。然究係律外加重。至當買之人，則私賣軍器律內自有例可援。此條亦太重，似可删。

薛云：設有兩人於此同係偷盜，一計贓一百兩，應流二千里；一計贓九十兩，應徒三年。贓多者因罪已擬流，免其加等，並免加枷。贓少者由徒加等擬流，將免其枷號否耶？又如數人共犯，首、從科罪亦有未盡平允者。

盜園陵樹木

條例

一、車馬過陵者

薛云：此條與盜罪無涉，似應移入禮律歷代帝王陵寢門。

本按：移入彼門亦不甚妥，不如移入直行御道門。

一、凡子孫

薛云：子孫砍賣祖墳樹株，本非盜也。因其迹近不孝，是以分别株數科罪，與盜他人財物不同，計贓擬罪，似非例意。再查砍賣墳樹情節，各有不同。有係公共祖墳內一人盜賣肥己者，有合族公議變錢另作他舉者；又有係一己祖墳，砍賣以濟急需者。有犯一體同科，殊覺無所區别。假如有祖父母、父母病勢垂危，子孫將祖墳樹株砍賣以爲醫藥、棺椁之費，一經有人告發，即計株數擬罪，情法固應如是耶？科條愈多，即有窒礙難行之處，此類是也。即如發塚見棺，例禁綦嚴，而依禮遷葬，律所不禁，亦王道本乎人情之意也。此例似應量爲變通。

將引他人偷盜祖父母、父母財，雖多，不過問擬滿杖。若砍賣墳樹，即計株數擬軍，豈得爲情法之平？原例照違令律擬笞，不爲無見。

原定之例，子孫已罪輕，他人次之，奴僕爲重。以墳樹究係子孫己物，奴僕賣及主人墳塋樹木，則欺主甚矣，故加凡人一等。他人則凡盜也，以別於入人家內行竊，故准竊盜論。各有取義，是以輕重各不相同。

墳樹有關風水，禁其盜賣，尚屬可通。房屋、磚瓦、木植亦不准賣，何也？祖父生前所住之房屋准賣，墳塋之房屋不准賣，又何也？奴僕加一等可也，子孫亦加一等，未知本於何條？因墳樹而遂及房屋等項，俱屬不近人情之事。至砍一乾枯樹木，必責令報官，尤屬節外生枝。本按：此條以改回原例爲妥。

一、盜砍他人

薛云：盜他人墳樹，律杖八十，例係准竊盜計贓論罪，本極平允。後添入枷號一層，已嫌過重。嘉慶十四年又添入絞候一層，則更重矣。原例有犯至三次者，照竊盜三犯計贓，擬以流遣之語。以准竊盜論，原無死法也。增入『絞候』二字，是以竊盜論矣。亦與盜房屋等項准竊盜之語，互相參差。口盜砍墳樹決非一二人所能，且必執有器械，初犯擬以枷杖，與結夥三人以上持械行竊之例不無參差。雖各有專條，律較尋常竊盜爲重，豈得科罪忽又從輕。例首一層，言初犯、再犯、三犯，均係計贓定罪者也。下一層既計次數，又計株數，而獨無計贓之文，亦未免參差。墳樹以株計，猶馬牛之以隻計、田地之以畝計、房屋之以間計也，乃又添入以次數計，則混淆矣。且既照積匪猾賊例定擬，究與彼例不甚符合。即以本條而論，竊六次、三次以上，樹數又在三十株、十株以上，分別擬軍、徒之例，玩其文意，自係指二者兼備而言。若盜砍六次以上，而統計樹數不及三十株，及盜砍三次以上，而統計樹數不及十株，應當如何科罪？以次數、樹數定罪，即無論是否旬日、連日，均應照例問擬。若一二年及半年以內竊砍六次，同時並發，均難引用。

本再按：子孫盜賣墳樹，律無治罪明文，以本無罪可科也。康熙年間，始定有照違令治罪之例。奴僕計贓加竊盜罪一等，他人准竊盜論，最爲簡當。後以笞罪不足蔽辜，加擬滿杖，又加枷號三個月。二十株以上，即擬充軍，甚至砍一乾枯樹木，亦必責令報官，法之煩苛，莫過於此。

監守自盜倉庫錢糧

條例

一、漕、白二糧過淮

薛云：運弁捆打四十，係指千總等項武職而言。處分例所云降級留任、調用，係指同、通等文職而言。此條原奏既未會同吏部，似捆打、降留、調用均係指運弁言之矣。不特與處分則例不符，亦與户律收糧違限門運弁挂欠之例互有參差。再：此條原例本無『行月糧米』字樣，故小船人户一條，亦衹言漕糧，而不言行月。其實均指行月糧米言之也。此條改而彼條仍從其舊，亦未將正項漕糧照監守盜治罪一層叙入，以致未能明晰。

一、小船人户

薛云：漕、白二糧過淮以後，有盜賣盜買之人，枷號一箇月云云，係康熙年間定例。此條即係照彼條定擬。後彼例與行月糧米修並爲一，又增添百石以上枷號兩月一層，遂不免互相參差。且例内明言漕、白二糧，似非行月糧米，而既並歸一條，則又應照行月糧米科斷矣。查原奏内稱：『漕船所載正糧與行月均在一船，若聽其買賣行月等米，恐姦丁愚民借端將正糧概行混賣，有虧正供，仍請不許私擅動賣』云云。初定之例，所以衹云漕糧，並無行月糧米之分也。乾隆七年以後，既定有行月糧米專條，則審係正項漕糧，旗丁人等自應以監守盜科斷矣。此等小船人户，是否亦減二等之處，記參。

一、凡侵盜應追

薛云：承追贓款分見各門，不免有重複之處。

本按：應修改畫一。

一、監守盜倉庫錢糧

示掌云：本律云本律贓至四十兩斬，雜犯罪止准徒五年。今例自百兩以至千兩，分別按擬三流。若遇例減等，其准徒五年者，例得減爲總徒四年。惟三流同爲一減，罪至滿流者，雖贓盈千兩，律得俱減滿徒。但以贓僅四十兩者，轉減爲徒役四年，似於情法未甚平允。若竟以三流並減爲准徒五年，又與同爲一減之律意未符，當於逃徒遞加擬流之例，一體酌改畫一。

薛云：此條初限全完，死罪減二等，徒流免罪，尚無參差。二限全完，死罪及流徒各減一等，則死罪減流，流罪減滿徒，准徒減總徒矣。總徒亦減滿徒，輕重倒置，似未妥協。竊謂發往軍臺之例原係爲侵貪官吏而設，似應將侵貪之案，無論由死罪減等及應擬流徒各犯，均發往軍臺，分別年限，效力贖罪，庶與律例相符。

常人盗倉庫錢糧

條例

一、凡竊匪之徒

薛云：此條例首以庫之銀錢，倉之漕糧對舉，以下得財均以銀科罪，其盗米至一百石上下轉難計贜科斷，似應添『每米一石，作銀一兩計算，雜糧麥豆等項，每一石作米五斗計算科斷』等語。

本按：可作隻行小注。

一、京城守城兵丁

本按：例文内旗人銷除旗檔兩句皆可删，銷檔已有通例也。

强盗

條例

一、事主呈報盗情

薛云：以竊爲强，以姦爲盗，不過以輕事報作重事耳，似應稍爲區別。捏報盗劫，陷害平人，即係誣良爲盗，與誣告門内治罪之處不符。

本按：以竊爲强，必有挾制官長情事；以姦爲强，必有諱飾干連情事。擬以滿杖，似可毋庸再爲區別。

一、地方文武官員

薛云：姦民以竊報强，挾制官長，已見上條，係屬重複。

一、凡竊盗等事

薛云：此例兼强竊言，首句專言竊盗，未能賅括，且載在强盗門内，不應獨言竊盗。似應將例首改爲：『强盗等案，地保及營汛兵丁一有見聞，立即分報』云云。

一、爬越入城

薛云：此即斬梟六項例内所云『干係城池』，似應並於彼條之内，或於干係城池下注明『如爬越入城行劫』

之類。

一、凡拏獲盜犯到案原例本係二條，頗覺明晰

薛云：在本省者無論別案有無獲犯，均提省審擬。在鄰省者，分別夥盜已獲未獲，均於本案聲明題結。總係不令解歸別案審結之意。惟結夥行强必非一人，而罪名亦有輕重。現獲之犯，在此案係情有可原，在別案係法無可貸，別案又未獲一人，原例監候待質，即爲此也。此例删去待質一層，而又不叙辦法，祇云詳加研鞫，務得實情，亦空言耳。假如供出別案係某人爲首，將來拏獲某人，訊明並非首盜，或並非同夥，將如之何？予原審官以處分，即以究出別案爲畏途，即有犯供，亦皆删去矣，別案終無明荧之日。若免其處分，又與原供大相歧異，防一弊即生一弊，雖定千百條例，終無當也。盜犯供出行劫別案，是因一案而數案俱破，暫緩正法，題明歸於彼案審結，自屬正辦。若慮盜夥狡供，希圖藉案遷延，將現犯即行正法，後獲之犯設供詞彼此歧異，即有礙難辦理者矣。要在案情確實，原不在盜犯正法之遲早也。

本按：如待質須立限。

一、凡强盜初到案時

薛云：此嚴防誣扳賄買之意。然容有初供不甚確實，續獲之犯供頗詳悉者。前條事主失單，不許補報，後又定准於五日續報，似可酌加修改。言强盜而並及竊盜，蓋爲搜有正贜故也。惟後條有將盜犯家産變價賠償之例，此處係屬重複，且後條專言强盜而不及竊盜，與此處亦覺參差。似應將强盜贜修並一條，竊盜贜修並一條。冒開贜物一層，移前開失單例內。至夥盜數目云云，似亦未可拘定。假如首、夥盜犯十人行劫，初獲之盜供係八人，招己定矣。續獲之盜又供明十人，且確有憑據，將又何辦理耶？

本按：前在直隸保定府任内讞局承審之盜案，竟有後獲之犯與先獲之犯所供人數大相懸殊，而後獲犯供較爲可信者，有後獲之犯自認供詞確實，而先獲之犯並未供及其姓名者。大抵此等兇徒，其意如開脱之人，決不肯供；而意如陷害之人，又隨口妄供。非數人質証，不能得其真實。如必以初供爲憑，頗多窒礙難行之處。定例豈易定耶？

一、凡審題盜竊

薛云：此條爲分別題咨而設，並無治罪之處，似應將例首一句改爲審題人命盜竊雜案，移入事應奏不奏門内。

一、强盜同居

薛云：以得相容隱之親屬，反科以知情分贜之重罪，定例本屬過當。從寬辦理，原非失之輕縱。若贜物，則須認真追比耳。與其嚴辦伊父兄等之罪，致與律意不符，不如嚴追伊父兄之贜，庶於律文無礙。或酌定限期，予以監禁，完贜則免其科罪，不完則酌量示懲亦可。不然，應斬決之盜犯尚從寬減爲發遣，而並未同謀之父兄等反從重問擬流徒，其義果何取耶？不知情，謂不知盜情也。既得財矣，何以云不知情耶？容有子弟在外行劫，以贜爲别項財物，捏詞隱飾，父兄不知其爲盜而受之者，則情節更輕。減本犯罪二等，殊嫌太重。且罪其父、兄、伯叔與弟，而不及其妻、子，豈父、兄等不應分贜，而妻、子獨許分贜耶？設如盜犯以所得之財分作數股，以一股與父、兄或弟，以一股與妻或子，父、兄與弟均擬流徒，妻、子則予勿論，亦嫌未協。

一、滿洲旗人

薛云：近來盜案，不分首從一律擬斬，旗、民並無異致，似應將此例删除。

一、盜犯明知官帑

薛云：一事定一例，亦覺太煩，且與新例亦大有參差。似應於前條斬梟六項内『打劫倉庫』下添入『及官帑錢糧』一句，將此條删除。

一、强盜案〔内〕免死減等

薛云：徒流人又犯罪門『發遣黑龍江等處爲奴人犯，有被伊主圖占其妻女』一條係統指爲奴遣犯言，奴婢毆家長門一條係指契買奴僕言，此條係專指免死盜犯言，雖稍有不同，而情節則一。似應將圖占妻女殺死奴僕修並一條，歸入奴婢毆家長門。平人與爲奴遣犯相殺，分别辦理，歸入此門。

一、凡用藥迷人

薛云：用藥迷人圖財，律以强盜論，用毒藥殺人者斬。注云：『藥而不死，依謀殺已傷律絞。』人已被迷，即與受傷無異。在尋常謀殺案内，首犯尚應論死，况强盜律應不分首從，豈有起意之盜首，反得減等之理？此例止言下手用藥，而不及起意之犯，自係遺漏。謀殺之案，律應嚴首犯而寬下手。此例反嚴下手，而寬首犯，殊未平允，亦與律意不符。諭旨内明言用藥者本有殺人之心，自係指首犯而言，定例時乃以首先傳授藥方及下手用毒者問擬斬候，轉置起意藥人之犯於不議，殊屬錯誤。例内上一層其餘爲從改發新疆之犯，係由斬決改發遣，即所謂情有可原免死盜犯也。下一層甫經學習等類發往爲奴之犯，由首犯斬候減遣，是發遣係屬本罪，與免死改遣之盜犯不同，似不在正法之列。節次纂修，此句漏未删除。

一、因竊盜而强

薛云：因盜而姦，律係不論成姦與否，不分首從，皆斬監候。劉祥一案，因已成姦而加重，首犯雖改立決，從犯仍照律斬候，亦屬平允。後將已成從犯及未成各犯，均改絞候，已與律意不符。且首犯既因已成姦而加重，而從犯又因已成姦而改輕，其義安在？

本按：此項從犯不如仍照律辦理較妥。

一、竊盜臨時盜所拒捕

薛云：罪人拒捕例明言竊賊刃傷事主者絞，非事主加拒捕罪二等，則鄰佑自不應以事主論矣。惟例内究有不論所殺係事主、鄰佑一語，殊嫌參差。如謂此語係專指已殺而言，若刃傷未死，自有拒捕本條。設如有兩賊同時拒捕之案，一臨時殺死事主，一臨時殺死鄰佑，則同擬斬決。一臨時刃傷事主，一臨時刃傷鄰佑，則一問斬候，一加拒捕罪二等，已嫌參差。若如謂不論事主、鄰佑，係統指上條而言，下條不在其内，則同一被追拒捕之案，一則僅將事主及雇工人劃傷，一則竟將鄰佑叠砍多傷，而拒捕時並不知誰爲事主，誰爲鄰佑，乃一擬絞候，一擬徒罪，似未平允。

再查刃傷未死案内之從犯，首條問擬近邊，次條問擬滿流。若刃傷鄰佑之首犯，僅加等擬徒，不特臨時盜所與棄財逃走漫無區別，而刃傷爲首反較幫毆爲從罪名輕重倒置。若舍刃傷鄰佑之輕罪，仍照刃傷事主爲從科斷，該犯或未幫毆，或並不同場，又將如何擬罪耶？例文紛煩雜亂，迄無一定，似此等類，不可枚舉。

犯罪拒捕殺所捕人，律應斬候。雖竊盜拒殺事主，亦同此法，不必其爲謀故殺也。是較凡人已從嚴矣。例將臨時盜所殺人者加擬立決，已屬與律不符。拒捕門内又將殺死差役亦問擬立決，是較殺死事主爲更重矣。而刃傷差役，則又較刃傷事主爲輕。其義安在？

道光十五年部議：『查竊盜臨時護臟拒捕例内，惟首節殺人之下聲明，不論所殺係事主、鄰佑，擬斬立決。其後傷人未死之下，並無不論所傷係事主、鄰佑之文，則遇有竊盜刃傷鄰佑者，自不得概行援引。况罪人拒捕門明言竊盜拒捕刃傷事主，依例分别問擬斬絞，如傷非事主，但係刃傷，仍照例加本罪二等問擬。是竊盗拒捕刃傷，必傷係事主，方可依例擬以斬絞。若傷係鄰佑，自應照例不論盗取之離與不離，贓物之棄與不棄，概同别項罪人一體科斷。』

本按：現在俱遵照此條部議辦理。然律文云：拒捕及殺傷人者皆斬。是一拒捕即在皆斬之列，更無論殺人傷人矣。一拒捕即皆斬，更無論所殺傷者爲何人矣。下文棄財逃走一節，曰事主知覺，曰事主追逐。而此文但曰人，是不論其爲何項人可知。此例不論所殺事主、鄰佑，與律意尚相符合。惟律係不分首從，而例以皆斬爲重，遂有首從之分，將從犯悉從輕比，而首犯又加重改監候爲斬決，一輕一重，殊與律意不符。至『傷人未死』一句，亦但曰『人』而不曰『事主』，自係承上文而來，一綫相穿，亦包鄰佑在内。乃部議以此句之下並無不論事主、鄰佑之文，並援罪人拒捕門例文，遂謂鄰佑不在其内。如是不顧文義之通言，亦應與否而强爲之詞也。即果如所言，亦應將傷人未死句修改明白，豈得爲此含混之詞致罪有出入耶？竊謂鄰佑有守望相助之義，即有幫捕賊盗之責，即與事主同科，有何不可？此條定例之意，與下條皆跟律來，此條律文不言事主而渾言之曰人，故例文亦曰不論事主、鄰佑。至『傷人未死』句亦跟上文來，故亦渾言之曰人，原未將鄰佑劃出也。下條律文有事主字樣，故例文亦專言事主而不及鄰佑。例文本自分明，解者自生魔障耳。

年在五十以上者。緣此項人犯本發近邊，嗣經改發新疆。旋將新疆遣犯改發内地，皆照原例加一等，此項遂改發邊遠。後於嘉慶四年，因新疆做工人少，將此項改發伊犁。又以年逾五十不能耕作，仍照原例辦理，毋庸擬發新疆者仍照舊例辦理。不在加等之列，例内遂有年在五十以上之文。此條之外，尚有白晝搶奪門内二條，發塚門内兩條，鬥毆門内一條。查從前由内地改發新疆人犯，本爲耕作人少起見，並非因其罪重而加等也。其後改歸内地，亦因新疆遣犯過多，與本犯之罪名本無干涉，自應一體照舊例辦理，何以無故而各加一等？年在五十以上之犯同此罪名，何以又不加等？事之無理，莫此爲甚。似應將此等人犯改歸原例一體辦理，而删除年在五十以上之文，以省紛擾。

一、竊盗棄財逃走

薛云：傷非金刃，傷輕平〔復〕，及拒捕未經成傷首從各犯，較上條過寬。即如三四賊犯，共拒傷一事主，一人係刃傷，律應擬絞；其餘雖他物、手足傷輕，亦應擬流。若三、四人拒傷一人，均係他物，未至折傷，不過均擬杖罪。同一他物拒傷事主之案，爲首罪名反較爲從輕至數等，似嫌參差。

棄財逃走等三項，情節頗輕，即唐律所謂非强盜者也。若護夥幫毆，則居然行强矣。一例同科，亦嫌未盡妥協。

例文祇以他物、手足、是否折傷爲斷。設或用例禁兇器拒捕未至折傷，礙難定斷。以兇器與他物、手足較，則兇器爲重；以折傷與未折傷較，則兇器又輕。假如有數人於此，一拒殺事主，一他物毆落一齒，一用金刃砍傷，一用兇器毆傷，在尋常鬥毆之案，刃傷者徒二年，折一齒一指者滿杖，兇器傷人者，發近邊充軍，罪名相去懸絶。拒捕例内祇有金刃及他物、手足折傷，而無兇器。若照折傷擬絞，例（無）〔内〕究無明文。若以未至折傷擬軍，輕重尤覺倒置。生死出入，所關甚鉅。再刃傷未死之案，自應以刃傷爲首，兇器幫毆者爲從矣。一係手足或他物毆至折傷，一係兇器毆，則又以手足、他物爲首矣。孰重孰輕，亦覺不能劃一。且此指刃傷及折傷應絞而言，若拒捕止加二等之案，一係金刃，一係折傷，一係兇器，則刃傷者加等擬以滿徒，折傷者徒一年半，兇器傷人者極邊充軍。尤覺參差。

一、凡行劫漕船

薛云：亦修並於斬梟六項例内。

一、凡强盜案内，情有可原

薛云：情有可原之犯，係專指把風接贜等項而言。現在並無此等人犯，惟强盜自首例内尚有脱逃應行正法者，且内有軍犯亦非盡屬外遣，似應修改，或於情有可原下添『及聞拏投首，減爲發遣充軍之犯。』

一、遇御駕

薛云：此等條例均係隨時加嚴，未便拘泥常例，故與罪人拒捕及竊盜拒傷事主例文均不相符。

一、糧船水手

薛云：此專指不法水手而言。行劫、搶奪、故鬥殺人、拒捕，所犯之罪不一而足，並非專言行劫，列之此門，殊屬不合。似應移入轉運官物門内。

一、山東省拏獲匪犯

薛云：與恐嚇取財門一條係屬一事，但彼條有安徽字樣，此條專言山東耳。然究係爲結捻結幅而設，似應並入彼條。

本按：安徽尤係捻匪麕集之區，何以轉行遺漏？竊謂此等科條一省一例，名目紛繁，且有較新定之强盜搶奪章程相比轉輕者，應如何删繁就簡，修改劃一，記參。

一、川省差役

薛云：兵丁捕役係真行强盗之事，故與盗同科。總甲捕役及誣告門内各條，均指害及平人良民而言，而科罪均較此條爲輕。此例藉傳證起贜等事，即彼二條之指以巡捕勾攝爲由，及稱係寄買賊贜也。燒毁房屋及拒捕殺傷人，即彼二條之實犯死罪也。特未著明平人及良民字樣，似未明顯。如果係奉票往傳，究與平空擄掠不同，似未便概擬斬決，致涉兩歧。雖係一省專條，亦未便輕重相懸若此。

一、用藥及一切邪術

薛云：誘拐例云：『若以藥餅及一切邪術迷拐幼小子女，爲首者擬絞立決，爲從極邊足四千里充軍。』與此例不符，似應將彼例此數句删去，將此條移入略人略賣人門，以免牽混。

本按：誘拐幼小子女，亦志在得財，與用藥迷人圖財者無異。或即修並彼條之内，似無不可。記參。

一、捕役並防守墩卡

薛云：得財與不得財同科，應捕與不應捕並論，顯與律意不符，亦與捕亡門内官役奉公緝捕罪人一條互有參差。盗賊意在得財，强盗不得財亦無死罪，故縱之案得財者十有八九。捕亡律以得賄不得賄爲生死之分，最爲允協。此例以交結往來，走漏消息爲斷，雖係爲嚴懲盗風起見，惟承緝别案人犯，雖漏信脱逃，如不受賄，即無死罪。而承緝盗案人犯，一經漏信脱逃，雖不受賄亦無生理，况本非承緝而亦擬駢首，尤屬未協。即如承緝蔑倫及越獄重犯，其情亦不輕於强盗，何以不聞將故縱之兵役一概擬以重辟耶？

三項均照本犯之罪治罪，與原定例文不符。至第一項明言分贜通賊矣，下又云不分曾否得財，究竟不分曾否得財是否統指三項，抑係指下二項而無上一項之處，例未明晰。且既未得財，則走漏消息及漏信脱逃，與下層知情故縱，似覺無甚分别，而科罪輕重懸殊，亦不可解。如謂重在交結往來，因以有無交結往來爲罪名生死之分，亦應修改明晰。蓋交結往來即通賊也，分贜即得財也，漏信脱逃即故縱也。此輩若非圖得盗犯之財，交結往來何爲？既未交結往來，何以又複知情故縱，以身試法？尤不可解。似應改爲『如與巨盗交結往來，坐地分贜，或雖未分〔贜〕，而奉差緝拏走漏消息』云云。第非伊承緝之案，僅止漏信脱逃，亦未得財，概似斬決，究嫌太重。

一、廣東、廣西二省

薛云：廣東省專條，行劫夥衆四十人，及三次以上，均加擬梟示。是以此條原例有無論人數多寡、行劫次數等語。後添入『廣西』二字，似應將此數語删去。緣廣西盜案並無分别人數、次數加擬梟〔示〕之例也。

一、强盜案内，有知而不首

薛云：知而不首，亦指事後分贓而言，是以照盜後分贓科斷。若不分贓，遽科滿徒，未免過重。既添入知盜後分贓一項，似應將此句删去。

一、凡强盜除殺死人命

一、强盜首、夥各犯

薛云：首盜與夥犯究有不同，首犯雖經還贓給主，其夥犯所分之贓，未必一律首還。且事主失財，究係伊首先起意所致，減爲滿流原屬允當。若夥犯似可再減一等，擬以滿徒。

未傷人之首、夥各盜及窩家、盜綫聞拏投首，本係發遣黑龍江爲奴。嗣因調劑遣犯，改爲烟瘴充軍。惟脱逃即應正法，即屬情重之犯，似應改爲發新疆種地當差，庶與『主守不覺失囚』一條相符。

放火燒人空房及積聚之物，律與燒人房屋一體賠償。因强盜而燒人空房等物，萬無免其賠償之理，例不言者，以放火律有明文也。惟計所燒之物重於本罪等語，究覺不甚妥協。然律内並不計所燒之物科罪，亦不以被燒之物爲贓，是以辦罪之外，仍令賠償也。且燒人空房等項，律無死罪，盜犯意在得財，燒人空房等項，其意何居？若已强劫得贓，則放火即屬輕罪。如未得贓而僅止燒人空房等項，設不自行投首，並無治罪專條。照盜犯定擬，究未劫得財物，就本律科斷，又嫌與平人無别。既未定有强盜放火燒人空房及田場積聚作何治罪例文，則因自首擬以軍流，即屬未盡妥協。且事未發而自首，與聞拏自首有無分别，亦難懸斷。似應删去此層。

本按：此例前一條本係七條，五條在犯罪自首門；後一條本係兩條，一條在犯罪自首門後，修並歸入此門。竊謂此兩條重在自首，即犯罪自首律内『强盜於事主處首服』云云，似均應移歸彼門。彼門之例多意在從寬，此門之例多意在從嚴。一原理，一執法，各不相蒙也。

一、京城大、宛兩縣

一、京城盜案

薛云：强盜，舊例較律爲輕，此二條則較律爲尤重。例均有盜風稍息仍複舊例之語，下條通例並無此語。例内如此者頗多，改歸舊例者十無一二，似均應删去，以歸畫一。

一、洋盜案内

薛云：强盜自首案内及十五歲以下被誘上盜，例内均有專條，此例似嫌複説。

劫囚

條例

一、糾衆行劫在獄罪囚

薛云：劫囚爲首及爲從殺官者，依反逆律親屬緣坐。反獄門例文則云：『悉照劫囚分別殺傷一例同科』，而無緣坐字樣。謀反大逆門則又云：『糾衆戕官反獄』，而不言劫囚，均屬參差。且忽而緣坐，乾隆五十三年忽而不緣坐，嘉慶六年後又改爲緣坐，嘉慶十四年亦未免涉於紛更。

本按：此項究非真正反逆，似可仍援嘉慶四年諭旨免其緣坐，記參。嘉慶十四年修例按語，一若未見嘉慶六年修例按語者。

一、官司差人捕獲罪人，有聚衆中途打奪，毆差致死

薛云：傷差案内，僅將爲首者擬絞，下手者不論傷之輕重，仍擬滿流。設如毆差至殘廢篤疾，亦與在場未傷人之犯一例同科，殊嫌輕縱。

一、官司差人捕獲罪人，有僅止一二人

薛云：添入一二人一層，係補律之所未備，惟傷差不問絞罪，何也？拒捕門條例，罪人拒捕，如至殘廢篤疾以上，罪應滿徒者，即應擬絞。此云無論有無傷差，均擬滿流。如毆至殘廢篤疾，亦可問擬滿流否耶？應與彼條參看。奪犯業經傷差，因非聚衆僅擬流罪，似未允協。在奪犯未傷差者，尚可以並非聚衆量減擬流，本按：此本律應流者。若已經傷差，似難曲爲之原。

一、官司差人捕獲罪人，如有尊長

薛云：祇言爲從罪名而未及率領之尊長者，以律有斬候之文，不複叙也。第凡人奪犯殺差較律爲嚴，若因率領者俱係家人，即無論殺差役一命二命，將尊長均擬斬候，似嫌太輕。蓋此條例文，所以寬家人，非以恕尊長。殺傷差役之罪，律既與凡人同科，例内凡人罪名業經加重，則雖尊長，亦未便辦理兩歧。

白晝搶奪

條例

一、凡問白晝搶奪

薛云：『所奪之財即還事主，問不應』云云，即箋釋所謂：『搶奪財物就還事主，依自首仍問不應』也。例文删去『依自首』三字，便不明顯。

一、凡總甲快手

薛云：與誣告門内將良民誣指爲竊一條參看。

在官人役藉巡捕勾攝爲由，將平人毆打搶奪，較凡人搶奪情節爲重，未便因非誣指爲竊，及計贓未至擬徒，從寬定擬，致與彼條科罪參差。似應照誣告門内例文，改爲不計贓數多寡，不分首從，邊遠充軍，以懲兇暴。

一、凡白晝搶奪三犯者

薛云：初犯必五次以上，方擬軍罪；三四次並未言及，則仍擬徒罪矣，似嫌輕縱。至軍、流、徒在配釋回，係指遇赦而言，故有犯即擬軍罪。若徒罪限滿即准釋回，與遇赦釋回有間，似應將遇赦限滿二層分晰叙明。

此等在配釋回之犯，複犯搶奪，則再犯矣。如在配在逃，又犯搶奪，非三犯而何？自徒流人又犯罪門定有條例，有犯俱照彼條科斷，從無照三犯辦理者，殊嫌參差。

軍、流、徒釋回複犯搶奪，而未明言再犯，則三犯更屬不多有之案。惟例内既有三犯問擬絞決之文，自應將再犯、三犯情節分晰叙明，不然，此句不幾虚設乎？

搶奪三犯，不計贓即應絞決，較竊盜贓至五十兩方擬絞候罪名爲重，而從來無此成案。以例内雖有三犯之文，何者以三犯論？並未叙明。既無再犯之文，故難以三犯科斷也？嘉慶六年，因原例不甚明顯，特條〔分〕縷析，改定此例。而三犯仍未説明，似應於五次以上發新疆當差之下添入『如再犯搶奪，即照三犯定擬』一句。存以俟參。與竊盜問擬軍、流、徒罪在配在逃複竊一條參看。彼條載在名例，此條又載在本門。

本按：似應將例内『在配在逃複犯』云云兩段另爲一條，歸入彼門，俾以類相從。記參。『搶竊得財並發』一段，似應另作一條。

一、苗人聚衆至百人以上

薛云：此等均應移入化外人有犯門。

一、凡白晝搶奪殺人者

薛云：此條分晰首從之處，雖屬詳細，然如甲糾乙搶奪，乙下手傷〔人〕，甲在場助勢，或均係下手，而乙傷在致命，甲傷在不致命等類，自應以乙爲首，而甲爲從矣。搶奪而不傷人，則甲爲首，而乙爲從。一經傷人，則乙爲首而甲爲從。不特與律不符，且與聚衆奪犯劫囚及鹽徒拒捕各屬彼此互相歧異。若謂起意搶竊之犯，並無殺傷人之心，其致夥犯殺人傷人，或非伊意料所及，故應科下手傷重者以爲首之罪。彼聚衆奪犯殺傷差役等類，何以又不以下手傷重之人爲首耶？彼此參觀，搶竊門内以下手殺傷人爲首各條，終嫌未盡允協。

搶奪拒捕傷人，無論傷之輕重，將爲首者擬以斬監，所以懲首惡也。爲首之犯，即指起意糾人搶奪者而言。謂雖非伊下手傷人，而事由搶奪，故追究始禍，仍應以起意者爲首，證以奪犯傷差等各律例均屬相符，與人命、鬥毆門内以傷之輕重分别科罪者本不相同。自定有以下手人爲首例文，遂不免彼此參差矣。且律止言傷人，而未及殺人，例内補出殺人者斬立決，雖係較律加嚴，惟因搶奪而至殺人，與强盗何殊？雖首從均擬駢誅亦不爲苛。

本按：此數語指近日所辦搶奪而言。若從前搶奪之案，恐不至是。玩律意可知。况竊盜臨時拒捕殺傷人者皆斬，律有明文，載在强盗門内，可以類推，並無專坐下手之人以重罪之語。賊盜門先强盗、次劫囚、次搶奪、次竊盜，而竊盜拒捕殺傷人則附入强盗律内。劫囚奪犯雖與圖財不同，究係用强打奪，故附入强盗搶奪之間。律内傷人者絞，殺人者斬，均指聚衆爲首者而言。而殺人較傷人情節尤重，故下手致命者亦擬絞候，律意本極明顯。劫囚各條例屢經修改，而首從均無改易，强竊殺傷人似亦可仿照辦理，方無窒礙。修例者一不加察遂致錯誤，至今未之能改。如云概坐爲首者以重罪，而下手殺傷人者反從輕典，似亦未盡平允。亦可參用奪犯傷差律文，爲首者斬，下手致命者絞，何必首從倒置爲耶？奪犯者意在得人，搶奪者意在得財，其無殺傷人之心一也。如解役不讓其奪，事主不讓其搶，即不免有殺傷之事。是殺傷之在其意中，其情事亦相等也。劫囚律內載有：『殺人者斬，下手致命者絞』之文，故例與律尚屬相符。搶奪律內祇載有傷人者斬一語，律既未甚明晰，故例與律遂致兩歧。不知本門不能賅載者，參之他律而自明。即如他物傷人，不過擬笞，金刃傷亦罪止擬徒。如因搶奪傷人，即應分別擬以斬、絞、充軍。蓋因搶奪而加嚴，與專以傷論者不同，豈得置首犯於不議，而專嚴下手罪名之理？若如纂定之例，以傷之輕重，分別首從定擬，是鬥毆而非搶奪矣，豈律意乎？

一、凡大江洋海出哨官弁兵丁

一、大江洋海出哨兵弁，乘危

一、凡邊海居民

薛云：大江洋海出哨兵弁乘危搶奪之案，較尋常搶奪爲重。舊例但經溺斃人命，即照殺人律分別首從擬以斬決監候。見船覆溺，傷人未致斃命，爲首滿徒，爲從減一等。商船被溺，商民救援得生，因而撈搶財物者，照搶奪律治罪。後添纂『但經得財並未傷人，應杖徒者，首從各照本律加一等治罪』極爲允當。嘉慶六年將傷人之犯，分別金刃、折傷，擬以斬候、充軍，與尋常搶奪罪名相等。未傷人之首從各犯，改爲加一等定擬，而將商民經救得生一層刪去，殊未明晰。緣此例第一層以船未覆溺及已覆溺分別治罪，第二層以已覆溺斃命及未斃命分別治罪，第三層以被溺經救得生之後因而搶奪，情節尚輕，故照本律問擬逐層分晰甚明。嗣又添入應徒罪者加一等治罪，尤爲周密。現行例『分別刃傷』等語，求嚴而反失之寬，似非此條定例之意。非親行殺人之事，律不擬抵，此定法也。商民本係淹斃，並非弁兵殺傷，乃坐爲首斬決，爲從斬候重罪，似與律意不符。不知定例之意原以出哨兵弁本係責以救援人命，乃不救援而反撈搶財物，致令商民溺斃，雖非伊殺，亦坐該弁兵以重辟。蓋爲此輩嚴定專條，非搶奪之通例也。不然，律內已明言，罪亦如之何以又定立此條耶？下文『阻撓不救以故殺論』意亦相符，非謂手刃之也。『傷人』二字亦然，謂船覆溺，而受傷未死，非兵丁將其毆傷也。如係弁兵等毆傷，律內明言搶奪傷人者斬，豈得止擬流罪耶？觀雍正三年舊例『搶奪傷人者仍照本律科斷』之文，益知傷人非被毆傷之茓證。嘉慶六年修例時，誤會原例內『傷人』二字之義，直以傷人爲被弁兵用物將其毆傷，似係錯誤。

原例除應斬決不准自首外，其餘事未發而自首者杖一百、徒三年。流罪以下寬免，仍追贓給主。原其非真正殺傷人命，且因首而案得破獲，故從寬予以減免也。『其餘』二字，蓋指不速救護，止顧撈搶財物，致將商民淹斃爲從；及見船覆溺，阻撓不救，以致淹斃人命爲首而言。語意本自一綫。改定之例，添入絞候一層，又添入金刃及非金刃一層，則混淆不清矣。

本按：自首一條，應否改入犯罪自首一門，記參。

一、江南通州

薛云：因爾時有此等案件，是以嚴定此條，所謂一事一例也。然似可不必。

一、搶奪竊盜殺人之案

薛云：竊盜拒捕殺傷人，另有分晰治罪專條，此門專言搶奪，似應將竊盜一層删去。再數人共殺一人，新例係照强盗一概駢誅，又何區别首從之有？若僅止二人，殺人者斬決，刃傷、折傷者絞候，例内已有明文，此條無關引用，似應删去。

一、凡臺灣

本按：此條在應删之列。

一、搶奪之案

薛云：强盗無被脅同行一層，此條既照强盗定擬，何以又添此層？在場未動手句亦未明顯。結夥十人以上未持械，其情亦不輕於三人以上持械之案。如有威嚇按捺等情，如何科斷？並未叙明。三人以上亦然。是但論人數，而不論强形矣。

一、凡因失火

薛云：搶奪不論贓之多少即應擬徒，例則八十兩以上即加等擬流，不與贓少者一體同科。失火搶奪，較尋常搶奪爲重。計贓無多者加等擬流，贓重照例問擬，並不加等，與律例均不符合。設有兩案於此，一係七十兩以下，一係八十兩以上，在尋常搶奪案，應分别擬以徒、流。若如此條例文，七十兩以下者擬以流二千里，八十兩以上者亦擬以流二千里，殊不足以昭平允，亦非嚴定此例之意。似應將『罪應擬以杖徒』六字删去，或於治罪下改爲先於犯事地方加枷號一個月亦可。搶奪無不刺字者，例末數語亦可删。
本按：本律云罪亦如之，本無分别，忽爾加等，本可不必。且加等亦具文耳，加枷號示衆尚可以示警一時。與其輕重不平，不如删之。
一、凡黔、楚兩省
一、凡苗人犯搶奪
薛云：應均歸於化外人有犯門。民人搶奪之例。節次修改從嚴，苗民不應反輕。似應酌加修改。
一、搶竊拒傷事主，傷輕平複之案
薛云：此例以金刃、他物，及致命先下手分别首從之處，最爲明晰。惟强盗門内又有護臟、護夥之分。若先下手者未護臟，而護臟者係後下手，護夥亦然，又當以何人爲首？且並未叙明起意搶奪之人及起意拒捕之人，仍嫌疏漏。如一係刃傷，一係兇器傷，亦難强爲分晰。殺死者，可分别致命、不致命，拒傷似可不必分别致命、非致命也。
一、奉天地方
薛云：原奏重在執持鳥鎗，尤重在騎馬，是以照響馬例問擬。定例時未將騎馬一層添入，看去便不分明。
一、川省匪徒云云，在於場市云云，在野攔搶
薛云：此例專爲川省嘓匪而設，後改爲川省匪徒，不知何故？且川省嘓匪搶奪，與嘓匪輪姦婦女，係同時奏准，均因嘓匪而加重。輪姦例内既未將嘓匪删改，此處似亦應仍從其舊。
本按：此兩條與搶奪新例參差，且場市搶劫、在野攔搶，其兇暴情形，一也，何必過爲區别？似可與各省專條修並爲一。
一、凡湖北省匪徒
薛云：現在盗案係不分首從，一律擬斬。搶奪亦係分别人數多寡，照盗案辦理。此例似應删除。
一、事主聞警
薛云：此例專指寇警而言，似嫌不能賅括。改爲『事主或因事故外出，或聞寇警逃避』云云。

竊盜

條例

一、竊盜搶奪掏摸等犯

薛云：此例係指兩遇恩赦而言，與下積匪猾賊一條參看。彼條似係照此例改定，而語意未明晰。此例以搶竊事同一律，是以言竊盜而類及搶奪。惟搶奪不計贓數即應擬徒，與竊盜之問擬笞罪者不同。是以竊盜門內再犯分別枷號之文，而搶奪門內並無再犯之語，祇有因搶奪問擬軍、流、徒罪在配在逃複犯搶奪，分別次數，擬以軍、遣各例，似係科以再犯加等之意。如遇恩赦，若者應以初犯論，若者應以再犯三犯論，殊未分明。即免並計、不免並計之處，亦與竊盜有異，辨理恐有窒礙。似應將例內『搶奪』二字删去，於搶奪門內另立『遇赦免並計、不免並計』一條。

一、竊盜恭遇恩詔

薛云：現在因竊擬流遇赦，均不援免。此等得免並計後，三犯擬流之犯，即應實發。如再犯竊，無論在配在逃，均照軍、流複犯例改發烟瘴充軍，不照此例科斷。至三犯遇赦減流、減軍之犯，即屬兩邀恩典。如在配在逃複竊，計贓無幾，尚可酌量科斷。若贓至五十兩以上，應否照三犯擬絞，抑仍照免死軍犯定擬之處？記核。贓至五十兩以上之案，援軍犯複竊之例，即無死法，而援兩遇曠典之條，則無生理。此等處最應參酌核辦。似應於累減釋放下添『或三犯擬絞，遇赦減軍，及年例減軍後，如再犯竊』云云。存以俟參。

一、五城兩縣

薛云：專指京城而未及外省，似不畫一。

盜賊捕限門『營弁拏獲盜犯，立即解交有司衙門究詰』一條，與此參看。彼專言盜劫重犯，此專言竊賊。而命案內逃兇並無明文，似應修並於彼條之內。

有內務府捕役，而無步軍統領衙門番役。應添。

一、凡旗人及旗下

本按：此條專言議罪而無治罪之文，專言旗人而不及漢人，似在可删之列。記參。

一、直省州縣拏獲竊盜

本按：竊盜計贓有徒、杖之分，而事主失贓有何多寡之可分？且以五十兩以上四十兩以下爲界限，中間五十兩以下四十兩以上者，遂不必問乎？殊未妥協。原奏係『犯該徒罪以上者』較妥，此處應修改。

一、外國進貢到京之時

薛云：枷號止杖罪，似未平允。

本按：首句似應修改。

一、朝鮮使臣

本按：此條在應删之列。

一、各省營鎮

薛云：此專爲捕役豢賊而設，恐營弁各懷畏懼，不肯認真緝拏，例内『果能將捕役豢縱之處，審查究擬』一語，係此條緊要關鍵，似應於例首點明捕役一層。

一、竊盜再犯　此例原係五條：一、在京犯竊分别刺字。一、外省犯竊刺字。一、行在偷竊分别割斷脚筋。一、犯竊交保管束。一、竊盜再犯。

薛云：嚴於杖責，而寬於徒罪以上，似非例意。

初犯爲首擬徒不枷號，再犯爲首擬徒亦免枷號。而爲從者初犯祇擬滿杖，再犯者於滿杖外枷號四十日，殊未平允。以旗人折枷之法計之，徒三年折枷四十日。

此條舊例云：『直省竊盜初犯，刺責發落者，交與保甲收管，地方官仍不時查點，無許出境。』又云：『賊犯交保管束之後，不加禁約，致該犯復出爲匪行竊者，原保按賊人所犯情節輕重，分别擬罪。』原係指初犯而言，定例本極明顯。乾隆五十三年，將此層移入再犯條内，其初犯之賊交保管束後，再行偷竊，原保即無治罪明文。而起除刺字門律例所稱收充警迹之法，亦俱成虛設矣。且再犯後不加禁約，複行爲竊，即屬三犯。三犯並無笞杖徒罪，亦難引用。似應仍照舊例分别三條爲妥。初犯交保管束，不加禁約，致複犯竊爲一條，再犯治罪爲一條；行在偷竊爲一條。

一、姦匪夥衆丟包

薛云：例内有『夥衆』二字，則首從僅二人者，礙難定斷，似應修改明晰。

本按：此條既照搶奪治罪刺字，似應移改白晝搶奪門内。

一、竊盜三犯

薛云：五十兩下似應添注『該犯徒罪』四字，庶引斷不致歧誤。原奏計贓五十兩以下罪止滿杖者擬遣，至五十兩以上罪應擬徒者絞候。前有『三犯擬流，複遇恩赦，累減釋放，如再犯竊，仍以三犯科斷』之文，而無三犯擬絞免死後，復行犯竊，作何治罪之文。似應定爲成例，以免彼此參差。

一、積匪猾賊

本按：此條並未指實如何是積匪猾賊，似可修並於下條『未經得免並計』一條之内。

一、竊盜於得免並計之後

薛云：設有兩人於此均係得免並計後，因竊擬以徒、流等罪，在配釋回後，複行犯竊，一糾竊二次，一獨竊三次。糾竊者以未及三次仍照再犯例擬以枷號，獨竊者以已及三次，照此例擬以烟瘴充軍。或二次者贓數較多，三次者贓數無幾。殊嫌輕重失平。若以二次及三次爲明立界限，究不應如此懸絶。

一、未經得免並計之犯

薛云：得免並計之後，因竊問擬軍、流、徒在配釋回，大抵指遇赦而言，係屬兩邀曠典。即未經得免並計之犯，亦係蒙恩赦宥，仍不知悛改、複行犯竊，是以治罪從嚴。若因竊擬徒，限滿釋回之犯，即與赦款無干。似應將遇赦釋回及限滿釋回之處，修改明晰，以免參差。

一、賊匪偷竊衙署服物

薛云：原例有『一百二十兩以上擬絞』之語，似應添入，以免歧誤。本按：此等賊犯，難保無已至三犯罪應擬絞者，似不添亦可。竊盜本係計贓治罪，此例不論贓數多寡，則一兩以下亦擬烟瘴充軍，殊嫌太重。衙署雖係官所，被竊究係私物。尚未得財，似應稍爲寬減。

本按：私物竟以官物論，究屬不妥，況未經得財耶！此等條例，大可删去。

一、兩廣、兩湖及雲貴等省

薛云：探聽消息，通綫引路，本例已改遺罪。賊犯應擬何罪，並未叙入。定例之時，因廣西撫奏葛精怪行竊勒贖二十餘次，本犯比照搶奪三犯例擬絞立決，是以將逼令事主出錢贖贓之犯擬以徒流。然未著爲成例，現在如有此案，萬不能照此辦理。若本犯罪名較輕，得贓無幾，即有擬杖完結者矣。逼令出錢贖贓之犯，反擬徒流。輕重大相懸殊，似應修改詳明，並應改爲通例。

一、竊盜逃走，事主倉皇

薛云：因姦釀命之例，因姦婦亦係有罪之人，死由自取，將姦夫擬以滿徒，已足蔽辜。事主豈姦婦可比，因被竊追捕跌斃，或因失財自盡，與姦婦因姦敗露，亦屬不同，律以罪坐所由，縱不必問擬抵償，亦應問擬軍流以上罪名，方昭平允。若謂非伊意料所及，彼因盜威逼人命，及刁徒平空訛詐並假差嚇詐致斃人命之案，豈得謂盡係意料所及耶？

再：竊盜人財與鬥毆傷人，均係侵損於人之事。毆傷人跑走後，致人不甘、追跌身死，尚應將毆人之犯於絞罪上減等擬流。盜竊人財與毆傷人何異？其致事主失跌身死，豈得僅擬徒罪？至失財窘迫身死，與被詐氣忿輕生，情節亦屬相等，而罪名相去懸殊，豈真訛詐者情節較重，而竊取者情節獨輕耶？

本按：失財窘迫自盡，究無威逼情形。而倉皇追捕失足身死，實與毆傷人跑走後，致人追跌身死者情無二致。此例擬流，較爲妥協。存參。

一、凡旗人初次犯竊

薛云：督捕則例旗人逃後行竊一條，應修並於此例之内。

一、竊贓數多

薛云：此初次改發新疆條款之一，所謂情重軍流人犯也。改滿流爲附近，名爲加重，實則從輕矣。

本按：由新疆改回内地人犯，無故加等，最不可解。此條大可删除。類此者亦當改歸舊例。

一、凡竊盜同居父兄

薛云：父兄等有約束子弟之責，不能禁子弟爲竊而反分其贓，是以科罪從嚴。所難通者，惟胞弟一層耳。且既稱同居，即不得以分贓論。即如兄以行竊所得之贓，置買房屋與弟同居，得不謂之分贓乎？將責弟以到官投首，已罹干名犯義之條，將責弟以暴揚兄非，又無解於得相容隱之義。且如有胞弟二人，一則勉從兄命知情分贓，一則懷挾私嫌赴官首告。按例則分贓者罪有應得，按律則首告者亦法無可逃。將如何而後可耶？勢必以兄之居與食爲不義，避而弗居弗食，而後可以免罪矣。豈情法固應如是耶？

一、凡現任官員

薛云：偷竊衙署例應烟瘴充軍，結夥十人以上持械行竊亦應烟瘴充軍，若再加一等，原較偷竊衙署爲重。

本按：此條與偷竊衙署一條皆隨意輕重，而究多窒礙，何若删。

一、凡捕役、兵丁、地保

薛云：未將但經豢賊不論名數多寡之處叙明，殊未明晰。至除筆所云自係窩藏强盗之事，以下方言竊盗，例意似係如此。而又云豢養搶劫各匪坐地分贜，則明明强盗窩主矣，入於此處，殊嫌夾雜。似應將自行犯竊一層歸入此門，豢養竊賊云云，移改於强盗窩主門内，庶各以類相從。

一、隨駕官員之跟役

薛云：此條似應移入兵律從征守禦官軍逃門内。

偷竊下似應照原例添入『伊主及他人』，逃劫者下似應添『不論贜數多少』。其不曾偷盗馬匹、器械下亦應添『僅止』二字。

本按：旗人折枷徒三年四十日，極邊烟瘴九十日。

此項人犯究與逃兵不同，似應免其刺字。民人問徒三年，家奴擬枷號三個月，以旗人折枷之法計之，未免參差。

一、直隷省尋常竊盗

薛云：咸豐二年纂定之例，結夥三人以上持械行竊，首從均應擬徒，並無擬杖之文。此處並帶器械及持有兇器二語，似應删去。上層改爲罪應擬杖者，下層改爲罪應擬杖加枷者。專言直隷而未及京城，殊不畫一。

本按：現在直隷地方，並未照辦，此例亦虚設耳。大約加枷易辦，繫捍難辦，以各州縣無此刑具也。

一、湖南、湖北兩省

薛云：擬杖人犯，似應修改一律，不應廣東一省獨輕。

犯案三次，原例係三犯按例從重問擬，改爲犯案三次，轉不明晰。雖一省有一省情形，第均係嚴懲竊匪之意，未便一省一例，致涉紛歧，似應參酌通例，修改畫一。

一、尋常竊盜，除並無

薛云：法令總期歸一，此門所載直隸一條，山東、安徽一條，湖廣、福建、廣東、雲南一條，四川、陝甘一條，均係嚴懲匪徒之意，然僅及徒、杖以下罪名，軍、流以上並不加重。緣竊盜犯者頗多，而按律治罪，不過枷杖，法輕易犯，是以各省紛紛纂立專條。惟咸豐二年，既定有竊賊結夥持械，分别三人、十人問擬軍、徒通例，已較竊盜本律加至數等。是人數多者既有此條可引，次數多者復有積匪猾賊可援，各省定立專條，似可不必。蓋杖罪無以示懲，故加以枷號，枷號又不足以示懲，故加以鐵桿。今已加等擬徒矣，似可毋庸再繫鐵桿。如由配脱逃，或徒滿後復竊，再行酌量鎖帶桿礅亦可。而逃徒及釋回複竊亦均有專例，與此亦屬歧異。總由纂立結夥持械通例時，未與各省專條參酌變通，故不免互有參差耳。至非行竊而類於行竊，枷杖不足以示懲者，尚有兇惡棍徒一條可引，似亦無庸多設條例。

器械有專爲行竊而設者，有專爲拒捕用者，一例問擬，似無區别。或三人行竊，一人携有賊具，雖未得贓，或得贓無多，首從均應擬徒。二人行竊，俱帶有刀械，贓在四十兩以上，僅擬杖責，亦未平允。

盜馬牛畜產

一、將自己及他人

本按：免枷號三字、地方各三字可省。現在無養馬人户，此段可删。

一、凡冒領太僕寺

薛云：冒領與竊盜相等，有犯自應照盜官馬例科罪。此條似應删除。

一、盜牛一隻原例盜殺下有『及盜賣』三字，乾隆十六年删去。

薛云：盜殺者，謂盜牛自行宰殺也；盜賣者，謂盜牛賣給旁人宰殺者也。查乾隆元年議覆四川按察使李如蘭條奏内，有云：『或盜牛而自行宰殺，或盜賣與宰殺之人，故初犯即行擬戍』等語，本極分明。删去『盜賣』一層，止存『盜殺』二字，則專指盜而又殺者言。其盜牛而未宰殺，與宰殺而非自盜者，皆不問軍罪矣。

盜牛，律以竊盜計贓論罪，例則分别隻數多寡定擬，與律稍有不符。且竊贓以一主爲重，此處計隻科罪，自應毋論一主數主，均並計治罪矣。若計數在十隻以下，而糾竊已經六次，或獨竊已經八次，按凡盜應照積匪擬軍者，反以未及十隻仍擬徒罪，殊覺參差。

下文蒙古偷竊牲畜，又有『一主爲重』之文。此處若不論是否一主並計科罪，較蒙古偷竊牲畜之案，治罪反重，亦覺參差。查竊盜以一主爲重，並贓論罪，係凡盜治罪之定律。盜牛以隻定罪，係嚴懲盜牛之專條。變計贓之法爲計隻，原因牛隻關繫耕作，故嚴之也。若十隻及二十隻上下，必係一主之贓，又係一次偷竊者，方可問擬徒、流、絞罪。如係各主，即不得概行援引，似非嚴定此例之本意。第例内究未分晰叙明。蒙古偷竊牲畜，又係以一主爲重，罪名出入關繫甚鉅，未可隨意科斷。

再：此門條例指偷竊官馬者居多，而民間馬匹無文，有犯自應仍依律計贓定罪矣。然牛以隻計，而馬不以匹計，已嫌參差。設偷盜一主之物，内有牛有馬，轉難科斷。

本按：律本係計贓以竊盜論，舊注有『一主爲重』之文，下文蒙古偷竊牲畜一條，又明載『一主爲重』之語，查彼條乾隆五十四年舊案，係一年内合計擬罪，過一年者從一科斷。五十九年以一年内連竊二次，若一次爲首，一次爲從，以贓多之案爲主，並計定擬。嘉慶五年改歸舊，仍照刑律以一主爲重，從一科斷。自可比同辦理，毋庸另生異議。且内地農家，畜牛多不過數頭而已，十隻以上者亦甚鮮矣。

一、偷竊馬匹案件

薛云：此條與各條重複，似應删除。

一、右衛地方

薛云：例内『新』字係指乾隆二十四年定例而言。其例文係偷竊蒙古四項牲畜，十匹以上，爲首擬絞監候。嗣後偷竊蒙古四項牲畜之例，愈改愈寬。若以蒙古後改者爲新例，其擬罪反輕於偷竊官馬矣。

本按：『新』字似應酌改。

一、奉天旗民

薛云：旗人犯竊，竊盜門内已有專條。偷竊牛馬，本門各例均有明文，有犯自可援引。此例似可删除。

本按：此盜馬照盜牛之例計隻科罪專條，似應將『旗民人等』改爲『地方旗人』，『銷除旗檔』以下全删。

一、蒙古偷竊牲畜之案

薛云：以一主爲重，與嚴懲蒙古偷竊牲畜例意，究有未符。

一、行圍巡幸地方

薛云：原奏内稱：皇上行圍巡幸，隨從之官兵人等當差全仗馬匹，倘被偷竊，於一應差使必（使）〔致〕有誤，是以嚴定此例。似應點明扈從官員兵役人等馬匹，以免歧誤。

一、新降之土爾扈特

薛云：此六項係爾時降附者，是以有新降之語。其科罪亦與舊蒙古不同，現已百有餘年矣。上條例文分晰極明，有犯自可援引，無庸另立專條。似可删除。

一、偷竊蒙古牛馬駝羊

薛云：現在理藩院蒙古例文與此條不符。二十匹以上方擬絞罪，十匹以上仍問發遣。三十匹以上一層，與蒙古例同。二十匹以上一層，蒙古例爲首者絞候，秋審擬入緩決，減等時發雲貴、兩廣烟瘴地方；爲從及十匹以上，均無死罪。

偷竊蒙古牲畜，乾隆十四年例擬絞監候，並無匹數。二十四年例，十匹以上，首犯擬絞監候。四十二年改爲不分首從，俱擬絞監候。五十三年又分别首從，改定此例，已較舊例爲輕，乃理藩院例文又複改輕，未知何故？

偷竊官馬十匹以上，康熙年間舊例係不分首從，俱擬絞監候。咸豐二年，查照此條偷竊蒙古牲畜例文，改爲二十匹以上不分首從擬絞，十匹以上首犯擬絞，從犯擬遣，並將察哈爾牧廠一條罪名亦一體纂定，與此條正自一律。乃蒙古例文又複改輕，不特與盗官馬之例不符，亦與上民人、蒙古、番子等條互相參差。

右衛地方，八旗官兵所養官馬、駝隻被竊，照竊盗蒙古四項牲畜新例辦理。民人、蒙古、番子偷竊四項牲畜，如在蒙古地方，俱照蒙古例定擬，即照此條例文也。理藩院例文忽爾改輕，則各條俱應從輕矣。而此等人在内地行竊四項牲畜，計贜照刑律擬罪，反有較蒙古例爲重者，豈非輕重倒置乎？

本按：此門盗牛一條，係以隻計，而又加枷號，細核之輕重亦不甚平允。如一隻枷一月杖八十。以杖八十論，乃竊盗贜之二十兩也。枷一月，以旗人折枷之法計算，乃徒二年也。由此遞推，則二隻三十五日杖九十，乃三十兩及徒二年半；三隻四十日杖一百，乃四十兩及徒三年；四隻四十日徒一年，乃五十兩及徒三年；五隻四十日徒二年，乃七十兩及徒三年；五隻以上四十日徒三年，乃九十兩及徒三年；十隻以上滿流，乃一百二十兩；二十隻絞，乃一百二十兩以上。五徒之中，無徒一年半、二年半；三流之中，無流二千里，二千五百里。已不可解。況以律應計贓之初犯杖八十者，無故加徒二年；杖九十者，無故加徒二年半。餘類推，亦覺過重。且牛之大小肥瘠，豈能相同，估贓核算，必難一律。乃一隻者二十兩，是每隻將以二十兩計也。而二隻三十兩、三隻四十兩、四隻五十兩，每隻僅加十兩。五隻七十兩，較二隻、三隻、四隻者，又多加十兩。將此第五隻之牛其價獨貴乎？抑第二隻、三隻、四隻之牛價獨廉乎？五隻以上九十兩，是六隻、七隻、八隻、九隻，皆止加二十兩，何十隻以上一百二十兩？是十隻至十九隻皆止加三十兩，豈此等牛價更廉乎？輕重不倫，實非律意。例内又有『其雖在二十隻以下，除計贓輕者分别枷、杖、徒、流外，如計贓至一百二十兩以上者，仍照律擬絞監候。』此乾隆三十六年增入。是計隻之中，仍複計贓。蓋亦知其理多窒礙，而爲此騎墻辦法，更使人得上下其手，任意輕重，殊非定例之本意。若以市價估贓，每隻二十兩，不過中等價值。由此累計，則七隻以上即已逾貫，豈止僅科滿徒。即以每隻十兩計之，則十三隻以上，亦已逾貫，豈止僅科滿流。是定例本欲從重而反從輕矣。特竊盜之贓不能按市價計算耳。從前牛價或較現在爲廉。

盜田野穀麥

條例

一、凡盜掘金銀

薛云：舊例本極分明，改定之例，分别金刃、非金刃，殊覺無謂。

本按：殺人及刃傷、折傷，爲首者照竊盜拒捕殺傷人律斬，爲從並減一等。查竊盜律，本係不分首從皆斬。此分首從，是不全用彼律也。似可將爲首律斬，改爲爲首者斬監候。此參用拒捕律，故分首從。特拒捕折傷以上擬絞爲不同耳。

一、産礦山場

薛云：若拒捕殺傷，應否亦以爲首論，尚未叙明。漏信使逃，減罪一等，尚可。若陰令拒捕，而亦減罪一等，未免太輕。

一、山海等關巡查人員

薛云：此條下半截專言刨參，似應删去。另列一條或附於私刨人參例内亦可。

一、凡領票刨參人夫

一、凡索倫、達呼爾越界

薛云：首條不報官私造例已改爲杖一百枷號兩個月。此處仍係舊例，應删改。

次條盛京地方匪徒越邊偷運米石，接濟山犯，分別石數，問擬徒流，見盤詰姦細門。此條專言刨參，彼條統言山犯，而其爲偷運米石接濟，則彼此相等，罪名彼此互異，似嫌參差。私帶米糧云云，係照三姓、（渾）〔琿〕春一條例文一體治罪。後將彼條删改，此條便不分明。

一、凡三姓、（渾）〔琿〕春

薛云：什物下似應照舊例添『賣與偷刨之人』六字。

原奏本無貂皮，五十八年例文始行修入。似應另列一條，或附於此條之末亦可。

明知偷刨姦匪容隱在家一層，與下條容留之窩家一層，科罪不同。下條偷刨人參例内云：『代爲運送米石，杖一百；私販，照私刨人犯減一等治罪。』亦與此條不符。此條係以米石什物之多寡定擬，下條係以參數之多寡定擬。且易換與私販有何分別？而科罪均各不同，殊嫌參差。

一、打珠人等

薛云：不分多寡輕重，俱擬滿流，似嫌無所區別。

一、領票工人

薛云：參、珠大略相等，此處既將不論參數多寡（照）〔改〕爲照得參數目治罪，上條珠子似亦應分別治罪。

一、凡旗民人等偷刨人參

薛云：原例極分明，後改爲不論參數，而又添入積年過冬一層，似嫌未協。蓋潛匿禁山過冬，原例不過加本罪一等，惡其志在必得故也。概擬軍流，罪太重。

既以人數、參數、及已過三冬互相對舉，是否三項俱全方擬重辟，並未敘明。如因已過三冬而加重，則不論所雇人數多寡，即三五人亦謂之未及四十名，不論參數多少，即二三兩亦謂之未及五十兩，首從均擬軍，可乎？設在外未過三冬，而人數已三十餘名，參數已四十餘兩，或參數四十餘兩，而人數未及十名，或人已及三十餘名，而參數未至十兩，又將如何科斷？

私刨既干例禁，則按參數多寡定罪名輕重，自屬允協

本按：此即竊盜計贓之意，最妥。惟人數過多，則被刨之參當亦不少，故定有分別人數，將財主擬以徒、流、絞之例。即無財主頭目之案，亦分別人數與參數，並舉科罪。後將人數一層全行删去，將財主頭目以四十人上下分別絞、軍。是雇人自數名至二三十名，即得參無幾，一體擬軍，與下層無財主頭目分別參數治罪之例，已屬參差。在財主頭目尚不爲苛，若受雇之人概擬充軍，以下層比較，容有得參多而擬罪輕，得參少而科罪反重者。如謂必三項兼備方可，照此定斷，僅有一項兩項應如何科斷，究難覈辦。平情而論，以參數爲衡，最屬允當，參用人數亦無不可。至添入積年在外已過三冬，便轇轕不清矣。似應將此層删去，改爲參至五十兩者擬絞，一二兩至四十兩者分別擬以徒、流，如人數過多者亦可加重懲辦。總以參數爲主，庶不致賓主混淆。

盜贓窩主以是否造意同謀及有無分贓爲罪名輕重之衡。此祇云窩家擬絞，亦含混。

原例運送米石者減正犯罪一等，後改爲照財主減二等，旋又改爲與私刨者分別已得、未得一例問擬，不僅問擬滿徒。此處改擬滿杖，與原定例意不符，與上索倫、達呼里及三姓、（渾）〔琿〕春二條彼此太參差。

一、民間農田，如有

薛云：各自費用工力挑築池塘蓄水，自係不分是否已業，重在費用工力，重在蓄水備灌，故不准他人擅放也。與律内山野柴草木石用工力砍伐積聚，而擅取者亦准竊盜之意相符。蓋蓄水之地雖非已業，而用力挑築池塘則可據爲己有。猶之柴草木石，本非已物，既已砍伐積聚，亦不得任聽他人擅取。改定之例添入已業一層，殊未允協。

官荒沙洲亦非已業，如費用工力開墾成熟，例得升科管業，豈亦得謂之並非已業耶？

江河川澤之水，人人得而取之，若築成池塘渠堰等類，則非江河川澤矣。水已歸入池塘渠堰，即與江河川澤不同。不分別是否用力挑築，而分別是否已業地内，假如於大河旁邊空地費用工力築成渠堰，閘時蓄水以備灌田，至用水時，旁人不費工力將水放去，遽以凡論，是人任其勞，而已享其利矣。責蓄水者未免過嚴，而治放水者未免太寬，情法固應如是耶？

費用工力築塘，不但費力，亦且費財，本爲蓄水灌田，亦係法所不禁。若不肯築塘蓄水，已屬惰農，乃攘竊他人

之財，肥已損人，更屬可惡，不照准竊盜論已覺從寬。改定之例，嚴於蓄水之人，而寬於竊放之輩，未知是何意見？

本按：原例本因在荒地内築塘蓄水，故有費用工力之語。如係已業地内，他人自不得竊放其水，又何消説。改定之例，全失本意。條例内如此者不止此一條也。

一、盛京各處山場

薛云：果松不准偷砍，未知何意？

本按：此條無謂，可删。近年順天一帶，全用果松，曾禁止否耶？

一、漁利之徒

薛云：前條例内並無私賣、收買私參罪名，祗有私販照私刨減一等之語。此云一體治罪，語未分晰。

一、盛京各城守尉、遑門

本按：盛京邊外圍場，近年業已開荒，與從前情形不同。此等條例，應否删除，似應咨查明確酌定。

一、在新疆地方偷挖金砂

本按：此條似可修並於首條之内，或徑删去。此時有金砂地方開採之不遑，尚能禁耶？但私挖則仍不准耳。

一、在口外出錢雇人

薛云：黄芪非犯禁之物，因其糾集多人滋擾牧場，故禁之也。似應添滋擾牧場一層。

本按：出口之民，無非爲謀生起見，不予以謀生之路，而但禁其出口，果能禁否耶？黄芪何關例禁，而亦禁之，是絶貧民謀生之路。上不能養民，而又杜其自養之道。例之煩碎無理，莫此爲甚。删之爲是。

一、在熱河承德府所屬

本按：此條可删。私挖則有通例在。

一、盛京威遠堡

薛云：現在邊外設有數縣，與從前情形大不相同。

本按：説見前盛京各城守尉邊門一條。

親屬相盜

條例

一、凡親屬相盜，除本宗

薛云：唐律親屬相盜，本無外姻在内，明律添入，已屬不符，又推及於無服親屬，則更難通矣。此例以服圖載明者方准照律減等，亦未允協。查外親服圖載明無服者，有母之祖父母、堂舅堂姨之子、舅姨姑之孫、妻祖父母、妻伯叔、妻之姑、妻外祖父母、妻兄弟及婦、妻之姊妹、妻兄弟子、妻姊妹子、女之孫等項。其姑之夫、舅之妻並未載入，有堂舅堂姨之子而無堂舅堂姨，未知何故？且專言尊長而未及卑幼，亦未知何故？或改爲尊卑亦可。

一、各居無服親屬

薛云：此例重在貽累尊長受害，故不准照律減科。乾隆年間，分別有服、無服加減治罪，頗爲明晰。後改爲專指無服親屬而言，則有服卑幼有犯，仍從本律減等科罪。是各居之胞侄肆竊肥己，貽累胞叔受害，反止擬徒一年半，似非例意。既因貽累尊長受害而加重，又分別是否素有周恤，似嫌參差。

親屬相盜，唐律本無無服之親一層。與其多設條例，不如將律内無服之親屬删去。

末二句似應删。初説

一、親屬相盜殺傷之案

薛云：乾隆年間舊例，凡有服尊長殺死卑幼，如係謀財害命、强盜卑幼資財、放火殺人及圖姦謀殺等案，俱照平人辦理，載在鬥毆門内。此條除筆所云，即係彼條例文之意。嗣於嘉慶六年將彼條改爲『功服以下尊長』云云，期親即當别論。此例不論有無服制，各以凡論之語，與彼條顯相牴牾。初説有似應將除筆删去一句。

從其重者論，謂以盜與殺罪相比，從重論也。尊長犯卑幼，雖强盜律無死法，殺罪期親亦無死法。是行强殺死期親卑幼，不過問擬徒流矣，何從重之有？卑幼强竊盜殺傷尊長，有照凡盜殺傷之文，其餘均無此語。可知如有殺傷，俱不以凡盜論矣，與除筆不符。

無服尊長强盜卑幼資財，殺死卑幼，按服盡親屬相毆致死律，罪應擬絞。若係無服卑幼，則應依强盜殺人例斬梟。輕重不同如此，然猶俱死罪也。至胞叔行强盜，殺死及毆傷胞侄，就服制殺傷定擬，即無死罪，太覺參差。

唐律：『尊長有所規求，故殺期親以下卑幼者絞。』明律寬尊長而獨嚴卑幼，以致例文致多分歧，未見允當。無服之親至死應同凡論，並不分別尊長卑幼。此條無服與有服同科，則凡因竊刃傷族人之案，如係以卑犯尊，則應依例擬以絞斬，係以尊犯卑，則仍照傷罪擬徒。罪名相去太鉅，似非律意。唐律本無無服親屬相盜得以減等之文，似應無論尊卑均以凡論。或提出數項，如袒免之親，則分別尊卑。此外一概照凡亦可。

既云搶劫謀殺卑幼以凡論，而又云强盜殺死卑幼。就服制相殺及親屬相盜律相比，從重論且在鬥毆門內，圖謀卑幼財産與此條强盜卑幼財物亦同，而科罪迴異，均屬自相矛盾。

恐嚇取財

條例

一、凡兇惡棍徒

薛云：『挾詐逞兇』與『情兇勢惡』，究竟如何分別？例內未詳晰注明。嘉慶六年修例按語以『屢次擾害』或『素行兇惡』及『偶然挾詐』分別定擬，界限本極明顯。十四年添入小注數語，似覺牽混，且易啓高下其手之弊，似應修改明晰。

一、凡苗人有伏草捉人

薛云：似應移於化外人有犯門。

一、凡旗民結夥

薛云：此係國初之例，爾時逃人之法頗重，是以嚴定此條，以防誣陷，近則絶無此等案件矣。

本按：此條似可刪除。

一、凡惡棍設法

薛云：現在有犯此等情節，均不照此定擬，此條亦係虛設。而別條照光棍例定擬者，均與此條不符。明例亦有光棍字樣，而俱非死罪。此例首斬從絞，與明例所稱光棍不同。康熙年間犯者最多，故定例亦嚴，而詳核例文所云各項，究非實在情罪重大者。似應將『或張貼揭帖』以下至『此等』字刪去，改爲『所犯』二字。

本按：刪去『張貼揭帖』，則所犯係何等情節方可援引，益難定斷。

一、凡刁徒

薛云：究係律外加重，且與因事用强毆成殘廢、篤疾一條辦理稍覺參差。因事致人自盡之案，除姦盜外，律無擬抵之法。此條定擬絞罪，已覺過重。秋審若再入實，較之手斃其命者更覺從嚴，自應以入緩爲允。

再：乾隆三十六年將例内載明秋審應入情實各條奏准一體删除。此處複有秋審入於情實字樣，是未知前此辦法，殊不可解。

一、臺灣

本按：此條在應删之列。

一、黔省匪徒

薛云：查滇省原奏係爲結盟、結拜等類而設，删去『結盟』等語，似不明顯。

本按：黔省之帽頂、大五、小五等名目，其俗謂之『碰平夥』，即結盟、結拜之類。四川亦有此等名目。其實皆無業遊民素行不法者。與山東、安徽兩省之結捻、結幅，大致不異。此門尚有江蘇淮、徐、海，山東兖、沂、曹，河南汝、陳、光及安徽，陝西兩省匪徒一條，又有陝西省所屬匪徒一條，江西省匪徒一條，山東、安徽兩省匪徒結捻、結幅一條，均係嚴懲匪徒之意。一省一例，殊屬紛煩，似應修並一條，以歸畫一。

一、陝西省所屬匪徒

薛云：此條特爲陝省刀匪而設。易刀匪爲匪徒，似非定例之本意。

本按：直隸永平府屬亦有刀匪。

一、盛京地方，如有外來

薛云：由烟瘴改發極邊人犯，面刺『烟瘴改發』四字，見起除刺字門内。此條似無庸叙入刺字一層。

本按：棍徒例文已改爲極邊四千里安置，而無庸刺『烟瘴改發』字樣。此句應删。此條亦應行查近日情形。如此風已息，此例可删。

一、捉人勒贖之案

薛云：捉人勒贖，即唐律所謂執持人爲質者也。本係斬罪，亦古法也。例内除有關人命及拒捕外，其餘皆無死罪，未免太寬。至所云凌虐，亦未指明。如將人用强捆綁拉走，如犬豕然，得不謂之凌虐乎？被捉逼脅上盗之人，亦未叙明。原奏有因盗脅令服役之語。

本按：近年此例已改從嚴，應纂修詳密。

一、廣東、廣西二省擄捉匪犯

一、廣東、廣西二省捉人勒贖之案

一、各省匪徒擄人勒贖之案

薛云：擄捉婦女改爲通例，幼孩專指兩廣，似嫌參差。第一條 捉人勒贖，並無被脅同行字樣，原奏係照例内逼脅上盗云云。此處改爲被脅同行，似不甚妥。第二條

本按：近日直隸此風甚熾，已奏明照兩廣之例辦理，並奏定從嚴懲章程。奉天此風亦盛，致煩兵力拏辦。似應將此項修成通例，以免彼此參差。

一、廣東省匪徒，捏造圖記紙單

薛云：此本係嚇詐之贓，亦照强盗定擬，惡其有打單名色也。

本按：究與强盗有殊，亦結捻、結幅之類耳。似亦在可以修並之列。記參。

又云：各省匪徒俱有專條，亦俱不畫一，而通例又有棍徒擾害擬軍之例，似應修改一律，以免參差。兇惡棍徒一條原係爲八旗而設，後改爲通例，各省棍徒均可援照定擬。一省一例，似可不必。此門内各條，有滇、黔、陝西、江蘇、山東、河南、安徽、江西、廣東、廣西、奉天各省專例，而無直隸、福建、兩湖、四川等省。竊盗門内有兩湖、福建、廣東、雲南、山東、安徽、直隸、四川、陝、甘，而未及黔省、廣西等處，且有彼此互相參差之處。搶奪門亦然。例文愈多，愈不能畫一。然亦可以觀世變矣。

詐欺官私取財

條例

一、學臣考試

薛云：如非積慣，似不應一體擬軍。而知情保結之廩生僅擬杖罪，未免參差。

知情不首，謂知他人犯罪之情，並非身自犯法也。廪保有稽查鎗乎之責，明知故保，即屬身自犯法。與僅止知情不同，豈得僅擬杖責？

一、凡指稱買官買缺

薛云：與舉用有過官吏門例文互相參差。

一、漕糧起運

薛云：此專指漕糧起運言，似應移入轉解官物門内。

軍丁照誆騙，而官弁以枉法論，亦嫌參差。

一、生童考試

薛云：仍照定例以下數語俱係舊例。似應照改定之例改爲：事屬未成者杖一百枷號一個月，被騙者杖八十免其枷號。

一、代倩鎗手

薛云：本門首條舊〔例〕，嘉慶六年修改，而此條尚仍其舊，似應一並刪改明晰。

此門數條，均言學政考試生童之事，貢舉非其人門則指科場者居多。惟换卷、夾、帶、傳遞，學政考試時亦有此弊，雇倩鎗手包攬等弊，科場恐亦不免，而擬罪各別，似不畫一。

一、凡指稱内外大小

薛云：專言徒罪以上，則徒罪以下仍應照誆騙本律矣。四十兩以上問杖一百，五十兩即擬軍罪，殊嫌太重。

一、内地商民

薛云：誆騙已加數等，若嚇詐及搶奪更將如何加重耶？

因騷擾引惹邊釁，例止邊遠充軍，一經誆騙擬徒，即發附近，並枷號三月，似嫌太重。

一、京城錢鋪

薛云：黑龍江久已停遣，有犯自應照名例科斷，而名例内無此條，明係遺漏。

以一主爲重，未免太寬，並贓又覺過嚴，唐律所以有累倍之法也。統計折半，尚得其平。以應照誆騙問擬之贓而加重擬絞，似嫌未協。

一、京城錢鋪關閉

薛云：在城内責成該協副尉，在城外者，應責成司坊官。似應添入此層。外省並無明文。

京城錢鋪關閉之例，始於道光二年，重在五家聯名互保。其罪名則以是否有心誆騙分别定擬，最爲允當。後來罪名屢次加重，而五家互保之法並未認真辦理。一經送部，雖有保者亦化爲無保矣。京城各牙行俱有編審之例，錢鋪何獨不然？然視爲具文，雖再定數十條例亦徒然耳。有治法，所以尤貴有治人也，此特其一端耳。

略人略賣人

條例

一、將腹裏人口

薛云：尋常誘拐之案改擬絞候，則略賣與境外之必應擬絞，即可類推。此條自應删除。

一、凡誘拐婦人子女

薛云：改爲絞候非失之苛，但不分奴婢、妻妾、子孫一例同科，未免無所區别，亦與本門律文及收留迷失子女律俱屬參差。唐律：爲奴婢者絞，爲部曲者流三千里，爲妻妾、子孫者徒三年

現在旗人犯誘拐，俱銷檔實發，不准折枷，似應將不分旗民句删去。

此枷號兩月，是否不分略誘、和誘一體科罪？且枷號均由杖罪而加，未有不杖而加枷者。究竟應杖若干，並無明文，亦嫌疏漏。

名例明言侵損於人以凡人首從論，則婦人有犯侵損於人之事，即不得罪坐夫男，自無疑義。誘拐亦侵損之事，何能獨坐夫男？況明例係充軍，夫婦均可僉發。今例係屬絞罪，豈可令夫男代死？似不如删去爲妥。

一、凡夥衆開窖

薛云：此例頗重，而絶少此等成案，則此例亦係虚設。究竟如何情形方謂之開窖，亦難臆斷。細繹例意，似係將婦人子女誘去，藏匿土窖、地窨而言。查舊例内有誘哄略賣人口，藏頓窖子、老虎洞等處，該地方官分别失察故縱之語，似應修改明晰，以免歧誤。

匪徒夥衆商謀設計，將良人婦女誘拐藏匿在家，或寄頓旁處，覓主價賣，得贓朋分，向俱照例擬絞，並不引用此例，以非夥衆開窑故也。既有分别治罪條例，似應將『開窑』字樣確切注明，方無窒礙。不然，此條即應删除。

一、盛京、烏喇

薛云：此例因拐犯將人口賣與烏喇之人，拐賣之犯照夥衆開窑例斬決，特立混行買人專條。惟專言烏喇等處亦不賅括，似應删除。

本按：此例太重，删之是。

一、凡窩隱川販

本按：現在情形已與從前不同，此等似可酌。

指引捆拐等情，或修並於上條夥衆開窑一條之内。

一、貴州、雲南、四川地方

一、凡貴州地方

薛云：窩隱川販云云，與上條例文重複。數條均有川販字樣，爾時此風最盛，亦可見川省土曠人稀之故，今不然矣。

本按：近年川省人口極賤，多有販往他省嫁賣，與從前情形迥不相同，此等例大可删並。

一、凡流棍販賣貴州

薛云：以上五條，專爲貴州及云南二省而設，自係爾時辦法，與現在情形不同，有犯均可照律例定擬。此數條似應删除。

一、凡收留迷失子女

薛云：此指捕役人等而言，有犯均可照例懲辦，無庸另立專條。此例似應删除。

一、略賣海外番仔

薛云：此較略賣内地爲輕，且處分例有專條，無關引用，似應删除。

一、興販婦人子女

薛云：未叙明販自何人之手。倘轉賣人口較多，似應加重。

一、和誘、略賣期親卑幼

一、誘内外大功以下

薛云：因律無略賣期親尊長之文，是以定有此例。惟姦罪已有本律，似可毋庸複叙。凡人例已改重，尊長尤非卑幼可比。律内以卑犯尊，均照凡人加重，獨卑幼誘拐、略賣有服尊長，較凡科罪反輕，似非律意。此例將期親卑幼改擬斬候，詢屬允當。而大功以下卑幼仍照律擬流，殊覺參差。上條 上條照强搶嫁賣例擬斬，下條不照强搶例定擬，似嫌參差。

大功以下，律照凡論，凡人例已改絞，此仍擬流，似嫌未協。

略、誘大功以下緦麻以上親及其妻並無死罪，妾反有死罪，殊不可解。

一、凡將受寄

薛云：此分别子孫、奴婢科罪，而略、誘一條並無分别，並未知其故。

發　塚

條例

一、凡奴婢、雇工人發掘家長墳塚

薛云：奴婢之於家長，有犯毆殺謀殺，均與子孫同科。此處奴婢較輕於子孫，似不畫一。

一、凡子孫發掘祖父母、父母

薛云：未免過嚴

一、凡盜葬之人，除侵犯

一、貪人吉壤

薛云：盜葬律祇杖八十，因被地主發掘，是以科罪從嚴。惟遽擬流徒，似嫌太重。而卑幼屍被棄毁，與尊長屍被棄毁治罪相等，並無分别。且盜葬者以墳地、田園分别擬罪，被地主發掘，是否不論墳地、田園，均應一體擬流之處，亦屬未能明晰。緣原奏盜葬二層在前，被地主發掘在後，定例時前後改易，看去殊不分明。次條兼論地主發掘之罪，原奏既歸罪於盜葬之人，地主似可量減，仍擬絞亦過重。

本按：原奏擬徒兩層，指未被發掘言。擬流一層，指已被發掘言。此例殊不明晰，應修改。

道光十二年，江西道御史金應麟奏請修改律例案內，原奏稱：查誣告人死罪未決律杖一百、流三千里，加徒役三年。今既照誣告辦理，似應加徒役等語。刑部查此條例文，係雍正十三年纂定。詳繹例內擬罪之處，所以與誣告本律稍有未符者，蓋因無干之人，見人埋葬，輒敢勾引匪類夥告夥證，固屬刁詐。惟究因埋葬地方本有土墩所致，與平空捏指者究屬有間。且土墩之是否前人古冢，尚在疑似難明，即不科揭告以全誣之罪。故定例聲明照誣告人死罪未決律問擬，而又僅予滿流。不令加徒，實屬權衡允當。今若於例內增入加徒役三年字樣，是使報告有因之人，與平空誣指之人一例同科，轉不足以示區別。所有該御史奏請加徒役之處，應毋庸議。

本按：誣告人死罪未決，不全誣者滿流不加役。此條不便竟照全誣科罪，故亦不加役。部議分晰極細，惟例內照某律某例定罪而不全用某律某例罪名者，不一而足。即如上條，渾言照誣告人死罪未決律，而不全用其罪名，究令讀者生一疑障。定例時可酌照某例定擬而量予區別，修例時似不得留此疑團、轉不畫一。似應將『照誣告人死罪未決律』九字刪去，免滋異議。又誣告律內無爲從之文，此處爲從云云，似應改爲『爲從者各減一等』。

一、民人除無故

薛云：此數條均係遠年舊例，與新例科罪迴殊。

一、凡愚民惑於風水

薛云：與子孫發掘祖父母墳塚一條輕重互異。

一、凡毆故殺人案內

薛云：兇犯毀棄死屍，律不加重，而獨嚴於爲從之犯。棄屍不論有無傷人，埋屍則以有無傷人分別問擬。案內餘人，聽從不論是否幫毆，起意者一概擬流。均嫌參差。毀屍之罪，總不應重於殺人之罪。律內毀棄卑幼之屍，較凡遞減科罪，則毀棄罪人之屍，亦應分別等差。以殺死罪人，律得勿論之犯，因棄屍反得流罪，殊未允協。設如兇徒挾仇放火燒人房屋，被害之人登時將其捉獲，投入火中燒斃，又將如何科罪耶？再如本夫本婦及其父母殺死强姦已成罪人案内，或恨其污人名節，將屍殘毀，照例科斷，即應擬流。同一激於義忿，殺人者無罪可科，毀屍者反得遠戍。是死者之命不足惜，而死者之屍反可貴矣。律貴誅心，亦得原情，此處似應酌加修改。

例内『懷挾仇恨，逞兇殘毀』未知何指？是否另挾他嫌，抑係餘人起意，亦未叙明。似不如將『格殺之後』以下云云，一概删去。

一、凡指稱旱魃

薛云：此不常有之事。原定之例本係較律從嚴，以新例例之，則反輕矣。然發塚新例，本覺過重，是以他條均未修改，未可以彼例此也。

一、夫毀棄妻屍者

道光四年修例按語云：『律載：「殘毀他人死屍及棄屍水中者，各杖一百、流三千里。毀棄緦麻以上卑幼死屍，各依凡人毀棄依服制遞減一等。」注云：「律不載妻妾毀棄夫屍，有犯依緦麻以上尊長律奏請。」又比引律載：『夫棄妻之屍，比依尊長毀棄緦麻以下卑幼之屍律，杖一百、流三千里。』又例載：「妻將夫屍圖賴人，比依卑幼將期親尊長圖賴律，杖八十、徒二年。若夫將妻屍圖賴人者，依不應重律杖八十」各等語。查夫爲妻服，齊衰杖期，妻爲夫服，斬衰三年，名分較功緦尊長爲重。是以定例妻將夫屍圖賴人，比依卑幼將期親尊長屍圖賴人律擬徒；夫將妻圖賴，止照不應重律擬杖。比類參觀，則夫毀棄妻屍，即應照尊長毀棄期親卑幼死屍，按服制遞減問擬。今比引律載夫棄妻之屍，比依尊長毀棄緦麻以下卑幼之屍律，杖一百、流三千里。不惟與毀棄凡人之屍無分等差，且與妻毀棄夫屍及將妻屍圖賴人律人各律例擬罪亦屬輕重不符。自應另立專條，載入本門。』

薛云：殘毀死屍，唐律謂應死者死上減一等，應流者流上減一等。夫毆死妻，罪應擬絞。是以比引律夫棄妻屍，比依尊長毀棄緦麻以下卑幼之屍律定擬，並非無所依據。此處援夫妻以屍圖賴例。改爲徒一年半，不失者減一等徒一年，似與律意不符。蓋夫之與妻，雖定爲期服，而毆傷究與期服卑幼不同，棄屍與毆傷相類，詎可輕重大相懸殊耶！

夫毆妻，非折傷，勿論；折傷以上，減凡人二等；期親尊長毆卑幼，篤疾至折傷以下，俱勿論。毆傷之罪輕，故棄屍之罪亦輕也。毆妻折傷以上祇減凡人二等，棄屍遽同期親，似嫌未協。至尊長將卑幼屍身圖賴人者，律内載明杖八十，凡卑幼皆然，非專指期親一項也，何得援以爲據。

一、凡發掘墳塚，及鋸縫鑿孔

薛云：此門律例均無得財、不得財之文，是以並不計贓定罪，況發塚開棺見屍，及鋸縫鑿孔得財，首從均改爲立決監候，又何計贓之有？此條似應改爲『盜未殯未埋屍柩，開棺見屍，及鋸縫鑿孔』云云。

本按：光緒年有發塚不得財人犯准予減等奏定章程，似應修附於條之内。新例過重，此網開一面之意也。

一、發掘常人墳塚，開棺見屍

薛云：此例畿輔一帶刨墳之案，層見迭出，言者紛紛條奏，是以將舊例改重。而别省此等案件並不多見，未便一概從嚴，似應將此例改爲近京畿一帶專條，其餘仍從其舊。第由絞候加擬斬決，並將罪不至死之犯亦加擬絞決、絞候。千餘年來定律，忽而改從重典，殊嫌太過。

舊例有『均以見一屍爲一次，不得以同時同地連發多塚者作爲一次論』小注。新例未經添入，自係遺漏，不然則是舊例嚴，而新例反從寬也。

一、糾衆發塚起棺，索財

薛云：發塚之罪，重在見屍。此條已得財之首從各犯及未得財之首犯，俱擬斬決，其餘均發遣爲奴。倘已見屍，反較並非取贖之案爲輕。似應添入『如已開棺見屍，或因起棺致顯露屍身，及發塚後將屍骨拋棄。』

又云，竊盜意在得財，發塚亦然。唐律竊贓計數雖多，並無死罪，而一經發塚見屍，即應擬絞。惡其圖財而禍及死屍，故不計得贓與否也。明律雖少有更動，而徒流、絞候之差等，仍與唐律相符。夫葬也者，藏也；藏也者，欲人之不得見也。唐律疏義引禮文以釋律義，最爲允當。蓋直與鬥毆殺人同科，可謂嚴而得中矣。同治年間改定之例，首立決而從監候，較謀殺科罪爲重矣。

此律重在見屍，鋸縫鑿孔之案，因其與見屍者有間，故得原情量減。改定之例，雖未見屍，而亦予以立決，情法似未得其平。

夜無故入人家

條例

一、鄰佑人等

薛云：鄰佑有守望相助之義，捕賊自係分所應爲，乃與事主分別兩條，義無所取。

一、凡事主

一、賊犯

薛云：以是否倒地及已就拘執爲生死之分，尚屬近理，分別人數多寡則非理。准捕贜而不准倚衆捕賊，此何説也？

事主毆死竊賊，既分別登時、事後，又分別倒地、拘獲，雖係爲慎重人命起見，惟以事主而抵賊犯之命，究嫌未協。且如賊犯跌地後，乘勢祗一傷斃命，即不得謂之疊毆，是否亦擬絞罪，何以並不叙明。

竊賊爲閭閻之害，既許事主人等捕捉，即難保無殺傷之事。登時毆死者固不應抵，即事後致斃者亦不應問擬絞罪。蓋予事主以捕賊之權，即不應以事主抵賊犯之命也。

非所有而取者皆爲盗，此通理也。乃必以有無看守爲界限之分，亦屬無謂。且同一田園穀麥等物，殺死黑夜偷竊者較輕，殺死白日偷竊者較重，未解何故？

錢維城有殺賊無抵命法論。

盗賊窩主

條例

一、各處大户

一、凡皇親功臣

薛云：窩藏强盗分贜，後有新例。此二條與新例有不符之處。

一、强竊盗窩家之同居

薛云：父兄不得爲子弟從，犯罪分首從門立有專條，與此爲從減一等不符。

知情而又分贜，何以不坐父兄爲首之罪？另居尚可，同居則更難解説矣。

一、漕船被盜

二人行竊二三次，每次得贜四十餘兩，同時並發，行竊者罪止擬杖，窩竊者已應擬以軍、流、絞矣。似嫌太重。

本按：此係造意之犯，即科以軍、流、絞亦不爲重。特統各贜科罪，究與别項竊盜參差。

一、洋盜案内，知情接買

薛云：此專爲洋盜而設，後改爲强盜通例，即應修並一條。

一、西甯地方

薛云：蓋因該處漢姦等於山僻小路開設歇家，夤夜招住野番，代銷贜物，易换糧茶情事，是以特立此條。係專爲交結接濟野番而設。第例内祇云私歇家，並無野番字樣，看去殊不分明。

一、回民窩竊

薛云：窩留竊盜五名以上，發烟瘴充軍，係專指直隸、山東等處而言。此條既係通例，彼條亦應改爲通例。

本按：彼條已較舊例加等，此又加一等，則更重矣，殊失律意。不若將此删去，並入通例。

一、山東匪徒

薛云：捻、幅首犯有擬斬決、絞決、絞候，窩留一例同科。玩例内『其窩留之犯，曾經搶奪』云云，則不專指首犯。如窩從犯，而與首犯同科，殊未允協。

再：窩藏軍犯，總以本犯罪名爲輕重。知情隱匿謀反大逆者斬，謀叛者絞，即本門窩留强盜，亦祇照人數分别充軍發遣，並無照首犯一律同科之語。況結捻、結幅搶奪强當，例祇嚴於首犯，爲從不問死罪者居多。若窩藏不至死之從犯，而即擬以斬決絞決重辟，不特較窩留强盜。

薛云：强盜行劫，鄰佑知而不協拏者杖八十。此亦不力爲救護之罪耳，似（此）〔可〕照此加等定擬。照例各減一等，不分明，似可修改移於轉解官物門。

一、容留外省棍徒

薛云：外省流棍無所指實，容留即關軍罪，似嫌太重，而從無引用之者。

本按：似可删。

一、編排保甲

户部則例有每年編審保甲，由臬司移行道府抽查，年終具奏一條。

薛云：此歸臬司每年具奏之件，刑例並無明文，殊覺遺漏。

一、凡來歷不明遊蕩姦僞之徒

薛云：舉用有過官吏門内『無稽遊民曾經犯罪，亦令京城文武地方各官實力稽查』一條與此相類，似應並入此條之内。

一、窩留積匪之家

薛云：烟瘴軍犯脱逃，均應改發新疆，似無庸於此處複叙。

一、凡造意分贓之窩主

薛云：各贓均係造意方可，若内有一案非伊造意，即不應統計。前後並算，究與律義未符。如窩留一盗爲重，且與隱藏反叛同科矣。

本按：此例應修。

一、强盗案内知情買贓之犯

一、知竊盗贓而接買受寄

薛云：既以坐贓論罪，而又以馬贏至二頭匹以上，與滿數同科，殊嫌參差。馬贏等畜二頭匹，其價值未必即至八十兩也。且盗者尚應計贓，而買寄者專論頭匹，亦未平允。即以盗牛二隻而論，例止枷號三十五日杖九十。買寄者杖一百枷一月，尤覺參差。

一、廣東、廣西二省

薛云：廣督原奏祇係兩層：一言不法姦徒窩藏匪類，商同捉人關禁勒贖，因其豢養惡徒，坐家分贓，故擬斬決。一言僅止事後窩留關禁，既非造意同謀，又無前項重情，故減本犯之罪一等。分晰極明。部議又添入事前同謀而未造意與捉人爲首之犯一體同科，遂不免稍有參差。

本按：似應與捉人勒贖之例均改爲通例。

一、强盗窩主造意

薛云：中一層所云『知情』，是否事後，抑係上盗以前，尚未叙明。下一層知情問斬，即律内之『共謀』，其在事前自不待言。則中間之知情，亦當指事前言之矣。而事後存留者，轉無明文，似應添叙詳明。

本按：本門首條分别窩主、窩藏最明晰。知情者，知其爲强盗，勾引容留，往來住宿，並非與之同謀也。首條所謂並無共謀情狀，當不論事前事後。一知情即爲同謀，即無窩藏一層矣。似應照首條詳細叙明，方不致歧誤。近年治盗之法，但嚴於治標而不求其本，欲盗之衰息，難矣哉！

一、順天府五城

薛云：嚴懲窩主，不獨直隸等省爲然。且結夥行竊，新例各省皆同，不應窩竊彼此互異。似應改爲通例。盗賊窩藏主律以造意同謀及分贜不分贜爲罪名之分，並不區别人數。此例以窩藏名數之多寡爲等差，已屬與律不符。設有造意同謀之案，轉難引用。假如窩藏竊盗或一二人或二三人，俱係徒手行竊，贜亦不多，是盗罪不過擬杖，窩藏者反問滿徒，不特較盗罪爲重，即較造意同謀之窩主亦輕重懸殊。似嫌未盡允協。下層窩留積匪者即與積匪同罪，似可仿照辦理。

本按：下一層與前窩留積匪一條重複，不若將此條亦删並於彼條之内，修爲通例。

起除刺字

條例

一、凡竊盗等犯

薛云：代竊盗銷毁刺字與代越獄人犯銷毁刺字情節輕重不同，而科罪無殊，且無論臂、面及搶奪竊盗一體科斷，似嫌未協。

一、凡强盗人命重犯

薛云：竊盗等犯律應刺字，蓋收充警迹及有關日後並計故也。命案人犯並無刺字之文，若謂因防疏脱起見，豈一刺字即能禁其不脱逃乎？而有刺有不刺，殊嫌參差。前代刺配之法，即古人屏諸遠方不齒於人之意，所以示辱，亦以警衆也。死罪人犯刺字，則非法矣。既殺之而又辱之，何爲也哉？

一、偷刨人參

薛云：刺字本爲再犯三犯而設，刨參例内並無再犯三犯之文，盜掘金銀等礦，載明初犯再〔犯〕反不刺字，殊嫌參差。

本按：余在奉天司五年，從未見有此案件，例亦虚設而已。

一、凡監守常人盜

薛云：竊盜自首，不盡不實云云，俱免刺見犯罪自首門，似應並入此例之内。

一、拏獲無賴匪徒

薛云：窩賭並不刺字，此因有串黨駕船等情，故加重刺面。然非駕船而設局誘賭，其情節反有較此爲重者，有刺有不刺，亦難畫一。

本按：此等案件，亦鮮見。

一、由煙瘴改發極邊

薛云：應發煙瘴人犯例極紛繁，有刺有不刺，均未畫一。

一、京外在伍兵丁

薛云：應刺何字？未叙明。

自首免刺，逃回自首應免刺矣。而在伍脱逃，逾限投回者仍刺。不免參差。

一、新疆改發内地

薛云：此指由新疆改發内地之十六項脱逃應行正法者而言，故以面刺『改遣』字樣爲據。若年在五十以上及成殘廢者，以其不任力作，並不在應發新疆之列。是以各條例内，均有『年在五十以上，（加）〔改〕發近邊邊遠充軍』之語，仍刺原犯事由，竊盜刺竊盜，搶奪刺搶奪。與面刺改遣人犯，迥不相同。如在配脱逃，即照尋常軍犯脱逃例定擬，亦不在即行正法之列。歷次按語甚明。嘉慶六年改爲七十以上十五以下，便覺混淆不清。夫五十即不發遣，何論七十。

若謂指從前發往之人，改發内地時，年已七十，免其刺字，似亦可通。而又云事犯到官，年在七十以上，何耶？至十五以下，係專指緣坐一項，反逆門内另有專條，未聞免其緣坐，准予收贖也。此例本爲刺字而設，忽添入收贖一層，尤覺混雜。現在應發新疆人犯，因新疆停發，均改發極邊足四千里充軍，脱逃亦免其正法，自可查（收）〔照〕辦理。至老幼廢疾，既照律准予收贖，又何刺字之有？

一、臺灣

本按：此在應删之列。

一、舉貢生監

薛云：既係舉貢生監，即與齊民有別。名器攸關，罪之可也，辱之不可也。辱其人即辱及名器矣。若因其有犯黨惡等項，即行刺字，彼仕宦之中，豈無黨惡及卑污者，何不聞一體刺字乎？免刺字者，非爲其人惜，蓋爲舉貢生監惜也。究竟何爲黨惡窩匪？何爲卑污下賤？有犯礙難援引。

一、奴僕爲竊盗

薛云：凡犯罪應刺字者，均彙輯於此門。惟長隨詐贓分別刺臂刺面，載在求索借貸門内，此門亦未載入。

本按：此門未載者甚多，不止此一條。

一、興販硝黄

薛云：此等刺字之處，義無所取。刺字之意，非有關日後並計，即脱逃後易於偵緝。然犯法之事多端，能一一俱刺字乎？有刺有不刺，究不免互有參差之處。

注一：此處行文，語意不連貫。查薛允升氏讀例存疑，此處原文爲『雖屬詳細，而與律意究不相符。假如甲糾乙搶奪……』。

注二：此處文字，據薛允升氏讀例存疑，係盗贓窩主律之第十四條例文『造意分贓之窩主……』後，薛氏之一段按語。

注三：據薛允升氏讀例存疑，原文至此，下接『盗爲重，且與隱藏反叛同科矣。然有此例，而並無此等案件，亦虚設耳。結捻、結幅之案，尚未辦過，況窩留乎？』

注四：據薛允升氏讀例存疑，此段爲盗贓窩主律之第七條例文『漕船被盗……』後，薛氏所加按語。

律例校勘記　卷四

刑律中

人命

謀殺人

條例

一、凡勘問謀殺人犯明萬曆十五年刑部定例。

薛云：例末數語，原例所無。查是年奏准各案，均因例文太重，防其失入起見。如盗賊窩主，因姦威逼等類，與此條例意正自相符。後添入被逼勉從一層，又似恐其失出而設，大非原定此例之意。

一、凡謀殺幼孩

薛云：此從而加功之犯，擬絞立決，係指並非圖財而言。若圖財謀殺幼孩，首犯加以梟示，既較尋常圖財謀命之案情節爲重，從犯即不應仍擬絞決，反較尋常圖財謀命之案爲輕。圖財謀命加功者斬決。例内『俱』字似應删除，以免混淆。其小注數語，亦應修改，移於例末。因財謀殺幼孩是否不分別有無得財，未叙明。

一、凡圖財害命

薛云：不加功之犯，如未分贜，是否亦擬斬候？未叙明。第既照盗定擬，强盗律内原有不分贜亦坐之語，似未便因不分贜而曲從寬典也。例無明文，存以俟參。圖財害命之案，律以殺人得財論，本係與强盗同科。强盗得財傷人，首從均應斬決，是以賴廷珍等，均不分首從，一律斬決。諭旨以强盗尚有分别，不盡立決。因將傷人爲首者一人斬決，其余均改爲斬候，已屬從寬。嘉慶年間將首、從各犯，改爲斬候、絞候，而於加功犯内，又分别是否金刃、折傷，似非嚴定此例之意。

本按：此謀殺也，焉得論傷之是否金刃及折傷與否哉！既以得財未得財爲罪名輕重之分，似未便又以分贓不分贓過事區别。若以不加功又不分贓者，量爲末減，則加功而未分贓者，亦可曲爲寬減耶？

本按：律注云：行而不分贓，及不行又不分贓，仍依謀殺論。似此項雖照强盗不分首從論而稍有區别。行者未言分贓不分贓，已不用律注之説矣。律注本有不行而分贓一層，雍正三年删去。而此例獨有不行而分贓罪名，是全不遵律注也。平情而論，圖財而先謀殺人，較强盗之但圖財而無殺人之心者，情節尤爲兇狠。律既照强盗不分首從皆斬，則行者無論加功不加功，悉在皆斬之列。例内分别斬、絞監候，已屬從寬，自未便再爲之曲恕。若不行者按謀殺本律，已殺已傷均應擬從，因圖財而加重擬以軍流，亦不爲苛，更無問分贓不分贓矣。

一、苗人

薛云：此系苗人專條，似應入於化外人有犯門。

一、臺灣

本按：此條在應删之列。

一、有服卑幼

薛云：『各按服制依律分别凌遲斬決』句，似應改爲『按服制應擬斬決以上者』。似應入於謀殺祖父母父母門。

一、船户

薛云：同在一船一店，既已同謀，安得有不行之事？或下手殺人之時，該犯或因别事他往，不在船上店内方可。若在船在店，何得謂之不行耶？

本按：此層不如删去，萬一有此等情形，不妨比附定擬也。

謀殺祖父母父母

條例

一、凡尊長故殺卑幼案

薛云：與威逼門抑媳同陷邪淫，致令自盡條參看。彼案死由自盡，故發遣爲奴。此案係謀殺身死，是以分别問擬斬、絞也。惟門毆門内姑因姦將媳致死滅口，如係親姑、嫡姑，擬絞監候，繼姑，擬斬監候。均入於緩決，永遠監禁，與此又不相同。均係因姦謀殺子媳之案，而科罪互有參差，似應修並一條，以歸畫一。

一、謀殺期親尊長

薛云：與上條助逆加功一例相等，似應修並爲一。此條與上條均係從嚴懲辦，究與名例『共犯罪而首從罪名各別者，各依本律首從論』之義，微有不符。

一、本宗尊長

薛云：此與助逆加功，均係絶無僅有之事，遇案應酌量懲辦，似無庸載入例内。

本按：竟有此事。余在保定讞局曾辦案，係母子二人與姦夫謀殺親夫者，姦夫乃本宗尊長也。戾氣所鍾，亦教化不行之故也。惟案情較重，奉旨即行正法，或請旨即行正法者，不一而足，勢難一一纂入例内。此三條不如删之，以免（罫）[罣漏。

殺死姦夫

條例

一、非姦所獲姦

薛云：例内既有『本夫於姦所登時殺死姦夫照律勿論』之文，則姦[所]（時）登時殺死姦婦似亦可予以勿論。絞罪遽改勿論，相去懸殊，故定例時仍擬杖罪。第既以姦夫擬抵，則本夫即無罪可科，仍擬不應，似覺無謂。蓋不應殺則擬抵，應殺則勿論，未可以牽就從事也。既予本夫以殺姦之權，自無庸再科以擅殺之罪。多殺一人，律得勿論，少殺一人，即干杖責，似非律意。姦婦因姦敗露，羞愧自盡，姦夫擬徒。至姦婦被聽糾之外人殺死，姦夫應否科罪？例無明文。若僅科姦罪，是因姦致姦婦被殺，較因姦致姦婦自盡科罪轉輕，殊未平允。本夫已擬徒，無再科姦夫以徒罪之理。三十二年例將姦夫亦擬徒罪，亦覺參差。第一層審無姦情確據，事屬暗昧，既難謂之殺姦，即不得指爲姦婦，或由本夫懷疑致誤，亦未可定。似應將第一層『姦婦』二字改爲『伊妻』，較覺妥協。不然，以義忿之本夫，爲犯姦之婦實抵，似非情法之平，措詞亦嫌不順。夜無故入人家已就拘執而擅殺，律止擬徒。捕亡門内罪人已就拘執而擅殺，律應擬絞。此例已就拘執之上，似應添『夜無故入人家』一句。

一、本夫於姦所登時殺死

薛云：原例姦夫已就拘執而毆殺，或雖在姦所非登時而殺，並須引夜無故入人家，已就拘執而擅殺至死律，因係兩層，是以有『並須引』等語。乾隆五十三年將兩層修並爲一，將『須』字删去，『毆』字仍存例内，看去不甚分明，似應一並删去。例末數語，原例係爲親屬殺死姦夫分别罪名而設。蓋謂姦夫如不拒捕，自可照例擬抵。若逞兇拒捕，致被殺死，雖非登時，亦應依罪人拒捕律科斷，不得概擬絞罪也。先言殺死不拒捕之姦夫，後言殺死拒捕之姦夫，其義可見。乾隆五十三年將本夫與有服親屬分列兩條，例末均有拒捕等語，惟將原奏内雖非登時亦依罪人拒捕科斷之『亦』字改爲『俱』字，又節去『律』字，看去似又專指姦夫言之，殊不明顯。擬於登時下添『而殺』二字，似較覺詳明。唐律：親屬及外人，於犯姦之人准捕繫而不准殺傷，除持仗捍拒外，俱以鬥殺傷論與此例大略相同。似應將親屬及本夫殺姦之案，分拒捕不拒捕並作一條，存以俟參。

一、姦婦自殺其夫

薛云：因姦致姦婦被殺，尚應將姦夫擬以徒、流、絞候。因姦致本夫被殺，反止科以姦罪。此等姦淫之徒，既污人婦女，致人夫妻二命一死一抵，僅止與因姦未釀命者同擬枷杖罪名，殊覺寬縱。若謂姦婦自殺其夫，非該犯意料所及，豈本夫殺死姦婦即爲該犯意料所能及乎？且本夫因妻與人通姦，羞忿自盡之案，姦夫尚擬徒罪，被殺較自盡情節爲重，止科姦罪，太覺寬縱。因姦殺死本夫之案，例多從嚴，此條獨從寬，致與各例互有參差。此條係律後小注，不於本罪外再行議加，自係慎重刑章之意。後來姦夫加重治罪之處，不一而足，而此條仍從其舊，未免輕重參差耳。乾隆三十年又有駁案，是以未能修改。

一、凡本夫及有服親屬殺死圖姦未成罪人

薛云：夜無故入人家内，主家登時殺死者勿論，律有明文。夜至人家圖姦婦女，似較無故者情節爲重，乃殺死者仍問絞罪，此何理也？此等例文殊不可解。事後殺死圖姦罪人，擬以絞抵，尚屬得平。若登時或在家内殺死，則與事後大有分别矣。一體擬絞，殊未允協。至本夫有服親屬，别條均有分别，此則一例同科。殺死圖姦之人，分别問擬徒、流，與此例亦不相符。圖姦未成罪人與竊盜未得財情事相等，事主登時殺死竊賊，例不論得財與否，均擬杖徒。本夫殺死圖姦罪人，仍不論登時、事後，俱擬絞抵，似覺兩歧。定例之意，雖防捏姦推卸起見，彼殺死竊賊之案，能保其必無捏飾耶？殺死姦盜未明罪人，俱照夜無故入人家已就拘執而擅殺律擬徒。設如有兩人於此，均係意在圖姦婦女，一則甫經撥門尚未入室與婦女覿面，被本夫知覺，不知其爲姦盜而死，自應依夜無故入人家律擬徒；一則已經入室向婦女拉扯調姦，被本夫撞見，忿激殺死，確係因圖姦而殺，即不得不照此例擬絞。同一殺死圖姦未成罪人，尚未入室者其情較輕，而殺之僅擬城旦，拉扯調姦者其情較重，而殺之者反擬抵償，似非律意。如以已、未成姦爲罪名輕重之分，不知本夫殺姦與本婦同一激於義忿。本婦拒姦登時殺死調姦罪人，何以例得勿論？男子拒姦殺人，又何以又有分別勿論及擬徒之文耶？若以尚未成姦，即無論情節輕重，概將本夫擬以絞抵，辦理諸多窒礙。以是否登時分別定擬，似較允協。

本按：此條似當與罪人拒捕門殺死圖姦伊母之人一條修並爲一。本夫與本夫之子爲一等，登時者徒，事後者絞。有服親屬爲一等，無論登時、事後皆絞。即歸入彼門存參。

一、凡姦夫自殺其夫，姦婦雖不知情

薛云：此亦與律不符者。

一、凡姦夫起意殺死親夫之案

薛云：似非律意。

一、凡因姦同謀殺死親夫，除本夫

薛云：妻妾起意而姦夫知情同謀，與姦夫起意而妻妾知情同謀，科罪均同。妻妾謀殺夫本應凌遲，因姦亦無可加，乃因縱姦而改斬決，似嫌未協。以此稍輕姦夫之罪可也，姦婦何得輕減？蓋妻妾之本罪，不能因犯姦而始加，又何能因縱姦而忽減耶？同謀之姦夫並未在場下手加功，無（治）治罪之文。律後小注有『因姦謀殺本夫，傷而不死，姦婦依謀殺夫已行，斬。姦夫依謀殺人傷而不死，從而加功，滿流。若是造意，絞。』雍正三年纂爲條例，乾隆年間以均有正律可援，將此條删除。查傷而未死之案，既有照本律分别問擬絞候、流、徒，則已經殺訖之案，似亦可分别加功、不加功定爲專例。律云：『姦夫處斬』，自係不論造意與否，均應駢誅，而加功、不加功則無明文。例内姦夫起意者斬決，加功者亦係姦夫，仍擬斬候，即殺死縱姦本夫之案，姦夫亦無起意、均擬斬候，均較謀殺本律爲重，而不加功亦無明文。竊維此等案件，律例所載各條，均不照本律定擬，則不加功之犯，似亦未便照律僅擬流戌，亦屬有據。或酌量情節，若上條所云拐逃或事後仍行姦宿之類，定爲絞候，或仍擬斬候，纂入例內，以爲姦夫謀殺本夫之專條。法貴持平，亦須有定，似不必含糊其詞，不敢説破也。姦夫起意殺死親夫立決，非起意有拐逃亦立決。本係斬候罪名，加至立決，不加功之犯，如有此等情節，又何不可照辦之有？

一、因姦謀殺本夫之案，除姦婦

薛云：因姦謀殺本夫門內，律例均無分別加功、不加功明文，惟此條載有爲從加功字樣，亦係指一案內有兩姦夫均應擬斬而言，以示不同於尋常謀殺之意。第例內止言加功者，係姦夫，仍擬斬候，並未注明不加功者應行減等之語。若謂謀殺律內已經載有不加功者擬流明文，不與加功者一概論死，則一案內有兩姦夫及數姦夫之案，如內有僅止與謀，並未在場下手之犯，似未便一概駢誅。若俱照尋常謀殺之案，以是否下手加功分別生死，則案內僅一姦夫聽從姦婦謀殺本夫，並未下手加功，或並未在場，亦得量從末減，又與此門律意不符。檢查成案，辦理亦不畫一。究竟是否但論同謀，不論加功、不加功，抑係照謀殺本律，分別定擬之處，毫釐千里，不可不慎也。

一、凡聘定未婚之妻

薛云：此條止言殺死姦夫，而不言殺死姦婦，似應添纂。舊例姦夫已就拘執而毆殺，引夜無故入人家已就拘執而擅殺律擬徒，後經刪除。此例所引照本夫殺死云云，均係已經刪除之例。

一、本夫登時捉姦，誤殺旁人

薛云：鬥殺，律應擬絞，因鬥誤殺旁人，故亦照鬥殺定擬。本夫捉姦殺死姦夫，有勿論者，有擬杖者，有擬徒者，並不一概論絞。誤殺旁人，即擬絞罪，似嫌無所區別。如謂無辜殺之人慘遭殺斃，不得不將該犯擬抵，彼捕役拏賊誤斃無干之人，何以又應照過失殺論耶？律內明言因鬥誤殺旁人，以誤殺論，則非因鬥誤殺，其不得科以鬥殺，即不待辨而自明。查此條原奏係專爲姦夫當時脱逃而設，故止言登時，而不言非登時，本夫之外，兼及親屬，蓋謂，勿論者仍應勿論，應徒者仍止擬徒也。定例時，將親屬一層刪去，有犯轉難援引。又云本夫照例定擬，並未將勿論一語敘明。嘉慶六年遂直定爲絞罪，胥失之矣。原奏除本夫及例得捉姦之人等各照本律本例定擬，其不應照律擬絞，明甚。

一、親屬相姦。雍正十二年定例

本按：爾時尚未定有姦夫起意殺死本夫問擬立決之通例。因親屬通姦較凡姦爲重，故特立此條。如係姦夫起意，自未便較凡人轉輕。如係姦婦起意，是否亦問斬決？例文含混，似應添叙明晰。例首『罪止杖徒』一語，未知是否兼親屬相姦律内滿杖、滿徒兩層而言，抑專指滿徒一層而言。滿徒有故，杖亦可言杖徒。看去殊欠分曉。擬杖人犯，毆死本同凡論。同宗無服之親及無服親之妻。此項似可亦照凡人，擬分别斬決、監候定擬，應修改明晰。

一、凡本夫及有服親屬殺姦之案

薛云：此例雖係明立界限，究竟不甚妥協。律内姦所親獲登時殺死，係一串説下，並未分爲兩層。尤重『姦所』二字，蓋以姦所親獲即屬姦情確鑿，律許專殺，是以有『殺死勿論』之文。其云登時者，以其時其勢萬難少緩須臾，若非登時殺死，必致乘空脱逃，且或反將本夫拒斃，非謂以登時非登時爲本夫罪名輕重之分也。後來例文愈修愈煩，究竟登時非登時界限未明，辦理不無參差，是以定有此例。不知本夫等殺死姦夫之案，正係夜無故入人家之條，既在姦所登時殺死即照勿論，若捆縛致斃亦與已就拘執而擅殺之律相符，擬以城旦，亦不爲過。至以何項爲非登時，殊難臆斷。此等案情，但當論捉獲之是否確在姦所，不當於姦所殺死後，復問其是否即時。況夜無故入人家律内，祇以登時及已就拘獲爲勿論及擬徒之分，並無登時内又有非登時之别。蓋拘執而殺，即非登時也，律意極明。此處非登時一層，似應删去。

一、本夫捉姦止殺姦夫

薛云：止殺姦夫，將姦婦當官嫁賣，此律文也。其登時逐至門外殺之，並姦所登時殺死等語，均係例文。律内既無此等語句，是以亦無應否當官嫁賣之文。此例以本夫止殺姦夫，如應勿論者則將姦婦當官嫁賣，擬以杖徒者，仍令夫屬領回，似嫌未盡允協。蓋本夫於姦所殺死姦夫，則姦婦亦係應殺之人，特本夫未及殺之耳。誠如所云：『如將姦婦給與領回，恐啓捏姦誣陷之端。故律將 姦婦當官嫁賣，不許其室家完聚。』乾隆六十年按語。議論本極允當。而又謂登時逐至門外殺之等項，本夫已經科罪，律例内俱無當官嫁賣之文，遂定爲給本類領回。不知逐至門外殺之，本夫不過擬杖，仍令室家完聚，獨不慮其捏姦誣陷耶？

一、姦夫起意商同姦婦謀殺本夫，復殺死姦婦期親

薛云：此等案情，本不常有，似可毋庸另立專條。

一、婦女拒姦殺人之案

薛云：强姦婦女，多係兇暴之徒，萬非孱弱女流力所能敵，責以登時殺死，竊恐理所必無。此例亦係虛設。

一、婦女被人調戲

薛云：以良婦與姦婦並列，終覺未妥，似不如亦照舊例，另叙姦婦自盡於末爲妥。本夫殺姦在先，姦婦自盡在後，則應比例減流；姦婦自盡在先，本夫殺姦在後，仍應照律擬絞。同一殺死姦夫之案，罪名生死不同，似嫌參差。

一、本夫捉姦，殺死犯姦有服尊長

薛云：如黑夜倉猝追至門外或趕至他處殺死，確係犯時不知，自應照凡人分別擬以杖、徒。舊例犯時不知及止毆傷，均予勿論。道光十四年修改按語，以犯時不知不專指姦所登時，是以將本夫及有服親屬，均改爲依凡人一例定擬，而毆傷勿論一層未經修改，似嫌未協。律有親屬相姦從嚴治罪之文，並無卑幼捉姦，殺死犯姦尊長之文。律後小注始有卑幼不得殺尊長，犯則依故殺科罪等語。後來卑幼因捉姦殺死尊長分別治罪之處，不一而足，有與凡人同者，有較凡人輕重不等者，條分縷晰，不勝其繁。皆係嚴以責死者而寬以恕兇犯之意。不知姦罪固在所必懲，而殺罪亦不容輕縱。本夫捉姦尚可云激於義忿，有服親屬則似難等量齊觀。尊卑名分最嚴，因事告言尚干律禁，況擅自殺傷乎？告有服尊長得實，尚應科罪，毆傷可得一概勿論乎？科尊長以姦罪，而仍科卑幼以殺傷之罪，方爲平允。本夫殺姦之案，如捉姦已離姦所，非登時殺死姦夫者，尚應依律擬絞，今殺死有服尊長，非登時又非姦所及已就拘執而殺，係功緦尊長，均得減流，較凡人科罪轉輕，殊未平允。總緣視殺罪爲重，而以干犯爲輕也。且姦所登時殺死犯姦尊長，尚可云激於義忿，過後則係有心逞兇干犯矣，尚何可原之有？

一、本夫捉姦，殺死犯姦有服卑幼

薛云：尊卑相犯殺傷，律係以服制之親疏科罪，並無分別因某事起釁之文。明律雖有殺姦專門，而親屬則仍從本法，故小注有『尊長殺卑幼照服制輕重科罪』等語。自定有殺死犯姦尊長、卑幼之例，遂與律意全不相符。尊長可以量從末減，卑幼更不待言矣。

一、本夫本婦之伯叔、兄弟及有服親屬

薛云：律後小注云：『本夫之兄弟及有服親屬或同居人殺死姦夫，與本夫同，謂可照姦所登時殺死予以勿論也。』與夜無故入人家，主家登時殺死之律亦屬相符。乾隆三十一年添入『及姦婦』三字已屬含混，且區分本夫、親屬爲二條，科罪亦不相同。設或無夫及雖有夫而在外，被同居之兄弟等親屬姦所登時將姦夫殺死，與本夫有何分別？而科罪迥異，殊不可解。律祇言本夫登時殺死姦夫而不及有服親屬，此明人特立之條，不免諸多疏漏，故律後小注特添入此數語。蓋不知幾經慎審籌度而後纂定，所以補律之未備也。乃以爲未盡妥協，而任意删改，祇知親屬之不應同於本夫，而轉忘却姦所登時之不得同於過後。此等議論，甚無可取，而與『皆許捉姦』之語亦相矛盾。殺姦之案，不特姦夫有尊長，即姦婦亦有尊長也。是以此條原例，有卑幼不得殺尊長一層，蓋統男女而言。惟原例先言本夫親屬，後言本婦親屬，均指殺死姦夫而言，姦婦並不在內，以祇殺姦婦、本夫尚照毆死妻本罪擬絞，其餘親屬自可知矣。犯則『依故殺』等語，恐殺姦而並及姦婦，故帶言之耳。後本夫殺死姦婦之案有分別問擬流、徒、杖罪者，故此條此添入姦婦一層，然分别杖、徒、絞擬罪，仍係殺死姦夫原文，姦婦並未另有區分。無論夫家之尊長、兄弟殺死姦婦，與姦夫一體科斷，未盡允協。即母家之期親尊長與功緦尊長，亦無區分，猶嫌不得其平。本婦犯别項罪名，不准親屬擅殺，一經犯姦、殺之者即不擬抵，此何理也？本夫之兄弟，原例所有也。本婦原例有伯叔、兄姊而無弟，改爲本夫、本婦之伯叔、兄弟，則含混不清矣。將爲本夫之伯叔、兄弟乎？抑係本婦之伯叔、兄弟乎？下有殺死姦婦一語，以本婦之弟而論，則殺死胞妹矣，問擬徒罪可乎？因原例未盡妥協，屢加修改，而其錯誤處轉較原例更甚。試取前後例文觀之，其失自見矣。本夫、本婦有服親屬捉姦殺死姦婦，不特殺死出嫁之緦麻卑幼頗難核斷，即殺死已嫁之緦麻尊長亦涉兩歧。且例既言照夜無故入人家已就拘執而擅殺律擬徒，則係指殺死姦夫明矣。統姦婦在內，不惟罪名未能允協，立言亦屬不順。婦女犯姦，情節不同，有與外人通姦者，有與親屬［通姦］者，被有服卑幼殺死即不實抵，似未平允。而本婦之弟殺死姦婦，僅擬徒罪，公然纂入例內，則尤不可爲訓。尊長犯别罪，律許相爲容隱，尊長犯姦，則准專殺，此何理耶？尊長已經出嫁，而許母家之弟、姪捉姦，均未允協。前人不立此等例文，不爲無見，似應將例内『及姦婦』三字删去。本按：下條本婦之有服親屬捉姦，殺死犯姦尊長、期功夾簽聲請，姊亦在內，與此矛盾。此處必應修改。律後小注：『婦人之父母、伯叔姑、兄姊、外祖父母捕姦殺傷姦夫者，與本夫同』，即係本婦親屬捉姦殺死姦夫之例。其云：『卑幼不得殺尊長，及尊長殺卑幼，照服制輕重科罪。』亦即捉姦殺死姦婦之例。已嫁未嫁，俱在其内，其婦人之親屬，或尊長，或卑幼，亦俱在其内，實已包括無遺。舍而不用，而另纂條例，意在求詳，而反有窒礙難通之處，似不如一體删除之爲愈也。

一、本夫、本婦之有服親屬捉姦，殺死犯姦卑幼

薛云：上條專指本夫，此條專言本夫有服親屬，均指殺死本宗有服卑幼言，添入本婦有服親屬，未免混雜不清。

一、本夫本婦之有服親屬捉姦，殺死犯姦尊長

薛云：既定有殺死犯姦尊長之例，即不能無殺死犯姦卑幼之例。既定有本夫殺死尊長之例，即不能無有服親屬之例。後來例文多係如此，不知舊例俱有明文矣。此數條未免複雜。即以本婦親屬而論，所殺之尊長，大抵均係姑、姊等項，與外人通姦，殺死外人可也，殺死姑、姊等尊長，其意何居？此而可寬，殊非情理。以本夫親屬而論，尊長犯姦，固屬有干例議，而有服卑幼公然逞兇殺害，在本夫尚情有可原，在親屬則法難寬恕。然期功虚擬斬罪，量從末減，尚不失之太寬，緦麻直擬流罪，則輕縱矣。毆大功以下尊屬至篤疾者絞，刃傷期親尊長亦然，罪名極重。而一經犯姦，則毆傷不論輕重，均予勿論，情法尤未允協。

一、本夫、本婦之有服親（尊）［屬］捉姦，登時殺死姦婦

薛云：本夫殺姦之案，例分三層：姦所登時一層，姦所非登時一層，非姦所又非登時及聞姦數日一層。有服親屬止有登時、非登時兩層，並將『姦所』二字删去。設遇非姦所又非登時，及聞姦殺死姦夫、姦婦之案，轉無例文可引。殺死姦婦之後、姦夫亦無罪名可科。以此條而論，登時殺死者擬流，非登時者擬徒、則非姦所亦非登時，姦夫亦祇科姦罪矣。姦所獲姦，以登時非登時科殺者之罪，已屬無謂，更以分姦夫之罪，尤覺未協，且與因姦釀命一條亦嫌參差。本夫殺死姦婦而以姦夫擬罪，本屬牽强，又推及於親屬，則更無情理矣。

本按：此項姦夫，無論本夫、親屬，均照因姦釀命例加一等擬流，似較簡當。存參。

一、凡卑幼因圖姦有服親屬

薛云：捉姦殺死卑幼，以登時非登時，分别定擬，圖姦則不論登時與否，均減一等，是事後殺死圖姦未成之卑幼，與姦所獲姦，非登時殺死犯姦之卑幼罪名相等。凡人殺死圖姦罪人不減等，此減一等，嫌參差，與凡人圖姦之例亦不畫一。

一、有服尊長强姦卑幼之婦未成

薛云：本夫捉姦殺死犯姦尊長，夾簽聲請，期服減斬候，功服減滿流，緦麻減流二千里。此處期功止言夾簽聲

明，不言減法，以緦麻減滿流推之，自應減爲斬候矣。上條無論登時、過後，功緦均准減流，此條事後毆斃，雖緦麻仍擬斬候。且此處既云期功均改斬候，上條功服何以又減滿流？各條俱下九卿，此條獨無，均屬參差。此例專爲本夫而設，例首忽添入本婦二字，殊不可解。且妻毆死夫之有服尊長，律止斬候，與本夫罪名不同，如果殺死此等尊長，亦無夾簽聲請之例，應擬何罪？例内並未叙及，似可不必添入本婦一層。本婦殺死强姦罪人，例有勿論及擬徒之分，即拒姦殺死伊翁，亦有援案改擬斬候之文。殺死夫之有服尊長，雖較凡人爲重，究比伊翁爲輕。照殺死凡人之案，稍爲區别，似亦平允之道。可毋庸另立專條。

一、有服尊長强姦卑幼之婦未成，被本夫、本婦有服親屬

薛云：本夫殺死强姦未成緦麻尊長既可隨案聲請減流，此條仍行夾簽，似嫌參差。鬥毆門内毆死緦麻尊長之案。均不夾簽，此條及有服親屬殺死犯姦尊長一條，例内夾簽等語似應删除，别條有服親屬，本夫、本婦並舉尚可，此條亦言本。婦親屬則難通矣。蓋强姦者，雖係本婦夫家有服尊長，而自本婦有服親屬視之，則凡人也。捕亡門强姦未成罪人，被本婦有服親屬登時殺死者，徒三年，非登時，絞監候。此律既云『本婦親屬』，則所殺者，即應以凡論矣，又何尊長、卑幼之有？

又云：殺姦各例，頗爲煩瑣。本夫殺死姦夫姦婦有例，有服親屬殺死姦夫姦婦有例，本夫殺死犯姦尊長及卑幼有例，有服親屬殺死犯姦尊長及卑幼有例。至殺死强姦之犯有尊長而無卑幼，殺死圖姦之犯，則又有卑幼而無尊長，終未能賅括。從前律後小注云：『卑幼不得殺尊長，犯則依毆故律科罪。尊長殺卑幼，照服制輕重科罪。』最爲簡當。以爲不能賅括而另立科條，究亦未盡妥當。此刑章之所以日煩，而罪名之所以愈不畫一也。夜無故入人家内，主家登時殺死者勿論，姦、盜罪人均包括在内。唐律不另立殺死姦、盜罪人之法，殆由於此。明特立殺死姦夫專門，其姦所獲姦登時殺死，亦與主家登時殺死勿論之律意相符，第未將拘執而殺擬徒一層纂入，故不免稍有參差耳。至並殺姦婦，唐律無文，自係明代特立之法，迄今遵守，已數百年。不特本夫有殺死姦婦分别治罪之例，後並有親屬殺死姦婦分别治罪之例。本夫之親屬尚可言也，本婦之親屬則難通矣。本婦之尊長尚可言也，本婦之卑幼則更難通矣。例文愈繁，愈覺煩雜。古律之不可輕易增删也如是。

一、男子拒姦殺人

薛云：康熙年間定有秋審成例，凡命案内情節可原者，均酌量入於緩決。此等拒姦殺命之案，自可照辦。纂爲定例，殊嫌節外生枝。

一、與人聘定未婚之妻通姦

一、聘定未婚妻，因姦

薛云：此二條未免過重，以未婚究與已婚不同也。

本按：罪名以服制定者，自應以服制之有無爲斷。已婚則斬衰，未婚則無服，相去大相懸殊，豈可一例問擬。此等例文，實覺過重，若以其已有名分，而不與凡人同科，尚爲平允。

一、本夫殺死强姦未成罪人

薛云：登時殺死强姦未成罪人即勿論。登時殺死圖姦未成罪人即擬絞。本夫載在此門，親屬及本婦之子又載在拒捕，均嫌參差。

本按：此條似應與本婦之子及親屬各條修改畫一，均載入此門。

殺一家三人

條例

一、凡殺一家非死罪三人

薛云：財産斷付被殺之家，係律文所有，此處係重複。斷財産非古法，明律添入，嫌太重，夫犯罪致死，雖正贓猶不追。已凌遲矣，家屬已緣坐矣，而獨斷給財産，何也？

一、本家及外姻尊長，殺

薛云：殺死一家三命，係指凡人而言，卑幼並不在内，故律無明文，有犯原可酌量辦理，無庸另立專條也。此例有服卑幼之外兼及主、僕、雇工，未解何故？即如故殺胞侄及其奴僕，均罪不應抵。如至三命即問擬立決，殊未允協。至以卑幼之主僕爲一家，而兇犯明係期親尊長，反謂之外人，立言亦屬不順，則皆律注内『奴婢、雇工人。亦是』一語誤之也。殺死同主雇工及雇主各一命者，不得以一家二命論。殺死有服卑幼内，有奴僕、雇工，反以一家三命論，此何理也？胞弟一命，胞侄一命，雇工一命，則絞決：胞弟一命，胞弟之雇工一命，則應斬決；胞弟夫婦二命，及其雇工一命，則應斬梟：如殺大功弟一命，小功弟一命，緦麻弟一（家）［命］，並不同居，如何辦法？均係五服至親，均屬一家，甚或將同居胞弟，及分居功緦卑幼二人一並殺斃，亦難核辦。殺死尊、卑期親之奴僕，律止擬徒，二命亦罪不至死。殺死期親卑幼，情輕者不過徒流，情重者方擬絞候。此例但殺主僕三命即擬絞決，殊嫌太重，殺一家三人，載在十惡不道，故律有斷給財産之文，一家二命並不在内。乾隆二十八年定例，殺死一家二命，斷給財産一半，給付被殺之家，而有服卑幼亦不在此限。此例於罪名加重之外，又斷給財産，是照平人定擬矣。其妻、子與女自應一體緣坐，何以並不議及耶？再被殺三命，均係骨肉至親，斷給財産，尚屬可通。若内有奴婢一二命，將斷給奴婢之家？抑仍斷給親屬耶？已覺諸多窒礙。如再緣坐其妻與子女，則更難通矣。牛新案内奉有諭旨，牛新既不應凌遲，則伊妻亦不應緣坐，自可遵辦。

一、殺死功服緦麻卑幼

薛云：律重三命，是以有殺一家三命之文，而未及一家二命。蓋二罪俱發相等者，從一科斷，名例内已有明文。凡人且然，卑幼更無論矣。況罪名至立決而極，律何以未議及耶？總注補出『殺一家二人斬決』等語，乾隆四年遂將殺死功緦卑幼一家二命亦擬斬決定爲專例，究係律外加重，不可爲訓。

一、家長殺奴僕非死罪三人

薛云：殺死功緦及族中奴婢一命，律應絞候，一家三命，亦祇斬候，乃内有卑幼一命即擬立決，似嫌參差。家長殺奴僕三人，無一家字樣，下二層均言一家，亦嫌參差。

一、凡發遣當差爲奴之犯

薛云：祇言妻妾而不及其女，年未及歲者發遣爲奴而不言閹割，均與殺死平人一家三四命之例不符。斬決、斬候較平人爲重，餘則較輕。緣下條係屢次修改，而此條仍係原例故也。

一、聚衆共毆，原無必殺之心

薛云：聚衆共毆與威力主使不同。威力主使斃命之案，以主使之人爲首，下手者得減等擬流。聚衆共毆之案，以下手傷重之人擬抵，原謀罪止滿流，原以案非謀殺，絕無以二命抵一命之理。設如主使毆斃一家二命三命，正犯自應依毆死一家二命及三命例擬以斬、絞決、爲從下手之犯，例無擬絞之文，自應減等擬流。今以本應擬流之原謀，因死係一家二三命，加重問擬立決，已科首犯以毆死一家二三命之罪，而又將下手傷重者擬以絞候，與謀殺加功罪名相等。是以二命抵死者一命矣，似未平允。威力和使斃命，［較］聚衆共毆情節尤爲可惡。威力主使多係以勢力凌人，死者或有不能還手之時。聚衆共毆多係彼此爭鬭，死者萬無束手待斃之理。主使致斃一家三命二命，不聞將下手之犯概擬絞候，則聚衆共毆之犯，豈得將率先首禍之人俱擬死罪？主使之案，由主使者用言赫逼，下手者有不得不從之勢，故嚴主使，而下手者可以從輕。共毆之案，由下手者傷重致死，聚衆者並無逼令狠毆之情，故嚴下手，而聚衆者不容加重。如謂死係一家數命，與尋常命案不同，在謀殺案内，首犯已由斬候加至凌遲，從犯由絞候加至斬決，共毆案内似亦應從嚴治罪，以示懲創。然亦必至三命方可從嚴，亦未便將致死二命一概從嚴之理。而威力主使致斃一家三命等案，究竟有無分別？在二命尚可照本律科斷，若三命仍照本律，不又與此例互相抵牾耶？平情而論，三命既係十惡，首從各犯不妨從嚴，不特聚衆共毆，下手之犯應擬絞罪，聽從主使下手之犯亦應擬絞罪。一家二命之案，無論共、毆主使，仍照本律問擬。將『共毆死一家二命率先聚衆絞決』一層刪去，似尚允協。

一、凡殺一家非死罪二人

薛云：律後總注云：『殺非死罪一家二人或非一家而殺三人者，與謀殺一人者情罪較重，應擬斬決，奏請定奪。』玩其文義，蓋謂殺一家二命及非一家三命，其情罪比謀殺一人爲重，故擬以斬決。本係二項，非另有謀殺一人情罪較重一項也。乾隆十一年將『與謀殺一人者情罪較重』，改爲『與謀殺一人之情罪較重』，係『者』字誤作『之』字，而文義仍無舛錯。此處以謀殺情罪較重，謂即係指本欲謀殺一人，而行者殺三人案内之造意者而言，果何所據而去？然律注内明言仍以臨時主意殺三人者爲首，豈真未看見耶？抑故意置之不論耶？並總注亦未寓目，殊不可解。夫殺至三命，不得謂非情重之案，然謂係下手者之情重則可，謂係造意者之情重則不可。天下萬無無故殺人之理，況多至三命乎？造意者欲殺一人，行者何以殺至三命？其爲下手者臨時主意，不問可知。以起意殺死一命與起意殺死三命兩相比較，其輕重本自釐然。修例時不加詳察，任意妄改，遂至諸多錯誤。律注遵行已久，遇有此等案犯，原可援照辦理，不致歧誤。此例行而混淆不清，並律注數語均成虛設矣。謀殺一家二命，律無明文，例改斬決，已較律加重矣。此例改爲斬梟，未免太重。因一故一鬥之案加重，遂將殺一家二命之案亦爲加重，似嫌未協。查殺一家三命案内，造意不行之犯，既問斬決，下手殺人之犯應擬何罪，例内何以並不敘明？且既照律注纂定此例，『仍以臨時主意殺三人者爲首』一語，究係何解？造意者祇謀殺一人，下手者竟殺死三人。是三人之死，由下手而非由造意，夫何待言。乃嚴造意而轉置臨時下手於不議，非特輕重不得其平，亦與律注顯相歧異。

再、此等情節，與謀强行竊，謀竊行强亦屬相類。謀竊行强，不聞將造意不行之犯科以强盜爲首之罪，何獨於此條另生異議耶？上條多添一絞決罪名，此又多添一斬決罪名。

一、爲父報讎

薛云：一家二命，例應斬梟。此例死係三命，雖内有殺父之人一命，不以一家（二）［三］命論，以二命論亦應斬梟斷産，問擬斬決，似嫌參差。如謂究因爲父復仇起見，何以臨時連殺三命，仍不免其凌遲耶？以情而論，除致斃伊父正兇不計外，以所殺之人數定擬亦可。自與律載『非實犯死罪三人』之語相合，亦與『將三人先後殺死則通論』之律注相符。

一、凡謀故殺人，而誤殺旁人二三命

薛云：因謀故誤殺旁人非一家二命，尚可從一科斷，三命亦擬斬候，似嫌太寬。謀殺之案，或係下毒，或係錯認，往往有誤斃旁人數命者。在首犯原可稍從末減，從犯不問抵償，未免輕縱。假如甲與乙丙商謀殺丁或丁父子、兄弟、叔侄，乙丙因暗中辨認不清，致將戊己各自殺斃，均有殺人之心，俱親行殺人之事，免其絞罪，似嫌未協。且聽糾毆人致死者，雖誤殺尚應抵償，聽從下手加工者，反因誤殺得從輕減。是謀殺較共毆科罪反輕，殊與律意不符。因謀殺誤殺旁人之例，舛錯於先，遂致諸條俱各錯誤。與人鬥毆，不期傷重致死者，謂之鬥殺。糾約數人毆死一人，謂之謀毆。故下手傷重者，與鬥殺人犯，均擬絞罪。究非有心致死，原謀祇問流罪。若謀殺則意在致人於死，首從均有殺心，故造意者斬，下手加功者無論人數多寡，均擬絞罪，此一定之法也。因謀殺誤殺旁人，首犯固有殺人之心，下手傷重者亦不得謂無殺人之意。既已親行殺人之事，反問流罪，即至三命以上，亦止擬遣，此何理也？共毆死二三命案内，既將下手致死者各擬絞罪，則首犯即無死法。加等擬軍，似尚得平。因謀誤殺案内，死者既非首犯。所欲殺之人，即與造意不同，已由從犯下手傷重斃命，豈得逭其親手殺人之罪？蓋謀甲而誤及乙，在首犯原有區分，在從犯則總屬一致。寬首犯而嚴從犯，亦屬可通。二條均坐首犯以死，法之不平，莫此爲甚。

一、謀殺人而誤殺其人之祖父母、父母

薛云：此處祇有祖父母、父母、妻女、子孫而無兄弟及一切有服親屬，與鬬毆及故殺人門内原謀一條稍有參差。如殺死兄弟及功緦親屬等二三命，是否以一家論？記參。因謀殺而誤殺其人之祖父等項，例應仍依謀殺科罪。如已至二三命以上，不特首犯不應以誤殺旁人論，其下手加功之犯，若僅問擬遣罪，似嫌太輕。死者一家三命，擬抵者僅止一人，與聚衆共毆死一家三命之例相比，似覺輕重懸殊。一家親屬三人，同遭殺斃，情節雖由於首犯之造謀，而實成於爲從之加功。況三命均係所欲殺者之有服至親，即與因謀殺誤殺旁人不同。例既載明仍依謀殺科罪，其與謀殺本人止差一間。此等下手加功之犯，雖不能遽擬斬決，酌量改爲監候，亦屬情法之平。問擬遣罪，殊未平允。律云：『謀故殺人而誤殺旁人者，以故殺論。』修例者遂謂故殺無爲從之文，即誤殺數命，祇以一人擬抵。誤殺門内因謀殺致下手之犯誤殺他人一條已覺輕重倒置，此例更不可爲訓矣。同謀共毆案内，首從均無殺人之心，尚應一命一抵。謀殺案内首從均有殺人之意，祇以一人抵償，情法固應如是耶？

一、凡殺死同主雇工

薛云：此等既不以一家二三命，殺死有服卑幼主、僕、雇工三命反以一家論，豈無名分之雇工轉較親於有服尊長耶？

本按：本律指凡人殺一家三人，故律注有『雖奴婢、雇工人皆是』之語，所以重其罪也。至親屬本在一家之内，與凡人不同，自有親屬殺死一家三人主、僕、雇工合計之例，異説遂紛紛矣。此非律注之過，乃後定例之過也。兇犯本係同宗而不算一家，奴、雇本係外人而以一家論，此理之最難通者。

一、殺死人命［罪干］斬決之犯

薛云：似可與下條修並爲一。

一、凡謀故殺緦麻尊長

薛云：殺死功緦卑幼一家二命，例應斷給財産一半，緦麻尊長何以轉無明文。

一、殺一家非死罪三四命以上

薛云：叛犯之子，尚止爲奴，何獨於此條獨嚴。閹割係不肯令其有後之意，年未及歲者閹割，十六歲者並無閹割明文，則仍留遺孽矣。

緣坐人犯，律言妻而不及其女，言子而不及其孫，自係不應緣坐之人，例以被殺之人是否絶嗣分別科斷，其女一並緣坐，與律意不符。

造畜蠱毒殺人

條例

一、凡以毒藥毒鼠

薛云：此等祇應論其是否毒鼠獸，不應以置毒處所强爲區分。假如人所罕到及餵食牲畜處所，非所欲毒鼠獸必到之處，則置毒於此意欲何爲？律貴誅心，亦貴原情，未便因有關人命即應加重辦理也。狂妄無知之人，隨處放彈射箭，恣其游戲，雖未嘗有殺人之心，然實已親行殺人之事，故祇減死罪一等擬流，惡其無故放射也。既明言毒鼠毒獸，則與無故有間矣。而既已滿流，又追埋銀，殊嫌未允。

鬥毆及故殺人

一、凡同謀共毆人

一、凡同謀共毆人犯

薛云：此二條似均可删除。上一條已見下糾衆互毆内，下一條律已載明，無關引用。

一、凡同謀共毆人傷皆致命

薛云：律内『下手致命傷重者絞，原謀不問共毆與否，擬流。』二句最爲明晰，無庸添入致命傷輕一層。曰傷皆致命、曰何傷致死，曰亦有致命傷，皆所謂致死重傷也。原例本極明晰，改定之例於致命内又分別輕重，是致命二字專指部位而言，而其實律文並不如是也。蓋律所謂致命，即洗冤録所謂致命之傷也。既致命矣，尚得謂之輕傷耶？原例傷皆致命，並非指部位而言。緣此例在先，分別致命部位之例在後，特修例者未加察核耳。

一、文武生員鄉紳

薛云：與刁徒訛詐一條參看。此例本爲生員而設，後又添入土豪勢惡及無賴棍徒，即與刁徒訛詐斃命無異。例內所稱憑空詐賴，逞兇橫行，欺壓平民等語，與憑空訛詐、欺壓鄉里亦屬相等，似應修並爲一。『其人不敢與爭』二句與威力主使相類，彼律仍擬絞候而此擬斬，殊嫌參差。

一、凡兇徒好鬥生事此條係陳中甲案內擬定。

薛云：此例與上一條易絞候爲斬候，且由斬候加至斬決，其實皆鬥殺罪名也。例雖嚴，而照此定斷者百無一二，亦具文耳。

一、凡兩家互毆致斃人命

薛云：兩家各斃二命，不得援照辦理，輕則俱輕，重則俱重，此何説也？與別條參差。因風身死等情節係例應減等，何以不添入例中。鬥毆門內祖父母、父母被殺，子孫殺死行兇人者分別勿論及杖六十，其餘親屬亦僅擬滿杖，與此條科罪迥殊。或彼條係尋常口角，殺死正兇者未在場爭鬥，此係兩家互毆，殺死正兇者亦係聽糾同往之人，是以科罪不同。惟律例究屬兩歧，應將何者擬杖，何者擬徒流，明立界限，方無歧誤。此例明係指兩造聚衆互鬥而言，殺死正兇之犯亦係聽糾在場逞兇之人，故不照鬥殺擬杖，酌量擬以徒流，以示區別。似應於例內修改詳明，再添入『如非聚衆互毆，仍照祖父母、父母被殺，還殺行兇人本律定擬』。例首改爲『兩家聚衆互毆致斃人命，無論兩造死者人數多寡，其例應擬抵之正兇』云云，存參。

一、兩家互毆致死一命

薛云：上條均係應抵之犯從寬，免死減軍，是以各追埋葬銀兩。此條雖分別減流減徒，惟死者均係殺人應抵正兇，與彼條不同，似無庸追埋葬銀兩。例內各追云云，自係指殺死正兇不應抵命一邊而言。蓋泥於一經減流減徒，即應追給埋銀也。不知殺死一切罪人，尚不追埋，況應抵正兇耶？

一、凡糾衆互毆致斃二三命以上之條

薛云：原謀外又多一原謀。一命擬杖，二命擬流，罪名太懸殊。原謀例得從一科斷，餘人乃加至數等，可乎？再：原例將餘人內但經糾人助勢及金刃傷人者俱擬滿徒，本係從嚴懲辦，五十八年，以餘人內有輾轉糾約已至五十人者，未便僅擬滿徒，加重改爲流三千里，較原定之例尤嚴。後未將原例徒三年一層叙明，衹云仍依各本例問擬，看去轉不分明。今詳加察核，所謂依各本例者，即指四十一年之例，金刃傷人者擬徒三年，糾人助勢者亦擬徒三年也。

惟四十一年之例已經删改，則徒三年一層，即屬無從引用，而又作爲除筆，且必有認爲照餘人擬以滿徒者。

一、凡同謀共毆人致死，如被毆之人此條係陝甘李匣兒案内擬定。

薛云：此案糾毆其子，致糾往之人毆斃其父，已不照陳中甲之案辦理矣。而彼例仍存而不論，未免參差。誤殺門内載：謀故鬥毆而誤殺其人之祖父母、父母、妻女、子孫一命，依謀故鬥殺本律科罪。殺一家三人門亦祇其祖父母、父母、妻女、子孫，並無别項親屬。有司決囚等第門内誤殺係其人之祖父母、父母、伯叔父母、妻、兄弟、子孫、在室女，俱不准一次減等。均與此條不符，似應修改一律。

一、同謀共毆，致斃二命非一家者

薛云：原謀及助毆傷重之人病故，正兇准其減等，本屬一時寬典，亦係不忍以二命抵一命之意。如死係二命，似難與一命相提並論。若謂原謀可從一科斷，下手者亦可一體減流，設二人均係一人下手毆斃，亦可從一科斷，遽行減等乎？再如致斃二命無原謀之案，一命内有助毆傷重之人病故，一命内助毆傷重之人尚存，或無助毆傷重之人，勢必一人減等，一人仍擬絞抵矣。一命照舊例，二命則否，簡捷之法也，豈不省許多枝節乎？

一、共毆之案，除致斃一二命

薛云：謀毆之案既因首禍之人病故得以減等，主使之案，似亦可因下手之人病故免其抵償。案非謀故，究不容以二命抵一命也。若父兄主令子弟將人毆死，子弟已經監斃，父兄仍不准減，是以父子兄弟二命抵死者一命矣。似嫌參差。

一、十歲以下幼孩

薛云：此條罪名頗重，而例文未盡詳明。究竟是故是鬥，殊難懸擬。謀殺十歲幼童之例，已覺過嚴，此非謀殺而照謀殺科斷，尤覺過重。

一、廣東、福建、廣西

一、廣東、福建二省

薛云：臺灣械鬥並無專條。械鬥致斃多命之案，他省有犯均可一例辦理，無庸爲此六省另立專條。彼造倉猝抵禦，並非有心械鬥，則爲此造謀毆，而非兩造械鬥可知。例祇言仍照共毆本例科罪，是否統指兩造而言，抑係專論彼造，此造仍應以械鬥論之處，聲叙尚未明晰。例首尋常謀毆雖人數衆多，亦不以械鬥論。如致斃人命過多，首犯應否仍以尋常原謀論斷之處，亦未叙明。設如此造糾衆四五十人尋毆，彼造倉猝抵禦，各斃四命以上。以謀毆論，此造原謀，決無死法；以械鬥論，此造原謀，即應斬梟。至彼造倉猝抵禦，如有糾衆之人，或鳴鑼、或喊叫，是否以原謀論罪之處，出入關繫甚重，尤應詳慎。似應將例首除筆删去，修並於倉卒抵禦之内，以别於械鬥者而言，較爲分明。或改爲『如無預期斂費等事，雖人數衆多，仍應以尋常謀毆論。』至彼造倉猝抵禦，並非有心械鬥者，無論人數多寡，及致斃三四命以上，均各照共毆本律問擬。

廣東等省兇悍之徒，動輒聚衆兇鬥，慘斃多［命］，若必審出斂費約期情節方照械鬥問擬，亦屬有名無實，轉啓多方開脱之漸。糾衆已至數十人，死者又至四命以上，非械鬥而何？似應特立專條，將審有預先斂費約期及賄買頂兇等情提出另叙。有此等情節，無論兩造斃命若干，將主謀爲首之犯，均問擬斬決，四命以上加梟。無此等情節，例應絞決者改絞候，應斬決者改絞決，應斬梟者改斬決。存以俟參。

本按：臺灣一層應删。

一、廣東省糾衆

薛云：似可改爲六省通例。

一、因争鬥擅將

薛云：甯古塔應改吉林，烟瘴少輕地方應改極邊足四千里。

一、凡鬥毆之案，除追毆

薛云：被人撲毆，萬無不閃避之理，因撲毆而失跌斃命，係屬死由自取，閃避者有何罪名可科？被人趕毆走避，致自跌身死者，更無論矣。因其口角肇釁釀命，故科以不應重杖。若被人揪扭，萬無不掙脱之理，致令跌斃，即擬絞罪，彼此相形殊覺過重。若責以不應掙脱，下層亦可責以不應閃避乎？若謂人命不可無抵，下層又何以擬杖耶？平情而論，此層似不在應抵之列。向追並非向毆，或欲投人理論，或欲交還物件之類，及被揪扭掙跌，並死者追毆撲毆失跌等類，概擬絞抵，似嫌太過。蓋失跌身死，與自盡相等，毆打致令自盡，罪止擬軍，争毆致令跌斃，似不應反擬絞抵。况事主被竊，追賊失跌身死，與窘迫自盡，何以不將賊犯問擬死罪，反止科滿徒耶？

屏去人服食律

薛云：『故用蛇蝎毒蟲咬人』，此『蟲』字係『蟲』字之訛。查舊律均係『蟲』字，應改正。蓋毒蟲能咬傷人，毒蟲不能咬傷人也。

戲殺誤殺過失殺傷人

條例

一、收贖過失殺人絞罪

薛云：明律贖死罪者係錢四十貫，而其時則錢鈔兼行，以收贖之銀數合成鈔數，又以鈔八成錢二成合成銀數，故其數如此。然命案減等及赦宥者追銀二十兩，留養者亦追銀二十兩，車馬殺傷等類追埋葬銀十兩。過失殺照命案等一體折銀二十兩，以亦可行，又何必故爲紆迴，守此成規而不變耶？

一、凡因戲而誤

薛云：以上條例之未免過重。鬥毆雖無殺人之心，究係殺人之事。因戲殺人既無殺心，亦無鬥情，其致誤斃旁人，情節尤輕。原例問擬滿流，不爲無見。

一、凡各項埋葬銀兩

薛云：給没贓物門命案埋葬銀兩分别追半請豁，此條各項埋葬銀兩則並無量追一半及赤貧免追之文，而上條償命罪囚遇蒙赦宥追二十兩一條止言量追一半，亦無全行豁免之文，均不畫一。竊惟各項埋葬銀兩係辦罪之外酌量斷給者也，命案減等埋葬銀兩係免其死罪，衡情斷給者也。乃一則赤貧免追請豁，一則仍行監禁勒追，似不平允。原例本係一律，修改時未能周顧，是以不免彼此參差。

一、命案内死罪人犯

薛云：從前命案内死罪人犯本有准予贖罪之法，是以定有此例。嗣奉旨，一概不准贖罪，此條屬贅文，乃仍存例内並未删除，不知何故。

本按：乾隆間另有贖罪章程，銀兩甚鉅。此舊例，似可删。

一、圍場内射獸

薛云：既照戲殺擬絞，不應追銀。下條追銀給付，未辨死罪故也。傷分等第，刑律無文，似應查照兵部例文，添注明晰，以免錯誤。

一、凡民人於深山

薛云：弓箭傷人門一條，與此相類，似應修並爲一。

一、謀殺人以致下手之犯誤殺旁人

薛云：輯注云：『按：故殺無爲從者，因故而誤，罪在一人，殺則斬，傷則照鬥毆律論，適得本罪，固無疑矣。若在謀殺，則同謀之人有造意、加功、不加功及同謀不行之分。謀殺之事，有已殺、已傷、已行之分。假如甲造意與乙丙丁戊同謀殺趙，甲與戊不行，令乙丙丁夜伺趙於路而殺之，乃誤殺傷錢，乙丙加功，丁不加功。律止云以故殺論，並不言傷，注補出仍以鬥殺論。彼造意諸人既難不論，若照謀殺本法則太重，且與以故殺論不符。夫所謀者趙，殺傷者錢，非其所謀之人矣，其謀雖已行，殺傷已誤。造意之甲、不加功之丁、不行之戊似應照謀而已行未傷人之法。蓋所謀之人，原未受傷，而行者誤有殺傷，豈非已行者哉？乙丙二人，傷則照鬥毆分首從科之，殺則乙下手爲重，依本律論斬，丙仍照傷科罪，似合輕重之宜。』又云：『或謂同謀共毆，有誤殺傷旁人者，下手傷重人，自依鬥殺傷論矣。其元謀之人，傷則亦照鬥毆律減一等，殺則仍照共毆律擬流。餘人滿杖。殺傷之人雖誤，謀毆之情則一也。然殺傷既非所謀，誤者亦已抵罪。謀殺而誤者以故殺論，則造意不照謀殺律矣。況共毆之原謀』云云。雖係空發議論。究亦論斷允協。後遂定有毆死非其所欲謀毆之人，原謀減徒之例。是死非所欲謀毆之人，原謀不問滿流，自屬情通理順。死非所欲謀殺之人，造意者即科斬首，似覺彼此參差。

又謀殺律注云：『按：誤殺律内，謀殺誤殺旁人，以故殺論。注云：「不言傷，仍以鬥毆論」。夫殺照故殺、傷照鬥毆，則止坐下手殺傷之人矣。其造意與同謀之人，或行或不行者，何以科之？若仍照本律已殺已傷之罪，則太重，且與以故殺論之法不符。如所謀殺者趙甲也，而下手者誤殺傷錢乙。則非其所謀之人。失其所謀之意，豈可加造意同謀者已殺已傷之罪？所被殺傷之旁人，已有下手者抵罪，而造意同謀所欲殺之人，原未受傷，則應止照已行而未傷人科斷，似爲情法之平。』云云，議論最爲允當。原例以下手之人擬抵，似本於此。乃御史簽商而遽行改擬，豈未見此數條議論耶？殊不可解。

再查殺一家三人律注云：「若本謀殺一人，而行者殺三人，不行之人造意者斬，非造意者以徒者不行減行者一等論。仍以臨時主意殺三人者爲首」云云』。本以管見箋釋。蓋以造意者本欲殺一人，而行者自殺三人，則非造意之本謀矣，故不科殺三人爲首之罪。若造意者本欲殺甲，而行者乃誤殺乙，則亦非造意者之本謀矣，乃竟科謀殺爲首之罪。彼此相衡，殊嫌未協，殺二三命之例，亦係因此例而致誤。參看自明。

因謀殺而誤殺旁人，唐律無明文。惟疏議：『或問云：「假有數人同謀殺甲，夜中悤遽乃誤殺乙，合得何罪？」答曰：「此既本是謀殺，與鬥毆不同。鬥毆彼此相持，謀殺潛行屠害。毆甲誤中於丙，尚以鬥毆傷論，以其元無殺心，至死聽減一等。况復本謀害甲，元作殺心，雖誤殺乙，原情非鬥者。若其殺甲，［是謀殺人］，今既誤殺乙，合科故殺罪」』細繹疏議之意，蓋謂謀殺原有殺心，與鬥殺不同，雖誤殺亦擬應斬，不得照因鬥誤殺減等也。明律以故殺論，似本於此。惟均指本犯一人而言，並未牽及下手加功一語。自添入小注數語，遂致轇轕不清。若謂律文衹有以故殺論，並無以謀殺論之文，凡屬誤殺，即不應照謀殺治罪。不知故殺係一人之事，謀殺則有首從之分，如下手即係造意之人，自應以故殺論。儻首從不止一人，則應照謀殺分別定擬，方無窒礙。若拘於故殺無爲從之文，謂殺死者衹應以造意之人擬抵，設誤殺人傷而未死，又將引用何律耶？

律文以故殺論，下有『不言傷，仍以鬥毆論』之注，蓋謂不照謀殺人傷而未死定擬也。第下手者即係造意之人，以鬥毆論尚可按傷科罪。若首從或有數人，勢必照鬥（殺）毆律以『下手傷重者爲重罪，原謀減一等』科斷。是已死者以起意之人當其重罪，未死者又以下手之人當其重罪。律文不應如是參差。

再：或用毒藥誤殺旁人未死，又將照何傷擬罪？起意及下手買藥之人，如何定斷，不免諸窒礙。唐律以毒藥藥人及賣者絞，買賣而未用者流二千里。今律買而未用者徒三年，知情買者同罪。彼此參觀，誤殺未死之不得僅科傷罪明矣。若照謀殺人傷而未死擬絞，不特與此注不符，亦與以故殺論之律文互相抵牾。謀殺人以致下手之犯誤殺旁人，先以下手之人擬抵，後改以造意之人擬抵。因非真正謀殺，故不以二命抵死者一命。究有殺人之心，故坐首犯以斬罪，亦律貴誅心之意也。然所殺者並非所謀之人，反無死法，似嫌未盡允當。

謀殺之事不一，或下毒於酒食、或乘人之不防、或在中途、或在黑夜，或辨認不清是以有誤殺旁人之事。如姦夫起意謀殺本夫，以致下手之犯誤殺旁人，或下手者亦係姦夫，或死係本夫之父母，如何科斷？況案情百出不窮，有本欲謀殺尊長，而下手之犯誤及卑幼者；有本欲謀殺卑幼，而下手之犯誤及尊長者；有謀殺旁人而誤及親屬者。似未可執一而論也。均以起意之人擬抵，未免諸多窒礙。

再：謀殺之案，容有殺一人而二三人俱行加功者。若誤殺旁人，自應不分傷之輕重，俱擬流罪矣。夫同謀共毆人致死，不論死者是否欲毆之人，下手傷重者均應擬絞。況明明有謀殺人之心，死者又伊下手致斃，反擬流罪，可乎？至首犯雖造謀殺之意，然謀殺者甲，而下手者誤及於乙，則非所謀殺之人矣。同謀共毆案內，死非所欲謀毆之人，尚得由流罪上減等擬徒。死者但係謀殺，即不問是否所欲謀殺之人，一律擬斬。彼此相形，亦覺太過。檢查雍正九年五月，刑部議覆湖撫題公安縣民陳幺女與許正迴通姦，同謀毒殺本夫劉家兆，誤毒張維善身死一案，幺女起意，正迴買毒藥交給幺女，作粑三個給予家兆，家兆與張維善分食，家兆毒輕未死，維善被毒殞命。將陳幺女比照因姦謀殺本夫傷而不死，姦婦依謀殺本夫已行律斬決。許正迴係同謀買藥欲殺親夫不死，而誤殺旁人，律例內亦無謀殺爲從而誤殺旁人之正條，應將許正迴比照謀殺人從而加功律擬絞監候。是未定此例以前，已有將下手之人擬絞成案，況輯注已詳言之乎？平情而論，似仍以原定之例爲是。

本按：下手者親行殺人之事，以致誤殺旁人，其誤也，乃下手者之誤，與造意不行者無涉，以之擬抵，自是正論。然其中情形，亦正有難言者。如刀械等物誤行殺傷，或黑夜用繩勒斃。其誤也，多由辨認不清，亦有所欲謀殺之人與旁人易地睡臥，不及辨認，適行致斃者。此其誤，下手者之誤，非造意者之誤，下手者自無可諉。又如以毒物置食物中，其時其地，皆下手者操其權，造意者不過囑令乘機，未嘗預先主令如此，則其誤亦下手者獨任其咎。若其時其地，皆造意者主令如此，下手者不過聽命而行，此與造意者親自下手何異？此而專責下手者之誤，然下手者亦尚有詞也。甚矣折獄之難如此。

一、子孫過失殺

薛云：既將子孫等改擬死罪，而期親仍從其舊，功服以下既同凡人，殊嫌參差。子孫過失殺祖父母律應擬流，妻妾及期親卑幼則律應擬徒，各有取義。自唐以迄本朝，並無他說。至乾隆二十八年，忽將子孫一層改爲絞決，遂不免諸多參差。欲歸畫一，其惟專用律文爲可。

一、凡謀故鬥毆，而誤殺其人

薛云：此例祇言祖孫父子，後又添入母與妻女，而兄弟叔侄及有服親屬均未議及，有犯礙難援引。有司決囚等第門内以期服爲斷，而鬥毆門及故殺人門原謀一條則有服親屬俱在内，似嫌參差。既依謀殺本律科罪，自應分别首從問擬斬絞。乃下手之犯，仍問流罪，似未允協。因謀誤殺旁人，不以二命抵死者一命，尚可謂律有以故殺論之文，此例既明言依謀殺科罪，徒犯仍擬流，又照何條辨理耶？若謂案係誤殺，與真正謀殺不同，惟既特立依謀殺本律科罪專條，即與謀殺其人無異，何得另生枝節，且祇言從犯擬流，是否分别加功、不加功之處？亦未叙明，尤屬含混。

本按：上條謀殺人誤殺旁人，例内從犯有滿流、滿杖之分，此例不復分别，殊嫌太重。謀殺本律，加功、不加功有生死之殊，既照謀殺本律，豈得不復分别。

一、凡因毆子

薛云：父毆殺、謀殺其子，不過問徒杖，因此誤斃人命擬絞固重，即軍流亦未得其平，酌擬徒已足蔽辜。如謂死者究係平人，不可無人抵償，彼捕役拏賊，誤斃平人及過失所殺之人，又何嘗有人抵償耶？捉姦誤殺旁人一條，已經錯誤，此則一誤再誤矣。

一、瘋病之人，其親屬鄰佑人等

薛云：謀故殺人，罪及兇手足矣，並不波及親屬鄰佑，且地方官亦無處分，瘋病殺人，則累及親屬、累及鄰佑，並罪及地方官，此等例文，真不可解。患瘋之人，未必盡有殺人之事，其偶致殺人，亦屬意料所不及，若必責令報官鎖錮，似非情理。如謂預防殺人起見，不知此等科條，萬難家喻户曉，不幸而遇此事，即科滿杖之罪，殊嫌未妥。設尊長患瘋，而責卑幼以報官鎖錮，更屬難行之事。從前瘋病殺人，係照過失殺收贖，並不擬抵，且因係殺死一家四命重案，是以責令親屬鎖禁甚嚴。後改爲絞罪，則與鬥殺無異，三命以上，且有問擬實抵者，似可毋庸罪及親屬人等也。

一、瘋病殺人，如家有密室房屋

薛云：親屬律得容隱，祖父雖實犯罪名，尚不科子孫以隱匿之條。一經染患瘋病，即預防其殺人，責子孫以報官鎖錮，違者仍行治罪，似嫌未妥，不報官鎖錮，以致瘋病殺人，故照例擬杖一百。若並未殺人，似無罪名可科。不報官鎖錮及私啓鎖封之親屬人等，亦云照例治罪，究竟應得何罪，亦未敘明。至無親屬又無房屋，即行監禁鎖錮，尤爲不妥。輕罪人犯，尚不應監禁，瘋病有何罪過，而嚴加鎖錮，監禁終身，是直謂患瘋病者斷無不殺人之事矣。有是理乎？因有瘋病殺人之案，遂將瘋病之人一概恐其殺人，定爲此例。是因一人而波及人人，而其實爲萬不可行之事。此例亦屬虛設。此條似應大加删改，遇有瘋病殺人之案，究明有無捏飾，照下條始終瘋迷者永遠監禁，供吐明晰者照鬥殺定擬，二三年後亦准。此删去報官鎖錮一層，較爲允當。至恭逢恩旨查辦，向有定章，隨時可以奏請，亦無庸敘入例内，後半截所云與下條訊取屍親甘結云云，應修並一處，以省煩冗。

一、凡婦人毆傷本夫

薛云：此項不准夾簽，而因瘋致斃期功尊長及過失殺父母准夾簽，似不畫一。

一、瘋病殺人永遠鎖錮

薛云：永遠鎖錮係乾隆年間定例。嘉慶十六年改爲監禁五年以後，瘋病不複舉發，題請留養承祀等因，纂爲條例，與此條重復。但彼條有問擬斬絞字樣，自係指供吐明晰而言，較此條頗覺詳晰，似應將此條删於彼例之内。始終瘋迷者永遠鎖錮，覆審供吐明晰者，分別年限，准予查辦，以省煩複，而免歧誤。

一、凡瘋病殺人之案

薛云：瘋病殺人，向係照過失殺辦理，是以取結敘詳咨部，並不具題，後改照鬥殺，即無咨結之理。近年俱照命案具題，歸入秋審辦理。此處擬應修改。『方准』句無根。所殺係平人，准查辦減等，所殺係卑幼，仍永遠鎖錮，似未平允。緣爾時無禁五年，准予查辦之例故也。似應酌改監禁五年以後，瘋病不復舉發，即行發配。如遇恩旨，照平人一體查辦。

一、凡瘋病殺人，問擬斬絞

薛云：與上永遠鎖錮一條似應修並爲一，除筆亦應删。

夫毆死有罪妻妾

一、凡妻妾無罪

薛云：此條仍依夫毆妻折傷本律科斷，如毆至殘廢、篤疾，則應分別問擬徒罪。上條毆有重傷，止杖八十，彼此相較，殊不畫一，有犯礙難援引。究竟何項方爲重傷之處，例未指明。

殺子孫及奴婢圖賴人

一、有服親屬

薛云：如未告到官，在凡人既不科以誣告之罪，在親屬亦難科以干名犯義之條。下條殺子孫等圖賴人者，已不照干名犯義科罪。

一、無賴光棍

薛云：此等情節與兇惡棍徒何異？彼擬軍而此止枷杖，未免參差。似應移入斷獄門。與藉命打搶一條相類。

一、凡兄及伯叔

薛云：故殺胞弟，例改絞罪，故殺侄圖賴，例改軍，即無流罪名目矣。罪應軍流句，未明晰。兄及伯叔云云，此舊例也，後又經修改矣。

弓箭傷人 律 乾隆五年，按：『總注內載仍追給埋葬銀一十兩』，因增入律注。

薛云：總注云：『傷人減鬥傷一等，雖至篤疾，不斷財産者，以其原非毆傷故也。因傷而致死者，止坐滿流，亦不追埋葬銀兩。』此處云總注云云，顯係錯誤。

條例

一、凡鳥槍

薛云：誤殺門深山曠野捕獵一條與此例大略相同，似應修並爲一。

車馬殺傷人

條例

一、凡騎馬

薛云：過失殺人案內，並不將馬追給。且既科罪追銀，已足蔽辜，又將馬入官，義無所取。身死者其馬入官，掽傷者給被掽之人，尤嫌參差

威逼人致死

條例

一、凡因事威逼人致死一家二命

薛云：威逼致令自盡之案，雖用强毆打，致成殘廢重傷，亦不擬以實抵。是以此例即係一家二命，亦止問擬充軍。其所云『因事』即律注『户婚田土錢債之類』，大約彼此無甚曲直可分。至下條所云恃財倚勢挾制窘辱究係空言，並未指出實在情節，而中間仍有『因事威逼』一語，祇以有無挾制辱窘爲生死之分，究竟挾制窘辱係何情狀？亦未叙明，礙難援引。似應將此二例修並一條，明立界限，一家二命及三命而非一家者問擬充軍，一家三命者，問擬絞，不至引斷錯誤。不然，或逼索欠項、或彼此口角，恃强將人捆縛，毆打、關禁，凌虐，致人忿激自盡一家二三命，謂之因事威逼可，謂之挾制窘辱亦可，司讞者將何所適從耶？

一、婦女與人通姦

薛云：因姦致夫被殺，罪應絞。故致夫羞忿自盡，亦擬絞。其因姦致父母自盡，未知本於何條？由本夫而遂及父母，由絞候而又加至立決，俱非律内所有之罪名。與婦女通姦，致其夫及父母自盡，固與因姦威逼不同，向俱比照但經調戲，本夫羞忿自盡例，將姦夫擬絞，姦婦或比照擬徒，或止科姦罪，並無一體擬絞明文。乾隆三十年定例將姦夫罪名改輕，而反將姦婦罪名加重，已覺參差。如謂妻之於夫，子孫之於祖父母父母，名分倫紀攸關，未便等於凡人，則擬以絞候已足蔽辜，加擬立決，似嫌過重。例内明言殺姦不遂，其指姦夫言者，十居七八。因未能殺死姦夫，以致自盡，則姦夫即係首禍之人，反較婦女罪名輕至數等，其義安在？如謂殺姦不遂係統指姦夫姦婦而言，本夫殺死姦婦，姦夫尚有擬絞擬流者矣，况因此致夫自盡，乃坐重罪於姦婦，而姦夫反得末減，殊未平允。子孫違犯教令門縱容袒護，後經發覺，畏罪自盡者，將犯姦盜之子孫發烟瘴充軍，與此條參差。

一、强姦内外緦麻以上親

薛云：調姦功緦卑幼之婦未成，致卑幼羞忿自盡，問擬斬罪，已嫌太重。若係子侄亦日問斬罪，有是理乎？親屬相姦，律較凡姦爲重，其致婦女自盡，例亦較凡人從嚴，至其夫與親屬自盡，似未便一例同科。舊例止有『本婦自盡，分別已未成姦，問擬斬候、斬決』之條，其夫與父母親屬羞忿自盡，並無明文。嘉慶年間，按照凡人條例添入。

惟查親屬强姦，致本婦羞忿自盡，固應較凡人加嚴，若致其父母及有服親屬自盡，似應仍按平人及服制定擬，方爲妥協。即如强姦妻前夫之女未成，致女之母自盡，則死者係屬本犯之妻，因妻自盡而科夫以斬候之罪，可乎？又如强姦子侄之婦未成，而子侄自盡，亦可科以斬候乎？

再：誣執翁姦律注内有强姦子婦未成，而婦自盡，照親屬强姦未成例科斷，並不問擬死罪。此條斬候罪名，是否專指緦麻以上親及妻前夫之女等項，其從祖伯叔母姑等項不在其内之處，原奏尚覺詳明，定例時未經叙入，添纂之例又未細加考究，故有此失耳。

一、凡因事用强毆打

薛云：鬥毆門内以金刃、他物、手足分别科罪，此處又分别致命、重傷。設他物毆非致命，手足毆係致命，手足反有重於他物者矣。再如刃傷人致令自盡，既非致命，又非重傷，又將如何定斷？以刃傷徒二年之律核之，不得不以重傷論矣。

再：此例並無爲從治罪之文，設二人及二人以上共毆一人，致令自盡，如原謀並未下手，及雖下手而較餘人傷爲輕之類。究竟起意毆打之人爲首？抑係以傷重之人爲首？如非謀毆，而數人傷痕大略相等，輕重無可區分者，亦難定斷其爲從罪名是否減爲首一等抑仍科傷罪。記考。鬥毆律云：『同謀共毆傷人者，各以下手傷重者爲重罪，原謀減一等。』同謀共毆人致死案内之餘人，律不問傷之輕重，概擬滿杖。此條若僅以傷論，而其人已經身死，若竟以死［論］，究非因傷，照鬥毆律科從犯以傷罪，則手足、他物，均應擬笞，似嫌太輕。於首犯罪上概減一等，反有較共毆人致死罪名爲重者。共毆傷輕，不論致命與否，均擬滿杖。此處傷係致命，即應滿徒，減爲首一等。亦應徒二年半。例文至此，煩瑣極矣。乃愈煩而愈不能畫一，知此事總以簡爲貴也。

一、凡奉差員役

薛云：逼死印官較平人爲重。乃蠹役詐贓斃命，例應擬絞，奉差員役逼死印官，止擬徒罪，殊嫌參差。緣此條例文在先，詐贓等條均係後來添入耳。

一、豪强兇惡之徒

薛云：死雖多命，究非本犯將其致斃，且爲意料所不及，遂擬死罪，似嫌太重。或將一家三命之案擬以絞候，餘俱擬軍，以示區別。本按：此蓋專指土豪惡霸而言，故特用重典。無此等情節，自有擬軍之例也。或將兩條修並爲一。

一、妻妾悍潑

薛云：上一層直云擬絞立決，並無比照之例，下一層又比照子孫違犯例，似嫌參差。

一、婦人因姦有孕

薛云：詐僞門內受雇爲人傷殘，與同罪；至死者減鬥殺罪一等。有犯正可援引，似不必另立專條。

一、凡村野愚民

薛云：出語褻狎，本無圖姦之心，較之有心調戲者情節尤輕，是以減等擬流。後復定有並無他故，輒以戲言覲面相狎，照但經調戲擬絞之例，遂不免互有參差。平情而論，彼條似可減流，此條即再減一等擬徒亦可。

一、强姦已成例末原例有『秋審時問擬情實免勾一次之後，下年改爲緩決。如遇停勾之年人情實者，下年不得即改緩決。』

薛云：三十二奏明，將例內秋審情實等條一體刪除，故此條亦在刪除之列。嗣後例內載明情實緩決之處，仍不一而足。此等似應仍復舊例，以便遵照辦理。

本按：例文以謹嚴爲貴，此等皆秋審時辦法，非治罪之法，似應另編一類，如督捕則例之例，附於全部之末於別載較爲相宜。存參。

薛又云：斬梟一層，係奉諭旨纂入，何敢再議。惟姦盜同一律，竊盜臨時拒捕殺人不加梟示，所以別於强盜殺人也。此例似可免其梟示，庶與輪姦之案稍有區別。『但經調戲』其罪本輕，而致其夫與夫母親屬自盡，則與强姦未成者一體擬絞，蓋因姦而加重也，與上條『婦女與人通姦，其夫與父自盡，姦夫擬徒』罪名相去縣絕。不特調姦未成之案較和姦已成罪名爲重，即親屬自盡之案亦較其夫與父母自盡罪名加嚴。互證參觀，殊不畫一。不過謂此條婦女並無不是，彼條婦女亦有罪名耳，然究不能以婦女代姦夫抵罪。設或親屬或係姦婦有服卑幼。殺姦不遂，羞忿自盡，又將如何辦理？此例或照因姦威逼擬斬，或稍爲量減擬絞，例文係屬一線。彼條置因［姦］威逼之例於不問，而專重婦女一邊，遂不免彼此參差。調戲致婦女自盡擬絞，法已從嚴，致其父母及夫自盡，似不應問擬死罪，親屬更不必論矣。

本按：光緒七年有分別强姦、圖姦、調姦章程，似應添纂明晰。

一、姦夫姦婦商謀同死直隸吴鳳龍案奏定。

薛云：原案係姦夫下手。若姦夫並未下手，死由姦婦自縊自刎，姦夫傷而未死，經救得生，則與代爲下手者不同。或僅科姦罪，或加等擬徒，均無不可。若概滿流，似嫌無所區别。

一、婦女令媳賣姦

薛云：此係奉旨纂定之例，何敢再議。惟令媳賣姦，與抑媳同陷邪淫，情節大略相同，而一死一生，似屬參差。上層有折磨毆逼一語，下層無。

一、凡婦女因人褻語

薛云：覿面相狎，究竟有無圖姦之心，未叙明。至並未與婦女見面，祇與其夫及親屬戲謔，情節本輕，擬流嫌太重。

再：因事用强毆打致人自盡，係以傷之輕重分别擬徒，自係統男女在内。以侵損論，詈駡較毆打爲輕。乃致令自盡，詈駡又較毆打爲重。例愈多，而愈不能畫一矣。

本按：此條修並於前條之内，存參。

一、因事與婦人口角

薛云：調姦較穢語村辱爲重，彼條問軍，此問絞候，似參差。

本按：此照二命而加重。

一、凡和姦之案

薛云：姦婦自盡，孽由自作，於人何尤。乃科姦夫以徒罪，且與本夫殺姦未遂罪名相等，似嫌未協。至親屬相姦，罪名已經加重，因姦婦自盡而又加等，尤覺無謂。

大功堂妹、小功侄女，總麻侄孫女，毆死此三項親屬，罪應擬流，和姦律應擬徒，例改附近充軍，是姦罪較人命爲更重矣。乃因自盡而加重，殊非律意。

尊長爲人殺私和

條例

一、凡屍親人等

薛云：受贓門明言屍親鄰證等項不係在官人役，取受有事人財，各依本等律條科斷，不在枉法之律，與此條互相歧異，定此例時，何以又忘却彼條耶？未得財者照律議擬，謂分别服制，擬以徒三年及杖八十之罪。而一經得財，則照例科以枉法贓。不照律科以准竊盜之罪，自屬明顯，而又添「贓罪較輕」一句，殊覺無謂。下文明有「從重」字樣，似可毋庸添入贓輕一層？

鬥毆

鬥　毆

條例

一、兇徒因事忿争

薛云：此條係爲兇徒結夥滋事而設，故以兇器傷人與剜瞎眼睛並聚衆圍繞房屋等項連類而及，非尋常口角争毆傷人可比。曰刀鎗弓箭皆金刃也，曰簡鞭秤錘等皆他物也，而治罪則加至數等。後以爲係指非民間常有之物而言，改刀爲腰刀、斧爲鉞，删去秤錘一項，遂不免有互相參差之處，即尋常鬥毆之案，凡係兇器傷，均擬軍流，大非定例之意。假如有兩案於此，均係别項罪人拒捕，一金刃劃傷，一兇器毆傷。刃傷者加等擬徒。毆傷者則極邊充軍，似兇器重而金刃輕。姦盜罪人拒捕雖兇器傷，不過軍罪，係刃傷即問擬絞候，則又刃傷重而兇器輕。畸輕畸重，何得爲情法之平？總緣於嚴定兇器傷人例意，未能詳細推求，强分界限遂致金刃與兇器判而爲二，而輕重亦互相歧異。不知原例明言刀鎗弓箭及秤錘等項是所謂兇器，已包金刃在内。非謂金刃不作兇器論也。現定之例，以鐮刀菜刀柴斧爲尋常金刃，以腰刀鉞斧等類爲兇器，甚至屠刀鍘刀亦不作兇器論，已屬理不可通。而拒捕各條，刀傷應擬死罪者，兇器傷轉無明文，殊嫌未協。私藏應禁軍器律云：「其弓箭鎗刀弩，及魚叉禾叉，不在禁限。」總注謂：『弓箭刀鎗弩，所以禦盗，魚叉禾叉，所以資用，俱不在應禁之限」云云。是弓箭鎗刀弩即不在應禁之列矣，與此例顯相牴牾。本按：觀此條可知此例之兇器本不專指非民間常用之物也。舊例凡人突持刀鎗行兇殺人，有能奪獲者，照兵部例給賞。後改爲持刀殺傷人之人云云。乾隆五年，删去「殺」字，是傷人者給賞，而殺人者轉無賞矣。瘋病傷人，依過失傷人律收贖，與瘋病殺人原屬一律。後來瘋病殺人照過失殺追銀之例已經删除，此處仍從其舊，殊嫌彼此參差。似應將此層修改詳明，移於戲誤殺人門内。

一、沿江濱海

薛云：鎗非兇器乎？何以止問徒罪。沿江濱海，大抵指南方等省而言。惟江南、湖北、四川亦係沿江地方，山東、天津亦係濱海地方，例内未分晰叙明。

一、凡回民結夥

薛云：毆死者擬絞，毆傷者不問原謀餘人一體擬軍，未盡允協。結夥十人，僅止毆傷一人，俱係徒手，亦問充軍，尤不甚妥。

一、兇徒因事忿争，執持兇器傷人

薛云：此條與上條重複，應删。

一、豫省南陽

薛云：人命門内有廣東、福建等六省械鬥定例，此則河南、安徽二省專條。惟恐嚇門内結捻匪徒有山東、安徽而無河南，强盗門内結捻、結幅專言山東而無安徽、河南，此例有河南、安徽而又無山東，均不畫一。不傷人者亦問遣，太重。

一、各省械鬥

一、各省回民及豫省

薛云：既有首條，此條似可删去。原奏有「雖未傷人」一句，似應添入。

一、回民並豫省

薛云：以理訓責，豈得謂之兇徒？又豈得謂之結夥共毆？措語殊未穩當。似應將此層删去。

一、凡在逃太監

薛云：恐嚇取財門在內太監逃出索詐者照光棍例治罪，與此條輕重不同，似應將兩條修並爲一。

又云：鬥毆律文由笞杖以至徒流俱極詳備，例又將兇器傷人及挖瞎人眼睛者改擬充軍，較律已屬加重，亦係補律之未備。其餘各條不免有互相參差之處，且各省專條與人命門輕重不同，與恐嚇門亦彼此互異，似均應一律删改。

保辜限期

條例

一、凡京城內外

薛云：子孫被毆而祖父抬驗與祖父被毆而子孫抬驗，情節究有區別，因抬驗而致傷生，一體科不應重杖，似未協。

一、州縣承審鬥毆受傷

薛云：鞫獄停囚待對門載：『在京衙門承審事件，其鬥毆殺傷之犯，到案後以傷輕平復及因傷身死之日爲始。』與此不符。雖一指京城，一指外省，究嫌參差。現在外省案件，均以受傷身死報驗之日起限。如兇犯脱逃，則以拏獲之日起限。此例所云，似係指傷而未死者言，吏部例內無此條。

一、凡鬥毆之案

薛云：免死減流，特爲恩詔言之也。定爲成例，未免過寬。原例專指傷輕並未破骨而言，是以正限內因風身死者減一等擬流，正限外餘限內因風身死者再減一等擬徒，而不言破骨傷者，以傷至破骨，雖不因風，亦足致死，故不另立准予減等專條。遇有此等案件，原可照上條情正事實例奏請定奪，自無歧誤。乾隆四十四年及五十三年，添入骨損骨斷等重傷，如因風死在正限外餘限內，照毆人成廢律擬以滿徒一層，不特與上條顯有參差，且與原定減一等減二等之例意亦不相符。

宗室覺羅以上親被毆律

薛云：唐、明律係皇家袒免親，故有「緦麻以上」字樣。今既改爲「宗室覺羅」「緦麻以上」等語似應一並修改。

再：律內小注『止杖一百、徒三年』『止』字本係『至』字，亦應改正。

毆制使及本管長官

條例

一、八旗兵丁

薛云：上一層專言兵丁，下一層專言散護軍披甲。下層有兵刃致傷而上層並無此語，似嫌參差。且同一殺死之案，領催與族長亦有鞭一百、鞭八十之異，自係以因管教及挾讐明立界限。惟因管教戳死，未必盡係謀殺，以此區別，似未允協。

一、軍民人等毆傷本管官

薛云：本管官雖自取陵辱，而軍士等亦係同犯罪之人，遽照凡鬥定擬，似太輕。責本管官不可不嚴，而懲軍士等究不可寬縱。自取陵辱，本管官自有應得之咎，若以之寬軍士人等之罪則非律意矣。假如軍士引誘本管官賭博、宿娼，或與本管官爭姦，將本管官毆傷，照凡鬥定擬，傷輕者不過笞杖，雖篤疾亦無死罪矣，殊未平允。以本管官負欠之故，遂將行兇之軍士從輕擬罪，殊與律意不符。

一、部民、軍士、吏卒犯罪在官

薛云：軍士、吏卒敢於殺害本官，實屬罪大惡極，妻子緣坐亦罪所應得，似應照上條添入。

一、凡兵丁謀故殺

薛云：讀此處上諭，則知上條以凡鬥論之非是矣。

刪除例一條

薛云：此本官及監臨官並言，亦係不分品級大小之意，應修並於上條之內，似不可刪。

毆受業師

條例

一、凡謀故毆殺

薛云：毆死期功卑幼律止滿徒，毆死弟妹例則加等擬流，毆死功缌卑幼律應擬絞，若係大功弟妹等項則應減等擬流。此條嘉慶六年例文，儒師以期親論，僧尼以大功論，毆死此等弟子皆流罪也。十三年修改之例，將僧尼改爲絞候，儒師改爲滿徒。是本應流三千里者，忽加一等矣，本應流二千里者又減一等矣。期功尊長殺傷律内雖各有治罪明文，惟同一功缌卑幼，而大功弟妹、小功堂侄及缌麻侄孫又有擬流之文。原例雖涉重複，却極明晰。嘉慶六年，改照毆殺堂侄律爲照尊長殺傷大功卑幼律，律求簡捷，而反失之含混。若改「卑幼」爲「弟妹」二字，則無後此之錯誤矣。僧尼毆死弟子，原定之例本係照毆死堂侄律擬流，嘉慶六年修例時，以尊卑相犯，律内各有治罪明文，此處無庸詳叙，因將『擬流』等字删去，非謂其不應擬流也。乃因删去之故，反謂未將「擬絞」字樣注明，殊屬錯誤。

奴婢毆家長

條例

一、奴婢毆家長之期親

薛云：不言雇工人。

一、奴婢過失殺

薛云：此條亦不言雇工人，則照律減殺傷二等矣。犯姦及誘拐門條例，奴、雇並無分别。此處則奴婢重而雇工人輕，似參差。

一、凡民人家生奴僕

一、白契所買奴婢

薛云：雍正十三年以前白契所買之人，既准爲奴婢，若仍責令報官印契，似非例意。查其「婢女招配」以下數語，原例有「嗣後」二字，謂此等人以後必報官印契方以奴僕論也，後將此二字删去，與此處文意不貫。庶民之家不准存養奴婢，律有明文，此例標出「民人」二字，是庶民亦准存養奴婢矣，與律意不符。雍正十三年以前白契所買之人，此時萬無尚存之理，若謂統伊子孫在内，則家生奴僕一層，又何所指耶？修例者就爾時情形言之，故始以雍正五年爲斷，繼又以十三年以前爲斷也。流犯無應當之差，既係家奴，應一體發駐防爲奴。

一、契買婢女，伊父兄

薛云：此例與鬥毆無涉，入於此門，殊嫌不類。未成婚者給還本主，已成婚者科罪，免其離異，亦王道本乎人情之意也，例内未將此層叙入，自屬遺漏。滿徒似太重，以嫁娶違律之事而科以誘拐子女之條，亦未妥。

一、官員將奴婢責打

薛云：罰俸降調，刑例皆不開載，止云交部議處。此條又改交部議處爲罰俸降調，與別條亦屬參差。人命案件，故殺重於毆殺，有服卑幼亦然，並未分別金刃之文。此例故殺降調，刃殺革職，是刃殺較故殺尤重矣。律載：奴婢無罪而毆殺或故殺者杖六十、徒一年。此例旗人將奴婢責打身死者枷號二十日，即係徒一年之罪。故殺則枷號一月，較律加二等矣。刃殺枷號兩月，較律加八等矣。民人毆故殺奴婢，照律擬罪不過徒一年而止，旗人故殺、刃殺奴婢則加重治罪，似覺參差。官員治罪較旗人從輕，旗人毆雇工人致死枷號四十日鞭一百，即律内滿杖罪名。其不言故殺者自應照律擬絞。而官員毆故殺雇工人，例内並無明文，若照律定擬，似與旗人無別。且毆殺他人奴婢，罪止革職；毆故殺自己雇工人，即擬滿徒、絞候，似亦未盡允協。查原定之例，非指旗下家奴而言。雍正三年上諭極其明晰，並無雇工人在内。乾隆五年修例時忽添入此層，已與原例不符，又專言平人而未及官員，以致諸多不符。律内故殺奴婢較毆死雇工人罪名爲輕。旗人毆雇工人致死枷號四十日，按律不過滿杖。刃殺即枷號兩月，按律已擬軍流矣。家長期親毆故殺奴婢，律與家長同擬徒一年。毆死功緦親屬奴婢，律應滿徒。故殺功緦親屬及族中無服親屬奴婢，律例均應擬絞。此處官員及旗人毆故刃殺族中奴婢，均無死罪。故殺族中奴婢者，官員降三級，旗人枷號三個月鞭一百。刃殺者，官員革職，旗人發黑龍江當差。而民則無論族中無服及功緦親屬奴婢，較凡人故殺大功以下親屬奴婢轉輕，尤覺參差。總緣乾隆五年修例時將雍正三年修並之例不用，仍就已經删除之例略加修改，而又將折枷一層另歸旗人，以致彼此互異。

一、官員毆死贖身及放出

薛云：此條官員毆死贖身及放出奴婢，既照毆死族中奴婢例定擬，而旗人又不照此辦理。因民人〔毆死〕贖身奴婢，定以徒三年罪名，遂將旗人亦定爲枷號四十日鞭一百，蓋即民人滿徒罪名也。惟祇言贖身而未及放出，言毆殺而未及故殺，有犯自亦應照民人定擬矣。而毆死贖身及放出奴婢之例，又無「民人」字樣，則係通例可知，又何必分列兩條耶？

一、家長之妾

薛云：奴婢毆家長之内外服親，不論尊卑，即應分别殺、傷，問擬斬、絞。至家長之妾，是否以服親論？與奴婢有犯，作何定擬？律内並未分晰叙明。唯律圖内既載明妾爲家長及家長父母妻子均有服制，自應以有服親屬論。若謂家長及家長父母妻子均不爲妾持服，即謂並非服親，則凡爲尊者持服，而尊者並無報服，即皆可同凡論矣。家長之子妾、父妾均應持服期年，不得不以有服親屬論，獨家長之妾應以凡論，豈律意乎？妾雖微賤，究與奴婢不同，殺傷俱以凡論，似嫌未協。至生有子女與否，蓋專爲妻之子有無服制而設，而於奴婢無涉。若生有子女，即與家長無殊，未生有子女，即與凡人同論，相去太覺縣絶。設或家長身故，嫡子幼小，妾經家務，因事責打奴婢，或被奴婢殺傷身死，俱以凡論可乎？家長及正妻與妾有犯，並不分别是否生有子女，妾與奴婢相犯，乃以此判罪名之輕重，殊嫌未妥。奴姦家長之妾，律係減妻一等，例則改擬絞候，不以妾而稍寬也，乃於家長之奴婢有犯，俱以凡論，殊嫌參差。

一、凡旗、民官員平人

薛云：奴僕之妻子或係家生、或婢女招配生有子息之類，例俱以奴僕論，上條民人家生奴僕云云是也。或係發遣爲奴，自行携帶之妻子，下條所云是也。奴僕之父母是否平人？例内並不多見。若係世僕，則其父母亦奴僕矣。若有罪之奴被家主毆死，其家屬一並放出爲民，似嫌未協。儻係緣坐案内人犯，亦難辦。律分有罪無罪，若無罪被殺，其夫婦子女悉放從良，並無奴婢之父母，與例不符。輯注云：『奴婢之父母兄弟亦當同放。』記參。

一、凡家長之期親，因與人通姦

薛云：欽奉諭旨，原係隨案懲辦，若定爲成例，則必斟酌盡善，方爲妥善。家長之期親毆死奴婢，律有治罪明文。此條專指因姦而言，原案係家長之女。例改期親，如子媳及妾等項有犯，即難援引。因死係白契所買婢女，故照故殺雇工人定擬。若係紅契所買，則應以奴婢論矣。故殺奴僕，律止擬徒，死係幼女，如何加重懲辦，均難臆斷。謀殺幼孩，以十歲上下分別斬決、監候。殺死救護父母幼孩同。僧人謀殺幼孩，以十二歲上下分別斬決、監候。尊長故殺卑幼，又以十歲上下分別斬、絞。此例以十五歲爲斷，與彼數條亦不畫一。名例載特旨斷罪臨時處治，不爲定律者不得引比。此自古以來之善法美意也。即如此案，由絞候加擬立決，就案懲治尚可，定爲成例，則有諸多窒礙之處。而定例過嚴，反有捏改情節，曲爲開脱者矣，不獨此一案爲然也。

一、凡家主將紅契所買 乾隆三年護衛釋加保案内定例。

薛云：官員均發新疆，獨此條發黑龍江。緣釋加保本係旗員，且係乾隆初年定例，爾時新疆並無發遣人犯，是以發黑龍江當差。既定爲通例，似宜修改詳明。且民人發黑龍江省者，均係爲奴，並無可當之差。而黑龍江又久經停止發遣，應發黑龍江之十餘條，均改爲實發烟瘴充軍。此條修例時，漏未列入。查徒流人又犯罪門例云：發黑龍江等處爲奴人犯，有被伊主圖占其妻女因而致斃者，將伊主照故殺奴婢例治罪。發遣人犯與契買雖有不同，其爲奴僕則一，未便科罪兩歧。似應照彼條修並爲一，以免彼此參差，而與名例亦屬相符。

妻妾毆夫

條例

一、凡妻毆本夫

薛云：概准納贖，此項銀兩將向伊妻追繳乎？抑仍本夫代完乎？前人已有議論及此者，可知婦人犯徒流概准納贖之非是。妻納贖而妾係收贖，似不一律。妻妾毆夫載在十惡，毆傷即應擬徒，豈得概准納贖。例於婦女有犯，多曲意從寬，而一經犯姦，本夫登時殺死，即應勿論。是以姦罪爲重，而視惡逆爲輕也。兩相比較，殊覺參差。

一、妻過失殺夫

薛云：妻過失殺夫，律注止言當用此律，解者謂當照毆期親尊長條内過失殺傷減本殺傷罪二等科之，蓋謂當科滿徒罪名也。乾隆九年始定爲流罪，尚無大出入。乾隆二十八年因鄭凌之案，將子孫過失殺改爲絞決，其它均未議及。三十一年江蘇臬司李永書條奏：『將奴婢即照子孫例同科，其妻妾過失殺夫，事本相類，亦照奴婢例擬以絞決。』過失殺期親尊長尊屬，因無人條奏，是以未經議及。律内罪名，俱係通盤籌算，以爲等差，並無歧誤。例則就案論罪，並不推及案外，往往有事情相等而罪名互異者，此類甚多，難以枚舉。後雖有見及此者，而既係欽奉諭旨，不敢率意更改，或另立一例以救其失，或並存原例置之不議，例之所以不能畫一者，蓋由於此。

毆大功以下尊長 律

律注：『兄之妻及伯叔母、弟之妻及卑幼之婦，在毆夫親屬律。』

本按：伯叔母在毆期親律，此誤。

一、毆死同堂大功弟妹

條例

薛云：因不抵命而斷給財產，殊屬律外加重。斷給財產，謂養贍成篤之人也。若已死而斷給財產，則養贍死者之妻子家屬矣，似非律意。毆人至篤疾，律應斷給財產。尊長之於卑幼，其斷給自不待言，律內已經注明，若毆死則不在斷給財產之列矣。毆死大功弟妹等項，係律不應抵命者，例添斷給財產一層，殊嫌無謂。且毆死胞弟、胞侄，亦不抵命，何以又無斷給財產之文耶？

一、卑幼毆傷緦麻尊長

薛云：刃傷及篤疾等類，分別問擬絞決、絞候，並不問擬斬決，即係止科傷罪之意。若折傷及手足、他物，按傷罪應擬徒流者，何以不科傷罪亦擬絞候耶？查刃傷、篤疾等類，雖不死亦應擬絞。手足、他物傷，則不死僅止問擬徒流。同一餘限外身死之案，而擬罪反覺參差。如謂死係有服尊長，辨理不嫌過嚴，緦麻尊長何以又有減軍減流之例耶？毆打人限外身死不即擬抵，此古法也。今鬥毆律內亦無傷係尊長不准保辜之文，則正限外餘限內身死之案似亦應量從末減，未便仍擬立決。例內並未議及，亦無夾簽聲請之語，殊嫌參差，且以小功兄妹與緦麻叔祖比較，輕重太覺懸殊，嚴於此而寬於彼，其義安在？其初說云：正餘限內身死者，照舊律辦理。『其在』十三字似可刪。『如毆大功小功尊長屬』句係別於期服而言，現在已將期服另列一條，即可刪去。『既在餘限之外』句亦可刪。今正本除去之。

一、卑幼共毆本宗外姻緦麻以上尊長尊屬

薛云：因服制加重。毆死案內爲從幫毆之犯，例無明文。或案內有照律止科傷罪者，與此例參差。

一、凡有服親屬同謀共毆

薛云：五服尊卑相犯，律係以親疏分差等。至共毆案内之原謀，專指凡人言，親屬並不在内，添纂此例，殊覺無謂。蓋原謀罪止滿流，雖卑幼亦無可復加，尊長則難通矣。緦麻以上毆非折傷勿論，期親即毆至篤疾亦勿論。原謀俱問徒罪，豈律意乎？修例者欲事事求備，而不知其諸多窒礙也。有原謀當有餘人，原謀既載入例内，餘人如何科斷？何以並不叙及？

一、凡尊長毆傷卑幼因風身死，保辜正限

薛云：平人不擬抵，況有服卑幼耶？有犯原可照律遞減，定爲專條，似可不必。

一、功服以下尊長殺死卑幼　如係圖謀，因其父兄

薛云：原例並不分别期功緦麻，此二例均言功服以下，則期親當别論矣。唯十歲以下十一歲以上分别定擬，已見於毆期親尊長門内，有犯自可援引。而親屬相盜門載尊長放火、强劫、圖姦、謀殺，不論有無服制，各以凡論等語，與此例又屬參差。究竟期服應如何定斷，並無明文。第此例既改爲功服以下，自應另立期親有犯專條，將親屬相盜門除筆删改明晰，方不致誤。乃修改此例，又忘却彼例，是以致涉兩歧也。平心而論，争奪財産，官職既定爲絞候，則圖財放火殺人，亦應定爲絞候，庶不致彼此參差。

一、致死期功尊長尊屬，除與他人

薛云：與争鬥者一尊長，誤殺者又一尊長，則難言並無干犯之心，似應不準夾簽。

删除例一條　一、卑幼誤殺尊長云云

薛云：誤殺亦准簽，既删去此例，前毆死期功尊長情輕一條小注内似應添入。

毆期親尊長

一、期親尊長因争奪

薛云：原例以十二歲以下爲幼小無知，後改爲十歲以下，則十一歲以上，即不以幼小無知論矣。十歲以下固屬幼小無知，十一歲以上亦不得謂之成人，以此分爲界限，似未甚允。此例專指謀殺而言，『有意執持兇器故』七字似可删去，改爲『謀』字，下『故殺之』三字及『謀故』之『故』字均删。

致死卑幼，謀殺雖照故殺法科罪，惟謀故情節究有不同，蓋故殺係忿起一時，而謀殺則蓄意已久。『讐隙不睦』等語係專指謀殺而言，似應均改爲『謀殺』方無歧誤。尋常故殺弟侄，律均擬流，例將弟妹一層改爲絞候。其胞侄侄孫，並未議及，有犯自應仍擬流罪。前明舊例將爭奪財産、官職一層改爲充軍，康熙年間又改爲絞候，並添入平素讐隙不睦一層，嘉慶六年將舊例修並爲一。竊謂爭奪財産、官職謀殺胞侄，分別年歲問擬斬絞，尚無歧誤。至平素讐隙不睦一層，是否專指胞弟及胞侄之年未及歲者而言，礙難懸擬。蓋非素有嫌隙，決不至蓄謀致死。如胞侄年未及歲，與該犯有何嫌怨？其爲挾死者父母之嫌，不問可知。若死者已屬成人，被該犯挾嫌謀斃，亦照此例定擬。是謀故殺胞侄，即應擬絞，不用擬流之律矣。若尋常爭毆，一時起意故殺，又將如何辨理耶？似應修改分明，以免歧異。

一、內外有服尊長尊屬毆卑幼之案

薛云：緦麻、小功加律一等，大功加二等，兄姊等加十餘等矣。本應照律遞減者，而乃照律遞加，似嫌參差。毆傷之罪，期功本有分別，此條期親尊長服爲一等，期親尊長與功服爲一等，亦參差。

一、凡卑幼誤傷尊長致死

薛云：子孫犯姦盜，致父母憂忿戕生，絞決，謀故殺人致父母自盡，斬決，見子孫違犯教令門。殺死母之姦夫，致父母忿愧自盡，照擅殺擬絞，不得概擬立決，見殺死姦夫門。均不畫一。

一、凡僧尼干犯

薛云：兄弟叔侄，乃天性之親，雖僧尼亦不能生他議。干犯尊長者以服制論，卑幼以凡人論，究嫌參差。殺傷徒弟照功服卑幼定擬，是本親屬也，而反以凡論；本外人也，而又以親屬論，其義安在？

一、期親尊長與卑幼爭姦

薛云：此亦不多有之案，似無庸定爲條例。

一、期親卑幼毆傷伯叔等　直隸於添位案內定例。

薛云：僅止毆傷，並非具題之案，似可無庸夾簽聲請。於添位係例應具題之案，毆傷尊長屬罪應擬流之案，例不具題，從何夾簽聲請？此例應修改。

一、期親以下有服尊長，殺死有罪卑幼

薛云：既以卑幼所犯情罪輕重爲尊長科罪等差，而又分別服屬之親疏，似嫌參差。假如有輩行高而服較疏者致死之卑幼尚有服屬較近之人，即不得引此例，未免偏枯。即如怙惡不悛或罪犯應死之人，有緦麻叔祖、小功服兄，被緦麻叔祖忿其玷辱祖宗，起意致死，小功服兄並未起意。論小功較緦麻爲親，而毆死緦麻侄孫，律止擬流，毆死小功服弟，律則擬絞。論本毆殺法則又功服重而緦麻輕，彼此參觀，不無窒礙難通之處。

尊長之於卑幼，均係有服至親，萬無無故殘殺之理。唐律止以服制之親疏定罪名之輕重，並不分別因何起釁，明律亦然。唯唐律有『有所規求，而故殺期服以下卑幼者絞。』疏議謂：『姦及和略誘……争競』等語，明律不載，遂致例文歧出，不免畸輕畸重之弊。又添入爲匪卑幼一條，尤與律文歧異。夫毆故殺弟侄，律止徒、流，其不言何事者，以非釁起口角，即係以理訓責，既與有所規求不同，即應依律科罪。例以徒、流爲輕，改流爲絞，又改徒爲流，已較律文加重。而此例又分別卑幼爲匪及罪犯應死改擬杖徒，又較律文過輕，未知何故？夫親屬律准容隱，卑幼有罪告言，尚干律擬，況私自殘殺耶？至聽從下手之尊長，尚可云激於公忿，凡人有何忿激難堪之情？一體擬杖，殊未允協。亦與名例内『共犯罪而首從罪名各別』之律義不符。

再：此例之設，亦係不得已之意也。而其弊總由於宗法不行之故。日知録及校邠廬抗議殷殷以建立宗法爲最要，其信然乎！

一、期親弟妹毆死兄姊

薛云：首句似應改爲『毆死期親尊長之案』。

一、毆傷期親尊長尊屬

薛云：辜限内外身死，律應分別因本傷及患他病二層，例内亦有明文。此例及大功尊長門内均未詳悉叙明，是因傷身死及因病身死者竟無分別，殊未明晰。例末刀傷一段似應摘出，另立一條。

毆祖父母父母

條例

一、繼母告子不孝

薛云：此例特分别行拘族鄰人等與否耳，似應移入訴訟門内。

一、凡義子

薛云：義子多係異姓，律有亂宗之咎，本不應以父子稱，又何有伯叔父母及兄弟姊妹等項名目？惟自幼蒙其恩養，分産、授室儼同父子，禮順人情，故謂之義父義子，名爲父子實則主僕也。乃負恩昧良，干犯義父及義父期親，與奴雇干犯家長何異？故於義父母有犯，即同親子論，於義父之期親有犯，即同雇工人論，而不以有服卑幼論，其義可見，自無尊卑長幼之分。凡係義父期親，均應一體辦理，律意如此，例意亦係如此，蓋直以雇工人待之矣。後添入『尊長』二字，是義父之尊長不容干犯，而義父之卑幼無妨干犯矣。有是理乎？且此等案件，大抵爲争分財産居多，與義父之卑幼犯者尤多。以服制論，卑幼無服制，尊長亦無服制也。以名分言，尊長有名分，卑幼亦當有名分也。而懸絶如此，殊不可通。古人立法，均有所本，以爲未妥而改之，改古法者，未見較勝於古人也。

一、凡本宗爲人後者

薛云：『與伊』二字應改爲『及』字，『爲本生』下應添『祖父母』字樣，『亦』字可删。

本按：此條不如分兩條，免滋疑惑。

一、爲人後

薛云：爲人後者於本生孝服俱降一等，係專爲持服而言，罪名並不減科。是以毆期親尊長律注有『姊妹雖出嫁、兄弟雖爲人後降服，其罪亦同』等語，正與唐律不以出降之義相符。乾隆二十四年將此注删去，並定有爲人後干犯本宗及爲人後者之子孫於本生親屬專條，是服降而罪名亦與之俱降矣。似嫌未盡允妥，亦刑典中一大關鍵也。本生母之兄弟仍應以小功母舅論，而本生父之兄弟反不得以期親伯叔論，殊覺參差。

一、凡嫡母

薛云：原例及欽奉論旨，均係指繼母言，後忽添入嫡母，殊屬無謂。且嫡母、繼母，律無分別，此處於絞罪中區别實緩，而以嫡母名分較繼母爲重，尤嫌參差。查永遠監禁人犯，近來俱有准予援免成案，况非理毆殺、故殺，較因姦致死滅口情節爲輕。下條既無遇赦不准減等之文，此處『遇赦不准減等』一句似應删去，以免歧異。

一、因姦將子女致死滅口者

薛云：此例繼母之外，又添有嗣母與繼母同科，而上條及殺媳獨無嗣母，何也？例内祇言無論是否起意，並無分别下手加功明文，如有並非起意，亦未下手加功，並未在場者，應否亦擬死罪，礙難援引。親母無抵償子命之理，因姦較别項爲重，是以無論是否起意，均發遣爲奴，後改爲絞候，已屬加重辦理。若無論是否起意，均擬死〔罪〕，是姦夫得因爲從而徒輕，親母轉因爲從而加重。雖係因姦而從嚴，究與律内造意之義未符。假如因姦將伊夫有服卑幼致死滅口，如係姦夫起意，姦婦並未下手，亦可問擬絞候否耶？

再：案内之姦夫，係照凡人造意加功問擬斬絞，而繼母、嗣母則無論是否起意，均擬斬候入實，似未平允。況抑媳同陷邪淫不從，商謀致死之案，俱照平人謀殺律分别首從擬以斬絞。此處繼姑無論是否起意，問擬斬候。彼條有『照平人謀殺分别首從擬以斬絞』之語，而無親姑、嫡姑等名目，均屬參差。

妻妾與夫親屬相毆

條例

一、嫡孫、衆孫

薛云：查上條原例係毆傷生有子女庶母仍依律分别科斷，蓋謂妻之子加凡鬥一等，妾之子加凡鬥三等也。此例毆傷者照上條減一等，是否嫡孫與凡鬥同？衆孫較凡鬥加二等，抑係不論嫡孫、衆孫俱減一等之處，尚未明晰。而毆死者擬絞監候，與依凡人論之律相符，則毆傷亦不至大有歧誤。道光四年將上條毆傷庶母例改重，並未議及此條。惟既有照毆傷庶母例減一等之誤，則上條加重，此條亦因之俱重矣。修例者一不詳審，遂不免有窒礙難通之處。古來嫡庶之分最嚴，唐律家長之子孫俱不爲祖父妾持服，即有干犯亦不過略爲區分。乾隆年間雖定有服制，而罪名仍未加重，猶守古法。道光四年改定之例，非特全失古意，而罪名亦輕重互異。

父祖被毆

一、人命案内　如有祖父母

薛云：下條又有理曲肇釁累父母被毆一層，此條亦應添入。救夫一層，似應於例内添入『妻救夫毆斃人命亦照此例分别問擬』。例内救夫一層删去。

一、祖父母、父母爲人所殺

薛云：復仇之例，衹言子孫而未及别項親屬，似嫌疏漏。蓋父母兄弟之仇，並著禮經，未可置之不論也。

一、祖父母被本宗緦麻尊長

薛云：毆死卑幼一層，與下條參看。下條毆死之人與兇犯本係凡人，而擬罪較寬，此條死係有服卑幼，不應反重。其犯親受傷一層，似應查照下條，修改一律。斷給財産一層，似可删去。

律例校勘記　卷五

刑律下

訴訟

越訴

一、凡車駕

薛云：此條科罪，相去懸殊。瀛臺等處均在禁苑内，非民人所能至，有申訴者自係在内當差之人，是以僅止擬杖，例或然也。

一、凡跪午門　例末有『枷一個月發落』小注，别本無。

薛云：此條應並入上條之内。指擅入午門、長安等門内叫訴冤枉一條言。上條分别枷、杖、充軍及立案不行，下條未經敘明。

一、凡姦徒身藏金刃

薛云：入堂子跪告者，亦應添枷號一個月，立案不行。

一、凡假以建言爲由

薛云：即後條擅遞封章，挾制入奏之意。似應將假以建言爲由一段分出另爲一條，聚衆擊鼓，分别事情大小列爲一條，自刎自縊與故自傷殘另爲一條。官僅革職，民問充軍，相去太覺懸絶。本按：官可建言，民無建言之責，故輕重不同。例意或係如此。擊登聞鼓，近來並無此事，此例亦係虚設。小事誑告與捏開大款亦屬相等，而軍、徒罪名不同。

一、爲事官吏、生、監、軍、民人等

薛云：改定之例添入仍治以誣告之罪，雖係爲嚴懲誣控之意，如牽扯别事，無關緊要，而被人奏告者，罪名較重，轉難辦理。例内又無本案罪重者從重論之文，似不如原例之妥當。已結者改調無礙衙門勘問係爾時辦法，現在俱仍交原省督撫委審矣。

一、軍民人等干已詞訟

薛云：此並非專指越訴而言，似應移於誣告門内。

一、凡驀越赴京

薛云：原例係指叛逆等重事而言，故科罪獨嚴。删去此層。雖事係機密，而並非誣陷，轉難辦理。

一、凡在外州縣有事款

薛云：未告州縣及已告不候審斷越訴並上司官違例受理，與下各條重覆，似應删並一條，以省繁冗。

一、户婚、田土、錢債

薛云：此例與越訴無干，似應移於告狀不受理門内，此即彼律内所云『原告被論在兩處州縣者，聽原告就被論官司告理歸結』之意也。

一、旗軍

薛云：與轉解官物各條參看，似應移入彼門。

一、詞訟未經該管衙門控告

薛云：上條未告州縣及不候審斷越訴者治罪，上司官違例受理者亦議處，與此條應修並爲一。誣告加等之外，又加枷號，惡其越訴也。下二條京控之例並無此語，以致京控審虚之案，並不加枷，亦屬參差。

一、外省民人赴京控訴、究問曾否

乾隆三十四年定例。按語内云：外省州縣小民，敢以户婚田土細事來京控訴，必非安分之人，僅將原呈發還，無以示警。今擬於『聽其在地方官衙門告理』下添入『仍治以越訴之罪』一句。

薛云：此按語甚屬妥協，且纂爲定例矣。五十六年改定之例，何以並無此層？因何删去不用？亦無明文？題報下應添『仍治以越訴之罪』。第二層與下外省民人赴京控訴之案一條重複。下條係照原擬治罪，原奏係治以越訴脱逃之罪，此祇言照律治罪，並未聲明係照何律，似應修改明晰，於原犯罪上加一等治罪，或照上修枷號一個月。

一、軍民人等遇有冤抑

薛云：例首數語與上民人赴京控訴一條重複。先治以越訴之罪，謂先折責後再解回也，惟囚應禁不禁門又有遞解人犯毋得先責後解明文。近來此等人犯均解回該省，定案時再行聲明折責，以致京控案件日見其多。似不如照上條先加枷號一個月再行解回責（折）［打］後方與審理。

一、曾經考察

薛云：業已革職，又何問罪之有？且未叙明應問何罪？殊不分明。

一、已革兵丁

薛云：言革兵而未及革役。誣告門胥役控告本管官一條言胥役而未及革兵，且一言越訴全虚，一言誣控而未及越訴。匿名揭帖門例文又專言胥役，均不畫一。此等均係有此一事即定此一例，原非通盤計算也。

一、外省民人赴京控訴之案

薛云：此例前段均係複説上條，第上條云照律治罪，此云仍照原擬，似屬參差。似應與上條修並爲一，以省繁複。

一、刑部

薛云：下段與有司決囚等第門一條事屬重複，似應删去。

一、軍民人等控訴事件

一、負罪人犯，呈遞封章

一、發遣軍流人犯

薛云：所告得實亦擬軍罪，即不准呈遞之意，接收官員一概駁回可也。如謂博採輿論起見，士子入場作文，尚不准牽涉別事，況此等耶？一概駁回，亦清訟之一法。生員不准一言建白，違者杖一百，見上書陳言，應參看。京外各官，無言事之責者，尚不准呈遞封章，況軍民人等及負罪人耶？至發遣軍流徒各犯，更不必論矣。與其專設科條，不如一概不准之爲愈也。

本按：上條假以建言爲由即係呈遞封章之事，有犯自可酌量比附定擬。此類例文，似皆可删。

投匿名文書告人罪

條例

一、凡凶惡之徒

薛云：狂妄之徒，因事造言，捏成歌曲，沿街唱和，附於妖言惑衆之條，與此例意相符。乃彼僅擬杖責，此則問擬絞決，輕重太相懸絶。

一、凡布散匿名揭帖

薛云：此例專指京城言，外省一應一體辦理。吏部例文並非專指京城，應查照修改。

一、駐防旗人

薛云：旗人有犯别項罪名均不加重，即從前加重各條亦俱改照民人一體定擬，不應此條獨重。且言駐防，而不及京旗，未知何故？

本按：此條似可删除。

一、胥役匿名

薛云：專言胥役而未及别項。

本按：原奏言胥役家人，定例删去家人一層，未知何故？然誣告不擬絞決，則仍與平人無殊。

告狀不受理

條例

一、每年

薛云：若兩造均非農民即可不拘此例。姦牙鋪户，特其一耳。農忙期内受理細事，吏部處分則例並無明文。

一、各省州縣及有刑名之廳衛

薛云：應與下州縣自行審理一切户婚、田土一條，修並爲一。『干犯』二字不甚明顯，似應改爲『按其情節輕重』。

一、各府州縣審理徒流

薛云：有關提質訊者申詳展限，無則不准關提展限。斷獄捕亡門各條言之最詳，似應修並爲一，以免重複。

一、州縣自行審理一切户婚、田土等項

薛云：『照在京衙門按月注銷之例』似應删去，改『俱令』二字。與下巡道查核州縣詞訟一條，似應修並爲一。

一、州縣自行審理及一切户婚、田土事件

薛云：上二條：一、按月造册，申送府道司督撫。

一、按月報該管府州。此條由巡道開單，移司報院。俱不畫一。總緣隨時添纂，並未通盤修改也。

一、州縣審理詞訟，遇有兩造

薛云：與首一條似應修並爲一。

誣告

條例

一、姦徒串結

薛云：依律問罪，謂照誣告、詐贓各本律定罪也。應杖者加枷，應徒流者充軍。箋釋所云亦自明晰，改定之例添入擬絞一層，與原例不無參差。至『窩訪』係爾時名目，現在並無此等案件。條例按語有『以蠹（役）詐贓論』之語，此計贓自應以枉法論矣。上文詐騙財物，應以何贓定罪，似應修改明晰。

一、凡詞狀

薛云：『從重治罪』句，似應修改。　例未數［語］，與此門不甚恰合，似慶移於鞫獄停囚待對門內。

一、凡實係切己之事

薛云：既不准所告，又從何坐誣耶？

一、偷参爲從

薛云：似應移入竊盗門。誣告之事多端，而專舉此一事定爲條例，似可不必。

本按：余在奉天司從未見東三省辦過此等案件，蓋今昔情形異也，此條似亦可刪。

一、挾讐誣告平人謀死人命

薛云：爲從照爲首減一等，係屬原定律。原例證佐、仵作擬以滿徒，蓋又減爲從一等也。檢驗不實，係專指仵作之罪，與此處因人致罪不同。且既刪去仵作、證佐二層，其『官司以下』云云，何以又存而未刪耶？誣告致屍遭蒸檢，律無明文，此例定擬絞罪，未免太重，玩其文義，似係專指謀殺而言。原例本無『誤執傷痕』一層，改定之例又似係兼鬥殺在内。所謂『誤執』者，謂傷本他物而執爲金刃，傷在肢體而執爲致命之類，大半皆係懷疑所致，故不曰『誣』而曰『誤』，若謀殺，則不得言誤矣。然屍已遭蒸檢，例僅減死罪一等，而猶從重擬軍，與誣告人死罪未決不同，亦與誣輕爲重有異。惟下條誤執傷痕，無論子孫尊長卑幼均擬流加徒，此條擬以充軍，未免參差。

一、控告人命，如有

薛云：例内祇言『地方官徇私賄縱』一層，與處分例不符。吏部例准其攔息不究，照失出議處，徇私賄縱者照故出辦理。

一、詞内干證

薛云：『地方官』以下云云，亦應刪。吏部例無專條。

一、直省各上司，有

薛云：越訴門一條似指被參以後而言，或大計，或甄別。此條似指未參以前而言。或列款密揭，或專指一事。屬員就被參之事剖辨，則應爲申理。若不剖辨被參之事，而摭砌上司别事，則與彼條所云『事不干己』何異？一立案不行，一照誣告再加一等，似嫌參差。

一、凡捏造姦贓

薛云：捏造姦贓款迹，挾讐誣衊，意不過圖洩私忿耳。其致被誣之人忿激自盡，並非伊意料所及，擬以絞抵，雖屬罪坐所由，惟查挾讐用强將人毆打或主使人毆打，致成殘廢篤疾，如其人自盡，不過問擬軍罪，此獨問擬絞候。同一致令自盡之案，一生一死，擬罪迥殊。

一、凡子孫將祖父母、父母死屍

薛云：此例重在屍遭蒸檢，故較誣告治罪爲重，父母比凡人尤重。自添入誤執傷痕一層，遂不免有抵牾耳。蒸檢凡人之屍尚應擬軍，蒸檢父母之屍僅擬流加徒，亦覺參差。誣輕爲重至死者，律止擬流，並不加徒，原其非全誣故也。誤執與誣告乃不問尊長卑幼，一律照誣告人死罪科斷，殊未允協。

誤執云者，或他物而以爲金刃，或肢體而以爲頭面，或輕傷而以爲重傷，大約指鬥殺而言，故與誣不同。若無傷而以爲有傷，或自縊自戕而以爲被勒被殺，豈得謂之爲誤？例內未將鬥殺敘入，尚未分明。查原定此例之意，大約爲刁惡健訟之徒而設，既陷有讐之人以死罪，又致無辜之屍遭蒸檢，是以嚴定專條，非專爲屍親言之也。爾時尚無不干己事不准訐告之例，故控告人命不得不爲之驗，審虛則從嚴懲辦，又何誤執傷痕之有？誤執一層，蓋專爲子孫而設，以別於挾讐誣告而言，原以祖父被殺，子孫萬無不控告之理，一經蒸檢，即擬斬罪，揆之情理，殊未平允。原奏有見於此，故分晰極明，纂例時，失之簡略，而前條平人內，亦將此層添入，未免混淆不清。

本按：祖父母父母身死，子孫不知是謀是鬥是自盡，但以身死不明，懷疑控告。在子孫之意，欲爲祖父母父母雪冤也。屍不蒸檢，案何以明？乃因此而科子孫之罪，恐有冤者或畏葸中止矣。此一層似應敘明。竊謂此等案但論其誣與不誣耳，誣則爲藉屍圖賴，罪應從嚴，不誣則事出懷疑，有何罪之可科？無罪而加以罪，非法也。

一、生員代人扛幫作證

薛云：似應移於教唆詞訟律後。

一、八旗

薛云：與干名犯義門內一條參看，似可修並爲一。

一、番役誣陷

薛云：專言番役，未賅括，似應添入捕役人等。未致斃命亦應加重治罪，似應添入。

一、凡捕役誣竊爲盜

薛云：此與下一條第一層專指誣竊爲强而言，下條係未致死，既得以減等擬徒，故此條雖已監斃，亦得減流，以其均非良民故也。乃嚇詐逼認致自盡者擬絞，拷打致死者擬斬，又與誣良罪名相同，似參差。致死二命及拷打致死尚非過刻，若一命則似乎太重。且與誣告門死者『委係平人』及刁徒訛詐條『死者亦係作姦犯科』等語，均互爲抵牾。

一、凡捕役人等奉差緝賊 原例末一句係照誣良爲盜例治罪

薛云：此例重在妄拏無辜，私行拷打，嚇詐逼認，故照誣良爲盜例一體充軍。改爲分別强、竊治罪，是將良民誣拏拷詐，逼認竊案，止問徒罪，未免寬縱。

上一層云照誣良爲盜例減一等徒三年，下一層云照誣良爲盜治罪，即下條原例所云將良民誣指爲盜，稱係寄買賊贜，捉拏拷打嚇詐，發邊遠充軍是也。此例既改，下條亦相因而改矣。要知下條定例之意，蓋專爲藉端拷打，嚇詐財物者嚴定專條，與誣告本不相侔。小注所云，蓋謂有此等情節則應充軍，無則仍有誣告之律也。後於各條俱分別强、竊，而又特立誣良爲盜擬［軍］專條，遂不免互相參差。

一、凡將良民誣指爲竊

薛云：本係『寄買』，何時誤爲『寄賣』，記查。 上層誣良爲竊也，『稱係』上似應添『及』字。下層誣良爲强也，拷詐加等，致死者，似亦應從嚴。原例衹云誣指爲盜，並未分別强、竊。改定之例雖分兩層，而俱係軍罪。且誣良爲竊，如無捉拏拷打嚇詐等情，如何科罪？並無明文。照小注所云，自應依誣告論矣。誣告，律應反坐，若未指明贜數，礙難科罪。似應於例首改爲『誣指良民爲强盜者發邊遠充軍，爲竊盜者於軍罪上減一等，杖一百、徒三年。如誣良爲竊，及本按「及」字可不添。稱係寄買賊贜』云云，『不分首從』下添『亦俱發』云云，删去下『者』至『軍』七字。

一、凡誣良爲竊之案

薛云：上層有『誣告到官』及『並未誣告到官』等語，而下層無文。設疑竊控告到官，致人畏罪自盡，如何科罪，並無明文。既經並入誣告門内，何以並未詳細叙明耶？ 疑賊既非有心誣指，即與因他事争鬥相同。是以嘉慶十六年例文，即照鬥殺本律問擬絞候。道光九年，又改爲悉照謀、故、鬥殺、共毆及威力制縛主使並威逼人致死各本律例定擬。毆死然，自盡亦無不然，按語本極分明，科罪亦甚平允。改定之例以爲輕縱，無端加重，較之因事毆打者加至數等，以致諸多參差。蓋因疑賊致斃人命，則疑賊即係起釁之由，死者既係無辜，即應按照本律擬抵。若致令自盡，則非意料所及。威逼門律所云『因事』、例所云『因事用强毆打』，雖未專指疑竊，然已包括在内矣。此處添入威逼一層，自係畫一辦理之意。謂毆死，則分別故、鬥，以尋常人命論；自盡，則分別有無毆打及傷之輕重，以威

逼致死論。道光十四年修例時，無端加重，並加至數等，甚至只言查問，死由自盡者，亦擬滿徒，顯與威逼致死律例大相懸殊。威逼門内凡分三層：致命重傷及成殘廢篤疾擬軍爲一層，致命而非重傷、重傷而非致命擬滿徒爲一層，非致命又非重傷擬徒一年爲一層。此條祇言於近邊軍罪上加一等，則滿徒及徒一（等）［年］均不加等矣。若謂俱包於上文『捆縛拷打，致令自盡者，流三千里』句内，如毆打而未捆縛，轉難援引。且徒三年者加等，即擬以滿流，已與『由近邊軍加一等，發邊遠軍』之句互相參差。而徒一年亦擬以滿流，是何理也？

本按：只言查問，致人自盡，蓋無威逼可言，惟其死究由於查問，酌擬以不應重杖可矣。遽擬滿徒，情與法實不相符。蓋由誣與疑之界限，不能了然也。

干名犯義

一、凡奴僕首告家主

薛云：是年所奉諭旨，蓋爲赦款而言，删去此層，則奴告家長，律内已有明文，不又嫌於複説乎？

本按：似應移入常赦所不原門内。

子孫違犯教令

一、凡呈告觸犯之案

薛云：有司決囚等第門内又有分別解勘之語，似應並入此例之内。民人問擬充軍者，旗人俱發黑龍江當差。並不銷除旗檔，是以此例亦無銷檔之文。惟觸犯父母，罪關十惡，較別項情節爲重。別項銷檔者，不一而足，而此處仍從其舊，似不畫一。若因遇赦有查詢犯親領回之文，是以辦理從寬，凡盜賣墳樹及別條銷檔實發者，如遇赦釋回後，又將列入册檔乎？

一、凡子孫有犯姦、盜

薛云：此例僅言姦、盜而未及別項，則非犯姦盜，即不在絞決之列矣。惟姦、盜有僅止枷杖者，別項作姦犯科之事，有罪在軍流以上者，如致父母憂忿戕生，即置之勿論。是原犯罪較輕者擬以絞決，原犯罪名較重者仍從本律，似非例意。溯查此條例文，係因廣東何長子誘姦十歲幼女已成，致伊母憂忿自盡一案，纂定專條。第何長子係罪犯應死之犯，又致伊母因此自盡，擬以絞決，原不爲苛，乃例内祇言有犯姦、盜，自應不論和姦、調姦，（乃）［及］行竊贓數多寡，情節輕重，均照此例定擬，似嫌無所區別。且因別事犯案者，得從本律，而因姦因盜，何以遽擬重罪？定例之初，因有犯姦之案，特設此條，後以姦、盜事同一律，添纂入例，其餘並未議及，自無庸例外加重。惟按之情法，究屬未盡允協。

再：查原定之例，因姦、盜致父母自盡，照過失殺律治罪。過失殺父母，律應擬流，照過失殺律治罪，自係治以滿流之罪也。下云：『如罪犯應死，即照本律擬以立決』，例意本極明顯，是犯姦、盜情輕者，即不在絞決之列，自無疑義。嘉慶六年，以父母縱容者擬發遣爲奴，未縱容問擬立決，並未分晰原犯情節輕重，以致諸多舛錯。過失殺父母，律應擬流，例雖定擬立絞決，仍准夾簽聲請改爲監候，秋審亦多免勾。而照過失殺定擬之案，反實擬立決，且有改爲斬決者，則皆嘉慶六年修例時未能斟酌盡善故也。試取前條按語觀之，其失自可見矣。因姦致父母被殺，向俱照因姦致夫被殺例問擬絞候。因姦致夫及父母自盡，律無明文，乾隆三十年始定有絞候之例。乾隆五十六年將因姦致父母自盡、嘉慶十四年將因姦致父母被殺各條均改擬立決，其本夫被殺及自盡仍從其舊，已屬參差。且因姦致夫被拒殺，其情節較輕者，例應止科姦罪，因姦致父母被拒殺，雖情節較輕，仍應照被人毆死例擬絞立決，尤屬未盡允協。然猶可云父母較本夫恩義尤重，故科罪亦應較本夫從嚴，至違犯教令致父母自盡，例止問擬絞候，何以因姦因盜，即應加擬立決耶？嘉慶六年修例，係照威逼門乾隆五十六年河南陳張氏案内諭旨改定，與威逼門罪名相符。乃又添入因盜一層，殊嫌太重。且一事分列兩門，後屢經修改，遂不免有彼此參差之處。此條不論男、婦，因姦、盜致縱容之父母自盡，均改發烟瘴充軍，而威逼門内因姦致縱容之父母自盡，婦女實發駐防爲奴，尤覺參差。此條因姦致縱容之父母自盡，本係發黑龍江爲奴。威逼門内婦女因姦致縱容之父母自盡，本係止科姦罪，嘉慶九年修例時，按照此條改發駐防爲奴。後因調劑遣犯，將此條改爲烟瘴充軍，彼條仍從其舊，未免參差。再查婦人與人通姦，本夫父母並未縱容，羞忿自盡，將姦婦擬絞監候，若本夫父母縱容，後因姦情敗露愧迫自盡者，止科姦罪。此乾隆三十年定例，載在威逼門内，後於乾隆五十六年陳張氏案内欽奉諭旨，始將因姦致父母自盡之案改爲立決，縱容者仍止科姦罪。嘉慶五年廣東陳亞閏一案，改爲發遣爲奴。遂不免彼此參差。嘉慶九年修例時，彼條止科姦罪之處，按照此條改爲發駐防爲奴，以致一誤再誤。且彼條本夫與父母自盡，原定之例科罪本屬相同，後屢次修改，而本夫與父母遂相去懸絶矣。

見禁囚不得告舉

一、年老及篤疾之人

薛云：明例原係兩條：一、老疾，一、婦人，是婦人亦准代告也。删去此條，若一切婚姻、田土、家財等事，將令自告乎？抑一概不准乎？殊嫌未協。

教唆詞訟

一、凡將本狀用財雇寄

薛云：上條捏寫本狀，代人控告也，此條捏寫本狀，雇人控告也，大抵均指誣陷而言。惟上條因捏造重事，是以擬軍。此條用財雇寄赴京奏訴，不分情節輕重，亦擬充軍，未免過重，且與各條均不相符。乾隆元年既定專條，此例似可删除。

一、訟師教唆詞訟，爲害擾民

薛云：此條吏部奏准之例，祇有官員處分，並無訟師罪名，似應並於下『審理詞訟究出主唆之人』條内。

一、凡雇人誣告者

薛云：雇者、受雇者一律同罪，與上條將本狀用財雇寄相同，而罪名則輕重懸殊。照教誘犯法一體同罪，究未盡允，且與上條用財雇寄，亦互有參差。

本按：唐律：受雇誣告人與自誣告同。此條尚與［唐］律相符。惟添入『照教誘［人］犯法律』轉覺節外生枝。此條應修。

一、審理詞訟，究出主使之人

薛云：棍徒例，係極邊足四千里安置，此處亦應修改明晰。

一、教唆詞訟誣告人之案

薛云：以起意非起意分別首從，不特首從倒置，與各條亦屬互異。既有訟棍擬軍之條援照問擬，亦可示懲，何必首從倒置耶？蓋誣告有誣告之律，訟棍有訟棍之例，各科各罪，本自釐然。若如此例所云，凡起意者即應以爲首論，設如起意教令人誣告有服尊長，亦可以起意人爲首乎？

軍民約會詞訟

一、緝捕官役

薛云：此例爲設有廠衛緝事而設，似可修並於應捕人追捕罪人條内。首句改爲『在京各衙門番役』，或於緝捕上添『在京』二字。

一、凡旗人

薛云：『仍照例』三字及『外』字均可删。

一、川省瀘州

薛云：專言川省瀘州一處，别省土流接壤地方應否一體照辦？記核。四川亦不止瀘州一處。

受贓

官吏受財

一、凡在官人役

薛云：誣告門非實係證佐之人挺身硬證，計贓以枉法論，與、受同科。説事過錢及受賄頂兇，均以枉法論。此外屍親受賄私和，律准竊盜，例改枉法，常人私和人命受財，亦計贓准枉法論。見人命門，均與此例不符。緣此例在先，他處均在後也。即私和律内小注亦後來修改者，非原律也。惟受雇誣告人得財，例律俱有以枉法論之文，均屬參差。

一、内外大小衙門蠹役

薛云：贓罪之最重者無過枉法，此則較枉法更重。贓至一百二十兩，既照枉法擬絞，自應計入己贓數科斷，未至一百二十兩，是否並贓論罪？抑係計入已之贓科斷？未經分晰注明。

一、司、道、州、縣乾隆五年黃册聲明，衙蠹自應訪察，無庸定例，後經貼去，仍行纂入。

薛云：亦具文

本按；末段太煩碎，近亦無照辦者。

一、直省書吏年滿缺出

薛云：假手書吏定稿一層，似應摘出另爲一條，或移於同僚代判署文卷之内。

一、書吏舞文作弊

乾隆五年進呈黃册時聲明：『書吏舞文作弊，應責成該管官隨時稽察。若因經承貼寫首告，准其即用考職，恐開捏誣僥幸之端，無庸纂入。』後經巾去，仍入册内。

薛云：考職本係書吏進身之階，今並此而俱廢矣，何以示勸懲耶？

一、凡上司經過

薛云：此條應與下在官求索門收受門包一條參看，彼條專言出差巡察而未及上司，專言門包而未及下程供應，似應修並一條，以省繁複。

一、督撫司道各上司差役

薛云：此條無關引用，似應删除，或修並於吏律信牌例内亦可。

官吏聽許財物

一、聽許財物

薛云：許財之人或本無罪，或所犯本輕，如許出銀四十兩，照坐贜折半科罪，應笞四十，照不枉法贜折半科罪，應杖八十，財未過付，律應再減一等。若贜數較多，或再較少，罪名亦應增減。此但許財營求，問不應重，是不用坐贜律文矣。

有事以財請求

一、凡有以財行求

薛云：官吏受財，分別枉法、不枉法科罪，說事過錢者得減一等、二等，與財者坐贜論，律文本有分別。此例改爲一體同科，較律加嚴。如行求者出銀一百兩，官、吏各受五十兩，官應問流二千五百里，吏如係無祿人，應減一等滿徒，與者及説事過錢者亦應滿徒，出錢者如係有祿人，亦應流二千五百里矣。再如出錢行求二人，一多一少，是出錢之罪反有重於受錢者矣。與、受同科，謂杖則俱杖，徒流則俱徒流，不照從坐贓論。其不言死罪者，以名例律内載明：『稱與同罪者，至死減一等，罪止杖一百、流三千里』故也。同科即係同罪之意，彼此參觀，其義自見。若以爲同科而應俱擬死罪，設如受不枉法贓一百二十兩以上，受者自應論死，與者及説事過錢之人一體論死，自古以來，無此情法。如與者係無祿人，説事過錢者係有祿人，出錢者生而説事者死，則更無此情理矣。受者如係無祿人，又如之何？受財有受財之罪，行求有出錢之罪，一體同科，古無此法。究係因何纂爲定例？並無按語可考。

一、姦徒得受正兇賄賂

薛云：疏縱在監罪囚，例應將禁卒嚴行監禁，俟拏獲逃犯之日，究明賄縱屬實，即照囚罪全科。此條既無監禁明文，則一經頂兇，自應全科斬絞之罪矣，而正兇放而還獲、逃囚自死者，又得減一等，是何理也。故出、入人罪，應坐官吏全罪，而放而還獲，則非全出全入矣，故得減等。頂兇係屬自犯，添入此層，未免節外生枝。母子兄弟，皆係天性之親，此指後漢尹次、史玉代死事，見陳忠、應劭各傳。而甘心代死，自係出於親愛之意，子犯罪而父頂兇，大抵出於溺愛者居多，且非由其子起意，與買求無干之人受賄頂兇者不同，遽擬立決，似嫌太重。

本按：如係其子起意逼父頂兇，即寸磔亦不爲過，如係其父起意，則與子無涉，遽擬立決，似未甚平。

在官求索借貸人財物

一、文武職官索外土官

薛云：此條與下二條，似應修改爲一。

一、各上司如有勒薦

薛云：『照例』二字未明，應删。原奏謂照將游客、優伶人等轉送各府州縣例也。『十兩以上』四字，應删。因事受財與舞弊詐財係兩層。長隨無上一層，如因事受人財，並非舞弊嚇詐，如何科斷，尚未明晰。此例專指鑽營上司引薦而言，若非由上司引薦，有犯亦難科斷。幕賓、長隨均係不可少之人，乃勒薦徇隱上司及屬員均行革職，未免太重。

一、長隨求索嚇詐

薛云：此條與上條均應移於家人求索門內。『恐人不知而誤用，故必刺字。』起除刺字門未載入，係遺漏。

家人求索

一、執掌大臣

薛云：唐律『不知情者減家人罪五等』，明律改爲『不坐』，似嫌太寬，此例又改爲『一並治罪』，則又過嚴。欲求得中，應仍照唐律爲是。

詐僞

對制上書詐不以實

一、發遣軍流

薛云：無論所言有無可採均應擬罪，不准其呈遞封章可也。何心多立科條耶？

本按：此等當刪並。

僞造印信時憲書等

一、凡有僞造諸衙門印信

薛云：此例將誆騙無多者減爲流罪，固係矜恤之意。惟僞造諸衙門印信，律應擬斬，詐爲六部等衙門文書，律應擬絞，詐爲州縣及其餘衙門文書，律止擬以徒罪。例則將誆騙科斂者加擬充軍，是僞造印信之罪較詐爲六部等衙門文書爲重。乃詐爲部文，不問是否得贓，均應擬絞，而僞造印信誆騙財物，如爲數無多者，例得擬以滿流，是僞造六部等印信較詐爲其餘衙門文書科罪轉輕。假如有兩人於此，均係詐爲部文，一則盗用印信，尚未誆騙得贓，一則僞造印信，誆騙未及十兩，未得贓者其情稍輕，已得贓者其情較重，而一生一死，罪名相去懸殊。再；盗用不過一時一事，若本官防閑甚密，即屬無機可乘。至僞造則隨事可行，其情更重，論法似不應減。

烟瘴少輕，即極邊足四千里也。例内有已改者，亦有尚仍其舊者，均應修改一律。　僞造關防印記，律止擬徒，較假印罪名爲輕。此處定擬軍罪，蓋由上文斬決罪名量減問擬也。後將假印誆騙得贓數多從犯及爲數無多首犯均從輕改擬流罪，此等人犯仍擬軍罪，亦未允協。

一、凡盜用總督、巡撫

薛云：此條爲盜用而設，似可移於詐爲制書門內。

一、僞造假印之案

薛云：律嚴雕刻之罪，無論自行起意及代人雕刻均擬斬罪。原以此等姦徒若無雕刻之技亦難遂其姦謀，故律以雕刻之人爲首。此處照爲從論，似覺無謂。如謂律貴誅心，嚴雕刻之罪而反寬首惡之誅，亦不足以昭平允，似應照此例前層所云，並以爲首論。刪去『僅受些微價，代爲雕刻』一層，自無窒礙。

再：查僞造印信與私鑄銅錢同一作姦犯科，私鑄之案，未嘗輕恕夫匠人，則假印之案，豈得獨嚴於首犯？彼此參觀，自明其代爲雕刻者之不能以爲從論，即無疑義。

私鑄銅錢

一、凡各省拏獲私鑄之案

薛云：砂殼本非制錢，與鉛錢相等，私鑄鉛錢，既徑纂定專條，砂殼自可比照定擬。此處『不論砂殼、銅錢』一語，似應刪去。其首句『私鑄』下應添『銅錢』二字，則上條專指銅錢，下條專指鉛錢及砂殼錢，較爲明晰。本按：不如刪『各省拏獲』四字，『之案不論砂殼』六字。私鑄銅錢十千以上，爲首斬候，鉛錢，絞候。爲從，銅錢新疆爲奴，鉛錢滿流。不及十千，銅錢，爲首既減發新疆則鉛錢不及十千，爲首及匠人似應改爲滿流，方有區別。私鑄，律應絞候，本極平允。後改爲斬決，又因太重，改爲斬候，已屬與律不合，乃又以十千上下分別生死。是律應輕者而故爲加重，律應重者而又故爲改輕。以絞罪爲輕而改爲斬罪，似係從嚴之意，乃鑄錢不及十千者又改爲遣罪，則又從寬刑，法果有一定耶？私鑄即應論死，原不在錢數多寡也。以十千上下爲秋審實緩之分尚可，若遽擬遣罪，似較竊贓逾貫一次減等之例尤寬。且既以十千上下爲罪名生死之分，而又添入不止一次等語，何也？知情買使，蓋指旁人而言，律與爲從同科，自係從嚴之意。本按：無買使之人，則私錢亦無去路鑄者何爲？律以爲從，殆以此。受雇挑水打炭之人貪其價賤買使，得不謂之知情乎？乃較旁人罪名反輕，抑又何也？本按：挑水打炭之人，其情形亦不一。有即係爲首之子弟親屬者，有受些微價值以糊口者。例不以爲從論者，明係因此等案犯爲數必多，留此爲開脱之路耳。立法過重，不得不留一生路也。平情而論，受雇挑水打炭與爲從有何分別？知情買使之犯究係外人，而科罪輕重倒置，殊未允協。蓋例原係一律，因罪名過重而屢加修改，遂致有輕重參差之處。本犯以私鑄錢數之多寡爲罪名生死之分，尚屬可通，知情買使者不以買使之錢數爲斷而以私鑄之錢數爲斷，殊不可解，且與下收買私錢貨買一條不無參差。房主人等均擬滿徒，亦嫌無所區別。

船户夾帶私錢，原例係照興販治罪，唯祇言船户而未及車兩［輛］，例未賅括，似應修並於下條攙和貨買之内，此處可删去。原例本係車船裝載，修改時漏未添入，遂致參差。上文既有『私鑄未成畏罪中止，治罪』之語，下『方造器具，尚未鑄錢』一層即可删除。

再：鑄錢不及十千之從犯，尚得減擬滿徒，此等尚未鑄錢同顆商謀之人，反問擬滿流，輕重亦不平。『方造』下原有『私鑄』二字。　案内之房主鄰佑人等，知而不稟首者，比下私銷案治罪爲輕。下條有受賄隱匿一層，此條無文，亦係遺漏。

一、凡各省拏獲銷燬制錢

薛云：舊例燬化制錢、鑄造私錢者俱依私鑄例治罪。後將私鑄罪名改輕，私銷及翦邊罪名又改加重，似嫌參差。康熙年間現行例，燬化制錢下本有『鑄造私錢者』五字，乾隆五年並無此句。

翦錯銅錢取利，律祇滿杖，例改斬決，未免太重。且止言翦邊而未及錯薄，何也？至私鑄案内房主人等，知而不拏獲舉首者，僅徒三年，此則分別問擬絞決、滿流，亦嫌參差。

一、凡私鑄鉛錢

薛云：似應將上條砂殼一層添入此例之内。

一、凡用銅鐵錫鉛

薛云：烟瘴少輕亦應改爲極邊足四千里。舊例首犯本係絞罪，是以改爲枷號充軍，從犯原非死罪，亦擬加號滿流，似嫌過重。

一、拏獲私鑄

薛云：作姦犯科之事不一而足，如非叛逆，從無罪及父兄之文。此例與强盜及窩主，俱於本犯之外，又罪及於伯叔兄弟，均屬律外加重。

一、凡地方文武各官

薛云：私鑄銅錢，地方文武各官知情故縱者皆斬決，家産入官，乾隆五年改爲地方官知情任其私鑄者擬斬監候。此處知情故縱，照例治罪，即係斬候罪名。後此例已經删除，照例治罪一語，亦應修改。

一、拏獲收買私錢

薛云：知情買使者，今改發遣，船户夾帶改滿徒。此條漏未修改。

一、私鑄案内，知情

薛云：只言私鑄而未及私銷，似應補入。

詐假官

一、凡雜職内

薛云：此自首免罪之法，律有明文，似無庸另立專條。

一、凡各省各營食糧兵丁

薛云：此條原例重在合夥挾制官司擾害地方，故從重照光棍例治罪，與刁民因事聚衆挾制官長之意相同。後改爲各照律例定擬，則有犯可照本律治罪，又何必特立此專條耶？原奏謂『一人在營食糧，而親戚族人即稱爲餘丁。如有小事，此等之人即聚集夥黨生事擾民』云云，詳繹定例之意，並非專爲平人假冒營兵而設，似應移入兵律軍政門内。

一、僞造憑劄自爲假官者

薛云：憑劄内必有印信，僞造憑劄，則印信亦係僞造矣。假印門内明言，僞造印信假冒職官者擬斬立決，此例擬以斬候，與彼例參差。假官之事不一，有僞造憑劄自爲假官者，憑劄與人俱假。有將僞劄與上同。並有故官員憑劄賣與他人者，憑劄真而人假。並知情買受假官者，憑劄有真有假。即例内所云三項也，俱擬斬候，並無分別。即僞造憑劄之事，亦有不同，有私雕假信捏造者，憑劄與印信俱假。即僞造假印例内所云假冒職官是也，假冒職官大干法紀者斬決。有盜用印信僞造者，印信真而憑劄假。即詐爲各衙門文書是也。六部等衙門擬絞，布政司等擬流。而罪名有斬決，絞候、滿流之分，與此例均有參差。蓋此條係假官專門，而彼各條均統諸弊言之，故各不同耳。

一、凡無官

薛云：本係杖罪，律擬滿徒已屬加重，例改充軍，又將犯至軍流者加重擬絞，似嫌太重。

一、凡未經考職

薛云：在籍候選吏員僭穿補服干謁地方官者，照違制律治罪，見服舍違式。彼條指已經考職者而言，故止准戴頂，不許僭穿補服；此條指未經考職者而言，故不准用頂帽。例意本屬相同。而一問違制，一擬徒罪，似嫌參差。

詐稱内史等官

一、凡詐冒内官

薛云：詐冒内官親屬家人與詐冒内官不同，一經恐嚇誆騙即擬充軍，似嫌太重。　詐冒内官親屬家人與假充大臣及近侍官員家人名目相等而科罪不同，似應修並於彼條之内。

一、凡詐充各衙門

薛云：因係鑾儀衛旗校，是以有占宿公館等事，例係專爲此等人犯而設。今既無此事，自應將此條删除。乃改爲假充各衙門差役，則一經妄拏平人即係犯該徒罪，自應照此例擬軍，似嫌太重。如謂必各項兼備方擬充軍，則僅止占宿公館，並未妄拏平人，將科何罪？　詐稱官司差遣捕人，律應滿徒，因詐充鑾輿［儀］衛旗校，是以一經妄拏平人即加等擬軍，原不在有無簽票、鎖鍊也。犯該徒罪，所包雖廣，而妄拏一層，亦在其内。杖罪情節稍輕，故枷號一月，別項假差，自不在此例之内。後來例文愈改愈失此意。既分別是否捏造簽票、執持鎖鍊，又分別贜數多寡，而於詐稱官司差遣捕人擬徒律文見詐假官反置不問。即如捏造簽票、執持鎖鍊妄拏平人，詐贜未至六兩，僅擬枷杖，似嫌輕縱。　捏造簽票較空言嚇唬爲重，如詐贜已至六兩以上，現已捏有簽票，得不謂之犯徒罪以上乎？例内未至滿徒，照蠹役詐贜一例問擬，似係指贜未至五兩而言。　如計贜六兩至十兩即已至滿徒矣。若問擬軍罪，未免太重。如照例擬徒，又與上文『無論有無簽票』及下文『本罪未至滿徒』二句不甚融洽。　犯該徒罪以上，是否指贜至五十兩而言？抑係照蠹役詐贜，自六兩至十兩即爲犯該徒罪之處，未經詳悉注明。如謂六兩至十兩即爲徒罪以上，設有同時捏造簽票嚇唬二犯，一詐贜僅止五兩，照例罪止枷杖，一詐贜已至六兩，按例即罪應擬軍，似非例意。再如捏造簽票者，詐贓僅止五兩，不得謂非本罪未至擬徒，未揑簽票者，詐贓已至六兩，即應謂之犯該徒罪以上。若照例内『無論有無簽票』一語科斷，是不論是否揑造簽票，贓多一兩而情輕者即應擬軍，贓少一兩而情重者轉止擬杖，有是理乎？如謂徒罪以上係指贓至五十兩而言，下文又有『不論有無簽票』及『分别揑造簽票』等語，倘揑造簽票詐贓至十兩以上，又將如何定斷？似不如仍照嘉慶五年之例，揑造簽票者照蠹役詐贓例問擬，未揑簽票者徒罪以上擬軍，杖罪以下枷號發落，較爲妥協。

詐病死傷避事

一、凡未經到案之犯

薛云：此條改爲『甘結』，而上條仍係『印結』，不畫一。此條與上條事頗相同，似應修並爲一。

詐教誘人犯法

一、苗、猺、狑、獞

薛云：徇庇溺職等語均應删。在官求索借貸人財物門二條，一係猺、獞，一係苗、蠻、黎、獞。此條云苗、猺、狑、獞，俱不畫一。

一、游手好閒不務

薛云：此等游民並非作姦犯科，擬以枷杖已足蔽辜，由杖加至滿流似嫌太重。且游街射利惑民之事不止一端，獨嚴於此條亦不畫一。

犯姦

犯　姦

一、凡職官及軍民

薛云：姦職官妻，男女均擬死罪，未免太重。而職官姦軍民之妻，止擬杖罪，何嚴於責職官之妻，而輕恕職官耶？軍民相姦，不分有夫、無夫，及和姦、刁姦，均擬滿杖加枷，已與律文不符。而奴婢相姦，又較凡姦爲輕。軍民與官員之妾相姦，僅擬滿杖，似未平允。　奴姦良人婦女者，加凡姦一等；良人姦他人婢者，減凡姦一等。奴婢相姦者，以凡姦論。官員之妾，豈得較良人婦女爲輕？此條原例似係指旗人而言，且重在出征一層，是以絞罪之外，專言枷號鞭責，並無杖徒之文。後將出征一層刪去，此例枷號似應一並節刪。改徒爲杖，意在從輕，例加枷號，又似從重。仍照唐律擬徒，何不可之有！

本按：此條第一層太重，似應酌量從輕。餘則可刪，概從本律。記參。

一、輪姦良人婦女

薛云：原例爲首斬決，爲從絞候，是以云『照光棍例分別首從定擬』。此例於爲從中又分出遣罪，自應將『照光棍例』字刪去。　姦不分首從，名例已有明文。此云分別首從，與名例不符。

一、惡徒夥衆，將良人子弟

薛云：此例似可並入前條之内，無庸另立專條。『倘有』以下云云，似應刪去，以有誣告本律也。至男子與婦女究有不同，和同雞姦即與婦女同科，似嫌未盡允協。

再：此處强姦十二歲以下十歲以上幼童未成擬以滿流，與下條强姦十二歲以下幼女、幼童例文不符。

一、强姦十二歲以下幼女

薛云：『幼女』以下似均應添入『幼童』二字。律止言十二歲以下，例又添十歲以上。

一、强姦婦女，除

薛云：搶竊賊犯拒捕，祇有金刃、他物之分，並無兇器字樣，此例添入兇器一層，與各條俱屬參差。鬥毆門内載明兇器各項名目頗多，姦、盜事同一律，不應此條獨嚴。原例所云兇器即係指金刃而言，未必係鬥毆門所載之鐵槍等類。修例時未加刪改，是以不免參差。竊盜事後拒捕，雖刃傷，不過擬徒。圖姦、調姦未成之犯，事後拒捕刃傷應捕之人，是否依此例擬軍？抑仍照律加二等之處，例未分明。蓋不以登時、非登時分別擬罪，而以强姦及圖姦、調姦爲斷，是以諸多參差。

再：圖姦，調姦未成，登時刃傷本婦及其親屬，與和姦刃傷應捉姦之人，情事本屬相等，而一擬絞候，一擬充軍，何也？圖姦、調姦未成與竊盜未得財情事相等，竊盜未得財，拒捕刃傷事主，不能貸其死罪，調姦、圖姦未成，刃傷本婦及本夫與親屬，反止問擬充軍。總緣疑於已成姦者爲姦夫，未成姦者爲罪人之説，遂以調姦、圖姦未成、本婦尚未被污，故得從輕定擬也。人命門内本夫殺死圖姦未成罪人一條已屬錯誤，此處錯以成錯，終覺未甚允協。强姦與調姦、圖姦不同，猶盜中之分别强與竊也。强盜未得財與强姦未成均罪應擬流，毆傷事主與刃傷本婦均應擬斬，罪名大略相同。竊盜未得財罪應擬笞，調姦，圖姦未成罪應擬杖，惟臨時拒捕刃傷事主則應擬［絞］。圖姦、調姦，［祗問軍罪］，殊不可解。蓋臨時拒捕，惡其有行强之形，是以一經刃傷，即應擬死。若謂調姦、圖姦並無兇暴情形，彼竊盜未拒捕之先又何嘗有兇暴情形耶？例文愈多而愈不能畫一矣。假如有兩案於此，一係黑夜入人家行竊，尚未得贓，被事主扭住，圖脱情急，用刀砍傷事主逃逸，一係黑夜入人室内拉住婦女調姦，被婦女喊嚷，用刀砍傷婦女逃逸。兩案情節相等，而罪名則死生懸殊。

一、凡姦夫拒捕

薛云：竊盜刃傷事主，如係臨時盜所及護贓格鬥則擬斬候，棄財逃走及未得財等項則擬絞候，事後拒捕則加等擬以徒流。此云照竊盜拒捕律擬絞監候，則不分臨時及是否姦所矣。殺死姦夫既以是否姦所登時爲本夫及姦夫罪名輕重之分，則姦夫拒捕似亦應以是否臨時姦所爲斬、絞監候之别。况既照竊盜例定擬，何以又彼此互相參差耶？姦與盜本係分别兩門，罪名各不相等，此例既將姦、盜二項拒捕修改一律，而别條仍屬參差，殊不畫一。

本按：此條不如將『竊盜拒捕』改爲『犯罪拒捕』。『者』字改『律』字。

一、凡强姦十二歲以［下］幼女幼童

薛云：此條原例無幼童字樣，以强姦幼童未成另有例也。見上惡徒夥衆條。乾隆三十二年添入幼童，與幼女同科。彼條漏未删改，遂致一爲奴、一流三千里，殊嫌參差。

一、凡强姦殺死婦女及良家子弟

薛云：原奏有『秋審入於情實』之語，定例時未纂入。

一、凡婦女與人

薛云：例專言謀殺，若因争姦毆斃其父，即與此例不符。惟謀殺與毆死父母，均應凌遲，似應將『謀殺』改爲『殺死』。

一、輪姦犯姦婦女

薛云：犯姦婦女雖較良婦爲輕，未成較已成尤輕，惟致令自盡，則已釀成人命矣，首遣從徒，似嫌輕縱。强姦良婦及犯姦婦女，殺死本婦及致令自盡，有與輪姦罪名相同者，亦有比輪姦罪名爲輕者。其强姦犯姦婦女已成、未成，例無明文，似應添入。並將强姦已成、殺死本婦，均移入此門。記參。

一、凡調姦、圖姦

薛云：此等例文，殊覺煩瑣。

親屬相姦

一、凡姦内外緦麻

薛云：示掌云『兩姨姑舅姐妹爲婚，既奉定例，聽從民便，則姦兩姨姑舅姐妹，似應凡論。若仍照姦緦麻親之例擬軍，似與聽從爲婚之例意未符。』輯注謂：『似可酌請減徒。』吴中丞律例通考謂：『應照凡姦加一等』，自屬情法之平，而外姻緦麻以上親之妻並無服制，亦擬軍罪，殊嫌未協。 親屬相姦，於凡人杖罪上加擬滿徒，已屬從重，例於滿徒上複加發充軍，是較律又加數等矣。

一、凡親屬和姦

薛云：調姦本係律内所無，例亦係酌擬枷杖。親屬有犯，原可酌量定擬，似無庸定立專條。 親屬犯姦，律雖較嚴，而事涉暗昧，恐不免有枉捏情弊。況調姦尤無確據，乃因一語褻狎，遽坐以流徒罪名，似與情理未協，似可删去此層爲妥。

奴及雇工人姦家長妻

一、凡奴姦家長之妾

薛云：律不分奴與雇工人一體同科，例止言奴而無雇工人。似參差。

買良爲娼

一、凡縱容抑勒

薛云：原例買良家子女作妾並義女等項名目本爲賣姦起見，與買良爲娼何異？故於杖罪外加以枷號，即係科以買良爲娼之罪也。改定之例，凡縱容親女等項均加枷號，似非原定此例之意。知情賣者與同罪。如係祖父母、父母，亦枷號三個月徒三年矣，甚屬非是。略賣子孫爲奴婢，律止杖八十，故殺子孫，亦罪止徒一年。此則滿徒加枷號，不特重於略賣，且較故殺加至數等矣。

律有文武官員宿娼狎優之罪而不及凡人，以無罪可科也。此例凡宿娼狎優之人均照凡姦例擬杖一百枷號一月，是較官員科罪反重矣。且同係宿娼狎優，買自良人者，擬杖八十，自行起意賣姦者滿杖加枷，縱容亦同，尤覺參差。

雜犯

折毀申明亭

一、凡欽奉教民敕諭

律例通考云：『欽奉教民勸敕諭，繕寫刊刻，敬謹懸挂於申明亭中，原屬勸戒化導之善政。若因刻於申明亭板榜，即列於雜犯篇中，似屬猥褻。擬將此條移載吏律公式講讀律令條後，庶與古人「象魏懸書，月吉讀法」之意相符』。

賭　博

一、凡賭博不分兵民

薛云：此條與下將自已銀錢開場一條俱係賭博通例，似應修並爲一。偶然會聚與下條經旬累月，係以開賭之久暫定罪名之輕重。惟下條只云放頭抽頭，並無贓數，此條『抽頭無多』句，尚未分明。

存留之人指房主言，放頭抽頭則係賭博正犯。存留之人下緊接『抽頭無多』一語，殊不明晰。官員一層，似應摘出另爲一條，並入下現任職官條內，下民人自將銀錢條同。奴僕一層似應删去，蓋奴僕之於家長，猶子弟之於父兄。子弟賭博，父兄無治罪之條，何奴僕賭博，而獨責家主？蓋專爲八旗而設。

再：原例不分旗［民］，是以有枷號兩月、三月之語，以旗人折枷之法計之，其罪名已在軍流以上。後改爲不分兵民，似無庸加以枷號。或將開場誘賭之人照下條徒罪，量爲減科，其賭博之人均擬滿徒，尚得其平。

一、八旗、直省拏獲賭博

薛云：與下嚴追賭具來歷一條修並爲一亦可。既改爲通例，『八旗、直省』四字可删。

一、拏獲賭博人犯

薛云：與八旗、直省一條均係追究賭具來歷，似可修並爲一。

一、凡壓寶誘賭

薛云：此與用紙牌骰子賭博相同，故一例治罪。似應並於第二條之内，分注於賭博之下云：『或壓寶，或用紙牌骰子、或鵪鶉圈、蟋蟀盆、鬥鷄坑等類』。

一、凡現任職官

薛云：應將本門官員犯賭各節均並入此條之内。

一、京城内外拏獲賭博［注］

薛云：從前賭博之［罪］重，故容留之罪亦重。道光年間將旗人犯賭之例删除，此處容留旗、民之語即不明晰。是否仍擬軍罪？抑係照下條擬徒，應修改詳明。

一、凡民人將自己

薛云：例首云云，均係賭博通例，似應並入前例之内，以省繁複。『民人』二字，係别於旗人而言，既不分旗、民，一例科罪，則『民人』二字即應删去。此條存留賭博與上條存留之人似均指房主而言，上條與開賭之人罪同，此條與開賭之人罪異，未免參差。本按：存留之人未必全係房主，亦有租房居住之人，而容留他人在家開局者，此等有同賭者，有不同賭者。官員一層，應並入現任職官條内。

再：開場窩賭，必有幫同照料收錢之人，例内無爲從罪名，應添入。

一、凡民人造賣

薛云：『民人』二字應删去。

又云：此門條例，均係隨時添纂，故不免有參差繁複之處。似應通行修改，將賭博通例並爲一條，造賣賭具並爲一條，房主、鄰佑並爲一條，職官賭博並爲一條，其餘各自爲一條，以免混淆。

閹割火者

一、凡誆騙閹割之案

薛云：既照誘拐定擬，即應發極邊足四千里充軍，『近邊』二字，似應修改。

囑託公事

一、民人附合

放火故燒人房屋

薛云：與上言大臣　政條例參看，似應修並於彼條之内。

一、兇惡棍徒，糾衆

薛云：律不分首從，均擬斬罪，例以搶奪財物及殺人等項分别擬以斬決、梟示，本屬較律加重，其尚未搶掠及未傷人，或傷人未死爲從之犯，均無死罪，反較律爲輕，殊未妥協。

删除例一條：一、凡放火故燒自已房屋，因而延燒官民房屋及積聚之物，與故燒人空閒房屋及田場積聚之物者，俱發邊衛充軍。

薛云：此例似不可删。

一、挾讎放火

薛云：放火故燒房屋因而殺人，律既以故殺論，即與有心殺人無異。此例於挾讎放火之犯，仍分别是否有心殺人，似與名例『稱以者與實犯同』之意未協。　有心放火殺人，如死係一家三命，首犯凌遲，從犯斬決。非有心殺人，首犯斬梟，從犯較決，所以略示區别也。殺一家二命者，首犯斬梟，不言爲從加功之犯，則絞候矣。此致死二命，首犯免梟，從犯絞候，似無區别，然猶可云下手然火與加功無異，雖無心亦難末減。至一命則情更輕矣，與一家二命無别，未知何故？

上層分別人數，改定之例指明一家三命、一家二命，下一層分別人數，改定之例指明一家三命及一家二命。下一層自係指一家三命及一家二命言方合。乃祇有一家三命而無一家二命，則二二命似係一家二命之誤，或繕寫時脱一［家］字耳。

此條係因劉五並非有心放火殺人，以致燒斃一家四命，故酌定此例。一家三命首犯改爲斬梟，不問凌遲；從犯改爲絞決，不問斬決。則一家二命首犯亦當改爲斬決，免其梟首。若致斃一命之案，爲首亦斬決，爲從亦問絞候。是以並非有心殺人之犯與挾讎放火有心殺人者一例同科，不特罪名岐異，文義亦不甚順。其爲脱一『家』字無疑。

捕亡

應捕人追捕罪人

一、隔屬、隔省密拏

薛云：捕役雖照誣告治罪，而於賄縱重情反置不問，殊屬疏漏，似應添：賄縱情重者仍從重論。至鄉地甲鄰應治何罪？亦未明晰。

再：隔省、隔屬關提人犯，均載在盜賊捕限門，惟此條獨見於此，亦不畫一。

一、步軍統領衙門番役

薛云：從前祇有衙役犯贓例，後添蠹役詐贓一條，則衙役犯贓之例即屬贅文。受財故縱，律係與囚同科，此止照衙役犯贓，未免參差。無私拷、勒索諸弊，僅止稽留數日，亦應添入。

一、脱逃要犯

薛云：盜賊捕限門『命盜等案要犯負罪在逃，承緝官開明年貌事由，差役密拏，一面具詳。』云云，與此條事例相同，似應修並一條，以省煩冗。此條係指各直省言，下條係指京城内言，此處既改出具印結爲甘結矣，嗣後仍取具印結者不一而足，或云甘結，或加具印結，亦不畫一。

一、步軍統領衙門正身番役

薛云：似應修並於第二條内。

一、山東省地方

薛云：與豢竊兵役之條參差。

本按：此省例似可删。

一、各省團練

薛云：逃軍、逃流豈無辜之人？盜賊准拏，而逃軍、逃流不准拏，何也？此等例文，殊不可解。

罪人拒捕

薛云：命案中情節最輕者不能因捕役而故行加重。彼拏賊誤斃無干之人尚得照過失殺論贖，此誤斃罪犯之命反仍以鬥殺擬抵，似嫌未協。既經遵旨改從輕典，又複無故加重，殊不可解。

一、凡罪犯業經拏獲

一、凡一切犯罪事發

薛云：拒殺差役問擬斬決之例本係指賊犯而言，因賊犯拒殺事主有問擬斬決者，故拒斃差役亦照擬斬決。其餘罪犯拒殺差役，並不在立決之列。此例改賊犯爲『犯罪事發』，是無論原犯罪名輕重，一經拒殺差役，無不問擬立決矣。而下文又有別項罪人拒捕等語，看去殊不分明。查原例別項罪人拒捕係專指殺傷平人而言，所以別於差役也。删去『平人』二字，殊嫌未協　此條拒殺差役，無論係何項罪名均擬斬決，較姦盜罪人拒斃事主及應捉姦之人爲重。設如刃傷未死或毆至折傷，未經議及。惟下條明言『傷非事主並例得捉姦之人』，『拒捕，但係刃傷者，仍加本罪二等』云云，則差役亦包在『傷非事主』之類矣。若以別項罪人拒捕論加罪二等，是犯罪拒捕刃傷差役之案不過問擬滿徒，較之此條爲從之犯未經幫毆者科罪轉輕至數等。如照毆所捕人至折傷以上律擬絞，又與下條例意不符。檢查辨過成案，均係照別項罪人拒捕例加等定擬，一生一死，罪名相去懸絕，司讞者將何所適從耶？

一、拏獲圍場

薛云：此例專指一事而言，並非拒捕逼例，似應移附本條例文之內。

一、凡兇徒挾讎

薛云：有服親止言本婦而未及本夫，如本夫有服親屬即屬［難］援引。殺死强姦未成罪人，例無明文，是以定有［此條］。惟本夫殺死强姦罪人，列入人命門內，有服親屬又入此門，似嫌參差。

殺死挾讐放火及兇惡棍徒，凡一家父子、兄弟、叔侄，無論何人，均應一例同科。獨强姦之人，本夫及其子殺死者勿論，親屬殺死者擬徒，未免參差。即如姑、姪、姐妹在家被人强姦，與强姦人妻何異？本夫則應勿論，兄弟等仍問徒罪，豈强姦人妻較重於强姦人姑、姐妹耶？因捉姦有本夫、親屬之分，此例亦不能不爲區別也。殺姦律後小注明言『親屬與本夫同』，屢經修改，遂大相懸殊矣。如係無夫之婦，又當如何辦法？

本按：殺死强姦未成罪人，似應分出，列入殺死姦夫內。

一、凡卑幼因姦、因盜

薛云：此條專論拒殺有服尊長，似應移入毆大功以下尊長門內。惟彼門又有圖姦親屬，故姦有服尊長一條，均係因案纂定，似應修改爲一，以省繁冗。

一、强姦未成罪人

薛云：似應移入殺死姦夫門內，殺姦門內本夫及親屬殺死圖姦未成罪人，科罪與此條不同。本夫殺姦，其忿激之情與本婦之子相等，殺死强姦未成罪人均擬勿論，殺死圖姦未成罪人，治罪獨殊，何也？若謂恐有捏飾情弊，本婦之子獨不慮有捏飾情弊耶？圖姦較和姦爲輕，非姦所登時殺死母之姦夫仍應擬絞，事後殺死圖姦伊人問擬滿流，亦嫌參差

一、本夫及本夫本婦有服親屬

薛云：此條原例，無論姦盜及别項罪人，均包舉在內，最爲切當。改定之例强爲分晰，已未允協。且例注明言曠野白日盜田野穀麥以别項罪人論，而例內殺死曠野白日偷竊穀之犯並不科以徒罪。即别條擅殺案件，亦無擬徒明文。此處所云擅殺之罪止應擬徒之語，亦屬錯誤。

姦盜罪人被毆，雖不足惜，而致成殘廢篤疾，亦屬可憫。似應酌加修改，毆傷未至殘廢篤疾者，予以勿論。如毆至篤廢以上，或於毆傷凡人酌減問擬。無庸以姦盜及别項罪人强爲區分。應按照原定例文，改爲毆死罪應擬絞者，如毆至殘廢篤疾，於毆傷本罪上再減二等。不然，或係用兇器毆傷别項罪人平複，照此例科斷，即應擬軍，情法果爲平允耶？

一、竊盗拒捕刃傷事主，姦夫

薛云：別項罪人拒捕蓋謂非姦盗兩項也，傷非事主及非應捉姦之人則專言姦盗兩項也，不言差役，而差役自在其内。殺死者較差役事主爲重，刃傷者差役又較事主等爲輕，未知何故？緣定例之時，因拒捕律文甚嚴，故於例内載明，姦盗二項刃傷擬絞者仍從其舊。其餘別項罪人拒捕，即係姦盗兩項，而刃傷非事主及非例得捉姦之人者俱得從寬。雖刃傷差役，亦難與事主同科。是同一拒捕刃傷之案，獨嚴於此二項而寬於差役，已嫌參差。後立有犯罪殺死差役嚴例，而此條未經修改，以致彼此互異。即以賊犯而論，其逞兇刃傷事立，與逞兇刃傷差役，情節有何輕重？而一則擬絞，一則擬徒。且拒捕殺死差役，與拒捕殺死事主，情節亦無輕重可分，而一擬斬決，一擬斬候，其義安在？律言：『犯罪，毆所捕人至折傷以上者絞。』此所捕人業經注明『官司差人追捕』，自係拒捕正律。例内姦盗罪人毆傷事主及應捉姦之人，均係照此律推廣而出。迨後屢經修改，遂爲姦盗二項刃傷成例，而別項均加拒捕二等，即刃傷差役亦不在擬絞之例，以致輕重諸多混淆，一似罪人拒捕係專爲姦盗二項而設，而差役反不在内者，殊屬錯誤。後來因仍未改，未免一誤再誤。犯罪事發在逃，均謂之罪人，如强姦未成、搶竊等類並逃軍、逃流。經官司差人往捕，輒敢逞兇拒傷捕人，則亂民矣。此而不爲嚴懲，非獎亂而何？定例之意，往往拘泥差役多非善良之輩，遂並拒捕之人亦予從寬，法紀尚安問乎？水懦則民玩，無怪乎藐法者之紛紛皆是也。毆至廢疾，本罪應擬滿徒，是以加擬絞候。火器傷人，罪應擬軍，用以拒捕，情節尤爲兇惡，祇加二等，何也？且言火器，而未及兇器，有犯亦難援引。

本按：上文言罪在滿徒以上方擬絞，下文言罪已至擬流，加二等，詞意顯相矛盾。例文之最不通者，莫甚於此。

薛又云：折一齒一指，唐律本係徒罪，而拒捕折傷，亦止加二等，不問擬絞罪。明律凡鬥折傷改輕，拒捕折傷又改重，是以例文紛紛修改，輕重俱不得其平。

一、罪人在逃

薛云：此條並乾隆五十三年修例按語頗極明晰。本罪已至滿流，謂所犯本重，滿流即屬罪止，無可復加。按律雖無可加，而拒毆在折傷以下，謂拒毆罪輕。仍應照例加等擬軍。律以流罪爲止，例加充軍，謂滿流以下仍可加等。充軍者以次遞加，亦加拒捕折傷以下之罪也。原犯未至滿流，仍以拒捕律加罪二等，謂有等可照律遞加也，皆指拒毆在折傷以下而言。若折傷以上，則無論本罪已至滿流、未至滿流，均應依律擬絞，原奏分晰甚明。嘉慶六年改爲『本罪已至滿流者，而拒毆在折傷以上，照律擬絞，未至滿流者，而依拒捕律加罪二等。』是同一拒捕折傷之案，而以本罪是否已、未至滿流分別生死，似非例意，如有兩人依此，一係竊贓逾貫爲從，擬以滿流，一係竊贓一百一十兩爲首，擬流二千五百里，論情節不甚懸殊。若同係金刃拒傷捕人，或罪應滿流者毆折捕人一齒一指，流二千五百里者係刃傷及火器傷，而拒毆傷輕者科以死罪，拒毆傷重者僅止加等問擬，情法可謂平乎？是年修纂時誤會例意，咸豐二年修例又複因訛成訛，以至相沿至今。

一、豫省南陽

薛云：此條與下山東省捻匪、幅匪一條似應修並爲一。與下條微有不同。此殺人者斬候、折傷者絞候係照拒捕律定擬，又與別條不同。

一、直隸一省

薛云：此不獨直隸一省爲然，似可改爲通例。事主呈報搶竊案件，不知賊犯姓名者居多。捕役奉票承緝此案，即屬應捕票内，亦萬不能將賊犯姓名預先填入。但係本案正賊拒殺差役，豈有不照拒捕殺差定擬之理？此層似可删去，歸入上文除筆之内，改爲『除奉票指拏有名及未指明姓名確係本案正賊，仍照定例』云云。

一、山東省捻匪

薛云：與上河南、安徽條應修並爲一。

獄囚脱監及反獄在逃

一、各處監獄

薛云：此監禁人犯之通例，與本門專言越獄脱逃者不同，似應移於應禁不禁門。

一、獲犯到案，並解審

薛云：此條應移於與囚金刃解脱門。止云嚴行責治，並未指明何罪，似應添入。

一、拏獲越獄人犯

薛云：越獄，律係加本罪二等，至死者依常律。此云至死者絞，自係指死罪人犯越獄而言。後越獄例文改重，軍、流、徒犯亦有加擬絞候者，是否不論軍、流、斬、絞，本犯應擬死罪，亦擬候之處，尚未明晰。

一、凡殺人盗犯

薛云：此從前舊例也，與現在例文多不相符，似應酌加修改，或修並於下條除筆之內。

一、在監斬絞人犯，如有强横不法

薛云：强横不法及越獄脱逃均怙惡不悛，乃一經越獄即從嚴治罪，而强横及賭博等事僅止擬杖，未免太輕。

一、斬絞重犯，如有越獄

薛云：應與下條修並爲一。

一、斬絞人犯，如有在監年久

本按：似可與强横不法修並爲一。

一、犯罪囚禁在獄

薛云：三人以上越獄徒犯，爲首改爲擬絞緩決，爲從係軍流改爲絞候緩決，係斬、絞俱改立決，則擅殺誤殺亦改立決矣。且無論首夥，未免太重。

斬、絞改立決，軍流加擬絞，已屬律外加重。徒罪亦擬絞候，杖笞俱加重發遣，殊嫌過嚴。

一、羈禁罪應凌遲

薛云：無論名數多寡，則一名亦應發軍臺矣。而下文一名脱逃未獲，僅徒三年，似不畫一。此條亦太重。

徒流人逃

一、軍流人犯脱逃

薛云：此條原例係專爲軍〔犯屢〕次逃亡，怙惡不悛而設，與赦款無相干涉。改定之例則專爲遇赦言之矣，似非原定此例之意。不知赦款可臨時酌定，此例所云亦與近年赦款不符。

再：原例專爲加擬死罪而言，遇赦特帶言之耳。既經删改，此例亦應删除。

一、凡在京問擬徒罪人犯

薛云：一概不許出境似乎難行，是以專指出强竊及光棍等犯，其餘均許出境矣。例内所謂前項人犯，是否專指强竊盗及光棍案犯？抑係統指在京擬徒之犯？並未分晰叙明。且杖笞枷號人犯遞籍後複行來京，均有治罪明文，萬無任聽徒犯複行來京之理。乃例祇言出境者枷一月杖八十，而不言來京之罪，且專言强竊盗、光棍案犯，而未及别犯，殊嫌疏漏。

光棍案内無擬徒罪名，似應改爲棍徒。竊謂欲嚴徒犯來京之禁，不如仍複原例。别省民人在京在外犯徒者，一概解回定地充徒，徒滿交原籍地方官管束。如脱逃來京滋事，按後犯罪名加等定擬。未滋事者枷號分别杖責，仍行遞回嚴加管束。

一、軍流罪犯在配所脱逃

薛云：此例不過改律文之杖六十爲杖八十耳，其罪止滿杖，及受財故縱，皆與律文重複。至疏脱外遣人犯，並未議及

一、在川流民

薛云：此係川省流民專條，現在並不照此辦理。且别省並不禁止，而獨嚴於川省，亦不畫一，似應删改。

一、在京問擬枷責杖笞

薛云：紛煩極矣。

一、外遣及新疆改發

薛云：此例本爲拏獲後即行正法而設。現在由新疆改發内地之犯頗多，除强盗免死外，其餘均不在正法之列。外遣有平常遣犯脱逃之例，新疆改發即屬軍犯，亦有軍犯脱逃專條，且有用重枷枷號之例。此例無關引用，似應修並於免死盗犯條之條例之内，以免混淆。

一、傳習邪教人犯

薛云：現在並無因邪教發額魯特人犯林清案内有此項爲奴之犯。遣軍以下人犯在逃，呈遞封章及控訴事件，本例亦已加等矣，此例又加一等，未免過煩。逃後滋事另犯斬絞罪名，已明言緩決者入實，應實者立決矣。下文另犯應死罪名仍從重論，亦屬重複。

一、凡行兇發與披甲人

薛云：「與披甲人」上似應添入「發遣黑龍江等處」，此例與捕亡無涉，似應與爲奴人犯永遠不准贖身出户修

並一條，入於人户以籍爲定門内。

一、黔省查拏

薛云：與川省流民一條均係爾時辨法，似應一並删除。

一、逃回原籍之軍流

薛云：下文既云『雖不容留，但明知不首者杖一百』，是容留與不首即大有區分。上文容留不行舉首，房主、鄰保均擬滿徒，似未明晰。擬改爲知情容留者擬徒，知而不首者擬杖。

例止言祖、父、子、孫、奴僕，其餘均應科罪。是兄逃回而弟容隱、伯叔父逃回而侄容隱，均科以杖八十之罪，似與情理未協。且犯別事有重於逃軍逃流者尚准容隱，獨於此項加嚴，亦不畫一。

一、免死減等發遣新疆盜犯

薛云：秋審緩決減爲發遣人犯，以是否不服伊主管束，或因思家，或因力難受苦，及逃後有無行兇爲匪，分別枷號正法。此處又以五日内外分別定擬，殊不畫一。

本按：此條盜犯係嘉慶十七年十二月内奏改黑龍江等處遣犯條款，將未傷人之首盜，聞拏投首等四項俱改發雲、貴、兩廣極邊烟瘴充軍。又是年調劑黑龍江等處遣犯，案内分別到配年分，改回充軍、擬流之盜犯，均係免死改發。現在已無此等人犯，此條即應修改。

一、軍流徒犯，在配

薛云：照失囚律治罪之處，尚未分明。因獄卒而推及押解主守人，又因他人捕獲而推及囚已死及自首二層，均屬與律不符。至他人捕獲，可云與已無涉，若囚已死，即無可科罪。因自首亦可免加逃罪，而獄卒等仍應治罪，未免太嚴，且與因人連累致罪之律彼此抵牾。

一、秋審緩決人犯

薛云：遣犯一經脱逃即應正法，罪名本重，是以分別是否不服伊主管轄等情，量從寬典。現在此等人犯俱不正法，似不必曲爲分晰。逃犯均無『思家』『覓食』字樣，而獨見於緩決遣犯，亦嫌未協。

乾隆元年定例，係黑龍江將軍烏禮布咨免死發遣盜犯李廣子脱逃被獲，請即正法等因。刑部查核犯供，實係伊主不給飯契，逃走覓食，與不服伊主管束不同，被獲時又無行兇拒捕情事，是以免其正法。若不服伊主管束，乘間脱逃，則應正法明矣。緣免死發遣盜犯脱逃即應正法，原不分行兇與拒捕否也。後將此條改爲緩決減等人犯，而免死盜犯另立五日内外拏獲一條，其不服伊主官束等語專屬此條，未免參差。且此條如果不服伊主管束脱逃，不論五日内外拏獲，即應正法。彼條無故脱逃，即不服官束也。如五日内拏獲，即可免其正法，尤嫌未協。

再：僅止不服官束脱逃，並無行兇及拒捕情事，如何擬罪，例無明文。是否兩項俱全，方擬正法？或因思家及力難受苦脱逃，如有行兇爲匪，應否即行正法，均未詳晰叙明。

再：緩決減等人犯，有減流者、有減軍者，即免死流犯、軍犯也，並未注明『秋審緩決』字樣。嘉慶六年聲明此條免死減等係指秋審緩決，以别於免死盜犯而言。惟查乾隆元年原例，即係以免死盜犯李廣子配逃纂定，何所據而以爲指秋審緩決人犯耶？秋審緩決人犯減爲外遣者，百不獲一。且有民人減發烟瘴、旗人減發黑龍江等處者，尤與此例不符。

緩決減發爲奴，與免死盜犯情節大略相同，而科罪迥異。至脱逃至五次十次以上，實屬藐法，僅止枷號鞭責，輕重太相懸殊。且盜犯一經脱逃，即無拒捕及另犯爲匪情事亦應正法。此等人脱逃至十次以上，得不謂之藐法乎？而俱無死罪，其義安在？至行兇爲匪，並未指出何項罪名，則凡犯不法之事，均謂之行兇爲匪。即如逃後行竊一次，計贜無幾，或與人口角，他物傷人，以逃後行兇爲匪論，即應照例正法矣，亦未平允。

一、原犯實犯死罪免死減軍

薛云：免死減軍人犯雖與免死遣犯不同，而較之平常遣犯則情罪爲重。平常遣犯逃後行兇爲匪，犯該軍流發遣者改爲絞監候，犯該徒杖者遞回分别枷號。免死軍犯反較平常遣犯科罪爲輕，似未平允。

即如因竊擬流，複竊三次以上，罪應擬遣，如内有一次逾貫，即應絞候，將來緩決免死，不能不照例減軍。倘在配脱逃行兇爲匪，犯該徒流以上，不過加等調發，反較平常發遣脱逃行兇例治罪轉輕。似應將免死充軍及減流人犯，如脱逃行兇爲匪，均照平常遣犯例科罪，庶不至輕重倒置。

本按：似可修並於平常發遣人犯在配脱逃例内。

一、蒙古

薛云：蒙古本無免死減發外遣人犯，究竟係指何犯何項罪名，記查。

一、回民

薛云：回民因竊發遣，脱逃復行兇爲匪並拏獲時有拒捕者，較平常遣犯爲重，犯該斬、絞監候罪名，自應無論應入實、緩，均改爲立決。咸豐二年修例時，將平常遣犯及免死軍犯二條，均分別應入實、緩改擬罪名。此處未加修改，自應毋庸再爲分晰。唯除筆内仍照原句，究未妥協。似應將『除』字並『仍照原例辨理外』均行删去。

一、凡遣、軍、流、徒各犯

薛云：律擬杖六十，例改杖八十，名數雖多，仍罪止滿杖。此處鄉保竟加擬徒罪，殊嫌參差。因逃犯滋事而追咎主守之鄉保，加重其罪，並罪及房主、鄰佑，甚且罪及親屬，立法非不嚴厲，然例雖嚴，從無照此辨理者。

一、由京遞籍

薛云：因一人脱逃，而原籍及容留之房主、鄰保均有罪名，科條亦太煩矣。

本門三條，盜賊窩主門一條，舉用有過官吏門數語，均係有罪人犯不准潛來京城居住之意，似應條並爲一，以省繁冗。

一、充軍常犯

薛云：例末二句，與『上』重複。

一、發遣云、貴

薛云：因烟瘴犯軍脱逃均應發黑龍江爲奴，惟刨參人犯不便改往，是以改發烏魯木齊。現在烟瘴軍犯脱逃均停發黑龍江，刨參人犯自可一例辦理，似無庸另立專條。

稽留囚徒

一、外省發遣官常各犯

薛云：舊係兩月者改爲一月，舊係不得過百日者改爲不得過兩月，均防其遷延逗留之意。刑例將限期改近，而處分則例仍與原例相符，未經修改，殊嫌參差。緣改定之例係兵、刑二部會議具奏，吏部並未與聞，是以處分例仍從其舊，似此者甚多，不獨此條然也。從前律例館兼管各部條例，尚屬畫一，自各部自設律例所，遂不免互相參差。

本按：『專咨報部』下，舊例有『仍逐一分別，年終彙報刑部、兵部備查』等語。嗣於道光二年刪減册籍，案内將此項册籍刪除，例文亦經刪節。嗣於光緒七年經刑部奏准，仍複年終彙報，舊例此條仍應增修。

一、各處有司起解

薛云：此條違限一年之上，與上條限一月起解之例不符。疏脱無獲衹擬杖責，稽留日久即擬充軍，未見平允。

主守不覺失囚

一、凡發遣黑龍江、甯古塔

薛云：徒流人逃律内、主守及押解之人杖六十，例内軍流脱逃，看守之保甲杖八十。此條照徒流人逃本律治罪，與下條尋常遣犯脱逃，將押解兵役照徒流人逃本律杖六十相同。後於咸豐二年將下條改爲杖八十，此處漏未改正，似應一並修改。

再：例内寧古塔俱改爲吉林，此處亦應修改。

一、解審斬絞重犯

薛云：如究出受賄徇情故縱確據，解役供認不諱，且有代爲過贓之人，雖逃犯未獲，亦應先行定擬，似可無庸監禁。例内『本犯旋即就獲，質審明確』下擬添『及犯雖未獲，而訊明賄縱屬實，該解役供認不諱者』云云。　長解減囚罪一等擬流，究嫌太重。　下條有撥兵添差之地方官處分，此例衹言解役，未及兵丁，亦嫌疏漏。

原例衹言受賄故縱，改定之例忽添入徇情二字。上下二段均將長解監禁，中一段獨無此層，若以有無開放鎖鐐爲監禁不監禁之分，第三段明言依法管解，則非開放鎖鐐矣，亦將長解監禁，又何説也。原例尚覺明晰，愈改愈不分明矣。

細繹此例，罪名雖分三層，而『嚴行監禁』一語直貫『不准照舊例減囚罪二等問擬』爲止，皆拏獲正犯之日，究明分别辨法也。一照囚罪全科，一與囚同罪，並無不必監禁之語，例文尚屬明顯。改定之例將十年限滿，遇有恩旨不准查辦等語均纂入第一段内，而第二段並無監禁字樣，又添入其未開放鎖鐐一語，一似開放鎖鐐者監禁，未開放鎖鐐者無庸監禁矣。且例首先用除筆，下接其在途開放鎖鐐云云，再云其並未開放鎖鐐等語，則全係説成兩截矣。試取前後各例觀之，其失自見。

原例之第一條，雇替潛［回］，無故先後散行，非故縱而情同故縱，是以照故縱律與囚同罪，已屬從嚴懲辦。後條並無前項情事，因恐其狡避，複定有監禁一年減囚罪一等之例，則更嚴矣。第情法貴得其平，前條因究出故縱情形，故可與囚同罪，至死聽減一等，此條並未究出故縱情形，亦止減囚罪一等，是取依法管解之供，而科以故縱之罪，且又多加監禁一年，殊未允協。既云審有確據，則非故縱矣，何以不照律減囚罪二等耶？如或短解受賄故縱，長解聽從狡供，則輕重又屬倒置。必謂長解有情弊，而短解無情弊，恐未必然。此層似可刪去。

舊例凡分三層。一開放鎖鐐，照囚罪全科；一違例雇替等項，與囚同罪，至死得減一等；一照律聽減囚罪二等。若依法管解者，亦止減一等。則二層而非三層矣。且第一層如究明無賄縱情弊，亦聽減一等，是三層均擬流罪，殊嫌未協。原例二條，尚極分明，修並爲一，轉有未能融洽之處。

一、押解發遣新疆人犯

薛云：此條祇言賄縱而無故縱，上條開放鎖鐐與違例雇替等係屬二層，此條並作一層，俱屬參差。止圖便於行走，上條並無此句。

此條以遣犯在逃應否正法爲解役罪名輕重之分。惟軍犯脱逃亦有應行正法者，載在强盗自首條內。是脱逃應正法者，不獨新疆人犯。例末『由新疆改發煙瘴及黑龍江等處人犯』云云，蓋謂此等亦以新疆犯論，脱逃亦在正法之列也。現在辦法與此不同，似應改爲『如軍犯內有脱逃例應正法者亦照此例分別辦理，發往黑龍江等處者亦以平常遣犯論。』或於例首『新疆』之下添入『黑龍江等處』亦可。

上條監禁原例並無年限，此例以一年爲限，與上條不符。上條之一年限滿本指依法管解者言，因彼例『一年限滿無獲』之語，嘉慶六年遂照上第三層例文改定。至所云『減一等擬徒』，蓋照上條第三層減等而忘却上條之第二層，是將『故縱』與『依法管解』混而爲一矣。末後添入『違例雇替』等項而又謂爲『並無故縱情弊』，上條何以又照故縱律定擬耶？此例既仿照上條定擬，似應將『受賄故縱，照囚罪全科』爲第一層，『故縱及雖非故縱，而有違例雇替等情與囚同罪』爲一層，『依法管解，照律減囚罪二等』爲一層。疏脱平常遣犯亦照此例辦理，賄縱故縱者與囚同罪，贓重者仍從重論。

再：由新疆改發烟瘴及黑龍江等處人犯脱逃，從前亦在正法之列，是以有『疏縱亦照此例辦理』之語，此處以免死盜犯及平常遣犯爲罪名輕重之分，相去殊覺懸絶。例内疏脱平常遣犯枷號一個月杖八十，自係依法管解而言。如有違例雇替等情如何治罪之處，例未叙明，亦未叙及逃犯是否拏獲，且與下條疏脱軍、流、徒之例輕重太相懸殊。

疏脱平常遣犯，例止枷號杖責，並未叙明限期，與免死遣犯科罪迥殊。　疏脱軍流徒犯，律分兩項，一係已經斷决之犯，押解配所者，徒流人逃律内，途中押解人不覺失囚，一名杖六十是也，一係未經斷決之囚，或尚候追贓、或停囚待對、或案候歸結之類，即此律所云『押解在獄罪囚，中途不覺失囚者，罪亦如之』是也。如謂此例所云係指押發配所而言，下二條疏脱軍、流、徒犯，一指解審言，一指押發言，是以罪名輕重不同，惟解審例内並無平常遣犯，而脱逃例應正法之遣犯，亦祇言押解而未及解審，未免彼此參差。似應將情重遣犯脱逃應行正法者，摘出無論已決斷未決斷，解後無論解配解審，分别情節治罪列爲一條；解審遣、軍、流、徒各犯未經斷決者致令脱逃列爲一條，押發遣、軍、流、徒各犯已經斷決者致令脱逃列爲一條，庶不至彼此混淆。緣從前新疆及由新疆改發之犯，一經脱逃即應正法。押解此等人犯與斬絞人犯相等，是以嚴定專條。後來遣犯脱逃俱不正法，與軍犯無異，其應正法者不過盜犯數項耳，而此數項内，尚有改爲軍犯而脱逃仍行正法者。例文參差不齊，愈修改愈覺雜亂，遣犯較軍犯爲重，而軍犯脱逃應行正法，又較遣犯爲重，例文安能畫一耶？

一、直隸等省

薛云：處分例又有情罪重大之犯於批牌上注明，此係要犯應令員弁管押遞送一條。似應添入此條例内。

一、凡監犯越獄，如獄卒

薛云：囚已死及自首概不准免，似嫌太苛。　監犯越獄脱逃，律祇加罪二等，本犯應死者依常律，謂罪已至死，無可再加也。獄卒減本犯罪二等，謂流罪則從流減，徒罪則從徒減也。賄縱、故縱者與囚同罪，謂所縱者係流犯則科以流罪，所縱者係徒犯則科以徒罪，所縱係斬、絞人犯，受賄者科以絞罪，未受賄者仍減一等擬流，此律意也。例内越獄之犯改從重典，軍、流、徒有改擬絞罪者，死罪有加擬立決者，若將賄縱、故縱之犯一例同科，是所縱者本係徒犯而所得者反係流罪，所縱者本係軍流而所得者反係死罪。以逃囚所加之罪並加諸禁卒，以逃囚律無可加之罪亦加諸禁卒，未免過重。即押解新疆免死遣犯亦然。

免死遣犯脱逃應正法，未脱逃則仍係遣犯。與本犯死罪不同。受賄故縱亦祇縱擬［遣］人犯，非縱免死人犯也。因縱放脱逃本犯始有死罪，遂並故縱者而亦坐以死罪。律貴誅心，試問此等賄縱者之心，係故縱遣犯乎？亦故縱死罪人犯乎？以逃犯所加之罪並加於解役之身，殊未平允。

一、解役疏脱應擬斬絞重犯

薛云：例内『審有違例雇替，託故潛回情事，應照故縱律與囚同罪者』等語，即係上條乾隆二十五年所定之例也。所云『牢固監候』，即上條之『嚴行監禁』也。嘉慶年間將上條監禁限期定以十年，此條漏未修改，設逃犯終身未獲，轉無辦法。似應與上條修並爲一，以免歧異。

上條祇云『解審斬絞重犯』，此例又添入疏脱之犯案情未定一層，一似牢固監禁專爲案情未定而設，非專爲有違例雇替等情而設。又似上條專指罪名已定者言，此條專指罪名未定者言，亦不無少有參差。惟上條有『拏獲正犯之日究明』，此條亦有『俟逃犯拏獲定罪』各等語，則逃犯未獲，即不能遽定解役之罪，兩例原屬相同，似應並入上條，添入『無論案情是否已定』一句。記核。處分例以多差解役、已加肘鎖及少差解役、未加肘鎖分別輕重，此處亦應添入。

本按：案情未定則罪名亦未定，與案情已定，罪擬斬絞者不同。一例辦理，似未平允。

一、解審罪應凌遲斬絞立決

薛云：解役賄縱、故縱斬絞重犯，僉差不慎之官即擬滿徒，越獄之案且有發軍臺者，官員公罪，此爲極重。然法雖嚴，而照此辦理者百無一二。况州縣之賢否，原不在此一端。因疏脱一犯即擬徒罪，雖循聲卓著之員亦未能免，反有較之犯別項私罪科罪爲重者。且失察書役犯贓、犯該斬絞者，本管官止降一級留任，縱令作弊得贓者革職；即捕役窩盜、爲盜，失察之州縣亦止降三級調用，誣良爲盜私拷致死者革職。疏脱一犯，而文武官俱擬徒罪，兵役多人監禁，似嫌太重。解役之罪名不可不嚴，不嚴則不知警懼。而該管官之處分則不必從嚴，過嚴則認真辦理者必少，即實有賄縱、故縱情節，亦礙於官之處分而曲爲開脱，投鼠忌器，理固然也。似應將該管官處分改輕，能究出賄縱、故縱情節者並免處分，較爲有益。現在辦法，均引處分則例，從無用刑例者，此例亦係虚設。

一、凡解審軍、流、徒犯，中途

薛云：上條平常遣犯是否已經斷決，例未叙明。玩『杖八十枷號一個月』二語，則似已經斷決矣。其未經斷決解審之犯，並無明文。有犯礙難援引。若不問解審、解配，概擬枷杖完結，則解審軍流人犯反較解審遣犯爲重，殊未平允。應將平常遣犯摘出，修並於此二條之内。

查軍、流、徒犯均係罪人，解審與解配有何分別？乃疏脱解審軍、流、徒犯之解役，照律減囚罪二等，疏脱解配軍、流、徒犯之解役，止礙杖責。况賄縱、故縱此等人犯，無論解、審解配，均應加等，解役又何獨不然？律文已誤，例亦一誤再誤。甚至疏脱軍犯及免死軍流人犯有較疏脱尋常徒犯輕至數等者，法之不平，此其一也。

一、押解軍流

薛云：違例雇替等事恐亦不免，似應添入，並將尋常遣犯一體添入。

一、解審斬絞重犯，審有違例雇替

薛云：再此層加等礙軍上開放鎖鐐一層，仍照流犯發配，不畫一。　上有牢固監禁一條，與此不符。

知情藏匿罪人

一、宛平

薛云：別省擬此者亦有，似應一體照辦，於例未添入。

本按：湖南有案。

盗賊捕限

薛云：户部則例有『直省州縣額設經制民壯』一條與弓兵捕役互相發明，刑律不載殊覺疏漏。

條例

一、直隸各省審理案件

示掌云：『承審應扣封印日期並扣除解府、解司、解院程限，通查全書各律内俱未載入，即處分則例亦未載有准扣明文，現辦題咨事件俱准扣除。似應一體纂入，以免挂漏』。

薛云：何項爲情重命『案』，並未叙明。處分則例云：『盜劫及斬絞立決命案並一切搶竊雜案，統限四個月完結，俱以人犯到案之日起限。』應照改。

一、凡承『審』命盜及欽部事件

薛云：第二段與吏部則例彼此互異。此類甚多，似應查照修改一律。原限四個月者再限四月，原限六個月者亦再限四月，似無分別。雍正年間舊例，頗覺詳晰，似應添入。

一、凡承審土苗案件

薛云：與下黔省苗疆一條，似應修並爲一。

一、盜案如有隔省關查口供

薛云：下盜案獲犯到官一條有『或因隔省相查，限内實難完結』之語，與此條關查口供係屬一例。似應修並於彼，以免重複。

一、刑部行文五城

薛云：現在承追贜罰等事件，並不照此例辦理，此條亦係虚設。

一、凡交界地方失事

薛云：雍正年間上諭，專指盜犯言。故捕役照誣良例治罪。後添入一應竊匪、窩賭、窩拐等犯，其誣拏之捕役似應分別定擬，未便一體充軍。

一、凡京城内有强盜

薛云：京城盜案，文武各官處分，吏部、兵部俱定有專條。此例諸多不符，無關引用，似可刪除。

一、凡隔省關提人犯，承問官一面詳請

薛云：照誣良例治罪，太重。

一、凡承緝各官，有假借

薛云：『兵役分别酌量給賞』下舊例有『其夥盜内有首出盜首，即行拏獲者，全免其罪』，下接『若不在夥内之人首出盜首，即行拏獲者，地方官從優給賞』，語意一串而下。後因夥盜供出盜首另有擬流之例，將此句删去，『不在夥內之人首出』云云，便不明顯。

舊例『或先報盜首脱逃，後仍在該地方隱匿，或捏報盜首病故，後於别案發覺者』云云，語意本極明顯。後將『仍在該地方隱匿』，一句删去，似不及舊例分明。

夥盜首出『盜』首，即行拏獲，全免其罪，似係指未被緝獲自首者而言。雍正五年擬流之例，係指已被獲案供出而言。此處混而爲一，似未允協。

一、苗蠻地方

薛云：內地均應如此，何獨於苗蠻地方特立專條。

一、鄰縣關提人犯

薛云：與下隔省關提人犯條，似應修竝爲一。

一、五城地方有失竊案件

薛云：似應與後五城奴僕偷盜一條修竝爲一。處分例：『五城地方失竊，均限三個月緝拏』，與此例四個月不符。

一、凡司道提比捕役

薛云：處分例專言同、通，此例兼有府廳，亦不相符。

一、凡五城地方事主報

薛云：此亦可竝於前五城地方例內。

一、凡各省州縣，遇有

薛云：與下命盜等案要犯負罪在逃一條及應捕追捕罪人要犯脱逃一條均係脱逃要犯，行文鄰境，一體緝拏之意。分列三條，未免複雜。

一、凡隔省關提人犯，承問官務將

薛云：上文鄰縣關提一條係限文到二十日拏解，此條似應將兩個月限期叙明。兩條情事相類，似應修竝一條，以省煩冗，且免重複。或改爲『隔省隔屬關提人犯』云云。『稽考』下添『隔省州縣，限文到兩個月拏解；隔屬州縣，限文到二十日拏解』。『如准關之州縣』云云，『嚴參』下添彼條『地方官議處』外，全寫至末，再接此條『審結題咨時』。

一、命盜重案，內外問刑衙門

薛云：舊例殺人及强盜等罪，監候質審人犯一條載在有司決囚等第門，乾隆十七年奉旨刪除。是從前之監候待質與後來監候待質迥乎不同。猶之永遠枷號，前後亦不相符，名雖是，而實則非矣。

一、卑幼擅殺

薛云：『擅』字似應改『毆故』。一月限期未免太促，照情重命案定限亦可。此例在先，情重命案例在後，似應將尋常命案定限六個月，情重及服制等案均定限四個月，無庸另立專條。罪名愈重，審辦愈應詳慎，而限期反促，似覺非宜。

一、京城遇有讐盜未明之案

薛云：『京城遇有』下應添『殺傷人命』，似應修並於下『五城遇有承緝兇犯』一條之內。

一、官員審理命盜

一、盜案獲犯到官

薛云：盜案限十箇『月』完結，續獲盜犯限六箇『月』審結。另行展限完結，謂另扣審限六個月也。總不得逾違統限，謂不得逾十月之限也。後改爲另行展案扣限四個月，則指統限而言矣，與下不得逾違統限一句無甚分別。且續獲在分限將滿之時，究竟展限若干日？亦未叙明。竊謂盜劫之案，多則數十人，少亦不下八九人，首夥各犯，未必一時全獲，是以審限較命案爲寬，又定有續獲之限。改定之例以四個月爲限，而續獲在分限以內及將滿之時，轉無展限，殊嫌太促。處分則例已有專條。

一、五城所轄地方

薛云：似應修並於前『五城地方失竊』一條之內。

一、凡各本省應緝外遣逃犯

薛云：此專爲外遣及改發內地逃犯而設，向來此等人犯脫逃，被獲即應正法，是以定有此例。現在此等人犯並不正法，與軍流人犯相同，此例亦屬具文。

一、凡命案等案要犯負罪在逃

薛云：『該省督撫接據詳文』下，似應照原例添入『通飭本省州縣一體協緝，並徑檄鄰省』云云，或用除筆亦可。本省協緝一層删去，原例有。似欠周密。

應捕人追捕罪人，脱逃要犯，將年貌、籍貫、有無鬚痣開明通緝一條，與此大略相同，似應修並爲一。此條命盜等案要犯，無所不包。

一、五城遇有承緝兇犯

薛云：上[illegible]盜未明一條，似應補入此限『例』之内。

一、各省審辦無關人命

薛云：命盜案及外結徒犯均有限期，惟有關人命徒犯因載在有司決囚等第門内，是以並未注明，殊不畫一。且均係徒犯，亦不應分列兩門，似應並入此條，並將限期敘明。

又云：此律專言捕限，是以列入捕亡門内，例則兼及審限，有與鞫獄停囚待對各條相符者，亦有彼此互異者，似應酌加修改，將捕限專歸此門，其審限各條修並於彼門之内，以免參差。

斷獄

囚應禁而不禁

一、侵欺錢糧

薛云：原案係不行監禁以致自盡，故將州縣官革職。已經監禁，失於防範致令自盡，亦擬革職，似嫌過重。若應禁追而散禁，並未致令自盡，自不在革職之列矣。至監禁或致自盡，司獄典吏豈得置身事外？例内州縣官革職而未及司獄典吏，亦未明晰。與與囚金刃解脱門科罪大相懸殊。細繹例意，似係應禁不禁以致自盡者而言。若未致令自盡，自有應禁不禁本律可引。不然，別項應禁不禁者並無專條，而獨嚴於此二項，似非例意。吏部處分則例分晰極明，斬絞以下人犯一條，監禁官犯一條，散禁人犯一條，應參看。

獄囚衣糧門内載：處分例有『不行監禁，聽其在外居住以致脱逃者，革職』云云。此例衹言自盡，而無脱逃。『有官者［私］犯罪，徒流鎖收，杖以下散禁。公罪，自流以下皆散收。』與此例亦不符合。

一、各扎薩克、蒙古

薛云：蒙古犯罪與民人不同，向照理藩院例文辦理。此云犯徒罪以上，自係指照刑例問擬者言，似應修改明晰。

一、凡枷號人犯

薛云：連根帶鬚竹板，另見下故禁故勘平人門内，此處似應删去，以免重複。此門專論應禁與不應禁，枷號人犯似不應列入，修並於秋凉補枷條内亦可。

故禁故勘平人

一、强竊盗人命

薛云：但係因夾身死，即應題參，則恣意疊夾，自不待言，究竟有無分别及治以何罪之處？尚未明晰。

本按：處分例分晰甚明，似應將『治罪』二字修改明晰。

一、内而法司，外而督撫

薛云：此處衹有分别議處，並無題參治罪之語。

一、承審官吏

薛云：因不承招而夾斃與上『誤執己見』相等，問擬徒罪，似嫌太過。以有誣告之人擬抵絞罪，承審官似可稍減也。

一、直省審辦案件

薛云：與本門第四條例文重複，似應修並爲一。

本按：此條照陵虐罪因律治罪，似應在陵虐罪囚門。

淹　禁

一、凡恩詔頒到

薛云：從前赦款内應免者係由外省釋放具題，現在遇有恩赦，其應免罪囚，俱由各省咨部核辦，情罪可疑者，外省亦無奏請彙疏奏請之事，似均應修改詳明。

一、各直省府廳州縣，凡有監獄之責

薛云：處分例有『按月』二字，似可添入。原例本係『按月申送該府查對。』

陵虐罪囚

一、在内法司問發程遞人犯

薛云：受財故縱與陵虐無干，見於捕亡門内，此處應删。

買求殺害與獄卒受仇家賄囑謀死本犯情事相類，應並入彼條之内。　杻施於手，鐐施於足，因應禁不禁律並無『鐐』字，何也

本按：彼律有『鎖）字，『鐐』亦『鎖』之屬也。

一、除强盜

薛云：輕罪濫用重鎖，重罪私用輕鎖，即係任意輕重也。革役下擬添『照律治罪』，『任意輕重』以下均應删除。

一、凡部發遞解，及外省原例本係二條，乾隆五年删並。

薛云：此條專爲犯病留養而設。其教唆强奪一層，似應删改移入第一條例之内。　從前流罪僉妻發配，是以隨行親屬病者亦准留養。後來軍流俱不僉發，徒罪更無論矣。既不在官爲資送之列，似未便因親屬患病致將正犯稽留。教唆搶奪一層，原例係照光棍治罪，因嫌太重，改照搶奪律，又覺輕縱。上條犯徒罪者即擬烟瘴充軍並加枷號，此處似可照辦。

再：次條原例係在京各省發回原籍安插並流徒充軍人犯，以爾時此等人犯最多故也。改爲解别省軍流徒罪發回安插轉不明晰，是又誤認流徒爲流徒罪名矣。

一、凡官員擅取病呈

薛云：與下『獄卒謀死犯人』一條似應修並爲一。

一、凡問刑衙門

薛云：此與濫用非刑相等，遽擬滿流，似嫌太重。官問流罪，吏止革役，輕重亦覺懸殊。

一、凡押解兵役驛夫人等

薛云：犯人婦女皆係無罪之人，如用强姦污，豈止僅擬徒罪？從重議罪，似應修改。此專指流徙甯古塔等處而言，故有驛夫及押解官各層，後添入解京及别省，轉不分明。

一、凡獄卒有受

薛云：此例似應與上『官員擅取病呈』一條修並爲一。

一、徒罪以下人犯

薛云：徒犯亦有不同，如例内有關人命之類似未可一概而論。此例所云自係指無關人命，罪名已定及雖未定而罪狀昭著訊有確供者言。若命盗案内，甫經到官，首從尚未分明，及情節介在疑似者，如有患病之犯，其是否係屬正兇首犯，礙難懸斷，似未便遽行保出。倘監禁後訊明該犯並非正兇，亦非首犯，承審之員即不得不照例議處。似應修改。即如兩人共毆一人身死，均供認輕傷，狡避重傷，或傷痕相等不肯供認後下手之類，設一人患病，此等人犯應否擬絞，抑或擬杖之處，殊難臆斷。既未定爲何罪人犯，即不應先行保出。即實係杖罪人犯，而在監病故，與正兇減等尤有關係，似未可拘泥此例也。

題報監斃人犯與有司决囚等第一條參看。惟徒犯病故向不題報，似應將此層删去，並入彼條之内。

一、番役

薛云：又見强盗門『番役私拷取供，於本衙門首枷號一月杖一百』，與此重複。

一、凡内外斬絞監候之犯

薛云：此例應與下一條修並爲一。

主守教囚反異

一、在京問刑衙門原例首句『刑部乃總理刑名之地。』

薛云：刑部爲刑名總匯之區，關係最重，且有審辦命盗及奏交各大案，與其餘問刑衙門輕重迥殊，是以特立私入刑部治罪專條，後改爲問刑各衙門，殊覺無謂。

一、凡書辦

薛云：書隸無枷號而家人枷一月，未免參差。教供勾串等弊，亦應添入。

一、步軍統領

薛云：不訪拏別處，以刑部與問刑各衙門不同故也，益知前條改刑部爲問刑各衙門之非是。私入刑部衙門例已改。

本按：私入刑部衙門例即第一條。

獄囚衣糧

一、凡解部

薛云：囚糧造册咨部，現俱照此辦理，而例無明文，殊嫌疏漏。祇言解部及遞解各犯，而不及監犯，何也？

一、凡司獄吏目、典史

薛云：訊出冤情據實申明之司獄等給與議叙，似應添此一層。此與獄囚衣糧無涉，似應移於辦明冤枉門内。

一、刑部赴倉支領

薛云：祇言脚價銀而未及囚糧。户部則例蠲恤門矜恤罪犯事例：『刑部南北兩監囚犯，每名日給倉米一升，每季咨户部札倉支領』云云。刑例不載，似嫌疏漏。每季赴工部支領柴炭，刑例亦無文。照律嚴加治罪句似未明晰。『私行尅扣』自係指囚糧而言，乃緊接於『脚價』之後，看去殊不分明。

一、刑部南北兩監

薛云：從重治罪並未叙明治以何罪。

一、刑部在監現審人犯

薛云：不應探視之人即不准擅行放入，有放入者，非徇情即受賄矣。例末盜犯家口亦同。似應將禁卒罪名添入。

鞫獄停囚待對

一、凡欽部等事件

薛云：原題有『不許分坐道府州縣』一語，自係專指督撫而言，定例時將此語删去，便不分明。例末一段，與盜賊捕限門黔省苗疆及土苗案件各條相類，似應移入彼條之内。欽部等事件限期，已見盜賊捕限門内，此條祇言督撫而未及司道以下，係指奉旨特交及由部咨交而言。刑名事件，以京控交審及部駁案件爲多，而處分則例内載：『特旨交審之案，定限兩個月完結，部院咨交之案，定限四個月完結。』亦與此例不符。現在特交之案，均係奏結，從不具題，

京控交審案件，吏部定有兩月、四月完結專條，而刑例無文，似疏漏。

亦不聲明限期。若係刑名事件，另有兩月完結之例。

一、凡在京衙門承審事件

薛云：有司決囚等第條例『鬥毆養傷者，務當依限報痊，驗明傳訊，毋許藉傷延宕』等語。又載：『飭坊查拘人犯，限一兩日送部，若逾限催至三次不到者，將司坊官參處。』均應添入此條之内。保辜限期門載有：『州縣承審鬥毆受傷，不得以傷痊之日起限。』與此不符。

一、盜犯已獲

薛云：此舊例也。後盜案限期已改，此例亦應删改。盜案隔省關查口供，見盜賊捕限。此條似應修並於彼條之内。

一、鄰境關提

律例通考云：『按：乾隆三十九年，吏部咨覆江蘇巡撫薩載咨參青浦縣知縣楊師震承審遲延一案文開：「承審案件，如有關查犯案及隔省關取口供者，應按其實在往返月日扣算。該撫所引承審事件隔省關查口供展限兩個月之例，本部於上次增纂則例時，業已删除」等因。此條乃係准關之州縣應遵限挐解之例，例内展字原不明白。』

薛云：各省關查口供之本例既經吏部删除，本條自應删改。

一、刑部行文八旗

薛云：與上『行文八旗一條，』似應修並爲一。

一、各省軍流等犯

薛云：原奏云：『向來各府州縣承審案件，斬絞重罪由司轉解巡撫審理，軍流則將案情詳報，其人犯止解按察司，而不解巡撫衙門，徒罪以下人犯則歸各府州縣自行審辦，不過將案情詳報核批，其人犯即臬司衙門亦不解審。』此向來辦法也，而例無明文，似應於有司決囚等第門内添入。

原告人事畢不放回

一、督撫應題案件

薛云：『牽連』見上條，上門。輕罪見下條，經處係屬重複。

官司出入人罪

一、承審官改造口供

薛云：草率定案一層，處分例較此加詳，既分別枉坐罪名之輕重，又分別是否刑逼妄供，並非概擬革職。似應改爲究明有無刑逼妄供及枉坐罪名輕重，分別辦理。『出入』下應添『人罪』二字。

一、知府、直隸州

薛云：此條與上條係屬一事。

删除例一條　一、凡督撫具題事件内有情罪不協、律例不符之處云云。

薛云：係刑部應辦之事，此條似不應删。

辦明冤枉

一、法司遇有重囚稱冤

薛云：現在辦法與此例不符，不特無可疑之犯，並可矜各條亦與此論不符。此論擅管見之説也。

一、凡在外審理事件

薛云：後有新例，此例無關引用，似可删除。

一、凡處決人犯

薛云：諭旨内有『重責四十板』之語，何以並未敘入。

一、各省督撫，除事關重大

薛云：『除』字似應照原例改『凡遇』二字。　『俱令』應仍改『務須』，『外』字似應删。

有司決囚等第 律

薛云：此門例文煩多，似應酌加修竝，將不應列入此門者移附別律，此門專載秋審各例。秋審始於康熙年間，從前無此名目，是以律無明文，後來秋審事例日益加多，似可於此律内注明，或添纂於名例律内。死罪囚遇限不決，杖六十，見死囚覆奏待報，與此〔重〕複。

條例

一、秋審時，督撫將重犯

薛云：實緩可矜之外，尚有可疑一層，即『罪疑惟輕』之『疑』，凡有罪名已定而情節可疑者均歸列於内，亦慎重刑獄之意。後將此層删去，一遇疑獄，便難措手。强盗門監候處決一條，是其一也。乾隆十七年以后即永無此等條件矣。『秋審時』可改爲『各省秋審』，『重犯』上應添『斬絞』二字，『具題』字可移於『五月内』之下，上『看語』二字可删，『具題』下似應添『應情實者由刑部繕寫黄册進呈，恭候勾到。』　其咨文以下數語，似應分注。甯古塔應改吉林。黑龍江竝無限期，似屬遺漏。　各省秋審均有截止日期，似應照上分注。『至於』云云，改爲『截止日期後，如有』。

一、秋朝審處決

薛云：夏（日）〔至〕前後五日、三日，均係立決人犯而言，與秋審勾結者不同，似應修竝於下『南北郊大祀之期』條内。　户部則例雜支門：『一、刑部每歲預領次年刊印秋審招册等項銀兩六千兩，每年於七八月具領，事竣，將用過數目造册咨送户部核實題銷。』刑例無文，似應添入。

一、刑部現審重犯

薛云：八月初間似應照上條改爲八月内。

一、凡秋審勾到

薛云：例係刑部侍〔郎〕一人監視行刑，現在辦法則係右侍郎二人，與例不符。

本按：侍郎二人，一係接本之人，一係監刑之人。近來接本之人於接本後亦同至監刑棚内，遂失其初意矣。

一、凡官犯，及常犯罪干服制

薛云：罪干服制下可改爲『者』字。分注『無論由立決改爲監候及例應斬絞監候』，餘俱刪。乾隆四十二年例文『官犯十次未勾，刑部查明奏聞，下次改入緩決』，並無『會同大學士』之語。此處與服制人犯一體會同大學士辦理，不特重複，亦屬參差。似應將官犯一層摘出，作爲除筆，庶與下條例文相符。刃傷期親尊長及違犯教令致父母、夫自盡擬絞候等類現俱入服制辦理，例内僅有聽從毆死功服尊長一層，未免挂漏。

一、各省官犯

薛云：此亦爾時辦法，近來並無此等案件，例内『著』字皆上諭中語，似均應修改。

一、各省秋（省）〔審〕本揭

薛云：『照舊』二字可改『俱』。

一、緦麻服屬人犯

薛云：此指擬入情實者言，似應添入『情實』字樣。

一、每年朝審勾到，刑部將人犯

薛云：此應與上『刑科給事中監視行刑』一條修並爲一。

一、秋朝審情實官常

薛云：服制情實二次未勾即改緩決，常犯必待十次未勾方改緩決，均嫌參差。

一、直省每年應入

薛云：『於應勘時仍』五字可刪。　前擬緩決後改情實，近來亦無此事，亦無可擬案件。若可矜人犯，則本年已減等矣，又何二次解審之有？

一、各省起解秋審人犯

薛云：囚應禁而不禁門内，解審軍流人犯一條係指距在五十里以外，與此少異。

一、大、宛兩縣秋審

薛云：五城及步軍統領衙門咨送刑部命盗案件，題結後歸朝審核辦。若民人在鄉村犯事，則係大、宛兩縣自行例不符。

審辦，由臬〔司〕詳經直隸總督具題，與直省各州縣一體辦理。近來均行文直隸總督轉行，並不經行順天府尹，與此

一、秋審查辦留養承祀

薛云：犯屬、屍親、族鄰人等全行解省，未免多受苦累，因寬而反失之嚴，殊與律意不符。若謂假捏者多，地方官照例取結多不可信，豈解至省城提訊即可無假捏之弊乎？似不若照舊辦理，一經發覺即重治其罪，何必多設科條爲也。命案内之屍親係屬苦主，乃因兇犯留養，將其解省質訊，似嫌未妥。

一、各省秋審斬絞重犯

薛云：甘肅所屬哈密等廳州縣秋審人犯責成安肅道審辦，後有條例。此處留禁省監之處，自應删改。此例有福建之臺灣，無廣東之瓊州，修例時以瓊州應由該道審勘故也。後條例文由道審勘者衹有高、廉、雷、潮、並無瓊州，自屬遺漏，應於後條添入『瓊州』二字，改『四』爲『五』方合。若瓊州應留省監，此例何以又行删去？若以爲應歸該管道審勘，何以下條又無明文？究應如何辦理之處，似應添叙詳明。觀乾隆三十三年按語，以瓊州有雷瓊道管轄，應令該道覆勘，則下條之遺漏不待言矣。哈密等處聲明留禁省監，即不歸巡道審勘矣，乃下條哈密等處均歸巡道審勘，自屬參差。此條定例在先，彼條係後來添入，漏未將此條删改耳。

本按：『福建之臺灣府屬』應删。

一、各省駐防旗人

薛云：附京一帶旗人犯斬絞等罪，現在俱歸直隸總督題結，將犯解赴刑部收禁，與朝審人犯一體分別實緩。例無明文，似應添入。

一、戲殺、誤殺及竊贓

薛云：竊贓逾貫人犯，從前係發新疆種地當差，是以奏明一次減等，以資力作。後經改發内地，似無庸一次減等。誤殺有伯叔父母，而無伯叔及侄，似不賅括。原奏指明期服以上親，例内似應添入。誤殺、擅殺均係情輕，與戲殺均准一次減等。惟誤殺其人之祖父母等項與擅殺案内謀故火器等類情節稍重，是以又定有不准一次減等專條。留養亦可照辦。兩例相類，自可修並一條。其竊贓一層，似可删去。

一、湖南省鳳凰、乾州

薛云：此條與下貴州普安州一條，均係逕解臬司，毋庸解道之例。然命盜重案逕解臬司者尚不止此數處，四川邛州重案，並不招解建昌道，而例無明文，自係遺漏。此指死罪人犯言，似應添入『斬、絞』字樣，或改爲『命盜內斬、絞人犯及命案內遣、軍、流犯』。三廳係照靖州之例，而靖州例未纂入，似遺漏。下條又有晃州及古文坪共係五廳，此云三廳。古文坪係永順府分防，與鳳凰等四處均係直隸廳不同，下條五廳，如何並列，記考。下秋審人犯一條祇云永順沅州及靖州所屬各縣責成辰沅永靖道，而無鳳凰廳等處。其歸本道親歷覆勘又附見於此，均參差。

本按：吏部則例『三廳命盜重案，就近移解辰州府核轉。』與此又異。

一、距京路遠各省，應入秋審

薛云：下有各省專條，此例似可删並彼條之內。

一、滇省秋審

本按：此條與下一條俱係離省窵遠之府州所屬秋審人犯免其解省之例，似可修並爲一。

一、貴州直隸普安州

薛云：與上湖南鳳凰廳一條似應修並爲一。

本按：普安州今改直隸同知。

薛又云：州縣一切案犯由府審轉解司，直隸州一切案犯由道審轉解司，此定章也。死罪人犯必招解到院，軍流則招解臬司，徒罪則招解至府，亦係定章，刑例皆無文。四川越雋廳招審人犯歸建昌道審轉，例內亦無明文。

一、距省窵遠之府州所屬秋審人犯

薛云：淮海、淮揚現祇一道，應並作一筆，改爲海州及淮安府所屬各縣。下條湖南省有鳳凰、永綏、乾州等五廳解赴辰沅永靖道，此例無此五處，緣此仍係乾隆四十二年舊例，彼係道光年間新例故也。惟鳳凰等五廳秋審自應仍歸本道辦理矣。處分例四川有『石柱廳』，廣東有『瓊州』等字樣，浙江温處二府所屬之下有『玉環廳』三字。

一、距省窵遠府廳州所屬之各廳州縣，尋常遣軍、流、徒

薛云：淮海道玉環廳與上條同。甘肅省尚有鎮西廳及所屬之奇臺縣，迪化州及所屬之昌吉、阜康、綏來等縣，

均歸巴里坤糧道管轄，一切命盜案件及秋審如何辦〔理〕，例無文。現又設立新疆巡撫，與甘肅又屬兩省。

本按：迪化、奇臺、昌吉、阜康、綏來等縣及鎮西廳現歸新疆省鎮迪道管轄。

删除例内有『停勾年分情重人犯請旨正法』一條

薛云：現在停勾之年，情重人犯仍奏聞請旨遵辦，此條似不可删。

一、五城及步軍統領

薛云：此係分别案情送部專條，其養傷及飭坊拘人與此例不類，似應删去，移並於鞫獄停囚待對條下。『衙門』上應添一『等』字，『案件』上應添『旗民』二字，『其旗民』至『確情』十五字可删，或於『衙門』下添『八旗』二字亦可。

一、刑部奉特交事件

薛云：此條似應移於事應奏不奏門。

一、凡祖父母、父母因子孫

薛云：此條專爲不必解勘而設，似可移入子孫違犯教令門。

一、云南省處決重囚

薛云：貴州、廣西等省無同城佐貳者亦多，各省亦間有之，似應改爲通例，與下『由府委員』一條修並爲一。

一、凡五城提督順天府

薛云：現在並無此等人犯，亦無三日彙奏之事，此例亦係虚設。

一、庫爾喀喇

本按：現在該處已設州縣，此條應删。

一、外省徒罪案件

薛云：此等例文無關緊要而徒煩案牘，殊覺無謂。公式門各省彙題事件，通限開印後兩月具題，此云年終匯題，與彼例不符。

一、山東省凡有賭博

薛云：窩藏必係僻處，地窨乃其一也。若深房密室及人迹罕到之處，與地窨何異？且窩藏地窨，尚係恐人知覺之意，若明目張膽不畏人知，又將如何加重耶？此等例文，似應刪除。

一、凡立決之犯部文到日

薛云：上雲南省一條，似應修並於此條之内。印官公出，處決重囚之例凡分三項；佐貳代爲監決一層，雍正六年。知府委員監決一層，雍正六年。不及報府准令典史等官監決一層，乾隆三十六年。前二層係通例，後一層係雲南專例，似不畫一。乃印官並未公出，因府遠而縣近，則又由省委員監決，乾隆三十九年。與上三層尤參差。而本門内又載有『逆匪兇盜罪應斬梟立決人犯留禁按察使及首府縣監，奉到部文在省處決』專條，乾隆四十八年原例嘉慶六年改定。是立決人犯並不發回各州縣監禁，即無在縣處決之事。其在縣處決者不過秋審情實已勾之犯，人數亦不甚多，似應酌加修改，將上三層修並爲一，均改爲處決重囚，删去府遠而縣近一條，似較妥協。

一、奉天所屬十二州縣

本按：奉天州縣續經添設，不止十二，似應將『十二』二字删去。

一、凡人犯到配

薛云：乾隆二十三年情重軍流改發以後，發往新疆者不一而足，且有於軍罪上加等發往者。若一發新疆而轉免決杖，又何從重加等之有？

一、凡緑營兵丁

薛云：此條與此門不合，似應移於軍籍有犯門内。　一切作姦犯科之事，律例所載，不知凡幾，均無子弟有犯罪及父兄之文，惟此與强竊盗並窩主數條耳，似應删去。罪及鄰佑更屬少有之事。

一、凡命盗案内，本例係由死罪

一、凡罪應凌遲之案

薛云：二條均應歸入事應奏不奏門。

一、凡審辦逆倫重案

薛云：似應入於毆祖父母父母門。

檢驗屍傷不以實

一、凡人命呈報到官

薛云：檢驗遲延，律有明文，此改爲易結不結，似應删去。屍親捏告一層，與誣告門重複。刁悍之徒藉命打搶一段，與人命門子孫圖賴一條，似應修並爲一。

一、檢驗自盡人命

薛云：此應修並於上條『果係輕生自盡』一條之内。

一、凡各省州縣

薛云：縣丞等許驗而典史等不許，豈縣丞等決無賄弊而典史等無不受賄乎？此等例文，殊不可解。

一、歸化城

薛云：『詳驗不實』以下數語似應删去，以凡相驗者均應參處，不應獨見於此也。

一、凡州縣額設

薛云：下有司坊仵作專條，此例末數語似應修並於下條之内。原例有『仍將提考及獎賞責革各緣由於册内登明，彙報院司查核』云云，似不可删。

一、在京五城

薛云：刑部仵作不載例内，未免遺漏。

一、凡五城遇有命案

薛云：尚有情節界在疑似，礙難遽行論決者，俱令五城指揮會驗結報刑部訊明完結之案，不知凡幾，亦慎重人命之辦法也。此層似應添入。

一、黔省州縣命案

薛云：别省有似此者自應一體照辦，專言黔省，殊不賅括。

一、差役奉官

薛云：誣告門以屍遭蒸檢爲重，此條又以私埋爲重，因私埋而致屍遭蒸檢，將坐何人以重罪乎？例内何以並不叙明耶？再：私埋即干例，擬控告之親屬似可量從末減。如無親屬告發，將仍開檢，仍擬徒罪否耶？則亦置之不理而已，此例亦係虚設。

一、奉天省

薛云：昌圖已改知府矣，現在又有新章。

斷罪引律令

一、例載比照光棍

薛云：似應改爲『例内載明照光棍例定擬者，准其援照定擬外，尚非實在光棍』，下添『例内亦無明文』。

赦前斷罪不當

一、遇直省特差

薛云：特差恤刑，國初有行之者見經世文編政刑門中現在亦無此事，似應與下條修並爲一。

一、承問官

薛云：『輕重』下似應改爲『如遇赦放免，錯擬官員亦予免議。』

一、督撫承問

薛云：此專指叩閽而言，與現在辦法不符。

本按：此條可删。

婦人犯罪

一、斬絞監候

薛云：緩決一次人犯，次年均不解勘，不獨婦女爲然，惟情實一次免勾之犯婦，次年應停其解勘，方與男犯有别。

死囚覆奏待罪

一、直省人命如强盗

薛云：決過人犯現〔均〕係次年開印後彙題，與此例不符。

一、凡遇慶賀

薛云：康熙二十五年七月二十三日奉上諭：『前項日期除循例不行刑外，其餘照常章疏事件仍行審理啓奏』等因，似應添入。初一之外，有初二日，而無十五日，與現在辦法不符。

斷罪不當

一、凡苗夷

薛云：此條似應移入化外人有犯門。

一、凡斬絞案件

薛云：此例俱係上諭中語，惟『刑部所見既確』之上尚有『情節顯然』一語。似不可删。

一、凡直省督撫

薛云：官司出入人罪門内有『督撫具題事件，部駁再審，該督撫按律例改正具題，若駁至三次，仍執原議，部院覆核應改正者，即行改正，督撫等交部議處』云云。後經删除，應酌加修改，並於此條之内。處分例有，而刑例轉行删除，似嫌未協。

律例校勘記　卷六

工律

營造

薛云：一切河工及各處修建工程，現俱照工部則例辦理。此門各條例不過約略言之，且與現在之工例不符，似應查照修改畫一。

擅造作

條例

一、凡在京各處

薛云：與下外省以五百兩上下分别題咨之處不同。彼條有户部指定款項及知照户部令其動項興修之語。此條並無知會户部明文，此項銀兩自應由節慎庫發給矣，似應點明。

一、凡各省修建一應工程

薛云：與上二條參看。此俱係工部辦法，與刑部無干，似可删去。

一、緊急工程

薛云：處分例有『應繳盈餘銀兩，』此例衹云『應繳銀兩』，而將『盈餘』字删去。似未明晰。

一、各省委員修理城工

薛云：從前各項工程，均係保固三年。乾隆三十四年，將城工改爲保固三十年，衙署等工改爲保固十年，四十年改。此云『三年之内』，自係在未經改例以前。惟處分例云：『官員捐資修理城郭、樓臺、房寨、器械等項，於三年之内坍損者，令該督撫並督工官賠修。』又不專言城工，且係捐修之項，均未畫一。

一、凡遇工程覈減

薛云：此等請豁銀兩，究與浮冒侵欺不同，既追賠又治罪，似嫌太重，亦未平允。

冒領物料

一、直隸各省

薛云：欺侵倉庫錢糧即監守自盗也，似應删去。

一、直屬搶修等工

薛云：例首似應點出『河工』字樣。

一、各省修造標營船隻

薛云：首一層明言道員、副將委員會辦，乃末後題參則有將弁而無文員，似嫌疏漏。

一、豫省應修水利

薛云：各省均有水利，不獨豫省爲然，似應改爲通例。

一、凡修造工程

薛云：原奏本係河工而言，改爲通例，是無論何項工程均應照辦矣，似嫌太重。

河防

盗決河防

一、故決、盗決山東

薛云：原例三條，首條係指取利而言，下二條非恐自損即意在損人，頗覺明晰，修並一條，似應詳爲敘入。

附：比引律條三十條

律例通考云：强竊盗犯捕役帶同投首一條已列入名例犯罪自首條内作爲正條，又考職貢監假冒頂戴一條已列入吏〔律〕職制貢舉非其人條作爲正條，又拖累平人致死一條已列入刑訴訟誣告條下作爲正條，俱毋庸比依字樣。

又：妻之子打庶母傷者一條，查刑鬥毆妻妾與夫親屬相毆律内已附有乾隆二十一年定例，仍依律分别科斷，則此處比依弟妹毆兄姊律杖九十、徒二年半之處，與現行定例不符。

本按：現行例已照比引律條改定。又：夫棄妻之屍一條，查發塚律，毀棄緦麻以上卑幼死屍，各依凡人毀棄，依服制遞減一等。輯注云：『律無夫棄妻屍之文，注添「棄毀夫屍，依緦麻以上尊長律上請則夫毀棄妻屍者，當比照期親卑幼定擬」等語。此處比依尊長棄毀緦麻以下卑幼之屍律杖一百、流三千里之處，無論律無棄毀緦麻以下卑幼之屍之文，且不問失與不失，一律滿流，尤與現在定律不符。』

又：奴婢放火燒主房屋一條，查刑律雜犯放火故燒人房屋律注云：『若奴婢雇工人犯者，以凡人論。』又例載：『凡兇惡棍徒圖財放火者，現在分别斬、絞、立決、監候，以及軍徒、枷號、杖責，各按其情罪輕重定擬。』此處比依奴婢罵家長律擬絞之處，不特較之凡人本律罪名反輕，且與分别辦理之附例不符矣。

再：運糧在逃一條，查旗丁不拘重運回空，如有無故潛逃棄船中途不顧者，照守禦官軍在逃律治罪，仍於面上刺『逃丁』二字。此例已載入兵軍政從征守禦官軍逃律後。

又：乾隆二十七年，兵部議覆漕運總督楊條奏：『嗣後旗丁不論重運回空，如有中途棄船潛逃者，除再犯仍照律分别問擬軍絞外，其有初次潛逃之丁，拏獲之日，將該丁杖一百，再加枷號一個月，滿日重責四十板，照例於面上刺『逃丁』二字，交與各本衙管束』等語，現在通行，立有正條。此處比依凡奉制書有所施行而違律者杖一百之處，似可毋庸比律定擬。以上七條，均應删除。

本按：姦妻之親生母者一條已見親屬相姦律文小注，此處亦可删除。注：自此條起至捕亡前止，原稿順序大亂。今據薛允升讀例存疑，按賭博、閹割火者、囑託公事、放人故燒人房屋各門，重新排列。

律例偶箋

三卷

律例偶箋　卷一

名例

名者，五刑之罪名。例者，五刑之體例也。此注本唐律疏議。下文笞者，擊也。又訓爲耻，徒者，奴也，蓋奴辱之，不忍刑殺，宥之遠方並同。内外死罪人犯，除應決不待時外，餘俱監固，候秋審、朝審分别情實、緩決、矜疑，奏請定奪。明律無此文，順治初年本作除罪應決不待時外，其餘死罪人犯，撫按審明成招，具題部覆，奉旨依允監固，務於下次巡按御史再審，分别情實、矜疑兩項，奏請定奪。

律例通考云：朝審及直隸秋審始自順治十年，先准刑部差司官二員會同該撫按審奏。十三年改差三法司堂官前往直隸會同該撫按審題。十四年停遣三法司堂官，照舊差司官二員會同審録。各省秋審定於順治十五年，各該巡按會同該撫及布、按二司等官，照在京事例，分别情實應決、應緩，並有可矜、可疑者，於霜降前具奏。順治十八年覆准，審録重犯巡按已經停止，在外秋審，該撫照例舉行。康熙五年題准：直隸各省監候秋後處決人犯，該撫會同總督審録具題，刑部會同院寺覆核具奏。其直隸差遣司官永行停止。

按：此文乃雍正三年改定。因巡按御史已停止不遣也。前明無秋審名目，故律内無文，今秋審之典特重，似宜於斷獄門内别立秋審一目，而移此文爲律，並將一切條例彙集一處，以爲一代之典制。記參。

一、每年於小滿後十日起至滿日發落

薛云：凡遇熱審，杖罪人犯均准減等，獨竊盜及鬥毆傷人二項，未免偏枯。

按：熱審減等舊例，每年於小滿後十日起至立秋前一日止，如遇六月立秋，於六月終止。凡軍、流、徒、枷、杖等衆，會同三法司減等，十日一次彙題發落。其笞罪竟行寬免。至於現在拘禁人犯，無論已、未結案牽連待質人等，俱交各該旗、該地方官暫行保釋，亦俟立秋後送部審理完結。應枷者照減等例暫行保釋，亦俟立秋日補枷。其斬、絞重犯内，或有情節可矜、可疑者，另行請旨。倘内外讞獄衙門有故意遲延、恣行姦弊或人〔犯〕妄希巧脱者，除本犯不准減等外，其因緣作弊之官吏嚴加治罪。此雍正元年奉旨修復者，雖軍、流、徒俱准減等。二年奉上諭：嗣後凡盜犯熱審不必減等，亦纂入例册。至軍、流、徒之不准減等，未詳始於何年。律例通考謂雍正二年八月刑部奏請，凡軍、流、徒罪，並旗人犯軍、流、徒罪〔折〕枷號者，俱不准減等。而雍正五年刻本，前條舊例尚列入欽定例內，此其故所未詳也。

竊謂盜犯熱審不減，原指情節較重之犯而言，故諭旨但云不必減，而不及寬免一層。迨軍、流、徒犯不准減等，乾隆五年將例文改爲應擬枷號、杖、笞之盜犯。五十三年又將盜犯二字改爲竊盜。嘉慶六年復修並於熱審例內，殆因係欽奉事件，故修律時不復詳爲區別，此擬笞竊盜熱審不免之緣因也。鬥毆傷人不准免，乃乾隆二十五年四川按察使永泰條奏，殆以侵損於人之故。然侵損於人者，亦何止此一事也。夫竊盜犯笞，乃未得財者，並未侵損於人，情罪最輕，此而不准寬免，毋乃太過。竊盜之犯杖者，計贓尚不甚多，鬥毆之成傷，應擬笞、杖者，論傷尚不甚重，准其減等亦不爲失之輕縱。似可將例内『除竊盜』至『其餘』删，去繁就簡之一端也。凡立法於細微處，節目以疏闊爲是。

贖刑

納贖無力依律決配、有力照例納贖。

會典云：軍民犯公罪者准焉。小注内引。下文進士舉人等、各壇祀丞等、太常廚役等、僧道官四條例文，按照律納贖圖内作照例贖罪。

收贖老幼、廢疾、天文生及婦人折杖，照律收贖。

按：『婦人折杖』四字連讀，折杖法見圖内。輯注謂專指婦人告人，誣輕爲重者言。然觀圖内，自笞一十贖銀一錢至杖一百贖銀一兩，又有餘罪收贖法，係折杖計算，此婦人折杖自應統指收贖而言，輯注之言未確。

贖罪官員正妻及例難的決並。婦人有力者，照律贖罪

星匏館隨筆云：贖罪本於律文，故向有律贖、例贖之分，此例贖（錢）〔也〕，而注云照律（贖）罪，誤。

按：納贖圖内照律作照例，可據以訂正。尋常婦人，亦無論有力、無力，更何論官員正妻等字。惟贖罪銀數別

與納贖、收贖，仍不同也。明例，凡軍民諸色人役，審有力者，與舉人、監生、生員、冠帶官、知印、承差，陰陽生、醫生、老人、舍人，不分笞、杖、徒、流、雜犯死罪，俱令運炭、運灰、運磚，納米、納料等項贖罪。無力者，笞、杖〔罪〕的決，徒、流、雜犯死罪，各做工、擺站、哨瞭。此納贖之分有力、無力也。嘉慶六年，以現行律例軍民人等均的決發落，並無應准納贖之例，將例文刪改。故薛尚書謂納贖下小注係贅文，可刪。然現在軍臺人員三年期滿後，無力呈交臺費者，有擬徒發配之文，尚是有力、無力之意，則此注亦可以仍之。惟軍臺之例不甚平允，必須斟酌盡善耳。會典云：命婦及〔凡〕官員正妻犯罪應杖，非例應的決者，依收贖法外，其例應的決而聽其贖者，用贖罪之數。據此，則命婦及官員正妻犯罪應杖，有收贖、贖罪之分，似應於例內敘明。又有捐贖之例，似應另作一圖與各圖彙列一處，別纂准贖一條列於此門。

一、凡律例開明准〔納〕贖、不准納贖者云云

此條前舊本有『條例』二字一行，今官本奪去。

一凡進士、舉人、貢監生員及一切有頂帶官云云

此條爲納贖而設，故附於此門。例內『至生監』以下云云，係分知照、會同禮部辦法，似應刪並於職官有犯門廕生有犯一條之內，近日官制已改，即彼條亦應改也。

十惡

會典云：十惡爲法所不容，其罪至死者，皆常赦所不原。惟不孝内別籍異財、不睦内毆告夫、不義内聞夫喪匿不舉哀等項，罪不至死，遇恩赦得援減。

按：十惡之目，定自開皇，自唐以下，相沿不改，其罪不至死或罪止擬杖，逢恩既在得減之列，即未可謂爲大憝。示掌亦云：不孝條内居喪嫁娶從吉，亦有不得已者。箋釋、集解〔云〕：法重情輕，似應酌擬。是舊説已有議及之者矣，可否酌量刪除？記參。

六曰大不敬，注中有僞造御寶之文，而律例並不見，似應酌增。

八議

八議雖有律文而久不遵用。雍正年間奉有上諭，會典亦云不可爲訓，似在可删之列。惟後二條似難遽删，稍有窒礙耳。八議見於周禮，其法甚古，漢時祗有宗室、廉吏、墨綬有罪先請之律，而其餘無文，似不全用周法。今時辦法惟親、貴二者尚與常人不同，或仿照漢法。於下應議者條將此二項注明，餘則全行删去，以昭核實。記酌。

應議者之父祖有犯

一、凡滿洲、蒙古、漢軍、緑營官員，軍民人等有犯死罪云云。

光緒十九年有奏定新章，應查明修改。

職官有犯

一、廕生有犯云云。

戒飭、納贖如何分別，應添叙明晰。詳報學政而不及禮部，辦法亦未周到。似應將贖刑門貢監生員有犯一條之後半段，修並於此條之内。

犯罪免發遣

律文沿海、邊外沿用明律之文，今已無此等名目，應删。至五日、十日遞加，不免參差，極邊、烟瘴並爲一等亦未妥協。附近、近邊、邊遠三項，新章已奏准删除，滿流即入極邊，似應將律文附近、近邊、邊遠三層删去。流二千五百里者六十日，三千里者七十日，極邊八十日，烟瘴九十日，則由徒入軍流，並以十日爲一等，似較畫一。

流囚家屬

僉妻之例久停，流囚之家屬即無辦法，此律可删。

一、軍、流、發遣人犯到配後生長子孫云云

僉妻之例既停，則此等人犯其妻子自願同往或在配另娶妻室，其所生子孫即不必官爲管束，子孫之欲往他處、女之嫁養，皆可聽其自便，似毋庸呈明該管衙門，轉滋紛擾，此例可删。

一、賞旗爲奴人犯之在籍子孫云云

此指發遣爲奴之犯言，今爲奴之例停止已數十年，即無此等人犯矣，此例無關引用，可删。

一、凡罪應緣坐及造畜蠱毒云云

此毋庸僉妻之通例，無關引用，可删。

一、發往烏魯木齊等處人犯云云

烏魯木齊遣犯久經停止發往，且僉妻例停，此例亦屬贅文，可删。

一、蒙古人犯例應僉遣之妻子云云

此專指蒙古有犯搶劫，例應抄没、僉妻者而言。惟僉妻之例既停，不應蒙古仍行僉妻，將謂匪類不可留旗，則一人犯案未便並其妻子悉目爲匪類。四海之内，莫非王土，旗下不可留匪類而轉發内地，何歧視内地也？内地盜犯並不科及妻子，此獨照緣坐之例辦理，未免過重，似應删除。再查蒙古例文，比核近年，亦未見有此等案件。

常赦所不原

一、誣告、叛逆未決云云

近年恩赦條款内未見有兩項此等，自以奏定條款爲斷，不必載在例内，此例可删。

一、以赦前事告言人罪者云云

光緒十五年，刑部有現審人犯遇赦結釋章程，應否附纂入例，記參。

一、凡在京、在外已徒而又犯徒云云

准徒減總徒，三流減滿徒，事之不平，讀例存疑詳言之矣。竊謂向例軍重於流，而減則同減滿徒，總徒、准徒雖重於五徒，同爲徒罪，則同減滿杖，似亦不爲太寬。記酌改。

流犯在道會赦

薛大司寇云：唐律本指流配人，徒犯並不在內。明律徒、流並列，非是。今律將徒一層删去，與唐相符。而添入以奉旨之日爲期，不從上道日總計，亦無『程内至配所者，亦從赦原』之語。均不相符。流犯已至配所，雖遇赦皆不得放免，是以有流犯在道會赦之律。唐律云：流移人身喪，家口雖經附籍，三年内願還者，放還。疏謂：流人役滿後即於配所從户（口）例，課役同百姓。蓋流至某處，即附籍爲某處之民故也。自唐至今，均照此律行，未之有改。嘉慶初年，因共毆人身死，下手傷重之人及竊賊〔贓〕逾貫，首犯在逃，將原謀及爲從者照律擬流發配，後獲正犯擬絞，因遇大赦援免，而同案擬流之犯轉因業已到配，不得邀恩，未免偏枯。是以將此等人犯亦予放免，嗣遂因而推及别條，後又因此而一體均予查辦。近數十年來不獨大赦爲然也，一遇常赦恩旨，凡已到配者，均准減等，而流犯在道會赦，千餘年來遵行之律文竟成虚設。推原其故，既無附籍之法，又停僉妻之例，不得不爲此權宜辦法，此亦刑典中一大關鍵也。

按：乾隆二年三月初六日恩詔内開『一、軍流人犯已到配所者，向例遇赦不准放回。今特加恩，此等人犯内，除情罪重大及免死減等實係凶惡棍徒外，其餘因事擬遣，在配所已過三年，安静悔過，情願回籍者，令該督撫查奏請旨，准其回籍』等語。此在配軍流已過三年，准其查辦之始也。其時即有在配未滿三年，因祗少一個月及十餘日不等亦准回籍之案。此後，大赦恩詔，凡軍流到配未及三年，無過之犯均在查辦之列。迨嘉慶二十五年恩詔，將到配未及三年人犯奏准一體查辦。嗣後軍流人犯無有不查辦者矣。

又會典常赦所不原門附載事例，康熙十年定軍犯赦後到配者查明釋放，蓋尚指在送會赦者言，然已與唐律程限内至配所亦從赦原之意不能符合。乾隆十一年、四十三年、五十五年，又有在配軍流，十年無過，查明釋放恩旨。嘉慶以後，每逢常赦均遵照辦理。是在配流犯一遇恩旨，即與在道無異。此律已同虚設，可以删除。

一、凡官員問擬徒罪云云

此例重在造册彙題、按季册報兩層，似應移於照刷文卷門内。

犯罪存留養親

若犯徒流者，止杖一百，餘罪收贖。

按：此照老疾收贖之例。滿流祗收銀四錢五分，爲數甚微，乃從老疾一面看，不從徒、流一面看也。唐律：犯流罪者權留養親，課調依舊。疏議：侍丁依令免役，唯輸調及租。爲其免侍未流，故云課調依舊。徒犯應侍，加杖不居作。是徒、流並無收贖之法，乃明制所改也。自康熙十二年，將流罪照旗下人例枷號兩個月責四十板，准其存留養親，軍徒亦照此發落。乾隆五年，增修軍、流、徒及免死流犯分别枷號留養之文，收贖之法遂廢，與唐、明皆不同矣。

一、凡殺人命案件云云，定案時係戲殺及誤殺，秋審緩決一次，例准減等之案，並擅殺、鬥殺情輕及救親情切，傷止一二處各犯，核其情節，秋審應入可矜者云云，法司隨案核覆，聲請留養

查道光二十二年新章，擅殺罪人案件，除謀、故並火器殺人、連斃二命均應絞抵，及各斃各命，致斃彼造四命以上者，均俟緩決三次後再行查辦減流，餘俱緩決一次後即行減等，毋庸擬入可矜。又咸豐十一年新章，救親斃命之案，凶犯因見父母受〔傷〕，救護起釁者，不論傷痕多寡、是否互鬥，俱照本例擬絞監候，秋審時酌入可矜。至父母並未受傷之案，仍分别是否事在危急、傷痕多寡及是否互鬥，照定例及向章辦理。此條例文未經修改，故與兩次章程均不相符。至律云『死罪非常赦所不原者』，讀法謂如誣告致死，絞。聚衆打奪，爲首斬之類，纂注、箋釋並同。纂注又云：此律不行久矣，兩宮微號推恩，始詔有司行之。見此律明代已同虚設。至康熙四年奉旨：『律文所有的，著照例行。』其時舊例有免死流犯枷責留養專條，當即爲欽遵諭旨所定。通考云十二定所題准。雍正二年始定有鬥毆人命分别傷之輕重，輕者准予留養之例。乾隆十六年始分别傷輕者照例留養，情重者至秋審時查明核辦。此例相沿至今未改，乃近數十年來隨案聲請者已絶無僅有，前在部中祇辦過一起，嘗詢之老吏，亦不知其所以然。惟查道光二十五年皖撫題王新民擅殺竊賊王牙兒身死一案，該省隨本聲請留養。經刑部以擅殺應否隨案留養，總以所犯情節是否應入秋審可矜爲斷。今王新民擅殺不拒捕罪人，按照向辦秋審章應入緩，並非應入可矜之犯，其親老丁單之處，應俟秋審時始行查辦等因通行各省在案。或外省從此誤會，不論合例與否，均不隨案聲請，部中亦略而不問，未可知也。竊謂擅殺既准一次減等，即與從前之入矜者無異。王新民之案已在擅殺改章之後，其時已無所謂入矜之案，乃猶拘牽例文駁

歸秋審核辦，未免過嚴。此等處俱應修改也。

一、凡死罪及軍、流、遣犯獨子留養之案云云

此條辦理頗多窒礙，讀例存疑言之詳矣，徒資吏役需索，房族爭繼，不如刪之爲愈。

一、凡鬥殺等案及毆妻致死之犯，奉旨准其留養承祀者云云

承祀之制，律無明文，雍正四年始定有弟殺胞兄，父母已歿，准予承祀之例。十一年又定有毆死妻，存留承祀之例。此後，乾隆三年江蘇湯阿觀刃傷嫡嬸張氏平復一案，四年浙江樓四美打傷胞姊樓氏身死一案，八年陝西馬忠兒戳死曹佑，致父自縊一案，皆比照弟殺胞兄之例存留承祀。又於四年山西許直毆死胞兄一案奉旨：『凡弟殺胞兄之犯，本應立決。而遇有孤子因父母年老及家無次丁，例得奏請留養承祀者，此法外之仁也。若遽行寬免發落，罪止枷責，又未免過輕，許直改爲應斬，著監候秋後處決。』嗣後此等案件即照此辦理，於是殺胞兄承祀之案遂不照例行。六年蘭州彭希賢扎死小功兄，十年福建詹堅致死小功叔二案，均照許直案改爲監候。九年侍郎錢陳群條奏，弟殺胞兄援例承祀，改擬斬候，秋審、朝審另册進呈，蒙恩減等者杖流，不准枷責完結。迨十三年西安巡撫陳宏謀條奏，遂弟殺胞兄承祀之例刪除，續纂不准聲請留養承祀專條。例末聲明，毆死妻之案仍照定例行。其毆死妻承祀，係由弟殺胞兄之例推廣而及，其後轉爲毆死妻之專例矣。法之變遷無常，此類是也。

工樂户及婦人犯罪

現在並無工樂名目，此律已同虛設，可以刪除。婦人犯罪並入婦人犯罪門內，各條例亦可移入彼門。

餘罪收贖例。

此所言該贖銀數與圖同，而准銀數與圖不同，當以圖爲是。婦人餘罪收贖法見納贖圖。此段例文官本所無，當是輯注之文。

一、各直省審理婦女翻控之案云云

例內免其實云云。

乃修例時語意，既纂爲定例，此等文法即應刪去。

徒流人又犯罪

一、免死減等發遣新疆、寧古塔、黑龍江云云

現在盜犯並無發遣寧古塔、黑龍江之例，即新疆之例亦停發往，亦無免死減等人犯。此條前半段似可删，後半段係遣犯在配犯罪之例，亦應修改。

一、閩省沿海府屬如有金刃傷人云云

薛云：當與門毆門内沿江、濱海一條修並爲一。然此條是復犯、彼條是初犯，故分隸兩門也。惟復犯之罪不止金刃傷人一端，即金刃傷人，亦不止閩省風氣爲甚，殊不賅括，似可删除。

一、軍犯在配云云

軍罪奏准删除，此條在應删之列。

一、尋常竊盜問擬軍、流、徒云云

一、改發極邊烟瘴充軍之竊盜云云

此二條例文最爲糾紛，司讞者往往誤引，致煩駁辯。前一條復犯加等未免過重，既不用尋常加等之法，又不用本條再科復犯之法，與律意皆不相符。一竊盜又何尋常、非尋常之分耶？似應將兩條修並爲一，以簡明爲□，方不至援用者滋疑惑也。竊盜多游蕩之徒，既無技能又無生計，在配不爲匪即成餓莩，彼豈甘心。不爲之籌一出路，但以重法繩之，何益之有？

一、回民因行竊、窩竊云云

此與徒流人逃門内回民行竊發遣例稍有參差，似應修改畫一。

一、發遣黑龍江等處爲奴云云

此例在可删之列。

一、（凡）發遣新疆人犯云云

同上。與各條多有參差，例多轉難畫一，故以簡爲貴也。

一、烏魯木齊地方遣犯云云

烏魯木齊已改行省，此時情形亦與從前大不相同，此例似可刪除。遣犯在配犯法及脱逃爲匪，例文已具，不必一地立一例也。

老小廢疾收贖

一、凡老幼及廢疾犯罪云云

此條在可刪之列。

一、七歲以下致斃人命之案云云

『十歲以下』一段，擬於『准其依律』上添『或長於兇犯不及四歲而理曲逞兇』十四字。『若所長』下改爲『不及四歲而又非理曲逞兇』。『十五歲以下』一段既纂爲定例，則舊案不必引入例内。從前例文此者絶少。似可將『援照丁乞三仔之例』八字刪去。

給没贓物

追贜名目甚多，例文參差不一。似應定一年限通例纂入此門，方是提綱挈領辦法。一事一例過涉煩瑣，非政體也。盜贜何從著追，若仿監守之例，定一完贜減等辦法，亦當可通，然而不易行也。

一、凡八旗應入官之人云云

近數十年並無此等人犯，例同虛設，似可刪除。『辛者庫』三字乃清語，詢之旗籍，能譒譯者不能解其義，是此項人久已無之。

一、州、縣有盜劫庫項云云

法太密則不行而僅滋流弊，不如疏節闊目之爲得體也。近數十年來未聞有盜劫庫項上司分賠之事，此等例皆虛設不如刪之。

一、凡追贜人犯，除侵貪官吏仍照例限監追外云云

薛云：此例行而搶竊等項除現獲之贜〔外，其餘〕遂無給主具領之事，亦無追贜之事矣。此等賊犯均係藐法之

徒，照前分別贓數多寡監追一年、半年，有何不可？乃急欲放出，勢必仍復偷竊，否則在配脱逃耳，何益之有？

按：此論誠是矣。惟近來此等人犯大抵皆游蕩無業之人，其中有家室者十無二三，更何論産業耶？更有名爲有妻子之人，而妻子之何自而來亦無可根究。前議立一完贓減等法，亦係籍以監禁之意，初非探原之道也。

一、盜劫之案云云

以身死勿徵之贓，而今〔令〕地方官分賠，無乃太苛。且近年盜風甚熾，而從無照此例辦理者。虚設不用，何如删去？

犯罪自首

一、虧空貪贓官吏一應追賠云云

一、地方官吏有將入官田房私租於人云云

一、田〔房〕産業一經入官云云

此三條係雍正七年定例，乾隆五年删并爲一，進呈後遵旨仍照舊例分列三條。『原主據占影射』一層，即係『本犯子孫不准承買』，見隱瞞入官家産例。其侵漁需索、捏詞陷害等情各有治罪專條，毋庸逐條分載，似可仍用乾隆五年删并之文，以歸簡易。贓罰應解户部，第二條言交崇文門變價，是不交户部矣，與通例不符。

同僚犯公罪

一、在監斬、絞重囚及遣、軍云云

末段乃自行越獄及看守賄縱者，與因變逸出之事不同，似可修并於一人越獄一條之内。

謂各縣申州，州申府。現在縣之屬直隸州者申州，屬府者申府，此注應修。下文『府行州，州行縣』同。

犯罪事發在逃

一、各處將軍每年派官二員云云

督捕則例有盛京、寧古塔、黑龍江將軍及邊汛等官各於所屬内緝拏逃人一條，與此條情事相類，似可將此條修并於彼條之内。此條本與此例無涉也，且緝逃一事，國初極重，專設一督捕侍郎主之，後將侍郎裁去，而改設督捕司，司員主之，必其時逃人已漸少矣。近則旗人逃走者亦少，督捕司例稿每年不過十餘件，並督捕司員亦在可裁之列，例文已屬無用，删之亦無不可。

一、内外現任文武職官除擅離職役云云

此條係乾隆二十八年因浙江衛千總朱振清一案奏定之例。原例徒改軍，杖、笞改徒，當分別輕重。三十年臺灣把總李丹桂一案，遂改爲軍、流以下無論本罪輕重，愈嚴厲矣。六十年兩江審擬在籍郎中李容砍死伊妻脱逃，被獲擬絞，奏請正法。奉旨：『李容究非現任，止須照例擬絞，何必遽請正法。』蓋上意已覺此例之過重矣，似應酌改爲是。朱振清係侵用旗丁銀米、李丹桂侵用息莊穀價，當時特用重典，殆以懲貪歟？

一、凡人命、搶竊及拒捕共毆等案云云

一、凡人命搶竊等案云云

此二條讀例存疑言之詳矣。薛議：死罪以所避之罪爲斷，徒、流以下先決從罪。如此則罪不至死者免致久羈囹圄，而疑難大案亦有辦法矣。大約搶竊等案罪名，縱有〔失〕出，不過寬一匪人，尚無大害。命案則生死攸關，豈容妄斷？往往有謀、故重情犯人到案，忽認忽翻，礙難定獄，其中固多狡展之徒，上如供不吐[一]，抑豈無真正冤抑者乎？恨此等人犯若僅照未定罪名人犯待質二年，或虞輕縱，尚照所避罪名酌定年限，尚得其年，即如山東安三一案，罪名未定而不用待質之例，是其比也。

一、内外問刑衙門審辦案件云云

刁狡之徒往往恃係原告，即四面環質，衆證確鑿，俯首無辭，而令其具輸服供詞，則抵死不畫。若必照此例行，則積案更纍纍矣，此不得不變通辦理者。例文語涉騎墻，不關引用，惟徒罪以上奏請定奪，尚是慎重之道。

一、凡有關人命應擬斬、絞各犯云云

雍正七年修改之例，係秋審無可寬緩者之改爲立決條款，有非例實之案、有例實免句之案，似應删去。

〔一〕『上如供不吐』，原文如此。

稱期親祖父母

養母。養母服制，道光四年經大學士九卿奏明，改爲齊衰期服。十三年部議有服與親母同。此小注『皆服三年喪』五字似應删去。

徒流遷徙地方

一、凡發遣人犯酌定名數云云

從前遣犯均解部轉發，人數每虞擁擠，故有酌定名數分起解送之例。今係由各省自行發往，與從前情形不同，例内酌定名數即無關引用，可删。如法鎖鐐一層，應另修專條，列於稽留囚徒門内。至解役賄放一層，與主守不覺失囚門各例頗有參差，似亦可删。

一、〔凡〕土蠻猺、獞、苗人讎殺云云

近數十年未見有此等案件，此例已同虚設，今昔情形不同，應另籌辦法爲妥。

一、雲南、貴州苗人云云

似應與前一條修並爲一，同爲苗人，不應雲貴辦法獨異，雲貴更有夷、猓等種，亦不應苗人辦法獨異也。

一、各省僉發軍、流人犯

此例爲土司及苗人、猺人、黎人等處地方不便安插軍、流而設，似應修一簡明通例，庶免挂漏。薛議分爲兩條，苗疆地方爲一條，其餘軍、流爲一條，一係解赴巡撫衙門，一係毋庸解赴巡撫衙門也。鄙意既係通融派撥，即四川等省亦可照辦，何以必須解赴巡撫衙門乎？似可悉照後半段辦法以歸畫一，擬將土司、苗、猺地方不得撥發爲一條，均匀撥發爲一條，存以俟參。

一、曾爲職官及進士、舉、貢生員云云

古者刑不上大夫，況爲奴乎？周禮明著有爵不奴之文，乾隆元年有職官、舉、貢、生、監等不得加以爲奴之諭旨，似應遵照修改，庶乎允協。

一、發遣新疆及黑龍江、吉林等處效力官犯云云

官員徒罪發軍臺，軍、流發新疆，例内皆無明文。嘉慶年間，既奉有不准加重諭旨，何以又相沿遵用？近年官員犯徒罪發配者百無一二，軍、流則無不改發新疆，且軍臺須繳臺費，三年後尚須請旨，有再留五年者，又有臺費不繳仍徒配者。新疆則三年、十年即可釋回，一若新疆轉輕於軍臺，殊未平允。乾隆年間官犯發新疆出自特旨者爲多，故有罪止杖徒亦發新疆者，近來則無此等人犯矣。

一、回民除犯該尋常軍、流尚無兇惡情狀者云云

此條所列多舊例之文，似可將『回民不發往回民聚集之地』修定簡明條例，餘文可删。

一、凡由新疆條款改發雲貴、兩廣烟瘴地方人犯云云

此等糾擾紛歧之例，亟應修改畫一以便引用。先由内地改發新疆，復由新疆改發内地，復由新疆與黑龍江互相調劑，遂至糾擾如此。似不若内地之例仍改回内地，删去改發烟瘴等項名目。其情節較重者，專定爲新疆條款，必令簡而易行，方無紛歧之患。

一、犯罪發往伊犁等處種地人犯云云

現在無此等人犯，將來應否再行發往，記酌。

一、民人發往伊犁、烏魯木齊等處爲奴遣犯云云

現在並無此等爲奴遣犯，爲奴之例亦數十年廢而不用矣。此例已同虚設，將來修復外遣舊例，亦應變通辦理，此條在可删之列。

一、烏魯木齊等處安插兵民云云

烏魯木齊已改行省，情形與昔日不同，此例亦同虚設，似可删除。

一、賞給爲奴人犯云云

律内爲奴之法久已不行，即新疆、黑龍江等處爲奴之犯改發内地亦數十年矣，所未改者駐防爲奴二十餘條耳。駐防現值變通之際，此等人犯未便再行發往，將無爲奴人犯矣，此條似可删除。

一、凡内地回民犯罪云云

薛云：此例所云均係已改之例，無關引用。

按：回疆發遣之例久已不用，此條似可刪除。

一、新疆各城駐劄官員兵丁〔之〕跟役云云

新疆既改行省，即與内地無殊，如有此等案件，即行照例辦理，毋庸另設專條，似可刪除。

一、凡新疆條款内改發雲貴、兩廣云云

此文與現在例文不相符，似應將各項罪名或新疆或烟瘴修改一定，而刪此條。

一、應發各省駐防給官員兵丁爲奴云云

此條〔記〕酌。

吏律

職制

官員襲廕

若庶出子孫及弟侄不依次序攙越襲廕者，杖一百、徒三年。

此條當與立嫡子違法條參看。此之攙越即彼之違法也。違法止杖八十，而攙越即擬滿徒，輕重相去懸絶，故輯注謂攙越是已經襲廕違法，但言立嗣耳。注見彼條。竊謂此條明律本專指軍官言，故第二節『子孫』上原有『軍官』二字。乾隆五年刪去。軍官免徒、流、充軍，故乞養子亦充軍，重軍職故罪重，今日情形既不相同，兩律相比，似未平允。

濫設官吏

一、坐糧廳云云。杖八十、徒二年

薛云：遷徙律應滿杖而比流減半准徒二年，與五徒以次遞加不同，修改之例以既係徒二年即應杖八十，是〔已〕不用遷徙之律矣。

按：杖係以四折十，故律杖百例言四十板也，改爲杖八十則除零止責三十板，較律爲輕矣。修改之時蓋泥於杖八十、徒二年之文，而未考本律之文也。

公式

棄毁制書印信

一、凡直省州、縣無論正署云云

一、各省臬司云云

此二條似可修並爲一。

官文書稽程

一、刑部應會三法司云云

近年都、大兩衙門公事遲延，刑部會題稿件往往遲延半月以後，即改爲十日亦不能依限送回，況八日乎？都察院尚有雙日衙期，而六堂全來，三日甚少，大理寺更無論矣。余在奉天司時，都、大兩衙門動須逾月，以致無不逾限之稿，可難也！

一、州、縣官承審案件或正犯云云。

一案一犯，病限衹准一月猶可説也，若一案數犯亦衹准一月，此何理也？乾隆二十一年定例，病限不得過三月期限。二十三年定例，犯多之案不能依限痊愈者奏請定奪。改定之例將犯多一層删去，而又衹准一月，遂多窒礙矣。乾隆元年原例犯病本無限期，其帶病起解，以致中途病斃者交部議處，本是欽恤之意，後來愈改愈嚴，全非初定此例之本旨。

照刷文卷　磨勘卷宗

照刷之事，輯注言之最詳，磨勘則照磨所官主之，大約皆前明之制也。今則京師科道刷卷近已停辦，外省布、按兩司亦久不知有照刷之事。照磨所官又不全設，照磨之義亦久亡矣，徒存此律文兩行，虚設不用，蓋不知幾何年矣，似應按照現在情形別立考察名目，並爲一條，其罪名則仿照此二律定厥輕重，以資遵守，亦循名責實之道也。記酌。

照刷之應議者，曰稽延、曰失錯、曰遺漏，三者盡之矣。稽延有官文書稽程律；失錯則如上書錯誤、申六部錯誤、其餘衙門文書錯誤以及傳寫失錯等事，各有專律。見上書奏事犯；遺漏有應申不申之律，埋沒違枉等事，各有本徒〔律〕可引，似此兩律無關引用，大可删除。失錯下小注『漏使印信、不簽姓名之類』，查漏使印信律杖六十，此律罪止笞五十，輕重不同，然則『失錯』云者，漏使印信一項不在其内也。

户律

户役

脱漏户口

一、直隸各省編審察出增益人丁云云

額徵丁糧數内有開除將新增人丁補足額數，此事甚多窒礙。有如開除張姓之糧，張姓必無丁可補，若將李姓之新增人丁補之，則李姓何以獨應補，他姓何以可不補？且向來亦未聞有照此辦理者，此條刑律無關引用，似可删除。

人户以籍爲定

薛云：此律與今不合。

按：驛、醫、卜、〔藥〕〔樂〕等名，今所未見，匠籍亦未見，此文似可渾言之。注中『軍民』等語，均可删去。末一段專指『詐稱各衛軍人』，今衛所久已裁撤，此律無關引用，可將此段全删。

一、應試童生如詭捏數名云云

此條與此律之義不符，似應移改於貢舉非其人門内。『童生』字樣應酌改。

一、發遣〔賞給〕黑龍江、新疆等處及各省駐防兵丁爲奴云云

現在已無此等人，此例似可酌删。

一、（凡）順天府考試審〔音〕之時云云

此專爲院、府、縣考試審〔音〕而設。現在考試已擬變通，此條似可删除。

私創庵院及私度僧道

自乾隆三十九年停給度牒，而私度僧道之律已屬虚設。惟度牒停而僧道無稽考矣，此與吏治亦有關係也。

賦役不均

一、督、撫、司、道嚴督府、州、縣掌印正官審編均徭云云

薛云：雍正六年，將丁銀攤入地畝，均征丁糧合而爲一。即無所謂差徭，又安有餘剩銀兩？此條似應删除。

按：直隸、河南等省，正賦外尚有差徭，爲各州、縣進款一大宗。係各村按田攤派，交官應差，各州、縣應差之外，餘剩銀兩悉入私囊。而不能遽裁者，差多之年供應即形竭蹶，故未敢提議也。

一、紳衿除優免本身丁銀外。

直隸紳衿可免差徭，故往往有零星小户附入紳户完糧者，其各衙門差役亦可免徭，故有挂名而不當差者。

丁夫差遣不平

有丁則有役，故有差遣不平之事。自丁攤入田，凡有丁而無田者，遂無應當之差矣。本朝工築之事，亦歸商人雇募，並無在官之工匠，此律應删改。

隱蔽差役

自丁攤入田，凡有丁者即不必到官應差，又何有隱蔽差役之事？此律已同虚設，似可删除。

禁革主保里長

一、直省各府、州、縣編賦役册云云

廣彙全書云：此造黄册之制也。今乃不用里長而惟行均攤之法，其迹似爲便，不知民涣而無統，令弛而法敝，（比）〔此〕吏治之所以日壞，而民風之所以日偷也。

逃避差役

此律與隱蔽差役一條同。

一、因兵荒逃避之民云云

逃避差役，既不便仍科以罪，則此例所稱所報人口不盡及寄家不舉首等罪，皆可無庸置議，無關引用，亦可刪除。

收養孤老

此律所載各例，無治罪之處，應否刪除，記酌。

田宅

欺隱田糧

律文内差役、當差等句似可刪。各律内言當差者，准此。

一、將自己田地應納錢糧灑派别户者云云

薛云：灑派别户代己上納錢糧矣。係屬利己損人，而於正項錢糧並不虧欠也。以枉法論罪，無論一主，數主及年分久暫，均應並計科斷。統計所〔灑〕派之贓，如至八十兩及一百二十兩以上者，即應分别有禄、無禄擬以實、絞，似非例意。照准不枉法科罪，庶爲平允。

按：灑派别户，於法不得云非枉，照准枉法論，則罪止滿流，較爲妥協。

一、各鄉里書飛灑詭寄云云

此條與前條顯有抵捂，薛説詳之，如亦計贜科罪，照准枉法論，則兩例不至輕重失當矣。

檢踏災傷田糧

此門之例，亦有無關治罪者，應否刪除？記酌。

一、賑濟被災饑民云云

侵賑罪名，有光緒四年新章，應將此條修改。

盜賣田宅

若功臣有犯者云云

八議之律，雍正年間奉有諭旨，已同虚設，此律功臣一節似可删去，並不照此辦。

一、軍民人等將争競不明云云

薛云：軍罪太重。

按：此例似應分別之多寡，田産少者仍照本律，田産多者酌重擬流，較爲平允。盜賣者田以四十一畝、屋以二十五爲罪止，似可以此爲少數，其五十畝、三十間以上爲多數。

一、凡子孫盜賣祖遺祀産云云

祖産究係子孫自有之物，與卑幼私擅用財情節相似，未便遽與真盜同科。盜賣多由貧苦，與投獻、捏賣者迥不相同，遽照彼例擬軍，未免過重。夫祖父母、父母生存而奉養有缺，律止滿杖。祀産以奉祀已故之親，盜賣則奉祀有缺，與奉養有缺者何異？而輕重若此懸殊。宗祠爲祖宗神靈陟降之所，無宗祠即無以奉祀，與祀産有何區別？而一徒一軍，相去數等，何也？律内盜賣官田、宅者加二等，罪止滿徒，是田、宅本同一罪名，宗（祀）〔祠〕既照官田之律，而祀産則又加重，又何也？任意輕重，真不可解。似應將祀産、宗祠改爲一例，以示平允。

在當時創此等條例，不過一不孝之大題目耳，何以古人竟無此條例，豈古人之智真不若今人？

一、用强占種、屯種五十畝以上云云。

屯田亦官田也，何以獨應律外加重？

一、盛京家奴、莊頭人等云云。

此可改爲通例，田、宅罪名亦可改爲一律。

一、黔省漢民云云

一省一例、一事一例最爲紛擾，近年此等案件亦不多見，似可删除。

一、凡租種山地棚民云云

出租與盜賣情節迥殊，既云公共山場，乃本人有分産，但不應一家私占耳。平情而論，問不應重可矣。薛説欲減滿徒，尚是牽就軍罪言之也。或謂此恐釀事端，故重之。然公同畫押，既准其出租，則其罪名不在租與棚民，而在一家私租也。

典賣田宅

一、凡八旗人員置買産業於各省者云云

旗人生計日難一日，其在各省置有産業，而必勒限變價歸旗者，意不過慮其〔在〕外生事也。然今欲禁之，大於旗人生計有礙，此等禁令必應馳〔弛〕也。

荒蕪田（土）〔地〕

俱以十分爲率。

輯注：俱以十分爲率，此俱字謂合縣各里俱如此科罪，非以里長、縣官爲俱〔也〕。凡一里長有荒蕪不種之罪，縣官即照里長減二等科之。注者謬謂里長以一里田地爲率，縣官以一縣田地爲率，則通計合縣田地，荒蕪一分猶減盡無科，至二分方笞（二）〔一〕十，至七分罪止杖（七）〔六〕十，豈理也哉！

按：集解、纂注並謂無故荒蕪及應種不種二者，俱以里内十分爲率，與輯注之説小異。律注此句上有『計荒蕪不種之田地』一句，是用明人舊説也。縣官以一里長有犯論減二等科之，此亦集解、纂注之説。至縣官以一縣田地爲率，乃瑣言之説，輯注以爲謬者是也。

婚姻

男女婚姻

一、招婿須憑媒妁云云

立嫡子違法例云：義男女婿爲〔所〕後之親喜悦者，聽其相爲依〔倚〕。仍酌分給財産。與此條家産均分者不同，因此係議定養老者也。至出舍與養老如何分別，未詳。世俗又有坐産招夫者，最爲陋習，在所當禁也。乾隆十一年，有聽從民便案。

居喪嫁娶

而身自主婚嫁娶者

輯注：身自云者，謂嫁夫娶妻，即居喪男女之本身，所以別於爲人主婚者，非謂不由主婚之人，男女身自主婚也。

按：嫁娶必有主婚之人，此獨言身自者，明是男女自主婚而別無主婚之人，故律注特增『主婚』二字。後條嫁娶違律乃婚姻之通例，所言主婚首從法，甚爲明備，不應此律獨不然也，輯注之語尚未諦。明律纂注：自字要看曰自者，以非奉父母之命，故罪之，若奉父母之〔命〕而嫁娶者，又不在此限。

一、孀婦自願改嫁，翁姑人等主婚云云

第三節明例也，原在威逼人致死門，嘉慶六年修並於此條内，原文有依律問罪語，謂依威逼人致死本律杖一百也。僅止逼受聘財，尚無搶奪之事，與威逼律意相符，充軍則明法也。第二節以卑幼强嫁尊長，公然搶奪，致令自盡，情節較重。本律但言强嫁而無搶奪之文，故大功以下，僅加期親一等杖一百，即依原例乾隆五年，照例加三等，亦祇杖八十、徒二年。若按威逼人致死律，大功卑幼滿流，小功滿徒，緦麻杖九十、徒二年半，在尋常户婚田土之事，已不爲輕，此因搶奪而逼死尊長，尚覺情浮於法，自應按威逼酌量加重。今擬緦麻改滿流，照律已加四等，小功仍極邊，按舊例已加七等，如删附近等三項，則爲加四等。大功改烟瘴，按舊例加五等，如删附近等三項，則爲加二等。無服之親以凡論，原例近邊改爲流二千五百里，照緦麻又減一等。似差等較爲明晰。至非毆殺子孫，律應滿杖。自盡較毆殺爲輕，似罪名應有區別，酌照毆殺律爲杖九十可矣。娶主知情同搶，自屬可惡，與本應爲婚，期約未至而强娶者情節迥不相同，乃照强娶加等，殊非律意，似應照搶奪婦女例酌量減等，情罪方符，記酌。

同姓爲婚

凡同姓爲婚者，主婚與男女。各杖六十。

明律纂注：『各』字指男女兩家言，或坐主婚、或坐男女，彼此各杖六十。夫曰同姓，則無不知情也。

按：此仍應按照嫁娶違律通例科斷，律注五字，一似主婚男女同罪矣，恐滋疑惑，記酌。

娶親屬妻妾

一、凡收伯叔、兄弟妾者云云

此條據薛説似可删。

一、凡嫁娶違律罪不至死者云云

姦兄弟妻，唐律係流罪，可否酌改。記酌。

强占良家妻女

一、凡謀占資財、貪圖聘禮期功卑幼云云

本律强奪姦占擬絞而不及賣與他人及投獻者，俱絞而不及親屬。是親屬亦應照凡人之律科罪矣。乾隆六年，因安撫題强賣伯母之董（官）〔宫〕一案係期親卑幼，加重擬斬，經刑部附請定例。若疏遠親屬圖財强賣者，均照擬絞，倘期、功卑幼謀占資財、貪圖聘禮，將伯叔母、姑等尊屬用强搶賣者，擬斬監候。是除期功卑幼外，其餘親皆應照例擬絞，初不分尊長卑幼也。迨嘉慶元年，直督審擬王聚茂圖産强嫁胞弟妻戴氏一案，將王聚茂改擬滿流。六年，遂改定此例。自此以後，尊長屬反無死矣。鬥毆門内毆死弟妻以凡論，則圖産强嫁弟妻亦應依凡人擬絞，乃遽改爲滿流，本未允協。此例既由重改輕，附近、近邊未便遂改爲流，應酌量加重爲是。

弟妻本不得以卑幼論，况妻與夫屬以義合者也，圖産强嫁，義已絶矣，更何卑幼之可言？王聚茂一案本已錯誤，乃遂纂爲定例，殊不可解。搶奪强嫁致令自盡例内尊長、尊屬以期、功、緦分擬三流，卑幼則緦邊遠、功極邊、期絞。此則緦麻爲一等，期、功並爲一等，亦屬參差。

此例重在搶奪，必有起意爲首之人。親屬起意，則親屬爲重；娶主起意，則娶主爲重。若以尋常夥衆搶奪婦女論，首斬決，〔餘〕皆絞候，與光棍同。乃因有親屬在内而科罪遂輕。如係親屬起意，則僅擬斬絞監候、軍、流，而可免斬決。如係娶主起意，亦可免其斬決而減等問擬乎？兄妻至死同凡，胞姊出嫁大功乃同爲一等，其餘服制亦頗紛糾，薛説分晰甚明，不可不研究也。

一、凡聚（罪）〔衆〕夥謀搶奪路行婦女云云

薛云：圖搶入室，未將婦女搶獲，與强盗未得財情事相同，問擬絞候，科罪反較强盗爲重。

按：强盗未得財又未傷人者，首新疆、從滿流，似可比照定擬。

一、凡聚〔衆〕夥謀搶奪興販婦女云云

興販之婦女，豈無良家妻女在内，幼稚則尤堪憫惻，不以良家論究，未十分允協。惟此條係由重改輕，自未便再行改重也。已成爲從、未成爲首烟瘴安置，非聚衆爲首極邊安置，餘可仍舊。

一、凡聚衆夥謀搶奪曾經犯姦婦女云云

薛云：誘拐之案不因婦女〔曾經〕犯姦量從末減，搶奪之案乃因先曾犯姦免其死罪，似未盡妥。

按：强盗志在得財，搶奪婦女賣與人亦志在得財，即自爲妻妾、奴婢亦志在有所得。一强劫、一强搶，其情同也。唐律無搶奪婦女，殆包於强盗内矣。無論路行、入室、興販、犯姦，其志在得財同，則其罪當同，而强爲分别者，則以聚衆夥謀之例重也。其情與强盗同，則竟以强盗論豈不直捷簡當？

圖搶未成，則無贓可分，即强盗之未得財者也。共謀爲强盗，臨時不行、又不分贓之犯，畏懼滿杖、别故滿徒，大有區别。此例同謀不同搶之犯則一概擬徒，轉較强盗爲重矣。首犯滿流，既較首盗未得財擬遣者罪名爲輕，則爲從不行之犯似亦宜從輕比。又查向來成案，夥搶行路婦女，别故不行，未分贓之犯，比照共謀爲盗别故不行之例問擬滿徒，如係畏懼不行，即應問擬滿杖。彼例較此例爲重，尚得比從輕，則此等同謀未同搶之犯，自應量從末減。

倉庫

收糧違限

凡收夏税，於五月十五日開倉，七月終齊足；秋糧十月初一日開倉，十二月終齊足。

此前明洪武初年之制，自萬歷時行一條鞭法後已不用此律矣。國朝舊例徵收限期：地丁錢糧限二月開徵，四月完半，五月停忙，八月接徵，十一月全完。漕糧十月開倉，十二月先完。是漕糧與此律相符，其地丁錢糧限期迥然不

同。此律五月開倉之時，正停忙之時也。此律應修。

多收税糧斛面

若倉官斗級，不令納户行概，踢斛淋尖多收斛面者杖六十。

小注：多糧給主。

輯注：附餘猶羡餘也。萬千納户，斛面所積多寡雜並，勢不能分算給主，故後有附餘錢糧私下補數之條，内云須要盡實報官，明白正收作數。是附餘即作正收之數矣。此注曰『多糧給主』，則與後條不同，俟考。

按：此律之附餘乃踢斛淋尖所得者也，故給主。後律之附餘，乃萬千納户斛面所積者也，故作正收，不必以互異爲疑。

一、各倉花户云云。向闗米之人勒索得財云云

此條與此律不甚相符，似應移於收支留難門内。

六贜以枉法爲最重，蠹役詐索之例已重於枉法，此則更重矣。法必有限斷，若任意輕重，即屬非法。今之人輒曰從重，遇一事而加重矣，設遇一事情更有重於是者，將更加乎？抑不加乎？更加則法必有時而窮，不加則無以〔服〕人。從重之意並無解於向者之加重也，法無限斷其弊必至於是。律有罪止之文，所以示限斷，原不容人之意輕重也。

此例得財即滿杖枷兩月，滿杖即加滿徒云云。即加烟瘴，不復論遞加之差等。一兩至五兩枉法，杖八十滿徒，則加七等矣，六兩至十兩枉法，杖九十邊遠，則加九等矣；十兩以上枉法，由滿杖起則擬四省烟瘴。贜至一百二十兩以上方擬絞罪，又用不枉法之律。視蠹役之一百二十兩者，即照枉法擬絞者，忽又從輕，且例文云『照指稱掣批名色勒索例』，而彼例係一百二十兩擬絞，此文添入『以上』二字，與彼例不符，此皆不可解者也。

竊謂花户身後辦事之人，非花户所倚賴，即積年在倉把持，其每年所得之贜，盈千累萬，必不在十兩上下，嚴挐重究，庶情罪相符。若計贜不過數兩，亦喫倉分肥而已，尚非巨蠹也。

攬納税糧

一、内府錢糧及内外倉場糧草云云

此合編充軍二十二項之攬納户及伴當也。然限内完納，仍照常發落，依本律祇杖六十。過期不完，依律注侵費正數以誆騙論，即應計贓科罪。贓有多少，其本罪應分别自杖至流矣，如贓數無多，遽發近邊，實覺太重。

收支留難

一、凡錢糧物料等項解送到部，當該官吏云云

解官之聽其包攬，畏其挑剔也，囑託行賄，受其勒措也，豈有甘心爲此者？一體治罪，非探原之道。且自有此例，書吏人等益得横行無忌，更無有敢於舉發者矣。

隱瞞入官家産

一、除隱匿、那移案内之家産云云

照坐贓律分别定擬，即應折半科罪，以五百兩滿徒爲罪止，滿流一層殊與律意不符。

課程

鹽法

鹽法二十一條。

按：原係二十二條，雍正三年删除一條，乾隆五年將律目下『二十一條』四字删去，今官本仍有之，不知何年復行增入。

一、拏獲販私鹽犯云云　密提竈户煎火仗簿扇云云

按：『火仗簿扇』，向來讀者多未詳其義。查王守基鹽法議略言：兩淮煎鹽之法，煎滷於鏾，每一晝夜爲一火伏，出鹽若干，有定額焉，不能欺也。據此則『火仗』乃『火伏』之謂，簿扇即俗所謂帳簿也。每一火伏有簿扇以記之，故曰『火伏簿扇』。此條乾隆二十八年兩淮鹽政高恒條奏議准之例，所言乃兩淮情形也。

火伏之法，明時以自子至亥爲一火伏，雍正五年巡鹽御史噶爾泰題請舉行火伏之法，以煎燒一晝夜爲一火伏。

私　茶

一、凡興販私茶，潛往邊境云云

按：今日茶爲出洋一大宗，若能禁止與外國人交易，是自絶其利源也。明代西寧等處邊防最重，故申嚴其禁，與今日情形大不同矣。

人户虧兑課程

一、管收税課錢糧云云

按：加倍著追之例，久不遵行，近來管收税課缺額，更有交七免三章程，加倍之有此條，與現在辦法不符，可删。

把持行市

一、各（省）〔處〕客商輻輳去處云云　若追比年久，無從賠還云云

薛云：追贜均有限期，年久無償，亦與例不符，似應將『年久』改爲『限滿』。

按：私債如何定限？然亦無竟無限期之理。現在外省多係隨案酌定限期，以其非官款，難計贜定限也。如以給主贜論，監追半年，然其款多者，半年恐太促。

禮律

祭祀

祭享律

或曾經杖罪。

按：曾經杖罪之人不令陪祀，以其曾受官刑也。今杖罪改爲罰金，已與舊制不同，此層可删。

儀制

見任官輒自立碑律

昔年西行，路經豫省、河、陜一帶，見德政碑林立道旁，指不勝屈，殆彼處風氣如此，一官去任，必有此舉，幾爲酬應虚文矣。似應並他人立碑亦禁之，方足以挽回積習，乾隆四十九年本有例也。君子不求人知，何必多此一碑。若係小人，則淆亂是非矣。

公差人員欺凌長官律

若校尉有犯。

按：校尉今惟鑾輿衛有名目，從無出差之事，此仍明律舊文也。

兵律

軍政

主將不固守

自晋武平吴，去州郡之兵，由是守土者無兵。無兵何以守？而乃責之以守，其理安在？

宋朝事實十六：儂智高入寇廣南，東西官吏有棄城而逃者，大理將議法，上諭輔臣曰：『官吏不能城守，可罪也。然朕聞南方無城郭、戰具，一旦有倉卒之變而責人以死，朕不忍也。若兵備可以固御而棄者，論如法；其無城與兵力不能敵者，當末減』。由是免死者甚衆。

仁宗此言最爲平恕。今武職不屬於州、縣，州、縣無一兵一械，而以守土之責責之，倉卒遇變即應擬斬，恐聖王忠恕之道不若是也。似應仿宋仁宗之事量予末減，以照情法之平。

激變良民

一、直省刁民假地方公事云云

按：此等案件，以地方官辦理不善以致激變者居多，自來辦理此等案件往往寬於官而嚴於民，實非持平之道。似應將强行出頭者，照此例辦理，其實有冤抑者量予末減，稍存公道。

關津

私越冒度關津

一、凡山東民人前赴奉天。

按：現時情形與舊時迥異，此條可删。

一、凡滇省永昌、順寧二府以外云云

按：乾隆五十五年三月奉上諭：『緬甸自禁止通商以來，需用中國物件無從購覓，而該國所産棉花等物亦不能進關銷售，今既納書稱藩，列於屬國，應准照舊開關通市，以資遠夷生計等因。欽此』。是此條禁止私販一節，業經停止，何以叠次修例並無删除？現在蒙自等處已設關通商，與往日情形更不相同矣。

遞（給）〔送〕逃軍妻女出城

按：此條係明律，爲各衛所軍人脱逃而設，非謂今日充軍之罪人也。今衛所全裁，即無此項逃軍妻女矣。

盤詰姦細

一、洋面山、島不許民人搭蓋房屋云云

按：此例創於顧學潮而閩督伍拉納奏稱不便驅逐、燒燬。奉旨：所奏甚是。則此例自當修改，存之具文耳。夫民人舍内地而居住海島，亦爲謀生起見，不爲之别籌生計，而惟燒燬之是務、驅逐之是務，不將迫之爲匪乎？辦法本不妥，伍督一言而立蒙俞允，可見前此諸臣莫能進言也。

私出外境及違禁下海

按：此律可刪，惟將人口出境一層應留，或於略人略賣人門内另纂一條。此門内條例多與今日情形不同，不可用矣。

一、凡商漁船隻云云，不許裝載米酒

按：出洋之船，風信無常，設有意外之事，如不許載米，不將全船餓死乎？

一、黄金、白銀云云

按：此萬不能行之事，不獨今日也。

一、絲斤違例出洋云云

按：乾隆二十九年三月，出洋絲斤奉旨弛禁，何以此例尚未刪除？此事初行之即多窒礙，況今日爲收回利權之一大宗耶！

一、東省登、萊等處云云，流民私渡奉天者云云

按：登、萊民人往奉天謀生由來久矣，今日方患招之不來，而可禁之乎？從前此等政策最不可解。

一、商民等偷越生番地界者云云

按：中國生齒日繁，内地不足以自養，於是有偷越番界圖利之事，禁之恐啓邊釁也。然此等禁令具文耳，入山伐木究爲謀生起見，上不能導以謀生之道，而禁下之自謀生計，非仁人之所宜出。此不若准令前往伐木而收其税，並予番人以利益，番人亦必樂從，裕國便民兩全之道也。

廄牧

公使人等（私）〔索〕借馬匹律

按：舊注謂此律指舍驛馬而借官馬者言。然今有司除驛馬外，别無所謂官馬。郵驛門既有多乘驛馬、私借驛馬二律，則此律即近於複。

郵驛

鋪舍損壞

一、急遞鋪云云

示掌云：例内『襻』字，查字典無其字，乃係『襻』字之謂，在字典衣部，應改正。

按：元典章及諸司職掌此條攀字不加謁旁，尚爲近古。又此條實本於元，元典章三十七遞鋪門所載每鋪什物與此相同，知前明承元制也，惟無纓槍，〔箬〕帽、紅悶棍三物。

律例偶箋 卷二

刑律

賊盜

謀反大逆

知情故縱

輯注：故縱者，指官府有統攝之人而言。本有責任，知而不舉，故曰故縱。

按：官府有統攝之人，惟地方官足以當之。名例稱監臨主守律云：稱監臨者，内外諸司統攝所屬，正指官言。至其餘在官人役，如地保、鄉約、甲長、捕役、兵丁人等，雖有稽查緝捕之責，皆不足當『統攝』二字也。地方官知而不舉，大抵希圖掩飾，未可即謂之故縱。故縱自謂縱令逃走，仍當指親屬及所厚之人而言。觀本律下文云：雖無故縱，但不首者，杖流，其義可見。如以知而不舉爲故縱，則下文知情不首之語爲贅設矣。其故縱逃走與隱藏在家同爲有心黨惡，故其罪同，若止知而不舉，其情自有閒矣，豈得與隱藏者一例問斬乎？集解總注有『若親戚里鄰』一句，最爲允當，可以正〔輯〕注之誤。

謀叛

一、叛案内律應緣坐流犯改發新疆，酌撥種地當差

叛案緣坐流犯凡六項，律所云父、母、祖、孫、兄、弟也。祖之妻爲正犯之祖母，祖之子除正犯之父外爲伯叔，本與孫、兄弟之妻子皆不在緣坐之列。至父之妻即正犯之母，父之子即正犯之兄弟，本係應流之犯，正犯之父身故，

妻子仍不得免遣，而例文乃云『本犯身故，妻子免遣』，殊不明晰。且〔但〕婦女似難責令種地、當差。查此條原例係流徙烏喇地方給披甲之人爲奴。康熙二十一年奉旨：反叛案内應流人犯仍發烏喇地方，令其當差，不必與新披甲之人爲奴。其時尚無種地之文，迨此項人犯改發新疆，始定例文爲『種地、當差』，而正犯之母一項，辦理遂多窒礙。從前舊案有改發駐防爲奴者，係酌量辦法，然與康熙二十一年之旨顯相違背，似亦不妥。或謂竟依律流二千里安置，與流徙烏喇原例雖不符合，較爲允協。

叛犯之孫既由流改遣，其父又不在緣坐之列，設有年幼不便與父母拆離者，轉無辦法。原例有親屬收養之文，後改爲『聽其母隨帶撫養』，蓋爾時流犯無不（合）〔僉〕妻，故可隨帶配所。僉妻之例久停，其母如仍在籍，似可交其收養。

一、凡異姓人但有歃血、訂盟、焚表結拜弟兄者云云

康熙原例不論人數多寡，首從，流。後來叠次改重。然無滋事實迹者而科以謀叛未行之罪，究嫌太重，似應稍有區别。苟非良善之徒，爲首擬以死罪無論矣，爲從不過加至烟瘴而止，亦屬具文，似不如量予監禁若干年，責令日作苦工，或可以消其暴戾之氣。

一、凡内地漢、回在回疆地方云云

當時有此等人犯，故定此例。現在回疆已開行省，與内地無異。前有謀叛案内悔罪投首通例，此例似可删除。彼發新疆，而此烟瘴，以在回疆滋事故也。然有此等情形，自可酌量辦理，不必定立專條。

造妖書妖言

凡造讖緯、妖書、妖言

明律纂注：讖，符也。緯，横也。謂以符讖之説，横亂正道。輯注：讖者，符驗也。緯者，組織也。謂組織休咎之事，以爲將來之符驗也。

按：讖，圖讖也。後漢書光武紀：宛人李通等以圖讖説光武。注：圖，河圖也。讖，符命之書。讖，驗也。言王者受命〔之〕徵驗也。蒼頡篇：讖書，河洛書也。（讖）〔説〕文曰：讖，驗也。緯，緯書。後漢書〔方〕術傳

注：緯，七經緯也。文選郭有〔道〕碑文注：緯，六經及孝經皆有緯也。讖緯起於西漢哀、平之際。讖者，詭爲隱語，預決吉兇。緯者，經之支流，衍及賣義。讖是讖，緯是緯，茅緯之中，亦時雜讖記耳。纂注、輯注均未得其本旨也。

盜内府財物

一、行竊紫禁城内該班官員人等財物云云

竊盜臨時拒捕殺傷人，律本不分首、從，而例文則分首、從。此例不言首、從，亦無『皆』字，將用律乎，用例乎？如謂係隨時加嚴，未便拘泥常律，亦應於例内聲叙明晰，不得稍涉含糊也。至不論金刃、他物、手足及鬥毆，律文竊盜拒捕本律但云殺傷，不問其爲何物，例文則有金刃、非金刃之分，此忽分金刃、他物、手足爲三等，亦與律例皆不相符，殊不可解。若因在紫禁城内加重，亦應與律例一線相穿，豈可任意改作，致律法破壞乎！

此例酌擬殺人者首絞決，爲從幫毆者俱絞候，未幫毆者烟瘴。金刃傷人者，首及幫毆者俱絞候，未幫毆者極邊。傷非金刃，傷輕平復者首烟瘴，未傷人者首極邊，從各〔滿〕〔流〕三千里。

例末其尋常鬥毆仍分别云云。

按：紫禁城内鬥毆殺傷人，宫内忿争門内自〔有〕專例，與尋常鬥毆罪名不同。此處忽附此語，未詳其故，似可删去。

盜軍器

一、拏獲偷盜軍器之犯云云

此偶因一案加重，遂纂爲例者。然究係律外加重。至當買之人則私買軍器律内自〔可〕〔有〕例可援。此條亦太重，似可删。

盜園陵樹木

凡盜園陵内樹木者

舊説，律内所開樹木蓋指枯枝或青枝而言。若盜砍正樹木，比照盜大祀神御物分别斬、充矣。

按：律文園陵樹木無所不包，自嘉靖定有重法，相沿至今。而説律者不得不如此分别矣。

一、凡山前山後各有禁限，如紅樁以内盜砍樹株云云

本律不分首、從滿徒，以樹木爲園陵蔭護之物，已較諸官物爲重。此例此照盜大祀神御物律，則重之又重矣。第坐爲首者以斬，以其究非殿内祭所可比，故不用皆斬之律；爲從由斬減等，應改滿流，較本律已加三等，不爲輕縱。其在紅樁以外較紅樁以内爲輕，近邊改流二千五百里，似無不可，以此例本太重也。

唐律盜園陵内草木係徒二年半，明律已加一等，此例乃成化十五年所定，原文乃正犯處死，不引律牌也。夫樹木亦田野穀麥之類，因園陵而加重則可，乃竟與大祀神御物同科，殊非律意。不然，太祖之用法重矣，何此條僅加一等也？然居今日而欲改輕，人必此言其非，甚且以爲大不敬矣。（其）〔甚〕矣，讀之難也！

舊説，樹枝皆可妄指，有樁、有楂，若止有樁而無楂，有楂而無樁者，又或樁楂之木不對，須細驗以防誣指，究出原木定案。

按：此條舊例有『驗實樁楂』一句，於嘉慶十年修例時删去。

一、姦徒知情私買墳塋樹木者云云

接買竊贓三犯以上例應近邊充軍，此例三次擬流，在舊法近邊重滿流二等，乃此本係加重，而三犯反輕。竊盜三犯有烟瘴、邊遠、滿流三等，而云照竊盜三犯例滿流，皆不可解。

未伐者較律所謂未馱載者尤輕，遽科私買之罪亦覺過重。舊時辦法，砍樹未曾搬移，依毁人物□較爲平恕。

一、盜砍他人墳樹，初犯杖一百云云

以本律杖八十而加至四省烟瘴，可謂嚴矣，而盜者自盜，法重不足以禁姦，重法何爲？康熙年間，原例計贜准竊盜論，最爲簡當，此當修復舊法者也。

本律計贜重者雖加凡盜一等而不言刺字，仍不以真盜論。輯注『至死〔者〕仍照名例止杖一百、流三千里最是』。例文任意加重，蓋不復問律意何如矣！

舊説云『律内言各計入已之贜』，而此例又各按竊盜本例刺字，既用竊盜之例，則應並贜矣，即前條初犯亦應併贜刺字方合。按私買竊贜例坐贜論不刺字，則此項私買人犯，罪名雖已加重，仍可不刺。且前條分兩項，一係〔竊〕贜盜賣罪〔加〕一等，一係無〔論〕株數，正無須併贜也。

一、凡子、孫將祖、父墳塋前列成行樹木云云

康熙年間舊例，子、孫照違令律治罪，奴僕計贜加竊盜罪一等。此例將子、孫疊次加重。薛説議其非，可採也。此例應修。

一、私入紅椿火道以内偷打牲畜云云

此道光年間例，亦太重。以牲畜而戍人於邊，其去國中之阱幾何？

一、凡旗民人等在紅椿以内偷挖人參云云

第一條比照盜大祀神御物律，已屬律外加重，然樹木關繫蔭護、取土、取石等項，亦恐於山陵氣脉有傷，立法稍嚴，尚近情理。若人參雖係貴重之物，不過山上之草木而已，無所謂蔭護，亦不至有所傷也，亦比大祀神御物，無乃擬不以倫。此亦道光年間所定例，但知從重，不復論情理矣。

監守自盜倉庫錢糧

一、凡漕運糧米監守盜六十石入己者云云

明例此條本以沿邊、沿海爲一等，二十兩充軍，雜犯流，兩京及漕運並六倉爲一等，三十兩充軍，雜犯流。其餘腹裏爲一等。五十兩充軍，雜犯斬。今例删去前後兩〔等〕及兩京各衙門，獨存漕運一項。明代二石合銀一兩，六十石爲三十兩，本律滿流，雜犯總徒四年。今例一石合銀一兩，六十石在四十兩以上，應擬雜犯斬。準徒五年充軍者仍明例也。惟今例監守盜入己贜一百兩以下準徒五年，至一〔十〕〔千〕兩方擬滿流。同爲倉庫錢糧，何獨於漕運加重？後例『經紀花户』一條，一百石絞，六十石以上發四省烟瘴。同是漕米，而輕重參差，自應修改畫一。軍罪名目可以酌删，後例

監守盜倉庫錢糧一條，滿流即入斬候，無軍罪名目也。

常人盜倉庫錢糧

一、凡竊匪之徒穿穴壁封竊盜云云

未得財杖六十之犯而加至滿徒，一兩以下杖七十之犯而加至烟瘴，並加至十數等。例之重於律者無過於此條。謂懸重法於上，庶下之不改〔敢〕犯也，而犯者仍如故。重法之無效不止此條，而此條之成效果何如哉？爲從又分四等，與從減首犯一等之通例又不相符。古人所謂『例以破律』，此其尤者矣！一百兩以上之犯，贓數較多，稍重尚可。一百兩以下之犯，似可稍分等差酌擬，一百兩以下至八十兩，烟瘴；八十兩以下至五十五兩，極邊；五十五兩以下俱照律分別流、徒、杖罪。流犯不准改總徒，爲從各照爲首減一等，其未得財之犯，照例擬杖。新章折工已較舊法爲重，似不必再議加矣。

强盜

若竊盜臨時有拒捕及殺傷人者皆斬。

唐律：　諸强盜，謂以威若力而取其財，先强後盜、先盜後强等。疏議：　先盜後强，謂先竊其財，事覺之後始加威力。唐律又稱：　竊盜發覺，棄財逃走，財主追捕，因相拒捍。如此之類，事有因緣者，非『强盜』。

此律竊盜臨時有拒捕及殺傷人者，皆斬，即唐律之先盜後强也。其竊盜，事主知覺云云，即唐律之竊盜發覺棄財云云，唐律本在强盜條下，故明律亦列於此，迨後不明『先盜後强』之義，以爲此律太重，而條例遂紛然已。

輯注：　監時行强與臨時拒捕總分得財先後，如將事主按捺縛打，傷之後攫贓而去，或一人架住事主，而群盜入室搜贓，皆爲臨時行强。若贓已入手，事主驚起追逐，因而格鬥，即臨時拒捕也。此中分別，最宜詳慎。

此説於行强、拒捕分晰極明，然亦非定律之本意，律但分臨時，不分强之先與後也。

一、强盜内有老瓜賊，或在客店内用悶香、藥麵等物迷人取財，或五更早起，在路將同行客人殺害云云

戴褐夫丙戌南還日記：『道旁逆旅中，多有書「老爪」事於壁，使行道者知所備。「老爪」者，賊號也。其黨無

所不有，大抵皆畿南河北人爲之。佯具行李爲商賈或爲仕宦狀，與行道者同行且宿，漸親密，輒誘人於鷄未鳴時起行，其黨已於前途二三里許掘坎待之，至其地，則皆縊殺而埋之，不留一人，劫其裝去，毫無踪迹，車人亦多其黨也，蓋殺人已不可勝數』。

按：丙戌，康熙四十五年也。褐夫所言與例文第二層相合，是此風盛於康熙年間。雍正五年纂定此例，必此風尚未息也。今則久不聞有此等事矣。『老瓜』、『老爪』字形相近，未知何者爲是，亦如南洋之爪哇島，即古之瓜哇國也。至例内所言情形，前一層即律之以藥迷人圖財，後一層乃圖財害命，即謀殺人律内之因而得財，同强盗論也。

一、凡强盗，除殺死人命云云，不準自首外云云

免死盗犯發遣新疆、烟瘴脱逃，例應正法者共五項。傷人首、夥各盗，傷輕平復，事未發而自首者，新疆；行劫數家止首一家者，新疆；未傷人首、夥各盗聞拏投首，烟瘴；窩家盗線聞拏投首，烟瘴；用藥迷人，甫經學習，雖已合藥，即行敗露，或被迷之人當時知覺，未經受累者，新疆。

一、凡用藥迷人，已經得財之案云云

此例凡三節：第一節擬斬決者凡四項，第二節則僅止二項。在爲從者尚可從寬，而起意爲首者，萬無可寬之理，乃未經叙入，殊不可解。觀於此節，不言從犯，則例末其案内隨行爲從之犯云云，係統承第二、第三兩節而言。既云隨行爲從，則造意爲首必不在内，是第二節造意爲首一項顯係遺漏，應增入。

一、竊盗臨時盗所拒捕云云

道光十五年通行部議云：查竊盗臨時護贜拒捕例内，惟首節殺人之下，聲明不論所殺係事主、鄰佑，擬斬立決。其後節傷人未死之下，並無不論所傷事主、鄰佑之文，則遇有竊盗刃傷鄰佑者，自不得概行援引。况罪人拒捕門内明言：竊盗拒捕，刃傷事主，依例分别問擬斬、絞，如傷非事主，但係刃傷，仍照例加本罪二等問擬。是竊盗拒捕刃傷之案，必傷係事主，方可依例擬行斬、絞；若傷係鄰佑，自應照例不論盗所之離與不離、贜物之棄與不棄，概同别項罪人一體科斷。嗣後竊盗臨時護贜拒捕，傷非事主之案，均照律加本罪二等定擬，以免歧誤。川督請示通行。

按：此例『傷人未死』句，現俱遵照此年部議辦理。然律文云『拒捕及殺傷人者皆斬』，是一拒捕即在皆斬之列，更無論殺人、傷人矣。一拒捕即皆斬，更無所殺傷者爲何人矣。此仍用唐律『先盗後强』之義——一拒捕即是强也。下

文棄財逃走一節曰『事主知覺』，曰『事主追逐』，而此文但曰『人』，是不論其爲何項人。可知此例不論所殺係事主、鄰佑，與律意尚相脗合。惟律係不分首、從，而例以皆斬爲重，遂有首、從之分，將從犯悉從輕比，而首犯又加重改爲立決，一輕一重，殊與律意不符。至『傷人未死』一句，亦但曰『人』而不曰『事主』，自係承上文而來，一線相穿，包鄰佑在内。乃部議以此句之下，並無『不論事主、鄰佑』之文，並據罪人拒捕門例，遂謂鄰佑不在其内，是不顧文義之通與否而强爲之辭也。即果如所言，亦應將傷人未死修改明白，豈得爲此含混之語，致罪有出入耶！

竊謂鄰佑有守望相助之誼，即有幫捕盗賊之責，與事主同科並不爲過。此條定例之意與下條皆跟律來，此條律文不言『事主』而渾言之曰『人』，故例文亦曰『不論事主、鄰佑』。其『傷人未死』句跟上文來，故亦渾言之曰『人』，原未將『鄰佑』劃出也。下條律文有『事主』字樣，故例文亦專言事主而不及鄰佑。例文本自分明，解者自生塵障耳。

傷非金刃、傷輕平復首犯，康熙原例係邊衛，即近邊。乾隆二十三年改發新疆，三十二年將新疆遣犯改回内地，皆照原例加一等，此次遂改邊遠，復於嘉慶四年，因新疆做工人少，將此項改發伊犂。又以年逾五十不任耕作，毋庸擬發新疆者，仍照舊例辦理，不在加等之列，例内遂有『年在五十以上』之文。此條外尚有白晝搶奪門内二條，發冢門内二條，鬥毆門内一條。查從前内地改發新疆人犯，本爲耕作人少起見，並非因其情重而加等，其後改歸内地，亦由新疆遣犯過多，與本犯之犯之罪名本無干涉，自應一體仍照舊例辦理，何以無故而各加一等？年在五十以上之犯，同此情節、同此罪名，何以又不加等？例文之難通者，莫甚於此。似應將此等人犯一體改歸原例，而删除『年在五十以上』之文，以省紛擾。

一、恭遇御駕駐蹕圓明園及巡幸之處云云

此條與盗内〔府〕財物門内紫禁城内一條情事相等。圓明園爲昔年聽政之所，紫禁城本係禁地，切近宫廷，酌量加重，其義一也，而科罪不同，又兩門分載，似可將彼條拒捕一節修並於此條之内，以符律意而歸畫一。以上賊盗上。

劫囚

一、糾衆行劫在獄罪囚，如有持械拒殺官弁者云云

此例定於雍正年間，乃一時之峻法，第因劫囚而殺官，情節固重，然究〔非〕謀反大逆可比，凌遲緣坐無乃太重。

一、官司差人捕獲罪人，有聚衆中途打奪，毆差致死，爲首者云云

乾隆十八年所定之例，爲從下手致命者絞決，餘仍照律分別坐罪。當時已屬加重，並不充軍。迨五十一年，湖北巡撫奏賊犯陳其方等被獲拒捕殺差案内，將爲從幫同拒捕並未傷人之郭邦彦改發伊犂，遂改纂例内。嘉慶二十二年，因調劑遣犯，改發極邊，今例是也。竊謂未經毆人成傷，情節究不爲重，似可修復舊例，照律減滿〔流〕。郭邦彦之案，由流遽發伊犂，本嫌驟加數等，並將幫毆有傷者，不論他物、金刃擬絞監候，殊非律意。例末本有『數年後此風稍息，〔請旨〕仍復舊律〔道〕〔遵〕行』之語，徑改固無礙也。

白晝搶奪

一、凡黔、楚兩省相接紅苗彼此云云

一、凡苗人犯搶奪該管土官云云

此二條並康熙年間例也。黔苗自雍、乾間鄂、張諸公經營之後，改土歸流，已無土府、州等官名目，嘉慶以後雖叠次變亂，迨同治間大軍剿定，訖今已數十年，頗稱安靖。楚苗自傅重庵中丞經略之後，苗疆底定，久已相安。黔苗後尚滋亂，楚苗則未聞也，與從前情形大不相同，更無兩省紅苗仇殺之事，且例文與現行各例亦多所抵捂，似可删除。

一、江南通州、崇明、昭文沙民夥衆争地云云

照光棍例太重，此乃彼此争利之事，與光棍例意不符，且此案總以臨時酌量辦理爲妥，得一良有司善爲處理，即不至釀成巨案。設一定法，轉致礙手。此例似可删除。沙洲東坍西漲，無有一定，争地豈能盡絕？近年則尚無抗官不法重案。

一、苗人聚衆至百人以上，燒村劫殺，搶擄婦女云云

近年苗疆尚未聞有聚衆百人，燒村劫殺，搶擄婦女之事，此例已無關引用。惟例文云『尋常盜劫搶奪，仍照内地搶奪例完結』，似可將此數語節留纂爲苗人犯罪通例，餘删。

一、凡白晝搶奪，三犯〔者〕擬絞立決，如不及三犯云云

薛云：此等在配釋回之犯，復犯搶奪則再犯矣。如在配在逃，又犯搶奪，非三犯而何？〔自〕徒流人又犯罪門定

有條例，有犯俱照彼條科斷，從無照三犯辦理者，殊嫌參差。

按：此不言三犯者，恐言之而多窒礙也。本朝之例，多較明例爲重，故極邊、烟瘴兩項多至百七十餘條，而三犯者獨存姑息，何也？

一、凡白晝搶奪殺人者，擬斬立決云云

自搶奪混入强盗，而凡情同强盗者，以搶奪科罪，畸輕畸重，例文亦遂多紛歧。律注：人少而無兇器（者），搶奪也。則有兇器而人數多者，不得以搶奪論。可知此條搶奪殺人有金刃、有幫毆，與强盗何異？而不用强盗殺人之例，從犯復以刃傷、扎傷等項分別，遂與强盗大相懸殊矣。

一、搶奪之案云云，結夥僅止二人，但有持械威嚇事主情事云云

持械威嚇即倚强矣，此本應以强盗上條，〔饑〕民持械逞强者亦然。蓋有强形，即一人亦應照律擬罪，不得因人少而從寬也。惟一二人强劫之案甚少，吏部處分則例有『一人行劫毋庸』之語，可見從前非無此等案情也。

竊盗

一、竊盗三犯，除贜至五十兩以上云云

此因律有『不論贜數』之語，故定有此例，固爲平允。惟唐律『三犯徒者流，三犯流者絞』最爲包括無遺。此條第一層自杖九十至杖六十、徒一年，第二層杖七十、八十，以唐律而論尚爲重也。

一、積匪猾賊云云

雍正七年原邊衛即近邊，乾隆二十三年改新疆，復改烟瘴。由近邊而遽加數等，未詳其故。

一、未經得免並計之犯，因竊問擬軍、流、徒罪云云

如何是積匪猾賊，例無明文，此條即其明文也。惟以次計，古無此法。近年此等案件亦不多見，惟廣東、奉天有之。然皆贜數，此二□合八次計之，不過一兩上下，按律不過杖六十或七十。遽發烟瘴。如獨竊一次，贜不及五十兩，律止滿杖。即獨竊三次，同發贜數均不及五十兩，合計之則已逾貫，以一主爲重，則仍滿杖。與八次之贜數無多者相提並論，孰輕孰重，而罪名懸絕如此？且次數多而贜數少者不過乘機掏摸，類皆貧苦難堪，次數少而贜數多者必

係姦猾巨賊。讀例存疑所謂『縱大憝而嚴小竊』，輕重不得其平者，此也。惟改用唐律累倍之法，庶可以救其失。

一、賊匪偷竊衙署服物云云

薛云：衙署雖係（公）〔官〕所，被竊究係私物。

按：私物竟以官物論，究屬不妥。況未經得財之例應杖八十者，重至七等，豈得謂之平？古人立法多有精意，今人任意輕重，不復講明律義，此例文之所以日增而毫無限斷也。

一、竊（賊）〔贓〕數多，罪應滿流者云云

此初次改發新疆條款之一，乾隆三十二年改回內地，加一等擬軍。滿流乃其本罪，無故加等，殊無取義。唐律竊盜計贓罪止加役流，無死法。明律一百二十貫罪止滿流，亦無死罪，惟三犯者絞。唐律三犯流者絞。惡其怙終也。順治四年始改一百二十兩爲絞，竊盜計贓方有死罪。康熙十一年又改一百二十兩滿流，一百二十兩以上絞。此條忽將滿流改爲附近，而竊盜遂無滿流一等。不通貫全律而任意輕重，其歧誤每至如此。

盜馬牛畜産

一、凡冒領太僕寺官馬云云

薛云：冒領與竊盜相等，有犯自應照盜官馬例科〔罪〕。此條似應刪除。

按：此例小注云：若家長令家人冒領三匹，不分首、從，俱問常人盜官物罪。家長引例，家人不引。廣匯全書云：家長引例者，引此枷號充軍之例也；家人不引者，止問常人〔竊〕盜官物也。不分首、從，聽使令中之家人不分首、從也。夫家人既以常人盜論，家長亦以真盜論矣，薛說之所本也。然冒領究與真盜不同，似應比照冒支官糧律，計贓准竊盜論，庶爲平允。

一、凡盜牛一隻，枷號一個月杖八十云云

此條盜牛以隻計而又加枷號，細核之亦不甚平允。如一隻枷一月杖八十，以杖八十論，乃竊盜贓之二十兩也，枷一月以旗人折枷法計算，乃徒二年也。由此遞推，則二隻三十五日杖九十，乃三十兩及徒兩年半；三隻四十日杖一百，乃四十兩及徒三年，四隻四十日徒一年，乃五十兩及徒三年，五隻四十日徒二年，乃七十兩及徒三年，五隻以上四十日徒三年，乃九十兩及徒三年；十隻以上滿流，乃一百二十兩，二十隻絞，乃一百二十兩以上。五徒之中無徒一年半、二年半，三流之中無流二千里、二千五百里，已不可解。況以律應計贜之初犯，杖八十者無故加徒二年，杖九十者無故加徒二年半餘類推，亦覺過重。且牛之大小、肥瘠豈能相同，估律計算必難一律。乃一隻者二十兩，是每隻將以二十兩計也，而二隻三十兩、三隻四十兩、四隻五十兩，每隻僅加十兩。五隻七十兩，較二隻、三隻、四隻又多加十兩，將此第五隻之牛其價獨貴乎？抑第二隻、三隻、四隻三牛價獨廉乎？五隻以上九十兩，是六隻、七隻、八隻、九隻共止加二十兩；十隻以上一百二十兩，是十隻至十九隻共止加三十兩，豈此等牛價更廉乎？輕重不倫，實非律意。又如有二人於此各盜牛一隻，一所竊之牛大而肥，一所竊之牛小而瘠，若計贜則懸殊也，而計隻則罪同也，亦豈得謂之平？例内又有其〔雖〕在二十隻以下，除計贜輕者分别枷、杖、徒、流外，如計贜至一百二十兩以上〔者〕，仍照律擬絞。此乾隆三十六年增入。是計隻之中仍復計贜，亦知理多窒礙，爲此調停辦法。然律貴〔有〕一定之宗旨，不應忽而計隻、忽而計贜，若斯之任意變易也。以市價估計，每隻二十兩，不過中等價值。由此累計，七隻以上即已逾貫，豈止僅科滿徒？即以每隻十兩，則十三隻以上亦已逾貫，豈止僅科滿流？是定例之本意原欲從重而反從輕也。從前牛價大約較現在爲廉，現在市價既與從前不同，則此等例文必須略加變通，方無抵捂。

一、偷竊蒙古牛、馬、駝、羊四項牲畜云云

强不行而行者爲竊盜事後分贜，及謀竊不行而行者爲强盜事後分贜者，律俱以竊盜從論。若謀竊不行，而行者仍爲竊盜事後分贜，律例並無治罪明文，道光七年説帖仍以爲從論。惟不行之人究較同行上盜者情節爲輕，自應稍有區别。在謀强案内，不行之犯尚以流二千里及新疆爲減等之差，則謀竊案内，不行之人似未便辦理過嚴。此條例文因關係蒙古生計，蒙古例本應故較尋常竊盜爲重。其未經同行□犯較行者□從輕比，固已稍有區别。第由死罪減等，衹應滿流，乃第一層遽發烟瘴，尚嫌稍重。且蒙古例已改輕，自不得仍從舊例。今擬將此項未經同行之犯，三十匹以上者流二千里，比照共謀爲强盜例畏懼不行之犯，二十匹以上者滿徒，十匹以上者徒二年半，六匹至九匹者作工十個月，三匹至五匹者作工九個月，一、二匹者作工八〔箇〕月。

一、偷竊官馬二匹以下云云。

二匹以下計贜，三匹以上計匹。律法不應錯雜如此，似仍照律計贜最爲允當，若仍以匹計，亦應與偷竊蒙古四項牲畜一條比較改定。此例本〔較〕彼例爲輕，彼例既改輕，此例亦應改輕，否則反較彼例重矣。

盜田野穀麥

一、凡盜掘金、銀、銅、錫、水銀等礦砂云云。

律云『有拒捕，依罪人拒捕』，蓋别項罪人也。忽參以竊盜之例，殊嫌錯雜，似仍照律依罪人拒捕爲是。今日正礦産發洩之時，天地自然之利當與天下共之，但私掘則禁耳。例首『盜』字當改『私』字。

一、民間農田如有於己業〔地〕内云云。

原例本因在荒地内築塘蓄水，故有『費用工力』之語，如係己業地内，他人自不得竊放其水，又何消説收定之例，失其本意矣。

一、在口外出錢雇人刨窋黄芪云云。

出口之民，無非爲謀生起見，不予以謀生之路而但禁其出口，果能禁否耶？黄芪何關例禁，而亦禁之，是絶貧民謀生之路，上不能養民，而又杜其自養之道，例之煩碎無理，莫此爲甚。

親屬相盜

若行强盜者，尊長犯卑幼亦各依上減罪，卑幼犯尊長以凡人論。不在減等之限。若有殺傷者，總承上竊、强二項。各以殺傷尊長、卑幼本律從〔重〕論。

『各以』之『以』，明律、順治律皆作『依』。下文若有殺傷者，自依殺傷尊長、卑幼本律科罪。若他人殺傷人者，卑幼縱不知情，亦依殺傷尊長、卑幼本律從重論』，彼二處並作『依』，此『以』字恐是傷〔傳〕寫之譌。『以』字、『依』字義有别，此文當是『依』字。名例所謂『依本條科斷』，乃依『親屬殺傷』之本律，不依『盜罪殺傷』之本律。薛云『此等親屬有犯竊盜，雖贓逾滿貫，均無死罪，而殺傷則死罪居多。從重論者，爲科以殺傷尊長、卑幼之本罪，非謂科以凡盜殺〔傷〕人之罪也，』語最明確。尊長犯卑幼，即强盜亦與竊同。惟卑幼犯尊長，强盜以凡人論，罪至斬決，則殺傷之罪有輕於盜罪者。舊説所謂盜罪重則從盜論，殺傷罪重則從殺傷論也』。

他人縱不知情，亦依强盜論。

箋釋云：〔決〕〔次〕節言同居而止有卑幼無尊長、止有竊盜無强盜，同居又止有將引他人爲盜而無不引他人而自盜之文。〔益〕〔蓋〕既曰同居卑幼，則家其家、財其財矣，何盜之可言乎？同居卑幼私盜財即是卑幼私擅用財，故此無其文，以卑幼同居，財亦其有也，制於尊長，不得用而盜，容或有之，何强之忍言乎？

按：此二句上文云他人減凡盜罪一等，免刺，明指竊盜言。箋釋謂此節『有竊盜無强〔盜〕』，蓋據此也。若有殺傷，即有强情。卑幼自依殺傷尊長卑幼本律科，不以强盜論，與各居卑幼之行强盜以凡論者不同。他人則依强盜論，如係先殺傷而後得財，固當以强盜論，即先得財而後殺傷，亦以强盜論。此與竊盜臨時拒捕殺傷人者纂入强盜律内其義正同。唐律先强後盜、先盜後强皆爲强盜，明律實本此意。觀此律之『依强盜論』一語，益知竊盜臨時拒捕殺傷人者以强盜論，故在强盜律内，律文彼此貫通，並無歧誤。讀者不察，遂疑上文言竊盜，而此文忽言强盜，如果卑幼殺傷己之卑幼，罪止杖徒，而他人即照强盜擬斬，似非情法之平，不知以先强後盜爲臨時行强，先盜後强爲臨時拒捕，此乃今人之見，定律初旨本不如是。即據今人之説，則行竊而有殺傷，難保無臨時行强之事，凡上盜者，自應不分首、從一律問擬，豈得以他人不知殺傷之情，遽從寬貸乎？上文『他人』小注有『兼首、從言』四字，蓋謀竊之事，容有他人起意爲首，而卑幼但將引之者，臨時或卑幼或他人，自有殺傷，先無預謀，故有臨時不知之事。此等他人〔爲〕〔如〕係造意，則爲首禍之人，如係爲從，則爲助惡之人，若從輕比，又豈爲情法之平？上言『減凡盜一等』者，以將引而輕之也，此言『依强盜論』者，以殺傷而重之，本罪各別也。

恐嚇取財

一、凡惡棍設法索詐官民云云

此順治年間定例，當時京師惡棍甚多，故特立此等重法。例内所言，乃當日情形，即俗所稱『土豪惡霸』也。後來已無此等情事，他例之照此定例者，亦與此條所言不符。薛意欲删去『張貼揭帖』以下至『此等』字。然删去則所犯爲何等情節方可援引，益少依據。總之，懲創一時，可設壹法，著爲定例，窒礙必多。斷罪引律令門非實在光棍，不得照光棍例定擬之條，蓋亦以此法太重而慎之也。

一、黔省匪徒如有『帽頂』、『大五』、『小五』等名號云云

黔省之『帽頂』、『大五』、『小五』等名目，其俗謂之『碰平夥』，即結盟、結拜之類。『帽頂』爲大頭目，『大五』次之，『小五』其散卒也。四川亦有此等名目，大都無業（淤）〔游〕民，素行不法，與東皖之『結捻』、『結幅』者大致相等。此門尚有江蘇淮、徐、海，山東兖、沂、曹，河南汝、陳、光及安徽、陝西匪徒一條，江西省南、贛、寧匪徒一條，山東、安徽兩省匪徒一條，均係爲嚴懲匪類而設。一省一例，殊屬紛煩，似可修並一條，以歸簡要。如佩帶兇器、刀械、軍器爲一種，『結捻』、『結幅』爲一種，自立名號爲一種，其爲害不外聚衆搶劫、强當訛索種種不法之事，輕重雖不盡同，科條不必太瑣屑也。

一、捉人勒贖之案云云

捉人勒贖之風，近來以奉天爲最盛，直隸案亦纍纍，江、浙地方亦間有之，不獨兩廣爲然。似可分別輕重，定一通例，以便引用。

詐欺官私取財

一、京城錢鋪無論新開舊設云云

道光二年原例照誆騙計贜准竊盜論，至一百二十兩以上者加一等發附近，已與『稱准者，罪止滿流』之義不符。今改定之例，一百二十兩即發附近，是删去滿流一層；附近、近邊、邊遠、極邊即發黑龍江，是又無烟瘴一層。名爲按等遞加，而參差若是。

監守盜倉庫錢糧，自一百兩以上至一千兩分別三流，較此例之自一百二十兩至一千兩分別附近至極邊者擬罪爲輕，而論情則倉庫錢糧爲重。彼例計入己之數，此例又不論入己與否，兩例相比，殊覺輕重不得其平。近人定例，但就一事任意輕重而不復與他例相權衡，遂多抵捂之處。

發冢

一、貪人吉壤，將遠年之墳盜發者云云

原奏擬徒兩層，指未被發掘言，擬流一層，指已被發掘言，例內殊不明晰。道光十二年，江西道御史金應麟奏請

修改律例案内原奏稱：查誣告人死罪未決律，杖一百、流三千里，加徒役三年。今既照誣告辦理，似應加『徒役』等語。刑部查此條例文係雍正十三年纂定，詳繹例内擬罪之處，所以與誣告本律稍有未符者，蓋因無干之人見人埋葬，輒敢句引匪類夥告、夥證，固屬刁詐，惟究因埋葬地方本有土墩所致，與平空捏控者究屬有閒，且土墩之是否前人古塚，尚在疑似難明。即不科揭以全誣之罪，故定例聲明照誣告人死罪未決律問擬，而又僅予滿流，不令加徒，實屬權衡允當。今若於例内增入『加徒役三年』字樣，是使控告有因之人與平空誣控之人一例同科，轉不足以示區別。所有該御史奏請加徒役之處，應毋庸議。

按：誣告人死罪未決，係誣輕爲重者，滿流不加役。此條不便竟照全誣科罪，故亦不加役，部議分晰甚明。惟例文渾言照誣告人死罪未決律，而未聲明係用誣輕爲重之律，以致閲者生一疑幛，究未妥協，自應量加修改。又誣告律内無『爲從』之文，照誣告爲從云云亦未妥。

一、指稱旱魃，刨墳毀屍云云

此事情節固慘然，鄉愚無知，妄謂除魃可以弭災，當旱既太甚之時，情急而出於此，究有可原，與真正開棺見屍盜取財物者情節迥異。爲首擬絞，秋審既可入緩，爲從改流可矣。此嘉慶九年所定之例，此等從犯並非由新疆改回内地者，而亦添『年在五十以上』一層，尤不可解。

一、有服卑幼發掘尊長墳冢未見棺槨云云

未見棺槨及見棺槨皆情輕之犯，似可從寬，乃開棺見屍及鋸縫鑿孔者並同凡論，而情輕獨行加重，甚無謂也。

盗賊窩主

凡强盗窩主造意云云　共謀其窩主不曾造謀，但與賊〔人〕共知謀情。者云云

輯注：意〔出〕〔是〕謀之主，造意在共謀之先，衆人尚未有謀，獨先造出此意，故謂之造意。而共謀則相與商計者耳。共謀又與知情不同，共謀是共相圖謀，知情是〔但〕聞知其事，知情者身在事外，共謀者身在事中。

按：此注分別共謀、知情最爲明晰，律内小注『共知謀情』四字尚可斟酌。

一、各處大户家人、佃僕結搆爲盗云云

此明例也。明代官豪勢要之家，投靠爲僕者甚多，故有此等情形。今日人家所用多係雇工人，朝來暮去，終身服

役者極少。此例已同虛設，似可删。

一、凡皇親、功臣、管莊、家僕、佃户人等云云

此亦明例也，與新例已不相符，似應將新例改爲通例而删此條。

一、容留外省流棍云云

此條向無引用之者，似可删。

一、老爪賊云云

老爪賊已詳强盗門内，此似可删。

一、回民窩竊云云

此過重，似可删。新例窩竊五名以上發烟瘴，已較舊例近邊加三等。此又加一等，則更重矣。

一、順天府、五城及直隸、山東云云

有通例則此條可删。

一、廣東、廣西二省如有不法姦徒云云

此例其重。

一、强盗窩主造意不行又不分贜云云

薛云：下一層知情問斬即律内之『共謀』，其在事前自不待言，則中間之知情亦當指事前言之矣，而事後知情轉無明文，似應添叙詳明。

按：本門首條分别窩主、窩藏最明晰。知情者知其爲强盗，句引容留往來住宿，並非與之同謀。首條所謂並無共謀情狀，當不論事前事後也。若一知情即爲同謀，即無窩藏一層矣，似應照首條詳細叙明，方不至歧誤。

一、洋盗案内知情接買盗贜之犯云云

等盗贜也，接買又必在内地，而獨於洋盗加重，何歟？

律例偶箋　卷三

刑律

人命

謀殺人

若謀而已行未曾傷人者，造意爲首者杖一百、徒三年，爲從者同謀同行各杖一百，但同謀者雖不同行，皆坐。

舊説云：雖有『皆』字，觀下節則不行者仍減一等杖九十。

按：此律内小注，明律所無，順治三年增入第四段，通承已殺、已傷、已行三項。從者不行，減行者一等，亦通承前三項言。明律纂注第三段云：若殺人之謀已行，而其人猶未傷者，造意者杖一百、徒三年，爲從者各杖一百，但與同謀者，皆坐杖一百。以未傷人，故無加功不加功之别也。其第四段云：若從者謀而不行，減行而不加功者一等。殺人者杖一百、徒三年，傷人者杖九十、徒二年半，未傷人者杖九十。分晰甚明。自第三段增入『同謀同行』及『雖不同行』八字，是已行爲從之犯，不行者與同行者皆坐杖一百。非獨與本段『已行』二字顯相矛盾，亦與下文『從者不行，減行者一等』之文歧異。似應將此段注文八字删去。第四段注文『而不加功』四字亦應删去，以免誤會。

館友云：已行未傷人，爲從無加不加功之分，故律文於『杖一百』上加一『各』字，惟下文又接以『但同謀者皆坐』六字，其承上之詞耶？抑起下之詞耶？否則一贅語也。順治年間添注，蓋亦因此。

按：此説不爲無見。然明律『爲從者各杖一百，但同謀者皆坐。』瑣言云：爲從者原未傷人，故無加功不加功之别，彼此各杖一百，但同謀者皆坐以杖一百之罪。是雖其人之無恙，而猶惡其已行，故不全貸之也。箋釋於此節亦云：此謀而同行之罪。此並明代舊解，不同行者，並不科杖一百也。纂注於第四段既云未傷人者杖九十，仍用不行減一等之律，而第三段又云但同謀者皆坐，則雖不行者亦坐，顯係自相矛盾，不若瑣言、箋釋之爲當。必如此解律意，方一絲不亂，界限亦分明，故輯注亦取二家之説，不從律注。至『但同謀者皆坐』句，當爲束上對下之詞。凡同謀者人數雖多並有害意，既已同行，不能少貸，惟從而不行者或有悔心，得減等耳。乃申明此律之嚴，非無著語也。

條例

一、凡圖財害命云云。從而加功，如刃傷及折傷以上者，擬絞監候；傷非金刃又非折傷者。

按：以謀殺論，雖傷而未死，即應照例擬絞，不問其爲何傷。以强盗論，但當分别傷人、未傷人，不當復分别金刃、非金刃，折傷、非折傷。竊盗拒捕之分别金刃、非金刃，折傷、非折傷，已非古律之意，乃以謀殺、强盗之案而亦以此分别，似不甚妥，當修。

圖財害命，律同强盗傷人而已得財，其從而加功者，即强盗之入室搜贜，法無可貸者也；不加功者，即强盗之把風接贜，情有可原者也。在强盗舊律，分别斬決、外遣，此則分别絞、流，已屬從寬，若將非金刃、非折傷者改爲充軍，不太寬耶？

一、凡謀殺幼孩之案云云。首犯擬斬立決。若係圖財或有因姦情事，加以梟亦。

按：此條例係乾隆五十一年，四川楊張氏因與周金萬通姦，將年八歲之李公兒致死滅口，原擬斬候，奉旨改爲斬決。又五十三年，河南陳文彩謀殺八歲幼孩單香，移屍圖詐錢文，將陳文彩擬斬決，加功之陳安絞候。奉旨：陳文彩照擬斬決，陳安改爲絞決。旋恭纂爲例通行。是定例之初，一係因姦、一係圖財，首犯但擬斬決，不加梟也。迨嘉慶十四年，四川謝文彪圖財謀殺七歲之張狗兒一案，原擬斬決，奉旨加梟，始於例文内添入小注。是始以斬候爲輕而改斬決，繼又以斬決爲輕而改斬梟，似此因案遞加，重而又重，可以見重法之不可輕立也。斷罪引律令律云：其特旨斷罪，臨時處治不爲定律者，不得引比爲律。是特旨處治之案，本不在纂爲定例之列，因一案而定一例，例文遂相引而益繁，此條修律（取）〔時〕當慎重者也。

殺死姦夫

薛云：姦夫之名，唐律所無。明律以男女犯姦謂之姦夫、姦婦，殊嫌未妥。姦婦尚可言也，姦夫何可爲訓，如（新）〔親〕屬相姦，亦可謂之姦夫乎？以通姦之人謂之（姦）〔爲〕夫，名之不正，莫此爲甚。唐律所以爲貴也。

按：『姦夫』、『姦婦』之名，見於元律，詳元史刑法志，明代承用之，未悟其非也。唐律稱『姦人』，見謀殺期親尊長律注，宋承唐律，未之有改。元人無講求法律者，既未自定刑律，又不遵守舊典，遂有此失。

姦婦依律斷罪當官嫁，賣身價入官。

按：『當官』以下八字，明律原作『從夫嫁賣』，萬歷三十八年本尚如此。王肯堂箋釋成於萬歷四十年，亦同。順治本作『入官爲奴』，殆國初所改。乾隆五年復改定今文。按語云：舊律『隨夫嫁賣』，後纂輯律例時改爲『入官爲奴』。

條例

一、非姦所獲姦，將姦婦逼供而殺云云。姦夫供認不諱者，將姦夫擬絞監候

按：和姦之事，由男女相悦而成，其罪男女共之。姦婦之被殺，孽由自作，在姦夫方慘然不樂，豈獨無殺人之迹、殺人之意哉？今以姦夫抵姦婦，豈直科以殺人之罪矣。二人共同犯罪而歸獄一人，非親手殺人而得殺人之罪，揆諸情法，豈得爲平？乃自有此例，又推及於誤殺旁人、又推及於親屬，因例生例，日益煩苛，聖世之法豈宜如是？

其非姦所獲姦或聞姦數日將姦婦殺死，姦夫到官供認不〔諱〕，確有實據者，將本夫照已就拘執而擅殺律擬徒，姦夫杖一百、徒三年。

按：因姦釀命，姦夫科滿徒者，乃科姦婦一命之罪，猶可説也。若本夫殺死姦婦，已科徒罪，而又科姦夫以徒，是一罪兩科矣，按之律意，殊未盡協。若謂一事兩科，例亦有之，然必其同作一事、同犯此一罪者也。婦女犯姦，於禮當出，於法不當殺，殺者，下手人之罪，姦特其因耳。

一、本夫於姦所登時殺死姦夫者云云。至於已經犯姦有據，又復逞兇拒捕，雖非登時，俱依罪人拒捕科斷

按：例末數語殊不明顯，易致誤會。讀例存疑初説與後説即不同，亦此故也。初説見初稿。若云『姦夫拒捕者，依

罪人拒捕律科斷』豈不直捷了當。既以拒捕論，自當用拒捕律，不必復問其登時、非登時矣。姦夫拒捕，登時、非登時皆有也。

一、姦婦自殺其夫，姦夫果不知情，止科姦罪

按：不於本罪外再行議加，此古法之僅存者。

一、凡姦夫起意，殺死親夫之案云云。復將姦婦拐逃，或爲妻妾、或得銀嫁賣，並拐逃幼小子女賣與他人爲奴婢者，亦均斬決

按：此與二罪俱發以重論之律意不符，太涉苛細矣。

一、凡因姦同謀殺死親夫云云。若本夫縱容抑勒妻妾與人通姦，審有確據，人所共知者，或被妻妾起意謀殺，或姦夫起意，係知情同謀，姦婦（擬）皆擬斬立決，姦夫擬斬監候

按：縱姦本夫與姦夫皆罪人也，以罪人殺罪人，即照尋常謀殺本律問擬可矣。此例不論起意、同謀均擬斬候似尚未協。下文『傷而不死，照謀殺本律定擬』，前後辦法亦涉參差，應一律照謀殺本律，庶前後畫一，情法亦得其平。

一、凡聘定未婚之妻與人通姦

薛云：此條祇言殺死姦未〔夫〕而不言殺死姦婦，似應添纂。

按：未婚妻有不端之事，盡可罷婚，何必〔傷〕其性命。殺人乃殘忍之爲，此等風氣，禁絶之不暇，豈可獎勵之乎？例內不言，或有深意。

一、與人聘定〔未婚〕之妻通姦，起意殺死其夫者，照姦夫起意殺死親夫例擬斬立決

按：未婚妻有納聘之名，稍重猶可，姦夫則凡人也，自應以凡人論，改照謀殺本律科斷，方爲平允。

一、聘定未婚妻因姦起意殺本夫云云

薛云：此條未免過重。

按：罪名以服制定者，自應以服制之有無爲斷。已婚則折衰。未婚則無服，相去大相懸殊，豈可一例問擬？此等例文實覺過重。若以其有名分而不與凡人同科，庶爲平允。

一、凡妾因姦商同姦夫謀殺正妻云云

按：妾毆正妻若篤疾者、死者、故殺者，仍與妻毆夫罪同，見妻妾毆夫律內。故殺即應凌遲，謀殺無可復加，

亦當與妻謀夫同矣。妻謀殺夫淩遲，其已行者不問已傷、未傷，斬決，皆有正律，妾引此方能一線。奴婢謀殺家長與子孫同，若妾又比照奴婢，又多一層曲折矣。且妾之謀殺正妻，情節豈止因姦一項，設立專條既嫌挂漏，因他事故殺正妻，罪名與因姦並無區别。例末二語更同疣贅。至姦夫罪名照凡人謀殺可矣，死者既非本夫，即爲律外加重，似不必如此比附也。比附之法每失之重，此特其一端耳。

一、本夫〔登時〕捉姦，誤殺旁人，姦夫當〔時〕脱逃者。

按：有本夫殺死姦婦以姦夫擬抵之例，遂有誤殺旁人亦科姦夫以流之例，因例生例，往往如是。在姦婦被殺之案，姦夫抵姦婦之命，本夫勿論。〔均〕係一事一科，此則本夫已擬絞罪，人命有抵矣，而又科姦夫以流，一事兩科，果本何條也？

一、本夫捉姦，殺死犯姦有服尊長之案。

按：近來建言者多主張禮教，謂國粹當保存也，如此等條例，顯然與禮教有乖，〔禮〕〔讀〕例存疑論之詳矣。設立專條，顯示人以尊長之可以干犯，大與禮教有關，若弟於情輕例内附列此項，則〔未〕〔本〕原情減〔情〕〔輕〕之意，較爲得體。

一、本夫、本婦之有服親屬捉姦，登時殺死姦婦者。

按：此條專爲姦夫而設，係從本夫之例推衍而出。惟有服親屬包尊卑、親疏在内，等級甚多，與夫之與妻本難同論，且尊卑、親疏各有應科之律，則殺人之罪已有人當之，再科姦夫，於理難通。明史刑法志云：例以輔律，非以破律。所謂破律者，此類是也。

〔一〕、捉姦殺死犯姦尊長及祖父母云云。

止殺姦婦各條，均無姦夫科罪之文相比，亦屬參差。

鬥毆及故殺人

一、凡同謀共毆人致死，如被糾之人毆死其所欲謀毆之父、母、兄、弟、妻女、子孫及有服親屬者。

按：戲殺、誤殺、過失殺門稱祖父母云云，妻女、子孫，有司決四〔囚〕等第門稱祖父母云云，伯叔父母、妻、兄弟、子孫、在室女，與此條皆不同。此條有服親屬界限太寬，辦法即過嚴。有司決四〔囚〕等第條以期親爲限，較爲允當。女以在室爲限，則出嫁服降者不在此限也。似當照彼條改定，以歸畫一。

一、文武生員、鄉紳及一切土豪勢惡、無賴棍徒云云。其人不敢與争、旁人不敢勸阻，將人毆打致死者，擬斬監候

按：此等全無鬥情，在唐律當以故殺論者，若以鬥殺定擬，本屬勉强。此例擬斬候，蓋暗用故殺罪名，特未明言耳。可以見『臨〔明〕〔時〕有意欲殺，非人所知曰故』一語，未爲通論也。

一、凡糾衆互毆，致斃二命以上案内云云。如有輾轉糾人，數至五人以上者，無論其曾否傷人，即照原謀律杖一百、流三千里。

按：此於原謀外又添一原謀，似涉苛細。然有此例文而鮮見照此辦理者，則亦具文而已。

一、廣東、福建、廣西、江西、湖南、浙江等六省糾衆互毆之案云云，糾衆至二十人以上云云，或不及三十人云云，四十以上云云，或不及四十人云云。

按：激變良民〔門〕直省刁民一條，聚衆以四五十人爲限；謀叛門異姓訂盟條，前一節以四十以上、未及四十人爲二等；鬥毆門天津鍋匪條，又云聚衆數十人及百人以上，此條又以一二十人以上、三十人以上、不及三十人、四十人以上、不及四十人爲五等，雖事犯不同而其爲聚衆則一也，乃人數不同如此，殊不畫一也。

屏去人服食

若故用蛇蝎毒蟲傷人者，以鬥毆傷論，因而致死者，斬。

按：唐律有故傷罪名而明律删之，此一條乃故殺之一端也。

戲殺　誤殺　過失殺傷人

若知津河水深泥濘而詐稱平淺，及橋梁渡船〔折〕〔朽〕漏不堪，渡人而作〔詐〕稱牢固，誑令人過渡以致陷溺死傷者，與戲殺相等。亦以鬥殺傷〔論〕。

按：唐律諸戲殺傷人者，減鬥殺傷二等。謂以（力）〔刃〕共戲，致死和同者。雖和，以刃。若乘高、履危、入水中，以故相殺傷者，唯減一等。其不和同，〔並〕不得爲戲，各從鬥殺傷法。是唐時戲殺分三等也。新章戲殺概擬滿徒，較唐律爲寬，然原其無害人之心，不復分別等差，以歸簡易，尚不爲縱。惟『若知津河』云云一節，曰『詐稱』、曰『誑令』，核與戲殺情事不甚相同，論其事或可謂之戲，論其情則詐欺也。唐律目曰『詐陷人〔至〕死傷』，在詐僞律中，與此律情節迥（與）〔異〕。舊律因戲殺已照鬥殺傷論，則此等情事自無可復加。今戲殺既已減等，而此等亦一律議減，似乎不甚平允。明律無『與戲殺相等』五字小注，是原不以此爲戲殺也。雍正律總注云：二節言欺誑致死之罪，是亦不以此爲戲殺也。律注但云『戲殺相等』，亦未徑指爲戲殺也，自應有區别。

一、謀殺人以致下手之犯誤殺旁人，〔將〕造意之犯擬斬監候。下手傷重致死及知情買藥者，杖一百、流三千里。

按：此例之非，薛氏言之詳矣。下手者親行殺人之事，以致誤殺旁人，其誤也乃下手者之誤，與造意不行者無涉。以之擬抵，自是正論，然其中情形亦正有難言者。刀械等物□□□傷，或黑夜用繩勒斃，其誤也多由（辦）〔辨〕認不清，亦有所欲謀殺之人與旁人易地睡卧，不及辨認遽行致斃者。此其誤下手者之誤，非造意者之誤，下手者自無可諉。又如□毒物買食中，其時、其地皆下手者摻其權，造意者不過囑令乘機，未嘗預先主令如此，則其誤亦下手者獨任其咎。若其時、其地皆造意者囑令如此，下手者不過聽命而行，此與造意者親自下手何異？此而專責下手者之誤，恐下手者亦尚有詞也。甚矣！折獄之難如此。

殺子孫及奴婢圖賴人

一、有服親屬互相以屍圖賴者，依干名犯義律。

按：此例本於箋釋，其原文在第四節下，本指已告官者言。纂例時未經聲叙明晰，致滋疑惑。已告官者當按所誣輕重科罪，仍從其重者論，未便拘定身屍之服制也。竊謂此律分三等：未告官科圖賴，已告官科誣告，有詐財科搶竊。末句『各從重科斷』，統已上五節言。圖賴重科，圖賴誣告重科，誣告詐財重科。詐財如係有服親屬互相圖賴，未告官依圖賴、已告官當依誣告，自應用干名義律矣，不必定立專條也。此例似可删。

鬥毆

鬥　毆例

一、兇徒因事（忽）〔忿〕爭，執持腰刀云云，等項兇器云云，並凡非民間常用之（物）〔刀〕。

按：私藏應禁軍器律云：其（有）〔弓〕、箭、鎗、刀、弩及魚叉、禾叉不在禁限。可見此條之兇器本非專指非民間常用之物也。推求原定此例之故，必當時實有此等兇徒，其所用者實係此等器械，故秤錘亦在其列。秤錘貲重傷人者，每至腦裂骨折。原例銅鐵簡、流星、骨朵之類者是此意。嘉慶年間以秤錘爲〔民〕間常用之物，是以刪去。然非原定此（意）〔例〕本意矣。

一、沿江、沿海有持鎗、執棍混行鬥毆云云。

按：此條係聚衆械鬥並未致斃人命之例。惟此等情形不獨沿江、沿海地方爲然，持鎗混毆又與兇器傷人之例不合。查聚衆械鬥人命門已定有專條，此條與彼條輕重參差，殊不畫一。

保辜限期

各減二等

按：此句下明律小注有『墮胎子死者不減』一句，順治年間不知何以刪去。

一、凡鬥毆傷重之人云云。

按：此例爲繁冗州、縣而設，惟與定例相驗責成印官之意不甚相符，恐轉啓州、縣怠馳〔弛〕推諉之弊。檢驗屍傷不以實門内於委官相驗之事分晰甚詳，此條在可刪之列。

威力制縛人例

一、在京、在外無籍之徒投託勢要云云

按：此條係前明問刑條例。投託勢要，誘引生事，乃爾時風氣如此，今日情形不同，近亦久無此等案件，此例在可刪之列。

良賤相毆例

一、凡奴婢毆辱職官者，家長笞五十云云。

按：此條係康熙年間現行例。爾時八旗畜養奴僕者往往出外生事，故治家長以管束不嚴之罪，即所以嚴治奴僕也。今八旗畜養奴僕者已不多見，所用多係雇工，與從前情形迥異，近亦未（允）〔見〕有因奴僕而罪及家長之事，婢女毆職官尤爲罕見。此條已無關引用，可删。

奴婢毆家長例

一、凡家長之期親因與人通姦云云，若將未至十五歲之婢女起意致死者云云。

按：幼女年歲以十五歲爲斷，與他條不免參差，近年亦未見有此等案件。遇案懲辦即定一例，例之繁多實由於此，究非法也。

毆大功以下尊長律

故殺者絞。

小注及伯叔母。

按：伯叔母在毆期親律内，此注誤。

毆期親尊長例

一、凡卑幼毆期親尊長云云。依律發近邊充軍。

按：此條明例原文『依（例）〔律〕』下有『問罪』二字，問罪者問徒二年半之罪也，問罪而後充軍。明法多如此，修律者不知此，故以『問罪』二字爲閒文而删之。律無『充軍』之文，依律充軍如何能通？趕殺無傷，遽擬近邊，亦嫌過重。

訴訟

越訴例

一、軍民人等控訴事件云云，倘敢呈遞封章云云

按：假以建言爲由一條即係呈遞封章之事，有犯自可酌量定擬，此類例文似皆可删。

一、軍民人等干己詞訟，若無故云云，故令老幼、殘疾、婦女、家人抱齎奏訴云云

按：此等情形京、外皆有，往往案情並不重大，輒將壯丁隱匿不到，而以婦女、老小到案混攪者，若必限定奏訴方得照此辦理，則此風益甚，於承審者頗有關繫，似應將奏訴一層删去，以便遵用。奏訴之事近年鮮見，惟叩閽之案則無時無之，究之叩閽之案，真正冤抑者亦少也。

一、凡假以建言爲由云云

薛云：官僅革職，民問充軍，相去太覺懸絶。

按：官可建言，民無建言之責，故輕重不同，例意或係如此，且明代充軍與他項罪名不同，有有本罪而充軍者，有無本罪而充軍者，蓋當日辦法本不以充軍爲正當罪名也。

投匿名文書告人罪律

〔一〕、凡投貼隱匿姓名文書云云。

按：律文『投』下明律無小注『貼』字，唐律但言『投』。順治年間方於『投』下添入小注『貼』字，蓋本之箋釋有『或黏貼通衢要路』之語，全律小注亦多採諸箋釋也。輯注云：此條重在匿名告言以陷人。箋釋謂黏貼要路，亦是殊謬。本文曰『投隱匿姓名文書』，夫送入官司曰投，即俗言投文之謂。黏貼要路豈得謂之投乎？下文曰『將送入官司』，又『〔連〕文書捉獲』上注『於方投時』四字，曰『將送』、曰『方投』，皆指官司而言，亦未有黏貼之意也。其説甚是。玩此律全文，『投』下不得有『貼』字，與全文語氣不貫也。竊謂貼於通衢要路必在墻壁，倘是濃黏實貼，如何能揭而燒毀、如何能將送入官司？投者，投入官府；告言者，告諸官司也。此事全重在告言方能害人，

貼不同。

唐律注有『棄置、懸之〔皆〕〔俱〕是』。疏議謂『或棄之於街衢，或置之於衙府，或懸之於旌表』，此三者皆與〔街〕衢以洩〔分〕〔忿〕者，然論其情節，投重而貼輕，未可一律論也，此律内小注删之方妥。

若但貼於墻壁，即與告言迥異。在爲此匿名文書者，既意在陷人得罪，必投入官府方能通於上而可以究問，若但貼於衢路，不過訐發人陰私罪過，損害名譽而已，官司不究問也，豈能遂其陷害之意乎？世固有捏造人罪惡作爲詞帖張貼

又，小注内『附木牌進入内府』等語，亦本之箋釋，似明時有此事，與今日情形不合。

一、胥役匿名揭告本管官云云。

按：原奏言，『胥役』、『家人』，定例删去『家人』一層，未詳其故。

誣告例

一、偷參爲從人犯誣扳良民云云。

按：余在奉天司五年，從未見東三省辦過此等案件，蓋今昔情形不同也。此條似可删。

一、〔凡〕子孫將祖父母、父母死屍挾仇誣告云云。

按：祖父母、父母身死，子孫不知是謀、故，是鬥，是自盡，但以身死不明，懷疑控告。在子孫之意，願爲祖父母、父母雪冤也。屍不蒸檢何以明，仍因此而科子孫之罪，恐有冤者畏而中止矣，此一層似應叙明。竊謂此等案但論其誣與不誣耳，誣則爲藉屍圖賴，罪應從嚴；不誣則事出懷疑，有何罪之可科？無罪而罪之，非法也。

一、凡將良民誣指爲竊，稱係寄賣賊贜云云。

按：此條乃前明問刑條例，原文係『將良民誣指爲盜及寄買賊贜』。玩一『及』字，爲『盜』與『寄買』二事也。今改『盜』爲『竊』，係爲分别强、竊兩層起見。而改『及』字作『稱係』，則似一串説下，第爲盜者一人，寄買者又一人，不可串爲一也。故薛氏欲於『稱』上添一『及』字。

『寄賣』明例原作『寄買』。盜賊窩主律内『故買盜贜』與『寄藏』是二事，即係例亦無『寄賣』之文。乾隆三十七年改『寄買』爲『寄賣』，按語無文，未詳其故。律例通考、律例根源於乾隆三十七年皆作『寄賣』，而律例根原仍作『寄買』，恐此乃傳刻之誤。

例文云『淫辱婦女』，而注又有『淫辱婦女以强姦論』之文，似複。

子孫違犯教令 例

一、子貧不能營生養贍父母云云。

律例通考云係『天順八年定，』廣彙全書云『天啓八年定，無杖流口，此不知何據而添入也。』

按：廣彙全書『流』下一字模糊難辨。天啓當爲天順之譌，天啓無八年也。范永鑾本明律附考：天順八年詔『子貧不能營生養贍，其父因自縊死，子依過失殺』。必當時有似此之案，故有此詔。隆慶本、萬歷本並無此條，明會典亦無此文，是明時已删而不用。崇禎本問刑條例尚無此條，不知何時修復，未詳查。本律奉養有缺者杖一百，注云：家道堪奉而故缺者。輯注云『觀注所云，家道貧難致有缺，不得概坐〔也〕』。乾隆十二年部議：若奉養偶致有缺者，當察其情，不得概援此律。是貧難者情有〔了〕〔可〕原，此所當察者。竊謂貧者，境之限於天，非盡由人力之未盡，若因此而致父母自縊，其情亦太可憫矣，又從而治以重罪，情理實未允協。集注云：不能營生養贍父母，是隋〔惰〕其四〔支〕〔肢〕，不顧父母之養，與奉養有缺者懸殊，以致父母自盡，情罪〔較〕〔甚〕重，是以擬流。據此說則『貧』字必當修改方合情理，似當採集注之説，改『貧』字爲『游惰』二字，庶不孝之罪無可解説〔脱〕，而真正貧難者不致飲泣於遠戍之鄉也。

一、凡子孫有犯姦、盜，祖父母、父母並未縱容云云。

按：此乾隆三十四年原例，係照過失殺律治罪滿流，若罪犯應死，擬以立決。嘉慶六年，以父母縱容者發遣爲奴，未縱容者問擬立決，不復問其原犯之輕重，係屬錯誤。自定有此例，而冤死者不知凡幾矣。至縱容袒護，則父母之自盡亦咎由自取。至於教令，則父母更爲首禍之人，揆諸一家共犯罪坐尊長之義，父母當自任其咎，本不全關乎子孫，乃必科子孫以重罪，且科以死罪，將錯就錯，而天下之冤死者又不知凡幾矣。甚矣！定例之一不審慎，禍且延數世而未已，大可懼也。乾隆原例，照過失殺擬流，尚爲得平，後來過失殺改爲絞決，而例之相因者亦無不改重。例之〔不〕可妄議改重也如此。

軍民約會詞訟 律

必須一體約問

按：前明軍歸口，民歸有司，故有一體約問之制，現在營兵犯事皆歸有司官審理，從無武官約問之事，此律與本朝制度不合，可删。

受贓

官吏受財例

一、凡上司經過，屬員呈送下程及供應夫、馬、車輛及一切陋規。

按：此與在官求索借貸人財物（例））〔門〕內凡出差巡察之員，所到州縣地方如有收受門包一條其事相類。惟此事全在受者，向來所有與者不敢不與也。因此革職，冤枉之至。

曩在保定，新藩司到任，首縣迎至數十里外備供應，索雙分門包，閽猶未厭所欲，不知如何（簌）簸弄，藩司銜恨接印后，事事與首縣爲難。首縣素有賢名，公事無可挑剔，仍裁其領款，致令拮据，人都不平。又嘗游閩，或言英香巖制軍桂督閩時，閱邊至某縣，供張用二、三千金，不滿閽人之欲，從中（簌）簸弄，制軍歸而某令撤任矣。上司之可畏如此。此事受者當革職，與者照逼（勒）〔抑〕取受律不坐，或可挽回風氣於萬一乎？

有事以財請求例

一、凡有以財行求及説事過錢者云云。

按：此例之病，出錢之人反有重於受錢者，大非律意。或將得贓者照例，未得贓者照律，略爲分别，似較平允。説事之人如意在爲好，毫無沾染而亦同科，豈不冤乎？薛説極詳。

在官求索借貸人財物例

一、各上司如有勒薦長隨及幕賓者云云。

按：勒薦必於屬員有口、屬官豈樂於受之，亦無可奈何耳。揭報之例久已不行，遽予革職，無乃太冤。

家人求索律

於所部内取受所求索借貸財云云。

根原云：律内『取受求索借貸』，原指取受所求索借貸財物而言，總注誤分取受、求索、借貸爲三項，甚屬錯謬。

按：『受』下小注『所』字及下文『若因事受財』云云，均係乾隆五年增入。

私受公侯財物

按：此是明代情形，與今日不甚相符，似可删。

詐僞

私鑄銅錢例

一、凡各省拏獲銷燬制錢云云。

按：舊例，私鑄首斬決，從絞決。而私銷非鑄錢者，較私鑄爲輕，以其不礙圜法也。後來私鑄者多係以官錢銷毁，私鑄小錢，於是私銷亦照私鑄定罪。此例是也。迨私鑄罪名改輕，而私銷之例未改，私銷罪名遂重於私鑄，與舊例之意大相徑庭矣。律無私銷罪名，古人立法必有深意，以爲未備而增之，復輾轉改易，遂失其本意，例之繁苛，大抵由此。

詐假〔名〕〔官〕例

一、僞造憑劄云云。及買受憑劄冒名赴任者。

按：有冒名赴任之案，遂定此例，然究非律意也。若未曾赴任，而亦照此（律）〔例〕，豈不太重乎？』

詐稱内使等官例

一、凡詐充各衙〔門〕差役云云。

按：各衙門差役，明律作錦衣衛校尉，故入此門。順治初改爲鑾儀衛旗校，雍正年始改定今文，即與本律不符，似應移入詐假官門，彼律之『詐稱官司差遣而捕人』，各衙門差役即包在内。

犯姦

犯　姦例

一、凡職官及軍民姦職官妻者云云。

按：此條係康熙年間現行例，原文有『軍民人等與職官妻通姦者，男、婦俱擬絞，秋後處決，出征者俟伊夫回日處決。在家軍民與出征人妻通姦，男、婦俱擬絞，俟伊夫回日處決，伊夫欲殺者，秋後處決。如伊夫有恕免者，姦夫、姦婦俱枷號兩個月鞭一百，其婦仍給本夫。如姦夫係官，姦婦之夫又恕處死伊妻者，姦婦處死，奸夫革職，枷號三個月，不准折贖，鞭一百等語。尋繹此段例意，是此例原專指旗下人言。其夫出征者，必俟伊夫回日處決，實爲伊夫恕免地步，伊夫恕免即可枷責完案，並非一概處決也。雍正三年將『出征』一段删去，按語云『存部遵行』，則例雖删而辦法仍在，日久之后並辦法亦亡，於是姦職官妻者無不擬絞入實，大非初定此例之意矣。此時舊例既難修復，則稍寬一步亦尚不失爲持平之道。

奴及雇工人姦家長妻例

一、凡奴姦家長之（妄）〔妾〕者各絞監候云云。

按：嘉慶年間口春，明甯二案皆發遣新疆，並不照此例辦，是下一層太輕，而和姦遽問絞，上一層又太重。此例未允，不如删之。且例文但指和姦，若是强姦，又當如何辦耶？

雜犯

賭　博

一、凡賭博，不分兵民云云。

按：『存留之人抽頭無多』八字不甚分曉。舊例原文曰：開場之人，在家存留賭博之人，將自己銀錢放頭，抽頭之人。是『開場』、『存留』『抽頭』係屬三項。又旗人賭錢舊例亦分『開局之人』、『抽頭之人』、『容留賭博房主』

三項。此文應修。又例内無爲從如何治罪明文，似應增開。賭非一人所能爲，其中有造意之人、聽從之人，難以一概論。又賭飲食，律係勿論，例内亦坐，〔似〕不應（似）太嚴，可删。

（閣）〔閹〕割火者

輯注：按：舊時（閲）〔閩〕、粤等處豪户之家，多有乞覓他人之子（閣）〔閹〕割驅使，名曰『火者』。

放火故燒人房屋 例

一、凡各邊倉場若有故燒〔係〕（定）〔官〕錢糧草束者云云。

按：此條係明例。明代三邊、二防極重，故定此嚴例，今則各邊未聞有此等官草束場，情形與前代不同，此例可删。

一、兇惡棍徒糾衆商謀，計圖得財，放火故燒官民房屋云云。

按：唐律『諸故燒人舍屋及積聚之物而盗者，計所燒减價，並贜以强盗論』，疏議『雖復持杖而行事，同先强後盗，計贜以强盗科罪』，在賊盗門内。此條之圖財放火等項，即唐律之『以强盗論者』、疏議所謂『先强後盗』者也，自應纂入强盗律内。明律强盗律内不及此層，自屬疏（滿）〔漏〕，此例可以補律之未備。

捕亡

應捕人追捕罪人 例

一、官役奉公緝捕罪人云云。如所縱之囚罪在軍、流以下者，亦與囚同科云云。

按：受財者與囚同罪，不受財即應减一等，此一定之等差也。獨將軍、流以下加重同科，斬、絞、外遣又减爲軍罪，一事兩歧，甚非律意。或曰强盗門捕役走漏消息致令脱逃例，係不分曾否得財，照本犯治罪。主守不覺失囚、故縱與囚同罪，至死减一等，賄縱則照囚全科。此處若减等，與彼條（凝）〔似〕有不合。不知强盗門所縱者强盗，故例特加重，失囚則與此律意不同，况至死减一等，何以外遣亦得减也？本律明言受財故縱者與囚同罪，其未受財者自難並論。

一、各省團練云云。經官劄令協緝者，准其拏解外云云。

按：必奉劄始能拏解，則團練已無可拏之匪，即別無應捕之責，如有釀命情事即同凡論，不必另立專條。

罪人拒捕例

一、竊盜拒捕刃傷事主云云。罪在滿徒以上者方依律擬以絞候，其但係刃傷、火器傷及刃傷以下，仍各加本罪二等問擬，若本罪已至擬流云云。

按：下罪人在逃條火器傷擬絞，姦匪搶竊條亦擬絞，與此條之止加二等者不符，可以見此條之誤。又上文『罪在滿徒以上』方擬絞，下言『罪已至擬流』加等，詞意顯相矛盾。又唐令有殘疾令，律但有廢疾，篤疾而無殘疾，此例内忽出『殘』字，殊無根據。

獄囚脱〔監〕及反獄〔在〕逃例

一、犯罪囚禁在獄，私糾夥黨三人以上云云。脱逃者云云。

按：本律罪止滿流本於唐律，此千餘年來相承之法。乾隆季年改定此例，實覺過重，爾時政尚嚴厲，和坤當國之時則又格外從嚴者，在一時整頓起見則可，若著爲定例，究非帝王執中之道。緩決人犯中有情可矜原之案，若一概改實，不太無區別乎？

一、羈禁罪應凌遲云云。重犯越獄將管獄官革職拏問云云。留於地方協緝云云。

按：留緝之例久成具文，此等凝一末之員俸廉無幾，平時養贍家口已屬拮據，參革之後更無生計，若必在犯事地方留緝，必至坐以待斃。王道不外人情，此事之不能實行者也，自應酌量變通之。

稽留囚徒例

一、外省發遣官常各犯云云。各該督撫起解月日專咨報部。

按：『報部』下舊例有『仍逐一分別，年終彙報刑部、兵部備查』等語，於道光二年删減册籍案内將此項册籍删除，例文亦遂删節。今於光緒七年經刑部奏請，仍復年終彙報舊制，將來〔修〕例自應增入，此即西國統計之法，不可廢也。

〔斷獄〕

陵虐罪囚例

一、凡押解兵役，驛夫人等敢於中途姦污人妻女者云云。

按：從前軍流僉妻，故有犯人妻女，自僉妻例停，已無所謂他人妻女矣，此例可删。

有司決囚等第例

一、各省官犯云云。著（即）〔皆〕補疏題請云云。

按：乾隆年間有補入秋審、趕入秋審情實之案，至官犯則無不聲〔請〕補入、趕入者，故定有此例。迨嘉慶四年以後，補入、趕入皆已停止不用，此後即無此等案件。此條與現在辦法不符，可删。

一、湖南省鳳凰、乾州、永綏三廳命、盜案犯，由廳徑行招解臬司云云。

按：吏部則例：三廳命、盜重案就近移解〔辰〕州府核轉，與此異。

一、秋、朝審處決重囚云云。如遇冬至，以前十日爲限。

按：南北二〔郊〕一條以前後五日爲限，此以前十日爲限，不免參差。近數十年來，十月爲萬壽月，不行刑，而遇節氣早時，冬至在十一月初十之前，勢不得不以五日爲限，相沿已久，此條似可照彼條改爲五日，以免歧異。

一、緦麻服屬人犯，於停句二次云云。

按：乾隆年間緦麻人犯絶少緩案，故有情實二次未句人犯，嘉慶以後已分別情節輕重定擬實，緩，其已入情實者，無不句決，並無二決〔次〕未句之犯，此例與現在辦法不符，可删。

婦人犯罪例

一、斬、絞監候婦女秋審解勘云云。

按：現在秋審，舊事緩決人犯並不解勘，此例可删。

工律

營造

帶造段匹

此律專言段匹而不及別項物件者，段匹歸織造經管，以供乘輿服御之用，故特申其禁，不獨誤官程，並侵官工也。別項物件由官製造者，現惟九江御窑瓷器爲一大宗，餘無聞焉。律所不及者，即不與段匹並重矣。造作不如法律段匹與軍器并言，軍器非尋常所可帶造，故此律不言也。

河防

盜決河防

凡盜決官河防者杖一百，盜決民間之圩岸陂塘者杖八十。

明律瑣言曰：河防者乃國家積水以資漕運者也。盜決以濟已私者杖一百，圩岸陂塘者乃民間止水以防旱潦者也，盜決以爲已利者杖八十。管見曰：瑣言謂河防乃國家積水以資漕運者。余意凡江河近處爲隄，以防泛溢，雖非運道所由者，皆是。故下文止曰毁（家）〔害〕人家、漂失財物、渰没田禾，不及運船，則非專爲漕河言也。

按：唐律疏議謂盜決河防：『取水供用，無分〔問〕公私』。故決隄防者『非因盜水，或挾嫌隙，或恐水漂流自損之類』，是本無公私之別。明律雖分河防與圩岸陂塘爲兩層，亦但以被害之輕重，尚非以官民爲區別。今律小注增入官』、『民』二字樣，與古律之意不符。瑣言之語似即爲律注所本，然管見已駁之，可見明人説律尚未存官民之見也。竊謂此律但當以被害之情形分別輕重。被害重，不當以民而輕之，被害輕，不當以官而重之，似此方得定律之本意。若必以官民爲區別，重視官必輕視民矣，古先王必不出此。直隸東明黄河南隄屬民、北隄屬官，北決則官有處分，故防護甚力，南隄卑薄，官不顧問也。同是河工而顯分官民，其理豈可通乎？盜決者不論南北，其被害同也，同此一黄河，而此以分輕重，可乎？不可！

一、〔故〕決、盜決山東南旺湖云云。

按：從前烟瘴地方係雲貴、川、廣五省，後來將四川一省除去，烟瘴但有云貴兩廣四省，言烟瘴則四省已該之矣。乃此條以極邊烟瘴與四省極邊烟瘴分爲兩等，此例文之不可解者。

失時不修隄防

一、凡運河一帶用强包攬云云。俱問發附近充軍云云。

按：此條係明例，原文『俱問』下亦有『罪』字，前一層『問罪者』，箋釋謂問豪强求索係官工食，問常人盜，先問本罪，再發充軍。明例大率如是。後一層問罪者。箋釋謂不應或違制之罪，以下條例之當問滿杖，其枷號滿發落，仍發落其本罪也，無本罪則『發落』二字無著落矣。兵律驛使稽程原有包攬夫役鋪兵例一條，明例，今已删。用强包攬亦附近充軍，與此例同。本門後二條亦係照此例纂定者。竊謂恃强取利，情因可惡，若止二三名，計贜無多，遽問充軍，似乎稍重。此例原爲懲治豪强而設，包攬二三名尚不得謂之爲豪强，計贜定罪較爲平允。後二例同爲包攬之事，似可修併爲一。用强包攬與把持行事情節相等，同是恃强以取利也，彼律杖八十，得利者准竊盜論，此例二三名即問充軍，相比而論，輕重似不得其平。

一、遇河工緊要工程，如有浮議動衆以致衆力懈馳〔驰〕者云云。

按：此係比照公事應行稽程門内工匠颺散一條。然彼乃率衆颺散，顯有逞刁挾制情形，此僅浮議動衆，情節較彼爲輕，斬候亦嫌過重。

督捕則例

逃人原娶之妻云云。

按：既在原娶之妻家居住，即逃人之自己家中也，又何别有窩家之有？原例係將十六歲之子一人斷作窩家，十五歲以下無罪，亦與親屬得相容隱之義不符。

律例雜說

二卷

律例雜説 上

名例

五刑

熱審例：笞五十以下之罪俱行豁免，真杖六十以上俱不減等。今杖六十與杖笞五十俱係折責二十板，遇熱審時雖減杖爲笞，而折責之數仍與不減無異。應將笞五十者折減十五板，庶減等各有分別。

重枷，重三十五斤。此重枷指例内應用重枷者。

惟緣坐流罪不加杖。隱匿差役律有免杖充軍一條，此軍罪之不加杖者。

十惡

一曰謀反，簒奪也，二曰謀大逆，廢立也。不敢指斥，故注云云也。

四曰惡逆，注殺伯叔父母云云。殺字不分謀、故、毆。

八曰不睦。舊説云會赦原宥。按此有分別。集注，妻告夫雖曰不睦，但非義絶，亦不離異，遇赦原宥。罪至死者，恩赦不宥准。不睦者，會赦原宥，不至死不待言也。據此，則妻告夫一項亦自有分別矣。謀殺緦麻以上親，此專指尊長，不准原宥者。賣緦麻以上親，或云專指犯尊長。見乾隆十六年部議，大赦條款無此項也。

十曰内亂，姦小功以上親係指服制而言。小功親之妻無服不同内亂，説見纂要。若姦小功以上親之妻，則當按服圖並各姦例詳慎科之。父妾無服，以分親義重，故特著其文。

八議

三曰議功。甯濟一時，如值水旱疫蝗饑寇盜，能使智力周濟一時，使老少不致死傷也。

應議者之父祖有犯

父母。應議之人雖未受封，其母即被出，亦應議。若革職再嫁則徑提矣。

若四品、五品官之父母、妻，四五品議貴之所不及也。父母得推及之子孫，惟應合承襲者，則餘不及矣。

從有司依律追問，今須題參。

許徑斷決，今無徑決之例。

其餘親屬奴僕云云。凡外藩將軍、公侯、額駙等家人有犯，似可引此律。

犯罪得累減

合纂，累減與遞減異。累者，層累而減，指一人説。若遞減，則因衆所犯，分輕重遞減之，一事可援兩例而累減。

以理去官

據會，夫亡改嫁及被出改嫁，雖以失節不得與子孫之官。曰若子孫及婦有犯，仍同親母、親祖母。又：子革職，父誥未奪，以父母未曾犯罪，仍與正官同。若後誥奪，前誥雖存，與無官同。

除名當差

官爵皆除。箋釋云若職官止是罷職不叙，不該追奪除名則官猶存等語，是官爵皆除，應指追奪除名而言，非連罷職不叙一體在内。小注有不該追奪者二〔一〕語。

僧道云云。僧道爲争田産，告實者，不還俗；牽扯涉虚，即係逞私争訟人陰私，當擬還俗。

流囚家屬

蒙古偷竊牲畜，發駟當差。遣犯病故，只須驗訊取結，報部就近深埋，毋庸議傳屍親領骸歸葬。乾隆五十三年刑部通行。

常赦所不原

律文首節重其有心故犯，次節矜其無心誤犯，末節推廣特恩之意。條例。每遇查辦恩詔時，部文内所云常赦不原，例内載明不准援免者，俱不准援免云云，即指以下各條。應准援赦之犯，不候釋放，遽行脱逃，衹應枷責示儆，以治其先行私逃之罪。

犯罪存留養親

凡犯死罪非常赦不原者。非常赦不原者，專指死罪。其徒、流、軍罪，不論常赦應原、不應原，概責四十板，准留養。父老〔母〕老疾應侍。律例奏或老或疾，有一於此即屬應侍，不必相兼。

一、殺人之犯有秋審應入緩決云云。此查被殺之家是否獨子之例，專指死罪人犯言。軍、流、徒即有關人命，亦毋庸查。

上諭，帥承瀛奏服制情實改緩人犯呈請留養一摺。此案龔奴才誤傷伊父龔加紅，由情實改緩四次，不准援減。惟念該父母年以七十，家無次丁，以該犯素非忤逆，傷由過誤，呈請留養，其情可憫，龔奴才著施恩准其留養。此係法外施仁，後不得援以爲例。該部知道。

天文生有犯

犯軍、流及徒，各決杖一百餘罪收贖。凡律言杖一百餘罪收贖者，五徒三流總決杖一百，律所誤謂應加杖是也。此條與下條餘罪收贖，俱與誣告條所剩決杖不同。蓋此收贖餘罪者，決杖贖徒，彼之收贖剩杖者，折徒贖杖也。

老小廢疾收贖

侏儒、口啞、耳聾不作廢疾，癱准作廢疾收贖。乾隆十一年例。

犯罪時未老疾

兩人對敵，各成篤疾，並合作犯罪時未老疾，事發時老疾，各擬應得罪依律收贖。

山東徒犯年限不計閏，與律不同。

給没贓物

此於追贓中存矜恤也。

餘皆徵之。人贓俱亡，不欲累人陪償。雖人已死，而正贓現在，或正贓花費，而犯人未死，猶追遂官主，故同餘皆徵之。

身死勿徵。按今竊盗贓、監守、常人盗贓，雖正贓已花費，本犯正法或病死，猶以家產變賠，不用此身死勿徵之例。別犯身死者亦同。如埋葬賠人，非以贓入罪，曰別犯乃別犯他事，非別人也。輯注，本犯身死，因贓入罪者尚免，況他犯乎？律不待言，注特補之。

一、斷付死者之財產，遇赦不得免追。或埋葬銀竊盗援赦，雖減免，仍應追贓。

一、盗劫之案查出盗犯名下云云。資財什物，專指本犯隨身携帶向例入官者而言，不可誤爲犯屬家產。如原贓起而未荃，亦應由督撫酌量辨理，不可僅以未起之贓數核辨。

犯罪自首

其遣人代首，若於法得相容隱者爲首。得相容隱者爲之首，是本犯不知者，若知則自首矣。如遣卑幼首告，卑幼不在犯義之條。干名犯義條内有外孫告外祖父母，係小功親，皆與委父、母相告，係緦麻親，俱免罪。子吐父過於外人，問不應；若吐於官，則同告父。夫爲盜，妻因別故罵出，致夫罪發及相告言。相告者，如伯叔有事，因交惡而相告者，亦同得相容隱之律。凡師徒同居，彼此告言，准同自首得免。

其知人欲告及逃叛而自首者減罪二等，與事發在逃不同，此減本罪二等，彼者則止減逃罪二等，本罪不減。事發在逃，若容隱者捕送到官，罪人亦同自首，得減逃罪二等，捕送者仍依干名犯義律。若逃者能捕重囚投首者，依犯罪共逃條斷。

其逃叛者雖不自首云云。在逃軍官自首免罪，引兵律。其傷於人，小注得免所因之罪，總注得免所因之罪。如因竊財而傷人，因賭博而傷人，自首者得免其竊盜、賭博之罪，仍科傷人罪也。又如强盜殺人自首，止問故殺；强盜姦人自首，止問盜姦；竊盜殺人自首，止問鬥殺，俱不追問其因强、因竊而姦與殺傷，所謂得免因也。

若私越度關。前逃叛而自首得減，此條首酌。

一、小功緦麻親首告云云。七年部議：凡殺傷干人親屬代首，不准一例援引，概從末減。荃蹏曰：有違法事，先被容隱親屬首告，又用財買免，免其原告罪名，坐以用財行求，若係緦麻、小功以下論減者，仍依從重論。

二罪俱發以重論

各盡本法。據會：各盡本法者謂罪雖從重歸結，而輕罪之贓物等項仍應逐一科斷也。如犯鬥毆殺人，又犯誣告人因而致死，隨行親屬一人從一科斷，然必各從本法，誣告致死，斷給財産。

近擅殺竊盜、訛詐、搶奪罪人一家二命，應擬絞抵。亦以殺係竊盜、訛詐、搶奪罪人，從一科斷，經部覆准照辨。

犯罪共逃

此言罪人在逃，亦得以自相捕獲免罪。而因人連累者，亦得同罪人減免之法也。前自首條，事發在逃，不准首。此乃准其捕獲首告，重在捕獲也。

但獲一半以上首告者，既服罪又除惡，如十人逃五人，能捕五人，亦是獲半，應准免罪。

如藏匿、引送、資給罪人。按知情藏匿罪條律注：事未發而藏匿，止問不應。集注所解甚謬，詳見捕亡。其實彼所言減一等者，單承漏泄一邊言，故此律注但言藏匿、引送、資給而不及漏泄，是罪名有不同，非遺漏也。

而自死者又聽減罪二等。捕亡律知情藏匿罪人條，已死或自首又各減一等，與此不同。彼止承漏泄一邊言也，然彼係事已發，官司差人追捕而藏匿，其情重；此係事未發先藏匿，其情輕，故此處得減免。引送資給亦然。

同僚犯公罪

此言同官犯罪其輕重各有等差也。今用處分則例，此律不用。

連署文案。近惟六部連署文案認真處分，其外省各會勘事件失錯猶有議處，若州縣文書雖將屬員列入，却未公同裁決，有錯惟州縣是問，府司亦然，所謂連署文案乃具文也。

公事失錯

此承上條而言，同僚犯公罪，雖共有處分，而能檢舉即得免罪也。凡檢舉皆未發露，已發則便非檢舉矣。

共犯罪分首從

止坐尊長。越關、避役二項，若一家共犯，仍應獨坐尊長，各依本律首從論。瑣言云，如夫與妾同謀共毆妻至死，夫毆妻至死者絞，妾毆正妻至死者斬。然二律皆首罪也，似不當以二命償之，當以致命傷爲重。下手者坐以本律，如夫毆致命則坐絞，妾毆致命則坐斬，夫爲從論。既曰各依本律首從論，難皆坐以首罪也。人命至重，死者可傷，生者尤可惜，觀共毆人及主使之條，一坐下手，一坐主使，致死雖有數人，而究抵不肯多及，苟非謀殺，其不欲以二人抵一命可知矣。凡問首從，本罪別係人命者，律無皆□則當以首從分之，方得共毆律意，箋釋之論亦然。管見云：事關人論，難同凡論，夫妾同謀毆妻，必緣昵妾之故。若妾毆傷重擬斬，夫爲從論猶可言也，倘夫毆傷重擬絞，妾以從論則是因妾起禍，而家長與正妻皆妾得贖罪全生，非所以弼散〔教〕，應仍坐本律擬斷。按輯注主瑣言、箋釋之說，而以管見爲不遵律文，獨出臆見，不可從竊犯二說宜折衷，須審妻之死果否昵妾所致，就中斟酌。

犯罪事發在逃

一、人命搶竊及拒捕共毆等案正犯在逃云云。道光元年奉准部議：情有可原待監盜犯，事犯在嘉慶二十五年八月二十七日恩詔以前者，於遣軍流罪十年決配例限上，即下八等案條。酌加十年爲監禁，已逾二十年者重責二十板，即予保釋。至粵省、閩省情有可原盜犯，係奏明不准援免者，俟監二十年後仍發配。

親屬相爲容隱

凡同居。稱同居，須共炊者，餘律准此。

相爲容隱。或問：得相容隱之親告言者，同自首免罪，乃有期親告卑幼别籍異財，卑幼告尊長毆傷其親者，論罪而不准首，何也？惡其叛親而損傷，本無首法也。

若犯謀叛以上者。觀以上二則，犯叛以下皆得容隱也。

生母被出，而嫡母殺之，許其子告。蓋生母義雖絶於父，義不絶於子也。

本條則有罪名

箋蹏云：犯時不知義。小注：如欲盜人而得官錢，止以竊盜論；欲發人冢而誤及父屍，止以發人冢論；買錢之人誤買僞錢行使，止以不應論，皆以本應罪重而犯時不知也。如欲盜官錢而得私物，欲發父冢而誤及鄰墳，亦以盜私物、發凡人冢論之。盜用印信不知僞造，亦論不應，俱爲本應輕者聽從本法，餘不類推。廣彙全書：規者爲圓之法規，避者爲圓轉委巧，以避罪也。

臨監臨主守

總攝按驗謂之監臨，以分言；射親典保謂之主守，以責言。

稱同者以百刻

謀狀顯迹明白者，必具致死之因人皆知之。所殺之處具有顯迹，或追出兇器與傷痕相符，或所用毒藥造賣有據。雖止一人，亦以謀論。律注，所謂獨謀諸心也。

吏律

公式

制書有違

凡奉制書有所施行而違者。廣彙全書軌云，二人違者分首從。

户律

户役

人户以籍爲定

若詐冒。姦説曰詐，虚假曰冒。

道光七年例：嗣後凡接生婦人，如有傳驗過犯姦處女，迹類仵作，應比照樂户、丐户之例以報官。改業之人，始其子孫下逮四世方准捐考。

私創庵院及私度僧道

僧道還俗須招出原籍俗家姓名。係官民並依非法營造計工錢坐贓，不充軍，拆毀入官。彙纂說同。

有眷屬之僧曰應付，道曰火居；無眷屬之僧曰戒僧，道曰全真，又曰清。靈室僧曰度牒，道曰部照，皆禮部所頒發。

點差獄卒

此役非慣不能，如令不慣者代替，替者或問不應，或問罪。

卑幼私擅用財

所有親女承受，撫養侄女亦是。

田宅

欺隱囚糧

等則：等者肥瘠之別，則者輕重之別。

荒蕪田土

大損曰荒，小損曰蕪。此與纂注論正相反。

棄毀器物稼穡等

凡論葬碑碣石與衙門、學校題名碑記，以官物論，儒學卧碑、聖旨榜文俱是制書。

婚姻

男女婚姻

總注不言媒合人罪，蓋總見於嫁娶違律條内知情減犯人一等，以下數條仿此。

凡婚姻不可以贓論，若受財後公然將人領去，以誆騙論。律不言妄冒相允人罪，以事由主婚也。

若不係養老女婿，止依立嫡子違法酌分財産，不得均分。

妻妾失序

原律内有民年四十以上聽娶妾，違者笞四十，今删去。則年輕有子娶妾，非所禁矣。

居喪嫁娶

看『身自』二字，則奉有父母之命者又當别論。非奉主婚之命，所謂事由男女，男女爲首也。輯注云，身自云者，謂嫁夫娶妻即居喪男女之本身。所以别於爲人主婚者，非謂不由主婚之人，男女身自主婚也。箋釋云，非奉主婚之命，故罪之，其解甚謬。按此説與前説異，既前説似有主婚，男女即可爲從，並不離異亦無礙。蓋因離異追財之事於民情不便，有難行故耳。

按唐律，居父母喪生子，徒一年。今律無明文，當依禮律釋服從吉條杖八十。

姑因貧將居喪媳嫁賣，援照因貧賣妻成例量減科罪，免離並免追財禮，見治成規。

同姓爲婚

主婚男女各杖六十。按嫁娶違律條分由主婚、由男女坐罪，即下尊卑爲婚以下各條亦無男女同罪之文。此條較諸條情罪有閒，而小注，主婚〔與〕男女各杖六十，似屬不符。故總注爲事由主婚，坐主婚；事由男女，坐男女，即罕有犯者，他省即縉紳家或不以爲怪，是猶未可概繩以法也。

箋釋、輯注諸書皆云指男女兩家言，或應獨坐主婚，或主婚、男女分首從，自照違律本法。但今同姓爲婚，大江以南

應參嫁娶違律條，恐男女二十歲以下由主婚威逼，則男女概不坐罪，若買不知姓名之人，亦不坐也。

嫁娶違律

按鄉野里民惟利是視，往往有婦女夫亡，母家、夫家視爲奇貨，互相爭奪改嫁者。然在母家，於伊女閨門時業已受過財禮，迨既經出嫁，即爲他家之婦，如遇亡改嫁，自應夫家主婚、受財，而非母家所得復行主持矣。是以居喪嫁娶條例内：婦孀自願改嫁，翁姑人等主婚、受財，而女家統衆强搶者，杖八十。觀此，則孀婦改嫁，應聽夫家主婚、受財已有定例，且今各府、州、縣衙門遇有孀婦改嫁，呈控有案，幾曾有斷令母家主婚者。若謂夫家無離婦之禮，則夫族豈肯甘心，勢致瞞背母家，私自許嫁，而母家又同籍例應婚，小則搶奪爭毆，大則釀成人命，訟獄從滋弊矣。古禮不行於今者甚多，此説斷不可依從也。

倉〔庫〕

收糧違限

凡收夏於五月十五日開倉，七月終齊足；秋糧十月初一日開倉，十二月終齊足。按夏税、秋糧名目自萬歷時行一條鞭法後，皆一條徵收矣，故名税糧。例於十月開徵，今皆二月開徵矣，考成之法今則例不用此律。江、浙無夏税。

多收税糧斛面

小注，多糧給主。輯注：附餘猶羨餘也。萬户納户斛面所積多寡襍並，勢不能分算給主，故後有附餘錢糧私下補數之條内云，須要盡實報官，明白正收作數是附餘，即收正收之數矣。此注曰多糧給主，則與後條不同，俟考。愚按，附餘斛面並積多寡無定，自不能追算分給，故作正收入官。此則指現時發覺可以給還者也。一在京在外並各邊云云，無不分首從字樣，仍應以首從論，若有犯者隨事指引，故有杖罪以下、杖罪以上條例。

之文。

轉解官物

律文。若有侵欺者，不論有無損失事故。計贓以監守自盜論。侵欺必計入已贓多寡，注中不論有無損失事故八字應删。若起運官物，不運原本色，而輒賫財貨於所納去處收買納官者，亦計利爲所買餘贓以監守自盜論。物字兼一切錢帛、花布等項言。注云，計所買餘利爲贓，或反致虧折，抑或無利，將問何罪，應斟酌。

禮律

禁止師巫邪術

重在煽惑人民，上自書符至修凡十一事，有一於此，即煽惑也。

兵律

厩牧

畜産咬踢人

若故放令殺傷人者。故放，從上文記號拴繫不如法而來，即是不記號拴繫而任其齩踢之謂。是以殺傷人，仍照減一等，若與親屬、凡人有隙，而縱畜殺傷之，直當以謀、故論矣。

律例雜説 下

刑律

賊盗

謀反大逆

及同居三人。同居有二説，反逆、不道，雖異姓各爨，但同室者皆是。如相告言及引人盗己家財，則分籍之同異，服之有無，但同爨即爲同居。不限異姓者，其居同也；不限籍者，其親同也。

盗印信

按欽給關防，指總督、巡撫、提學、兵備、屯田、水利等官之關防而言。僞造印信條内已逐項指明，其丞倅以下等官關防與經歷、儒學、倉驛等官印記，雖由部頒難欽給，且官卑政細，所係當不甚重，自難與盗欽給關防與各衙門正印官之印信一例科罪也。觀詐僞律，詐爲部院、督撫、提鎮、緊要隘口衙門並察院、府、州、縣及其餘衙門印信、文書者，治罪各有差等，自可類推。

盗軍器

此條要看關領二字。軍器雖係官物，領出在家與私物無異。若在官府庫内盗者，以盗官物論；若在内府盗者，以盗内府財物論。

盜園陵樹木

砍人墳樹，未曾搬移，依毀人物加罪。官物加二等，亦止滿流。

强盜

一、强盜殺人放火云云。强盜殺人、放火、姦污，有一犯止梟一人，並不准首。牢獄以下三項，不分首從皆梟。

續獲强盜，無原臟起獲，有自認口供，仍行斬決，但必須與原拾〔招〕盜供吻合方行斬決。如雖自認口供，而原招不相吻合，如原招係逸盜傷人爲首，而逸盜到案，不認爲首傷人之類，仍照例監候待質。

顛子研末，放入飲湯，可以迷人。乾隆四十八年四川陸昌縣見老四案。

竊盜

事主追捕賊犯，致賊犯自失足跌溺斃，均比依囚逃走，捕者逐殺勿論。

一、兩廣、兩湖及雲貴等省云云，逼令事主出錢贖臟云云。

此條現在辨理，但有賊犯行竊得臟，勒令事主出錢取贖。得臟即照此例擬流，不得臟仍擬口，仍應分首從。自注。

親屬相盜

師徒相盜，依期親律。盜師物，依私擅用財。同寺徒弟相盜，依親屬相盜。

夜無故入人家

一、凡事主因賊犯黑夜偷竊云云。例内所稱財物、器物，田園穀麥不在其内。如竊田園穀麥等類，應照末條。

人命

謀殺人

舊説謀殺人當日見死，過數日身死，或越半日氣絶，均不以謀殺科之。非殺論〔訖〕不問謀，非當時身死不問故，此爲喫緊關鍵。部議謀故殺人，止論該犯是否有心立時致死，並不因死者稍延時日即令該犯得邀寬典。落〔若〕未曾殺論〔訖〕而邂逅身死，止依同謀共毆人科斷。邂逅身死，即例内知覺、奔走、失跌、墜水之類。此注不宜引用，應看下條例。

爲從者同謀同行。各杖一百，但同謀者雖不同行。皆坐。惡其已行，故不全貸。雖有皆宇〔與〕，觀下節，則不行者減一等，杖九十。

採生折割人

若已行而傷人者。按已行未傷人，似無加功、不加功之分。而注内有加功、不加功字樣，蓋其所未謂採割之人或已被誘引拘執，而其人適因救援而自免，或援拒敵以自全，則凡隨從下手之人，自不得以不加功論。又如傳授採割方術之人，若下條所云，教令造畜蠱毒，雖不同行，亦不得以不加功論。輯注謂行者猶加功，不行猶不加功，尚未符合。

造畜蠱毒殺人

若因〔用〕毒藥殺人者斬，注：監候。或藥而不死，依謀殺已傷律絞。注内〔或〕藥而不死，作已傷論最分明。緣入人腹，其人勢必憒亂吐瀉，縱幸救而治全，而憒亂吐瀉實由内損所致，内損即已傷，不得以身上驗無傷痕作未傷論。

鬥毆及故殺人

故殺者斬。舊説非當時身死不問故殺；或云若本鬥毆而刃殺人，身首異處，此亦故殺，仍以斬擬；或云故殺者當時身死，隔日仍爲鬥毆；又部議見謀殺人與舊説異。若同謀同毆人因而致死者，以致命傷爲重，下手者絞。有謀曰同謀，無謀曰共毆，須分别。既不係下手致命，又非原謀，皆爲餘人。除兇器毆傷，照例擬遣外，餘雖毆至折傷以上，亦止杖一百。凡辨同謀共毆之案，如爲從下手傷重以之絞抵，則坐原謀滿流。如原謀係執兇器傷人，應照例擬軍。如原謀者下手傷重以之絞抵，則爲從者不曾下手致命，或下手而係手足他物，止照餘人律滿杖；若執兇器傷人，照刃傷律擬徒。跌人肢體擬徒，瞎一目、廢疾擬徒，瞎兩目、篤疾照折傷以上亦擬徒，蓋係内餘人不應照鬥毆律内擬滿流耳。凡同謀共毆人，若有喝令者，依威力主使之人，以主使爲首。不論下手也，下手依爲從減等。自注。

夫毆死有罪妻妾

條例

一、妻與夫角口，以致妻自縊，無傷痕者，無庸議。若毆有重傷縊死者，其夫杖八十。此條須看角口重傷四字，角口則妻係無罪之人，重傷則毆當致命之處，或傷痕壘壘，蓋律毆妻非折傷勿論，所以重綱也。例載重傷致妻自縊，杖八十，所以儆殘忍也。義有在。今人遇夫毆妻自縊即引此例，殊未平允，故特指出。

殺子孫及奴婢圖賴人

若因而詐去財物者一節。舊本注有服尊長仍依親屬相盗遞減，應並查。

威逼人致死

一、强姦已成一節。按强姦拒捕，誤殺旁人，例無明文。查與人鬥毆而誤殺旁人，仍以鬥毆論。如罪人拒捕而誤殺旁人，亦應依罪人拒捕本律。或謂竟引因姦威逼人致死，至和姦拒捕，誤殺本家有服親屬，與殺死本夫無異，亦應依罪人拒捕律。按姦婦如被人調戲，或並不抗拒，因人撞遇，被人耻笑，輕生自盡，本犯應止科不應杖量加枷號。蓋凡問姦罪，止以成未成定其差等，一和一强，權其輕重，如本婦之死，本屬捐軀明志，該犯即當繯首，若本婦本無義淑之刑，則本犯别無加重之法。此罪名出入關鍵，不可不辨。

家本謹按：此係舊説，後來加重之例甚多，可見非古法也。

尊長爲人殺私和

凡祖父母、父母及夫若家長爲人所殺云云。殺字指謀、故、鬥毆、戲誤各該抵命者。若威逼、過失殺二項，則殺之二人如罪止杖贖，雖受財，亦所當給，但不應私受。問不應，若多所問，坐贓。按律，爲人所殺四字，直貫到底，蓋謂親屬爲人所殺，而忍心私和，是忘情匿仇也。若親屬殺死親屬，其被殺之家與行兇之人有服制輕重不同，或雖同爲期親，如伯叔殺死兄姊之類，私自和息，自應照律擬斷。若同爲期親，胞叔殺死胞叔，同爲大功，堂弟殺死堂弟之類，則被殺行兇彼此服制相等，分誼相等，雖不得竟用得相容隱之律，而私和亦非匿仇可比，若亦照爲人殺私和科斷，似未符合。乾隆二十三年，福建省有案酌擬重杖照覆，有案可備參考。注云私和，就各該抵命者言，若威逼、過失及一切自盡之案，有私和者，當照服制重輕，以不應重輕科斷。其有受財者，會解謂應問恐嚇，准竊盜加一等。在應抵命之案私和，止准竊盜，豈不應抵者轉加重乎？仍准竊盜論爲是。私和不該抵命之案，應酌量科之，不得引此條律例，似當以私和公事論，俟考。此條設有親屬同犯私和者，雖照服制科罪，其共犯之卑幼依名例：一家共犯止坐尊長，卑幼免科。若受財，准竊盜爲從論。受親屬財者，又當照親屬相盜律，以服制科之，爲從減等。

刑律

鬥毆

保辜限期

凡辜限，須查大建、小建，此生死出入之界。辜限以被傷時刻爲始。

宗室覺羅以上親被毆

緦麻以上各遞加一等。按通部律内惟詈罵條有犯制使及本管長官等文，並無犯皇家緦麻以上親作何治罪之處，惟比附條内凡罵皇親比依罵祖父母律絞等語。設有所犯，自當揆情輕重，比依定擬，故通部律文俱不載。而此條原律獨載緦麻以上等句，若云指皇家緦麻以上親，則期功之服豈有毆至折傷擬滿流之理？若云外親，則各律文又未備載，設有所犯，自應照品官擬罪，故緦麻以上等句及律牌以上二字俱擬删。

妻妾毆夫

彙解曰，夫謀殺妻、妾不至死，並依尊長謀殺卑幼已行已傷科。已殺者，仍依毆妻至死絞。或用魘魅蠱毒，亦止依毆至死，不可混引別例。按干犯條，被期親以下尊長毆傷其身者，並聽告，而妻妾不與焉。此云妻妾自告乃坐，則妻妾訴夫，亦義之所許也。

妻妾毆夫，過失條例文不載。或云應比照過〔失〕殺父母，或云依過失殺人，准卑幼毆殺期親尊長斬罪收贖，或云比照毆期親尊長條，妻妾過失殺夫，比妹過失殺姊，各減本傷罪二等，擬徒收贖請奪，於情法似爲得中。

本按：此説甚爲平允，今律注當用。比〔此〕律句本於箋釋，然未言本何律也。

毆祖父母父母

若非理毆子孫之婦及乞養異姓子孫，至死者，各杖一百，徒三年；故殺者，流二千里。故殺當以臨時有意爲準，不得以無違犯而毆殺即爲故殺也。

本按：輯注毆子孫之婦及乞養子孫亦曰非理，是蒙上文違犯教令而言，省文也，據此，則故殺當蒙上文。小注無違犯教令之罪爲故殺言，舊説可商。

訴訟

干名犯義

並同自首免罪。按被告尊長得同自首免罪，係指所犯之事例准自首者而言。若告不准減免之罪，在尊長固依律坐罪矣，其告發之卑幼亦止應仍科干名犯義之罪。輯注謂重議，愚謂當權事之輕重，未可概論。

被告子孫妻妾、外孫及無服之親，依名例律，子孫、妻妾名例無文，應即該於容隱條同居若大功以上親八字内。

受贓

官吏受財

無禄人。凡無俸禄及致仕者，應作無禄人。科舉貢生、監等既無月俸，舉人、進士尚未受職，均難以有禄科斷。養病、侍親、丁憂、閑住、頂戴、榮身、捐封、典受、封誥，俱是無禄人。

詐僞

詐傳詔旨

順治年間原律尚有親王令旨字樣，今删。如有詐傳者，當依一品官言語。

犯　典〔姦〕

親屬相姦

條例

一、凡姦内外緦麻以上親云云。别律以親屬相姦論，不可用此例。蓋律設在前，例附在後，止補本律之未備，他律不得通用也。

捕亡

罪人拒捕

謹按第二節首句重持仗二字，又重格字，必捕者受傷，猝時抵格致死方合，若因其拒捕而向毆致死，仍照不拒捕而擅殺律擬絞，秋審入於可矜。有乾隆四十年上諭，惟事主毆殺賊盜不可，此按夜無故入人家條例内毆死竊賊止問滿徒，可見不拒捕而擅殺，罪止於徒，豈拒捕而殺轉問絞耶？然須細參此門第三條例準情定斷。至盗田野穀麥，又不作尋常盜賊論，仍照此律科斷也。

查成案，有拒捕屬實，因捕者並未受傷，仍照擅殺擬絞，有捕者雖未受傷，但有在旁確切證據，仍照擬以格殺勿論，並有無仗可持，仍照格殺辨理者。如道光三年，廣西永福縣民黃志騰誘拐秦老三之妻秦鍾氏嫁賣，秦老三同伊兄秦老二往捕，黃志騰持刀拒傷秦老二額顱，秦老二奪刀戳黃志騰左脅身死，因秦老二係屬奪刀回戳致斃，黃志騰已無仗可持，恐與格殺之義未協，當將秦老二依擅殺律擬絞，奉部駁飭更正，仍照格殺律擬勿論在案。

按拒捕者若係罪人之親屬、鄰佑及干連之人，則彼皆無罪之人，自應依拒毆追攝律。若親屬人等首先起意拒捕，而罪人以本律拒捕爲從論；若罪人起意而親屬聽從，依本律首從論。所謂共犯而分首從，本罪各別者，各依本律首從論也。又罪人拒捕，必抗捕者實係罪人，被拒者實係應捕，方可照律擬斷，若稍有不符，即當別論。假如此縣馬快奉票至彼縣緝賊，適見彼縣有人賭博，索詐捉拏，至被拒捕殺傷者，在拒捕之人雖係罪人，而往捕之人實非應捕，以鬥殺傷論。

知情藏匿罪人

此條當與容隱條參看。蓋在親屬爲容隱，在凡人爲藏匿罪人。本律第一節藏匿、引送即是容隱條之相爲容隱，次節漏泄致逃即容隱條之遺漏、通報消息。罪人引匿逃避，原是兩兩相對，然藏匿之家，既非同財共居親屬，大抵由罪人自知官司差捕逃避，其不忍捕告，即爲藏匿，或道令引匿他處，是不過通同容隱情節。若泄漏致罪人脫逃，直是黨惡欺公，情節較重。觀本律首節，僅云不行捕告，次節則云致令逃避，又考看容隱條內，相爲容隱皆勿論，若泄漏、通報致逃亦不坐，其語氣皆側重泄漏一邊，惟是藏匿與泄漏情節既有輕重不同，是以名例内因人連累致罪，亦專指藏匿、引送、資給，亦不及泄漏，自足有心縱脱，如何説得因人連累？故連累條又云藏匿、引送、資給罪人自死者，連累聽減罪人二等，罪人自首得免，又遇赦原免減等收贖，連累人亦準罪人原免減等收贖論。而此處泄漏致逃，因情有不同故，故罪人已死及自首，僅得減免一等也。

斷獄

官司出入人罪

承問官失出失入，吏部則例另有處分定例。又乾隆十九年例，失出失入悉照處分則例定擬，至有案情重大，隆調不蔽辜者，仍聽刑部臨時酌量辦理。但今外省問刑，衙門從無首領佐貳官公勘、公斷之例，各有失出失入之案，應照例辨理者，自應止以吏典爲首，減長官一等科之，而現行成案，亦有止坐印官，吏典竟不置議者，臨時斟酌可耳。

刑法雜考 一卷

五刑

金大定十五年，濟南尹梁肅上疏曰：『刑罰世輕世重，自漢文除内刑，罪至徒者，帶鐐滿釋之。家無兼丁者，加杖進徒。今取遼季之法，徒一年者杖一百，是一罪二刑也。刑罰之重，於期爲甚。今太平日久，當用中典，有司猶用重法，臣實痛之。自今徒罪之人，止居作，更不決杖。』不報。

此論確有所見，惜今不能行也。

淳熙十一年七月，校書羅點言：『比年以來，所在流配人甚衆。强盗之獄，每案必有逃卒，積此不已，爲害不細。欲緝盗賊，不可不銷逃亡之卒；欲銷逃亡之卒，不可不減刺配之法。望詔有司，於允行刺配情輕者，從寬減降，別定居役，或編管之，令其應配者檢會。淳熙元年五月指揮：其强充屯駐大軍，庶幾州縣黥配之卒漸少。帝曰：近歲配隸稍後當如何？王淮等曰：如雜犯死罪猶可從輕，至如劫盗六項，指揮之行，爲盗者莫不知之，故將爲盗必先虚立爲首之名，殺人姦濫之罪皆歸之，以故爲首者不獲，而犯者免死，盗何由懲？帝令刑寺集議。既而刑部、大理寺奏上。帝曰：朕夜來思配法，雜犯死罪只配四本州守城，犯私茶監之類，不必遠配，只刺本司厢軍，令著役。若是劫盗已經三次，便可致之死。可以此諭刑官』。

金泰和元年，金新修律成，凡十有二篇：一名例，二衛禁，三職制，四户婚，五廐庫，六擅興，七賊盗，八鬥訟，九詐口，十雜律，十一捕亡，十二斷獄，實唐律也。但加贖銅，皆倍之。增徒之四年、五年爲七，削不合於時者四十七條，增時用之制百四十九條。因有略有所增，益者二百八十有二條，餘百二十六條皆從其舊，又加分其一爲二、其一爲四者六條，凡五百六十三條，爲三十卷。附注以明其義，疏義以釋其疑，名曰泰和律義。自官品令、職貢令之下，曰祠令、户令、學令、選舉令、封爵令、封贈令、宫衛令、軍防令、儀制令、衣服令、公式令、禄令、倉廪令、廐牧令、田令、賦役令、關市令、捕亡令、賞令、醫疾令、假寧令、獄官令、雜令、僧道令、營繕令、河防令、服制令，附以年月之制，曰律令二卷。又新定敕條三卷，六部格式三卷。

元至元二十九年己巳，申禁鞭背。國法不用徒、流、黥、絞之刑，惟杖臀自十七分等加至百單七而止。然斬剮之刑，則又往往濫用之。至其酷也，或生剥人皮。又有三段劃殺法，未之除也。

至元二十四年三月甲午，行至元鈔，詔百官於刑部集議，趙孟頫亦與焉。衆欲計至元鈔二百貫贓滿者死，孟頫曰：『始造鈔時，以銀爲本，虛實相權。今二十餘年間，輕重相去至數十倍，故改中統爲至元。又二十年後，至元鈔必復如中統。使民計鈔抵法，疑於太重。古者以來，［口］絹民生所須，謂之二實；銀錢與二物相權，謂之二虛。四者爲直雖升降有時，終不大相遠也，以絹計贓最爲適中。況鈔乃宋時所造，施於邊郡，金人襲而用之，皆出於不得已。乃欲以此斷人死命，似未可也。』或以孟頫年少，初自南方來，譏國法不便，意頗不平。責之曰：『今朝廷行至元鈔，故犯法者以是計贓論罪。汝以爲非，豈欲沮格至元鈔耶？』孟頫曰：『法者，人命所係。議有重輕，則人不得其死。孟頫奉詔與議，不敢不言。今中統鈔虛，故改至元鈔。謂至元鈔終虛時，豈有是理？公不揆於理，欲以勢相陵，可乎？』其人有愧色。

應議者之父祖有犯

天聖七年三月乙丑，詔吏受賕，自今毋用蔭時。三司吏士，安坐受賕，法應徒而用祖蔭以贖論，特決杖勒停，而降是詔。

慶曆六年八月，詔臣僚子孫恃蔭無賴，嘗被刑者，如再犯私罪，更無得以贖論。時邵武軍言：『秘書監致仕龔曙之孫屢犯屠，皆法當以蔭免，帝特命如其刑，而更著此條。

至和二年四月丙申，上封者言：『有蔭子孫犯杖以上，犯罪情理重者，令州縣擬所犯於口蔭官誥之後；若三犯，奏聽裁。』從之。

文武官犯公罪

金大定九年十二月丙午，金制職官犯公罪在京已承伏者，雖去官猶論。

流囚家屬

天聖八年八月戊子，詔流配人道死者，其妻子給食送還鄉里。

赦

建隆二年五月，以皇太后疾，赦雜犯死罪以下。

三年六月己亥，以旱故，減京畿及河北諸州死罪以下。開寶四年十月甲申，詔兩京諸道自十月後，犯强、竊盗不同預郊祀赦。所在長吏，當告諭下民，無令冒法。自後，將郊祀必申明此詔。考異李燾曰：「寶訓載王旦言：「太宗每議郊祀，皆前下詔。又慮强盗恃恩犯法，乃詔不以赦原。而史館、日歷並言竊盗，竊盗情輕，不可與强盗同科，今立刑法志，宜在酌中。」前史官執稱不改日歷舊文。真宗曰：「當何爲書？」旦曰：「止可言强盗。」上曰：「理雖爲此，然不可輒改。當從官議，庶幾傳信。」今刑法志所書，實用真宗聖語云。

雍熙二年五月庚午，中書門下奏：『謫官經赦者欲歸闕，責其後效。』帝不許。謂宰相曰：『朝廷致理，當任賢良，君子小人，宜在明辨。今海島窮崖，遠惡交甚，多竄逐之臣，郊禋以來，豈不在念。然此等嶮巇，若小得志，即復結朋植黨，恣其毁譽，如害群之馬，豈宜輕議哉？』

大中祥符八年閏月己卯朔，大赦天下，非已殺人及枉法贓致殺人、十惡至死者，悉原之。

天禧元年三月辛酉，江南提點刑獄范應辰言：『伏覩辛亥詔書，常赦不原者咸除之。謹案：吕刑云「五刑之疑有赦」，今姦兇之輩密料赦期，肆其殘酷，方合正典刑，而遽逢霈澤，配爲卒伍，皆給衣糧，又何異賞人爲盗耶？較諸疑則赦之，諒有殊矣。望自今凡有知赦在近，而故爲罪戾者，死罪已下遞減一等斷之。』帝曰：『先帝因郊禮，議赦，有朝士秦再思上書，引諸葛亮佐劉備數十年不赦事，先帝頗疑之。時趙普入對，言曰：「聖朝定制，三年郊禮即覃肆眚，所謂其神如天，堯舜之道也。劉備偏據一方，何足法哉？」自是赦宥之文遂定。應辰發論頗□盡心。然全無赦宥，恐亦難行。張知昌古人所謂數則不可，無之實難，斯爲禮論也。』

天禧四年九月丁卯，赦天下繫囚，除十惡、已殺人、〔官〕典犯贓、盗官物、持仗放火、僞造符印外，咸除之。

皇佑二年十二月初，戎州人向吉等操兵賈販，恃其衆，所過不輸物税。州縣捕逐，皆散走之。成都鈐轄司奏請『不以南郊赦除其罪』。從之。逮捕親屬繫獄，至更兩赦。有訪闕告訴者，刑部詳覆官以爲特敕遇赦不原者，雖數赦猶論如法。同判刑部孫錫獨奏釋之，凡釋百二十三人。

五年冬十月丙辰朔，詔：『自今因奏舉改官及升差遣，其所舉人各犯枉法自盗而會赦不原者，舉主亦毋得以赦論。』紹興二年九月辛酉，以彗星出，赦天下。應盜官物入已罪抵死者不赦。

英宗元至治三年拜住患法制不一，有司無所守，請詳定舊典，以爲通制。於是命樞密副使完顔納坦，集賢學士、侍御史曹伯啓纂集累朝格例而損益之。書成，二月辛巳奏上，凡二千五百三十九條，名曰大元通制，頒行天下。伯啓言：『五刑者，刑異五等。今黥、杖、徒、役於千里之外百無一生還者，是一人身備五刑，非五刑各底於人也。法當改易。』丞相雖是之，而不果行。

老少廢疾收贖

慶歷五年七月戊申，詔：『自今，罪殊死，若祖父母年八十以上及篤疾無期親者，以其所犯此下疑有缺文

大定十三年五月甲辰，金尚書省奏：『鄧州民范三毆殺人當死，而親老無侍。』金主曰：『在醜不争謂之孝，孝然後能養。斯人一朝之忿忘其身，而有事親之心乎？可論如法。其親官與養濟。』

犯罪自首

元豐八年十一月癸巳，詔按問强盜欲舉自首者，毋減。

徒流遷徙地方

太平興國七年十二月，知桐廬縣、太常寺太祝、昇州刁衎上疏言：『古者，投姦凶於四裔。今乃遠方囚人，盡歸象闕，配於務役，最非其宜。神皋天子所居，豈可使流囚於聚役。自今外處罪人，望勿許解送上京，亦不流於諸務充役。又禮曰：「刑人於市，與衆棄之。」則知黄屋紫宸之中，非行法用刑之所。乞自今御前不行決罰之刑，敕杖不以大小，皆以侍御史、廷尉。又或犯刼盜亡命，罪重者刖足釘身，國門布令。此乃愚民昧於刑憲，迫於衣食，偶然爲惡，義不及它，被其慘毒，實傷風化，亦望減除。至於淫刑酷法，非律文所載者，並詔天下悉禁止之。』帝覽疏甚悦，降詔褒答。

仁宗天聖四年正月，知益州薛田言：『兩川犯罪人配隸他州，雖老疾得釋者，悉留不遣。自今請無拘停。』帝曰：

『遠民無知犯法，而終身不得還鄉里，豈朕意乎？察其情有可矜者，聽遣還。』

天聖六年七月乙未，開封府推官、監察御史館陶王沿爲河北轉運副使，沿上言：『古者刑平國用中典，而比者以赦處罪多重於律，律以絹□代之。此下疑有缺文。律坐髡鈦而役者，赦黥竄以爲卒。比諸州上言，謫卒太多，衣食不足，願勿復謫者七十餘州。以律言之，皆不至是。是以毓文罔之，而置於理也。誠願削深文而用正律，以錢定罪者，悉從絹；估黥竄爲卒者，止從髡鈦。此所謂勝殘去殺無待百年者也。』

熙寧四年十月丙子，詔罪人配流，遇冬者，至仲秋乃遣。元明宗天歷二年七月己未，皇太子更定遷徙法。凡應徙者，驗所居遠近，移之千里。在道遇赦，皆得放還。如不悛再犯，徙之本省不毛之地，十年無遇則量移之。所遷人死，妻子願歸者聽。著爲〔令〕。

吏律

大中祥符六年七月壬子，詔自今文武官特奉制旨，專有處分，即爲躬親，被受犯者，以違制論。自餘例受詔敕，概行條約，非有指定刑名者，各論各律。無本條者，從違制失斷。先是，違制之法，無故失率坐徒二年。翰林學士、知審刑院王曾建議，乃降是詔。未幾，有犯者曾斷以違制。先帝不懌，曰：『如是無復有違制者。』曾曰：『天下至廣，豈人人盡知制書？倘如陛下言，亦無復有先者。』帝然之。自是決徒者差減。

七年九月丁未，詔自今舉人，如本貫顯無户籍，及離鄉已久，許召官保，明於開封府投牒所解。初，開封計解服勤〔辭〕學進士二十五人爲下第者劉溉所訟，其十三人以〔寓〕貫皆奔竄潛匿，有司追捕。王旦奏曰：『陛下〔搜〕羅才俊，今乃變爲囚繫，恐傷風教。且科舉之設，本待賢德。此輩操行如此，望特出宸斷，以懲薄俗。』帝曰：『此蓋官司過誤，其〔寓〕貫者，當並釋罪，概付外州羈管。』詐爲制書者絞。乾道四年王琪事。

擅離職役

皇祐三年七月丁卯，免天平軍節度推官□人沈起擅去官罪。起因父疾請解，不待口而歸，法官論以私罪。帝曰：『若此何以厚風俗？其除之。』

户律

漢初犯私麴者棄市。周令至五斤死。帝以其法尚峻，庚申詔民犯私麴十五斤以私酒入城至三斗者，始處極典。其餘罪有差。建隆二年四月

又以前朝鹽法太峻，定令官鹽闌入禁地，貿易至十斤，煮鹻至三斤者，乃坐死。民所受蠶鹽，入城市三十斤以上者奏裁。同上。考異李燾云：『太宗實録：先是，官貨鹽於民，蠶事既畢，即以絲絹償官，謂之蠶鹽。令民從夏秋賦税償其直。食貨志云唐有蠶鹽，皆賦於民，隨夏税收錢絹，與實録小異。

建隆三年七月，右衛率府率薛勳掌常盈倉，受民租概量重。詔免勳官，配隸沂州；倉吏棄市。

八月癸巳，〔蔡河〕務綱官王訓等四人坐以糠土雜軍糧，棄市。

乾德五年十二月丙辰，禁諸州輕小惡錢及銕〔鑞〕錢，又命紕疏布帛毋鬻於市，及塗粉入〔藥〕者，捕之置罪。

乾德五年六月癸亥，詔荆湖民祖父母、父母在者，子孫不得別財異居。

開寶四年六月，内侍養子多争財起訟。戊午詔曰：『自今滿三十無養子者，始聽養子，仍以其名上宣徽院。違者抵死。』

太平興國二年十二月癸酉，詔定晋州礬法，私煮及私販易者罪有差。

崔立初爲果州團練推官，役兵輦官物。它州道險，乃率衆錢傭舟載歸。知州從革斂法三人當斬。立曰：『此非私已，罪止杖耳。』從革初不聽，論奏。詔如立議。天禧三年。

天聖九年十一月丁亥，□兩川礬禁。

皇祐四年六月，詔諸州軍里正、押司、録事、已代而令輸錢免役者，以違論。先是，王逵爲荆湖南路轉運使，率民輸錢免役，得緡錢三十萬，進爲羡餘，朝廷降詔獎諭。由是諸路競爲掊克，至破産不能償所免。朝廷知其弊，故條約之。

至和九年十月壬辰，詔士庶之家嘗更傭雇之人，自今毋得與主人同居親爲昏。違者離之。

大定十三年四月己巳，金制出繼子所繼財産不及本家者，以所繼與本家財産通數分。

金明昌二年四月戊子，金制諸部内災傷，主司應言而不言，及妄言者，杖七十；檢視不以實者，罪如之。因而有傷人命者，以違制論；致枉有徵免者，坐贓論；妄告者，户長坐詐不以實罪，計贓從詐匿不輸法。

禮律

建隆二年二月禁民二月至九月無得採捕、彈射，著爲令。

三年三月禁民火葬。

秋七月已未，禁諸州中元張燈。以旱故。

九月丙子，禁民伐桑刺爲薪。

乾德五年十一月乙酉朔，工部侍郎毋守素坐居喪娶妾免。

秋七月乙未，中元張燈，帝御東華門賜□官飲。

淳化元年六月丙午，罷中元、下元張燈。

英宗治平二年十一月庚午朔，朝饗景靈宫；辛未，饗太廟；壬申，祀天地於圜丘，以太祖配，大赦。先是，百[官]習儀尚書省，賜酒食。郎官五百知醉飽嘔吐，御史前劾失儀。及是，宰相韓琦以聞。帝曰：『已赦罪矣。』琦言：『故事，失儀不以赦原。』帝曰：『失儀，薄罰也。然使士大夫以酒食得過，難施面目矣。』卒赦之。

哲宗元佑四年十一月壬辰，□發運、轉運、提刑預支樂宴會徒二年法。

金大定十三年下詔曰：『自今宗室宗女有屬籍者，凡官職三品以上除占問、嫁娶、修造、葬事，不得推算禄命。違者徒三年，重者從重治之。』

兵律

開寶元年冬十月甲戌，屯田員外郎同州雷德驤責授商州司户參軍。德驤判大理寺，其官屬與堂吏附會宰相，擅增減刑名。德驤憤惋求見，欲面白其事。未及引對，即直詣講武殿奏之，辭氣俱厲，并言趙普强市人第宅，聚斂財賂。帝怒叱之，曰：『鼎鐺猶有耳，汝不聞趙普吾之社稷臣乎？』引柱斧擊折其上口二齒，命左右曳出，詔宰相處以極刑。既而怒解，止以闌入之罪黜之。

十一月辛己，詔曰：『盗賊潮息減，諸縣當手有差令、尉輒留者，重置其罪。』

淳化二年閏月已丑，詔京城無賴輩蒱博、開櫃坊，屠牛馬驢狗以食，銷鑄銅錢爲器用雜物，令開封府戒坊市謹捕之。犯者斬，匿不以聞及居人抑〔邸〕舍〔僦與〕惡少爲櫃坊者同罪。

皇佑四年十月甲午，詔：『比有軍卒過車駕進狀，而衛士失呵止者，其貸之。』帝初幸景靈宮，既登輦，因戒衛士：『今歲天下舉人皆集京師，如有投訴者，勿呵止之。』及軍卒進狀，衛士亦不之禁。有司欲論罪，帝異以其事語輔臣而貸之。

五年二月論廣西棄城罪，貸知邕州宋克隆死，除名，杖脊刺配沙門島。谿洞都巡檢劉莊除名，杖脊刺配福建牢城。賓州推官權通判王方，靈山縣主簿、權推官楊德言並除名，免杖刺配湖南本城，永不録用。

淳熙九年九月乙未，禁番舶販易金銀。著爲令。

元至元十六年八月甲辰，詔漢軍出征逃者，罪死，且歿其家。

二十九年正月，禁商賈私以金銀航海。

賊盗

建隆二年三月丙申，内酒坊火。坊與三〔司〕接，火作之夕，役夫突入省署盗官物。帝以酒坊使左承規等縱其爲，斬役夫三十八人，承規等皆棄市。

五月庚寅，供奉官李繼昭坐盗賣官船，棄市。

三年二月已亥，更定竊盗律，贓滿五千足陌者，乃處死。十二月，舊制强盗贓滿十匹者絞，庚寅詔改爲錢三千足陌者處死。

雍熙元年正月，有司上竊盗罪至大辟，詔特貸其死。因謂宰相同朕重惜人命，但時取其甚者以警衆，然不欲小人知寬貸之意，恐其犯法者衆也。

淳化五年正月，寬饑民罪，從蔡州知州張榮請也。凡因饑持杖刦人家藏粟，止誅爲首者，餘悉以減死論。

真宗咸平元年十月初，張齊賢爲户部尚書，詔同監察御史王濟編敕，删定制敕。舊條，持杖行劫不計有贓無贓悉抵死。齊賢議貸不得財者。濟曰：『以死懼之尚不畏，可緩其死乎？』與齊賢廷諍數四，詞氣甚厲，手疏言齊賢腐儒，不知時要。帝問輔臣孰可？從者吕端請百官集議，並劾濟。未幾齊賢入相。丁酉，齊賢奏：『臣今在中書，不欲與庶僚争較曲直，願收前詔。』帝嘉其容物，遂罷集議。濟得免劾。刑名卒如齊賢之請，而犯盗者歲亦不增。咸平六年四月，舊制士庶家僮僕有犯，或私黥其面。帝以今之僮使，本庸雇良民，癸酉詔有盗主財五貫以上奏裁，勿得私黥涅之。

遼重熙十八年十二月己卯，遼録囚，有弟從兄爲盗者，兄弟俱無子，特原其弟。

仁宗皇佑三年十月甲申，大理寺言：『信州民有劫米而傷主者，法當死。』帝謂輔臣曰：『饑而劫米則可哀；盗而傷主則難恕。然細民無知，終緣於饑耳。』遂貸之。又曰：『刑寬則民慢，猛則民殘。爲政常得寬猛之中，便上下無怨，則水旱不作。卿等宜戒之。』

五年閏月，□襄州知州項城馬尋以明習法律稱。其在襄州，會歲饑，或群入富家掠囷粟，獄吏鞫以强盗。尋曰：『此迫於饑耳，其情與强盗異。』奏得减死論，遂著爲例。至和元年九月己巳，邇英閣講周禮大荒大札，則薄征緩刑。楊安國曰：『所謂緩刑者，乃過誤之民耳。當歲歉，則赦之，閔其窮也。今衆持兵仗，刦糧廪，一切寬之，恐不足以禁典。』帝曰：『不然。天下皆吾赤子也，一遇饑饉，州縣不能存卹，餓莩所迫，遂致爲盗，又捕而殺之，不亦甚乎？』嘉佑七年十月甲午，命知制誥王安石同勾當三班院。先是，案糾察在京刑獄，有少年〔得〕鬥鶉，其儕求之，不與；恃與之，〔昵〕輒持去。少年追殺之。開封府案其人罪當死。安石駁之曰：『按律，公取、竊取，皆爲盗。此不與而彼强携以去，是盗也。追而毆之，是捕盗也、雖當死，勿論。』遂劾府司失入。府官不伏，事下審刑、大理，皆以府斷爲是。詔放安石罪。舊制，放罪皆詣闕門謝。安石言：『我無罪。』不肯謝。御史臺舉奏之，釋不問。

熙寧十年六月癸未，詔南京，鄆、兖等州及刑州之鉅鹿、洺州之雞澤、平恩、肥鄉縣盗賊，並用重法。

元豐元年閏月，先是相州論決劫盗三人死罪，行堂後官周清駁之，謂其徒二人當减等，鞫獄者爲失入人死罪。事下大理，詳斷官竇莘、周孝恭白檢正劉奉世曰：『其徒手殺人，非先入也。』於是大理奏相州斷是。清執前議，再駁。復下刑部。新官定刑部以清駁爲是。大理不服，力争。論未決，會呈城司奏相州法司潘開齎貨詣大理行財枉法。初殿中丞陳安民簽書相州判官，〔日〕斷此獄，聞清駁之，懼得罪，詣京師，歷抵親識求救。文彥博之子及甫，安民之姊子，吴充之婿也。安民以書召開云：『爾宜自來，照管法司。』開竭其家貲，入京師欲貨大理胥吏問消息。相州人高在等在京師爲司農吏，利其貨，與中書吏數人共耗用具物，實未嘗見大理吏也。爲皇城司所奏，言齎三千餘緡賂大理。事下開封，按鞫無行賂狀，惟同安民與開書，諫官蔡確知安民與充有親，乃密言事連大臣，非開封可〔了〕，詔移其獄御史臺，從確請也。二月知諫院蔡確同御史臺鞫相州失入死罪，事下御史獄。旬餘，所案與開封無異，乃詔確與御史同鞫。確以擊搏進，吴充素惡其爲人。會充謁告，王珪奏用確，帝從之。夏四月乙巳，知諫院蔡確既被旨同御史臺按潘開獄，遂收大理寺詳斷官竇苹、周孝恭等，枷縛暴於日中，凡五十七日。求其受賂事，皆無狀。中丞鄧潤甫夜聞掠囚聲，以爲苹、孝恭等，其實它囚也。潤甫心非確所爲慘刻，而力不能制。確引陳安民置枷於前而問之。安民懼，即言嘗請求文及甫。及甫云已白丞相，甚垂意。丞相指吴充也。確得其辭喜，遽欲與潤甫登對，具奏充受請求枉法。潤甫止之。明日，潤甫在經筵獨奏相州獄事甚微，大理實未嘗納賂，而蔡確深□其獄，支蔓不已，竇苹等皆朝士，榜掠身無完膚，皆銜冤自誣，乞早結正。權監察御史裏行上官均亦以爲言，帝甚駭異。明日確欲登對，至殿門，帝使人止之，不得前。手詔：『聞御史勘相州法司頗失直。遣知諫院黄履、句當御藥院李舜舉引問證驗。履、舜舉至臺與潤甫、確等坐廡下，引囚於前，讀示款狀，令實則書實，虛則陳冤。前此確屢問，囚有變詞者輒笞掠，及是，囚不知其爲詔使也，畏吏獄之酷，不敢不承。獨竇苹翻異，驗拷掠之痕，則無。履、舜舉還奏，帝頗不直潤甫等言，詔確、履及監察御史裏行黄廉就臺劾實，仍遣舜舉監之。乙卯，知諫院蔡確爲右諫議大夫、權御史中丞、翰林學士兼侍讀，權御史中丞鄧潤甫落職，知撫州、太子中允、權監察御史裏行上官均責授光禄寺丞，知光澤縣。先是，帝别遣黄履、黄廉及李舜舉赴御史臺鞫相州法司獄，確知帝意不直潤甫等，即具奏潤甫故造飛語，以中傷臣及欲動摇獄情，陰結執政，乞早賜罷斥。帝始亦疑相州獄濫及無辜，遣使訊之。及不盡如潤甫等所言，確從而攻之，故皆坐矜，確遷中丞。辛酉，殿中丞陳安民等降謫有差。安民坐官相州與失入死罪，屬大理評事文及甫言於宰相吴充也。

陳安民仍以失入論，是强盜殺人可減等也，殊未允當。當日但藉此以相攻擊，而獄之是非轉未詳審，人之可惡如此。

紹興元年八月戊戌，刑部奏軍士黄德等殺案目，其從二人，俟於岸次。刑寺欲原其死，帝曰：『强盜不分首從，此何用貸？朕居常不敢坐嗜物，惡多殺也。此時須當殺以止殺。』富直舉曰：『物不當死，雖蚤蝨可矜；其當死，雖人不可恕。』帝甚以爲然。

按强盜不分首從，他未經見。元豐元年相州之獄，周清謂其徒二人當減等，是有［首］從也。當考。

金天會九年，宗翰用大同尹高慶裔計，令竊盜贓一錢以上者皆死。雲中有一人拾遺錢於市，慶裔立斬之。蕭慶知平陽府，有行人拔葱於蔬圃，亦斬之。民知均死，由是竊盜少衰，而劫盜日盛。

皇統三年□□，是歲金初頒皇統新律。其法至死，非用器刃者不加刑。他率類此。徒自一年至五年，杖自百二十至二百，皆以荆決臀，仍拘役之。雜條惟僧尼犯姦，及强盜不論得財不得財，並處死，與古制異。

金大定八年七月甲子，制盜群牧馬者死，告者給錢三百貫。

十年十一月，金制盜太廟物者，與盜宮中物同論。

淳熙二年十二月，更定强盜贓法，比舊法增一倍定罪。五年二月丙午詔逃軍犯强盜者無擬貸。

至元二十七年七月，江淮省平章錫布鼎以倉廩官盜欺錢糧，請依宋法，黥而斷其腕。帝曰：『此回回法也。』不允。

成宗大德元年五月，詔强盜姦傷事主者，首從悉誅；不傷事主，止誅爲首，從者刺配，再犯亦誅。

四年正月丙申，申嚴京師惡少不法之禁，犯者黥刺，杖七十，拘役。

八年十一月壬子，詔内郡江南人凡爲盜黥三次者，謫戍遼陽；諸色人及高麗免黥，謫戍湘廣。盜禁　馬者，初犯謫戍，再犯者死。

順帝元統二年七月壬寅，詔蒙古、［色］目人犯盜者，免刺。

至元二年八月庚子，詔强盜罪皆死；盜牛馬者劓；盜驢騾者黥額，再犯劓；盜羊、豕者墨項，再犯黥，三犯劓、（二）［其］後再犯者死；盜諸物者，照其數估價。省院、臺、五府官三年一次審決。著爲令。

盜田野穀麥

金大定九年三月丁卯，金命御史中丞伊喇道廉問山東、河南。尚書省議，綱捕走獸抵徒罪。石琚曰：『以禽獸之故，而抵民以徒，是重禽獸而輕民命，恐非陛下意。金主曰：『然。自今有犯，可杖而釋之。』今圍場諸例，有重於徒者，恐失此意。

謀殺人

神宗熙寧元年七月癸酉，詔謀殺已傷，案問欲舉自首者從謀殺減二等論。初登州奏：有婦阿雲母服中聘於韋，惡韋醜陋，謀殺韋，傷而不死。及案問，欲舉自首。審刑院、大理寺論死，用違律爲婚奏裁，敕貸其死。知登州許遵奏引律因犯殺傷自首得免所因之罪，仍從故殺傷法，以謀爲所因當用案問欲舉條減二等。刑部定如審刑、大理。時遵方召判大理，御史臺劾遵，而遵不伏，請下兩制議。乃令翰學司馬光、王安石同議。安石以謀與殺爲二事，光言謀殺猶故殺也，皆一事不可分，若謀爲所由，與殺爲二，則故與殺亦可爲二耶？二人議不同，遂各爲奏。光議是刑部，安石議是遵。詔從安石議。二年二月，詔今後謀殺人自首，竝奏聽敕裁。帝初從王安石議，凡謀殺傷而自首，減二等科罪。衆論不服，御史中丞滕甫請再選官定議。詔選翰『林』學士呂公著、韓維、知制誥錢公輔重定。公著等議如安石，於是法官齊恢、王師元、蔡冠卿等皆劾奏公著等所議爲不當，又詔安石與法官集議，反覆論難，久之不決，故有是詔。

呂誨劾安石疏云：『昨許遵誤斷謀殺公事，安石力爲主張，妻謀殺夫，用案問首舉減等科罪，挾情壞法。』

八月癸卯，侍御史劉琦貶交州鹽酒務，監察御史裹行錢顗貶監衢州鹽稅。先是，王安石爭謀殺自首之律，逾年不決，詔臨時奏請敕裁。安石又言律意囚犯殺傷而自首得免所因之罪，仍從故殺傷法；若已殺從故殺法，則爲首者必死，不須奏裁；爲從者自有編敕奏裁之文，不須復立新制。時文彥博以下皆主司馬光議，唐介與安石爭論於帝前，介曰：『此法天下皆以不可首，獨曾公亮、王安石以爲可首。』安石曰：『以爲不可首者，皆朋黨也。』至是帝卒用安石言，敕自今竝以去年七月詔書從事。侍御史知雜事兼判刑部劉述率同列丁諷、王師元封敕還中書者再。安石白帝，令開封府推官王克臣劾述罪，於是述率琦顗共上疏曰安石云云。疏上，安石奏琦顗。

順帝至元元年六月，中書省員外郎陳思謙上言：『强盗但傷事主者，皆得死罪；而故殺從而加功之人，與鬥而殺人者例杖一百七，得不死，與私宰牛馬之罪無異，是視人與牛馬等也。法有加重，因姦殺夫，所姦妻妾同罪，律有明文，今坐所犯，似失推明，遂令法曹議，著爲定制。

殺一家三人

開寶五年，陜州民范義超，周顯德中以私怨殺同里常古真家十二人。古真年少脱走，得免。至是義超訴於官。有司引赦當原。帝曰：『豈有殺一家十二人而可以赦論乎？』命斬之。

仁宗康定元年四月丁亥，以太常博士梁適爲右正言，供諫職。適初爲審刑詳議官，梓州妖人白彦歡者，依鬼神以詛殺人，獄具，以不傷讞。適曰：『殺人以刃或可拒，而詛不可拒，是甚於刃也。』卒以死論。

毆祖父母父母

太平興國二年四月丙寅，詔繼母殺夫前妻子及婦者，同殺人論。

父祖被毆

元豐元年十二月丙辰，詔青州民王贇貸死刺配鄰州牢城。初贇父九思爲楊五兒毆迫，自縊死。贇纔七歲，嘗欲復仇，而以幼未能。至是一十九歲，以槍刺五兒，斷其頭及手，祭父墓。及自首，法當斬。帝以贇殺讎祭父，又自歸罪，可矜故也。

遼大安四年十一月庚申，遼興中府民張化法以父兄犯盜當死；請以身代。遼主皆免之。

訴

太平興國七年，詔禁投匿名書告人罪，及作妖言誹謗惑衆者，嚴捕之，置於法。其書所□焚，有告者，賞以緡錢。雍熙元年七月庚申請，改匭院爲登聞鼓院。

真宗景德四年戊申，詔以鼓司爲登聞鼓院，登聞院爲登聞檢院，右正言〔知制誥〕平周〔起〕、太常丞〔直史館〕祁易路振同判鼓院，吏部侍郎張詠判檢院。檢院亦置鼓，先有内臣勾當，鼓司自此悉罷。諸人訴事，先請鼓院，如不受，詣檢院。又不受，即判狀付，許遏車駕，如不給判狀，聽詣御史臺自陳。先是，帝謂王旦曰：『開廣言路，治國所先，而近日尤多煩紊，車駕每出，詞狀紛紜，洎至披詳，無可行者。』故有是更置焉。

誣告

遼重熙五年七月辛丑，遼主録囚。有耶律扎巴者，誣其弟四三格謀殺己，有司奏當反坐。臨刑，其弟泣訴臣惟一兄，乞貸其死。遼主閔而許之。

成宗元大德七年四月乙卯，詔凡匿名書，辭語重者誅之，輕者流配。首告人賞鈔有差，皆籍没其妻子充賞。

犯贓

建隆二年四月己未，商河縣令李瑶坐贓死，左贊善大夫申文緯奉使案日不能舉察，除籍，帝深惡贓吏，以後内外官贓罪，多至棄市。

三年十月，廣濟縣令李守中坐贓，決杖配沙門島。

乾德二年五月辛巳，宗正卿趙礪坐贓，杖除籍。

開寶四年十月庚午，太子洗馬王元吉棄市，坐知英州月餘多受贓私故也。

太平興國六年十一月丁酉，監察御史張白坐知蔡州日，假官錢糴糶，棄市。

大中祥符九年六月辛巳，比部員外郎知齊州范航坐受財枉法，免死，杖脊、黥面配沙門島，其子昭時任江南東路提點刑獄，及受代還，至南京上言：『願爲邊卒，贖父移善地。』〔宰〕臣言：『父子罪雖不相及，然亦當降其職任。』遂令釐務，從之。

天禧四年二月丁亥，户部員外郎兼太子右諭德魯宗道奏：請自今群臣除故枉法受贓，其因計贓情可閔者並奏裁。

紹興元年十二月丁亥，言者請『贓吏當死者勿？』帝曰：『本心欲當德化，顧贓吏害民有不得已者。然亦豈忍遽置搢紳於死地？如前詔，杖遣足矣。』

二年八月甲午，近歲官吏坐贓抵死之人，率皆貸配，故犯法者滋多。至是，錢塘縣吏宋振受賄當死，詔論如律，其徒始駭懼。大理寺丞姚焯因請以振刑名，頒下諸州。從之。
隆興二年九月丁酉，詔今後命官自盜枉法，贓罪抵死，除籍没家財外，依祖宗舊制决配。
金大定十一年，金駙馬都尉圖克坦貞爲咸平尹，貪污不法，累贓鉅萬，徒真定。事覺，金主使大理卿李昌圖鞫之，貞即引伏。昌圖還奏，金主問之，曰：『停職否？』對曰：『未也。』金主怒杖昌圖四十，復遣刑部尚書伊喇道往真定問之，徵具贓還主。有司徵給不以時，詔先以官錢還其主，而令貞納官。凡還主贓，皆准此條。
大定十八年七月丙子，金主謂宰臣曰：『職官始犯贓罪，容有錯誤，至於再犯，是無改過之心，自今再犯不以贓數多寡，並除名。』
大定廿一年五月戊子，金尚書省奏：『招討使完顏守能所犯兩贓俱不至五十貫，應抵罪。節度使錫薩布應解現居官，並解世襲穆昆。金主曰：『此舊制之誤。居官犯除名者，與世襲並罷之。非犯除名者，勿罷。』遂著於令。守能杖二百，除名。
元至元二十年六月，初定官吏贓罪法。自五十貫以上皆決杖，除名不叙；百貫以上者死。
元成宗元貞元年七月，命職官坐贓論斷，再犯者加二等。倉廪官吏，盜所守錢糧一貫以下笞，至十貫杖之，二十貫加一等，一百二十貫徒一年，每三十貫加半年，二百四十貫徒三年，滿三百貫者死。計贓以至元鈔則［之］。二年十月，詔職［官］坐贓論斷，再犯者加本罪三等。

續通鑑

建隆元年八月丙戌作新權衡頒於天下，禁私造者。乾德元年十二月甲申，皇后符氏崩，翰林醫官王守愚坐進藥不精審，減死，流海島。
太平興國二年十二月丁巳朔，試諸州所送天文術士，隸司天臺。無取者，黥配海島。
景德元年六月丙辰，［以］諸州民詣闕舉留官吏，多涉徇私。［詔］自今官吏實有善政，候轉運使舉陳。如敢違越，其爲首論如律。
明昌二年十一月甲寅，金禁伶人不得以歷代帝王爲戲，及稱萬歲。犯者以不應爲重法科。

僞造銅錢

開寶四年十月己巳，詔僞作黃金者，棄市。

太平興國二年九月，〔以〕唐天佑中兵亂空乏，始令以八十五錢爲百，後唐天成中又減五錢，漢乾佑初復減三錢，宋初因漢制，其輸官亦用八十或八十五。然諸州私用猶如隨俗，至有以四十八錢爲百者，丁酉詔所在悉七十七錢爲百，每千錢必及四斤半以上。禁江南新小錢，民先有藏蓄者，悉令送官，據銅給其人。其私鑄者棄市。崇寧五年六月乙亥，詔官所鑄當十錢，已令諸路以小鈔换易，其私錢若不立法，使盡歸官，必冒法私用，陷民深刑。可令限一季内納官，計銅價二分以小錢還之。如或隱藏不换，以私鑄法論。

大觀元年二月甲子，詔淮南、兩浙應私鑄錢，限一季首納。限滿不首，並依錢法。其納到私錢，並許發赴京畿，錢監收鑄，御書當十錢。

紹興二十八年七月己卯，帝出御府銅器千五百事，送鑄錢司。遂大口民間銅器，其送佛像及寺觀鐘磬之屬，並置籍，每斤收其筭二十文。民間所用照子、帶鑻之類，則官鬻之。凡民銅器，限一月輸官，限滿不納，十斤已上，徒二年。賞錢三百千，許人告。自後犯者，私匠配錢重役。其後得銅二百萬斤。

元至元十四年，詔凡僞造寶鈔，同情者並死；其分用者，減死杖之。具爲令。

捕亡

建隆三年十二月庚子，班捕盜令。給以三限，限各二十日。第一限内獲者，令各減一選；獲逾半者，減兩選。第二限内獲者，各超一資；逾半超兩資。第三限内獲者，令、尉各加一階、逾半加兩階。過三限不獲者，尉罰一月俸，令半之。尉三罰，令四罰，皆殿一選。三殿停官。令、尉與賊鬬而盡獲者，並賜緋；尉除令，仍超兩資；令別加升擢。

太平興國六年夏四月，詔諸州大獄，長吏不親決，胥吏旁緣爲姦，逮捕證左，滋蔓逾年，而獄未具，今長吏每五日一慮囚，情得者，即決之。帝不欲天下有滯獄，乃建三限、二制：大事四十日，中事三十日，小事十日，不須追捕而易決者無過三日。又詔囚當訊掠，則集官屬同問，勿委胥吏榜決。

斷獄

建隆二年五月，〔以〕五代以來，州郡牧守多武人，任獄吏恣意用法。時金州民有馬漢惠者，殺人無賴，閭里患之。其父母及弟共殺漢惠，防御使仇超、判官左扶悉案誅之。帝怒超等持法深刻，並除名，流扶海島。自是人知奉法。八月，詔沿邊諸寨有犯大辟者，送所屬州軍鞫之，無得輒斷。

三年三月，帝謂宰臣曰：『五代諸侯跋扈，多枉法殺人，朝廷置而不問，刑部之職幾廢。自今決大辟者，録案聞奏，委刑部詳覆。』

乾德元年十二月庚辰，殿前散祗候李璘以父讎殺寮員陳友於市。璘自首，帝壯而釋之。

乾德五年九月癸未，監察御史楊士達坐鞫獄濫殺，棄市。

開寶二年五月，帝以暑氣方盛，深念縲絏之苦，乃詔西京諸州，令長吏督掌獄掾，五日一至獄户，檢視灑埽，洗滌扭械，貧困者給飯食，病者給藥，輕繫小罪，即時決遣。自是每歲仲夏必申明是詔，以戒官吏。

太平興國六年，先是諸州罪人至京，請擇清强官慮問。若顯負沉屈，則量罰本州官吏。令只遣正身，家屬别俟朝旨。又言：州縣胥吏皆欲多禁繫人，或以根窮爲名，恣行追擾。租税逋欠至少，而禁繫累日，遂至破家。請自今外縣罪人，令五日一具禁放數白州。州獄别置籍，長吏檢察，三五日一引問疏理，月具奏上。刑部閲視其禁人多者，命斬〔朝〕官馳往決遣；若事涉冤誣，故爲淹滯，則降黜其本州官吏；或終歲無滯獄，則刑部給牒，得替較其課，旌口之。

淳化元年四月辛卯，令刑部置詳覆官六員，專閲天下所上案牘，勿復遣鞫獄吏。置御史臺推勘官二十人，並以京朝官充。若諸州有大獄，則乘傳就鞫。陛辭日，帝必諭之曰：『無滋蔓，無留滯。』還必召問所推事狀，著爲定令。

淳化二年，帝欽恤庶獄，慮大理、刑部吏舞文考詆，八月辛卯，置審刑院於禁中，以樞密直學士楚邱、李昌齡知院事，兼理詳議官六員。凡獄，具上奏者，先由審刑院印訖，以付大理寺、刑部斷覆以聞；乃下審刑院詳議，申覆裁決訖，以付中書。當者即下之，其未允者，宰相復以聞，始命論決。

哲宗元符二年四月辛卯，詔鞫獄，徒以上須結案及審録、審奏，然後斷遣。不如令者，坐之。

建中靖國元年四月壬寅，詔諸路疑獄當奏而不奏者，科罪；不當奏而輒奏者，勿坐。著爲令。

乾道元年五月壬申，詔法令禁理宜盡一。比年傍緣出入，引例爲弊，殊失刑政之中。應今後犯罪者，有司並據情欵，引條法定斷，更不奏裁。内刑名有疑，令刑部、大理寺看詳，指定聞奏，永爲（當）［常］法。仍行下諸路，遵守施行。其刑部、大理寺見用例册，令封鎖架閣，更不引用。

淹禁

元佑八年二月壬子，詔刑部不得分禁繫人數，瘐死數多者，申尚書省。

官司出入人罪

天聖九年夏四月戊寅，詔以隴州論平民五人爲劫盗抵死，主者雖更赦，並從重罰。

遼重熙五年，遼有司獲盗八人，皆棄市。既而獲真盗，八家訴冤，中書令張儉再三申理。遼主勃然曰：『卿欲朕償命耶？』儉曰：『八家老稚無告，少加存恤，使得改葬，足慰存没矣。』遼主從之。

遼主録囚所殺，故有償命之言。

皇佑五年十月戊戌，徐州録事參軍路盛追一官勒停。盛馬斃，怒廐人芻秣失時，杖之，令抱石立五晝夜，又杖之。大理寺斷杖八十，私罪。帝以盛所爲苛暴，貴畜而賤人，特貶之。

至和二年二月，廣州司理參軍陳仲約誤入人罪死，有司當仲約公罪應贖。帝謂知審刑院張揆曰：『死者不可復生，而獄吏雖暫廢，它日復得叙官，可不重其罰耶？』癸巳詔仲約特勒停，會赦不許叙用。

熙寧二年十二月癸酉，增失入死罪法。

有司決囚等第

天聖四年五月，判刑部〔燕肅〕上奏曰：『唐大理卿胡演進月囚帳，太宗詔，凡決死囚，京師五覆奏，諸州三覆奏，全活甚衆。貞觀四年，斷死罪二十九；開元二十九年，才五十八；今天下生齒未加於唐，而天聖三年斷大辟二千四百三十六，視唐幾至百倍，京師大辟雖一覆奏，而州郡之獄，有獄及情有可閔者，至上請而法寺多舉駁。官吏得不應奏之罪，故皆增飾事狀，移情就法，失朝廷欽卹之意。望准唐故事，天下死罪皆同一覆奏。下其章中書。王曾謂天下皆一覆奏，則死囚充滿狴犴，久不得決。請獄疑若情可矜者，及刑□疑慮者，具案以聞，有司毋得舉駁。

至和元年九月丁丑，詔開封府自今凡決大辟囚，並覆奏之。初開封府言：『得樞密院劄子，軍人犯大辟，無可疑者，更不以聞。』其百姓則未有明文。帝重人命，至是軍人亦令覆奏。

金大定六年十二月甲戌，金詔有司每月朔望及上七日毋奏刑名。

刑部奏删新律例

五卷

刑部奏删新律例

謹奏爲臣部律例歷久未修，此次開館舉辦，頭緒紛繁，擬請先將例内應删各條，逐一加具按語，分次開單進呈，仰祈聖鑒事。竊臣部於光緒二十九年十一月間，酌擬修改條例大概辦法，並擬請一面由臣部將中例修改完善，一面由臣家本與伍廷芳參酌各國法律另行辦理等因。奏奉諭者，允准在案。臣等隨督同提調，總纂等官，悉心參考，分類纂修，並將全部條例反復講求。復查歷届修例章程，應分别删除、修改、修並、移改、續纂五項，俟全書告竣時，敬繕黄册進呈，恭候欽定。其例内應删除一項，如定例係一時權宜，今昔情形不同者；或業經奏定新章，而舊例無關引用者；或本條業已賅載，而别條另行復叙者；或舊例久經停止，而例内仍行存載者，凡此皆在應删之例。惟此次年久未修，考查倍覺不易。即此删除一項，綜計共有三百四十四條之多。若必拘泥舊章，俟全書告成，始行繕寫進呈，不特卷帙繁多，編次有需時日，且删增並列，眉目轉覺不清。似應酌量變通，以歸簡易。臣等公民商酌，擬請先將删除一項，逐細摘出，分爲三次，開單進呈。今將名例及吏、户、禮、兵、刑、工，並比引各律例内，擬請删除者共一百二十一禮、兵、一百三十七吏、户、八十六刑、工條，逐一加具按語，另行開列清單，敬呈御覽。如蒙聖明鑒定，將來全書告竣，繕寫黄册，此項删除之例，應請毋庸載入，以省繁瀆。再，此外如查明尚有應删之條，當隨時奏明辦理。所有臣等擬請先將例内應删各條，分次開單進呈緣由，謹恭摺具奏請旨。光緒三十一年三月十三等日具奏。奉旨：『依議。欽此』。

謹將名例並吏、户、禮、兵、刑、工律内應删各例，共三百四十四條開列於後。

計開：

名例

贖刑

一、各壇祠祭署奉祀祀丞、神樂觀提點、協律郎、贊禮郎、司樂等官，並樂舞生及養牲官軍，有犯姦盜、詐僞、失誤供祀，並一應贓私罪名，官及樂舞生罷黜，軍革役，仍照律發落。若訐告詞訟，及因人連累，並一應公錯過誤犯罪者，照例納贖。

一、太常寺廚役，但係訐告詞訟、過誤犯罪，及因人連累，問該笞杖罪名者，納贖，仍送本寺著役。徒罪以上，及姦盜、詐僞，並有誤供祀等項，不分輕重，俱的決，改撥光禄寺應役。

一、凡官員有先參婪贓革職提問者，如審無婪贓入已，止擬因公那用，因公科斂，及坐贓致罪，犯該杖一百者，革職；徒流軍罪，依例決配；如罪在杖一百以下者，依文武官員犯私罪律，交部議處，分别降罰。其先經革職之處，准予開復。

應議者犯罪

一、宗室覺羅及王公，有吸食鴉片烟者，擬絞監候，由宗人府會同刑部，進呈黄册。

犯罪免發遣

一、凡移來盛京、新滿洲等，若有犯法，著該將軍照新滿洲例辦理。如過五年，仍照舊人治罪。

軍籍有犯

一、凡軍籍人犯罪，該徒流者，各依所犯杖數決訖，徒五等，依律發配，限滿日，仍發回原衛所並所隸州縣；流三等，照依地里遠近，發直省衛所並所隸州縣附籍。犯該充軍者，依律發遣。

除名當差

一、凡知縣以上及佐貳、雜職等官，因貪贓枉法革職者，任内有降罰案件，照例仍追編俸外，如佐雜等官，實係因公罣誤，毋論任内降罰案件多寡，所有食過編俸，一概免其追賠。

流囚家屬

一、凡軍流徒犯，俱開明籍貫、年歲，行文配所。其軍流犯之妻及有子願隨者，亦開明年歲。若解部發遣人犯，造册送部。如係旗人，並開旗色佐領。

一、内地軍流人犯身故，除妻子不願回籍，並會赦不准放還外，其餘令該地方官給咨回籍。若婦人無子及子幼者，咨明本省督撫，令本犯親戚領回原籍，不准官爲資送。

一、旗、民發遣人犯，係奉特旨，著僉妻子，及例應僉妻者，聽遣所該管官同本犯一例管策。本犯身故後，有情願携骸回歸者，該將軍等照例咨部，准其回旗回籍。若非特旨僉遣，及例應僉遣之家屬，原係隨往遣所，本非罪犯；各該衙門於起解文内務將『隨往』字樣注明，遣所該管官記檔安插，毋得概同本犯一例羈管。有願回旗籍，及本犯身故後，有情願携骸回歸者，即准回歸，咨部存案。其力不能來者，係旗人，入於本處檔内，令其披甲；係民人，安插爲民，日後力能回歸，仍聽其便。倘該管各官故爲留難刁蹬，不行咨報，及失於查察者，交部分别議處。

一、凡例應定擬僉遣之犯，承審官於審訊時，即訊取本犯確供，將伊妻姓氏、年貌，即於招詳内聲明。如無妻室，即取具鄰族甘結，隨招申送。若係隔屬、隔省，一面於招内申報，一面移查原籍取結，俟結到之日，即行具文申送，不得俟結案後再行查僉。如有因妻患病留養，將本犯先行發遣者，俟伊妻病痊補解時，令伊親屬隨同差役解赴遣所，交與本犯收領。若伊妻年過六十以上，並原係有疾不能隨行，及患病留養，後成篤廢，不能補解者，該地方乃取具鄰族甘結，申詳各上司，行文本犯遣所，俾令知之。其有應行報部者，報部查核。倘有捏結情弊，將具結之鄰族杖一百，犯妻立即補解。其不行詳察之地方官，並轉詳之該上司，交部分别議處。

常赦所不原

一、凡遇恩詔内開有軍流俱免之條，其和同誘拐案内，係民人，改發烟瘴少輕地方者，即准寬免；係旗下家人，於誘拐案内發遣爲奴人犯，亦許一體援免。

一、凡殺死本宗緦麻以上尊長及外姻小功尊屬者，俱不准援赦。

一、凡察哈爾、蒙古及札薩克地方，偷竊四項牲畜，罪應發遣賊犯，遇赦俱不准減等。

一、傳習白陽、白蓮、八卦、紅陽等項邪教，爲首之犯，無論罪名輕重，恭逢恩赦，不准查辦，並逐案聲明『遇赦不赦』字樣；其爲從之犯，亦俱不准援減。

犯罪存留養親

一、凡旗人犯斬、絞、外遣等罪，例合留養承祀者，照民人一體留養承祀。

一、凡軍務未竣以前自首逃兵内，如實係因病落後，並非無故脱逃，而其父兄曾經歿於王事，又親老家無次丁者，准其留養，其無故脱逃，續經拏獲者，雖有父兄歿於王事，仍不准其留養。

天文生有犯

一、養象軍奴，犯該雜犯死罪及徒流罪，決杖一百，俱柱支月糧，各照年限，常川養象，滿日，仍舊食糧養象。笞杖的決。

工樂户及婦人犯罪

一、和聲署官俳，精選樂工，演習聽用。若樂工投託勢要，挾制官俳，及抗拒不服拘喚者，聽申禮部送問，就於本司門首枷號一個月發落。若官俳徇私聽囑，放富差貧，縱容四外逃躲者，參究治罪，革去職役。

徒流人又犯罪

一、先犯雜犯死罪納贖未完，及准徒年限未滿，又犯雜犯死罪者，決杖一百。除杖過數目准銀七分五厘，再收贖銀四錢五分。又犯徒、流、笞、杖罪者，決其應得杖數，五徒、三流各依律收贖，銀數仍照先擬發落。若三次俱犯親犯死罪者，奏請定奪。

一、發遣吉林、黑龍江等處免死盜犯，在配偷竊官糧，計贓八十兩以上者，爲首擬斬立決；其不及八十兩並爲從之犯，仍各照本例問擬。

一、烏魯木齊地方遣犯，如有在配滋事犯法，及乘間脱逃，並逃後另犯不法情事，除罪應斬、絞者，仍照例辦理外，其因罪無可加，例止枷責之犯，核其所犯事由，如係軍，流，徒罪，繫帶鐵桿二年；如係笞、杖等罪，繫帶鐵桿一年。果能安分，限滿開釋，仍令分别當差爲奴。儻釋放後仍不悛改，再繫一年。如有怙惡不悛，即令永遠繫帶。地方官每辦一案，報明將軍、都統，按季彙册咨部，開釋亦報部查核。如有挾嫌誣陷，及徇隱不報者，照例辦理。

老小廢疾收贖

一、内外現審人犯，不應具題者，若有老小廢疾，俱照例完結。其直隸各省審擬具題案内人犯，果有老小廢疾者，該督撫察明，取具地方官印結具題，照例收贖。如實非老小廢疾，徇情題免，事發者，將出結轉詳官並督撫交部議處。其到部人犯，有告稱年老及在中途成廢疾者，考察明實係老疾，亦得收贖。

給没贓物

一、凡官役犯贜案内，有虧短價值等項，追給原主；其詐騙逼勒者，被害人自行首告，亦追給原主；督撫科道參發者，概追入官。

一、州縣有盜劫庫項，除失事之員照數補還者，毋庸另議外。或本人身故産絶，力難完繳者，即照州縣虧空之例，令該管各上司分賠。

一、盜劫之案，查出盜犯名下資財什物，俱給事主收領。其有已經獲犯，而原贜未能起獲，數在一百兩以内者，著落地方官罰賠；如數百兩至千兩以上者，令地方官罰賠十分之一二。尋常竊案，不在此例。

一、在京在外應行追贜人犯，除監守盜及搶奪、竊盜之贜，並過失殺人，應追埋葬銀兩，仍照各本例分別辦理外，但有還官贜物值銀十兩以上，著監追半年，勘實力不能完者，開具本犯情罪輕重、監追年月久近、贜數多寡，按季彙題，請旨定奪。其入官贜二十兩以上，給主贜三十兩以上，亦著監追半年。不及前數，著監追三個月，勘實力不能完，俱免著追，一面取結請豁，一面定地解配發落，毋庸聽候部覆。其應監追半年者，除人犯先行發落外，在内由刑部，在外由該督撫，仍各於歲底彙題一次。

一、凡八旗應入官之人，令入各旗辛者庫。其内務府佐領人送入官者，亦照此例入辛者庫。辛者庫人犯入官之罪者，照流罪折枷責結案。

一、歸旗人員内有應追贜者，限五個月内，該督撫查明家産人口造册，並人解部，轉交該旗追贜。其任所有無私置房産，再限地方官六個月查明結報，後有隱匿發覺者，交部議處。

一、參革漢軍官員，有應完款項，俱照定限著追。如爲數多者，酌量展限完納。如逾限不完，即將該員解旗治罪。

一、八旗催追侵貪銀兩，逾限不完，將伊家産變價交官。若承變限滿，尚無售主，照虧欠之數，將家産估價入官抵項。其家産不能抵完者，該參、佐領等據實呈報，管旗都統等具奏，將本犯交部照原擬發落，現在家産盡行入官。

犯罪自首

一、鴉片烟案内人犯，如事有未發而自首及聞拏投首者，各照律例分別免罪、減等。首後復犯，加一等治罪，不准再首。

二罪俱發以重論

一、身犯兩項罪名，援引各律各例，俱應斬決者，加擬梟示。（如一犯輪姦已成爲首，一犯强盜入室搜贜，同時並發之類。）若身犯二罪，應擬斬決，係同一律例，並非兩項罪名者，毋庸梟示。（如强盜入室搜贜，又行刦已至數次，同時並發，仍擬斬決之類。）

一、凡兩犯凌遲重罪者，於處決時，加割刀數。

犯罪事發在逃

一、各處將軍每年派官二員，驍騎校二員，帶領領催、兵丁，專緝逃人。除明知故縱受賄賣放者交部治罪外，其不實力緝拏者，另委能員追緝。仍將發遣人犯，並八旗家人私自逃走者，每月造册報部。每年十月截數，將已獲若干名，未獲若干名，或並無逃脱，或脱逃後盡數全獲，及應行議處、議叙之處，逐一分析，咨報軍機處、兵、刑二部。均限於十二月初旬咨齊，以憑覈覆具題，恭候欽定。

親屬相爲容隱

一、父爲母所殺，其子隱忍，於破案後始行供明者，照不應重律杖八十。如經官審訊，猶復隱忍不言者，照違制律杖一百。若母爲父所殺，其子仍聽依律容隱，免科。

加減罪例

一、凡例應枷責之犯，奉旨改爲發遣者，俱免其枷責之罪。

徒流遷徙地方

一、凡土司有犯徒罪以下者，仍照例遵行外，其改土爲流之土司，本犯係斬、絞者，仍於各本省分別正法、監候。其家口應遷於遠省者，係雲南遷往江寧，係貴州遷往山東，係廣西遷往山西，係湖南遷往陝西，係四川遷往浙江，在於各該省城安插。如犯軍流罪者，其土司並家口應遷於近省安插，係雲南、四川遷往江西，係貴州、廣西遷往安慶，係湖南遷往河南，在於省城及駐劄提督地方分發安插。該地方文武各官不時稽察，毋許生事擾民出境。如疏縱土司本犯及疎脱家口者，交部分別議處。其犯應遷之土司及伊家口，該督撫確查人數多寡，每親丁十口，帶奴婢四口，造具清册，一並移送安插之省。仍具册，並取該地方官並無隱漏印結，咨報刑部。其安插地方，每十口撥給官房五間、官地五十畝，俾得存養獲所。官地照例輸課。於每年封印前，將安插人口及所給房産數目造册，送户部查核。

一、奉天所屬民人，有犯軍、流、徒罪者，俱照各省民人犯罪例一體問發，均不准折枷完結。

一、奉天省應發黑龍江等處人犯，即由盛京刑部、奉天府按照人數多寡，定地刺字，經交盛京兵部發遣。至外省應發黑龍江等處人犯，該督撫飭屬徑行解往，均無庸解赴在京刑部轉發。

一、滿洲、蒙古、漢軍發往新疆人犯，除罪犯寡廉鮮耻；削去旗籍者，應照民人一體辦理外。其餘發往種地當差之犯，係滿洲、蒙古旗人，如原犯軍流者定限三年；免死減等者定限五年，果能改過安分，即交伊犁駐防處所，編入本地丁册，挑補駐防兵丁，食糧當差。係漢軍人犯，照民人分定年限，入於彼處緑營食糧。

一、凡發往熱河之員，於解到日，即由該都統奏明，派在何處當差，至三年期滿，亦分別具奏請旨。若有事故者，隨時附奏。

一、發往伊犁、烏魯木齊等處爲奴人犯，令該管大臣均匀配撥與察哈爾兵丁，及種地兵丁爲奴。如察哈爾兵丁係永遠屯駐者，發給人犯即永遠爲奴。其種地兵丁，給與爲奴人犯，如在烏魯木齊以内者，聽陝甘總督酌量分發；在烏魯木齊以外者，聽伊犁、烏魯木齊大臣酌量分發。俱於派撥之時，令該管官將某犯給與某營兵丁之處，詳記檔案。至換班時，交待與接班兵丁爲奴。或該兵丁等撤回内地，及調往他所，並無接班之人，亦令該管官將該犯等另行撥給附近種地兵丁，隨同力作。

一、各處永遠枷號人犯，於枷示已逾十年後，即咨明刑部彙題，分別發遣。若該犯原擬本係死罪，並應發新疆者，發往伊犁；如原擬係應發黑龍江等處者，發往烏魯木齊。其原擬軍流以下者，旗人發往黑龍江等處當差，民人實發雲、貴、兩廣極邊烟瘴充軍。如係新疆地方犯事者，即照新疆等處互相調發之例辦理。俱令配所各官，嚴加管束。倘在配在途乘間脱逃，除發烟瘴人犯照例加等改發外，餘俱用重枷枷號三個月，杖一百發落。若犯行兇擾害情事，仍按其所犯之罪，照例問擬。

一、發遣回疆各犯，除僅止在配不服拘管者，即令該管大臣酌量懲治外。若實係在配酗酒滋事，怙惡不悛，難於約束者，改發巴里坤，充當折磨差使。如改發之後，復行滋事，初犯枷號三個月，再犯枷號一年，三犯永遠枷號。

一、停發新疆改發内地人犯，如竊盜滿貫擬絞，秋審緩決一次者；行竊軍犯，在配復行竊者；三次犯竊、計贓五十兩以下至三十兩，並三十兩以下至十兩者；竊盜三犯、贓至五十兩以上，秋審緩決一次滿流者；積匪猾賊，竊盜臨時拒捕，傷非金刃，傷輕平復者；搶奪傷人，傷非金刃，傷輕平復者；發掘他人墳塚，見棺槨爲首，及開棺見屍爲從者；回民行竊，結夥三人以上，執持绳鞭器械者；搶奪金刃傷人，及折傷下手爲從者；子孫犯姦盜，致縱容之父母自盡者；察哈爾等處牧丁偷賣牲畜，及宰食並作爲私産者；偷參爲從人犯，誣報良民爲財主及頭目者；發功臣家爲奴人犯，伊主不能養贍者；殺一家三四命以上案内，兇犯之子年十六歲以上，實無同謀加功者；奪犯殺差案内，隨同拒捕，未經毆人成傷者；賊犯殺死捕役案内，未經幫毆成傷者；調姦未成，和息後因人恥笑，其夫與父母親屬及本婦復追悔自盡，致死二命者；兇徒因事忿爭，執持軍器，毆人成篤疾者；强盗窩主，造意不行又不分贓者；殺一家三四命以上案内，兇犯之妻女實無同謀加工，並被殺之家未至絶嗣，兇犯之子年在十五歲以下者；姦婦抑媳同陷邪淫，媳情急自盡者；盛京旗下家奴爲匪，逃走至二次者；前項人犯，從前已照原例應配地方充發，在配爲匪脱逃者。以上二十六項人犯，俱各照本例，改定地方充發，面刺『改發』字樣，應刺事由者，仍刺事由。如有在配、在途脱逃，本例加二等調發。

一、逃人續供之窩家，提來審明，又屬誣扳，如年力强壯者，改發烏魯木齊等處，分别種地爲奴。移來拉林閒散滿洲，有犯二次逃走者，發往伊犁等處，充當折磨差使。派往各省駐防滿洲兵丁，臨行及中途脱逃被獲者，發往伊犁充當步甲苦差。俱照例面刺『外遣』字樣，毋庸僉妻發遣。如有情願携帶者，不准官爲資送。儻在配、在途脱逃，並不服拘管者，獲日在配所用重枷枷號三個月，杖一百，折責發落；毋庸即行正法。若越獄脱逃，仍照軍流越獄本例辦理。

一、各省遷徙土司，若本犯身故，該管地方即行文原籍該督撫，將該犯家口應否回籍之處，酌量奏聞，請旨定奪。其本犯身故無子，及雖有子而幼小者，其妻子並許回籍，不在此例。

一、在京滿洲另户旗人，於逃走後甘心下賤，受雇傭工，不顧顔面者，即銷除旗檔，發遣黑龍江等處，嚴加管束。毋庸派撥當差，轉令得食餉養贍。其逃後訊無受雇傭工甘心下賤情事者，仍依本例辦理。

一、新疆及内地，遇有爲奴之額魯特、土爾扈特、布魯特、回子等，酗酒生事，犯該發遣者，俱發往烟瘴地方。如係新疆犯事，解交陝甘總督定地轉發；若在内地有犯，即由該督撫定地解往，俱交與該營鎮協，在兵丁内揀選力能管束之人，賞給爲奴，嚴加管束。

一、派往烏魯木齊、伊犂等處换班種地滿、漢屯兵，遇有脱逃，除依現行之例，按照初次、二次投回拏獲，分别辦理外，重新留屯五年，折磨差使。如果别無過犯，該處辦事大臣查明，准其回籍。

吏律　職制

官員襲廕

一、武臣出征受傷，分别等第給賞，陣亡者按品予卹，並給世職。

一、凡土官襲職，由司府州鄰具印、甘各結，並土司親供宗圖，及原領號紙，詳送督撫，具題襲替。若應襲之人未滿十五歲者，許令本族土舍護理印務，俟歲滿日，具題承襲。如有事故遲誤，年久方告襲者，宗圖號紙有據，亦准襲替。

一、凡土官故絶無子，許弟承襲。如無子弟，而其妻或婿爲其下信服者，許令一人襲替。

一、凡土舍嫡妻護印，止令地方官查明，出具合例印結，咨部准其護印。

濫設官吏

一、坐糧廳所屬八行運役，及倉役名缺，責令通州知州僉選誠實良民應役。如保送旗人及民人，以一身而充兩三役者，倉場侍郎、巡倉御史察出題參，知州交部議處。該役及保結之人，杖八十、徒二年。

一、各直省大小衙門經制書吏，即在現充書識内擇勤慎辦事之人，核實取結承充。倘有懸挂空名，並不親身著役，將本人照吏典人等額外濫充律治罪。該本管官照例議處。

貢舉非其人

一、歲貢生員册報到部，遇有事故，不許補貢。其未經到部，遇有事故著，勘明准令次考補貢。若丁憂及患病，勘明仍補該年之貢。如託故延至三年之外者，亦不准收。有司朦朧送補者，各杖一百；受贓者，俱以枉法從其重者論。

一、官生録科，該學政瞻徇情面，濫行録送，如官卷内有文理荒謬，倖邀科第者，發覺之日，將考送官一並嚴加議處。

一、考職貢監生，如有包攬代作等弊，察出提究。若監試御史隱匿瞻徇，照例議處。其假冒頂替者，本犯照詐假官律治罪；互結監生，照知情詐假官律治罪；出結之官，照例議處。老身故未經繳照者，限四個月，准家屬自首。如逾限不首，查出審有轉賣頂替别情，照詐假官律治罪。計贓重者，以枉法論。若審係偶爾遺忘，並無别故，當官銷毁，免其治罪。該地方官已革、已故未經繳照之人，隱徇故縱，不嚴行追繳，致滋事故者，事發之日，照例議處。

舉用有過官吏

一、凡部院衙門書辦，或因有疾、或因不諳文移，退役之後，儻有更名重吏者，杖一百，革退。

一、凡在外各衙門書役投充，務查該役底細，取具並無重役冒充親供互結，行查本籍地方。該地方官加具印結申送，方准著役。倘有役滿不退者，杖一百，革役。本管官不行查出，交部議處。

一、凡在京各衙門書吏缺出，應募投充者，取具同鄉書吏保結。該衙門於十日内，照保結所開籍貫、住址、三代姓氏，咨行吏部，轉行各省，取具印、甘各結。順天限四十日，直隸、山東、河南、山西、奉天限三個月，江蘇、安徽、陝甘、湖南、湖北、浙江、江西限四個月，雲、南、貴、川、廣、福建限六個月，咨送到部，准其著役。該地方官吏有勒索遲延等弊，分别處分治罪。其籍隸大、宛二縣民人，俱不准投充。如本係大、宛籍貫，捏稱他省土著之民，該管官濫准充當，地方官朦朧出結，該吏及濫行保結之書吏並承行典吏，分别斥革治罪。該管及地方各官，一並交部議處。

一、凡各部院衙門書吏，籍隸大、宛二縣，有本籍可歸，及籍隸各省者，役滿後，限一個月領照，一個月回籍。仍行知原籍地方官，將該吏到籍日期申詳都撫，咨報督察院查核。如有逾限不即起程，及出京後半年不呈報到籍者，該司坊官及原籍地方官分別具詳，咨報吏部，都察院，將該吏職銜斥革。倘潛留京師，獲日俱杖一百，遞回原籍。如有包攬招摇等弊，按律治罪。若從前未經犯案，役滿回籍後，復潛行來京者，獲日，斥革職銜，枷號一個月，責四十板，遞回原籍，交保管束。如從前犯有事故，押逐回原籍後，復私自來京者，雖未犯案，照前犯加一等治罪。其有來京犯案，罪止杖笞者，仍從重照例枷責。所犯重於枷責者，照本犯應得之罪，加一等治罪，仍遞回原籍，交地方官嚴行管束。司坊官失於覺察，或知情容留，查出交部議處。疏縱之原籍地方官，一並參處。至無業游民，曾經犯罪，亦令京城文武地方各官，實力稽查，押逐回籍，交與地方官，嚴行管束。

一、各部院衙門經承書吏所雇貼寫，該管司官開明伊等姓名、年貌、籍貫，取具該經承保結，移付司務廳注册。倘遇驅逐辭去，即移付司務廳除名。如有捏報詭名，經承扶同保結，察出照重役例治罪。其有負罪潛逃者，著落保結之經承，立限捕獲，亦照律治罪。

官員赴任過限

一、陞除出外文職，已經領敕領憑，若無故遷延，至半年之上，不辭朝出城者，參提，依違制律問罪。若已辭出城，復入城潛往者，交部議處。

一、外任漢軍官員，有陞轉來京者，及年老有病，降級革職歸旗者，務於定限之内起程。令該督撫、提鎮，照依各省遠近，大路有驛站者，日行一站，僻路無驛站者，日行五十里，酌定到京期限，咨報該部、該旗。其中途阻風、被盜、患病、喪事不能前進，仍照律聽其於所在官司給狀，以備照勘外，如有無故不速起程，或已起程中途逗留，或在别處居住，或本身進京而令家口在别處居住者，督撫、提鎮題參交部，均照違制律治罪。地方官不行詳報，督撫、提鎮不行題參，交部議處。或已經起程，地方官不行申報，督撫、提鎮不行咨明該旗、以致沿途逗留生事者，亦交部議處。其革職免罪人員，别無未清事件，亦遵照此例，給咨催令回旗，免其沿途押解。

一、漢官革職離任，交代完日，即令起程，不得過五個月之限。該督撫將起程日期報部，並知會原籍地方官。倘違限不即起程，一月以上，照舊官十日之外不離任所律治罪。該管及地方官不行查出，交部議處。革職免罪人員，亦令按限起程，免其請咨押解。其有冤抑，欲赴都察院具呈申理者，地方官給咨來京，事竣之日，發回原籍。如借端留滯，照例治罪。五城司坊官徇情容留，交部議處。

一、京官革職，曾經問有罪名者，限個一月内起程。五城司坊官將起程日期報部，並知會原籍地方官。倘違限不即起程，一月以上，照例治罪。五城司坊官及地方官不行查出，亦交部議處。

户律　户役

脱漏户口

一、八旗凡遇比丁之年，各該旗務將所有丁册逐一嚴察。如有隱漏，即據實報出，補行造册送部。如該旗不行詳查，經部察出，即交部議處。

人户以籍爲定

一、各處衛所官軍人等及竈户置民田，一體坐派糧差；若不納糧，致累里長包賠者，查係欺隱田畝，及典買不過割者，各按本律定擬。其田入官。若無欺隱等情，係不納糧當差，照收糧違限律治罪。

一、雍正十三年以前，各旗白契所買之人，俱不准贖身。若有逃走者，准遞逃牌。乾隆元年以後白契所買單身，及帶有妻室子女之人，俱准贖身。若買主配給妻室者，不准贖身。未經賣身之先，或已定親未娶，問女家情願，方許配合，不情願者，聽。

一、乾隆元年以後放出，捏稱元年以前，私自營求，入於民籍者，察出，將該户交刑部照例治罪，仍令歸旗，作爲本主户下家人。其不行詳查之參、佐領及朦混收入民籍之地方官，一並交部議處。

一、遠年印契所買奴僕之中，如内有實係民人，印契賣與旗人，契内尚有籍貫可查，照乾隆元年以前白契所買家人之例，三輩後准其爲民。仍將伊等祖父姓名、籍貫一體造册，咨送户部查核。

一、八旗從前投充及乾隆元年以前契買家奴，果原係竈户，祖父姓名、籍貫確有證據，令該大臣查明，出具印甘各結，詳報該管上司，核明行文該處查提，准其放出歸竈，仍將賣身之人枷號三個月，引進保人枷號兩個月，各責四十板，追取原價給之，其並非竈丁，指稱竈丁，抗違家主者，杖一百，仍行給主。

一、凡八旗絶户家奴，如無族人可歸者，無論家下陳人、契買奴僕，俱令本佐領造入原主户下，責之看守伊主墳墓。其中如果有年力精壯，尚可當差者，在於本佐領下，披甲當差。如内有乾隆元年以後，白契所買奴僕，情願贖身爲民者，照例贖身。其身價銀兩，照絶户財産入官辦理。

一、凡織造、税務、監督等衙門收用長隨，倘有心存怨望，有言陷主於過者，該監督即就近交地方官衙門，嚴加懲治。其才具庸劣，不堪驅使者，止准該管官驅逐。如長隨等任言去留，無故潛投他處者，即照旗下逃奴之例辦理。

賦役不均

一、各省藩司並府州縣，如遇各部派到物料，從公斟酌所屬大小豐歉，坐派採買。若豪華規利之徒，買囑吏書，妄稟編派下屬承攬害民者，發附近地方充軍。印官聽從者，參究治罪。若本無部派物料，而捏稱坐派，及明知官收官解，借端生事，擾累地方者，亦照此例治罪。

一、紳衿除優免本身丁銀外，倘借名濫以子孫族户冒入者，該地方官查出，生監申革，職官題參，各杖一百。受財者，從重論。如有私立宦儒圖户名色，包攬詭寄者，照脱漏版籍律治罪，詭寄與受寄者同論。

逃避差役

一、有司委官挨勘流民名籍，男婦、大小、丁口，排門粉壁，十家編爲一甲，互相保識，分屬當地里長帶管。（如或游蕩作非，公舉治罪。）若團住山林湖濼或投托官豪勢要之家，藏躲抗拒官司，不服招撫者，正犯並里老、窩家，知而不管，及占吝不發者，各依律科。

一、沿海地方軍民人等，躲避差役，逃入土夷峒寨、海島潛住，究問情實，俱發邊遠地方充軍。本管里長、管軍人知而不首者，各治以罪。有能擒拏送官者，不問漢土軍民，量加給賞。

收養孤老

一、老人九十以上者，地方官不時存問，其或孤寡及子孫貧不能贍養者，州縣查明賬恤，詳報督撫奏聞，動用錢糧，務令得沾實惠。

户律　田宅

欺隱田糧

一、各處姦頑之徒，將田地詭寄他人名下，如受寄之家首告，准免罪。

盜賣田宅

一、西山一帶，密邇京師地方，如有官豪勢要之家，私自開窑賣煤，鑿山賣石，立廠燒灰者，枷號一個月，發近邊充軍。干礙内外官員，參奏提問。

一、土目土民，不許私相典買土司田畝。如有違禁不遵者，立即追價入官，田還原主。並將承買之人比照盜賣他人田畝律。田一畝笞五十，每五畝加一等，罪止杖八十、徒二年。其違例典賣並倚勢抑勒之土司，失察之該管知府，均交部議處。

一、近邊分守武職，並府州縣官員，禁稍該管軍民人等，不許擅自入山，將應禁林木砍伐販賣。若砍伐已得者，問發雲貴、兩廣烟瘴稍輕地方充軍。未得者，杖一百、徒三年。若前項官員有犯，俱革職。計贓重者，俱照監守盜律治罪。其經關隘河道，守把官軍知情縱放者，依知罪人不捕律治罪。分守武職並府州縣官，交部分别議處。

任所置買田宅

一、各關出差官員，不許携帶家眷，多隨奴僕，及任所置優買妾。任滿回部，未經考核，不許擅買莊田市宅，生息放債。如違，交與該部治罪。衙役人等，除解餉公事外，私自赴京長接，及以缺額藉口題請展限者，亦交與該部治罪。

典賣田宅

一、旗丁有將運田私典於人及承典者，均照典買官田律計畝治罪。該丁革退，其田追出，交與接運新丁，典價入官。其旗丁出運之年，將運田租與民人，止許得當年租銀。如有指稱加租，立卷預支者，將該丁典出銀租田之人，均照典買官田律，減二等治罪，租價入官。

一、凡各省衛所贍運屯田，有典賣與民，許照清釐條議，備價回贖。如衙役書識人等，藉稱族丁管船，侵占屯田，不歸船濟運者，照侵盜官糧例治罪。若原係民田，與軍無涉，該丁捏控者，將該丁責革另僉。該管官弁不宣力稽察，或承查遲延，或互相徇縱，查出，俱交部分別議處。

一、民間私頂軍田，匿不首報，一畝至五畝笞四十，每五畝加一等，罪止杖一百。

一、八旗官兵人等，有將現銀承買入官人口房屋者，即將銀兩先行交部，俟收明銀兩，知照到旗之日，兩翼給與印信執照，報部入册。如有將俸祿、錢糧坐扣抵賣者，一面咨部坐扣俸餉，一面將人口房屋給認買入領去。俟俸餉坐扣完日，再行知會兩翼，給與執照，報部入册。

盜耕種官民田

一、近邊地土，各營堡草場，界限明白。敢有那移條款，盜耕草場，及越出邊墻界石種田者，依律問擬，追徵花利，至報完之日，不分軍民，俱發附近地方充軍。若有毁壞邊墻，私出境外者，枷號三個月發落。

荒蕪田地

一、盛京等處莊頭，有將額撥官地率請更換，並民人呈請馬廠墾種納租等事者，照違制律治罪。

棄毀器物稼穡等

一、凡廣收麥石，肆行躧麴，大開燒鍋者，杖一百，枷號兩個月。地方官員失察，交部分别處分。如官吏賄縱等弊，照枉法計贜論罪。

嫁娶違律主婚媒人罪

一、福建、臺灣地方民人，不得與番人結親，違者離異。民人，照違制律杖一百。土官、通事減一等，各杖九十。該地方官如有知情故縱，題參交部議處。其從前已娶，生有子嗣者，即安置本地爲民，不許往來。番社違者，照不應重律杖八十。

户律　倉庫

錢法

一、各省開採銅鉛，令道員總理，府佐官分理，州縣官專管其事，凡産銅鉛之處，聽民採取，税其二分，造册委報，所剩八分，任民照時價發賣。有墳墓處所，不許採取。如有不得銅鉛及不便採取之處，該督撫題明，停其採取。其各州縣産銅鉛之山，令地主報明採取。地主無力開採，聽本州縣報明採取。州縣無匠役，許於鄰近州縣雇募，該州縣自行稽察。如有别州縣民人夥衆越境採取，聚至三十人以上，爲首者發近邊充軍，爲從枷號三個月，杖一百。不及三十人者，爲首枷號三個月，杖一百，爲從滿杖。衙役恣意攪擾，致人裹足者，爲首枷號兩個月，發附近充軍，爲從減一等。

一、承辦銅商，逾限並無貨物出口，或非採易銅斤之貨，嚴拏究處，著落追賠。其進口之時，或非原出地方，該汛地方官立速查報，並知照原出口之該汛官弁勒催起解。倘有侵那隱匿之弊，將該商從重治罪。倘辦員侵欺剋扣，串通朦混，以致姦商那新掩舊，督撫據實題參治罪。上司徇隱一並交部議處。

一、京城銅鋪私選五斤以上銅器售賣者，照收匿廢銅不赴官賣律，笞四十。官民人等，除鼎彝樂器等件外，如私藏五斤以上銅器者，係民，與私造同罪；係官，交部照例議處，銅器俱入官。其官員銅器在三斤以上，民人銅器在一斤以上，查出一並交官，免其治罪議處。倘胥役藉端詐詐，照蠹役詐贓例治罪。

收糧違限

一、運弁以通幫糧米計算，但有掛欠，即革職責懲，發南追北，不完者，分別治罪。如欠不及一合，笞五十，追完還職；不完，滿杖。欠至一分，杖六十，追完免罪；不完，徒一年。欠至二分，杖七十、追完免罪；不完，徒二年。欠至三分，杖八十，追完免罪；不完，徒三年。欠至四分，杖九十，追完仍滿杖；不完，發附近充軍。欠至五分，杖一百，追完徒一年；不完者，發邊遠充軍。欠至六分者，絞；六分以上者，斬，俱監候。照例以其家產抵償，如仍不足，令原僉衙門各官代賠。旗丁以一船糧米計算，但有掛欠，即革運責懲，拏交運官，發南追北，不完治罪。其按照分數定罪之處，並與運弁同，承追官嚴加議處。如家産抵償不足，令僉丁衛所、糧道各官代賠。至糧船超交足額外，原有餘米，聽回定時沿途糶賣。

一、掛欠漕糧弁兵，照例分別治罪外，所欠糧數，作十分分賠，總漕半分，糧道一分，監兑官半分，押運官半分，運官一分半，僉丁衛所官半分，旗丁五分半。總漕等官如限内不完，交部議處。弁兵於限内全完，分别應治罪者治罪，應免議者免議；如不完，照例治罪，將不能賠償米石，仍著總漕等官賠償。十分全完，照例議叙。

一、同幫運丁，將赤貧無賴之子混行互結，以致掛欠者，將本丁應賠五分半之内，互結各丁攤賠一分，其餘令本丁賠補。

多收税糧斛面

一、凡貢監生員中，富生上户，定限五月完半，十月全完。如届期不清，再展二月，以歲底全完爲率。中下貧生，定限八月完半，歲底全完。如届期不清，中等以開歲二月爲率，下等以開歲四月爲率，務須全完。如逾限不完，即行詳革。革後全完，仍准開復。若委係赤貧無力，而尾欠僅屬分釐者，詳查明確，暫免詳革，准於秋收並入限年完半數內，帶徵完足。

隱匿費用稅糧課物

一、石壩、大通橋，設立經紀剥船，轉運京倉糧米。倉場及坐糧廳，各差妥役，沿閘稽查，如剥船回空，搜查無米藏匿者，其掣欠仍責經紀賠補。若船底搜出有米藏匿，將掣欠之米，令船户代役，照數攤賠，枷責革役，其失察之經紀，一並責懲。

虛出通關硃鈔

一、各省屬官虧空，上司明知故縱者，令徇隱之上司各賠一分。

一、凡知府、直隸州知州失察屬員虧空，及本犯實係因公那移者，仍照原例辦理外，其知府、直隸州知州通同徇隱州縣侵欺倉庫錢糧，著落代賠之項，若三限已滿，尚未賠完，該督撫取具家產全無印、甘各結保題，即將革職代賠之知府、直隸州知州，按其已未完交分數治罪。以十人爲率，如未完之數在五分以內者，杖一百；至六分者，杖六十、徒一年。每一分加一等，十分無完者，杖一百、徒三年，均不准納贖。如能依限賠完，仍照例准其分別開復、降調。

那移出納

一、除侵盜虧空仍照定例辦理，並户屬工程項下應追各款，户部、工部定有專條者，應聽各照本例辦理外。其追賠拖欠各項銀兩，如數在三百兩以下者，限半年完繳。三百兩以上者，限一年完繳。如數在一千兩至五千兩者，定限四年；五千兩以上者，定限五年。均按所定年限，陸續完繳，毋庸拘定每年應完若干。如統限已滿，無力完繳，請豁銀數在一千兩以上者，核計已未完數目，即照工程核減銀兩未完例，交刑部分別治罪。如數不足一千兩者，照例請豁，免其治罪。若本身已故，而子孫無力完繳者，亦照例請豁，毋庸治罪。

一、接任官承查交代，如有虧空，即於具題之日扣限。倘有續揭，亦以出咨之日扣限。倘有甘受違限處分，摘款先揭，預爲三參、五參地步，輾轉延挨者，即將該員著落賠補。

一、凡審擬那移之案，於定案日查明參後完過若干，准予開除，以現在未完之數定擬。

出納官物有違

一、凡兵丁生息營運銀兩，或占百姓行業，或重利放債，以爲生息者，出納官吏照騷擾地方，索借部民財物，計贜科罪。上司失察，交部議處。

收支留難

一、大通橋監督將運進倉内米數，預期行文入倉，監督早開倉門，務要本日照數收完。如有至晚取納不及者，該倉監督親身查照，登簿貯倉，次日抽掣收受。違者交部議處。如運役擅於中途寄放者，照偷盜議罪。

一、凡糧船運抵石壩、土壩，限十日内將米起完。如起米違限，以致回空船隻守凍者，坐糧廳監督革職。若受財，並衙役人等交刑部，計贜依枉法律治罪。其漕糧運至京、通各倉，若米到不即令過壩過閘，措勒不令入倉者，許運丁首告，將衙役人等交刑部，審係無故留難，依律科斷。有贜者，計贜以枉法從其重者論。如坐糧廳及各倉書役人等向運官、運丁指稱掣批等項名色勒索者，一兩以下，杖一百；一兩至五兩，杖一百，枷號一個月；六兩至十兩，杖一百、徒三年；十兩以上，發近邊充軍；至一百二十兩，擬絞監候。爲從者分贜，並減一等。若發放米石，攙和沙土者，亦交刑部，照監守自盜律計贜治罪。有向關米之人勒索得財者，照指稱掣批等項名色計贜論罪；因而打死人命者，擬斬監候。關米人等，米色不堪，不行首告，或私給錢者，與受同科。以上各項，監督失察者，交部嚴加議處；知情故縱者，革職交部治罪。失察之倉場侍郎，亦交部分別議處。

轉解官物

一、漂没船糧，著落沿途催趲各官，及汛地文武官員，親臨勘實，各出保結，取具運官結狀，該督撫確察具題豁免。若漕運官軍水次折乾，沿途盜賣，自度糧米短小，故將船放失漂流，及雖係漂流，損失不多，乘機侵匿，捏作全數，賄囑有司官吏扶同奏勘者，前後幫船及地方居民，有能覺察告首，督運官司查實，給賞輕齎銀十兩，官軍侵盜至六百石者，擬斬；不及六百石者，發邊遠充軍。沿途催儹及汛地文武各官，不親臨確勘的實，濫出保結者，革職。督撫不嚴察確實，遽行題豁，事發交部議處。所虧米數，仍行原衛所，將故失侵挹之人家産變賣抵償，不許輕扣別軍月糧。前後幫船知而不舉，一體連坐，仍於正犯所欠錢糧內，責令幫賠十分之三。

一、運糧官員、旗軍人等，犯該人命、强盜等項重罪者，官拘繫奏題；旗軍人等即便提問。其餘一切小事，候交糧畢日審結。

一、空重漕船，沿途州縣、衛所，照定限時日驅令出境。如有違限，將專催、督催、押運、領運官俱交該部，照例分別議處。隨幫百總旗頭，違限一次笞五十，二次杖六十，三次杖七十。每一次加一等，罪止杖一百、徒三年。督撫不行查參，照隱匿不參催糧官例議處。有非常風阻、水凍、淺滯，俱令查實報明，免其議處。

一、糧船到淮，米色霉變，運弁出有米色結狀者，虧折之米著落該幫旗丁賠補。運弁未經出有結狀者，著落縣、幫各半均賠。

一、衛所運弁正丁，雇覓頭船水手，俱開明姓名、籍貫，各給腰牌，令前後十船互相稽查，取具正丁甘結，十船連環保結，如一船出事，十船連坐。押運糧道等官在途稽查，倘有生事者，會同地方官審訊懲治，仍將生事情由報明總漕。其未經開兑之先，責成本省巡撫及糧道等官；開運出境之後，責成漕運總督及沿途該管文武官員；到津以後，責成倉場侍郎、坐糧廳，並天津總兵、通州副將、天津、通州府縣，各按該管地方嚴行稽查。一經事犯，協同押運官立即擒拏，按律懲治。倘押運官弁或有徇縱，地方官不行查拏，該督撫即行題參，除徇縱之押運官照例革職外，其該管道員及沿途之該管文武官弁，並各處該管上司，俱分別議處。若申報而各處該管上司不行題參者，照例議處。

一、薊運回空，有在該地方刨取白土裝帶，及沿河市鎮鋪户有將白土賣與糧船者，如尚無攙和情弊，將鋪户丁舵均枷號一個月，杖一百。其已經攙和者，將丁舵杖一百，徒三年。若攙入漕糧至一百石以上者，丁舵發極邊足四千里充軍。其運弁與押空千總，及不行查禁之薊州文武官弁，交該部分別議處。

一、糧船被竊，該旗丁呈報本幫運弁，移知該地方官緝賊追贓。被竊之船即隨幫前行，不必守候。至强劫重案，必須等候待驗。該領運官具報，立即會勘，州縣立即印票，催趲前行，並將被盜守候緣由，報明漕督及該管官查核。

倘有不肖兵役勒措需索，照在官人役取受有事人財，計贓以枉法科罪。其經過地方如有强劫之案，該地方文武官弁，俱照城内失事例議處。水手行竊及幫船被盗，將領運官弁分別强竊及抑勒、隱諱，計案分別議處。

一、糧船舵工有侵米至五石以上，累丁代完者，審實，發極邊足四千里充軍。

一、凡糧船在内河失風至三隻以上者，運弁、廳員交部分別議處，旗丁各杖一百，枷號一個月。如有捏報失風，審實，從重定擬。至盛夏之時，倘遇雨水驟發，衝壞數隻者，該督查明實在情形，奏明分別辦理。

一、運糧旗丁，除所運正項糧米，或因遭風沈失，報案有據，或因折耗過多，虧短有因，例准掛欠搭解，仍照例辦理；及正項漕米交足之後，買米食用，並非回漕者，毋庸治罪外，其實因正項虧短，但經買米回漕，計其所買米數不及六十石者，杖一百、徒三年；六十石以上者，發極邊遠充軍；數滿六百石者，擬斬監候。賣米之人，計其所賣之米與同罪；至死者，減發極邊烟瘴充軍。除旗丁所買回糟米石，及賣米之人所得米價，照追入官外，仍計買米賣米石數，照監守盜本例，勒限嚴追，分別辦理。

一、糧船水手隱匿腰牌，游蕩爲匪，及隨幫匪徒僞造腰牌，冒充水手，沿途滋事者，各於應得本罪上加一等定擬；其未經滋事爲匪，僅止隱匿及僞造腰牌者，均照違制律，杖一百，加枷號一個月。

一、經紀、丁舵人等將漕未用藥灌漲，冀圖偷竊，計灌漲之米，不及六十石，杖一百，發附近充軍；六十石以上，至一百石，實發雲貴、兩廣極邊烟瘴充軍；一百石以上，發新疆給官兵爲奴。如將漕米用水灌漲，不及一百石，杖一百、流三千里；一百石以上，實發雲貴、兩廣極邊烟瘴充軍。爲從，均減一等。其用水灌漲之米，除尚堪食用外，所短之米，勒限四個月追賠。限内全完，減等發落；不完，加等治罪。

一、轉運漕糧，經紀、車户、剥船掌駕及各項代役，每米百石，掣欠逾額不及五斗，免其責懲外。如逾額至五斗，杖一百，枷號一個月；一石至二石，杖六十、徒一年；三石至四石，杖七十、徒一年半；五石至六石，杖八十、徒二年；七石至八石，杖九十、徒二年半；九石至十石以上，杖一百、徒三年。如經紀等運米千石内，逾額至十石以上，亦杖一百、徒三年；三十石以上，杖一百、流二千里；五十石以上，杖一百、流二千五百里；七十石以上，杖一百、流三千里；十石至一百石以上，發附近充軍。一萬石内，逾額至一百石以上，亦發附近充軍；三百石以上，發近邊；五百石以上，發邊遠；七百石以上，發極邊足四千里；九百石以上，發雲貴、兩廣極邊瘴烟地方，各充軍。一千石以上，發往新疆，酌撥種地當差，仍先行照數追賠，全完免罪，不完枷杖，人犯照例發落。徒罪以上，照那移庫銀例辦理（每米一石，作銀一兩計算）。儻有偷竊盜賣情事。仍從其重者論。

一、漕糧起剥轉運，如有匪徒沿途滋擾，藉端訛索，並在京、通各倉結黨盤踞把持，積年喫倉分肥者，照打擾倉場例加一等定擬，得贓者，照蠹役詐贓例分別治罪，爲從各減一等，計贓重者，仍各從其重者論。

一、朝鮮國進貢使臣，一抵鳳凰城，責令城守尉查明人數，並將携帶貨物銀兩數目注載册擋。聽其自擇素日信識之商人雇車載運；取具交領呈狀備查。仍分晰造具細册，呈報將軍及該管衙門，沿途派官一員、兵二十名，所至州縣，酌派妥役二三十名護送照料，遇晚巡邏。驛丞按站預報地方旗、民各官，至連界交接日月，呈報將軍等衙門備查。如不行預報，及交接貽誤者，均查參分別議處。若朝鮮人衆，有不安本分滋生事端者，著落迎送官、通官嚴加約束，有犯申報查辦。如迎送官、通官約束不嚴，許地方旗、民各官呈報該將軍嚴參議處。朝鮮來使携帶銀物，交商轉運，倘有損傷，著落原商賠還，仍照棄毁官物律治罪。

守掌在官財物

一、凡八旗參領、佐領、驍騎校、領催等，將一切收貯公所干係錢糧並交庫銀兩侵蝕者，照監守自盗律例分別問擬。一萬兩以内，遇赦准其援免。有逾此數，不准寬免。

隱瞞入官家産

一、凡欠帑人員將地畝入官之後，其本人及本人之子孫，概不准其認買。倘有混行承買，將官兵人等分别議處治罪，准其承買之該管各官，交部照例議處。

户律　課程

鹽法

一、凡回空糧船，如有夾帶私鹽，闖閘闖關，不服盤查，聚至十人以上，持械拒捕殺傷人，及拒捕不曾殺傷人，並聚至十人以下，拒捕殺傷人及不曾殺傷人者，俱照兵民聚衆十人上下例分別治罪。頭船、旗丁、頭舵人等雖無夾帶私鹽，但闖閘闖關者，枷號兩個月，發近邊充軍。隨同之旗丁、頭舵，照爲從例，枷號一個月，杖一百、徒三年。不知情，不坐。賣私之人及竈丁，將鹽私賣與糧船者，各杖一百、流二千里，窩藏寄頓者，杖一百、徒三年。其雖不闖閘闖關，但夾帶私鹽，亦照販私加一等，流二千里。兵役受賄縱放者，計贜以枉法從重論；未受賄者，杖一百，革退。販私地方之專管官，兼轄官及押運官，並交部議處，隨幫革退。其雖無夾帶私鹽，倚恃糧船，闖閘闖關者，押運等官革職，隨幫責三十板，革退。不服盤查，持械傷人者，押運等官革職，隨幫責四十板，革退。倘關閘各官勒索留難，運官呈明督撫參處。

一、凡大夥典販，聚衆拒捕，及執持器械，殺傷巡役人等脱逃之梟徒，照强盗例勒緝。地方文武各官疏縱，及上司容隱不參，交部議處。

私茶

一、凡典販私茶，潛住邊境，與外國交易，及在腹裏販賣與來京回還外國人者，不拘斤數，連知情歇家、牙保，發烟瘴地面充軍。其在西寧、甘肅、河州、洮州、四川雅州販賞者，雖不入番，一百斤以上，發附近；三百斤以上，發近邊，各充軍。不及前數者，依律擬斷，仍枷號兩個月。文武官員縱容弟男、子姪、家人、軍伴人等業販，及守備、把關、巡捕等官知情故縱者，各降一級調用；失覺察者，照常發落。若守備、把關、巡捕管官自行典販私茶通番者，發近邊；在西寧、甘肅河、洮、雅州販賣至三百斤以上者，發附近，各充軍。

匿税

一、屯莊居住旗人賣馬者，俱令在屯莊所隸之州縣上税，方准發賣。其民間馬匹，或賣與旗人、或賣與驛站，或兵民互相買賣，俱報明地方官上税存案。如不上税，不存案，而私自買賣者，依律治罪，追價一半入官。

人户虧兑課程

一、管收税課錢糧，儻有隱匿，加倍著追。如接收官不行清查，上司不行轉報題參，俱著落分賠。

户律　市廛

市司評物價

一、濱臨水次各鋪户，向糧船承買餘米時，由該管官出示曉諭，無論米數多寡，均飭令於次年南糧未經北上三個月以前一律碾細，不准藉詞延宕。届期仍由該管上司密派員役，分赴各處確察，儻仍有收存粗米，訊明業經旗丁買米回漕者，即照回漕例分别定擬。如尚未售賣，存米不及六十石者，照回漕例減一等，杖九十、徒二年半；六十石以上者，杖一百、徒三年；至六百石者，發邊遠充軍，仍均起米入官。

一、京城粗米概不准販運出城。如有違例私運出城者，除訊有回漕情事，即照回漕定例辦理外。若訊無回漕情事，實係僅圖買回食用，或轉賣漁利者，一石以内，即照違制律杖一百；一石以上，杖一百，枷號一個月；十石以上，杖一百，枷號兩個月；二十石以上，杖六十、徒一年；三十石以上，杖七十、徒一年半；四十石以上，杖八十、徒二年；五十石以上，杖九十、徒二年半；六十石以上，杖一百、徒三年；一百石以上，發附近充軍；五百石以上，枷號兩個月發邊遠充軍；一千石以上，枷號三個月，發極邊足四千里充軍。至鄉民有進城買細米食用者，一石以内，准其出城，一石以上，即行嚴禁。如有逾額販運，照違制律杖一百。若一年之内偷運細米出城至一百石以上者，加枷號兩個月；五百石以上者，枷號兩個月，發近邊充軍；一千石以上者，枷號三個月，發邊遠充軍。米石變價入官。各門兵丁失於覺察者，如運米本犯罪止徒杖，兵丁笞五十；運米本犯罪應擬軍，兵丁杖一百。失察之官弁，交部分别議處，知情故縱者與同罪，受財者計贜以枉法從重論。

把持行市

一、甘肅、西寧等處遇有番夷到來，所在該管官司委官關防督查，聽典軍民人等兩平交易。若勢豪之家，主使弟男、子姪、家人等將遠人好馬奇貨包收，逼令減價，以賤易貴，及將一切貨物頭畜拘收，取覓用錢，方許買賣者，主使之人問發附近地方充軍；聽使之人減主使一等；委官知而不舉，通同分利者，參問治罪。

一、糧船雇覓矩埼，如有棍徒勒價，聚衆攢毆等事，押運員弁拏交地方官，審實，將爲首及下手傷人之犯，俱問發近邊充軍。餘俱杖一百，枷號兩個月，於河岸示衆。

一、凡外國人朝貢到京，會同館開市五日，各鋪行人等將不係應禁之物入館，兩平交易，染作布絹等項，立限交還。如賒買及故意拖延，勒騙遠人，至起程日不能清還者，照誆騙律治罪，仍於館門首枷號一個月。若不依期日，及誘引遠人，潛入人家，私相交易者，私貨各入官，鋪行人等以違制論，照前枷號。

禮律　祭祀

一、凡郊祀齋戒前二日，太常寺官宿於本司，次日，具本奏聞，致齋三日。次日，進銅人，傳制諭文武官齋戒，不飲酒，不食葱韭薤蒜，不問病，不吊喪，不聽樂，不理刑，不與妻妾同處。定齋戒日期，文武百官先沐浴更衣，本衙門宿歇。次日，聽誓戒畢，致齋三日。宗廟社稷，亦致齋三日，惟不誓戒。

一、大祀，前三月，以犧牲付犧牲所滌治如法；中祀，前三十日滌之；小祀，前十日滌之。大祀，祭天地、太社、太稷也。廟享，祭太廟、山陵也；中祀，如朝日夕日、風雲、雷雨、嶽鎮、海瀆，及歷代帝王、先師、先農、旗纛等神；小祀，謂凡載在祀典諸神。惟帝王陵寢及孔子廟則傳制特遣。

禁止師巫邪術

一、私刻地畝經，以及占驗推測妄誕不經之書，售賣圖利，及將舊板藏匿，不行銷毁者，俱照違制律治罪。

一、各項邪教案内應行發遣回城人犯，有情節較重者，發往配所，永遠枷號。

一、凡奉天主教之人，其會同禮拜誦經等事，聽其便，皆免查禁。所有從前或刻或寫奉天主教各明文，概行删除。

禮律　儀制

服舍違式

一、在籍候選吏員，有僭穿補服，干謁地方官者，照違制律治罪。

失占天象

一、占候天象，欽天監設觀星臺，令天文生分班晝夜觀望。或有變異，開具揭帖，呈堂上官。當奏聞者，隨即具奉。

術士妄言禍福

一、習天文之人，若妄言禍福，煽惑人民者，照律治罪。

兵律　軍政

縱軍擄掠

一、凡領兵王、貝勒、將軍，借通賊爲名，燒燬良民盧舍，搶掠子女財物者，領兵將軍，參贊大臣及營總等，俱交部議處，係王、貝勒，交宗人府從重治罪，參領以下官免議。若分兵征進，有犯前項罪名者，統兵將領及分管兩翼官並管領旗分官，俱交部議處。至於官員兵丁，一二人私自焚掠者，係官，交部議處；係護軍、領催、兵丁，鞭一百；係斯役，正法。若斯役之主知情者，鞭一百。係官，交部分別議處。所管參領以下官員及營總，均交部議處。其搶掠携帶男婦人口，仍追出，給還完聚。若該督撫隱匿不行題參，别經發覺者，該督撫一並議處。

一、調臺兵丁及臺灣催餉社丁，如借端需索，擾害番社，依嚇詐例計贓從重論。無贓者，照不應重律杖八十，革退。該管官徇隱失察，交部分别議處。

毁棄軍器

一、箭上不書姓名及書他人姓名者，杖八十。

私藏應禁軍器

一、官員出差赴任回籍，及商民出外貿易等事，如有携帶軍器途中防護者，在京取具兵部印票，在外取具該差遣衙門及該地方官印票，注明所帶件數，以備出城沿途照驗，仍知會所到地方，限一月繳銷。如隱匿原票不繳者，照違令律治罪。

一、臺灣民人停止製造鳥槍，違者照例治罪。

從征守御官軍逃

一、旗丁不拘重運回空，如有無故潛逃，棄船中途不顧者，照守禦官軍在逃律治罪，仍於面上刺『逃丁』二字。

一、凡駐防兵丁逃走，除照例報部外，該駐防處開明逃人年貌，知照該犯本旗及沿途有滿洲兵丁處所，並附近省分，一體嚴拏。其窩家人等及失察各官，均照例究治。

一、派往伊犁等處換防種地之滿、漢各項兵丁，初次犯逃，自行投回者，枷號三個月，滿日鞭責，交該管官嚴加管束。如被拏獲，用重枷枷號五個月，痛加責懲，折磨差使。若逃走二次，及在原派處所曾經犯逃，移駐伊犁之後，復行逃走者，自行投回，俱用重枷枷號五個月，痛加責懲，折磨差使；如被拏獲者，即行正法。

私越冒渡關津

一、凡雇倩口內之人往口外種地及砍木燒炭者，户、工二部照例給票出口，回日仍察收。無票之人，令各處察拏。若揑稱種地及砍木燒炭名色，起票前往，而將票典人，及受者，並杖八十，受財者，計贓以枉法從其重者論。

一、凡民人無票私出口外者，杖一百、流二千里。緣邊關口，每季將出入人數造册，取具並無匪類出口印、甘各結申報。儻守口官不驗明印票及賄縱出入，該管官察出，即行詳報該管將軍、督撫、提鎮題恭，交部嚴行治罪。若該管將軍、督撫、提鎮通同徇庇，不行查參及稽察不嚴，以致匪類越境生事者，一並從重議處。

一、凡山東民人前赴奉天，除各項貿易船隻，並隻身帶有本錢貨物貿易者，查明係往何處。貿易何物，確有憑據，仍准地方官給票出口，毋庸禁止外。其有藉稱尋親覓食，出口前赴奉天，並無確據者，地方官概不許給票。如不查明確實，濫行給票放行，致有私刨樵採，及邪教煽惑等事，別經發覺，將給票之地方官，照濫行出給例議處。

一、東三省出口之人，若將在京所買奴婢不照例當官立契，載入口票，私帶出境，該守關兵弁即時拏送刑部。如訊係拐賣，即照拐賣例分別治罪。如無拐賣情事，將不行當官立契載入口票之人，照冒度關津律治罪。

一、東三省身任京員及在京當差者置買家奴，於當官立契時，俱詢明買身之人，或只願在京服役，或情願日後隨回東省，俱當官載於契紙。若只願在京服役，伊主回家時，聽其另行投主，交還身價；若情願日後隨去者，伊主回家時報明本旗，咨行該省將軍存記，只許永遠役使，不許轉賣圖利。如違，俱按興販人口例治罪。仍令該將軍每年將有無轉賣圖利之處，年終咨報刑部備查。

一、凡滇省永昌、順寧二府以外沿邊關隘，禁止私販碧霞璽、翡翠玉、葱玉、魚、鹽、棉花等物。如拏獲私販之人，審訊明確，共夥人數在一二十人以上，爲首者，擬絞立决；爲從，及數在四人以上不及十八者，俱發極邊足四千里充軍；若止三人以下者，杖一百、流三千里。如有因私販透漏軍情消息者，審實，無論人數多寡，請旨即行正法。關口員弁，或有失察故縱情弊，查出，分别從重治罪。

一、吉林地方卡倫外，毋許流民居住。若軍民人等私赴卡倫者，發雲貴、兩廣烟瘴稍輕地方充軍。該將軍令守卡各官隨時嚴查，三個月更换。交代時，出具並無流民潜往甘結，呈報將軍衙門查核，仍按季選派協領等官覆查。如守卡各員不實力奉行，嚴參治罪，並令該將軍隨時密查，每届年終，核實具奏。

盤詰姦細

一、滇省與外夷商販，江西、湖廣人爲多，尤其嚴禁。永昌府有潞江一處，順寧府有猛緬一處，俱爲通達各邊總彙之區，應派妥幹員弁，專司稽察，遇有江、楚客民，驅令歸回。其向來居住近邊之人，地方官照内地保甲之例，編造寄籍册擋，登記年貌，互相保結，嚴禁與附近玀夷結親。如有進關回籍等事，俱用互結報明，官給印票，關員照驗放行，回滇時照驗放出。若無印票，不准放行。守關員弁，如有混放偷漏情事，查明參處。其順寧、永昌、騰越、猛緬、南甸、龍陵一帶，所有本籍民人保甲，亦一體嚴爲稽核，毋許江、楚客民混匿，違者從嚴懲治。至猛緬需用之黄絲等貨，概不許販至潞江、猛緬隘口，如有私販出關者，貨物入官，本犯究處。

一、凡有外國人等私越邊境，無論是否賊匪，守卡官員即行擒拏。有將軍、參贊駐劄者，報將軍、參贊、有督撫駐劄者，報明督撫，聽候辦理。如守卡官員任意賄縱，查出即行正法。其該管之將軍、參贊、督撫等不遵照妥辦，亦一並從重治罪。

一、洋面山島，不許民人搭蓋房屋居住，令該鎮將督同弁兵，於出洋會哨時，奮勇搜捕。見有在海島内搭蓋房屋者，除有爲匪實蹟各照定例拏究辦理，即未爲匪，所有房屋亦立即燒燬。仍於歲底將各海島有無建房屋，及人數多寡之處，咨報軍機處，兵、刑二部查明彙奏。

私出外境及違禁下海

一、住販外夷之大洋船，准其携帶炮位。每船炮不得過二門，火藥不得過三十斤。其鳥槍、弓箭、腰刀等項，亦仍准携帶。至制炮之時，該船户呈報地方官給照，赴官局制造。完日官驗，鑿船户籍貫、姓名及制造年月字樣。仍於縣照内注明所帶炮位輕重、大小，以備關口官弁盤驗。回日即行繳庫，開船再領。倘遭風沉失，令船户客商具結報明所在地方官，免其治罪。如船隻無恙，妄稱沉失，查究照接齊外洋例治罪。

一、洋船挂驗出口之時，該汛弁詳細驗明押交，前途各汛押送，俟放洋後方許回汛。如船户有違禁攬載偷渡者，一經拏獲，即嚴行究擬。兵役按拏獲偷渡人犯名數給賞，十名以上各賞二兩，每過十名，遞加二兩；至五十名以上，各賞銀十兩，即於該船户下追出充用。儻不實力查拏，以致疏脱，十名以上者，兵役各責二十板；每過十名，加責十板；至四十名以上，各責四十板，革役；五十名以上，枷號一個月發落，專管、兼轄官，分别議處。其洋船回時，如有照外多載，或頂充偷渡，及潛匿不回等弊，船户、舵水，俱照窩藏盜賊例治罪；出結之族鄰行保，杖一百、徒三年。承查出結及汛口盤查各員，交部議處，有贓革職，杖一百、流二千里，仍計贓從重論。如出洋之人果有病故等情，令同往之人及船户、舵水具結存案。

一、凡民人偷越定界，私入臺灣番境者，杖一百。如近番處所，偷越深山，抽籐、釣鹿、伐木、採椶等項，杖一百、徒三年。其本管頭目約束不嚴，杖八十。鄉保社長，各減一等。巡查不力之值日兵役，杖一百，如賄縱，計贓從重論。

一、閩省不法棍徒，如有充作客頭，在沿海地方引誘偷渡之人，包攬過臺，索取銀兩，用小船載出澳口，復上大船者，爲首發近邊充軍，爲從及澳甲、地保、舵工人等知而不舉者，杖一百、徒三年。遇有拏獲攬載偷渡船隻，將搭載大船，及雇倩小船各船户，俱照客頭例分别首從治罪，船隻變價充公。出具連環互結之船户，並原保澳甲及開張歇寓之人，知情容隱者，俱杖一百，枷號一個月，均不准折贖。其偷渡之人，照私渡關津律杖八十，遞回原籍。若將哨船偷載圖利者，亦照此例分别治罪。儻姦徒中途有謀客情事，人已被害身死者，將同謀之人，不分首從，俱照江洋行劫大盜例，擬斬立決，梟示。如被害未死，將爲首者比照强盜傷人例，擬斬立決，同謀之人發黑龍江，給披甲人爲奴。雖未同謀下手，但同船知情不首告者，杖一百、徒三年。至拏獲偷渡人犯，訊明從何處開船，將失察姦船及隱匿不報之文武官弁，交部分别議處。

一、拏獲偷渡過臺客民，如尚在陸路客店道路，未登舟以前，客頭、船户、客民俱照本律減一等發落；如已登舟，無分大船小船，已未出口，將客頭、船户、客民即照偷渡本例治罪。若不法客頭、船户内，有積慣在於沿海村鎮引誘包攬，招集男婦老幼，數在三十人以上者，無論已未登舟，一經拏獲，即將客頭、船户年力强壯者，發遣新疆，給種地兵丁爲奴；年老殘廢者，改發極邊烟瘴充軍。至拏獲偷渡客民，務須嚴究沿海陸路，在何村鎮客店會集，將該處兵役澳甲、地保、客店究明，如止於失察，兵役杖一百；澳甲、地保、客店人等杖七十。如有賄縱情弊，計贜從重論。兵役、澳甲人等能於客店聚集時拏獲及首報偷渡客民者，雖在本汛，亦按照拏獲偷渡客民，計名給賞。若將並非偷渡之人輒行妄拏，圖功邀賞，及狹嫌嚇詐情事，仍各照本例，分别從重治罪。

一、附近苗疆五百里以内民人，煎挖窩囤興販硝磺事發，如在十斤以下，杖一百；其十斤以上者，杖六十、徒一年；二十斤以上者，按照五徒，以次遞加；五十斤以上者，杖一百、流二千里；八十斤以上者，杖一百、流二千五百里；一百斤，杖一百、流三千里；多至百斤以上者，照合成火藥賣與鹽徒例，發近邊充軍。若囤積未曾興販，減私販罪一等。焰硝每二斤作硫磺一斤科斷。鄰保、挑夫、船户，照例分别發落。其該地銀匠、藥鋪、染房需用硝磺，地方官照例給批定限，每次不得過五斤，違者治罪。

一、臺灣地方拏獲番割，除實犯死罪外，但經訊有散發改裝，擅娶生番婦女情事，即照臺灣無籍游民獷悍不法，犯該徒罪以上例，酌量情節輕重，分别充軍。其僅止擅娶生番婦女，並無散髮改裝情事者，杖一百、徒三年。

一、臺灣姦民私煎硝磺，無論已未興販，如數在十斤以下者，杖一百，刺字，逐令過水；十斤以上，杖六十、徒一年。每十斤加一等。多至百斤以上，及合成火藥在十斤以下者，發近邊充軍；多至三百斤以上，及合成火藥至十斤以上者，照私鑄紅衣等大小礮位例處斬，妻子緣坐，財産入官。如將硝磺與生番交易貨物及偷漏出海者，均以通賊論。總董、牌甲、鄰佑、挑夫、船户知情不舉者，連坐。失察各官，照例議處，自行拏獲者免議。

一、臺灣流寓之民，凡無妻室者，應逐令過水，交原籍收管。其有妻子田産者，如犯歃血訂盟、誘番殺人，捏造匿名揭貼，强盗窩家，造賣賭具，應擬斬、絞、軍、流等條，除本犯依律例定擬外，此内爲從罪輕之人並教唆之訟師，均應審明逐令過水。其越境生事之漢奸，如在生番地方謀占番田，並勾串棍徒，包攬偷渡，及販賣。鴉片烟者，亦分別治罪，逐令過水。

一、凡臺灣流寓之人，如有過犯，罪止杖笞以下，查有妻室田産者，照常發落，免其驅逐。至犯該徒罪以上，及姦盗詐僞，恃强生事，擾累地方者，審明之日，一概押回原籍治罪，不許再行越渡。承審各官不行遞逐，容留在臺者，該督撫查參，交部議處。

一、凡沿海地方姦豪勢要及軍民人等，私造海船，將帶違禁貨物下海，前往番國買賣，潛通海賊，同謀結聚，及爲嚮導劫掠良民者，正犯比照謀叛已行律處斬梟示。其父兄、伯叔與弟知情分贜，杖一百、流三千里；如不知情之父兄，仍照不能約禁子弟爲盗例杖一百。其打造海船，賣與外國圖利者，造船與賣船之人，爲首者立斬，爲從者發近邊充軍。若將船隻雇與下海之人，分取番貨，及糾通下海之人，私行接買番貨，與探聽下海之人番貨到來，私買私賣蘇木、胡椒至一千斤以上者，俱發近邊充軍，番貨並入官。

一、黄金、白銀違例出洋，如白銀數在一百兩以上者，發近邊充軍；一百兩以下，杖一百、徒三年；不及十兩者，枷號一個月，杖一百。爲從及知情不首之船户，各減一等。至黄金每兩作白銀十兩科斷。失察賄縱之汛口文武各官，俱照失察賄縱米穀例懲辦。

一、商民收買鐵斤，除近苗産鐵處所，令呈明地方官外，其内地興販，悉從民便。若沿海地方商民圖利，將鐵斤及廢鐵、鐵貨並紅黄銅器銅斤，私販遞運海洋，交賣商漁船隻，一百斤以下者，杖一百、徒三年；一百斤以上，及舟車捆載者，發近邊充軍，爲從各減一等。若將前項銅鐵等貨賣與外國及海邊賊寇者，照將軍器出境下海律，擬絞監候；爲從杖一百、流三千里；船户、挑夫，各減本犯罪二等。貨物、銅鐵、船隻入官。關汛文武官弁失察、故縱，分別議處治罪。如内地貨賣，官弁兵役借端索詐，計贜治罪。其漢夷船隻，有將鐵鍋出洋貨賣者，亦照此例行。至商船每日煮食之鍋，照舊置用，官吏不得借端勒索滋擾。

一、凡外國貢船到岸，未曾報官盤驗，先行接買番貨，並外國人入貢經過地方，街市鋪行人等私與外國人交通買賣，如所買賣貨物不係違禁者，均照違制律杖一百，枷號一個月，貨物入官。如所買賣係違禁貨物，並會同館内外四鄰及軍民人等代替外國人收買違禁貨物者，俱枷號一個月發近邊充軍。若外國差使臣人等朝貢到京，與軍民人等交易，止許光素紵絲絹布衣服等件，不許買黄紫黑白大花西番蓮緞疋，並不得收買史書。違者，將賣給之人照代爲收買違禁貨物例枷號一個月，發近邊充軍。如有將一應違禁軍器硝磺、牛角、銅鐵等物圖利賣與進貢外國者，爲首依私將應禁軍器出境，因而走泄事情律，斬監候，爲從發近邊充軍。

一、出海樵採船隻，每船准帶食鍋一口外，每名許携斧斤一把，在船人數不得過十人，俱注明照内，出入查驗。若有夾帶出口，及進口缺少，即行嚴究治罪。

一、在番居住閩人，實係康熙五十六年以前出洋者，令各船户出具保結，准其搭船回籍，交地方官給伊親族領回，取具保結存案。如在番回籍之人，查有捏混頂冒，顯非善良者，充發烟瘴地方。至定例之後，仍有托故不歸，復偷渡私回者，一經拏獲，即行請旨正法。

一、絲斤違例出洋，過一百斤者，照米石出洋例，發近邊充軍；不及百斤者，杖一百、徒三年，不及十斤者，枷號一個月，杖一百。爲從及船户知情不首告者，各減一等。船隻、貨物入官。其違例偷漏綢緞綿絹等物，按照絲斤分兩多寡分别治罪。失察之汛口文武各官，並照失察米石出洋例分别議處。

一、凡商人有携帶引茶貨物，在喀什噶爾等處，與私越進卡之布魯特等易换貨物，或相買賣者，除違禁軍器、硝磺實犯死罪外，餘俱發邊遠充軍。如係私茶，即照興販私茶與外國交易例發烟瘴充軍；知情容留之歇家，説合之牙保，各與本犯同罪，貨物入官。如商人携貨私越卡外，及越卡進内交易之布魯特，俱發雲貴、兩廣烟瘴地方充軍。

一、凡沿海船隻，在朝鮮國境界漁採，及私行越江者，被朝鮮國人捕送，爲首發邊遠充軍，從犯減一等。該地方官員，交部查議。

一、凡盜賊前往朝鮮國劫掠者，該國王即行追拏殺戮，生擒糾送。其飄風船隻入内，實係有票，並未生事者，照例送回。若無票匪類妄行生事，該國王即照伊律審擬，咨部具題，請旨完結。倘伊國防汛之員不能擒獲，題參治罪，該國王一並交部議處。

一、内地姦民，有摹造洋板，銷化白銀，仿鑄洋錢圖利者，一經當場拏獲，如數在一百圓以上者，發近邊充軍，一百元以下，杖一百、徒三年；不及十圓者，枷號一個月，杖一百。爲從各減一等。

一、官員及兵丁買食洋藥，家長不能禁約，照不能禁約子弟竊盜例治罪。

一、官員及兵丁吸食洋藥，後經改悔，如存留烟灰未燬棄者，杖一百。

一、凡守把海防武職官員，有犯聽受外番金銀貨物等項，值銀白兩以上，許令船貨私入，串通交易，貽害地方，及引惹番賊海寇出没，戕殺居民，除實犯死罪外，其余俱發邊遠充軍。

一、東省登、萊等處有票船隻，如有夾帶無照流民私渡奉天者，將船户照無票船隻夾帶流民例量減一等，杖九十、徒二年半，船隻入官。若船户不能親身出洋，别令親屬押駕，已經報官不給票者，將押駕之人即照船户例治罪。船隻入官。

一、奉天錦、復、熊、蓋四城，俱係海疆。嗣後無論天津、山東等處商船，俱著於設有官兵處所停泊上岸，以便稽查。仍飭輪班兵役，嚴行訪查。如拏獲無票船隻私渡民人者，船户民人，俱照越渡緣邊關塞律治罪，船隻入官。若有票商船私帶票内無名之人，查出，將本人照私渡關津律治罪，遞回原籍，船户照違制律治罪，船隻免其入官。

一、山海關所屬冷口迤東一帶，與奉天錦州、復州、蓋平三州縣，及蓋平縣界内之熊岳城，並甯海縣，皆近接海洋。除奸民私販鋼鐵，遞運海洋，交賣商漁船隻，分别斤數照例問擬外。其近邊州縣内地商民，若因打造農具，買運銅鐵出口，一百斤以内者，准其買運。令該商民呈明運往境内何處，該地方官填給印照，呈遞守口員弁查驗放行。如查有額外携帶及無照夾帶不成器皿之鐵，並非遞運海洋，亦非賣與商漁船隻，至五十斤者，將鐵入官，照不應重律杖八十；一百斤以外者，於沿海地方商民將鐵遞運海洋交賣商漁船隻一百斤以上軍罪例上減一等，杖一百徒三年。守口員弁，有籍端需索者，參處治罪。

兵律　厩牧

驗畜産不以實

一、州縣起解備用馬匹，各要經由該管官驗中起解。若有馬販交通官吏、醫獸人等，兜攬作弊者，問罪，枷號一個月發近邊充軍。

兵律　郵驛

驛使稽程

一、各處水馬驛、遞運所夫役、鋪兵，及巡檢司弓兵，若有用强包攬，不容正身著役，多取工錢，致將公文稽遲沉匿，及攬擾衙門者，發附近充軍。其官吏鋪長通同縱容者，各照違制律治罪、失於覺察者，交部議處。若不曾用强，多取工錢者，不在此例。多取工錢，問求索計臟，以不枉法論。

多支廪給

一、各處地方，如遇外國人入貢，經過驛遞，即便察照勘合應付，不許容令買賣、連日支應，違者，按律治罪。

承官畜産車船附私物

一、漕船旗丁，每船准帶土宜一百石；頭舵二人，每人准帶三石；水手無論人數，准其共帶二十石。其回空船隻舵水人等，准帶梨棗六十石。沿途過淺盤剥，責令自備脚價。例外多帶者，照數入官。監兑糧儲等官，水次先行搜檢，督押糧道及府佐官員，沿途稽查。經過儀徵、淮安、天津等處，聽趲運鎮道官盤詰。經盤官員徇情賣法，一並參治。多帶，問違制、徇情賣法，問聽從囑托事已施行。受財，問枉法，出錢之人，問行求。

一、漕運船隻，除運軍自帶土宜貨物外，若附搭客商勢要人等酒麪糯米、花草竹木、板片器皿貨物者，將本船運軍並附載人員依律治罪，貨物入官。其押運官有犯，交部議處。（附載人員，依違制。運軍與運官，有臟，問枉法；無臟，止問違制）。

刑律　賊盜

謀叛

一、閩、粵等省不法匪徒，潛謀糾結，復興天地會名目，搶劫拒捕者，首犯與曾經糾人，及情願入夥，希圖搶劫之犯，俱擬斬立決。其並未轉糾黨羽、或聽誘被脅，素非良善者，俱擬絞立決。如平日並無爲匪，僅止一時隨同入會者，俱發遣新疆，酌撥種地當差。俟數年後此風漸息，仍照舊例辦理。

一、滇省匪徒結拜弟兄，除罪應徒、流以上各犯，仍照例辦理外，其但係依齒序例，不及二十人，罪止枷杖者，於本地方鎖繫鐵杆一年。限滿開釋，照例枷責，交保管束。如不悛改，再繫一年。儻始終怙惡不悛，即照棍徒擾害例嚴行辦理。地方官每辦一案，報明督撫臬司，按季彙册咨部。開釋時，亦報部查覆。俟數年後此風稍息，仍循舊例辦理。

盜軍器

一、拏獲偷盜軍器之犯，除犯該流、絞者，仍依律辦理外，其犯該徒、杖者，照竊盜贓加一等治罪，仍於犯事處加枷號一個月。其當買軍器之人，減本犯罪一等發落。

監守自盜倉庫錢糧

一、凡漕運糧米，監守盜六十石入己者，發邊遠充軍。入己數滿六百石者，擬斬監候。

一、小船人户受雇，偷載漕糧盜賣者，將船户照漕、白二糧過淮後盜賣盜買枷號一個月例，減二等發落。其漕船頭舵，明知旗丁盜賣，不據實舉首者，俱照不應重律杖八十。受財，計贓從重論。

一、漕、白二糧過淮，責令該管道、府、州、縣往來巡察。如有將行月糧米私自盜賣盜買者，拏獲，各枷號一個月。若有一人盜買，及一幫盜賣，數至百石以上者，將爲首之人枷號兩月，折責四十板，糧米仍交本船，米價入官。

其失察盗賣之運弁，如米數不及五十石者，將該弁即於倉場衙門捆打四十；數至五十石以上者，降一級調用；百石以上，降二級調用；二百石以上，革職。如地方官失察者，交該部議處。

常人盗倉庫錢糧

一、盗竊漕運糧米，數至一百石以上者，擬絞監候。其一百石以下，即照盗倉庫錢糧一百兩以下例辦理。

一、除經紀民户、車户人等監守自盗漕糧，各照本例分別問擬外，至並無監守之責，有犯偷竊漕糧，數至一百石以上，俱照常人盗漕例，擬絞監候，秋審入於情實；一百石以下，於發極邊烟瘴軍罪上加一等，發遣新疆，酌撥種地當差。從犯均於本罪上加一等。其非轉運京、通漕米，及各直省倉糧被竊，仍各照本例分別辦理。

强盗

一、犯盗明知官帑，糾夥行劫，但經得財，將起意爲首及隨同上盗者，擬斬立決、梟示。其在外瞭望接贜，並未上盗之犯，俱擬斬監候，秋審入於情實。若不知係屬官帑，仍以尋常盗案論。

一、凡行劫漕船盗犯，審係法無可貸者，斬決、梟示。

一、凡爬越入城行劫，罪應斬決者，加以梟示。失察越城之官員兵丁，分別參處責革。

一、山東省拏獲匪犯，審有執持器械，結捻、結幅情事，如係强劫得贜者，仍照强盗本律問擬。將案内法無可貸，罪應斬決之首從各犯，加擬梟示。行劫未得財者，仍照定例科斷。若執持軍器，聚衆搶奪得贜，不論贜數多寡，數至四十人以上，爲首照强盗律擬斬立決，爲從擬絞監候，被脅同行者發遣新疆，給官兵爲奴。四十人以下、十人以上，爲首擬斬立決，爲從發新疆，給官兵爲奴。五人以上，首犯亦照前擬遣，爲從各犯俱實發雲貴、兩廣極邊烟瘴充軍。計贜逾貫，及另有拽刀等項名目者，各照本律例從其重者論。其執有軍器，聚衆搶奪，未經得財，如聚衆在四十人以下及十人以上，即比照强盗未得財例，首犯發新疆給官兵爲奴，從犯杖一百、流三千里；五人以上，首犯擬杖一百、流三千里，從犯杖一百、徒三年。其案内造意之捻首、幅首，身雖不行，但經夥犯搶奪，即按人數多寡，照爲首例問擬。如搶劫未經結捻、結幅，並聚衆未及五人，尚未滋事者，仍各照本律本例問擬。若問擬遣軍人犯，脱逃回籍，復行入捻、入幅搶奪，或向原拏兵役尋釁報復，除實犯死罪外，餘俱擬絞監候。倘數年後此風稍息，奏明仍照舊例辦理。

一、糧船水手行劫殺人，不分人數多寡，曾否得財，俱擬斬立決、梟示，恭請王命，先行正法。其搶奪案内下手殺人之犯，亦照行劫殺人例正法梟示。爲從幫毆，如刃傷，及手足、他物至折傷以上者，俱擬絞立決。傷非金刃，又非折傷者，擬絞監候，未經幫毆成傷者，發新疆，給官兵爲奴。其尋常挾讎、謀故殺者，均擬斬立決。若審無謀故重情，但經聚衆互毆，即照廣東等省械鬥讎殺例，一體懲辦。其藏有火鎗、抬鎗者，雖未點放傷人，亦發新疆，給官兵爲奴。以上各犯，被獲時有恃衆持械拒捕傷人者，除原犯斬梟，罪無可加外，罪應斬決者，均加擬梟示，恭請王命，先行正法；罪應絞決者，改爲斬決；應絞候者，改爲絞決；應發遣者，改爲絞候。若拒捕殺人爲首，無論罪名輕重，均擬斬立決，梟示，恭請王命，先行正法；爲從幫同拒捕之犯，即照拒捕傷人，一例科斷。至糧船經過地方，游幫匪徒有搶劫殺人，及被獲時拒捕殺傷人者，均照糧船水手搶劫拒捕例辦理。其執持兇器，未經滋事者，即照執持兇器未傷人杖一百例上加一等，杖六十、徒一年。仍責成該管糧道、總運官督率運弁，日夜稽查，於泊船時依地方保甲之法，逐船按册點驗。其有並無腰牌者，立即會同地方營汛拏獲審明，分别懲辦。旗丁、頭舵，如遇有形迹可疑之人容隱不報者，一並治罪。該幫弁意存玩縱，從嚴參處。

一、川省差役藉傳證、起贜等事掃通之案，無論有無牌票，但經聚衆執持軍火器械直入人家，擄掠牲畜資財，將爲首及幫同動手之犯，均照捕役爲盗例擬斬立決。如有擄掠人口，燒燬房屋，並拒捕及傷人情事，加以梟示。其擇肥而噬，教賊誣板，因而掃通者，身雖不行，仍以爲首論，擬斬立決，加以梟示。同行未經動手者，無論事後曾否分贜，均擬斬監候，秋審入於情實。兵丁有犯，照差役一律擬斷。

一、洋盗案内接贜瞭望之犯，照首盗一律斬梟，不得以被脅及情有可原聲請。如投回自首，照强盗自首例，分别定擬。此外實在情有可原，如十五歲以下，被人誘脅，隨行上盗，仍照本例問擬。

白晝搶奪

一、凡臺灣盗劫之案，罪應斬決者，照江洋大盗例斬決、梟示。他如聚衆散劄豎旌、妄布邪言、書寫張帖、煽惑人心，搶奪殺人放火，光棍搶奪路行婦女，强姦致死，劫囚越獄，與番人彼此讎忿，聚衆搶奪殺人等案内，造意爲首，罪應立決者，均照黔、楚兩省例斬決、梟示。正法後，即傳首原犯地方示衆。其附和爲從之犯，不得援引此例，仍於各審案後，附疏聲明。

一、川省匪徒，並河南、安徽、湖北等三省交界地方，及山東之兗州、沂州、曹州三府、江蘇之淮南、徐州、海州三府州，如有紅鬍子、白撞手、拽刀手等名目，在於場市人烟湊集之所，橫行搶劫，糾夥不及五人者，不分首從，俱發伊犁，分給該處察哈爾及駐防滿州官兵爲奴。但傷人者，如刃傷及折傷以上，擬斬監候。傷非金刃，傷輕平復，擬絞監候。有拒捕殺人者，將爲首殺人之犯，擬斬立決，爲從幫毆，刃傷及折傷以上者，擬斬監候。傷非金刃，又非折傷者，擬斬監候。未經幫毆成傷者，發往伊犁爲奴。如糾夥五人以上，無論曾否得財，爲首照光棍例，擬斬立決；爲從同搶者，俱擬絞監候。若拒捕奪犯，殺傷兵役並事主及在場之人者，審明首犯，即行正法、梟示。在場加功及助勢者，俱擬絞立決。同謀搶奪，而拒捕奪犯之時並未在場者，仍照光棍爲從本例，擬絞監候。以上各匪犯父兄、牌甲，俱依盗案例，查明是否知情分贜，或止失於覺察，分別懲處。

一、川省匪徒，並河南、安徽、湖北等三省交界地方，及山東之兗州、沂州、曹州三府，江蘇之淮安、徐州、海州三府州，如有紅鬍子、白撞手、拽刀手等名目，在野攔搶，未經傷人之案，除實犯死罪外，數止二三人者，犯該徒罪以上，不分首從，俱發雲貴、兩廣極邊烟瘴地方充軍。如四人以上至九人者，不分首從，俱改發伊犁，分給該處察哈爾及駐防滿州官兵爲奴。但傷人者，如刃傷及折傷以上，擬斬監候。傷非金刃，傷輕平復，擬絞監候。有拒捕殺人者，將爲首殺人之犯，擬斬立決，爲從幫毆，刃傷及折傷以上者，擬斬監候。傷非金刃，又非折傷者，擬絞監候。未經幫毆成傷者，發往伊犁爲奴。若數至十人以上，無論傷人與否，爲首擬斬立決，爲從擬絞監候。被脅同行者，發烏魯木齊，給官兵爲奴。儻有殺人奪犯傷差等事，有一於此，即將爲首之犯正法、梟示，在場加功及助勢者，俱擬絞立決。同謀搶奪，而拒捕奪犯之時並未在場者，擬絞監候。以上各匪犯父兄、牌甲，俱依盗案例，查明是否知情分贜，或止失於覺察，分別懲處。

一、凡湖北省匪徒搶奪之案，除實係尋常搶奪，仍照定例辦理外。如聚衆至十人以上，及雖不滿十人，但有執持器械，入室嚇禁事主，搜劫財物情事，無論是否白晝、昏夜，悉照强盗本例，分別法所難宥、情有可原定擬。如在江河湖港，亦無論是否白晝、昏夜，事主行船、泊船，悉照沿江濱海行劫之例，分別定擬。俟數年後該省盜風稍息，仍復舊例辦理。

一、奉天地方匪徒糾夥搶奪，不論人數多寡，曾否傷人，但有一人執持鳥鎗搶奪者，不分首從，照響馬强盜例，擬斬立決、梟示。其執持尋常器械搶奪者，分別是否十人及三人以上者，有無倚强肆掠情形，按照搶奪本例科斷。結夥不及三人，但有持械威嚇事主情事，除實犯死罪外，餘俱不分首從，發雲貴、兩廣極邊烟瘴充軍，面刺『搶奪』二字。若僅止一二人，乘便攫取財物，並無持械威嚇事主情事，仍照搶奪本律問擬。儻數年後此風稍息，奏明仍復舊例辦理。

一、凡失火而乘機搶奪，除有殺傷及計贓重者，仍照定例問擬外。其但經得財，罪應擬以杖、徒者，俱照本律加一等治罪。將爲首之犯，杖一百、流二千里；爲從者，杖一百、徒三年。均於面上刺『搶奪』二字。

一、凡糧船水手，夥衆十人以上，執持器械搶奪，爲首照强盜律治罪，爲從減一等。如十人以下，又無器械者，照搶奪律治罪。出結之旗丁、頭舵拏送者免罪；如容隱不首，及徇庇不拏者，照强盜窩主律，分別治罪。

竊盜

一、竊贓數多，罪應滿流者，改發附近充軍。

一、凡外國進貢使臣到京之時，即令該地方官兵在各館門首嚴加巡查。如遇有偷竊外使人犯，一經拏獲，除贓重者仍照律辦理外，其罪應杖刺者，加枷號一個月。枷滿之日，照例發落。如外使報竊而賊犯無獲，將巡查之兵役杖一百，該地方官交部議處。

一、朝鮮使臣來京，其隨帶貨物銀兩，遇有偷竊，將該管地方官及護送官，均照餉鞘被失例嚴加議處。所失銀物，著落地方官並統轄專管之各上司按股賠還。仍緝拏偷竊之人，照行竊餉鞘例，計贓從重例科斷，追贓入官。如來使人等有藉詞妄報，滋生事端情弊，由禮部行知該國王一體治罪。

一、直隸省尋常竊盜，除計贓、計次罪應遣軍流徒，並初犯行竊不及四次，再犯不及三次，罪止杖枷，訊無結夥携帶兇器刀械者，仍各依本律問擬外。如初犯、再犯糾夥四名以下，並帶器械者，各於所犯本罪上加枷號一個月。如初犯行竊四次以上，再犯三次以上，結夥已有四名，並持有兇器刀械，計贓罪止杖枷者，於責刺後加繫帶鐵桿一枝，以四十斤爲度，定限一年釋放。如初犯繫帶鐵桿，限滿釋放後再行犯竊，計贓罪止杖枷者，仍繫帶鐵桿一年。釋放後，若搶竊犯案擬徒，於到配折責後鎖帶鐵桿，徒限届滿，開釋遞籍。如在配脱逃被獲，訊無行兇爲匪，仍發原配，重新拘役，鎖帶鐵桿。其因搶竊擬徒，限滿釋回後復行犯竊，罪止杖枷者，無論次數，有無結夥携械，於責刺後繫帶鐵桿二年釋放，倘不悔改，兹生事端，再繫一年釋放。此後盜風稍息，該督察看情形，奏明仍照舊例辦理。

一、山東省竊賊，如有携帶鐵鎗、流星、刀劍等物，及倚衆疊竊，並兇横拒捕傷人，本罪止於枷杖者，酌加鎖帶鐵桿、石礅一二年。如能悔罪自新，或有親族、鄉鄰保領者，地方官查實，隨時釋放，仍令該州縣報明院司察考。至安徽省罪止枷杖，情節輕重之竊盜，亦照此例，加繫鐵桿。倘數年後此風稍息，奏明仍照舊例辦理。

一、湖南、湖北兩省搶竊及興販私鹽各犯，並福建、廣東二省搶竊匪徒，除罪應軍流以上者，仍按東律東例定擬；如罪應擬徒之犯，應刺字者先行刺字，毋庸解配，在湘鎖帶鐵桿、石礅五年。（湖南、湖北、閩省各犯，罪應擬杖者，亦鎖帶鐵桿石礅三年；廣東省擬杖以下人犯，毋庸鎖帶）。限滿開釋，分别杖責。如湖南、湖北、閩省各犯，釋放後復行犯案，並廣東省搶竊匪徒，釋後復犯，罪止擬徒者，即於鎖帶鐵桿、石礅年限上遞加二年。若犯案三次者，即按例從重問擬。至雲南省糾竊不及四次，罪止枷杖之犯，亦於本地方繫帶鐵桿一年，限滿開釋，分别枷責，交保管束。如不知悛改，再繫一年；儻始終怙惡不悛，即照棍徒擾害例，分别嚴辦。該州縣每辦一案，即録叙全案供招，報明督撫、臬司，按季彙册咨部。如同案人犯，有問擬軍流以上者，仍專案分别題咨，均於限滿開釋時，報部查覆。若該州縣任聽書役舞弊朦混，妄及無辜，從嚴參究。俟數年後此風稍息，仍照舊例辦理。

一、四川、陝西、及甘肅附近、川境鞏昌府屬之洮州、岷州、西河，並秦州、階州及所屬秦安、清水、徽縣、禮縣、兩當、文縣、成縣、三岔、白馬關，各廳州縣匪徒携帶刀械綹竊之案，如結夥三人以上，綹竊贓輕，及結夥不及三人，而訊係再犯，帶有刀械，按竊盜本例應擬徒罪者，枷號三個月，滿日責四十板，繫帶鐵桿、石礅三年；應擬杖罪者，枷號兩個月，滿日責四十板，繫帶鐵桿、石礅二年。其並未竊物分贓，而隨行服役及帶刀到處游蕩者，枷號一個月，滿日責四十板，繫帶鐵桿、石礅一年。釋放時，仍照例分别刺字、免刺。如不知悛改，復敢帶桿滋擾，或毁桿潜逃，持以逞兇拒捕，除實犯死罪外，其餘罪應軍流者，均於本罪上加一等，仍加枷號兩個月；罪應擬徒者，以大鏈鎖繫巨石五年；罪應擬杖者，鎖繫巨石三年。限滿果能悔罪自新，或有親族、鄉鄰甘結保領，地方官查實，隨時開釋詳報。倘釋放後復敢帶刀逞兇，訛詐綹竊，即鎖繫巨石，不拘限期，仍令該州縣報明院司查核，按季彙册報部。如有妄拏無辜鎖繫巨石者，該管上司訪察嚴參。俟數年後此風稍息，仍復舊例辦理。

一、凡旗人及旗下家奴肆行偷竊，犯罪至發遣以上者，將失察旗人爲竊之該管官，及失察家奴爲竊之家主，俱照旗人爲盗例，交部分别議處。若能於事未發覺之前自行查出送部治罪者，免議。

盗牛馬畜産

一、將自己及他人騎操官馬盗賣者，枷號一個月發落。盗至三匹以上，及再犯者，不拘匹數，俱免枷號，發附近地方，各充軍；五匹以上者，發邊遠充軍。若養馬人户盗賣官馬至三匹以上者，亦問發附近充軍。

一、凡冒領太僕寺官馬至三匹者問罪，於本寺門首枷號一個月，發近邊充軍。（若家長令家人冒領三匹，不分首從，俱問常人盗官物罪，家長引例，家人不引。）

一、新降之土爾扈特、都爾博特、額魯特、霍碩特、輝特、烏梁海六項蒙古人等，在扎薩克、察哈爾及邊陲新疆地方偷竊四項牲畜，俱照偷竊蒙古牲畜例，核計匹數多寡，分别首從治罪。

盗田野穀麥

一、産礦山場山主，違禁勾引鑛徒潛行偷挖者，照鑛徒之例，以爲首論。若係約練，勾引接濟，夥同分利者，照引領私鹽律，杖九十、徒二年半。得財者，計贜准竊盗從重論。如因官兵往拏，漏信使逃，及陰令拒捕者，俱照官司追捕罪人而漏洩其事者，減犯人所犯罪一等律治罪。保甲、地鄰，知情容隱不報者，均照强盗竊主之鄰佑知而不首例杖一百發落。

一、在新疆地方偷挖金砂，無論人數、砂數多寡，爲首枷號三個月，實發雲貴、兩廣極邊烟瘴充軍；爲從枷號三個月，解回内地，杖一百、徒三年。

一、在熱河承德府所屬地方偷挖金銀鑛砂，無論人數、砂數多寡，爲首俱枷號三個月，係民人，實發雲貴、兩廣極邊烟瘴充軍；係蒙古人，發四省驛站當差。爲從係民人，枷號三個月，解回内地，杖一百、徒三年；係蒙古人，枷號三個月，調發鄰盟，嚴加管束。如被獲時有拒捕殺傷人者，仍照盗掘鑛砂本例，分别科斷。其得錢招留之蒙古地主，與首犯同罪。地方官不行嚴拏者，交部議處。

一、盛京威遠堡南，至鳳凰城邊外山谷附近圍場處所，拏獲偷伐木植、偷打鹿隻人犯，審實果係身爲財主，雇倩多人者，杖一百、流三千里；若無財主，一時會合，各出本錢，並雇人砍伐木植，偷打鹿隻，越渡邊關隘口者，杖一百、徒三年。爲從及販賣並偷竊未得者，各減爲首及已得一等。如係刨挖鹿窖，首從各於前例流、徒罪上加一等治罪，分别面刺『偷竊木植牲畜』字様，未得者免刺。再犯者，各於本罪上加一等治罪。其越邊偷竊柴草、野雞等項，初犯，枷號一個月；再犯，枷號兩個月；三犯，枷號三個月。滿日各杖一百。爲從及偷竊未得者，各減爲首及已得一等，俱免刺，並遞回原籍，嚴加管束。倘於遞籍後，復行出邊偷竊者，即在犯事地方枷號兩個月，杖六十、徒一年。如有再犯，以次遞加。其因偷竊未得，遞籍嚴加管束，復有越邊偷竊者，仍照初犯例，枷號一個月，杖一百，遞籍嚴加管束。淘挖金砂之犯，本例罪重者，仍從重定擬；若罪名較輕，即照此一體辦理。至失察之地方各官，交部議處。

一、私人圍場，偷打牲畜，砍伐木植之犯，無論枷杖徒流發遣，均在犯事地方審擬發落起解，毋庸解部轉發，仍專咨報部。其罪應徒流發遣者，令熱河都統年終彙奏；罪止枷號人犯，年終彙册咨部存案。

一、盛京各處山場，商人領票砍伐木植，如有夾帶偷砍果松者，按照株數多寡定罪。砍至數十根者，笞五十；百根者，杖六十。每百根加一等，罪止杖一百、徒三年。所砍木植，變價入官。

一、盛京各城守尉，邊門及卡倫官兵，在邊外拏獲偷砍私運木植人犯，及車馬器物，均賞給原拏之人。如僅止拏獲車馬等物，而藉稱人犯逃逸者，除審明有無受賄故縱，按例治罪外，仍將所獲物件入官。若拏獲人犯並無器物者，該將軍自行酌量賞給。

一、在口外出錢雇人刨挖黄芪首犯，除有拒捕奪犯等情，仍按照罪人拒捕及奪犯毆差各本律本例分别定擬外。如所雇人數未及十名者，照違制律杖一百；十人以上，加枷號兩個月；五十人以上，杖六十、徒一年。每十人加一等，以次遞加，罪止杖一百、徒三年。爲從各減一等。受雇挖芪之人，照不應重律杖八十，遞籍管束。如係割草民人，不得妄拏滋事。該處囤積黄芪首犯，數至十觔以上者，亦照違制律杖一百；五十觔以上者，加枷號兩個月；百觔以上，杖六十、徒一年。每百觔加一等，以次遞加，罪止杖一百、徒三年。爲從亦各減一等，黄芪入官。至無業貧民，零星挖有黄芪，進口售賣，每次人數不得過十名，每人携帶不得過十觔，違者以私販論。仍責成守口員役及各口關隘官弁實力稽查，倘有賄縱情弊，查出按例究辦。

恐嚇取財

一、凡臺灣無籍游民，獷悍兇惡，肆行不法，犯該死罪者，即照光棍例擬斬立決；犯該徒、流以上者，照棍徒生事擾害例，發極邊足四千里充軍，仍酌其情罪較重者，改發新疆，給官兵爲奴。審係被誘隨行，犯止枷杖者，一概逐回原籍，嚴加管束。

一、安徽省拏獲水烟箱主匪徒，除審有搶劫、殺傷、强姦、拐賣等情，各照本律例從重定擬外，其但經携帶烟童，或與鷄姦、或縱令賣姦，或遇事挺身架獲者，俱發極邊足四千里充軍。賣烟夥黨，審係一時被脅，免其治罪；若自甘下賤，助勢濟惡者，杖一百、徒三年。年未及歲，仍依律收贖。地方官自行訪獲究辦，免議；儻被告發，或經上司訪聞飭拏始行破案者，交部議處。

一、陝西省所屬匪徒，如結夥三人以上，挾詐逞兇，但有一人執持器械傷人，除實犯死罪外，其餘不分首從，但發極邊足四千里充軍。如聚衆至十人以上，執持器械，無論曾否傷人，不分首從，俱發極邊烟瘴充軍。其有因挾詐不遂，或被人控告，糾衆報復，竟行毆斃，均擬斬立決。其尋常鬥毆，不在此例。俟數年後此風稍息，仍照舊例辦理。

一、山東、安徽兩省匪徒，如有結捻、結幅，聚衆至四十人以上，帶有軍器，在市鎮集場，人烟稠密處所，窺視殷實人家鋪户，强當詐索得財，不論贓數多寡，首犯擬絞立決。四十人以下、十人以上，首犯擬絞監候。爲從均發新疆，酌撥種地當差。如數在五人以上，首犯亦發新疆，種地當差，爲從俱擬發極邊足四千里充軍。若聚衆四十人以上，及十人以上，詐索强當，未經得財者，首犯擬發極邊足四千里充軍，從犯杖一百、徒三年。五人以上，首犯杖一百、徒三年，從犯杖九十、徒二年半。其造意之捻首、幅首，身雖不行，但經夥犯詐索强當，即按人數多寡，照爲首例問擬。其未經結捻、結幅，並聚衆未及五人，尚未滋事者，仍照各本例問擬。若問擬遣軍人犯脱逃回籍，復行入捻、入幅，訛索强當，或向原拏兵役尋釁報復，除實犯死罪外，餘俱擬絞監候。儻數年後此風稍息，奏明仍復舊例辦理。

一、凡旗、民結夥，指稱隱匿逃人，索詐財物者，不分曾否得財，爲首者照兇惡棍徒生事擾害例發遣，爲從者俱減一等。

詐欺官私取財

一、漕糧起運，頭幫、軍伍將已裁陋規復行派斂，私自婪收，或於定數之外多行勒索者，令各幫軍丁於經管衙門呈控，將勒索之頭伍，計贓分别首從定擬。犯該徒罪以上者，俱照指稱衙門打點使用名色誆騙財物例，不分首從，發近邊充軍；情重者加枷號兩個月。其官弁兵役受賄，責令該管上司參革究審，計贓以枉法論。軍丁挾嫌揑控，照誣告律治罪。

一、内地商民與外夷交易買賣，如有負欠潛逃，誆騙財物者，計贓犯該徒罪以上，枷號三個月，發附近充軍；杖罪以下，枷號兩個月，杖一百、徒三年。

一、道光十年以前京城短保錢鋪，仍責令覓保補送。如短保並不補送，一經關閉，不能開發，照有保錢鋪加一等治罪。

略人略賣人

一、將腹裏人口用强略賣與境外土官、土人、峒寨去處圖利，除殺傷人律該處死外，若未曾殺傷人，比依將人口出境律絞。

一、盛京、烏喇等處居住之人賣人，仍照例用印行買外。若不詳詢來歷，混買人者，係另户，連妻子發往江寧、杭州披甲；係家人，止將本人發往江寧、杭州給窮披甲之人爲奴。

一、略賣海外番仔之内地民人，不分首從，杖一百、流三千里。俟有便船，仍令帶回安插。文武官稽查不力，照外國之人私自進口不行查報，交部分别議處。得贓者，以枉法治罪。

一、凡收留迷失子女不報，及誘拐人犯，各衙門番捕不行查拏，經他處緝獲，將番捕照緝盜逾限律責處；知而不拏者，照應捕人知罪人所在而不捕律，減罪人罪一等發落。該管官按窩留誘拐人數，分別議處。其直隸各省之地方保甲人等，如見外來之人帶有幼童、幼女行走住宿，形迹可疑者，盤詰得實，即行捕治。倘有疏縱，經別處拏獲，供出容留地方，將容留之家，照知情容留拐帶例懲治。地方保甲，照窩藏逃人例治罪。該地方官亦照例議處。如有借稽查名色訛詐生事者，均照訛詐例治罪。

一、凡窩隱川販，果有指引捆拐，藏匿遞賣確據者，審實，照開窑爲首例，同川販首犯皆斬立決，在犯事地方正法。其無指引捆拐遞賣情事，但窩隱獲送分贜者，不論贜數，不分首從，俱發近邊充軍。其止知情窩留，未經分贜者，無論人數多寡，爲首者杖一百、流三千里，爲從杖一百、徒三年。其鄰佑知而不首者，杖一百。

一、貴州、雲南、四川地方民人，誘拐本地子女，在本省售賣，審無勾通外省流棍情事，仍照誘拐婦人子女本例分別定擬。如捆綁本地子女，在本地售賣，爲首擬斬監候，爲從發近邊充軍。

一、凡貴州地方有外來流棍勾通本地棍徒，將荒村居住民、苗人户殺害人命，擄其婦人子女，計圖販賣者，不論已賣、未賣，曾否出境，俱照强盗得財律，不分首從皆斬，梟示。其有迫脅同行，並在場未經下手，情尚可原者，於疏内聲明，減爲擬斬監候，請旨定奪。至殺一家三人以上者，仍從重定擬。其用威力强行綁去，及設方畧誘，往四川販賣，不論已賣、未賣，曾否出境，爲首者擬斬立決，爲從者擬絞監候。其有將被拐之人傷害致死者，除爲首斬決外，爲從者擬斬監候。若審無威力捆縛及設計强賣，實係和同誘拐往川者，不論已賣、未賣，但起行在途，爲首者擬絞監候，爲從者杖一百、流三千里，被誘之人仍照例擬徒。其窩隱川販在家，果有指引殺人捆擄，及勾通畧誘、和誘子女藏匿遞賣者，審實，各與首犯罪同。其無指引勾串等情，但窩隱獲送分贜，與僅知情窩留而未分贜者，仍照舊例分別定擬。雲南、四川所屬地方，如有拐販捆擄等犯，亦照貴州之例行。其一年限内拏獲興販棍徒，並不能拏獲之文武員弁，均按人數，分別議叙議處。

一、凡流棍販賣貴州苗人，除本犯照例治罪外，其知情故買者，照違制律杖一百，仍將苗人給親收領。

一、凡姦夫拐誘姦婦之案，除本夫不知姦情，及雖知姦情而迫於姦夫之强悍，不能禁絶，並非有心縱容者，姦夫仍依和誘知情爲首例擬軍，姦婦減等滿徒。若係本夫縱容抑勒妻妾與人通姦，致被拐逃者，姦夫於軍罪上減一等，杖一百、徒三年；姦婦及爲從之犯再減一等，杖九十、徒二年半。本夫本婦之祖父母、父母縱容抑勒通姦者，亦照此例辦理。

一、凡外省民人，有買貴州窮民子女者，令報明地方官，用印准買，但一人不許買至四五人帶往外省。仍令各州縣約立官媒，凡買賣男婦人口，憑官媒詢明來歷，定價立契，開載姓名住址，男女年庚，送官鈐印。該地方官豫給循環印簿，將經手買賣之人登簿，按月繳換稽查。儻契中無官媒花押，及數過三人者，即究其畧賣之罪。儻官媒通同棍徒興販，及不送官印契者，俱照例治罪。至來歷分明而官媒揩索，許即告官懲治。如地方官不行查明。將苗民男婦用印賣與川販者，照例議處。至印賣苗口以後，給與路照，填注姓名、年貌，關汛員弁驗明放行。如有兵役留難勒索及受賄縱放者，俱照律治罪。該管員弁分別議處。

盗賊窩主

一、山東省匪徒有窩留捻、幅匪犯者，無論有無同行，但其窩留之犯曾經搶奪訛索强當滋事者，窩主悉照首犯一例治罪。儻數年後此風稍息，奏明仍照舊例辦理。

一、漕船被盜，船户、舵工人等，除勾留容隱分贜，仍照例治罪外，如失事時，有頻呼不應，不力爲救獲者，分別强竊，照窩主不行不分贜例，各減一等治罪。失察該管員弁，分別議處。其有拏獲別幫盜首及竊盜積案巨窩者，交部分別議叙。

起除刺字

一、臺灣無籍游民，除犯該徒、流以上，仍照定例辦理外，若犯止枷杖，例應逐回原籍管束者，面刺「逐水」字樣。

刑律　人命

謀殺人

一、凡僧人逞兇，謀、故慘殺十二歲以下幼孩者，擬斬立決。其餘尋常謀、故殺之案，仍照本律辦理。

一、臺灣等處商船圖財害命之案，均照苗人圖財害命例擬斬立決，梟示。與命盜案内例應斬梟之犯，均傳首廈門示衆。仍將犯罪事由，榜貼原犯地方。

一、苗人有圖財害命之案，均照强盜殺人斬決梟示例辦理。

殺一家三人

一、殺一家非死罪三四命以上者，兇犯依律凌遲處死。兇犯之子，除同謀加功，及有别項情罪者，仍照本律定擬外，其實無同謀加功，查明被殺之家未至絶嗣者，兇犯之子，年在十六歲以上，改發極邊足四千里安置；年在十五歲以下，與兇犯之妻女，俱改發附近充軍地方安置。若被殺之家實係絶嗣，將兇犯之子，年未及歲者，送交内府閹割，奏明請旨分賞；十六歲以上者，仍照前例，發極邊足四千里安置。（如未至絶嗣，案内兇犯之妻已故，其年在十五歲以下之子，暫行監禁，俟成丁時再行發配。女已許嫁者，照律歸其夫家，不必緣坐；若兇犯之妻已故，其女年在十五歲以下者，給其親屬領回，不必發配。）

戲殺誤殺過失殺傷人

一、命案内死罪人犯，有奏准贖罪者，追埋葬銀四十兩，給屍親收領。

車馬殺傷人

一、凡騎馬撞傷人，除依律擬斬外，仍將所騎之馬，給與被撞之人。若被撞之人身死，其馬入官。

刑律　鬥毆

一、兇徒因事忿争，執持兇器傷人，除例載兇器外，其餘例未賅載，凡非民間常用之物，均以兇器傷人論。

一、豫省南陽、汝寧、陳州、歸德、光州五府州所屬州縣，並安徽潁州、鳳陽二府所屬州縣，及廬州府所屬之合肥縣，遇有兇徒結夥三人以上，但有一人執持器械傷人之案，除實犯死罪外，其餘不分首從，實發雲貴、兩廣極邊烟瘴充軍。如聚衆至十人以上，執持器械，無論曾否傷人，不分首從，發新疆給官兵爲奴。其尋常因事争毆，不在此例。俟數年後此風稍息，仍循舊例辦理。

一、各省回民，及豫省南陽、汝寧、陳州、歸德、光州五府州所屬，並安徽潁州、鳳陽二府所屬州縣，廬州府所屬之合肥縣兇徒，結夥鬥毆之案，有自稱鎗手受雇幫毆者，除結夥罪在滿徒以下，仍按自稱鎗手本例從重定擬外，如結夥罪應擬軍，即將該鎗手於應得軍罪上各加一等。

一、回民並豫省南陽、汝寧、陳州、歸德、光州五府所屬州縣，及安徽潁州、鳳陽二府所屬縣州，廬州府所屬之合肥縣兇徒，遇有結夥共毆之案，除所毆係屬尊長，仍就服制中殺傷尊長，及回民並豫省等處兇徒結夥共毆，各本例相比，從其重者論外。若所毆係屬卑幼，即各按服制於回民並豫省等處兇徒結夥共毆各本例上依次遞減一等科斷。其有因卑幼觸犯，以理訓責者，仍分別服制，各按本例定擬。不得概援結夥共毆之例。

保辜期限

一、凡僧人逞兇斃命，死由致命重傷者，雖在保辜限外十日之内，不得輕議寬減。

刑律　訴訟

越訴

一、旗軍有欲陳告運官不法情事者，許候糧運過淮，並完糧回南之日，赴漕司告理。如赴別衙門挾告詐財者，聽該管官即拏送問，犯該徒罪以上，調發近邊充軍。

一、軍民人等控訴事件，俱令向該管官露呈投遞。儻敢呈遞封章，挾制入奏，無論本人及受雇代遞者，接取官員一面將原封進呈，一面將該犯鎖交刑部收禁。如所告得實，本犯係平民，照衝突儀仗妄行奏訴例加一等，發邊遠充軍。若所控虛誣，核其誣告本罪，僅止笞、杖、徒者，仍發邊遠充軍。笞、杖罪名，到配枷號一個月；徒罪，枷號兩個月。如誣告罪應擬流者，發極邊足四千里充軍；應擬附近、近邊、邊遠、極邊充軍者，實發雲貴、兩廣極邊烟瘴充軍；應擬極邊烟瘴充軍者，改發新疆，充當苦差。如因呈遞封章，另犯應死罪名，仍各從其重者論。其受雇代遞者，俱照受財雇寄例，發近邊充軍，贓重者以枉法從重論。

一、負罪人犯呈遞封章，奏告人罪，無論自行投遞，遣人投遞，及所控是否得實，並將呈詞封固投遞，挾制入奏者，原犯係應擬笞、杖、枷號、徒罪，尚未發落，或徒罪業已發配，役限未滿者，俱發極邊足四千里充軍。原犯軍遣流罪，無論已未到配，三流俱改發雲貴、兩廣極邊烟瘴充軍，仍照名例，以極邊四千里爲限，軍罪實發雲貴、兩廣極邊烟瘴充軍；遣罪在配所用重枷枷號一年。原犯斬、絞監候，秋審應入緩決者改爲情實，應入情實者改爲立決。如原犯已至立決，無所復加，仍從原犯罪名科斷。儻本案實有屈抑，不赴内外風憲衙門申訴，輒違例遞摺，除本案准予審理更正外，仍將該犯照衝突儀仗妄行奏訴例，發近邊充軍。若本案更正之罪，重於近邊充軍者，加本罪一等調發。如因呈遞封章，另犯應死罪名，仍各從其重者論。其受雇代遞者，俱照受財雇寄例，發近邊充軍，贓重者以枉法從重論。

一、凡呈遞封章，係平民仍照原例辦理外，如問擬笞、杖、枷責，業已發落遞籍，及原犯並無罪名，遞籍管束之犯，又復脱逃，呈遞封章者，視其所控虛實，照平民呈遞封章例遞加一等。原例邊遠充軍者，改發極邊足四千里充軍；原例極邊足四千里充軍者，改發極邊烟瘴充軍；原例極邊烟瘴充軍者，改發新疆分別當差爲奴；原例遣罪者，在配用重枷枷號三個月；本例有枷號一個月、兩個月者，各再遞加一個月。倘另犯應死罪名者，仍各從其重者論。

一、凡遣軍以下人犯，除在配人犯呈遞封章，仍照原例辦理外，如有配所潛逃，呈遞封章，控訴事件並無屈抑，查照在配呈遞封章例遞加一等治罪。原例應發極邊足四千里者，改發極邊烟瘴充軍；遣罪人犯，無可復加，原例在配用重枷枷號一年者，加爲枷號一年六個月。如本案實有屈抑，原例應發近邊充軍者，改發邊遠充軍；原例應加本罪一等者，再遞加一等；如已至斬絞罪名，秋審應緩決者入於情實，應情實者改爲立決；犯至立決，無可復加，仍照原例科斷。儻另犯應死罪名，仍各從其重者論。

一、凡控訴事件，口稱必須面見皇上，始行申訴，雖未遞有封章，即照呈遞封章挾制入奏之例，分別平民及遞籍人犯脱逃，暨負罪遣軍以下人犯在配在逃，於呈遞封章本例上各加一等科斷。罪應邊遠充軍者，改發極邊足四千里充軍；罪應極邊足四千里充軍者，改發極邊烟瘴充軍，罪應極邊烟瘴充軍者，旗人改發黑龍江當差，民人改發新疆，給官兵爲奴。其本罪已至發遣，無可復加，應在遣配用重枷枷號三個月者再加枷號三個月，應枷號一年，暨一年六個月者，各再加枷號六個月。如本例有枷號一個月、兩個月、三個月者，亦各遞加一個月；原犯斬、絞監候，改爲立決。本犯已至立決，無可復加，仍照本例科斷。若呈遞封章，口稱必須面見皇上，始行申訴者，又遞加一等。如誣告叛逆及干名犯義，罪應死者，仍從重論。

一、已革兵丁挾嫌驀越赴京控告本管官，審係全虚者，枷號三個月，杖一百，發烟瘴充軍，仍依名例，以足四千里爲限。

投匿名文書告人罪

一、駐防旗人與民人姦匪交結，起意捏寫匿名揭帖，傾陷平人者，擬絞立決。爲從民人，杖一百、流三千里。如民人起意爲首，仍照律擬絞監候。爲從旗人，發遣黑龍江等處當差。

誣告

一、偷參爲從人犯，誣板良民爲財主及率領頭目者，不論旗、民，枷號兩個月，改發雲貴、兩廣極邊烟瘴充軍，旗人仍銷除旗檔。

一、凡鴉片烟案件，拏獲見發有據者方坐，不許妄扳拖累。如兵役人等，並地方匪棍冒充兵役，假以查拏鴉片烟爲由，肆行搶奪，並懷挾仇恨，或希圖訛詐，栽贜誣賴，審實，不分首從，俱發邊遠充軍。贜至一百二十兩以上者，爲首擬絞監候。失察各官交部議處。

一、吸食鴉片烟之案，止准地方官弁訪拏究辦，不許旁人訐告。有訐告者，均不准審理。儻係干名犯義，仍照本律治罪。

干名犯義

一、凡奴僕首告家主者，雖所告皆實，亦必將首告之奴僕仍照律從重治罪。

刑律　受臟

官吏受財

一、司、道、府、州、縣等官，不時察訪衙蠹，申報該督撫究擬。若該管官員不行察報，經督撫上司訪拏或別經發覺者，照徇庇例，交該部議處，如督撫不行訪參，亦交該部議處。其訪拏衙蠹並臟私數目，仍應年底造册題報。

一、督撫司道各上司差役擾害鄉民，許州縣查拏，並許被害人呈告，將該役照例治罪。

在官求索借貸人財物

一、文武職官索取土官、外國、猺獞財物，犯該徒三年以上者，俱發近邊充軍。

因公科斂

一、江南、江西、湖廣地方，及黄、運兩河，遇有公事，該督撫查實題請定奪，不許輒派商捐。倘地方官有私行勒派者，即行題參治罪。該督撫失於覺察一並交部議處。

刑律　詐僞

詐爲制書

一、詐爲六部等衙門文書，依律問斷外，若詐爲察院、布政司、按察司、府、州、縣及其餘衙門文書，誆騙科斂財物者，問發近邊充軍。

對制上書詐不以實

一、發遣軍流人犯在配所遣人呈遞封章，條陳事務者，無論所言有無可採，原犯軍流，加一等調發；原犯極邊烟瘴充軍者，發新疆，給官兵爲奴；原犯遣罪，在配用重枷枷號六個月。如因呈遞封章另犯應死罪名，仍各從其重論。其受雇代遞之人，照爲從律減本犯罪一等，擬杖一百、徒三年。計贓重者，准竊盗贓科斷。

私鑄銅錢

一、凡銷燬錢文之案，除當十銅錢，仍照銷燬制錢例定擬外，如有存留各項停用當百、當五十、當五銅錢、當十鐵錢、鉛錢、制錢，並不赴官售賣，輒自銷燬者，於私銷制錢爲首斬決、爲從絞決例上酌減一等，爲首發邊遠充軍，爲從杖一百、流三千里。

詐假官

一、凡雜職内有假冒頂替之人，自行出首者，革退回籍，免其治罪。

一、凡各省各營食糧兵丁，並有不食錢糧，假冒營兵，生事擾民，及合夥挾制官司，擾害地方者，該地方官審明，分別首從，各照律例定擬。如該管文武各官不行稽查轉報，督撫、提鎮不題參，俱交該部照例分別議處。

一、凡未經考職書吏冒戴頂帽者，照假冒職官例，杖六十、徒一年。其有把持公事别情，仍照本條按例從重究擬。本管官及地方官失於查察或有意故縱，分別議處。

刑律　犯姦

犯姦

一、川省嘓匪有犯輪姦之案，審實，照强盜律不分首從皆斬。其同行未成姦者，仍依輪姦本例，擬絞監候。如因輪姦而殺死人命者，無論成姦與否，俱照强盜殺人例，奏請斬決，梟示。

親屬相姦

一、凡姦内外緦麻以上親，及緦麻以上親之妻，若妻前夫之女，同母異父姊妹者，依律擬罪，姦夫發附近地方充軍。

一、凡姦同宗無服之親，及無服親之妻者，各枷號四十日，杖一百。

居喪及僧道犯姦

一、僧道官、僧人、道士有犯挾妓飲酒者，俱杖一百，發原籍爲民。

一、僧道、尼僧、女冠有犯和姦者，於本寺觀、庵院門首枷號兩個月，杖一百。其僧道姦有夫之婦，及刁姦者，照律加二等，分别杖、徒治罪，仍於本寺觀、庵院門首，各加枷號兩個月。

刑律　雜犯

賭博

一、凡旗人有邀集抓金錢會者，將起意邀約之人照違制律杖一百；隨同入會者，照爲從律減一等，杖九十。失察之該管官，交部查議。

閹割火者

一、投充太監，聽其報明有司閹割後，即令其自行投報，總管內務府驗明，送內當差，不必由該管州縣造册送部。

一、新進太監由內務府驗明，年在十六歲以下，並未娶有妻室者，交地方熟、火兩處首領太監管教。其應學藝者，交各該處首領太監，各派年陳老成之人，作爲本管太監，照管衣食，查其行止。如堪供策，使告知總管太監等分撥各處當差。有不安本分者，該本管太監告知總管太監等交出，與年十六歲以上净身投充之太監，均分給親王、郡王府内更换。年十六歲以下者，送進。該本管及首領太監，若不經心查看，率行分撥，經各該處查出該太監劣蹟，將本管及首領太監等交內務府治罪。各該王交進太監時，詳加審察，並著落同居之太監出具切實甘結，一並交送。儻换進太監有疏忽弊混，將王府出結之太監治罪。

搬做雜劇

一、凡旗員赴戲園看戲者，照違制律杖一百。失察之該管上司，交部議處。如係閑散世職，將該管都統等交部議處。

刑律　捕亡

應捕人追捕罪人

一、山東省地方如有兵役通盜之案，除實犯死罪，無可復加，仍照舊辦理外，其罪未至死，各於應得本罪上加一等定擬。若不分贜，不漏信，但知盜窩所在，縱不即捕者，訊出故縱情節，即照尋常强竊盜窩主之例加一等，分别治罪。俟該省盜風稍息，再奏明復歸舊例。

罪人拒捕

一、强盗拒捕殺傷官兵之案，除同夥傷人之時，該犯不在一處者，仍照例擬罪外。其同在一處，或三五成群，雖非下手之人，既在旁目睹，即係同惡共濟，法所難寬，即行斬決。

一、拏獲圍場内偷打牲口、砍伐木植人等，若緝拿時曾經拒捕，不肯就擒者，照拒捕例加本罪二等問擬。犯至發遣者，先枷號三個月，再行照例發遣。毆所捕人至折傷以上者，擬絞監候。殺人者，擬斬監候。

一、豫省南陽、汝寧、陳州、光州四府州所屬州縣，及安徽省屬捻匪行兇擾害，被害之家當場致傷及殺死捻匪者，無論是否登時，概予勿論。差役、地保殺死捻匪者，悉杖一百；傷者暨格殺，均勿論。如有挾嫌殺害，藉端洩忿情事，仍照謀故鬥毆各本律治罪。若差、保庇獲捻匪，不行拘拏，照故縱律，與本犯同罪，受財者以賄縱論。其捻匪拒捕殺死應捕之人者，依罪人拒捕殺人律，擬斬監候；傷者，但係刃傷及折傷以上，不論是否殘廢篤疾，各依毆所捕人至折傷以上律，擬絞監候。俟數年後捻匪斂戢，仍各照舊例辦理。

一、山東省捻匪、幅匪强劫搶奪，訛索擾害，被害之人當場將其殺死者，無論是否登時，概予勿論。兵丁、差役、地保及鄰佑應捕人等殺死捻匪、幅匪者，各照擅殺應死罪人律杖一百；格殺及傷者，均勿論。如有挾嫌殺害，藉端洩忿情事，仍依謀故鬥殺各本律治罪。若兵役、地保徇庇不拏，與本犯同罪，受財者以賄縱論。其捻匪、幅匪殺傷事主，除强劫搶奪例有專條外，如訛索不遂，殺傷被害之人，即照搶奪殺傷事主例分別定擬；殺傷兵役人等，仍依罪人拒捕本律科斷。儻數年後此風稍息，奏明仍照舊例辦理。

獄囚脱監及反獄在逃

一、凡殺人盗犯，及未殺人之首盗，與傷人之夥盗，原擬斬梟及斬決，若越獄脱逃被獲者，並於本地方斬決、梟示。其未殺傷人之夥盗，原係擬斬，免死發遣之犯，如越獄脱逃被獲者，於本地方擬斬立決。若因越獄殺傷兵役者，亦擬斬，梟示。其外省越獄及在途脱逃盗犯，被別省拏獲，即令拏獲之地方官審報該撫具題，刑部查明原卷奏聞，行令拏獲之地方立決。其從部刺字發遣，在途用酒灌醉、用藥迷倒解差，乘間遠颺者，該地方官報部，亦行令拏獲之地方擬斬立決。若因脱逃殺傷兵役者，斬決，梟示。其疏縱之該管官，照例議處。刑書、禁卒有無賄縱，與不嚴加肘鎖，少差兵役及差非正身，以致中途脱逃者，地方官及兵役，照例議處治罪。

徒流人逃

一、軍流人犯脱逃被獲，遇赦，核其情節，准其援赦者，不分初犯、再犯，俱免枷號，仍發原配。如原犯情節較重，不准援赦者，按照逃走次數，照例枷號發落。

一、在川流民犯罪，遞回原籍，復逃至川者，如無爲匪，照逃人例杖一百，遞回原藉。如有爲匪，所犯在杖一百以下者，並杖六十、徒一年；如所犯在徒一年以上者，各照所犯之罪加一等問擬。其遞回原籍之時，行文原籍地方官嚴行管束。如有復逃入川，及川省該地方官將遞回人犯失察容隱，俱按逃回名數，交部議處。其原籍地保人等若於該犯出境之時，隨即呈報，在一百日限内，或經該管官拏獲，或經别處拏獲，俱准免罪；逾限不獲，將地保照因人連累致罪例，減罪人罪二等發落。倘有知情隱匿者，與犯人同罪，罪止杖一百。受財故縱者，以枉法計贜治罪。其川省之地保人等，如有知情受賄等弊，亦照原籍地保分别治罪。

一、黔省查拏游匪，除斬絞軍流照例辦理外。其犯該杖徒者，遞回原籍充徒發落。並開明該犯姓名、年貌、籍貫，通飭各屬備案，仍令各照定例辦理。若本犯回籍之後，復敢潛入黔境，一經拏獲，訊無爲匪，照逃人例杖一百，遞回原籍。如有爲匪，犯在杖一百以下者，並杖六十、徒一年；犯在徒一年以上者，各照所犯之罪加一等。其窩留之人，照知人犯罪藏匿律，減罪人一等問擬。失於查察之原籍及黔省地保人等，照川省之例，分别知情受賄等弊，一例治罪。原籍失察脱逃並黔省失察容留地方文武各官，均照例分别議處。

一、凡遣軍流徒各犯，僅止脱逃者，主守之鄉保等，及容留軍流逃犯之房主、鄉保，仍照各本例治罪外，如遣軍流犯逃後滋事，主守之鄉保等杖一百。每一名加一等，罪止杖一百、徒三年。知情容留之房主、地保，照知情藏匿罪人減罪人一等律，再加一等治罪；知而不首者，仍杖一百。其徒犯逃後滋事，失察之鄉保等杖八十。每一名加一等，罪止杖八十、徒二年。知情容留之房主、鄰保，照知情藏匿罪人律，減本犯罪一等治罪。容留並未滋事之逃徒，照容留滋事逃徒例再減一等。但知而不首者，杖八十。受財者，各計贜以枉法從重論。其容留之親屬，除祖父、子孫、夫妻、奴僕外，其餘親屬人等，係容留徒罪人犯，照不應輕律笞四十。容留遣軍流犯，俱照不應重律杖八十。

一、由京遞籍人犯脱逃來京，主守之鄉保等笞四十。逃後滋事者，鄉保等杖六十。每一名加一等，罪止杖一百。知情容留之房主、鄰保，亦照知情藏匿罪人律，減本犯一等治罪。其容留並未滋事之遞籍逃犯，照容留滋事遞籍逃犯例，再減一等。知而不首者，又減一等。受財者，各計贜以枉法從重論。其容留之親屬，祖父、子孫、夫妻、奴僕外，其餘親屬人等，照不應輕律笞四十。

羈留囚徒

一、各處有司起解在逃軍犯及充軍人犯，量地遠近，定立程限，責令管送。若長解縱容在家遷延，不即起程，違限一年之上者，解人發附近充軍，受財者，計贜以枉法從其重者論。正犯原係附近，發近邊；原係近邊，發邊遠；原係邊遠，發極邊地方，各充軍。

主守不覺失囚

一、解審罪應凌遲、斬絞立決、監候重犯，中途脱逃，僉差不慎之長解官及撥兵添差護解之地方文武各官，俱照吏部定例，分别議以降留、降調、革職並革職留任，限一年緝拏。限内全獲，題請開復。如限滿不獲，查係依法管解，偶至疏脱者，即照吏例以降革完結，毋庸治罪。若審係解役賄縱、故縱，概行革職，擬以杖一百、徒三年。儻犯被他人捕得者，仍照例科罪。至軍流等犯解審脱逃，及斬絞人犯解審脱逃拏獲案内，另有軍流等犯未獲，其僉差護解各官，仍照舊例交部分别議處。

一、解審斬、絞重犯，審有違例雇替等情，其例應與囚同罪。至死減等發落之解役，仍於本罪上加一等定擬。

盗賊捕限

一、凡京城内有强盗劫財傷人者，該汛值宿領催、兵丁，俱枷號四十日，斥革發落，步軍統領、總尉、副尉、步軍校，俱交部分别降罰。賊犯限一年緝拏，獲半者開復；如不獲又失事者，降調。若正陽、崇文、宣武三門關廂内失事者，該汛兼轄五營武職及文職兵馬司官，俱交各該部降罰、專汛千把總，及馬步兵丁，各杖一百。賊犯限一年緝拏，全獲者開復；緝拏一半者，免其議處；不及一半者，仍照定例議處；不獲者，兼轄各官俱降調，千總把總俱革職，兵丁枷號四十日，斥革發落。賊犯交給管官緝拿。

一、黔省苗疆地方承審命盗案件，州縣各照原定分限，尋常命案三個月，盗案及情重命案兩個月，審理完結。其加展兩月、三月之例，概行停止。

一、苗蠻地方一有失事，該防汛官即帶兵追捕，地方官即差役嚴拏，一面申報上司，並移會鄰近營汛，協力窮追。如未能弋獲，查明兇犯本名，確係何處賊蠻，會同該衙門添差緝獲。如徇庇不發，並承審官不嚴行追究，及文武官弁明知案犯下落，不實力擒拏，以致逃匿者，並交部議處。若捕役搜捕案犯，牽累良民，照誣良爲盗例，從重治罪。

一、凡各本省應緝外遣逃犯，分晰年分、人數，登記事由及已未就獲爲一册。外省通緝者，於每年彙選尋常軍流逃犯册内畫出，另爲一册。年終由臬司衙門彙册造報督撫，於開印後咨部查核。該督撫將本省及通緝各案，分摺具奏。其通緝遣犯，各督撫於文到日，即飭屬分差緝拏，將緝役姓名申報，責成該管道府不時稽察。如有怠忽不實力奉行者，該道府揭參，將該地方官議處。

刑律　斷獄

獄囚衣糧

一、刑部南、北兩監板棚，不許禁卒人等私相租賃。如有受賄頂租等弊，將獄卒人等從重治罪。

官司出入人罪

一、州縣承審逆倫罪關凌遲重案，如有故入、失入，除業經定罪招解，分別已決、未決按律定擬外，其雖未招解，業已定供通詳，經上司提審平反，究明故入、失入，各照本律減一等問擬。其餘若尋常審案，仍照舊例辦理。

辯明寃枉

一、凡在外審理事件，應照案内人犯籍貫，批委該地方官審理明白，申詳完結。既經批委，不得反覆改批別屬。如果情事未明，務須詳細指駁。倘原問官仍復朦混申詳，即題參議處，另委別官審理。若督撫等官將事理已明之案故生枝節，屢行批駁，遲延不結者，亦交部議處。

有司決囚等第

一、大、宛兩縣秋審勾決，及一應斬、絞立決重犯，刑部於奉旨後，即一面徑行順天府府尹，轉飭該縣就近辦理，一面仍行文直隸總督備案。

一、秋審查辦留養承祀之案，如距省在八百里以内府州縣屬者，由該督撫督同臬司，親提犯屬、屍親、族鄰人等，逐加研訊，實係親老丁單及孀婦獨子，方准查辦。倘親屬實在老病不能就道者，州縣查明，禀請督撫遴委道府大員前往，就近查訊，取其供結，詳報督撫、臬司覆核辦理。其距省在八百里以外府州所屬，及正犯例不解省，向由該管巡道審轉者，即由該管巡道就近提齊犯屬、屍親、族鄰人等，查取供結辦詳。若犯屬及屍親等籍隸他省者，即移咨所轄之該省督撫，按照離省道路遠近，分別提審訊取供結，報部核辦。

一、山東省凡有賭博、姦拐、窩藏竊盜、容留邪匪等案，在地窖内被獲者，各就所犯本條加一等治罪，並將地窖平毀。

一、盛京刑部審辦題奏案件，有經部議駁者，刑部即奏請交盛京將軍，或別部侍郎内特派一員，會同覆審。如係咨駁之案，即聲明交與盛京將軍，詳細會審。

一庫爾喀剌烏蘇地方，遇有一切命盜等案，俱責令營員會同糧員查驗訊供，解送迪化州辦理。

一、凡罪應凌遲之案，如謀反大逆但共謀者，謀殺祖父母、父母者，妻妾殺夫之祖父母、父母者，妻妾謀殺故夫祖父母、父母者，殺一家非死罪三人及支解人爲首者，謀殺期親尊長外祖父母者（情可矜憫，例准夾簽聲明之案，仍專本具題），採生折割人爲首者，子孫毆死祖父母、父母者，子孫毆祖父母、父母，及妻妾毆夫之祖父母、父母者，糾衆行劫在獄罪囚，持械拒殺官弁爲首及下手官者，尊長謀占財産，圖廕官職，殺功緦卑幼一家三人者，發遣當差爲奴之犯，殺死伊管主一家三人者，罪囚由監内結夥反獄，持械拒殺官弁，爲首及下手殺官者，妻妾與有服親屬通姦，同謀殺死親夫者（若與平人通姦謀殺，仍專本具題），並罪應斬梟案内，如卑幼圖財强姦，謀殺尊長者，殺一家非死罪二人，如死係父祖子孫及服屬期親者，洋盜、會匪及强盜拒殺官差者，暨兩造赴京呈控，奏交該省審辦，或曾經刑部奏駁之案，俱專摺具奏。其餘尋常罪應凌遲、斬梟、斬決之案，仍循例具題。各督撫於專奏摺尾，將援照刑部議定條款，例得專摺陳奏之處聲明。倘有强行比附，率意改題爲奏，刑部即參奏駁回，仍令照例具題；或應奏不奏，亦即查參。

赦前斷罪不當

一、督撫承問叩閽事件，除情罪重大不在赦類者，仍依限審結具題外，其餘輕罪與赦類相符，即行釋放，彙題銷案。

工律　營造

擅造作

一、凡在京各處修理工程，工價銀五十兩以内、物料銀二百兩以内者，照依各處印文，准其修理。其工價銀五十兩以上、物料銀二百兩以上者，著該處料估啓奏，工部差官覆核，會同該處官員首領監修，將用過錢糧，著管工部名下銷算。如多用錢糧，不行啓奏即便承修者，將行文與承修堂司官，交與該部議處。若物料工價甚多，而分爲幾段，陸續行文，俱稱五十兩以内不奏者，查出亦交與該部議處。

一、凡修理行宫並各省房倉等項工程，一應動用錢糧事件，令該督撫奏聞，該部議覆，再行修理。工完之日，督撫親自查明，倘有開報浮多，據實核減，造册具題，該部詳核題銷。如有不行啓奏，擅自咨部請銷，而該部據咨完結者，即行題參，交該部議處。

一、凡各省修建一應工程，如物料價銀五百兩以上、工價銀二百兩以上者，該督撫將動支銀兩及工料細數預行確估題報。工部查明定議，會同户部指定款項題覆，准其動用興修。俟工竣之日，督撫親自查核，造册題報。工部核明注銷，仍知照户部查核。其物料價銀五百兩以下、工價銀二百兩以下者，該督撫咨明工部定議，知照户部，令其動項興修。工竣，逐一造册題銷。倘有需用物料、工價甚多，而分爲幾處陸續咨報，並未題明，輒行修建者，查出題參。其有應動用存公銀兩者，該督撫將確估工料細數咨報，工部查明，知照户部，准其動用。工完造報，工部將准銷銀數造入該年存公册内，咨送户部查核。

一、凡遇工程核減，除浮冒侵欺，仍按本律定擬外，如實係核減，本身現在無力完交，請豁銀數在一千兩以上者，照知府分賠屬員侵欺不完治罪之例治罪。以十分爲率，如未完之數在五分以内者，杖一百；至六分者，杖六十、徒一年。每一分加一等；十分無完者，杖一百、徒三年，均不准納贖。如數不及一千兩者，仍照舊例請豁，免其治罪。如本身已故，而子孫無力完繳者，仍照例請豁，毋庸議罪。至核減款内，採買水脚等項應追核減銀兩，如果力不能完，自應照例請豁，免其治罪。其餘經費項下，若長支濫領誤發，以及分賠之非由屬員侵欺，並代賠著賠之項，若欠項零星，不及一千兩者，果係力不能完，照例豁免。如數在一千兩以上者，請豁時，應令該旗籍於本摺内聲明，或將本身照現定工程核減治罪之例，酌減一等問擬，或免其治罪之處，請旨定奪。

造作不如法

一、凡打造弓箭，擅改式樣貨賣者，笞五十。

冒破物料

一、直隷各省督撫、將軍、提鎮所轄各標營等衙門，收貯軍器，經上司官查盤，若有侵欺物料，那移搪飾，虚開報者，俱以監守自盗論。贓重者，照侵欺倉庫錢糧例治罪。該管官不查報，並失察之上司官，俱交該部照例分別議處。

比引律條

一、運糧一半在逃，比依凡奉制書有所施行而違者律，杖一百。
一、妻之子打庶母，傷者，比依弟妹毆兄姊律，杖九十、徒二年半。
一、姦妻之親生母者，比依母之姊妹論。
一、夫棄妻之屍，比依尊長棄毀緦麻以下卑幼之屍律，杖一百、流三千里。
一、拖累平人致死，比依誣告人因而致死一人律，絞。

後附：欽定大清商律

商人通例

一、凡經商務、貿易、賣買、販運貨物者，均爲商人。
二、凡男子自十六歲成丁之後，方可爲商。
三、凡業商者，設上無父兄，或本商病廢而子弟幼弱，尚未成丁，其妻或年届十六歲以上之女，或守貞不字之女，能自主持貿易者，均可爲商。惟必須呈報商部存案。或在該處左近所設之商會呈明，轉報商部存案。如該處未設商會，即就近赴各業公所呈明，轉報商部存案。
四、已嫁婦人，必須有本夫允准字據，悉照第三條辦理，呈報商部，方可爲商。惟錢債轇、轕虧折等事，本夫不得辭其責。
五、凡商人營業，或用本人真名號，或另立店號某記、某堂名字樣，均聽其便。
六、商人貿易，無論大小，必須立有流水帳簿。凡銀錢貨物出入，以及日用等項，均宜逐日登記。
七、商人每年須將本年貨物、産業、器具，以及人欠、欠人款目盤查一次，造册備存。
八、商人所有一切帳册，及關係貿易來往信件，留存十年。十年以後，留否聽便。倘十年之内實有意外燬失情事，應照第三條呈報商部，存案辦理。

九、無論何項商人，何項公司、何項鋪店均須按照第六、七、八條遵守無違。

公司律

第一節　公司分類及創辦呈報法

一、凡湊集資本共營貿易者爲公司。共分四種：一合資公司。一合資有限公司。一股分公司。一股分有限公司。

二、凡設立公司，赴商部駐册者，務須將創辦公司之合同、規條、章程等，一概呈報商部存案。

三、公司名號後設者，不得與先設者相同。

四、合資公司係二人或二人以上集資營業，公取一名號者。

五、合資公司所辦各事，應公舉出資者一人或二人經理，以專責成。

六、合資有限公司係二人或二人以上集資營業，聲明以所集資本爲限者。

七、設立合資有限公司，集資各人應立合同，聯名簽押，載明作何貿易，每人出資若干，某年某月某日起，期限以幾年爲度。限先期十五日將以上情形呈報商部注册，方准開辦。

八、合資有限公司招牌及凡做貿易所出單票、圖記，均須標明某某名號有限公司字樣。

九、合資有限公司如有虧蝕、倒閉、欠帳等情，查無隱匿銀兩訛騙諸弊，祇可將其合資銀兩之盡數，並該公司産業變售還償，不得另向合資人追補。

十、股分公司係七人或七人以上創辦集資營業者。

十一、股分公司創辦人訂立創辦合同所應載明者如左：

一、公司名號。

二、公司所做貿易。

三、公司資本若干。

四、公司總共股分若干，每股銀數若干。

五、創辦人每人所認股數。
六、公司總號設立地方。如有分號，一並列入。
七、公司設立後，布告股東或衆人之法，或登報，或通信、均須聲明。
八、創辦人姓名、住址。
十二、設立股分公司者，應將第十一條各項，限先期十五日呈報商部注册，方准開辦。
十三、股分有限公司，或七人、或七人以上創辦集資營業。聲明資本若干，以此爲限者。
十四、股分有限公司創辦人訂立一創辦合同，與第十一條同，惟須聲明有限字樣。
十五、股分有限公司招牌及凡做貨易所出單票、圖記，亦均須標立某某名號有限公司字樣。
十六、股分公司，不論有限無限，如須招股，必先刊發知單，並登報布告衆人。其知單及告白中所應聲明者如左。
一、公司名號。
二、公司作何貿易，及所做貿易大概情形。
三、公司設立地方。
四、創辦人姓名住址。
五、公司總共股分若干，每股銀數若干，現招股若干及分明繳納之數。
六、收取股銀地方。
七、創辦人有無別得或他人應許之利益。
八、創辦人爲所設公司先與他人訂立有關銀錢之合同之類。
十七、凡創辦公司之人，不得私自有非分之利益隱匿，以欺衆股東。倘有此項情弊，一經查出，除追繳所得原數外，並按照第一百二十六條罰例辦理，以示懲警。至其應得之利益，先在衆股東會議時聲明允認者，不在此例。
十八、公司招股已齊，創辦人應即定期招集各股東會議，即由衆股東公舉一二人作爲查察人，查察股數是否招齊，及公司各事是否妥協。

十九、如股東查出公司創辦人不遵照按第十六條聲明各項辦理，及有他項弊竇者，衆股東可以解散不認。

二十、如股東查明公司創辦人確係遵照按第十六條聲明各項辦理，亦無他項弊竇，該公司應於十五日内呈報商部注册開辦。

二十一、公司呈報商部注册時，所聲應明者如左：

一、公司名號。

二、公司作何貿易。

三、公司總共股分若干。

四、每股銀數若干。

五、公司設立後布告股東或衆人之法，或登報、或通信，均須聲明。

六、公司總號設立地方。如有分號，一並列入。

七、公司設立之年月日。

八、公司營業期限之年月日。如無期限，亦須聲明。

九、每股已交銀若干。

十、創辦人及查察人姓名、住址。

二十二、公司開辦三月後，限於一月内董事局須邀請衆股東會議，將開辦各事宜詳細陳説，俾衆股東知悉。如有關繫緊要者，即可請衆股東酌奪。

二十三、凡現已設立與嗣後設立之公司及局廠、行號、鋪店等，均可向商部注册，以享一體保護之利益。

二十四、股分銀數必須劃一，不得參差。

二十五、每股銀數，至少以五圓爲限，惟可分期繳納。

二十六、每一股不得拆爲數分。

二十七、公司必須遵照第二十一條聲明各項辦理，方能刊發股票，違者股票作廢。他人因此受虧者，准控官向該公司索賠。

二十八、公司股票，必須董事簽押，加蓋公司圖記爲憑，依次編號，並將左列各項叙明：

一、公司名號。

二、公司注册之年月日。

三、公司總共股分若干。

四、每股銀數若干。

五、股銀分期繳納者，應將每期所交數目詳細載明。

六、附股人姓名、住址。

二十九、股分有限公司如有虧蝕、倒閉、欠賬等情，查無隱匿銀兩訛騙諸弊，祇可將其股分銀兩繳足，並該公司産業變售還償，不得另向股東追補。

三十、無論官辦、商辦、官商合辦等各項公司及各局（凡經營商業者皆是）均應一體遵守商部定例辦理。

三十一、凡合資公司、股分公司於呈報商部注册時，未經聲明有限字樣，應作無限公司論。如遇虧蝕，除將該公司産業變售償還外，倘有不足，應向合資人、附股人另行追補。

三十二、無限公司或鋪户等欠賬虧短，則可向股東、鋪東追償，並將己名下産業變售封抵（詳倒賬追欠各專條内）。

第二節　股分

三十三、附股人應照所認股數任其責成。

三十四、附股人應在公司入股單上按式填寫簽押，送交公司指定收單之處，依期繳納股銀。

三十五、附股人無論華商、洋商，一經附搭股分，應即遵守該公司所定規條章程。

三十六、附股人不能以公司所欠之款抵作股銀。

三十七、數人合購一股者，應准以一人出名，其應得權利即由出名人任領，分給合購各人。至有繳納股銀不能應期繳足者，仍由各人分任其責。

三十八、如無違背公司章程，股票可以任便轉賣。惟承買之人應赴公司總號注册，方能作准。

三十九、公司不能自己買回及抵押所出股票。

四十、附股人到期不繳股銀，創辦人應通知該附股人限期半月，逾期不繳，可將所認股數另招他人接受。

四十一、公司令各股東續繳股銀，應於十五日前通知。逾期不繳，再展限十五日。仍不繳，則失其股東之權利。

四十二、股東於展限期内不續繳股銀，公司可將所認股數招人承買。得價不足，仍向原股東追繳。

四十三、公司欲給紅股，應於創辦時預行聲明，不得隱匿。

四十四、附股人不論職官大小，或署己名，或以官階署名，與無職之附股人，均祇認爲股東一律看待。其應得餘利暨議決之權，以及各項利益與他股東一體均沾，無稍立異。

第三節　股東權利各事宜

四十五、公司招集股東會議，至少於十五日前通知，或登報布告，其知單及告白中，應載明所議事項。

四十六、公司董事局每年應招集衆股東舉行尋常會議，至少以一次爲度。

四十七、舉行尋常會議，董事局應於十五日前將公司年報及總結，分送衆股東查核。

四十八、舉行尋常會議時，公司董事應對衆股東宣讀年報，並由衆股東查閲賬目。衆股東如無異言，即行列册作準，決定分派利息，並公舉次年董事。衆股東有以賬目爲未明析者，可即公舉查察人一二名，詳細查核。

四十九、公司遇有緊要事件，董事局，可隨時招集衆股東，舉行特别會議。

五十、有股東共合全數十分之一股本（或一人，或多人，不限人數）。有事欲會議者，可即知照董事局招集衆股東舉行特别會議，惟必須將會議事項及緣由逐一聲明。如公司董事局不於十五日内照辦，該股東可禀由商部核准，自行招集衆股東會議。

五十一、股東於所認股數，到期不能繳納者，不能會議。

五十二、衆股東無論舉行尋常及特别會議，即將所議各事由書記列册。凡議決之事，一經主席簽押作准後，該公司董事人等必須遵行。

五十三、衆股東會議時，如有議決之事，董事或股東意爲違背商律或公司章程者，均准赴商部禀控核辦。惟須在一月以内呈告，逾期不理。至股東禀控，必須將股票呈部爲據。

五十四、公司創辦時所訂合同，及記載衆股東歷次會議時決議各事之册，並股東總單，須分存公司總號及分號，俾衆股東及公司債主可以隨時前往查閲。

五十五、公司總號應立股東姓名册，册内所應載者如左：

一、股東姓名、住址。

二、股東所有股數并其股票號數。

三、每股已繳銀若干，何時所繳。

四、股東購入股票之年月日。

五十六、凡購買股票者，一經公司注册，即得爲股東，所有權利與創辦時附股者無異。其應有之責成，亦與各股東一律承任。如應續加股銀，亦應照繳。

五十七、中國人設立公司，外國人有附股者，即作爲允許遵守中國商律及公司條例。

五十八、凡公司有股之人，股票用己名者，無論股本多少，遇有事情，准其赴公司查核賬目。

五十九、股東赴公司查核帳目，應先期限三天函告該公司總辦，如無總辦，即總經理人，俾可預備（公司股東不一其人，司事逐日有應辦之事，任意查帳，未免難於應接，致有掣肘誤公等弊，故應先行函訂）。

六十、公司往來信札以及各項事件，如股東欲赴公司查閲，亦須先期三天函告總辦或總司理人預備。如所查之書札及各事於該公司較有關係，或略有窒礙者，總辦或總司理人可請董事局酌奪。如有應行秘密之書函，不合宣布者，亦不得交與股東閲看。

六十一、如有股東以查核公司賬目、書札及各事爲名，實係借端窺覷虚實，私自别圖他項利益，損礙公司大局者，董事局應禁阻其查閲。

第四節　董事

六十二、公司已成，初次招集衆股東會議時，由衆股東公舉董事數員，名爲董事局。

六十三、公司董事至少三人，至多不得過十三人，惟必須成單數爲合例。

六十四、董事局會議，如有三人到場，即可議決各事，惟務須遵守會議條例。

六十五、充董事者，必須用本人姓名，暨至少有該公司股分十股以上者。

六十六、董事薪俸，如創辦合同未經載明者，應由衆股東會議酌定。

六十七、各公司以董事爲綱領，董事不必常川往公司内，然無論大小應辦、應商各事宜，總辦或總司理人悉宜陳明於董事局。

六十八、董事任事之期，以一年爲限，期滿即退。最初一年應掣籤定留三分之二，以後按舉輪替（如人數不能合三分之二者，即取其相近之數）。

六十九、董事期滿，如衆股東以爲勝任，可於尋常會議時公舉續任。

七十、董事期滿，股東欲另舉他人，應於尋常會議兩日前，將擬舉之人姓名通知公司總辦或總司理人，其願充董事者，亦可先向公司報名。候會議時，由衆股東公舉。

七十一、董事如有事故不能滿任，董事局人數不敷，可由董事局暫委一妥慎之股東代理，俟衆股東於尋常會議時，再行公舉充補。

七十二、董事辦事不妥，或不孚衆望，衆股東可於會議時決議，即行開除。

七十三、董事遇有以下各事即行退任：

一、倒賬。

二、被控監禁。

三、患瘋癲疾。

四、董事局會議時並未商明他董事，接連三月不到。

七十四、董事未經衆股東會議允許，不得做與該公司相同之貿易。

七十五、公司股本及公司各項銀兩，係專做創辦合同内所載之事者，不得移作他用。

七十六、公司虧蝕股本至半，應即招集衆股東會議籌定辦法。

七十七、公司總辦或總司理人、司事人等，均由董事局選辦。如有不勝任及舞弊者，亦由董事局開除。其薪水酬勞等項，均由董事局酌定。

七十八、公司尋常事件，總辦或總司理人、司事人等照章辦理。其重大事件，應由總辦或總司理人請董事局會議，議決後列册施行。

第五節　查賬人

七十九、公司設立後，衆股東初次會議時，應公舉查賬人至少二名，其酬勞由衆股東酌定。
八十、查賬人任事之期以一年爲限，限滿衆股東於尋常會議時另行公舉。如衆股東願留者，可以續任。
八十一、董事不能兼任查賬人。
八十二、查賬人不能兼任董事，如經衆股東舉爲董事，即開去查賬人之職。
八十三、查帳人因有事故不能滿任，董事局可以委人暫代行理。股東於尋常會議時，再行公舉。
八十四、查賬人可以隨時到公司查閲賬目及一切簿册，董事及總辦人等不能阻止。如有詢問，應即答覆。

第六節　董事會議

八十五、董事局會議至少必須三人到場，方能開議。
八十六、董事局會議應就董事中公推一人充主席，一人充副主席。
八十七、董事局會議主席董事主議，主席不到，由副主席代理。副主席亦不到，臨時另舉一人代理。
八十八、董事局會議時，所議之事，有與董事一人之私事牽涉者，該董事應自行回避。
八十九、董事局會議時，每人有一議決之權（所謂議決之權者，指一人有決事之一權也。假如有五人在場共議一事，則五人得有決事之五權）。
九十、董事局會議事件，如有意見不相同者，總以從衆爲決斷。如董事在場共有五人，有三人以爲可行，二人以爲不可行，所議之事即可從衆照行，即由書記注明記事册内，主席簽字作準。
九十一、董事局會議時，如在場董事連主席共有六人會議一事，三人以爲可行，三人以爲不可行，則彼此議決之權相等。主席董事可加一人決之權酌理，以決定其事。若議決之權不相等，主席即不得加一議決之權。
九十二、董事局會議時，應就公司董事中選派一人充書記，將所議決各事登記董事會議記事册。
九十三、書記將議決各事登記會議記事册，候下次會議，對衆董事宣讀。如無不合，即由主席簽押作準。

九十四、董事局會議議決之事，於下次會議之時，經主席簽押，其原未到場之董事，若無異言，即爲默許。

九十五、董事局每一星期須赴公司會議至少一次，總辦或總司理人可將應辦各事向董事局請示。如有緊要事件，可請董事局隨時至公司會議酌奪。

九十六、董事局尋常會議期數，任便酌定。如有緊要事件，但有二人欲行會議者，可即定期舉行特別會議。

九十七、董事局會議議決之事，該公司總辦及各司事人等必須遵行。

第七節　衆股東會議

九十八、股東尋常會議及特別會議，以主席董事充主席，亦可由股東另行公舉。

九十九、會議時，股東有事請議，即由請議之人建議，並須一人贊議，再由衆人決議。

一百、會議時，有一股者得一議決之權（如一人有十股者，即有十議決之權。依此類推）。惟公司可預定章程，酌定一人十股以上議決之權之數。如定十股爲一議決之權，或二十股爲一議決之權，依此類推。

一百一、凡會議各事，決議必從衆所言爲定。如彼此議決之權相等，則主席可另加一議決之權，惟必須照第九十第九十一兩條辦法一律辦理。

一百二、凡決議可否，即由書記登記股東會議記事册，由主席簽字作準。

一百三、公司有重大事件（如增加股本及與他公司合並之類，）招集股東舉行特別會議，若議決准行，限一月内復行會議一次，以實其事，議畢施行。

一百四、股東會議時所議之事，有與股東一人之私事牽涉者，該股東仍可到場會議，毋須回避。

一百五、股東不能到場會議者，可出具憑證，派人代理。代理人如非股東，只能代行議決之權，不能有所辯駁，以申論其原因。

一百六、股東派會議代理人所出憑證，應於三日送交公司總辦或總司理人查核。

第八節　賬目

一百七、董事局每年務須督率總辦或總司理人等將公司帳目詳細結算，造具年報，每年至少一次。

一百八、董事結算時，應先由查賬人詳細查核一切帳册。如無不合，查賬人應於年結册上書明核對無訛字樣，並簽押作據。

一百九、公司年報所應載者如左：

一、公司出入總賬。

二、公司本年貿易情形節略。

三、公司本年盈虧之數。

四、董事局擬派利息，並撥作公積之數。

五、公司股本及所存産業、貨物，以至人欠、欠人之數。

一百十、董事局造成年報，應於十五日前由總號、分號分送衆股東查核，並分存總號、分號，任憑衆股東就閲。

一百十一、公司結賬必有贏餘，方能分派股息。其無贏餘者，不得移本分派。

一百十二、公司結賬盈餘，至少須撥二十分之一作爲公積。積至公司股本四分之一數，停止與否，乃可聽便。

第九節　更改公司章程

一百十三、公司有權可以訂立詳細規條章程，以補歷載之不足。惟不得與明定之條例有所違背。

一百十四、董事局欲將公司創辦合同或公司章程更改，必須由衆股東會議議決。

一百十五、衆股東會議議決，必須股東在場者有股東全數之半，其所得股分，必須有股分全數之半。若不能如上所限，而在場股東以爲事在可行者已居多數，可以暫時決議。公司董事將決議之事登報，並通知衆股東，限一月内重集會議，從衆決定。

一百十六、公司如欲增加股本，亦須照第一百十四條、第一百十五條辦理。並於決議後十五日内呈報商部。

一百十七、公司欲增加股本，必須衆股東將原定每股銀數繳足之後，方能舉辦。

一百十八、公司增加股本，其新股票因漲價所得之利應歸公司。

一百十九、公司增加股本，其新股票銀兩繳足後，董事因即招集衆股東會議，當衆宣布。會議衆股東有欲查核者，可公舉查核人一二名，詳細查明是否繳足。

第十節　停閉

一百二十、凡公司遇有後列各款情事者，即作爲停閉：
一、經衆股東照第一百十五條會議例議決停閉。
二、股本虧蝕及半。
三、公司期滿。
四、股東不及七人。
五、與他公司並合。
一百二十一、公司停閉之時，即以董事充清理人。如董事不能勝任，可由衆股東會議公舉。所公舉之清理人，衆股東亦可隨時會議開除。
一百二十二、公司停閉之時，如衆股東不克公舉清理人，可呈請商部派人清理。
一百二十三、有公司股本全數十分之一股東，若以清理辦理不善，可呈請部派人接辦。
一百二十四、清理人將賬目算結款項清還後，應開具清册，招集衆股東會議，決定允准，方能了結。
一百二十五、公司停閉後，所有賬簿來往緊要信件，必須留存十年。十年限滿，留否聽便。

第十一節　罰例

一百二十六、公司創辦人、董事、查賬人、總辦或總司理人、司事人等犯有以下所列各款者，依其事之輕重，罰以少至五圓，多至五百圓之數。
一、不依期呈報商部注册。
二、不將律定布告各事布告，或布告不實。
三、凡以上各條明定應交人查閲之件。若無第六十條、第六十一條情事，不交查閲人查閲。
四、阻止他人查問以上各條應當查問之事。
五、未經注册，先行開辦。
六、未經注册，先發股票。
七、不遵律設立股東姓名册，或不依第五十六條開載，或開載不實。

八、股票不遵依第五十四條及第一百十條，將公司創辦合同，或記載衆股東歷次會議之事之册，或股東總單，公司物業總賬，總結年報，贏虧總賬、公積賬、分息賬，分存總號分號，或以上各件開載不全或開載不實。

十、虧蝕至半，不遵依第七十六條招集股東會議。

十一、公司創辦人有違第十七條，私自得非分之利益。

一百二十七、公司人等，不論充當何職，如不遵依第七十五條，將公司股本或公司各項銀兩移作他用者，除追繳移用之款外，並罰以少至一千元，多至五千元之數。

一百二十八、董事、總辦，或總司理人、司事人等違背商律及公司章程，被人控告商部，商部應視其事之輕重，罰以少至五圓，多至五十圓之數。

一百二十九、董事、總辦或總司理人、司事人等有偷竊虧本公司款項，或冒騙他人財物者，除追繳及充公外，依其事之輕重，監禁少至一月，多至三年，或並罰少至一千圓，多至一萬圓之數。若係職官，並詳參革職。

一百三十、如有違背以上條律而未載明罰款者，即酌其輕重，罰以少至五圓，多至五百圓之數。

一百三十一、以上各條例，奉旨批准頒行後，自應永遠遵守。此係初定之本，如於保護商人，推廣商務各事宜未能詳盡，例無專條者，仍當隨時酌增續行，請旨核准頒行。

奏定商會簡明章程

一、本部以博保護商業、開通商情爲一定之宗旨。惟商民散處各省，風尚不同，情形各異，本部勢難周知其隱，鉅細靡遺。自應提綱挈領，以總其成。至分條繫目，則在各省各埠没立商會，以爲衆商之脉絡也。

二、凡各省各埠，如前經各行衆商公立有商業公所及商務公會等名目者，應即遵照現定部章，一律改爲商會，以歸畫一。其未立會所之處，亦即體察商務繁簡，酌籌舉辦。至於官立之保商各局，應由各督撫酌量留撤。

三、凡屬商務繁富之區，不論係會垣、係城埠，宜設立商務總會，而於商務稍次之地，設立分會，仍就省分隸於商務總會。如直隸之天津、山東之烟臺、江蘇之上海、湖北之漢口、四川之重慶、廣東之廣州、福建之厦門，均作爲應設總會之處，其他各省，由此推類。

四、商務總會，派總理一員，協理一員；分會則派總理一員。應由就地各會董齊集會議，公推熟悉商情，衆望素孚者數員，禀請本部酌核，加劄委用，以一年爲任滿之期。先期三月，仍由會董會議，或另行公推，或留請續任，議決後，禀請本部察奪。

五、商會董事，應由就地各商家公舉爲定。總會約自二十員以至五十員爲率，分會約自十員以至三十員爲率，就該處商務之繁簡，以定多寡之數。舉定一月後，各無異言者，即由總理將各會董職名禀明本部，以備稽查。至任滿限期，及續舉或續任等，悉如上條辦理。

六、公舉會董，應以才、地、資、望四者爲一定之程度。如下所列，乃爲合格：

一、才品。手創商業，卓著成效。雖或因事曾經訟告，於事理並無不合。

二、地位。的係行號鉅東，或經理人，每年貿易往來，爲一方巨擘者。

三、資格。其於該處地方設肆經商，已歷五年以外、年届三旬者。

四、名望。其人爲各商推重居多數者。

七、商會總理、協理有保商振商之責，故凡商人不能伸訴各事，該總、協理宜體察屬實，於該地方衙門代爲秉公伸訴。如不得直，或權力有所不及，應即禀告本部核辦。該總、協理設有納賄偏徇，顛倒是非等情，或爲會董及各商所舉發，或經本部覺察，立予參處不貸。

八、凡商務盛衰之故，進出口多寡之理，以及有無新出種植制造，各商品總會應按年由總理列表彙報本部，以備考核。其關係商業重要事宜，則隨時禀陳。至尤爲緊要者，並即電禀。

九、各會董既由各商公舉，其於商情利弊，自必纖悉能詳。應於每一星期赴會，與總協理會議一次，使各商近情時可接洽。偶有設施，不致失當。若商家有緊要事件，則應立赴商會酌議。其關繫商務大局者，應由總理預發傳單，届期各會董及各商理事人齊集商會，公同會議，務須開誠布公，集思廣議。各商如有條陳，盡可各抒議論，俾擇善以從，不得稍持成見。

十、商會會議，必須照會議通例章程辦理。凡開議時，應以總理爲主席，該會董事到場者，須有過半之數，否則不應開議。至議事之法，假使一人建議，更有一人贊議，或更有一人起而駁議，總之不論人數若干，均須令言者畢其詞，而後更迭置議，從衆議決。由書記登册，俟下次會議，將前所議決登册者，當衆宣讀，無所不合，即由主席簽字作准。一切會議章程，應按照本部嗣後奏定公司條例（詳見八十六、七條，又第八十九條至第九十四條，又第九十九條至第一百二條）辦理，毋得違異。

十一、會董或有徇私偏袒情事，致商人有所屈抑，准各商聯名禀告商會，由總理邀集各董會議，議決即行開除。其情節較重，查係屬實者，即具禀本部，援例罰懲。至總理、協理或他董通同徇庇等情，准各商禀控，到部查辦，誣控者反坐。

十二、總理、協理專司商務案牘，呈報商情及代商伸理各事。其於商人利益所在，不得稍有所染，即應行提倡，應行整頓。凡可興利除弊之舉，亦必邀同各會董會議議決，方可舉辦，不應偏執專擅，轉拂商情。如有上項情弊。准各會董或各商人公禀到部，察核辦理。

十三、分會辦事章程與總會同，惟按季宜將商務情形列表，報由總會彙報本部查核。其應行提倡整頓各事，則就近與會董議妥辦理，移知衆會備案。至關商務重要及緊急事宜，仍隨時先函行電本部，一面移至總會，以免延遲。

十四、商會既就地分設，各處商情不同，各商會總理應就地與各會董議訂便宜章程，禀呈本部核奪，總以有裨商務爲要。

十五、凡華商遇有轇轕，可赴商會告知總理，定期邀集各董事，禀公理論，從衆公斷。如兩造尚不折服，准其具禀地方官核辦。

十六、華、洋商遇有交涉齟齬，商會應令兩造各舉公正人一人，秉公理處，即酌行剖斷。如未能允洽，再由兩造公正人合舉衆望夙著者一人，從中裁判。其由兩造情事，商會未及周悉，業經具控該地方官或該館領事者，即聽兩造自便，設該地方官、領事等判斷未盡公允，仍准被屈人告知商會，代爲伸理。案情較重者，由總理禀呈本部，當會同外務部辦理。

十七、商會開辦之始，應先由該地方官體察情形，借給公房一所，以資辦公，一俟積有餘款，酌爲蓋造，逐漸擴充，以臻完備。

十八、商會應由各董事刊發傳單，按照本部嗣後奏定公司條例，令商家先辦注册一項。就地各商家會内，可分門別類，編列成册而後，總、協理與各會董隨時便於按籍稽考。酌施切實保護之方，力行整頓提倡之法。至於小本經紀，不願至會注册者，悉從其便，不得勉强，轉失保商本旨。

十九、凡商家定貨之合同，房地出入之文契，以及抵押稱貨之券據，凡可執以爲憑者，均應赴商會注册。將憑單上蓋明圖記，以昭信實，而杜誑詐欺僞等弊。

二十、中國商人，向無商業學堂，肆留經商一切，故凡爲商者，悉係父傳其子，師傳其弟。所有行號簿册各不相同，設有訟告呈堂核賬，眉目難清，吏胥藉得高下其手。現由本部釐定賬簿格式，如下開三項，即頒行各商會，妥慎印行。各商會並蓋明圖記於上，每季由會董發交各商家，俾如式登記。設有轇轕，即以此項賬簿爲據，至各商每季實需簿册若干，悉任自行酌計開單，加蓋牌號，俾會董憑單向商會支結。

一、流水簿。照記每日出入各項。

二、收支月計簿。照記積日成月出入各項。

三、總清簿。照記全年來貨之源、銷貨之數、往來之存欠收支之數目，贏虧之實在，以爲一行號册。

二十一、商會原所以保商，而辦公經費不可不事籌計，今擬仍輸於商而仍從保商之意者，如下列三項。此外該商會不得於部定章程外，別立名目，再收浮費。

一、注册費。按照各業注册之實數，酌輸毫厘，由該商面繳商會，掣取收條爲准。

二、憑據費。按照注册憑據所載之實數，及期限之多寡，酌輸毫釐，由執有憑據人面繳商會，掣取收條爲准。

以上兩項姑列條目，其辦理情形，層折較爲繁重，自應由各商會明定專章，以期輕重適當，詳慎無弊。

三、簿册費。按照市價酌定，不得高抬。按季由會董向各商收取，繳呈商會，隨掣收條。如有苛派居奇情弊，准衆商聯名具控本部核辦。

二十二、各商會應於每年底由總會開列四柱清册，將所收公費報部查核。除節省開支外，其實存項下，應以七成爲商會公積，以一成爲總理、協理及分會總理紅奬，以二成爲會董紅奬。

二十三、商會既以公費七成提爲公積，各分會應按季將餘款解交總會彙存，以實銀行生息。總理及會董不得任意挪動，違者按例罰懲參處。至應行酌量動支者，除後開各項事宜，准其核實報銷外，餘須稟准本部，方可動用。

一、分會每月不敷開支，並無可再事撙節者，該總理及會董可公商於總會，由總會會議借墊若干，俟日後有餘，繳還墊本。

二、贖置房地，添辦應用器具，以及修理擴充等事，均准總理邀集會董會議，酌量開支。惟無論公積若干，總須留存萬金以上，不得全數支給。

三、公積之數，約逾五萬兩以外，遇有巨商創設行號公司，足以抵制進口貨物，收回中國利權者，該商集資已得十之七八，尚短二三成，一時無可招集，各會董會議時，可從衆議決，量予資助。用示國家振商之至意。惟該商素無聲望，會中未能堅信者，概不准行。

四、大市設銀根奇緊，該商爲該處人望所繫，適以積貨過重，不能周轉，一經倒閉，必致牽累商務大局者，總會應舉行特別會議，從衆議決。惟將存貨抵借公積若干，力爲維持，訂期繳還。月息約以四釐爲率，以副保商之實政。其無關商務大局，或以資本虧蝕，致欲停閉者，不得朦混擅移。

五、公積款俟日漸充裕，准各商會添建房舍，贖置就地所出之精良貨物，名曰陳列所，蓋隱師外國博物院之意。而先從簡便，立有基礎，冀得次第推廣，互相觀感，俾中國商品漸臻月異日新之效。

二十四、商會之設，責在保商。然非一視同仁，不足盡其義務。各商品類不齊，其循分營業者固多，而罔利病商，自相踐踏，亦復不少。又如柴米油豆，攸關民生，日用各物，無故高抬，藉端壟斷等情。該總理及會董務須隨時留心稽察，如有上項情弊，宜傳集該商，導以公理，或由會董會議，按照市情，決議平價。倘敢陽奉陰違，不自悛改，准該總理等移送地方官，援理懲治，以警其餘。

二十五、現届開辦之初，應先就各省商務最繁、次繁之區，設主總會、分會。嗣後商務日有振興，則商會亦因時推廣。其南洋各商，以及日本、美國各埠華商較多者，亦即一體酌立總會、分會。至考察外洋商務，本部業經另訂事條，行知出使各國大臣，酌派隨員領事，遵照辦理。

二十六、凡商人有能獨出新裁，制造計器，或編輯新書，確係有用，或將中外原有貨品改制精良者，均准報明商會考核後，由總理具稟本部，酌量給予專照年限，以杜作僞仿效而示鼓勵。

奏定公司註册試辦章程十八條

一、本部於光緒二十九年十二月初五日具奏商律之公司一門，業蒙欽定頒行在案。凡商人經營貿易，均可照例載合資公司、合資有限公司、股分公司、股分有限公司此四項中，認明何項，在本部呈報注册。無論現已設立與嗣後設立之公司、局廠、行號、鋪店，一經注册，即可享一體保護之利益。所有注册章程，兹特釐訂於後，以資開辦。

二、注册局即於本部設立，遴選廉正明幹之司員，專管公司注册事宜。局中立有公司注册案檔，分類編號，按照公司律所載各項，詳細注寫，不得疏漏。

三、凡公司呈報本部注册，所應聲明各款如左（凡屬公司，無論局廠、行號、鋪店等，均須准此）

公司名號。

公司作何貿易。

公司有限無限。

合資人數及其姓名、住址。

資本共合若干（係指有限者言）。

公司股分總共若干。

每股銀兩或銀圓若干。

每股以交銀若干。

創辦人及查人姓名、住址。

公司總號設立地方，如有分號，一並列入。

公司設立後，布告股東及衆人，或登報，或通信，均須聲明設立之年月日。（如無期限，亦應聲明，）鈔呈合同規條章程。

四、公司所擬出之股票款式，應於呈報注册時附粘一張存案。其票式照律載第二十八條列入如左：

公司名號。

注册之年月日。
總共股分若干，
每股銀數若干。
股銀分期繳納者，應將每期所交數目詳載。
附股人姓名住址。
其票必須公司董事簽押，加蓋公事圖記編號，並登給發之年月日。
五、凡各省各埠之公司局廠行號舖店等，一經遵照此次奏定章程，赴部注册給照後，無論華、洋商，一律保護。其未經注册者，雖自稱有限字樣，不得沾公司律第九條、第二十九之利益。
六、公司注册，應按照律載，在開辦十五日前呈報本部，方可開辦。各公司呈報注册，應扣算程途遠近，郵寄遲速，早日呈報到部，隨到隨辦，以免阻滯。
七、凡公司設立之處，業經舉行商會者，須先將注册之呈，由商會總董蓋用圖記，呈寄到部，以憑核辦。其未經設有商會之處，可暫由附近之商會或就地著名之商立公所加蓋圖記，呈部核辦。
八、合資公司，凡合資營業，未聲明股本若干者，應繳注册公費，悉如後列之等次：
甲：凡公司注册聲明合資人不過二十名者，繳銀五十圓（每圓合庫平銀七錢二分，以下照此）。
乙：合資人逾二十名，在一百名之内者，繳銀一百圓。
丙：合資人數如過百名外，每多五十名，或不足五十名，均加繳銀十圓，依次遞加。
丁：凡合資人數聲明無限者，即不論其人數多寡，繳銀三百圓。
戊：凡注册報明人數後，如欲續加合資人數，每加五十名，或不足五十名，均加繳銀十圓。惟連原繳之數，統計不得過三百圓。
九、股分公司，凡股分營業者，應繳注册公司費，悉如後列之等次：
甲：公司注册聲明股本不過一萬圓者，銀五十圓，
乙：股本過一萬圓者，每多股本五千圓，或不足五千圓，均加繳銀十圓，以至二萬五千圓爲率。

丙：股本過二萬五千圓外，每多股本一萬圓或不足一萬圓，均加繳銀三圓，以至五十萬圓爲率。
丁：股本若過五十萬圓，每多股本一萬圓或不足一萬圓，均加繳銀半圓。
戊：如報明股本若干，注册後續加股本，每加一萬圓，或不足一萬圓，均照以上丙丁所列加繳銀數。惟連原繳之數，統計不得過三百圓。
十、注册公費，均按銀圓計算，如股本係銀兩者，其注册費即應按兩數計算，平色並從其股本爲准。
十一、凡公司遇有緊要情事，報明本部立案或按公司律應呈報注明立案者，每件應繳公費銀三圓。
十二、公司開辦注册後，如有該公司股友或他體面商人，欲至注册局檢視某公司注册詳情者，每人繳費銀一圓，准其檢視一次。
十三、如公司股友或他體面商人，欲鈔録某公司在本部注册全案者，一百字内，應繳鈔費銀一圓，過一百字、每百字遞加銀半圓。所鈔之件，如更須蓋用印信以爲證據者，除鈔費外，每件繳銀五圓。
十四、注册局之設，原爲利商起見。凡商人欲查問事件，盡可隨時赴局會晤。除章程載明應繳公費外，餘無他費。
十五、注册局收取各費，當即掣付收據，蓋明商部注册局圖記，以昭信實。
十六、公司呈報注册到部，查明如不合式，立即飭令更正，其應行照准者，即給發執照一紙，蓋用印信爲憑。
十七、無論何國商人公司，在本部呈報注册，悉以譯成華文爲驗。本部注册給照，亦均用華文，以歸一律。
十八、如右所列，作爲公司注册試辦章程。開辦後，仍當酌量情形，隨時增改。

商標註册試辦章程

一、無論華、洋商，欲專用商標者，須照此例注册。商標者，以特别顯著之圖形、文字、記號，或三者俱備，或制成一二，是爲商標之要領。
二、商部設立注册局一所，專辦注册事務。津、滬兩關作爲商標掛號分局，以便掛號者就近呈請。
三、凡呈請注册者，將呈紙送呈注册局，或由掛號分局轉遞亦可。

四、呈紙内須附入説帖，説帖内附商標式樣三紙，務將商標式樣之大概，及此項試辦章程細目内所定之類别，與此項商標特定之商品，記載明確。如由掛號分局轉遞，須將呈紙及説帖添寫副本各一通。

五、注册局收受呈紙，查無不合例處，存留六個月。其間如無他人呈請與此抵觸者，即將此項商標注册。

六、如係同種之商品及相類似之商標呈請注册者，應將呈請最先之商標，准其注册。若係同日同時呈請者，則均准注册。

七、在外國業已注册之商標，由其注册之日起，限四個月以内將此商標呈請注册者，可認其在外國原注册之時日。

八、不准注册之商標如左所列：

一、有害秩序風俗，並欺瞞世人者。

二、國家專用之印信字樣（如國寶，各衙門關防鈐印等類）及由國旗、軍旗、勳章摹繪而成者。

三、他人已注之商標。又，距呈請前二年以上，已在中國公然使用之商標相同或相類似，而用於同種之商品者。

四、無著明之名類可認者。

九、無論華、洋商，商標專用年限，由本局注册之日起，以二十年爲限。其已在外國注册之商標，照章來請注册者，則專用年限，即從其原注册之年限（但不得過二十年）。

十、專用年限届滿時，如欲續用此項商標者，如在滿期之前六個月以内，准其呈請展限。

十一、業已注册之商標主，如欲將該商標之專用權轉授與他人，或須與他人合夥，須即時至注册局呈請注册。

十二、業已注册之商標，若與第八條内第一、第二、第四則有背者，注册局可將原注册之商標注銷。

十三、業經注册之商標，如有與第六條及第八條之第三則違背，於此有利害相關之人，准其呈請注銷，但注册已過三年者，不在此例。

十四、注册局於請注之商標認爲不合例者，應將緣由批明，不准注册。

十五、有不服前條之批駁者，由批駁之日起，六個月以内，許其據情呈請注册局，再行審查。

十六、凡商標詳請注册人或商標主不在中國者，或距注册局所較遠者，必須擇定妥友報明，作爲經手代理人。
十七、如有欲鈔録商標檔册或閲看檔册者，准其至注册局或掛號分局呈請，距局較遠者，可由經手代理人呈請。
十八、注册局將注册之商標，及注銷關係各事，印刷商標公報，布告於衆。
十九、有侵害商標之專用權者。准商標主控告，查明責令賠償。
二十、控告侵害商標者，辦法如下所列：
一、如被告係外國人，即由該地方官照會該管領事，會同審判。
二、如被告係中國人，即由該領事照會該地方官，會同審判。
三、如兩造均係洋人，或均係華人，遇有侵害商標事件，一經告發，由各該管衙門照辦，以示保護。
二十一、如凡左列各條者，罰以一年之内以監禁，及三百以下之罰款。但須俟被害者控告，方可論罪。
一、意在使用同種之商品，而摹造他人注册之商標，或將此販賣者。
二、將商標摹造，而使用於同種之商品者。又，知情販賣其商品，或存積該物，意在販賣者。
三、以摹造之商標用爲招牌，登入報章告白者。
四、知他人之容器（即箱、匣、瓶、罐等類）、包封等有注册商標，而以之使用於同種之商品者，或知情販賣其商品者。
五、明知可以侵害他人注册商標之品物，故意運進各口岸者。
二十二、如有以上各條情事，將其製成之商標及制造商標之器具，均收没入官，其與商標不能分離之商品，或容器，或招牌，則毁壞之。
二十三、凡呈清注册掛號給照等，無論華、洋商，應繳各項公費如下所列：
一、呈請掛號，每件關平銀五兩。
一、注册給發印照，每件關平銀三十兩。
一、合用轉授注册，每件關平銀二十兩。
一、期滿呈請展限並注册，每件關平銀二十五兩。

一、抄録注册商標之文件，關平銀二兩（過百字者，每百字加銀五錢）。

一、到局閲册，每兩刻鐘，關平銀一兩。

一、遺失補請印照，關平銀十兩。

一、報明冒牌等事，每件關平銀五兩。

一、呈請再行審查，關平銀五兩。

一、呈請注銷，關平銀三十兩。

一、留傳後人，請换印照，每件關平銀五兩。

附則

二十四、本章程自光緒三十年九月十五日起施行。

二十五、本局未開辦以前，照條約應得互保者，既在相當衙門呈報注册之商標，本局當認其已經呈請合例。

二十六、本局未開辦以前，在外國已注册之商標，須於本局開辦六個月以内，將此項商標呈請注册，本局當認此項商標爲呈請之最先者。

二十七、本局未開辦以前，其商標雖經各地方官出示保護，如本局開辦六個月内，不照章來請注册者，即不得享保護之利益。

二十八、前三件情節，於第五條所定之章程無關。

以上作爲試辦章程。其未盡各項，俟商標例訂成後，再行酌量增補。

商標註册試辦章程細目

一、凡關商標所用之禀牘、説帖等，每一件做一通。將呈請人姓名住址，及呈請之年月日，均明白記載。

禀牘、説帖内之文字，須用漢文。其有用外國文者，亦須加譯漢文。

二、本章程細目定有呈式，須照定式繕寫。

三、如請代理經手人來局呈清，須呈驗委托之憑信。

四、掛號分局收受呈紙時，將副本留存，其正本即申送注册局。

五、注册局收受呈紙時，即將呈紙上注寫號數，知照呈清人。知照後，如遇關係商標應行稟呈事件，稟牘内須將原注之號數列入，以便本局查核。

六、凡已注册之商標，呈請時必須將注册號數記載。

七、呈請人如初次由掛號分局呈清者，則此後呈遞文件及繳送商標印版、注册費等，皆須由掛號分局轉遞。

八、掛號分局備一簿册，須將收録之次序、呈請之要領、及辦理之准駁，詳載於上。

九、凡外國已注册之商標，則呈請時須將本國政府印照抄繕呈遞。

十、商標呈請續用時，須將注册印照呈閲。若在外國已經允准續用者，須將原准續用者文憑抄呈。

十一、凡稟牘、説帖商標式樣不分明、不完備者，注册局可定一期限，令其訂正完備，即行稟復。

十二、呈請注册者，及有他項稟告者，如不照注册試辦章程所定期限，或注册局隨時指定之期限辦理者（以程途遠近，情形難易隨時定限）其所請應無庸議。

十三、注册局於呈請之商標查無不合例者，即爲注册，並知照呈請之人。呈請之人接到前項知照，即於注册局指定期限内，將注册費及商標印板並前項知照原文，一並呈交本局或掛號分局。

十四、注册局或掛號分局，收到注册費及商標印板時，即在前項知照原文内蓋一收清圖記，交還呈請人。掛號分局如照前項一律收清，應速即申送注册局。

商標印版，須於每月底總結，申送注册局留存，以便刻入公報。

掛號注册各項公費，於每月底總結，申解注册局。

十五、呈請人照第十三條第二則所定辦理，注册局即准其注册，將印照交付。

十六、商標之印版，或用木，或用金屬，其版面長不得過四寸，濶不得過三寸，厚七分五。

十七、照注册試辦章程第十三條稟請注銷所注之册者，須具有稟狀正、副二通。

稟狀内務將注銷之原委詳載，如有證據物者，亦須隨稟呈驗。

十八、遇有前條情事，稟請時，注册局即將原稟收存，將副本發交被告人，定一期限，令其訴辯。閲其兩造所言如何，酌核辦理。

十九、注册局遇有注銷商標者、或商標主不用其商標者、或停止營業者，均速令其繳還印照。

二十、商標專用權由後人承用者，須將其證據呈送注册局，稟請改换注册印照。

二十一、注册試辦章程第十一條所定已經注册之人，或欲轉授他人，或與他人合夥，須於稟狀上將授受人載明，連名簽字，將注册印照及合同抄一清本，送呈注册局存查。其已在外國注册之商標，須將其本國政府印照抄呈。如有前項情事，將原册上添注後，復添注在印照背面，將印照交還呈請原人。

二十二、注册商標主之住址或代理經手人，遇有更换，須速即呈報。

二十三、呈請人照下列類别，將其使用商標之商品指定，如該商品之類别有不能指定者，由注册局爲之指定：

一、化學品藥劑，含藥物及醫療補助品。酸類、鹽類、亞爾加里類、膠、燐、胰子、酒精、食鹽、石灰、硫磺、鑛泉。各種之藥材，賣藥即丸散膏丹，綳帶、綿紗、脱脂棉、海綿等（均醫家所用）。

二、染料、顔料、塗料、藍、藍靛、柴根、緑青、洋靛、朱丹漆、假漆、油漆、靴墨等。

三、香料、飾容料、齒牙頭髮，及皮膚磨洗料、香水、香油、髮膏、綫香、脂粉水、牙粉、洗面粉等。

四、金屬及已成之材料、生鐵片、鍛鐵、鋼鐵、鐵板、銅、銅板、銅綫、净鉛、融鉛、錫、合金等。

五、金屬製品、鑄物、打物等。

六、利器及尖刃器，鐮、鋸、鑿、錐鑿、斧鉞、剃刀、針、釘等。

七、貴金屬，寶玉類及其制器與象真品，金、銀、白金、紫銅、金剛石、珊瑚、瑪瑙、水晶等。

八、建築用，又裝飾鑛物質，及其他之物件，塞門德、粉墻灰、石料土、瀝青等。

九、陶磁器及土器類、陶器、磁器、土器、瓦、煉瓦等。

十、景泰藍（又名七寶燒）。

十一、玻璃及其制品、玻璃板、玻璃管、玻璃球等。

十二、各種之機械裝置及其各部，瀛械、瀛罐、氣機、水力機、織機、紡績機、印刷機等。

十三、農工器具，犁、鋤、鍬、箕、鐵槌等。

十四、理化學、醫術、測量、教育上之器械、器具及度量衡器（附眼鏡及算數器類等屬）。
十五、樂器。
十六、時辰儀及其附屬品。
十七、船車類，人力車、自轉車、船舶、鐵路用車輛、車輪等。
十八、鎗礮彈丸及爆發等物類。
十九、烟草類。
二十、茶、珈琲類。
二十一、牛乳及其製品、鮮乳、罐裝牛乳、乳油等。
二十二、穀菜種子類（附五穀粉葛等屬）五穀、蔬菜、蕈、筍。農業及園藝用之種子類，麥粉葛等。
二十三、食品料及調味料、肉類、卵、罐頭食物、茶食、菓實、麵包、芥子、胡椒等。
二十四、蠶種、野蠶種及繭。
二十五、棉、麻、苧、羽毛、髮及骨類。
二十六、生絲、絹絲及野蠶絲類（附金絲、銀絲類等屬）。
二十七、棉紗。
二十八、毛紗。
二十九、麻絲及與第二十六類至第二十八類不同之絲。
三十、絹布及其製品。
三十一、綿布及其製品。
三十二、毛布及其製品。
三十三、麻布及其製品。
三十四、凡與第三十類至第三十三類不同之布、織布及其製品。
三十五、絲類之編物組物等類。

三十六、被服類、帽子、手套、無大小衣服。
三十七、釀造物及飲料，醬油、醋、葡萄酒、麥酒等。
三十八、砂糖蜜類、白砂糖、冰砂糖、蜂蜜等。
三十九、文房具，紙及其製品、筆、墨、硯、印泥、石筆、鉛筆、紙、紙仿皮、油紙、賬簿等。
四十、皮革及其製品（附各種之鞄箱包等屬）毛皮、軟皮、柔革、馬具、皮帶、靴、箱包等。
四十一、燃料類、煤炭、焦炭、薪、木炭、燭心等。
四十二、寫具及印刷物類、照片、書籍、新聞紙、圖書等。
四十三、玩具及游戲具類、皮球、骨牌、偶像、檯球具等。
四十四、甲、角、牙類之製品及其仿造品。
四十五、藁草及其製品、麥稈、席、繩、笠、草帽辮類。
四十六、傘、杖、履物、各種扇類。
四十七、燈火器及其各部、洋燈、燭臺、提燈等。
四十八、刷子及假髮。
四十九、木竹藤類及其製品（附木皮、竹皮類等屬）。木、竹、籐料、椅子、桌子、桶類等。
五十、樹膠製品。
五十一、燐寸（即火柴）。
五十二、油蠟類。
五十三、肥料。
五十四、以上未列各商品，隸入此類。

最新法部通行章程

一卷

最新法部通行章程

光緒二十七年

命盗案件由題改奏

單題改爲專咨

二十八年

秋審留養

擅殺隨案留養『段八』

强盗未得財目擊殺人罪名陳柱仔

因瘋殺死大功兇之案應行減擬罪名朱立安

二十九年

奏覆山西巡撫通設習藝所

彙奏各案同時備録供招

飭催通設習藝所

因瘋殺斃祖父母父母之案改爲斬决

三十年

搶劫盗犯逢恩概免梟示

秋實斬絞人犯分別减等

軍流徒犯嚴飭依法管解

三十一年

删除重法

議恤刑獄

奏覆山東巡撫設立習藝所

隨案捐贖照章辦理
删除重法逐案改減
不能禁約子弟爲强盗免咎杖
私鑄銀銅圓僞造紙幣罪名
僞造外國銀幣專條
禁用刑訊
咎杖改爲罰金酌提解部辦公
變遇竊盗條款
婦女犯罪罰贖
議恤相驗
官員犯杖徒不得發新疆

三十二年

僞造郵票
瘋病殺人親屬人等不報免治罪
戲誤擅殺三項人犯改爲流徒
戲誤擅殺人犯準隨案留養
秋審可矜人犯援照戲誤擅殺
新章隨案分别減等

三十三年

奏覆順天府尹枷號改折罰金
咨覆江蘇巡撫軍流人犯到配携帶家屬田葆三
奏覆湖廣總督死罪改爲擬流徒人犯揭示罪名

直隸司 光緒二十七年

奏爲外省由題改奏案件殷繁，奉旨交議後，謹擬分省彙案奏覆，以期妥速，請旨遵行事。光緒二十七年八月十五日奉上諭：李鴻章等妥籌本章辦法一摺，內外各衙門一切題本名屬繁復，現在整頓庶政，諸事務去浮文。嗣後除賀本仍照常恭進外，所有向來專疏具題之件，均著改題爲奏。其餘各項本章即行一律删除，以歸簡易等因。欽此。欽遵在案。臣等查各省命盜死罪案件，向例由各該督撫專疏具題，奉旨交三法司會同核議，依限題覆。雖臣部題本繁多，而函日進呈，每月中題覆之件，多則二三百起，少亦百數十起。歷年以來，尚無例限遲逾之弊。今既欽奉諭旨，改題爲奏，此後外省擬結命盜死罪等案具奏到部者，勢必紛至沓來。惟查各部院該班值日皆有定期，每日進呈章程亦有定數。而臣部奏案，較之各部院衙門猶爲殷繁，若必將外省尋常命盜案件逐起專摺奏覆，竊慮格於班期，勢難依限進呈，必至漸積漸多，稽延時日。部務關繫甚重，圖始尤貴要終。似應酌量變通，期歸妥速。臣等公同酌議，擬請嗣後條例內栽明應奏各案，或事關重大，以及駁令覆審者，仍專摺具奏外。其餘外省尋常命盜死罪案件由題改奏者，奉旨交議後，由臣部各按省分彙案奏覆，隨時酌量多寡，至多以十案爲率。臣等當督飭司員，逐案詳核，悉心辦理。凡案中一切緊要情節，如命案起釁根由，傷痕部位，及盜案人數、贓數之類，應令按照原奏逐一叙明，不得藉口删繁就簡，稍涉疏率，似於變通之中仍寓慎重之意。如蒙俞允，臣部即遵照辦理。再，上年七月以前，各省擬結題報到部尚未題報各案，比因遭亂，案卷散失，無憑核議。現經陸續查明，亟應補行辦理。擬請一律改爲彙奏，以清舊案。是否有當，謹恭摺具奏請旨等因。光緒二十七年十二月十二日奉旨：依議。欽此。

直隸司 光緒二十七年

再，內外各衙門題本，欽奉諭旨，均著改奏。臣等伏查向來各直省隸臣衙門題本，凡三項。一會題。各省命盜死罪案件，無論凌遲、斬決、絞立決、監候，均由臣部會同法司核議題覆。一專本具題。有由死罪減爲發遣軍流者，有斬絞正犯病故案由餘犯罪在軍流以上者，有軍流折枷非尋常經見之案，及酌重酌輕者，有由死罪減等例內載明請旨定奪，並援例兩請者，均由臣部專本題覆。一彙題。凡尋常遣軍流罪人犯，並徒罪有關人命等項咨部核覆後，或由各省按季彙題，或年終彙題。統計各項題本，每年不下數千起。若將專本具題及彙題之件概行改奏，則臣部奏案滋多，勢必雜沓紛紜，轉行窒礙。且改章伊始，外省既無所遵守，辦理即不免參差。似應權衡輕重，明定章程，以期妥善而歸畫一。臣等公同酌議：擬請嗣後外省命盜死罪案件，除例内載明應專摺具奏者不計外，其餘無論凌遲、斬絞立決、監候，舊例應會題者，應由各該省遵照諭旨，一律改爲專摺具奏，仍令備録供招，咨部查核。其由死罪減等，例内載明請旨定奪，及聲明援例兩請，舊例應專本具題者，酌改爲隨時彙奏。若由死罪徑行減擬發遣軍流罪人犯，及徒罪有關人命等項，舊例應彙題者，亦一並改爲專案咨部。以上奏咨案件，應令詳叙案情，按照律例定擬，不得稍涉疏略。如此則奏案益昭慎重，而辦理咸歸畫一。如蒙俞允，臣部通行各省督撫、將軍、都統、府尹，一體遵照辦理。謹附片具奏請旨等因。光緒二十七年二月十二日奉旨：依議。欽此。』

秋審處 光緒二十八年

奏爲秋審查辦留養承祀人犯，宜變通簡易辦法，以省拖累而示矜恤，恭摺仰祈聖鑒事。竊維朝廷整飭庶務，迭經諭令各衙門，一切公事務求簡明無弊。臣部業將應行變通各事宜，咨由政務處奏准施行。近復欽奉特旨，纂修則例，遇有繁冗瑣屑易滋流弊者，因應量加刪改，而現行例中，累官累民，不可不亟予釐定者，尤莫如秋審人犯查辦留養一事。查例載：「秋審查辦留養承祀之案，如距省在八百里以内府州所屬者，由該督撫督同臬司，親提犯屬、屍族，鄰人等，逐加研訊。實係親老丁單及孀婦獨子，方准查辦。倘親屬實在老疾不能就道者，州縣查明，禀請督撫，遴派道府大員前往，就近查訊，取具供結，詳報督撫、臬司，覆核辦理。其距省在八百里以外府州所屬，及證犯例不解省，向由該管巡道審轉者，即由該管巡道就近提齊犯屬、親族、鄰佑人等，查取供結詳辦」等語。推原例意，係爲嚴防假捏起見，故不憚輾轉周詳，以昭慎重。惟是各省辦理此事，每年於二三月間即由司道行府州，由府州行州縣，以凶犯之故，波及屍親族鄰，紛紛提質。其間本犯之營求，書差之需索，解省則有道途往來之費，委員查訊則有車馬供應之繁。種種累官累民實所難免，准留者猶尚可言，其不准留者，徒多一番滋擾。且假捏與否，地方官見聞切近，虛實易於訪查，情僞便於舉發。以視遥遥提訊，僅據到案人證者，尤屬可憑。與其虛循故事煩而徒擾，何如各專責成簡而易行。臣等公同商酌：擬請嗣後查辦秋審留養承祀人犯，毋庸預爲行查。應俟本年秋朝審，臣部會同九卿核定後，即先將此項人犯分別准留，開單具奏，恭候欽定。不准留者無庸查辦，以省繁文。其准留人犯，即照軍流人犯留養例，由臬司飭令各該管州縣，就近取具犯屬、屍親、族鄰甘結，加具印結，申詳該督撫。覆查屬實，一面將取具各結報部，一面即飭令該州縣將該犯照例枷責，存留養親。如有虛揑情事，別經發覺，將該州縣及揑結之親屬人等，分別照例議處治罪。如此量爲變通，在准留者仍得早沐恩施，不准留者亦可免受拖累。庶於省繁就簡之中，仍不失核實辦公之道。倘蒙俞允，臣部即通行各直省，一體遵照辦理。並飭派出修例各員，即將此條纂入，以資遵守。其督撫、巡道親提嚴訊，暨遴派道府大員往查，各舊例一律删除。其餘例文内，如有繁冗瑣屑易滋流弊者，謹當陸續删改，奏請定奪。是否有當，謹恭摺具奏請旨等因。光緒二十八年十二月二十日奉旨：『依議。欽此。』

直隸司　光緒二十八年

查例載：「事主因賊犯黑夜偷竊財物，登時追捕，已被毆跌倒地，輒復迭毆致斃者，照擅殺罪人律，擬絞監候」等語。此案段八因馬萊臨黑夜在伊地内偷竊花生，驚覺追捕，將其毆傷倒地後，復因被駡，用棍迭毆致斃，自應按例問擬。應如該督所奏，段八合依『事主因賊犯黑夜偷竊財物，登時追捕，已被毆跌倒地，輒復迭毆致斃者，照擅殺罪人律絞』例，擬絞監候。惟查向辦擅殺案件，核其情節，秋審時應入可矜者，如有祖父母、父母老疾應侍，及孀婦獨子，伊母守節已逾二十年者，例得隨案聲請留養。嗣經道光二十二年臣部議覆御史徐嘉瑞條奏，將擅殺一項，除謀故並火器殺人連斃二命，及各斃各命，致斃彼造四命以上者，不准一次減等，餘皆改爲秋審緩決一次後，即行減等，毋庸議入可矜等因，纂入例册。是擅殺既不議矜，凡例準一次減等者，如遇親老丁單，即應隨中聲請留養，方免向隅。内外問刑衙門，往往拘泥舊例，謂擅殺應入可矜者，方惟隨案聲請。今既毋庸議矜，即應俟秋審時再行核辦。道光二十四年安徽省王新民擅殺竊賊一案，該省隨案聲請留養，臣部亦格於例文，未經照准。殊不知新例准其一次減等之案，即舊例應入可矜之案。彼時未將擅殺應矜方准聲請例文一並改正，係屬疏漏。乃竟因毋庸議矜，概不准隨案聲請留養，非但情法未得其平，且戲殺誤殺例準一次減等之犯，得以隨案聲請，擅殺例得一次減等者，不准聲請，辦理亦屬兩歧。今段八擅殺馬萊臨身死，核其情節，死係行竊罪人，案非謀故，例得緩決一次後即行減等。該督聲稱：該犯據供親老丁單，俟秋審再行取結核辦。是擅殺罪人之案，與尋常命案，及擅殺中不準一次減等者，辦理漫無區別。

隨案聲請之例幾成虛設，非所以示矜恤而廣皇仁，段八一犯，定案時，既據供稱親老丁單，應令該督即行飭屬查明。如果屬實，與例相符，即行取具印、甘各結，照例枷責，准其存留養親，仍將各結報部存案。再，此等擅殺情輕，應准隨本聲請留養案件，各省往往聲明候秋審時再行核辦，殊屬誤會例意。應請飭下各省將軍、都統、督撫，嗣後凡遇有前項命案，秋審緩決，例准一次減等人犯，如有應行留養者，即取具印、甘各結，隨案聲請留養。臣部現正纂修條例，擬將舊例『擅殺應入可矜』一語酌量删改，以免紛歧而資遵守。該督又稱，馬萊臨偷竊花生，本干律擬，業已身死，應毋庸議，無干省釋，屍棺飭埋等語。均應如所奏辦理。所有臣等核議緣由，謹恭摺具奏請旨。光緒二十八年九月十六日奏，奉旨：儀議。「欽此。」

河南司 光緒二十八年

奏爲强盗殺人未得財在場目擊從犯，酌擬治罪專條，恭摺具陳，請遵旨行事。光緒二十八年六月初六日，準升任河南巡撫錫良咨稱：湯陰縣盗犯陳柱仔，聽從行劫黄登榮家未得財，夥犯張茂仔轟傷黄登榮身死，該犯在場目擊一案。緣陳柱仔先未爲匪，嗣與素識之高金榮、張茂仔等遇道貧難。馬金榮起意行劫，糾允該犯等同夥九人，抵黄登榮家，撞門未開。黄金榮上房喊捕，被張茂仔用鎗轟傷身死。該犯在場目擊，並未動手。經村鄰喊捕，未經得財。該犯行走落後，當被獲案訊供。經府司詳請，將該犯比依『强盗傷人而未得財，爲從發新疆給官兵爲奴』例，擬遣改軍。查該犯陳柱仔聽到行劫未得財，目擊夥犯拒捕殺人，按照乾隆四十七年通行，仍依强盗未得財正律，酌量比例從重擬遣改軍，似亦平允。惟光緒二十三年部覆盗犯顧訓一案，以顧訓糾同趙銅錘等行劫得贓，目擊夥犯趙啞叭拒傷事主雇工，即屬殺人爲從，應均於斬決罪上加擬梟示，更正在案。但强盗重在得財，一經得財，即不分首從皆斬。顧訓等既得財而又目擊殺人，自當加以梟示。至未得財之盗犯，與已得財者罪名生死懸殊。其拒捕殺人者，固應按照例定六項，不分曾否得財，俱照得財律斬，隨即奏請審決梟示。而同行上盗，並未殺人之犯，既不得財，又不幫同下手；律貴誅心，彼盗逞凶殺人，事出倉卒，並未預先喝令；則此盗即屬在場目擊，未必與彼盗同俱殺機。此各拒各捕，各科各罪之義，互證參觀，適相吻合。論情不無可原，究竟應否比照已得財之案，與殺人兇犯概問斬梟，抑照未得財正律，酌擬加遣改軍之處，咨請部示等因。查例載：「强盗殺人，不分曾否得財，俱照得財律斬決梟示。」此指下手殺人者而言。若僅止在場目擊，即應分別得財，不得財，各按本律擬罪。不得與殺人正盜俱擬駢誅可知。又：「傷人未得財，爲從發新疆給官兵爲奴。」此指傷人未死者而言。若既經拒捕殺人，亦不得因未經幫同下手，僅照傷人從犯問擬遣戍可知。此案陳柱仔聽從行劫夥盜拒殺事主，該犯並未動手。如業經得財，則本律已應斬決，尚可加擬梟示。光緒二十三年臣部咨覆顧訓等一案，即屬照此辦理。今該犯等並未得財，按强盜未得財爲從本律，罪止擬流。若因夥犯殺人將在場目擊者概予斬梟，非但輕重懸絕，且與殺人正盜暨幫同下手各犯漫無區別，亦殊失情法之平。伏查乾隆四十七年雲南省題潘永吉等聽從行劫一案，該省因盜夥胡正窿毆斃事主，將並未動手之潘永吉等均擬斬立決梟示。經臣部以梟示之例專指殺人之强盜及幫同下手各犯，其未經下手者不在此例，駁令各照各例辦理。該省遵駁更正，並聲請於强盜殺人例內注明『幫同下手』字樣，復經臣部查，强盜例應梟示者，如殺人、放火、燒人房屋、姦污人妻女、打劫牢獄倉庫、干係城池衙門，並積至百人以上，共有六項，載之科條。凡案內夥同殺人放火等犯，即屬同惡相濟，不復分晰首從，一律問擬斬梟。至於同行上盜而並未殺人者，自應照正律分別定擬。其有全案概擬斬梟者，如響馬、强盜、江洋大盜等項，例內即載明不分人數多寡，曾否傷人，依例處決梟示。此又在六項梟示之外，而罪更加重者也。例議已極明晰，毋庸添注『幫同下手』字樣等因。奏準行知各省遵照在案。近年江蘇等省盜風日熾，間有將在場目擊殺人之犯與正兇、幫兇一律擬斬加梟者，雖係例外加嚴，尚不失辟以止辟之意。臣部隨時核覆，並未通行各省辦理，未免參差。平情而論，照從前成案科斷，强盜殺人在場未動手之犯，僅照傷人從犯擬遣改軍，似失之過寬。照近年江蘇等省辦法，無論曾否幫同下手，概擬斬梟，似又失之太嚴。且得財者尚無甚出入，未得財者則大相逕庭。既經該撫咨請部示，自應酌擬專條，俾資引用。臣等公同商酌：擬請嗣後强盜殺人案件，正兇暨幫同下手之犯，遵照定例擬以斬立決，奏請梟示。其僅止在場目擊者，如已劫得贓物，仍照得財不分首從律問擬斬決；未得財者目擊殺人之犯，俱擬斬監候，秋審入於緩決。如此明立專條，與下手殺人者既有區分，較僅止傷人從犯罪名亦不致牽混。倘蒙俞允，臣部先行知照各省，一體遵照。現正删修則例，應將此條纂入，俾昭平允而免紛歧。所有河南省陳柱仔一犯，即令照此定擬。據稱業經監斃，應毋庸議。餘如所咨辦理。所有臣等酌擬緣由，謹恭摺具陳，伏乞聖鑒，訓示施行。謹奏。光緒二十八年十一月二十九日奉旨：「依議。欽此。」

山東司　光緒二十八年

奏爲請旨遵行事。光緒二十八年十一月初六日，軍機大臣面奉諭旨：「刑部奏，核議朱立按因瘋扎死大功兄，夾簽聲叙一摺。朱立按著改爲絞監候。嗣後遇有此等案件，著刑部於議奏時，將該犯應行減擬罪名聲叙明晰，於摺内雙請，候旨定奪。欽此。」交出到部。臣等查，向來辦理服制罪應立決案件，如核其情節，實可矜憫者，照例夾簽聲明，恭候欽定。其如何量予未減，恩出自上，臣部向不擅擬。迨由内閣票簽雙請，無不量從寬宥，由立決改爲監候。間有敕下九卿核議具奏者，即因九卿擬定應減罪名，恭候欽定，歷經遵照辦理。今山西巡撫奏朱立按扎傷大功兄朱立得身死一案，服制攸關，依律擬以斬決，情罪尚屬相符。惟究因瘋發無知，殊可矜憫。是以臣部奏覆時，仍循向例，夾簽聲請，未敢擬定應減罪名。此等罪犯，應辦成案，俱由斬決減爲斬候。今奉特旨，將朱立按改爲絞監候，並著臣部遇有此等案件，將應行減擬罪名聲叙明晰，於摺内雙請等因。臣等伏查此等案件，向係恭疏具題，由内閣進呈，票簽雙請，是以定例祇將可原情節夾簽聲明，應減罪名不得擅擬。現在改題爲奏，既不由内閣票簽進呈，亦無奉旨敕下九卿核擬之件，若仍拘泥定例，僅叙可原之情，不擬應減之罪，誠恐未能明晰。欽奉諭旨，令臣部將應行減擬罪名聲明雙請，自應領遵辦理。惟應行夾簽案件，除因瘋殺死期功尊長一項外。妙毆死期功尊長，若傳情輕並非有心干犯者；卑幼誤傷尊長至死，罪干暫決，審非逞兇干犯者；期親卑幼聽從尊長主使，致斃以次尊長，訊以迫於尊長威嚇，勉從下手，邂逅致斃者；子孫誤殺傷祖父母、父母，並妻誤殺傷夫之祖父母、父母者；本夫及本夫本婦之有服親屬捉姦，殺死犯姦本案期功尊長者；子過失殺祖父母、父母；及子孫之婦過失殺夫之祖父母、父母；及妻妾過失殺夫；奴婢過失殺家長者，均係情可矜憫。例得夾簽聲明，自應一解改爲雙情，以免紛歧。擬請嗣後遇有以上各案，均遵照此次諭旨，于义奏時將該犯應行成擬罪名聲叙明晰，於摺内雙請，候旨定奪。是否有當，謹恭摺具陳，伏乞聖鑒，訓示施行。謹奏。

山西司　光緒二十九年

奏爲遵旨議奏事。内閣抄出護理山西巡撫趙爾巽奏請各省通設罪犯習藝所，軍、流、徒犯即在犯事地方收所習藝一摺。光緒二十八年十一月十五日奉硃批：「刑部核議具奏，片並發。欽此。」欽遵抄出到部。臣等查原奏内稱：軍流徒等犯罪名，本意全失，流弊滋多，有不得不亟請釐定者。查定例：軍、流各犯實係貧窮，又無手藝。初到配所，按該犯本身及妻室子女，每名每日照孤貧給與口量，自到配日起，以一年爲止，於各州縣存儲倉穀項下動用報銷。各州縣有驛遞之處，一切應用人夫，酌派軍流中少壯無資財、手藝人犯充當，給與應得工食。無驛遞之州縣，公用夫役均令一體充當，逐日給與工價。又：「徒犯不拘有驛無驛，均勻酌配。」各等語。詳繹例意，是軍、流、徒各犯原有應當之差，應供之役，並非令其坐成游手，無業可營。今祇重看守之科條，嚴逃亡之處分，州縣懼管束之不密，豈有令充驛差？該各犯既無役可充，復何從給與工價？此失本意者一也。又，徒犯仿於周之圜土，漢之城旦；流則本宥罪投裔之文；軍則原補兵贖咎之意。今則徒犯並不執役，流犯均有定配省分，儘有優於故土，樂於本邦，已非徙邊之意；軍自衛所裁汰，雖多烟瘴諸條，更無執戟荷戈之事。是即實力安置，亦不過爲地方添一罪人，更爲州縣增一罣累。而於懲慝省愆之法，殊無所裨。此失本意者二也。往昔界限嚴明，道途遼遠，户籍清楚，逃人無從插足。故近者追縱即得，遠者海捕無遺，不必多爲之備，自不慮有逃亡之犯，所以軍、流、徒之法可行。今則海禁大開，輪船火車，交通四達，游民貧丐隨處溷跡，偶以舊法繩之，循例追捕，即同銷案。此失本意者三也。三失之外，又有四弊。民僞日滋，犯法日衆，各省軍、流及發遣各犯逐漸增多，凡在衝途州縣，每歲經過不下數百起。一獄之成，並護解各費，計之耗於公利者，歲費遂成巨款，即爲州縣虧累之大宗。多糜一分無益之款，即少辦一分有益之事。此一弊也。軍、流各犯，現在上無差役可供，下無工藝可執，又無看管之地，工食之資。因之潛逃之案，層見迭出。緝獲之犯，什無一二。該各犯或罪由誤蹈，或本非善良。議配之初，未始無悔過之心。自定爰書，正名之日，徒流充軍，復經歷各地監卡，所見所聞，無非囚繫。廉耻漸喪，悔懼全無。不惟坦然忘自作之辜，更有自命爲官人之勢。纔登隸籍，即仰食於縣官；一著赭衣，便稱雄於亡命。一旦逃遁還鄉，益得彰其兇横，罔知畏憚。鄰里畏其報復而不舉發，豪滑引爲黨援而生事端，劣書蠹吏與之狼狽而不肯查緝，甚至聚衆之匪，倡亂之民，多出於此。此又一弊也。軍、流各犯，其安於配所，幸不逃者，州縣以其素習兇頑，難於驅役，或任開押自給，或靠商鋪攤供。遇有賽會婚喪，該各犯更以身係罪囚，恣意需索。徒長兇暴之風，絕無悛改之望。甚至串通盜賊，倚爲囊橐；包庇娼賭，流毒閭閻。以及唆訟抗官各事，亦多出其構煽。昔投豺虎於四裔，今以稂莠易嘉禾，是因一罪人之導引，更爲流徒地方添無數罪人矣。此又一弊也。又或孱弱之軀，驟經播徙；愚柔之質，不慣營爲。非顛踣終道路，即死亡於異鄉。歸骨無望，鬼其餒爾。朝廷本有貸死之恩，該犯僅無貪生之樂，固由自取，而揆諸好生之德，必有惻死難安者。此又一弊也。竊維周重司寇，只列任收。漢易肉刑，不設流徙。梁、陳以下，有歲刑及髡鉗，亦少徙流之制。近來東西各國，多以禁繫爲懲罪之科，工作爲示罰之辟。彼誠謂加以拘執，足啓悔心，責以工傭，更裨要務，執業足供所食，則上無耗費；收犯皆有定所，則下少逋逃。而浸染良氓，滋長姦慝諸弊更不禁而自止。揆之經訓定例，尚無刺謬。擬請仿漢時輸作之制，飭下各省通設罪犯習藝所。以後將命盜雜案遣軍流徒各罪犯，審明定擬後，即在犯事地方收所習藝。不拘本省外省，分別年限之多寡，以爲工藝之輕重。精而鏤刻鎔冶諸工，粗而布縷縫織之末，皆分別勤惰，嚴定課程。其愚劣過甚者，令作舉重等項苦工。徒犯自半年至三年，加重至四年。軍流自非所犯常赦不原者，似均可酌定年限。期滿察看作工分數，及有無悛悔，有無切保，再行釋放。流罪自五年至九年，軍罪自十年至二十年，皆令常帶刑鐐，在所工作。文弱不能工作者，即令服所中書記、司帳之役。桀驁不服約束，則加以鞭撲督責之刑。是有十益。拘繫本地，衆知儆惕，一也；管束有所，不致逃亡，二也；見聞不廣，習染不深，三也；各營工役，使生善心，四也；力之所獲，足以自給，五也；與人隔絕，不滋擾害，六也；繫念鄉土，易於化導，七也；獲解無庸，經費可省，八也；本籍保釋，的確可靠，九也；即或疾病死亡，仍獲首邱，法中有恩，十也。惟設習藝所，雖不無小費，然較之原來拓審遞解之費，外來寄監安置之費，所省已多。則挹彼注兹，固州縣所禱祀以求者也，踴躍奉行，尤可操券。此外尚有鎖帶桿礅人犯，平日游行街市，多半以攫物詐人爲生活，及釋放之後，或尋報復，或犯別案，既釋重負，轉能身輕步快，更難追捕。且該犯等將帶有桿礅需索倚爲生產，久且私行逃避，翻將桿礅別售於人，滋累無已。種種流弊，皆爲地方之害。擬請以後此項人犯，亦並入習藝所内，一律辦理。懇請飭下政務處，會同刑部修律大臣，妥議章程，行令各省，一體遵辦。又查片奏内稱：光緒二十年，刑部續議軍流徒犯脱逃新章，有訊明願帶家室，地方官量爲資送。及逃犯罪應加等調發，枷號鞭責，仍發原配者，均酌擬監禁年限各辦法。竊以爲欲逃之犯，必不願帶家室。且携帶婦穉。長途跋涉，於公款不免多耗，於私情尤非所便。至部定監禁章程，係指已逃就獲者而言。現擬入所習藝，則防之於未逃之先，且授之以謀生之術，似較部章尚爲周密。溯自九年以來，部中因各犯逃亡過衆，屢議更張，亦足爲法窮當變之證。至疏脱軍、流、徒各犯，迭次通行，均議有加重處分新定罪名。凡此後收所各犯疏脱者，地方官及看守兵丁一切處分罪名，請仍以照通行辦理，俾知儆惕而免疏虞。各等因。奏奉諭旨，交臣部核議具奏。臣等查，刑法之設，原爲禁暴懲奸，使小民知畏懼而不敢犯，所謂辟以止辟也。自徒、流列爲五刑之正，歷代遵行，已千餘年，立法本極周備。至五軍沿自前明，雖邊衛裁而名實未符，然其初，法令森嚴，流弊尚少。乃近年軍、流、徒各犯，在配不思守法，紛紛脱逃。是以臣部於光緒十一年間，奏令各省督撫就地方情形，妥籌安插之法。各該省所議，或爲籌給口糧，或責令學習手藝，或給資小貿營生，或分别罪犯之老壯强弱，妥爲安置，或撥給正佐文武衙門，充當差役及戍邊捕盜等事。當經臣部彙核，議如所奏辦理。及奉行不力，日久弊生。十餘年來，以復逃亡纍纍，幾有法窮當變，不可終日之勢。兹據該獲撫奏稱，擬請各省通設罪犯習藝所，將命盜雜案遺軍流徒各罪犯審明定擬後，即在犯事地方收所習藝。不拘本省外省，分别年限之多寡，以爲工藝之輕重。徒犯自半年至三年，加重至四年。軍流自非所犯常赦所不原者，均可酌定年限。流犯自五年至九年，軍犯自十年至二十年，皆令常帶刑鐐，在所工作。文弱不能工作者，即令服所中書識司帳之役。桀驁不服約束者，則加以鞭撲督責之刑等語。係爲因時制宜起見。惟變法原以救弊，名實尤不可稍乖。犯事各有不同，安置豈能歸一致。如徒犯充役不出本省，限滿即應釋回。此項人犯，即在犯事地方收所習藝，固屬可行。若如所奏，軍流人犯亦概不解配，竊恐此後不法匪徒有恃無恐，益將肆行兇横，無所不爲。犯案到官，不過收所習藝而止。昔則投諸異域，今則萃處鄉關，有犯法之名，無遷徙之實。則立法適以長奸，閭閻愈將不靖。如謂軍流發配省分，儘多優於故土，樂於本邦，並謂近日輪船火車，交通四達，一經脱逃，追捕不易。雖亦有此等情形，然不能因此一端，遂將情重軍流概行停遣。至謂一獄之成，並獲解各費，計之耗於公利，歲成鉅款，即爲州縣虧累之大宗。在各州縣審解命盜重案，由府而司、而院，所費固屬不少。若尋常遞解之犯，則自有公費，不致累及州縣。亦不能將此區區解囚經費，任令法紀蕩然。又如所稱鎖帶桿礅人犯，平日游行街市，多半以攫物訛人爲生活，久且私行逃避，翻將桿礅别售於人等語。是此項人犯在配尚不思守法，豈在籍反能工作耶？此遺軍流罪人犯未可概就犯事地方收所習藝之顯而易見者也。片奏又以光緒二十年臣部續議軍流徒犯脱逃新章内，訊明各犯願帶家室，地方官量爲資送一節，於公款不免多耗，於私情尤非所便。不知當日原因陝甘總督奏稱，檢查犯册，從未見配所有家而逃者。是以臣部特議此權宜辦法。且軍流妻妾皆從，古法如是，欲其有家而安之也。故其時軍流到配之後，逃亡者絶少。自簽遣例停，事歸簡易，而逃亡者遂紛紛皆是。正可見古法之不可遽廢。今既不能規復舊例，而本犯之情願攜家帶口者，由地方官酌量資送，情法兩得其便，公私並無所損。乃該獲撫皆議及此，特未即此事之源流詳加考核耳。臣等總核該獲撫所陳各節，用意非不甚善，尚待參酌變通，方能推行盡利。且該獲撫所議及者，僅及工作一端。臣等則謂居今日而欲變通軍流徒辦法，工作之外尚有足資懲勸者，曰監禁，日罰贖。必三者相輔而行，乃能垂諸久遠。禁錮以濟工作之窮，罰鍰以開自新之路。稽諸國家憲典，復參以近日東西各國刑制，原可並行不悖。惟事關變通成例，不特圖始，尤貴要終。且必確有依據，庶與妄議更張者不同。查工作之罰，必以年限多寡分輕重。如徒役年限，定例昭然，毋庸另議。軍流各犯，應如何酌定工作年限，及應否照例發配，似應以所犯是否常赦所不原爲斷。而經理此項工作，尤賴得人。夫聚群不逞之徒於一處，倘非約束嚴明，難保不滋生事端。且昔能逃於配所者，今豈不能逃於工作。此又在各督撫嚴飭所屬，認真整頓，庶不致日久弊生。若監禁之法，足銷囚犯桀驁之氣，又禁錮之使不能逃。臣部從前奏定京城棍徒及天津鍋匪酌加監禁章程，行之已久，尚無窒礙。所有嗣後各省强盗、搶奪、會匪、棍徒等項，罪應軍流，及軍流由工所脱逃被獲各犯，似應仿照辦理，俾照懲創。至金作贖刑，始於上古。現在收贖、納贖之例，銀數甚微，系專爲老幼廢疾，及命婦、官員、正妻等項，有犯從寬，維其贖罪者而設。至乾隆八年、十七年先後奏準官員貢監及平人捐贖免罪之條，在内由臣部奏請，在外由督撫奏請。必斟酌情形、實非常赦所不原者，方準捐贖。查貢監犯笞罪贖銀一百兩，杖罪贖銀二百兩，徒罪贖銀八百兩，軍流罪贖銀一千二百兩。平人犯笞罪贖銀五十兩，杖罪贖銀一百兩，徒罪贖四百八十兩，軍流贖銀七百二十兩。爲數過鉅，虚懸一贖罪之典，而呈請贖罪之案，往往累歲不獲一見，未免有名無實。似應酌減銀數，俾貢監及平人偶蹈法網者，易於贖罪自新。勸懲之方，莫善於此。以上三端，必須釐訂章程，方足以資遵守。臣等公同商議，軍、流、徒各項法制不妨變通，規畫總期盡善。既據該護撫奏稱，各省通設罪犯習藝所，係屬安插軍、流徒第一良法，應如所奏辦理。擬請嗣後各省徒罪人犯，毋庸發配，概行收入習藝所，按照所犯徒罪年限，責令工作，限滿釋放。如有脱逃被獲，從新收所工作。遣軍流罪各犯，如係强盗、搶奪、會匪、棍徒等項，仍照定例發配。罪應遣軍者，到配加監禁十年；罪應擬流者，到配加監禁五年。其有例内應鎖帶鐵桿、石礅之犯，既加監禁，免其鎖帶桿礅。應加枷號者，並免其枷號。俟監禁限滿，概行收入習藝所。皆令身帶重鐐，充當折磨苦工。遣軍以二十年爲限，流犯以十年爲限，限滿令撥各州縣安置，聽其各自謀生，仍令地方官按同點卯，嚴加管束。其非上項致罪而爲常赦所不原者，無論軍流，亦照定例發配。到配一律收所習藝。流二千里者，限工作六年；流二千五百里者限工作八年；流三千里者，限工作十年。軍犯即照滿流工作年限科斷，限滿即行釋放，聽其自謀生計，並准其在配所地方入籍爲民。若爲常赦所得原者，其罪既有減免之時，即其人終有釋回之日。無論軍流，俱毋庸發配，即在本省收所習藝。軍流工作年限，亦照前科算，限滿即行釋放。至軍流、徒犯如在所不安工作，復行滋事犯法，除罪應斬絞監候、立決，仍照定例問擬，及犯該笞杖者各照應得之數折責發落外。如徒罪人犯復犯徒流，即照後犯罪名科斷。其軍流人犯復犯徒罪，原犯係强盜等項，加監五年，此外加監禁三年；復犯軍流，原犯係强盗等項，加監禁十年，此外加監禁六年。限滿果能悔過，再行收所，分別工作。倘估惡不悛，即令永遠監禁。如軍流脱逃被獲，按例應加等調發者，仍照光緒二十年奏定章程，無論脱逃次數，軍犯加監禁十年，流犯加監禁五年。係由犯所脱逃者仍發原配監禁；原犯得免解配者，即在犯事地方監禁。俟限滿查看情形，如能悔過，再行收所，從新分別工作。倘收所後仍估惡不悛，即令永遠監禁。至疏脱收所各犯之專管官，及看守兵役，一切處分罪名，擬請照該護撫所議，均照舊例辦理。至笞、杖、徒、流各犯捐贖免罪之例，銀數過鉅，擬請酌量變通。除罪犯常赦所不原者仍照舊不準捐贖，及官員贖罪銀數毋庸議減外。凡貢監及平人犯罪呈請捐贖者，即照乾隆年間奏定贖罪銀數減半科算，仍照笞、杖、徒流罪名，分別等數辦理。如貢監犯笞杖，定例笞罪贖銀一百兩，酌減爲五十兩；杖罪贖銀二百兩，酌減爲一百兩。按笞五等，杖五等，分作十成，以十兩爲一等。凡貢監犯笞一十，贖銀十兩，笞二十，贖銀二十兩，至杖六十，贖銀六十兩，以次遞加。平人犯笞杖，定例笞罪贖銀五十兩，酌減爲二十五兩；杖罪贖銀一百兩，酌減爲五十兩。亦照前分作十成，以五兩爲一等。凡平人犯笞一十，贖銀五兩，笞二十，贖銀十兩，至杖六十，贖銀三十兩，以次遞加。貢監犯徒罪，定例贖銀八百兩，酌減爲四百兩。按徒五等，以二百兩起，每一等加五十兩。凡貢監犯杖六十、徒一年，贖銀二百兩，杖七十、徒一年半，贖銀二百五十兩，以次遞加。平人犯徒罪，定例贖銀四百八十兩，酌減爲二百四十兩。按徒五等，以一百兩起，每一等加三十五兩。凡平人犯杖六十、徒一年，贖銀一百兩；杖七十、徒一年半，贖銀一百三十五兩，以次遞加。貢監犯軍流，定例贖銀一千二百兩，酌減爲六百兩。按流三等，以四百六十兩起，每一等加七十兩。凡貢監犯流二千里者，贖銀四百六十兩；流二千五百里者，贖銀五百三十兩；流三千里者，贖銀六百兩。軍罪，即照滿流銀數捐贖。平人犯軍流，定例贖銀七百二十兩，酌減爲三百六十兩。按流三等，以二百七十兩起，每一等加四十五兩。凡平人犯流二千里者，贖銀二百七十兩，流二千五百里者贖銀三百十五兩，流三千里者，贖銀三百六十兩。軍罪，亦照滿流銀數捐贖。其緩決減等人犯，仍照原議贖罪，準其一體減半科算。此項贖銀，暫由各省存儲，撥歸習藝所充用，作正開銷，隨時彙案報部，仍令年終彙奏。俟各省習藝所出息稍豐，足資用度，再行規復舊制辦理。以上軍、流、徒各犯，事犯在未定新章以前，已經到配者，徒犯扣除役過年月，照章補足工作，限滿即行釋放；軍、流各犯無論新章應否解配，即由配所一律收所習藝，工作年限俱照新章科斷，限滿分別辦理。其事犯在新章以前之笞、杖、徒、流各犯，如有呈請贖罪者，即照新章辦理，以歸畫一。似此酌量變通，庶於因時制宜之中，仍寓分別等差之意。如蒙俞允，臣部即行通行各省督撫、將軍、都統、府尹，一體遵照。至直隸、熱河、奉天等省，向不安插軍流。此項罪犯非常赦所不原，免其解配之軍流各犯，應否即在該省收所工作，抑或仍照定例發配，由該督等體查情形，迅速奏明辦理。所有臣部現審案内軍、流各犯，應俟該督等具奏到日，再按新章核辦。再，該護撫奏請各省通設此項習藝所，似係指一州一縣分設一所而言。此等辦法散漫無稽，難收實效。原奏既稱精而鏤刻鎔冶諸工，粗而布縷縫織之末，分別勤惰，嚴定課程。是必設立工廠，募雇教習，購置器具。但使規模稍具，用費當必不貲。竊恐各州縣非藉口無款可籌，即相率虛應故事。原奏謂州縣禱祀以求，踴躍奉行，恐亦未必盡然。且一州一縣之中，向來安置軍、流、徒犯本屬無多。就令州縣實力奉行，工作之所雖成，而習藝之犯無幾，鋪張揚厲款項，究屬虛糜。且從前各省何嘗不以責令此項罪犯學習手藝爲詞，卒至徒托空言，有名無實。似不如先就省城並該管巡道，各設罪犯習藝所一區。凡軍流、徒犯，不必分撥州縣，即在省城及巡道所駐地方收所習藝，俾專責成。如此則創辦尚不爲難，收效自當較易。惟各省情形不同，未便遥爲懸度。應由各該督撫等體查地方情形，議定開辦詳細章程，妥速奏明辦理。再，臣部現在纂修則例，逐條均須詳細查核。如此次所擬章程，以後遇有應行酌改之處，當隨時具奏，請旨遵行。所有臣等遵旨議奏緣由，是否有當，謹恭摺具奏請旨。光緒二十九年四月初三日奏旨：依議。欽此。

律例館 光緒二十九年

奏爲外省奏案殷繁，辦理未能一律，謹擬改爲彙奏，以期妥善而歸畫一，恭摺仰祈聖鑒事。

竊查光緒二十六年十月間，經行在臣部奏請外省尋常命盗各案，例應專疏具題者，由各該督撫訊明定擬後，一面將供勘先行咨部，一面逐案摘叙簡明事由，改爲彙奏。至多以十案爲率，并聲明俟回鑾後再行規復舊例等因。奏準通行各省遵照。嗣經二十七年八月間，欽奉諭旨：内外各衙門題本，均著改題爲奏。復經臣部酌議：擬請外省命盜死罪案件，除例内載明應專摺具奏者不計外，其餘無論凌遲、斬絞立決、監候，舊例應會題者，應由各該省遵照諭旨，一律改爲專摺具奏，仍令備録供招，咨部查核等因。附片奏準，通行各省遵照。各在案。現在各省辦理命盜案件，有仍前摘叙案由彙案具奏者，亦有由題改爲專摺具奏者，未能一律。其彙奏到部者，往往將罪干凌遲及斬絞立決、監候各案，籠統彙爲一摺。其中有決不待時之犯，有入秋審之犯。輕重無所區别，檢查恐致錯誤。其專摺具奏者，臣部於奉旨交議後，應照章分省彙案奏覆，亦覺内外辦理兩歧。且溯自改題爲奏以來，所有各省尋常命盜等案，每年不下數千起，沓來紛至，奏案滋多。九重宵旰憂勞，萬幾一日，部務關係固重，亦應權衡繁簡，酌定畫一章程，期歸妥善。臣等公同商酌，擬請嗣後除例内載明應奏各案，或事關重大，以及駁令覆審者，仍令各省專摺具奏外。其餘尋常命盜死罪案件由題改奏者，應令遵照二十六年奏定章程，一律改爲彙案具奏。並令將應奏案件分爲兩項，如罪應凌遲及斬絞立決者爲一項，罪應斬絞監候者爲一項，每次彙奏即照此分别某案歸入某項，彙爲一摺，毋許錯雜。仍隨時酌量多寡，至多以十案爲率。其由死罪減等，例内載明請旨定奪，及聲明援例兩請者，事關候旨定奪，且每年案不多見，應令隨時專摺奏明請旨，不得仍前彙奏，以免等候稽延之弊。以上彙奏專奏各案，並令備録供招，先行咨部查核，總以無遲無率爲要。至供勘到部之日，臣等當督飭司員，逐案詳核，悉心辦理，照章彙案奏覆。如此則辦理不致參差，内外咸歸畫一。如蒙俞允，臣部通行各省督撫、將軍、都統、府尹，一體遵照辦理。所有外省尋常命盜案件，擬請改爲彙奏緣由，是否有當，恭摺具奏請旨。光緒二十九年六月初六日奉旨：「依議。欽此。」

律例館 光緒二十九年

再，外省命盜案件，前經臣部擬定改題爲奏章程，並令備録供招，咨部查核，附片奏準，通行各省在案。原期具奏到日，奉旨交議，臣等即督飭司員，按照全案供招，悉心詳核，即可隨時奏覆。乃近來各省改奏之件，往往有奉旨交議後，遲至數十日之久，其供招尚未咨送到部。臣部懸案久待，致稽時日。現經另摺奏請外省仍一律改爲彙案具奏，摺内摘叙案由，勢必寥寥數語，更屬無憑查核。臣部奏覆外省案件全憑供招而定，未便任令稽遲。擬請飭下各省督撫、將軍、都統、府尹，嗣後各省無論專摺具奏、彙案具奏等件，均應迅速備録供招，同時咨送到部，毋得仍前遲緩，以期妥速而慎刑章。是否有當，謹附片請旨。光緒二十九年六月初六日奏。奉旨：「依議。欽此。」

廣東司　光緒二十九年

奏爲由咨改奏，請旨飭催事。

光緒二十九年七月初一日，據廣東巡撫李興鋭電咨内稱：奉準通行變通軍流人犯新章，自應遵辦。惟强盗、搶奪、會匪、棍徒等項加監禁年限，凡已到配者，應否扣除歷過月日，仍依限補行監禁，抑或免其補禁，即收所習藝工作？其原帶桿礅枷號未滿者，應否仍俟限滿，再行收所學藝，抑毋庸待其滿期，先行疏礅枷。又外省解粤人犯，業經準咨定地，尚未到配者，其犯事定罪在未定新章以前，是否於到配日，即照新章分別監禁，免礅免枷之處，咨請部示等因前來。查臣部本年二月間核覆山西巡撫奏請各省通設罪犯習藝所摺内酌議：嗣後遣軍流罪各犯，如係强盗、搶奪、會匪、棍徒等項，仍照定例發配，遣軍加監禁十年，流罪加監禁五年。其有例内應鎖帶鐵桿石礅，並應加枷號之犯，既加監禁，免其鎖帶桿礅，並免其枷號，俟監禁限滿，概行收所習藝工作等因。奏準通行各省遵照在案。是原奏祇載明强盗等項監禁年限，其應如何分别監禁，原奏未經議及。兹據該撫電咨請示，自應酌定章程，俾資遵照。查向來奏準新章，皆以事犯在新章前後爲界限，此項遣軍流罪各犯，收所習藝，及應否監禁，亦應核其事犯在新章前後，分别辦理，俾免紛歧而歸畫一。臣等公同酌議，擬請將强盗、搶奪、會匪、棍徒等項，事犯到配在新章以前者，毋庸補行監禁，一律收所習藝工作。其原帶桿礅枷號未滿之犯，俟滿日再行收所工作。若事犯在新章以前，到配在後者，亦免其監禁。應否鎖帶桿礅枷號，仍照舊例辦理，均俟滿日收所工作。其事犯在新章以後者，即由配所督撫按照奏定章程，分别監禁，免其桿礅枷號。俟監禁限滿，再行收所工作。至原奏内原犯得免解配之犯，擬請一並酌定畫一章程，無論事犯在新章前後，但有未經起解者，即由犯事地方收所習藝工作。似此酌量分别，庶不致辦理參差。如蒙俞允，臣部即行文該省，並通行各省，一體遵照辦理。再，臣部奏準通設罪犯習藝所摺内聲明，各省情形不同，未便遥爲懸度。應由各該督撫等體察地方情形，議定開辦詳細章程，妥速奏明辦理等因。迄今半年有餘，此項習藝所已否開辦，各省尚未奏明。廣東省既經電咨請示，當必辦有端緒。現在核覆外省咨案内，間有聲叙收所習藝者，究竟如何辦理，未據詳細具奏，無憑稽核。相應請旨，飭下各省督撫、將軍、都統、府尹等，將設立軍流徒各犯工藝所一切辦理詳細情形，迅速具奏，統俟臣部彙核辦理。並令各省將收所習藝人犯，分別造具清册咨部，以憑查核。所有由咨改奏，並請旨飭催緣由，謹恭摺具奏請旨。光緒二十九年八月二十一日奏。奉旨：「依議。欽此。」

律例館 光緒二十九年

奏爲因瘋致斃祖父母、父母案件，擬請比照誤殺祖父母、父母治罪，以昭畫人，請旨遵行事。

臣等竊維律重倫紀，首嚴子孫不孝之誅；例設科條，向有原情聲請之典。凡不孝之子孫毆祖父母、父母致死，此等情同梟獍之犯，自應照律問擬凌遲，即行正法，以昭炯戒。若子孫平日孝順，事出無心，不幸而戕及所生，雖倫紀攸關，惟情有可原，究未便漫無區別。是以例內載明：「子孫過失殺祖父母、父母，定案時仍照本律問擬絞決，準將可原情節，照服制情輕之例，夾簽聲請，恭候欽定，改爲擬絞監候。又：子孫誤傷祖父母、父母致死，律應凌遲處死者，仍照本律定擬。援引白鵬鶴及隴阿候案内欽奉諭旨，恭候欽定」等語。原以過失殺及誤殺祖父母、父母之案，核其情節，並非有心干犯。故例得援情聲請，量予末減。至因瘋毆死祖父母、父母案件，其瘋發無知，亦非出於有心。雖未便與過失殺相提并論，然較之因鬥誤殺情節，輕重不甚相遠。乃彼案既得改爲斬決，此案仍照律處以寸磔，是同一服制情輕之案，治罪大相懸殊。查例載：「子孫毆殺祖父母、父母之案，無論是否因瘋，悉照本律問擬。如距省在三百里以内，無江河阻隔者，均於審明後，即行恭請王命，委員會同地方官押赴犯事地方，即行正法。若距省在三百里以外，即在省垣正法，仍將首級解回犯事地方梟示」等語。此條例文，係嘉慶年間纂定，原係不令逆倫重犯日久稽誅之意，故載在有司決因等第門内。舊例並未著有『無論是否因瘋』字樣。迨道光三年，始行增入此語。迄今相沿已久，竟未有原其瘋發無知之情者。蓋以事關倫紀，莫敢輕議末減也。惟是向來辦理服制案件，罪名皆有等差，至情節之重輕，尤以是否有心逞凶干犯爲斷。爲子孫者，如果平日孝順，一時瘋發無知，致有毆死祖父母、父母之事，與實在有心逞兇干犯者不同。若一律擬以凌遲，不特與誤殺各條顯相牴牾，且現在例内凡卑幼之於尊長，及妻之於夫，因瘋致死，皆得援情末減。及因瘋毆傷祖父母、父母，亦得由斬決改爲斬候。獨此項仍照本律辦理，尤覺參差。似應比附援案聲請末減，俾昭平允。臣等公同酌議：應請嗣後子孫因瘋毆殺祖父母、父母之案，審明平日孝順，實係瘋發無知，即比照誤殺祖父母、父母之例，仍照本律定擬，將可原情節於摺内聲敘，請旨改爲斬立決。倘係裝捏瘋迷，即將本犯依律擬罪，恭請王命，即行正法。並將扶同捏飾之鄰佑人等，及未能審出實情之地方官，分別治罪議處。如此酌量比附，定立專條，庶服制案件咸歸畫一，不致彼此歧異。如蒙俞允，臣部即通行内外問刑衙門，一體遵照。現當修例之時，所有原例應即删改，另將新章纂入例册，以資遵守。再，本年十月二十日，據五城御史移送張有因瘋毆傷伊母張李氏身死一案，臣部即遵照新章辦理。臣等爲服制重案期歸畫一起見，是否有當，謹恭摺具奏請旨。光緒二十九年十二月十六日奏。奉旨：「依議。欽此。」

秋審處 光緒三十年

再，盜案各犯，經近年改定章程，從嚴辦理。謹查强盜但經得財律，係不分首從皆斬。光緒十三年臣部議覆大學士直隸總督李鴻章奏，匪徒執持火器，糾夥搶劫，酌議從嚴懲創摺内，請將强劫及竊盜臨時行强，並結夥十人以上搶奪，但有一人執鳥鎗、洋鎗在場者，無論曾否傷人，不分首從，均擬斬立決梟示。結夥三人以上搶奪，執持鳥鎗、洋鎗，係首犯，亦擬斬立決梟示；係從犯，擬斬立決，傷人者仍加梟示。竊盜執持鳥鎗、洋鎗拒捕殺人者，擬斬立決梟示。竊賊施放鳥鎗、洋鎗拒捕，已經成傷，無論獲贓、獲夥、圖脱，及臨時、事後所傷是否事主，爲首及幫同放鎗拒捕之犯，皆擬斬監候，秋審入於情實。是强劫一項新章，照舊例加嚴。原其立法之初，固以各直省盜風日熾，不能不從重懲辦，誠因時制宜之義也。溯查光緒十五年三月十六日欽奉恩詔内開：『一、刑例從嚴定擬人犯，除游勇、土匪、馬賊就地正法外，其盜案各犯，新章從嚴者，有可改歸舊例之處，着刑部酌核議奏。欽此。』當經臣部悉心詳核。自定新章後，此風迄未少息。若遽概弛其禁，誠恐水懦民玩，犯法者愈見其多，轉失辟以止辟之意。惟既恭逢盛典，疊沛恩綸，若竟不將此等案犯量予從輕，是别項死罪均沾皇仁，而於若輩獨不能網開一面，殊失欽恤之意。擬請嗣後遇有强劫得財之案，如事犯在恩詔以前者，無論有無執持火器，均照本律問擬斬決，概免梟示。奏準通行在案。又，光緒二十年八月十六日恭逢恩詔，復經臣部擬請，將搶竊各犯，如事犯在恩詔以前，搶竊等案，無論有無執持火器，仍查照章程，問擬斬決，概免梟示。其竊盜執持火器拒捕傷人，實係臨時盜所，及有獲贓、獲夥重情，無論首從，均不準援免。如首犯實因圖脱情急，及事後拒捕放鎗，並幫同放鎗傷人情輕各犯，均酌入緩決等因。奏準通行，亦在案。本年恭逢慶典，臣等仰體皇仁，似應一體查辦，以昭恩溥。擬請仍照二十年奏定章程辦理。倘蒙聖恩，準予查辦，臣部行文各直省督撫、將軍、都統、府尹，一體遵照辦理。其事犯在恩詔以後者，仍查照新定章程科斷。俟數年後察看情形，如果盗風稍息，再行奏明規復舊例。謹附片具奏請旨。光緒三十年正月二十六日奏，奉旨：「依議。欽此。」

秋審處 光緒三十年

再，本年正月十五日恭逢恩詔，查辦秋審斬絞人犯。臣等遵照奏明條款，將已未入秋審官、常各犯，分別準免、不準免，暨酌緩減軍、減流，繕具清單。其各犯内有恭逢二十年恩詔不準援免，奏明，酌入緩決者，亦應一體核辦。臣等查照向辦成案，此等人犯既經奏明，酌入緩決，除謀故火器殺人並搶劫拒捕傷人，暨情罪較重各項人犯，仍不準減免外。其餘如鬥殺、共毆及一切情節少輕各犯，若緩決已至三次，應概予減免。其不及三次者，應俟緩決三次後，由各該省奏報秋審後尾内聲明，由臣部分別核辦。理合附片奏聞請旨。光緒三十年正月二十六日具奏。奉旨：「依議。欽此。」

江西司 光緒三十年

奏爲遵旨議奏事。

光緒三十年三月十八日，準軍機處交出，會同辦理五城練勇局侍郎陳璧等奏，五城案犯，請將部擬軍、流、徒三項罪名改爲監禁等因一摺。奉旨：「刑部議奏。欽此。」當將原奏抄出到部。查該侍郎等片奏内稱，五城詞訟，徒罪以上均送刑部審訊，由部按律定擬軍流發遣。獲罪之犯，由兵部、順天府遞至配所，自京縣起，按縣僉差遞解。長途跋涉，稽核爲難。且驛站之廢馳，差役之偷滑，已成積習。而犯罪至軍流徒者，類多兇狡不逞之徒，潛逃賄脱，百弊叢生。故起解者不乏人，到配者無一二。幸而獲免，絶無悔心，或報復尋仇，或逞兇構釁。即使控告到官，再配再逃，視爲常技。罪不至死，其惡實有浮於死者。非變通辦理，何以懲兇徒而警效尤？查上年護理山西巡撫趙曾奏請各省通設習藝所，安置軍流徒犯一摺，部議未經議準。以變通軍流徒辦法，工作之外，尚有監禁、罰償兩端，必三者相輔而行，乃垂永久。惟疆臣、部臣皆就已經發遣而言，而於中途脱逃一層，未經慮及，雖有良法，亦無所施。與其籌安置於事後，使得倖逃；莫若嚴防禁於事前，俾知戒懼。擬請飭下刑部核議，將軍、流、徒罪名改爲監禁，其年限之多少，準罪之輕重爲衡。年滿發入工藝廠習藝，革其非心，更課以生計。俟部議後，再推廣各省施行等因。奏奉諭旨，著臣部議奏。

臣等竊維變法原以救弊。然舊法有可變者，亦有萬不可變者，必須斟酌權衡，方不至蹈妄議更張之失。如刑律五刑中徒、流二項，歷古今而不廢，合中外而皆同。此萬不可變者也。若充軍一項，相沿已久，現在纂修條例，業經奏準將五軍刪減，亦未便概行裁除。至律章内間有酌加監禁者，不過嚴加等之法，藉以濟刑罰之窮，非正刑也。是以上年臣部核覆前護理山西巡撫趙奏請軍流徒犯即在犯事地方收所習藝摺内，以通設罪犯習藝所，雖屬良法，若如所奏，軍流概不發配，未免名實俱非，議將遣軍流罪情重各犯，仍照舊例發配。並酌議變通，將徒罪人犯及軍流爲常赦所得原者，俱免其發配，即在犯事地方收所習藝，以示區别等因。奏準通行在案。是尋常徒流皆準就犯事地方收入習藝所，惟常赦所不原之遣軍流犯，始行發配。則此後各省每年遞解人犯，爲數已覺鋭減，稽核易於周詳。兹該侍郎等以前奏皆就已經發遣而言，而於中途脱逃一層，尚未慮及，擬請將軍、流、徒三項罪名改爲監禁，雖係爲防禁脱逃起見，惟是犯罪有輕重，故定例有等差。若不分等差，軍、流、徒概行羈禁囹圄，重罪囚與輕罪囚同處一監，僅以年限多少爲衡，此外毫無區别，小民轉易生玩法之心。且犯罪至軍流徒者，類多兇狡不逞之徒，該侍郎已見及之。乃輒欲將此項人犯概行監禁，是使兇徒、惡棍聚於一室，或相率尋仇，或共謀不法，弊將有不可勝言者。流徒之法，原欲使犯罪之人不能安居鄉里。若概不發配，則是一家共犯，而父兄子弟轉得圜扉聚處，無離别遷徙之憂，必更有樂於犯法者。立法適以長奸，閭閻愈將不靖。且查各省每年辦結軍、流、徒犯，奏咨到部者不下千餘名。監禁不能一年釋放，積三五年則多至數千名，再積三五年則多至萬餘名，愈積愈多，非但監不能容，抑且防範難周，中途可逃，在獄獨不可逃耶？原奏既以驛站廢弛，差役偷滑爲詞，設改爲監禁之後，而獄卒日久弊生，亦復廢弛偷滑，則又將如何議改？總之，天不事有治人無治法，全在上司官認真整頓，方能挽回積習。區區解犯一端，未便因一二地方官僉差不慎，致有疏虞，遂欲將軍、流、徒概行改爲監禁，置國家成憲於不顧。至直隸、順天府向不安插軍流，尤未便將軍流改爲監禁，概不發配，致與定例不符。該侍郎等擬請將軍、流、徒三項罪名改爲監禁之處，應毋庸議。惟查近年押解軍、流、徒犯，中途脱逃之案層見叠出、潛逃賄縱，百弊叢生，誠有如該侍郎等原奏所云者。應申明定例，請旨飭下各省督撫及順天府，嚴飭所屬，嗣後遇有遞解軍、流、徒人犯，務須慎派幹役，依法管解。如有中途脱逃，必訊明受賄故縱實情，按例從重定擬，不得以並無賄縱空言草率咨結。庶押解兵役知所警戒，而中途脱逃之案自必日見稀少矣。所有臣等遵旨議奏緣由，謹恭摺具奏請旨。光緒三十年四月二十七日奉旨：「依議。欽此。」

法律館　光緒三十一年

奏爲遵旨考訂法律，謹擬將現行律例内重法數端先行變通酌改，以裨治理而彰仁政，恭摺仰祈聖鑒事。

光緒二十八年四月初六日奉上諭：『現在通商交涉，事益繁多，著派沈家本、伍廷芳將一切現行律例，按照交涉情形，參酌各國法律，悉心考訂，妥爲擬議，務期中外通行，有裨治理等因。欽此。』

仰見聖謨宏遠，欽佩莫名。當經臣等酌擬大概辦法，並遴選諳習中西律例司員分任纂輯，延聘東西各國精通法律之博士、律師以備顧問，復調取留學外國卒業生從事繙譯，請撥專款以資辦公，刊刻關防以昭信守各等因，先後奏明在案。計自光緒三十年四月初一開館以來，各國法律之譯成者，德意志曰刑法，曰裁判法，俄羅斯曰刑法，日本曰現行刑法，曰改正刑法，曰陸軍刑法，曰海軍刑法，曰刑事訴訟法，曰監獄法，曰裁判所構成法，曰刑法義解；較正者曰法蘭西刑法。至英、美各國刑法，臣廷芳從前游學英國，夙所研究，該二國刑法雖無專書，然散見他籍者不少，飭員依類輯譯，不日亦可告成。復令該員等比較異同，分門列表，展卷瞭然，各國之法律已可得其大略。臣等以中國法律與各國參互考證，各國法律之精意固不能出中律之範圍，第刑制不盡相同，罪名之等差亦異，綜而論之，中重而西輕者爲多。蓋西國從前刑法，較中國尤爲慘酷，近百數十年來，經律學家幾經討論，逐漸改而從輕，政治日臻美善。故中國之重法，西人每訾爲不仁，其旅居中國者，皆藉口於此，不受中國之約束。夫西國首重法權，隨一國之疆域爲界限，甲國之人僑寓乙國，即受乙國之裁制，乃獨於中國不受裁制，轉予我以不仁之名，此亟當幡然變計者也。方今改訂商約，英、美、日、葡四國均允中國修訂法律，首先收回治外法權，實變法自強之樞紐。臣等奉命考訂法律，恭繹諭旨，原以墨守舊章，授外人以口實，不如酌加甄採，可默收長駕遠馭之效。現在各國法律既已得其大凡，即應分類編纂，以期尅日成書，而該館員等僉謂宗旨不定，則編纂無從措手。臣等竊維治國之道，以仁政爲先，自來議刑法者，亦莫不謂裁之以義而推之以仁，然則刑法之當改重爲輕，固今日仁政之要務，而即修訂之宗旨也。

現行律例款目極繁，而最重之法亟應先議删除者，約有三事。

一曰凌遲、梟首、戮屍。查凌遲之刑，唐以前無此名目，始見於遼史刑法志。遼時刑多慘毒，其重刑有車轘、礮擲諸名，而凌遲列於正刑之内。宋自熙甯以後，漸亦沿用。元、明至今，相仍未改。梟首在秦漢時惟用諸夷族之誅，六朝梁、陳、齊、周諸律，始於斬之外别立梟名。至隋而删除其法，自唐迄元，皆無此名。今之斬梟，仍明制也。戮屍一事，惟秦時成蟜軍反，其軍吏皆斬戮屍，見於始皇本紀，此外無聞，歷代刑志並無此法，明律亦無戮屍之文。至萬歷十六年始定此例，亦專指謀殺祖父母、父母者而言。國朝因之，後更推及於强盗案件，凡斬梟之犯，監故者無不戮屍矣。凡此酷重之刑，固所以懲戒凶惡。第刑至於斬，身首分離，已爲至慘。若命在頃忽，菹醢必令備嘗，氣久消亡，刀踞猶難倖免，揆諸仁人之心，當必慘然不樂。謂將以懲本犯，而被刑者魂魄何知？謂將以警戒衆人，而習見習聞，轉感召其殘忍之心。故宋真宗時，御史臺請臠咼殺人賊，帝曰：『五刑自有常刑，何爲殘毒也？』陸游常請除凌遲之刑，亦謂肌肉已盡而氣息未絶，肝心聯絡而視聽猶存，感傷至和，虧損仁政，實非聖世所宜遵。隋時頒律詔云：梟首義無所取，不益懲肅之理，徒表安忍之懷。洵皆仁人之言也。且刑律以唐爲得中，而唐律並無凌遲、梟首、戮屍諸法。國初律令，重刑惟有斬刑，準以爲式，尤非無徵。擬請將凌遲、梟首、戮屍三項一概删除，死罪至斬決而止。凡律内凌遲、斬梟各條俱改斬決，斬決俱改絞決，絞決俱改監候，入於秋審情實。斬候俱改絞候，與絞決人犯仍入於秋審，分别實、緩。將來應否酌量變通，再由臣等妥議核定。或謂此等重法，所以處窮凶極惡之徒，一旦裁除，恐無以昭炯戒。顧有唐三百年不用此法，未聞當日之凶惡者獨多。且貞觀四年斷死罪二十九，開元二十五年才五十八，其刑簡如此。乃自用此法以來，凶惡者仍接踵於世，未見其少，則其效可覩矣。化民之道，固在政教，不在刑威也。

一曰緣坐。緣坐之制，起於秦之參夷及收司連坐法。漢高后除三族令，文帝除收孥相坐律，當時以爲盛德。惜夷族之誅猶間用之，故魏、晉以下仍有家屬從坐之法。唐律惟反叛、惡逆、不道律有緣坐，他無有也。今律則姦黨、交結近侍諸項俱緣坐矣，反獄、邪教諸項亦緣坐矣。一案株連，動輒數十人。夫以一人之故而波及全家，以無罪之人而科以重罪，漢文帝以爲不正之法，反害於民。北魏崔挺嘗曰：『一人有罪延及闔門，則司馬牛受桓魋之罰，柳下惠膺盗跖之誅，不亦哀哉！』其言皆篤論也。罰弗及嗣，虞書所美。罪人以族，周誓所譏。今世各國咸主持刑罰止及一身之義，與罪人不孥之古訓實相符合，洵仁政之所當先也。擬請將律例緣坐各條，除知情者仍治罪外，其不知情者悉予寬免，餘條有科及家屬者準此。

一曰刺字。刺字乃古墨刑，漢之黥也。文帝廢肉刑而黥亦廢。魏、晉、六朝雖有逃奴、劫盗之刺，旋行旋廢。隋、唐皆無此法。至石晉天福間，始創刺配之制，相沿至今。其初不過竊盗、逃人，其後日加繁密，刺事由，刺地名，刺改發，有例文不著而相承刺字者，有例文已改而刺字未改者，其事極爲紛糅。在立法之意，原欲使莠民知耻，庶幾悔過而遷善。詎知習於爲非者，適予以標識，助其凶横，而偶罹網者，則黥刺一膺，終身僇辱。誠如宋志所謂，面目一壞，誰復顧籍，强民適長威力，有過無由自新也。夫肉刑久廢而此法獨存，漢文所謂刻肌膚痛而不德者，正謂此也。未能收弼教之益而徒留此不德之名，豈仁政所宜出此？請將刺字款目概行删除。凡竊盗皆令收所習藝，按罪名輕重定以年限，俾一技能嫻，得以糊口，自少再犯三犯之人。一切遞解人犯，嚴令地方官認真僉差押送，果能實力奉行，逃亡者自少也。

以上三事，皆中法之重者。參諸前人之論説，既多議其殘苛，而考諸今日各國，又皆廢而不用。且外人訾議中法之不仁者，亦惟此數端爲最甚。此而不思變通，則欲彼之就我範圍，不猶南轅而北轍乎。查各國修訂法律，大率於新法未布，設單行法，或淘汰舊法之太甚者，或參考外國之可行者，先布告國中，以新耳目。是以略採其意，請將重法數端，先行删除，以明示天下宗旨之所在。此外或因或革，端緒繁多，俟臣等隨時釐定，陸續奏聞。惟更張之始，度必有議其後者。竊思法律之爲用，宜隨世運爲轉移，未可膠柱而鼓瑟。昔宋咸平時删太宗詔令，十存一二，史志稱之。我朝雍正、乾隆年間修改律例，於康熙時現行條例删汰不知凡幾。即臣等承詔之初，亦以祖宗成憲，未敢輕議更張，第環顧時局，默驗將來，實不敢依違模棱，致令事機坐失。近日日本明治維新，亦以改律爲基礎，新律未頒，即將磔罪、梟首、籍没、墨刑先後廢止，卒至民風丕變，國勢駸駸日盛，今且爲亞東之强國矣。中、日兩國，政教同，文字同，風俗習尚同，借鑑而觀，正可無庸疑慮也。伏惟我皇太后、皇上深念時艱，勤求上理，特詔考訂法律，期於通行中外，法權漸可挽回，用敢擇其至要者，披瀝上聞。倘蒙俞允，并請明降諭旨，宣示中外，俾天下曉然於朝廷宗旨之所在，而咸欽仁政之施行，一洗從來武健嚴酷之習，即宇外之環伺而觀聽者，亦莫不悦服而景從。變法自强，實基於此。所有臣等酌擬變通刑法緣由，謹恭摺具陳，伏乞皇太后、皇上聖鑒訓示。謹奏。於三十一年三月二十日奏。

内閣奉上諭：『伍廷芳、沈家本等奏考訂法律，請先將律例内重刑變通酌改一摺。我朝入關之初，立刑以斬罪爲極重。順治年間修訂刑律，沿用前明舊制，始有凌遲等極刑。雖以懲儆凶頑，究非國家法外施仁之本意。現在改訂法律，嗣後凡死罪，至斬決而止，凌遲及梟首、戮屍三項，著即永遠删除。所有現行律例内，凌遲、斬梟各條俱改爲斬決，其斬決各條俱改爲絞決，絞決各條俱改爲絞監候，入於秋審情實，斬監候各條俱改爲絞監候，與絞候人犯仍入於秋審，分别實、緩辦理。至緣坐各條，除知情者仍治罪外，餘著悉予寬免。其刺字等項，亦著概行革除。此外當因當革，應行變通之處，均著該侍郎等悉心甄採，從速纂定，請旨頒行。務期酌法準情，折衷至當，用副朝廷明刑弼教之至意。將此通諭知之。欽此。』

法律館 光緒三十一年

奏爲核議具奏，仰祈聖鑒事。

據刑部咨稱，光緒二十九年十二月間，準政務處咨，原任兩江總督劉坤一、湖廣總督張之洞會奏變法第二摺『恤刑獄』一條，與現在修改刑律足資考證，摘録原奏，咨行刑部查照。相應轉咨修訂法律大臣，酌核辦理等因前來。

臣等查該督等原奏内稱，獄爲生民之大命，結民心，禦强敵，其端皆基於此。我朝大清律例較之漢隋唐明之律，其仁恕寬平，相去霄壤。徒以州縣有司實心愛民者不多，於是濫刑株累之酷，囹圄凌虐之弊，往往而有。外國人來華者，親入州縣之監獄，旁觀州縣之問案，疾首蹙額，譏爲賤視人類，驅民入教。職此之由等語，係屬實在情形。是欲固民心，非恤刑獄不可。恤刑獄共分九條。除禁訟累一條，重在裁革書吏，業經欽奉諭旨通飭遵行；教工藝、改罰鍰二條，前經刑部另行奏準通行各省；恤相驗一條，應由刑部奏明辦理；省文法一條，實減處分，事隸吏部，應俟會同吏部酌核辦理外。其省刑責，重衆證，修監羈，派專官四條，臣等謹就該督等所奏，悉心核議。

查原奏「省刑責」條内，據稱敲樸呼號，血肉横飛，最爲傷和害理，有悖民牧之義。夫民雖犯法，當存哀矜。供情未定，有罪與否尚不可知，理宜詳慎。况輕罪一眚，日後仍望其勉爲良民，更宜存其廉恥。擬請以後除盜案命案證據已確而不肯認供者，準其刑嚇外，凡初次訊供時及牽連人證，斷不準輕加刑責。其笞杖等罪，酌量改爲羈禁，或數日，或數旬，不得凌虐久羈等語。臣等查笞杖仿於虞書，鞭樸不過以示薄懲，故律内杖罪至一百而止。其刑本輕，厥後變本加厲，問案率用刑訊，動輒盈千累百，血肉賤飛，誠如原奏所云『最爲傷和害理』。居今日而欲求其弊，若僅空言禁用刑訊，而笞杖之名因循不去，必至日久仍復弊生，斷無實效。然遽如原奏改爲羈禁數日數旬，立法過輕，又不足以示懲儆。臣等公同酌議：擬請嗣後除罪犯應死，證據已確，而不肯供認者，準其刑訊外。凡初次訊供時，及徒流以下罪名，概不惟刑訊，以免冤濫。其笞杖等罪，仿照外國罰金之法，凡律例内笞五十以下者，改爲罰銀五錢以上，一兩五錢以下。杖六十者，改爲罰五兩。每一等加二兩五錢，以次遞加，至杖一百改爲罰十五兩而止。如無力完納者，折爲作工，應罰一兩，折作工四日。以次遞加，至十五兩折作工六十日而止。旗人有犯，照民人一律科斷。至此項罰金折爲作工之犯，嗣後即應按照新章，收所習藝。惟查刑部前經奏准通行各省設立罪犯習藝所，迄今時逾兩年，除直隸、河南、山東、雲南業經奏明辦理外，其餘各省皆未據奏報，實屬不成事體。相應請旨，飭下各省督撫、將軍、都統，迅將罪犯習藝所一律辦齊，毋任再延，致誤要政。並請飭下順天府、五城一體設立習藝所，收拘輕罪人犯，以歸畫一。其開辦詳細章程，應由該衙門自行奏明辦理。

又查原奏「重衆證」條内，據稱外國問案，專憑證人，衆證既確，即無須本犯之供。然外國問案有專官，刑律少死罪，監獄不苦，故有確證者即不肯狡供。且警察之法最密，平日之良莠縱跡一一周知，故證據多。問案皆係列坐，證人從不管押，故證人易。中國州縣事煩，素無警察。而刑罰較嚴，出入甚鉅，旁人多不肯作證，本犯必自圖倖免，此刑求拖累之所由來也。今惟有申明定例一法，可以稍救此弊。查律載：「衆證明白，即同獄成，不須對問。」然照此斷擬者，往往翻控，非誣問官受賄、即詆證人得贓。以故非有確供，不敢詳辦。於是反覆刑求，則有拷掠之慘，多人拖累，則有瘐斃之冤。擬請以後斷案，除死罪必須有輸服供詞外，其軍流以下罪名，若本犯狡供，拖延至半年以外者，果係衆證確鑿，若證人皆係公正可信，上司層遞親提覆訊，皆無疑議者，即按律定擬，奏咨立案。如再京控、上控均不準理等語。臣等查外國案以證定，中國案以供定，中外情形不同。近來州縣審案，遇有狡供之犯，輒非刑拷掠，慘不忍聞。其或犯供忽認忽翻，案懸莫結，必至妨廢各家之生業，牽連無數之旁人。迨犯供輸服，而拖斃者已累累矣。況乎三木之下，何求不得？且恐有畏刑誣服者，供以刑求，流弊滋多。例内本有『實在狡健，堅不承招，如犯該徒罪以上，取具衆證』明文。原奏所稱，惟有申明定例，可以稍救其弊等語，真爲確切之論。夫既非死罪，又有衆證，兼有覆勘案情，斷不至全行顛倒，倘再翻控，希圖拖累、實爲刁健之尤，誠不可不杜其漸。臣等公同酌議，應如該督等所奏，嗣後斷案，除死罪必須取其輸服供詞外，其徒流以下罪名，若本犯狡供不認者，果係衆證確鑿，其證人皆係公正可信，上司層遞親提覆訊，皆無、疑議者，即按例定擬，奏咨立案。如再京控、上控均不準理。似此則聽訟不用刑訊，無辜免受拖累。抑臣等更有請者，欲清訟源，非切實舉行警察不可，警察行之如善，不特除奸禁暴，可以消患未萌。抑且平日之良莠若何，行縱若何，莫不周知。原奏謂外國警察之法最密，故證據多，誠非虛語。然必須實力奉行，方不至外貌徒襲。相應請旨，飭下各省督撫，嚴飭所屬，認真辦理警察，以期漸推漸廣，庶於地方大有裨益，而訟獄亦可日見稀少矣。

又查原奏「修監羈」條內，據稱州縣監獄之外，又有羈所，狹隘污穢，凌虐多端，暑疫傳染，多致瘐斃。仁人不忍觀聞，等之於地獄；外人尤爲痛詆，比之以番蠻。夫監獄不能無，而酷虐不可有。宜令各省設法籌款，將臬司、府廳、州、縣各衙門内監、外監大加修改。地面務要寬敞，房屋務須整潔，優加口食及冬夏調理各費，禁卒凌虐，隨時嚴懲。至羈所一項，所以管押竊賊、地痞，及案情干涉甚重，而供情未確、罪名未定、保人未到者。定例雖無明文，而各省州縣無處無之。蓋此等案犯，若取保則十九潛逃，交差則勒虐更甚，其勢不能不設羈所。蓋即本雍正三年刑部尚書勵廷儀所奏，外監以居見羈輕罪之意。擬請明定章程，各處羈所務須寬整潔淨，不準虐待，亦不準多押。至待質者，歸入候審所，各省名已設立。其餘差帶官店等事，務須禁絶。此事之實辦與否，有房屋可驗，不能掩飾等語。臣等查例内載明：「牢獄禁繫囚徒，鎖鈕常須洗滌，席薦常須鋪置。冬設暖床，夏備凉漿。日給倉米一升，冬給絮衣一件，病給醫藥。」定制之初，實屬矜恤周摯。無如府廳州縣奉行不力，任令典守者恣情尅扣，肆意凌虐，以致百弊叢生，莫可究詰。至監内房屋，類皆偪窄湫隘。夏則人多穢積，疫癘頻生；冬則嚴寒裂膚，凍餒交迫。瘐斃相繼，冤苦莫伸。又復私設班館等項，拘押干連人證及輕罪人犯，其酷虐與牢獄如出一轍。該督等洞悉情形，故原奏於監獄之弊，抉摘無遺。自非改絃更張，切實整頓，不足以收實效。應如所奏，請旨飭下各省督撫、將軍、都統、府尹，設法籌款，將臬司、府、廳、州、縣各衙門内監、外監一律大加修改。地面務須寬敞，房屋務宜整潔，一洗從前積弊。並優加口食及冬夏調理各費，以示體恤。禁卒人等，倘有凌虐情弊，即行從嚴懲治。至羈所一項，既據該督等奏稱各省州縣無處無之，與其空懸例禁，致各直省陽奉陰違，何如明定章程，尚可以隨時考察。亦應如所奏，嗣後各處羈所務須寬整潔淨，不準虐待，亦不準多押，違者比照凌虐罪因及淹禁律，分別加等治罪。其臬司提案候審者，歸入待質公所。此外如差帶官店、倉舖、班館等名，一律嚴行禁絕。再，各該省監羈修改完竣之後，應由各該督撫派委妥員，分投查驗確實。如有空言塞責，或敷衍了事，即一面罰令該府、廳、州、縣改修，一面參處，並令將修改查驗情形，詳細奏明，咨報刑部，以備稽考。庶此後監羈頓改舊觀，而民命無虞淹斃矣。

又查原奏「派專官」條內，據稱監羈一事，固須屋宇廣潔，尤須隨時體恤。禁凌虐，必有專官司之，方有實濟。吏目典史，卑於州縣，不能考察。查各府皆有同知、通判，所司清軍、鹽捕、水利等事，久成具文，一無實事。按今之通判，宋亦名通判，或名簽判，明名曰推官，皆兼管獄囚訴訟。擬請著爲定章，每府即派實缺同知，專司稽察各屬監禁之事。同知不同城者，派同城通判，每兩個月内編赴所屬外縣稽查一次。同城兼有通判者，兩員分往，一月稽察一次。同城縣監，十日稽察一次。監獄未善，凌虐未禁者，準其據實稟明督撫臬司，比照濫刑例參處。稽查府監，責成本道司監，由督撫隨時委員稽察等語。臣等查例載：「府廳州縣有監獄之責者，除照向例，設立循環簿，填注每日出入監犯姓名，申送上司查閲外，並令與專管之司獄、吏目、典史等官，各將監獄人犯填注案由、監禁年月，造具清册，按月申送該管守巡道查核。如有淹禁、濫禁情弊，即將有獄官隨時參處。仍令該道因公巡歷至府、廳、州、縣之便，親提點驗。如有填注隱漏者，將有獄管獄官一並參處。並令該道每年將清册彙送督撫臬司查核。若府廳州縣有淹禁、濫禁情弊，該道未行揭報，經督撫查出，或別經發覺，將該道一並交部議處」等語。定例本極周密。無如府、廳、州、縣奉行不力，日久視爲具文。其有無淹禁、濫禁及凌虐情弊，該管巡道亦習而忘之，而大吏更無從知覺，無怪監獄之弊日積日深。至該巡道因公巡歷，親提點驗，更屬事不恒有，例成虛設。亟應酌量變通，特派專官，以司考察，另設專條，以資遵守。應如該督等所奏，嗣後每府即派實缺同知，專司稽察各屬監獄之事。同知不同城者，派同城通判，每兩個月内編赴所屬外縣稽查一次。同城兼有通判者，兩員分往，一月稽察一次。同城縣監，十日稽查一次。如有監羈未善，凌虐未禁者，準其據實稟明督撫臬司，比照濫刑例參處。稽察府監，責成本道司監，由督撫隨時委員稽察。惟立法期於詳備，務須力求實際，方能日起有功。全在各該督撫臬司認真經理，嚴飭所屬各府同知、通判，切實考察，以專責成。並令該同、通將每月每次稽察各縣監羈，有無淹禁、濫押及凌虐情弊，逐一詳細注明，按半年申報該督撫、臬司查核。倘該同、通稽查不實，及徇隱不舉者，即據實一並參處。上司各官不即奏，參照徇庇例議處。仍令年終彙報刑部，以備稽查。似此則獄囚咸沾實惠，而積弊可期廓清矣。

以上四條，臣等按照原奏，悉心核議，如蒙俞允，即通行各省，一體遵照辦理。再，此次修訂法律，頭緒紛繁，所有訴訟、裁判、監獄諸法，將來應仿照東西各國，另設專章，俟參酌妥當，再行奏明辦理，合並聲明。所有臣等核議緣由，是否有當，謹恭摺具奏，伏乞皇太后、皇上聖鑒訓示，謹奏。於光緒三十一年三月二十日奏。奉旨：「依議，欽此。」二十一日復奉上諭：「昨據伍廷芳、沈家本奏，議覆恤刑獄各條，請飭禁止刑訊拖累、變通笞杖辦法，並請查監獄、羈所等條，業經降旨依議。惟立法期於盡善，而徒法不能自行。全在大小各官任事實心，力除壅蔽，庶幾政平訟理，積習可回。頗聞各省州縣，或嚴酷任性，率用刑求；或一案動輒株連，傳到不即審訊，任聽丁差朦蔽，擇肥而噬。拖累羈押，凌虐百端，種種情形，實堪痛恨。此次奏定章程，全行照準，原以矜恤庶獄，務伸公道而通民情。用特重申誥誡，著該督撫等嚴飭各屬，認真清理，實力遵行，仍隨時詳加考查。倘有陽奉陰違，再蹈前項弊端者，即行從嚴參處，毋稍迴獲瞻徇。其各勤求民瘼，盡心獄訟，用副朝廷恤下省刑之至意。將此通諭知之。欽此。」

山東司　光緒三十一年

奏爲遵旨議奏事。

內閣抄出署理山東巡撫胡廷幹奏遵設罪犯習藝所酌擬辦法一摺。光諸三十一年正月二十五日硃批：「該部議奏單並發。欽此。」抄出到部。該臣等議得據山東巡撫胡廷幹奏稱，刑部奏定新章，行令各省通設罪犯習藝所，由督撫體察情形，妥議具奏等因。當經正任撫臣周馥分行轉飭各府州縣，遵照辦理去後。旋據藩、臬兩司彙詳，以東省一百四十州縣，不如逕由十府三直隸州各設工所，安插本省遣軍流徒各犯。建置房屋，購備器具。開辦之初，約計共需銀一萬五六千兩。常年經費，如委員、司事、繕書、匠人、夫役薪資，各犯口糧資本，亦非有二萬兩不敷開支。應建工所房屋，就閒署、倉廠、廟宇酌量修葺，期於合用。咨行各州縣，查明境內，或積存款項，或就地籌捐。如非司庫正雜款目，俱準動用報銷。再有不足，概由牧令籌解。現在濟南等十府，先由首縣代爲措墊。濟甯等三直隸州，自行墊給。並飭派同城實缺佐貳一員，以爲工所專管官。直隸州與附郭之縣，爲兼轄管。每月工所用項，由專管之員核實開支，牒送兼轄官造册詳報。至各犯學習工藝，不外編織竹器、條筐、布帶、毛巾、草席、帽緶之類，責成專官，督飭工匠，妥爲教導。成人犯原有手藝，聽其所能，一並發給材料。制成貨物，按照市價出售，收回成本，酌給各犯餘利，獎勤罰惰，用示懲勸。但收所各犯類乏馴良，防範不容稍疏，管束尤爲非易。疏脱收所各犯之專管官處分，及看守兵役罪名，均照舊例辦理。如並無疏脱，自應量予甄叙，俾免偏枯。應請嗣後收所習藝人犯，扣足一年，並無疏脱六名以上，專管官紀録一次，每六名加一等，二十四名以上加一級。再有數多者，依次遞加紀級。於整飭之中，寓體恤之意等因。並將開辦章程，繕單具奏前來。查創設習藝工所，教養各項罪犯，既可約束之使不能逃，復授以謀生之術，則各犯勤而習勞，遷善更易，法至良，意至美也。是以臣部於光緒二十九年四月間，議覆升任山西巡撫趙爾巽奏請軍流徒摺内，議令各省先就省城，並該管巡道，各設罪犯習藝所一區，應由督撫體察情形，妥議具奏。嗣後請旨飭催，並議令變通，或就一府一州分設一區，亦無不可，總期善政必行，各等因。先後奏準通行各省遵照在案。今據該署撫奏稱東省濟南等十府，濟甯等三直隸州各設習藝工所一區，安插本省遣軍流徒等犯，派員專管，稽察彈壓，督飭工匠，妥爲教導，制成貨物，按照市價出售，收回成本，酌給各犯餘利，獎勤罰惰，用示懲勸。並據議定章程，一律開辦。臣等詳加查核，定章均屬妥切，應如所奏辦理。該署撫又稱，飭派同城實缺佐貳一員，以爲工所專管官。設有人犯脱逃等事，吏議綦嚴。若並無疏失，自宜量予甄叙。應請嗣後收所習藝人犯，扣足一年，並無疏失六名以上，專管官紀録一次，每六名加一等，二十四名以上加一級，數多依次遞加紀級等語。會吏部。至原奏開辦罪犯習藝所章程十條，實屬籌維周密，如果力求實際，定當日起有功，各省似皆可仿行。且善政期於逐漸擴充，如能推及一州一縣，各設習藝工所一區，則教養之所被者俞廣。擬請飭下各省督撫，一體遵照。仍令各體察情形，因地制宜，期歸妥善，迅速奏明辦理。再，此摺並刑部主稿，合並陳明。所有臣等會議緣由，理合恭摺具奏請旨。

江蘇司　光緒三十一年

查奏定章程，凡貢監及平人有犯徒流等罪，除常赦所不原者仍照舊不準捐贖外，其應準捐贖者，即照乾隆年間奏定贖罪銀數，減半科算。原因從前捐贖之例，銀數過鉅，是以酌量變通，俾貢監及平人之偶罹法網者易於贖罪自新。若核其情罪，既準捐贖，仍復拘泥成例，不得隨案逞請，羈禁以待，輾轉稽延，殊非矜恤庶獄之道。茲據該撫咨稱，擬請嗣後贖罪人犯，無論軍流徒罪，但非常赦所不原者，概準隨案逞請捐贖，將銀照章核繳。如在準贖之列，一奉院司批示，即將捐贖之犯先行交保，聽候部覆，再行釋放等因。係爲矜恤贖罪人犯，免致延累起見，事屬可行，應如所咨辦理。至笞杖人犯，新章改爲罰金，如貢監有犯笞杖罪名，亦應如所咨，一律照章改罰，毋庸再援捐贖之條，以昭畫一。其應否褫革開復，仍照舊例辦理。所有碭山縣革監汪三即汪鴻恩。捐贖一案，應令該撫速飭審擬報部，到日再行核辦。相應咨覆該撫，並通行各省，一體遵照辦理可也。

湖廣司 光緒三十一年

爲通行事。

據湖南巡撫端方電稱，三月二十三日欽奉上諭：「嗣後凌遲、梟首、戮屍之項，著即永遠刪除。所有現行律例內，凌遲、斬梟各條俱改爲斬決，斬決各條俱改爲絞決，絞決各條俱改爲絞候，入於秋審情實。斬侯各條俱改爲絞候，秋審分別實、緩。至緣坐各條，除知情者仍治罪外，餘著悉予寬免。刺字等項，亦概行革除等因，欽此。」所有現在審辦案件，應否一律改擬，抑俟部纂章程，再行照辦等因前來。查律載：「凡律自頒降日爲始，若犯在以前者，並依新律擬斷。」注云：「若例應輕者，照新例遵行」等語。本年三月間，修訂法律大臣奏定新章，凌遲、斬梟改爲斬決，斬決改爲絞決，絞決改爲絞候，及寬免緣坐、刺字等項，均係刪重減輕，業經欽奉諭旨允準，自應一體遵行。凡各省未結之案，無論事犯先後，均照新章一律辦理。除先行電覆湘撫外，應通行各省查照，以歸畫一可也。

廣東司 光緒三十一年

爲通行事。

據廣東巡撫張電稱，上年通行，子孫因瘋毆殺祖父母、父母，照律定擬，請旨改爲斬立決。現奉新章，刪除凌遲，改爲斬決，其斬決改爲絞決。所有因瘋致斃祖父母、父母之案，應否仍照凌遲本罪，請改斬決，抑照斬決改爲絞決，電請核示前來。經本部查光緒二十九年奏定章程，因瘋致斃祖父母、父母之案，仍照本律定擬，將可原情節聲敘，請旨改爲斬決。是本罪尚系凌遲，與原犯斬決者不同。奉旨改爲斬決，已邀實典，未便再改絞決等因，電覆在案。嗣後各省遇有此等案件，辦理應歸一律。相應通行各省督撫、將軍、都統、府尹查照可也。

律例館 光緒三十一年

再，現在欽奉諭旨，改定法律，俱係量從輕典。雖事犯在新章以前，均應依新章擬斷。其例内有應恭請王命，先行正法者，擬請仍準先行正法，以符定例。惟此次修訂法律，關係甚重，必須斟酌盡善，方能推行無阻。臣等詳加參酌，尚有亟應變通辦理者數端。如定律：五徒、三流、五軍，到配俱應加杖，並總徒、準徒亦有致配杖一百之文。現在笞杖一律改爲罰金，此項人犯應得杖罪，未便議罰。且遣犯到配並不加杖，自應仿照辦理。擬請將軍、流、徒人犯應得加杖概予寬免，到配毋庸決責議罰，以昭畫一。又如强竊盗案内，父兄不能禁約子弟爲强盗，應杖一百；不能禁約子弟爲竊盗，應笞四十。現在緣坐各條悉予寬免，此項不知情之父兄，若仍照舊傳責，未免輕重倒置。且請廢改緣坐摺内聲明餘條有科及家屬者準此，自應一律推廣辦理。擬請將不能禁約子弟爲强、竊盗之犯父兄應得笞杖概予寬免，毋庸傳責議罰，以免參差。似此酌量變通，庶辦理無虞窒礙，而天下咸慶刑輕矣。如蒙俞允，臣部即通行内外問刑衙門，一律遵照辦理。是否有當，謹附片具陳，伏乞聖鑒。謹奏。光緒三十一年四月十七日奉旨：「依議。欽此。」

福建司 光緒三十一年

奏爲遵旨議奏事。

據辦理財政事宜王大臣咨，會同户部，附奏私鑄銀銅圓、僞造紙幣，飭議專條一片。光緒三十一年七月二十二日奉旨：依議。「欽此。」鈔録原奏，知照到部。查原奏内稱，圜法之害，莫甚於私銷私鑄，故例禁綦嚴。自銀元、銅元創行以來，権算較精，配合有度。私鑄無利，其幣自絶。而私鑄幣則防不勝防，蓋所值既多，罔利更易，奸民藐法，往往而有。至於通行紙幣，尤易作僞。國鈔爲圜法根本，斷不容作奸漁利，致妨要政，自非繩以竣法，不足以懲奸宄而便民生。惟查銀元、銅元、紙幣三項，花紋精細，頗難朦混，一經贋造，則子母相生，層出不已。凡敢於犯法作僞者，其機詐必深，其窟穴必密，較之尋常私鑄，其情罪似加一等。擬請嗣後拏獲私鑄銀銅元、僞造紙幣之犯，如其數在十千以上，或數雖不及而私鑄不止一次者，均比照私鑄制錢例加等治罪，以照烱戒。請飭下刑部另議專條，著爲定例等因。咨行前來。查例載：「各省拏獲私鑄之案，不論砂殼銅錢，核其所鑄錢數至十千以上，或雖不及十千而私鑄不止一次，後經發覺者，爲首及匠人俱擬斬候，爲從及知情買者俱發新疆，給官兵爲奴。」又：受些微雇值，挑水打炭，及停工散局之後，貪其賤價，偶爲買使者，照爲從遣罪上減一等，杖一百、徒三年。其鑄錢不及十千者，首犯、匠人俱發新疆，給官兵爲奴。爲從及知情買使并受雇之犯，各照鑄錢十千以上從犯之罪遞減一等。其房主、鄰佑、總甲、十家長知而不拏獲舉首者，杖一百、徒三年；不知情但失於查察者，杖一百等語。又光緒二十二年，臣部議覆署兩江總督張之洞奏廣東等次省第開鑄銀錢，請飭議私鑄罪名摺内奏準，嗣後私鑄銀錢之案，以制錢一千合銀一兩。核其所鑄之數，至十兩以上，或雖不及十兩，而私鑄不止一次，後經發覺者，爲首及近人俱擬斬監候，爲從俱發新疆，給官兵爲奴。如受些微雇值，在局傭工者，照爲從遣罪上減一等，杖一百、徒三年。其所鑄不及十千，及知情買使者，俱照用銅鐵錫鉛藥煮僞造假銀例治罪。又，臣部議覆御史蔣式芬條陳僞造官票治罪摺内奏準，嗣後奸民奸商僞造官錢局蓋用印信錢票，誆騙財物，數至十千以上，爲首者斬監候，爲從杖一百、流三千里。其不及十千，爲首雕刻者杖一百、流三千里；爲從及知情行用者，各減一等，各等因。先後通行各省遵照在案。臣等查匪徒私鑄僞造，罔民取利，最爲圜法之害。即使盡法懲治，原不足惜。第律内私鑄銅錢，爲首之犯及匠人罪止環首。現行例内加重，但私鑄數至十千以上，或私鑄不止一次，即問擬駢誅，懲治已不爲不嚴。至歷次奏定章程，私鑄銀錢，比照私鑄制錢定罪，僞造官票，比照僞造印信誆騙財物定罪，數在十兩十千以上，爲首均問擬斬候，固已無虞輕縱。茲據財政處會同户部奏請，嗣後拏獲私鑄銀銅元、僞造紙幣之犯，均比照私鑄制錢例加等治罪，自係爲維持圜法，嚴懲奸宄起見。惟查銀元、銅元、紙幣三項，與制錢同爲國幣，私鑄、僞造同一骫法犯禁、情罪無甚區分。若將此項人犯比照私鑄制錢例上加等治罪，則爲首照例應擬斬候者，勢必加至立決，不特彼此參差，恐有畸重畸輕之弊。且現在欽奉諭旨，改定法律，俱係酌量從輕，而此獨加重辦理，亦殊多窒礙。特是立法無妨變通，而防弊尤宜扼要。此等私鑄僞造之犯，類皆奸宄之尤，到案狡供避就是其慣技。或數至十兩十千以上應擬死罪者，乃供認不及十兩十千，或所犯已至多次應擬死罪者，乃供認僅止一次。設使案犯未能全獲，質證無憑，則不得不據供定擬，照例監候待質。是死罪轉成虛設，而宵小反恃爲得計，實不可不杜其漸。原奏既請另議專條，自應不論銀數、錢數、次數，再行加嚴，以期辟以止辟。臣等公同商酌，擬請嗣後拏獲私鑄銀銅元、僞造紙幣之犯，但經鑄成造就，無論銀數、錢數、次數多寡，爲首及鑄造、雕刻之匠人，俱擬斬監候，仍照新章改爲絞監候，入於秋審情實。爲從俱發往新疆，給官兵爲奴，受雇之犯及知情買使行用者，俱照爲從遣罪上減一等，杖一百、徒三年。若私鑄僞造未成，畏罪中止者，爲首及匠人俱發極邊足四千里充軍。似此嚴定科條，永昭法守，庶匪徒咸知警懼，而圜法可期肅清矣。如蒙俞允，臣部即通行各省，一體遵照辦理。所有臣等遵議私鑄銀銅元，僞造紙幣治罪緣由，謹恭摺具奏請旨。光緒三十一年九月初二日奏。奉旨：「依議。欽此。」

法律館 光緒三十一年

奏爲僞造外國銀幣，例無治罪明文，擬清設立專條，以資引用，恭摺仰祈聖鑒事。

竊維銀元創自外洋西班牙、墨西哥諸國。中國近亦鑄造，各省流暢通行。惟利益所在，詐僞因之而生。是以私造變造之案，層見迭出。上年財政處會同户部奏請議定私造銀元、銅元、紙幣治罪章程，經刑部議以按照私鑄制錢例從嚴治罪。凡私鑄銀元、銅元、紙幣，不論贓數、次數，但經鑄成造就，爲首及匠人均擬斬監候，照章改爲絞監候，秋審入于情實。爲從發遣新疆，給官兵爲奴，受雇及知情買使者，杖一百、徒三年。如鑄造未成，畏罪中止者，爲首及匠人發極邊足四千里充軍等因。奏準通行在案。是私造銀幣、銅幣、紙幣，已有定章可循。惟是此項新章，係專指私造中國銀元、銅元、紙幣而設。誠以銀銅元、紙幣，爲我國家財政所繫，故擬罪獨從其重。至於外國銀元，中國雖一律通行，惟究與國寶不同，如有僞造，擬罪自應略分輕重，以示區別。查各國法律，私鑄一項，均以本國、外國分別治罪。如法國刑法，凡僞造、改造金銀貨幣，處無期徒刑；僞造、改造外國貨幣，處有期徒刑。俄國刑法，凡私鑄俄國錢幣，無限公權全奪，罰作八年以上、十年以下苦工；私鑄外國錢幣，無限公權全奪，罰作四年以上、六年以下苦工。英國刑法，凡僞造貨幣，處終身徒刑；僞造外國貨幣，處五年至七年之徒刑，或二年以下之囚獄。日本改正刑法，以行使之目的，將通用貨幣、紙幣僞造變造者，處無期或五年以上之懲役；將國内流通之外國貨幣、紙幣僞造變造者，處三年以下之懲役。是法、俄、英、日各國，治罪之輕重雖有不同，而私造外國貨幣，均較本國處刑爲輕。現在中國銀幣盛行，而外國銀元流通内地，並無歧視，以致僞造外國銀元人犯，所在多有。現行律例并無治罪明文，與其就案斟酌，臨事鮮有依據，何如定立專條，隨時可資引用。臣等公同商酌，擬請嗣後凡僞造外國銀元行使，無論贓數、次數多寡，爲首及匠人均於奏定私鑄銀幣章程絞罪上減一等，擬以流三千里；其爲從及僞造未成之犯，各於流罪上減一等問擬。所得流徒罪名，仍照章收入習藝所工作。似此明定章程，庶立法寬嚴得中，而匪徒知所警戒矣。如蒙俞允，即由臣等通行内外問刑衙門，一體遵照。所有臣等擬請設立僞造外國銀幣治罪專條緣由，謹恭摺具陳。伏乞皇太后、皇上聖鑒。謹奏。光緒三十二年四月初二日奉旨：「依議。欽此。」

法律館 光緒三十一年

奏爲輕罪禁用刑訊，笞杖改爲罰金，各省奉行不力，謹再申明新章，請旨飭遵，以期政平訟理，恭摺仰祈聖鑒事。

竊臣等奉命修訂法律，本以收回治外法權爲宗旨。開館以來，綜核東西各國刑制，悉心參酌，務期中外從同，俾收統馭之效。是以本年三月二十日議覆前兩江總督劉坤一等變法條奏，擬請變通笞杖辦法，改爲罰金，並請流徒以下不準刑訊等因。奉旨：「依議。欽此。」又於二十一日復欽奉上諭：「昨據伍廷芳、沈家本奏，議覆恤刑獄各條，請飭禁止刑訊拖累，變通笞杖辦法，並請查監獄、羈所等條，業經降旨依議。惟立法期於盡善，而徒法不能自行。全在大小各官，任事實心，力除壅蔽，庶幾政平訟理，積習可回。頗聞各省州縣，或嚴酷任性，率用刑求；或一案動輒株連，傳到不即審訊，任聽丁差蒙蔽，擇肥而噬。拖累羈押，凌虐百端，種種情形，實堪痛恨。此次奏定章程，全行照準，原以矜恤庶獄，務伸公道而通民情。用特重申誥誡，著該督撫等嚴飭各屬，認真清理，實力遵行，仍隨時詳加考查。倘有陽奉陰違，再蹈前項弊端者，即行從嚴參辦，毋稍迴護瞻徇。其各勤求民瘼，盡心獄訟，用副朝廷恤下省刑之至意。將此通諭知之。欽此。」伏維聖訓煌煌，中外欣頌，朝廷設立刑章，凡屬問刑衙門，俱應遵守。乃以臣等所聞，各省州縣實力奉行者固多，而陽奉陰違視爲具文者仍屬不少。即如上海會審公堂，時聞有刑求杖責之事。人言嘖嘖，必非無因。查上海自開關商埠以來，華洋雜處，風氣開通，同治年間設立會審公堂，專理租界内詞訟。凡會審之員，於中外法律理應諳熟。此次議廢身體之刑，合中外而相通，尤應切實推行，以一政令。該公堂何以仍蹈從前積習，沿用嚴刑，腐敗情形，於斯可見。臣等竊維立國之要領，在乎法權，而法權之推暨，在乎嚴守。夫上海我國之版圖也，公堂我國之官吏也。以我國之官吏，行我國之法令，揆諸公理，孰敢逾越。且將來新律告成，範圍全國。凡領土之内，法權在所必行，正宜乘此時機，先於通商各口試行裁制訴訟之法，以爲基礎。乃上海爲各埠之領袖，竟至首先梗阻，殊出情理之外。在該省大吏，諒不至有心視爲具文，第恐所委之員，昧於交涉，狃於故常，任情敲撲，視憲典如弁髦，是非從嚴參辦，不足以肅綱紀。惟此項弊端，現在各省俱未能盡絶，不獨上海一隅爲然，未便嚴於此而寬於彼。若遽飭各省一律查參，勢必藉口省份遠近不同，奉文先後各異，以爲解脱，轉致諸多窒礙。今欲嚴其將來，須先寬其既往。相應請旨飭下各省督撫、督同臬司、嚴飭所屬州縣，嗣後審理案件，凡罪在流徒以下者，照新章不準刑訊。舊例罪應笞杖者，照新章改爲罰金。欽遵前次諭旨，實力奉行，倘有陽奉陰違，仍率用刑求，妄行責打者，即令該管上司指名嚴參，毋許徇隱。并請飭下兩江總督，會同江蘇巡撫，將上海會審公堂一切審判事宜，認真整頓。務須選擇品望素著，兼通中外法律者，委充會審之員，方能勝任愉快。不得濫竽充數，以致弊竇叢生。上海通商最久，觀望所繫，總期行法得入，庶將來頒布新律，可以推行無阻，而收回治外法權，其端實基於此矣。是否有當，謹恭摺具陳。伏乞太后、皇上聖鑒訓示。謹奏。光緒三十一年九月十七日具奏。奉旨：「該部知道。欽此。」

律例館 光緒三十一年

奏爲遵旨酌籌經費，擬請將州縣自理刑名案内笞杖改爲罰金一項，酌提解部，以資辦公，摺恭仰祈聖鑒事。

光緒三十一年四月初五日，軍機處抄交御史錢能訓奏請飭部亟籌辦公經費一片。奉旨：「著刑部察核辦理。欽此。」臣等查該御史原奏，大致謂欲求整頓部務，必先籌備公費。現在吏、兵二部業已優給津貼，臣部若不仿照辦理，恐無以鼓勵司員，約束吏役。原奏以禄薄爲慮，自係探源之論。惟臣部公事殷繁，較之各部院不同，向來清苦情形，亦較之各部院更甚。近年迭奉諭旨，著各部妥定辦公經費。仰見聖恩優渥，欽感莫名。無如臣部辦理爲難，既無公款之可提，又無私款之可化，平日辦公經費，皆取給於各省額解飯銀，此外尚有户部奏銷及三節幫費，爲數本屬無多。前年因用款不敷，爲暫救目前之計，并因兩監恤囚經費，向由勸募而來，實非政體，奏請各省酌加飯銀，蒙恩允準在案。現在綜計各省額解飯銀及新增之款，共銀四萬二千五百餘兩，户部奏銷及三節幫費共銀八千兩，每年共銀五萬零五百餘兩。致於常年用款，除恤囚經費外，每月辦公之費，極力撙節，約需銀三千數百兩。以臣部滿、漢司員及筆帖式共五百數十員之多，加以各司處所書手一百八十四名，皂隷等一百七十四名，每日進署當差、無問寒署。而堂司飯銀，書役工食，皆取給於此，其困若情形，已可概見。如逢閏月或奉辦要差，則又須加增用款數千兩。進款有數，出款無定數。虧空愈積愈多，騰挪借貸，歲以爲常。辦公時形竭蹶，而於司員津貼一層，更無暇議及。逮至前年奏請酌加飯銀，是時户部尚書臣榮慶正官刑部，以該司員等當差異常勞苦，與臣等公商，酌予津貼，以資勵奬。原擬最優等每節津貼銀四十兩，以次遞減。及届節期，通計款項不敷，只得批令照八折發給。原奏謂此項區區津貼甚微，而不知臣部行之僅及一年，已覺難乎爲繼。設一旦並此區區之數再議停止，在該司員等雖不至存觖生之心，第恐外人不察，或至別生疑義，既苦無米之炊，又乏善後之策。此臣部經費支絀，上下艱苦之實在情形也。茲據該御史奏請，飭部亟籌辦公經費，奉旨著臣部察核辦理。臣等竊維部務關係極重，又值時事艱難，非切實整頓，不足以挽積習，非優加體恤，不足以勵群才。雖臣部著名清苦，該司員等安之若素。第外務部、商部以及吏、兵二部皆優給司員津貼，而臣部獨付闕如，未免相形見絀，且非所以仰體朝廷重禄勸士之意。臣等自奉命以來，籌維再四，又復周咨博訪，冀得擇善而從。而議者曰，吏部化私爲公之款所入甚巨，以吏部之有餘，補臣部之不足，此一策也。抑或仿照各省臬司秋審費名目取給於各州縣，在各州縣所出無幾，而刑部合十八省之州縣而取之，即成鉅款，此亦一策也。更有謂泰西各國裁制有費、狀紙有費，刑部可略師其意，明定訟費章程，取之不竭，出之有名，此又一策也。而臣等則謂吏部改章以來，進款雖鉅，用款必繁，未必能多所贏餘，以濟臣部之急。即使吏部不分畛域，而敷衍目前，亦可暫而不可久。其秋審費一項，聞之各省多寡不一，要皆取之州縣，臬司既取之於前，臣部又繼之於後，不特州縣窮於供應，且各省例有飯銀，原備辦公之用；於飯銀外又別立名目，殊非政體。至於仿照外國納繳訟費，事本可行，惟訴訟、裁判諸法尚未變通，必欲先定訟費，殊覺稽查不易，且恐流弊滋多。凡此皆於臣部酌籌辦公經費之計無當也。臣等伏念辦公固以籌款爲先，而籌款惟以經久爲要。現在户部庫帑支絀，既無專款之可撥，而臣部例禁需索，分文入署即以贓論，無私可化，自不待言。於此而欲籌公費，其難可知。然安於苟且，任令困難，終非政策，不得不於無可籌措之中預謀一經久之計。查新章笞杖改爲罰金，此項新案罰金，似可藉資挹注，以濟臣部要需，不特於國計民生兩無妨礙，抑且以公衆之款，辦公家之事，於言固順，於理亦安。臣等公同商酌：擬請將外省州縣自理刑名案内笞杖改爲罰金一項，提解到部，以資辦公。酌定每一州縣每年解銀一百兩，按半年解銀五十兩，每年分爲兩次，由該督撫彙齊解部，年清年款，不得蒂欠分釐，並不得藉口修改監獄及設立習藝所留作地方之用。此係例應入官册報之款，無俟另籌，當不至有所推諉。至各州縣審理笞杖人犯，折罰銀兩，每年斷不止於此數。除解部一百兩外，其有餘之款，以及奏咨案内笞杖折罰銀兩，應令各該省年終彙案，一並册報户部，並分咨臣部，以便互相稽核。似此明定章程，庶外省款歸核實，而臣部辦公不至無資，實於刑政大有裨益。如蒙俞允，恭俟命下，臣部即行各該督撫、將軍、都統、府尹，一體遵照辦理。至臣部此次遵旨酌議辦公經費，固以優給司員津貼爲大宗，其次則如原奏所稱，增加書役飯銀者是也。查臣部各司處所，吏役疊經裁汰，尚存三百五十餘名。以閤署之大，其任鈔胥奔走者祇有此數，已覺日不暇給，未便再議酌裁。自整頓以來，明察暗訪，雖該書役人等尚無遇案需索之事，惟每月工食甚微，難資策勵。且若輩誰無事畜，抑且具有天良，果能贍其自家，斷不敢知法犯法。正本清源，莫要於此。其次則又如原奏所稱，增加恤囚經費者是也。近來兩監恤囚經費較之從前擴充一倍，圜扉之内，固已實惠均霑。惟查奏準新章，凡各省臬司、府、廳、州、縣各衙門監獄，飭令一律大加修改，屋宇務須廣潔，並優給口糧及冬夏調理各費，以示體恤等因。臣部爲各省問刑衙門之表率，尤應採仿東西各國監獄成法，將南北兩監大加修改，一洗從前因陋就簡之習，作速改良，爲天下先。凡此款項之所需，實非敷衍所能成，亦非涓滴所能濟。是在各該督撫等力顧大局，將此項罰金按年掃數解部，則臣部辦公無虞支絀矣。所有臣等遵旨核辦緣由，謹恭摺具奏，伏乞皇太后、皇上聖鑒。謹奏。光緒三十一年六月初七日奏。奉旨：「依議。欽此。」

法律館 光緒三十一年

奏爲酌擬變通竊盜條款，以資教養而清盜源，恭摺仰祈聖鑒事。

竊臣等議覆兩江總督劉坤一等恤刑獄各條，於本年三月二十日具奏，奉旨：「依議。欽此。」復於二十一日恭讀嚴諭，責令各督撫認真清理，實力奉行。仰見朝廷矜恤庶獄之至意，悚佩莫名。竊維立政之本，紀綱不容或寬，而化民之方，教養尤難刻緩。是以周官圜土，職事施及罷民，漢儀律章，輸作獨詳城旦。於罪隸之中，猶加以陶育，冀其困悔。法至美意至善也。查近來直省各案，以竊盜爲最多，定律竊盜贓四十兩以下，科罰僅止笞杖，折責發落，久等具文。犯者以身嘗試，習知國法不足畏，釋放之後，再犯三犯者有之，積猾疊竊者有之，結夥持械行盜者又有之。推原其故，半由於地方官不知教養，半由於定律過輕，難照懲創。現在笞杖改折罰金，自係曲予矜全，啓發其羞惡之心。第此等刑制，宜於輕罪人犯及無知犯罪者。獨竊盜以攘取爲事，犯罪之念蓄於平日。論贓雖有多寡之殊，誅心實無重輕之别。而此項人犯大率游蕩無業，本難期罰金之可以照納，况竭彼盜源，充兹贓罰，揆之於理，尤未適也。罰金無力完繳，代以習藝，泰西各國名爲换刑。换刑之習藝，與徒流之習藝，性質雖一，究有久暫之分。歷時未久，既難望其舊染之湔除，且恐倉遽之間，技藝亦未易嫻熟，刑期滿後，難保不復蹈故轍。考今世各國刑法，竊盜之罪，法蘭西處罰役，德意志處禁錮或十年以下之懲役，比利時處一月以上、五年以下之禁錮，英吉利處五年以下懲役，或二年以下之禁錮，附加苦役及黑牢，日本處二月以上四年以下之重禁錮，其餘各國大致相同。間有並科罰金者，非通例也。臣等公同商酌，擬請嗣後凡竊盜應擬笞罰者，改擬工作一月，杖六十者，改擬工作兩月。杖七十至杖一百，每等遞加兩月。徒罪以上仍照向章辦理。此外以竊盜論、準竊盜論，及各項因盜問擬笞杖，並搶奪强盜案内擬杖者，俱準此。至各省習藝所，如有尚未設立者，即將現犯照應得工作期限暫予監禁。仍令通飭各屬，一律從速舉辦。并將已立各所奏報，分咨刑部備查。似此量爲變通，藉刑罰代教養，頑冥可收率化之功；以教養清盜源，閭閻自獲乂安之慶，似於公安私益兩有裨益也。再，各國刑法，竊盜從無問擬死刑者，即唐律不過加役流，明律亦罪止滿流，贓垂人犯應否酌減之處，容臣等於新律内酌量核定，合併聲明。所有臣等酌擬變通竊盜條款緣由，謹恭摺具陳，伏乞皇太后、皇上聖鑒訓示。謹奏。光緒三十一年四月初二日奉旨：「依議。欽此。」

法律館 光緒三十一年

奏爲婦女犯罪收贖，銀數太微，不足以資警戒，擬請酌量變通，以昭畫一，恭摺仰祈聖鑒事。

竊維讞典昭重範圍全國，固不能因中外而殊科，亦不能因男女而異制。中外法律之最不相同者，以婦女收贖一條爲最甚。考東西各國刑法，死刑之次爲徒刑，與中國軍流名異而實同。婦女犯徒罪，惟英、法、日、俄、比五國，或留内地懲役場，或改拘監獄及制造所役使之刑，餘國俱與男子同論。良由平素教育無間，男女不能因犯罪至生軒輊也。中國自周官司厲，男子入於罪隸，女子入於舂槀，實爲男女異罰之始。至漢則有女徒，名曰雇山。唐律婦女犯徒與男子同，犯流決杖留住居作，三流俱役三年。此漢唐以來婦女犯流徒之大較，其時尚無所謂收贖也。查收贖之法，始見明律，國朝因之。於權衡輕重之中，寓保全名節之意，洵係曠典。惟收贖諸圖，泥於往古贖銅之制，其數甚微。

現在笞杖改爲罰金，滿杖即應十五兩。本屬折中之數。而律圖收贖，滿流僅四錢五分，即納贖亦不過一兩三錢。相衡之下，輕重懸殊。雖例内有實發爲奴十餘條，大率婦女犯不孝、姦盜及刁健翻控等項，始得科以實發。且節經修改，有改爲監禁者，有改爲準其收贖一次者，援引之間，易滋轇轕。而婦女實發之案，累年不獲一見，定例幾等具文。至收贖舊例，不特與新章輕重背馳，抑且法輕易犯。揆以各國刑制，亦難收齊一之益。矧人情詭詐百出。習知婦女犯罪可邀輕典，往往與人涉訟，輒令婦女出頭，賄買主使之弊，尤不可不杜漸防微。臣等公同酌議，擬請嗣後凡婦女犯罪，除笞杖照新章一律改爲罰金外，如犯該遣軍流徒，係不孝及姦盜、詐僞等項，舊例應實發者，改爲留於本地習藝所一體工作，十年爲限；應監禁者，照原定年限，亦收入本地習藝所工作。其尋常各案，準其贖罪，徒一年折銀二十兩，每五兩爲一等。五徒準此遞加。由徒入流，每一等加十兩，三流準此遞加。遣軍照滿流科斷。如無力完繳，將應罰之數，照新章按銀數折算日時，改習工藝。其犯該枷號，不論日數多寡，俱酌加五兩，以示區別。至老幼廢疾有犯流徒等罪，勢難使之工作，應仍照舊律舊例收贖銀數科斷。如蒙俞允，即通行内外問刑衙門，一體遵照辦理。并請飭下各省督撫、將軍、都統、府尹，將女犯習藝所作速推廣，以昭畫一。其尚未設立以前，所有女犯照應得工作期限，暫予監禁。所有臣等擬請酌量變通婦女贖罪緣由，是否有當，伏乞皇太后、皇上聖鑒訓示。謹奏。光緒三十一年九月初二日奉旨：「依議。欽此。」

直隸司 光緒三十一年

奏爲覆議具，奏仰祈聖鑒事。

前準政務處咨，前兩江總督劉坤一、湖廣總督張之洞會奏變法第一摺「恤刑獄」一條，與現在修改刑律，足資考證，摘録原奏，咨行前來。查原奏恤刑獄，酌擬九條，除「教工藝」等條前經臣部另行奏準通行，「省刑責」等條業由修訂法律大臣覆議具奏外，其「恤相驗」一條，經修訂法律大臣議由臣部奏明辦理。查閲該督等原奏内稱，凡有命案應相驗屍，棚廠官吏夫馬之費甚多，均取之被告家，不足則派之族鄰，小村單户，則派之一半里外之遠鄰。間有恤民之吏，自備夫馬帳棚，嚴禁差役科派，然亦不過百之一二，終無禁絶之法。查四川有三費局，由紳民糧户捐出。一爲招解費、一爲相驗費，一爲夫馬費，民甚便之，行之已三十年。此事似宜令各州縣就地籌款，務以辦成爲度。仍責州縣輕騎簡從，不準縱擾，違者嚴參等語。臣等查例載：凡人命呈報到官，該地方印官立即親往相驗，止許隨帶仵作一名，刑書一名、皂役二名。一切夫馬飯食，俱自行備用。並嚴禁書役人等，不許需索分文。如該地方印官不行自備夫馬，取之地方者，照因公科歛律議處；書役需索者，照例計贓，分別治罪」等語。定例本極周密。是以臣部歷年以來，遇有内城及香山等處各營房人命案，飭令當月司滿漢司員，帶同仵作皂隸，前往相驗。每名酌給飲食京錢數千，其夫馬皆由該司員等自備。驗畢即回。仵作人等不離左右，無從需索。遵循至今，尚覺風清弊絶，似無庸另立相驗費名目。至各省督撫，如果關心民瘼，嚴飭所屬州縣，遇有命案相驗，一切夫馬飯食照例自行備辦，並嚴禁差役需索，違者參處治罪。該官吏差役人等自不敢任意科派，無所顧忌。若如原奏，命案相驗，官吏夫馬之費甚多，均取之被告，不足則派之族鄰，小村單户則派之一半里外遠鄰，實屬大干例禁。若不極圖整頓，何以除積弊而恤民生。該督等洞悉情形，欲籌禁絶交法，採用四川三費局章程，法至良，意至美也。應如所奏，請旨飭下各省督撫，體察地方情形，一面咨取四川省三費局章程，仿照斟酌辦理，一面責令各州縣，嗣後遇有相驗，毋許差役科派需索。有犯，按照律例，分別議處治罪。仍令各省將辦理此項相驗費詳細情形咨報臣部，以備查核。總之，恤民之吏輕騎簡從，夫馬所費無多，即無公費，斷不肯科派累民。若遇不肖州縣，難保不仍前縱擾。總在各督撫隨時認真稽查，有犯必懲，則鄉民可免科派之累矣。

律例館 光緒三十一年

刑部謹奏，爲申明定例，以慎刑章，請旨遵行事。

臣等竊維除惡固在用猛，而折獄貴持平。寬縱不足戢澆風，而枉濫尤有乖治理。伏讀嘉慶四年正月十六日欽奉上諭：向來刑部引律斷獄，於本律之外多有『不足蔽辜』，『無以示懲』及『從重定擬』字樣，所辦實未允協。罪名大小，律有明條，自應勘核案情，援引確當，務使法足蔽辜，不敢畸格畸輕，方爲用法平允。今既引本律，又稱『不足蔽辜』，『從重定擬』并有加至數等者，是仍不按律辦理，又安用律例爲耶?即案情内有情節較重，朕自可隨案酌定。嗣後問刑衙門俱行格遵憲典，專引本律，不得於律外又稱『不足蔽辜』及『從重』字樣，即『雖』字『但』字，亦不準用等因。當經軍機大臣會同刑部議定，嗣後一切罪犯，俱應各照本律例問擬，毋得聲明『不足蔽辜』『無以示懲』『從重加等』，亦不得用『雖』『但』字樣，并請嗣後官民人等，有犯軍流等罪，即照本律定擬請旨。不得以『情重』字樣，擅擬改發新疆。十六年復奉諭旨，令問刑衙門斷罪應照本律，飭禁『從重』字樣，應請嗣後除奉特旨發遣黑龍江、新疆等處外，其餘罪應軍流人犯，悉照本律本例定擬，不準加重發往黑龍江、新疆等處。如有實在案情重大，罪浮於法者，仍按本律例擬罪，聲明請旨，恭候聖裁等因。纂入例册在案。恭繹諭旨，以斷罪應照本律，不得於律外從重爲戒。聖諭煌煌，允宜遵守。又律内載明：「獄囚鞫問明白至死罪者，在外聽督撫審録無冤，依律議擬，法司覆勘，定議奏聞，俟有回報應立決者，委官處決」等語。是死罪皆應具奏。成憲昭然。乃日久視爲具文，各省審辦案件，間有以不足蔽辜，從重定擬者，亦有並不先行奏聞者，辦理殊未允協。即如本年正月間兩廣總督岑春煊奏，審辦門丁李雲甫等藉案詐贜一案，遽爾親提正法，并不先行議擬具奏。在李雲甫等係屬姦惡衙蠹，就令盡法嚴懲，原不爲過。惟律内載明，合奏公事，須依律定擬罪名，明白奏聞。原以朝廷設立刑章，内外俱應遵守。臣部爲執法衙門，一切皆有定例可循，尤不得不杜其漸。李雲甫等一案，既據該督事後據實奏明，自可毋庸置議。第恐此風一開，各省紛紛效尤，將例應具奏之案，率藉口嚴懲一二，親提正法，致與定律及歷奉諭旨不符，不特例成虚設，且恐冤獄滋多，聚而成沴，甚非所以保護國脉，感召天和也。至官犯發遣新疆，去死罪祇差一間，向來必須罪應軍流，情節較重者，始行奏請發遣。間有革職杖徒之犯，奉特旨改發新疆者，宸衷自有權衡，非臣下所敢專擅。故自嘉慶年間纂定不得擅擬改發新疆之例，所有一切官犯，其由革職杖徒改發新疆者，案不常見。非罪犯已至軍流者。從無請發新疆之案。乃近來各省審辦官犯，往往不問罪名輕重，率請遣戍，殊非慎重刑章之道。將來恭逢恩赦，原案之輕重既涉含糊，則辦理即諸多窒礙。臣部忝司邦憲，職在持天下之平，若不申明定例，竊恐流弊無窮。謹公同酌議，嗣後各省審理案件，條例應恭請王命，先行正法，及强盗案内重犯，仍照章就地懲辦外，其餘斬絞人犯，無論監候、立決，俱應按照律例議擬具奏，不得先行正法。倘有不先奏聞，竟行處決者，即由臣部照例參處。至罪應軍流之官犯，情節較重，擬請照向例發往新疆效力贖罪，仍恭候欽定。若罪應革職及杖徒之犯，不得以空泛考語，并不準以『不足蔽辜』等語，率請從重發往新疆，庶足以飭法紀而免冤濫。如蒙俞允，臣部即通行各省督撫、將軍、都統、府尹，一體遵照。臣等爲慎重刑章起見，是否有當，謹恭摺具奏請旨。光緒三十一年二月二十二日奏，奉旨：「依議。欽此。」

廣東司 光緒三十二年

奏爲嚴定僞造郵票，並冒用舊票等項治罪章程，以杜弊竇而維郵政，恭摺仰祈聖鑒事。

光緒三十二年正月十九日，準外務部咨稱，據總税務司赫德申稱，廣東省城近有鋪店六家，串通郵差，私將蓋戳之舊郵票，洗去印迹復用，藉圖混騙。並查出積存兩年未發之郵信千餘封。當將犯事各店及郵差，送案嚴辦。惟查冒用舊票私淹信件之案，如在西國，均有定律。罪與制造贗幣同科，是以犯者從不多見。今中國郵政章程中尚無此項條例，誠恐不免效尤。應請飭令各省，凡遇有洗印已用之郵票，希圖冒用、漏納購買新票之資費，或故意積壓信件不遞者，從重比例懲治，申請核奪，示復施行等語。查西國郵政，於舞弊等事，定例綦嚴。中國郵務甫經推廣，尚未定有此項條例。此次廣州已出有洗用舊票及積壓信件兩事，嗣後若不嚴定專條，通飭各省，以儆將來，實於郵政新機大有妨損。請查照前因，比例酌定治罪專條等因，知照前來。臣等查郵政之設，將及十年。近日逐漸推廣，不特郵寄商民函件頗見信從，即機密文報亦俱藉以郵傳，往還極稱便利。惟自來利之所在，日久弊生，非設法嚴防，不足以導新機而維郵政。茲據外務部咨稱，轉據總税務司申稱，廣州已有洗用舊票及積壓信函等事，擬請嚴定治罪專條、係爲維持郵務，以儆效尤起見。惟該總税務司所稱此等案件在西國均有定律，罪與鑄造贗幣同科等語，則殊未盡然。檢查俄律，如僞造郵政封筒及信票，以僞造印信、關防鈐記論，發往西伯利亞安插，或交教養局習藝；故意積壓藏匿信函文牘者，罪同。德律僞造郵票，處三月以下禁錮。美律凡僞造郵票及其底板，或知情使用販賣，或持此以冀使用販賣，或擅造郵票及其底板，或授與不應受此之人者，科五百圓以下之罰金，或五年以下加苦役之囚獄，或囚獄與罰金併處。日本法律規倣泰西，其郵便法内載：僞造變郵政信封印花及印片，或知情而行使者，處五月以上、五年以下之重禁錮。將郵便私物用盗賣，抑留隱匿或拋棄者，處一月以上二年以下之重禁錮。以上各國於郵政舞弊，俱未科以僞造貨幣之罪，良由貨幣通行全國，郵票僅印税之一端。僞造郵票與僞造貨幣，作僞雖同，而被害區域有廣狹之分，即科罪有輕重之判也。郵政關係極重，將來新律，自必斟酌情形，詳定條款。而現行條例内并無治罪恰合專條。查郵政事隸税關，而郵票僅止蓋用局中戳記，與部頒之印信、關防、鈐記不同。若如俄律，竟以僞造印信、關防、鈐記論，未免過重。若用德律，僅取三月以下之禁錮又覺太輕。惟僞造郵票之人，其意止在欺騙圖利，與用計詐欺官私以取財物者無異，計贓準竊盜論，核與美日之法不甚懸殊。至積壓信件，雖與沈匿公文不同，第現在郵政已隸於官，即非尋常商局可比，且亦有公家文報在内，應一併酌定暫行章程，俾資遵用。臣等公同商酌，擬請嗣後僞造郵票及信片已成者，計贓準竊盜論，罪止三千里。其僅止洗用舊票，減一等。爲從及知情行使者，又各減一等。若郵差將郵寄公私文報信件沈匿者，比依鋪兵藏匿公文律一角杖六十，每一角加一等，罪止杖一百。事干軍情機密文書而沈匿者，不計角數，徒一年。有所規避者，從重論。以上徒流，照新章收入習藝所工作，杖罪罰金。似此明定治罪專條，俾奸宄知所儆畏，不敢舞弊，而郵政益推行盡利矣。如蒙俞允，即由臣部通行各省，一體遵照。所有臣等酌擬僞造郵票等項治罪暫行章程緣由，謹恭摺具陳，伏乞皇太后、皇上聖鑒。謹奏。光緒三十二年四月十四日奏。奉旨：「依議。欽此。」

雲南司 光緒三十二年

爲通行事。

光緒三十一年間欽奉諭旨，寬免緣坐各條。本部因原摺内有餘條科及家屬者準此之事，復奏請將不能禁約子弟爲强竊盜之犯父兄，應得笞杖罪名，概予寬免，毋庸傳責議罰，業經奉旨允准，通行在案。查例内科及家屬者，如瘋病之人親屬人等容隱不報，致殺他人，照知人謀害，不即阻擋首報律，擬杖一百之例，亦係因犯連累，並非身自犯法可比。前據雲南省咨報，景東廳民李開化因瘋殺傷族侄李長久身死，又據報順甯縣客民周俊候因瘋砍傷伍兆圃身死，俱聲明犯父、鄰佑、鄉約例有應得罪名，事與緣坐相同。先後咨由本部核準免議。查此等瘋病殺人案件，各省皆有。凡親屬、鄰佑、鄉約人等，大都於到案後供稱該瘋犯時發時愈，并不滋事，故未報官鎖錮。跡雖近於避匿，情實類乎牽連。且即照例科罪，亦俱在新章罰金之列。兹雲南省既經辦理有案，自應一律通行，以免歧異。除雲南一省業經隨案核準，毋庸行文外。此外直隸等省督撫、將軍、都統、府尹，應令嗣後遇有瘋病殺人案件，凡親屬、鄰佑人等容隱不報，致殺他人者，均從寬一並免其照例治罪。鄉約仍革役，以示體恤而昭畫一。相應通行該督撫、將軍，查照遵行可也。

秋審處 光緒三十二年

刑部、都察院謹奏爲遵旨會議具奏事。光緒三十二年四月初八日，軍機處交出本月法律大臣沈家本等奏現行律內虛擬死罪分别改爲流徒一摺，奉旨：「著刑部都察院議奏。欽此。」並鈔録原奏，知照前來。臣等查閲該大臣等原奏内稱：竊臣等奉命修訂律例，參酌各國刑法，以冀收回治外法權。是以上年三月間奏準删除凌遲，梟示諸重刑，並聲明尋常應入秋審各犯，將來應否變通，再行妥議等因。計自新章頒佈，已届一年，各直省尚推行無阻。臣等復詳加考核，查有現行律例内其虛擬死罪而秋審例緩者，莫如戲殺、誤殺、擅殺三項。戲殺，初無害人之意，死出意外，情節最輕；誤殺，雖有害心而死非互鬥之人，亦初意所不及；擅殺，情節輕重不等。第死者究係有罪之人，故此數項罪犯在各國僅處懲役禁錮之刑。考之唐例，戲殺誤殺各按其當場情形，分别徒流，並無死罪；擅殺分勿論及徒流、絞四等，亦不概問死罪。中國現行律例，不分戲誤擅殺，皆照鬥殺擬絞監候，秋審緩決一次，即準減流。其重者，緩決三次減流。蓋雖名爲絞罪，實與流徒無殊，不過虛擬死罪之名，多費秋審一番文牘而已。現當綜核名實，併省繁重之際，與其空擬以絞，徒事虛文，何如徑改爲流，俾歸簡易。擬請嗣後戲殺改爲徒罪。因鬥誤殺旁人，並擅殺各項罪人，現律應擬絞候者，一律改爲流罪，均按照新章，毋庸發配，歸入習藝所罰令作工。其現行例内，如誤殺其人之父母兄弟等項，並擅殺二命以上，及謀故火器擅殺各項不準一次減等者，酌加二等。如遇情有可原，或情節較重者，應俟臨時酌量辦理。其戲傷、誤傷並擅殺，按例罪不致死者，均於本罪上遞減一等，以免窒礙。似此變通量減，不過去其虛擬死罪之名，仍於生死無關出入等因。遵奉諭旨，交臣等議奏。仰見聖明睿照，於變通法典之中，仍寓矜慎刑章之意，欽佩莫名。臣等查律載：「因戲而殺傷人，及因鬥毆而誤殺傷旁人者，各以鬥殺傷論。」注云：死者並絞，傷者驗輕重坐罪。又：「罪人已就枸執，及不拒捕而擅殺之或折傷者，各以鬥殺傷論。」又例載：戲殺誤殺問擬絞候，應入緩決之犯，朝審一次之後，刑部查核奏明，將戲殺、誤殺之犯減爲杖一百、流三千里。其誤殺案内，所殺係其人之祖父母、父母、伯叔父母、妻、兄弟、子孫、在室女者，俱俟查辦緩決時，再得照例辦理。又：擅殺問擬絞候，入於秋審緩決辦理之犯，除謀故火器殺人，或連斃二名，及各斃各命，致斃人數在四名以上者，均不準一次減等外，其餘俱於緩決一次後，即予減等發落各等語。推原例意，戲、誤、擅三項絞候人犯，雖核辦秋審時同一例應緩決，而準減、不準減，則視情節之重輕以爲衡。蓋有以宏矜恤之惠，斯不能不預防殘殺之端。例內界畫秩然，至爲精當。玆據該大臣等請將戲殺改爲徒罪，因鬥誤殺旁人，並擅殺各項罪人，現律應擬絞候者，一律改爲流罪等因。臣等逐加查核，戲殺一項，唐律減殺二等，罪止滿徒。今律雖照鬥殺擬絞，秋審向不議實，亦無緩決一次不準減等明文。誠以此等人犯用力相戲，本無害心，不期而適戕其人之生，情與過失相近。律於過失殺人，準鬥毆殺罪收贖，追銀後便無餘罪，則戲殺似不當過嚴。若因鬥誤殺旁人，雖釁起鬥毆，已有害人之心，而死非互鬥之人，實出於鬥者意外，核與同謀共毆，致被糾之人毆死非其所欲謀毆之人，情事正復相等。查同謀共毆，如被糾之人毆死非其所欲謀毆之人例於起意糾毆之犯得照原謀減徒。即被糾之毆死其所欲謀毆之人，而起意糾毆之犯亦止照律滿流。以情言，則謀重而誤輕，以法言，則謀輕而誤重。比例參觀，似因鬥誤殺旁人一項，亦當詳核案情，量從輕典。至擅殺姦盜各項罪人，殺之者，或激於一時之義忿，或出於臨事之追毆，此等應入秋審之犯，較之戲、誤兩項人數稍多。若查其事非得已，情有可原者，倘係合於緩決一次即予減等之例，似應一併略迹原心，與戲殺、誤殺各犯均毋庸虛擬死罪，用彰聖世寬仁之治。臣等參考例章，公同商酌，擬請嗣後戲殺誤殺擅殺三項人犯，凡秋審例準緩決一次即予減等者，應準如該大臣等所奏。戲殺改爲杖一百、徒三年。因鬥誤殺旁人，並擅殺各項罪人，現行律例應擬絞候者，一律改爲杖一百、流三千里，均按照新章，免其決杖，毋庸發配，歸入習藝所罰令工作。將來遇有此三項人犯案件，即由各該省專咨報部，仍由刑部核議，按季彙奏一次，俾昭鄭重。如有情傷不符，避重就輕者，各以官司故出人罪論。其現行例內誤殺其人之父母，兄弟等項，並擅殺二命以上及謀殺、火器擅殺各項，凡秋審不準一次減等者，情節較重，若遽將此項人犯亦復徑行改爲流罪，實不足以示懲儆，應請仍照向例辦理。該大臣等議將誤殺、擅殺情重人犯一律徑改爲流，酌加工作二年之處，應毋庸議。至戲傷、誤傷並擅殺例不至死者，核其情罪尤可矜原，應均如該大臣等所奏，各於本罪上遞減一等，以免窒礙而示區別。再，擅殺案內餘人，及擅傷別項罪人，均有應科罪名，原奏未經議及，亦應於本罪上遞減一等，庶免參差。如此量爲分別，庶新法逐漸變通，而舊制無虞偏重。如蒙俞允，即由刑部將本年秋審册內戲殺、誤殺擅殺三項人犯，例準緩決一次減等者，一律扣除。先行開單，奏請改照新章辦理，並通行各直省督撫、將軍、都統等，一體遵照。再，此摺係刑部主稿，會同都察院核辦。臣沈家本、臣伍廷芳係原奏大臣，例應迴避。臣伍廷芳並已請假回籍，是以未經列銜，合並聲明。所有臣等會議緣由，理合恭摺具陳，伏乞皇太后、皇上聖鑒訓示。謹奏。光緒三十二年四月初八日奉旨：「依議。欽此。」

江蘇司 光緒三十二年

據署兩江總督周馥咨稱，光緒三十二年閏四月二十一日準刑部咨，遵旨會議現行律内虛擬死罪分别改爲流徒一摺，於光緒三十二年閏四月初八日具奏，奉旨：依議。欽此。並刷印原奏，咨行遵照在案。查現行律例應擬絞罪，秋審例入可矜一次，分别減等者，如毆、故殺詈駡翁姑、不孝有據之妻等十三項人犯，亦屬擬絞死罪，與戲、誤、擅殺擬絞，秋審應入緩決者同係一次減等，且可矜情節輕於緩決，應否一律減擬，以昭持平。再，以上各項人犯，如有親老丁單，須俟秋審時查辦留養。今犯已照章改擬，不入秋審，自應照尋常徒流人犯隨案查辦等因。咨請部示前來。查秋審應入可矜之犯，雖與戲、誤、擅殺三項同應一次減等，惟矜緩比較，界限綦嚴，非臨時詳加酌定，不足以昭平恕而免枉縱。核與戲誤、擅殺人犯例内載明準減、不準減者大有區别，是同一虛擬死罪而矜緩究差一間，自不得稍涉牽就，致滋流弊。且查該督咨開十三項内，並有條款所不載者，事關變通成例，未便據咨率覆。由本部悉心妥議，詳定章程，另行奏明請旨辦理。至戲、誤、擅殺人犯，如有祖父母、父母老病應侍，及孀婦獨子，伊母守節二十年者，向俱準其隨案聲請留養。現既奉旨於例準一次減等之犯改擬徒流，是遇有應行留養之處，自應準其與尋常徒流人犯一體隨案查辦，以廣皇仁。其不準一次減等者，仍照向章辦理。除核辦留養一節應通行遵照，以歸畫一外，相應咨行照辦理可也。

承政廳 光緒三十二年

法部謹奏爲秋審應入可矜人犯，酌擬援照戲、誤、擅殺新章，隨案分别減等，並開具條款清單，由咨改奏，恭摺仰祈聖鑒事。

竊臣部前準調任兩江總督周馥咨稱，準刑部咨，遵旨會議現行律内虛擬死罪，分别改爲流徒一摺，於光緒三十二年閏四月初八日具奏，奉旨：「依議。欽此。」查原奏内稱，戲殺誤殺擅殺秋審例準緩決一次減等各犯，均毋庸虛擬死罪，將戲殺改爲杖一百，徒三年，因鬥誤殺旁人，並擅殺律例應擬絞候者，一律改爲杖一百、流三千里，不使人犯久羈囹圄，是變通之中，兼寓矜恤之意。惟查現行律例應擬絞罪，秋審例應可矜一次，分別減擬徒流者，亦毋庸虛擬死罪，如毆、故殺詈罵翁姑，不孝有據之妻者；母犯姦拒絶，姦夫復登門尋釁，其子一時義忿，拒毆至斃者；妻犯姦，並未縱容及毆，夫成傷，如無謀故重情者；救親情切，而事非危急者；爲父報讎毆斃國法已伸正凶者；被拉並未還手，同跌落河落崖，兇犯幸而得生者；鬥毆之案，如被揪被推，並未還手，死由自行栽跌，或痰壅致斃，及因恐其栽跌向拉，致令掽磕，實無鬥情者；鬥毆之案，致命非重傷，越七八九日因風身死者；非致命又非重傷，越四日因風身死者；手足、他物傷不致命傷輕，死在八九日去限外，僅少一二日或數刻，因尚在限内者；十五歲以下幼孩殺人之案，如死者恃長欺凌，理曲逞兇，力不能敵，回抵適傷者；毆死姦夫之子；鬥殺寔犯案，兇之母與死者之父通姦，兇犯向母委曲理勸不聽，欲拏死者之父送究，復被死者惡語侮罵，將死者毆斃者。以上十三項，亦屬虛擬死罪，與戲、誤、擅殺同是一次減等，且可矜情節輕於緩決，應否一律減擬，以昭持平。再，以上各犯如有親老丁單，須俟秋審時查辦留養，今犯已照章改擬，不入秋審，自應照尋常徒流人犯隨案查辦等因，咨請部示。經臣部以秋審應入可矜人犯，雖與戲、誤、擅殺三項同應一次減等，惟矜緩比較，界限綦嚴，非臨時詳酌，不足以昭平恕而免枉縱。核與戲、誤、擅殺人犯例内載明準減，不準減者微有區別，是同一虛擬死罪，而矜緩究差一間，自不得稍涉遷就，致滋流弊。事關變通成例，應由臣部悉心妥議，詳定章程，另行奏明辦理。至戲、誤、擅殺人犯，如有祖父母、父母老疾應准，及孀婦獨子，伊母守節二十年者，向俱準隨案聲請留養。現既於例準一次減等之犯改擬徒流，是遇有應行留養之處自應準其一體查辦。其不準一次減等者，仍照向章辦理，以歸畫一等因。先行咨覆去後，并通行各直省遵照在案。伏查秋讞之有可矜，原以待死罪情輕之犯，故臣部秋審條款列有矜緩比較一門，或奉列聖諭旨，或經臣部奏准，或由歷年成案編定。其與各款相符者，一予矜原，無不照章減等。惟是此項人犯，擬罪雖存繯首之名，衡情均有可原之實，向來必俟秋朝審後始行減入流徒者，亦謂刑事不厭求詳，案犯之情節非彙核比較不能妥定也。第自乾隆中棄以還，節經審定條款，秋讞之或矜或緩，既有章程可循，則苟合乎可矜之條，隨案分別減科，亦自無虞出入。況現在刑法節次減輕，臣部又有專任司法之責，若以明明情可矜原，例得減等之犯，必待監禁年餘，始蒙矜宥，與戲、誤、擅殺各項辦理兩歧，實非所以廣皇仁而示體恤。茲據該督臚舉可矜十三項，擬請分別減擬流徒，係爲矜恤庶獄起見。臣等公同商酌，除救親情切，事非危急，及鬥毆之案，致命非重傷，越七八九日因瘋身死；非致命又非重傷，越四日因風身死；并手足他物不致命傷輕，死在八九日去限外，僅少一二日或數刻各條，核與現行例文稍有牴牾。又毆死姦夫之子；因兇犯之母與死者之父通姦，欲拿送究，復被死者惡語侮罵，將其毆死，此等案不經見。均請暫從緩議外。其餘如毆故殺不孝有據之妻等項，均應如該督所咨辦理。至此外有條款所已載，該督未經議及，或條款所未載，衡情尚可矜原，似均應隨案減擬，以示情法之平。謹另行開列條款清單，加具按語，恭候欽定。合計應擬減等者八條共十四項，俱臣部向來應入可矜之案，如此量爲變通，俾情可矜原，人犯亦得與戲、誤、擅殺之案均不致久羈囹圄，則去其虛擬死罪之名，益足昭聖世寬仁之治。如蒙俞允，臣部即通行內外問刑衙門，一體遵照辦理。其業經奏結，應入明年秋審新事之犯，應由臣部開單奏請，未經核覆者，即由臣部扣除，仿照戲、誤、擅殺章程，每季彙奏一次。其應行留養者，亦一律準其隨案查辦，以歸簡易。至條款內未經賅載，及雖賅載而目前未能變通者，仍照向例，歸入秋審核辦。所有擬將秋審應入可矜罪犯隨案分別減等，由咨改奏緣由，謹恭摺具奏請旨。光緒三十二年十二月二十二日具奏。奉旨：「依議。欽此。」

謹將秋審應入可矜人犯共八條計十四項，均酌擬隨案減等。分別開列清單，恭呈御覽。

計開：

一、毆故殺妻之案，如係詈罵及頂撞翁姑，不孝有據之妻，向俱問擬可矜，減二等發落。嘉慶四年，奉諭旨：故殺妻可矜之案，毋庸再減一等。歷年欽遵辦理。如係毆殺，仍再減一等。至妻犯姦，並未縱容及毆夫成傷者，如無謀故慘殺重情，亦可入矜，但不得與毆死不孝有據之妻減二等辦理。

臣等謹按：此條前一項係照例文編定。查乾隆二十七年條例，秋審可矜人犯內，如子婦不孝，詈毆翁姑，其夫忿激致斃者，照免死減等例再減一等發落。嗣嘉慶四年復奉有『故殺妻可矜之案毋庸再減一等』之旨，此後故殺減一等，毆殺減二等，歷經辦理無誤。惟條款所云不孝有據，向以取有屍翁姑及屍親人等供詞爲憑，否則仍行入緩。至妻犯姦，並未縱容及毆夫成傷者，雖未便與毆死不孝之妻同論，衡情究有可原。既據該督於原咨內聲明此三項隨案減等，似無窒礙。擬請嗣後毆殺、詈罵及頂撞翁姑，不孝有據之妻，隨案減爲徒三年。故殺者，減爲流三千里。如未取有屍翁姑及屍親人等供詞，或毆傷後牽詈翁姑，及非因詈罵頂撞翁姑起釁者，仍按律擬絞監候。至毆殺妻之案，如妻犯姦，並未縱容及歐夫成傷者，隨案減爲流三千里。若縱容妻犯姦，並毆夫未經成傷，或案係謀故，亦仍依律擬絞監候。

一、母犯姦拒絶姦，夫復登門尋釁，其子一時義忿，拒毆致斃者，應入可矜，照免死減等例再減一等發落，例有明文，應遵照辦理。

臣等謹按：此條係乾隆二十七年與毆故殺不孝之妻同時奉旨纂定。注云：「雖係謀故，亦與謀故殺别項姦匪不同，不在奏明三次減流之限，當仍酌入可矜」等語。是此等擅殺情輕人犯，謀故應減一等，毆殺應減二等，條款内均應分别詳叙，自應原情遞減。既據該督於原咨内聲明隨案減等，似無窒礙。請嗣後母犯姦拒絶，姦夫復登門尋釁，其子一時義忿，拒毆致斃者，減爲徒三年。如係謀故殺，減爲流三千里。至擅殺别項罪人，仍查照本年閏四月臣部會同都察院定戲、誤、擅殺分别減等章程辦理。

一、被拉並未還手，同跌落水落崖，兇犯幸而得生之案，應入可矜。

臣等謹按：此條係照歷來成案編定，專指同跌率生而言，以其並無鬥情，故矜之也。既據該督於原咨内聲明隨案減等，似無窒礙。擬請嗣後鬥毆之案，如被拉並未還手，同跌落水落崖，幸而得生者，減爲流三千里。若互拉致跌，已有爭鬥情形，或理曲肇釁者，仍按律擬絞監候。

一、鬥毆之案，如被揪被推，並未帶手，死由自行栽跌，或痰壅致斃，及因悲其栽跌向拉，致令撞磕，並無鬥毆情形者，俱應酌入可矜。

臣等謹按：此條係照歷來減案編定，即例文所謂鬥殺情輕者也。既據該督於原咨内聲明隨案減等，似無窒礙。擬請嗣後鬥殺之案，如被揪被推，并未還手，死由自行栽跌，或痰壅致斃，及因恐其栽跌向拉，致令撞磕，並無鬥殺情形者，減爲流三千里。再，鬥毆案件有因被揪被扭掙脱，致令跌斃者，此等情節亦輕，向有入矜成案，似應一體減流，以昭平允。

一、十五歲以下幼孩殺人之案，如死者年長四歲以上，恃長欺凌，理曲逞兇，力不能敵，回抵敵傷者，酌擬可矜。

臣等謹按：此條係乾隆三十二年奏定，其『年長四歲以上』之文，則因四十四年劉縻子案内諭旨增入。既據該督於原咨内聲明隨案減等，似無窒礙。請嗣後十五歲以下幼孩殺人之案，如死者年長四歲以上，恃長欺凌，力不能敵，回抵適傷者，減爲流三千里。若死亦幼孩及傷痕較多者，仍按律擬絞候。再，幼孩斃命，如釁起護親，不論是否互鬥，向俱入矜。若護伯叔父母、父母、兄妹，並無互鬥情形者，亦有入矜成案，似均應一體減流，以昭平允。

一、毆斃致死祖父母、父母，國法已伸正兇者，向可入矜。

臣等謹按：此條款無文，惟向有此入矜成案。平情而論，子孫復仇，謀、故殺致死祖父母、父母國法已伸正兇，例得入於緩決，永遠監禁。如案係毆殺，酌量入矜，自屬平允。既據該督於原咨内聲明隨案減等，似無窒礙。擬請嗣後因他故起釁，起意復仇，歐斃致死祖父母、父母國法已伸正兇者，減爲流三千里。

一、篤疾殺人之案，如釁起理直回，毆適斃者，應入可矜。

臣等謹按：此條係乾隆三十二年奏定，歷來俱遵照辦理。該督原咨雖未議及，衡情究可矜原。隨案減等似無窒礙。請嗣後篤疾殺人之案，如釁起理直，回毆適斃者，減爲流三千里。若死亦篤疾，及理曲肇釁或傷痕較多者，仍按律擬絞監候。至老人斃命，乾隆條款本有可矜之文，後來亦有入矜成案，如釁起理直毆情甚輕者，亦應仿篤疾之例一體減流，以昭平允。

一、救親毆死有服卑幼之案，無論是否互鬥，概入可矜。

臣等謹按：此條係照歷來成案編定。該督原咨雖未議及，衡情實可矜原。隨案減等，似無窒礙。擬請嗣後救親毆死有服卑幼之案。無論是否互鬥，俱減爲流三千里。

審録司 光緒三十三年

奏爲遵旨議奏事。光緒三十二年十一月初三日，軍機處交出署順天府府尹孫寶琦奏請將枷號人犯比照笞杖贖金折罰并除去苛刑一摺。奉旨「法部議奏。欽此。」並鈔録原，奏知照到部。臣等查閲原奏内稱：枷號等於桎梏，不列五刑之正，各例每有議定本罪之後再加枷號者。查律載「徒流人又犯罪」條内有枷號一年至二三年者，駡制使本管長官應用重枷枷號者，此外則犯姦應枷、賭博應枷，又有罪分首從仍盡本法枷號者，丁單留養，罪已援免，仍予枷責，始行釋放者。其餘應枷之犯更僕難數。而口角鬥毆、錢債細故，一經涉訟，如該州縣不援律例，恣意枷號者，仍復不少。或將該犯枷號犯事地方，或隸役於枷號押游街市，相沿成習，一若枷號爲無足重輕也者。不知枷號之罪似不甚重，而身受者實有不堪之苦。蓋笞杖痛苦不過一時，而枷號則經旬累月，寢饋難安，無論酷暑嚴寒，晝夜不得休息，殊與減刑之本旨大相刺謬。且各犯在監或已一二年，少亦數月，大都氣體久受損傷，再受數月之枷，其不立致瘐斃也幾希。是各犯甫有生理，又罹死法也。夫罪犯枷號，原以示儆，然人孰無廉恥，必設此惡具以辱之，轉使自忘其廉耻，甚非勸善之道。竊以笞杖既準罰金，無力者罰充苦工，則例内一應枷犯，亦不妨量予變通，比照辦理。或按日罰金，或折充工役，如謂脱逃堪虞，則各省均宜仿照天津、保定設立罪犯習藝所，發往做工。既可筦攝其心，又可造就其手藝，似於新舊刑章，兩得其平。可否？仰懇飭下各直省督撫，轉飭所屬，凡有枷號人犯，一律比照笞杖贖金之例折罰釋放，無力完納者，解所習藝充工。並由各督撫查察地方情形，迅飭府廳，各設習藝所，專收輕罪人犯，以重民命等因。奏奉諭旨，交臣部議奏。臣等竊維古無枷號之刑，周禮·秋官·掌囚上罪梏拲而桎，中罪桎梏，下罪梏，均指拘繫手足而言。易稱屨校滅趾。説文訓校爲木囚。疏謂桎其行即械，而何校滅耳，正義訓何爲檐荷，處罰之極，惡積不改，故罪及其首。蓋一係足械，一係首械，似與枷相類。然究非定名，且係處怙終之刑，非舉輕重之罪而概施之也。北周保定三年頒枷刑律，凡死罪枷而杻，流罪枷而梏，徒罪枷，遂爲通用枷號之始。明萬歷十五年重修會典，定一切枷號之制，名目乃極紛繁矣。我朝沿明舊制，損益得中，其於枷號一項，猶存其法者，意在書罪示衆。使之自警以警人。不欲令其重困，是以熱審期内例準暫行保釋，俟秋後再行減等補枷。患病者亦即取保醫治，痊日再補。均於懲惡之中仍寓寬恤之意。特是此等枷犯自犯事以至羈押，少或數月，多則經年，大都氣體久受損傷，已難免瘐斃之慮。若再加以枷號，將壘壘荷校，寢饋愈難自如，是各犯甫有生機，又罹死法。該署府尹謂笞杖痛苦不過一時，枷號則晝夜不得休息，洵非過激之論。不特此也，押游街市，標識里閭，隸役藉以欺凌，路人恣爲姍笑，積羞成忿，勢恐弱者蓄怒待發，而强者益反唇相稽，其事後之挾恨尋毆，尤所不免。方今德音頒布，預儲立憲國民之資格，顧茲氓庶，亟應養其廉耻之萌，使曉然於人格之可貴。况凌遲、梟首、戮屍諸重法均已奉旨删除，即笞杖輕罪亦均改爲折罰，則此項枷號之刑若不量予變通，殊不足以廣皇仁而示體恤。茲據該署府尹擬請將應行枷號人犯，比照笞杖贖金之例，折罰釋放，並以無力完納者，解所習藝充工等語，係爲因時制宜起見。惟立法必規於久遠，而治罪在去其煩苛。枷號一端，本非五刑之正，如例文所載，有由笞罪加枷者，有由杖罪加枷者，有由徒罪加枷者，有由流罪加枷者，有由軍罪加枷者，有因丁單留養，照原犯徒流軍絞各本罪分別枷號者，此皆指情輕人犯而言也。有由軍流調發加枷者，有因遣犯在配脱逃被獲，不服拘管加枷者，有因積匪滑賊在配復竊加枷者，有因新疆當差爲奴，改發烟瘴加枷者，此皆指情重人犯而言也。以犯罪之重輕，分加枷之久暫，本東西各國所謂附加刑。中國沿用有年，即難概予廢棄。顧其中或以日計或以月計，或以年計，或以五日爲加等，或以十日爲加等，或以一月、兩月、三月、六月爲加等，或以一年、兩年、三年及永遠爲加等，款目本極復雜，辦法亦甚參差。若必援笞杖之例概予罰金，其在情輕人犯，爲日無多，尚無難酌中定制，而情重者，期限過久，即折罰愈增，不惟數鉅款繁，平均匪易。且此輩類多窮苦，又何能責令繳償。則欲設法以濟刑罰之窮，似非分别情罪輕重，酌量辦理，仍恐不無窒礙。查光緒三十一年奏定婦女罰贖章程，凡犯該枷號不論日數多寡，俱酌加罰金五兩，以示區别。此雖爲矜恤婦女起見，但所稱不論日數，頗足省轇輵而免參差。則凡由笞、杖、徒、流軍所附加之枷，及留養等犯，既已科其本罪，亦可不拘月日若干，倣照折罰，或尚無過縱之弊。其調發、改發及一應情重加枷號各犯，或則身罹重罪，或則怙惡不悛，滋事脱逃，層見迭出，議罰既苦於無力，作工又無地可容，此項匪徒本無所用其顧恤。所有應擬枷號之處，自毋庸另議更張，俾昭懲創。至旗人犯軍流徒罪，不至銷檔實發者，皆準律折枷，自徒一年折枷二十日起，至極邊軍九十日而止，載在犯罪免發遣門。溯查此條律文，係雍正三年以現行例旗下人犯徒流等罪準折枷號，與明律軍官軍人犯罪免徒流之意相符，因改爲正律。嗣乾隆十九年及三十五、三十九等年，定有毆死卑幼，情節殘忍，不準枷責完結各條，並道光五年定有窩竊、窩娼、窩賭等項均銷除本身旗檔各例，於是旗人有犯，靡不與民人同科，而實行按律折枷者較少。儻並此亦加更變，勢必如原奏改爲折罰作工。無論折罰一層，按照光緒二十九年奏定，軍流徒贖罪章程，銀數過多，萬萬不能辦到。即使代以工作，如定章內所載，徒犯按所徒年限收所習藝，流罪自六年起以至十年，軍犯即照滿流年限科算，既與原定枷期相去懸絶，且以未經銷檔之犯與例應銷檔者無所區别，亦與定律之本意未符。至若土司苗民，向係旗人折枷之律定擬，原以土苗等地居邊，儌徒則本地無役可充，軍流又未便安置內地，既恐奸民之勾結，復虞習染之日深，準此折枷，用意至爲深遠。如亦量爲裁改，將責其罰贖，固非以示懷柔。即令工作，未必安於服習，此尤不能安議紛更者。總之，枷號雖爲辱身之具，要皆律例內定罪之差。以上數端，或爲附科，或爲改折。既據該署府尹奏請量予變通，則其中有當變通者，固應亟予更新，而其不可變者，似不妨仍循其舊。臣等公同商酌：擬請嗣後罪應枷號人犯，除折枷律有正條及例內載明調發改發，並一應情節較重者，仍照定律、定例、定章辦理外。其由笞杖徒流軍罪所附加之枷，及丁單留養擬枷各犯，俱比照婦女罰贖章程，不論日月多寡，各酌折罰銀五兩。如無力完繳者，仍折作工二十日。似此分別定擬，庶與律例不至顯相牴牾，而匪徒益知懲勸矣。如蒙俞允，臣部即行文内外問刑衙門，一體遵照。惟是設立習藝所教養各項罪犯，係屬近今切要之圖。是以臣部前於光緒二十九年四月間議覆升任山西巡撫趙爾巽變通軍流徒摺内，擬令先就省城並該管巡道各設一區，仍由督撫體察情形具奏。嗣後屢經請旨飭催，并議令推及各府州縣分設，總期善政立見施行。各等因。先後奏準通行在案。該署府尹擬請通飭府廳分設之處，與臣部疊次原奏用意正同。現在時閱數年，各直省尚未據一律奏報。應令未設者趕緊修葺，已設者逐漸擴充，庶人犯得有歸宿之區，良法可收實行之效。該署府尹又稱，各省問刑衙門向有站籠、挺棍、天平架、老虎凳、單跨、摇天幌等刑具，每遇疑難案件猝難得供，往往任意濫用等語。查非刑之設，例禁綦嚴，司讞者宜如何詳慎用刑，平情推鞫。況現經奉旨停止刑訊，俾伸公道而通民情，各該州縣具有天良，尤應觀感奮興，仰體朝廷矜恤之意。若如所奏，殘酷之吏仍復私自擅用，是直視人命如草芥，等法令若弁髦，既與明詔有違，重貽遠人譏議，尚復成何事體？擬請一併飭下各省督撫、將軍、都統，轉飭所屬，將上項刑具一律銷毁净盡，如有私用者，照例參處。仍查照歷次章程，迅將罪犯習藝所妥速辦齊，以裨要政。抑臣等更有請者，自來治國之法，總以積漸而成斷，不可操之過蹙。臣等豈不知枷號一項本爲文明各國所無，驟予裁廢，亦可博寬厚之名。特中國人民程度既苦不足，風尚亦有未齊。加以新律未頒，習藝工廠亦復未能遍設。如沾沾以省刑爲務，不於緩急次第間求之，匪獨不能禁暴，亦恐適以養姦。此又臣等反復籌商，不能不量爲損益而用，敢覼縷上陳者也。再，此摺前因調查例案，曾經奏請展限，合並聲明。所有臣等遵旨議奏緣由，謹恭摺具奏請旨。光緒三十三年三月二十七日具奏，奉旨：「依議。欽此。」

宥恤司 光緒三十三年

爲咨覆事。準前江蘇巡撫陳咨稱：據署按察使朱之榛詳稱，奉批高淳縣詳軍流實發人犯新例，到配後應加監禁，似應令毋庸隨帶家屬，乞示飭遵等因。正在核辦間，復奉批前升司詳送六合縣安置貴州貴帨縣流犯田葆三到配印收，聲明有子天爵隨行，如何安置，應並高淳縣請示案内，妥議辦法，查明稟復，以便核撥在案。查軍流遣犯情願帶妻室子女者，例聽其便。現雖强盜、搶奪、會匪、棍徒等犯，新章到配尚須監禁，而竊盗及雜項爲常赦不原，仍解配毋庸監禁者尚多，正不必代爲限制。即盜匪等項，雖有妻子，倶不願隨往。歷年解配人犯，求其有妻子隨行者，百不獲一。果其情願隨行，則其人尚有室家之戀，可保其在配安分，不至圖脱。前新疆巡撫劉奏請將免死減等及秋審減等人犯發往助興屯政，會議及在配脱逃者，類多隻身之人，請僉同妻室子女赴配，確有見地。如解配之犯尚須監禁，即帶有妻子，無妨酌令在外安置，俾就近省視，亦仁人之用心。令該縣解到流犯田葆三，有子田天爵隨同到配，則其不忍老父單身遠徙之意，亦可見孝心。即使田葆三實應監禁，亦當推錫類之仁，設法量爲位置。况查咨册，原犯係窩竊擬流，不在向章指明監禁各項之列，自應於收所時，或令其子隨同在所習藝，或令在外營生，由縣詢其志願酌辦。此後如有解配應監禁或收所之犯，帶有妻室子女者，必尚有資財可度。如其貧難，無妨由配所州縣量爲安插。强壯者。可令工作，衰老者。或酌照孤貧之例給予口糧。大抵此等親屬隨行之犯，甚屬寥寥，即由各牧令稍稍廉奉以濟之，亦屬無幾，而澤及囚屬，亦仁政之一端等因。咨部核覆，並請通行各省，一體遵照前來。查律載：犯流者，妻妾從之，父母子孫欲隨者聽，遷徙安置人家口準此等語。原以妻妾非應流之犯，而父祖等非應隨之人，其必使之從而不禁其隨者，蓋冀其有家而安，並得遂其就養之原也。嗣乾隆年間，將僉妻之例删除，於是律應僉發者，皆不赴配。然有情願隨帶妻室子女者，究爲例所不禁，是以有聽其自便，不得官爲資送之條，所以示限制而寓體恤者，至周且摯。惟是現行新章内，罪犯到配有監禁、不監禁之分，與從前情形迥異。其在尋常竊盜及一應軍流各犯，到配即應須作工，尚無難量爲安置。然如强盜、搶奪、會匪、棍徒等項，照章必須監禁，設有妻子隨往，若一例予以羈管，既與本犯不同，倘必禁其隨行，又失定例優恤之意。即謂此等犯屬，願隨者本屬無多，但既非例所應禁之人，豈得不妥爲籌及。咨據該府稱六合縣解到流犯田葆三，有子田天爵隨同到配。田葆三原犯係窩竊擬流，不在新章監禁之例。自應令其子在所習藝，或在外謀生，由縣查詢酌辦。並以應行監禁之犯，帶有家屬者，亦應酌予安插，俾得就近省視等語。係爲矜恤囚屬起見，應如所咨。嗣後如有解配應行監禁，或收所習藝之犯，帶有妻室子女，係强壯者，責令在外工作；衰老者，照孤貧例，給予口糧。如有不敷，由地方官設法捐濟。仍比依刑部現審人犯已結各案之例，詳令該親屬一月兩次入視。若本犯毋庸監禁，而子孫願隨同在所習藝者，並聽其便，以示體恤。再，此項隨同家屬，除奉天省向不安插軍流，似毋庸議。其各該省到配人犯如有似此者，自均應倣照辦理。第查罪犯習藝工所，前經本部奏準通設，以後迄未據一律報齊，其實有尚未開辦，無工可作者，應飭由該配所州縣别謀安置，俾無失所。仍令迅將工廠次第成立，以重要政而符定章。相應咨覆該撫，並通行各省一體遵照可也。

宥恤司 光緒三十三年

奏爲遵旨議奏事。據升任湖廣總督大學士張奏，核議民刑訴訟法，並虛擬死罪人犯改爲徒流，請再飭法司核議各摺片。奉硃批：法部議奏。單並發。欽此。欽遵由内閣鈔出到部。除民刑訴訟法業由臣部奏準展限彙核，應將單開各條另行詳議具奏外。查閲原片内稱，現行律内虛擬死罪各項，就實際而論，誠與流罪無殊。然存一絞之名，又不失明刑之旨。定例之所以必俟秋審減等者，蓋核情執法，必如是而始平。若以省並繁文之故，竟除虛擬死罪之條，則不獨情法不得其平，且恐各省民風强悍，地方誤爲殺人罪不至死，逞其好勇鬥狠之習，無所顧忌，動犯王章，殘殺之風由斯而熾，此必有議者所不及料者矣。擬請嗣後凡由絞改流之犯，於工作時令著赭衣。即由絞改徒者，其原犯本係死罪，亦應於衣服量加區分，以别於尋常徒犯。並擬於衣上揭示罪名，由絞改流者，即書曰絞罪改流之犯；由絞改徒者，即書曰絞罪改徒之犯。倘果工作勤奮，有心向善，俟滿一二年後，酌予銷除。如此則雖無囹圄之苦，尚有死罪之名。庶觀者可觸目警心，即本犯怵於罪名之重，愧悔之良亦易激發。似於舊例新章均無妨礙，而名義亦正。至工作年限，若照尋常流徒各犯一律，未免漫無區别。擬請於新章習藝期限外，流罪加苦工一年，徒罪加工作六月。似此酌量變通，仍於生死出入無關，而足彰聖世協中之治等語。臣等伏查現行律例内虛擬死罪各項，一係上年會同都察院議覆法律大臣沈家本等奏請將戲、誤、擅殺三項分别改爲流徒，一係議覆前兩江督臣周馥咨，秋審可矜人犯，援照戲誤擅殺新章分别改爲流徒，均經臣部詳定準駁，先後奏奉諭旨，通行在案。良以法典雖示變通，而舊制無能偏廢。兹據該大學士奏稱，既改徒流以後，不妨仍標絞罪之名義，將由絞改流之犯於工作時令著赭衣。臣維虞廷欽恤惟畫衣冠，漢志省刑亦詳菲履。故知鑑貌辨色，罪應别於常人，而觸目警心，實用以昭炯戒。臣等公同商酌，擬請嗣後凡誤殺擅殺兩項及新章應準可矜人犯，如經臣部核覆改流者，應準如所奏，即於收所習藝時，一律查照定例均著赭衣，並略倣從前竊盜刺字遺意，各於右臂膊，衣袖加釘白布一條，揭示罪名，書曰絞罪改流之犯。其由絞改徒者，擬罪更輕，若復於衣服量加識别，不惟考之例章，一無依據，且服色淺深高下亦未便臆爲構造，致滋畸異。查定例，軍流人犯每季薙髮一次，仍令留頂心一片，亦係爲互相標識，嚴懲逃脱起見。今擬比照此例，凡犯戲殺及應準可矜人犯，經臣部核覆改徒者，仍一律長辮，應於辮後令留方寸短髮一片，以示區別，其揭示罪名亦於各常服右臂膊衣袖加靪白布一條，書曰絞罪改徒之犯。如此量爲變通，庶罪犯咸知警惕，而新章益加周備。如果該犯等工作勤奮，力圖愧悔，俟滿一二年，應由該管獄官體察情形，酌予銷除，仍於年終彙報臣部，以爲改良刑獄考核民格之據。如蒙俞允，臣部即於本年夏秋兩季彙奏各犯開單，查照辦理。並通行各直省督撫、將軍、都統等，即將此項改流徒人犯一體遵奉施行，以歸畫一。再，查奏定習藝章程，凡流三千里者限工作十年，徒罪人犯即按應徒年限責令工作，爲期本屬不少。該大學士擬請於限外酌加苦工一節，雖係意在區別罪囚，惟此項改流改徒人犯本係原情量減，已邀朝廷法外之仁，較之尋常流徒罪不至死而情節較重者，似尤在輕比之列。況折磨苦工，本以待强盜、棍徒等罪。自未可於此項人犯復行加重，致與奉行定章轉多窒礙。原奏擬於藝期限外，流罪加苦工一年，徒罪加苦工六月之處，應請毋庸置議。所有臣等遵議緣由，理合恭摺具奏請旨。光緒三十三年十月初三日奉旨：「依議。欽此。」

宥恤司 光緒三十三年

奏爲金銀錢價今昔不同，擬請嗣後計贓科罪之案，按照時價估值，以期平允，恭摺仰祈聖鑒事。

竊臣部據升任江蘇巡撫陳啓，按察使朱家寶詳案，據署六合縣知縣趙興霙稟稱，律載侵欺、盜賊、詐僞等項，均係計贓科罪。定章每制錢一千文準銀一兩，銀洋一元準銀六錢。近日銀元、銅元廣鑄流通，錢價日低，銀價日漲。通約市價，每銀一兩可易錢一千五百文，而本洋一元有時幾可易銀一兩。龍銀，鷹洋，每元合銀亦在七錢左右。是每洋一元，計贓本止估銀六錢，一易而爲錢，計贓值在一兩以上。若以百數計之，則得銀洋者，罪止徒一年半；得錢者，罪且杖流矣。如得本洋，懸殊尤鉅。經該升司以事關改章，且非一省之事，飭據蘇州府知府何剛德請以錢一千五百文準銀一兩。至銀元實質本係七錢餘，向照銀六錢估算。今中國自制銀元，每元鑄定銀七錢二分，其餘外國各色銀元以及小角雖兑價不無高下，而所差無多，自應一律以每元七錢照估，庶免歧異，抑舊章赤金每兩做銀十兩，係同治初年市價，今值三四十兩不等。較前昂至二倍有奇。金物質輕值鉅，竊取甚便，近年攫奪金飾之案，時有所聞。擬請每金一兩估作銀三十兩，俾盜竊欺詐之流，破案時不致輕縱。又，各屬傳牙估贓之案，往往將一應珠翠衣物以貴爲賤，有失主失贓盈千累萬，而贓册估數無多者。定例：牙行爲罪人估贓不實，以故出入人罪論，良以竊盜贓至一百二十兩本止流罪，增一兩則絞矣，有祿人枉法贓至八十兩應絞，減一兩則流矣。應請飭嗣後估贓務須按照市價，不得意爲增減。如有受賄舞弊，查明究辦等情。所議因時制宜，尚屬平允。惟金銀器具等類，似未便即以兑分兩估值，其中應示區別。現當法律改良之際，應如何明定章程以資遵守，詳情咨部核覆等因前來。查向來計贓定罪之案，皆以制錢一千合銀一兩，黄金一兩作白銀十兩科斷，原以彼時金銀錢價輕重適均，故定例如此。至如何折算，並無明文。臣部前於議覆升任大學士前署兩廣總督張奏私鑄銀錢摺内聲明銀錢十兩可抵制錢十千等因，自係仍照實銀折錢辦法。原咨所稱每元準銀六錢之數，當係外省堪估情形，大致尚不甚懸遠。無如時候之變遷不一，市價之漲落靡常。昔之銀每兩易錢一千者，今則增至千五百有奇矣；昔之金每兩作銀十兩者，今則增至三四十兩不等矣；昔之洋元可照六錢計算者，今中國自制銀元明明鑄定七錢二分矣。以往時之值，估現在之贓，將一應盜竊、欺詐等案得錢者罪重，得銀與洋元者罪輕，得金者罪尤輕，不惟貴賤倒置，適便宵小豪奪巧攘之計；抑恐高下任意，愈開牙行朦混影射之資。利獨占於奸徒，害盡歸於事主，所關實非淺鮮。茲據該撫轉據該升臬詳請酌定專章，自係爲豫防流弊起見。惟所稱以錢千五百文準銀一兩，銀元照估七錢扣算，尚不至大相逕庭。但以銀易錢，以金易銀，並以洋元易錢，現今幣制尚未畫一，如遽定爲準數，將來設有跌落，犯罪者不免受虧；儻或再有增加，司讞者必多窒礙。以昔日定值爲未足而如議增，安知不以此日之增又須議減，是預設一定之制，究不足概無定之贓。况各省市情不同，施之此而適宜，或施之彼而見阻，此固應通盤籌算者也。查光緒五年四月間，臣部因京師銀錢價值懸殊，遇有竊案，竊銀者輕，竊錢者重，擬請以現時市價爲憑，飭令順天府將大、宛兩縣所報市價，按五日一次具文報部。嗣於三十年八月間，復經申明定章，先後奏準遵行在案。準市價以爲報告，即據報告以定罪名，勾覈較爲周密，各直省市同一律。與其酌增新則，仍有格礙之虞，何如推廣舊章，藉免偏頗之弊。臣等公同商酌，擬請嗣後京内外計贓科罪之案，無論金、銀、洋元概以市價爲憑。在京仍由順天府查照前奏，將大、宛兩縣所報市價按五日一次，具文分報法部、大理院；在外由各州縣按照定限，分報該管府道及督撫等衙門，以備查核。此等案犯，事發時有日可稽者，以犯事之日爲斷；無日可稽者，以到官之日爲斷。倘各該州縣日久玩生，並不詳報，或報不以實，查出交部議處。似此明定科條，庶辦理有所憑依，而科，罪亦不至畸輕畸重矣。如蒙俞允，臣部即飛咨該撫，並知照順天府府尹，暨通行各省督撫、將軍、部統，一體遵辦。再，牙行估贓不實，律有治罪專條。現暨責令州縣詳報物價，自可互相比核。如仍有奸牙任意增減及受賄弊情事，即行按律嚴懲，不稍寬貸。至金飾、金銀器具等類，本係玩物，成色較低，固未便徑照現兑分兩估科，亦豈得虛懸一近似之值，意爲減擬？應仍責成該牙行切實評估，或失主存有原製清單，亦可詳悉調查，似無難酌中核辦。原咨聲請量示區別之處，應毋庸議。所有臣等核訂奏請旨。光緒三十三年十一月十七日奉旨：「依議。欽此。」

承政廳 光緒三十三年

法部等衙門謹奏爲變通秋審緩決人犯辦法，以省繁牘而昭核實，恭摺會陳，仰祈聖鑒事。

竊臣部上年更訂官制，奏準將舊日秋審處改設承政一廳，揀派資深得力人員總辦秋朝審實緩事宜，並由審録、制勘兩司分掌其事。誠以秋讞大典最關緊要，所有各省斬絞監候應入秋審核辦之案，每年多至一千六七百起，少亦一千二三百起，卷帙極爲繁重。而民命所繫又非各專責成，不足以臻詳慎。是以本年改章伊始，仍於秋審案犯悉查照從前辦法，於開印後即飭繕録實緩、矜。留各册，叙明案身後尾。交由各該司員，分别初看覆看，以至總看。均遵依奏定條款，次第詳閲，陸續呈由臣等覆核。其界在實、緩之間者，堂司各官並酌加批語，各抒己見，然後司議堂議決定實緩，方與各省外尾勘語，一並制印成帙，謂之招册。分送九卿科道，於八月間在天安門外金水橋西，會同核議具題。其例應情實者，另由臣部恭繕黃册分期進呈，候旨予勾。原其立法之意，其不憚反覆周詳，主再至三者，蓋遠以體列聖欽恤之仁，即上以副皇太后、皇上明慎用刑之旨。臣等綱領刑政，亦何敢妄議更張。惟成憲固當懔遵，而繁文似不妨從略。查向來秋審卷册，本皆係已定之案，其有法難寬貸及情節稍涉疑似者，自應逐起詳核，折衷至當，以期無枉無縱。若確係例應緩決之犯，歷年題覆者率多至十之六七，或本情傷俱輕，或爲例章所宥，以明明無關出入之舉，必句梳而字櫛之，其名似屬求詳，其實等於勞費。且每歲分送招册以後，即情實案件，經各衙門指出籤商者既已百不獲一，而臣部逐年更駁各起又多係内外擬斷不符，或由緩而改實，或自實而酌緩，與例應緩決毫無疑議者，本屬皎然不侔。現當豫備立憲，刑法俱歷次減輕，若仍於浮文縟節不加裁省，殊非執簡馭繁之道。溯查上年修律大臣奏請删除重刑摺内聲明，尋常秋審各犯將來再行酌量變通。嗣經臣部會同都察院，議將秋審之戲，誤，擅殺三項，隨案改爲流徒，又核準兩江總督咨稱秋審可矜人犯亦一律援案辦理各等因。均先後奉旨允準在案。是例應緩決一項，與其彙核於秋讞之際，徒事紛繁，何如詳審定案之先，較省周折。臣等公同商酌：除朝審案犯無多，又值各級審判廳初立，應仍照定例辦理外。其各直省應入秋審人犯，凡例應緩決者，均擬令各該督撫，於定案具奏時，即妥擬確實出語，聲明『酌入緩決』字樣，分咨大理院覆判，統由臣部詳核覆奏。仍俟秋審時彙齊此項人犯案由、罪，名，繕單具奏一次，毋庸歸入緩決本内具題，以省繁復。若係例應情實，及實緩介在疑似，並矜留暫難確定各案，應仍按照舊章，一體歸入秋審册内核辦。至現在已經奏結應入三十四年秋審人犯，如例應緩決者，擬請摘叙簡明部尾，俟各該省後尾到日，提出比核，即由臣部按照先後分起繕呈奏明請旨，均不必再行刊刷招册具題。如此分别辦理，庶外可以省解勘之勞，内可以節虚糜之費，似於舊制新章兩無窒礙。謹酌擬章程八條恭呈御覽。如蒙俞允，應由臣部將各該省已經奏報尚未核覆之案，如有例應緩決者，即於摺内妥爲聲明，並通行内外問刑衙門，自奉到部文之日爲始，一體遵照新章核辦，俾歸畫一。再，此摺係法部主稿，會同大理院辦理，合併聲明。所有變通秋審緩決人犯辦法緣由，謹恭摺會陳，伏乞皇太后、皇上聖鑒訓示。謹奏。光緒三十三年十二月二十四日奏留中。後奉旨：「依議。欽此。」

謹將變通秋審緩決人犯辦法共酌擬章程八條，開具清單，恭呈御覽。

一、從前辦理監候之案，無論情實、緩決各犯，均於律牌下聲明秋后處決一層，此定制也。現在緩案既擬於定案時先行核辦，自應酌定程式，以資取則。查秋案後尾册式，向於叙案後加以勘斷之詞，如『衅起不曲，嚇扎一傷』之類，謂之出語。似可仿照辦理，於出牌後，俱應加具確切出語，聲明照章酌入絞決。其有例應情實，及實緩介在疑似暫難確定者，仍出『秋後處決』四字。至可矜人犯，除照上年奏定新章，應準隨案改爲流徒者，仍專咨報部外，若在矜緩之間，未便倉猝定擬者，即與聲請留養各犯，俱一律叙明『應俟秋審時照章合辦』字樣，以免參差。

一、定案時所引例章，有載明入於秋審緩決者，本已揭示明白，自可查照辦理。應毋庸再加出語，轉致繁冗。

一、例緩各案，事類繁多，難以枚舉。令各該省遵照奏定條款，查明向辦成案，悉心比核，必實係確應緩決毫無疑義者，方準隨案核辦。其涉請疑難之案，均仍歸秋後再議，不得以應否酌入緩決等詞，率行雙請，致滋淆亂。

一、各省隨案擬緩之案，如經臣部核與條款成案不符，仍劃歸秋册核辦者，應由各該督撫於合辦秋審時，似詳具后尾，與情實各犯，一律妥擬具奏到部，俾得互相參酌，藉免輕重之弊。

一、嗣後各省每年册送後尾時，應將隨本奏準擬緩各案，另分一册，叙明『某府某州縣絞犯某某，業奉部覆，準擬緩決』字樣，並總計若干起，共人犯若干名口，俾臣部得以按名稽核，免致疏漏。

一、凡隨本奏準擬緩之案，仍由臣部於每年八月内秋審上班後，彙齊各省此項人犯，謹撮要開具案由、罪名，再行繕單覆奏一次，即毋庸會畫具題。並聲明請旨，飭令仍牢固監禁，以符舊制而昭慎重。

一、各省尋常命盗彙奏之案，經臣部奏定分別立決、監候兩項，以十案爲率。現在緩案既須同時核定，自應以類相從，藉清界限。今擬例實、與、實、緩矜留不能遽定者爲一類，例緩而毫無疑義者又别爲一類，至多不得過八起。内惟例緩之犯加具出語，餘皆從略。庶幾眉自分明，乃可照章詳核。其或外省未經劃明者，擬由臣部分案覆奏，俾免牽混。

一、秋讞大典，民命攸關，改章之初，如有未盡事宜，應令各該督撫咨商，臣部妥核，並隨時詳酌奏明辦理。

編置司 光緒三十四年

再，查光緒三十一年五月間據升任廣東巡撫張人駿電稱，因瘋致斃祖父母、父母之案，應否仍照凌遲本罪，請改斬決，抑照斬決改爲絞決，電請核示。經臣部查光緒二十九年奏定章程，因瘋致斃祖父母、父母之案，仍照本律定擬。將可原情節聲叙，改爲斬決。是本罪尚係凌遲，與原犯斬決者不同，未便再改絞決等因電覆，並通行各省在案。查因瘋致斃祖父母、父母之案，係比較誤殺祖父母、父母之例治罪，是以臣部於本月初六日議覆東三省總督徐世昌等奏，民人張本勝誤傷親父張春令身死一案，當以未定凌遲改爲斬決章程以前審辦此等案件，向俱援引白鵬鶴成案，請改斬決。今該犯既經照章改斬，已屬倖邀寬典，未便因傷由誤中再爲聲請等因。具奏。旋據奏事處口傳張本勝誤傷親父身死一案摺，奉旨：著改爲絞決。餘依議。欽此。仰見聖明欽恤爲懷，於飭紀振綱之中，仍寓原情末減之意，自應欽遵辦理。惟是此等案件，各直省亦在所不免。誠恐狃於臣部前咨，辦理未能一律。擬請嗣後遇有誤傷祖父母、父母身死之案，即援照此次諭旨，於凌遲改擬斬決罪上聲請改爲絞決。其爲瘋毆祖父母、父母者，應照向章核辦，以杜捏飾而昭平允。如蒙俞允，臣部即通行内外問刑衙門，一體遵照。臣等爲慎重刑章起見，是否有當，謹附片具奏請旨。光緒三十四年二月十六日奉旨：「依議。欽此。」

參議廳 光緒三十四年

奏爲遵旨會議具奏事。

光緒三十三年十一月初十日，内閣鈔出江蘇巡撫陳啓泰請定販賣嗎啡，及制造施打嗎啡針治罪專條一摺。奉硃批：該衙議奏。欽此欽遵鈔出到部。臣等查閲原奏内稱：嗎啡含有毒質，性能殺人，外國化煉此物，制入藥餌，藉以療疾。流入中國，竟至配用筒針，藉以代癮，功用幾與鴉片相等。然鴉片尚有戒除之望，獨嗎啡針一經打用，非打不休。一針一孔，日積月累，勢必遍體潰腐，死而後已，其流毒實較鴉片爲尤烈。是以中國與英美續議通商條約，均聲明不因醫治使用，販運來華，未領海關專單者，一概不准進口。上年政務處議奏禁烟章程第十條内載明，應查照條約，分飭各税關切實申明，並嚴禁舖户無論洋人華人均不得制煉嗎啡及制造此項之針。無如貪利之徒，仍有以嗎啡針誘人打用者。當兹實行禁烟之際，烟館業已盡閉，窮民無力制具，既有嗎啡針可以打用抵癮，且一針之費不及十文，可以抵數十文之癮，蚩蚩者罔知利害，鮮不爲其所愚。江蘇情形如此，他省當亦相同，亟宜明定科條爲懲一儆百之計。查置造藏畜蠱毒，堪以殺人又教令人造畜者，律應擬斬。若用毒藥殺人，知情賣藥者，應與犯人同罪。今以製煉有毒之嗎啡針賣與人打用抵癮，使有癮者不打不休，死而後已，實與造蠱毒殺人無異。從前鴉片舊例，尚有應死之條，而嗎啡尤非鴉片可比。即照造畜蠱毒之律，予以死罪，亦不爲過。惟原其本意，究係圖利而不願殺人，且由於有癮者之自甘取死，其情形似稍有問。究應如何酌訂專條，請飭法部會同法律大臣議定頒行等因。奏奉諭旨，交臣等議奏。臣等竊維嗎啡質料含於鴉片之内，爲鴉片之精華，本鹽質類之一種。西人用化學提取煉爲藥品，療人疾病，以其能令昏睡，名爲嗎啡。嗎啡，譯言夢神也。論其提動之力，尤甚於鴉片之功。上年欽奉諭旨，將洋、土藥之害，一律革除，藉清痼習。是以政務處議定章程内有商禁洋藥進口以遏來源一條。並稱嗎啡，一名莫啡鴉，及刺入肌膚之嗎啡針，損體傷生，較之鴉片尤甚，應查照中英續議通商行船條約第十一款、中美續議約第十六款切實申明，分飭各税關，如查有不因醫治使用，販運來華者，一概不準進口。並嚴禁中國舖户，無論華人、洋人均不準制煉嗎啡，及制造此項之針，以期弊絶風清等因。奏準通行在案。無如禁令雖極嚴明，而貪利之徒仍有以嗎啡針請人打用者，是興販之未嘗盡絶，於此可見。現當實行禁烟之時，烟館業已查對，貧民别無止癮之方，姑藉嗎啡針爲嘗試，始則貪其價賤，愈用愈多；繼則中毒已深，不打不止。殆至瘡孔百出，無處容針，虧體傷生，莫此爲甚。是窮其弊，恐鴉片未除，已難免嗎啡之害。鴉片既除，必更罹嗎啡之毒。逃楊歸墨，流禍安窮？茲據該撫擬請仿造畜蠱毒律，酌中訂立專條，係爲力袪沉痼，保全生命起見，查造畜蠱毒律不論殺人與否，應皆擬斬，原以此等匪徒專以殺人爲事，故科罪較尋常謀命爲重。今制煉有毒之嗎啡針，賣與人打用抵癮，固與造畜蠱毒無異。惟窺其用意祇在射利，並非用以殺人。且由於有癮者之自蹙其生，並非業此者之故置於死。若遽與造畜蠱毒一律同科，誠如原奏所稱，情形似稍有間。則欲酌中定制，自非比律量減，不足示立法之平。至販賣嗎啡之鋪户，英美通商條内既有不因醫治使用及未領專單者，一概不準進口之文，自應嚴飭海關，按約辦理。其果有内地奸民人等，勾引私販，即屬蔑視典章，非預定罪名，亦無以示懲創。按知毒害之情而賣藥者律與犯人同罪，則知嗎啡爲有毒之物而輒賣與人者，即應照制造此項藥 針之犯問擬可知。況從前刪除鴉片舊例，凡制造烟土及興販圖利者，均係絞候，並無差等可分。似制煉嗎啡針及販賣嗎啡各犯，雖不必遽擬死刑，其情罪要無二致。臣等公同商酌，擬請嗣後拏獲制造施打嗎啡針之犯，不論殺人與否，應比依造畜蠱毒律斬罪上酌減爲極邊烟瘴安置。其販賣嗎啡之鋪户，如查係未領海關專單者，亦照知情賣藥與犯人同罪，仍將該鋪户即行查對。並請飭下各海關申明條約，嚴杜私販而絕根株。似此明定章程，庶奸民知所懲肅，而禁烟可冀實行矣。如蒙俞允，即由臣部行文該撫，並通行各直省將軍、督撫、都統暨税務處、大理院、順天府府尹，一體遵照。再，此摺係法部主稿，會同修訂法律大臣辦理，因往返咨商，是以具奏較遲，合並聲明。所有臣等遵議緣由，謹恭摺具奏，伏乞皇太后、皇上聖鑒。謹奏請旨。光緒三十四年六月十八日具奏。奉旨：「依議。欽此。」

參議廳 光緒三十四年

奏爲遵旨議奏事。

光緒三十四年七月十二日準軍機處鈔交本日御史王履康奏請將官媒永遠禁革，改設婦女待質所一片。奉旨：法部議奏。欽此。查閱原奏内稱，各省府州縣地方，其足爲被押婦女之巨害者，莫如官媒一項。凡婦女涉訟到堂，及已訊未結者，例交官媒收押，聽候訊斷。而官媒即得居間百出其計，以相蹂躪，富者百般敲詐，貧者資無所出，甚至以非禮相逼。故婦女凡一涉訟，差役需索於前，官媒留難於後，身命財産，俱蹈危機，種種苛殘莫此爲甚。似應比照待質所辦法，將官媒永遠禁革，改設婦女待質所，另行規定一切，以除積弊。擬請飭下各直省督撫通飭所屬，將官媒一項嚴行禁革，改設婦女待質所。並請由順天府屬各州縣倡辦，以資先導等因。奏奉諭旨，交臣部議奏。查例載：婦女有犯姦、盜、人命等重情，及別案牽連，係正犯仍行提審，其餘小事牽連，子侄兄弟代審。又：婦女除實犯死罪，例應收禁者，另設女監羈禁外，其非實犯死罪，承審官拘提録供後，即交親屬保領，聽候發落，不得一概羈禁各等語。誠以婦女以名節爲重，非實犯姦盜及案内正犯，概不輕予提審。非實犯死罪，於提審録供後，即交親屬保領，概不輕予羈押。杜漸防微，例意至爲周密。至官媒一項，除例載婦女犯斬絞重罪，應行解勘者，於經過地方分派撥伴送外，並無將涉訟婦女發交看管明文。舊例雖有買貴州窮民子女，憑官媒花押立契一條，現已奏請刪除。其律載當官嫁賣婦女，歷來辦法、雖由官媒承領，然逾期不嫁、或局姦圖騙，則有藉充人牙治罪專條。且此項本係犯姦婦女，故於判罪後交其領賣，並非尋常婦女一經涉訟、即使之收押也。各省府州縣如果關心民瘼，凡輕罪男犯尚不許淹禁私押，豈有婦女任令凌虐之理？無如奉行不力，日久弊生，州縣既憚於交保之煩，書差更樂於看管之便，官媒從而居間，婦女無所伸冤，故一經涉訟，輕則傾家破産，重且含垢蒙羞，此等情形實所不免。該御史所奏，係爲矜恤婦女起見。惟是除弊莫先於太甚，而徒法究難以自行。溯查創設待質所之初，係由前貴州撫臣黎培敬奏準通行，當時係專指臬司提審案件而言。乃未幾而各州縣相率仿行，凌虐勒索，爲害百端。嗣經御史楊福臻奏請革除，奉旨：各州縣影射待質所名目，私立班管，實大干例禁，著一體嚴禁。欽此。欽遵在案。是此項公所，雖名爲待質，其實與倉鋪所店同爲叢弊之地，既奉嚴旨禁革，自未便驟議仿行。且官媒收押婦女，弊既不可勝言，若改設婦女待質所，其約束看管之人，勢不得不仍用婦女。良懦者鮮肯應募，狡黠者又將投充，稽察不周，害仍與官媒相等。則與其懲宿弊而另立名目，何如申舊章而嚴定考成。臣等公同商酌，擬請嗣後各直省州縣，凡婦女涉訟，除實犯姦、盜、人命及一切死罪、例應收禁者，即仿照臣部並大理院及各審判廳辦法，設立女看守所，另行羈禁外。其非以上情罪，及因案牽連備質，承審官拘提録供後，即交親屬保領，聽候發落，不得概行羈禁。如已訊未結，亦一律交保候訊。若無親屬保領，即由地方官酌量取具妥保，保候審理。倘有不肖官員，擅用官媒，仍將婦女交令收押、至被詐索或淹斃者，該督撫即行指名嚴參，照律擬斷。至解審斬絞重罪婦女，應由地方官另雇年老穩練之婦，派撥伴送，不準再用官媒。如遇有當官嫁賣婦女，準由地方官擇交妥實地保族鄰公同辦理，亦不得再令官媒承領。其舊日官媒名目，永遠革除。似此嚴申禁令，庶於湔除積弊之中，仍無窒礙難行之慮。該御史所稱改設婦女待質所之處，核與舊章不符，應請毋庸置議。如蒙俞允，即由臣部行文各直省督撫，一體遵照辦理。所有臣等遵議緣由，謹恭摺具奏請旨。光緒三十四年九月二十三日具奏。

奉旨：「依議。欽此。」

承政廳　光緒三十四年

法部爲通行事。

據前護理四川總督趙咨稱，準法部咨，變通秋審緩決人犯辦法，行令遵照，計原奏清單内載，改章之初，如有未盡事宜，應令咨商妥核等因，準此。伏查此次新章，凡應入秋審緩決，或例應情實、及實、緩介在疑似，矜、留暫難確定各犯，均已明示辦法。惟舊事緩決及免勾，並情實改緩各案，未經議及。此等案件，業經奏奉諭旨，核與此後隨案擬緩人犯，奉部覆準者殊無二致，秋審似應仿照辦理，祇叙某府某州縣絞犯已入某年，幾次奉文緩決，免勾改緩。仍分實、緩各造一册，以清眉目。其舊事内遇有恩詔停勾者，案情未定，仍應率由舊章，以昭慎重。此應酌商者一。向來秋審程式，新事各案，先叙大勘，後叙小勘，再加出語。初次舊事祇叙大勘，二次舊事祇叙小勘。現在改章，例應緩決者，由部摘叙簡明部尾，俟各省後尾到日，提出核比，按照先後分起呈奏，不必刊刷招册具題。外省秋審，似亦可以仿照辦理，將例應緩決者，按照二次舊事册式，祇叙小勘，加具出語；其例應情實，及介在疑似矜緩者，仍照舊章核辦，俾歸簡捷。此應商者又其一。秋審新事人犯，無論實緩，定例均應解勘，原所以重人命。但查各犯俱係層次勘審明確，始定爰書，以故歷届秋審從無翻異，解勘已等具文。且當解勘之時，不惟往返提解耗費不資，而跋涉長途尤復疏脱可慮。新章緩決人犯，既可免解勘之勞，省虚靡之費。其新事情實等項人犯，可仿照舊事辦法，飭屬造册，由司核勘彙轉，免予解勘，省繁文而歸畫一，是或一道。此應商者又其一。現值秋審在即，前商二項，正據臬司詳明批飭暫行照辦。其本年秋審各犯，實緩尚未核定，亦飭照舊一律解勘。但下届應如何辦理，非咨商酌定，不足以資遵守而示准繩。相應咨商，並經該督咨催來前。除本届秋審結案均在新章以前，業由本部電覆該護督，均一律照舊辦理外。查秋讞大典，民命攸關，是以各直省每届辦理秋審，其新事人犯，無論情實、緩決，均照舊例解勘一次，由該督撫詳叙大勘、小勘，加具出語，造册奏送到部。其舊事緩決、情實免勾並情實改緩人犯，由該督按照初次、二次分叙大勘、小勘，亦一律造册報部，統由本部核定，分起具題。所以重人命慎刑章也。現值變通伊始，成憲固所當遵，而繁文自不妨從略。前經本部奏准，將例實例緩及實緩介在疑似，矜、留暫難確定各犯，分別辦法，行令各直省遵照去後。兹查來咨所稱，如舊緩決及免勾並情實改緩各犯，業經奏奉諭旨，核與此後隨案酌緩人犯殊無二致，仍應仿照辦理，祇叙明某府某州縣絞犯已入某年，幾次奉文緩決，並免勾改緩，似分實緩，各造一册，以清眉目一節。查此次定章本專爲緩決人犯而設，故舊事緩決，及業由情實改緩各犯，自可照準。至逢恩停勾，並情實免勾人犯，寬典雖許暫邀，重辟尚難末減。其罪名關繫，核與緩決及業經改緩者不同。即每届例應由實聲請改緩之犯，向俱開明情罪，列於新事之先，應仍照舊章辦理，俾昭慎重。又，例緩人犯，新章係由部摘叙簡明部尾，不必另刷招册。外省擬仿照二次舊事，祇叙小勘，加具出語一節。查摘叙簡明部尾一語，原奏係專指應入三十四年秋審人犯而言，若下届例應緩決人犯，本俱由部隨案核準，奏明入於緩決，即係已經入緩之犯。該督擬仿照舊事，祇叙小勘，加具出語，係爲節省繁文起見，核與新章並無窒礙，應均照準。其例應情實，及實緩、介在疑似，矜、留暫難確定各犯，應仍照向章詳核，俾歸一律。又，新事人犯，無論情實、緩決，業經層層勘轉，歷届秋審從無翻異，解勘已等具文。且一經解勘，不惟耗費不貲，亦且疎脱可慮，擬仿照舊事辦法，飭屬造册彙轉，免予解勘一節。查秋審爲慮囚鉅典，立法最極周詳。在各州縣定案之初，非不節次勘轉，然必於秋審時仍予解勘者，誠以民命所關，不得不力求詳慎。該督撫等如果實事求是，何至視等具文？本部原奏所稱，省往返之勞，節虚靡之費，亦係專指此後隨案酌緩人犯而言。若以情實待決之犯一併免於解勘，恐因噎廢食，未收便捷之效，適開枉縱之門。應令該督嗣後除奏準部覆業經隨案酌緩人犯，應祇叙小勘者，準照舊事人犯免其解勘外，其餘應入秋審册内核辦之犯仍，一律照舊辦理，以免歧誤。所請飭屬造册，免予解勘之處，應無庸議。總之，改章之初，有新章所宜裁汰者，即有舊法所當恪遵者，固不必拘守夫縟節，亦何可寢棄夫成規。所有核明下届秋審辦法，應令該督，併入前次奏定章程，分別辦理。以後如有未盡事宜，仍可次第咨商。相應咨覆該督並通行各直省，一體遵照，以昭畫一可也。

承政廳 光緒三十四年

奏爲戲誤殺及可矜人犯，擬請一體追繳埋金，以齊刑章而免參差，恭摺仰祈聖鑒事。

竊戲、誤擅殺並秋審照例入矜人犯，業由臣部先後奏請隨案改爲流徒，均經奉旨允準在案。惟查例載：應該償命罪囚，遇蒙赦宥，俱追埋葬銀二十兩，給付被殺家屬。又：命案減等發落人犯，應追埋葬銀兩，勒限一個月追完。各等語。詳繹例意，誠以廣寬仁之治，固貴矜生，而酌情罪之平，尤應恤死。法至密，意至善也。臣部改章之始，因戲，誤殺等項均毋庸虛擬死罪，既於隨案核議時當即改爲流徒，似與應該償命罪囚不同，故於追埋一項未經擬及。比年以來，各省辦理此等案件、咨部時均止照章改擬流徒，多未聲明追埋，是以照擬核覆。茲據東三省總督徐世昌咨，該省王奎濼、矯滿糧子二案，俱係幼孩救親斃命，例應入於可矜，將該犯等依律擬絞，照章改流。一則聲叙追埋，一則未經聲叙，案屬一省，事涉兩歧，比類參觀，辦理殊未畫一。伏查戲、誤殺與例應入矜人犯，雖可照章改爲流徒，惟續定新章，流犯則仍著赭衣，徒犯則於辮後留短髮方寸，均各於右臂衣袖加靪白布，分別揭示罪名，曰絞罪改流改徒之犯。是此項人犯雖去其虛擬死罪之名，究難没其應該償命之實。若併此埋葬銀兩概予蠲除，在犯法者既得免囹圄之拘留，而被殺者反不獲絲毫之撫恤，揆之情法，似未持平。况值恩詔將頒，尤應衡量於生死之間，曲加矜恤，方不至失之偏重。臣等公同商酌，擬請嗣後除擅殺及毆死妻，向不追埋，毋庸置議外。其戲、誤殺及别項可矜人犯，擬仍援照應該償命罪囚及命案減等例，文追繳埋葬銀二十兩，給付被殺之家，以資營葬。若逢恩赦宥者，亦照定例遵行。似此變通辦理，庶刑制益昭整齊，而闓澤不至倖邀矣。如蒙俞允，即由臣部將本年應行彙奏夏，秋二季戲、誤殺及可矜人犯，凡事在恩詔以前者，均飭於各該犯名下照追埋葬銀兩，以歸畫一。其奉省王奎濼一起仍先行照覆，並將矯滿糧子一起飭令追埋，庶得辦理一律。至别省有漏未聲明者，亦於核覆時隨案更正，俾免參差。恭俟命下，臣部即通咨内外問刑衙門，一體遵照。所有戲誤殺等項人犯，擬請一體追繳埋銀緣由，理合恭摺具奏請旨。光緒三十四年十二月十四日具奏，奉旨：「依議。欽此。」

秋讞須知

十卷

秋讞須知 卷一

前除筆具題後奉過綸音之犯，應於本册内開除者，入前除筆。其未題時，有正法、病故等項，入後除筆。

一起，除絞犯厶厶厶另擬緩決外。

除斬絞犯厶厶另擬情實外。

除絞犯厶厶厶另册留養外。

除絞犯厶厶厶續報，餘人在監病故，依例減流外。

除磔婦曹氏畏罪自縊，仍遵旨銼屍，絞犯陳良績部報中途脱逃外。

除磔婦厶氏遵旨正法外。

除厶犯厶厶厶遵旨正法外。

除斬犯厶厶厶遵旨戮屍梟示外。

除斬犯厶厶厶遵旨正法梟示外。

除絞犯王氏遵旨減等發落外。姦婦不知情。

除絞犯孫憬汰題報病故外。「題」式作「續」除斬犯厶厶已入上年秋審情實外。

除斬犯厶厶收禁越獄脱逃緝獲另歸下秋届審外。

除斬犯吴老□遵旨正法，絞歸莫氏免死減等發落外。

除斬犯宋潮潰、絞犯宋狗仔均遵旨正法，絞犯張恒續報病故外。

除斬犯厶厶遵旨正法梟示，厶厶仍戮屍外。

除磔婦孫氏畏罪自縊仍照例戮屍外。「戮」應作「銼」。

除絞犯厶厶遵旨免死累減杖徒外。

除絞犯厶厶恭逢恩旨減流外。
除絞犯劉佺知遇赦援免外。
除絞婦朱氏題準援免外。
除厶厶、厶厶俱係宗室，應由宗人府另册辦理外。
除絞犯趙孟財即趙夢彩照例入於下年秋審辦理外。光五，山東。

犯名

兇犯有一人二名者，曰某某即某某；三名者，曰某某即某某，又名某某。册首一起下、案首曾看下、案尾出牌下、綸音下，四處全寫，餘處單用正名。部尾首尾全寫，全稱該犯，如須出名，亦用單名。

犯年

兇犯年歲以初供爲憑，眉上須照初供核對改定。近老、近幼之犯，須查核行兇之年是何年紀，扣準填寫，不必以初供爲憑。如十二月毆死犯時十五，次年到案，初供十六，以十五填寫。

督撫銜名

據某省巡撫總督某某審得。「奏案」稱「審奏」。
據大學士、某省總督厶厶。
據厶省巡撫總督公有爵位者準此。厶厶。
據厶處都統將軍厶厶。宗室曰宗室某，覺羅曰覺羅某。
據厶處辦事大臣厶厶審奏。
據盛京將軍、管理刑部事務厶厶。

據黑龍江吉林將軍厶厶咨稱。

據盛京刑部侍郎。

如有原任、前任、升任、調任、署理、護理等項，俱點明。

罪名

將厶厶依例律擬絞斬等因。如係比依定擬者，曰比律例。

將厶厶依例律擬斬，厶厶擬絞。

將厶厶依律擬絞斬，厶厶依例斬絞。

將厶厶依律擬凌遲處死，厶厶擬斬監候。

將厶厶依律擬斬立決，厶厶擬絞立決。

將厶氏依例擬斬立決，厶厶擬斬監候。

將厶厶依律、厶厶依例俱擬絞。

將唐幗琛私鑄。依例擬斬從重，請旨正法，施幅門丁詐賊。依例擬絞。

將費三娃、費二娃俱依律擬絞，並聲明費二娃救親情切等因。

將厶厶依例律擬絞斬，並聲明親老丁單等因。吉林等處無前律牌者，聲明句併入標首內。

將厶厶、厶厶、厶厶均依律擬斬，並聲明厶厶孀婦獨子等因。

將厶厶依例擬絞，入於秋審情實。

將厶厶、厶厶俱依例擬絞，聲明入於秋審緩決。

將陳商依例擬斬立決，談氏依例擬絞監候，永遠監禁等因。因姦聽從謀殺親子。將白喜依例擬斬，聲明秋審時入於緩決，永遠監禁等因。復仇。

將厶厶依律擬斬立決，聲明尚非有心干犯等因。

將潘氏依律擬凌遲處死，聲明病故，仍照例銼屍，楊喬潰擬斬等因。因姦同謀殺死親夫。將黃復菱等依律擬斬，分別梟示，羅亞兆依例擬絞等因。

案首

本宗及外姻有服制者均於會看下點清，同宗無服則曰無服族，厶厶同姓不宗亦須點清，外姻無服則另筆叙於無嫌之下。同姓不宗，惟死者與兇手須留，餘人删。

蒙古、回民、僧人均須點，夷民亦點。咸十，川。番民點。咸八，川。

致斃老七十以上。幼十五以下。入實之案，年歲要點明；緩決之案，可以不點。

男子拒姦之案，兇手與死者年歲均要點清。

姦拐幼孩、幼女之案，亦要點明歲數。

流寓他省者，犯名下要叙出藉隸「某省來」、「至某省」二句。

婦女不用夫家姓，直云「某氏」。

誤傷祖父母、父母之案，曰某某平日待父母某某孝順。

毆故殺妻之案，曰某人與妻某氏平素和睦。死後不順之妻，則曰某娶妻某氏素性悍潑，或素性懶惰。

平常謀、故殺之案，曰某人與某人素識無仇，亦可云無嫌。餘皆用「無嫌」二字。

無嫌上應用「素識」、「不識」、「鄰識」、「同屯」、「同村」、「鄰屯」、「鄰村」等字。親屬曰「素睦」。戚誼曰「素好」或曰「戚好」。

竊盜等項，曰某人先未爲匪。如係拒斃事主等項，則曰某人與某人素無仇隙。

聚衆夥謀搶奪婦女之案，曰某人與某氏之夫父厶家素無瓜葛。

案中緊經關目，要先叙明於無嫌之下。

服制案人數多者，會看下勢難全叙，應叙於「無嫌」之下。其由期降功、由功降緦及義子改從養父母姓，亦祥細叙明。

致斃義父母及義子婦之案，是否恩養已久，曾否分給財産、配有妻室，分晰叙明。
舉、貢、生、監職官及有職銜者，於無嫌下叙出。如已革者，亦不可漏。
兵丁、差役、監巡等項要叙明。曾否革退，是否報部有名。
兇犯及死者平日作何生理，如與起衅根因相涉者，亦要叙出。
死後棍徒，須叙出「平日兇横」字樣。
兇犯、死者如有殘疾，均各叙出。
因瘋殺人之案，平日有無瘋病，何以不報官鎖錮，均祥細叙明。
復仇殺人之案，其父兄於某年被殺，須叙明在先。
先經犯罪，嗣經援免釋回，或配逃免緝等項，以及竊匪先經犯案，皆要叙明。
在他省犯案，如辦留養，須叙入「平日寄資養父母」字樣。如係游蕩忘親，亦要叙明。
殺子滅口及謀、故殺夫前妻之子，如其夫别無子嗣，競至絶祀者，要叙明。
兇手先犯徒以上罪名，宜叙入尾同。先犯斗擅殺，聲明照律例擬斬、絞。

案首 服制

會看得ㄙㄙ侍父ㄙㄙ平素孝順。誤傷
會看得ㄙㄙ侍母ㄙ氏並無忤逆。違犯教令。
會看得孫氏侍姑李氏素無獨忤。
袁氏侍姑任氏素無觸忤，任氏舊有痰迷病證，每遇生氣，即行舉發。違犯教令。
母㸬侍祖母全平日孝順，母全舊患痰壅病證，時發時愈。仝上。
曹氏侍翁張式平素孝順，張式舊患痰喘病證。又。
劉如東並妻徐氏侍母劉氏平日孝順。又。
韓氏侍姑信氏孝順，與夫祝小尚乎素和睦。過失殺姑及伊夫二命。

張培滋與胞兄張培息素睦無嫌，張培息素性兇橫，時常酗酒滋鬧，經其母王氏屢誡不悛。

唐芒忱與胞兄唐芒青素睦無嫌，唐芒青素性兇橫，在外游蕩，經父唐敏屢誡不悛。毆由救父。

郭雙生與胞兄郭鈺素睦無嫌，郭鈺先因行竊犯案，枷責保釋，嗣仍在外綹竊，經郭雙生胞伯郭二麻屢訓未悛。

龐桶越與胞兄龐桶倡素睦無嫌，均庸工度日，並無財產。死者因病難受，逼令該犯採取斷腸草吞服斃命，案係謀殺，恐有圖財別情，故留「並無財產」句。

林糠生與胞兄林湢椿同居素睦，曾亞孫係林湢椿妻父。因瘋致斃胞兄並兄妻之父二命，從重。

厶厶厶與胞兄厶厶厶素睦無嫌，厶厶厶平月酗酒滋事，不安本分，經母王氏屢訓未悛。救母殺兄。

王利原與期親服伯王大同居無嫌，王大素性兇橫，常向其母朱氏索錢買酒，醉後罵街，朱氏屢訓不悛。

馬泳幅與期親叔母高氏並伊妻安氏均素睦無嫌。瘋斃二命，從重，另斃義子不敘。

彭尚橫並侄彭拂沅與彭維冬均素睦無嫌，彭維冬係彭尚橫胞叔，彭拂沅小功叔祖。

案首服制

李米子並弟李二小與李金榮均素睦無嫌，李金榮係李米子小功服弟、李二小小功服兄。

馬泳幅與期親叔母高氏並伊妻安氏均無嫌。因瘋連斃二命。

彭尚橫並侄彭拂沅與彭維冬均素睦無嫌，彭維冬係彭尚橫胞叔、彭拂沅小功叔祖。

程受賢與緦麻服叔程尚篤，並程東謙與小功服兄程尚湖，均分居無嫌，程尚潰兇程受珍，又一命係程尚湖胞弟、程尚篤胞兄，程東謙係程受賢堂叔。咸八。

姚二潤本冊並弟姚三潤本冊與緦麻服兄姚體註及其子姚義均素睦無嫌，姚義係姚三潤無服族侄。

兄弟致斃父子二命，一有服一無服。

父子致斃兄弟二命，均緦麻卑幼。

胞弟。

張家惴並子張鎮國即城修與張太和及其弟張景山均素睦無嫌，張太和係張家惴緦麻服侄，張景山係張鎮國緦麻服弟。光十三，江西。

ㄙㄙㄙ與胞弟ㄙㄙㄙ素睦無嫌。

ㄙㄙㄙ與年甫十一歲胞弟ㄙㄙㄙ素睦無嫌。

張鎖與胞弟張儀並妻蘇氏均素睦無嫌，張鎖與張儀分居各度，張鎖之母李氏因蘇氏悍潑，張鎖與張儀同居，張儀不務正業，經李氏同張鎖屢訓不悛。

杜青山與胞弟狗剩並妻晏氏均素睦無嫌。

王冬與年甫六歲胞妹王娃素睦無嫌。

李五係李孝誠大功服兄，李五云云。光三，直。病故。

楊發人與年甫十二之大功弟楊長菁先無嫌隙。

姚紹海與大功服侄姚本之分居無嫌，姚本之素不務正，姚紹海屢訓不悛。

程大苗仔並族人程二有、程二保與程小萬及其兄程毛雙、程雙戲暨其父程沅榜均素睦無嫌，程大苗仔、程二有與程小萬等均同族無服，程二保係程沅榜小功服弟。

欒法、欒庭明，欒幅原與王怔健、龐秀岳、龐僖均識無嫌，欒法與欒庭明、欒幅原，龐秀岳與龐僖均同族無服。山東十一。

案首

ㄙㄙ與妻ㄙ氏平素和睦。

劉大領子與童養未婚妻素睦無嫌。

ㄙㄙ娶妻ㄙㄙ氏，素性悍潑懶惰。不順之妻。

ㄙㄙ娶妻ㄙ氏，素性悍惡，不孝翁姑。不孝之妻。

ㄙㄙ娶妻ㄙ氏，素睦無嫌，ㄙ氏性情懶惰，經翁姑屢訓未悛。

馮補妮與妻王氏結縭多年，王氏平日悍潑懶惰，馮補妮家貧，夫婦和睦，並與其姑韓氏時常鬧氣，馮補妮屢誡未悛。

王進材與妻夏氏平素和睦，夏氏好吃懶做，經王進材之母劉氏屢訓不悛。

翁守芒娶妻劉氏，結縭多年，平日和睦，劉氏素性倔强，時欲私回母家居住，翁守芒屢誡不悛。

王致魁與妻欒氏平素和睦，欒氏不守婦道，時常逃跑，王致魁屢訓不悛。

陳沅沅與許氏素無嫌隙，許氏先嫁與黄民爲妻，因夫故服滿，經陳沅沅憑媒聘娶爲妻。照毆死妻問擬。

符樫南與曾氏素無嫌隙，曾氏先因夫故改嫁與林義方爲妻，不能相安，嗣林義方復轉賣與符樫南爲室，接娶過門。知情買休，律應離异，照凡門。

王二藕與妻王氏同姓不宗，平日和睦。咸十。

羅蒓與妻羅氏素相和睦，羅氏母家與羅蒓同姓不宗。咸八。

楊世俸與妻楊氏素睦無嫌，楊世俸與楊氏母家同姓不宗。又。

案首降服

宋沅誌與宋氏素睦無嫌，宋氏係宋沅誌小功侄女，因出嫁於玉華爲妻，降服緦麻。

ムムム與大功兄ムムム素睦無嫌，ムムム自幼出繼與小功堂伯爲嗣，與ムムム降服大功。

ムムム與大功兄ムムム素睦無嫌，ムムム本係ムムム胞兄，ムムム出繼胞伯爲嗣，降服大功。

ムムム與大功兄ムムム素睦無嫌，ムムム本係ムムム胞兄，因ムムム自幼出繼與堂叔爲嗣，降服大功。

王搶仔與無服族兄王開運素睦無嫌，王開運本係王搶仔大功兄，因出繼與族叔王亭爲嗣，降爲無服。

王孟氏與小功服妹馬孟氏素睦無嫌，馬孟氏係王孟氏胞妹，因出嫁與馬泳增爲妻，降服小功。

董安然與降服小功母舅崔孟城素睦無嫌，崔孟城之姊崔氏係董安然本生親母，董安然自幼出繼與叔祖母高氏故子董書明爲嗣，仍與崔氏同居過度。

趙氏與家長之妻或云正妻。袁氏素睦無嫌。

嗣祖之妾。

錢氏與夫妾方氏素睦無嫌。

劉鈺與孟氏素睦無嫌，劉鈺之父劉加科出繼堂叔劉三沅爲嗣，孟氏係劉三沅之妾，並未生有子女。

渠氏與夫大功兄張峻素睦無嫌，張峻爲人兇横，常向村人全佶訛詐錢米，鄰里咸知。全佶蓄意謀殺張峻，哄令渠氏代找信末，摻入面餅。

孫氏與夫大功服弟胡朋南素睦無嫌。

案首

因姦殺媳滅口。

周氏係魯妹親姑，魯妹年甫六齡，經周氏聘定與伊子爲妻，過門童養。

挾嫌故殺。

陶得合與年甫九歲緦麻服侄陶懷玉之父陶得才先無嫌隙。

殺夫前妻子。

王氏犯嫁與趙小死之父趙三爲繼妻，趙三前妻只生趙小一子，年僅八齡。

又。

言氏係年甫七歲之孫士潆繼母，言氏因夫故醮與孫沅富爲繼室，孫士潆係孫沅富前妻之子，秉性倔强，言不愛，向係孫沅富之母湯氏領養，孫沅富别無子嗣。此不如上一條之簡净。

又。

易氏係年甫十二歲之張丙汶繼母，易氏因夫故再醮與張丙汶之父張潆爲繼妻，隨帶幼女過門撫育，張潆前妻只生張丙汶。

李詳漬與孫氏素無嫌隙，孫氏係李詳漬緦麻服李國詳之妻。無服族人之妻準此。

李按與大功弟妻景氏素睦無嫌。光十。

龐懊雨與王氏素睦無嫌，王氏係龐懊雨分居胞弟龐懊得之妻。光十。舊式亦如是。如死者之夫案身不見，可用上式。

毆兄妻。

曹瀫萊與陳氏無嫌，陳氏係已故胞兄之妻。光十。

查傳岳與兄妻黄氏分居無嫌。光十。此式爲是。

厶厶厶與小功母舅厶厶厶素睦無嫌。

厶厶厶與妻父厶厶厶素睦無嫌。

厶厶厶與妻母厶厶素睦無嫌。

厶厶厶與緦麻表兄素睦無嫌。

馬開鎖與緦麻表弟張沅素睦無嫌，張停潤原謀正法。係張沅胞弟，同居共爨。

胡光城與無服族姊胡氏素無嫌隙，胡氏嫁與朱有寬爲妻，胡光城與朱有寬無服族弟朱有畛家看青。胡氏竊木係罪人，胡光城應捕，同族照凡。

丁鏞並兄丁祝與無服族叔丁懋及其侄丁常均素好無嫌。

唐喜與無服族妹唐氏素睦無嫌，唐氏嫁與甄得爲妾，與唐喜鄰居往來。

吕蓮鎮與無服族弟妻陳氏同村，吕蓮鎮係文生，陳氏習見不避。

厶厶厶與厶厶厶同姓不宗，素識無嫌。

王汶與平氏母家同姓不宗，素無嫌隙。

張汶檣並子張齊雲與張常茂及其子張理芳同姓不宗，均素識無嫌。

雇工。

巴克唐阿係元善雇主巴揚阿大功堂弟，與巴楊阿同居過度。

張祥受雇在阜春家傭工，素有主僕名分，阜春之妻雙氏習見不避。

緣馮八即得幅，受雇與趙氏之夫委翼尉富森布家趕車，素有主僕名分。

厶厶厶與厶厶厶素無嫌隙，厶厶厶受雇在厶厶厶家傭工，並無主僕名分。

厶厶厶與厶厶厶先無嫌隙，厶厶厶在厶厶厶家幫工，並無主僕名分。

厶厶厶與厶厶厶素識無嫌，均受雇在厶厶厶家傭工。或云「彼此同主傭工」，或云「同主雇工」。
厶厶厶與厶厶厶素識無嫌，厶厶厶係厶厶厶族人雇工。

案首同凡

施氏與俞氏素無嫌隙，俞氏係施氏長子曹新按之妻。
逼媳賣姦不從致斃其命，義絶同凡。
謀殺苟合之夫。
張亞泳並湯氏與鄒阿多均素無嫌隙，湯氏夫故後，與鄒阿多通姦同住，作爲夫婦，並無媒證。
殺死苟合之妻。
霍氏死因夫故與張發兇姦好，圖得資助同居過度。
謀殺苟合之夫。
李幺皮、張氏與熊汶詳素無嫌隙，張氏因夫故與熊汶詳苟合成婚，並無媒證婚書，李幺皮在熊汶詳家傭工，亦無主僕名分。
王租銀與郎三素識無嫌，郎三先因郎張氏之夫外出未歸，將郎張氏姦佔爲妻。
謀殺姦佔後夫，照凡謀。
厶厶厶與義子之婦厶氏素無嫌隙，厶厶厶早年因無子嗣，將年已二十歲之厶厶厶過房認爲義子，更名厶厶厶，各自過度。時厶厶厶已娶厶氏爲妻，厶厶厶並未分給財産。
劉春陽與王八四素好無嫌，王八四係劉春陽嗣女王氏母家堂弟。
任大漢與劉金標同村無嫌，劉金標係任大漢前母劉氏胞侄。
張氏與王仔蘋素無嫌隙，王仔蘋自幼逃荒在外，經張氏之夫徐茂傳收養，結爲義弟。
王杜與蕭汶碌戚好無嫌，蕭汶碌係王杜胞弟王斤妻之堂叔。
王從選與聶氏素無嫌隙，聶氏係王從選弟妻張氏之母。

胡敬起與陳勉按戚好無嫌，陳勉按係胡敬起胞叔胡修之婿。
張蓬溁與黃幅明戚好無嫌，黃幅明係張蓬溁妻父黃高進之侄。
季峰與楊沅勤戚好無嫌，楊沅勤係季峰之妻楊氏胞伯。
楊泳倡與楊新保素好無嫌，楊新保係楊泳倡故兄楊潰之養義子。
陳哈莊與裴七素無嫌隙，裴七將抱養番女多哩憑媒招陳哈莊爲婿，立有婚書。
厶厶厶與厶厶厶素好無嫌，厶厶厶係武生，厶厶厶係厶厶厶妻姊厶氏留夫家姓。之子。
曾咬與周氏素無嫌隙，周氏係曾咬妻母徐氏之妹。
厶厶係厶厶胞姊之夫。
厶厶係厶厶表兄之妻。
厶厶係厶厶胞妹之翁。
厶厶係厶厶妻陳氏之兄
厶厶係厶厶繼父出嫁胞妹。
厶厶係厶厶母厶氏無服族弟。
李黑熊與張洛用同村無嫌，張洛用胞侄張振小之妻係黑熊妻姊。
劉洛三即劉詳與年甫四齡之妻弟李石頭素無嫌隙。光十二。

案首改從他姓

卓巨與緦麻表弟袁近鄰居無嫌，袁近本姓班，係卓巨姑母之子，自幼經卓巨胞叔卓二廓抱養爲義子，改從卓姓。

例應歸宗，仍按本律。

趙恩寬與王承敬素識無嫌，趙恩寬籍隸四川，本係姓高，先年來至湖南，經趙正汝收養爲子，改從趙姓。
張獚田與張獚牲素無嫌隙，張獚田本係姓史，經張獚牲之父張添淋抱養爲子，改從張姓。張添淋病故，張獚牲憑族與張獚田分居各度。

熊牲根與熊常潰素好無嫌，熊牲根本係姓魯，自幼經熊常潰族兄熊常溎抱養爲子，改從熊姓。

唐咏萱與唐世杰素無嫌隙，唐世杰本名宋蒑牲，經唐咏萱分居胞兄唐咏秀自幼抱爲義子，更改姓名，撫養成立。

苑九城與苑九如先無嫌隙，苑九城本姓王，自幼經苑九如胞伯抱養爲子，改從苑姓。

沈經與陸畛同村無嫌，沈經本姓金，娶沈占沅侄女沈氏爲妻，更名沈經。

閻在中與閻怔海素識無嫌，閻在中本係賀姓，因伊母再醮與閻怔海族人閻思善爲妻，隨帶過門，改從閻姓。

王振海與王氏素無嫌隙，王振海本係高姓之子，因母改嫁王大庫爲妻，隨母過門，改從王姓。王氏係王大庫出嫁胞妹，孀居無依，向在王大庫家過度。

林九與貢三素好無嫌，貢三本宗姓甘，因母改嫁林九堂叔林葵爲妻，隨帶過門，改姓林姓。

張青碌並胞弟徐明道均本姓王，張青碌自幼經張紹貴、徐明道自幼經徐光氓各抱養爲子，遂各從其姓。光九，湖北。

楊怔富死胞叔楊學田先因龔七兒兇孤苦無依，收養在家，改從楊姓，更名楊七兒。

趙汶篙與錢得潰素無嫌隙，趙汶篙係族補守備，隨記名總兵王光珍帶勇分防，錢得潰係樂工。

沅淋與王阿巧素不認識，沅淋因父查布賞阿剿賊陣亡，承襲云騎尉世職，在杭州營當差，王阿巧在洋藥鋪幫夥。

景得與巴彥吉爾嘎勒素好無嫌，景得係世襲佐領，巴彥吉爾嘎勒充當馬兵。

額爾金額兇係帶隊章京，常淋死係隊長前鋒校，彼此並不同旗。

梁遇士由附生報捐同知，分發湖北，嗣因差委來陝，在籍逗留。

黑萬貴死係旌善營馬隊守備，俞應鈞死由監生報捐光禄寺署正，經伊黎將軍金順奏留幫辦營務，駐扎瑪納斯地方。

馬仲篪籍隸湖南，由軍功薦保花翎副將，借補陝西河右營都司。

田見瀧與莊志素識無嫌，田見瀧於厶年取進文生，因誤課詳革。

武生梁得標與武舉盛占彪素識無嫌。

賴潮旺報捐從九職銜，與李汝均墳山毗連。

王豪係武生，吕蓬鎮係文生。

李賢剛係已革武生，王錫祚係已革武生，求乞度日。

彭奎兇報捐武監生，馬開汰死素不務正。
吴洛溁並李洛蔬均考取武生。夥搶路行婦女。

案首師弟

左振蟻與馬丑娃素好無嫌，左振蟻開錘鞋鋪生理，馬丑娃從左振蟻學習錘鞋手藝。
楊景玉與劉千子素無嫌隙，楊景玉剃頭生理，劉千子拜楊景玉爲師，學習手藝，平日懶惰，楊景玉屢訓不悛。
僧真常與應泉素睦無嫌，應泉孑身無依，經族人送入庵内，拜從真常爲師，學習經典。應泉性情懶惰，真常屢訓不悛。
僧心悦與真詳素識無嫌，有詠詳自十七歲時出家，拜心悦爲師，詠詳旋收萌三、萌亮爲徒。
心才與廣興素好無嫌，心才自幼爲尼，廣興拜心才之徒圓俸爲師。咸八。
宋萌亮籍隸山東，來至直隸，與蒙古婦人乃令扣鄰居無嫌。
蒙古烏勒與王理民人字不點。素不認識。如民人殺蒙古亦點蒙古，不點民人。
蒙古婦桑濟忒並喇嘛羅布桑多爾濟與民人王忠四均素無嫌隙。光十，謀殺。
蕭泳江籍隸山東，來至熱河，與蒙古白菁山素好無嫌。
回民馬克爾與張沖素識無仇。
回民哈二娃籍隸甘肅，來至山西，與回民馬伏葆素好無嫌。
僧導青與僧導致先無嫌隙，在廟同當住持。
許庭與許秋先無嫌隙，均自幼在廟内披剃爲僧。
巴音汰與僧静真無嫌。
僧慧通與魏淙瀑素識無嫌。
鄭種種與尼僧續來素識無嫌。
吕教會與韓合真素無嫌隙，均充當道士。犯名仍欲姓，道士點在無嫌下，與僧尼稍有别。

張萇生與曾幺登素識無嫌，均求乞度日。光十一。

史喜充當康平縣知縣，李梅林署内門丁。光十。奏案，知縣牽涉本案，故出名，詐贓。

蔣球與徐椿素不認識，蔣球係桐盧縣典史施宗麒跟役。

厶厶厶籍隸厶厶，來至厶厶，充當厶厶衙門門丁，與厶厶厶先不認識。

袁怔發本姓李，幼經伊父李祈元契賣與袁得蘇族叔袁時璋爲僕，改名袁怔發。依奴婢毆良人死者斬律。

彼此均充當差役。或云「向充」。

厶厶充當差役。捕役、快役、皁役、縣役、糧差、鄉約、地保、保正、總甲。差役上或用「厶衙門」字樣，須酌。

厶厶係已革或云「革退」。捕役。

張萬碌係縣役楊之汶名下白役。

厶厶厶充當快役，先因誤公革退。

王庭山充當該縣快班散役。該州皁役、該場客總、該縣差役。

信致充當鄉地，承催租銀，吴硃與張鈺同充鄉約。

馬罄澧充當刑書，逯得勝曾充快役，因誤公斥革，仍在班内跑骽。

郝汶輝先當本村團長。

楊歪在團局充當練勇。砦勇在營充當勇丁。

王汝冀遠祖修建村寺，係僧昌武住持，村民因捻匪竄擾，公議築寨，王汝冀之弟王汝弼充當寨首。同十。

李長勝充當營兵。勇丁、兵丁、厶衙門親兵。

吴萇汶充當勇丁，嗣因打仗不力革退，無資回家，沿途求乞。

陳自有與殷汶潰素識無嫌，均充當營兵。

王紀汰充當汎兵，湯青生係該處保正。

林管山向充勇丁。

白貴三與李玉堯素識無嫌，彼此均充鄉勇。

ㄙㄙㄙ籍隸四川，在貴州充當練軍，早經辭退，與ㄙㄙㄙ素識無嫌。
ㄙㄙㄙ充當營勇，先因誤操革退。
李葑充當監店巡役，並未報院有名。
李義勝充當監店巡役，報院有名。
回民金五與劉二素不認識，金五充當滄州監店巡役，並未報部有名。照凡。部尾可云，死係販私罪人。
梁淮與張法興素不認識，梁淮充當監店巡役，僅止報縣有名。查筆仍云並未報部有名。
張小桃與吴小三素識無嫌，吴小三係監場竈丁。
ㄙㄙㄙ開ㄙ鋪ㄙ店生理。
ㄙㄙㄙ賣ㄙ物營生。
ㄙㄙㄙ賣工糊口。
ㄙㄙㄙㄙ匠營生。
ㄙㄙㄙ開ㄙ店生理，ㄙㄙㄙ在彼幫夥。
彼此夥開ㄙ鋪。
均在某人家幫夥。
ㄙㄙㄙ當ㄙ行經紀。
ㄙㄙㄙ開設ㄙ行代客買賣。
陸氏同夫曹正泰駕船營生。

案首

ㄙㄙㄙ並ㄙㄙㄙ與ㄙㄙㄙ及ㄙㄙㄙ，均素識無嫌。分辨。
ㄙㄙㄙ並族人ㄙㄙㄙ與ㄙㄙㄙ及其族人ㄙㄙㄙ，均素識無嫌。
ㄙㄙㄙ與ㄙㄙㄙ並ㄙㄙㄙ與ㄙㄙㄙ，均素識無嫌。

張七荃與韓庭富及其子韓茂郎，均素識無嫌。
厶厶與厶厶厶均先無嫌隙。一命二抵。
厶厶厶與厶厶厶及厶厶厶均素識無嫌，厶厶厶與厶厶厶同姓不宗。二命中有一同姓者，須分别叙明。
陳針七即陳苟、傅溵二、陳廣五與傅勝九、陳禘三、傅枝八均鄰村無嫌，陳針七與陳廣五等、傅溵二與傅勝九等，均同族無服。光十五。
厶厶厶與年七十一歲七十以上點。之厶厶厶素識無嫌。
厶厶厶與年甫厶歲十五以下點。之厶厶厶素無嫌隙。如年僅數齡者，不可用「素識」、「素好」等字。
厶厶厶與年甫厶歲幼女厶厶厶同莊無嫌。幼女不便「素識」字。
謝儀舜年甫十三，與年十一歲之姚羊素好無嫌。老人㷀老人準此。
厶厶厶與厶厶厶及年厶歲之厶厶厶，二命有一老一幼，應分别叙清。均素無嫌隙。
厶厶厶與厶氏素無嫌隙。兇手、死者中有一婦女，不便用「素識」等字。
孫四與年甫三齡幼女張玉針頭之父張澤素不認識。因姦誤傷。
王登欅與年甫九歲之張世潤及其年甫二歲幼弟張世興均鄰居無嫌。因瘋連斃二命。
厶厶厶與厶厶厶鄰居無嫌，厶厶厶爲人兇横，人皆側目。
李蕓與無服族兄李選憶素無嫌隙，李選憶平日兇横，户族咸知。
孟衔與焦畛同村無嫌，焦畛爲人兇横，村衆側目。
巨墉與李法沅同屯無嫌，李法沅爲人兇横，常在村外牧放羊隻，踐食莊稼，人皆側目。
紀奎與王芒素好無嫌，彼此同屋居住，時相頑笑。戲殺。
王仔恒與李洪謨並伊妻梁氏均先無嫌隙。疑姦。
蕭奇與駱群兒素無嫌隙，駱群兒游蕩度日。疑賊。

案首 因姦

會看得蘇徇與陳氏同村往來，陳氏之夫林芳使外出，蘇徇乘間與陳氏通姦。

因姦謀殺本夫，加功之人亦係姦夫，姦婦不知情事，後隱忍忘仇。

緣王六並於四均與李氏之夫周得旺素無嫌隙，於四與周得旺鄰居往來，李氏見面不避，於四乘間與李氏通姦。周得旺出外傭工，其母趙氏分居各度，無法不知情。嗣於四同李氏家夥種稻地，向王六借用錢米，許俟收獲稻子給還。王六至李氏家尋於四，索欠未遇，亦與李氏姦好。周得旺雇工尹升兒看破姦情，因係丑事，亦未聲張。光六，朝。

謀殺本夫，姦婦起意，正法，姦夫病故。

緣郭禮並馬倉兒均與胡聾仔先無嫌隙，郭氏係胡聾仔之妻，郭禮係胡聾仔妻兄。胡聾仔家貧，郭氏時常鬬氣，因此不睦。馬倉兒與郭禮交好往來，郭氏在母家時見面不避，馬倉兒乘間與郭氏通姦，胡聾仔並不知情。光六，朝。

謀殺縱姦本夫。

緣王鳴富與李喜才認識往來，李喜才之妻王氏習見不避，王鳴富乘間與王氏通姦，給過錢物，不記確數，李喜才貪利縱容。光六。

謀殺本夫，姦婦起意，姦夫商通，均正法。

林發並趙幅均與王泳茂先無嫌隙，齊氏係王泳茂之妻，趙幅係齊氏緦麻表兄，趙幅時至王泳茂家往來，齊氏習見不避，趙幅乘間與齊氏通姦，被王泳茂看出姦情，欲將齊氏帶回原籍，齊氏戀姦情熱，不願回歸。又。

姦婦不知情。

王氏籍隸直隸，來至奉天，與夫閻金蕣平素和睦。李受朋姦夫先正法。與閻奎蕣鄰居，時相往來，王氏習見不避，光緒四年六月間，李受朋乘間與王氏通姦，閻奎蕣並不知情。又。

因姦拒殺本夫，姦婦並不喊阻首告，另册擬緩。

陳阿金與俞松濤素識無嫌，邱氏係俞松濤之妻，俞松濤借欠陳阿金錢二百四十文，陳阿金屢次往索，邱氏見面不避。邱氏向陳阿金借錢，陳阿金携錢二百文送往，即與邱氏通姦，俞松濤並不知情。又。

謀殺未婚本夫。

周木潆並金詳何起意，先正法。均與張勛觀素識無嫌，張勛觀未婚妻周妹姐係周木潆族侄女、金詳何鄰居，均見面不避，與周妹姐通姦，周妹姐之父周金觀及張勛觀俱不知情。又。

姦婦起意謀殺本夫，姦夫聽從，加功之人係平人。

王怔里籍隸河南，來至湖北，沈少摇均與葉城潰無嫌。王怔里木匠營生，沈少摇駕船度日。胡氏係葉城潰之妻，與王怔里鄰居往來，見面不避，王怔里乘間與胡氏通姦，葉城潰並不知情。又。

鄒毛娃與年十一歲之楊娃崽素識往來，楊娃崽同居叔母殷氏見面不避。

蔣平與連氏之夫熊清素識往來，連氏見面不避。厶年厶月間，蔣平至熊清家探望閑坐，適熊清外出，蔣平即與連氏調戲成姦。

許氏之夫陳祺及許氏母家均與鄭起祥時相往來，許氏習見不避。

王二罄與郭思良素識無嫌，先後與郭氏通姦，彼此知情，均不避忌。

張尚芢與趙舒牲素識無讎，均與黎丙剛素識往來，黎丙剛之妻王氏見面不避。

劉祥與章肖素不認識，均與程氏之宣三鄰屯往來，程氏見面不避。厶年厶月間，劉祥乘便與程氏通姦，嗣章肖亦與程氏姦好。

張鱗與薛角素識無嫌，許氏係薛角之妻。

田六狩並馬喜琅均與羅冬鄰居往來，陳氏係羅冬之妻。

唐六科與唐潰幅同姓不宗，素無嫌隙。陽氏係唐潰幅之妻，小唐氏係唐幅息之妻，與唐六科並李得罄同村往來，陽氏等均見面不避。唐六科同李得罄先後與陽氏、小唐氏通姦，唐潰幅等並不知情。小唐氏與陽氏結拜姊妹，所有通姦情事彼此共知。光九，廣西。唐六科、陽氏商同謀殺唐潰幅，小唐氏獨自謀殺唐幅息。

宋氏並劉小均與孫蓬禮素無嫌隙。宋氏先嫁與陳萬幅爲妻，嗣陳萬幅因貧將宋氏改嫁，托張洛大嫁賣與孫蓬禮爲室，立有婚書、財禮。劉小在孫蓬禮家傭工，與宋氏見面不避，劉小乘間與宋氏通姦，孫蓬禮並不知情。立有婚書，成爲夫婦，因姦拒殺，論如律。

張發與霍氏素好無嫌，霍氏因夫故與張發姦好，圖得資助，同居過度。

鄒黑剛與張氏素無嫌隙，張氏係鄒黑剛族人鄒砡淋之妻，與鄒黑剛見面不避，鄒黑剛乘間與張氏通姦。

李特長與李汶洞同姓不宗，素無嫌隙。黄氏先嫁與林得應爲妻，李特長即與通姦，後林得應病故，黄氏憑媒改嫁與李汶洞爲室。

拒姦致斃伊翁。

梁氏係王明洸之子王儉來之妻，梁氏平日孝順翁姑，從無違犯。

王氏本係民人邵姓之妻，有周紹基籍隸四川，由巡檢來黔，保升知縣，因原、繼配均故，憑媒娶王氏爲妻，甘和在周紹基家服役，旋經辭出。職官妻犯姦。

吕蓬鎮與無服族弟妻陳氏同村，吕蓬鎮係文生，陳氏習見不避。調姦未成，羞忿自盡。近年「習見」均改「見面」。

唐喜與無服族妹唐氏素睦無嫌。調姦不從，致斃其命，故加「無嫌」字樣。與上條自盡不同。

唐氏嫁與甄得爲妻，與唐喜鄰居往來。

ムムム與年甫ム歲幼女素娟之父ムムム同莊素識。

張二禿仔與年十四歲室女邢貞同村認識。

宋理受雇與秦氏之夫梁裕家傭工，素有主僕名分，秦氏見面不避。

姦婦不知情。

襄坪與畢營素無嫌隙，襄坪受雇在畢營家傭工，並無主僕名分，畢營之妻蘇氏見面不避。

陳氏係黎恇恒之妻。光十一，河。

姦夫擬抵。

袁板不動與孫氏之夫袁臭同族無服，鄰居往來，孫氏見面不避，袁板不動乘間與孫氏通姦，袁臭並不知情。光十三，河。

姦夫姦婦同宗。

楊沅懊與李添富素識往來。李添富之妻楊氏與楊沅懊同宗無服，習見不避，楊沅懊乘間與楊氏通姦云云。光十五。

厶厶厶並厶厶厶均與厶氏之翁夫父伯。厶厶厶素無瓜葛。

緣蒙古檢銀仔並古魯扎布與撒爾幾特瑪之夫勒布得拉各素無瓜葛，古魯扎布係已革他布囊，檢銀仔係已革臺吉。

吴介並李蒓均考取武生，與甘氏素不認識。

張洛根游蕩度日，與沈氏素相認識。

張二禿仔與年甫九齡張葱頭之父張廣倉同姓不宗，素識往來。

卞葆性與年甫五齡之楊三瀰素相認識。

馬亞沅與年甫六歲之馮均及年甫五歲之王亞盛均素認識。

匡仔與年十二歲幼女嫣然先不認識。

厶厶厶年二十四歲，與年四十二歲之厶厶厶素識無嫌。

王城仔年十四歲，與年二十二歲之馬錫九鄰居無嫌。

李抗與二十七歲之石泳汰同莊無嫌。長於兇四歲。

厶厶先未爲匪。厶厶先未犯案咸十。

厶厶先因行竊犯案責釋。

厶厶先曾犯竊在逃未獲。

厶厶先因犯竊杖刺保釋。

厶厶先因行竊逾貫犯案，審依竊盜賊一百二十兩以上律擬絞監候，入於厶年秋審緩決，與另案行竊逾貫爲從之流犯厶厶收禁監内。厶年厶月厶日，厶厶自知問擬絞罪，慮恐秋後處決，越意商允厶厶越獄脱逃。

厶厶先因行竊擬軍，配逃復竊，改發極邊足四千里充軍。厶厶先因行竊擬徒，配逃復竊，厶厶因竊盗三犯，計贓均擬滿流，因道路梗塞，與另案遣犯厶厶均在監羈禁，經司獄管玉囑禁卒厶厶等小心看守。

厶厶厶先經犯竊，刺責後，即不復爲匪。

王鈺椿籍隸山西，來至熱河，與賀泳潰素無嫌隙。王鈺椿先因聽從搶奪，拒傷事主平復，審依搶奪刃傷爲從例擬軍，因道路梗阻，中途截回；賀泳潰先因扎傷張振海身死，審依斗殺律擬絞監，均收禁監内，同鋪睡宿。同九。

案首

李學組兇先因刃傷王聲聚犯案擬徒，役滿釋回，復因刃傷吴得高平復，至正、餘限外因病身死犯案，審依刃傷人律擬徒，在配脱逃。

吴三先因在高唐州行竊被追，用刀劃傷劉鴻賓平復，審依竊盗拒捕傷人未死如刃傷者絞例擬絞監候，題準部覆，與糾夥三人以上持械行竊之劉三同監羈禁。

致斃業經官處之賊，同凡。

蔣和尚死先因行竊藍再里兇衣物被獲，在縣責釋。

逃軍聽從搶奪加等擬絞。

胡蓉先因聽從聚衆持械搶奪犯案，擬遣改軍，配發浙江安置，運至中途，乘間脱逃。

竊拒。

楊寓椿、李來喜與席四準、李春潰均素無嫌隙，席四準等充當客總，楊寓椿等均素不務正。

唐潮燦素不務正，陳遵行、蔣盡善係鄧祖武事主。鄰佑。

吴秃仔係先因疊竊犯案，擬軍配逃。

於洪亭先因行竊犯案，在押脱逃。

金玉相與不知姓名穿賊素無嫌隙。

張世沅先因拒姦砍傷邸福來身死，審依擅殺律擬絞，遇赦援免釋放。同九。

張六禾尚先因共毆張夢城身死擬絞，疊逢恩赦，減免保釋。

謝三先因扎傷劉起桂身死擬絞減流，配逃被獲，遇赦援免釋回。

ムムム先於ム年ム月ム日在縣戳傷人命，擬絞減流，脱逃被獲，恭逢恩詔減徒，限滿省釋。

ムムム先砍傷童養未婚妻ム氏身死，比照夫毆妻至死徒擬絞，恭逢ム年ム月ム日恩旨暨ム年ム月ム日恩詔，累減爲杖一百徒三年，解回原籍定地充徒脱逃，復逢ム年ム月ム日恩赦，援免緝拏。

復兄仇。

張三與楊得仔同村無嫌，楊得仔先因砍傷張三之兄張㦃，越日抽風身死擬徒，遇赦援免釋回。

復父仇。

馬黑孜死先因聽從馬萬宏糾毆致傷周世琛兇之父周在幗身死案內，審依聽從持械結夥逞兇例擬軍，在逃未獲，叠奉恩詔不準減免，周世琛痛父挾仇，時經訪查，馬黑孜拏究無踪。同八。

謝得先因戮傷曹淋大功服弟曹滎月身死，擬絞減流，尚未發配，厶年間，粵匪攻撲縣城，謝得因變逸出。被曹淋殺死。擅殺。

宴小計與趙三素識無嫌，晏小計籍隸江蘇，伊父晏振恒因案擬軍，發配甘肅，晏小計隨至配所，趙三係晏振恒同配軍犯。咸十，陝。

莊鐵炮先因糾毆致傷魯詩平復，審依原謀傷輕減等律擬徒，配逃回籍。

厶厶厶死係已革差役，厶厶兇因聽從搶奪犯姦婦女未成擬流，嗣潛逃回家，改名厶厶，厶厶厶查知，常向挾制訛索。

案首 誤殺

會看得單恒倡與韓五兒之父韓光良平素認識。

厶厶死與厶厶鄰居無嫌，厶厶素患瘋病，時發時愈，厶厶之厶及鄉鄰人等均因並不滋事，未經報官鎖錮。

鄧致禾與妻安氏素睦無嫌，同治五年二月間，鄧致禾染患瘋病，時發時愈，安氏並房主楊基榮等因伊並不滋事，未經報官鎖錮。同八。

高秋郕與陳端並其弟陳理均素好無嫌。陳端、陳理雇與高秋郕之叔高恒沅家傭工，並無主僕名分。高秋郕素有瘋病，時發時愈，高秋郕之父高恒英與鄰佑等因伊並不滋事，未消 經報官鎖錮。同八。

厶厶斗患瘋病，持刀跳舞，不省人事。

厶厶素患怔仲病證，忽發忽愈。

厶厶忽染狂疾。

馬永幅與期親叔母高氏並伊妻安氏均素睦無嫌，馬永幅素患瘋病，時發時愈，高氏並地方田得功及鄰人丁開甲均因伊並不云云。

篤疾殺人。

程詳與賈瑞鄰村無嫌，程詳雙目俱瞽，算命度日。

林啞叭與孫景山素好無嫌，杜啞叭生而目瘠。

黎亞遠與周亞來素好無嫌，均雙目俱瞽，賃屋同住。

厶厶厶先因爲匪，被人割瞎兩眼。

孫四與張起山鄰村無嫌孫四自幼左胳膊成廢，不能屈伸，張起山雙目俱瞽。

案首 旗籍

會看得厶厶厶犯名。籍隸厶厶，原籍省名。來至厶厶，犯事地方省名。與厶厶厶死名。同鄉認識。如非同鄉，與尋常各案同，如云「素識無嫌」之類。

王牛即王松茂又名王羊、劉麥、胡恒汰分隸河南、直隸，來至安徽，均與王氏素無瓜葛。

厶厶厶籍隸四川，在貴州充當勇丁，與厶厶厶素不認識。

厶厶厶籍隸安徽，厶厶厶籍隸河南，先後來至江西，與厶厶厶均不認識。

厶厶厶不記原籍，來至厶厶，與厶厶厶鄰居素識。

智泳仁、張志力籍隸沈陽、奉天，來至黑龍江，均與云云。

穆特亨額係厶厶旗人，來至厶厶。

炦尚阿不記旗佐或云「本旗」或「原旗」，來至厶厶，與錫元並不同旗，素好無嫌。

得賢本係旗人，因厶銷檔，編入民籍。

連受與得勒春素識無嫌。連受本係駐防旗人，因逃走銷除旗檔，編入民籍；得勒春充當領催。

額爾精額係帶隊章京，常淋係隊長前鋒校，彼此並不同旗。

張憬禾不記原籍，來至熱河，先未爲匪。冊首云「係不記原籍州縣人」。

李大原係鑲白旗漢軍旗人，因不務正業銷除旗檔。光三，直。一起下云，係順天府昌平州人。

王振芳係奉天漢軍旗人，與穆庭蔥先不認識，穆庭蔥向在楊文煥家傭工，嗣王振芳因貧出外尋工，來至直隸，亦雇與楊文煥網鋪拉網。光十四，直。

配犯殺人。

緣彭雙喜籍隸四川，因聽從强劫案内，審依强盜免死減等例發遣黑龍江，與同配遣犯李丑小子素識無嫌。同四。

聶洞升籍隸湖南，因描摹印信圖騙錢文犯案擬軍，發配福建，與張仕城素識無嫌。同九。

李九兒籍隸陝西，安插甘肅，與禹子疇素識無嫌。

袁繼茂籍隸厶厶，因迭竊擬軍，發配厶厶，與同配軍犯方釗同鄉無嫌。

素不認識葉城黃籍隸四川，先因毆傷董氏擬絞減流，配發湖北安置，遇赦減免，尚未奉準部覆。

緣甄盎籍隸河南，因聽糾毆斃命案内，不出所毆人姓名。審依光棍結夥十人以上持械例發遣新疆，嗣充勇丁剿匪免究，與賈齊素好無嫌。

越獄。

張瑞淋籍隸順天，與劉鈺觀均因叠竊犯案，擬軍發配甘肅，素識無嫌。

陳山兒籍隸順天，先因竊盜三犯計贓擬流，發配陝西宜君縣安置。光緒三年三月間，陳山兒偕同配流犯時三潛逃被獲監禁，加等擬軍，咨候部覆。光六。

秋讞須知　卷二

標首上

標首

標首以照顧律牌爲一定之法：謀曰謀，故曰故，鬥曰鬥，共毆曰共毆。一案數犯而用二律牌者，各用如律，最要分明，其不常見之案，有數字爲標首者，亦以簡括爲主。

標首點犯名，以原題綸音爲主。綸音中有犯名者，雖先經正法或續報病故、脱逃，皆須點明。以本册之犯居先，餘犯居後，其未題之先正法、病故、脱逃，綸音中無名者皆不點。

首犯因變先行正法者，綸音中無名亦不點。

共毆案内，餘人姓名不點，犯名下用「等」字。

聽糾斃命及謀殺加功之案，首犯在逃者，姓名不點。

因謀殺誤殺，不出欲謀殺之人姓名。

主使斃命，不出所使人姓名。

因姦盗致父母被毆死，不出毆人姓名。

婦人不用夫家姓，如與姑、嬸同姓，則曰「小某氏」；如係室女、幼女，則直書其名，不曰某氏。

一案二三命，内有格殺，例得勿論，及死罪律不應抵者，死名不叙。

以上論人名。

本宗有服制者，如伊父、伊母、伊夫、伊妻、胞伯、胞兄及夫前妻之子等項，均須點明，改嫁及降服者亦點，會看下亦叙明。俱不用「本宗」字。

兄弟妻不點。會看下叙明與下文同。光十三秋審册内兄妻均點明，凡查筆相應，餘準此。

本宗無服者，不用「無服族祖」等字。會看下叙明。

家長同居繼父、養子等項均點。

妻前夫之子點明。

外姻有服者，如外祖父母、妻夫母、小功母舅等項，均須點明，俱不用「外姻」字。

外姻無服者不點。會看下叙明。

以上論服制。

尊長卑幼相毆之案，雖案係糾毆，亦不用「共毆」字，仍照服制點明。謀、故則標明「謀殺」、「故殺」。

共毆之案仍照斗殺問擬者，不用「共毆」及「等」字。

共毆之案以下手之人擬抵者，不用「聽糾」字、「致傷」字，並「從犯」、「某人病故」等字。其有原謀者，方用「聽糾」字樣。

謀、故殺之案，如因圖財、復仇起意者，俱標明。復仇者並標出「爲祖」、「爲父」字樣。

謀、故殺卑幼，如有挾嫌情事，如「挾嫌」字。

戲殺案直云「戲殺某人身死」，不用「因戲推跌」等字樣。舊式有云「因戲致傷」者。

擅殺案不標「竊盜」、「姦夫」及「圖姦未成罪人」等字。舊式竊賊點明，今一律删。

二罪俱發或俱斬，如挾恨謀命又誤斃尊長之類；或俱絞，如因瘋殺人又毆死妻之類，係從一科斷者，二事俱叙明。其犯一斬一絞者，如挾仇放火燒房又斗毆殺人，或竊盜拒殺事主又另傷一人之類，係以重論者，但叙重罪。殺死二命，如一故、一斗或一服制、一平人之類，亦係以重論者，二事俱叙。如另犯軍、流、徒以下輕罪，不叙。

斗殺案由，須分別傷痕。全是砍曰砍傷，全是扎曰扎傷，全是戳曰戳傷，他物毆打曰毆傷，手掐曰掐傷，膝跪曰跪傷，脚踢曰踢傷，足踏曰踏傷或曰踹傷，口咬曰咬傷，他物擲傷、他物。鈎傷、鐵鈎。錣傷、鐵鋤。砸傷、磚石。摔傷、手足。潑傷熱水。之類甚多，非斗殺案不用。

因傷推跌身死，不用「内損」字。先毆後跌者曰「毆跌」。

斗殺傷痕，如有砍有扎。或有戳有毆，或有毆有踢，曰致傷。死由跌地氣閉等類亦曰致傷。

推跌孕婦致令墮胎身死，亦標致傷。

推跌斃命及追毆失跌之案，各就本案由標明。

罪人拒捕統曰拒傷，惟竊盜拒捕係金刃者，首曰拒捕刃傷，從曰幫毆刃傷。

搶竊案贓係銀兩，毋須估贓者，不用「計贓」字。如有衣物在内，須估贓者，方云「計贓」、「逾貫」字樣。

自首得免所因之案，標明「自首」字樣。

僧尼致斃弟子，比照違犯例者，亦不用「違犯教令」字。

因姦謀殺，姦夫起意曰「商同」，姦婦起意曰「聽從」。

姦婦不知情，事後不首，曰並不首告。當時在場目擊者，加「喊阻」二字。

以上論事由。

蒙古斃命之案，須點明「蒙古」字。死係蒙古亦點。

旗人斃命，舊式點明「旗人」字，今不用。

旗人致斃民人，點明「民人」字，回民同。

回民致斃民人，不用「回民」字，如係用回民專例之案，仍須點明。

僧尼斃命，不用「僧人」字。會看下標出。如係用僧人專例之案，亦須標明。

姦拐等案，十二歲以下曰幼女，十三歲以上曰室女，男孩則十五歲以下統曰幼童。

因姦自盡案，如死係室女，不用「本婦」字。

搶竊拒捕案，死傷者係本家之人，用「事主」字；係雇工、鄰佑，有應捕之責者，用「捕人」字。

搶竊署中銀物，但標明「衙署」字，「知縣」、「知府」等字删。
以上論稱目。

姦幼女、幼童，須標明歲數。會看亦標明。
挾嫌謀、故卑幼，亦標明歲數。如係二命，則但云謀殺十歲以下胞侄某、胞侄女某。不必標明歲數。
因姦致死子女一命，亦但云謀殺十歲以下親子某某，會看下方點歲數。
以上論年歲。

閑字、閑句、閑事，與律牌無涉者皆可删，如移屍、圖賴、私埋、匿報、、無票差役、餘人病故、某傷平復及搶竊案内未經得財、誘拐案内圖賣未成之類。
搶竊拒捕，不用「得贜後起意」等字。
行竊某某銀物，姓名上舊有事主，近皆删，事主姓氏下加一「家」字。
聽從行竊之案，如首犯在逃，不用「幫同」、「用刃」等字。
以上論修飾。

標首

已革廣西巡撫徐延旭領兵逗留觀望、失誤軍機一案。
已革雲南巡撫唐炯。云云。
查明已革道員趙沃等失事情形、分别擬辦一案。
已革游擊張城管帶輪船被賊擊沉一案。
以上四案光十二，朝，與尋常不同。

滎廉臨陣先退一案。光二。

厶厶厶通賊一案。

成祿誣民爲叛，枉殺二百餘命，解部治罪一案。同十三，朝。

孫定揚誣稟，致李有恒懷疑，故殺尖峰等寨民數百命一案。

袁樹勛並朱履賢、廖致祥挾嫌聽從毆傷本管官一案。光六，朱、廖二犯續報脱逃，首先行正法。

厶厶厶侵蝕解司銀兩，致本官知縣劉璆情急自縊身死一案。

朱永康因食贜同趙孟財謀殺高文保身死，趙孟財下手加功，朱永康復事後控報自戕、縱兇脱逃、情節重大一案。

光五，山東。查朱永康未據所有造意供詞，不能懸斷，惟縣令貪婪不法，於謀殺情節，事前則密謀秘計，逐一知情，事後則兇手要證全行縱脱，且被殺者即係查提控案之人，是該先有圖脱已罪之意，其居心實不可問。朱永康合依實在案情重大、罪浮於法，於疏内聲明例聲明情節重大，可否從重改爲斬監候之處，恭候聖裁等因，光緒五年四月二十六日奉奉上諭，朱永康著改爲斬監候，歸入本年秋審辦理。

發遣紅帶子、得受等共毆宗室奇沅身死一案。

標首 服制

厶厶格傷伊父厶厶身死一案。九卿議。

厶厶誤傷伊父母厶平復一案。

祖父母、夫之祖父母、父母同。

厶厶因瘋砍傷伊父母厶厶平復一案。九卿議。

張澎臺誤傷伊父張錦漳平復，後因病身死一案。同四。

厶厶過失殺伊父母厶身死一案。

祖父母伊翁姑伊夫、家長。

信氏遇失殺姑韓氏並伊夫祝小尚各身死一案。從一科斷。

厶厶違犯教令，致伊母厶厶父厶厶氣忿自縊身死一案。

厶氏違犯教令，致伊姑氏翁氣忿服毒投井。身死一案。

王氏違犯教令，致伊姑馮氏失跌身死一案。

崔氏違犯教令，致姑張氏被崔添蕣毆傷身死一案。崔添蕣另冊留養。

劉如東並徐氏違犯教令，致母劉氏氣忿自縊身死一案。

麥氏違犯教令，致家長之母粱氏自縊身死一案。同三，妾。

陳氏格傷伊夫褚厶厶身死一案。

向氏與夫劉善口角，致令自縊身死一案。同四。

陳氏因與夫張榮亨口角，致令追毆失跌身死一案。

王氏因口角，致夫唐繼先跌傷身死一案。

厶厶致傷胞叔伯厶厶身死一案。傷痕照斗殺標明，謀、故標「謀殺」、「故殺」。

期親叔伯母　　胞兄

小功服叔伯　　小功服叔伯母

小大功服兄

緦麻服叔伯　　緦麻胞兄　　緦麻伯祖母

降服大功叔伯母

大功姐　　降服大功姊

夫期親叔母

劉五爲親復仇，謀殺小功服伯劉學禮身死一案。光十五。

厶厶誤傷胞兄厶厶並厶厶，砍傷親父厶厶各平復一案。

厶厶刃傷胞伯厶厶平復一案。
厶厶刃傷胞伯厶厶平復、後因病身死一案。
薛圪棱聽從伊母程氏主使，毆傷胞伯薛銀孩身死一案。
李大麟推跌胞叔李鎮玉身死一案。
王集佺毆傷胞兄王集議正、餘限外身死一案。同元。
何喜仔致傷胞兄何興旺平復一案。同二。
宗三大向胞兄宗行林推拉，致令撞瞎一目一案。同八。
厶厶金刃誤傷胞兄厶厶平復一案。
龐桶越聽從謀殺胞兄龐桶溫身死一案。死者自願畢命，令該犯採取斷腸草吞服。
厶厶厶聽從謀殺胞兄厶厶厶身死一案。聽從母命。
馬貽冉幫按致傷胞兄馬長冉身死一案。迫於父命。
康代涌金刃誤傷胞兄康代務平復，並故殺伊妻蕘氏身死一案。
厶厶厶毆傷期親叔母錢氏，致令氣忿自縊身死一案。
馮泳幅因瘋砍傷期親叔母高氏並伊妻安氏各身死一案。
厶厶厶砍傷大功服兄厶厶厶身死，並厶厶厶先被胞弟厶厶厶刃傷一案。
厶厶厶聽從主使毆傷大功服兄厶厶厶身死一案。
厶厶厶聽從砍傷大功服兄厶厶厶身死一案。
厶厶厶毆傷大服兄厶厶厶正、餘限外身死一案。
厶厶厶扎傷小功服叔厶厶厶餘限外抽風身死一案。
厶厶厶毆傷小功兄厶厶厶身死，並厶厶厶胞弟厶厶厶聽從幫毆一案。
黃亞得行竊拒傷小功叔母游氏平復一案。相比從重。
厶厶厶爲母報仇，故殺緦麻服叔厶厶厶身死一案。聲明入緩，永遠監禁。

程接椿致緦麻服兄程烈光成篤一案。

厶厶厶故殺緦麻叔母周氏，並毆傷大功兄妻厶氏各身死一案。

沈像怔挣跌降服大功姑沈氏身死一案。光十五。

易方中銢傷降服大功姊易氏及其夫鐘峪發各身死一案。同九。護母由立決改監候。

靳氏毆傷正妻田氏，致令氣忿自縊身死一案。同二。

夏城結砍傷庶母史氏身死一案。同二。

苗米妞毆傷父妾韓氏身死一案。未生子女。同六。同十二，直隸劉鈺扎傷孟氏身死案，係未生子女，嗣祖之妻。

厶厶厶刃傷家長厶厶厶平復一案。

厶厶厶致傷家長期親厶厶身死一案。

田厶厶刃傷家長期親。

龔晋芳因父龔淙瑞病故，乏錢安埋，將屍背棄圖詐一案。咸三。

標首 服制

李米仔致傷大功服弟李金榮身死，並李金榮小功服弟李二小聽從下手一案。與下一條參看。

李二小聽從伊兄李米仔扎傷小功服兄李金榮身死一案。

因瘋致傷胞兄並平人各一命。

林康生因瘋致傷胞兄林富春並戳傷曾亞嚴各身死一案。

刃傷胞叔，胞叔旋被小功姪孫致斃。

彭尚横刃傷胞叔彭維冬，並彭維冬被小功侄孫彭拂沅毆傷身死一案。

程受賢戳傷緦麻服叔程尚簋，並程東謙戳傷小功服兄程尚湖各身死一案。咸八。

李氏誣告伊父李幅有，並景珍强姦周氏未成，立時毆傷身死一案。同九。

厶厶厶故殺胞弟厶厶厶並伊妻蘇氏各身死一案。從一。

本宗各項卑幼

胞弟　胞侄　小功堂侄

小大功弟

緦麻服弟　緦麻服侄

胞侄婦大功

夫胞侄婦　夫之緦麻侄婦

夫胞侄

陳志篙圖産謀殺胞侄陳開淋身死一案。同八。

劉四挾嫌謀殺十歲胞侄劉大僖身死一案。同九。

陳潤庭挾嫌遷怒故殺年甫四齡緦麻服侄陳來生身死一案。同六。

郭延潮挾嫌遷怒謀殺十歲緦麻服侄郭英頭身死一案。

ムムム挾仇敵殺胞侄ムムム身死一案。

吳ムム挾嫌謀殺十歲以下胞侄ムム、胞侄女小翠各身死一案。

黃得幅戳傷緦麻服弟黃再陽、黃正陽各身死一案。同四。

楊在孚致傷緦麻服侄楊少溎因瘋身死一案。同八。

張錫海追趕大功服弟張錫繼，致令鳧水被溺身死一案。

蕭組尚主使伊子蕭松材砍傷小功服弟蕭正庭身死一案。

李占魁謀殺緦麻侄孫李二小身死，高梧正下手加功一案。同八。

沈倉謀殺大功服弟沈發。竝沈永流謀殺胞弟沈四各身死一案。

ムムム毆傷ムムム，竝誤伯恩小功服弟ムムム各身死一案。

張家惴戳傷緦麻服侄張太和，竝張鎮圍戳伯恩緦麻服弟張憬山各身死一案。光十三，江西。

廖代喜謀殺兄妻譚氏竝年甫二歲胞侄廖伏受各身死，廖代潰下手加功一案。同十一。兄妻同凡，本不必標，近年或標或不標，未劃一。光十三秋審册内公議，兄妻以點明爲是。此案因胞侄而連及之，標出以見係母子二命。

曹煜謀毒弟妻喜氏，並誤毒胞弟厶厶各身死一案。弟妻亦不必點，此案因胞弟而連及之，以見爲夫婦二命。大功兄妻之類皆不點。

韓氏故殺夫前妻之子彭磊身死一案。

段氏挾嫌謀殺五歲夫胞侄許小醒身死一案。同九。

蘇氏致傷渠氏夫弟妻。身死，渠氏期親夫侄王佺城蘇氏子。在場幫毆一案。

渠氏聽從謀殺夫大功兄張俊身死一案。死者自願畢命。

厶氏故殺夫妾厶厶身死一案。

厶氏聽從家長厶厶幫勒正妻範氏成傷，厶厶旋將范氏故殺身死一案。

黄氏致傷家長繼子霍亞南身死一案。

余文彩謀殺薛氏家長正妻張氏身死，薛氏知情同謀一案。

羅士儉毆跌妻前夫之子胡栓兒身死一案。同八。

許保城仔扎傷緦麻表兄温會身死一案。

各項外姻尊長卑幼

外祖父母　小功母舅　緦麻表兄

妻父母

緦麻表弟　緦麻女婿

小功外甥

馬閏鎮毆伯恩緦麻表弟張元身死，張元胞弟張潤係屬原謀一案。

劉安國放槍誤傷義父劉得糠身死一案。同九。

厶厶厶故殺義子厶厶身死一案。

厶厶厶致傷同居繼父厶厶厶身死一案。

蹇智故殺義子之婦夏氏身死一案。

王承棟謀殺胞弟義子王興娃身死，王洸繕下手加工一案。
厶厶厶與兄妻厶氏成婚或云「婚配」。一案。
劉棠與家長期親之妻厶氏通姦一案。
厶氏與夫胞叔厶厶通姦。被夫逼勒勉從。
劉佳庚誤傷業師劉鍾毓身死一案。光六。
厶厶厶毆傷學徒厶厶身死一案。
法净故殺弟子慧圓身死一案。
張興連踢傷弟子劉六身死一案。匠藝，舊式有云「匠藝弟子」者。
盧澐致傷小功母舅雇巴三身死一案。
羅汶毆傷大功親之雇工良奮身死一案。
厶厶鎗傷他人家奴厶厶身死一案。

標首師弟

匠藝。
馬振蟻踢傷弟子馬丑娃身死一案。舊式弟子有加「匠藝」二字者。

標首良賤

墳丁蔡果舉戳傷民人李村兒身死一案。咸八，奉。案首亦用「墳丁」、「民人」字樣。蔡果舉係旗下墳丁，實屬家奴，李村兒在蔡果舉家傭工，並無主僕名分，以良人論。

標首謀故

厶厶厶謀殺厶厶厶身死一案。

厶厶厶故殺厶厶厶身死一案。
厶厶厶因謀殺誤殺厶厶厶身死一案。
厶厶厶聽從謀殺厶厶厶身死下手加功一案。
厶厶厶因謀殺誤殺厶厶厶、厶厶厶各身死一案。
厶厶厶謀殺厶厶厶傷而未死一案。
謝組恩聽從張五苟謀殺修氏身死下手加功，並張五苟復故殺修氏之夫林雪苟身死，係一家二命一案。
厶厶厶謀殺不知姓名女丐身死一案。
提峇善聽從吉哈産謀殺呑吉訥之父母下手加功一案。同八。
吕良代謀殺高和尚，並故殺高來猪各身死一案。咸元。
王渢雲謀殺趙得詳、李保各身死，内李保一命係趙桂下手加功一案。同九。
陳四娃謀殺單小蠢身死，並單小蠢胞弟單僖蠢下手加功一案。同八。
張二驢謀殺張振珩，並誤殺張令姐各身死一案。咸三。
厶厶厶因謀殺誤殺其人之子厶厶厶身死一案。
常西汶聽從王際倡謀殺王際倡小功服弟王樹椿身死下手加功一案。
徐越謀殺吴大身死，並吴大之緦麻服侄吴麽聽從加功一案。
厶厶厶聽從厶厶厶謀殺厶厶厶及其緦麻叔厶厶厶並厶厶厶各身死下手加功一案。
厶厶厶謀殺小功服甥郭厶厶、郭厶厶一家二命，内郭厶厶一命係王厶厶下手加功一案。
姚大聽從楊二謀殺譚三身死下手加功，並楊二謀殺譚三，復故殺譚三之妻朱氏各身死，及王四故殺張五又聽從謀殺譚三等二命加功一案。
王氏聽從謀殺鄭群小義母樊氏身死下手加功一案。同十二。
張隴則聽從謀殺杜嬉兒身死下手加功，並張補則謀殺杜庭蘭、杜嬉兒父子一家二命一案。咸十。
張才爲父復仇，謀殺張高升身死一案。同十。

呂登懋因謀殺誤殺胡鈺、呂灜姐各身死，胡氏傷而未死一案。光十。

朱體漕聽從曾廣友病故。謀殺小功服弟曾廣富身死下手加功一案。光八，湖。

ムムム因ムムム欲圖自盡，聽從下手將其扎傷身死一案。

唐鈺潰因蕭小鳳自願畢命，代爲買藥，吞服身死一案。光九。

ムムム故殺ムムム等多命一案。

ムムム、ムムム故殺不知姓名湘勇一人身死一案。

劉世成故殺劉騾子，並扎傷劉得才各身死一案。

江長溁故殺杜玉兇並伊妻崔氏各身死一案。同四。

霍玉中故殺姜氏、張氏各身死一案。咸元。

蔡鳳詳故殺楊小水，並擅殺罪人楊黑妮、何氏各身死一案。同八。

鄧標故殺曾二鳳，並致傷陳阿牛各身死一案。同六。

石月故殺劉敬尚身死，並馬興國、石鐵旦聽從馬舒錦糾毆致斃趙洪付等一家三命，內趙洪付、趙洪義二命係馬興國石鐵旦下手傷重一案。同五。

ムムム故殺ムムム，並因故殺誤殺ムムム身死一案。

張凱玉故殺李小眼兒，並劉栓知擅殺張氏李小眼兒之母。各身死一案。

ムムム復仇故殺ムムム身死一案。

ムムム爲祖報仇，故殺ムムム身死一案。

憬盛槍傷豆腐李身死一案。咸二。

胡標銃傷李汶耀身死一案。咸三。

蒙朝古銃傷楊茂連，並楊富軒銃傷蒙家湖各身死一案。楊富軒續報病故。咸元。

王幅淋、解錫性槍傷解兆鐸各身死一案。同十一。

劉中沅槍傷閻士興、閻士經各身死一案。同十一。

尹琢槍傷高得，並尹璞槍傷李萬椿及故殺劉冰增各身死一案。同十。

萬亦才銃傷秦禾俊，並秦日定致傷萬亦池各身死一案。同六。

ムムム放槍誤傷ムムム身死一案。

邱大、黃五銃傷黃驩、邱憘。並黃四毆傷邱阿升各身死一案。

標首 圖財謀命

儲鼈燈聽從陳廣賓圖財謀殺李氏身死並未加功一案。首犯已正法。同六。

聶雨臣聽從圖財謀殺詳雷身死並未加功一案。首犯已於未題之先病故。同六。

張二毛聽從圖財謀殺張狗保身死下手加功未得財一案。首犯已於未題之先病故。同六。

王癱子、王麻子等聽從圖財謀殺周景漳、孫秉禮各身死未加功一案。首犯在逃。同六。

喬麥聽從朱殿魁並喬小禿圖財謀殺湯氏、張氏各身死，喬小禿得財加功，喬麥得財未加功一案。首犯及加功之犯已正法。同六。

陳雙禾圖財謀殺段元占傷而未死，已得財，林占加功刃傷一案。同六。

ムムム圖財謀殺ムムム身死，未得財一案。

ムムム圖財謀殺ムムム、ムムム各身死，未得財一案。

ムムム圖財謀殺ムムム身死，未得財，ムムム下手加功一案。

舒繼茂、徐薈沅並徐禾菁等聽從圖財謀殺陳承武身死得財，舒繼茂等並未加功，內聶甘泉、余沅育爲從加功，復輪姦劉芝女身死，幫同下手，暨徐禾青爲從同姦，並未下手一案。

標首 斗殺

ムムム砍傷ムムム身死一案。

金刃曰砍、曰扎、曰戳、曰銢，他物曰毆、曰鈎、曰擲，手足曰掐、曰踹、曰踏、曰踹、曰捽，曰口咬，熱湯曰潑。各傷兼者曰致傷。

厶厶毆傷厶厶，並厶厶毆傷厶厶各身死一案。

厶厶厶、厶厶厶戳傷厶厶、厶厶厶各身死一案。

蒙古扎克什戳傷民人王日善身死一案。

謝儀蕣推跌姚羊身死一案。舊式曰「内損身死」，近來删「内損」字。

陳晋謨追毆陳觀泰，致令失跌身死一案。同八。

張莊兒拉跌陳改門兒身死一案。同八。

郝應壁致傷杜懷得身死一案。同十。拉跌磕傷，又一案拉奪木棍失跌，又一案互扭失跌。

蔡涂失跌壓捫胡湘身死一案。

朱七推跌陳氏身死一案。「墜胎」字删。

徐斤致傷沈氏墮胎身死一案。

齊得名掙跌齊孟松，致令痰壅身死一案。同八。

同跌落河。

徐抑揚掙跌陳家幅落河身死一案。同六。一起落河有「致令」字。

楊六十二與馬銀貴仔争毆，致令落河身死一案。同八。

吴友之拉跌李根丢落河身死一案。同六。

蕭國員致傷馬詳昌落河溺水身死一案。同八。

薛式偵推跌周城松落水身死一案。同六。一起落塘，一起落崖。

梁澤來追趕鄧尚從，致令被溺身死一案。鳧水遇河，中流冲没。同八。

龐啞片毆跌葉亞勝落河身死一案。同六，陝。殷世隆係毆傷並落坡，删「落坡」字。

王六追跌劉盛沅落河身死一案。同六。

周三巴仔被按掙跌，致趙洪蕣落塘身死一案。同七。同跌落塘，犯鳧水得生。

李悝贊踢傷緦麻服兄李悝現落塘身死一案。踢傷滚跌落塘。同七。

姚八扭跌宋新落井身死一案。
王毅向松瑞抓扭，致令落河身死一案。
程滐毆逐周潯落水身死一案。
陳麻子追毆蔣忠富，致令跌傷身死一案。咸八。失跌落坑。
趙龠子與金沅榮抓毆，致令落河身死一案。
ムムム與ムムム爭毆，致令絆跌落崖身死一案。
ムムム與ムムム爭毆，被扭帶跌落坑身死一案。
ムムム擲傷ムムム，致令失跌落河身死一案。
韓大致傷範二身死，郭三、李四等各自趕毆周五、陳六落水溺斃一案。
陸萬推跌江荒，致令溺水身死一案。光十。
吴行二與謝海亭爭拉，致令滚跌落塝身死一案。光十。
高玉登追毆杜紹玉落溝身死一案。光十三，河，鳧水過溝被淹。
郭功毆跌盧添培，致令燙傷身死一案。咸十。坐跌滚水鍋内。
趙叔金致傷無氏丐婦身死一案。咸八。
司城致令謝洝跌瓷身死一案。咸八。犯攏前欲毆，死逃跑失跌。
戴玉山追毆，游雪山鳧沙沙溺斃一案。咸四。前有一式，當從彼。

標首二命

劉其云扎傷梁慶元，並誤傷王玉鳳身死一案。
吕登懋因謀殺誤殺胡玉、吕鳳姐各身死，胡氏傷而未死一案。

標首共毆

ムム等共毆ムム身死一案。

ムム等共毆ムム、ムム各身死一案。

ムム等共毆ムム，並ムム砍傷ムム各身死一案。

ムム等共毆ムム身死，並ムム聽從行劫入室搜贓一案。

ムム毆斃ムム等四命一案。

朱常渫聽從聚衆共毆致斃劉懷志等一家二命，内劉蒠一命係朱常渫下手傷重一案。首犯病故。

ムムム、ムムム聽從聚衆共毆ムムム等一家五命，内ムムム一命係ムムム下手傷重，ムム、ムム二命係ムムム、ムムム各自趕毆，致令落水溺斃一案。

喬會川聽從陳金盤聚衆共毆，致斃戚芳春、戚芳友兄弟一家二命，内戚芳友一命係喬會川下手傷重一案。咸二。

張五聽從李瀧致斃於泳年一家二命，内於泳年一命係張五下手傷重一案。

吴貞沅絞聽從吴鳳池遵旨正法。謀殺方架書、方沅章叔侄一家二命，吴貞沅下手致斃方架書一命，並吴遇禄斬故殺方宗樸各身死一案。咸元，湖。册首、案首均吴貞沅在前。

石五等共毆潘大身死，並吕青怔已正法。聽從謀殺李庭芒等一家三命下手加功一案。同八。河。册首云石五並吕青怔與潘大、李庭芒素無嫌隙，潘大與李庭芒及妻崔氏、孫李小林貼鄰居住。

標首互毆致斃四命以上

ムムム、ムムム、ムムム聽從致斃ムムム等一家八命，内ムムム、ムムム、ムムム係ムムム等下手傷重一案。

彭二峨、張富貴並彭鶴共毆張瀏文、馮三暨張鳳玉各身死一案。六命。光十。彭鶴於具題後續報病故，二兇格殺一命不應抵。

夏萌高致傷李隆發身死一案。六命。光十。二命不應抵以四命，二兇格斃，一兇先病故。

許三烏戳傷金仁棟、範國振，並範守地戳傷褚大烏各身死一案。九命。光十一。一兇致斃二命，三兇各斃一命，均格斃。

徐阿萌、馬阿美等共毆唐其增、吴阿五各身死一案。五命。光十一。一兇斃二命，一兇斃一命，均格斃。

胡立昌等共毆王泳興，並侯再坤戳傷張泳罄各身死一案。十三命。光十二。三兇各斃二命，五兇各斃一命，均格斃。

郭應寓等共毆孟人仔落河身死一案。六命。光十二。四兇格斃，一兇先病故。

楊立懢等共毆徐受沅身死，並程灰其主使槍斃程俎維、劉慪其、陳得沅非一家三命一案。光三。程灰其奉旨後正法，一兇一命，一兇三命。

常兒老九聽從張九思糾毆致斃石根杆子等十一命，内哈意思、哈忠實係一家二命，常兒老九、黨黨添各槍斃石根杆子、哈意思一命，韓瀰保、董尾把兒、井四兒、李來前各下手致斃葉擔子、石幅沅、郭泳安、石忠孝一命，並遣犯段導士在配脱逃，犯該軍罪一案。咸七，陝。

回民劉芒、洪得順、張老城、陳順田、何汶、戴套、穆潮、付沙、無信、劉得、劉芳、趙發、張溵淕、劉金、楊香、裴小五、黄才、劉得淋、李汶、張起升、馮才、楊明香、楊萬才、王玉山、楊明詳並陳萬良、李付、尹汶亮、李有發、馬付得、韓中發六犯續報病故。聽糾聚衆共毆各致斃不識姓名民人一命，劉洸海拒傷兵役爲從，並何保、張泳付各故殺一命，復共毆致斃一命，魏庭順槍斃馬汶信一命，劉淙畛故殺楊五一命，張得順、劉仁和、洪新年、周大成各槍斃不識姓名人一命，張老幅、劉青各致斃不識姓名人二命十犯遵旨正法。一案。咸元，奉。

孫香等聽從械斗，孫香致斃二命，李財發、劉三成、陳發、鄭詳山、杜常禄、杜立舉、林起中、張士信、楊汶魁、田中秀各致斃一命一案。咸二，奉。

標首因瘋

劉菜汶因瘋砍傷於得一兒、於根兒、於運按兒各身死一家三命一案。

孫加謨因瘋砍傷陳萬來身死一案。

符鐵旦因瘋砍傷戴法魁、蔡補各身死一案。

ムムム因病發犯扎傷ムムム身死一案。

ムムム因瘋毆傷ムム、ムム、ムム等非一家三命一案。

米娃子因瘋將四喜兒抛入井内身死一案。咸十，陝十一，死二歲。

鐘潰招因癲病致傷伊妻蔣氏身死一案。咸八。

姚隴三因瘋致斃郝氏等一家二命一案。光十五。

標首 擅殺、戲殺、誤殺

厶厶擅殺厶厶身死一案。不點「姦盜及圖姦未成」、「罪人」並「姦夫」字樣。

擅殺厶厶、厶厶各身死一案。二命。三命以上添死名。

厶厶擅殺厶厶，並扎傷厶厶各身死一案。

厶厶擅殺厶厶，並厶厶戳傷厶厶各身死一案。

厶厶戲殺厶厶身死一案。

厶厶因戲致傷厶厶身死一案。

厶厶誤殺厶厶身死一案。

劉庭順誤殺王和尚、宋寛各身死一案。

遣犯王老四在配脱逃，擅殺張銅牌身死一案。咸七。

標首 威力制縛、主使

房繼盛制縛劉漢起身死一案。光十。同治間舊式「制縛」上或加「威力」二字。

霍廣蕣捆毆趙文明身死一案。光十。

戚寅生制縛拷打致傷劉洪裡身死一案。同九。「拷打」二字近式多删。

制縛致傷

制縛拷打

捆傷

詹三使捆縛楊阿咩，致令落河身死一案。同六。
朱生八捆縛林淙禾，致令氣閉身死一案。光九。
ㄙㄙㄙ捆縛ㄙㄙㄙ，致令中寒身死一案。
ㄙㄙㄙ捆縛ㄙㄙㄙ，致令受凍身死一案。
ㄙㄙㄙ捆縛ㄙㄙㄙ，用水淹浸，致令淹斃一案。
尚昌海主使毆傷王發身死一案。光十二。
雇泳主使致傷任得花身死一案。光十一。同治間舊式「主」上或加「威力」二字。
陳犇主使制縛陽大身死一案。同六。
袁澤潰主使捆縛致傷李法沅身死一案。光九。

主使叠毆

主使槍傷

安瑾主使致傷馬稅圖，並呂紹先等共毆陳科各身死一案。咸七。
程大苗主使毆傷程小萬身死，並程二有毆傷程毛雙復故殺其弟程雙戲一家二命，暨程胡二葆毆斃小功服兄程沅榜一案。
藍滐堂主使燒烟，致馮達淦被熏身死一案。光九。
濺寬邪術治病，致傷湯潤生身死一案。光六。同治七年，吉林初淕邪術治病，致傷徐姐身死一案，係用鍘刀切傷肚腹。
以他物置入耳鼻孔竅。
索諾木達什异端治病，致傷啷扣身死一案。光九。
艾怔華用糞汁向艾怔名撒潑，致令觸穢内傷身死一案。同九。
賓效坤捻按曾春閑吞食穢，致令中毒身死一案。同四。
陳禾世用糞水灌入陳洸裕口内，致令觸穢身死一案。同九。
張尚芒用鹽鹵灌傷趙舒聲身死一案。光九。
ㄙㄙㄙ灌服糞汁，致ㄙㄙㄙ身死一案。

厶厶厶向厶厶厶灌服糞汁致令受毒身死一案。

盧國賢用野艾燒烟，致傷彭冬沅身死一案。咸九，照斗殺。

同治九年，四川龔詳懸致傷李潤身死一案，係用火燒熏。被熏氣閉身死，但標「致傷」二字。

標首 犯姦

職官妻王氏與人通姦一案。光九。

林三登與職官筆帖式。妻宗室氏通姦一案。

厶厶厶與家長期親之妻厶氏通姦一案。

厶厶厶因胞兄厶厶厶與伊妻厶氏通姦，厶厶厶獲姦登時扎傷厶厶厶身死一案。

李氏與夫兄王建業通姦，王建業旋被伊夫王建謨故殺身死一案。光十一。

邢氏與伊翁趙漋得通姦，並趙學芷盜伊母余氏屍柩，開棺見屍一案。同十一。

蔣厶厶與降服緦麻堂妹蔣氏通姦，聽從蔣氏謀毒本夫厶厶厶身死一案。

高師仔誘姦幼女魏全女已成一案。同四。

厶厶厶强姦族妹厶厶厶已成一案。

厶厶厶强姦十二歲幼女厶厶厶已成一案。

業依木强姦女合吉士旦已成一案。咸七，幼女年十一。

厶厶厶强姦未成，砍傷本婦厶氏身死一案。

厶厶厶强姦未成，致傷本婦厶氏平復一案。

陳阿金因姦拒傷本夫俞松濤身死，姦婦邱氏並不喊阻首告一案。或不用「喊阻」二字。

厶厶厶因姦拒傷本夫厶厶厶身死一案。

厶厶厶因姦拒捕，刃傷本夫厶厶厶平復一案。

厶厶厶因姦拒捕，刃傷捕人厶厶厶身死一案。

蕭大來因姦拒傷捕人張狗子身死一案。光六。

厶厶厶因姦拒捕，刃傷捕人厶厶厶，並厶氏戳傷厶厶厶身死一案。

厶厶厶因姦拒捕，誤殺姦婦厶氏身死一案。

張大禾因姦拒傷捕人郝若會成篤一案。光六。

汪憬謀犯罪拒傷捕人汪懷梧身死一案。犯姦有據，逞兇拒捕。光六。

潘氏因姦致姦夫朱潤濱拒傷本夫宋二觀身死，並不喊阻首告一案。光九。

宋氏因姦致姦夫劉小拒傷本夫孫庭禮身死並不首告一案。光九。

任氏因姦致姦夫劉二娃謀殺本夫劉懷庫身死並不知情一案。光九。姦夫已正法。

蒙氏因姦致姦夫謀殺本夫姬守業身死，蒙氏並不知情一案。同九。姦夫在逃。

袁氏因姦致夫林三被姦夫謀殺身死不知情一案。光六。姦夫病故。

張氏因姦致本夫傅映嬉羞忿自縊身死一案。同八。

厶厶厶因姦致縱之父厶厶厶商同姦夫謀殺本夫厶厶厶身死，厶氏並不知情一案。

高氏因姦致姦夫謀殺本夫閻丁未身死，宋長頭另册情實下手加功，高氏並不知情一案。光十三，直。

李氏聽從姦夫厶厶厶謀殺未婚夫厶厶厶身死一案。

石鷙與姦婦張氏謀殺本夫李大沅及其父李冬至各身死一案。造意之犯病故，姦夫、姦婦皆聽從，姦婦先正法。

王怔里因姦聽從姦婦胡氏謀殺本夫葉成潰身死，沈少搖下手加功一案。光六。姦婦先正法，姦婦起意。

楊二妮因姦聽從姦婦謀殺本夫張憬林身死一案。姦婦先正法，同九。

陳雙憘因姦聽從姦婦謀殺本夫姚丁城身死一案。同八。姦婦病故。又一案，姦婦畏罪自盡，仍照例銼屍，入後除筆。

蘇如桂因姦聽從姦婦謀殺本夫鐘有才身死一案。同八。姦婦先請王命正法，入於不諱下除筆内。

萬國同因姦聽從姦夫謀殺本夫萬國題身死，下手加功，姦婦徐氏事後首告一案。咸十。起意之姦夫病故。

胡述春因姦聽從本夫周潮聲期親伯母胡氏謀殺周潮厶身死，姦婦羅氏並不知情一案。同四。

王六因姦聽從姦夫於四謀殺本夫周得旺身死，下手加功，姦婦李氏不知情一案。光六，朝。於四具題後正法。

郭禮並馬倉兒因姦聽從姦婦郭氏謀殺本夫胡聾仔身死，均下手加功一案。光六，朝。姦婦起意，具題後正法；姦夫馬倉兒具題後病故。郭禮係姦婦之兄。

林發聽從姦婦齊氏商同姦夫趙幅謀殺本夫王泳茂身死，下手加功一案。光六。姦婦、姦夫均於具題後正法。林發係平人加功，案係親屬相姦，姦夫擬斬決。

周木滐因姦聽從姦夫金詳何謀殺本夫張勛觀身死，下手加功一案。光六。姦婦係未婚妻，擬流。金詳何具題後正法。

唐六科因姦商同姦婦陽氏謀殺本夫唐潰幅，並小楊氏謀殺本夫唐幅息各身死一案。光九，廣西。

周聲前聽從姦夫彭城峨商同姦婦陳氏謀殺本夫官俊杰身死，下手加功一案。光九。

田六狩因姦聽從姦夫馬憘琅商同姦婦陳氏謀殺本夫羅冬身死，田六狩下手加功一案。光九，川。

厶厶厶因姦聽從姦夫殺本夫厶厶厶身死，下手加功，姦婦陳氏知情同謀一案。

陳厶厶聽從與褚厶厶通姦之衛氏謀殺本夫厶厶厶身死，下手加功，褚厶厶並不知情一案。

厶厶厶因姦與厶厶厶聽從厶厶厶商同姦婦沈氏謀殺本夫之父母厶厶厶、厶厶厶各身死，厶厶厶下手加功一案。

古二因姦殺周沅憹身死，彭氏下手加功一案。彭氏係周沅憹知情罷休妻，古二造意，彭氏加功，均照凡人謀殺本律問擬。

王四銀因姦商同姦婦周氏謀殺周氏謀殺縱姦本夫牟並甜身死一案。光六。周氏具題後正法。本夫之兄起意，先病故，入後除筆。

張老張因姦謀殺縱姦本夫黃應生身死一案。光六。或不用「因姦」二字。

郭得仔謀殺縱姦本夫劉藍正傷而未死一案。同九。「謀」上或加「因姦」二字。

楊厶厶因姦聽從姦夫厶厶厶、姦婦厶氏謀殺縱姦本夫厶厶厶身死，下手加功一案。

吳大滐、朱怔友因姦聽從姦夫、商同姦婦戴氏謀殺本夫季洸肖身死一案。光三，姦夫自盡。

胡氏商同伊女姦夫儲枝枚謀殺未婚婿□縊身死，胡枝連下手加功一案。同十三。

儲枝枚因與胡氏之女通姦，聽從胡氏謀殺未婚婿□縊云云。

郝氏因姦商同張連官姦夫。將伊子王金城致死滅口，張連官下手加功一案。咸七。

張氏因姦商同姦夫戴一謀殺伊媳鄒氏滅口，戴一下手加功一案。咸十一。

老張氏因姦將媳小張氏致死滅口，姦夫夏三下手加功一案。

周氏因姦致死童養媳魯妹滅口一案。

李氏因姦商同姦夫將伊媳張氏致死滅口一案。咸五。姦夫病故。

李氏因姦致死伊媳徐氏滅口一案。

徐氏聽從姦夫曹枚將子媳鹿氏捆毆致斃一案。

鹿氏因姦聽從姦夫王昌謀殺十歲以下親子馮代身死一案。

劉蒡友因姦聽從謝氏將媳毆陽名貞致死滅口，下手加功一案。同六。

鄧水保因姦聽從姦婦戢氏謀殺親子鄧幅生身死，下手加功一案。光六。

張連官聽從姦婦郝氏將子王金城致死滅口，下手加功一案。咸七。

黄受圖姦未成，謀殺子媳張氏身死一案。

荒氏謀殺絜氏身死，任垠下手加功一案。因姦抑媳同陷淫邪不從，謀斃其命。

王氏因姦致姦夫武畦强姦大功弟媳莫氏不從，致死滅口，方五下手加功一案。

羅幺大因姦拒捕刃傷捕人吕連有，並苟氏致傷吕連有身死一案。咸四。苟氏遇赦援免。

錦淋等謀殺張踱阿五身死，張踱阿五縱姦之妻徐氏同謀加功一案。光二，蘇。徐氏遵旨正法。

胡氏商同姦婦靳氏已正法。謀殺靳氏本夫王蝎虎身死一案。同十三。

魏洤周因姦致姦婦唐大妹崽被父姦所登時殺死一案。同四。

張進保因姦致姦婦劉氏被殺登時砍傷身死一案。同四。

郝志芳因姦致姦婦改妮被殺趙廣明姦所登時殺死一案。同九。

吕復修因姦致姦婦刁氏被本夫姦所登時殺死一案。同六。

殷氏因姦致縱容之母王氏被伊翁擅殺身死一案。咸八。山東。

吴氏因與庫爐保絞決，遵旨正法。通姦，毆傷車爐保之母張氏身死一案。咸八，川。

劉芒惠調戲範氏，致令羞忿自縊身死一案。光六。

楊米來調姦成氏未成，致令羞忿投井身死一案。光十一。

胡五拉手調戲，致劉氏羞忿自縊身死一案。同五。

黄起語言調戲，致高氏羞忿服毒身死一案。同五。或云「拉衣調戲」，或云「手足調戲」。

魏得幅調姦唐怔舉之妻未成，致令本夫羞忿自盡一案。光六。用布帶自勒咽喉，氣閉身死。

梁長喜語言調戲，致本婦之姑趙氏羞忿自縊身死一案。光十。

紀需喬强姦張氏未成，致令羞忿自縊身死一案。同八。

王具有强姦馬氏已成，致令羞忿自縊身死一案。同六。

厶厶厶冒姦未成，致厶氏羞忿□□身死一案。

王學顔强姦犯姦婦女李氏未成，立時殺死一案。同十一。

熊佐瀧調姦未成，戳傷弟妻黄氏，越日身死一案。同五。

吕妮仔强姦在室緦麻侄女吕五姐未成，致令羞忿自縊身死一案。同六。「在室」二字似可删。

駱侑强姦緦麻表妹韓氏，致令羞忿自縊身死一案。韓氏下應加「已」、「未成」字樣。

調姦毆死子婦。

李存强姦未成，毆傷本婦李氏，越日身死一案。光三，奉。調姦比照强姦。

楊瓜客與冉隴毛輪姦李氏已成一案。冉隴毛正法。

盧侗、駱憘等輪姦韓氏未成，致令羞忿絶食身死一案。

陳應懇聽從輪姦良婦李氏已成一案。同十二。首犯病故。

白光秀仔穢語村辱，致王氏及女趙白鞘仔並其夫趙沅幅氣忿自縊各身死一案。同四。

厶厶厶褻語戲謔，致岳氏羞忿投井身死一案。

岳黄捏姦污蔑，致被誣之翾自自盡一案。

馬韋汶因王氏縱容伊媳殷氏犯姦，擅殺王氏身死一案。咸八。

秋讞須知　卷三

標首下

標首

某人煽惑人心一案。
某人聽從習教煽惑人心一案。
某人聽從某人僞貼揭帖，妄布邪言，恐嚇村民一案。
以上舊式。
惡棍設計索詐官民，張貼揭帖，情罪重大，實在光棍爲從。
郝泳瀊聽從郝鉞、高添材先行正法。設法索詐官民，張貼揭帖一案。光三。
厶厶厶歃血焚表結拜弟兄一案。
厶厶厶等聚衆結拜弟兄，年少居首一案。
馮添九糾衆結拜弟兄，年少居首，未及四十人一案。光十一。
厶厶厶、厶厶厶各結拜弟兄，年少居首，未至四十人一案。

標首劫囚

熊和尚、梁俊環、曹智祁聽從糾衆劫囚，在場助勢一案。

標首 奪犯傷差

忠奈聚衆十人以上奪犯傷差，並烏爾滚塔拉糾同保兒偷竊牲畜三十匹以上一案。同八。

王添銀奪犯毆傷差役李呈詳身死，經伊弟捏詞翻控七字可去。一案。

劉洸青犯罪被獲，聚衆中途打奪，拒傷差役孫洪得平復一案。同八。

某人聚衆中途奪犯，致傷某人身死一案。

軍犯吴淦得聚衆奪犯未傷人一案。同八。

帥直漳聚衆奪犯未傷人一案。同九。

傅鳳林犯罪，聚衆中途打奪未傷人一案。同十。

遣犯褚二自行糾衆中途打奪未傷人，交部審辦一案。光十二。

軍犯陳四毛自行糾衆中途打奪，聚至十人以上一案。光六。

唐士恩並王鼎仔遵旨正法。聽從龔定瑚遵旨正法。劫放獄囚尚未傷人，暨龔定瑚聚衆抗糧滋事，王丕欽遵旨正法。聚衆奪犯，喝令王鼎仔砍傷差役金安富身死一案。同六。

朱聲滐拒傷差役田溾身死一案。同三，爲從。

標首 强劫、搶奪

柴添右强劫拒傷事主張寬平復，未得財一案。光六。

孫漣銀聽從行劫，被獲後供獲夥盜一案。光。「聽從」或作「聽從」。

孫雨聽糾行劫，被獲後供出夥盜一案。光九。

曹幅老行劫湯如淋錢物，於五日外悔罪，指獲同夥一案。同十。此眼綫曾爲夥盜者。

馬四糾同温大等行劫被獲，將温大供出指獲，並温大糾同白二等行劫交部審辦一案。光六，朝。温大、白二遵旨正法，入前除筆。

厶厶厶等聽從厶厶厶捻匪搶劫，並韓大、楊三行劫，入室搜贜，厶厶厶聽從在場助勢一案。

張恒等續故。聽從王三、帽纓、張得、殷三均正法。結捻搶劫，並宋潮潰、蔡四正法。行劫，入室搜贜，宋均、樊五、豹仔、李高正法。聽從拒捕，在場助勢一案。現犯在等字內，此應以現犯居首，云某人並張恒。

張淋、翟黑聽從結捻同搶，並沈二迷子、王有事、孫青江搶劫，孫戊寅、馬名、於兆嶺、傅二里、吕粉面行劫，入室搜贜，王二聽從拒殺事主，在場助勢一案。

胡老糾竊張允焯家銀兩，計贜逾貫，並曹七等臨時行强一案。同九。

範良可行竊拒傷捕人曾幅渫身死，並劉畜生夥竊汪公列家臨時行强一案。

周春行竊銃傷事主鐘庭彦身死，並張小和尚聽從行劫，入室搜贜一案。道三十。張小和尚奉旨正法。

厶厶厶行竊拒傷捕人邢根身死，並劉大行劫拒傷鄒横身死，梁禿仔行劫，入室搜贜一案。

李自來聽從徐廣幅遵旨正法。行劫，並李得勝遵旨正法。拒殺事主劉苑身死，李自來被獲後將李得勝、徐廣幅供出指獲一案。光十一。

董舜兒並劉三、楊二、高二、沈二搶劫得財，董舜兒被獲後將劉三、楊二、沈二供出指獲一案。

孔箱幅並徐棕葆遵旨正法。聽從行劫，孔箱幅被獲後供出徐棕葆指獲一案。光十二。

程廣宗挾仇放火，致傷得木布爾身死，並程廣才執持車器騎馬邀劫得財一案。咸十。程廣才照響馬强盜。

田各拉行竊拒傷事主牛行身死，董春犯罪聽從拒傷捕役李年身死，幫同下手，並張芳、劉攘、孟見結捻行劫，入室搜贜一案。咸四。

高了頭、陳家有、李仕渫、汪澍、程小眼、戴小侉孜聽從結捻同搶，並王大春續報病故。程志順、田玉堂、段洪遵旨正法。聽從結捻，拒捕傷差，在場助勢一案。咸二。

李女兒聽從行劫，被獲後供出夥盜李復潍指獲一案。光十三，山西。李復潍題明正法。

鄭阿讓糾搶翁興儉銀物，計贜逾貫一案。光六。「糾搶」或作「搶奪」。

劉建槐搶奪王秀元銀兩逾貫一案。同九。

估贜者用「計贜逾貫」字樣，不估贜者不用「計贜」字樣。

徐中淋糾搶逾貫，並普小石、施潰拒捕刃傷脚夫張湢等平復，施潰聞拏投首一案。

羅普桑、索諾木車林並扎木楚聽從搶劫郭載章財物，計贓逾貫一案。同七。首犯在逃，扎木楚續報病故。蒙古用蒙古例，故標「搶劫」字，亦有改爲「搶奪」者。

ムムム糾搶銀兩逾貫，並孫綝拒捕刃傷脚夫李艮平復一案。

遣犯胡蓉聽從搶奪李明志等錢物一案。光九。

ムムム搶奪番銀逾貫，並ムムム聽從搶奪拒傷事主ムムム身死，幫毆刃傷一案。

謝添碌聽從搶奪拒傷事主袁西身死，幫毆刃傷一案。同五。

杜小三搶奪拒捕刃傷事主李坤平復一案。同八。

孫雨則糾搶刃傷事主李世興等平復一案。同六。

王焕早搶奪拒傷事主楊升玉折傷以上一案。同十一。

趙泳青聽從搶奪蒙古銀童、嬴馬等物一案。光十。蒙古地方搶奪，糾夥十人以上。

ムムム聽從搶奪 謀殺事主ムムム身死，幫同下手一案。

ムムム搶奪致事主ムムム、ムムム鳧水各身死一案。

ムムム現犯。聽從搶奪拒傷事主ムムム、ムムム各身死，均幫毆刃傷，並ムムム正法。拒殺ムムム爲首一案。

ムムム均聽從搶奪拒傷事主ムムム暨同行之ムムム各身死，ムムム、ムムム均幫毆刃傷ムムム，幫毆ムムム刃傷一案。

霍亞中糾搶客船，刃傷水手黃亞西，旋被在逃之夥賊王亞葵拒傷身死一案。

謝淋松聽從搶奪，致夥犯李細狗拒傷郭三孜身死，謝淋松幫毆刃傷，並楊老會糾搶拒傷郭阿九一案。舊式。

梁亞滿搶奪拒捕刃傷捕人何亞業平復，並張亞連糾搶事主司徒成美銀兩，計贓逾貫，梁亞潰聚衆十人以上持械搶奪一案。舊式。

ムムム聽糾搶奪，致夥犯ムムム拒傷ムムム身死，幫毆刃傷，並ムムム在監病故一案。

ムムム夥搶拒捕，放槍誤傷ムムム，並ムムム擅殺ムムム、ムムム各身死一案。

ムムム搶奪拒捕刃傷事主ムムム平復，並ムムム糾衆奪犯一案。

王銓搶奪拒捕刃傷事主陳衍祥平復，並林牽搶奪拒傷捕人陳發詳身死一案。咸元。林牽奉旨正法。

蒙古搶奪捆縛事主，用蒙例。

沙克都爾搶奪拒捕，捆傷事主青喜云一案。咸七。

偰小老頭、偰汰俸聽糾搶奪，拒殺不識姓名事主各一命，幫毆刃傷，並小張子致傷回民馬姓、袁老五等，共毆回民偰萬鑒各身死一案。咸元。

哈拉沁、老張搶奪特默爾等牲畜十匹以上一案。同六。

塔啓勒齊糾夥搶奪牲畜，並察杭濟克默特、瑪尼巴特聽從搶奪牲畜均數至十匹以上一案。同六。察杭濟克默特、瑪尼巴特二犯續報病故。

蒙古洽勒塔爾固秀普爾普九字名。並鄂當雙、霍爾額登和、二名，另册緩決。馬特瑪多爾濟一人，另册留養。及巴特瑪續報病故。均聽從搶奪牲畜十匹以上，諸謨另擬緩決。搶奪拒捕傷人，暨郎因綳楚克續報聽從反獄格斃。糾搶牲畜十匹以上一案。同七。

ムムム糾搶牲畜數至十匹以上，並ムムム、ムムム各糾夥持械迭次倚强肆掠一案。

則特格爾聽從車克爾首，病故。搶奪逾貫，並棍布扎布病故。暨誠僉監候待質。聽從哈勒章扣在逃。各搶奪牲畜十匹以上一案。咸十。

王如洤聽從聚衆十人以上在野攔搶一案。咸八。首犯先行正法，入後除筆。

田二娃、王滿娃、高老五、張老五、楊老五、蕭老五聽從結夥十人以上在野攔搶一案。同四首在逃。

楊大五聽從某人聚衆十人以上在野攔搶一案。

王三聽從張六在野攔搶，拒傷黄老九身死，王三幫毆有傷一案。

某人在野攔搶，拒傷某人、某人各平復一案。

ムムム在野攔搶，刃傷事主ムムム平復，並夥犯ムムム拒毆有傷一案。

川匪在野攔搶四人以上，傷人，傷非金刃，傷輕平復。

彭老八糾夥四人在野攔搶，拒傷事主羅舉沅平復一案。咸十一。

路喜入圍打牲，拒傷捕人鳳林身死一案。光三，奉。

標首 竊盜

鄭七十兒偷竊皇史宬殿上金匱銩等物交部審辦一案。同七。比照盜大祀神御物，奉旨改斬候。

張二狗行竊内閣庫儲金龍包袱交部審辦一案。光六，朝。罪名同上。

陸泳源行竊慶成宫内圍屏等物交部審辦一案。同五。偷竊行宫乘輿服物。朝。

魯雨子偷竊綺春園神廟銅佛，計贜逾貫一案。同六，朝。盜内府財物。

存義、喜連行竊大西天殿内金佛，計贜逾貫一案。同七。照内府財物比例不分首、從。存義於奏結後續報病故。

穆騰額秀、崑鈺來、惠淋、松凌等聽從得蘊偷盜内庫銀兩許贜一千兩以上一案。同八，朝。盜内府其餘財物，得蘊奉旨正法。

崇淇監守盜銀器庫金盤等件，計贜一千兩以上，交慎刑部審辦一案。同九，朝。

常受偷竊保和殿槅扇上銅葉一案。

趙二傻盜砍西陵紅椿内回朝樹株一案。同十。

張長根行竊餉銀一百兩以上一案。同九。

船户陸碌發盜賣漕糧六百石以上一案。同九。

花户薛起詳、孔汰偷糧倉糧各數在一千兩以上一案。咸七。

王世溁行竊庫銀一百兩以上一案。咸八。

王二棠行竊部分布官票，計贜一百兩以上一案。咸八。

某人盜賣引監，計贜逾貫一案。舊式。

王香糾竊衙署銀兩逾貫一案。同六。

陳瑞山偷竊衙署銀兩逾貫一案。同十。獨竊。

晏九糾竊衙署服物，計贜逾貫一案。咸八。

孟海三盜賣王倡白蠟，計贜逾貫一案。船户。

李憘仔行竊華春榮銀兩逾貫一案。光六。

王六糾竊邵長齡家銀物，計贜逾貫一案。光九。「家」字或有或無，似可删。

陳阿四行竊沈思典貨，計贜逾貫一案。咸三。

厶厶厶糾竊俞氏家衣物，計贜逾貫一案。

舊式事主名上留「事主」二字，近年多删。

「家」字或有或無，舊式，近式均不劃一，或云事主係婦女方用「家」字，其説亦通。

厶厶厶行竊厶厶當鋪首飾，計贜逾貫一案。

厶厶厶、厶厶厶各自起意糾竊嚴高等家衣物，計贜逾貫一案。

趙廿六糾竊胡維符衣物，計贜逾貫，並孫四行竊三犯，贜逾五十兩一案。

劉二小行竊二犯，贜逾五十兩一案。

吴長糾竊薛正卿銀物，計贜逾貫，並王心業臨時盜所拒捕刃傷薛正卿平復一案。同十。王心業另册辦理。

童泳得糾竊謙和號衣物，計贜逾貫，並龐三、洛管行竊護贜，拒捕刃傷事主劉桂成平復一案。同十。龐三、洛管另擬情實。

王一行竊楊恒玉布匹，計贜逾貫一案。同七，朝。

何沅糾竊陶喜等銀物，計贜逾貫，並拒捕刃傷事主龐美芝平復一案。同六。從一科斷。

郭學六用藥迷竊未得財一案。同七。

厶厶厶掉竊厶厶厶銀兩逾貫一案。

厶厶厶丢包誆竊厶厶厶等銀兩計贜逾貫一案。

免死盜犯向雙嬉在配行竊，犯該徒罪以上一案。

黄亞得行竊拒捕刃傷小功叔母游氏平復一案。光九。

楊二海偷打圍場牲畜，槍傷捕人文喜平復一案。

孫大犯罪，致捕人馬文寬落河身死，交部審辦一案。光六，朝。行竊糧船粗米，被獲挣逃，同跌落河。

趙二行竊拒捕刃傷事主周文志等平復，交部審辦一案。同七，朝。

吕壞四行竊拒捕槍傷事主楊猪平復一案。光六。

王得有行竊拒捕事主過洪遠身死一案。光六。

李如得行竊拒傷捕人郝進義身死一案。光六。死係雇工。鄰佑亦稱「捕人」、「更夫」、「事主弟子」。

王小七、張小臭聽從行竊拒傷事主張氏身死，均幫毆扎傷以上一案。光六。首犯未題前病故。

鐘萬和行竊拒傷事主吴懷應身死，楊唧仔幫毆刃傷一案。光六。

李五行竊拒捕刃傷事主劉俊海等平復一案。光六。

張棚城行竊臨時盜所拒捕刃傷事主於泳平復一案。光六。

劉燦然拒傷捕人王馬身死一案。光六，盜田野菜果。

張四升犯罪拒傷捕人鄭六身死一案。光六。盜田野谷麥。

宋九犯罪拒傷捕人王魁捕役成篤一案。光六。

盧禿仔行竊拒傷事主張懷義成廢一案。光十一。

龐三、洛管行竊護賊，拒捕刃傷事主劉桂成平復，並董泳得糾竊謙和號銀物，計贜逾貫一案。光十。

劉麻仔聽從王熱鬧臨時盜所拒傷事主吴玉畛身死，劉麻仔幫毆刃傷一案。同七。首正法。

王心業行竊臨時盜所拒捕刃傷事主薛正卿平復，並吴長糾竊計贜逾貫一案。同十。吴長另册留養。

雷泮聽從行竊臨時盜所，拒傷事主陳其祥身死，幫毆刃傷一案。同四。首病故。

韋大肚仔糾竊拒捕刃傷事主周成書等平復一案。同八。

趙小二行竊拒傷事主李盛武平復，並楊小五行竊拒傷事主李光貴身死一案。同六。楊小五續報病故。

劉二喜行竊拒捕槍傷事主張青宜身死一案。同八。

吴占魁行竊謀殺事主青自孝身死，吴東娃下手加功一案。同六。事後。

謝喜狗行竊，聽從藍遇輸臨時護贜，謀殺事主汪氏身死，下手加功一案。同十一。首奉旨正法。

寇狼聽從王得應等行竊謀殺事主王氏身死，幫同拉勒一案。同八。首病故，「王得應等」四字可删。

滕全遇、錢大舜行竊拒傷事主周啓智、陳九沅各身死一案。同八。各拒各捕。

張牙兒行竊，棄贜逃走被獲，拒傷捕人江苟倪身死一案。同八。

王歪仔行竊，臨時獲贜，拒捕刃傷事主毛鳳顯等平復一案。同九。

陳阿金行竊，將捕人俞富保推入河内身死一案。

ムムム行竊拒捕刃傷事主ムムム，並戳傷ムムム各身死一案。

ムムム行竊護贜，拒傷事主ムムム，毆至骨折成廢一案。

ムムム行竊拒傷事主ムムム身死，並ムムム幫毆刃傷一案。

崔化、羅鍋夥同謝澄等行竊，聽從姜七拒傷捕人某人身死，崔化、羅鍋幫同下手一案。

馬四友行竊拒傷事主韓洛俊抽風身死一案。光九。

劉丙寅行竊，聽從陳甜臨時盗所謀殺事主陳氏身死，幫同下手一案。光九。

王麻子行竊拒傷事主張大身死，並譚從娃先將張大拒捕刃傷一案。

謝蕓行竊拒傷事主周伸成廢，並刃傷佘氏平復一案。

馮禮糾竊木石，拒傷事主陳桂身死一案。

鄒强行竊拒傷事主俞侗，並賈璆行竊臨時盗所拒傷事主蔣耿各身死一案。

ムムム行竊被獲，割衿圖脱，誤傷事主二人平復，因禁越獄脱逃，旋即拏獲一案。

曾照暹夥同李道慍行竊拒傷事主黃河幅，並遺火燒傷何氏各身死，曾照暹幫毆黃河幅刃傷一案。光十三。江西。李道慍正法。

華狗禍行竊刃傷事主薛氏平復，並趙春澐臨時盗所拒傷吴汶身死一案。光三。

劉九兒行竊拒傷事主陳佺五，致令自縊身死一案。同十二。

楊三行竊，遺火燒傷事主魯復禮身死一案。光十二。

程桀行竊，遺火燒傷中主雇工鄒阿多身死一案。

王莘民行竊，遺火延燒致傷事主之妻馬氏身死一案。
遺犯李亮脱逃行竊，遺火燒傷事主吴菁汰身死一案。光十。
姚臧行竊拒傷事主武立堂骨折一案。咸十。
儲滚仔行竊拒傷事主儲泳倡身死，並王三題準授免。各自拒捕，先將儲泳倡刃傷一案。咸二。
蕭老幺聽從楊開洤立泱行竊，臨時盜所拒傷事主尹城淋身死，幫毆折傷以上一案。光十五，陜。
某人行竊，强姦某氏未成一案。
ムムム行竊鄭氏家銀物，並强姦未成一案。
張三仔行竊拒傷事主李保平至折傷以上一案。光十五。
柏錦妮糾竊馬二十匹以上一案。
遂瑪特厄雅斯糾竊事主烏阿馬十匹以上一案。
保兒聽從烏爾滚塔拉偷竊牲畜三十匹以上，並忠奈聚衆十人以上奪犯傷差一案。
ムムム等擄捉關禁，致令尤薔兒病斃一案。
ムムム擄捉ムムム關禁，致令病斃一案。

標首 搶奪婦女

張勞九聽從搶奪袁氏已成一案。光十。舊式「搶奪」作「夥搶」，或用「聚衆夥搶」四字。王虎、李澧兆聽從田泳勝搶奪任氏已成一案。光十。首犯於具題後正法。此條與上一條似亦應有「聚衆」二字，然舊式亦有不用。
阿克東、阿瑪哈薩特聽從聚衆搶奪業什勒已成一案。光十一。首犯病故。
劉愛滢並劉前滢聽從聚衆搶奪朱女等已成一案。光十一。首犯在逃，劉前滢於具題後逢恩减軍，入前除筆。
劉泳茂搶奪幼女杜辰嫚等已成一案。光十一。非夥衆。
黄四聽從搶奪遺事行婦女王春妹等已成一案。同九。首犯病故。
沈市名、張梁柴並李大面子聽從聚衆搶奪熊氏已成一案。同十。首犯病故，入後除筆，戳屍梟示，綸音亦有名。李大機子擬入情實，另册辦理，入前除筆。

謝花潰聽從張白小聚衆夥搶吳氏已成，並張白小拒傷吳氏身死一案。同十。首犯於具題後正法。

張長娃聽從搶奪婦女已成，並範南娃、謙有城聽從行劫得財一案。咸十一。首犯於具題前恭請王命正法，婦女似應作惠氏。

張洛墜等糾衆搶奪路行婦女未成一案。咸十一。「等」字應删。此案原題稱「黄土楷送眷屬」，又稱「車上婦女」，並無姓氏，標首只好不點。

趙雙城强搶劉氏未成，致令投井身死一案。同六。

ムムム糾搶ム氏未成一案。

吳洛潆並李洛蒓聽從夥搶路行婦女劉氏已成一案。光九。李洛蒓另册留養。

陳得均糾搶興購婦女張氏等已成一案。光九。

呂象糾搶居喪嫁娶之女已成一案。

周喜强奪春姐姦占爲妻一案。同六。

ムムム聽從夥搶婦女，拒傷鄧氏身死，幫毆成傷一案。

史大防聽從强搶章氏已成，致令自戕身死一案。

李亞幅、李社土聽從夥搶爲沈姓幼女、幼童已成一案。光六，廣東。首犯先正法。

詹自寬搶賣妻弟婦陳氏，致令自刎身死一案。同十一。

ムムム强奪ム氏配伊弟ムムム爲妻一案。

ムムム搶奪留住尼僧賣與人爲妻一案。

繆橈源誘拐雇氏已成一案。光十。

宗復淋誘拐葛大女仔等已成一案。光十。二人。舊式不用「已成」二字。

泳氏誘拐覺羅女妞兒一案。同六，朝。

劉氏誘拐幼女順姐一案。同六，朝。

周添淋誘拐幼女小蕙、幼孩賈八娃等一案。

丁三誘賣紅凝出境一案。

厶厶厶因略賣毆傷小七身死一案。

程俚略誘朱翠妮推跌落河身死一案。

余水玉誘拐拒傷捕人蔡坤開身死一案。道卅。

標首發冢

椿二並何大、陳四、陳五三犯另擬緩。聽從劉鎖兒、陳二二犯遵旨正法。發冢，開棺見屍，交部審辦一案。同七，朝。

謝三及李三病故。聽從律詳遵旨正法。發冢，開棺見屍，並趙四、劉七、現犯。姜三兒、另擬緩決。姜四兒病故。聽從李六遵旨正法。發冢，鑿棺抽竊，交部審辦一案。同七，朝。

趙六兒並趙泉兒、陳三聽從趙七兒發掘趙七兒家長墳，開棺見屍，交部審辦一案。同七，朝。趙七兒正法，趙泉兒、陳三病故。

杜幅並李三病故。聽從李二遵旨正法。發冢，開棺見屍一案。同七，朝。

李黑仔聽從王三遵旨正法。發冢，鑿棺抽竊，交部審辦一案。同七，朝。

薛十並楊六兒、胡思另擬緩。聽從發掘墳冢，鑿棺抽竊一案。同七，朝。首病故。

石二憘、王十二聽從發冢鑿棺抽竊一案。同七，朝。首病故。

謝舜兒聽從王十兒遵旨正法。發冢，開棺見屍，交部審辦一案。光十二，朝。

修大、劉二並免死軍犯何大遵旨正法。聽從發掘莊姓等墳冢，鑿棺抽竊，交部審辦一案。光十二，朝。

張二、張七、祁伏兒、閻狗兒聽從發掘趙氏等墳冢，開棺見屍，交部審辦一案。光十二，朝。首在逃。

劉四聽從發掘城幅等墳冢，開棺見屍一案。光六。

「見屍」之下，近式或加「剥取衣物」四字，或加「竊取衣飾」四字，見系幫同下手，應入情實之犯，新章開棺見屍之案，爲從不分下手、瞭望、人數，一概入實，可不必用此等字樣矣。

魏潤城聽從宋義遵旨正法。發掘趙氏等墳冢，開棺見屍一案。光六。

李椿會聽從發掘喬姓等墳冢，鑿棺抽竊一案。光六。

宋老虎聽從發掘小功伯母劉氏墳冢，鑿棺抽竊一案。光六。首在逃。

邱朋久聽從發掘小功叔母田氏墳冢，開棺見屍一案。光六。首病故。

ムムム發掘ムムム墳冢，割取屍頭詭詐一案。

劉剋指稱旱魃，發掘袁九墳冢，開棺毀屍一案。

ムムム聽從發冢，拒傷捕人ムムム身死一案。

標首 誣詐

門丁ムムム詐贓，致ムムム等殺害本官ムムム身死一案。

門丁ムムム詐贓逾貫一案。

蠹役詐贓。

長隨蔣儉嚇詐得財，計贓一百二十兩一案。咸三。

差役陳車向黃兆富嚇詐，致令自縊身死一案。同九。

史憘恐嚇索詐，計贓逾貫，並安有與家長期親之妻通姦一案。光十。門丁索詐依蠹役擬絞。

差役ムムム嚇詐ムムム錢物，致令服毒身死一案。

差人温進德嚇詐拷打，致傷黃允昌身死一案。

差役張豐嚇詐，扎傷褚二身死一案。

白役ムムム詐贓，致被詐之ムムム自縊身死一案。

兵丁楊從寬嚇詐錢文，致被詐之温氏投河身死一案。

假差嚇詐。

趙茂巴串役陷害趙蓬航愁急服毒身死一案。光六。

串役詐騙。

楊中假差嚇詐，致令盧椿隆投崖身死一案。光十。

自勒自戕。

王譜堪假差嚇詐，致被詐之黃氏自縊身死一案。光六。

齊汶發假差嚇詐，槍傷被詐之姚晋住身死一案。光六。

某人假差嚇詐，毆傷某人身死一案。

李八十等假差嚇詐，拷打張財身死一案。

姜球假差向徐椿隴嚇詐，致令失足落水身死一案。

ムムム假差誣竊，鎖拏鐘泉拷打，搶奪逾貫一案。

孫逢春假差誣竊，鎖拏李占拷打身死一案。

ムムム聽從假差嚇詐，拒傷捕人ムムム身死一案。

沈庭照私押拐犯蕭證信索詐，致令服毒身死一案。光六。

余蕣假差嚇詐，拉傷葉辛酉身死一案。光十五。

誣良爲竊。

程萬誣竊嚇詐，被詐之夏添喜自縊身死一案。同五。

劉泳涹誣竊拷打，致傷李喜萌、夏洛四各身死一案。光六。

劉泳沅誣竊捆縛，致於新剛墜繩身死一案。同六。

ムムム誣指窩竊嚇詐，致林蕓自縊身死一案。

ムムム誣指ムムム爲盜，拷打副認，致令自縊身死一案。

周怔喜向賊犯陳式訓拷打嚇詐，致令氣閉身死一案。光九。比依捕役私行拷打照誣盜例。

張淙五誣竊拷打白得善身死一案。咸十。

誣告。

富通誣告金溶，致令服毒身死，並聲明親老丁單一案。光八、吉林案，故有聲明句。

陳百川誣告周果富，致令在押身死一案。光九。

賈氏因誣告，致伊夫屍遭蒸檢一案。同十一。

胡心田誣告葉開甲等叛逆未決一案。咸八。

劉克常挾仇誣告，致劉氏長姑屍遭蒸檢一案。咸元。劉克常係長姑無服族叔祖。

王幅受誣告何氏，致令在監因病身死一案。光十五，貴。

刁徒誣詐。

閻嶺平空訛詐，致馬金甲自縊身死一案。光十。敬汶見平空訛詐，致被詐之敬潮閑投河身死一案。光十二。自刎、溺水、服毒。

齊萬財因訛詐致傷安泳潰身死一案。光六。「因」字不如改「平空」二字。

葛進誣姦訛詐，致被詐之王椿、景氏各自縊身死一案。同六。

惡棍詐財，照光棍爲從。

王五六、張鈺山、韓四聽糾結夥持械叠次威嚇事主得贓一案。同七，朝。

黄寛聽從索詐，謀勒王付身死一案。同六。

宋瀧狗、蕭明中、孫泳犇等聽從嚇詐，拒捕殺差，並余老八聽從謀殺王心安身死，下手加功一案。咸八。首先行正法，余老八奉旨正法。

馬良議叙未入流。得受枉法贓一百二十兩以上一案。同五。照無禄人。

孫有受財故縱罪囚，得受枉法贓一百二十兩一案。咸元。

厶厶厶侵吞官號票本，數在一千兩以上一案。

盗用印信。

余化鵬詐爲部文，誆騙得贓一案。同五，朝。

僞造印信。

劉坤聽從雕刻關防印信，誆騙多贜一案。光六。

周滐私雕假印，誆騙錢文，數致十千以上一案。同四。

王學南私雕假印，誆騙財物，數至十兩以上一案。同四。

馬鞍兒僞造印信，誆騙財物，數在十兩以上，交部審辦一案。同八。朝。

余亞濤僞造欽給關防，誆騙得贓一案。光十。

私鑄。

胡棕海、愛依提、木薩等私造大錢一案。咸八。

ㄙㄙㄙ私鑄大錢，並門丁ㄙㄙㄙ詐贓逾貫一案。

詐假官。

唐瀧洸假冒死職官一案。同六。

廖澤棠僞造關防，詐爲假官及假與人官一案。咸十。

萬罄培假冒死官職，犯該流罪一案。同十二。

楊洛川假官詆騙得贓，犯該軍流一案。又。

張長均捏造匿名揭帖，誣陷李世一一案。光九。

標首 放火

龔幺老者挾讎放火，燒毀韓氏房屋一案。咸元。

余倡西並江黄牛遵旨正法。聽從放火燒船，致嚴仁桂、張大椿落河身死，江黄牛越獄脱逃被獲一案。同九。首先行正法。

麻順挾讎糾衆放火，燒毀房屋未傷人一案。咸九。

陸亞潮謀財放火尚未延燒一案。光六。

ㄙㄙㄙ聽從放火燒房，致袁九兒被戳身死一案。

城鈺失火延燒武英殿一案。同九。

太監禹得罄失火延燒宫闕一案。咸八。

標首 各項拒捕

席小犯罪，拒傷捕人李薪芳身死一案。光六。搶奪婦女。

宋九犯罪，拒傷捕人王魁成篤一案。光六。竊匪，扎瞎兩目。

柏傳之興販私鹽，拒傷捕人馮萌信身死一案。光六。

吕洛聚衆興販私鹽，槍傷捕人段詳平復一案。光十二。

焦狗仔犯罪，拒傷捕人胡二成廢一案。光十二。挾嫌放火。

雇耳汰等興販私鹽，拒傷外委嚴綵身死，劉炎聽從下手一案。

馮仔竊放田水，拒傷孔金身死一案。

陳得華糾夥十人以上興販私鹽，拒傷兵丁劉永安落河身死，並陳東春聽從下手，拒傷兵丁陳天表平復一案。

張彪、李海、王七聽從於沖霄結捻訛借，抗官拒捕，銃傷鄉勇趙得勝等平復一案。

董聲沅、何揚聽糾拒捕，並未毆官，汪仁芬聽從借事罷考，並趙順年假□聚衆毆官，高丕訓、胡阿四、鄭金得同謀聚衆下手毆官一案。

郭步云犯罪，主使拒傷捕人巴彦多爾滲身死一案。同六。

沈幅受圖騙拒捕，推跌唐氏落河被淹身死一案。咸元。

標首 越獄

杜虧甲等共毆劉連甲身死，越獄脱逃被獲一案。光十。

佟占魁聽從結夥反獄，脱逃被獲一案。光六。首在逃。

齊興聽從陶幅功糾邀赴崔守信家尋毆泄忿，乘空搶得財物，捆人勒贖，復犯反獄，脱逃被獲一年。光六。標首太長，此與佟占魁系一時反獄，分案辦理，似亦可用前式。

流犯楊發沅糾同免死盗犯張二、余人潰二犯遵旨正法。越獄脱逃被獲一案。光六。

吹木巴勒車得恩搶奪逾貫，復越獄脱逃被獲，達什哲克伯受賄縱放一案。光六。

絞犯趙潲、郝灜泳聽糾三人以上越獄脱逃被獲，並絞犯郝黑頭投首遵旨援免。一案。光十。

緩決斬犯張世沅越獄脱逃被獲一案。同十一。

拉什多爾滲行竊色伯克銀物，計贓逾貫，復聽從越獄脱逃被獲一案。同七。

吴禿仔聽從結夥持械搶奪，拒傷事主李純右平復，被糾反獄，守法未動一案。光二。

遣犯唐漢紅越獄脱逃被獲一案。同八。

軍犯崔氏越獄脱逃被獲一案。同六。

流犯趙三越獄脱逃被獲，並何良子、張二、草鷄俱遵旨正法。聽從結夥反獄，拒傷禁卒魏幅沅身死一案。同九。

流犯劉大三並斬犯李長令、絞犯閻得均遵旨正法。糾夥越獄脱逃被獲一案。同八。

戴升導等聽從盧奇倫結夥反獄，拒傷官役，戴升導隨同助勢，趙根木乘機脱監一案。

黄詳有等聽從黄八牛夥同丁兆舟、孟漳彬、傅寅反獄，傷官拒捕殺人，黄詳有、蔣緒周、傅阿耀、傅林書、洪厶星隨同助勢，並傅升、賀增式、錢青勉乘機脱監一案。

熊和尚聽從糾衆劫囚在場助勢一案。

軍犯趙得、流犯李小保子並斬犯張廣東、免死遣犯閻泳盛均聽從越獄脱逃被獲一案。

王鐵杆謀殺王到友身死，脱逃二年後被獲一案。光六。

劉汶湘叠竊擬軍，越獄脱逃被獲一案。

軍犯王瞎商同絞犯尹四越獄脱逃被獲一案。

遣犯竇金詳在配脱逃，復犯遣罪一案。光九。

楊二代斬犯通信，致令越獄脱逃，並陳東行劫，入室搜贓一案。

軍犯吴木仔聽從軍犯鄭禮與絞犯王厶厶等越獄同逃一案。

吴瀫荃糾毆李萬庫身死，復聽從結夥反獄，同逃被獲一案。光三。

絞犯楊長林解審，中途脱逃被獲一案。光六。

朱泳升扎傷盧廣盛身死，解審中途脱逃被獲一案。同十一。

周溁戳傷毛洛六身死，解審發回，中途脱逃被獲一案。同四。

緩決絞犯徐發在監因變逸出被獲一案。同八。

劉書田謀殺周維揚身死，在監因變逸出被獲一案。同五。
滑喜聽從謀殺金牛身死，下手加功，在監因變逸出被獲一案。同四。
軍犯饒潤生糾夥越獄脱逃，被獲後復因變逸出拏獲一案。同元。
都司馬仲篪負罪脱逃被獲一案。

標首 投首

劉得行行竊拒傷事主楊源潰身死，自行投首一案。
楊合城行竊拒傷事主張發榮身死，經伊父帶同投首一案。
厶厶厶圖財謀殺厶厶厶身死，經伊父帶同投首一案。
張幅兒聽從圖財謀殺穆處兒身死，下手加功，已得財，聞拏投首一案。光六。
侯立行竊拒捕，致傷事主王大身死，經伊兄帶同投首一案。同四。
厶厶厶行劫拒傷事主厶厶厶平復，聞拏投首，並厶厶厶入室搜贜一案。
白起發行竊拒傷事主方氏身死，聞拏投首一案。光六。
李舟等共毆龐二胖身死，脱監後自行投首一案。咸十。

〔**標首**〕

陳棕器聽從白洤聚衆四、五十人挾制官長一案。同九。白洤遵旨正法。
張萬金並張萬潰、劉滿庫病故。聽從聚衆抗運兵米滋鬧一案。同元。
王高照、王吉俚、吴象俚、宋雙喜、張加詳、俞響明聽從聚衆閧堂塞署毆官，並艾菊城遵旨正法。同謀聚衆轉相糾約一案。同九。
嚴澱臣聽從聚衆閧鬧屍場，致令本管官袁葉茂自盡一案。光十一。首在逃。
姜心友並王勝沅續報脱逃。聽從郭大友遵旨正法。聚衆挾制官長一案。咸八。

董聲沅、何揚聽糾拒捕，並未毆官，汪仁芬聽從借事罷考，並趙順年假公聚衆毆官，高丕訓、胡阿四、鄭金得同謀聚衆下手毆官一案。舊式。

ムムム聽從ムムム等聚衆鬨堂，毆傷本管知縣、教官各平復，並ムムム行竊衙署，計贜逾貫一案。

刁民假地方公事，强行出頭，逼勒平民約會抗糧，聚衆至四五十人。約會抗糧照光棍例。

許春丕、劉小、高密聽從聚衆領銀，挾制官長一案。咸八，山東。

ムムム起意聚衆索餉傷差一案。

左幫彦聽從左秉彝遵旨正法。糾衆求減地丁銀價，聚至四、五十人一案。咸十，陝。

惠枝聽從路愛均已杖斃，首犯。等從二人，已格斃。聚衆斂錢滋事一案。咸十。

ムムム聽從聚衆十人以上，並ムムム正犯。約會抗糧毆官一案。

張獅之聽從夥衆逼協罷市，喧鬧公堂一案。咸十。

彭添保、沈三順聽從倪錫淋、陸三二犯遵旨正法。聚衆抗糧，並陸效忠遵旨正法。聽從拒捕，毆傷端沅昭身死，下手傷重一案。咸元。浙。

吴錦河聽糾聚衆鬨堂，擲石助勢，並吴培生下手毆官一案。咸元，浙。

張老三、劉石匠、羅有友聽從鄧明遠遵旨正法。糾衆罷市，喧鬧公堂一案。咸元，川。

秋讞須知　卷四

案身　案尾

案身

案身照稿謄寫，書吏不得私自增删一字。遇有欽奉諭旨，尤應恭録無遺。本司承辦之員逐字詳核，先對原稿、科抄、屍格，俟胸有定見之後，然後用藍筆勾抹，只可删去繁冗字句，不可節去傷痕情節，各出己見，妥撰看語，注明實、緩、矜、留，總辦各員再加細核。如司中所删或不合定式，或文理不順，用墨筆尖出，呈堂酌定事宜。

凡直名處，兇手用雙直，死者用單直，餘人概不直名。又。

死者被毆傷痕淺深分寸，書明紙眉，應詳對稿揭、屍格，除跌、磕、碰、擦各務毋庸具載外，將兇手毆、戳、砍、剁之傷逐細開明，毋得遺漏。其謀、故等案及擅殺、戲殺、誤殺、例實、例緩之案，俱無庸開列傷痕。又。

拒姦斃命之案，兇手與死者年歲若干，於起首處叙明。又，在會看下。

一死數傷之案，有非同時所傷而事屬牽連，亦與當場一例點明所毆餘人，並於審供不諱之下點明某某傷經平復。又，如係餘人所毆不點。

緊要情節不得少有遺漏。此外，如犯人之年歲，斬、絞之律牌，督撫之升任、調任、前任、原任，在逃之餘犯有無就獲，有罪之餘人應否出名、出牌，展限之有無處分，身死之登時、逾時、越幾日、越幾十日之處，皆宜畫一，不可一省一樣，參差錯亂。至各案内有參革官員及議處等情，俱應叙入案内，勿致遺漏。又。

情節有關除、查筆者不可删。

起釁曲直，動兇先後，兇犯首從，傷痕多寡，以及部位是否致命，毆砍曾否倒地，俱要分明。

有從前涉訟者，須存控縣、控府斷令云云。即未訊者，亦云控縣驗明，尚未集訊云云。

論年月日。

年月日以動兇釀命之日爲主，因關系保辜限期也。其從前借貸涉訟等事，年月日皆可不留，或以某年某月間渾言之。若案情曲折，頭緒繁多者，則先叙某年月云云，再以「嗣」字、「後」字、「迨後」字詳言之，直至釀命之日，方點明某日云云。至於「清晨」、「晌午」、「三更時分」等字，非有關緊要情節及犯時不知者，一概删去。如疑賊冒姦，黑色擅殺、亂毆等案，仍留「厶更時」等字。謀殺之案，亦有文法，萬不能删者，酌用「是夜」二字。其將滿辜限者，則前云「某日某争斗」，後云「至某日某刻殞命」，以扣保辜限期。

論銀錢等物數目。

銀錢、衣物如係死者及兇手該欠數目，或擔認帳目，均不可删。有關計贓科罪者，亦不可删。如係餘人，則只云「某借用錢文未償」，不必點明幾千、幾件、幾畝。幾吊改幾千文。犯父該欠錢文，因此起釁者，數目仍留。

論債欠。

兇手欠死者用「央緩不依」，死者欠兇手用「索欠無償」。債主遇欠者云「厶厶撞遇厶厶，復向催索」，欠者遇債主云「撞遇厶厶，向索前欠」。債主致斃欠者用「屢索無償」，欠人致斃債主止云「無償」，然亦不必拘。如借債還過未清，曰「借用厶錢厶文，還過厶文，餘欠屢索無償」。

論地名。

某與某撞遇不必點地名，但云「某與某途遇」。中途搶奪之案、中余謀殺之案，均不點地名，但云「偕至中余」，或云「在中途等候」。

論人名。

投憑鄉保及經勸走散，不必點人名。結拜案中，某糾邀某等幾人，其姓名不必全叙。凡人名之無關罪名者，可去則去。其有關起釁根因者，即無罪可科，亦應留。

論器械。

斗毆案内動兇刀械，如鐵鍬、鐵鋤、木棍、鐮刀、鍘刀、鐵槍、鳥槍之類，均於初見處點明，下文但云「鍬」、

「鋤」、「棍」、「刀」、「槍」、「鎗」字。糞叉、禾槍均不可删，以其别於兇器也。

刀械上原有「身帶」、「旁放」等字删，但云「取刀」、「取槍」，或云「用刀」、「用槍」等字。惟火器殺人之案，或云「背負裝就火鎗捕獸回歸」，或云「携練團鳥槍赴地看守回歸」，或云「携練團鳥鎗赴山打雀」，或云「携火鎗由地看青轉回」，均不可删。

餘人相毆，刀、槍等字可不全點。如係兇器，例應科兇器傷人者須點。竊盜案某人持某械，某人徒手，須分晰，不可删。

刀槍奪自死者之手，如到手即向砍扎，則云「奪厶厶砍扎傷其某處」，倘奪獲未即動手，則云「將厶厶奪獲」，或云「奪厶厶過手」。

論傷痕。

傷痕部位，兇犯毆死者及死者毆兇犯，並餘人毆傷兇犯及死者，部位全叙，不可遺漏，部尾亦留。至兇犯另傷彼造之人，但云「厶傷厶厶等處」，部位可不全叙。部尾删。死者毆傷此造餘人，部位不叙。部尾同。

餘人或案外人毆傷多者，可改某傷等處。堂簽。

一處二三傷者，曰「砍傷其某處，並連傷某處」。如連傷在先，則曰「連砍傷其某處，並砍傷某處」。眉上不列傷痕之案，則可不必。又。近來删去「並」字，句法太秃。又。

病故及逃兇致斃之人，均不叙傷痕部位。又。

餘人連傷，亦應點明。又。

餘人互毆者，以某某與某某互毆受傷一二語括之，不點部位，部尾同。亦不用「其」字、「伊」字。

一處數傷者，曰「連砍」、「連扎」、「連毆」，原文有「兩下」、「數下」等字删。若一處一傷，原文有「連」字亦删。

重叠傷曰「叠毆」、「叠砍」。

部位相連者，如「左耳根連腮頰」，下「左」字删。「右脚面連脚趾」，下「右」字删。須檢原揭，傷痕相連者方用「連」字，否則删。

左右手指曰「左手指」、「右手指」，不用「大指」、「食指」、「小指」等字。左右太陽不用「穴」字。左右膝不用「蓋」字。左血盆骨不用「骨」字，左右眉不用「叢」字。

偏左、偏右係頭頂部位，他處用「偏左」、「偏右」等字删，其餘「近左」、「近右」、「近上」、「近下」等字俱删。

「透膜」、「透内」、「骨損」、「骨折」、「筋斷」等字删，惟有關保辜者，於查筆内點「骨損」、「筋斷」等字。後尾應留「骨損」等字。

「由浮皮透過」字留，凡由某處透過某處俱留。深入某處亦留。

咽喉爲要害，食、氣、嗓俱斷爲奇重，食、氣、嗓一處斷或俱損者曰綦重，由肚腹透過脊背、背膂亦曰奇重。由前透後曰洞胸，由左透右曰貫肋。

亂毆不知先後、輕重者，總點致傷其某某處。尾同。

械斗案正兇、餘人外，有他人共毆者，只叙「惟時某某用厶將某某毆傷，某某等亦各互毆成傷」。

碰傷、磕傷、擦傷、踸傷部位均留。尾删，如死由跌踸者酌留。

推跌磕碰致死者，眉上仍留傷痕。尾亦點明已有争斗情形，加以出語。

致命傷歌曰：「仰面傷痕十六方，頂心左偏右。右偏右。顖斗當；額顱額角頭看畢，耳竅咽喉並太陽；兩乳胸膛心肚腹，臍肚兩肋穴須詳；腎囊有看雙與獨，婦女産門恐有傷」。「合面傷痕亦有六，腦後耳根不可忽；脊背脊膂須詳慎，後肋右左腰眼相連屬；至於肩甲與血盆，腋胑有傷死亦速；除此皆非致命傷，二十二傷可更僕」。肩甲、血盆、腋胑三處雖不在致命之列，然内通筋膜，傷之亦必速死，故並記之。眉叢、兩肋、發際亦同。

雜論。

「趕攏」、「閃避」、「逃逸」、「信口」、「彎身」、「松手」等字均可删，然案係誤殺，則「閃避」字應留。上文有揪扭不放情形，則「松手」字應留。棄屍、賊盗等案，則「逃逸」字應留，亦不可泥。「轉身」字酌留。

「情急嚇戳」、「收手不及」等不可删，「閃至某人身後」不删。

「撲向」、「抓扭」、「斥説」、「騙賴」等句不可輕改原文。故殺案「辱及祖先」、「牽及父母」及「傷痊報復」、「殺害控究」等句均不宜删。

起意致死「滅口」、「洩忿」、「除患」暨起意「致成殘廢」，並主使案内「鬧事有伊承當」，殺死親夫姦婦不知情案中「嚇禁聲張」、「畏懼隱忍」等句，均不可刪。

誘拐案「嚇禁」及「毆傷子女」不可刪。如有傷，須查供及驗過否。

爭山爭地細事酌刪。有關起釁根因者不可刪。

事後毀棄屍身、移屍誣詐、攫取財物、賄和匿報、假裝縊溺、畏累隱忍等項情節，均不可刪。

兇手用「伊」字，死者用「其」字，餘人不得混用，致涉淆亂。

相驗不實、失察賭博、失察竹銃各項處分，均入除筆内。凡處分先經咨參及隨案失察職名，均不可刪。

議叙職名不叙。提解遲延職名刪。

竊拒案内「告知拒捕情由」，擅殺案内「自認行竊」、「圖姦屬實」等句，不可刪。

兇手另傷之人有成殘廢者，於不諱下叙明某某已成篤疾。如兇犯殺後，被彼造致成殘篤，亦點明。

帶傷、劃傷不必尖點。劃傷深者算一傷，淺者不算帶傷亦如此，五指五傷算一傷。

和命擬徒人犯及地保有關除筆者，酌存一二，不必全裝。

點身死處，如一案多命，不用「先後身死」，必須聲明「某當即身死」、「某至厶日殞命」。晌午至夜以「移時」、「逾時」概之，近例至夜用「逾時」，餘悉用「移時」。尾用「次日」、「越幾日」。

相驗錯誤，遺漏傷痕，復經檢驗者須留。

行竊三犯之案，詳叙二案，向擬某罪，或遇赦，或保釋，均不可刪。部尾只叙二次行竊犯案，臂面俱刺。

同案賊犯有究出另案，不必全叙，只於報勘獲犯之下總叙「並究出某人另犯行竊幾次，夥竊一次，某人另犯糾搶幾次等情，供認不諱。」

先犯斗殺或先犯擅殺，凡係兩犯之案，案身部尾聲明照某律某例擬斬、擬絞，必須點出律例牌名，有關實緩也。

兩犯斗殺例實，有一擅殺可緩。

兇犯係當時被人拏獲，須叙人。

寺廟名可去者去，曰該處廟内，或曰該村廟中，或曰村寺，或曰附近庵内。

案身 服制

誤傷期親叔母。

李世城情急用脚嚇踢，李世詳閃避，適樊氏從李世詳身後趨護，李世城收脚不及，誤傷其下部倒地，擦傷肚腹，移時殞命。

誤傷胞叔。

梁鶴山舉木棍向毆，梁正簡用户手搪抵，不期用力過猛，致將棍格回，誤傷其額顱倒地，磕傷偏左云云。

致傷小功兄。

楊四十崽將刀奪獲，未及撩棄，楊冬苟崽猛向撲奪，楊四十崽收手不及，致刀尖戳傷其右肋倒地。

致傷大功兄。

雷相櫝跑走，雷相俊追至墻邊，雷相櫝無可退避，轉身求饒，雷相俊用刀撲砍，雷相櫝情急用手搪抵，不期將刀格轉，適傷其左血盆倒地。

姚遠瑞用手搭住姚遠柏咽喉，推靠墻壁，舉斧砍毆，姚大舫趕攏拉勸，代爲求饒，姚遠瑞不肯放手，舉斧向毆。姚大舫見父被搭，面紅氣塞，喊不出聲，慮被搭斃，情切救護，用手抵格斧柄，不期將斧格轉，適傷其項心，松手倒地。

致傷小功兄。

蔣仔隴拾石擲毆，蔣仔輝情急用手擋格，不期石塊格轉，適傷其云云。

致傷小功叔。

彭祖瑞追及，用矛柄亂毆，彭鈺城情急接住矛柄求饒，彭祖瑞用力拉奪，彭鈺城松手，不期彭祖瑞奪回勢猛，致矛尖戳傷云云。

致傷小功叔。

劉瀊江追至門口，拾瓦罐擲毆，劉桂興情急用手抵格，不期力猛，將罐擊回，致誤碰傷其云云。

致傷胞兄。

蕭聯官用手搯住謝氏咽喉，蕭聯家拉勸不開，見謝氏面紅氣喘，情急救護，拾刀嚇戳，適傷云云。

毆傷胞叔。

高育民拾棍遞給高開梆喝令幫毆，高開梆代爲求饒，高育民嚇稱，如不幫毆，定行處死。高開梆被逼無奈，接棍毆傷高汰澐左血盆，棄棍跑走，高汰澐向高育民拚命，高育民情急拾斧砍傷云云。

致傷大功兄

戴紹美云云，並拾鐵扒撲毆，戴紹葆因身靠屋壁，情急用手抵格，不期將扒碰回，適傷云云。

致傷大功兄

樊淮芝將周氏推跌倒地，舉拳欲毆，樊淮銀情急救護，拾木棍抵格，致傷其云云。

誤傷胞兄。

莫金養取鐵槍向毆，譚洸預枯槍嚇戳，莫金養閃避，時譚光榮攏勸，正在莫金養身後站立，譚光預收手不及，致誤戳傷譚光榮右乳倒地云云。

陳氏拉挑不放，梁不大弟雙手拉奪，陳氏仍不松手。梁不大弟用力向後一拉，不期梁水旺轉回，走進屋内，閃避不及，梁不大弟用力過猛，陳氏松手，致挑頭點傷梁水旺肚腹，連梁不大弟一並倒地。梁不大弟起身，見梁水旺用手按住肚腹喊疼，知係受傷，携挑跑走，梁水旺逾時殞命，報驗獲犯云云。

李炎申手執尖刀，騎坐凳上削瓜，李維壹扭住發辮拳毆，李炎申起身掙扎圖脱，不期李維壹用力過猛，李炎申站立不穩，被凳絆跌倒地，連李維壹帶跌，撲壓身上，李申炎所執尖刀收手不及，至戳傷李維壹左骽云云。

致傷大功兄。

金菜茹情急用鐵鍤抵格，不期余鑒向撲勢猛，余菜茹收手不及，適傷其云云。

夫。

唐繼先聲言，不服管教須送回母家，即將王氏拉至門者，王氏不肯出門，扳住門枋用力掙脱，致唐繼先站立不穩，閃跌階下，被磚塊磕傷云云。

誤傷胞兄。

蔡秋萌奪刀過手，往門外逃走，蔡大秋追及，一手扭住秋萌發辯，一手執住刀背，用力拉奪，蔡秋萌松手，不期蔡大秋奪回勢猛，致刀尖自行戳傷云云。

大功兄。

母江氣忿，取木狼頭向毆，母皂閃避，適母全從背後出勸，母江收手不及，致誤傷其額顱倒地，磕傷左腮頰，母江撩棄木狼頭上前扶救，母全因跌觸發舊病，痰壅氣閉云云。

案身

彼此田畝毗連山場。

ムムム家田土與ムムム佃種，ムムム田畝毗連。

兩姓嶺地毗連，中有土堆爲界。

ムムム有田在ムムム田坎脚下，向來放水灌田，均由ムムム田内經過。

ムムム有田向引公共堰水灌溉。

ムムム與ムムム夥置渠水灌田，議定輪流澆放。

ム姓有公共墳山「公田」、「公地」，或加「祖遺」二字。在ムムム屋後，蓄有樹株。

喻醖嬉兇雇給族人喻極傳家傭工，喻極傳家田畝與喻願奐死田畝毗連，喻願奐田在上，喻極傳田在下，公共圳水灌溉。

案身失跌

曾細禾撲向毆打，曾罄茫閃避，不期曾細禾失足滑跌落河，經人撈救，業經被溺殞命。

鄭潮淮回向撲毆，不期失足滾跌落河，擦傷左顋頰，經人趕攏撈救，鄭潮淮業已被溺殞命。

詹尚幅情急用手向推，不期吴干勛酒醉，足輙跌倒，致鍋一磕傷腦連頂心，逾時殞命。

楊均昌死扭住路正顯犯胸衣，聲稱役人理論，拉至樓門，路正顯站住不走，楊均昌用力拉扯，不期站立不穩，失足松手，仰跌落地，磕傷腦後，擦傷左肐肘，移時殞命。

水薙情急，用力挣脱，致將唐氏帶跌倒地，㼜傷左肋，並傷胎孕，至十九日殞命。標首致傷，先毆鐵器傷一。

夏氏站立不穩，仰跌倒地，將劉氏帶跌，撲壓身上。劉氏挣扎欲起，致右膝跪傷其臍肚，經人將劉氏拉起，夏氏因跪傷胎，逾時殞命。

朱氏奪棍回毆，張停仙取刀抵砍，傷其左骽，失跌倒地，因跌震動胎孕，旋即墮胎，報驗傷醫，朱氏至初十日殞命。

案身同跌落水，犯經救得生

蔡渁漳扭住路萬沅發辮推走，路過塘邊，路萬沅欲行挣逃，用力將蔡渁漳推跌倒地。蔡渁漳扭辮不放，致路萬沅帶跌蔡渁漳身上，互相挣扎，一同滚跌塘内。蔡渁漳經救得生，路萬沅被溺殞命。

案身未看部位，未辨何人

姚紹玉、段禾林即從屋内一齊放出，不知何人所放鐵銃，轟傷尹石山頭顱倒地，移時隕命。移時隕命。主使銃斃。

撥門入室，適王紀探親未回，王氏王紀之妹。在彼設鋪睡熟，裴鈺瑑走至鋪前，因昏夜不能辨認何人，摸着王氏上身，用刀亂扎。

案身捕賊

瞥見一賊正在偷竊，菘根上前喊捕，賊人棄贜逃逸，古幅州仔兇認係馬得海死。

經人勸歇，未問賊人姓名，賊人至厶厶殞命。

見有二賊，二賊自認行竊得贜，不肯説出姓名，將二賊手足捆縛，擡至寺後，挖坑推入掩埋，均即氣閉殞命。

賊人自稱姓王云云，林得益因其仍不説出名字，用鞭叠毆云云。倒地。

案身疑賊

倒地，經人聞聲趨視，認係薛開廉，當向查問，薛開廉聲稱探親轉回行至廖醪醩屋側，因腹痛蹲地出恭，被冉温娃疑賊戳傷，移時隕命。

余麻仔黑暗中見有一人，辨認不清，查問不答，疑係竊賊，用刀嚇戳，其人呻喚倒地。余麻仔聽係楊開汰聲音，當即住手，經人點燈攏視，楊開汰已被戳傷肚腹，至二十八日殞命。

倒地，經人聞聲取火照看，認係陶樹菁，當向陶亭標問明情由各散，陶樹菁當即殞命。聊亭標起意棄屍滅迹，將屍身拖至小河丟棄，出外躲避，經屍弟查獲屍身，報驗獲犯。

死，疑賊起釁。

張萌杜在坡看守包穀，王汝受路過坡邊，蹲地出恭，張萌杜云云。疑賊喊拏，王汝受起身分辨，張萌杜不依云云。王汝受情急用刀嚇云云。倒地。王汝受携刀逃走。經人聞鬧視，向張萌杜問明情由，查看包穀並未被竊，張萌杜至厶殞命，報驗獲犯。

星光下見一人在地邊行走，張洪發疑賊喊拏，其人稱係袁寅娃，由此路過，斥説不應混疑。

倒地，經鄰人並陳滿乃之父死聞聲趕至，問明情由，陳滿乃至厶日殞命。

劉城仔兇聽係劉丕致死聲音，始知誤戳，與鄰人各自歸家，未敢聲張，劉丕致旋即殞命。

李萌魁聽出聲音住手，經人點燈出看，訊悉情由，黎英法至厶日損命。

案身餘人毆傷餘人

倒地，徐尚才堂叔徐振發携扎搶趕至幫護，被劉蘭奪槍，用柄並用力砍致傷。

邱漬幅等族鄰邱幅居、阮登桂、黃氏趕攏幫護，被柯非沅、林日中、林日茂各用刀槍戳劃致傷。

黃亞羅趕向梁八斗扭毆，被梁亞洗用木棍毆傷。

李杭聞鬧趨護，被羅善舉用刀、羅芒用木棒毆砍致傷。

案身 死有生供

倒地，經何氏燈照看，認係尚小興兒，投知鄉約前往查問，尚小興兒自認行竊屬實，移時殞命。

倒地云云，經人聞鬧點燈趨視，認係曹洪萬，當向查問，曹濟萬自認行竊得贓，被張正隆盧追捕毆傷屬實，張正隆盧被逃跑，用篾索將其兩手捆縛，致捆傷左右手腕，移時殞命。

倒地云云，經人路過查問，許代越自認假差嚇詐余遠松錢文，致被毆傷屬實，移時殞命。

倒地，王痣相之妻邵氏投鄰同往查問，王痣相自認圖姦葉險萌未成，葉險萌等戳毆致傷屬實，移時殞命。男子拒姦。

經人查問，王癸生自認强姦陳氏未成，被王世懷登時毆傷屬實云云。毆死小功兄，九卿定議。

經人聞聲點燈攏視查問，認係彭振聲上文但云賊。並自認獨竊陳開會甘蔗屬實。

經人攏勸查問，賊人稱係羅運至，因行竊石芒家被毆屬實云云。

經劉尚蔥族人劉明聰趨至查問，劉尚蔥自認行竊棉綫，被王洪春事後撞獲毆傷。

陳學煜路遇李昌太云云。盤詰，李昌太自認行竊云云。倒地，經人路過趕攏喝住，問明情由。

經人趨勸查問，馬喜有自認假差誣竊嚇詐屬實。

經人聞鬧喝阻，詢悉情由，將馮銀解下。先捆毆。

經人路過瞥見鄧登祿在地呻喚，查問鄧登祿，自認因捕魚無獲，行竊魚蔞，被劉三潰致傷。

王再舟自認行竊屬實，經人勸散，詎王再舟左右肩甲骨已被弔脱，移時殞命。

倒地，董琥兒料其已死，逃至陳萬發家告知前情，央允藏匿。陳萬發依知情人藏匿罪人減等律擬流。經人路過瞥見甘三受傷躺臥，用湯水灌救甦醒，詢悉情由，甘三旋即殞命。

案尾 毀棄屍身

陳萬有起意毀屍滅迹，用刀挖出右眼睛，割落右耳，並割去偏右額顱等處皮肉，用蓆包扎屍身，往向素識之孫尿住、劉大住，捏稱門首有過路乞丐倒斃，被犬殘食，慮恐報官受累，雇令孫尿住等將斃擡至僻處撩棄，報驗獲犯云云。

韓添培氣忿，起意燒死除害，令楊文秀幫同取柴堆架，將蔡啓㳙擡放柴上，引火燃燒，當即殞命，韓添培將燒殘骨殖掩埋逃逸，訪驗獲犯云云。

劉蒿辣子逃逸，劉教起意燒斃滅迹，商同劉啞等將屍用火燒毀，並將殘骨灰燼撩棄水塘，各自走散，訪驗獲犯云云。

袁潮乘慮恐敗露，起意毀屍滅迹，用刀割落屍頭，撩入水坑，將屍身拕棄溝内走回，找向陳大三從者不行。告知情由逃逸，經屍母尋獲屍頭，報縣獲犯，詣驗屍身被犬殘食，起獲零星骨殖、衣褂，提審據供不諱。

於動剥下屍衣，撩棄井中，將屍推入溝内逃逸，經滿氏尋見屍身，報驗獲犯。

謀殺繼姦本夫。

黄少汶起意毀屍滅迹，用刀將頭顱割下，連屍身丢入河内，同楊滿咡回向王氏告知，並令同逃，王氏不依，哭鬧拚命。楊滿咡等逃逸，王氏往尋夫叔甘恒發哭訴情由，央令投案。甘恒發告知巡役，撈獲屍身，頭顱漂失未獲，報驗獲犯，審供不諱。

徐年葆起意棄屍滅迹，將屍身負棄河岸逃逸，經人告知，李氏投懇屍弟協同約鄰將徐年葆拏獲報驗。

羅材商同李有棄屍滅迹，將屍擡棄河套，各自走回。嗣羅材往向丁氏捏稱伊夫被人邀同赴外尋工，丁氏信實，嗣復誘令同逃，丁氏不允村斥，經人查見屍身報驗云云。

許喜頭起意棄屍滅迹，將屍身拉入溝内，見屍褲尚新，剥下意欲穿用，將屍用草掩蓋。走至半路，又恐被人窺破，將褲撩棄河内回歸，經屍父找獲屍身報驗云云。

傅氏起意棄屍滅迹，用棉被將屍頭顱包裹，令常發付等擡至河邊，拴系石塊，撩棄各散。嗣常發付瞥見河水淺落，露出屍包，商同傅氏將屍撈出另埋。傅氏起意殘毀，用斧砍落兩胳膊兩骽，同屍頭擲入河内。常發付將屍身負至廢窑洞内掩埋，經屍兄向傅氏盤出實情，報驗獲犯云云。

毛氏同吴萬有將屍擡到猪欄藏匿，嗣毛氏向素識之李秀虎捏稱被人移屍陷害，央允李秀虎幫同吴萬有擡棄山内各散。經屍兄尋獲屍身，當向毛氏盤問。毛氏畏罪，乘間服毒身死，訪驗獲犯云云。

陳立得畏罪，起意燒屍滅迹，商允陳三麻仔等將屍擡至令人碾棚內，用火將棚內旱草點燃，一同逃逸。經人瞥見火起，喊同村衆撲滅，看見屍身，報驗獲犯云云。

李合復起意商允張四等棄屍滅迹，白洛頭剥下屍穿衣褲，與張四將屍擡擲河內，一同逃回。經甲長撈獲屍身，信知張氏，報驗獲犯云云。

豐氏起意棄屍滅迹，商同戴關長將屍擡擲河內，羅長生踵至死者央令羅長生代負幼子包袱隨後行走。查問，豐氏告知情由，並嚇稱如敢聲張到官，定行扳害。羅長生畏罪將幼子包袱交給，各自逃逸。訪聞獲犯，詣驗屍身，打撈無獲，提審供認不諱。

冉正義起意毀屍滅迹，用斧連砍傷右骽，因斧柄松脱心慌，將屍背棄村人許再發潭內逃逸，經唐昌陶瞥見屍身通知許再發同往撈獲，許再發慮恐報官受累，商同唐昌陶將屍裝殮，挖坑掩埋各散，訪驗獲犯云云。

邵常軫起意棄屍滅迹，商同潘氏將屍擡至田塍丢棄各散，經屍堂弟李成堂查見屍身，投保看明，尚未呈報，經州訪聞詣勘，屍已腐爛，無憑相驗獲犯云云。

陳憬汶畏罪先逃，杜金汶起意毀屍滅迹，同陳憬洿將屍擡至河邊，用刀割落頭顱砸碎，撩棄河內，並將兩胳膊、兩腿砍下，分埋各散。經屍母查獲屍骸，報縣詣驗，陳氏聞知畏罪投塘身死，獲犯。

楊士萌不能動彈，劉冠佩恐其不死，用麻繩將其項頸縛住，拉至場外，撩棄水坑，當即殞命。劉冠佩逃逸，報驗獲犯。光十三，河。

咸如喜起意埋屍滅迹，將屍穿襖褲剥下，挖沙掩埋，攫取衣服、錢文逃逸，經屍兄尋見屍身報驗云云。光十五。

案尾 裝揑

勒死裝縊。

趙有餘慮恐破案，起意商同許氏將屍擡至屋後，拴套項頸，懸吊樹上，假裝自縊各散，報驗云云。

又。揑縊。

毛鶴年解帶將屍身平放，揑稱自縊身死，托伊戚陳聚聚向屍母唐氏央允免報，將屍棺殮，旋經屍堂兄向毛鶴年盤出實情，報驗云云。

毆死裝跌。

周草包商同周潤良將屍移放橋下，裝作跌死情形逃散，報驗獲犯云云。

淹死裝縊。

沈亞坤畏罪，商允陳甚流用繩套住屍身項頸，移弔樹上，假裝自縊逃散，報驗云云。

裝被賊殺。

劉泳盧恐被人查知，將屍衣剥棄，裝點被賊拒殺情形走回，經人瞥見屍身，報驗審供云云。

裝點自刎。

陳時武畏罪，雇不知姓名乞丐幫同將屍背至河下無人看守劃船内，裝點自刎情形，屍妻查見報驗云云。

捏稱病故。

王氏捏稱李蘋致病故，令楊秀符買棺盛殮，經屍叔查知李蘋致回歸，前往探望，王氏告知李蘋致因患急病身死。李富盤問，王氏言語支吾。李富查知王氏素與楊秀符通姦懷孕，料被謀害，報驗云云。

適孫永豐，魯克昌走至查看，戴賓仲央令代爲隱瞞，復起意棄屍滅迹，商同楊蘭彷、孫永豐將屍擡至山溝，戴賓仲用刀砍落屍身左脚右手分棄，裝作狼犬咬傷情形各散，經人查見屍身，報驗獲犯云云。

因姦毆死子媳。

次早，楊氏囑令齊九成子捏稱踢死，通知屍父崔連城往看屍傷，報驗云云。

蕭大海畏罪，商允劉允等將屍衣剥去撩棄，希圖作爲路案掩飾各散，訪驗。

張渫捏稱句氏自刎身死，報經平樂縣知湯可受代驗，仵作厶厶因句氏兩眼俱閉，兩手彎曲，唱報自刎身死，填注屍格。句閎中隨赴臬司巡撫衙門具控。奏奉諭旨交審，供認不諱。

張豐畏罪，起意捏報褚二自戕，囑差役陳維新等具禀，又恐同夥供出實情，用言嚇禁，復令頭役楊騾子轉教閻得誤證，經縣訊驗，褚二至厶月厶日殞命，報驗禀州委員，帶令刑仵李純臣、傅可久同淶水縣刑仵冀達、馬得會驗，誤認褚二自戕身死，填格録供通報，復經屍親上控，飭委提訊獲犯，審供不諱。差役張豐嚇詐扎傷褚二身死一案。

案尾屍身

屍腐爛，免檢。

殞命，屍父蕭成江前往看明屍傷。因值雨水漲發，溪路隔將屍用土掩蓋，嗣經水退報縣獲犯，查看屍身業已腐爛，無憑相驗。蕭成江結求免檢，審供不諱。

屍殘食。

殞命，孫小拴逃逸，經人告知其妻，查看屍身，被犬殘食不全，報驗獲犯云云。

免驗。

詎袁氏羞忿莫釋，業已投河殞命，經龔亞揚邀同盧揚勝將屍撈起，因袁氏已死非命，不忍屍身暴露，備棺殮埋，呈報結求免驗獲犯云云。

屍被燒傷。

殞命，時屋内火餘盡被風吹散，登時火起，燒毀茅屋一間，屍身亦被燒傷，報驗獲犯云云。

屍腐爛。

殞命，汪老海通知屍叔前往看明，屍已腐爛，無憑相驗，不忍屍遭蒸檢，當即棺殮，報勘投首，審供不諱。

移屍。

地方聞明緒瞥見屍身，恐受拖累，將屍移置他處，報驗云云。

姦婦認屍指供。

曹廿八慮恐破案，將屍撩棄井内逃逸，經人赴井汲水，查見報驗。商氏聞知，前往認明屍身，心疑被曹廿八、孫小鎖謀害，據實指供，旋獲孫小鎖到案，究出前情，審供不諱。因姦謀殺本夫。

謀殺人後移屍訛詐。

王會憎捻知村人劉忠恕懦弱可欺，起意移屍訛詐錢文歸還賭欠，將屍拖至劉忠恕地内嚇詐未成，當即走回報驗獲犯云云。

屍叔尋獲死者骸帶，押同兇手找獲屍身。

劉三犵畏罪，起意埋屍滅迹，商同劉四四將屍擡至空窑内，用土掩埋走回，經屍叔尋至河灘，見有血迹，並遺有骸帶，認係秦玉保之物，報知村頭，並向劉三犵羝盤出實情，押同找獲屍身，已被野獸殘食，報勘提訊，供認不諱。

移屍。

地保黄凌云等將屍擡移，報驗獲犯云云。

屍母患病，棺殮未報。

屍母因患病，雇人將屍暫行棺殮，訪驗審供云云。

屍弟趙茂意因病未能報案，將屍暫用沙土掩蓋，訪驗投首，審供不諱。

經鄰人撈獲屍身，信知屍兄前往認明報驗。

經鄭有節瞥見屍身，告知屍弟妻李氏前往看明，見屍上身並無傷痕踢傷下部，面色紫赤，疑爲酒醉身死，將屍殮埋，嗣經屍子查知前情報驗。

經該縣訪聞差緝，嗣據厶厶屍親。投保報驗，田在屍身腐爛，無憑相驗，厶厶結求免檢，獲犯到案，審供不諱。

訪聞，獲犯詣勘，起獲零星骨殖，無憑檢驗，提犯審供不諱。

經縣訪聞獲犯，打撈屍身無獲，勘審供認不諱。

查驗因屍係浮埋，業已被犬殘食不全，起有厶厶等件，審供不諱。

訪聞獲犯，旋據李氏呈報詣檢，因屍身腐爛，無憑相驗，並據李氏供稱，委止咽喉一傷，結求免檢，審供不諱。

報縣訪勘，屍身俱已焚化，僅勝零星骨殖，無憑檢驗飭緝。

屍子丁敏倫聞知，趕往詢明情由，不忍父屍暴露，暫行棺殮報勘，結求免檢，旋經獲犯，審供不諱。

經縣訪聞獲犯，屍身被水冲失及犬殘食不全，無憑相驗，提犯審供不諱。

訪聞勘驗，起出李一並李二屍身，均已腐爛，無憑相驗，詳經飭檢，據李老屍父。結求免檢，獲犯到案，審供不諱。

起意致死滅口，將劉鈺推落道旁濠内，立時被淹殞命。嗣濠水消退，經人瞥見屍身，報驗獲犯。

謀殺移屍圖賴。

殞命，尹瑶占解去布帶，同尹廣義將屍擡放尹懷儉屋旁樹林内，各自回歸。尹廣義捏稱伊妹夜間買酒未歸，假意出外找尋，旋即走回族人尹占助哭訴伊妹死在尹懷儉屋旁樹林内，身受有傷，顯被伊懷儉謀害。伊懷儉聞信，料係尹廣義等圖賴，報驗獲犯。

鄰婦聞鬧，趨至喝住，因屍侄年幼，將屍暫行棺殮涉厝，經縣訪聞並據屍族人報驗獲犯。光十五。

案尾 屍屬

屍妻藉屍搶奪。

殞命，屍妻簡氏邀同王占源、王鑾、王老艇將屍身擡至申漢漳家，逼令殮埋，喊同王占源等將申漢漳家牛隻等物搶回賣錢花用，報驗投首云云。

屍族人訛詐。

經屍弟投藥，將高三、三仔等拏獲，送交經制楊遇時轉解，高四娃仔餘人。恐受刑責，央允高三轉求楊遇時釋放，並許事後酬謝錢五千文，楊遇時即行開釋。經屍族人生員杜世忠查知，向楊遇時索詐，得銀六兩，訪驗咨審供不諱。

屍妻移屍圖賴。

張氏之弟張根山聞知趨視，憶及張氏曾與夫弟扈洛根不睦，起意移屍圖賴，將屍背至扈洛根家停放，稱被扈洛根砍死滋鬧，經扈西生首驗云云。張根山依將期親尊長屍身圖賴人滅等律擬徒。

屍叔與兇犯族人事後互毆。

倒地逃逸，楊源來之叔楊逢孝令游正昆族人游正發交事游正昆送官，游正發分辨，致相口角，游正發用拳棍將楊逢孝毆傷，楊源來逾時殞命。

云云身死，各屍親因恐指出挾嫌争毆情由干連拖累，僅就當時起釁細故報經該縣劉某先後詣驗通詳，因各犯均未報獲，且恐有械斗云云，奏參劉某，革職留緝，隨據獲犯查辦，審供不諱。劉阿揆案，致斃多命。

案尾 私和匿報

毆死胞兄，屍父匿報。

殞命，李懷信之父李維平慮恐李懷信到官問罪，央允鄰人張繼東、趙修才匿報，正欲將屍身殮埋，經縣訪聞，報驗獲犯。毆死胞兄。

屍緦叔私和

屍妻王氏因病未能動移，央緦麻夫叔孫茂代爲報驗，孫浦起意私和，向孫茂懇爲匿報，並許出資置棺殮埋各散，報驗獲犯云云。

屍妻賄和。

余正隆畏懼，起意賄和私埋匿報，向屍妻余氏聲稱，情願不要欠錢，退還田業，並幫給埋葬銀兩，央允免報，將屍裝殮，雇不知姓名乞丐擡至山坡挖坑掩埋各散，訪聞獲犯，余氏亦遣子代首，驗訊審供不諱。

傅氏乞忿莫釋，用繩潛在房枋上投繯殞命，郭潮甫進房查見，往告郭潮得回家解救無及。郭潮得將陳氏找回，告知院鄰劉聘三、郭元封稱欲具報，陳氏畏罪央求免報。郭潮得等畏累應允，將屍身棺殮，雇不知姓名乞丐二人擡至ム內，挖坑掩埋逃逸。嗣郭潮得胞兄郭潮貴外歸查知，正欲報案，經縣訪聞，據郭潮貴結懇免驗，獲犯審供不諱。

屍族叔匿報。

楊升畏罪逃逸，屍族叔方中碌因恐報官受累，商允王成金將屍棺擡放山內燒毁，經縣訪聞諳勘，屍骨成灰，無憑檢驗，獲犯審供不諱。

屍妻賄和。

劉泳畏罪，起意私和匿報，央允王泳汰向屍妻蘇氏説合，給錢六百千文將屍殮埋，訪驗獲犯，審供不諱。

屍父私和。

遲包鑒畏罪，邀同伊叔遲義幅往向屍父王吉央懇，情願傭工趁錢養贍，求免報官，王吉應允，同將屍身擡埋各散，訪驗獲犯云云。

地主匿報。

經地主胡敬和瞥見屍身，恐報官受累，商允地保王進修將屍身掩埋匿報各散，訪驗獲犯。

屍子私和。

薛源晟畏罪，向屍子孫作碌求免報官，情願代爲棺殮埋葬，孫作碌因無力營葬，當即應允，薛源晟將屍身棺埋，與孫作碌同至孫姓祖塋内埋葬，訪驗獲犯，審供不諱。

旁人畏累未告，屍父找獲屍身。

倒地，有素識之曹洛城路過勸歇，詢明情由，侯二小當即殞命。屍父找獲屍身，報驗獲犯。

屍母賄和。

齊經信畏罪，央令族弟齊氣娃過付屍母張氏錢三十千文，懇允私和匿報，訪驗獲犯。

屍母未報。

郭燈位之母年老有病，未能具報，將屍身將殮，訪驗獲犯。

殞命，鄭培佳之父鄭友拖人轉向屍母孫氏央懇私埋匿報，許給銀兩。孫氏貪利允從，將屍殮埋。經縣訪聞，獲犯詳檢，審供不諱。

報驗審供不諱。

報驗獲犯，審供不諱。犯逃。

首驗審供不諱。先首後驗。

報驗投首，審供不諱。先報後首。

訪驗獲犯，審供不諱。未報。

報驗審認不諱。啞犯。報驗投首，並據犯弟行魁兒代供情形，審認不諱。同十。

報驗詳革，審供不諱。舉貢生監。

報驗革審，供認不諱。

報驗獲犯革審，供認不諱。

參奏奉旨革審，供認不諱。議奏。

報勘投首，審供不諱。屍已腐爛。

報勘獲犯，審供不諱。搶竊。屍遭毀棄。

經縣訪聞，審供不諱。誘拐。

將ㄙㄙ尋獲送案，審供不諱。强姦已成。

當被獲住送案，審供不諱。發冢。

經該撫督奏解到部，審供不諱。

訪驗飭緝，陳步瀛投首，並緝獲陳承組，審供不諱。同十。

奚世瀧本夫。首驗獲犯，審供不諱。咸八。姦夫擬抵。

不諱，ㄙㄙㄙ傷經平復。

ㄙㄙㄙ已成廢疾。

兇已成篤疾，殺人後被屍親扎瞎兩目。ㄙㄙㄙ等傷均平復。

郝映桀傷經平復，惟右手背筋斷，已成廢疾。

蘇長明事主。傷經平復，惟左胳膊連手腕不能屈伸，已成廢疾。

馬馨澧傷經平復，惟腰曲不能直伸，已成廢疾。

報驗飭醫，劉毓詳到四月十七日殞命。劉毓針傷已平復，嗣因染恙痢疾，至四月二十一日因病身死，復驗審供不諱。

案尾

報驗詳緝，限滿未獲，將不力職名咨參在案。八年五月，陳申孺拏獲，審供不諱。此係脱逃二年後就獲者，故拏獲上留年月與下文查筆相應。

咨參在案，嗣據獲犯，審供不諱。「嗣據」或作「旋據」或作「兹據」爲妥。如上文已有「嗣」字，則作「旋」字亦可。

報驗飭緝云云。在案，嗣據ㄙㄙ投首，審供不諱。

在案，玆於八月二日拏獲王振青，審供不諱。

在案，旋據投首，審供不諱。

在案，ㄙ年ㄙ月間，經原役將趙南通拏獲云云。

在案，旋據李茂自行投首，並將李泳青拏獲云云。

在案，嗣捕役劉儉順、袁茂清探知周振封、周荃成踪迹，協同鄰縣捕役魏花貴等前往捕拏，周振封取身帶洋礮將袁茂清拒傷，當被袁茂清等格傷身死，並將周荃成拏獲云云。

在案，宋幫訓聞拏，緊急圖脱已罪，即以挾嫌栽害等情進京，赴步軍統領衙門呈控，咨交審供云云。

飭緝通報，限滿未獲，將不力各職名先後咨參在案。

報勘緝獲趙ㄙㄙ奏結在案，玆續獲ㄙㄙ，並究出另犯ㄙㄙ等情，審供不諱。

報勘緝獲孫詳，審擬具題，準部題覆，續據該撫ㄙㄙ，審供不諱。

報縣緝獲某人等，究明某人係某人下手傷重致斃，某人係某人致斃，將某人等均依律擬絞等因具題，準部題覆在案，續據緝獲某人及某人，審供不諱。

報驗詳緝，將賀有來拏獲，並據賀有朋投首，審供不諱。

誣扳。

報縣勘驗，緝獲ㄙㄙ到案，妄冀輕罪，因朱ㄙㄙ與詹ㄙㄙ有嫌，曾稱欲尋事圖害，即供係朱ㄙㄙ起意掘墳毀屍圖詐，據供擬詳經司駁審，始據供認不諱。

頂兇。

報縣，焦禾坤圖脱已罪，央允任亮到官頂認正兇，應許代爲養母，並囑陳二小子幫同指認，令任亮先行逃避。經縣驗訊，焦禾坤捏稱陳杜仔係被任亮砍傷身死，旋經拏獲任亮，究出實情，提審焦禾坤供認不諱。

案尾 犯逃

某人乘間扭斷鐐銬逃跑，至厶年厶月厶日報縣會營獲犯，審供不諱。

僉差某人等協同兵丁解省候勘，遞至中途，某赴厠出恭，乘間扭斷鐐銬，從倒塌墻缺竄入河岸，鳧水逃逸，旋被拏獲，審供不諱。

不諱，將某人依律例擬斬絞，僉差某人等解省審勘，遞至中途。

續獲在題覆後。

報勘緝獲某人，審擬具題，準部題覆，續據緝獲某人，審供不諱。

報勘緝獲吴海受等，審擬杖徒，咨奏結在案。茲據續獲某人並究出另犯某人等情，審供不諱。

報驗拏獲洪文强等，審將洪文强依搶奪傷人、傷非金刃例擬軍，周先羅依搶奪逾貫爲從律擬流，咨結在案。茲據續獲蘇依樹並究出蘇依樹另犯戳傷周發升身死等情，審供不諱。

報勘獲犯監禁，程六保越獄脱逃，旋被拏獲，審供不諱。除程六保另行核辦，徐輝保等擬以杖笞，余幅沅等緝獲另結外。

報驗飭緝，先後將沈冬狗、徐老漬獲案，審依刃傷人律擬徒，徐老漬在監病故，咨結在案。嗣於厶年厶月將舒麻仔拏獲，審供不諱。

案尾 究出另案

報勘飭緝，汪世洪用鐵銃、汪六用刀各將差役拒傷，經先後獲犯，審供不諱，並究出汪世洪、汪六、汪八多犯聽從汪麻兆結夥持械行竊等情。首犯游玉山。

謀殺從犯，另犯劫案，歸另案從重審辦，入除筆。

於大水在旁並未動手，王黑旦等起意棄屍滅迹，將屍擡到村外地内掩埋各散，經地主查見，報驗飭緝。旋據屍母赴案指控，將王黑旦並於大水拏獲，究出於大水另犯行劫等情，審供不諱。

竊贓逾貫。

旋被獲案，並究出扎克首犯。另犯偷竊馬匹一次，波特本案銷贓之犯。另犯偷竊馬匹二次等情，審供云云。波特枷責。

聽從搶奪婦女。王隴。

報勘獲犯，究出王三便首犯病故。徐二小各另犯糾竊一次，徐二小從犯。臨時盜取勒傷事主張氏等情，審供不諱。王三便、徐二小均入除筆。

蒙古地方搶奪。

旋被獲案，並究出沙克都爾扎布搶奪從犯。另犯偷竊逾貫等情，審供不諱。沙克都爾扎布入除筆，另案辦理。

報驗獲犯，並究出韓窑頭仔另犯糾同原夥六人行竊劉氏家衣物被追，韓窑頭仔用繩鞭拒傷工人沙鳳桐平復等情，審供。

又。

經番役李和訪知往捕，張罄用木棒拒傷李和右胳膊，當被拏獲，並將叠竊八次之趙喜鞠、萬幅受，寄贓物之張泳存、李全藝一並獲案，究出張罄逃後另犯糾竊五次、夥竊二次，內一次聞拏首還原贓，曹洛疙疸從犯。另犯行竊十次等情，審供。

報驗獲犯，並訊出耿興周另有迭竊重案等情。

獲犯，究出李九另犯糾竊估衣鋪，圖脱刃傷捕人。並行竊雜貨鋪，臨時盜取用棍拒傷鋪夥各平復等情。

報驗審訊，究得祁泳幅另犯糾同吴佺致等持械搶奪宋杰錢物一次，供認不諱。

報勘獲犯，究出鞠振萠另犯聽從王狗仔夥同陳虎行竊，並陳虎拒傷事主劉相平復各等情。

復驗差緝，劉三臨拏拒捕，被格身死，旋將王侉子等拏獲，究出姜四漋另犯叠次行竊，審供。

李學組又喝令葛五用刀砍傷張安成某處倒地，張安成亦即殞命。報驗獲犯，並究出李學組另犯糾毆，致下手之人致斃非所謀毆之人二次，並李四等另犯聽糾斃命等情，審供不諱。李學組故殺劉耀亭身死一案。

報勘獲犯，究出李羊厮另犯糾同李洛柱行竊陳煥汶家得贓，及獨自挾嫌放火燒毁李坦場院秫稭各等情。

報勘獲犯，旋據厶厶供出範四、李詳，並範四供出張八逃匿處所，先後拏獲，審供不諱。

案尾 辜醫

二命。

蘇城通旋即殞命，報縣驗明蘇城通屍傷，飭將蘇還中仔醫治，蘇還中仔至四年二月十九日身死，復驗獲犯。

報驗飭醫，厶厶至厶日殞命，復驗審供不諱。

報驗飭醫，嗣厶厶偏左額顱傷均平復，惟左肋一傷未愈，至厶日殞命。

報驗飭醫，厶厶厶處、厶處各傷將次平復，厶厶厶自稱厶處傷痛，至厶日殞命。

報縣飭醫，驗明厶厶厶左肋筋斷骨損。已成廢疾。

延醫調治厶厶處傷已平復，自稱厶厶傷痛難忍，至厶日殞命。

報驗飭醫，旋經緝獲陳四四到案，蔡大秀至厶日殞命，復驗。

五城保辜式。

報驗飭醫保辜，某人至厶月厶日殞命，飭委某城指揮復驗，詳呈送部，審供不諱。

案尾 因風

報驗飭醫，張五聚傷已結痂，自將傷痂搔落，致傷口進風，至十二月十八日殞命，復驗審供不諱。

報驗飭醫，牛合喻自將傷痂擦落，以致傷口進風，到三月二十三日抽風殞命，復驗云云。

報縣驗明厶厶厶屍傷，飭將厶厶厶醫治。嗣厶厶厶傷已結痂，因傷處發癢，自將血痂抓落，傷口進風，至厶日因風殞命，復驗云云。

報驗飭醫，劉訓志傷已結痂，飲食、行動如常。嗣因傷處發癢，自將傷痂抓落，以致傷口進風，至厶日殞命，復驗云云。

經西城御史訪知，將於六等拏送刑部，詹永貴旋因兩眼受風，眼珠潰爛，於某日殞命，飭據西城指揮驗明屍傷呈報，審供不諱。

報驗飭醫，李按傷口進風，至厶日抽風殞命。光十三，河。傷已結痂等句均删。

案尾 因瘋

楊錢妮在監染患瘋病，難以取供，咨部展限，嗣經醫痊，審供不諱。

報驗，厶厶目瞪神呆，語無倫次，不能取供。訊據鄰證人等供悉前情，查云云。

報縣驗訊，厶厶目瞪神呆，語無倫次，嗣經醫痊復審，供認不諱。

高立當時身死，報縣驗明高立等屍傷，高漣杜目瞪神昏，語無倫次，飭令分別醫治，高汶得至厶日殞命，復驗據報高漣杜醫痊，復審供認不諱，王氏傷經平復。

某人合依夫毆妻至死云云，據供親老丁單應照例監禁五年，不復舉發，再行取結辦理。

服制瘟病不能取供。下九卿。

不能取供，據屍親人等投具切結，供悉前情，除某某外，合依云云，並聲明尚非有心干犯。

羅氏當即身死，經人喊同孫隆贊等將周二娃捆縛報縣，驗明羅氏等屍傷，周二娃目瞪神昏，語無倫次，飭令分別醫治，賀氏至厶月厶日殞命。覆驗提訊周二娃，旋經醫痊，審供不諱。雷先耀傷經平復，王氏已成廢疾。

案尾 投首、未首

在押脱逃後復投首。

報驗獲犯飭醫，温自來喜乘間在押脱逃，謝氏因傷口進風，至二月十七日抽風殞命，復驗詳緝，旋據温來喜投首，審供不諱，温士忠傷經平復。

發冢人犯佑未首。

孫財鄰佑吴得保知情未首，經方長訪聞獲犯報勘，審供不諱。

報驗飭緝，經楊合城之父楊錦搜獲贓物，向楊合城盤出實情，帶同投首。

周繼彰聞知殺姦砍落頭顱自首可以免罪，當將屍頭砍落首驗云云。

報案並據犯父鄧五首送，審供不諱。

某人因聞俗言殺姦心須割取姦夫、姦婦頭顱自首，取刀將某氏頭顱一並砍落殞命。

張氏首驗，審供不諱。咸八。姦夫拒傷本夫，姦婦首告。

報驗，陳士漢至十四日殞命，復驗詳緝，旋將陳士行拏獲，並據陳士開投首，審供不諱。光十三。

報驗緝獲梁潮受到案，並據關承蘭投首，審供不諱。光十一。

案首 另釀一命

殞命，張氏因姦情敗露，羞忿莫釋，亦於是夜自縊身死。「亦於是夜」四字可刪，別案無。

擅殺。

袁法城逃逸回家，向妻孫氏告知前情，袁法城傷口進風，至二十二日抽風殞命。孫氏因夫行竊被殺，聲稱身爲賊婦無顏見人，羞忿莫解，投井身死，報驗審供不諱。

姦匪妒姦謀殺姦匪。姦婦自盡。

報驗訊緝，將王氏發交官媒趙氏看管，詎王氏畏罪，乘間投井身死，玆據獲犯云云。

兇犯之妻自盡。

李城汰兇之妻孫氏聞知，恐李城汰抵命，愁急莫釋，自行投河身死報驗。

報驗審訊，李維萌死之妻王氏啼哭不止，稱欲與夫同死，經其翁李儉勸慰，詎王氏痛夫情切，乘間投繯身死，提犯審供不諱。

案尾 案犯病故自盡

報驗訊詳，厶厶厶在保監病故，審據厶厶厶供認不諱。

餘人自盡及咨結續獲正犯。

報驗詳解，厶厶厶餘人。聞拏畏罪自縊身死。又經驗報，嗣據捕獲厶厶厶審擬徒杖，解勘詳咨，玆據續獲厶厶厶正犯。審供不諱。

報驗飭緝，余汶椿聞拏畏罪服毒自盡，旋經獲犯，審供不諱。

案尾 搶奪、竊

報勘詳緝九年，經兵役捕拏，閻丑兒持刀拒捕，被捕役用刀格傷拏獲云云。

事主浮開贓數，竊贓逾貫。

攜至僻處查點，内有紋銀一百二十二兩、洋銀二圓、錢十五千文，並衣物等物，俵分各散。龔卓事主。希圖嚴緝，浮開贓數，報勘獲犯，審供不諱。咸二，江西。

案尾 京控

報驗審解，屍妻王氏因誤聞馮蘭欲辦留養，恐夫命無抵，遂以謀殺捏孤等情由府控院，復來京在步軍統領衙門呈控咨交，審供不諱。毆死緦麻姪。

殞命，韓鳳妮希圖抵制，自用刀戳傷左肋，首驗訊詳。屍兄朱觀光因誤聞傳言，以挾仇斃命等情先後赴府及臬司衙門控告，復來京赴步軍統領衙門呈控咨交云云。

報驗訊詳，屍妻榮氏痛夫情切，疑被張汝堂扎斃，遂以論借故殺等情由府赴司呈控，復添砌情節，遣抱來京，赴步軍統領衙門具控，奏奉諭旨交審提訊，供認不諱。

報驗審訊，梅景新案内餘人，係游擊。之子梅長青圖脱父罪，砌詞來京，赴步軍統領衙門呈控咨交。

報驗投首訊詳，屍子張伯直痛父情切，即以沈冤未伸來京赴都察院呈控，奏奉諭旨飭交。

屍子李乾得以葉光富兇逃匿，曾往紀章漢家查問，被訊受飭，又因痛母情切，起意拖累洩忿，自作呈詞，添砌情節，來京在提督衙門呈控咨交。

報驗革審，屍兄趙盈妮以父子捏稱共毆賄書舞弊等詞來京，赴步軍統領衙門呈控咨交。

報驗提訊，許輝臬畏罪京控咨交。

報驗飭緝，張同寅因犯未弋獲，心疑差役賄縱，由府司赴院控告，批縣比緝，並將不力職名咨參在案。至厶年厶月厶日，經差役將張大忽拏獲，張同云痛弟情切，復以群毆槍斃等情來京，在步軍統領衙門呈控咨交。

劉聞彬畏罪，因事由劉宗漢父子索欠起釁，即以慘遭兇斃等情報驗提訊，劉宗漢等堅不承招，亦以奇誣奇枉等詞先後赴臬司及巡撫衙門控告，批州未及審辦，劉宗漢復添砌情節，遣抱來京，赴步軍統衙門呈控咨交。

符樫南即以伊與諶姓争毆，曾氏攏護，不知被何人毆傷身死等情報驗審訊。諶耀祖慮受拖累，亦以架杠毀槍等詞先後由府及臬司衙門控告，尚未提審，諶耀祖復添砌情節，來京赴步軍統領衙門呈控咨交。

報縣驗審，將厶厶厶依律擬絞，尚未勘轉，而厶厶厶及厶厶厶先後赴省陳控，覆審將厶厶厶仍照原擬，經厶題準部覆，厶厶厶懷疑未釋，復赴京在都察院呈控奏交。

報驗審訊，幅洛分畏罪捏詞在都統衙門呈告，並遣底伯勒、儉勒克在理藩院呈控，先後咨交，審供不諱。幅洛分係喀爾沁公旗頭等塔布囊。

案尾 奏參

白氏立即殞命，張榮昌捏稱白氏自刎身死，報經平魯縣知縣代驗，仵作劉明月因白氏兩眼俱開，左手彎曲，唱報自刎身死，填注屍格。白閦中遂赴臬司、巡撫衙門縣控，口案奏參，奉旨交審，供認不諱。除已革平魯縣知縣湯可受依檢驗不實失出人罪因未放決律，於絞罪上減六等擬徒，仵作劉明月、刑書莊鳳和均係檢驗不實失出人罪擬徒減杖外。

駁審式

報縣詣驗，關傳侯氏移解訊詳，緝獲張揚年、單來幅審訊，因不知梁二有係施禾尚拖其轉糾，又見王三幅手携衣服，不知係施禾尚搶給，隨供梁二有起意糾搶，王三幅搶取衣服。據供審擬，將張揚年、單來幅依聚衆搶奪婦女已成爲從例擬絞，王三幅、梁二有到案，亦依爲從例擬絞具題。經刑部以先獲從犯張揚年、單來幅俱供係梁二有糾往幫搶，並無供及梁二有轉聽從施禾尚起意糾搶，核與前案各犯供詞互异，顯係聽從梁二有串囑狡供，王三幅亦恐有幫同入室搶奪情事，且王洙之被拒身死，亦難保非王三幅、梁二有同時下手，駁令覆審。續據該撫以逐一穹審，各犯供執如前，實在無從推究，將梁二有、王三幅仍照原擬絞候，並將前獲之張揚年、單來幅一並比照强盗迹贓未明監候質之例俱監候待質具題。經刑部以此案既已獲犯四名，自應隔别研訊，豈得以各犯供執如前，即以「無從推究」一語率行比照强盗贜迹未明之例將案犯俱監候待質，辦理實未妥協，駁令再行研鞠，去後。兹據該撫逐一研訊，實係在逃之施禾尚起意糾搶，王洙亦係施禾尚拒傷身死，其從前所獲張揚年、單來幅據供梁二有起意糾搶之處，實因梁二有向邀時，未將聽從施禾尚轉糾之言説明，是以誤供，並無串囑情事，仍照原擬具題，並遵駁無庸監候待質。除絞犯張揚年、單來幅已入道光四年秋審緩決，拒斃王洙罪應擬斬之施禾尚並逸犯楊四緝獲另結外，梁二有、王三幅均合依云

。道十，蘇。

遵駁更正

審供不諱，將張甲依律擬斬等因，具題到部。經刑部詳核案情，鐘啓源據供擄捉勒禁並無圖財勒贖之心，與捉人勒贖致捉之人病故之例未符，行令按例妥擬等因咨駁，去後。兹據該撫遵駁改正，除某某外，張甲應改照某律云云。

審供不諱，以律例内並無無服尊長犯卑幼因盗輪姦未成作何治罪專條，惟尊長因盗殺傷卑幼不與凡盗同科，則因竊而姦便照强姦科斷，將吴某照輪姦良人婦女未成爲首例擬軍，雷某依爲從例擬流等因咨部。經刑部查，親屬相姦較凡爲重，自不得以因盗輪姦轉從未減。吴某糾竊輪姦族弟婦曹氏未成，比例參觀，自應照凡盗强姦未成科罪。雷某聽從同姦未成，亦應按例不分首、從問擬等因，咨駁去後。兹據遵駁更正。

兄弟護父毆傷胞叔，雖因致傷身死，不得止科傷罪，仍依律斬決，來簽聲請。

審供不諱，因李洪模身受各傷，惟被李洪盛毆傷左右膁肋爲重，將李明發、李明淦均依侄毆叔加毆傷兄罪一等律擬流，聲明李明發等均因情切救護，將叔毆傷，並非逞兇干犯，聽候加簽聲請等因咨部。經刑部查，期親卑幼聽從尊長主使共毆以次遵屬之案，無論下手輕重，例應悉照本例問擬斬決核擬，夾簽聲請，不得下手傷輕之犯止科傷罪，駁令覆審去後。兹據該撫遵駁更正，查李洪模係被李洪盛毆傷身死，李明發、李明淦均在場共毆有傷，核其情節，毆由救父情切，尚非無故逞兇干犯，惟死係胞叔，服制攸關，仍應按律問擬。

該撫以律例並無治罪專條，咨部請示。經刑部查，白庭華抑勒其妻賣姦，夫婦之義已絕，律應離异，不得作一家論。崔小有扎傷白庭華致斃，罪止擬絞，其故殺劉氏身死罪應擬斬，應從重，咨覆去後。兹據遵照具題。咸八，山東，二十二册。

具題。經刑部查，秦智得與唐尚富大功兄妻譚氏通，屢次向唐尚富擾害，唐尚富事後將其致斃，自應照非登時擅殺棍徒之例問擬。至譚氏係屬婦女，尚非實在兇惡棍徒，惟譚氏與秦智通通姦，改嫁秦智得爲妻，係屬罪人，唐尚富將其毆傷身死，應照罪人不拒捕而擅殺律科斷。按擅殺罪人與非登時擅殺棍徒二罪均應絞候，應從一科斷。該督以譚氏與秦智通均屬棍徒，將唐尚富依擅殺棍徒例擬絞，罪名雖無出入，引斷究未允協，應即更正，唐尚富應改依罪人已就拘執而擅殺以斗殺論斗殺者絞律。咸七，陝。

隨案更正式

同一故殺，不合聲請正法。

審供不諱，該都督將姚標洝依故殺律擬以斬候，羅從恒情節殘忍，請旨即行正法等因具奏。經刑部查，羅從恒一犯亦係臨時起意故殺，其聲請即行正法之處，核與律載及欽奉諭旨均不相符，應行更正。羅從恒、姚標洝均合依云云。羅從恒、姚標洝故殺周姓、吴姓各身死一案。

審供不諱，將巴克唐阿依毆死小功親之雇工律擬絞咨部。經刑部查，元惓雖係巴克唐阿小功侄富僧額雇工，惟富僧額之父巴揚阿尚在，應以家長論。巴克唐阿係巴揚阿大功服弟，應照毆死大功親之雇工律問擬。該將軍將巴克唐阿依毆死小功親之雇工擬絞，罪名雖無出入，引斷究未允協，應即更正。

檢舉更正

在案。續經刑部查明，葉任鑒圖財害命，傷人未死，已得財，按例本宜斬候。該犯雖未自首，而犯母爲之首，即如罪人身自首法，律得免其所因圖財之罪。檢舉更正，將葉任鑒依謀殺人傷而未死律擬絞監候，秋後處決等因。

一案二犯一準一駁式

旨意酌留者如在後，不必叙。因旨意有部駁甚是一層，故酌留。即使後來遵駁更正在旨意之後，不必叙。

該督將劉漢汶依夫毆妻至死律擬絞，賈莛杰依姦贓污篾致被誣之人自盡例量減擬流等因，具題到部。查賈莛杰挾嫌污篾致人夫婦一死一抵，未便照姦贓污篾被誣之人自盡例量減擬流，駁令另擬具題，到日再行核覆。其劉漢汶一犯情罪相符，應即照擬辦理，劉漢義合依云云。

共毆以傷輕病故之餘人擬抵，部駁。

查滕蒙秀等共毆趙良柱、趙洸檣身死，係各斃各命，自應各科各罪。趙良柱身受各傷惟後被滕蒙秀所毆左脚腕骨損爲重，應以滕蒙秀擬抵。趙洸檣身受各傷惟後被趙洸詳所戳右肋爲重，應以趙光詳擬抵。第餘人鄧宗汰所毆右額一傷係屬致命，色至紅紫，亦足斃命，今鄧宗汰於未經結案之先在監病故，將趙光詳依例減流等因具題。經刑部查共毆案内毆有致死重傷，係指監斃餘人所毆之傷與正犯之傷相等，實足致死而言。茲查鄧宗汰所毆趙洸檣左右手背、右眼胞、右耳輪及致命右額角等處，傷皆他物，均止紫紅色，並無骨損、骨折之處，核與趙光詳刀戳右肋透過右肋之傷輕重懸殊，自應將趙光詳仍依本律擬以絞抵。該督將趙光詳減等擬流，核與定例不符，駁令另行改擬具題，到日再行核覆，除厶等擬杖寬免外，滕蒙秀合依云云。標首只叙騰蒙秀，不出趙光詳之名。部尾除致斃趙洸檣之絞犯趙光詳，該督以毆有重傷、餘人病斃依例減等擬流，核與定例未符，駁令另行改擬外。

法司具題後特旨交樞臣核議

一起，蕭汶秀致傷胞叔蕭怔禮身死一案。會看得蕭汶秀與胞叔蕭怔禮同居各白爨，咸豐厶年厶月厶日，蕭汶秀之兄蕭文蔚因無嗣，商允伊父蕭怔明抱養萬姓云云，審供不諱。查蕭怔禮身受各傷，惟後被蕭汶秀毆傷偏左爲重，將蕭汶秀依侄毆叔死者律擬斬立決，聲明有心逞兇干犯等因，經刑部等衙門照擬具題。咸豐九年厶月厶日奉上諭：「刑部等衙門具題湖北民人蕭汶秀毆傷期親服叔蕭怔禮身死一案，着軍機大臣調取原案供招，悉心核議具奏。欽此。」該臣等議得，蕭汶秀拾棍欲毆堂弟蕭汶美，適傷胞叔蕭怔禮身死，與誤傷無异，不得謂之有心。若因其一時未能避讓指爲有心逞兇干犯，定擬斬决，殊與情節未符，蕭汶秀應改爲斬監候，入於明年秋審等因，咸豐九年厶月厶日奏。本日奉上諭：「蕭汶秀着改爲斬監候，入於明年秋審情實。所有該省承審、轉審各員並刑部等衙門堂司各官，一並交部分別議處等因。欽此。」咨行湖北巡撫將蕭汶秀監候在案。

犯病展限

乾隆二十二年十一月初一日奉旨：「朕令刑部查參直隸審題富山故殺七十遲延一案，該犯於乾隆十七年六月患噤口痢，豈有至二十年二月始行痊之理？而病痊後又患血證，直至二十一年二月方行題結，明係各承審官因循玩誤，屢過限期，飭詞捏報，怠玩至此，大非慎重刑名之道。將此案承審、審轉遲延之該督及司道、有司等交部嚴加議處。案犯報病不得過三月，該部去歲雖定有成例，現在如有逾限者，該部即應查參，其未定例以前之案，如遲至二年者，俱照此案例議處。看來直隸既有此怠玩積習，諒必不止一案，而各省似此者亦復不少，著該部於半月内通行查明具奏。嗣後每年秋審時，並著九卿、該部留心查看，有捏造犯人患病以致遲延案件者即爲舉出，該部即行參奏。若九卿及該部不能舉出，尚待朕閲册查問，則責有攸歸矣。欽此。」

一起，絞婦一名翁青英云云，絞犯一名黄仔信云云。審得翁青英因姦致翁千得基被黄仔信等共毆身死一案，將翁青英比例擬流，黄仔信依律擬絞云云。

先據陞任浙江巡撫梅厶厶咨稱，緣翁青英係千得基聘定未婚子媳。黄仔信與千得基素不認識，翁青英係翁賢忠之女，黄仔信堂弟黄仔幅受雇翁賢忠同居族弟翁賢正家幫工，翁青英習見不避，黄仔幅乘間與翁青英通姦，翁賢忠並妻林氏均不知情。光緒元年九月間，黄仔幅與黄青英在房續姦，被林氏撞破，黄仔幅逃跑，林氏將翁青英訓斥，禁止往來。黄仔幅因姦情敗露，起意商允翁青英同逃至黄仔幅家内，向嗣母雙瞽葉氏告知情由，囑勿聲張，令翁青英苦惱匿。黄仔信時常外出傭工，並無聞見。二十五日，翁賢忠聞知，往告千得基，邀同劉金培、千小四、翁水根捕拏。是晚，翁賢忠、千得基各携木棍與劉金培等偕抵黄仔幅門首，翁賢忠敲門，喊令將翁青英交出。黄仔幅聽係翁賢忠聲音，不敢答應，帶同翁青英從後門逃逸。黄仔信並堂弟黄仔本、令人任阿牛聞聲出勸，千得基等疑護牽駡，黄仔信等回詈，彼此争毆，致千得基被黄仔信等毆傷偏右等處，翁賢忠被毆傷，千得基至十月初二日殞命，報驗飭緝未獲，將黃仔幅審依和誘知情爲首例擬軍，翁青英依被誘之人例擬以杖決徒贖等因咨部。經刑部查，以千得基同往捕捉，黃仔信等出向查詢情由，則已明知黃仔幅姦拐，何故爲此不情之解勸，致黃仔幅乘間遠颺？其爲同謀幫同拒捕似屬顯然。今黃仔信等未獲，僅據黃仔幅狡避供詞定讞，未免曲爲開脱等情咨駁去後。據該撫拏獲黃仔信到案，遵駁訊明黃仔幅帶同翁青英從後門逃逸，千得基等敲門益急，黃仔信等先後出看，問明情由，喚令葉氏開門出見。葉氏答稱黃仔幅等逃走，千得基等不依，向葉氏要人，黃仔信等勸説，徒向聾婦吵鬧無益，不如速往追趕。千得基等疑護村斥，黃仔信等分辨，千得基等混罵，並用木棍向毆，黃仔信奪棍毆傷千得基右太陽連右眉。千得基拾石，黃仔信毆傷其偏右並戳傷左右耳根。翁賢忠幫護，黃仔本、任阿牛各拾柴棒幫同黃仔信向千得基亂毆，致傷其鼻梁下唇吻、左肩胛、兩腋胑、右腆瞅、左手背、左手連手指並項頸、左臂膊、左胳肘、左右手腕、右手背倒地，磕落門牙半個。因係黑夜，何人毆傷何處並未看清。黃仔本亦用木棒將翁賢忠毆傷等情，審供不諱。將黃仔信依共毆律擬絞。翁青英比依姦夫自殺其夫，未婚妻果不知情例擬流等因具題。復經刑部查，千得基身受各傷，訊係亂毆，不知下手先後、輕重，惟黃仔信係屬初斗，應以擬抵。千得基雖係例應捉姦之人，第黃仔信釁起趨勸，與拒捕不同，應按共毆本律問擬。翁青英因姦致未婚之翁千得基被殺，翁媳名分已定，較本夫爲重，應照子婦犯姦致翁被殺本例科斷。該撫將翁青英比例擬流，引斷仍未允協，應即更正。除黃仔幅仍依和誘爲首例擬軍，黃仔本擬杖，任阿牛緝獲另結外，黃仔信合依共毆人因而致死者絞律擬絞監候，秋後處決。翁青英應改依子犯姦父母被人毆死者絞決、子婦有犯與子同科例擬絞立決。聲明翁青英究係尚未過門之媳，可否援情量減之處，恭候欽定。倘蒙聖恩準予改爲絞候，該犯婦恭逢光緒二年七月初四日恩詔，係因姦致翁被人毆死不準援免，酌入秋審緩決辦理云云。奉旨：「翁青英改爲應絞，著監候，酌入秋審緩決。黃仔信依擬應絞，著監候秋後處決。餘依議。欽此」云云。

秋讞須知 卷五

查筆一

此編本係本未成之書，其中不妥之處，須大加刪改，請諸公細核。家本自記

查筆總論

凡案中罪名或頭緒繁多，或界在疑似，必須查核而後明顯者，加用查於律牌之前，以醒節目。兹撮舉其目於左，其有尋常不經見而須用查筆者，臨時酌用。

一、無心干犯而有關服制、倫紀、名分者。

一、有服親屬應照凡人科斷者。本宗外姻。

如恩義已絶律應離异之類。

一、同族無服應同凡論者。

一、有親無服應同凡論者。姊妹、夫妻、兄弟之類。

如用服盡相毆律牌則不用查筆。

一、二罪從一者。

一、二罪從重者。一犯罪在徒流以上，杖罪以下不用。

一、共毆下手傷重者。

一、共毆臨時故殺者。

一、共毆各斃各命各科各罪者。

一、共毆致斃一家二命以上各科各罪者。

一、聚衆共毆分別首、從者。
一、獨自斃命應問共毆者。
如釁起糾毆，或有人在場助勢，及幫同携按之類。
一、傷非一人應問斗殺者。
如斗不同場之類。
一、威力主使斃命者。
一、亂毆罪坐原謀初斗者。
一、戲殺暨跌磕致死已有争斗情形者。
一、火器誤斃旁人者。
一、用槍抵格按故殺問擬者。
一、震動火機按斗殺問擬者。
一、鐵銃殺人者。
一、共毆案内有傷輕之餘人病故者。
一、捆縛在毆有重傷之後應照斗殺共毆問擬者。
一、各項擅殺罪人。界在疑似。
凡引罪人不拒捕及罪人已就拘執而擅殺律牌者，比須加查筆，如引擅殺本例者不用。
一、各項罪人拒捕。
一、搶竊殺傷各拒各捕者。
一、死不以罪人論者。情近拒捕而問謀、故斗毆。
一、致斃罪人以凡論者。案類擅殺而問謀、故斗毆。
一、彼此均係罪人。
一、親屬相盗不照擅殺科斷者。

一、搶竊應計贓者。
一、罪人斃命以凡論者。
一、毆非本管官。
一、僧尼致斃違例所收之徒者。
一、儒師、匠藝、師弟有犯殺傷者。
一、復讎殺人。
一、瘋病殺人。
一、幼孩殺人應抵者。
一、犯罪自首得免所因者。
一、致斃殺人正兇應抵不應抵者。
一、殺人後另釀一命律不加重者。
一、犯罪至死無可復加者。
一、救親而非勢在危急者。
一、斬絞罪犯在獄、在途脱逃被獲者。
一、軍遣各犯越獄脱逃被獲者。
一、罪囚遇變守法未動者。
一、罪囚因變逸出者。
一、犯罪脱逃二三年後就獲者。
一、辜限未滿身死者。
一、受傷抽風身死者。
一、殺人後毀棄屍身及攫取財物者。
一、屍傷無憑據供定擬者。

一、蒙古地方犯事用刑律者。

一、蒙古例無明文用刑律者。

一、男子拒姦確有證佐及據供定擬者。

一、外國地方犯事仍用中國律例者。

一、律無專條比附定擬者。

一、律無加重明文仍按本律者。

查筆有不必用者

無服而有尊卑名分，至死應同凡論者，用律牌。

謀殺無服族伯。

並無主僕名分雇工。

姦盜罪人與律例符合者。

致斃多命案内有律不應抵者。止叙應抵各命。

查筆服制

查梁正簡致傷胞叔梁鶴山身死，核其情節，傷由誤中，死出不虞，尚非有心干犯，惟係胞叔，服制攸關。仍應按律問擬。

服制均用此式。

胞伯　期親叔伯母　小大功服叔伯

小大功服兄　胞兄

小大功叔祖

勘語

傷由撲奪（致戳、誤碰）。　傷由（抵格、跌磕），死出不虞。

傷由救父母情切。　戳毆、扎、砍、踢。由救父母情切。

傷由奪刀矛自戳。　被毆掙扎，傷由帶跌。

死者罪犯應死，砍由救父母情切。

傷由被毆抵格。　被毆情急，搪抵適傷。或曰抵格一傷。

死者逞兇犯尊，傷由救父情切。

毆由迫於父命。　傷由抵格，死係因風。

傷由帶跌致戳。或云傷由帶跌誤戳，死出不虞。

傷由失跌致磕。　毆由迫於尊長之命。

死係犯姦尊屬，殺由被逼免從。

推由救父母情切。　死者罪犯應死，毆由迫於父母命。

厶由救護情切。　被毆情急，抵格適斃。

毆由迫於父母命，被逼免從。

傷由捕賊誤砍。

釁起疑賊，傷由誤戳。或云傷由疑賊誤戳。

死者逞兇犯尊，毆由被逼免從。

被按掙脫，死因失跌落塘。

傷由帶跌跪壓。

被逼免從，毆止一傷。

死者逞兇犯尊，傷由護兄架格。
砍殴由瘋發無知。
救親情切，嚇戳一傷。
戳由救父情切，實係勢在危急。
被毆掙脱逃避，傷由自行跌磕。
死者黑夜行竊，傷由捕賊誤毆。

查筆 服制過失殺

過失殺夫。

查王氏因衣服被鼠咬爛，用砒末做餅，置放衣包旁，誘鼠竊食除害，致伊夫趙三誤食，毒發身死。核其情節，實係耳目所不及，思慮所不到，與過失殺律注相符。惟係伊夫，名分攸關，仍應按例問擬。

又。

查王氏因用砒毒鼠，做餅塞入櫃下，不期被鼠銜出，致伊夫蔡家鎮拾取吃食，毒發身死，核其情節云云。

又。

查李氏因不知伊夫張鼠先用碾盤碾過信末，未經洗刷，誤行推面做餅，給張鼠吃食，致毒發身死，核其情節云云。

又。

查吴氏赴坡鋤地，致鋤頭松脱，豚傷夫應史身死，核其情節，豚由鋤脱，勢難自主，實屬思慮所不到，與過失殺之律注相符。

遇失殺姑及夫二命。

查信氏因不知紙包内係屬信末，掖入袖中，誤行掉落面鍋，致姑韓氏並夫祝小尚同時毒發身死。核其情節，實際耳目所不及，思慮所不到，與過失殺之律注相符。按子婦過失殺夫之母與妻過失殺二罪均應絞決，倫紀攸關，自應按律從一科斷。

遇失殺父。

查趙ㄙㄙ因攙扶伊父趙ㄙㄙ走回，天已昏黑，看視不明，誤被磚塊絆跌倒地，將趙ㄙㄙ帶跌磕傷身死，核其情節云云。

查筆服制違犯教令

媳違犯姑。

查苑氏因摔破瓦盆，被姑任氏訓斥，用言分剖，致任氏觸發痰病，用刀自戕身死，雖無觸忤重情，究屬違犯教令，自應按例問擬。

子媳同違犯。

查劉如東並妻徐氏因母留氏令伊另做面餃吃食不給，致留氏氣忿自縊身死，雖無觸忤之事，均應按例問擬。

嗣子。

查嗣子於嗣母有犯與親子同。程四因伊母趙式不允換衣，輒敢分辯，致趙氏氣忿自縊身死，雖無觸忤云云。

追殴失跌。

查余泳仟因與陳氏口角，經母尹氏斥責，畏懼跑避，雖無觸忤重情，究屬違犯教令，其致尹氏追殴失跌身死，即與抱忿輕重無异，自應比例問擬。

趕殴失跌，痰壅氣閉。

查孔氏因姑張氏斥伊做鞋不合式樣，向殴走避，雖無觸忤重情，究屬違犯教令，其致張氏趕殴失跌、痰壅氣閉身死，即與抱忿輕重無异，自應比例問擬。

違犯教令致伊姑被伊堂兄共殴身死，比例問擬。

查張氏身受各傷，惟後被崔添孴踢傷左肋爲重，應以擬抵。崔氏不聽伊姑張氏教訓，已屬違犯教令，嗣因求借谷米未允，致張氏被崔添孴等共殴傷身死，亦應比例問擬。

查劉振江並妻梁氏因私自定期搬家，未向嗣母楊氏先行告知，致楊氏氣忿自縊身死，雖無觸忤重情，究屬違犯教令，均應按例問擬。光十五。

查筆因姦盜致父母被殺

因盜致縱容之父被人毆斃，即時砍斃毆死伊父之人。

查周某並不知王某係事主邀往搜捕之人，其見王某將伊父周某毆傷身死，即時將王某砍斃，律得勿論。惟因竊致縱容之父被人毆斃，應按例問擬。

因姦致縱容之姑與夫被殺。

查李氏因姦致縱容之姑方氏被人毆死，罪應擬絞，其因姦致縱容本夫方及被姦夫謀殺，並不知情，係屬輕罪，自應從重問擬。

查殷氏係王氏之女、馬希汶之媳。王氏縱容殷氏與王焜獻通姦，係屬罪人，馬希汶將其致斃，應按擅殺科斷。殷氏因姦致王氏被殺，亦應比例問擬。咸八，山東。

查筆妻釁起口角並無逼迫情狀致夫輕生自盡

查陳氏因收豆遲慢，被夫張㳒向斥分辯，致張㳒追毆失跌，自行戳傷身死，例無治罪明文，自應比例問擬。

查吕氏因夫李惠連酒醉回歸，口解争鬧，並將其咬傷，致令李惠連服毒身死，尚無逼迫情狀，自應按例問擬。

查筆律牌下聲明

查錢厶厶用㯶向伊女毆打，伊父錢厶厶向前攔阻，誤被㯶脚碰傷，實非意料所及，核與樊魁之案情節相符，既據該撫於疏内聲請，相應照例援案，恭候欽定。

查胡添瑞因向伊妹争毆，以致誤傷伊父，尚非有心干犯，並據伊父胡厶厶供稱，胡添瑞乎素孝順，尚無忤逆情事，核與樊魁之案情節相符，既據云云。

查林縮係屬淫惡蔑倫罪人，林植激於義忿將其毆傷身死，並非無故逞忿干犯，與致死尊長情輕之例相符，既據該撫隨案聲請，相應照例聲明，可否將林植改爲斬監候之處，恭請欽定。

惟查劉亞海因見李亞攜同子李亞敬將伊父劉某毆打揿按落水，實屬事在危急，劉亞海情切救護，因將李亞敬砍戳斃命，例得減流。其因李亞攜向伊撲毆，將李亞攜戳傷身死，例應絞候。揆之二罪俱發以重論之義，若將劉亞海即予繯首，似與尋常毆死一家二命之案無所區别，相應援例聲請，可否將劉亞海改爲監候之處，恭候欽定。似可删繁就簡。

聲叙量減

惟該氏經伊翁訓斥後，並未與姦夫見面，至伊翁被殺，實非意料所及，可否量減爲絞監候之處，恭請欽定。

惟莫氏於伊夫被殺後，即向夫兄告知，將吴老鳶指拏到官，尚有不忍致死其夫之心，相應照例夾簽，恭候欽定。

徐氏合依姦夫自殺其夫姦婦雖不知情絞律擬絞監候，核其情節，尚有不忍致死其夫之心，應照例夾簽，恭候欽定。咸十。

惟核其情節，死者自願畢命，渠氏係屬被逼勉從，與聽從旁人謀殺夫堂兄下手加功者不同，情尚可原，應請將渠氏改爲斬監候，秋後處決，恭候欽定。

擬凌遲處死援案聲明，龐桶越究非有心謀害伊兄，且伊兄並無財産妻室，不致有謀害情事，可否減爲斬監候，秋後處決，恭候欽定。光七。

夾簽本有案而無斷，其改監候出自特恩，故舊式查筆如此，近已改夾簽爲雙請，則此門舊式自不合用門，應採新式而删舊。

費二娃、費三娃均合依斗毆殺人監候，並聲明費二娃因見伊父受傷倒地後被瞿得詳按毆。情切救護，應援例兩請候旨定奪。倘蒙聖恩準其減流，事犯在恩詔以前，應累減爲徒。犯父費正友已成篤疾，止有費二娃、費三娃二子同案犯罪，費二娃隨案聲請留養之處，應令該扶飭查明確，取結辦理。

某某合依云云，秋後處決云云。查詹阿添因伊父詹裕被劉定推跌倒地，踏住不能出聲，勢在危急，情切救護，不期致傷劉定身死，應援例兩請，恭候欽定，倘蒙聖恩準其減等，應將詹阿添減爲杖一百流三千里。互毆致斃多命案内。

主使致死小功弟，死者小功弟聽從下手。

查李金榮係李二小小功服兄、李米仔小功服弟。李米仔主使將其致斃，李二小聽從下手，應各按本例問擬。

砍斃小功兄，另斃大功兄妻一命。

查李賢剛砍傷小功兄李賢賓身死，罪應斬決，其姦所登時將大功兄妻陳氏殺死，罪止擬徒，自應從重問擬。

聽從伊母致斃功兄。

查羅子謙致傷大功兄羅永受右耳竅等處身死，係聽從伊母羅氏主使下手，自應按例問擬。

毆死小功尊屬，死者先被胞姪誤傷。

查彭維冬身受各傷，惟後被彭拂沅毆傷左胳肘等處爲重，應照毆小功尊屬本律科斷，其先被彭尚楨誤戳傷左胳肘，尚非有心干犯，惟係胞叔，服制攸關，亦應按例問擬。光十一。

毆死功服尊長，正、餘限外身死，按律擬絞。

查龔埧毆傷大功服兄龔箎左臁肋等處骨損，越七十一日身死，係在破骨傷保辜正限五十日、餘限二十日之外，按毆傷本罪加等律，罪應擬徒，自應按例問擬。

毆傷胞兄正、餘限外身死。因風。

查包棣將胞兄包萼致傷，按照毆傷本律，罪止擬徒。包萼因擦洗血痂，傷口進水潰爛，越五十三日身死，係在他物保辜正、餘限三十日之外，雖與原毆本傷斃命者不同，惟律例並無作何治罪明文，自應仍按因傷身死本例問擬。標首叙出正、餘限外字樣。

謀毆伊兄，身未同行。

查張亭潤糾約馬閏鎖共毆伊兄張元身死，雖未同行，究屬原謀，應仍照毆死兄本律問擬。

查唐植聽從謀殺小功叔母容氏身死，罪應擬斬；其聽從擅殺姦夫李墑身死，係屬輕罪，自應從重問擬。

查崔發故殺胞兄崔湝身死，罪應淩遲處死。聲明改監候。其姦所獲姦，登時殺死伊妻劉氏，律得勿論，自應仍按本律問擬。

查馬泳幅砍傷期親叔母某氏身死，罪應斬決；其致斃伊妻安氏，罪止擬絞，即致斃義子馬保兒標首不叙，亦律不應抵，自應從重問擬。

查張三合掙跌大功兄張全中落崖碰傷左臁肋骨折，越七十四日身死，係在破骨傷保辜正限五十日、餘限二十日之外，按毆大功兄折傷律，罪應擬流，自應按例問擬。光六。

查程尚湖係程東謙戳斃，應以程東謙擬抵。程尚篤係程受賢戳斃，應以程受賢擬抵。程尚潰係被程受玢戳斃，應俟緝獲程受玢擬抵。程東謙係程尚湖小功服弟，訊係有心干犯，應與程受賢各按服制本律分別問擬。咸八。

查筆刃傷期尊

查李幗江刃傷胞伯李定千左胳肘等處平復，訊係奪刀致劃，尚非有心干犯。李定千旋因患病身死，核與本傷無涉，應按例仍科傷罪。

查東長兒刃傷胞叔東作相左胳膊等處平復，訊係被毆情急，抵格致劃，尚非有心干犯。東作相旋與東長兒之妻黨氏口角，懷忿自縊身死，東長兒並不知情，核與逼迫期親尊屬致令自盡者不同，應按例仍科傷罪。

查包林持刀誤傷胞叔包竹子復，罪應擬絞；其戳傷大功弟包塘身死，罪止擬徒，自應從重問擬。

查查國才金刃誤傷胞兄查國富平復，並致傷伊妻黄氏身死，二罪均應擬絞，應從一科斷。

查尹常太劃傷伊胞叔尹啓燕偏右平復，核其情節，傷由誤中，並非有心干犯；其戳傷大功弟尹品禮身死，罪止擬流，自應從重問擬。

查劉老四因被胞兄劉老大用刀亂毆，用手將刀格回，致劃傷劉老大耳垂，尚非有心干犯，劉老大於平復後，因病身死，驗與本傷無涉，應仍按刃傷本例問擬。同十一。

查胡大禮係被胞兄胡大倫砍傷身死，其先被胡洸位戳傷右臀等處，訊因救親情切所致，且係斗不同場，應仍按刃傷本例問擬。同十一。

查筆妻致斃夫尊長

查蔣氏致傷夫胞叔熊瀧河身死，罪應斬候；其致伊夫熊門幅畏累自盡，與子婦謀、故殺人後致翁自盡應擬立決者不同，應仍按本律問擬。

查筆 致斃有服卑幼

胞弟及妻二命。

查杜青山謀殺胞弟狗勝並伊妻李氏各身死，以故殺論罪，均應擬絞，應從一科斷，其將伊子群住致斃，係屬輕罪，應從重問擬。

胞弟及妻二命。

查張鎖故殺胞弟張儀及妻蘇氏各身死，均罪應擬絞，應從一科斷，其將胞侄張樹及伊女張春妮、張蓋妮致斃，均係輕罪，自應從重問擬。

胞姪。

查米匡年已二十八歲，米輔挾仇將其故殺身死，自應按例問擬。死係兇胞侄。

出嫁休回胞妹。

查窩爾納係胡金山胞妹，雖經出嫁，業被休回，例應以在室論，胡金山將其致斃，應仍按期親服制科斷。

胞弟童養之妻，胞弟抱與异姓爲子。

查趙妞係錢大胞弟錢二童養未婚之妻，名分已定。錢二雖抱與异姓爲子，於本宗服制例不降等。錢大將趙妞致斃，應仍按毆死弟妻律問擬。

謀殺大功弟，身雖不行，以爲首。

查王溵業起意謀殺大功弟王溵得身死圖詐，身雖不行，應按服制仍以爲首論。邱老諒聽從加功，應照凡人謀殺爲從科斷。光十三，江西。

查王大隋身受各傷，惟後被王大樹扎傷左肋爲重。王大用亦係被王大樹致斃，均應以王大樹擬抵。王大隋係王大用降服大功胞弟，應以一家論。例無致斃小功服弟一家二命作何治罪明文，自應從一科斷。同十二。

查陳士漢身受各傷，惟後被陳士行砍傷左右脚跟爲重，第陳士行係聽從陳士開主使，應各按服制分別問擬。光十三，湖廣。陳士漢係陳士行小功兄、陳士開小功弟。

查筆降服、本宗外姻

查包柯本係包棣死者。期親服弟，包棣業已出繼，自應依本宗服圖降一等科罪。

查崔孟晟係董安然本生母舅，董安然雖經出繼，例無致斃降服母舅治罪明文，應仍按本律問擬。

查筆毆傷緦兄成篤

毆傷緦兄成篤，擬絞。

查程烈光左眼雖被陳四喜剜瞎，惟後被程接橋剜瞎右眼致成篤疾，應以爲首論。

查筆毆妻

查周玉坤誤傷伊妻張氏身死，例無作何治罪明文，應仍按毆妻至死問擬。光十。

查李氏雖未與劉大領子婚配，惟過門童養，夫妻名分已定，應仍按律問擬。

查蘇文章謀殺伊妻姜氏身死，例内並無治罪明文，按有服尊長謀殺卑幼依故殺法，自應照故殺本律問擬。

查莊來有謀勒伊妻張氏身死圖賴，例無作何治罪明文，應仍按故殺本律問擬。

查陳氏係李長生以禮聘娶，與罷休不同，其將陳氏致斃，應仍按毆死妻本律問擬。光六。

查刀氏係劉幅童養未婚之妻，夫婦名分已定，劉幅將其致斃，自應按律問擬。或删「夫婦」二字。

查趙成青與富妹雖未成婚，惟名分已定，自應按律問擬。

查趙漳故殺伊妻安氏身死，罪應擬絞，其因謀殺伊妻以致誤殺大功弟趙漢身死，罪止擬流，自應從重問擬。

查趙氏與劉四通姦，業向其夫劉大得央求隱忍寢息，劉大得另因口角將其致斃，應仍按毆妻致死問擬。光五，直。

查王氏雖係詈駡其姑罪人，惟其姑並未親告，楊招果將其故殺身死，罪應擬絞。其將伊子女楊緑珠等殺死，從一科斷，罪止擬徒，自應從重問擬。同十二。

查趙拴雖將伊妻安氏休退，惟業經妻父送回完娶，即誆賣亦屬未成，夫婦之義未絕，其將安氏謀殺身死，應仍依故殺妻律定擬。咸十，河。

查張青海兩次寫給伊妻梁氏休書，均因被逼所致，初無賣休之心，與恩義已絕者不同，其將梁氏故殺身死，應仍按毆死妻本律問擬。咸八，奉。

毆死之妻，妻父共毆。

查唐氏身受各傷，惟被楊荃中用棒毆傷顖門骨損爲重，其先被唐思碌毆傷，不至於死，且並非同時，自應以楊荃中按律問擬。咸四。

查筆 妾

查鄒氏因推毆正妻曹氏，致令氣忿自戕身死，律例並無作何治罪專條。或云「文明」。惟妾爲正妻應服期年，自應比照問擬。

查楊氏與朱氏均係徐澤浦之妾，應同凡論。咸八。

查筆 義子

已歸宗義子毆死義父。

查謝萬沅自幼經同姓不宗之謝作舟抱爲義子，撫育長成，配有妻室。嗣謝作舟因生有親子，分給財産，令伊歸宗，並無義絶情狀，有犯應照例以雇工人科斷。謝萬沅因謝作舟拏棍毆打情急，用手抵格，復執棍頭相奪，致碰戳謝作舟身死。核其情節，係由被毆格碰相奪致戳，並非有心干犯。惟死係義父，名分攸關，自應按律問擬。依雇工人毆死家長。

緦麻表弟爲他人義子。

查韓崽係毆五緦麻表弟。雖經柳忻養爲義子，惟例應歸宗，仍應按律問擬。

查範九成係範九如胞伯義子，應同凡論。

查喜個身受各傷，係被徐氏戳傷額角等處爲重。第徐氏聽從陸成隆主使，應以陸成隆爲首擬抵。陸成隆價買喜個爲義女，實圖漁利，並無恩義可言，應同凡論。除徐氏依下手之人律擬流，情節較重，實發駐防爲奴；朱幗全擬杖援免，喜個附請旌表外。

謀死期親義子。

查王承棟係王興娃義父之胞兄，即屬期親尊長；王光華係王興娃義父之大功弟，係屬其餘親屬，例以凡論，其將王興娃商同謀殺身死，應各按本律問擬。王承棟謀殺胞弟義子王興娃身死，王光華下手加功一案，將王承棟、王光華俱依律擬絞。會看得王承棟並堂弟王光華均與王興娃素睦無嫌，王承棟係已革文生，王興娃係王承棟胞弟抱養義子，王承棟合依義父之期親尊長殺傷義子，不論過房年歲，以雇工人論，家長期親毆雇工人故殺者絞律，擬絞監候；王光華合依謀殺人從而加者絞律，擬絞監候，俱秋後處決。

契買義女，意欲賣姦。

查蕭氏誆買幼女陳丫頭，意欲賣姦，並無名分可言，應同凡論。斗殺。

故殺恩養未久義女。

查劉招弟年甫六歲，經劉㦤抱爲義女，恩養僅止兩月有餘。劉㦤將其故殺身死，自應按例問擬。咸十一。此起遇赦改緩。

查李汶致先認崔敦厚爲義子，後經仍歸本姓，應同凡論。咸十。

查李長姑係冉氏抱養未久義女，不得與親女並論。劉和尚與冉氏斗毆，致誤傷李長姑身死，應仍按斗毆誤殺旁人本律問擬。咸四。

查陳三兒係熊茂林恩養義子，雖已歸宗，並無義絶之狀，例以雇工人論；其刃傷熊茂林平復，係在折傷以上，自應按例問擬。光十四，直。

查筆 一案分服制凡人

查厶厶厶謀殺大功服弟厶厶厶身死，應按故殺問擬。厶厶厶下手加功，應以凡人謀殺加功科斷。

因姦謀殺妻，凡人爲從加功。

查金某因姦謀勒伊妻王氏斃命，按律應照故殺科斷。張氏以凡人聽從加功，應照本律問擬。

查謝明亮商同謝剛、王柔將郭仁倫、郭仁紀捆溺致斃，雖郭仁倫、郭仁紀均係謝明亮小功服甥，惟死係期親兄弟一家二命，自應照例問擬。謝剛、王柔聽從下手加功，將郭人倫、郭仁紀捆溺斃命，係各自爲從，應各科各罪。王柔係謝明亮義子，與郭仁倫等並無服制，自應照凡人謀殺加功律科斷。謝剛係郭仁倫緦麻表兄，應按服制依爲首之罪減等問擬。

查筆服制同凡本宗

查ㄙㄙ係ㄙㄙㄙ無服族，ㄙ應同凡論。

族曾祖　族祖　族伯　族叔　族兄

族弟　族侄　族侄孫　族人

查ㄙㄙㄙ與ㄙㄙㄙ同族無服，應同凡論。

查ㄙㄙㄙ身受各傷，惟後被ㄙㄙㄙ□傷□□爲重，應以擬抵。ㄙㄙㄙ係ㄙㄙㄙ無服族□，應同凡論。

查趙氏係陳立得小功叔祖陳玉禾之妾，並無服制。陳立得雖繼與趙氏之子陳長舉爲嗣，惟陳長舉四歲夭亡，例不準立後，陳立得即不得爲趙氏之孫，其將趙氏謀斃，應同凡論。

本宗同凡各項

大功兄妻　小功兄妻　緦麻兄妻

族兄妻或云無服族兄之妻。

弟妻各項服制。毆兄妻致死者不用查筆，以律牌有明文也。

童養弟妻　族侄婦或云族侄之妻。

無服族祖母

兄妾

夫大功弟　夫緦麻小功弟　夫族弟兄

夫族侄

夫小功兄妻

夫族人之妻
退婚之妻
家長之媳　家長前妻之女
查鄭同係段蟻得堂姊夫，郭氏係段蟻得緦麻兄妻，均應同凡論。段蟻得謀殺鄭同、郭氏俱傷而未死，二罪均應擬絞，應從一科斷。
嗣祖之妾。
查孟氏係劉鈺嗣祖之妾，並未生有子女。劉鈺將其致斃，例無治罪明文，自應比律問擬。同十二。比依妻之子毆父妾至死依凡人論斗毆者絞律。
查王瑞發生與緦麻兄妻吴氏通姦，嗣因不肯同逃，將其故殺身死，例無加重治罪明文，應按凡人本律問擬。同十。

查筆有親無服

查ㄙㄙ係ㄙㄙ妹姊夫，或云「胞妹姊之夫」。應同凡論。或加「有親無服」句。
查李紹碌係王滐胞姑之夫，有親無服，應同凡論。
外姻同凡各項
妻弟兄　妻堂弟兄
堂妹姊之夫　堂妹姊之子
堂姨之夫　堂姨之子
夫堂姑之子　堂母舅之子
已故繼母之弟兄
堂姑表兄之妻並無服制
前母胞侄

已嫁嗣母堂弟
胞妹之翁　胞妹之侄
兄妻之母　弟妻之父
妻父之侄　妻祖父有親無服
本生外祖過繼曾孫
查蕭祖葆係張望汰妹夫，應同凡論。張望汰聽從將其謀斃，自應按例問擬。張六秀因姦致夫蕭神葆被殺並不知情，亦應按律科斷。光十五。
查黄幅係張莛榮妻父之侄，並無尊卑名分。張莛榮行竊將其推斃，自應按例問擬。咸十。
別項同凡
胞伯義子　堂兄收養義子　族人義子
伯母某氏抱養之子　小功兄養子
胞伯後妻隨帶撫養之子　兄乞養義子
養女之婿　胞兄義子之妻
繼父出嫁胞妹
買休妻前夫之子女
查陳哈莊係裴七義子之婿，並無服制，且被驅逐義絶，應同凡論。
查吴研仔係楊光友妻前夫之子，雖與楊光友同居，惟係故殺，律以凡論。誤殺。歸宗後母死，先曾同居繼父續娶之妻。
查張正彛係張中受胞伯後妻隨帶撫養之子，並無服制，應同凡論。
查禹氏係黑來兒先曾同居繼父於發詳繼娶之妻，黑來兒早經歸宗，與禹氏並無恩義，應同凡論。

查筆義絶同凡

圖姦謀殺子媳。

查高某向子媳何氏圖姦，翁媳之義已絶，其將何氏謀殺，應即照凡人謀殺定擬。

逼勒賣姦，故殺子媳。

查施氏因逼勒子媳俞氏賣姦不從，將其致斃，恩義已絶，應按凡人故殺本律問擬。

擅殺調姦子婦之翁。

查段乾模調姦子婦鐘桂姑，翁媳之義已絶。鐘文富係鐘桂姑之父，即有應捕之責，其將段乾模致斃，應照擅殺問擬。

擅殺義絶妻父。

查杜魁元雖係汪沅魁妻父，惟逼令伊妻賣姦，翁婿之義已絶，汪元魁將其致斃，應照凡斗問擬。

查李氏雖係李兆山之妻女，惟伊妻業經離异，已與李氏義絶，應同凡論。

查黄氏雖係劉奎妻母，惟縱容伊妻張氏與人通姦，復教令逃走，恩義已絶，劉奎將其砍傷身死，應照擅殺罪問擬。

查崔開富雖係穆氏緦麻女婿，惟穆氏因欲價賣伊女，將其毒斃，恩義已絶，應照凡人謀殺問擬。光六。

查閻氏係杜元休回改嫁之妻，恩義已絶，應同凡論。

調姦子媳未成，將其致斃。

查李存向子媳李氏調姦未成，將其致斃，翁媳之義已絶，應同凡論。調姦未成毆死本婦，例内並無作何治罪明文，自應比例問擬。光三。

聽從賣休之妻謀殺前夫。

查周文朝因傅元歸與其妻張氏通姦，將張氏賣休傅元歸爲妻，恩義已絶。傅元歸聽從張氏謀殺周文朝身死，應照凡人謀殺科斷。

查賓雲身受各傷，惟範氏戳傷額角爲重，第範氏係聽從勞苗主使，應以勞苗爲首擬抵。勞苗價買賓芸爲義女，實圖漁利，並無恩義可言，應同凡論。

查王氏雖係卜汝淋妻母，惟縱容卜汝淋之妻崔氏犯姦，復與崔氏聽從姦夫將卜汝淋謀死，下手加功，恩義已絶，應同凡論，與崔氏各按律例分別問擬。咸十。

查謝金堯因强姦子媳朱氏不從，輒行毆傷，實屬滅倫傷化，翁媳之義已絶。朱逢均係朱氏小功服堂叔，出嫁降服緦麻，其將謝金堯毆扎致斃，係屬激於義忿，自應按例問擬。咸四。

查筆 律應離异

苟合成婚。

查姚潰紹與王氏苟合成婚，律應離异，王氏將其謀殺身死，應仍按本律問擬。

知情買休。

查滕氏係楊祚沅知情買休之妻，律應離异，其因與何承銀通姦，聽從謀毒楊祚阮身死，與因姦同謀殺死本夫不同，應按凡人謀殺加功本律問擬。

苟合成婚。

查牟氏係魏二娃仔苟合成婚之婦，律應離异，牟良有商同牟氏將其謀殺身死，應仍照謀殺本律問擬。

先姦後嫁。

查黃東來商同黃氏等謀殺董定麟身死，董定麟係黃氏先姦後嫁之夫，律應離异，應按凡人謀殺加功各本律問擬。

與族弟妻成婚。查李潰汝與族弟妻樊氏成婚，律應離异，其因樊氏另嫁，糾衆搶奪，致將幫捕之喬廣詳放槍拒傷身死，按鳥槍殺人及罪人拒捕殺人二罪均應擬斬，應從一科斷。光十二。樊氏照律離异，斷歸後夫完聚。

本生祖苟合成婚之妻。

查翟氏係王毓桐本生祖父王效常苟合成婚之妻，律應離异，王毓桐將其致斃，應照凡斗問擬。

查熊文詳與張氏苟合成婚，律應離异，李幺皮與張氏通姦，商同將熊文詳謀斃，與因姦殺死本夫不同，應按凡人謀殺本律問擬。

查符樫南知情買休曾氏爲妻，律應離异，其將曾氏致斃，應照凡斗問擬。

查苑民望係藍氏買休之夫，律應離异，應同凡論。

查燕氏係欒濟小功兄妻，後與欒濟苟合成婚，律應離异，其將欒濟致斃，應照斗殺科斷。

查王殿奎身受各傷，惟被王占魁槍傷左額角爲重。王殿奎搶奪陳氏雖係罪人，第陳氏係王占魁知情買休之人，律應離异，本無應捕之責，其將王殿奎致斃，仍應按本例問擬。

查朱承澐將妻黄氏典與陳友財爲妻，係屬罪人，此句當云「律應離异」。陳友財商同黄氏將其謀斃，與因姦殺死本夫不同，應仍按凡人謀殺各本律問擬。

查胡氏係張文貴知情買休之妻，律應離异，其商得胡秀榮將張文貴謀殺身死，應按凡人謀殺科斷。

查李氏係範基汶之範培芳買休之妻，律應離异，其聽從謀殺範基汶身死，應照凡人科斷。咸八。

查李有庭係傅氏自行主婚招贅爲夫，並無主婚媒證，律應離异，不得以夫妻論。此句可删。其向宋春觀奪刀回戳，致誤傷楊四童身死，即不得以捉姦誤殺旁人論，自應仍按本律問擬。咸四。

查何氏係邱其豐知情買休之妻，律應離异，其因與饒藍青通姦，商同將邱其豐謀斃，與因姦同謀殺死本夫不同，應仍按凡人謀殺本律分别首、從問擬。光十五，何氏造意，饒藍青加功。

查王氏係方㦎蕣買休之妻，律應離异，其因姦謀毒方㦎蕣身死，應仍照凡人謀殺本律問擬。光十五。加功之姦夫病故。

查吴怔建因與李氏通姦，商同李氏謀殺王沅禾身死。李氏係王沅禾買休之妻，律應離异，均應照凡人謀殺科斷。

同二，川。

查筆 親屬相盜

查王朝鳳竊取族叔王紅葉塘水灌田，係親屬相盜。王紅葉將其致斃，例不照擅殺科斷，應仍按斗殺本律問擬。

查劉興亮身受各傷，惟後被劉家森戳傷左耳根爲重。劉興亮行竊族叔劉家森衣物，係親屬相盜，劉家森將其致斃，例不照擅殺科斷，應仍按共毆本律問擬。

查李小黑行竊族侄李祖汶家，係親屬相盜。李逢濱因支更幫捕，將其致斃，例不照擅殺科斷，既有李祖汶在場同按，仍應按共毆擬抵。

查徐小剛向族侄徐導棟借貸不遂，放火燒毀房屋，係親屬訛詐，徐導棟將其致斃，例不照擅殺科斷，應仍按斗殺本律問擬。

查呂起妮係呂剛妮族叔呂朝宗義子，並無尊卑名分，呂剛妮行竊將其拒斃，自應按例問擬。呂剛妮合依無服卑幼竊盜尊長財物，殺傷並無尊卑名分之人，以凡人殺傷與親屬相盜各本律相比從其重者論謀殺人者斬律擬斬。

查王雲吉行竊小功服兄王雲升地內高粱，係親屬相盜，王雲升將其致斃，雖因其叠竊爲匪，玷辱祖宗起見，惟訊據王雲吉尚有母在，王雲升即係疏遠親屬，不準減等，亦不得照擅殺科斷，應仍按本律問擬。

謀殺行竊緦麻服姪，犯父尚在，按疏遠親屬定擬。

查彭厶行竊彭妮胞兄牛只，惟彭厶係彭泥緦麻服侄，彭泥等將其謀斃，例不以擅殺科斷，即因其爲匪玷辱，而彭厶之父彭萬金尚在，彭泥等應以疏遠親屬論，自應仍按例分別問擬。

查平氏行竊裘雲稻谷，係親屬相盜，裘雲將其致斃，例不得照擅殺科斷。平氏係裘雲小功弟妻，並無服制，應同凡論。

查孫崽仔行竊孫幹之母張氏布衫，係親屬相盜，孫幹將其致斃，例不得照擅殺科斷，應仍按服制本律問擬。

查李機行竊李三鷄只，係親屬相盜，李三將其謀殺身死，李四聽從下手加功，例不得照擅殺科斷，應各按服制本律問擬。

查胡氏行竊夫族弟朱有畛田禾，雖屬罪人，胡光成受雇看守，亦有應捕之責，惟係親屬相盜，例不得照擅殺科斷。

查李元萬雖係窩賊罪人，惟李厚得係李元萬族侄，其將李元萬致斃，例不照擅殺科斷。

查李河漢挾嫌放火，個屬罪人，惟係李紹雲緦麻服兄，李紹雲將其致斃，例不照擅殺科斷，仍應按本律問擬。

查張義雖屢次强拉張仁牛只勒贖，惟係親屬訛詐，向不以罪人論。張仁將其致斃，應仍按斗殺本律問擬。

查趙辰身受各傷，惟後被錢已砍傷左肋爲重。趙辰糾搶無服族叔棉被等物，係親屬搶奪，錢已將其共毆致斃，例不得照擅殺科斷，應按本律擬抵。

查楊亦泮身受各傷，惟後被楊慶沅毆傷心坎爲重。楊亦泮係楊慶沅緦麻服叔，楊慶沅因楊亦泮挖空行竊，將其毆傷致斃，係尊長犯竊致有殺傷，雖係犯時不知，仍應按服制本律問擬。

查黎添信行竊族人黎光舉家猪只，係親屬相盗。黎天指經黎光舉邀往查尋，將黎添信致傷落河身死，例不照擅殺科斷，應仍按斗殺問擬。

查吴百桃因族弟吴百海圖竊鄰居族弟吴百江家，幫同追捕，將其共毆致斃，係親屬相盗殺傷，例不以擅殺科斷。

查張漢杰身受各傷，惟被張金幅致傷左骽肚等處爲重。張漢杰係張金幅無服族弟，張金幅因張漢杰盗伐祖墳樹木將其致斃，例不照擅殺科斷，應仍按親屬相毆本律問擬。咸十。

查李憖隨同伊父搶奪緦麻服弟李際昂家錢物，係親屬相盗，其因李際昂事後向斥，將其故殺身死，應仍按親屬相毆本律問擬。咸八。

查筆 親屬相盗以凡論

查楊掌城行竊無服族叔楊誠庫小米，將楊誠庫拒傷身死，按卑幼竊盗尊長財物殺傷尊長者以凡盗殺傷論，應照竊盗拒捕殺人科斷。

查顧雙僖糾竊李氏衣物，計贓二百九十五兩零，其於夥賊臨時行强拒殺李氏身死，訊不知情，仍應以竊盗爲首論。李氏係雇雙僖族叔母，素有周卹，雇雙僖輒敢糾竊肥己，應照凡人竊盗科斷。

查厶厶厶行竊胞兄厶厶厶錢物，係親屬相盗，其將厶厶厶之妻厶氏謀殺滅口，按卑幼竊盗尊長財物殺傷並無尊卑名分之人各就本律相比從其重者論，應照凡人謀殺科斷。

查厶厶厶身受各傷，惟後被厶厶厶首犯。戳傷左肋等處爲重，應以爲首論。厶厶厶係厶厶厶從犯。無服族叔，厶厶厶幫毆刃傷，按同姓服盡親屬相毆罪止擬徒，自應從重，依據捕殺人爲從科斷。

查張六行竊拒傷無服族叔張濶興身死，按竊盗拒捕致斃事主罪應擬斬，並照同姓服盡親屬相毆至死罪止擬絞，自應從重問擬。

查曹雙行竊無服族兄曹謙家，將曹謙拒傷身死，係卑幼犯尊，應從重照拒捕科斷。

查楊猪巴糾行竊族兄楊沅洸堂叔母向氏家牛只，因被楊沅洸事後搜捕，將其戳傷身死，按竊盜拒殺捕人罪應擬斬，並照同姓服盡親屬相毆至死罪止擬絞，應從重問擬。

查曹才遂行竊族侄婦英氏家銀物，係親屬相盜，其將英氏謀殺身死，例不照拒捕科斷，應仍按凡人謀殺本律問擬。光十三，江西。

查李篤篤行竊拒傷族兄李雪雪身死，係親屬相盜致斃尊長，應從重按凡盜拒捕問擬。光六。

起意行竊族叔，從犯臨時起意謀殺事主滅口。

查劉馬行竊無服族叔劉懷讓牛只，聽從謀殺劉懷讓滅口，幫同用刃砍傷，係以卑犯尊，按凡盜拒捕殺人爲從幫毆刃傷，與謀殺加功罪名同一絞候，應仍按拒捕殺人本例問擬。同十二。首在逃。

查筆 僧尼、匠藝等、儒師

僧。

查慶詳年未四十，違例收受憘孜爲徒，例應還俗，其將憘孜致斃，應按凡斗問擬。

僧。

查杰淋身受各傷，惟後被紅修搭傷咽喉爲重，且係臨時起意故殺，應以擬抵。紅修年未四十，違例收杰淋爲徒，例應還俗，其將杰淋致斃，應按凡人故殺本律問擬。

儒。

查宋鳴歧雖係吕椿義業儒弟子，惟吕椿義因口角争毆，輒用刀將其砍傷身死，係屬非理毆殺，應照凡斗問擬。

道士。

查孫誠幅係崔伸城師叔，應同凡論。

查宋性全雞姦鄧十郎係屬罪人，程尚義係鄧十郎之師，遇有殺傷應照大功親科斷，即係例得捉姦之人，其將宋性全毆斃，自應按例問擬。

查李三身受各傷，惟被耿之雨毆傷右手腕爲重。李三圖姦伊弟子王從係屬罪人，耿之雨與王從將其毆傷身死，律例並無治罪專條。第師弟有犯例照期親科斷，自應比例問擬。

查真詳身受各傷，惟後被心悦扎傷胸膛爲重，真詳姦拐伊徒泳詳弟子雖係罪人，第心悦等均係違例收徒，其將真詳致斃，應仍按凡人共毆本律問擬。

查廣新係源順年未四十招收之徒，應同凡論。

查李鱗隨田滐學習未成，不得以弟子論，田滐將其致斃，應按凡斗問擬。

查劉佳庚戳傷劉鍾毓身死，核其情節，傷由誤中，死出不虞，尚非有心逞兇干犯，惟係受業師，名分攸關，仍應按律問擬。光六。

查心才與廣㥶並非師徒，應同凡論。咸八。徒孫。

查姚從發教習王鎖兒學唱，係屬賤技，與百工技藝不同，其將王鎖兒毆傷致斃，應照凡斗問擬。咸四，奉。

查佘沅應雖掩拜沈士進爲師，學習道士藝業，惟習業未成即行辭回，不得以弟子論。其將沈士進故殺身死，應仍照凡人問擬。光十五。

查筆 良賤相毆

查慶發係族下墳丁，查明不應居官考試，其將民人王泯致斃，自應照良賤相毆本律問擬。

查筆 致斃官弁

查黃青湘身受各傷，惟後被解夢年戳傷咽喉爲重，應以擬抵。黃青湘雖係營弁，惟解夢年係疑賊邂逅致死，自應按例問擬。

查聶凌雲謀殺巴彥身死，巴彥並非聶凌雲本管官，照凡人謀殺，罪應擬斬，其謀殺常幅等傷而未死，罪止擬徒，自應從重問擬。同三，奉。

查筆 謀故

查楊老幺謀殺樊老三身死，罪應擬斬，其謀殺朱小青傷而未死，罪止擬絞，應從重問擬。

查許阿憘左目成廢，查小陳身受各傷，惟後被裘阿灤翦斷咽喉爲重，且係臨時起意故殺，應以擬抵，其戳瞎許阿憘一目，係屬輕罪，自應從重問擬。

查張誠興誘拐遂姐已成，復起意將其致死滅口，律例並無作何治罪專條，應仍按謀殺本律問擬。

查賈三拐騙史四兒錢文，初無害人之意，其事後謀殺傷而未死，與圖財謀命不同，應仍按本律問擬。

查范氏因姦商同姦夫王啞吧並伊女左氏謀殺孫立葉身死，孫立葉雖係范氏女婿，惟恩義已絶，應與王啞吧等按律分別問擬。左氏依妻因姦同謀殺死親夫凌遲，范氏依謀殺人造意斬，王啞吧依因姦同謀姦夫斬。

查張得增謀殺胡淦海身死，罪應擬斬，其姦通緦麻表弟之妻係屬輕罪，應從重問擬。

查馬得昶、馬禿仔係屬父子一家，於萬將其謀殺各身死，自應照例問擬。於三聽從下手加功，律例並無加重明文，應仍按本律科斷。

查張五苟謀殺修氏並故殺林雪苟各身死，係屬夫婦一家二命，自應按律問擬。謝俎恩聽從謀殺修氏一命，下手加功，亦應按律科斷。

查張桂枝與熊廣孺通姦，被甘氏撞見，聽從熊廣孺將甘氏誘往强姦，復將其謀殺滅口，下手加功，律例並無加重治罪明文，應仍按謀殺加功本律問擬。

查馬老三雖與姦婦曾氏商謀同死，惟並無自戕傷痕，其因曾氏自願畢命，聽從下手拉勒致斃，應仍按本律問擬。

查唐玉潰將蕭小鳳誘拐同逃後，聽從買藥，致令服毒身死，律無作何治罪明文，自應比例問擬。

查姚士國謀殺誤殺族兄妻蔡氏身死，同凡人論，罪應擬斬，其謀殺大功弟妻張氏傷而未死，罪止擬絞，應從重問擬。

查孫丙謀毒伊妻渾氏傷而未死，罪止擬流，其誤毒梁受身死，罪應擬斬，自應從重問擬。

查余文彩謀殺張氏身死，罪應擬斬，其謀殺戚濚傷而未死，罪止擬絞。薛氏因姦聽從謀殺正妻張氏身死，罪應凌遲處死，其聽從謀殺家長戚濚傷而未死，罪止斬決，均應從重問擬。

查厶厶厶係被厶厶厶臨時起意故殺，應以擬抵。

查許厶厶係被林厶厶謀勒致斃，許串係被廖厶厶謀勒致斃，係各自起意，應各以爲首論。董厶、江厶均聽從幫同下手，應各按爲從幫同刃傷問擬。

查李氏議立李寶貝爲孫，並未立有繼單，即無名分可言，李氏將其搭傷身死，應照故殺問擬。

查某人身受各傷，惟被某人毆傷某處爲重，且係臨時起意故殺，應以擬抵。

查王泳山商同吕六十二謀殺王四小身死，復將其錢文衣物俵分，訊因王四小糾竊分贓不均起衅，與圖財謀殺良人不同，應仍按謀殺本律分別問擬。王泳山謀殺王四小身死，吕六十二下手加功一案。

查季瀛洲商同金開筅謀殺江氏身死，江氏係金開筅兄妾，應同凡論，均應按律問擬。

查已死李禾、高議、李勝並非一家，馬二聽從郭二謀殺李禾、高議各身死，下手加功，二罪均應擬絞，其聽從謀斃李勝，並未加功，罪止擬流，應按重罪從一科斷。馬二等雖係行竊罪人，惟非李禾等差緝正犯，其將李禾等致斃，向不以罪人拒捕論，仍應照本律問擬。光五，山東。

查曹三修因圖占魏初之妻李氏爲妻，起意將魏初謀殺身死，例無加重明文，應仍按本律問擬。光六，河。

查關庭幅向薛馬妮等訛借錢文，訊係偶然挾詐，向不以罪人論，其聽從將關庭幅謀斃，應仍按本律問擬。光三。

查胡氏縱女與儲枝枚通姦，起意將未婚女婿白百鎰謀斃，身雖未行，應同凡人以爲首論。儲枝枚因姦聽從謀命，胡枝連下手加功，應各按本律例問擬。同十二。

查寶居兒毆傷田一程後，將其拕棄井内裝作自行投井，致令被淹身死，核與故殺無異，自應按律問擬。同十，陝。

查劉二誣指王二等行竊，係被事主查問隨口混推，與誣告到官者不同，王二商同孫二將其謀斃，應仍按本律問擬。同十二。

查二王、二吴與封家俱係行竊罪人，二王商同謀殺封家身死，按凡人論，罪應擬斬，其另犯聽從挖瞎捕役兩眼，並夥竊一次，均係輕罪，自應從重問擬。二吴聽從謀命下手加工，亦應按律科斷。至事後分用封家衣物，訊係乘便攫取，初無圖財之心，應仍各按本律問擬。同十二。

查周小羊行竊周名奎麥子，業經伊父賠還寢息，其將周名奎謀殺身死，訊因借貸不遂起衅，與竊盗事後拒殺事主不同，應仍按謀殺本律問擬。同十二。

查李城法雖娶王氏之女高氏爲妻，惟高氏夫出數月，輒行改嫁，律應斷歸前夫。王氏與李城法並無服制，鄭小勤與高氏通姦，早經斷絶，且李城法應與高氏離異，即與本夫不同，王氏商同鄭小勤將李城法謀斃，應均按凡人謀殺科斷。咸七，山西。

查王來賓强姦子婦董氏未成，係屬罪人。董學係董氏胞弟，其起意商令王來賓之子王志善將王來賓謀殺身死，以致陷人逆倫，情節較重，未便照有服親屬非登時擅殺之例問擬絞。若照逆倫案内助逆之犯加擬立決，又與死係平人者無所區別，自應仍照謀殺本律問擬。咸元，河。

查筆 圖財害命

查舒繼茂、徐薈沅並徐禾菁等聽從圖財謀殺陳承武身死得財，舒繼茂等並未加功，均罪應斬候。內聶甘泉、余沅育爲從加功，復聽從輪姦，殺死本婦幫同下手，二罪均至斬決，應加擬梟示。徐禾菁復聽從輪姦，並未下手，罪應絞決，自應按例分別問擬。除圖財害命、得財殺人、復輪姦已成、致死本婦爲首、並爲從加功及輪姦幫同下手均罪應斬梟之余澐籠、余滿堂，爲從同姦罪應絞決之余蟻坊暨余淞椿等均緝獲另結，圖財未加功罪應斬候之余大升病故，徐沅記擬杖收贖，不能禁約之父兄及失察牌保分別責懲，劉芝女附請旌表外，聶甘泉、余沅育均合依輪姦良人婦女已成、殺死本婦爲從、同姦及幫同下手斬例擬斬立決，仍照例加以梟示，徐禾菁合依輪姦已成、殺死本婦爲從、同姦未下手絞例擬絞立決，舒繼荗、徐薈沅均合依圖財害命得財、殺人爲從不加功例擬斬監候。

查胡廣汰起意圖財謀殺牛進才身死，業已得財殺人，罪應斬決。張泳得聽從同行，並未加功，罪應擬斬，其另犯假官詐騙錢文，係屬輕罪，應從重問擬。光三。

查筆 鬥殺

查王氏係徐學興踏傷致斃，其先被許氏擰傷，並未在場，應仍照鬥殺問擬。

查董繼皋係沈普一人致斃，其令伊姪用繩捆縛，已在毆傷以後，與威力制縛拷打不同，應仍按本律問擬。毆死瘋疾。

查焦寄牲係被蕭銃娃毆傷後失跌落坡身死，其先被謝麻狗石毆，傷甚輕淺，自應仍按鬥殺本律問擬。

查龔元興先將封道全毆傷，致令回撲，雖驗係自行失跌身死，仍應按律擬抵。

查厶厶因向厶厶索欠被駡，拉衣投人理論，已有爭鬥情形，自應按律問擬。

查厶厶因被厶厶先抱住腰身，稱欲按伊坐地頑耍，將其推跌磕傷身死，衅雖起於戲謔，惟已有爭鬥情形，應仍按鬥殺本律問擬。

查劉仲因劉文秉在街撿糞，有礙車道，向嚇不服，將其糞杈奪棄，劉文秉拉住車馬，不讓行走，已有爭鬥情形，劉仲鞭打牲口，以致車馬驚跑，將劉文秉碰磕倒地，被車輪軋傷身死，應照鬥殺問擬。

查某人先被某人抓傷，經人勸走，適丁二踵至，又向索欠，將其毆斃，係各自爭鬥，自應仍按鬥殺問擬。

查徐痣迂係被邵方坤戳傷致斃，其被醉李所毆，傷甚輕微，且並非同場共毆，應按鬥殺問擬。

查李雙憘係被李三子毆傷顖門致斃，其先被李四子毆傷，並非同場共毆，應照鬥殺問擬。

查張棋身受各傷，惟後被桃屏扎傷左骽爲重，其先被梅玉娃子等毆傷，訊係鬥不同場，應仍按鬥殺。

查酈昌文身受各傷，惟後被瀧普砍傷頂心爲重，且與陳貴先並非同場共毆，自應仍照鬥殺本律問擬。

查錢得英樂工。係趙文高守備。踢傷下部致斃，王先珍總兵，亦幫毆有傷。因公彈壓，與尋常共毆不同，應按鬥殺問擬。

查王添幅係劉存喜毆斃，其先經被人砍傷，係鬥不同時，應照鬥毆本律問擬。

查馬富榮身受各傷，係被江國萬毆傷顋門爲重，馬應隆雖經共毆，惟係馬富榮胞叔，毆非扎傷，律得勿論，應按鬥殺問擬。

查向氏係被李況華致傷墜胎身死，自應按律問擬。咸十，毆死妻。

查張氏係被馬老四推跌内損身死，其先被羅兆奇毆傷右後肋等處，傷尚輕微，應以馬老四擬抵。咸十。

查趙有汶係被黄柏伶一人砍斃，趙鳳聲並未下手，應照鬥殺問擬。咸十。

查筆 共毆

查ムムム死名身受各傷，惟後被ムムム犯名。毆砍傷ムム等處爲重，應以擬抵。如非後下手之傷，删去「後」字。

查ムムム身受各傷，惟後被ムムム傷ムム等處爲重，且係原謀，應以擬抵。

查朱綜興身受各傷，惟後被朱傳中毆傷右太陽等處爲重，其用繩捆縛已在毆有重傷之後，應仍按共毆擬抵。

查路萬沅係被蔡灤漳扭跌落塘溺斃，惟既經張駿發在場幫毆，應照共毆問擬。

查張大得係被龔三一人戳斃，惟衅起糾毆，應照共毆問擬。

查葉九霜係張椿新一人致斃，惟既有張狽等在場助勢，應按共毆問擬。或云：「在場幫助」、「在場推跌」、「幫同揿按」、「先行争毆」。

查周元印身受各傷，惟後被周元仲戳傷右骻爲重，應以擬抵。周元印係周元仲族弟，應同凡論。

查ムムム聽從ムムム扎瞎ムムム兩眼，意止欲令成廢，因其辱罵後拾刀將ムムム脚筋割斷致斃，與主使人毆打致死不同，應照共毆問擬。

查葛仲子因父葛玉停與潘三揪扭，並非事在危急，葛仲子幫護戳潘三身死，即與共毆無異，自應按律問擬。

查張六兒被砍之傷均在右膝一處，惟先被任興才砍傷後尚能拔刀追戳，其爲後被傅得沅迭砍重至骨裂無疑，且係爲首糾毆之人，應以傅得沅擬抵。

查ムムム係被ムムム拾石擲打以致閃跌落坡，磕傷身死，應以擬抵。

查向步皋係被鍾奇里一人致斃，惟鍾奇里係聽糾幫毆，應照同謀共毆本律問擬。

查謝森係被俞痣一人致斃，惟俞痣係聽從幫毆，應照同謀共毆問擬。

查王萬慶係被王桃娃子一人致斃，張四係被武鐵旦子一人致斃，惟衅起謀毆，均應按同謀共毆問擬。

查蘧章係冠占一人扎斃，惟案係兩造互鬥謀殺，應照共毆科斷。

查朱琴係被甄常扎斃，甘新幫毆並未成傷，惟衅起謀毆，應按同謀共毆問擬。

查厶厶厶係厶厶厶一人致斃，惟既經厶厶厶幫同接按，應照共毆問擬。

在場推跌。掌批腮頰。先毆有傷。抓揪致傷並將其摔倒。

惟先與厶厶厶互揪，一同倒地。

惟厶厶厶與厶厶厶先經揪毆。

將其推倒。拉跌磕傷胸膛。

查厶厶厶係被厶厶厶首先追趕，以致落河溺斃，惟既經厶厶厶等同追，應照共毆問擬。

查厶厶厶係被厶厶厶拾石擲毆致令閃跌落河溺斃，惟既經厶厶厶等幫同追趕，應照共毆問擬。

查張添材將魏良明推跌倒地，後復令次子張周則栓其兩手，用繩捆傷其兩手腕，原驗死由推跌内損，則致死之傷係在未捆之前，未便照威力致縛律科斷，惟既經張周則幫握兩手，應按共毆問擬。

查魁選係被李澍一人毆斃，其喝令用繩捆縛手足已在毆有致命重傷之後，未便照威力制縛科斷，惟既經李觀濤等幫同捆縛，應照共毆問擬。

查童濼仂泗水被溺身死，訊係封庭有首先追趕，與下手傷重無異，應照共毆擬抵。光十二。

查龐豹身受各傷，惟後被宋振搓毆傷左耳根爲重，龐豹既經訊明並非致斃王奇案内幫毆餘人，宋振搓奉票往傳，將其共毆身死，應仍按本律擬抵。光十二。

查顧憬懷身受各傷，惟後被張荃品戳傷左骽爲重。張荃品價買焦女未成，不得爲張荃品之妻，張荃品因顧憬懷争奪焦女，將其致斃，應按共毆擬抵。光六。

查孟小禿係被柴金塊扎斃，應以柴金塊擬抵。劉汶漳係被柴金花致斃，應以柴金花擬抵。已死孟小禿、劉汶漳並非一家，且柴金塊等係各斃各命，應各科各罪，衅起邀同抵御，應各按共毆問擬。咸十。

查馮幅仔係被吕盛仔拉跌致傷身死，其先被劉癇仔推跌擦傷，甚屬輕微，應按共毆以吕盛仔擬抵。咸八。

查筆主使

查劉來幅係被劉名子毆傷致斃，惟劉名子係聽從米洛見主使下手，應以米洛見爲首擬抵。『見』一作『兒』。

查廬開山身受各傷，惟後被陳家興毆傷右脚腕爲重。惟陳家興係聽從萬澤逵下手，應以主使之萬澤逵爲首擬抵。

查胡納身受各傷，惟後被景詳毆傷ム厶爲重，且多申布等所毆各傷，均係聽從景詳主使，應以景詳爲首擬抵。

查陳某身受各傷，惟被傅庭受鎗傷咽喉爲重，第傅庭受係聽從鄧麼桂喝令下手，應以主使之鄧麼桂爲首擬抵。

查任得花係被李福林等亂毆致斃，惟李福林等係聽從顧泳主使，應以顧泳爲首擬抵。

查李墀身受各傷，訊係亂毆，不知先後、輕重，惟王馬係當場喝令，應以擬抵。

查權讓係被詹煦致斃，梁宗係被蔡九致斃，惟均係聽從胡彪主使，應以胡彪爲首擬抵。權讓等並非一家，應從一科斷。

查孫玉隆商令宋得汶幫同將王姓縛弔，致令氣閉身死，應以孫玉隆主使擬抵。

查朱添成主使萬必有蒴落吴高爵右耳，雖係抽風身死，仍應依律問擬。

查杜順身受各傷，係被賈添安毆傷頂心爲重，惟賈添安係聽從孫廣前往拆壩，預備争鬥，許給頂罪養傷錢文，並稱鬧事由伊承當，實與威力主使無異，自應按律問擬。

查李方畛係被縛中寒身死，訊係劉某起意捆縛，應以擬抵。

查尹石山係被姚三召主使放銃致斃，應以姚三召爲首擬抵。

查姚有慶先被陳南海等毆傷，均甚輕微，惟後被胡氏毆傷，負痛掙斷縛繩，跌地内損身死，自應按律問擬。

查王再舟行竊月桂米豆，雖係罪人，惟王再慶經月桂報知，並未邀同幫捕，王再慶主令將王再舟懸吊致傷身死，應照制縛致死本律科斷。除月桂等擬杖，月桂照例納贖免其還俗外。

查祝發訊係喬五等亂毆致斃，惟喬五等係聽從王洪生主使，應以王洪生爲首擬抵。光六。

查筆威逼人致死

查陳佺五身受各傷，惟被劉九兒戳傷額顱爲重，其致陳佺五因傷痛難忍自盡，即與因盜威逼致死無異，自應比例問擬。同十二，湖廣。劉九兒，十一年案。

查劉玉功捆縛方泳受，用筍殼毛灌服，致令哮咳身死，律例内並無治罪明文，自應比例問擬。咸十，川。以他物置人耳鼻孔竅，標首劉玉功致傷方泳受身死一案。先毆他物三傷。

查筆毆死正兇

查冼亞成致傷陳亞占身死，陳定松當將冼亞成致斃，冼自成又將陳定松致斃，冼自成雖係冼亞成胞弟，惟致斃冼亞成之陳定松即係被冼亞成戳斃陳亞占之小功堂兄，按律罪止擬徒，並非律應擬抵之人，自應仍照鬥殺問擬。

查李凌喜係被李欣魁鎗傷身死，應以李欣魁擬抵。李欣魁身受各傷，係被賽黑子毆傷某處爲重，李欣魁雖係應抵正兇，惟賽黑子並非有服親屬，仍應照律擬抵。

查崔趙娃雖係砍斃劉如松正兇，賈喜馨並非劉如松親屬，惟崔趙娃搶奪賈春馨馬匹，係屬罪人，賈春馨將其致斃，應照擅殺科斷。咸七。

查藺一係被韓泳汰戳傷致斃，不知姓名禿子係先被藺一鎗傷致斃，藺一雖係致斃不知姓名禿子應抵正兇，惟韓泳汰並非不知姓名禿子親屬，仍應按律擬抵。咸四。

查筆原謀

查厶厶被厶厶厶並厶厶厶砍傷右肋等處均至骨損，惟厶厶厶係屬原謀，應以擬抵。

查厶厶厶係被趙廷揚等追趕，失跌落岸身死，趙廷揚係屬原謀，應以擬抵。

查厶厶被厶厶厶及厶厶厶等致傷心坎肚腹等處，均屬重傷，惟厶厶厶係屬原謀，應以擬抵。

查周廣扎傷鄭壬左骽，吴厶砍傷右骽，均重至骨損，惟周廣係屬原謀，應以擬抵。

查筆 亂毆

查厶厶厶身受各傷，訊係亂毆，不知先後、輕重，惟厶厶厶係屬原謀，應以擬抵。

如案係以初鬥擬抵者，『原謀』二字改『初鬥』。

查趙常兒身受各傷，訊係被曹紀華等同時放鎗，不知先後、輕重，惟趙國葬係屬原謀，應以擬抵。

查厶厶厶身受各傷，訊係同時亂毆，不知先後，均非致命，同一潰爛，難分輕重，惟厶厶厶係屬初鬥，應以擬抵。

訟僧云：「既云不知先後，又云係屬初鬥，似欠斟酌。」

愚謂：先後者傷痕之先後，非謂下手之先後，似尚説得去，否則例文先可議矣。惟此條查筆但云某人身受各傷，訊係亂毆，不知先後、輕重，惟某人云云，意已該括，似不必如此分晰也。

查厶厶厶被毆之傷均在右臁脅一處，訊係黑夜亂毆，不知下手輕重，惟厶厶厶係屬初鬥，其將厶厶厶捆縛，已在毆有致命重傷之後，未便照威力制縛律科斷，應仍按共毆以厶厶擬抵。

查孫得剛身受各傷，訊係黑夜亂毆，不知先後、輕重，惟孫續谷係屬初鬥，應以擬抵。孫得剛向孫續谷訛詐，並屢次持刀尋鬥，實屬棍徒。孫續谷事後將其毆斃，應照擅殺科斷。孫得剛係孫續谷無服族侄，至死應同凡論。

查李泳發身受各傷，訊係黑夜亂毆，不知先後、輕重，惟李欣潰係屬原謀，且又在場共毆，應以擬抵。

查任萬凱身受各傷，惟被餘人某人等所毆某處爲重，訊係亂毆，不知先後，應以原謀爲首擬抵。

查王江身受各傷，訊係黑夜亂毆，不知下手先後、輕重，惟吴葆倉起意糾竊，與原謀無異，以爲首論，罪應擬斬。杜葆合幫毆刃傷，按爲從科斷，罪應擬絞，其各另犯夥竊二次，係屬輕罪，均應從重問擬。光十五，奉。

查筆 餘人病故

查厶厶厶身受各傷，惟後被厶厶厶戳傷左脅爲重，雖餘人厶厶厶於取供後在保病故，惟所毆並非重傷，仍應以厶厶厶擬抵。

查某人身受各傷，惟被某人毆傷某處爲重，應以擬抵。戴智多身受各傷，雖被陳得隆毆傷某處爲重，惟先被張小仔毆傷某處，重至骨損，亦足致死，張小仔在監病故，自應照例准其抵命。

查傅大榜身受各傷，惟後被王鐘戳傷偏右爲重，應以王鐘擬抵。傅傳薪身受各傷，惟後被王淬戳傷偏右爲重，應以王淬擬抵。惟餘人王奉所戳致命，右脊膂一傷亦足致死，王奉於到官在獄監斃，自應准其抵命，除王淬依共毆案内應擬絞抵之犯遇有餘人毆有致命重傷到官監斃，將下手應絞之犯減等例擬流減徒外。

查筆 别傷輕淺

查霍萬金係被馮同牛子砍傷左右後脅骨損身死，其自抹咽喉傷尚輕淺，應仍以馮同牛子擬抵。咸十，陝。

查梁泳記係被梁永焜砍傷致斃，其先用竹銃轟傷脊膂等處，甚屬輕淺，應仍按鬥殺問擬。

查趙世幅身受各傷，惟後被路六二戳傷左後肋爲重，其先被路四五放鎗轟傷左額角等處，甚屬輕微，應以駱六二擬抵。

查張氏係被馬老四推跌内損身死，其先被羅兆奇翁。毆傷左後肋等處，傷尚輕微，應以馬老四擬抵。除羅兆奇律得勿論外。

查向氏係被李光華致傷墮胎身死，自應按律問擬。

查方氏係被張毛儉緦麻夫叔。毆傷後推跌落水淹斃，其先被袁氏姑。毆傷左額角，傷甚輕微，應以張毛儉擬抵。

查李志係被葉先捆毆致斃，葉三並未毆有重傷，仍應以葉先擬抵。

查朱二係被米孖致斃，其被曹氏抓傷，甚屬輕微，應仍按鬥殺本律問擬。

查傅荃先被謝渝等毆傷，均甚輕微，惟後被馬涯毆傷，負痛挣斷縛繩，跌地内損身死，自應按律問擬。

查閻得科身受各傷，惟後被謝祥汰踢傷下部爲重，其先用鳥鎗轟傷，驗不致命，應按共毆擬抵。

查周琮序係賀有朋毆戳致斃，其被賀有來轟傷，甚屬輕微，且先後鬥不同時，應仍按鬥殺以賀有擬抵。彭組業身受各傷，惟後被賀有來鎗傷左太陽等處爲重，應以賀有來擬抵。係各斃各命，應各科各罪。光十五，湖。

查樊城淋身受各傷，惟後被趙五扎傷左脅穿透胸膛爲重，其先被樊張五放鎗誤傷，甚屬輕微，且既有趙四在場助勢，應照共毆以趙五擬抵。光十五。

查馮童仔係宋荆山一人扎斃，惟既有宋甫山等在場助勢，即屬共毆，宋荆山先用鎗轟傷馮童仔右脅等處，甚屬輕淺，應仍按本律問擬。光十三，山東。

查蔡式紅係被郭厚綉追毆溺斃，其先被郭長保等石毆，並非重傷，應仍按鬥殺本律問擬。光八，河。

查筆 火器

查鐵銃與竹銃同一火器殺人，自應比例問擬。

查鐵銃與竹銃無異，自應比例問擬。

查趙大龍身受各傷，惟後被王狗兒鎗傷左膝等處爲重，其先被齊虎鎗傷左膝，甚屬輕淺，應以王狗兒擬抵。

查劉六因向邵俊彦點鎗嚇放，致誤轟傷霍興貴身死，核與故殺人而誤殺旁人無異，應仍按本例問擬。

查鳥鎗殺人例以故殺論，渠起溶向侯甸皋等點鎗嚇放，致誤轟傷吴純喜身死，核與故殺誤殺旁人無異，自應按律問擬。光十二，河。張丙茂一起無『核與云云』一句。

查石塏因李燾追趕失跌，震動火機，致將李燾轟傷身死，與有心施放殺人者不同，應照鬥殺問擬。

查鍾長生捕賊，點放鐵銃，如係致斃正賊，應照擅殺罪人以鬥殺論，今誤傷何國璽身死，自應比照鬥毆而誤殺旁人律問擬。

查羅積寬身受各傷，惟後被羅川用洋鎗放傷左肋爲重，洋鎗與鳥鎗無異，自應比例問擬。光十二。

查楊家長係劉學松銃傷致斃，第劉學松係聽從譚儒青主使，應以譚儒青爲首擬抵。光十二。

查徐元吉鎗傷郭雙林身死，訊因疑賊起衅，應仍按本律問擬。光六。

查洋鎗與鳥鎗同一火器，自應比例問擬。光六。

查張新點因陝臨幅拿伊洋炮看弄，奪過勢猛，致誤發火機，將其轟傷身死，並非有心施放，未便以火器殺人論。惟既趕向奪炮，已有爭鬥情形，自應按律問擬。同十，陝。

查李沃城因向趙氏之子王金添用鎗嚇放，致誤轟傷趙氏身死，係故殺誤殺其人之母，應仍按火器殺人以故殺定擬。光十五，奉。

查郭二用洋鎗放傷張有城身死，核與鳥鎗無異，自應按例問擬。光十五。

查筆誤殺

查李小八因向小功兄李廷槐嚇戳，誤傷張端午身死，律例並無毆小功尊屬誤斃旁人作何治罪明文，應按凡人因鬥誤殺問擬。

查續毛仔因姪續牛仔屢竊家內什物，起意謀殺，致誤殺鄰人岳二狗身死。按謀殺姪，罪止擬流，惟岳二狗係凡人被殺，未便將續毛仔仍照謀殺姪科斷，律例並無治罪明文，自應比律問擬。有謀殺姪誤殺旁人照故殺擬斬成案，標首仍云「因謀殺誤殺。」

查王某因擅殺而誤殺李珍兒身死，律例內並無治罪專條，應按誤殺本律科斷。

查劉庭順緝捕鹽匪，點放鳥鎗，如係致斃鹽匪，應照擅殺罪人以鬥殺論，今誤傷王和尚等身死，應以鬥殺誤殺旁人律問擬，已死王和尚等並非一家，應從一科斷。劉庭順誤殺王和尚、宋寬各身死。

查李氏係皮時偉童養媳，即與子女無異。胡潮向皮時偉亂毆，誤傷李氏身死，應比例問擬。咸八。

查張鳳岐携刀捕賊，如係致斃正賊，應照擅殺罪人以鬥殺論，今誤殺張松林身死，應按鬥殺誤殺旁人律定擬。張松林雖係張鳳岐家雇工，訊無主僕名分，應同凡論。咸四。

查筆二罪從一

查梁慶元與王玉鳳並非一家，劉其云扎傷梁慶元，並誤傷王玉鳳各身死，二罪均應擬絞，應從一科斷。

查胡玉、吕鳳姐並非一家，吕登懋因謀殺將其誤殺各身死，從一科斷，均應擬斬，其謀殺胡氏傷而未死，罪止擬絞，自應從重問擬。吕鳳姐係吕登懋族姪女，應同凡論。

查楊畛、張氏並非一家，常玉春將其謀殺各身死，二罪均應擬斬，應從一科斷。

查郭亞秋、何六淙聽從搶奪馮亞水、馮亞改已成，均罪應擬絞，應從一科斷。馮亞水、馮亞改均係郭氏之女，一次二人。

查黃滐富行竊崔世岐染店布疋，係屬罪人，黃衍潰係崔世岐雇工，有應捕之責，黃滐富因事後被拏，將黃衍潰銃傷致斃，按火器殺人及竊盜拒捕殺人，二罪均應擬斬，應從一科斷。

查張小紅、鄭小皂並非一家，安小掌因謀殺將其誤殺各身死，二罪均應擬斬，應從一科斷。

查鄧梅僖身受各傷，惟後被瞿固子戳傷顖門等處爲重，鄧萌開身受各傷，亦惟被瞿固子戳傷左乳等處爲重，均應以瞿固子擬抵。已死鄧梅僖等同族無服，並非一家，二罪均應擬絞，應從一科斷。光十二，川。薛安幅一起查筆與此同。

查趙八、趙清同族無服，並非一家，莫五戳傷趙八身死，趙清身受各傷，亦惟被莫五戳傷胸膛爲重，二罪均應擬絞，應從一科斷。

查劉興行竊拒傷事主石敢當及幫捕之郝順各身死，石敢當、郝順並非一家，應從一科斷。

查吴氏、徐受孜並非一家，謝添沅故殺吴氏，並因故殺而誤殺徐受孜各身死，二罪相等，應從一科斷。

查林一仔、吴荀兒夥同將陸中之妻晏氏拐逃，均係罪人，陸中事後將其擅殺各身死，應從一科斷。

查徐明善、鄧宗華向張青碌誣竊嚇打，並勒寫錢票字據，與棍徒無異，張青碌事後將其擅殺各身死，二罪均應擬絞，應從一科斷。

查無名男丐二人，是否一家，無憑指證，趙大將其致傷各身死，二罪相等，應從一科斷。

查周克全因熊大官與伊弟妻通姦，將其捕戳身死，係屬擅殺，罪應擬絞。其戳傷熊二官斃命，係屬鬥殺，亦罪應擬絞，熊大官與熊二官雖係同胞弟兄，惟一係擅殺一係鬥殺，與殺死平人一家二命者不同，二罪相等，應從一科斷。

查金得叙係因姦未成罪人，倪扣大有應捕之責，按罪人拒捕殺人與故殺人同一斬候，自應從一科斷。依故殺。

查某某死由於溺水，究由某人趕毆所致，罪坐所由，自應照律擬抵，某人與某人並非一家，應從一科斷。

查張有圖姦董氏未成，係屬罪人，事後將其謀斃，按謀殺人及犯罪拒殺捕人，均罪應擬斬，其將馬氏故殺身死，亦罪應擬斬。已死董氏等並非一家，應從一科斷。光十二。

查安好問係安禾尚無服族人，至死同凡論，罪應擬絞，其將鮑履祥致斃，亦罪應擬絞，二罪相等，應從一科斷。光六。

查馮明信係册報有名巡役，即有應捕之責，柏傳之因販私將其致斃，按鳥鎗及拒捕殺人，二罪均應擬斬，應從一科斷。光六。

查張灤因誣告致郭成功並嗣父郭有起各自縊身死，例無誣告致死一家二命治罪明文，應從一科斷。郭城功係張灤妻兄，郭有起係張灤妻伯，均應同凡論。光三。

查王潮琥拖欠屯糧，經李明功奉差催傳，王潮琥將其故殺身死，按拒毆追攝人至死及故殺人，照律均應斬候，自應從一科斷。同十。

查曹薪淋戳傷曹武牧、黃榜柯各身死，曹武牧與曹薪淋同族無服，應同凡論。己死曹武牧等並非一家，應從一科斷。同十。

查封振戳傷柳如柏身死，罪應擬絞，其將幫捉之王庭義戳斃，王庭義並無應捕之責，按凡人鬥殺，亦罪應擬絞。已死柳如柏等並非一家，應從一科斷。咸八。

查賈城真假差嚇詐，鎗傷被詐之張泳潤身死，按火器殺人及假差嚇詐斃命，二罪均應擬斬，應從一科斷，光十五。

家本自按：二罪相等從一科斷之律，原指二事二罪者言。若一事而兩律皆可引，其所犯究止一罪，不得謂之爲二罪也。舊式多有『從一科斷』之文，而參諸『從一』之義，似未允洽。如黃榮富、馮明信、賈城真、陳亞八四起，其事則拒捕也。既殺人矣，即不必論其爲火器，爲金刃，爲他物。拒捕本也，火器等末也。金得敘、王潮琥、陳阿金三起，故殺其本律也。宋紹英一起，謀殺其本律。拒捕則皆其所因也，自應舍所因而從本律。且拒捕之事，其初不必皆有殺人之心，殺人其偶也。若謀、故，則有心殺人，乃拒捕中之情重者也，豈可舍本律而從所因乎！向來竊盜謀殺事主之案，有用謀殺律者，有用拒捕律者，甚不劃一。如用拒捕律，犯係一人，尚無出入，若犯有首、從，則從犯依拒捕爲從擬流乎？抑依謀殺加功擬絞乎？擬流則情罪懸殊，擬絞則首、從異律。辦法甚多窒礙，此成案之未可適用者也。鄙意此類竟可不用查筆，以省支節，即始用之，亦當酌量變通，未可依違舊式也。此編兩門八則，皆可刪除。

查筆二罪從重

查唐文富登時捕毆無名竊賊身死，罪止擬徒，其割下屍頭係爲誣姦起見，並非挾忿逞兇可比，即照殘毀他人死屍律，亦罪止滿流，惟故殺伊妻王氏身死，罪應擬絞，自應從重問擬。

查楊正甫、羅洪𦽴並非一家，龔七兒故殺楊正甫身死，罪應擬斬，其將羅洪𦽴戳斃，罪止擬絞，應從重問擬。

查張幅與楊承淋係外姻親屬，並非一家，劉符戳傷張幅致斃，罪應擬絞，其戳傷楊承淋身死，係救親情切，例得聲請減流，自應從重問擬。標首劉符戳傷張幅身死一案。

查姜泳倉擅殺蔣泳了身死，並非姦所登時，罪應擬絞，其非姦所擅殺伊妻徐氏身死，罪止擬徒，自應從重問擬。

查李學組故殺劉耀亭身死，罪應擬斬，其另犯糾毆，致下手之人致斃非所謀毆之人，罪止擬徒，即主使砍傷張安成身死，亦罪止擬絞，自應從重問擬。

查李某將涂某戳傷致斃，罪應擬絞，其戳傷涂某之妻甘氏右血盆越六日因風身死，罪止擬流，未便以毆死一家二命論，自應從重以毆斃涂氏擬抵。

查劉世成故殺劉驟子身死，罪應擬斬，其另傷劉得才致斃，罪止擬絞。劉驟子、劉得才同族無服，並非一家，自應從重問擬。

查尹開幗聽從謀殺尹懷亮身死，下手加功，罪應擬絞，其聽從謀斃妻命，罪止擬流，自應從重問擬。光十一。

查崔有城係高振東致斃，應以高振東擬抵。魏土選係高振海砍傷左骽肚越六十三日身死，已在金刃傷保辜正限三十日、餘限十日之外，高振海律不應抵。高振東先經扎傷魏土選右膝等處平復，罪止擬軍，應從重問擬。光六。

查筆 各斃各命

查許步升竊放鄒常幅糞水，係屬罪人，鄒常幅將其致斃，應照擅殺問擬。許世愛仔被鄒常萬戳斃，應俟緝獲鄒常萬究明擬抵。已死許世愛仔等雖係主僕一家二命，惟鄒常幅等係各斃各命，應各科各罪。

查徐進詳係周芢箕戳斃，應以周芢箕擬抵。徐倕溶身受各傷，惟後被周雄剛戳傷咽喉等處爲重，應以周雄剛擬抵。周學雲身受各傷，惟後被周殿文戳傷咽喉爲重，應以周殿文擬抵。已死徐進詳等並非一家，且周茂箕等係各斃各命，應各科各罪。

查馮本香係楊大汶一人致斃，馮本志係楊怔强一人致斃，惟案係糾毆，均應按共毆擬抵。已死馮本香等同族無服，並非一家，且楊大汶等係各斃各命，應各科各罪。

查鄧友洞係姜淋一致斃，姜淋一脱逃三年後就獲，係尋常命案，不在加擬立決之列，仍應按本律擬抵。鄧必玉身受各傷，惟後被姜爲善毆傷脊膂等處爲重，應以姜爲善擬抵。已死鄧友洞等同族無服，並非一家，且姜淋一等係各斃各命，應各科各罪。

查楊汝玉、高元畛均係高井椿致斃，楊汝玉等並非一家，從一科斷，應以高井椿擬抵。楊正綱係楊裕富致斃，楊裕富旋被高桐椿致斃，楊裕富雖係應抵正兇，惟高桐椿並非楊正綱親屬，應仍以高桐椿擬抵。范水生係楊禾尚等致斃，應俟緝獲楊禾尚等究明擬抵。係各斃各命，應各科各罪。

查閻賸得係朱延石毆斃，應以朱延石擬抵。林白資身受各傷，惟後被朱八仔砍傷項頸爲重，應以朱八仔擬抵。已死閻賸得等並非一家，其向朱延石挾嫌盤問，係空言嚇詐，向不以罪人論。朱延石等將其致斃，係各斃各命，應各按本律問擬。光六。

查李義武係孫景太致斃，應以孫景太擬抵。孫馥亭係張幅致斃，應以張幅擬抵。已死孫馥亭雖係孫景太緦麻服姪，第李義武係張幅表叔，並無服制，與兩家各斃一命，各係凶犯，本宗有服親屬應行免死減等者不同，係各斃各命，仍應各科各罪。光六。

查葉厶厶係傅厶厶致斃，應以傅厶厶擬抵。郭厶厶身受各傷，惟後被馬厶厶砍傷右脚跟骨損爲重，郭厶厶雖越四十七日身死，當在破骨傷保辜正限五十日之内，仍應將馬厶厶按律擬抵。

查桃三向梅七之妹梅氏調姦，係屬罪人，梅七事後將其毆斃，係屬擅殺。柳五毆傷梨大身死，係屬鬥殺。該犯等各斃各命，應各按本律例，分别問擬。

查張三係被平占一人毆斃，李四係被延範一人毆斃，惟衅起謀毆，均應按同謀共毆問擬。

查元發僧。與金居菴爭毆，誤傷范文江身死，應以元發擬抵。廣憘僧。係被金居菴毆斃，應以金居菴擬抵，係各斃各命，應各科各罪。咸四，奉。

查張常茂係被張文樺致斃，應以張文樺擬抵。張理芳係被張齊雲戳斃，應以張齊雲擬抵。已死張常茂等雖係父子一家二命，唯張文樺等係各斃各命，應各科各罪。

查鄭起係被楊汶富鎗斃，應以楊汶富擬抵。鄭泳安係被李紅山鎗斃，應以李紅山擬抵。李紅山鎗傷鄭泳德平復，係屬輕罪，應從重問擬。鄭起等雖係堂叔侄一家二命，惟楊汶富等係各斃各命，應各科各罪。咸四。

查趙ㄙㄙ身受各傷，惟係被錢ㄙㄙ砍傷左脅爲重，應以錢ㄙㄙ擬抵。趙ㄙㄙ係被孫ㄙㄙ扎傷身死，應以孫ㄙㄙ擬抵。已死趙ㄙㄙ等雖係胞伯姪一家二命，惟錢ㄙㄙ等係各斃各命，衅起互鬥，應各照共毆問擬。

查李小眼兒係被張凱玉故殺身死，應以張凱玉擬抵。張氏係被劉佺知毆斃，應以劉佺知擬抵。李小眼兒係張凱玉退婚之妻，張氏係劉佺知兄妻之母，均應同凡論。已死李小眼兒等雖係母女一家二命，惟張凱玉等同夥二人，並未成衆，且係各斃各命，應各科各罪。

查李澐起身受各傷，惟後被王詳扎傷右脅爲重，李澐生係被王芝一人致斃。其商同將李澐起等用繩捆縛，已在毆有致命重傷之後，未便照威力制縛科斷，應各按共毆本律擬抵。已死李澐起等雖係兄弟一家二命，惟王詳等係各斃各命，應各科各罪。

查馮ㄙㄙ身受各傷，惟後被陳ㄙㄙ毆傷ㄙ處爲重，應以陳ㄙㄙ擬抵。馮ㄙㄙ身受各傷，惟後被衛ㄙㄙ砍傷ㄙ等處爲重，衛ㄙㄙ雖在途病故，未及訊供，有陳ㄙㄙ並蔣ㄙㄙ等目睹，供證確鑿，應以衛ㄙㄙ擬抵。馮ㄙㄙ身受各傷，惟後被韓ㄙㄙ致傷ㄙ處爲重，應以韓ㄙㄙ擬抵。馮ㄙㄙ係被何人致傷身死，應俟續獲董ㄙㄙ等究明擬抵。馮ㄙㄙ、馮ㄙㄙ、馮ㄙㄙ同姓不宗，與馮ㄙㄙ均非一家，且陳ㄙㄙ等係各斃各命，應各科各罪。

查程小萬係被程雙七致斃，惟程雙七係聽從程大苗仔主使，應以程大苗仔爲首擬抵。程毛雙係程二有致斃，程雙戲亦被程二有故殺身死，程毛雙、程雙戲係屬兄弟，應以一家二命論。程元榜係程胡二葆小功兄，程胡二葆將其致斃，應按服制本律問擬。已死程小萬等雖係父子兄弟一家四命，惟程大苗仔等係各斃各命，應各科各罪。

查吴科生係被莫照連戳傷身死，應以莫照連擬抵。莫連科係吴汝才戳傷身死，吴汝才當被莫連科小功堂兄某人戳斃，係屬各斃各命，自應各科各罪。

查鄒萬有身受各傷，惟後被蔡芝扎傷脊背連脊膂爲重，應以蔡芝擬抵。鄒隴係被蔡萬倉一人扎斃，應以蔡萬倉擬抵。鄒萬有、鄒隴雖係一家二命，惟蔡芝等係各斃各命，自應各科各罪。蔡萬倉衅起幫毆，應與蔡芝均各照本律問擬。

查鄭萬烺身受各傷，惟後被鄭土生戳傷左脅爲重，應以鄭土生擬抵。鄭土生復被鄭桂祥致斃，鄭桂祥復被鄭金生致斃，鄭桂祥係鄭萬烺族人，按無服親屬當場殺死正兇罪止擬流。鄭金生將其致斃，與有服親屬當時毆死應抵正兇不同，仍應以鄭金生擬抵，係各斃各命，應各科各罪。光七。

查廖六哇毆傷廖鼎詳左膀脇骨損，越二十九日身死；廖寬心毆傷廖鼎潤左手腕骨損，越三十二日身死，均尚在破骨傷保辜正限五十日之内，仍應按律擬抵。已死廖鼎詳等雖係堂兄弟一家二命，惟廖六哇等係各斃各命，應各科各罪。光六，湖。

查王氏係龐家訓致斃，應以龐家訓擬抵。張群係龐臯致斃，應以龐臯擬抵。係各斃各命，應各科各罪。光六。『係各』上原有『已死王氏等並非一家，且龐家訓』等十四字，薛堂删去。

查金添鈺係李成下手致斃，惟李成係聽從張善學主使，張善學係武弁，無聽訟之責，與監臨官因公非法毆打致死者不同，應按凡人主使擬抵。柳殿奎係金鳳山捆毆致斃，應以金鳳山擬抵。係各斃各命，應各科各罪。光六。

查牛登山係翟刷兒一人致斃，牛得山係翟報兒一人致斃，第衅起謀毆，應照共毆本律問擬。牛得山等雖係兄弟一家二命，惟翟報兒等糾夥僅止二人，與聚衆共毆不同，係各斃各命，應各科各罪。同十二。

查郭潰品係被徐南運故殺身死，應以徐南運擬抵。郭勝香係被徐沈香保故殺身死，應以徐沈香保擬抵。郭志存係被徐亮高故殺身死，應以徐亮高擬抵。已死郭潰品等同族無服，並非一家，徐南運等係各斃各命，應各科各罪。咸十。

查王怔健身受各傷，惟後被欒法扎傷左腰眼爲重，應以欒法擬抵。龐秀越身受各傷，惟後被欒庭明扎傷左後肋爲重，應以欒庭明擬抵。龐僖係欒幅原一人致斃，惟案係共毆，應以欒幅原按共毆擬抵。欒法等係各斃各命，應各科各罪。咸八。另犯致斃二命，正、餘限外身死，不入查筆。

查徐廣義係被皮磨拉跌落河身死，惟既經馬夯等在場助勢，應照共毆擬絞，其聽從搶奪，罪止擬徒，應從重問擬。張書田係被張杜毆跌落河身死，應俟緝獲張杜擬抵。各斃各命，應各科各罪。咸八。

查吴鳳池起意謀殺方架章、方沅章叔姪一家二命，應按例問擬。吴貞沅聽從加功下手，致斃方架書一命，亦應照律科斷。方宗樸係被吴遇禄臨時起意故殺，應以吴遇禄擬抵。方宗樸與方架書等雖屬父子叔姪一家三命，惟吴遇禄與吴鳳池等係各斃各命，應各科各罪。咸元。

查筆兩造各斃一命

查黄世其係被楊昌發砍斃，楊昌五係被黄再和戳斃，黄世其係黄再和之父，楊昌五係楊昌發之弟，雖各係兇手，本宗有服親屬，惟先後鬥不同場，與兩家各斃一命應行免死減等者不同，仍應按律擬抵。

查ㄙㄙㄙ身受各傷，惟後被ㄙㄙㄙ戳傷ㄙ處爲重，ㄙㄙㄙ係被ㄙㄙㄙ戳傷身死，ㄙㄙㄙ係ㄙㄙㄙ無服族人，ㄙㄙㄙ與ㄙㄙㄙ亦同族無服，ㄙㄙㄙ、ㄙㄙㄙ仍應分别按律擬抵。

查孫詠倫係被王凱風一人扎斃，惟王連松既經在場，應以王凱風照共毆律擬抵。王連松身受各傷，惟後被孫好勤扎傷胸膛爲重，應以孫好勤擬抵。王凱風與王連松並孫好勤與孫詠倫均係無服族人，與兩家互鬥、各斃一命、各係兇手、有服親屬、例應免死減等者不同，仍應按律問擬。

查儀景灤係李二猴致斃，應以李二猴擬抵。谷臨河係儀鳴唱致斃，應以儀鳴唱擬抵。已死儀景灤雖係儀鳴唱之叔，惟谷臨河並非李二猴本宗有服親屬，與兩家互毆、各斃一命、各係凶手、本宗有服親屬不同，應均各按鬥殺本律問擬。光五，山東。

查孫立係被邢保山致斃，邢保山旋被馬才致斃。邢保山雖係致斃孫立應抵正兇，惟馬才並非孫立本宗親屬，其將邢保山致斃，仍應按律擬抵。咸十。

查陳繼恕身受各傷，惟後被葛汝魁扎傷右肋等處爲重，應以葛汝魁擬抵。賀振青係被陳繼志一人致斃，陳繼志雖係陳繼恕有服親屬，惟賀振青並非致斃陳繼恕正兇，仍應以陳繼志擬抵，案係互鬥起衅，應仍按共毆問擬。咸八。

查曹遂連戳傷廬寬身死，廬寬雖係砍斃王泳清應抵正兇，惟王泳清係曹遂連妻姪，並無服制，與死者有服親屬殺死應抵正兇不同，仍應按律擬抵。咸四。

查雲生係張以虎致斃，應以張以虎擬抵。趙喚兒係石洸薅致斃，應俟緝獲石洸薅究明擬抵。張以虎姦拐趙喚兒同逃，雲生聽從石洸薅假差嚇詐，均係罪人。此句總承四人言。張以虎等將雲生等戳傷身死，係各斃各命，應各按凡鬥問擬。光十三。

查筆　致斃一家二命

查馬世發、馬世林雖屬一家，惟王阿幺並非何老四糾往之人，與率先聚衆致斃一家二命者不同，自應各科各罪。馬世發身受各傷，惟後被譚幺戳傷心坎爲重，應以譚幺擬抵。馬世林係王阿幺一人致斃，應以王阿幺擬抵。馬世林病故。何老四依原謀擬流。

查黄大汶扎傷王芒身死，罪應擬絞。王有姦拐黄大汶之母同逃，並用刀將黄大武拒傷，係屬罪犯應死，黄大汶將其致斃，罪止擬杖。已死王芒等雖係兄弟一家二命，惟一命律不應抵，與致斃平人一家二命者不同，仍應按鬥殺本律問擬。

查張七荃戳傷韓廷富、韓茂郎各身死，雖係父子一家二命，惟韓廷富一命係屬救親情切，例得減流，與致斃平人一家二命者不同，既據該撫援案聲請，自應量減問擬。張七荃應於毆死一家二命絞立決例上量減爲絞監候，入於秋審情實。

查蔣澐身受各傷，惟後被伏安毆傷偏左爲重，應以擬抵。蔣之淋係被伏登老後戳心坎爲重，第伏登老係聽從伏占灤喝令下手，應以伏占灤爲首擬抵。伏占灤糾衆共毆，止斃蔣澐一命，其主使伏登老毆斃蔣之淋並非預糾之人，惟已死之蔣澐等係小功叔姪一家二命，伏占灤起衅糾毆，自應從重，照共毆致死一家二命例問擬。

查某人身受各傷，惟被某人銃傷某處爲重，應以某人擬抵。某人身受各傷，惟後被某人戳傷某處爲重，應以某人擬抵。某人、某人雖屬弟兄一家二命，惟一係銃傷斃命，一係聽從喝毆輒行叠毆致斃，與謀故殺功緦一家二命者不同，自應各按本律例問擬。

查張械身受各傷，惟後被張三勝拉傷咽喉爲重，張械强姦張三勝姪媳姜氏未成，係屬罪人，張三勝將其致斃，按擅殺律罪應擬絞，其將張秉良致傷身死，亦罪應擬絞。已死張秉良與張械雖係父子一家二命，惟一命係屬擅殺，與毆死平人一家二命者不同，應從一科斷。光八，奉。

查李憬椿、何氏係夫婦一家二命，鄒泳其下手傷重，將李憬椿致斃，沈月來將何氏致斃，訊係各斃各命。李憬椿雖係行竊罪人，究非鄒泳其等被竊正賊，鄒泳其等仍應各按本律問擬。光六，蘇。

查杜鳳茂因被揪挣脱，致庹氏失跌並將其子韓禾尚誤帶落水，一併被溺身死，庹氏等雖係母氏一家二命，惟韓禾尚一命係屬誤殺，與鬥殺一家二命不同，應仍按鬥殺本律從一科斷。同十二。

查蘇長因向陳招姑之父陳萬沅索欠爭毆，誤將陳招姑戳傷致斃，罪應擬絞，其砍傷陳萬沅左右膝骨損，越五十九日身死，係在破骨傷保辜正限五十日之外，例得聲請減流。陳招姑等雖係父女二命，惟一係誤殺，一係例不應抵，與毆死一家二命不同，應仍按誤殺本律問擬。同十一。

查覃漳瀧身受各傷，惟後被佺震毆傷左手腕爲重，應以佺震擬抵。覃梓維係被顔梆言一人毆斃，應以顔梆言擬抵。已死覃漳瀧等雖係父子一家二命，惟佺震等鬥不同場，應各按本律問擬。咸八。

查孫泳年身受各傷，惟後被孫繼公扎傷咽喉爲重，罪應擬絞，其因孫蒓圖姦伊妻，將其扎傷身死，亦罪應擬絞。已死孫泳年等雖係父子一家二命，惟一係共毆，一係擅殺，與殺死平人一家二命不同，二罪相等，應從一科斷。咸八。

查孟繼湝、孟繼付雖係一家，惟孟繼名先將無服族兄孟繼付扎斃，事犯在道光三十年正月二十六日恩詔以前，應予援免，其復將緦麻服兄孟繼湝扎傷身死，仍應按律問擬。咸四。

查筆互毆互斃

查劉十二身受各傷，惟後被王長講究戳傷右腋肷爲重。王長講究之緦麻服叔，惟王大連先將劉十二之緦麻服弟劉二十五銃斃，劉十二係殺死應抵正兇，罪止擬徒，律不應抵，王長講究將劉十二戳斃，仍應按律問擬。

查李志隆因族人李詳林被林詳奇之叔林貴長致斃，當場將林貴長戳傷身死，罪止擬流，林詳奇將李志隆戳斃，與殺死罪應擬絞之正兇不同，自應仍照鬥殺問擬。

查牛僖仔係被王三仔砍傷身死，應以王三仔擬抵。牛可大係被王與貴砍傷身死，王興貴係被牛保才砍傷身死，牛保才係被王興才砍傷身死。牛保才砍斃之王興貴雖係王興才胞兄，惟王興貴先將牛保才胞叔牛可久砍斃，牛保才係死者有服親屬，殺死應抵正兇，罪止擬徒，王興才將牛保才致斃，應仍按律擬抵。

查周連大係蕭馴聯戳斃，應以蕭馴聯擬抵。周章大係蕭守誠戳斃，應以蕭守誠擬抵。張玉成係蕭守如戳斃，應以蕭守如擬抵。周高大係被蕭馴學戳斃，應以蕭馴學擬抵。周振大係被蕭守漣戳斃，應以蕭守漣擬抵。以上標首並列。周汶大、周知大均係蕭秉燕戳斃，蕭秉燕亦被周汶大戳斃。已死周汶大、周知大係兄弟一家二命，以上標首無名。

周連大等同族無服，並非一家，蕭馴聯等係各斃各命，應各科各罪。除致斃周連大、周知大一家二命罪應擬斬之蕭秉燕業被戳斃外。

查錢大係被趙二擲傷身死，其致斃王三之霍四先被錢大致斃，錢大雖係毆死霍四應抵正兇，惟趙二並非霍四親屬，仍應以趙二擬抵。孫五係被李六扎傷身死，應以李六擬抵。楊七係被周八砍傷身死，應以周八擬抵。白九係被黑十鎗傷身死，應以黑十擬抵。已死錢大等並非一家，趙二等各斃各命，惟衅起互鬥，應各照共毆問擬。

查張同得係彭耀彰致斃，彭耀彰旋被張五致斃，張五並張鳳玉均係彭鶴致斃，彭鶴係彭耀彰之子，其將張五致斃，係殺死伊父之人，律不應抵，應以致斃張鳳玉一命論。張魁汝身受各傷，惟後被彭二峨毆傷左臁肕爲重，應以彭二峨擬抵。馮三係張富貴一人致斃，惟衅起糾毆，應仍按共毆問擬。係各斃各命，應各科各罪。

查沈亞成致傷陳亞占身死，陳孝恭當時將沈亞成致斃，沈賫肅又將陳孝恭致斃。沈賫肅雖係沈亞成胞叔，惟致斃沈亞成之陳孝恭即係被沈亞成戳斃之陳亞占小功堂兄，按例罪止擬徒，並非律應擬抵正兇，自應仍按鬥殺定擬。

查韓黑係被蘇丹致斃，應以蘇丹擬抵，黃運幅係被羅青相致斃，羅青相復被黃光清拒斃，黃光清旋被羅守綠致斃，羅守綠係殺死罪犯應死罪人，律不應抵。已死韓黑等並非一家，且蘇丹等係各斃各命，應各科各罪。

查任學盛係梁廣才致斃，梁廣才當被侯信致斃，梁廣才雖係當場致斃任學盛應抵正兇，惟侯信並非任學盛親屬，其將梁廣才致斃，應仍按律擬抵。梁廣才係侯信妻兄，並無服制，應同凡論。

查曹遂連戳傷盧寬身死，盧寬雖係砍斃王永清應抵正兇，惟王永清係曹遂連妻姪，並無服制，與死者有服親屬殺死正兇不同，仍應按律問擬。

查藺一係被韓永太戳傷致斃，不知姓名人先被藺一鎗傷致斃，藺一雖係致斃不知姓名人應抵正兇，惟韓永太並非不知姓名人親屬，仍應按律問擬。

查陳亞堅係被林亞蔡銃傷斃命，應以林亞蔡擬抵。陳泳沅身受各傷，惟後被黎黃壽刃傷偏左爲重，應以黎黃壽擬抵。黃慶生係被林鎮義致傷身死，應以林鎮義擬抵。方陳池係被林文炳追毆落水淹死，應以林文炳擬抵。已死陳亞堅等均非一家，且林亞蔡等係各斃各命，應各科各罪。林鎮義雖經冒兇頂認，尚未成招，應各按原犯罪名問擬。

查劉遜係詹謨銃斃，應以詹謨擬抵。共四人，句法同。劉遜等竊割田麥，詹阿蘭竊放田水，均屬罪人。劉阿揆係劉順堂雇工，詹玉種係詹謨邀同捉拏，均有應捕之責。劉阿揆等各將詹阿蘭等銃傷致斃，應照擅殺科斷。劉定係詹阿添致斃，應以詹阿添擬抵。劉應傳係詹阿學致斃，應以詹阿學擬抵。詹智臨、詹試麟均係劉阿答致斃，應以劉阿答擬抵。劉渾香係詹阿虎主使銃斃，詹貴春係劉傳寶主使銃斃，詹釗太、詹春均係劉傳桶主使銃斃，應以詹阿虎、劉傳寶、劉傳桶爲首擬抵。詹金送係劉阿動銃斃，應以劉阿動擬抵。詹萬一係劉阿種銃斃，應以劉阿種擬抵。劉阿答致斃之詹智臨、詹試麟及劉傳桶致斃之詹釗太、詹春同族無服，並非一家，應從一科斷。

查程俎維係賈均淋鎗斃，劉興其係陳紅皮鎗斃，陳得沅係陳麻仔鎗斃，第賈均淋等均係聽從程灰其主使，應以程灰其爲首論。程俎維誤斃熊氏，雖係罪犯應使，惟程灰其與賈均淋均非熊氏有服親屬，程灰其主令致斃，仍應按律擬抵。張受沅身受各傷，惟後被楊立慍戳傷胸膛爲重，應以楊立慍擬抵。光三。

查何長娃係被楊老四戳斃，楊老四、陳潰保當被沈思問戳斃，沈思問、沈長娃復被許剃頭戳斃，許剃頭旋被焚斃。此犯先被曹庭階戳傷。向老二、沈三兒、陳名學、劉大娃係被饒二牛、丁中淋、係丁友和之父。丁遂華等同時動手尚有張鍾炳一犯。戳傷致斃，何人致傷何人，不記部位。饒二牛等均被焚斃。三犯先被向老二等戳傷，何人戳傷何人不記部位。丁中安係被曹庭階砍斃，曹庭階當被張鍾炳戳斃，張鍾炳復被陳潮先毆斃，陳潮先另犯聽從下手燃火，二罪均應擬絞，應從一科斷。李六娃係被王子芳戳斃，應以王子芳擬抵。丁友和係被孫老大戳斃，應以孫老大擬抵。現犯祗此一名。係各斃各命，應各科各罪。咸八，川。

除挾仇放火燒斃多命並戳斃楊老四、陳潰保罪應斬決之沈思問，致斃何長娃、丁中安之楊老四、曹庭階，致斃曹庭階之張鍾柄，均被戳斃；致斃沈思問、沈長娃之許剃頭，並致斃向老二、沈三兒、陳名學、劉大娃之饒二牛等均被焚斃；致斃張鍾炳復聽從下手燃火及致斃李六娃罪應擬絞之陳潮先、王子芳並陳廣學等俱病故；聽從下手燃火罪應擬絞之陳淦學並趙洪名等緝獲另結；曹林、李江依輾轉糾人數至五人以上照原謀律擬流不准援減；陳洪、張仕儒均依放火傷人誘脅同行例擬徒減杖；江斷新等擬以枷杖援免外。

查筆 聚衆共毆

查文三等聽從文貴糾毆致斃文海及其祖文大信並其弟文縱一家三命，文大信身受各傷，惟後被文貴砍傷偏左爲重，應從重以文貴率先聚衆論。文海係文三下手致斃，文縱係文大起下手致斃，均應照爲從問擬。文海等與文三等均同族無服，應同凡論。

查毆亞滿等與歐水養等同族無服，應同凡論。歐亞滿聽從毆仲牲糾毆致斃毆宗嚮並其弟毆宗亮、子毆水養暨毆宗亮之妻文氏、子毆壇受一家五命，毆宗嚮係毆仲牲下手致斃，歐水養係歐亞滿下手致斃，文氏、毆壇受係毆亞升、毆亞拔各自趕毆致令落水溺斃，即與下手傷重無異，均應照爲從問擬。文氏、毆壇受屍身雖已漂失，惟據供證確鑿，應即據供定讞。

查袁四聽從伊父袁國詳糾毆致斃五命，内雷啓第、雷啓科、雷啓林、劉端公係兄弟雇工一家四命，雷啓林身受各傷，惟後被袁國詳戳傷左肋爲重，雷啓科、劉端公並張仁非一家者加「並」字以别之。亦均係袁國詳一人下手致斃，應以率先聚衆論。雷啓第一命係袁四下手致斃，應照爲從問擬。袁四等雖係一家共犯，惟屬侵損，應依凡人首從科斷。咸元。

查周述禋先正法。糾毆致斃秦大等父子一家三命，應以率先聚衆論。内秦大係周容收鎗傷致斃，應照故殺科斷。秦奎係周才下手傷重致斃，秦老係周幅下手傷重致斃，均應照爲從問擬。

查米路止糾衆共毆致斃劉懷志、劉恩等叔姪一家二命，劉懷志身受各傷，惟後被米路止扎傷頂心爲重，應從重以率先聚衆論。劉恩係米常灤下手傷重致斃，應照爲從問擬。光六。

查馬立廣聽從白奠庸糾毆致斃劉寶山、劉名山兄弟一家二命，内劉名山一命係白奠庸下手傷重致死，應從重以白奠庸率先聚衆論。劉寶山一命係馬立廣下手傷重致斃，應照爲從問擬。咸八。

查陳金盤糾衆共毆，致斃戚芳春等弟兄一家二命。内戚芳春一命係陳金盤銃傷致斃，以率先聚衆論，罪應絞決，其另犯銃傷陳約稱身死，雖脱逃二三年始行就獲，按例應改斬決，事犯在恩詔以前，准免逃罪，仍罪止斬候，絞罪雖輕於斬罪，而立決實重於監候，自應從重問擬。喬會川下手致斃戚芳友一命，應照爲從科斷。咸二。

查筆 械鬥

查陳狗狗故殺王四和尚、尹家狗二命，並非一家，應從一科斷。李小老幺係都長漢故殺身死，王七猴子鎗斃都添理，例亦以故殺論，均應按律問擬。童泳聲倚勢致傷文錫汰身死，罪應擬斬，其共毆劉潮棟身死，罪止擬絞，應從重定擬。劉老六係被辛帽頂毆傷致斃，應以辛帽頂擬抵。不知姓名人係被焦泳登戳傷致斃，應以焦泳登擬抵。

陳開保、陳幺五係被焦碑鍋子、温從潰砍戳致傷身死，應俟緝獲焦碑鍋子、温從潰究明擬抵。已死王四和尚等屍身雖俱被水漂失，惟據楊均才等供認確鑿，應即據供定擬。咸四。

除械鬥糾衆至三十人以上、致斃彼造四命以上罪應擬斬之楊均才、劉硬頭恭請王命先行正法梟示，致斃陳開保、陳幺五之焦碑鍋子、温從潰並秦二麻子等緝獲另結，楊小一、熊喜、匡自幅、丁潮淋、金回回、羅萬象、劉再堂、曹開一、李添淋、蔣添麻子、方舟均依兇徒執持兇器傷人例擬軍，郝添洪、都添俸、趙必洗、王拐扒子均依持鎗執棍混行鬥毆例，安進章、楊條、楊中碌、王登甲均依棄屍爲從律俱擬徒，安能病故，劉洸斗等擬以枷杖外。

查何保、張泳付聽糾械鬥，各故殺鋪夥王發等一命，復於械鬥時各致斃不識姓名民人一命，劉淙畛故殺楊五一命，魏庭順主使鎗斃馬汶信一命，張得順、劉仁和、洪新年、周大成各鎗斃不識姓名民人一命，均應以故殺論。張常幅、劉青各致斃不識姓名民人二命，並非一家，應從一科斷。劉仁洪、得順、張常城、陳順田、何汶、戴套、穆潮付、陳萬良、沙平信、劉得、劉芳、李付、趙發、張殿奎、尹汶亮、李有發、劉全、楊香、裴小五、黄才、馬付得、劉得淋、李汶、張起升、馮才、楊明典、楊萬才、王玉山、楊明詳、韓中發各致斃不知民人一命，係聚衆共毆，各斃各命，應各科各罪。劉洸海先經聽糾械鬥，抗官拒捕，按光棍爲從，罪應擬絞，其於劉汶和糾往械鬥，放火燒房，及聽從結拜弟兄，均屬輕罪，自應從重問擬。咸元，奉。

除糾衆械鬥致斃彼造二十命以上罪應斬決梟示之劉耀，糾衆械鬥致斃彼造四命以上罪應斬決加梟之劉汶和均先行正法；柳小五等三十五犯依罪人拒捕例擬遣；馬萬泳云云五名。依回民結夥持械例，官連升云云六名。依挾仇放火燒毀房屋未傷人爲從例，俱擬軍；黄顯耀云云四名。依序齒結拜弟兄，聚衆四十人以上爲從例擬流，均不准援免，宋得湝依執持兇器未傷人例加等擬徒；魏庭幅等擬杖，均予援免；池汶全另案辦理；楊萬法發配；各逸犯緝獲另結外。

查李黑安係被蔣芒潰致斃，應以蔣芒潰擬抵。又八犯，句法並同。蔣芒潰等雖係聽糾械鬥夥衆至四十人以上、致斃彼造各在十命以上之犯，惟係各斃各命，應照鬥殺擬絞，其另犯結拜弟兄及訛詐得贓，俱屬輕罪，自應從重問擬。咸元。

查筆殺一家三人

查王麻二圖挾王瞎子索還借米糾毆之嫌，見其妻李氏收藏銀錢，起意同何貴等將王瞎子並妻李氏、子王小三、並非一家之老何四謀殺，搜獲銀物，係屬圖財謀殺一家三命，何匱、王小二聽從圖財各下手致斃一命，楊老三聽從同行並未加功，均應各照律例問擬。

查吴雲柱因挾隴阿果借牛口角之嫌，起意糾人誣其窩竊，復主令查亞斗等將隴阿果、隴阿一、隴阿二謀斃，隴阿果係屬父子一家三命，罪應凌遲處死，其主令吴阿三、劉老四擅殺竊賊方老果、方老二二命，罪止擬絞，自應從重問擬。查亞斗聽從謀斃隴阿果一命，張阿春謀斃隴阿三一命，按律罪應斬決，惟係被逼勉從下手各斃一命，核與嘉慶年間余添才被逼勉從量減斬候奉旨改爲絞候之案情事相同，應援案仍照尋常謀殺一命從而加功本律問擬。劉老四等聽從隴阿保糾拏吴定柱等送究，被駡向毆，致斃多命。王七十八係被劉老四毆斃，應以劉老四擬抵。張八二係被馬文德致斃，應以馬文德擬抵。張八三係在逃之李三拍致斃，應俟緝獲李三拍擬抵。吴雲柱、吴阿三、吴阿四係被在逃之隴阿保等致斃，何人致斃何人，現獲並未看清，應俟緝獲隴阿保等審明擬抵。已死王七十八等誣竊搶奪均屬有罪之人，劉老四等係被誣窩竊之隴阿果胞伯隴阿保邀往幫拏，即有應捕之責，張八二、張八三係同胞弟兄，王七十八、孫老長係其家雇工，雖係一家，惟劉老四等各斃各命，且係擅殺，應各科各罪。

查筆盜大祀神物

查張二狗、馬小禿夥竊尊藏實録、聖訓、金龍包袱，與盜大祀神物無異，比律問擬，均罪應擬斬。馬小禿另犯逃軍，並行竊銅瓦二次，俱屬輕罪，應從重問擬。

查筆盜乘輿服物

查袁大馬、袁立兒、廣恒、王六薙、韓老西、小回回迭次偷竊太和殿、慈寧宫、傳心殿寶匣銅鍊等物，即與盜乘輿服御物無異。徐志詳於禁門内開設烟館，窩竊連毛兒、大胡、李質瑞、狄河兒，聽從偷竊禁門門樓銅㦌等物，侯善詳知情銷贓，按例均罪至軍遣，惟連毛兒等迭次肆竊，侯善詳銷售贓多，均屬異常藐法，自應從重分別問擬。除王群兒、劉柱兒、張賞兒均依盜内府財物例分別擬以軍徒，仍監侯待質，徐志詳家屬應由内務府查傳懲辦，李三狗兒、張二套、袁恒兒、張大等暨袁姓張姓均緝獲另結，失察各門官員、兵丁應由該管衙門分别參辦外，袁大馬即袁得山、袁立兒即袁薙兒、王五即王五兒又名王幅寶、王六薙即王茛山、廣恒即二廣子、韓老西即雙灤暨小回回即張城，均比依偷竊乘輿服御物不分首、從俱擬斬立决。徐志詳合依太監在禁門以内吸食鴉片烟斬例擬斬監候，請旨即行正法。連毛兒、大胡即胡大侯、善詳即善仔侯、李廣瑞即小五葆兒又名李庫兒、狄河兒即張鈺淩，可否於袁大馬等斬罪上量減爲斬監候之處，恭候欽定，奉旨俱改爲斬監候，秋後處决。

查筆盜用印信

查恩灤起意冒領庫銀，計贓八百七十兩，罪應擬絞，其盜用都統印信兩次，比照盜用將軍印信，亦罪應擬絞。孫永詳起意冒領庫銀，計贓一千八百兩，罪應擬絞，其商同盜用禮部印信，亦罪應擬絞。至恩灤等捏寫印領堂劄内均有『奉旨依議』字樣，訊係照舊稿抄寫，尚與捏造有間。朱澐兩次聽從盜用都統及禮部印信，亦罪均擬絞。均應按盜用印信本律從一科斷。除盜用禮部堂印罪應擬絞之曾維鈞並盛錦堂等另結，朱鳳歧依詐爲其餘衙門印信文書律、陳錫功、趙雲圃依不枉法贓律，均書吏俱加等擬徒。據供，親老丁單均不准查辦，吴炳炘擬杖。失察盗用印信之堂司官交部議處外，恩灤即恩月亭、孫永詳、朱灤即朱罄灤均合依詐爲六部將軍衙門文書套畫押字、盗用印信及將空紙用印者皆絞律，各擬絞監候，秋後處決。結案雖在朝審之後，惟串通盗用各衙門印信，叠次冒領鉅款，情殊藐法，應請旨將恩灤、孫永詳、朱灤趕入本年朝審情實辦理。

查筆 劫囚

查熊和尚並伍聲俊等聽從陽大鵬糾衆攻城，持械助勢，曹智璥代爲糾人攻城，亦與助勢無異，均應按例問擬。

查筆 奪犯傷差

查孫春灤因巡役王瑞等將夥販私酒之朱幅澧捕獲，聚衆中途打奪已至十人以上，以孫春灤爲首論，罪應擬斬，其致王瑞因跑乏急飲凉水痰壅氣閉身死，核與奪犯傷差者不同，應仍按本律問擬。

查孟兆亮聚衆將入圍盗木之孟兆幭奪回，魏邦聚衆將入圍盗木之魏連增奪回，係各奪各犯，應各以爲首論。光五，直。

查朱罄灤聽從伊父朱沅堂拒傷差役田魁身死，係侵損於人，應依凡人首從論。光三。

查筆 搶奪

此案計贜二百四十兩零，訊係閻丑兒起意搶奪，罪應擬絞，其被拏拒捕並未傷人，係屬輕罪，自應從重問擬。

此案計贜五百二十一兩零，訊係張金灤起意爲首，罪應擬絞，其被拏時放鎗拒捕，係屬輕罪，應從重問擬。

查厶厶糾搶厶厶厶銀物計贜四百兩零、厶厶厶銀物計贜三百兩零、厶厶厶銀物計贜二百幾兩零，厶厶厶等雖同車裝載，並非共財合夥，例不並贜論，惟各科各贜，均已逾貫，厶厶厶罪應擬絞，應從一科斷。

查陳收起意糾搶秦爾熙銀物計贜一百七十七兩零，訊係陳收起意，雖經騎馬持械，惟首夥僅止二人，與聚衆三人以上倚强肆掠者不同，應仍按本律問擬。

此案計贜一百五十兩零，訊係蘇亞淋起意爲首，其於夥犯拒殺事主梁亞宜身死，訊不知情，應仍照搶奪本例問擬。光六。病故未入藍面册。

查鄭阿讓搶奪得贓，計銀二百八十兩零，雖係鴻裕各店銀兩，惟既經翁興德一人携帶，即與一主無異，訊係鄭阿讓起意爲首，自應按例問擬。光六。

查筆 盗所拒捕

查ㄙㄙㄙ聽從行竊，臨時盗所將鄧祖武鄰人陳遠川、蔣春善拒傷各平復，均罪應擬斬，應從一科斷。童中長係被張汶中拒傷，吴立玖係被李穵匠拒傷，其傅老幺拒殺陳老沅身死，訊與ㄙㄙㄙ並不同場，係各拒各捕，應各按爲首，分別殺傷定擬。

查龔四糾同高三兒行竊張貞家，因張貞喊嚷認識，慮恐到官問罪，起意將其謀斃，高三兒幫同下手，例無臨時盗所謀殺事主及下手加功加重治罪明文，應仍按本例分別首、從問擬。龔四依臨時盗所拒捕殺人爲首斬決，高三兒依爲從幫毆斬傷以上者絞候。

查王二行竊，臨時盗所拒捕刃傷事主王光祚平復，罪應擬斬。其將事主王殿、梁玉煊刃傷，訊係已離盗所，罪應擬絞，至另犯聽從搶奪，罪止滿徒。均係輕罪，自應從重問擬。同十二。

查筆 搶竊拒捕

查韓玉亭搶奪拒捕鎗傷事主李景議平復，與刃傷無異，自應按例問擬。行竊同。

查范春仔聽從搶奪，謀殺事主侯有成身死，幫同拉勒，即與幫毆扎傷無異，應照爲從問擬。

查張二禿先竊朱三家贓物，業已携回，無贓可護，嗣復進房行竊，尚未得贓，於被捕逃走後，拒傷事主朱三身死，維時既離盗所，核與夥賊携贓先遁後逃之賊被追拒捕情事相同，自應比例問擬。

查陳八管事寓留族叔陳家裏家被竊牛隻，係屬罪人，因陳家裏前往搜贓，將其拒斃，應照凡人拒捕科斷。

查張長命糾竊拒捕鎗傷事主劉苛平復，照刃傷及折傷以上罪應擬絞，其另犯搶竊係屬輕罪，自應從重問擬。咸

查張三仔因行竊拒傷事主李保平牙齒二個，係折人二齒，已在折傷以上，自應按例問擬。光十五。

查張十一行竊拒捕，用洋鎗放傷事主張作哲平復，洋鎗與鳥鎗無異，按刃傷科斷，罪應擬斬，其另犯云云。光十一。

十五。

查筆 搶竊各拒各捕

查孫丕山、張玉貴行竊，臨時刃傷馮桂、馮福各平復，係各拒各捕，應各科各罪。張玉貴已格斃，入除筆。

查申洛紅用刀拒傷李茂才平復，高葆兒亦用刀拒傷趙幅位平復，係各拒各捕，應各科各罪。

查玉山係李大臨時盜所拒捕刃傷，應以李大爲首論，劉幅係趙二拒捕鎗傷致斃，應俟緝獲趙二究明擬抵，係各拒各捕，應各科各罪。光三。

查王桐聽從刁悟實行竊，拒捕致傷事主彭九得、彭九溵各身死。彭九得身受各傷，惟後被王桐砍傷胸膛等處爲重，彭九溵係刁悟實一人致斃，王桐、刁悟實均應以爲首論。閻宵黑用刀將彭九得砍傷，應照幫毆刃傷問擬。已死彭九得等雖係一家二命，惟王桐等係各拒各捕，應各科各罪。咸十一。

查黨積係被王丙申臨時盜所拒斃，趙氏係被李十一後逃拒斃，已死黨積等雖係夫妻一家二命，惟王丙申等係各拒各捕，應各科各罪。咸十。

查儲滾仔行竊無服族叔儲永倡家衣物被捕，臨時起意將其致死滅口，按故殺人與拒捕殺人均應同凡人論擬斬，應從一科斷。王三於儲滾子拒捕之時並未在場，應照拒捕刃傷本律問擬。咸二。

查王茨茹聽從李棕、格筅至田長順家行竊，劉今槐及李樺典均係田長順雇工，與事主無異，王茨茹等因被拏將劉今槐等致斃，係各拒各捕，應各科各罪。光十三。

查筆 搶竊拒捕分首從

查王明臣身受各傷，惟後被何汰按毆傷頂心爲重，應以爲首論。

查徐則玉身受各傷，惟後被劉四興戳傷胸膛爲重，應以爲首論。馬尚萬幫毆刃傷，應照爲從科斷。

查羅停綫身受各傷，惟後被陳開舞砍傷頂心等處爲重，且係當場喝令，應以爲首論。陳啓佃幫毆刃傷，應照爲從科斷。

查趙同生身受各傷，惟被曾接淙砍傷右肋爲重，蘇述俚幫毆刃傷，應照爲從問擬。

查謝導得糾同王莛周搶奪，各用刀拒傷事主常天幅平復，訊係謝導得首先下手，應以爲首論。

查ㄙㄙㄙ等搶奪拒傷事主平復，ㄙㄙㄙ係刃傷，應以爲首論。

查李連山聽從張冠行竊，各用刀拒傷事主戴某平復，訊係各自起意拒捕，應各以爲首論。

查ㄙㄙㄙ係被ㄙㄙㄙ拒傷身死，ㄙㄙㄙ係被ㄙㄙㄙ刃傷平復，係各拒各捕，應各以爲首論。ㄙㄙㄙ係ㄙㄙㄙ雇工，即與事主無異。

查張大身受各傷，惟後被王麻仔砍傷左手腕爲重，譚從娃先將張大拒捕刃傷，係各拒各捕，應分別殺傷，各以爲首論。

查ㄙㄙㄙ身受各傷，惟髮際耳根二傷爲重，刀口齊截，驗係ㄙㄙㄙ順刀所砍，應以爲首論。ㄙㄙㄙ幫毆刃傷，應照爲從問擬。

查ㄙㄙㄙ身受各傷，惟被ㄙㄙㄙ扎傷肚腹爲重，第係ㄙㄙㄙ喝令下手，ㄙㄙㄙ應以爲從幫毆論。

查甄鴛身受各傷，惟後被齊老砍傷咽喉爲重，應以爲首論。丁七幫毆致傷其顖門骨損，係屬扎傷，應照爲從問擬。近式或删『致傷其』三字。光十五，陝。蕭老幺。

此案計贜折實庫平銀九百四十兩零，係徐大起意糾竊，張二聽從夥竊，其拒傷李三等平復，徐大並未在場，應各以爲首論。

查張有庫身受各傷，惟後被林國真扎傷咽喉爲重，應以爲首論。屈二毆傷張有庫顖門，骨至損塌，即與折傷無異，按爲從科斷，罪應擬絞，其用鐵鞭毆傷張憘平復，係屬輕罪。

查趙玉生、趙五子用刃拒傷事主孟二小及妻陳氏平復，孟二小雖先被趙五子拒傷，惟趙玉生刃拒偏左等處係屬致命，應各以爲首論。

查黃再璠身受各傷，惟後被闞玩玩戳傷左骽等處爲重，且係喝令拒捕，應以爲首論。張癩毛幫毆刃傷，應照爲從科斷。

查趙起身受各傷，訊係黑夜亂砍，不知何人拒傷何處，惟姜四當場喝令，應以爲首論。王侉仔幫毆刃傷，應照爲從問擬。

查楊某雖係首先拒捕，惟刀劃宗某左太陽等處傷俱輕微，迨李某幫拒用刀戳傷肚腹透内實爲致命重傷，應以李某拒殺爲首，楊某爲從論。

查厶厶身受各傷，惟後被厶厶厶已正法。砍傷腦後爲重，應以厶厶厶爲首論。厶厶厶身受各傷，惟後被厶厶厶砍傷左脅、右肋等處爲重，應俟緝獲厶厶厶等究明，分别首從問擬。厶厶厶、厶厶厶均現犯各幫毆刃傷，應各照爲從科斷。

查張學得行竊張廷俊家錢物，起意拒傷張廷俊身死，應以爲首論。張九仔、陳七仔幫毆刃傷，應照爲從科斷。張學得等另犯行竊，均屬輕罪，自應從重問擬。此案首從均有致命重傷，以首先下手並喝令幫毆之人爲首。

查谷僖糾竊拒傷事主商心太身死，罪應擬斬，其拒傷商善奇平復，罪止擬絞。王粗腰刃傷事主商善修平復，罪應擬絞，其拒傷捕人赫義平復，罪止加等擬徒，係各拒各捕，自應從重各以爲首論。

查任得碌搶奪刃傷事主石成雲，並楊玉山刃傷張珺各平復，係各拒各捕，應各以爲首論。光十一。

查李亞奇、李召祥行劫未得財，李亞奇用刀拒傷謝上進等、李召祥用刀拒傷許元標等各平復，係各拒各捕，應各以爲首論。李亞奇、李召祥行劫未得財，各拒傷捕人謝上進、許元標等平復一案。

查吴汶係被趙青濼拒斃，吴法盛係被邱馬騶拒斃，薛氏係被華狗騶刃傷平復。已死吴汶與吴法盛雖係父子一家二命，惟趙青濼等係各拒各捕，應分别殺傷，各以爲首論。光三。

查方立椿身受各傷，惟後被葛布淞用刀拒傷肚腹爲重，應以爲首論。王以三幫毆刃傷，應照爲從問擬。方立椿係熊洸珠鄰佑，即有應捕之責，葛布淞將其致斃，應按拒捕科斷。光三。除拒捕殺人爲從幫毆刃傷罪應擬絞之王以三鎗傷熊洸珠平復，照刃傷罪應擬絞之逸犯並王四鎖仔等均緝獲另結外。

查陳萬青係二梁搶奪得贓後起意致死滅口，應以二梁爲首論。二潘於搶奪時幫毆刃傷，應照爲從科斷。光三。

查張以炳搶奪汪治利財物與唐賢志同場拒捕，各用鑿劃傷汪治利平復，訊係張以炳先行下手，應以爲首論。同十。

查張蟢聽從趙黑孜行竊徐富升家錢物，因徐富升向趙黑孜奪贓，各用刀鎗將其拒傷身死，徐富升身受各傷，惟被趙黑孜扎傷右太陽等處爲重，應以爲首論。張蟢幫毆刃傷，應照爲從問擬。咸十一。

查李芳身受各傷，惟後被陳驢兒扎傷胸膛爲重，應以爲首論。李來娃、雷照兒均幫毆刃傷，應各照爲從問擬。咸十。

查筆 搶竊二罪從一從重

查ㄙㄙ行竊拒傷事主ㄙㄙ平復，罪應擬絞，其糾竊計贓五百五十兩零，亦罪應擬絞，二罪相等，應從一科斷。

查劉興行竊拒傷事主吕敢當及幫捕之郝順各身死，吕敢當、郝順並非一家，應從一科斷。

查劉如行竊被追拒捕，刃傷事主翟居恭並雇工樊棗各平復，二罪均應擬絞，應從一科斷。

查張次幅糾竊戴獻廷家銀物計贜六百二十七兩零，又糾竊程鴻銀兩計贜一百九十兩零，二罪均應擬絞，應從一科斷。

查蘇依樹糾搶陳阿建等銀物，以陳阿建一主爲重，計贜一百八十八兩零，罪應擬絞，其另犯戳斃人命，罪亦擬絞，二罪相等，應從一科斷。

查陳亞八行竊拒捕，銃傷事主周氏身死，按竊盜拒殺捕人及火器殺人，二罪均應擬斬，應從一科斷。或不用「拒捕」及「事主」字。

查宋紹英行竊，謀殺張氏身死，按照謀殺造意及拒捕殺人，二罪均應擬斬，自應從一科斷。

查陳阿金行竊，拒捕故殺捕人俞富保身死，按照故殺及拒捕殺人，二罪均應擬斬，應從一科斷。

查李二行竊，臨時護贜鎗傷事主趙玉奎平復，照刃傷科斷，罪應擬斬，其喝令夥賊幫同拒捕刃傷以李二爲首論，亦罪應擬斬，應從一科斷。

查ㄙㄙ身受各傷，惟後被ㄙㄙ砍傷偏左爲重，以爲首論，罪應擬斬，其聚衆雖不滿十人，惟各持器械，拒捕殺人，實屬倚强肆掠，凶暴衆著，以爲首論，亦罪應擬斬，應從一科斷。王丙幫毆刃傷，應照爲從問擬。

查李二至蘇廣順舖内行竊，蘇長明係蘇廣順堂姪，且在該鋪幫夥，即與事主無異，李二臨時盗所用刀將蘇長明扎傷成廢，按刃傷及扎傷以上，均罪應擬斬，應從一科斷。光十二。

查王映晨身受各傷，均有致命骨損，惟王懷仁係首先下手，應以爲首論。袁家振幫毆刃傷，罪應擬絞，其刃拒王映晨雇工王懷平復，與事主同論，亦罪應擬絞，自應從一科斷。光三。

查蕭永亨攔搶拒捕刃傷牟國通平復，罪應擬斬，其搶奪銀兩計贓四百五十兩，罪止擬絞，應從重問擬。光十。

查韓窯頭仔行竊李氏家，被追拒捕刃傷李氏平復，罪應擬絞，其另犯糾竊，用繩鞭拒傷事主雇工平復，罪止擬軍，自應按例從重問擬。光六。

查張罄行竊拒捕刃傷事主遭迎祥平復，罪應擬絞，其用木棒拒傷番役李和平復，及另犯疊竊，均係輕罪，應從重問擬。光六。

查王雲山行竊，臨時行强盗所拒傷鮑載理骨折，罪應擬斬，其另傷何曾富平復，罪止擬軍，即計贓一千八百兩零，亦罪止擬絞，自應從重問擬。

查宋維藩身受各傷，惟後被金小生戳傷左臂膊爲重，應以爲首擬抵，其起意糾竊，計贓三百六十兩，罪止擬絞，張小二幫毆刃傷，應照爲從擬絞，其夥竊逾貫，罪止擬流，均應從重問擬。

此案計贓二百二十八兩，訊係白長生起意，罪應擬絞，其用棒拒傷事主某人平復，係屬輕罪，自應從重問擬。

查楊老會仔搶奪拒傷郭阿九身死，罪應擬斬。李細狗子首先下手，并喝令謝林松等各用刀戳傷郭三身死，亦罪應擬斬。謝林松、張麻蛋幫毆刃傷，俱罪應擬絞，其計贓逾貫及另犯搶奪，並他物拒傷捕人，俱屬輕罪，均應從重問擬。

查音布聽從結夥十人，在蒙古地方搶奪三次，從一科斷，罪應擬絞，其另犯搶奪二次，係屬輕罪，自應從重問擬。

此案計贓一百四十兩零，訊係李九起意爲首，罪應擬絞，其臨時盗所拒傷鋪夥黨思平復，暨另犯行竊拒捕二次，均係輕罪，應從重問擬。

查梁亞潰聚衆十人以上，持械搶奪，按照糧船水手夥衆搶奪例，罪應斬決。梁亞滿搶奪拒捕刃傷捕人何亞業平復，罪應斬候。張亞連起意糾搶，計贓三百二十兩零，罪應絞候。梁亞潰等另犯搶奪刃傷捕人及拒捕刃傷爲從，或搶奪逾貫，或用刀自割衣衿誤傷捕人，俱係輕罪，均應從重問擬。

查黃亞炳先後搶奪不識姓名事主及事主康榮成等銀兩，用刀拒傷事主二次，均罪應擬斬，二罪相等，從一科斷，其搶奪逃走致不識姓名事主失跌落河溺斃，按竊盜逃走事主失足身死之例，酌量加等，罪止擬流，即其搶奪事主康榮成銀物之時，用刀背拒傷事主劉義和平復，並另犯搶奪拒捕用石擲傷事主一次，亦罪止擬軍，自應從重問擬。

查胖二喇嘛搶奪拒傷李慶義平復，按蒙古地方搶奪傷人，罪應擬絞，其另犯行竊，係屬輕罪，自應從重問擬。

查沈萬春聽從糾夥五人以上，持械搶掠，罪在滿流以上，其於被獲時放鎗拒捕曹德、龍貴各平復，從一科斷，罪應擬絞，另傷姜喜，係屬輕罪，應從重問擬。依事發在逃被獲拒捕如本罪已至滿流拒毆係火器傷者絞例。

查厶厶厶聽從搶奪厶厶厶包穀，被拏放鎗拒捕，誤傷厶厶厶身死，厶厶厶並非事主，應照火器誤殺旁人依故殺擬斬，其將厶厶厶戳斃，照鬥殺罪止擬絞，自應從重問擬。

查厶厶厶事後攔拏，因厶厶厶夥盗避匿不出，起意放火燒棚洩忿，致燒傷厶厶厶身死，應照擅殺科斷。

查劉二小先經兩次犯竊，臂面俱刺，玆復行竊趙書欣家錢物，係屬三犯，計贓六十九兩，罪應擬絞，其另犯行竊，係屬輕罪，自應從重問擬。

查王阿九糾夥圖搶放火，罪應擬絞，其另犯糾竊、夥竊，均係輕罪，自應從重問擬。

查李二糾同楊拴頭行竊王氏家，臨時行强，均罪應斬梟，其圖財謀殺董三兒身死，按爲首及從而加功，均罪止斬決，應從重問擬。張九兒聽從圖財，謀斃董三兒，得財未加功，亦應按例科斷。

此案計贓一百七十三兩零，係某人起意爲首，罪應擬絞，其臨時拒傷事主平復，罪止擬軍，應從重問擬。

此案計贓二百四十兩零，訊係閻丑兒起意搶奪，罪應擬絞，其被拏拒捕並未傷人，係屬輕罪，自應從重問擬。

查趙老五行竊拒傷事主胡廷富身死，罪應擬斬，鄧兆升係胡廷富同居母舅，與事主無異，趙老五刃拒成傷，罪止擬絞，應從重問擬。

查李羊厮行竊被追拒捕，刃傷事主陳密平復，罪應擬絞，其犯案擬流配逃，復犯挾仇燒毀李坦家場院，並另犯行竊一次，均屬輕罪，自應從重問擬。

查馬訪行竊明昌甲錢物，係屬罪人，沈代萌係明昌甲糾往幫拏，即有應捕之責，馬訪將其拒斃，罪應擬斬，其刃傷李保泰平復，係屬輕罪，應從重問擬。

查魏濼溓糾竊起意，喝令馬牛娃用刀拒傷事主劉永壽並劉大萌等各平復，以魏濼溓爲首論，均罪應擬絞，其主令樊漢用棍毆傷徐氏平復，係屬輕罪，應從重問擬。光三。

查車克爾行劫逾貫兩次，從一科斷。棍布、扎布劫馬十匹以上，罪均擬斬。則特格爾聽從行劫逾貫，齊特庫爾聽從劫馬十匹以上，均罪應擬絞，其各另犯劫竊，係屬輕罪，應從重問擬。咸十。山西。

查田三因至孟繼昌家行竊，用刀拒傷孟鈺奎平復，孟鈺奎係孟繼昌雇工，與事主無異，罪應擬絞，其用刀自割髮辮誤將孟繼昌劃傷，罪止擬軍，應從重問擬。光十五。

查篳 竊盜

此案計贜厶百厶十兩厶，訊係厶厶厶起意爲首。

此案計贜四百九十一兩零，訊係趙金鏡起意糾竊，身雖不行，仍應以爲首論，其夥犯臨時行强，並不知情，應按竊盜本律問擬。

此案計贜一百九十八兩零，訊係游玉山起意，身雖不行，仍以爲首論。

查李四先經兩次犯竊，臂面俱刺，兹復行竊陳亦旺家，計贜五十兩，係屬三犯，自應按例問擬。或不用「臂面俱刺」四字。

查厶厶厶行竊某鋪錢帖，計贜九十一兩，先雖兩次犯竊，臂面俱刺，此次係屬三犯。

查厶厶厶先曾二次犯竊，今後行竊係屬三犯，計贜六十兩，罪應擬絞。

查厶厶厶行竊各案，惟糾竊某家，計贜一百九十兩爲重，訊係厶厶厶爲首。

此案計贜厶厶厶，訊係厶厶厶起意糾竊，其於厶厶厶臨時行强，並不知情，應仍以竊盜爲首論。

此案計贜二百三十兩零，訊係某人獨自起意，某人合依云云。不用「自應照例問擬」。

此案計贜二百二十八兩零，訊係曾狗子起意獨竊。

查向雙嬉係免死盜犯，擬遣在配，行竊治汝成銀兩衣物計贜五十餘兩，係犯該徒罪以上，自應按例問擬。

查篳 光棍

查郝鉞商同高添材、郝泳瀣等張貼揭帖，設法索詐官民，聚衆奪犯傷差，並於附近陵寢重地，與高添材各自起意，先後聚衆滋事，與光棍無異，郝鉞、高添材均應以爲首論。郝泳瀧聽從張貼揭帖，聚衆奪犯，應按爲從問擬。光三，直。除光棍爲首之郝鉞、高添材先行正法，爲從罪應絞候之於肯堂病故，郝瑞庭、曹得汶依爲從例量減擬流，米聰等擬杖，郝永禾等緝獲另結外。

查倪錫淋斬決，光棍爲首。聚衆抗糧，陸三斬決，光棍爲首。阻漕滋鬧，係各自起意，應各以爲首論。陸效忠拒捕殺差，緩決。聽從彭錬發主使毆斃鄉勇端沅昭，應照拒捕殺差爲從下手傷重科斷。至倪錫淋聽從拒傷吴慶瑞、陸三幫毆端沅昭各身死，並陸效忠聽從抗糧鬧漕，均係輕罪，應從重問擬。咸元，浙。

查筆略賣

查何亞舍略誘梁金元，將其推跌落河淹斃，罪應擬斬，其略誘何亞有，罪止擬絞，梁金元屍身雖未撈獲，有在場目擊之何亞有指供確鑿，應即據供定擬。

查謝觀八誘拐無服族人謝義常幼女謝亞芳，意圖售賣，迨被謝義常查知，始起意勒贖得贜，將謝亞芳交還，與初意即圖勒贖應按勒贖擬軍者不同，自應仍按不知情本例問擬。

查屈泳漳誘拐馬秋姐、聶對姐二口，均罪應擬絞，應從一科斷。

查莊亞妹起意誘拐幼童彭亞離並龔亞連已成，二罪均應擬絞，應從一科斷。光十二。

查厶厶誘拐葛大女子、葛二女子姊妹二人已成，均罪應擬絞，應從一科斷。

查李從心略誘張紋妮已成，罪應擬絞，其誘拐黄氏同逃，係屬輕罪，應從重問擬。光六。

查儲椿憘係年在十歲以下，陳三剛誘取爲子，雖和應同略誘法，其將儲椿憘致斃，自應按律問擬。光三。

查筆發塚

查吕得杜從。並崔金杜首發掘王樹本家墳塚，開棺見屍及鑿縫鋸孔各二次，均係崔金杜起意，應將崔金杜以開棺見屍爲首論。吕得杜均訊係聽從，按開棺見屍及鑿縫鋸孔爲從，均應絞候，二罪相等，應從一科斷。光六，直。

查韓二先因聽從發塚擬絞，遇赦減軍，配逃來京，復起意發塚，鑿棺抽竊四次，例應加等，惟罪至絞決，無可復加，應仍按本例問擬。張萬和聽從發塚鑿棺抽竊三次，均罪應擬絞，應從一科斷。

查范洄建糾同張得勝發塚鑿棺抽竊一次，暨獨自發塚抽竊二次，均罪應絞決，其在配脱逃加等，罪止擬遣，先因搶奪擬絞，減軍在配脱逃。應從重問擬。已正法。張得勝現犯聽從抽竊一次，亦應按例科斷。

查筆各項擅殺

查李立身受各傷，惟後被楊庭山扎傷左脅爲重，李立與楊庭山之姊楊氏苟合成婚，與犯姦無異，楊庭山將其致斃，應照擅殺問擬。

查高潭潭仔身受各傷，惟後被王沅沅仔踢傷下部爲重，高潭潭仔竊放池水，係屬罪人，王沅沅仔將其致斃，應按擅殺科斷。

律牌引罪人已就拘執而擅殺及罪人不拒捕而擅殺者，查筆均用此式。如引毆死賊犯各本例者，仍用共毆查筆，『爲重』下云『應以擬抵』。

查曾輝然身受各傷，惟後被劉遠唐踢傷肚腹爲重，應照擅殺以劉遠唐擬抵。死者竊放塘水。

此引罪人不拒捕例牌新式。

查李二屢向郭宗武詐索錢文，並用刀砍毁什物，實屬擾害棍徒，郭宗武將其謀殺身死，應照擅殺問擬。

查譚辰葆係被王黑爾拉勒致斃，趙爾順並未毆有重傷，應以王黑爾擬抵。王黑爾係趙爾順雇工，即與事主無異，自應按例問擬。

查張漢開身受各傷，惟後被宋二憘砍傷右手腕等處爲重，宋二憘係宋南田雇工，與事主無異，自應按例問擬。

查左良與蔡東淋之妾趙氏通姦，係屬罪人，蔡東淋將其謀斃，應照擅殺問擬，身雖不行，仍按律以爲首論。光六。

查王啓亮童養妻楊氏中途失迷，何世陸收爲妻室，復行轉賣，係屬罪人，王啓亮將其致斃，應按擅殺問擬。光六。

查何三椿擅殺無名竊賊二命，二罪均應擬絞，應從一科斷。

查田運何仔因蘇成通行竊，將其致斃，罪應擬絞，其毆傷蘇成通之子蘇還中仔正、餘限外身死，係屬輕罪，自應從重問擬。

查周二十因冷時搶奪伊工人錢肉，事後尋毆致斃，例無治罪專條，應比例問擬。

查徐愛然因族祖徐敬庶竊伊地瓜，將其毆傷身死，訊係犯時不知，應仍照擅殺問擬。

查李丁枝係陳大海鎗斃，應以陳大海擬抵。李開伸身受各傷，惟後被陳險存戳傷右骰爲重，應以陳險存擬抵。已死李丁枝等强割陳大海等公共田禾，係屬罪人，陳大海等將其致斃，應照擅殺科斷。

查吴三義搶奪吴滕甲錢文，係屬罪人，吴滕甲事後將其致斃，例無作何治罪明文，自應比例問擬。同十。

查徐景衫身受各傷，惟後被葉舍葆毆傷脊背等處爲重，應以葉舍葆擬抵。徐昌謨係葉益達一人毆斃，應以葉益達擬抵。徐景衫、徐易謀挾仇放火，係屬罪人，葉舍葆、葉益達將其毆傷各身死，應照擅殺科斷。

查李貞悟向李會娃强借不遂，設計栽贜誣竊，與土豪平空訛詐無異，李會娃將其致斃，應按受害人殺傷土豪例，以擅殺科斷。咸十。

查張傻貨放火故燒張洛青場園柴草，係屬罪人，路白仔聽糾將其致斃，應照擅殺問擬。

查陳萬貴身受各傷，惟後被張仲伢戳傷咽喉爲重，陳萬貴明知其弟將張仲伢弟妻拐逃，輒敢持刀拒捕，係屬罪人，張仲伢將其致斃，應照擅殺問擬。

查劉荆晟因周蘭玉搶奪伊兄妻衣包，將其毆傷身死，例無作何治罪明文，自應比例問擬。比依事主因賊犯白日偷竊市野有人看守器物叠毆致斃者照擅殺律絞例。九年。

查張文興行使假錢帖誆騙，係屬罪人，高淒奉差巡查，即有應捕之責，其將張文興致斃，應照擅殺科斷。

查沈茂令韓煦代還徒配盤費，沈茂因毆傷韓煦胞姪限外身死，擬徒發配，逢恩減釋。復持刀趕殺，實屬棍徒，韓煦事後將其致斃，應照擅殺科斷。

雜項罪人勘語

向厶厶捏詞訛詐，復將牛隻牽走。

向厶厶誣竊嚇詐。屢向厶厶訛詐擾害。

誘拐厶厶堂弟之妻厶氏嫁賣。

誣告厶厶行竊。

誣竊，抵至厶厶家，踹門搜贜。

聽從誘拐ㄙㄙ之妻ㄙ氏。

查陳瓊瑤調姦蕭氏，係屬罪人，蕭氏係李家璇胞弟之妻，李家璇即屬本夫有服親屬，其起意將陳瓊瑤謀斃，應照擅殺問擬。

查林杖義與邢氏通姦，係屬罪人，鮑撥頻經邢氏之母糾往捉姦，將林杖義致斃，應照擅殺問擬。

查褚朗因大胞姊之夫韓翌天向伊胞姊調戲，將其扎傷身死，自應比例問擬。

查施配與尹項之妻曼氏通姦，復憑伊母主婚，買娶曼氏爲妾，尹項將其致斃，應照擅殺科斷。

查詹光身受各傷，惟後被袁鑄砍傷左額角爲重，應以擬抵。詹光與劉忻之妻通姦，係屬罪人，袁鑄經劉忻緦麻服兄劉舒糾往捉姦，即有應捕之責，其將詹光共毆致斃，自應按例問擬。

查趙忻畔身受各傷，惟被韓上春毆傷左臁脇爲重，趙忻畔姦拐伊大功兄妻，係屬罪人，韓上春將其捕毆致斃，應照擅殺問擬。

查董俸桐、董俸詳夥同將董庭柱之妻張氏拐逃，均係罪人，董庭柱事後將其擅殺身死，自應從一科斷。董俸桐等係董庭柱無服族孫，致死應同凡論。

查趙原修誘拐魯青山堂兄之妻馬氏嫁賣，係屬罪人，魯青山將其毆斃，應照擅殺科斷。

查郝金銀與米氏通奸，係屬罪人，米登忠經米氏之母糾往捉姦，將郝金銀致斃，應照擅殺問擬。

查李宗茂向李義隆誣竊嚇詐，本係有罪之人，李義隆將其致斃，實屬擅殺，李義隆與李宗茂同族無服，應同凡論。

查張椿姦通族兄張富貴之妹張氏，業被悔遇拒絶，復向調戲，係屬罪人，張富貴將其致斃，應同凡照擅殺問擬。光六。

查吴佩身受各傷，惟後被孫得仔毆傷左膝等處爲重，吴佩調姦子婦孫氏、係屬罪人，孫得仔係孫氏胞弟，即屬有服親屬，其將吴佩致斃，應照擅殺科斷。孫氏毆傷吴佩右臂膊等處，均甚輕微，惟係子婦，名分攸關，仍應按本律問擬。光六，直。

查梁萌禮係受寄驢頭店主，與事主無異，其用繩將賊人摔斃，自應按律門擬。光六。死無名竊賊。

查楊生花挾仇至郭耀門首放火，係屬罪人，郭裡琴仔係郭耀異父同母之弟，同居共炊，即與被害人無異，其將楊生花捆毆致斃，應照擅殺科斷。咸十。山西。

查陳泳𦳺與耿汶升孀姊耿氏通姦，業經耿氏拒絶，陳泳𦳺復往持刀尋鬧，係屬有罪之人，耿汶升將其致斃，應照擅殺問擬。咸十。

查沈崇桂向譚家牒之父譚世九訛索錢文，打毀窗門器具，並用刀背將譚家牒毆傷，復掘起沈氏屍棺，稱欲撬棺貽害，實屬棍徒，譚家牒見其蹲在門外，慮恐進内撬棺，將其放槍轟斃，係屬殺非登時，自應按例問擬。咸八。

查楊正林與周永光未婚妻王氏通姦有孕，迨王氏過門後，周永光盤出姦情，將楊正林戳斃，例無治罪專條，自應比例問擬。咸四。

查郝常有身受各傷，惟後被劉雨戳傷咽喉爲重，劉雨因郝常有搶奪錢文，將其致傷身死，律例並無作何治罪明文，惟搶竊事同一律。自應比例問擬。咸四。

查錢四哇糾同錢五哇、張老哇行竊，均屬罪人，張定六經事主邀往幫捕，即有應捕之責，其將錢四哇等捆燒各身死，内錢四哇、錢五哇雖係兄弟一家二命，惟錢四哇糾竊逾貫，罪犯應死，例不應抵，自應照擅殺從一科斷。咸元。

查趙洪付身受各傷，均非致命，並無輕重可分，惟王凱首先下手，且係當場喝令，應以擬抵。光十四。

查張汶佐至李老五家行竊，係屬罪人，雷汰充當巡役，即有應捕之責，其將張汶佐致斃，應按擅殺問擬。光六。

查沈洪得偷竊索姓油瓶，係屬罪人，長吉與索姓同行，即有應捕之責，其將沈洪得致斃，應照擅殺問擬。

查老陳行竊楊椿銀盃，係屬罪人，李有係楊椿鄰佑，且經楊椿邀往幫拿，即有應捕之責，其將老陳致斃，應照擅殺問擬。

查劉興幫事後知情，分受贓錢，並將事主宋士林拒傷，係屬罪人。秦儉德海經宋士林糾往查贓，即有應捕之責，其將劉興幫戳斃，應照擅殺問擬。

查智復耀窩留竊賊至王既成村内行竊，係屬罪人，王既成與智復仲同在一村，守望相助，即有協捕之責，其將智復耀叠毆致斃，應照擅殺科斷。

查劉氏行竊王添成穀穗，係屬罪人，楊來則係王添成雇工，即與事主無異，其將劉氏致斃，自應按例問擬。

查鍾某與事主同姓不宗，曾某係事主雇工，有應捕之責，自應按例問擬。

查韓悦長雖係韓如淋一人致斃，惟既有韓金官幫同捡按，即屬共毆，韓悦長先因毆斃韓金狃兒擬絞減軍配逃，係屬罪人，韓如淋係韓金狃兒胞兄，即有應捕之責，其將韓悦長砍斃，應照擅殺問擬。光六。

查高輝秀身受各傷，惟後被劉黑狗子毆傷右臁肋爲重，高輝秀行竊襲氏家衣物，劉黑狗子係襲氏小功夫姪，即與事主無異，其將高輝秀致斃，自應按例問擬。光十三。

查筆 致斃罪人同凡

查孫萬虎身受各傷，惟後被孫馬荃砍傷額顱等處爲重，且係臨時起意故殺，孫馬荃雖係行竊罪人，惟孫萬虎係屬白役，並無應捕之責，孫馬荃將其致斃，應仍照本律問擬。

查薛遇丙身受各傷，惟後被薛雙潰毆傷右膝等處爲重，薛遇丙侵蝕捐散籽種錢文，雖係罪人，惟與薛雙潰等無涉，其將薛遇丙致斃，應照凡人共毆擬抵。光十。

查牟萬年與黎氏通姦，雖係罪人，惟楊玉隆非例許捉姦之人，其將牟萬年致斃，應照凡鬥問擬。如係共毆則云『應仍按共毆』。

查譚原才與陳氏通姦，係屬罪人，惟封灤潰與陳氏苟合成婚，律應離異，其將譚原才致斃，不得照擅殺科斷，應仍按本律問擬。

查唐老九身受各傷，惟後被焦宗模毆傷左臁肋爲重，唐老九向焦宗模堂姪媳許氏借錢回覆，將被蓋携走，與平空搶奪不同，焦宗模將其致斃，仍應按共毆擬抵。

查丁占桂身受各傷，惟後被李亭付毆傷右額角等處爲重，丁占桂與李亭付兄妻通姦，雖係罪人，惟起衅並非因姦，應仍按共毆本律問擬。

查郭落盛雖係行竊罪人，惟戴萬才並無應捕之責，其將郭落盛致斃，應按凡鬥問擬。

查張興雖係攔車詐索，惟張如芳並非被害之人，其將張興致斃，應仍按鬥殺本律問擬。

查李旺確係屢次訛詐罪人，第趙容並非被害之人，其將李旺致斃，應仍按共毆本律問擬。

查李黑雖係屢次訛借之人，惟陶杜妮非被訛之人，其將李黑故殺致斃，仍應按本律問擬。

查馬甘生雖係逃軍，惟馬行二並無應捕之責，其將馬甘生致斃，應仍按律問擬。

查牛二雖係擲錢賭博匪徒，第冠亭並無應捕之責，其將牛二致斃，應仍按共毆問擬。

查焦畛雖係殺人應抵正兇，惟喬松樹云云鎗傷致斃，應仍按本律問擬。

查沈冲係商雇巡役，並未報部有名，其將私販周正詹致斃，應按凡鬥問擬。

查孫士淋雖係販私罪人，惟王耕田充當鹽巡並未報部有名，其將孫士淋致斃，應按鬥殺問擬。

查劉二雖係私曬鹽池罪人，惟金五充當鹽巡並未報部有名，且係越境妄拏，其將劉二致斃，應照凡鬥問擬。

查崇新與古氏通姦，雖屬罪人，惟包來狗兒係古氏之夫無服族姪，非例許捉姦之人，其將崇新戳斃，應按鬥殺本律問擬。

查厶厶與厶厶厶之妻通姦，雖屬罪人，惟厶厶厶係厶厶厶無服族兄，並非例許捉姦之人，其將厶厶致斃，應仍按共毆問擬。

查吴通浩與吴通旺兄妻鄧氏通姦，雖係罪人，惟鄧氏既經斷離，與夫家義絶，吴通旺即非例許捉姦之人，其將吴通浩致斃，應仍按鬬殺本律問擬。

查陳亞隆因徐亞能與族嫂歐氏通姦，糾人捉拏，將其毆傷身死，雖係姦所登時，惟陳亞隆與歐氏之夫陳添梧各居無服，自應仍以鬥殺問擬。

查李國彬因與儉太先姦后買復行休回之妾陳小九通姦，德太將其戳斃，應按凡鬥問擬。

查錢某雖係犯姦罪人，第趙某並無應捕之責，其將厶厶致斃，應照凡鬥科斷。

查厶厶厶與厶厶厶夥竊得贓，雖係罪人，第厶厶厶並非官差事主，即無應捕之責，其將厶厶厶致斃，應照凡鬥問擬。

查陳矮子雖係行竊罪人，惟李長生並無應捕之責，其因口角將陳矮子致斃，應照凡鬥問擬。

查蕭毛子雖係行竊罪人，惟萬斌並非奉票句攝之人，且衅起口角，自應仍按鬥殺本律問擬。

查徐堂收留迷失子女，雖係罪人，惟趙等來並無應捕之責，其將徐堂致斃，應仍按鬥殺本律問擬。光十三，河。

查廖中滏致斃王富，雖是應抵正兇，惟何泳材並非王富親屬，其將廖中滏故殺身死，仍應按律擬抵。光五，直。

查張憘存身受各傷，惟後被吴二麻子扎傷偏左爲重，吴二麻子雖係行竊罪人，張憘存並無應捕之責，吴二麻子扎傷張憘存身死，後將其衣被攜去，訊係乘便攫取，初無圖財之心，應仍按共毆問擬。光六，直。

查張義淋與哎木爾之妻通姦，雖係罪人，惟哎木爾向伊妻毆打，誤傷張義淋身死，並非因姦起衅，應仍照誤殺本律問擬。咸十。

查張世進係被李庫兒一人砍斃，惟既經姚罄兒幫同拉抱，即屬共毆，張世進擬流配逃，雖屬罪人，李庫兒並無應捕之責，其將張世進致斃，應仍按本律擬抵。咸十。

查尹長受行竊吕正名衣服，吕潮山係吕正名鄰佑，雖有應捕之責，惟事後因口角起衅，將其戳傷身死，應按本律問擬。咸八。

查郭葆山竊取穆減葦地内高粱茬頭，與行竊山野積聚柴草不同，穆減葦將其致斃，應仍按鬥殺問擬。光十四。

查筆 罪人斃命同凡

查田老八販砂漏報税課，雖係罪人，惟巡丁伍步云並未報部有名，田老八將其致斃，應仍照凡鬥問擬。

查覃舒罄與張潮賢堂兄妻通姦，雖屬罪人，惟王亞生係聽從張潮賢前往索詐錢文，與被有服親屬糾往捉姦不同，覃舒罄將其戳傷身死，應照凡鬥問擬。

查葉添成聽從假差嚇詐錢文，固係罪人，惟閻星係差役雇工，並無應捕之責，葉添成將其戳斃，應仍照鬥殺問擬。

查董發雖係行竊罪人，惟劉達等衅起訛詐，並非應捕之人，董發將劉達故殺身死，罪應擬斬，其將於通戳斃，罪止擬絞，自應從重問擬。

查李老四彈錢賭博，固屬有罪之人，趙廷弼充當兵丁，奉票巡緝，亦有應捕之責，惟趙廷弼因嚇詐起衅，李老四將其毆斃，應照凡鬥問擬。

查張麻仔、費阿大聽從行劫得贓，均係罪人，林萬有確係捕役，邀作眼線，並未奉有官票，張麻仔、費阿大聽從生瘡阿三將其謀殺身死，下手加功，自應按律問擬。

查李得生與張禾蒠無服族兄妻通姦，張禾蒠非例應捉姦之人，李得生將其致斃，應按鬥殺問擬。光六。

查郭連升與王正善之媳鄭氏通姦，復糾衆搶奪，雖係罪人，惟鄭氏業已被出，王正善即無應捕之責，郭連升將其致斃，應仍按毆死妻父本律問擬。

查黄某雖係拐誘罪人，惟某人並非本夫有服親屬，無應捕之責，應以凡鬥論。

查鄧汶灤雖係販私罪人，惟周加丁並無應捕之責，其被鄧汶灤毆傷身死，應按鬥殺問擬。

查ㄙㄙ雖係竊匪，惟ㄙㄙ並非應捕之人，ㄙㄙㄙ因借端訛詐，將其致斃，應照凡鬥問擬。

查吴某與林氏通姦，黄某並非例得捉姦之人，於業經詐銀後，因索取所許銀兩將其拒傷身死，應照凡鬥問擬。

查陳添得身受各傷，惟後被張沅匠砍傷偏右爲重，張沅匠雖係調姦付氏罪人，陳添得並非付氏有服親屬，無應捕之責，張沅匠將其致斃，應仍照共毆本律擬抵。光十三，河。

查弓連升身受各傷，惟後被趙浚砍傷左肩甲爲重。趙浚等因見弓連升鄰人現存糧米下鍋炊爨，訊係饑民希冀苟延，與平空搶奪不同，其將弓連升致斃，仍按本律問擬。光六，共毆。

查蔣灝沅騙賴黄沅相堂弟黄沅傑銀兩，訊係黄沅傑自行交存，與設計騙賴不同，蔣灝沅將黄沅相追跌致斃，應照鬥殺問擬。咸十。

查王茗仔行竊孫文忠地内韮菜，雖係罪人，惟龐洸倫並無應捕之責，王茗仔將其扎傷身死，應仍按鬥殺本律問擬。光十五。

查邢仲係李起山一人致斃，惟衅起糾毆，應照共毆科斷。李起山雖係聚賭罪人，第邢仲並無應捕之責，應仍按本律問擬。光十五。

查筆彼此均係罪人

查范四兒縱妻與張四轉子通姦，彼此均係罪人，其將張四轉子致斃，應仍按凡鬥問擬。

查袁潮乘圖姦子媳未成，王開渠挾制訛詐，彼此均屬罪人，袁潮乘將其謀殺身死，後割落屍頭，訊因慮恐敗露，與有心支解不同，應仍按本律問擬。

查劉麻子等行竊猪隻，周姓知情同往，竊得猪肉，均屬有罪之人，劉麻子等將其謀勒致斃，應仍按本律問擬。

查劉三元、杜馬駒聽從搶奪伊姦娶之妻翟氏嫁賣，致將杜馬駒扎傷身死，彼此均係罪人，自應仍照凡鬥問擬。

查陸淋身受各傷，係被李開科毆傷左臁肋爲重，惟李開科係聽從張二主使，應以張二爲首擬抵。張二係軍犯在配聚賭，陸淋係差役藉端攫取錢文，均屬罪人，應照凡鬥問擬。

查王念娃因胡培承誘拐劉氏同逃，藉端訛詐，俱係罪人，胡培承將其致斃，應照凡鬥問擬。

查王雙將妻賣休，湯四知情買娶，俱係有罪之人，自應按本律問擬。

查周厶厶知情買休，吴厶厶訛詐未遂，强搶犯姦婦女，彼此均係罪人，周厶厶將其扎傷身死，應照鬥殺問擬。

查胡某先與許氏通姦拐逃，旋經其夫尋回，嗣因續姦未遂，將許氏戳傷身死，應照鬥殺問擬。

查劉萌身受各傷，惟後被郭泳砍傷腦後等處爲重，應以擬抵。劉萌聽糾搶奪，郭泳賣姦婦女，俱係罪人，郭泳將其致斃，應照共毆本律問擬。

查楊城漳、董汶明先後與張氏通姦，均係罪人。董汶明旋娶張氏爲妻，律應離異。楊城漳將董汶明故殺身死，應按凡人本律問擬。光六。

查張二身受各傷，惟後被張槁砍傷咽喉爲重，且係臨時起意故殺，應以擬抵。張槁知情價買張二偷竊牛隻，彼此均係罪人，應仍按故殺本律問擬。同十二。

查王潰身受各傷，惟後被馬讓踢傷左太陽爲重。馬讓隱匿錢糧，王潰藉差嚇詐，彼此均係罪人，馬讓將其致斃，應仍按共毆擬抵。光十，陝。

查李大旗姦拐張氏同逃，彼此均係罪人，其因張氏與張贏子通姦將其戳傷身死，應仍按鬥殺問擬。同四，川。

查筆 不以罪人論

查崔圪旦摘食王新一園杏，向不以竊盗論，其將王新一扎斃，應仍按鬥殺問擬。

查王九盛身受各傷，惟後被樂殷告毆傷右臁肋爲重，王九盛誆騙樂殷告衣服，訊係偶然挾詐，向不以罪人論，樂殷告將其致斃，應仍按共毆本律問擬。

查聶芝捏詞向李起冒收錢糧，訊係偶然挾詐，向不以罪人論，李起將其致斃，應仍按鬥殺問擬。

案由

訛索佃錢

强借錢文某某將其共毆致斃，應仍按本律問擬。

訛索錢文

查宋雷仔在封振谷地邊摘瓜解渴，係擅食田園瓜果，律不以罪人論，其將封振谷致斃，應按鬥殺問擬。光六。

查莫亞偵身受各傷，惟後被何亞旺毆傷右脅爲重。莫亞偵摘食何亞旺雇主西瓜，向不以竊盜論，何亞旺將其致斃，仍應按共毆擬抵。光十。一起云，趙某摘食錢某地内西瓜，係擅食田園瓜果，向不以罪人論。

查黃汝塘擅食某人樹果，與竊盜不同，其將某人戳傷身死，應照凡鬥論。

查柴根原擅食柿果，與竊盜不同，其將許新春毆傷身死，應按鬥殺問擬。

查馬鈺春指稱黃承寅行竊高粱，訊係空言誣賴，並未控告到官，不得以罪人論，黃承寅將其故殺身死，仍應按律問擬。

查張發向族兄張芝藉端訛錢，訊係偶然挾詐，且係同族，向不以罪人論，張芝將其致斃，應照凡鬥問擬。

查湯庚受雖與石到詳子媳通姦，惟既經石到詳主令配爲夫婦，即不得以擅殺罪人論，應仍按凡鬥擬抵。

查王四娶趙六之妻閻氏爲妻，係由趙六之母毛氏主婚，與姦占不同，趙六將其致斃，應仍按凡鬥問擬。

查陳萬富向劉自台訛借錢文，訊係偶然挾詐，向不以罪人論，劉自台毆傷其臁脇骨損，雖越三十三日身死，尚在破骨傷保辜正限五十日之内，既有彭中艱在場幫推，應仍按共毆問擬。

查沈發逼斃尊長，復行擾害，沈永昌藉屍訛詐，辱及祖宗，俱屬有罪之人，惟係一時一事，尚非怙惡不悛，沈倉流、沈其淵各將其謀勒致斃，應分別服制，各按本例問擬。沈發等雖係父子一家二命，惟沈倉流等各斃各命，應各科各罪。

查張興係被趙甲毆傷致斃，李旺身受各傷，惟後被趙乙毆傷偏左爲重。張興等藉端訛詐，尚非實在棍徒，趙甲等各將其致斃，應各按本律問擬。

查霍泳因楊富等車輛由伊地内行走，將地軋實，難以耕作，向其索錢添補耕地工價，取財出於有因，並非無端訛詐，其將楊富戳傷身死，應按平人科罪。

查王有臣向鄭泳淋誘賭訛賴，並欲拉伊子媳作抵，固屬情近棍徒，惟究由索討賭欠，事出有因，與無故擾害者不同，鄭泳淋將其故殺身死，應仍按本律問擬。

查蔣禾尚行竊藍再里家衣物，業經送官責釋，不得以罪人論。

查王阿四雖係行竊舊匪，業已改過自新，即與平人無異，其因王大八假差嚇詐，將其致傷身死，自應按律問擬。

查張玉蘭向楊韋葆之媳羅氏調姦，雖係罪人，惟業經服禮寢息，楊韋葆將其致斃，應仍照鬥殺本律問擬。

查王光買娶陳得奎之妻趙氏，並不知係有夫之婦，陳得奎將其戳傷身死，應按鬥殺問擬。

查馮大成因疑趙碩門前棗木係無主之物，持刀往砍，與竊盜不同，迨趙碩之父趙會一瞥見争鬥，致將趙碩致斃，自應按鬥殺問擬。

查張正旺私用李鎬堰水，訊係李鎬在公共溝渠瀦蓄，並非己業，李鎬將張正旺致斃，應按鬥殺問擬。光六。

查張錫九身受各傷，惟後被張慶有戳傷肚腹爲重。張錫九强割張慶有堂兄地内緑豆，訊係事出有因，不得以罪人論。張慶有將其致斃，應按共毆擬抵。光六。

查趙連因賣給趙東山田價太賤，添索未允，將父柩抬葬已賣田内，與平空盜葬不同，趙東山將其致斃，應按鬥殺問擬。光三。

查王寬於國制期内，門貼紅對，訊係張祥主意，且端山奉派查道，亦無應捕之責，王寬將其致斃，應按鬥殺問擬。光三。

查傳倉子買娶李方子童養妻姚氏爲妻，係由李方子之父主婚價賣，嗣李方子攔搶姚氏未成，傳倉子將其致斃，應照鬥殺問擬。咸十。

查黄甸滏偶看紙牌，係新正消遣，與聚賭不同，張得係廳役轉派，亦非應捕之人，其將黄甸滏鎗傷身死，應仍按本例問擬。光二，奉。

查筆 犯非拒捕

查馬有行竊孫德穀子，業已退贓賠禮息事，因孫德復向尋衅鬥毆，馬有將其戳傷身死，與罪行拒捕不同，應依凡鬥問擬。

查文氏聽從姦夫誘拐同逃，因屬罪人，裘樹經文氏之夫央令追拏，亦有應捕之責，惟文氏因口角起衅，將裘樹戳斃，與罪人拒捕不同，應照鬥殺擬絞，其被誘同逃係屬輕罪，自應從重問擬。

查某人於某人行竊某人某物，當時並不知情，迨某人將某人扭獲，某人路遇問知，向某人懇放不允，爭鬥致斃，與罪人拒捕不同，自應照鬥殺問擬。

查李洋因王裁縫之父拐賣其妻，前往捕拏，王裁縫並不知情，其將李洋鎗傷身死，與罪人拒殺捕人不同，仍按本律問擬。光十二。

查孫麥收雖係行竊罪人，惟並非魏古東奉票緝拏之犯，其將魏古東謀斃，與拒捕殺人不同，至事後將其衣帽脱去，訊係乘便攫取，初無圖財之心，應仍按本律問擬。光三。

查孫禿仔雖係捕役眼線，惟丁際財並未窩留贓賊，其將孫禿仔疑賊致斃，仍應按鬥殺問擬。

查侯得山被人牽控，並非罪人，王倉受雇幫傳，亦非奉票差役，侯得山將其致斃，應按鬥殺問擬。

查馬正得雖係捕役奉票緝賊，惟毛善成係屬平人，非所應捕，其將馬正得戳斃，應按凡鬥問擬。

查傅興身受各傷，惟袁三主使方五毆傷厶處爲重，傅興雖係差役，惟袁三非所追攝之人，袁三主使將其致斃，應仍按本律問擬。

查張萬有雖係捕役，惟姚才並非奉票指拏之人，崔士孝因姚才被拏，向勸爭鬧，將張萬有戳斃，應按凡鬥問擬。

查孟國忠雖係奉票差役，惟彼亮並非應捕之人，其將孟國忠致斃，應照凡鬥問擬。

查李永發雖係差役，惟趙法並非票傳之人，其將李永發戳斃，按凡人鬥殺罪應擬絞，其逃復拒捕，律應加等，第罪已至死，無可復加，應按本律問擬。

查唐明雖係奉票緝賊差役，惟黃禮德於犯案責釋後，業經改悔，並未行竊，其將唐明致斃，應仍按鬥殺問擬。咸八，川。

查俞順雖係奉票緝賊捕役，惟彭守騫並非此案正賊，其將俞順戳傷身死，應照凡鬥擬絞，其另犯結夥攔搶，罪止擬軍，自應從重問擬。

查紀萬發雖係賭博罪人，惟王泳盛非奉票查賭，無應捕之責，紀萬發將其致斃，應照凡鬥問擬。

查郭薅雖係差役，惟李義旗訊係犯時不知，其將郭薅鎗傷致斃，與逞凶拒捕者有間，應照本例問擬。光三。

查王奎充當糧差，王大沅充當糧正，彼此均係在官人役，王奎將王大沅毆斃，應按凡鬥定擬。咸十。

查趙倫係趙連城雇作眼線幫捕，本與應捕之人並論，惟李玉輝將其謀殺之時，已非受雇幫捕之時，按凡人謀殺論，李玉輝罪應擬斬，其刃傷趙沅平復，係屬輕罪，自應從重問擬。

查湯灤雖係捕役，惟陳長淞結夥行竊業經到官責釋，且訊因嚇詐起衅，其將湯灤謀斃，應仍按本律問擬。光十五，湖。

查安詳蕊雖係奉票緝匪捕役，惟楊瞞昌聽從將其謀斃，訊因嚇詐起衅，與罪人拒捕殺人不同，應仍按共毆問擬。光十五。

查筆 死係應捕

查李大行竊村人麥種，係屬罪人，康雙憘受雇看青，即有應捕之責，李大將其致斃，應按拒捕問擬。『問擬』當作『科斷』。

查楊三胖聽從行竊尹國榮衣服，係屬罪人，夏榮奉差緝匪，即有應捕之責，楊三胖將其拒斃，罪應擬斬，其拒傷洪超平復，係屬輕罪，自應從重問擬。

查厶厶行竊厶厶家財物云云，厶厶充更練云云。

查厶厶糾竊鄰人厶厶財物云云，厶厶經厶厶邀同捉拿云云。

查闞車望至闞元家行竊云云，闞承滿係闞元鄰佑云云。

查陳四帶刀游蕩云云，蔡大秀兒充當保正，奉官協緝云云。

查葉幹城撞騙得贓云云，舒榮充當巡役云云。

查明瑞係被黃金碌扎斃，惟黃金碌係聽從黃金海主使，應以黃金海爲首論。黃金海竊砍圍場木植，係屬罪人，明瑞充當圍兵，即有應捕之責，黃金海主使將其致斃，應按拒捕科斷。

查劉畜生起意臨時行强一次，聽從臨時行强入室搜贜一次，與聽從入室搜贜之黃臭均罪應斬決。范良可行竊曹正順家，係屬罪人，曾灤富係曹正順鄰佑，即有應捕之責，范良可將曾灤富拒傷身死，按罪人拒捕與竹銃傷人，二罪均應斬候，自應從一科斷。

查耿雙係陳西鋪夥，與事主無異，鄭六將其拒傷身死，自應按律問擬。

查毛大受雇在王鈴鄰地看穀，即與鄰佑無異。

查厶厶厶行竊拒捕刃傷厶厶厶平復，厶厶厶係厶厶厶家婢女，即與事主無異，厶厶厶將其拒斃，罪應擬絞，其糾竊計贜云云。

查吉宗惠係楊篋匠雇工，與事主無異，胡秀兒將其拒斃，自應按例問擬。

查葉老五至白守常家行竊，王春觀係白守常雇工，即與事主無異，葉老五將其拒傷身死，自應按例問擬。

查陳三兒綹竊章氏等棉花、銅錢，係屬罪人，張庭仲身充鄉約，經章氏等投令幫拏，即有應捕之責，陳三兒將其戳傷身死，應照拒捕科斷。咸十一。

查王明青行竊郝久賢家錢物，係屬罪人，李得奉差踩緝，票内雖未指出姓名，究屬應捕之人，王明青將其拒傷身死，應按本律問擬。咸十一。

查張汶姦拐曹學庫堂妹曹小秋同逃，係屬罪人，楊茂得經曹學庫雇令追趕，即有應捕之責，張汶將其戳斃，應按拒捕問擬。光十三。

查杜材向姊夫高添櫃之女大姑調姦未成，係屬罪人，其主令將高添櫃致斃，應照凡人拒捕科斷。光十三。

孫大行竊糧船粗米，係屬罪人，馬文寬充當巡役，有應捕之責，孫大因被獲圖脱將馬文寬帶跌落河致斃，即與拒殺捕人無異，自應按律問擬。

查張遇年身受各傷，惟後被羅禾尚戳傷左後脅爲重，羅禾尚糾竊得贜，係屬罪人，張遇年充當牌甲，有應捕之責，羅禾尚將其致斃，應照拒捕科斷。

查筆搶奪婦女

查封萬春聘定徐氏爲妻，業經應允退婚，其因徐氏之母短給幫錢，夥衆將徐氏中途搶回，致令羞忿自盡，未便照女家悔盟因而强搶例問擬，第究係先經聘定，亦未便竟照聚衆夥强路行婦女例科以斬決，律例既無治罪專條，自應比例問擬。咸十，陝。

查苗思連、苗五聽從夥搶王姐已成，罪應擬絞，其致王姐兒之母張氏情急自縊身死，例無加重治罪明文，應仍按本例問擬。咸十，奉。

查石梆先聽從搶奪犯姦之婦牛氏已成，係屬罪人，其被本夫白新春追捕，將其扎傷身死，應照拒捕科斷。咸八，山東。

秋讞須知 卷八 查筆四

查筆姦罪應死

查湍克布與職官筆帖式文寬之妻塔拉氏通姦，罪應擬絞，其因姦致塔拉氏被兄殺死，係屬輕罪，應從重問擬。

查王氏職官妻與甘和民人。通姦，甘和係王氏雇工，因業經辭退在先，應仍按平人問擬。

查周米聽從伊母老周劉氏主令與已故胞兄周弋之妻小周劉氏婚配，實屬兄亡收嫂，雖周米出繼陳姓，仍應照例問擬。

查陳其鋐與胞侄陳昌海之婦凌氏通姦，均罪應擬絞，嗣將陳昌海踢傷身死，罪止擬徒，且事與姦情無涉，均應按本律問擬。同十。除云云外，陳其鋐、凌氏均合依姦兄、弟、子妻者姦夫姦婦各絞決律擬絞立決，惟查凌氏與夫叔通姦，訊係被夫叔逼勒勉從，且曾向伊姑並母哭訴，並非甘心淫亂，核與從前辦過賴陳氏等案，情節大略相同，既據該撫援案聲明，可否將凌氏量減爲擬絞監候，請旨定奪。

查筆因姦致斃親屬

查梁氏因係王虎緦麻姪婦，第因姦致斃，例應從平人科斷。

查胡孝溶因圖姦弟妻陳氏未成，將其致斃，例無作何治罪明文，惟毆死弟妻例以凡論，自應仍照凡人拒捕科斷。

查艾肅與胞姪艾官之妻鄧氏通姦，均罪應絞決，其將艾官踢傷身死，罪止擬徒，且事與姦情無涉，應按本律問擬。

查夏城結因庶母史氏與邵處通姦，非登時將其砍斃，例內並無作何治罪明文，惟毆死庶母例與毆死緦麻尊長同科，則因捉姦將庶母致斃，亦應比例問擬。

查李添興雖係曾洸海緦麻表弟，惟曾洸海與其妻樊氏通姦，商同謀殺李添興與身死，與因別故謀斃外姻卑幼不同，應仍按凡人因姦謀死本例問擬，同十二。

查筆因姦拒捕

查温自來憘調姦未成，係屬罪人，其因事後被拏將謝氏致斃，按罪人拒捕殺人罪應擬斬，其將謝氏之夫温士忠刃傷平復，係屬輕罪，應從重問擬。

查温某係圖姦趙雲光罪人，已死某人雖非趙雲光有服親屬，第温某夤夜推窗入室，被其揪住，輒敢叠扎致斃，實屬有心拒捕，自應按例問擬。犯罪拒捕殺所捕人。

查高羊向高氏調姦未成，係屬罪人，其因喊駡將高氏致斃，應照拒捕科斷。

查馬某向高氏調姦，係屬罪人，高某係高氏夫大功服兄，有應捕之責，馬某因被揪住，將其拒傷身死，自應照律問擬。

查張皮匠因與蕭遲僖之妻戴氏通姦，拒傷萬遲僖身死，罪應擬斬，其刃傷戴氏之姑楊氏平復，罪止擬絞，應從重問擬。

查宋氏雖係有夫之婦，惟孫廷禮並非知情買休，應仍以夫妻論。劉小因與宋氏通姦，將孫廷禮拒傷身死，自應按律問擬。

查張二黑調姦王永聚子媳未成，係屬罪人，因被王永聚捉拏，將其致斃，應照拒捕科斷。

查李忠淋與陳魁之妻通姦，係屬罪人，其因被拏將陳魁致斃，應照拒捕科斷。

查平更新因向劉氏圖姦未成，起意拒捕，致誤將乳哺之平小戳傷身死，例無治罪專條，惟因鬥毆誤傷旁人既照鬥殺問擬，則因圖姦拒捕誤殺旁人，亦應照拒捕科斷。同十二。

查胡四調姦榮慣牲妻弟之婦舒氏未成，係屬罪人，榮慣牲經舒氏央令幫拏，即有應捕之責，胡四將其戳斃，應照拒捕科斷。光十五。

查筆鬭非因姦

查羅大任先與廖氏通姦，嗣因廖氏索錢争鬧，將其砍傷身死，應照鬥殺問擬。

查匡氏與唐太氣通姦，嗣因未給錢物拒絕不依，起意將唐太氣謀殺身死，與悔過拒絕後被逼姦殺死姦夫者不同，應仍按謀殺本律問擬。

查張小根强欲鷄姦趙新潮未成，雖係罪人，惟趙新潮將其致斃，訊因他故起衅，應仍按鬥殺本律問擬。

查温倡滦先被董三兒鷄姦，後因未肯資助，不允續姦，並非悔過拒絕，其將董三兒致斃，應照鬥殺問擬。

查筆 因姦釀命

查秦橋仔冒姦韓氏未成，致韓氏羞忿自縊身死，冒姦與强姦無異，自應比例問擬。

查劉氏雖先與趙保汰通姦，惟業經悔過拒絕，即應以良婦論，趙保汰用言調戲，致劉氏羞忿自縊身死，仍應按例問擬。同十二。

查筆 姦夫抵命

查張進保與劉氏通姦，致劉氏被父劉金全姦所獲姦，登時砍傷身死，例無作何治罪明文，惟本婦之父捉姦殺死姦夫，例與本夫同科，則本婦之父姦所登時將姦婦殺死，姦夫自應比例問擬。

查簡朏與顔氏通姦，致顔氏被父顔顧姦所捉獲，登時毆傷致斃，即與本夫殺死姦婦無異，自應比例問擬。

查司氏係本夫張得蒓致斃，惟張青莎係屬姦夫，應以張青莎擬抵，其致張得蒓誤傷伊女張藕節斃命，例不以姦夫坐罪，應仍按本例問擬。

查筆 縱姦同凡

查焦狗娃身受各傷，惟後被邵振奎砸傷左肋爲重。邵振奎縱容伊妻與焦狗娃通姦，彼此俱係罪人，因焦狗娃無錢資助，不允續姦争鬥，將其共毆身死，應照凡鬥問擬。

查馬源身受各傷，惟後被馬閏四子戳傷右脅爲重。馬閏四子縱容伊妻與馬源通姦，彼此均係罪人，其將馬源共毆身死，雖因捉姦起衅，並非激於義忿，應按凡鬥問擬。

查韓富與岳和普之妻通姦，係岳和普知情縱容，嗣岳和普向韓富索要馬匹不給起衅争毆，韓富將其扎斃，應按凡鬥問擬。

查公孫痞與夏侯義弟妻莘氏通姦，係伊弟知情縱容，其將公孫痞致斃，亦因伊弟索詐不遂起衅，並非激於義忿，應仍按共毆本律問擬。

查筆 逼令婦女賣姦

查王永争因令妻尤氏賣姦不從，屢次毆逼，致令投井身死，例無作何治罪明文，自應比例問擬。光八，奉。

查筆 男子拒姦

查趙么年十九歲，錢乙年三十二歲，長於兇犯十歲以外，死者雖無生供，惟有孫丙等供證可憑，自應按例問擬。

查辛世椿年二十一歲，已死張炳濚年三十二歲，長於兇犯十歲以外，其被辛世椿致傷身死雖無生供足據，惟訊係拒姦起衅，别無他故，自應按例問擬。

查王添碌年十九歲，已死楊得昔年二十四歲，雖長於兇犯不及十歲，惟有黄豐益等供證確鑿，訊係拒姦起衅，别無他故，自應按例問擬。

查雷得盛年二十四歲，已死田毓蘭年四十二歲，長於兇犯十歲以上，死者雖無生供，惟有田開基供證確鑿，實係拒姦起衅，别無他故，自應按例問擬。

查李光留年二十一歲，已死霍中年四十九歲，長於兇犯十歲以外，死者雖無生供，惟有屍堂兄霍俊等供證可憑，確係拒姦起衅，自應按例問擬。

查莊漢年三十二歲，已死蔣魄年三十七歲，雖無生供，年長兇犯亦不及十歲，惟衅起拒姦，已據同屋住宿之王征供指確鑿，自應按例問擬。

查和採年二十歲，袁幅年四十四歲，長於兇犯十歲以外，袁幅雖無生供，惟確係拒奸起衅，别無他故，自應按例問擬。

查劉漢沖年十八歲，已死張紹冰年二十三歲，年長兇犯雖不及十歲，而拒姦被殺有屍親供證可憑，應照擅殺問擬。

查周幅來子年十八歲，李廣生年三十七歲，死者年長兇犯十歲以外，其圖姦被拒身死，雖無生供足據，惟李廣生先向周幅來子圖姦有案證張富，供證確鑿，自應按例問擬。

查李潰因拒姦致傷李牛兒、董貴各身死，李潰年二十三歲，已死李牛兒年三十九歲，長於兇犯十歲以外，查李牛兒雖無生供，惟據某人供證確鑿，委係拒姦起衅，別無他故，李潰罪應擬絞，其先被董貴鷄姦，後經拒絕，復被逼姦，將董貴殺死，亦罪應擬絞，二罪相等，應從一科斷。

查厶厶厶先被厶厶厶鷄姦，業已悔過拒絕，復因厶厶厶逼姦，將其砍傷身死，有趙某等供證可憑，自應按例問擬。

查李連玉始被馬連升哄誘鷄姦，嗣因悔過拒絕，屢被挾制逼姦，起意將馬連升謀殺斃命，雖馬連升被毆之時旁無指證，第李連玉先因悔過拒姦，曾與馬連升吵鬧，既有屍親、鄉長人等供詞可憑，實爲確有證據，衅既由於拒姦致斃，自應按例問擬。

查黃長生先被陳三鷄姦，後經悔過拒絕，有撞遇之路某供詞足據，其因陳三逼姦，將其致斃，自應按例問擬。

查宋定兒因牛幅兒圖姦伊弟宋服兒未成，將其毆傷身死，例無治罪明文，自應比例問擬。

查李隨河兒因李雪兒強姦伊小功服姪李印生兒未成，將其致傷身死，例無強姦男子未成被有服親屬殺死作何治罪專條，自應比例問擬。

查宋學義圖姦程宗周弟子陳搗，係屬罪人，程宗周將其致斃，律例並無治罪專條，第師弟有犯，例照期親科斷，自應比照問擬。

查童痦調姦族弟童某未成，係屬罪人，游昆經童某糾往將其致斃，例無治罪明文，自應比例問擬。

查張六悔過拒姦，有鄧東長及閻琢等供證確鑿，自應按例問擬。光三。

查張洸立身受各傷，惟後被張僧仔毆傷脊背等處爲重，應以擬抵。張僧仔年十七歲，已死張洸立年四十八歲，長於兇犯十歲以外，張洸立雖無生供，惟有張可富供證確鑿，委係拒姦起衅，並無別故，自應按例問擬。同十二。

查劉化灤年二十三歲，已死不知姓名人約四十餘歲，長於兇犯十歲以外，死者雖無生供，惟既經張漢供明實係拒姦起衅，並無別故，自應按例問擬。同十，陝。

查閻怔揚先被姚應聰乘醉雞姦，當時雖經隱忍，復即不允續姦，有劉文潮等供證可憑，即屬拒絕有據，其復被逼姦，將姚應聰致斃，自應按例問擬。咸十，川。

查王丁沅將高嬉沅戳斃，雖衅起拒姦，惟無生供確證可據，且死者僅長於兇犯兩歲，自應仍依鬥殺本律定擬。咸十。

查溫倡灤先被董三兒雞姦，後因未肯資助，不允續姦，並非悔過，其將董三兒致斃，應照鬥殺問擬。咸十。

查楊牛仔先被劉庭瑞雞姦，後經悔過拒絕，有張保林供證可憑，復被劉庭瑞逼姦，將其致斃，自應按例問擬。咸十。

查許小潰先被蘇牛雞姦，業經悔過拒絕，其因王訓强欲行姦，將王訓拒傷致斃，死者雖無生供，有王樹供詞可據，自應按律問擬。咸四。

查張二憘年二十一歲，因年二十餘歲之唐倖憘向伊圖姦，將其致斃，有易大受供證確鑿，自應按例問擬。咸三。

查劉萬來先被劉泳魁哄誘雞姦，後經悔過拒絕，有沈二等供證可憑，其復被逼姦，將劉泳魁戳傷身死，自應按例問擬。咸二。

查黃碑子年十六歲，已死葉長發年十九歲，死者長於兇犯雖不及十歲，惟黃碑子因拒姦將其戳斃，供證確鑿，又有屍母郭氏供認可憑，自應按例問擬。咸二。

查筆因瘋

查孫加謨砍傷陳萬來身死，到案驗係瘋迷，覆審供吐明晰，取有屍親人等切結，自應按律問擬。

查趙甲致傷錢乙身死，到案始終瘋迷，無憑取供，惟據屍親人等供證確鑿，取有切結，自應按例問擬。

查於佩英、尹發並非一家，於振菁將其砍傷各身死，到案驗係瘋迷，覆審供吐明晰，取有屍親人等切結，自應按例問擬。瘋病致斃平人非一家二命者絞例。

查王岡毆傷王樸身死，到案驗係瘋迷，覆審供吐明晰，取有死者生供，並刑禁人等切結，自應按律問擬。鬥殺。

查馬泳幅砍傷期親叔母高氏等各身死，到案始終瘋迷，無憑取供，惟據屍親人等供證確鑿，取有切結，按毆死期親叔母律，罪應斬決，其致斃伊妻安氏，罪止擬絞，即致斃義子馬保兒，亦律不應抵，自應從重問擬。

查暢黄莖砍傷小功甥陳維學身死，到案驗係瘋迷，覆審供吐明晰，取有屍親人等切結，罪應擬絞，其將大功妹暢氏砍斃，罪止擬流，應從重問擬。光十二。

查張世潤、張世興係屬兄弟一家，王登㩳將其砍傷各身死，雖到案始終瘋迷，無憑取供，惟既取有屍親人等切結，自應按例問擬。

查賈含漳與賈税庭係屬父子一家，王家耑先後將其砍斃，到案驗係瘋迷，覆審供吐明晰，取有屍親人等切結，賈税庭雖越十七日因風身死，惟原驗偏左傷已骨損，仍應按致斃一家二命本例問擬。

查賀氏與夫妾羅氏係屬一家，周二娃將其砍傷各身死，到案驗係瘋迷，覆審供吐明晰，取有屍親人等切結，罪應擬絞，其砍傷伊妻王氏成廢，係屬輕罪，應從重問擬。

查鍾潰抬因癲狂病發，致傷伊妻蔣氏身死，當即明晰，核與瘋病殺人無異，既經取有屍親人等切結，應照毆死妻問擬。咸八。

查崔科科與趙氏之夫同族無服，並非一家，李下作將其砍傷各身死，到案驗係瘋迷，覆審供吐明晰，取有屍親人等切結，自應按例問擬。

查羅氏毆傷伊夫趙炳光身死，到案驗係病狂，覆審供吐明晰，取有屍親人等切結，即與瘋病殺人無異，自應按律問擬。

查箄辜限

查厶厶身受各傷，惟後被厶厶傷厶厶厶骨損爲重，雖越厶十厶日身死，尚在破骨傷保辜正限五十日之内，仍應按律擬抵。

查張懷椿係李遇急一人毆斃，惟既有李晋貞等在場助勢，即屬共毆。李遇急毆傷張懷椿右骰等處骨已損折，雖越三十一日身死，尚在破骨傷保辜正限五十日之内，應仍按律擬抵。

查劉氏身受各傷，惟後被栗城得左右脚踝骨損爲重，雖越三十日身死，尚在破骨傷保辜正限五十日内，仍應按律擬抵。劉氏係栗城得族叔母，應同凡論。

查王馨身受各傷，惟被張成毆傷某處爲重，第張成係聽從張十主使，王馨越三十七日身死，尚在破骨傷保辜正限五十日之内，仍應以張十爲首擬抵。

查柳德揚毆傷温全補左脚腕骨折，雖越四十五日身死，尚在破骨傷保辜正限五十日之内，仍應按律擬抵。

查曾肥踢傷徐祥左脅内損，越二十九日身死，應照破骨保辜係在正限五十日之内，仍應按律擬抵。

查莫坤係被查滓一人致斃，惟既有連茹將其推倒，即屬共毆。莫坤身受各傷，同左臁肕二處骨斷，雖越二十九日身死，尚在破骨保辜正限五十日之内，仍應以查滓按律擬抵。

查某人於初九日午刻被吴某用石毆傷，至二十九日辰刻斃命，係在他物傷保辜正限二十日之内，自應按例問擬。

查葉某係傅某致斃，應以傅某擬抵。郭某身受各傷，惟後被馬某砍傷左脚踝骨損爲重，郭某雖越四十七日身死，尚在破骨傷保辜正限五十日之内，仍應將馬某按律擬抵。馬某病故人除筆。

查廖沅廣毆傷劉毓詳左肐肘骨損，越三十一日身死，尚在破骨傷保辜正限五十日之内，罪應擬絞，其毆傷劉毓針平復後病故，照例止科傷罪，應從重問擬。

查周洪九毆傷緦麻姪周才興右臁肕骨斷，越四十四日身死，尚在破骨傷保辜正限五十日之内，周才興與周洪九之妻通姦，雖被周洪九姦所捉獲，惟因訛詐不遂將其致斃，與激於義忿者不同，應仍按本律擬抵。

查李恒奇於六月十九日午刻受傷，至七月二十日午刻斃命，應作『身死』。六月係小建，尚在湯火傷保辜正限三十日之内，仍應按例問擬。光三。

查張遂法糾竊拒傷事主黄汶潰，越五十二日身死，係竊盜拒捕，不准保辜，仍應照例問擬。咸十一。

查王行扎傷姚鍾奎左肩甲等處，雖越十二日因風身死，惟係假差拒捕，例不保辜，仍應按律擬抵。咸十，河。情實。

查鄭萬全搶奪錢物，係屬罪人，魯禮充當地保，且奉官協拏，有應捕之責，鄭萬全將其拒傷，雖越八十七日因風身死，係罪人拒捕，例不准給限保辜，應仍按本律問擬。咸十，河。情實。

查馬濼謀殺季庭杰越五十六日身死，例不保辜，按律罪應擬斬，其謀殺李小廷傷而未死，罪止擬絞，應從重問擬。光十五。

查宋大係白老一人致斃，惟既有白三在場摔按，即屬共毆，白老毆傷宋大左脚腕等處骨損，越二十七日身死，尚在破骨傷保辜正限五十日之内，仍應按律擬抵。宋大係白老姨姊夫，應同凡論。光十四。

查箄因風

查張可傳毆傷張五聚左臁脇骨損，雖越二十一日因風身死，仍應按律擬抵。因風或作抽風，擬抵或作問擬。

查秦綉毆傷程毓椿左手腕骨折，雖越九日因風身死，仍應按律擬抵。

查姚太身受各傷，惟後被謝二疊毆右脇骨損爲重，姚太雖越七日因風身死，仍應按律問律。

查陳孟禾掙跌致傷賀某額顱，係屬致命，雖越五日因風身死，仍應按律擬抵。

查應封毆傷晋歲左胳膊骨損，越二十一日傷口進水潰爛殞命，與因風身死無異，仍應比例擬抵。

查宋四掙跌致傷秋壩額顱，越四十三日因風身死，惟未進風之左右脚腕各傷重至骨節差失，照破骨傷尚在保辜正限五十日之内，仍應按律抵擬。

查詹泳潰係被於六及於二揉瞎左右眼致斃，于二所揉右眼較於六所揉左眼爲輕，且係聽從於六主使，應以於六擬抵。詹泳潰雖越十三日因風身死，第原驗左眼珠潰爛無存，周圍經絡已斷，按照破骨傷保辜尚在五十日之内，仍應按律問擬。

查路小狗毆傷張小八右脚腕骨折，雖越十四日因風身死，仍應按律擬抵。張小八係路小狗一人致斃，惟既經路二猫在場揪按，應照共毆問擬。

查史金義用棍毆傷劉小廣越九日因風身死，雖係致命傷輕，惟未逾十日，仍應按律擬抵。史金義與劉小廣均係奴僕，應同凡論。

查箄復讎

查蘇以盛跪傷蘇岱之母身死，擬絞減流，收贖釋回，蘇岱因路遇口角辱及伊母，起意爲母復仇將其疊砍致斃，自應比例問擬。比照母爲人所殺，本犯擬抵，後援例減流，遇赦釋回，子仍敢復仇殺害者仍照謀、故殺本律定擬，入於緩決永遠監禁例。

查楊殿秀因父被族祖楊改名子扎瞎左眼成廢，愁悶病故，蓄意謀殺，替父報仇，將楊改名子用刀叠砍致斃，楊改名子業經按律擬徒，限滿釋回，國法已伸，不當爲仇，應仍按凡人謀殺本律問擬。

查蔣茂彝係蔣茂魁無服族兄，應同凡論。蔣茂魁因父被蔣茂彝之父蔣正乾毆斃擬絞援免，屢尋蔣正乾復仇未獲，將蔣茂彝故殺身死，律例並無作何治罪明文，惟復仇故殺國法已伸正兇之子與復仇故殺國法已伸之正兇情無二致，自應比例問擬。同四。

查服緦身受各傷，惟後被蕭仔砍傷某處爲重，服緦幫毆蕭仔之父身死，係屬罪人，蕭仔將其致斃，應照擅殺科斷。

查褚濟戳傷蕭棣之兄蕭葶身死，擬絞減流，在配脱逃，係屬罪人，蕭棣將其致斃，應照擅殺科斷。

查張明憘雖係致斃張明禮之父正兇，業已遇赦援免，張明禮因衅起索欠，將其戳傷身死，與爲父復仇無涉，應照鬥殺本律問擬。

查冉幗濱戳傷白漣升身死，後業經擬絞援例留養枷釋，係屬國法已伸。白憘生係白漣升自幼抱養義子，恩養年久，即同子孫，其因復仇故殺冉幗濱身死，自應比例問擬。咸十，陝。

查馮斗管因崔黑骰之父崔細狗與其妻段氏通姦，將崔細狗登時殺死，業已到官，照律勿論，即與國法已伸者相同，崔黑骰爲父復仇，將其故殺身死，仍應按律問擬。咸七。故殺。

查筆 蠹役詐贓　誣盗

查楊從寬充當兵丁，輒向温氏嚇詐錢文，致令投河溺斃，自應比例問擬。

查周正骰係已革捕役，其因陳式訓行竊，嚇詐拷打，致令氣閉身死，例無治罪專條，自應比例問擬。比依捕役人等所獲之人，不論平人竊盗，私行拷打嚇詐，照誣良爲盗例治罪，誣竊致死者斬例。

查王像誣指席成爲盗，拷打逼認，致令自縊身死，比例問擬，罪應擬絞，其屍身雖已被水漂失，無憑相驗，惟既有王占虧等供證確鑿，應即據供定擬。

查姜得成起意商允吴開林詐李正品錢文不遂，將其共毆致傷，致令氣忿自縊斃命，原驗李正品被毆各傷均甚輕淺，其爲死由自縊無疑，應仍按本例問擬。

查筆 越獄

查劉連甲身受各傷，惟後被杜虧甲戳傷胸膛爲重，按律罪應擬絞，核其情節，戳由抵禦，死亦姦匪，秋審應入緩決，兹復越獄脱逃，自應按例問擬。

查米漳原犯聽從行竊，逾貫擬流，兹越獄脱逃被獲，自應按例問擬。

查劉照係朱振江一人致斃，惟既有朱五子在場助勢，即屬共毆，按律罪應擬絞，核其情節，死先撲毆，傷係他物，秋審應入緩決，兹在獄脱逃被獲，自應按例問擬。光十一。

查吴三原犯行竊，被追拒捕，刃劃事主平復擬絞，核其情節，傷由被扭情急圖脱，並無凶暴情狀，秋審應入緩決，兹復越獄脱逃被獲，自應按例問擬。

查史小狼原犯糾竊逾貫擬絞，計贓尚在五百兩以下，秋審應入緩決，兹解審發回，中途脱逃被獲，自應按例問擬。應依原犯罪名，秋審入於情實。

查朱永升扎傷虞廣盛身死，核其情節，死先向毆，扎由抵禦，秋審應入緩決，兹於解審中途脱逃被獲，自應按例問擬。同十一，直。

查周明起原犯搶奪拒捕擬軍，越獄脱逃被獲擬絞，核其情節，係由軍罪加等擬絞，尚無私糾夥黨情事，秋審應入緩決，兹解審中途脱逃被獲，自應按例問擬。同八，東。

查夏重幅致傷黄永材身死，依鬥殺律擬絞監候，核其情節，衅起索欠，刀由奪獲，秋審應入緩決。兹解審發回，中途脱逃被獲，例應改入情實。其將解役黄盛推跌落河，並未致死，與拒捕殺差不同，應仍按本例問擬。

查郭三周等原犯斬決，張廣東等原犯斬候，閻泳盛等原犯强盗免死發遣，趙得等原犯軍流，兹復聽從越獄脱逃被獲，自應按例分別問擬。

查張世元先犯擅殺擬絞，遇赦援免，後復扎傷緦麻兄張立潤身死，審依毆死本宗緦麻兄律擬斬，核其情節，衅起護母，一傷適斃，秋審入於緩決，兹復越獄脱逃被獲，自應按例問擬。同十一，直。

查拉什多爾濟行竊雇主色伯克家銀物計贓一百八十餘兩，按蒙古例罪應擬絞，入於秋審緩決，其聽從布揚們都越獄脱逃，蒙古例内並無治罪明文，按照刑例應改情實，至聽從圖普仲越獄復逃，係在前案未定罪名之先，與情實絞犯越獄應改立決者不同，應仍按本例從一科斷。同七，直。

查唐漢紅原犯謀叛，案内被脅入夥擬遣，兹復越獄脱逃被獲，例無遣犯越獄脱逃治罪明文，自應照軍流人犯例問擬。同八，廣東。

查胡學書聽從范青朝糾毆，用棍將范建魁頂心等處毆傷，按南陽府屬兇徒結夥持械傷人，罪應擬軍。兹復越獄脱逃，自應按例加等問擬。同九，河。

查趙三聽從行竊，計贜一百二十兩以上，其於張二黑等臨時行强，並不知情，按竊盗本律，罪應擬流，兹因宋小鍋等反獄，乘間逸出，例無作何治罪明文，應仍照越獄本例問擬。同九，直。

查張三黑毛行竊某人家驢頭，被獲圖脱，用刀自割衣衿，誤傷事主工人平復，罪應擬軍，兹復越獄潛逃被獲，自應按例問擬。

查劉汶湘因犯竊擬軍，監禁在獄，輒敢商允另案擬軍之某人越獄脱逃，自應按例問擬。

查鄧新本原犯鬥殺擬絞，入於秋審緩決，雖恭逢光緒十一年正月初四日恩旨，惟解審脱逃在先，不在查辦之列，軍犯越獄既有專牌，可以不用查筆。此是舊式。

查郭漳沅原犯鬥殺擬絞，入於緩決，兹復越獄脱逃，被拏時拒傷捕人董文相平復，律應加等，惟罪已至死，無可復加，仍應按絞犯脱逃本例問擬。光十二。

查沈仲係聽從沈繁兒中途奪犯，係兄助弟勢，罪應加等擬流，兹復越獄脱逃，自應按例問擬。光六。

查徐十毆傷吴三禿身死，題明入於秋審緩決，兹越獄脱逃被獲，自應按例問擬。同十二。

查筆 脱逃就獲

查陳申孺戳傷伊妻劉氏身死，雖脱逃二年後就獲，係尋常命案，不在加擬立決之列，應仍按本律問擬。

查王占鼇雖係奉差汛兵，惟該汛並無句攝公事之責，其被陳有潰致斃，例不照拒捕科斷。陳有潰脱逃三年後就獲，係尋常命案，不在加擬立決之列，應仍按鬥殺本律問擬。

查馮得葆係耿玉潰等亂毆致斃，惟耿玉潰係聽從耿賢主使，應以耿賢爲首論，耿賢訊未同賭，衅起口角，與罪人拒捕及奪犯殺差不同，其脱逃三年後被獲，係尋常命案，不在加擬立決之列，應仍按本律擬抵。

查ㄙㄙ致傷ㄙㄙ身死，罪應擬絞，其在押脱逃被獲，應予加等，惟罪已至死，無可復加，應仍按本律問擬。

查張大聽從行竊李二家，尚未得贓，被獲圖脱，拒傷李二身死，脱逃已逾三年，例應改爲立決，惟事犯在恩詔以前，其原犯係竊盗拒捕殺人在不准援免之列，應照准免逃罪章程，免其立決，仍照拒捕殺人本例問擬。

查沈有憘身受各傷，惟後被舒麻仔戳傷胸膛爲重，舒麻仔雖脱逃二年後就獲，惟係尋常命案，不在加擬立決之列，應仍按本律問擬。

查張東會戳傷胡遇勤身死，雖在押脱逃，惟尚在未定罪名以前，應仍按本律問擬。光十二。

查秦幅身受各傷，惟後被張兆詳戳傷小腹等處爲重，張兆詳雖係賭博罪人，第秦幅並無應捕之責，其將秦幅共毆致斃，脱逃二年後就獲，係屬尋常命案，不在加擬立決之列，應仍按本律問擬。

查真四和尚與胡三於謀殺人後脱逃三年始行就獲，真四和尚係造意，應改爲斬立決，胡三爲從加功，仍應照原犯擬絞監候，惟真四和尚等恭逢光緒元年正月二十日恩詔，真四和尚應准免逃罪，仍照本律問擬，胡三訊無挾嫌貪賄情事，應酌入秋審緩決辦理。光六。真四和尚續報病故。

查胡孫布故殺憘受身死，事發到官脱逃，律應加逃罪二等，惟罪已至死，無可再加，應仍按本律問擬。同十。

查祝老恒戳傷李忠秀身死，罪應擬絞，其被拏拒傷差役黄玉等平復，應加拒捕罪二等，惟罪已至死，無可再加，應仍按律問擬。咸十。

查姚臧行竊拒捕毆傷事主武立堂手指骨折，罪應擬絞，其解營効力脱逃，係在未經審定罪名之先，與解審中途及在監脱逃者不同，應仍按本例問擬。咸十。

查陳三行竊拒捕刃傷事主劉傑等平復，均罪應擬絞，其另犯他物拒傷事主，罪止擬軍，至脱逃三年後就獲，係無關人命，不在加擬立決之列，應從重仍按本例問擬。光十四。

查筆守法未動

查吴禿仔聽從結夥持械搶奪，拒傷李純古平復，罪應斬決，其被糾反獄未動，尚知畏法，自應量減問擬。

查筆因變逸出

查滑愭聽從謀殺金牛身死，並被獲時鳥鎗拒傷捕役康有功平復，擬絞監禁，嗣因聞警，暫羈官房，脱逃被獲，即與在監因變逸出無異，自應按例問擬。同四，直。

查蕭振係蕭然無服族兄，應同凡論。蕭然因蕭振强姦伊妻未成，非登時將其殺死，罪應擬絞，其因變逸出被獲，應仍照原犯罪名定擬。同八，奉。

查綬決絞犯莫本池提在卡房押禁，乘變逸出，例無作何治罪明文，自應比例問擬。光六。此照在監乘變逸出題明入緩。

查徐萬選原犯因毆傷徐枝友身死擬絞，兹秋審發回，中途遇渡，船翻落河，乘機逃逸，與因變逸出無異，自應比例問擬。咸十三。

查筆别項罪人拒捕

查陳冬春結夥五人販私，因被營兵劉永安等追拏，陳得華輒用篙拒傷劉永安致斃，罪應擬斬，其喝令陳冬春拒傷陳天表平復，拒捕傷至二人，亦罪應擬斬，二罪相等，應從一科斷。陳冬春聽從拒傷陳天表平復，又目睹陳得華將劉永安拒斃，即應照傷至二人下手例問擬。

查厶厶收買肩運官鹽越境售賣，拒傷捕人厶厶兩目成篤，係在折傷以上，罪應擬絞，其主使刺瞎厶厶眼睛，罪止擬軍，自應從重問擬。

查顧漳、許恒等各自興販私鹽。因被捕拏，顧漳起意拒捕致傷外委吕占鼇身死，並傷兵丁六人平復，以爲首論，罪應擬斬。許恒聽從下手幫毆吕占鼇致斃，照爲從科斷，罪應擬絞。吕占鼇雖係職官，惟顧漳等均罪至斬絞，無可復加。王勒、余宗聽從拒傷兵丁六人，亦罪應擬絞，均應按例問擬。

查張碌身受各傷，惟後被徐奉伶砍傷偏左等處爲重，應以徐奉伶擬抵。張幅身受各傷，惟後被孫河砍傷偏左連顖門爲重，應以孫河擬抵。路氏、胖頭係被徐奉剛、李二逛蕩致斃，應俟緝獲李二逛蕩究明擬抵。徐奉伶，糾搶張碌等兄弟妻女一家四命拒斃，核與首先聚衆致斃一家三命以上相同。孫河等聽糾同搶，各拒各捕，未便照爲從下手科斷，仍應按拒捕本律問擬。除聚衆毆死一家三命以上罪應斬決之徐奉伶畏罪自盡，拒斃路氏等應斬候之徐奉剛投井身死，李二逛蕩緝獲另結云云。

查毛虎擄捉虞秀英關禁勒贖，用鳥鎗拒傷兵丁張得勝左手指等處骨折，係在折傷以上，罪應擬斬，其拒傷兵丁劉標並另犯聽從搶奪，用棍拒傷事主各平復，係屬輕罪，自應從重問擬。

查筆另釀一命

查饒仰先與張氏通姦，雖係罪人，惟饒金仔並非例應捉姦之人，其因争佃將饒仰先戳斃，致張氏羞忿自盡，例無加重明文，應仍按本律問擬。饒仰先係饒金仔族人，應同凡論。

查黄强徠戳傷緦麻伯母邵氏身死，後被黄再恩等藉命打毁，致伊祖母愁急自盡，與子犯姦盜及謀、故殺人例應加擬立決者不同，應仍按本律問擬。

查楊四戳傷馮椿身死，罪應擬絞，至因姦敗露致姦婦陸氏自盡，罪止擬徒，自應從重問擬。

查苗思連聽從夥搶王姐兒已成，罪應擬絞，其致王姐兒之母張氏情急自縊身死，例無加重治罪明文，應仍按本例問擬。

查徒廣心死。係徒根兒族兄，致死應同凡論，其致令李氏屍妻。殉節自盡，例無加罪明文，應仍按本律問擬。

查石玉搶奪刃傷事主鄧高堯罪應擬斬，其致鄧高堯因失財窘迫服毒自盡，例無加重治罪明文，應仍按本律問擬。

查歸氏致傷夫胞叔莫淨身死罪應擬斬，其致伊夫莫嶸畏累自盡，與子婦謀、故殺人後致翁自盡應擬立決者不同，應按鬥殺本律問擬。咸十。

查李狗蛋兒毆傷雇工申聚奎身死，致伊父李桂愁急跳窖跌斃，與謀、故殺人致父自盡者不同，應按鬥殺本律問擬。咸十。

查趙銀來强姦幼女小惠已成，罪應擬斬，其因致祖護之母趙氏畏罪自盡，罪止擬軍，自應從重問擬。

查吴金星雖於毆斃人命後致母唐氏自盡，惟唐氏係因行竊敗露愁急所致，吴金星所犯並非姦盗及謀、故殺人，自應仍照本律問擬。

查鍾壎身受各傷，惟後被張榮爵戳傷咽喉爲重，其致令伊父愁急自盡，與犯姦盗及謀、故殺人累父輕生者不同，仍按共毆本律問擬。

查孫春榮因巡役王瑞等將夥販私酒之米幅濃捕獲，聚衆中途打奪已至十人以上，以孫春榮爲首論，罪應擬斬。其致王瑞因跑乏急飲凉水痰壅氣閉身死，核與奪犯傷差者不同，應仍按本律問擬。

查筆 事後攫財

查郝芹故殺宋灣身死，後將其馬匹拉走，訊係乘便攫取，初無圖財之心，應仍按故殺本律問擬。

查李合商同張四等謀殺熊泗洲身死，後白洛頭將其衣褲剥去，訊係乘便攫取，初無圖財之心，應仍按謀殺本律問擬。

查厶厶厶身受各傷，惟後被厶厶厶砍傷厶處爲重，應以擬抵。厶厶厶於事後牽牛逃走，訊係乘便攫取，初無圖財之心，應仍按本律問擬。

查李法沅係被韓春成等捆縛壓傷致斃，惟韓春成等係聽從袁澤潰主使，應以袁澤潰爲首論，其事後將羊隻趕走，訊因勒賠莊稼起見，初無圖財之心，應仍按制縛本律問擬。

查王泳山商同吕六十二謀殺王四小身死，後將其錢文衣物俵分，訊因王四小糾竊分贜不均起衅，與圖財謀殺良人不同，應仍按謀殺本律分別定擬。

查厶厶厶抵其事後將包袱等物携去，訊係希圖匿報，並無圖財之心，應仍按本律擬抵。光九，陝。

查林萌受商同阮春蕙謀殺劉登魁，後將其銀兩携去，訊係乘便攫取，初無圖財之心，應仍按本律分別問擬。林萌受一人携去。

查佘動小仔毆傷温萊香子身死後將其顱頭變賣，訊因慮恐敗露起見，初無圖財之心，應仍按本律問擬。光十二。

查楊鈺昆係楊二愃等族叔，致死應同凡論。楊二愃起意商允楊罄萌謀殺楊鈺昆身死、後將其衣被携去，訊係乘便攫取，初無圖財之心，應按凡人謀殺加功各本律問擬。光六。訊係冀免被人看破。

查筆 殘毁屍身

查陳萬有故殺賀慶隆身死，事後將屍頭面殘毁，訊因滅迹起見，與有心支解不同，仍應按本律問擬。

查劉幅聰身受各傷，惟被竇小發財毆傷厶厶等處爲重，其事後割落屍頭，訊係畏罪起見，與挾忿逞兇者不同，仍應按本律問擬。

查陳某因羅某搶奪銀兩，已將其迭砍倒地，不難拘執送官，乃因其肆駡，輒復戳傷致斃，實屬擅殺，其毁屍棄河滅迹，訊因畏罪所致，並非挾忿逞兇，且死係搶奪賊犯，與尋常殺人後逞忿毁屍者不同，仍應照擅殺本律問擬。

查藍中普商同劉氏謀殺縱姦本夫佟泳倫身死，後將其兩胳膊砍落，訊係欲求掩埋起見，初無支解之心，應仍按本例問擬。咸四。

查佘茫孝係佘汶彬胞叔乞養義子，應同凡論。佘汶彬將其砍傷身死，後割落頭顱，訊因畏罪起見，與有心支解不同，應仍按本律問擬。光十五。

查筆 據供定擬

查何濆潑毆傷蕭泳潑身死，屍身雖已腐化，無憑相驗，惟既有蕭成江供證確鑿，應即據供定擬。

查何甫家係劉蒿辣子一人致斃，惟案係謀毆，應照共毆科斷，屍身雖經燒毁，僅存零星骨殖，無憑檢驗，既據劉蒿辣子等供認確鑿，應即據供定擬。

查姜老鼠砍傷佘得倉身死，雖屍已腐爛，無憑相驗，惟既有汪老海供證確鑿，應即據供定擬。

查蕭明身受各傷，據宫悦才供係被伊毆傷左太陽爲重，應以擬抵，屍骨雖已焚化，無憑相驗，惟既經宫悦才供認確鑿，應即據供定擬。

查葉成贊謀殺王氏身死，屍身雖已腐爛，無憑相驗，惟既經葉成贊供認確鑿，據供定擬，罪應擬斬，雖係赦後復犯，無可復加，應仍按謀殺本律問擬。

查皮汶身受各傷，以苟朏致傷厶處爲重，屍身雖已焚化，無憑檢驗，惟既有起獲燒毀骨殖，自應按律以苟朏擬抵。

查米四聽從謀殺馬思洛身死，下手加功，屍身雖被焚化，無從檢驗，惟訊據在場目擊之邱得等供證確鑿，應即據供定擬。

查某人屍傷，衆供既屬確鑿，屍親又具結免檢，自應據供定擬。

查某人殘毀屍身，現雖無獲，惟在場目擊之某人及起意毒屍之某人均供指確鑿，自應據供定擬。

查筆免死復犯

查鍾某係廣東免死盜犯，在配殺人，按例罪應斬決，惟原犯遣罪係在大赦前聲明不准援，如再有犯，照尋常遣犯，一律分別謀、故鬥殺問擬。

查蔡詠身受各傷，惟後被劉城戳傷肚腹爲重，劉城雖係免死盜犯，惟業已當差期滿爲民，應比照平常遣犯定擬。

查張二先犯夥竊刃傷事主擬絞，業已減軍，其在監將楊二毆斃，與死罪人犯在監復行兇致斃人命不同，自應仍按鬥殺本律問擬。

查趙拴小子係尋常遣犯，逃走行兇，犯該絞候，例應改爲立決，惟脱逃在大赦以前，雖原犯遣罪不准援免，應免其逃罪，自應按奏定章程照尋常遣犯在配有犯他罪一律問擬。比依尋常遣犯在配殺人分別謀、故鬥云云。

查陳太安先犯鬥殺擬絞，援免後復謀殺鄭海身死，罪應擬斬，其謀殺張得紅傷而未死，罪止擬絞，雖係赦後復犯，惟罪已至死，無可復加，自應按律從重問擬。咸四。

查貫刺先因毆傷伊妻則哇身死擬絞，援免後復將繼取之妻於泥娃故殺身死，雖係赦後復犯，惟罪已至死，無可復加，仍應按本律問擬。

查辛萬根原犯搶奪擬流，係尋常發遣人犯，今在配將蔡佳毆傷身死，自應仍按鬥殺本律問擬。

查陳得元係先犯鬥殺擬絞，遇赦累減援免在監聽候部覆之犯，其將在監人犯楊朿榮致斃，與死罪人犯在監斃命者不同，應仍按鬥殺本律問擬。

查陳小桂係佘同一人致斃，惟衅起糾毆，應照共毆問擬，佘同雖係免死盜犯，惟恭逢恩詔，按奏定章程應照平常遣犯科斷。

查魏三先犯夥竊刃傷事主擬絞，業已減軍，其在監將周三致斃，與死罪人犯在監復行兇致斃人命不同，自應仍按鬥殺本律問擬。

查曾廣愷身受各傷，惟後被董以愚捏傷下部爲重，應以擬抵。董以愚雖係赦後復犯，第罪已至死，無可復加，應仍按共毆本律問擬。復加或改加等。

查梁大小、田立遠聽從聚衆搶奪徐氏已成，均罪應擬絞。梁大小雖係赦後復犯，惟罪已至死，無可復加，應與田立遠均按本例問擬。光十二。

查黄閏連係免死盜犯，恭逢道光三十年正月二十六日恩詔不准援免，其於赦後在配殺人，應按奏定章程照尋常遣犯問擬。咸十。

查丁慒身受各傷，惟後被蘇亞烱毆傷右額角爲重，丁慒雖係奉票差役，第蘇亞烱並非句捕之人，其將丁慒致斃，應照凡鬥科斷。蘇亞烱係免死盜犯，在配殺人，例應斬決，惟原犯遣罪在道光三十年正月二十六日恩詔以前，應按奏定章程照平常遣犯問擬。咸七。

查王老四年二十四歲，張銅牌年四十八歲，長於兇犯十歲以外，訊係拒姦起衅，應照擅殺擬絞監候。王老四係平常遣犯在逃犯該絞候，例應改立決，惟已死張銅牌係免死盜犯，因向王老四鷄姦致被扎死，核與鍾亞木之案情情事相同，自應量減問擬。咸七。

查筆蒙古

查四十八雖係蒙古，惟在内地犯事，應按刑律問擬。

查阿暢阿捆縛拷打李尚淋身死，蒙古例内並無治罪專條，應照刑律問擬。

查張閑榜係罕扎毆斃，惟罕扎係聽從幅洛分主使，應以幅洛分爲首論，係蒙古毆死民人，應照刑律問擬。案首死名上用『民人』字，標首犯名上用『蒙古』字。

查ㄙㄙㄙ首犯在外藩蒙古地方聚衆十人以上搶奪ㄙㄙㄙ銀物以爲首論，按蒙古例罪應擬斬，ㄙㄙㄙ、ㄙㄙㄙ隨同搶奪均屬爲從，按蒙古例罪應擬絞，其各另犯聽從搶奪，俱屬輕罪，均應從重問擬。

查索諾木達什異端治病，致傷納唧扣身死，蒙古例内並無治罪專條，應按刑律問擬。六年，奉。

查得洗搶奪拒捕毆傷事主馬氏左手腕骨折，係在折傷以上，蒙古例内並無治罪專條，按刑例科斷，罪應擬斬，其另犯搶奪一次，係屬輕罪，應從重問擬。

查德格雖係蒙古，惟在内地犯事，應按刑律問擬，塔尚阿係德格妻伯，應同凡論。光十四。

查筆 幼孩斃命

查鄧亞魁年十三歲，已死之曾大姐年十六歲，僅長鄧亞魁三歲，核與十五歲毆死人命死者年長兇犯四歲之例不符，仍應照律問擬。

查趙戾犯罪時雖年僅十五歲，文英長於兇犯四歲，第衅起互鬥，並非被長欺侮，與丁乞三仔之案不符，仍應按律問擬。

查奇莫特犯罪時年十一歲，扎普年十四歲，死者長於兇犯三歲，與聲請之例不符，應按刑律鬥殺科斷。雖屍身無存，無憑相驗，惟既據屍祖供指確鑿，應即據供定擬。光三，陝。

查筆 護父

查黄雙潰毆傷李證偉身死，雖衅起護父，惟案係互鬥，並非事在危急，仍應按律擬抵。咸十。此舊式，近年不用。

查王牛致傷緦麻服伯王誠身死，訊因救父起衅，第伊父受傷後僅止被揪，並非實在危急，應仍按服制本律問擬。咸十。

查筆自首

查劉得行行竊拒傷楊源潰身死，罪應擬斬，惟聞拏投首，律得免其所因，仍應按鬥殺問擬。

查張秀接砍傷族兄張開仔左膝骨損，越三十七日身死，尚在破骨傷保辜正限五十日之内，按律罪應擬絞，雖解審中途脱逃，惟經犯父帶同投首，應免死罪，仍照原犯罪名問擬。

查楊合城行竊拒傷事主張發榮身死，罪應擬斬，惟經伊父帶同投首，得免所因，應仍按鬥殺本律問擬。

查賀十五因竊謀殺族叔賀憘身死，應同凡論，罪干斬決，經伊叔賀祥連贜首送，例得免其所因，應仍照謀殺本律問擬。

查李禿仔窩竊分贜，係屬罪人，經差人王源往捕，輒將其拒傷身死，律應斬候，聞拏投首，得免所因，應仍照鬥殺本律問擬。

查俞七行竊拒傷事主丁棟身死，罪應擬斬，惟於未經發覺之先自行投首，得免所因，自應仍按鬥殺問擬。

查鄒五糾同完老牛行劫，搜贜拒傷事主平復，完老牛係屬法所難宥，鄒五聞拏投首，應各按律例分别問擬。

查惲斌圖財謀殺林桂祥身死，經伊父惲國豐帶同投首，律得免其所因，應仍照謀殺本律問擬。

查周脱因搶奪拒傷湯亞任身死，罪應擬斬，惟聞拏投首，律得免其所因之罪，應按鬥殺本律問擬。

查李丹原犯共毆龐二胖身死擬絞，脱監後自行投回，例無作何治罪明文，自應比例問擬。咸十。

查文泳發行竊拒傷捕人熊璨遠身死，罪應擬斬，惟自行投首，得免所因，應仍照鬥殺問擬。光八，湖。

查陳亞詳致傷緦麻服叔陳亞鄰身死，解審中途脱逃，經犯父某人赴官首告，於半年限内拏獲，律例並無治罪明文，惟中途脱逃與在監越獄其情相似，自應比照越獄半年内係有服親屬拏首亦照自行投首仍照原擬罪名完結之例定擬。

查于得薅身受各傷，惟後被高三等毆傷左右手腕等處爲重。第高三等係聽從王槐庭主使，應以王槐庭爲首論，王槐庭因犯搶奪擬徒配逃，係屬罪人，於得薅充當地保，即有應捕之責，王槐庭慮被查拏，糾衆主使，將其毆傷致斃，按罪人拒殺捕人，罪應擬斬，惟自行投首，得免所因，應仍按威力主使本律問擬。

查筆僞造印信關防

查萬礬培捏造委扎，自稱儘先守備，訊係意圖詐財，與僞造赴任憑扎不同，惟私雕將軍關防，妄拏平民嚇詐，按假印誆騙財物爲數無多例，已屬犯該流罪，自應按例問擬。同十二。

查廖澤棠所刻關防，内有「管帶右營湘勇」字樣，所給毆作諭劄，以千總捏稱守備，核與僞造憑劄詐爲僞官及假與人官情事相同，自應比律問擬。咸十。

查筆事犯在新章前

查董憬秀聽從李什搶奪蒙古青佶爾等牛隻，結夥騎馬持械，按例罪應斬決，惟事犯在嚴定新章以前，應仍按蒙古搶奪本例問擬。

查王如洤聽從攔搶聚衆十人以上，罪應擬絞，其聽從行竊在外把風，事犯在嚴定新例以前，照舊例罪止擬遣，應從重問擬。咸八。

秋讞須知 卷九

除筆

餘人有罪可科。

容隱鄰約人等應議罪。

失察官吏議處。吏胥應否革役。

案犯在逃。監斃。另案核辦。監候待質。累減援免。免緝。緝獲另結。

案内牽連之人律得勿論。

婦女交何處領回。附請旌表。

僧尼應否還俗。

案内户婚田土如何斷結，及竊盗夥犯有竊劫別案須逐一點明事宜。

叙次以罪名重輕爲先後。

死罪人犯在逃病故者俱出罪名。如謀殺造意罪應擬斬云云。

斬、絞各犯已題定罪名者曰斬犯、絞犯，未題定者曰罪應擬斬、擬絞。此二條部尾同。

凡徒罪以上者俱出律牌，杖笞以下但云擬杖、擬笞，其有罪得累減，均逐層詳叙。

除筆官

除典史何德淦交部察議，李明相緝獲另結外。

除賈保倉等免罪革役，管獄官職名交部議處外。盗犯脱逃，越日拏獲。

除惠生禾刑書等擬杖，李𦮶禁卒等病故，時三同逃之犯緝獲另結謹防越獄，職名交吏部議處外。

除梅景新擬杖褫革遊擊，案内餘人，王福病故，梅長青另行擬結京控外。

除失察賭博、竹銃職名交部議處外。

除僉差不慎職名飭查另參外。

除已革某縣知縣某依檢驗不實、失出人罪、囚未決放律本罪上減六等擬徒，仵作厶厶、刑書厶厶均依檢驗不實、失出人罪擬徒減杖外。

除尉遲聰明擬杖照例納贖，王先珍革職留營差遣外。

除輟翰佈隨案聲請開復外。

除宋世儒係生員照律納贖外。

除毛有倫擬杖係監生照例納贖外。

除鄉約厶厶擬杖援免外。

除失察牌甲及不能禁約爲匪之父兄均免傳責外。

除失察牌甲傳責外。

除李春陽等均擬杖仍分别革役革伍外。

除不能禁約爲匪之犯兄及失察保正均擬等，保正仍革役外。

除朱平復擬杖年逾七旬仍照例收贖外。

除韓乘遠依奪獲兇器傷人者擬徒，年逾七十照例收贖外。

除徐起擬以枷杖年不及歲照例收贖外。

除蕭氏等擬杖，蕭氏係婦女，彭朝定年逾七十，俱照例收贖外。

除金氏附請旌表外。

除徐氏依下手之人減一等律擬流，情節較重，實發駐防，小蕙附請旌表外。

除王㦆等擬杖，張氏杖決，給伊父領回，聽其擇配外。

除董氏依和誘知情被誘之人例擬徒減杖，照例的決，給王連漼領回完聚，王仁緝獲另結外。

除王洛秀等擬杖援免，陳氏並免收贖，無宗可歸，當官嫁賣，陳洛五等病故，陳洛六等緝獲另結外。
除厶厶給親完聚外。
除鄧氏於拒毆之時並不在場，事後即哭訴到官，照例祇科姦匪，擬以杖決枷贖，給屬領回，聽其去留外。
除龐氏擬杖，照律的決，離異歸宗外。
除阿招仍給蔣亞丑領回不知情買被拐之女，免其離異外。
除郎張氏、彭張氏均依謀殺人從而不加功律擬流，不准援免，係犯姦之婦杖決流贖，給夫領回，聽其去留外。

除筆服制

除高育民依毆期親弟致死律擬流外。
除謝小耦依刃傷人律係以卑犯尊加等擬徒外。
除謝瑤剛依故殺外姻緦麻卑幼絞罪上減等擬流外。
除厶厶依毆本宗緦麻尊長加等律擬徒不准援免，厶厶等擬以杖笞均予援免外。
除泳詳擬枷，萌三擬以枷杖收贖均勒令還俗外。
除月桂等擬杖，月桂照例納贖免其還俗外。

除筆另案

除厶厶另行核辦外。
除厶厶應歸另案從重辦理外。
除厶厶另案監候待質外。
除王和尚、吴女子均歸行竊重案正法外。
除聽從謀命下手加功罪應擬絞之謝滙林歸於行劫重案行劫一節案身不敘正法云云外。

除筆謀故

除造意謀命罪應擬斬之王大漢緝獲另結，潘柏依從而不加功律擬流外。

除造意謀命罪應擬斬之陳世萬並曹文魁緝獲另結，保三禾駁飭覆審，申氏擬以杖決枷贖外。

除蒲發第依聽從加功，聽從父妾謀殺伊妻、姜潰比照蠹役詐贓致斃人命例均減等擬流，楊潰等緝獲另結外。

除陳大三依從者不行律擬徒外。

除謀殺造意罪應擬斬之韓小葆並爲從加功罪應擬絞之郭黑仔均緝獲另結，於大水爲從不加功歸於另案從重審，董氏擬以杖決交屬領回外。

除筆鬥殺

除簡氏、王占源均依刁徒藉命打搶例分別首、從均擬徒，簡氏照律收贖，王巒等緝獲另結外。

除失察地保陳懋義擬杖，陳痣萠緝獲另結，失察賭博職名交部議處外。

除毛有倫擬杖係監生照例納贖外。

除筆共毆

除朱綜原、高茹九均依幫毆有傷聽從埋屍例分別減等擬徒外。

除闞汶舟依原謀律減等擬徒，王鑠病故，吴增華擬杖，趙庭吟等緝獲另結外。

除李蕊依兇器傷人例擬軍減徒外。

除胡二妮依奪獲兇器傷人例擬徒減杖，李耕擬杖援免外。

除厶厶依共毆案内應擬絞抵，遇有餘人毆有致死重傷，到官監斃，將下手應絞之犯減等擬流減徒外。

除李平幅、李二均依起意埋屍滅跡聽從擡埋之人，審係在場幫毆擬徒減杖外。

除戳斃莫連科之正犯吴如材當被莫連科小功堂兄莫七科戳死，係兩家互毆致死一命，其律應擬抵之正兇當時被死者有服親屬毆死依例擬徒減杖外。

除共毆厶厶罪應擬絞之厶厶並厶厶刃傷人等俱病故，厶厶等依刃傷人律擬徒，厶厶留養，厶厶擬杖援免，厶厶等緝獲另結外。

除筆互斃多命

除主使銃斃詹貴春罪應擬斬之劉傳賨，主使銃斃詹釗太、詹春罪應擬斬之劉傳桶，均當時被死者族人致傷身死；致斃劉啓明、詹明都、劉明傳罪應擬絞之詹玉種、劉順堂、詹阿聖，銃斃詹智臨、詹識麟，及主使銃斃劉渾香罪應擬斬之詹阿答、詹阿虎，致斃應抵之正兇劉傳賨、劉傳桶罪應擬流之劉玉清、劉阿條，均經病故；銃斃詹金送、詹萬一罪應擬斬之劉阿勤、劉阿種緝獲另結；劉丹春依威力主使人毆打致死爲從律、詹阿種依無服親屬當時毆死應擬正兇例擬流；詹茂盛依窩竊傷人律擬徒；地保劉曾等擬杖，失察竹銃職名交部議處外。

除糾衆致斃一家二命之絞犯林志老正法，銃斃方用郎並刃斃小功尊屬方用邦之斬犯林錫林，致斃陳科官、陳冬朗、方得官之絞犯林句添、林阿詩、林良，於道光三十年奏請處決外。

除戳斃莫連科之正兇吴累才當被莫連科小功堂弟莫七科戳斃，莫七科依兩家互鬥致死人命其律應擬抵之正兇當被死者有服親屬毆死例擬徒外。

除致斃某某之絞犯某人已入於某年情實，秋審正法，致斃某人罪應擬絞之某人病故外。

除致斃厶厶罪應絞之霍某，致斃霍某罪應擬絞之厶厶，均當被毆傷身死；鎗斃厶厶罪應擬斬之厶厶並厶厶等俱病故；厶厶依鳥鎗傷人例擬遣，厶厶依殘毁他人死屍律擬徒外。

除劉泳芳依奪獲兇器傷人例擬徒，係旗人銷檔，照例折枷外。

除糾毆致斃一家二命首犯李痣老正法，銃斃王周郎並刃斃小功尊屬方用官之林遂、林賜，致斃李科官、陳冬郎、方得觀之絞犯林弗添、林亞詩、林良，均於道光三年奏准處決外。

除筆 主使

除韓椿城依下手之人爲從律擬流外。

除李丙金等十二犯均依强盜情有可原例發遣，周亞七依聽從行劫搜贜聞拏投首例於斬罪上減等擬軍，黄亞藹等五犯均照糧船水手持械搶奪爲從例擬流，羅亞生等依聽從行劫小功服叔家贜物逾貫減等擬徒，逸犯李亞泳等緝獲另結外。

除聽從强劫入室搜贜拒傷事主罪應斬候之李四並李小扣等緝獲另結，王小生、孫小有、陳麻子依强盜情有可原例擬遣，王四蠻依竊贜逾貫爲從例擬流，犯父李玉海擬杖收贖外。

除行劫搜贜拒殺事主罪應斬梟之熊小蠻子病故仍戮屍梟示，行劫搜贜罪應斬決之宋大蠻子云云，共四名，結捻拒捕罪應擬絞之閻三云云，凡十三名。聽從結捻罪應擬遣之張奮子等，或當被格殺燒斃，或畏罪自盡及因傷因病身死，鄭合山、朱萬均依光棍兇徒聚衆十人以上例擬遣，裴平安等緝獲另結外。咸元。

除劉復顯依搶奪傷非金刃傷輕平復例擬軍，劉達幅、陳復録、李南長、胡勝明均依爲從例擬流外。劉建盛搶奪蘇顯瑞銀兩逾貫一案，並究出劉建盛另犯夥搶一次等情，審供不諱，此案計贜四百二十九兩，訊係劉建盛起意爲首，罪應擬絞，其用棍將蘇顯瑞等毆傷，並另犯夥搶，均屬輕罪，自應從重問擬。

除筆

除諸脱額尼均依異端法術醫人致死爲從例擬流，不准援減，仍折枷鞭責外。蒙用刑律有查筆。

除陳遵恒比依知罪人所在不即捕送者減罪人一等律再減一等，任亮依奸徒得正兇賄賂挺身到官頂兇，係案外之人，尚未成招，減正犯罪二等例，陳厶小子依照證佐不言實情減罪人二等律，均擬徒減杖援免；焦列到官在後不准援減；乙氏仍離異歸宗；陳洝仔等病故外。

除胡朝選、傅泳寬均依蠹役詐贜斃命爲從例，高洛尚照誤告人致死律減等，俱擬流，高洛尚減杖；陳維新、楊騾子、閻得均依證佐不言實情致罪有出入律，冀逵、馬德、李純臣、傅可久均依檢驗不實而罪有增減律，褚洛茂、閻淘氣兒均依經旬累月放賭抽頭例，分別擬徒，陳維新、楊騾子仍加等擬流，閻狗子等擬以枷杖，與褚洛茂、閻淘氣兒、閻得俱援免，馬德照律收贖，縣役陳濼等緝獲另結；失察賭博及差役詐贓斃命及相驗不實各職名交部議處外。

除ㄙㄙ等十二犯依爲從例擬流，ㄙㄙ等六犯被迫勉從，ㄙㄙ等聞拏投首，均擬流外。結拜弟兄犯應不全列。

除筆 拒捕

除劉九依竊盜拒捕爲從例擬軍，陳義法、張德忡、劉響均依竊盜結夥持械爲從例擬徒外。

除拒斃事主罪應斬決之何阿和畏罪自戕身死，傅恩保另案辦理，何林保等緝獲另結外。

除搶奪拒殺ㄙㄙ等罪應斬、絞之首、從各犯俟緝獲ㄙㄙ等質明辦理外。

除拒捕殺人爲首罪應擬斬之ㄙㄙㄙ、爲從幫毆刃傷罪應擬絞之ㄙㄙㄙ俱病故外。

除程四憘依聽從幫毆折傷例擬軍不准援免，程六憘擬杖援免，程三憘等及殺死程世語正兇均緝獲另結外。

除筆 竊

除臨時行强罪應斬決之王則章並不識姓名二人暨李牢虎等緝獲另結，楊連、田學孔依爲從律擬流，不能禁約爲匪之犯父、失察牌保傳責外。

報驗獲犯馬乙個子經父帶同投首，審供不諱，除馬祁六兒依回民結夥持械行竊例擬軍，馬乙個子減等擬徒，均不准援減外。

除李洪堯、李慶雲依爲從擬流，吳長法量減擬徒，楊如畛等緝獲另結外。竊逾貫，吳長法畏懼在途等候。

除汪世洪從重依火器傷人例加等擬遣改軍加枷，汪六依竊贓逾貫爲從拒傷捕人加等擬軍，汪八、鄭多一個均依竊贓逾貫爲從律擬流，汪麻兆依糾夥持械行竊例擬徒，失察各牌甲傳責，鄭六等緝獲另結外。

除偷竊逾貫罪應擬絞之沙克都爾扎布另案辦理，達什多爾濟依搶奪爲從例發雲貴、兩廣煙瘴地方交驛充當苦差外。

除梁得青依被獲圖脱誤傷事主例擬軍，額拉吉桑依偷竊牲畜三匹至五匹爲首例擬遣、陳明擬杖援免，安布喇嘛等緝獲另結外。胖二喇嘛案。

除王二行竊十二次，内六次應准援免，以六次論，依例擬徒；李三等擬杖分别減免；趙四等分别免緝、不免緝外。

除厶厶厶、厶厶厶均照積猾例擬軍，厶厶厶、厶厶厶均依匪徒逼令贖贓照强盗窩主律擬流外。

除行竊正賊緝獲另結外。

除走失馬匹查獲另結外。

除行竊臨時行强罪應斬梟之劉黑頭，圖財害命爲從加功罪應斬決之劉禾尚暨張懊頭緝獲另結，趙岩等擬杖外。

除筆 搶奪婦女

除聚衆夥搶婦女爲首罪應斬決之張得，爲從罪應擬絞之蕭添汶均病故，王氏給夫領回完聚外。

除夥搶婦女爲從罪應擬絞之甘老五、趙老九緝獲另結，陸阿二量減擬流，張紹才病故，楊三組給親完聚外。

除夥搶婦女拒捕殺人罪應斬梟之張泳儉，搶奪婦女爲首罪應斬決之李泳紹，爲從罪應擬絞之張泳春、陳黑妮及不知姓名人等均緝獲另結；曹二等擬杖援免；王金池病故、王大姐飭屬領回外。

除聚衆搶奪婦女爲首罪應斬決之孔廣沅按照土匪先行正法，爲從罪應擬絞之劉西潰病故，失察牌甲及不能禁子爲匪之犯父照例傳責，李氏等給屬領回外。

除臨時盗所拒殺事主罪應斬決之徐二小、搶奪張氏爲首罪應斬決之王三便均病故，夥搶爲從罪應擬絞之李金鐸，尤闖緝獲另結，失察牌保傳責外。

除聚衆搶奪路行婦女已成，爲首罪應斬決之邱洛花，爲從罪應擬絞之邸個仔、劉洛澧均緝獲另結，張氏減等擬流，郭氏給夫領回外。

除起意搶奪婦女爲首之柏耐交該領事自行懲辦，聽從搶奪婦女亦應擬絞之翁阿林等緝獲另結，聰倫給尼僧領回外。

除筆 越獄 反獄

除趙定依刃傷人律，李滸依獄卒不覺失囚減囚罪二等律，均擬徒；陳二娃等分別擬以杖笞責革；阮氏杖決枷贖，給夫領回，聽其去留外。

除厶厶、厶厶厶均依押解罪囚不覺失囚減囚罪二等律擬徒減杖，僉差不慎職名飭查另參，杜小共等毆厶厶身死，另案審擬外。

除糾衆反獄拒殺獄卒罪應斬梟之王倉、鮑馬、郭二均正法，高昆、李萌於王倉等斬罪上減等擬徒，阮順等均擬杖，搶奪拒傷事主爲首之張小二、張小七等均緝獲另結外。

除原犯依刃傷人罪應擬軍，越獄脱逃應改絞候之李城病故，田義兒等緝獲另結外。同六，陝。

除蔣公善律得勿論外。

除費邱頭從寬免議外。

除金茂牲等擬杖，逸犯王老荃罪止杖責請免提究外。

律牌

律牌不得連用三條，若必須三條方明者，摘其一入查筆中。

二犯同引一牌加『均』字，如犯分首從，罪有輕重而同律同例者，首犯全引，從犯節引，不必重叙。

一犯連行二牌者，上牌律例字仍留。

謀殺無加功者，律牌内不用『造意』字樣。

共毆衅起糾謀者，律牌留『同謀』字樣。

比律例問擬者，用『比依』字或『比照』字。

隨案更正者用『改依』字。

如引用未經纂例新章，須點出奏定新章，不用律例字樣。

不論是否登時，有無看守等字删。

同姓共毆及毆死族姪女、族姪孫女，須出服盡親屬相毆至死以凡論律牌。

毆兄弟妻、妻毆夫之弟妹及夫弟之妻，毆姊妹之夫，妻之兄弟，妻毆夫之姊妹夫，妾毆夫之妾子，妾毆妻之子至死，各依凡論，須載律牌。

庶祖母毆殺嫡孫、衆孫，須載同凡論例牌。

合依同姓服盡親屬相毆至死以凡論鬥殺者絞律。

合依共毆人致死下手致命傷重者絞律。如死非致命傷，則「致命」字删。傷皆致命，事後身死，「以傷重坐罪」等字删。

合依謀殺人造意者身雖不行仍爲首論。

合依謀殺夫已死者凌遲處死律凌遲處死。

合依尊長謀殺本宗卑幼已殺者依故殺法。如係故殺可删去此截。

合依本宗尊長毆卑幼至死者絞故殺亦絞律。

合依緦麻以上尊長毆卑幼之婦至死者絞律。

合依誘拐子女被誘之人不知情爲首者絞律。删去不分良賤已賣。

合依疑賊斃命之案悉照謀、故、鬥殺、共毆各案問擬。

張氏合依妻因姦同謀殺死親夫者凌遲處死律擬凌遲處死，在監病故，仍照例剉屍。光三，直。

羅綩合依同姓爲婚有犯仍按服制定擬例夫毆妻至死者絞律。同姓不宗之妻。咸八，川。

律牌下聲明

係屯居旗人，無庸解部。

惟查劉德幅砍傷王椿身死，金刃要害奇重，復解審中途脱逃，情殊藐法，應俟秋審時入於情實辦理。

係兩犯絞候情罪較重，應請旨即行正法。咸八，余老八。

徐順合依云云斬立決聲明，徐順年止十九歲，與郭忙姐甫經行姦，因郭忙姐負痛哭喊即行中止潛逃，尚有畏懼之心，與恣意姦污實在汪兇光棍情稍有間，核與段四、孫小連各成案情節相同，可否援照量予末減之處候旨定奪云云。奉旨，九卿定議具奏，欽此。臣等會同九卿議得徐順强姦九歲幼女郭忙姐已成，查該犯年僅十九，甫經行姦，因郭忙姐負痛哭喊即行中止潛逃，尚有畏懼之心，與實在恣意姦污者有間，自應量予末減，徐順應改擬斬監候，秋後處決。

留養承祀

據供親老年篤疾家無次丁。

　親係雙瞽，則云親疾丁單。

據供伊父母年老，家無次丁，是否屬實，應令該督候秋審時照例查明，取結送部核辦。祖父母同嗣母。

據供伊母年老，有弟早經出繼胞叔爲嗣，別無次丁，是否屬實，應令云云。

據供伊父年老，有小尚未成丁，是否屬實，應令云云。

據供伊母年老，有兄出繼，不能歸宗，是否云云。

據供養母年老，家無次丁云云。光十，陝。魏志海。

查厶厶厶供稱係孀婦獨子，是否屬實，應行令督撫都統照例查明報部，候朝審時再行核辦。

據供伊母守節已逾二十年，家無次丁，是否屬實云云。

據供伊母守節已逾二十年，有兄業經出繼，不能歸宗云云。

查萌亮例應還俗，據供伊母年老云云。光十，川。

查葉日新等據供有母張氏守節已逾二十年，僅生葉日新兄弟二人，家無次丁，例得存留一人養親，是否屬實，俟秋審時照例查明，取結報部核辦。

　查楊順青供稱，有父楊國瑞年逾七旬，止生楊順青一子，楊順青雖生有四子，第長子楊和顯自幼過繼於堂叔楊輔青爲嗣，楊輔青係楊和青堂弟，本不同於大宗，而楊順青長子楊和顯亦理不應出繼，例應歸宗，行令查明楊順青究係應否留養，楊和顯是否例應歸宗，咨部辦理云云。直，道九。

據供親老丁單，應照例監禁五年後，不復舉發，再行核辦。瘋病殺人。親應改『父』、『母』字樣。
據供母老丁單，惟係游蕩忘親，無庸查辦。光九。標首不聲明。
據供母老丁單，係戀姦棄母逃走，毋庸查辦留養。光九。
據供伊父年老，家無次丁，惟死者亦係獨子，毋庸查辦留養。光九。
據供母老丁單，毋庸查辦留養。
厶厶雖供母老丁單，惟係搶奪逾貫，毋庸取結辦理。
據供父老丁單，訊係遊蕩忘親，毋庸查辦留養。光十五。
據供父母俱故，家無次丁，是否屬實云云。
據供父母俱故，有兄外出未歸，是否云云。

犯病展限

查此案並無犯病展限，合併聲明。
查此案並無犯病，前經咨部展限。
查此案並無犯病，前據該督奏明，請免擬限。光九，直。
查此案並無犯病展限，所有承審云云。
查厶厶於厶厶年厶月厶日患病，至厶月厶日病痊，計扣病限一個月，所有承審遲延職名，交與吏部照例議處。
『承審』或云『接審』，或云『駁審』。
查厶厶云云，一個月所有承審限期行令該督另擬報部。
查此案云云，計犯病一個月並未逾限。
查云云，計犯病二十日所有承審云云。
查云云，計犯病厶厶日並未逾限。
查云云，照例止扣病限一個月餘，在審轉限內，合併聲明。

查厶厶於光緒厶年厶月厶日患病，未經聲明病痊日期，無憑核扣，應令該督撫、將軍都統、府尹查明報部備查，合併云云。

查此案犯病及病痊月日未據聲叙明晰，例扣病限一個月，所有承審遲延職名業已病故，應免揭參，合並聲明等因。

查此云云，厶個月並未逾限云云。

綸音

按照閣抄，不得删改遺漏，犯名不直，斬絞字不尖亦不點句。

旨：某人依擬應斬絞，著監候，秋後處決，餘依議。欽此。

咨行某省巡撫將厶厶監候在案。

無巡撫省分方稱總督或稱將軍。

奉天省旗民交涉之案，稱盛京刑部侍郎。

單民案件稱奉天府府尹。

科布多參贊大臣。

咨行某省厶厶將某人、某人俱監候在案。

咨行某省將某人正法、某人監候在案。

咨行某省巡撫將某人、某人均正法，某人監候在案。

咨行陝甘總督轉行伊犁將軍將勒爾精額監候在案。

咨行直隸總督將劉住如釋放、張凱鈺監候在案。

咨行廣西巡撫將小唐氏正法、楊氏剉屍、唐六科監候在案。

咨行廣西巡撫將吴老喬正法，莫四監候、莫氏減等發落俱在案。

册尾

咨行河南巡撫將王暴仔、王文詳俱監候在案，續據該撫題報，案内毆有致死重傷之餘人王磬於未奉部覆之先在監病故，應以抵命，將王文詳依例減流。

在案，續據該撫奏報，陳良中途脱逃。

嗣據該撫咨報，查明麥亞濃係被陳亞開買去，帶同外出，雖未給親完聚，已有下落，應將徐亞杰入於秋審緩決辦理，恭逢光緒十一年正月初四日恩旨，經大學士會同刑部奏明，歸入緩決案内，仍照奏定章程監禁十年，俟限滿時被拐之人是否完聚再行分别辦理。

咨行陝西巡撫將陶中表監候在案，嗣據該撫咨稱，拯氏死者夫弟王國太來京赴步軍統領衙門，呈控陶中表之兄陶中明等將伊兄妻毆殺斃命等情，解回覆訊，請將陶中表扣除。旋經覆稱，此案業經訊明，仍將陶中表入於九年秋審辦理。

咨行ㄙㄙ在案，旋據該撫咨稱，據蓮花廳民周裏甫赴京呈控，奏奉諭旨交審查核，控節牽涉劉席畛命案，應俟京控之案審明，將劉席畛補入秋審等因。今據該撫審明於周裏甫捏控案内聲明，將劉席畛歸入秋審辦理，奏覆到部。

將ㄙㄙㄙ監候在案，續據該撫題報ㄙㄙㄙ聞拏投首，將ㄙㄙㄙ擬絞，歸入下年秋審辦理。道七，江。

咨行浙江巡撫將張得新監候在案，續據該撫咨報，該犯孀母獨子是否屬實，照例取結核辦。或云另行取結核辦，或云飭查取結另行核辦。

咨行四川總督將王氏正法，逯八、陳老四、王滦俱監候在案，續據該督題報或咨，陳老四姓名上或加斬絞犯字在監病故。

在案，續據該督撫題報，ㄙㄙㄙ犯父母年歲不符，應毋庸留養，歸入緩決案内辦理。或云犯祖父已故，犯父母已故，犯親已故，有子成丁。

案尾 叩閽

照例奏結，除韓太等擬以杖笞外，謝氏合依門殺云云。等因，道光十年二月十三日奏。本日奉旨：依議。欽此。

欽遵在案。詎屍弟李文廣等復以身死不明等情，在道旁叩閽，奏奉諭旨欽派大臣檢驗提訊，謝氏實係正兇，張氏依誣告蒸檢尊長之屍擬流加徒，比照監禁三年，李文廣等依旗人叩閽例發駐防當差，謝氏仍照原擬等因，四月初五日奏，奉諭旨：ムム。欽此。欽遵在案。

案尾 補入秋審

監候在案，旋據某撫咨稱，蓮花廳民周襄甫赴京呈控，奏奉諭旨交審查核，控情牽涉劉席畛命案，應俟京控之案審明後再將劉席畛補入秋審等因。今據該撫審明於周襄甫案内聲明，將劉席畛歸入秋審辦理，奏覆到部。旨意祇存刑部核擬具奏等因，欽此餘删。末後亦存依議欽此等因字餘删。

案尾 奉綸音後恭逢恩旨

監候在案，恭逢光緒十一年正月初四日恩旨，經大學士會同奏明，照例監候待質，俟十年限滿，首犯有無弋獲，再行分別辦理。

恭逢云云恩旨，經大學士會同刑部奏明，不准減等。

恭逢云云恩旨，經大學士會同刑部奏明，歸入緩決案内，監禁二年再行減等。

恭逢云云恩旨，經大學士云云，緩決案内，俟監禁五年後，瘋病不復舉發再行查辦。

恭逢云云恩旨，經大學士云云，緩決案内，仍照奏定章程監禁十年，俟限滿時被拐之人是否完聚再行分別辦理。此起在案之後有嗣，據該撫咨報，ムムム係被ムム買去，帶同外出，雖未給親完聚，已有下落云云。

恭逢云云恩旨，經大學士會同刑部奏明被誘之人雖供有下落，尚未給親完聚，歸入緩決案内監禁十年，再行分別辦理。

恭逢云云，緩決案内待質十年，首犯有無弋獲，再行分別辦理。

恭逢云云緩決案内減流，因首犯在逃，仍監候待質，俟十年限滿，再行分別辦理。

秋讞須知　卷十

部尾

後尾視案身簡益求簡，然起衅報因、動兇先後，傷痕部位，仍分晰敘明，不得凌略疏漏。

尾首一筆串下，如實在不能，方用無嫌字樣。堂簽。某因某云云。

情實之案不可删節太多，致與外尾不符。堂簽。

姓名、傷痕、罪名應用直、尖、圈點者，均與案身同，其勘語後實緩字樣亦應尖出。

兇犯有另名者，於首尾全點，餘有應點出名字之處，只點正名。

兇犯姓名於首尾一點，餘用該犯字，死者仍用其字，惟互毆致斃數命之案仍處處點出姓名，以免混淆。

兇犯原籍，後尾不敘，其老人、幼孩、殺人、被殺及男子拒姦無據之案，兇犯、死者年歲均點清。

本宗無服者，但云族、祖族孫字樣，不用無服字，其同姓不宗者仍敘明。

某共毆某係正文，其餘不必詳敘。堂簽。

兇毆死，死毆兇，並餘人毆兇，與死傷痕位均留。至兇犯另傷彼造之人，部位可删。

餘人互毆者祇云某將某毆傷，不出部位。餘人毆傷餘人，可不留。光十三，册。

共毆案，兇手傷重在先，餘人傷輕在後，須點明某因某所毆傷重殞命，若兇手重傷在後，無須點。

兇手被毆成傷，亦要點明部位，勿得以『棍毆』、『拳毆』等字渾叙事宜。

共毆有故及逃者，祇云厶傷某處，或云某等處倒地，傷痕不必全敘。

倒後磕、擦、墘、碰等傷可删，其因墘致死者留。

殞命日時如登時、移時等字均與案身同，其次日身死者曰越日，數日後身死曰越厶日。

謀命圖詐者，殞命下須點明圖詐未成旋被獲案。殺人後畏罪移屍圖賴者，亦須敘明。

兇手、死者先犯徒罪以上須敘明。
前經犯罪遇赦援免者，但云前因犯某案，擬某罪援免，不必敘入詔旨恩赦字樣。
前犯流罪以上留養承祀俱應敘。
案内餘犯非死罪不用除筆，惟人命無論軍、流、徒皆用除筆，斬、絞仍出律牌，餘與案身同。
羞忿自盡之案只用調姦釀命，將雖無手足句引字樣删去事宜。
一死數傷之案，有雖非同時所傷而事屬牽連相隔未久者，亦與當場毆傷一律點明所傷人數事宜。
搶竊案先未爲匪、逃逸被獲、點贓俵分，均酌留。其趕上夥犯、告知拒情及分別持械、徒手等句可删。
如有曾逢恩赦者不可删。
破骨傷限内身死者，點明骨損、骨斷字樣。
而逸旋被獲案不可删。
連斃二命及各斃各命之案，不可用先後，殞命須敘明某某當即身死，某某越厶日殞命。
查厶厶並子厶厶與同姓不宗之厶厶及其子厶厶均無嫌。兇手、死者各有二人，到底不用該犯字、伊字、其字。
先因致斃人命擬絞援免。
該犯先因共毆斃命擬絞減流配逃，遇赦援免回家居住。光六。
該犯先因戳傷阮長有身死擬絞減流配逃，遇赦免緝回籍。又。
該犯先因聽糾行劫，免死減等，均發遣黑龍江分別安置爲奴。
圖詐未成旋被獲案。謀命圖詐。光六。
該犯赴案投首。謀殺。
當被獲案，究出該犯等另犯聽從李林保擄捉譚亞海勒贖得錢放回一次，內夥犯李觀北並李社妹砍傷譚觀力、譚陳寶各身死等情。光六。
該犯旋被獲案，將温大供出指拿到案，究出温大另糾同白二、陳三、李老、金三、小李二、崔二行劫一次等情。除迭次搶劫之斬犯温大、白二均正法，李常兒、陳三、孫山、小李二、李老、金三、崔二緝獲另結外。

旋被獲案，計贓厶厶兩零，並究出厶厶等情。

該犯取屍頭放在某人門首圖害未成，旋被獲案。

該犯畏罪，起意移屍圖賴，將屍拉至厶厶厶門首揑稱厶厶厶扎死，旋被獲案。光十三，河。魯藺禧。

邱老諒回向該犯告知，正欲往黃姓圖詐，旋被獲案。光十三，河。正犯不行。

殞命之下有應加斷語者，與案身查筆之意略同。

將該犯從一科斷。

將該犯擬抵。因姦釀命。咸十。

以該犯姦夫擬抵。光十三。河。

以該犯主使爲首擬抵。

以該犯喝毆爲首擬抵。咸十。

以該犯所砍傷重擬抵。上云：某人聲言傷痛難禁，乘間自用薙刀抹傷咽喉，次日殞命。咸十，陝。

以該犯所毆傷重擬抵。或删『所砍』、『所毆』字樣。咸十，陝。因該犯所毆傷重殞命。咸七。擅殺。此下手傷重在先，餘人傷輕在後者。

該犯謀毒魏氏等傷而未死，罪止擬絞，從重以謀毒鄭氏定擬。光八。堂簽。

該犯謀殺李廣汶傷而未死，罪止擬絞，從重依謀殺李小鎖定擬。

該犯刃傷楊氏，罪止擬絞，從重依拒斃蕭連僖定擬。

該犯戳傷王氏越六日因風身死，罪止擬絞，從重依致斃涂銀川擬抵。

該犯扎斃宋海與刃傷胞兄平復，二罪均應擬絞，將該犯從一科斷，依刃傷胞兄定擬。

旋被獲案，邢某被搶銀物計贓若干，寧某被搶銀物計贓若干，將該犯從一科斷。糾搶兩主銀物計贓均逾千兩，劉某應情實。

死係父子一家二命，因孫丙蒓一命係擅殺罪人，將該犯從一科斷，依共毆孫泳年致死定擬。咸八。

該犯扎傷孟繼付身死，事犯在恩詔以前，應予援免，應以扎斃緦麻兄孟繼湝問擬。咸四。

以該犯下手傷重擬抵。光十三。火器。該犯轟傷在先，餘人轟傷在後。又一起均係他物。

將該犯依開棺見屍律從一科斷。咸七。七次。

該犯故殺伊妻及刃傷胞兄二罪均應擬絞，將該犯從一科斷。光七。堂簽。
以該犯解審中途脱逃在未定罪名以前，仍照鬥殺問擬。光十三。
將該犯從重照故殺小功母舅律定擬。光六。另犯因竊拒捕刃傷事主平復。
以火器斃命與拒捕殺人均應擬斬，將該犯從一科斷。光三，奉。
該犯砍斃子女楊緑珠子等二命，罪止擬徒，從重以故殺妻定擬。同十二。
旋被獲案，以該犯罪已至死，無可復加，仍照本律問擬。同十。故殺事發，到官脱逃。
旋被獲案，該犯已離盜所，刃傷事主王殿梁等平復，罪止擬絞，從重以臨時盜所刃傷事主王光祚定擬。同十二。
以該犯主使爲首，按拒捕擬抵。
以該犯原謀擬抵。
以該犯原謀傷重擬抵。咸十。重傷在先。
以該犯初鬥擬抵。
以該犯起意捆毆擬抵。咸七。擅殺，亂毆。
以尚在破骨傷限内仍行擬抵。光三，因風。
以該犯砍落手指節骨斷仍行按律擬抵。又。
以傷至骨損仍行按律擬抵。又。
以該犯疊毆在先仍照共毆本律擬抵。咸十。晏洸宇衅起護父，外兩請部駁改擬。
該犯所犯竝非謀、故殺人，仍按鬥殺問擬。咸十。上文曰：李桂見子被拏，愁急跳窑跌斃。
將該犯從重問擬。咸四。
該犯捉姦登時殺死伊妻丁氏，律得勿論，依故殺胞兄律定擬。咸十一。
旋被獲案，該犯事犯在奉准新例以前，罪止擬遣，從重按新例問擬。咸七。
該犯聽從行劫把風，事犯在嚴定新例以前，罪止擬遣，從重依十人以上攔搶爲從定擬。咸八。
該犯糾竊計贜三百七十四兩零，罪止擬絞，從重依拒斃楊得碌定擬。咸八。

將該犯仍照原犯罪名定擬。該犯糾竊逾貫，罪止擬絞，從重依謀殺張喜科斷。咸八，山東。在除筆前，因變逸出。

究出該犯另犯夥竊四次等情，從重依謀殺孫聿桐定擬。咸八。除筆前。

白庭華抑勒劉氏賣姦，律應離異，不作一家論，該犯扎斃白庭華罪止擬絞，從重依故殺劉氏定擬。咸八，山東。二十三。

旋被奏參，將孫定揚比依誣告人將案外之人致死三命以上律、李有恒比照疑賊故殺律定擬。光六。

以王連仲等三命均係該犯子女，律不應抵，從重依毆妻至死定擬。同十二。

以某知情買休，律應離異，將該氏以凡人謀殺定擬。光七。堂簽。

以杰淋係該犯年未四十收受之徒，仍照凡人定擬。光十一。堂簽。

以任氏係該犯家長卞氏夫妾，係屬無服之親，將該犯照凡人故殺問擬。咸十，山西。武歌子。

將該犯照凡鬥定擬。僧人刃斃並未教習經典之師。光六。

將該氏依凡人謀殺本律問擬。光六。圖賣伊女謀斃婿命厶氏應情實。

將該犯仍照凡鬥問擬。光六。毆死伊妻後夫，伊妻係伊母主婚改嫁。

以死非應捕，將該犯仍照凡鬥問擬。光三。犯竊匪。

以該犯犯時不知，照鳥鎗殺人本例問擬。光三。

以曹應違例收徒，將該犯依凡人鬥殺定擬。同十一。

以田氏、趙氏與該犯恩義已絕，依凡人擅殺從一科斷。

以凡鬥定擬。咸八，死□雇巡役未報部。犯販私。

依凡人謀殺定擬。咸七。圖姦謀殺緦麻卑幼，淫惡難寬。

以李氏係王沅禾買休之妻，律應離異，依凡人謀殺科斷。同二，川。

該犯逃後聞拏投首，免其所因，照凡鬥問擬。光六。竊盜拒捕刃斃事主，業因自首得免所因，恭逢恩詔題明，不准援免，厶厶厶應情實。

獲案，李桂見子被拏，愁急跳窑跌斃，該犯所犯並非謀故殺人，仍按鬥殺問擬。

張舍兒旋被獲案，該犯自行投首。光六。圖財謀命，下手加功。

將該犯免其所因，依謀殺定擬。咸十。圖財害命，犯兄首送。

因釁起求索不遂，仍照雇工本律定擬。光六，朝。

將該犯等照搶奪婦女已成爲從例定擬。光六。上云：當被獲案究出厶厶、厶厶等情。

旋被獲案，計臟二十兩，係該犯同謀代起意之人雕刻。僞造印信關防，誆騙多臟，該犯同謀下手雕刻，情殊藐法，劉坤應情實。光六。

當將該犯拏獲，審供不諱。光六。聽從結夥反獄，雖未傷人，情殊藐法。

該犯在監因變逸出旋被獲案，仍照原犯罪名定擬。

旋被獲案，將該犯仍按原犯罪名定擬。咸十。將該犯依鬥殺律擬絞題結，收禁州監，嗣逆匪竄擾州城，打開監門，將該犯銬鐐砸開，劫放逃避。

該犯到案，驗係瘋迷，覆審供吐明晰。

該犯始終昏迷，醫治未痊。

旋被獲案，厶厶厶傷經平復，估計臟銀二百八十兩零。糾搶逾貫，爲害行旅，厶厶厶應情實。

旋被獲案，計臟六百兩。糾竊得臟已逾五百兩，厶厶厶應情實。

旋被獲案，計臟厶厶厶兩零。鼠竊得臟，尚未至五百兩，厶厶厶應緩決。

旋被獲案，除厶厶外，將該犯從一科斷。光三。刃傷事主二人。

旋被獲案，計臟二千八百兩零，訊係該犯起意爲首。糾夥肆竊，臟逾千兩，厶厶情實。同十一。

擬實出語

出語或四字或八字或酌加三語，要概括，要確切。

其父慘殺多命其子應抵之案，不得混寫『緣坐』字樣事宜。乾隆五十六年，四川省黄册内陳明一犯因伊父殺死主家六命，照例擬斬。本部後尾看語内稱，該犯雖不知情，但例應緣坐。句到時，奉諭旨：犯父慘殺多命，該犯係抵命之犯，不得牽用『緣坐』字樣。

開棺見屍之犯，例應情實，重在發冢，若僅止開棺剥衣，不言發冢，則盜開浮厝之棺即無死罪，後尾出語用發冢開棺剥取屍衣，情殊殘忍事宜。

挾恨謀命。

挾嫌謀命。

謀斃二命。

畏罪謀命。

聽從謀命，下手加功。

聽從謀斃，姦匪下手加功。

聽從姦匪謀殺一家二命，均下手加功。

某人窩竊挾嫌謀命，某人貪利下手加功。

謀斃幼孩圖詐。

謀殺胞弟圖賴，情殊慘忍。

挾嫌謀殺病妻圖賴。

貪賄聽從謀命，下手加功。

貪圖飲酒，聽從下手謀命。恭逢恩詔奏明，不准寬免。咸十。

雖因死者母子賴婚起衅，惟係謀殺，恭逢恩詔題明，不准援免。光五，熱。

細故謀殺緦麻弟，綁縛後金刃砍劃立斃，情殊殘忍。恭逢恩詔奏明，不准援免。咸十。

該氏係西振山因賭博准折爲妻，律應離異，依凡人謀殺定擬。咸十。

圖財未得，謀死人命。

圖財謀命，雖不得財，其謀已行。

某人圖財害命，雖未得財，業已殺人，某人聽從下手加功。

聽從圖財害命，殺人未加功，業已得財。

圖財害命，業因義父代首免其斬決，法難再寬。

圖財謀命，業因伊父解首得免之決，法難再寬。
圖財害命，雖未得財，業已殺人，復誤毒二人傷而不死。恭逢恩詔奏明，不准寬免。咸十。
因姦謀斃縱姦本夫。恭逢恩詔題明，不准援免。
因姦聽從姦婦謀斃本夫。
姦匪挾恨謀殺拒絶之婦。
姦匪妒姦謀命。
因姦聽從謀殺本夫下手加功。
貪賄聽從姦夫謀殺本夫，下手加功。
正怔里因姦聽從姦婦謀斃本夫，沈少摇貪賄聽從謀命下手加功。
姦通小功兄妻，復聽從謀斃其子下手加功。
姦匪因姦謀斃買休之夫，古二造意，彭氏聽從下手加功。
姦匪因姦同謀殺死縱姦本夫。
姦婦因姦謀殺縱姦本夫，雖傷而未死，其謀已行。咸十。
竊匪謀命滅口，某人造意，某人聽從加功。
搶奪謀斃事主爲從下手幫勒。
竊盜臨時盜所聽從謀斃事主滅口，均下手加功。光六。
竊匪挾恨謀斃竊匪，脱逃二年後被獲，業因恭逢恩詔，免其立決，法難再宥。
竊匪事後謀斃事主滅口，吴占溷造意，吴東娃下手加功。同六，陜。
逞忿故殺。
逞忿故殺幼孩。逞忿故殺幼孩滅口。
逞忿故殺改嫁親姑。
逞忿故殺，復藉屍圖賴。

刀賭匪逞忿故殺。

死者跡近誆騙，惟係逞忿故殺。

姦匪逞忿故殺姦婦。

挾嫌故殺夫姪童養幼媳，情殊殘忍。

竊匪故殺事主。盜田野穀麥。

毆傷後拖棄井內淹斃，情同故殺。同十，陝。竇居兒。

扎砍多傷後畏罪故殺。咸十，河。姜學暘。

逞忿故殺恩養未久義女。咸十一。逢赦改緩。

圖産故殺期親幼弟，情殊慘忍。

攢毆多傷後畏罪裝縊故殺其命，恭逢恩詔奏明，不准寬免。咸十。梁萬鎰。

火器殺人。

火器誤殺旁人。

火器斃命，復另傷一人。

火器傷人，恭逢恩詔題明，不准援免。

傷由誤中，死出不虞，惟係火器斃命。雖傷由誤中，究係火器殺人，咸十。

雖衅起救親，惟係火器殺人。

衅起疑賊，惟係火器斃命。

雖疑賊有因，惟係火器誤傷旁人。

用鎗抵格，不期震動火機，惟係火器殺人。

衅起奪鎗拉勸，不期碰動火機，惟係火器殺人。

連斃二命。聽糾連斃二命。

連斃夫妻一家二命，業因一命律不應抵，免其立決，法難再宥。

連斃應抵二命。

連斃應抵二命，復另傷一人。

連斃二命，一故一誤。

賭匪逞忿故殺賭匪，復另斃一命。咸十一。

袒護兇鬥，致斃彼造多命。

羣毆致斃彼造四命，該犯刃斃一命，黨惡逞兇。

一衅相因致斃多命，該犯等各下手致斃一命。

聽糾械鬥，致斃彼造三十餘命，該犯等各下手致斃一命。

兩造互毆，致斃四十餘命，該犯等各下手致斃一命。

刀匪聽糾，致斃十一命，内有一家二命，常兒、老九、黨添蕘俱火器殺人，韓瀶保、董尾把兒、井四兒、李來前各致斃一命，段導士擬遣在逃聽糾致斃一家二命，該犯均幫毆刃傷，常兒、老九云云俱應情實，段導士應改情實。咸七。

共毆致斃父子一家二命，該犯刃傷一命，傷多且重。

聽從聚衆毆斃一家二命，該犯下手致斃一命。

致斃一家三命，該犯下手致斃一命，金刃穿透傷重。

兄弟致斃彼造一家三命，該犯刃傷徒手，情兇傷重。

回民聽糾致斃一家二命，該犯下手致斃一命，頭面致命傷重。咸八。

致斃一家二命，蒙環兒逞忿故殺，蒙獅子刃斃婦女，致命傷重。蒙環兒應情實，蒙獅子應改情實。咸七。

安瑾賭匪主使攢毆致斃平人，傷多且重；吕紹先賭匪共毆斃命，於餘人致傷坐地後，金刃頭面致命傷重，情兇近故。安瑾應情實，吕紹先應改情實。咸七。

金刃致命要害，傷奇重。

金刃穿透傷重，情兇近故。

金刃致命，穿透傷重。
金刃傷多且重。
金刃傷多且重，情兇近故。
刃斃人命，傷多且重。
巨刃頭面傷重，情兇近故。
原謀糾毆斃命，金刃傷多且重。
刃斃婦女，傷多且重。
刃斃婦女，致命傷重，情近欺凌。
兄弟負欠共毆金刃傷多且重。
僧人理玉逞兇，金刃傷多且重。
僧人斃命，斧刃頭面傷重，究有師徒名分。
頭面傷重，情兇近故。
鐵器傷多致斃年近八旬老人，情殊欺凌。
賭匪逞忿斃命，金刃傷多且重。
刃斃徒手緦麻尊長。
刃斃緦麻尊屬，復另傷緦尊一人。
刃斃緦尊頭面，傷多且重。
糾毆致斃緦尊，傷重情兇。
理玉致斃緦麻尊屬。
刃斃小功兄妻，傷多且重。
刃斃兄妻要害傷重，復另傷二人。
雇工刃傷家長期親，名分攸關。

毆斃緦麻卑幼一家二命。

姦匪拒捕致刃斃本夫。

姦匪拒捕致斃本夫，復另傷一人。

姦匪拒捕刃致斃捕人。

圖姦未成，拒斃捕人。

續姦不遂，刃斃悔過拒絕之婦。

姦匪拒捕刃斃幼女。

姦匪致斃誘拐姦婦，復另釀其子一命，情殊淫惡。

姦匪拒捕刃傷捕人成篤，情殊凶暴。

姦通弟妾，拒斃捉姦弟妻。

因姦威逼，致死一家三命。

因姦刃斃理勸之妻，要害奇重，情兇近故。

姦匪致斃本夫之族人，情近拒捕。

調姦息事後，肇衅致斃本夫有服親屬，金刃穿透傷重。

雇工姦家長妻，致令本婦自盡。

姦匪連斃賣姦本夫及姦婦二命，一故、一鬥。咸八。

姦匪妒姦故殺姦婦。同二。

因姦致縱容之母被本夫殺死。咸十。

姦通小功弟妻，拒捕毆斃本夫。同十一，川。

因姦致夫被殺，事後幫同棄屍隱匿，實屬忘仇。

因姦致夫被殺，事後跟隨姦夫同逃，實屬戀姦忘仇，題明入於秋審情實。

因姦致夫被殺，事後聽從姦夫捏詞隱忍，即屬忘仇。

因姦致夫被謀殺，事後聽從姦夫同逃，殊屬戀姦忘仇。

因姦致夫被謀殺，事後隱忍同居，實屬戀姦忘仇。

因姦致夫被姦夫謀殺，當時並未喊救，後復聽從同逃，實屬戀姦忘仇。

語言調戲，致本婦羞忿自盡。

語言調戲，致本婦羞忿自盡，復拒傷氏姑，情殊淫兇。

强奪良家妻女，姦占爲妻。

强姦幼童已成。

誘拐婦女，復强姦已成。

强姦九歲幼女已成，業因畏罪中止，免其立決，法難再宥。咸四。

强姦已成，鎗傷本婦，情殊淫惡。

糾夥行劫，雖未得財，業已傷人。光六。

迭次行劫並拒傷事主，業因首盗供獲夥盗免其立決，法難再宥。

梟匪拒斃汛弁ムムム起意爲首，ムムム下手殺人。

聽從攔搶，刀砍事主成傷，致首犯刃斃事主。

聽從攔搶，拒捕砍傷事主。

聽從搶奪，拒斃事主，幫毆刃傷。

搶奪致斃事主，該犯幫毆刃傷。

搶奪拒捕毆折事主一指。

糾搶匪徒，拒傷事主已至折傷，情殊兇暴。

川匪聽糾攔搶，數至十人以上，該犯張導得、蔣有滐復拒傷事主。

竊匪拒捕刃斃事主，業因投首免其駢誅，法難再寬。

竊匪拒捕刃斃捕人，復另傷事主二人。

竊盜拒捕刃斃事主，業因自首得免所因，恭逢恩詔題明不准援免。光六。

竊匪拒捕刃槍斃捕人。

竊盜拒斃事主。

竊盜拒捕致刃斃事主。

鍾萬和竊盜護夥，拒捕刃斃事主，復拒傷二人，楊唧仔聽從幫毆刃傷，情殊兇暴。光六。

竊盜護夥，拒斃事主。又。

竊盜拒捕殺人爲從，護夥幫毆刃傷。

竊匪鎗傷事主，情殊兇暴。光六。

竊盜拒捕刃傷事主父子二人，情殊兇暴，又

竊盜臨時盜所拒捕刃砍事主多傷，情殊兇暴。又

竊匪護夥贓，刃斃捕人。

竊匪拒捕刃戳事主多傷。

竊盜僅被追及並無被獲圖脱急情，逞兇拒捕刃傷事主，情同格鬥。

竊匪被獲掙逃，帶跌巡役落水淹斃其命。聲叙，光六。

犯罪拒捕殺人，另刃傷二人。盜田野菜果。又

竊匪挾嫌糾衆挖瞎捕人兩目成篤，情殊兇暴。又

竊盜臨時盜所拒捕謀斃逾七族姪婦，業因親屬相盜免其立決，法難再寬。光十三，江西。

竊盜拒捕刃傷事主之妻，復於臨時盜所被抱喊救致夥賊另斃事主一命。咸十，河。

犯罪拒捕刃斃捕人。

罪人拒捕刃斃捕人，業因自首免其斬罪，法難再寬。

犯罪拒斃捕人，並另傷其母。光六，搶奪婦女。

犯罪主使，火器拒斃捕人。又

聚衆興販私鹽，火器拒斃巡役。又

糾搶客貨逾貫，爲害行旅。近式無「客貨」二字。

糾搶兩主銀物，計贓均逾千兩。

糾夥肆竊，贓逾二千兩。

糾竊衙署逾貫。

糾竊客貨，贓逾五百兩。

糾竊得贓，已逾五百兩。

聽從聚衆擄捉幼女、幼童，勒贖得贓，復另聽從擄捉一次，內夥犯致斃二命，均在場助勢。光六，聚衆搶奪婦女爲從。

聽從夥搶婦女，幫同架拉。

聽從夥搶婦女，雖未架拉，業已入室。

開棺見屍，剥取屍衣，情殊殘忍。

聽從發冢，開棺見屍。剥取屍衣ム次，均幫同下手。光六。竊取衣飾，幫同下手。又

叠次聽從發冢，開棺見屍，剥取衣飾，均幫同下手。又

聽從發冢鑿棺抽竊，該犯幫同下手已至三次。又

竊盗被追圖脱，刃劃一傷，尚無兇暴情狀。光六。

竊盗圖脱，拒捕齩傷事主一指骨折，尚不至貽累終身。咸十。

毆斃人命，免死後復刃斃二命。

前犯鬥殺擬絞，免死後毆斃人命，怙惡不悛。光六。

免死盗犯配逃殺人，業因遇赦免其立決，法難再宥。光六。

因瘋連斃平人五命，內有二命係母女一家，二命係母子一家，復另傷二人，業經題明入於秋審情實。光六。

邪術醫病，致斃人命。光六。

制縛拷打斃命，情殊慘酷。

挾嫌誣竊，拷打致斃無辜。

勇丁誣竊，拷打致斃無辜。

誣良爲竊，拷打致斃二命，情殊險惡。光六。

假差嚇詐，致斃良民。

假差嚇詐，致被詐之人自盡。

假差嚇詐，鎗斃被詐之人。

假差嚇詐得贓，致被詐之婦女自盡。

刁徒主使假差訛詐，逼斃無辜。

刁徒平空訛詐，刃斃無辜。

刁徒平空訛詐，刃斃被詐之人。

結拜弟兄，年少居首，實屬匪黨渠魁。

聽從聚衆結拜弟兄，疊次嚇詐，復拒捕殺差。在場助勢種種藐法。咸八。

糾衆中途奪犯，聚至十人以上。

聚衆十人以上奪犯傷差。

圖財放火，雖未延燒，其謀已行。光六。

棍徒挾嫌放火燒毀房屋，另故燒場園柴草三次，情殊兇惡。

聽從結夥反獄，雖未傷人，情殊藐法。光六。

流犯糾夥越獄，照例入於情實。又

蒙古搶奪逾貫，復行賄糾夥越獄，脱逃被獲，恭逢恩詔題明，免其立決，法難再寬。又

緩決絞犯解勘，脱逃被獲，照例改入情實。又

應入緩決絞犯解審中途脱逃。

刃斃人命要害傷重，復解審中途脱逃，題明入於秋審情實。

擬軍加遣人犯糾夥三人越獄爲首。咸四。

因竊敗露，致縱容之母令伊扶送自盡。

捏寫匿名揭帖誣陷人罪，帖内雖列伊姓名事迹，帖首究未載明何人投遞。

僞造印信關防，誆騙多贓，該犯同謀下手雕刻，情殊藐法。

僞造關防，誆騙詐爲假官，復假與人官，情殊藐法。咸十。

聽從聚衆抗糧，情殊藐法。咸十。

聽從夥衆求賑，逼脅罷市，喧鬧公堂，情殊藐法。咸十。

聽從聚衆挾制官長，復持械拒捕，情殊藐法。咸八，山東。

職官因貪贓商同謀殺□□，事後復捏報自戕，縱兇脱逃，情節重大，奉旨改爲斬候，歸入本年秋審辦理。光五，山東，朱永康。

私鑄大錢，雖僅止一次，爲數亦在十千以下，究屬藐法。業經題明入於情實。

擬緩出語

因姦釀命，究由本夫自殺其妻。

因姦釀命，究係被父毆斃。

因姦釀命，究由姦夫自殺其夫。

因姦致夫被殺，尚無戀姦忘仇情事。

因姦將親子致死滅口，某氏應照例入於緩決，永遠監禁。

死先向戳，冒扎一傷。

死先向毆，刀由奪獲。

毆由抵禦，鋤不用刃。

死先撲毆，傷由摔跌。

死者理直，傷係他物。
死本理直，傷係拳毆。
衅起死者，傷係他物。
衅起死者，傷係手足。
棍毆一傷，情非拒捕。
冒毆一傷，死由撲倒内損。
被毆抵格，死由失跌被溺。
毆非預糾，嚇戳一傷。
毆非預糾，傷由抵禦。
傷無致命，死越旬餘，非善類。
身先受傷，拒扎適斃。
身先受傷，砍、毆均無致命。
身叠受傷，嚇毆適斃。
身受多傷，掌毆適斃。
身受多傷，跌磕内損。
被毆向推，死由跌損。
向推致跌，死由内損。
被揪情急，嚇戳適傷。
傷非倒後，死越三旬。咸八。
衅非伊肇，重傷係由抵禦。咸八。
死先奔毆，他物一傷。
戳由情急，死亦賭匪。

戳由抵禦，死因跌磕。

熱湯傾潑，時非盛暑。咸七。

以一敵二，戳有急情。

衅起疑姦竊，嚇戳適斃。

衅起護父兄，傷係他物。

衅起口角，傷係他物。

衅起索欠，傷由抵禦。

衅非伊肇，傷無損折。

衅起理斥，他物一傷，至伊父愁急跌斃，非該犯意料所及。

衅非伊肇，扎由情急，至犯母因盜自盡，非該犯貽累所致。

毆由情急，死係犯尊小功卑幼。

情非賴欠，死由失跌痰壅。

傷無損折，毆擲均由抵禦。

被毆情急，嚇踢適傷。

毆係他物，身亦受傷。

毆由抵御，一傷適斃。

扎由被按，傷無致命。

斧不用刃，傷無致命。

死近棍徒，砍由抵禦。

死近誆騙，他物一傷。

傷係拳毆，死由帶跌膝跪。死本理曲，傷係他物，脚踢衅起，死者傷在倒地以前。咸七。衅由死肇，毆均他物，餘人各有骨折重傷。咸十。兩命兩犯，搶由奪獲，死係應抵正兇。

亂毆不知先後，輕重罪坐原謀初鬥，罪疑惟輕。

砍止一傷，死屆四旬。

砍由情急，死越四旬。

傷由誤中，死出不虞。

衅起於戲，死出不虞。

殺固有心，死係詈駡伊母罪犯應死胞弟，其事後圖賴與蓄意圖賴者有間。光三。

故殺緦麻卑幼，尚無詐賴别情。

以理毆責，死係違犯教令弟子。

爲父復仇故殺，國法已伸，正兇之子業經題明入於緩決，永遠監禁，厶厶應緩決，永遠監禁。

殺固有心，死係致斃伊父正兇。咸十。緩，永遠監禁。

致斃人命，究由瘋發無知。

該犯到案時驗係瘋迷屬實，致斃平人非一家二命，業經題明秋審酌入緩決。厶厶照例應緩決。

穢語致釀姑嫂二命，究屬衅起口角。

殺固有心，死係圖姦罪人，調姦伊妻罪人。

死係圖姦伊妻徒罪人。

死係行竊罪人。竊騙，販私，誣竊放火，訛詐。

扎由義忿，死係圖姦罪人。

毆由義忿，死係姦匪。

毆由聽糾捉姦，死係犯姦罪人。

毆由抵拒，死係强與鷄姦之人。

聽從發冢鑿棺抽竊，在外瞭望三次，惟尚在未定新章以前。

聽從發冢鑿棺抽竊，僅止幫同刨土一次。

據供，親老丁單，不准留養。光六。

再，該犯之父查布賞阿打仗陣亡，家屬均已殉難，現據該撫轉咨該副都統查所該犯之父死事印切各結送部，應照例聲明，恭候欽定。

雖母老丁單，毋庸查辦留養。光六。

許春丕、厶厶厶俱應情實，許春丕雖親老丁單，不准留養。咸六。

加批各項

鬥毆金刃四傷以上。

鬥毆他物八傷以上。

鬥毆金刃三傷以下而腸出腦流。頭面。徒手。

鬥毆他物七傷以下而骨折、腦裂及倒後叠毆。

要害傷。

穿透傷。如止肢體一傷，舊式亦不批。

巨刃傷。

手搯咽喉

拉勒咽喉。

一死數傷。

糾毆。

無干聽糾。

致斃一家二命以上。

致斃彼造二命以上。擅殺二命不批。

致斃老人。

致斃幼孩。
致斃婦女。
致斃篤疾。致斃病人。致斃瘋病人。
老人斃命。
幼孩。幼孩致斃幼孩。
婦女。婦女致斃婦女。
篤疾。
僧人。
差役。兵丁。鹽巡。
回民。
汝、潁各屬兇徒。販私各項匪徒。
姦匪。竊匪。賭匪。丐匪。舊匪。
致斃差役兵丁。
遣軍流徒犯。
殺人後殘毁屍身。殺人後攫取財物。
謀、故殺有可原情節。
火器殺人有可原情節
謀、故殺卑幼。
謀、故殺妻。
毆死妻，情兇傷重。
謀、故殺妻及毆死妻應入矜。
情兇近故。

情近擅殺。

情近拒捕。

致斃緦尊。本宗。

致斃外姻功緦尊長

致斃妻前夫之子。

致斃夫前妻之子。

威力制縛主使。

擅殺及誤殺不准一次減等。

縱姦本夫殺死姦夫姦婦，衅非因姦。

姦夫殺死悔過拒絶之婦。

搶竊拒捕。

竊贓逾貫。

誣告致屍遭蒸檢。

湯火傷。

以他物置人耳鼻孔竅。

舊抄内定律例稿本

一卷

舊抄内定律例稿本　卷一

一、致斃老人、幼孩之案，有欺凌情狀者，俱應入情寔。如事本理直，傷由抵禦，及手足他物傷輕，並金刃一二傷情輕者，亦可入緩。

道二十五年，雲五本。陳瞎二娃。致斃逾七老人，他物二傷，均由抵禦，且棍係奪獲，衅起不曲尚可原緩。　照緩

道二十五年，廣東四本。陳得蕾。致斃逾七老婦，究止奪刀嚇砍一傷，係由抵禦所致；起衅亦不爲曲，且死近一旬。尚可原緩。仍記核。　照緩

道二十五年，川三十本。廖江受。竊匪被拏逃走，刃斃攔阻之七十老人。四傷，二致命，透内腸出，一浮皮穿透，另劃一傷，情節不好。雖死非應捕，各傷均由抵禦，未便率緩。記俟核。　照實

道二十五年，川四十四本。陳仕庭。共毆致斃逾七老人。木器致命三傷，一骨損，二骨微損。勘傷不輕，惟毆非預糾，傷係他物，且由被撞情急所致，余人亦有骨損重傷，不無可原。記緩俟核。　照緩

道二十五年，川五十一本。鄧沅惠。刃斃徒手逾七老人。致命三傷，二透内，情傷不輕。姑以死先撲毆，傷由抵禦，且有被揪被按，掙不脱身急情；起釁亦不爲曲，稍有可原。記緩俟核。　照緩

道二十五年，奉留一本。郭仲沅。致斃逾七老人。木器一傷，鐵器六傷，俱致命，棒上有鐵釘三枚，致兩毆即成六傷，尚可原緩。準留，記俟核。　照緩

道二十五年，湖十五本。陳楚賢。又斃逾七老人。致命二傷，均骨損，傷不爲輕。惟釁不爲曲，死先逞兇，傷由抵禦所致，刃係奪自死者之手。尚可原緩。記俟核。

道二十五年，湖十九本。彭世羔。致斃逾七老人。木器五傷，一致命，三骨損，勘傷較重；惟釁起理直，各傷均由抵禦所致。尚可原緩。記俟核。　照緩

道二十五年，浙六本。毛　蒥。共毆致斃逾七老人。木器五傷，一致命，二骨損，一骨微損，傷不爲輕。惟　死者挾嫌將伊所種苞蘿割毀，其理甚曲。該犯毆由抵禦，傷係他物，且有被揪被撞急情，共毆並非預糾。另傷其子，亦由抵禦所致。稍有可原。記緩候核。　病故

道二十五年，山東六本。郝汶漳。聽糾致斃逾七老人。木器一傷，骨損，情傷不輕。惟衅非伊肇，傷在肢體不致命處所，且死逾三旬。尚可原緩。記俟核。　照緩

道二十五年，山東九本。許灝汰。死雖逾七老人，惟身先受傷，奪刀嚇扎適斃，另傷其子，亦由抵禦；負欠並非昧賴。尚可原緩。記俟核。　照緩

道二十五年，直十六本。白澐彪。致斃逾八老人。刃扎一傷，係由被揪被按，掙不脱身所致，且在肢體不致命處所，亦無損透重情。稍有可原。記緩俟核。　照緩

道二十五年，熱四本。東魯卜。喇嘛致斃逾七老人。金刃致命三傷，二骨損；又木器一傷骨斷，勘傷較重。姑以死者逞兇健鬥，該犯毆砍均由抵禦，械係奪自死者之手。至事後攫取錢物，訊係初無圖財之心，向不以之加重。不無一綫可原。記緩俟核。　照緩

道二十六年，廣西四本。韋特佼。刃斃逾七老人。二傷，一透内，另劃一傷，勘傷較重。惟該犯被抓，將其推跌，即行跑走；迨被尋向撲毆，刃戳二傷，均在不致命處所；且由情急抵禦所致。稍有可原。記緩俟核。　照緩

照緩

道二十六年，川十五本。喻紋斗。致斃逾八老人。金刃一傷，砍落三指；另劃一傷，傷不爲輕。姑以砍由被毆情急，且在不致命處所；另傷一人，亦由抵禦所致。尚可原緩。記侯核。

照緩

道二十六年，奉七本。王可存。致斃逾七老人。石塊，致命十傷；又脚踢一傷，勘傷較多。惟衅起索欠，各傷均由抵禦，亦無損折重情。稍有可原。記緩，侯核。

照緩

道二十六年，陜十三本。岳記楊。致斃逾七老人。鐵器致命四傷，二骨損，勘傷較重。惟死先向毆，各傷均由抵禦；又有被揪被撞急情，且該犯亦年近七旬。尚可原緩。記侯核。

照緩

道二十六年，湖十本。楊繼富。糾毆致斃逾七老人。鈎倒致傷，後斧刃按砍；三傷二重迭，一骨損，一骨斷，一筋骨俱斷，毆情頗兇。姑以死者因該犯未給中資，輒即揹留典契，其理甚曲。該犯刃砍各傷，均在肢體不致命處所，意止欲令成廢，餘人亦有骨斷重傷。稍有一綫可原。記緩、侯核。

照緩

道二十六年，湖十本。通　恕。僧人倚醉致斃理斥之逾七老人。情節較重，姑以鋤係奪獲，毆劃各止一傷，均由抵禦所致。至事後攫取錢物，句不以之加重。稍有可原。記緩、侯核。

照緩

道二十六年，山西綏遠城。薩郎特古斯。致斃逾七雙聾老婦。木器三傷，均在按倒後，情不爲輕。惟各傷究無損折，起衅尚不爲曲。稍有一綫可原。記緩、侯核。

照緩

道二十六年，直五本。張泳順。共毆致斃逾七老人。該犯木器，不致命一傷，係由被毆抵禦所致，尚無損折重情。共毆亦非預糾。可以原緩。

道二十六年，直十三本。金白玉。致斃逾七老人。金刃四傷，二致命，三透内，二在倒地後，情傷不輕。雖死者争捕鵪鶉，其理本曲；該犯先刃兩傷，均由抵禦；且死者並非徒手，未便率緩。記俟核。　照緩

道二十年，直六本。黄進幅。刃斃逾八老人。六傷，二致命，三骨損，另劃五傷。論傷誠無可原。惟死者屢次借貸，復勒令承賣地基，持刀向砍，寔屬倚老逞兇。該犯刀係奪獲，砍劃均由抵禦。略傷言情，不無一線可原。記緩俟核。　照緩

道二十四年，川四七本。孫惠洸。致斃逾七老人。石塊三傷，均由抵禦所致。確由被毆被扭急情，尚可原緩。記俟核。　照緩

道二十四年，湖二十一本。陳倡良。致斃逾七老人。木器五傷，二致命，一骨斷，一骨損，勘傷較重。惟棒係奪獲，傷由被撞、被趕抵禦所致，稍有可原。記緩、俟核。　照緩

道二十四年，安二十二本。周　昇。刃斃逾八老人。二傷，一致命骨斷，傷不爲輕。惟死者費用受寄秫稭，情近罪人；該犯刀係奪獲砍扎，二傷均由抵禦所致，稍有可原。記緩、俟核。　照緩

道二十四年，直四本。馬　孝。共毆致斃逾七老人。該犯木器七傷，二重迭，一骨損，一骨折，五在倒地後，毆情不輕。惟死者無端尋衅，並打碎酒壺，情勢兇惡。該犯毆無致命，傷係他物共毆亦非預糾，不無可原。記緩，俟核。　照緩

道二十四年，直二本。尹　二。致斃逾七老人。他物傷多且重。惟死者因借魚網被覆，輒不許該犯捕魚；並將水稍踢壞，理本不直；各傷均係木器，不無一綫可原。記緩俟核。木器十六傷，六致命，二骨損，一骨折，七在倒地，死係徒手。　照緩

道二十七年，直五本。李　增。致斃逾七老人。斧刃頭面七傷，一致命，三骨損，情傷較重。雖死者圖占樹株，其理本曲。該犯各傷均由抵禦，先砍致命一傷，並無損折；末後各傷，均在不致命處所，未便率緩。記侯核。　照實

道二十七年，直十二本。裴　五。死係逾七老人。木器三傷，均由抵禦所致，亦無損折重情，棍係奪自死者之手，尚可原緩。記侯核。　照緩

道二十七年，直十五本。孫　三。致斃逾七老人。木器七傷，二致命，勘傷較多。雖衅起不曲，各傷均係他物，亦無損折重情；至另傷其子，亦由被毆抵禦所致，稍有可原。記緩，侯核。　照緩

道二十七年，奉九本。于瀊江。致斃逾七老人。石塊十一傷，七致命，二骨損；木器八傷，五致命。俱在推跌坐地後，勘傷較多。惟死者欲加租糧未遂，逼令搬家，並欲進屋拔鍋，其理甚曲。該犯毆係他物，棍係出自死者之手；致命處傷無損折。該犯亦係逾七老人，尚可原緩。記侯核。　照緩

道二十七年，陝十七本。安闕個。致斃逾七老人。木器四傷，一致命，又拳毆一傷，情傷較重。惟死先撲毆，棍係奪獲，各傷均由抵禦，亦無損折重情，稍有可原。記緩侯核。　照緩

道二十三年，雲六本。楊占春。倚醉致斃逾七老人。情節不好。惟先毆鐵器一傷，刀不用刃；迨被死者撞頭拚命，刃戳究止一傷，尚與寔在逞兇欺凌者有間。至另傷妻母，係屬輕罪不議，尚可原緩。記侯核。　改實

道二十七年，川一本。姚開化。刃斃逾七老人。五傷三致命，一要害；又另劃一傷，毆情不輕。惟衅起索欠，各傷均無損透；且有被毆被抓被拼急情，尚可原緩。記侯核。　照緩

道二十三年，陝六本。王悰海。共毆致斃逾七老人。木器十一傷，二重迭骨折，一致命，倒地後復將其捆縛，情傷較重。雖死者理曲逞兇，該犯毆非預糾，傷係他物始終均由抵禦，捆縛後並無迭毆重情，未便率緩。記侯核。

照緩

道二十三年，直五本。劉記臉。致斃逾七老人。鐵鎍四傷，二致命；木器五傷，二致命，二重迭，一骨碎，情傷不輕。雖各傷均由被毆被撞抵禦急情，且在倒地以前，未便率緩。記侯核。

改實

道二十七年，山西十二本。任三回則。刃斃七十老婦。致命三傷，均骨損，情傷較重。惟衅起理斥，刃係奪獲，砍由被抱，咬傷負痛，情急抵禦所致，稍有可原。記緩，侯核。

照緩

道二十二年，山東十三本。劉淋和。聽糾致斃七旬老人。木器五傷，三致命，二重迭；死係緦麻降爲無服姪伯。情傷俱不爲輕。惟毆由護父情急，他物傷無損折，不無可原。記緩，侯核。

照緩

道二十二年，直十八本。張彤澐。致斃逾七老人。金刃六傷，四致命，一骨微損，二在倒地後，又木器二傷，情傷較重。惟死先撲毆，倒地後傷無損折；且死越三旬，各傷已平復五處，稍有可原。姑記緩，侯核。

照緩

道二十一年，川五十一本。周焕汶。刃斃徒手逾七老人。頭面致命十四傷，二骨損，八骨微損，四在坐地後，另劃一傷。情傷俱重，難以傷由抵禦，死越三旬爲解。記寔，侯核。

照實

道二十八年，貴十三本。舒　二。致斃逾七老人。金刃致命一傷透膜。又木器致命二傷，一骨微損。勘傷較重。惟身先受傷，各傷均由抵禦，且刀係奪自死者之手，不無可原。記緩，侯核。

照緩

道二十八年，廣東四本。潘運繡。致斃七旬老人。金刃一傷，確由受傷抵禦所致，刀係奪自死者之手，起衅理亦不曲，尚可原緩。記侯核。　照緩

道二十八年，奉九本。韓　青。致斃逾七老人。推倒後鐵器九傷，均至骨損、骨折，論傷固多而且重。姑以死者私砍樹枝，挾伊父投約理阻之嫌，持械起衅，先將伊父毆傷倒地，寔屬理曲情兇。該犯衅起護父，械係搶獲，各傷均在肢體不致命處所。略傷衡情，不無一綫可原。記緩、侯核。　照緩

道二十八年，奉十二本。安梆賢。共毆致斃七旬老人。該犯金刃一傷，由右乳透過右後肋。又拳毆一傷，勘傷奇重。雖衅起不曲，拳毆傷不致命，末後重傷，亦由死者持棒奔毆抵禦所致，未便率緩。記侯核。　改實

道二十八年，奉留二本。于有材。致斃逾八老人。木器致命二傷，一骨損，勘傷較重。姑以先毆一傷並無損折，末後嚇毆係由被其抓毆情急抵禦所致，稍有可原。記緩準留，仍侯核。　照緩

道二十八年，山西五本。張濟川。致斃七旬老人。金刃八傷，五在要害，一透內，又二透內，另劃四傷，均在撲跌坐地後。情傷均重。雖衅起索欠，扎劃均由被拉不放所致，究難不寔。記侯核。　照實

道二十八年，山西六本。劉作仵。致斃逾七老人。木器四傷，三重迭，情傷不輕。惟衅起不曲，棒係奪獲，各傷均由抵禦，且在不致命處所，亦無損折重情，不無可原。記緩，侯核。　照緩

道二十八年，山西六本。許汰寶子。手按咽喉，致斃逾七老婦。情節不好。惟身先受傷，死由被咬推抵，帶跌撲壓，以致疫壅，情近失誤；負欠並非昧賴。不無可原。記緩，侯核。　照緩

道二十八年，直一本。范鄆城。糾毆致斃七旬老人。鐵器十二傷，一骨折，大半在餘人推跌倒地後，情傷較重。雖衅起不曲，各傷均在肢體不致命處所，重傷究止一處，且死越旬餘，未便率緩。記侯核。　照實

道二十八年，直十九本。陳　儆。聽糾毆斃逾七老人。磚磈四傷，一骨折，傷不爲輕。惟衅非伊肇，各傷均係他物，先毆重傷由於失誤，末後各傷均由抵禦所致，且在肢體不致命處所，死非所欲謀毆之人，不無可原。記緩侯核。　照緩

道二十八年，山西四本。商運胡。致斃七旬老人。金刃二傷，一致命；又木器一傷，勘傷稍多。惟身迭受傷，各傷均由抵禦，亦無損折重情，且死届一旬，尚可原緩。記侯核。　照緩

道二十八年，江西留養。郁敬仔。致斃逾七老人。鐵器一傷骨損，又木器二傷，勘傷不輕。惟衅起索欠，各傷均由抵禦所致，且俱在肢體不致命處所，尚可原緩準留。記侯核。　照緩

道二十九年，陝十三本。拜泳輔。兩比均係回民，該犯刃斃七旬老人。要害一傷，食嗓斷，勘傷奇重。惟死者因曾經收留該犯幫工，輒向索取無厭，其理本曲。該犯被揪被按，戳由情急抵禦所致，稍有可原。記緩侯核。　照緩

道二十九年，貴十四本。鄧　滿。致斃逾八老人。金刃致命一傷透內，勘傷較重。姑以身先受傷嚇戳，一傷確由被抓被毆情急抵禦所致，稍有一綫可原。記緩，侯核。　照緩

道二十九年，廣西四本。王租淋。致斃七旬老人。竹器四傷，二致命，一骨斷，一骨微損，勘傷較重。惟死者争管祭田，理不爲直。該犯挑係奪獲，各傷均由抵禦所致，且死越一旬，不無可原。記緩，侯核。　照緩

道二十九年，山東四本。盧　芹。致斃七旬老人。金刃致命三傷，一透膜，勘傷較重。姑以死先撲毆，扎由抵禦，且有被揪被按急情，稍有可原。記緩，侯核。　照緩

道二十九年，山東十本。張百達。致斃逾七老人。金刃三傷，一致命透膜，帶劃三傷；又鐵器一傷，勘傷較重。惟該犯亦年近七旬，且死先登門尋衅，各傷均由抵禦，末後重傷，確有被其趕毆急情，稍有可原。記緩，侯核。　照緩

道二十九年，福一本。王茂仔。負欠刃斃七旬老人。致命二傷，一骨損，一骨微損，勘傷較重。惟身先被毆，各傷均由抵禦。死者並非徒手，負欠亦非昧賴，稍有可原。記緩，侯核。　照緩

道二十九年，山東十本。馬士傑。致斃七旬老人。金刃五傷，二致命，一骨損，帶劃一傷，勘傷固重。惟死者圖占分受祖遺山場，屢次尋衅；復將伊父迭毆多傷，其理甚曲。該犯衅起護父，先砍各傷，正在伊父被死者扭住毆傷之時，後砍二傷，亦由被撞情急抵禦所致，稍有可原。記緩，侯核。　照緩

道二十九年，蘇十五本。張　麻。致斃九旬老人。金刃一傷，起衅亦不爲直，情節不好。姑以傷在不致命處所，亦無損折重情，稍有一綫可原，記緩準留。仍侯核。　照緩

道二十九年，山西十本。姜約子。舊匪致斃逾七老人。木器五傷，一致命，勘傷較多。惟該犯先經犯竊，業已改過自新；死者因被竊，託伊代尋，贜賊未獲，輒持械登門嚷鬧，欲令賠贜，其理本曲。該犯毆係他物，各傷均無損折，共毆亦非預謀，不無可原。記緩，侯核。　照緩

道二十九，直三本。韓三黑塌。致斃逾七老人。木器六傷，四重迭，一致命，一在坐地後；又坐地後鐵器三傷，勘傷較多。姑以疑竊尚屬有因，各傷均係他物，亦無損折重情，坐地後傷無致命；另傷其孫，係屬輕罪，稍有一綫可原。記緩，侯核。　照實

咸二年，雲三本。劉橋淋。制縛致斃七旬老人。情節較重，雖衅起索欠。捆抬止欲投約算帳，死由疫喘氣脱，並無拷打重情，尚有可原。記緩，侯核。　照緩

咸二年，貴八本。丁洪潰。共毆致斃七老人。該犯木器一傷骨損，死係徒手，情節不好。惟衅非伊肇，傷係他物，尚可原緩。記侯核。　照緩

咸二年，奉七本。邢克樹。致斃逾八老人。金刃三傷，均致命，毆情不輕。姑以死者登門嚷罵，拔刀先將該犯砍傷，係屬健鬥，該犯刀係奪獲，砍由抵禦，並無損折重情，稍有一綫可原。記侯核。　照緩

咸二年，二十二本。陝屈回山子。聽糾致斃逾七老人。木器三傷，二致命，一骨損，情傷不輕。惟死者持掀攏護，亦屬健鬥。該犯傷係他物，且俱在倒地以前，尚可原緩。記侯核。　照緩

咸二年，直一本。王　二。致斃八旬老人。他物六傷，二致命，一骨損，一骨折，傷不爲輕。惟死先向毆，磚係奪獲，各傷均由抵禦，稍有一綫可原。記緩，侯核。　照緩

道二十五年，貴十八本。楊黑三。因負欠起衅，毆斃十三歲幼孩。鐵器致命一傷骨損，情傷不輕。惟死先撞頭，情急嚇毆，一傷適斃，負欠亦非昧賴，尚可原緩。記侯核。　照緩

道二十五年，川四十二本。姚啓新。死雖年甫十四，該犯刀戳一傷，係由被抓被毆，抵禦所致，尚可原緩。查傷痕致命一傷，透内腸出。　照緩

道二十五年，川六十六本。王思舉。死係幼孩。惟疑賊確屬有因，刃戳一傷適斃，可以原緩，結到準留。死係年甫八歲。　照緩

道二十五年，江西二本。鍾節十。致斃十二歲幼孩。刃戳二傷，一致命骨損，情傷稍重。惟死者牛隻踐毀該犯族山松秧，復取糞污伊臉上，其理甚曲。該犯戳劃各傷，均由抵禦所致，尚可原緩。記候核。 照緩

道二十五年，山西三本。趙雙管。姦通小功兄妻，致斃姦婦六齡幼子，情節不好。雖衅非因姦，脚踢一傷，未便率緩。記候核。 照緩

道二十五年，直十六本。楊　喜。刃斃幼孩。二傷，一骨折，傷不爲輕。惟死本理曲，傷無致命，且有被踢抵禦急情，尚可原緩。記候核。 照緩

道二十六年，貴六本。葉興奇。致斃十二歲幼孩。他物二傷，一由抵禦，一由鐵扒掉落所致，均無損折重情，尚可原緩。記，候核。 照緩

道二十六年，貴十四本。道　成。雖係僧人致斃幼孩，惟戳劃各止不致命一傷，均由抵禦所致，起衅亦不爲曲，可以原緩。仍記核。 照緩

道二十六年，河三本。杜得印。雖係致斃雙目失明幼女，惟被拉向推，傷由失跌所致，且死逾三旬，尚可原緩。記，候核。 照緩

道二十六年，山西十六本。武三成則。死雖八歲幼孩，惟衅起不曲，脚踢一傷，尚可原緩。記候核。 照緩

道二十四年，雲八本。陳必華。共毆致斃十四歲幼孩。該犯鋤刃一傷，又木器四傷，二致命；另拳毆一傷，情不爲輕。惟衅起理直，死越二旬，各傷均無損透，共毆亦非預糾，尚與欺凌者有間。記緩，候核。 照緩

道二十六年，雲一本。時證興。刃斃幼孩。嚇戳一傷，係由被揪證被按，情急所致，負欠亦非昧賴，尚可原緩。記候核。 照緩

道二十六年，雲八本。馬老五。共毆致斃幼孩。該犯於餘人戳毆多傷後，金刃一傷，骨損，情傷不輕。惟衅越攔勸，傷在肢體不致命處所，係由被揪被按，情急抵禦所致，且死越一旬，尚可原緩。記候核。　照緩

道二十六年，蘇一本。張　氏。姦婦姦夫共毆致斃三歲幼孩。該氏於隆冬時，將其赤身提至牀下，籐鞭致命一傷，重迭成片；又鐵器一傷，情節頗慘。雖各傷均係他物，亦無損折重情，與因姦礙眼肆行毒毆者稍覺有間，究難率緩。記候核。　照緩

道二十六年，蘇四本。邵思恭。致斃十五歲幼孩。金刃三傷，一致命骨損，情傷較重。姑以死者將伊墻脚扒壞，理不爲直，該犯砍由抵禦，末後重傷，有被扭、被撞急情，稍有可原。記緩，候核。　改實

道二十三年，川四十三本。田　二。致斃十三歲幼孩。石塊十四傷，八致命，一骨損，一骨微損，情傷不輕。惟死先向毆向抓，並將該犯推跌撲壓，手叉咽喉，已非稚弱易欺者可比。該犯衅起索欠，傷由奪石抵禦，且年亦甫逾成童，不無可原。記緩，候核。　照緩

道二十四年，廣東八本。關存德。刃斃八歲幼孩。要害一傷，透内，論傷頗重。惟因死者撲向奪笋，順手攔抵，本無欲毆之心，傷由收手不及所致，尚非該犯意料所及，不無可原。記緩，候核。　照緩

道二十四年，川三本。蕭潰嬉。戳斃十五歲幼孩。金刃五傷，三致命，一透内，情傷不輕。姑以衅起索欠，死先向毆，各傷均由抵禦，尚與逞凶欺凌者有間，稍有可原。記緩，候核。　照緩

道二十四年，川六本。吴二娃。丐匪因乞討不給致，斃幼孩。鐵器三傷，二致命，一骨微損，情節不好。雖鋤不用刃，各傷均由抵禦，未便率緩，仍記核。死者年甫十一。　改實

道二十四年，川六十四本。鄧六喜。致斃十四歲幼孩。金刃二傷，一致命骨損；鐵器六傷，三致命，一骨微損，另劃一傷。論傷較多。姑以死先向毆，傷由抵禦，末後嚇砍，確由被抓拼命急情。且該犯亦年甫及歲，尚與恃長欺凌者有間。記緩，候核。

照緩

道二十四年，直二十一本。鄭狗兒。死雖九歲幼孩，惟脚踢一傷，鞋底一傷，均由被毆被拉，抵禦所致，亦無損折重情，尚可原緩。記候核。

照緩

道二十四年，直二十二本。曹炳然。雖係刃斃幼孩，惟死先逞兇嚇砍一傷，係由被揪情急所致，尚有可原。仍記候核。李大人批：細核前後情節，頗涉挾嫌尋衅。十歲幼孩哭罵揪衣，有何急情？當頂一刀，相連偏右，長至三寸五分，重至骨損唇裂，此等兇傷，不可謂非近故。記，彙核。

病故

道二十七年，直十一本。宋拴兒。致斃幼孩。木器十傷，六致命，四在按倒後；又脚踢致命一傷，勘傷較多。姑以身先受傷，各傷均無損折；按倒連毆，究由被按情急所致，且該犯亦甫逾成童，稍有一綫可原。記緩，候核。

照緩

道二十二年，直四本。楊順。毆斃年甫十四幼孩。鐵器頭面七傷，四致命，二重迭，三在倒地後，毆情較兇。惟衅非伊肇，傷無損折，且始終刀不用刃，稍有可原。記緩候核。

照緩

道二十七年，川八本。趙三。刃斃幼孩。五傷，一致命，骨損，又另劃二傷，竝劃傷二指，勘傷較多。雖死者係伊買休妻携帶前夫之子，按律竝無名分可言。惟既經過門撫養，即有管教之責；且身先被毆，各傷均由抵禦。死者年届成童，亦非甚稚。稍有可原。記緩，候核。

照緩

道二十七年，川十四本。孟毛。致斃幼孩。手毆四傷，脚踢一傷，四致命，勘傷較多。惟死亦非甚稚，各傷均由被抓、被拉、被毆抵禦所致，尚可原緩，記候核。死者年甫十一。

照緩

道二十三年，川三十本。黃玉彰。致斃年甫十三幼孩。刀背二傷，又刀砍一傷，骨損，另劃三傷，勘傷不輕。惟死本理曲，該犯身先受傷，刀係奪獲，毆砍均由抵禦，情非欺凌，尚可原緩。記候核。

道二十三年，川三十六本。性　靈。尼僧違例收徒，以凡鬥定擬。先後毆責，木器二十九傷，三致命，一骨損，一骨微損，又火燒二傷，致斃幼女。情傷不輕。惟死者經該尼收留二載，衅起管教，傷係他物，不無可原。記緩，候核。死者年甫九歲。　照緩

道二十三年，山東四本。陳灦儀。刃斃年甫十四幼孩。要害一傷奇重，情節不好。惟衅起死者之父糾同尋毆，扎由撲攏勢猛，收手不及所致。稍有可原。記候彙核。食氣嗓斷。　照緩

道二十七年，直一本。王京子。與十歲幼孩跌錢賭博，贏得錢物。因其拉奪，向推跌斃命，情節不好。惟犯年亦甫逾成童，跌錢係由死者起意，非意料所及。稍有可原。記緩，候核。　照緩

道二十二年，熱一本。張賠共。致斃十歲幼孩。鐵器致命一傷，骨微損，又脚踢二傷，情傷不輕。惟衅起死者，重傷由被拉哭罵，不知其業已受傷所致。稍有可原。記緩，候核。　照緩

道二十二年，熱四本。王　魁。撩倒後，鐵器七傷，一致命骨損。死係十二歲幼孩，毆情較兇。姑以死者將伊家猪隻打死，理本不直，該犯刀不用刃，稍有可原。記緩，候核。　照緩

道二十一年，川三十八本。胡友連。刃傷二人後，因七歲幼孩哭罵，金刃砍戳三傷，二致命，一由肚腹穿透右後肋，情傷俱兇，難以區區情急爲之原解。記實，候核。　改實

照實

道二十一年，福七本。黃　江。刃斃幼孩。致命二傷俱重。惟一由斧格致掽，一由死者撲攏勢猛，收手不及所致。且斧係奪獲，死越三旬，起衅亦不爲曲，稍有可原。記候核。　照緩

道二十一年，陝留二本。王三成致斃九歲幼孩。先後他物八傷，一重迭，五在倒地後，情傷不輕。惟衅起理直，傷無損折，共毆亦非預謀，其先毆二傷，已越多日，稍有可原。記緩準留，仍候核。　照緩

道二十一年，河十三本。張　汰致斃十四歲幼孩。金刃三傷，一致命透內，情傷不輕。死者因猪隻踐食田禾，業將猪隻扎傷。該犯向阻，即持槍撲扎，亦屬善鬥，不同孱弱。該前二傷均由抵禦，末後重傷，因逃跑被追，奪槍嚇戳，與恃强欺凌者有間。不無可原。記緩，候核。　照緩

道二十八年，貴十四本。周庭楊致斃幼孩。刃戳一傷，係由被毆抵禦所致。且衅起索欠，刀係奪自死者之手，尚可原緩。記候核。　病故

道二十八年，廣東七本。雙　詳致斃七歲幼女，另傷其母，毆情較重。惟脚踢一傷，係由抵禦所致，另傷其母各傷，均係手足，不無可原。記緩，候核。　照緩

道二十八年，湖三本。李正約致斃幼孩。木器致命一傷，骨破，又拳毆二傷，傷不爲輕。惟衅起不曲，先毆二傷均在不致命處所，末後重傷，械係奪自死者之手，且死近一旬，尚可原緩。記候核。　照緩

道二十八年，蘇四本。張　晟刃斃年甫十三護母幼孩。二傷，一致命骨損，另傷其母，情傷較重。姑以斧係拾獲，砍其母叫人捉拏，被扭情急脱身所致。另傷其母，亦由被毆抵禦，稍有一綫可原。記緩核。　改實

道二十九年，川七本。向第才致斃幼孩。金刃致命二傷，又鐵器致命二傷，骨微損。情傷較重。姑以衅起不曲，刀係奪獲刃，傷均無損折，末

後重傷，確由被頂、被撞，山坡陡窄，恐被撞跌下坡，情急所致。稍有可原。記緩，候核。死係年甫十一。

道二十九年，川三十七本。李 氏共毆致斃十歲幼孩。該氏竹條十五傷，五致命，又脚踢，致命一傷，勘傷較多。姑以衅起理斥，各傷均無損折重情。該氏係死者父妾，檢查原揭，據供生有一女，在死者應爲服期年，與尋常毆斃幼孩者稍覺有間，不無可原。記緩，候核。　照緩

道二十九年，奉七本。劉順理刃斃幼孩。三傷一致命，骨微損，一要害，在倒地後。勘傷較重。惟死本理曲，該犯先砍二傷，係由被毆抵禦；末後要害一傷，尚無損透重情。稍有可原。記緩。候核。　照緩

道二十九年，陝四本。李原梁致斃年十三護父幼孩。金刃，致命一傷透内，鐵器一傷骨微損，勘傷較重。惟先毆一傷，由被咬負痛；末後重傷，亦由被揪急情，冀其鬆放，向後嚇戳所致。稍有可原。記緩，候核。　照緩

道二十九年，陝四本。馬徐娃聽糾毆斃十四歲幼孩，情節不好。惟石塊先毆一傷，係在不致命處所，末後向毆，亦由抵禦所致，亦無損折重情；負欠亦非昧賴。至死被野獸踐食，尚非該犯意料所及。不無可原。記緩，候核。　改實

道二十九年，陝二十四本。柴占占子。致斃十四歲幼孩。金刃二傷，一眼睛破，另劃二傷，勘傷較重。惟死先向踢，各傷均由抵禦，且俱在不致命處所。末後重傷，係由被揪一同跌倒，致被戳傷，情近失誤。負欠亦非昧賴，不無可原。記緩，候核。　照緩

道二十九年，雲三本。蕭彭淋。致斃年甫四歲幼孩。木器一傷骨損，情節較重。姑以棍係奪獲，嚇戳一傷，係在肢體不致命處所。死由撲跌被燒，以致潰爛，越十一日身死，尚非該犯意料所及，不無可原。記緩，候核。　照緩

道二十九年，河七本。王九功。致斃十三歲幼孩。石擲二傷，一致命骨微損，一骨損，傷不爲輕。惟死先擲毆，傷由抵禦，負欠亦非昧賴，　照緩

尚可原緩。記候核。

照緩

道二十九年，河八本。王立山。致斃九歲幼孩。他物不致命二傷，均無損透重情。且死由失跌內損，尚非該犯意料所及，不無可原。記緩，候核。

照緩

道二十九年，河十一本。黨五片。致斃十歲幼孩。金刃致命二傷，一骨微損，另劃四傷，傷不爲輕。惟該犯亦年甫十四，且衅起索欠，先劃各傷均甚輕淺，末後重傷係由被追揪拉，情急抵禦所致，不無可原。記緩，仍候核。

照緩

道二十九年，湖留一本。林怔良。致斃幼孩。木器致命一傷，手掐要害傷四點，又手抓腎囊一傷。勘傷較多。惟先向用手抓掐，均由被揪被按所致，末緩嚇毆，亦由被砍抵禦，尚無損折重情，不無可原。記緩準留，仍候核。

照緩

宋得魁。姦匪致斃十二歲幼孩。金刃一傷，項頸連食氣嗓骨斷，情傷較重。雖由冀其畏懼跟走，且砍由死者撞頭勢猛收手不及所致，究難率緩。記候核。

照實

道二十九年，直十二本。李得詮。兩次毆打致斃十歲幼孩。該犯竹器十五傷，五重迭，十在按倒後，毆情不輕。姑以衅起管教，各傷均係他物，亦無損折重情，共毆並非預糾，餘人亦烙有多傷，且死越旬餘，稍有可原。記緩，候核。

照緩

咸二年，川五本。蕭涓榜。致斃幼孩。金刃五傷，情節不輕。惟各傷均無致命損折，末後二傷實有被咬負痛急情。且死係行竊罪人，因業經服禮寢息，不照擅殺科斷。秋審衡情，自可酌緩。記候核。

照緩

咸二年，川三十七本。郭仰添。致斃十三歲幼孩。鋤刃致命二傷，一骨損，又鋤背一傷。毆情不輕。惟死先拾石擲毆，該犯傷由抵禦重傷，亦有被抓急情，尚可原緩。記候核。

咸二年，湖十八本。朱理盛。金刃致斃十五歲幼孩。四傷二透內，另劃三傷，情傷較重。姑以死先逞兇，刀係奪獲，各傷均由抵禦，且俱在不致命處所，稍有可原。記綫，候核。　照緩

一、十五歲以下幼孩殺人之案，除謀故等項應入情寔外；如係鬥殺，必寔有兇暴情節，傷多近故，無一可原，及死更幼穉，死係雙瞽、篤疾、理曲、欺凌、迭毆多傷者，方入情寔，餘俱緩決。至老人殺人，有彼此强弱不同。如以弱抵强，雖傷多亦可緩決；若犯本强健，而死者懦弱衰邁，或係幼孩篤疾，輒肆行迭毆，情傷俱重者，自應入寔。其謀故殺等項，亦與凡人同。

道二十八年，山東九本。時四仔。賭匪致斃幼孩。情節不輕。惟該犯亦年甫十五，被拉向推，死由失跌被淹，尚非該犯意料所及。至事後携取衣服，訊係乘便攫取，向不以之加重。記緩，候核。死係年甫七歲。　照緩

道二十六年，川四十一本。黃來喜。致斃七齡幼孩。石塊致命一傷，骨損；又金刃二傷，一致命；另劃一傷。情傷不輕。姑以該犯年甫十三，且衅起索欠，刀係奪獲，傷由抵禦。至事後攫取衣服，訊無圖財之心，向不以之加重。記緩，候核。　改實

道二十四年，川四十八本。何　姑。致斃八歲幼孩。金刃五傷，三致命；又鐵器致命一傷，骨損。勘傷較重。惟該氏亦係甫逾十歲幼女，且衅起不曲，身先受傷，刀係奪獲，各傷均由抵禦。末後重傷，刀不用刃，並有被扭急情，稍有可原。記緩，候核。　照緩

咸二年，川四十一本。邱二娃。致斃十一歲幼孩。斧刃，三傷，一致命，骨微損。情傷不輕。惟斧係奪獲，砍有急情。該犯亦年甫十四；另傷其弟，亦由被拉不放抵禦所致，尚可原緩。記候核。　照緩

咸二年，蘇七本。王　六。共毆致斃十三歲幼孩。該犯金刃五傷，三致命，二要害，一透內。傷不爲輕。惟該犯亦年甫十四，衅起攏勸，各　照緩

傷均由抵禦，共毆亦非預糾，尚可原緩。記候核。

照緩

道二十九年，奉十四本。蕭　泳。致斃婦女。金刃七傷，三致命，一深入内，二骨微損，另劃十四傷。勘傷固重。惟該犯將積存工錢借與死者之夫，相依度日，死者因伊不能力作，時向混駡，並遂令搬走，其理甚曲。該犯身迭受傷，戳劃均由抵禦；且現已年逾八旬，尚可援耄不加刑之義，量從寬典，記緩，候核。

照緩

一、致斃婦女之案，如恃强欺凌，情兇傷重，及他物迭毆七八傷以上，金刃四五傷以上者，俱應入情實。其餘尋常互鬥，理直情輕者，可以緩決。

照緩

道二十五年，雲一本。鄭一洪。致斃婦女。鐵鏢二傷，一致命透膜，傷不爲輕。惟死者借用公種包谷，雖經往告，該犯並未聞知。其因攔阻被斥，嚇戳致斃，確由被毆被撞抵禦急情，不無可原。記緩，候核。

照緩

道二十五，廣西四本。王大鈞。刃斃婦女。要害一傷透内，另劃三傷，勘傷不輕。惟先劃各傷，均由抵禦；末後重傷，係由被揪情急，向後嚇戳所致，稍有可原。記緩，候核。

照緩

道二十五年，川十九本。鄧義洪。刃斃婦女。六傷，五致命，一骨損，帶劃一傷，情傷較重。姑以死先逞兇，各傷均由被砍、被毆、被拉，情急抵禦所致。刀係奪自死者之手。且死者係伊外姻緦麻卑幼，因出降降爲無服，似較之尋常婦女稍覺有間，不無一綫可原。記緩，候核。

照緩

道二十五年，川四十一本。劉潮理。致斃婦女。石塊四傷，均由被毆、被扭、被撞抵禦所致。且衅起不曲，死逾二旬，可以原緩。

照緩

道二十五年，川四十二本。羅雲聰。致斃婦女。他物七傷，四致命，一骨損，又篾簪頭帶戳一傷。勘傷較多。惟衅起死者，棍係奪獲，各傷俱由抵禦，重傷究止一處，尚可原緩。記候核。

照緩

道二十五年，川五十五本。胡登子。致斃婦女。他物三傷，均無致命損折。死由跌磕內損，負欠亦非昧賴，尚可原緩。

照緩

道二十五年，川六十本。李東沅。刃斃婦女。四傷，一致命，骨損，並將右手掌砍落；另劃一傷。情傷較重。姑以死者借錢不遂，先行逞兇；該犯刀係奪獲，各傷均由被扭、被揸抵禦急情。其砍落手掌，亦由掙不脫身嚇砍，並刀刃鋒利所致，稍有一綫可原。記緩，候核。

照緩

道二十五年，川六十六本。米潮舉。負欠致斃婦女。金刃二傷，一致命，骨損；又鐵器二傷。情節不輕。維刀係奪獲，先毆各傷均非致命；末後重傷，究由被其揸頭拚命情急所致；負欠亦非昧賴，尚可原緩。記，候核。

照緩

道二十五年，川四十本。張應朋。刃斃婦女。二傷，一致命透內，係由被毆、被揪，掙不脫身所致。另傷其夫，亦由抵禦。負欠並非昧賴。尚可原緩。

道二十五年，川六十七本。楊汶先。致斃婦女。金刃一傷，由咽喉斜透脊背，氣嗓斷，勘傷奇重。惟疑竊確係有因，傷由隔窗嚇戳，尚可原緩準留。仍候核。

照緩

道二十五年，陝十一本。夏證魁。刃斃婦女。三傷，二致命，一透內，一骨微損，另劃一傷。情傷不輕。惟死者奪鞋抵欠，復將伊連毆致傷，理不爲直。該犯戳劃均由抵禦，末後重傷係由奪刀向推所致，尚可原緩。記候核。

照緩

道二十五年，山東八本。史　從。刃斃婦女。五傷，二骨損，一透內，勘傷較重。惟衅起索欠，各傷均在不致命處所，且有被毆、被砍、被扭抵禦急情，稍有可原。記緩，候核。

照緩

道二十五年，熱二本。赦致功。刃斃婦女。三傷，二致命，一骨損，傷不爲輕。惟先砍二傷，並無損折，末後重傷，究由死者奪鋯致掽，尚可原緩。記後核。 照緩

道二十六年，廣西一本。彭得汶。刃斃婦女。三傷，一致命透內，傷不爲輕。惟衅起不曲，傷由抵禦，且有被扭、被按急情，尚可原緩。記候核。 照緩

道二十六年，川十四本。王　岱。致斃婦女。先用葛藤捆其手足，情近制縛，惟死者負欠不還，並賴伊打毀什物，其理曲甚。該犯捆縛時並未向毆，迨解放後被追向推，致令跌磕身死，尚非該犯意料所及，不無可原。記緩，候核。 照緩

道二十六年，川十五本。邱一桂。致斃婦女。木器五傷，二致命。又捏傷二處，抓傷一處。勘傷較多。惟衅起不曲，身先受傷，棒係奪自死者之手，各傷均無損折；且由抵禦所致，尚可原緩。記候核。 照緩

道二十六年，川三十四本。陳幗容。刃斃婦女。四傷，一致命透內，勘傷較重。姑以死者先向毆，各傷均由抵禦，末後重傷確由被揪、被按情急，稍有一綫可原。記緩，候核。死者之夫將該犯辭工，央死者代爲求情不允起衅，並無主僕名分。 照緩

道二十六年，川三十一本。鄒長有。死雖雇主之妾，該犯亦甫逾成童，刃戳二傷均有抵禦所致，且有被毆急情，尚可原緩。記候核。並無主僕名分。 照緩

道二十六年，川三十八本。周添榮。致斃婦女。金刃三傷，二致命，一骨損，二骨微損。論傷不輕。惟身先受傷，砍由抵禦，且死越四旬，尚可原緩。記候核。 照緩

道二十六年，川四十本。曾志禮致斃婦女。鐵尺四傷，又尺柄致命一傷。毆情不輕。惟疑竊尚屬有因，毆戳均由抵禦，亦無損折重情。記緩，候核。 照緩

道二十六年，川五十五本。彭俸楚致斃婦女。鐵鑽致命三傷，均骨損，勘傷不輕。惟死先向毆，各傷均由抵禦所致，死者並非徒手，尚可原緩。　照緩

道二十六年，陝二十二本。曹　欣雙瞽斃命。刃戳一傷，係由被揪情急所致，起衅之理亦直，惟死係出嫁，降爲無服表姊，未便議矜，止可入緩。仍記核。　照緩

道二十六年，湖二十本。袁人受死雖婦女。惟被毆情急，嚇戳一傷，鬥情尚不爲重。至事後嚇禁具報，將屍私埋，致遭蒸檢，究無狡詐情節，尚可不以之加重。記緩，候核。　照緩

道二十六年，浙八本。劉則志致斃婦女。他物四傷，均由抵禦所致，且衅起理直，械係奪自死者之手，尚可原緩。　照緩

道二十六年，河六本。王公倫雖係差役致斃婦女，惟衅起拉勸，拳毆一傷，係由被扭、被撞圖脱所致。且死由跌墊，非該犯意料所及。尚可原緩。記候核。　照緩

道二十四年，貴二本。劉士得刃斃婦女。起衅理亦不直。惟戳止不致命一傷，係由被撞急情所致，尚可原緩。記核。　照緩

道二十六年，山東二本。孔繼柱巨刃致斃婦女。二傷，一要害，筋斷骨損，一骨損。勘傷較重。姑以死先撲毆，砍由抵禦，且有被揪、被撞急情；另傷其女亦由誤中。稍有一綫可原。記緩，候核。　照緩

道二十六年，山東七本。戎繼汰致斃婦女。金刃七傷，三致命，三透内，一透過；另劃一傷。論傷較重。惟死者借住該犯房屋，與人通姦，該犯恐滋事端，向索房屋，起衅之理甚直。且身先受傷，刀係奪獲，扎劃均由抵禦，並有被揪、被撞急情，尚可原緩。記候核。　改實

道二十六年，山東十三本。趙　科致斃婦女。金刃三傷，一致命透內，傷不爲輕。惟扎由被揪情急抵禦所致，且死越旬餘，尚可原緩。記候核。

照緩

道二十六年，山東十六本。張守湘致斃婦女。木器五傷，三重迭，一骨折，一骨微損。論傷較重。惟衅起不曲，械係奪獲，各傷各由抵禦，且俱在肢體不致命處所，不無可原。記緩，候核。

照緩

道二十六年，安十六本。陳六孜聽縱夥搶犯姦之婦共毆致斃婦女。木器三傷，一致命骨損，情傷較重。姑以死者媒合買休，亦屬罪人。該犯毆係他物，各傷均由抵禦，且有被揪急情，稍有可原。記緩，候核。

照緩

道二十六年，安二十一本。焦　大致斃婦女。鐵器二傷，均骨損，一致命；又木器一傷，骨微損。起衅理亦不直，情傷較重。惟各傷均係他物，且由抵禦所致，並有被揪急情，稍有可原。記緩，候核。

照緩

道二十六年，蘇十本。徐事富刃斃婦女。四傷，三致命，一透內，帶劃三傷，勘傷較重。姑以刀係奪獲，身亦受傷；各傷均由抵禦，且有被扭被按急情；致命處傷無損透，衡情稍有可原。至該犯雖經行放七折錢文，惟死者違約不還，理亦不得爲直，尚可不以之加重。記緩，候核。

照緩

道十七年，陝新一本。馬明有回民刃斃婦女。頭面致命六傷，三骨損，另劃一傷。情傷較重。雖械由奪獲，各傷均由抵禦急情，未便率緩准留。記候核。

照緩

道二十四年，陝新三本。李先喜刃斃婦女。要害一傷透內，另劃二傷。論傷不輕。惟死係犯姦無恥之婦，該犯刀係奪獲，重傷確由急情，且死越旬餘，尚可原緩。記候核。

照緩

道二十四年，直十三本。王欲振刃斃婦女。四傷，一要害，二骨損，勘傷較重。惟死本理曲，該犯各傷均由抵禦，要害傷係由死者撞頭，收手不及所致，稍有可原。記緩，候核。

照緩

道二十四年，川二十三本。楊沅娃子幫同差役緝賊，妄疑肇衅，致斃婦女。他物七傷，二致命，一骨斷，情傷俱不爲輕。惟械由奪獲，各傷均由被毆、被抓、被揪抵禦急情，共毆亦非預糾，不無一綫可原。記緩，候核。

照緩

道二十四年，川四十五本。戴沅順刃斃婦女。五傷，三要害，二致命，二透內，勘傷較重。惟衅起理直，砍戳均由抵禦，重傷確由被扭不放急情，稍有一綫可原。至另傷其夫，究屬輕罪，尚可不以之加重。記緩，候核。

照緩

道二十四年，川四十四本。趙沅幫刃斃婦女。三傷，一致命透內腸出，傷不爲輕。惟身受多傷，抵禦確由急情，尚與逞兇欺凌者有間。記緩，候核。

照緩

道二十四年，川留五十本。鄧澤聚刃斃婦女。五傷，三致命，一透內，情傷不輕。姑以死先抓毆，各傷均由抵禦，末後重傷確由被扭挣不脱身急情，稍有可原。記緩，候核。

照緩

道二十四年，川留五十本。周彰淋負欠致斃婦女。斧刃四傷，三致命，二骨損，另劃二傷；又另傷其夫。情傷較重。姑以死先向毆，傷由抵禦，末後重傷確由被撞急情，負欠亦非昧賴，且死越旬餘；另傷其夫亦由抵禦所致。稍有可原。記緩準留。仍候核。

照緩

道二十四年，奉十二本。王有發致斃婦女。金刃三傷，二致命，一透內；另劃一傷，情傷不輕。惟死先奔毆，戳由抵禦，重傷究在不致命處所，負欠亦非昧賴，稍有可原。記緩，候核。

道二十四年，陝二十四本。王伏善雖係負欠致斃婦女，惟死者幫同其夫强拉車輛抵欠，理不爲直。該犯扎傷二處，均無損透；且確有被撞被抓護痛急情。另傷其夫，亦由見其拉車，攔阻不住所致，尚可不以之加重。負欠亦非昧賴。記緩，候核。　照緩

道二十四年，安二十二本。張習真致斃婦女。金刃四傷，勘傷不輕。惟死者妄疑尋衅，該犯砍由抵禦；各傷均在不致命處所，亦無損折重傷；且死逾二旬，尚可原緩。記，候核。　照緩

道二十四年，山西五本。韓不揹致斃婦女。金刃三傷，二骨損，一透內；又另劃二傷。傷不爲輕。惟衅起理尚不曲，各傷確有被撞、被揪急情，尚可原緩。記候核。　照緩

道二十七年，直十三本。李　驢刃斃婦女。九傷，四致命，一透內；另劃三傷。勘傷多而且重。雖死先撲毆，各傷均由抵禦負痛急情，致命處所傷無損透。究難擬緩。記候核。　照緩

道二十四年，山西九本。陳鎖娃致斃婦女。金刃四傷，二致命，一透內，勘傷不輕。惟死本理曲，刀係奪獲，各傷均由抵禦，末後重傷，確由被抓負痛急情，可以原。記緩，候核。　照實

照緩

道十五年，奉留二十三本。許庭仁刃斃徒手婦女。八傷，一致命，二透內，情傷較兇。雖衅起死者賴欠，戳由被揪情急，亦難率緩準留。記候核。　改實

道二十五年，川四十七本。羅長發刃斃婦女。七傷，六致命，二骨損，另劃二傷，情傷俱重。雖衅起不曲，刀係奪獲，各傷均由抵禦所致，且死越旬餘，未便率緩。記候核。　改實

道九年，川三十八本。田雲高刃斃婦女。八傷，三致命，一透內，情近欺凌。雖衅起理直，亦有被抓、被毆急情，未便率緩。記候核。　照實

道二十七年，浙三本。方觀五致斃婦女。金刃三傷，一致命骨微損，一要害在倒地後。毆情不輕。惟身先受傷，刀係奪獲。先戳一傷，係有抵禦所致，末後嚇戳，確由被扭帶跌不能掙脱急情，尚可原緩。記核。　照實

道二十五年，川五本。李長春負欠致斃婦女。木器九傷，五致命，勘傷較多。姑以械係奪獲，毆由抵禦，各傷均無損折。負欠亦非昧賴，尚可原緩。記候核。　照緩

道二十七年，川十一本。楊　春致斃婦女。金刃一傷，透過，勘傷較重。惟傷由被抱情急，向後嚇戳所致；另傷二人，亦由抵禦。尚可原緩。記彙核。不致命項頸一傷，透過。　照緩

道二十七年，川二十一本。陳英明致斃婦女。鐵器二傷，一致命骨損，一骨微損，又鋤刃一傷，另劃二傷。傷不爲輕。惟死先向毆，各傷均由情急抵禦所致，尚可原緩，記候核。死者係雇主之妻，並無名分。　照緩

道二十七年，川四十五本。楊九娃致斃婦女。金刃五傷，一致命，另抓傷一處，勘傷較多。惟衅起索欠，身先受傷，刀係奪自死者之手。各傷均由抵禦，亦無損透重情，稍有可原。記緩，候核。　照緩

道二十七年，朝三本。周　大致斃婦女。金刃七傷，四致命，一透膜，另劃一傷，勘傷較重。雖因在死者屋內喝茶，心內發燒，疑係茶有毒藥，向問起衅。且重傷究止一處，難以率緩。記候核。　照緩

道二十七年，朝二本。官　住刃斃婦女。三傷，二致命，一透內，勘傷較重。惟扎由被抱，掙不脱身，情急所致，另傷二人係屬輕罪，尚有可　照實

原。記緩，候核。

照緩

道二十七年，奉一本。戴萬山致斃婦女。木器二傷，五致命骨損，傷不爲輕。惟死先奔抓，毆由抵禦，且傷係鈀齒，一毆即成數傷，負欠亦非昧賴，尚可原緩。記候核。

照緩

道二十七年，陝四本。向正起致斃護夫之婦。鐵器五傷，一重迭，一致命骨微損。勘傷較重。惟傷係他物，先毆各傷並無致命損折，末後重傷，確由被撞拼命急情，另傷其夫亦由抵禦所致，稍有可原。記緩，候核。

照緩

道二十七年，陝十七本。李發沅抑勒賣姦無恥之徒致斃婦女。金刃三傷，一透膜，另劃一傷。惟死者携帶伊子媳等同逃，亦非善類。該犯刃扎各傷，均在不致命處所，且由被抱不放抵禦所致，不無可原。記緩，候核。

照緩

道二十三年，雲十二本。曾亞二軍犯在配致斃婦女。金刃，致命二傷，一骨損，又拳毆一傷，另帶劃四傷。情節不輕。惟拳毆由於誤中，末後重傷確由被揪、被撞抵禦急情，斧係奪自死者之手，稍有可原。記緩，核。

照緩

道二十三年，川二十六本。張芳春刃斃婦女。六傷，四致命，一骨損，另劃一傷。情傷較重。雖衅起不曲，刀係奪獲，各傷均由被撲、被揪急情，且死越旬餘，未便率緩。記候核。

照緩

道二十三年，安九本。鮑黃升刃斃婦女。三傷，一要害奇重；另劃一傷。勘傷較重。姑以死先逞兇，刀由搶獲，起衅之理亦直，尚與欺凌者有間。記緩，候核。

改實

道二十三年，山西十二本。鄭隨來共毆致斃婦女。該犯木器十六傷，一骨損，十三在倒地後。情節較重。惟死者圖占絶産，輒將伊母毆打，其理甚曲。該犯衅起拉勸，各傷均在不致命處所，稍有一綫可原。至死係伊緦麻服叔賈休之妻，例同凡論，可不以之加重。記緩，候核。　照緩

道二十七年，山東二本。王　升致斃婦女。鐵器五傷，四致命，一骨損；又另傷其夫。毆情不輕。惟衅起索欠，傷由抵擋，末後重傷確由被撞急情，且死越旬餘；另傷其夫係由奪械抵禦所致。尚有可原。記緩，候核。　照緩

道二十七年，山東二十一本。劉得沅毆斃婦女。石塊六傷，倒地後復令人拉住衣袖，木器二傷，一骨折，一骨微損。傷不爲輕。惟先毆各傷均由抵禦，尚無損折重情；倒地後連毆，亦在肢體不致命處所。且各傷均係他物。稍有可原。記緩，彙核。　照緩

道二十二年，川十六本。雷繼生致斃婦女。木器十九傷，二致命，情傷不輕。雖死者逼討認賠錢文，强携鋪蓋作抵，理不爲直。該犯棒係奪獲，毆由抵禦，各傷均在倒地以前，亦無損折重情。未便率緩。記候核。　照緩

道二十二年，川十九本。曹榮耀刃斃婦女。五傷，三致命，一食氣嗓微破，情傷較重。雖衅起索欠，斧係奪獲，各傷均由抵禦，其要害重傷亦由死者頭往後仰所致，未便率緩。記候核。　照實

道二十二年，川三十六本。何沅吉負欠刃斃婦女。五傷，一骨斷，一骨微損，另劃一傷。情傷較重。姑以死先向毆，傷由抵禦，各傷均無致命，負欠亦非昧賴。稍有可原。記緩，候核。　照實

道二十一年，雲一本。丁同倫刃斃婦女。九傷，三致命，另劃二傷，情傷不輕。惟衅起死者强借，該犯前五傷護母情切，後四傷有被毆被揪抵禦急情，各傷均在倒地以前，亦無損折重情，不無一綫可原。記緩，候核。　照緩

道二十一年，川三十二本。張得成毆斃婦女。石塊六傷，三致命，三骨損，一骨微損，情傷不輕。姑以衅起不曲，各傷均由被抓被毆抵禦急情，且　照緩

在倒地以前，亦無損折重情，不無一綫可原。記緩，候核。

照緩

道二十一年，川三十七本。駱連伸糾毆致斃婦女。該犯金刃四傷，另劃三傷；又他物二傷，五致命，一骨損；另傷其夫與子。情傷較重。雖死者借錢不允，屢次叫駡，其理甚曲。該犯刃係奪獲，各傷均由被戳、被踢、被揪急情，且在倒地以前，另傷亦由抵禦。未便率緩。記候核。

照實

道二十一年，川四十本。羅證先毆斃婦女。鋤刃五傷，二致命，二骨微損；鐵器四傷，一致命，一骨損，二骨微損；又木器一傷。情傷俱不爲輕。雖死者妄言肇衅，理本不直，該犯毆鋤各傷均在倒地以前，末後鋤不用刃，且有被毆抵禦急情。未便率緩。記候核。

改實

道二十一年，陝二十二本。汪存刃斃徒手婦女。四傷二致命，一透內，另劃二傷，情傷不輕。姑以被揪、被撞始終並未釋手，確由抵禦急情，起衅亦不爲曲。記緩，候核。

照緩

道二十一年，直十四本。範藹毆斃七十老婦。致命石塊四傷，一骨損，一骨微損，情傷不輕。雖衅起死者，各傷均由被擲、被揪、被撞抵禦急情，且死近一旬。未便率緩。記候核。

照實

道二十一年，直十四本。尚添得金刃致命六傷，一骨損。死係七十老婦。情傷不輕。雖該犯被死者之女揪住，始終不放，復被死者毆傷，並持刀向砍，以一敵二，情急是真。刀係奪自死者之手，各傷均由抵禦，起衅亦不爲曲。未便率緩。記候核。

改實

道二十八年，雲七本。馮亞欣軍犯在配致斃婦女。金刃二傷，一要害透內，食氣嗓斷；另劃六傷。勘傷奇重。姑以衅起索欠，刀由奪獲，各傷均由抵禦，要害重傷係由被抓、被撞，及死者頭往後仰所致。稍有一綫可原。記緩，候核。

改實

道二十八年，川五本。吴登容刃斃婦女。二傷，一致命透內，帶劃一傷，情傷不輕。惟先戳一傷係在不致命處所，末後重傷確由情急抵禦所致，尚可原緩。記候核。辭退雇工借貸不遂，刃斃雇主之妻，並無主僕名分。

道二十八年，川二十五本。謝俸陽致斃婦女。金刃四傷，勘傷較多。惟死先逞兇，各傷均由抵禦，亦無損折重情，不無可原。記緩，候核。　照緩

道二十八年，川三十六本。唐添憘。致斃婦女。金刃二傷，一致命透内，傷不爲輕。惟衅起索欠，刀係奪獲，二傷均由抵禦所致，尚可原緩。記候核。　照緩

道二十八年，福三本。葉長庚刃斃婦女。一要害食氣嗓斷，一致命，另劃四傷，勘傷奇重。惟衅起索欠，身迭受傷，砍劃均由抵禦。重傷係由被撞推抵，不期刀口向外所致。刀係奪自死者之手，稍有一綫可原。記緩，侯核。死係雇主，並無主僕名分。　照緩

道二十八年，湖二本。查秀升刃斃婦女。三傷，二致命骨斷，一骨損，帶劃二傷，勘傷較重。惟死先逞兇，刀係奪獲，各傷均由被揪被撞情急抵禦所致，負欠亦非昧賴。稍有可原。記緩，候核。　照緩

道二十八年，湖十二本。江紹柱致斃婦女。刃戳一傷，係由抵禦所致，負欠亦非昧賴，尚可原緩。記候核。致命一傷，透内腸出，扣除。　照緩

道二十八年，湖十九本。鄧先鳳致斃婦女。金刃三傷，二致命，另劃一傷，勘傷不輕。惟刀係奪獲，各傷均由抵禦，亦無損折重情。尚可原緩。記候核。　照緩

道二十八年，湖二十七本。陳奇洸刃斃婦女。二傷，一致命透内，另劃一傷，勘傷不輕。惟死者催令搬房，將伊什物丟至屋外，其理本曲。該犯刀係奪獲，各傷均由抵禦。尚可原緩。記候核。　照緩

照緩

道二十八年，安九本。余觀達刃斃婦女。要害一傷透内，勘傷較重。惟衅起死者誣竊，戳由被揪、被撞情急所致，尚可原緩。記候核。照緩

道二十八年，安十本。馬　立聽糾致斃婦女。金刃致命一傷，透内骨損，情傷不輕。惟衅非伊肇，傷由被扭、被撞，情急抵禦所致，且幫毆有傷之餘人病故，已屬命有一抵。尚可原緩。記候核。照緩

道二十八年，山西六本。曹狗狗致斃婦女。金刃三傷，一致命骨微損，一透内，又鐵器一傷，致命，骨微損；木器一傷。勘傷較重。惟衅起索欠，各傷均由抵禦，且有被抱拼命急情。稍有可原。記緩，候核。照緩

道二十八年，直十五本。王致中刃斃婦女。五傷，四致命，二透内，一骨損，另劃一傷，勘傷較重。雖衅起尚不爲曲，砍由被撞抵禦急情，未便率緩。記候核。照實

道二十八年，直留十六本。張　玉致斃婦女。木器九傷，一重迭，三致命，二骨折，五在倒地後，勘傷較多。惟死者强借糧食不遂，先將伊母按地抓毆，寔屬理曲。該犯先毆各傷，均由護母情切；倒地後各傷，均在肢體不致命處所。不無可原。記緩準留，仍候核。照緩

道二十九年，川四本。吴幗富致斃婦女。木器五傷，一致命骨損，又拳毆一傷，勘傷較多。惟死先撲扭，傷由抵禦，棒係奪自死者之手，負欠亦非昧賴，不無可原。記緩，候核。病故

道二十九年，川十五本。黄十沅刃斃婦女。頭面致命四傷，三骨微損，勘傷較重。姑以先砍一傷係由被砍抵禦，末後連砍確由被扭拼命情急所致。且死届三旬，另傷其夫，亦由抵禦。不無一綫可原。記緩，候核。照緩

道二十九年，川二十六本。朱　長致斃婦女。金刃三傷，一致命透内，另劃四傷，勘傷較重。惟衅起索欠，刀係奪獲，各傷均由被戳被扭情急抵禦

所致，不無可原。記緩，候核。

道二十九年，川四十三本。蘇榮幅致斃婦女。金刃五傷，三致命，一透膜，帶劃二傷。勘傷較重，雖死者邀同該犯之妻閑游，其理本曲；該犯戳劃各傷均由抵禦所致，並有被抓拼命急情。未便率緩。記候核。　照緩

道二十九年，安十二本。鄭周詳姦匪懷疑妬姦致斃無干之婦。金刃三傷，二致命，情節不好。姑以戳由被拉抵禦，尚無損折重情。另傷姦婦亦由奪刀致劃。稍有一綫可原。記緩，候核。　照實

道二十九年，湖十二本。吴洸玉致斃婦女。金刃三傷，一要害透內，勘傷較重。惟衅起索欠，傷由抵禦，末後重傷確由被揪被撞情急所致，刀係奪自死者之手。稍有可原。記緩，候核。　改實

道二十九年，陝十六本。明有柱回民主使致斃婦女。木器九傷，六重迭，一致命骨微損，一骨損，五在倒地後；起衅理亦不直。情傷較重。雖傷係他物，各傷多在肢體不致命處所，該犯已年逾七十，究難率緩。記候核。　照緩

道二十九年，蘇九本。陳立珠致斃徒手婦女。金刃頭面六傷，二致命，一透內，三骨損，另劃一傷；又鐵器一傷，折落牙齒二個。勘傷較重。雖死者潛逃出外尋工，因該犯勸其回轉，輒聲言如通知其翁，即以拐逃誣賴，其理本曲。該犯刃傷，均由被撞抵禦所致；且傷係剪刀，由一扎即成二傷之處。未便率緩。記候核。　照實

道二十九年，河七本。潘潰良巨刃砍斃婦女。致命一傷骨損，另劃一傷，復刃傷其夫，情節不好。惟刀係拾獲，傷由抵禦所致，且死越一旬；另傷其夫，亦由奪刀致劃。至死者雖係該犯雇主之妻，惟並無名分，向不以之加重。記緩，候核。　病故

道二十九年，安十八本。沙　三致斃婦女。金刃頭面致命七傷，二骨損，傷多且重。雖死先逞兇，刀係奪獲，各傷均由抵禦，並被揪、被撞所　照緩

致，亦難率緩。記候核。

照實

（道二十九年，山西四本。）武朋五共毆致斃婦女。該犯石塊三傷，一致命，二骨損，一骨微損；又木器致命一傷。勘傷較重。惟死者霸占水井，勒索錢文，其理本曲。該犯傷均他物，並有被毆、被撞急情。共毆亦非預謀。尚可原緩。記候核。

照緩

（道二十九年，直一本。）楊花子致斃婦女。金刃三傷，一要害食氣嗓俱斷，二致命骨損；另劃八傷。勘傷奇重。雖死先向揪，頭往後仰所致，未便率緩。記候核。

照實

（道二十九年，直二本。）賈　三致斃婦女。金刃五傷，三致命骨損，一透內，另帶傷手指八處。勘傷較重。雖衅起索欠，死先揪扭，且有被撲拼命急情，亦難不寔。仍候核。

照實

（咸二年，川十三本。）楊名聲。致斃婦女。石塊六傷，二致命，一骨損，傷不爲輕。惟衅起索欠，死先向毆，石係奪獲，各傷均由抵禦，確有被扭、被掽急情。尚可原緩。記候核。

照緩

（咸二年，川二十二本。）吴　虧刃斃婦女。三傷，一致命透內，勘傷不輕。惟死先向毆，傷由抵禦，負欠亦非昧賴，尚可原緩。仍記核。

照緩

（咸二年，川二十三本。）唐泳樺致斃婦女。金刃三傷，一致命透內，傷不爲輕。惟衅起不曲，各傷均由抵禦，並無欺凌情事，尚可原緩。記候核。

照緩

（咸二年，川二十八本。）黎仕節致斃婦女。斧刃三傷，二致命，一骨損，一骨微損，情傷不輕。惟死先向毆，傷由情急抵禦，尚非欺凌，稍有可原。記緩，候核。

咸二年，陝七本。王加河致斃婦女。鐵器七傷，三致命，二骨損，一骨斷，二骨微損，情傷不輕。惟衅起索欠，各傷均由抵禦，稍有可原。記候核。　照緩

咸二年，湖八本。易運顯刃斃婦女。二傷，一要害食氣嗓破，勘傷不輕。姑以刀係奪獲，寔有被揪急情，稍有一綫可原。記核。　照緩

咸二年，湖十一本。譚大順刃斃婦女。二傷，一致命透内腸出，一骨損，另劃六傷，毆情不輕。惟刀係奪獲，先戳一傷係因被扭情急，末後一傷亦由被推帶跌所致，似尚可原，記候核。　照緩

咸二年，湖留本。劉柸隴刃斃婦女。五傷，一透内，另劃二傷，勘傷較多。姑以死先逞兇，傷無致命，尚無欺凌重情。記候核。　照緩

咸二年，蘇七本。劉　潰致斃婦女。金刃三傷，一致命，由左肋透過小腹，勘傷較重。惟衅起索欠，各傷均由抵禦，尚可原緩。記候核。　改實

咸二年，河留本。張聚才致斃婦女。金刃四傷，二致命骨損；另傷婦女三人，内一人砍落右手成廢。毆情頗重。姑以死者理曲尋鬧，該犯衅起護母，傷由抵禦。另傷婦女三人，亦由扭住伊母所致，或可寬其一綫。記候核。　改實

咸二年，山東九本。宋興吉致斃婦女。木器六傷，一致命，勘傷不輕。惟死先向毆，傷由抵禦，並無損折重情，負欠亦非昧賴，尚可原緩。記候核。　照緩

咸二年，山東十一本。翟長青父子共毆致斃婦女。該犯鐵器五傷，一致命。又脚踢致命一傷。情傷不輕。惟死先向毆，傷由抵禦，且刀不用刃。共毆亦非預糾，稍有可原。記候核。　照緩

一、毆死兄妻之案，律以凡論，亦與致斃尋常婦女一律分別寔緩，略爲加嚴。至弟妻究與兄妻有間，應同尋常婦女論。

道二十五年，貴十七本。吴庭倍幼孩致斃兄妻。身迭受傷，嚇擲適斃，鬥情本輕。其事後將屍割作兩截，訊由畏罪，起意私埋，因屍身沈重不能背負所致，與逞忿殘毁者不同。尚可不以之加重。記緩，候核。 照緩

道二十五年，廣東四本。林其進行竊拒捕刃斃大功兄妻。業因親屬相盜得免駢首，秋審難以不寔，記候核。 應歸親屬相盜拒斃捕人門。 照實

道二十六年，川十一本。李啓幅刃斃大功兄妻。三傷，一致命透膜，另劃一傷，情傷不輕。惟身迭受傷，戳劃均由被毆、被抓，情急抵禦所致。稍有可原。記候核。 照緩

道二十六年，川五十二本。張慷泰致斃大功兄妻。金刃五傷，四致命，一骨裂；又鐵器一傷。毆情較重。雖衅起不曲，刀係奪獲，各傷均由被扭、被撞，情急抵禦所致；另傷大功兄，係屬輕罪。未便率緩。記候核。 改實

道二十六年，湖二十一本。胡安慧共毆致斃大功兄妻。該犯金刃致命一傷，又拳毆一傷，均由抵禦所致。且刀係奪獲，傷無損折，共毆亦非預謀。尚可原緩。 照緩

道二十六年，河八本。程黑妮刃斃大功兄妻。致命一傷，骨損，傷不爲輕。惟身先受傷，嚇砍一傷，確由被揪、被撞急情，另傷其子，亦由抵禦所致。尚可原緩。記候核。 照緩

道二十六年，山東十七本。宮　連刃斃兄妻。要害一傷，食氣嗓俱斷，另劃三傷，勘傷奇重。惟拉由被咬情急，將手縮回所致，情近失誤。不無可

原。記緩，候核。

照緩　道二十三年，山東九本。王靈議致斃兄妻。金刃五傷，二要害，一食氣嗓俱破，一骨微損。勘傷較重。惟死先撲扎，該犯刀由奪獲，身被搭傷，各傷均由低禦急情，未便率緩。記候核。

照緩　道二十七年，川三十九本。孫受維刃斃徒手兄妻。頭面致命二傷，一骨裂，一骨損，復另傷胞兄，情節較重。姑以死先向毆，該犯各傷均由抵禦，另傷亦由奪鋤致挫。記緩，候核。

照緩　道二十四年，陝九本。燕長甫毆死逾七大功兄妻。鐵器致命三傷，二骨損，一骨微損。論傷不輕。惟該犯之子先繼與死者爲嗣，後因右目失明，前往央求同度，死者不允收留，復嫌其纏擾，催逼回籍，亦屬不情。該犯所毆各傷，均由被毆、被撞抵禦所致，械係奪自死者之手。尚可原緩。候核。

照緩　道二十四年，山西十四本。武第複致斃大功兄妻。金刃十傷，三致命，一透內，勘傷較多。雖刀係奪獲，各傷均由抵禦，末後重傷亦由被揪，欲掐咽喉，情急所致，且原驗屍傷内有六傷，俱深不及分，核與劃傷無異。究難率緩。記核。

改實　道二十年，熱五本。王福碌兩次毆砍致斃兄妻。金刃二傷，鐵器十傷，木器十三傷，五致命，三骨損，四重迭，多在倒地後。情傷均重。雖衅起不曲，死先向毆，刃傷俱在不致命處所，亦難率緩。記核。

改實　道二十七年，蘇三本。祁秉然致斃兄妻。鋤刃三傷，另劃一傷，鐵器一傷，木器二傷。勘傷較多。惟各傷均在肢體不致命處所，亦無損折重情，且死越一旬，稍有可原。記緩，候核。

照緩　道二十七年，川二十七本。施必富刃斃兄妻。四傷，一致命骨損，勘傷較重。惟死先逞兇，刀係奪獲，各傷均由被毆、被撞，情急抵禦所致。稍有可原。記緩，候核。

道二十七年，川三十三本。曾先玉刀斃徒手兄妻。六傷，三致命，四骨損，一骨微損，均在頭面，情傷較重。雖衅起不曲，死先向扭，各傷均由抵禦，未便率緩。記候核。照緩

道二十七年，山東一本。孫懷同致斃兄妻。巨刃致命二傷，均骨損，另劃二傷，勘傷較重。姑以死先撲毆，扎由被其撞頭拼命，情急抵禦所致，且死近一旬，稍有可原。記緩，候核。照實

道二十七年，山東十四本。截小蘭刃斃婦女。五傷，三致命，另劃五傷，勘傷較多。惟身先受傷，各傷均由被毆、被揪，急情抵禦所致，亦無損折重情，稍有可原。記緩，候核。照緩

道二十七年，山西一本。張二發刃斃小功兄妻。要害一傷，食氣嗓俱斷，勘傷奇重。惟衅起理勸，刀係奪獲，抵砍一傷，確由被撞、被抓情急，死者頭往上揚，收手不及所致。稍有可原。記緩，候核。照緩

道二十九年，川三十四本。朱爲坤致斃兄妻。木器七傷，二致命，二骨損，一骨微損，另刃劃一傷。勘傷較重。惟衅起不曲，且死先逞兇，各傷均由被毆、被撞，情急抵禦所致，不無可原。記緩，候核。照緩

道二十九年，江西四本。曾義枟致斃兄妻。金刃四傷，一骨損，勘傷較重。惟死者私典其姑膳田，其理本曲。該犯前往囑令贖回，係聽從母命，與自行往索迹近争産者不同。且刀係奪獲，戳由抵禦，各傷均在不致命處所。稍有可原。記緩，候核。照緩

道二十九年，蘇七本。柳盛青刃斃大功兄妻。四傷，二致命，一骨損，另劃二傷，勘傷較重。姑以衅起索欠，刀係奪獲，各傷均由情急抵禦所照緩

致。重傷係在不致命處所，另傷其母亦由奪刀致劃，不無一綫可原。記緩，候核。　照緩

咸二十年，蘇一本。陸金幅致斃大功兄妻。拳毆脚踢各一傷，均致命，又鐵器三傷。情傷不輕。惟先毆刀不用刃，致命傷係手足，且有被砍急情，各傷亦無損折。尚可原緩。記候核。　照緩

咸二年，山東一本。辛小安致斃兄妻。金刃三傷，二致命，一骨損，勘傷不輕。惟死先撲砍，刀係奪獲，各傷均由抵禦。尚可原緩。記核。　照緩

道二十六年，川五十六本。鄭添成致斃小功弟妻。三傷，均係他物，且由抵禦所致，共毆亦非預謀，尚可原緩。　照緩

道二十六年，浙二本。何泳受刃斃弟妻。致命二傷，一透膜，傷不爲輕。惟死先趕毆，各傷均由抵禦，死者並非徒手，尚可原緩。記候核。　照緩

道二十四年，浙四十二本。趙得茂致斃弟妻。鋤背三傷，二致命；鋤刃一傷，致命骨損，另劃二傷。傷不爲輕。惟死先向毆，各傷均由抵禦急情，尚可原緩。　照緩

道二十四年，川五十四本。侯來池致斃弟妻。金刃六傷，三致命，一骨損，帶劃三傷。論傷較多。姑以死先向毆，戳劃各傷均由被毆、被踢抵禦所致，重傷究止一處，稍有一綫可原。記緩，候核。　照實

道二十七年，川七本。陳金倫致斃大功弟妻。金刃致命四傷，二透膜，又刀背致命一傷。勘傷較重。姑以死先持械向毆，先毆刀不用刃，末後刃傷均由抵禦，且有被揪、被按急情。另傷其夫，亦由抵禦所致。稍有可記。原緩，候核。　照緩

道二十一年，川五十二本。莫先汶刃斃弟妻。六傷，一致命，一穿透，一透内，一在倒地後；另劃四傷。情傷不輕。雖死先撲扭，戳劃均由抵禦，

未便率緩。記候核。

改實 道二十九年，陝新一本。張成桶致斃弟妻。金刃三傷，一致命透膜，傷不爲輕。惟死者因該犯偕母移居，不令搬取碗盞，並堵門潑駡，其理本曲。該犯先戳二傷，均在肢體不致命處所，末後重傷，確由被揪拼命急情。不無可原。記緩，候核。

照緩

舊抄内定律例稿本　卷二

一、毆死雙瞽篤疾及病人之案，情傷稍重者，多入情寔。如理直傷輕，亦可緩決。至篤疾殺人，稍有可原情節，入緩決。

道二十五年，川三十七本。羅汰春致斃雙瞽。究止被扭嚇戳一傷，且衅起死者理曲，尚可原緩。仍記候核。　照緩

道二十五年，山西二本。范作容共毆致斃雙瞽債主。該犯金刃致命四傷，二骨損，鐵器八傷，一致命。情傷較重。雖死者先將窗户打破，理亦不直。該犯毆非預糾，各傷均由抵禦，負欠亦非昧賴。未便率緩。記彙核。　照實

道二十五年，直十六本。廖　佩刃斃雙瞽債主。論傷不輕。惟被毆抵扎究止一傷，負欠亦非昧賴，另傷亦由抵禦，尚可原緩。記彙核。　照實

道二十六年，陝二十五本。張　氏姦婦刃斃姦夫瘋病之妻。情節不好。姑以死者瘋發嚷鬧，該氏阻擋起衅，與因姦挾忿兇毆者不同。且由情急抵禦，俱在不致命處所，尚無損透重情，亦與欺凌病人有間。稍有可原。記緩，彙核。　改實

道二十六年，河三本。杜得邱雖係致斃雙瞽失明幼女，惟被拉向推，傷由失跌所致，且死逾二旬，尚有可原。記彙核。　照實

道二十一年，朝四本。王　二刃斃逾七瞽婦。八傷，七致命，四骨損，另劃一傷；又傷婦女三人，情傷俱重。未便以死先向罵，率行議緩。記候核。　照實

道二十八年，川四十三本。高吉子致斃瘋病之人。他物傷雖較多，惟死者黑夜用石打門，形跡本涉可疑。該犯毆無損折，且死由跌墊。尚可原緩。記彙核。

照緩

道二十五年，河十二本。尚記合兒共毆致斃瘋病之人。捆縛後木器九傷，一致命重迭，石塊；五傷，又木條傷二十九道。勘傷固多。惟死者黑夜走至伊家院内，該犯聽聞伊母聲喊有賊，將其捆縛，盤詰疑賊，確屬有因。且各傷均係他物，亦無損折重情，至木條各傷，係用三根向毆，有一毆即成數傷之處。不無一綫可原。記緩，候核。

照緩

一、僧人致斃人命之案，向多以其犯殺戒入寔，如理直傷輕者，亦可入緩。若犯姦而又犯殺，則不可輕議緩決矣。

道二十五年，川二十三本。本　昭犯姦僧人斃命。木器十傷，五致命，二骨碎，一骨微損，情傷較重。雖衅起死者妒姦，該犯械係奪獲，各傷均由被毆、被踢、被抓情急抵禦所致，未便率緩。記彙核。

照實

道二十五年，湖六本。鴻　照僧人斃命。金刃三傷，係由被毆、被撞、被揪抵禦所致。起衅亦不爲曲。尚可原緩。

照緩

道二十五年，河二本。緒　策雖係僧人致斃殘廢，惟該犯亦非全人，他物傷越二十日身死。定案時，因尚欠數時，不得援例聲請減流。秋讞自應入緩。

照緩

道二十五年，直十八本。如　汰僧人共毆斃命。推倒後石塊八傷，一重迭，二骨折，三骨損。毆情不輕。惟衅起不曲，各傷均係他物，且在肢體不致命處所末後連砸，係由慮被報復起見，共毆亦非預謀。尚可原緩。記彙核。

照緩

道二十五年，熱二本。悟　通僧人負欠糾毆斃命。鐵器重迭七傷，三骨損，一骨微損，六在倒地後。毆情較重。姑以各傷均在肢體不致命處

照緩

所，負欠亦非昧賴，稍有可原。記緩，候核。

道二十六年，貴十四本。道　成雖係僧人致斃幼孩，惟戳劃各止一傷，均由抵禦所致。起衅亦不爲曲。可以原緩。仍記核。　照緩

道二十六年，湖十三本。通　怒僧人倚醉致斃理斥之逾七老人。情節較重。姑以鋤係奪獲，毆劃各止一傷，均由抵禦所致。至事後攫取衣物，向不以之加重。稍有可原。記緩，彙核。

道二十六年，山西一本。偉　銀僧人斃命。金刃七傷，三致命，一透内，帶劃三傷，勘傷較重。惟死者捏詞誣賴，致伊被打逐，其理甚曲。該犯身先被毆，各傷均由抵禦，重傷係在不致命處所。稍有可原。記緩，彙核。　照緩

道二十六年，安十八本。僕　周僧人斃命。鐵鏟砍扎二傷，一致命，骨微損，另劃一傷；又木器六傷。一重迭。毆情不輕。惟死先向毆，各傷均由抵禦，且有被撞急情。尚可原緩。記彙核。　照緩

道二十四年，川十一本。易　映僧人糾毆斃命。木器十二傷，一骨斷，二骨損。情傷俱不爲輕。惟毆由抵禦，各傷均在不致命處所，亦無倒地迭毆重傷。不無可原。記緩，候核。　照緩

道二十四年，川六本。如　汰僧人斃命。石塊十四傷，十一致命，二骨損，一骨微損，勘傷不輕。惟衅起索欠，各傷均由抵禦，末後重傷確由被抓、被撞情急，稍有可原。記緩，彙核。　照緩

道二十四年，奉十二本。覺　慧僧人斃命。猪鈎四傷，一骨微損；木器五傷，一致命。論傷較多。惟衅起死者倚醉尋鬧，該犯身迭受傷，各傷，均由抵禦所致。尚可原緩。記彙核。　照緩

照緩

道二十九年，山西十五本。幅　榮死者屢次行竊，該犯毆踢均由管教。雖例以凡論，而定案未照凡人擅殺竊盜罪人定擬，已屬從嚴，秋審原可（未便）寬其一綫。惟事後割落屍頭，復被取腦髓，給人治腿，情殊殘忍。雖以訊因畏罪滅跡，並設計塞口起見，未便率行議緩。記彙核。　照緩

道二十三年，貴二十五本。圓　幅僧人斃命。捆縛後木器六傷，四重迭；追解放後，金刃一傷，骨損，鐵器一傷。論傷不輕。惟疑竊有因，各傷均非致命，末後重傷，由被撞抵禦所致。尚可原緩。記彙核。　照緩

道二十三年，川三十三本。海　淙僧人斃命。金刃八傷，五致命，七骨微損，一骨斷。勘傷較重。惟死先撲毆，身先受傷，各傷均由抵禦；且死越二旬。稍有可原。記緩，候核。　照緩

道二十三年，蘇三本。懂　悁僧人犯姦，因死者將伊驅逐，復求回廟不允，糾毆致斃其命。情節不好。惟刃戳兩傷，均無損透，且業經悔過不復與姦婦往來。不無一綫可原。記緩，候核。　改實

道二十一年，直二十本。新　安僧人共毆斃命。該犯先毆，木器四傷。迨餘人摔倒，揿按又毆，鐵尺十三傷，一致命，一骨碎折，一骨折，一骨損，一骨微損，一重迭。勘傷較重。惟死者不爲其師祖製衣，輒行推跌，寔屬兇横無禮。該犯理斥被毆。鐵尺係奪自死者之手，且死屆一旬。稍有可原。記緩，彙核。　照緩

道二十二年，朝四本。净　修僧人索討賭欠，致斃人命。拳毆；一傷，又主使木器三傷，內二傷重迭連片，一骨損。情傷較重。惟該犯當場尚無喝令迭毆情事，因門閂過重，令换他物，猶有恐傷其命之心。死者亦係同賭匪徒。稍有可原。記緩，候核。　照緩

道二十八年，川二十本。複　滏僧人斃命。刃戳一傷，另劃二傷，均由受傷抵禦所致。刃係奪自死者之手。衅起理亦不曲。尚可原緩。一傷係透内腸出。

照緩

咸二年，湖十三本。源 得僧人致斃僧人。刃割要害一傷，食氣嗓俱斷，情節不輕。雖死者强横，該犯因欲拉送僧綱司責打，致被挣脱，復向撞頭拼命，情急向割，似雖率緩。仍記核。

改實

一、姦匪、竊匪致斃人命之案，如係争贜、争姦毆戳傷多者，俱應入情寔。其餘衅非因姦、因盗，係尋常口角争毆，或係死者懷妒忿震等類情節，傷輕者亦可緩決。至姦匪毆死縱姦本夫一項，死者亦屬無耻，如非因姦起衅，亦可與尋常鬥一律辦理。

道二十五年，川十三本。劉汰容姦匪妒姦刃斃姦婦。七傷，一致命透内，一透膜。情傷俱重。雖死本無耻，各傷俱由抵禦急情，亦難不寔。仍記候核。

照實

道二十五年，川二十二本。蔣子保姦匪糾毆斃命。木器十四傷，三骨斷，大半在倒地後。情傷較重。雖死者妒姦，將伊掌批，該犯毆係他物，各傷均在不致命處所。倒地後毆，意止冀成殘廢。餘人亦有骨斷重傷。未便率緩。仍記彙核。

照實

道二十五年，川三十一本。向思舉姦匪斃命。木器四傷，一致命，一骨損，一骨微損，二骨斷，在坐地後。情傷不輕。惟衅起死者妒姦，棒係奪獲，各傷均由抵禦。末後重傷亦因被拉蹬跌所致，死越二旬。稍有可原。記緩，彙核。

照緩

道二十五年，川四十八本。賀繩定姦匪刃斃候姦本夫。三傷，一要害，一致命骨損。情傷較重。惟刀係奪獲，各傷均由抵禦，死係索錢無恥候姦本夫。稍有一綫可原。記緩，彙核。

照緩

道二十五年，奉十四本。吳 氏姦婦共毆致斃説破姦情之人。木器五傷，一重迭，二致命，二在倒地後，並喝令火燒二傷。情節較重。惟毆非預

糾，先毆各傷均無損折，末後用火向燒，亦在不致命處所。稍有一綫可原。記緩，彙核。照緩

道二十五年，湖十二本。謝代茂兩比俱係姦匪，該犯金刃五傷，二致命，一透内。另劃六傷，情傷較重。姑以衅起死者妒姦，刃係奪獲，戳劃均由抵禦，末後重傷亦由死者撲向拼命所致。稍有一綫可原。記緩，彙核。照緩

道二十五年，浙一本。程添淋兩比俱係姦匪，該犯金刃七傷，二致命，另劃二傷。情傷不輕。惟死本兇惡，該犯刀係奪獲，各傷均由抵禦，亦無損透重情。稍有一綫可原。記緩，彙核。照緩

道二十五年，山東十四本。李　三姦匪刃斃姦匪。五傷，二致命，四骨損，情傷不輕。惟死先肇衅，各傷均由抵禦。稍有可原。記緩，彙核。照緩

道二十五年，山西二本。唐玉成姦匪斃命。金刃六傷，一致命透内，情傷不輕。姑以傷由抵禦，死者被姦無恥，亦非所欲謀毆之人。稍有一綫可原。記緩，彙核。照緩

道二十五年，直十本。樊洛任姦匪爭姦，搶奪姦婦，共毆斃命。該犯金刃五傷，一致命，倒地後一骨損筋斷；又鐵器四傷，一致命，情傷較重。姑以身受多傷，死亦争姦搶奪姦婦匪徒，倒後重傷意止欲令成廢。稍一綫可原。記緩，候核。照緩

道二十六年，川七本。楊　斌姦匪妒姦斃命。他物十傷，三致命，一骨損斷。情傷較重。姑以各傷均由抵禦，致命處傷無損折，且死亦姦匪。稍有可原。記緩，彙核。照緩

道二十六年，川十九本。阮文漢姦匪斃命。金刃一傷，由左脅透過腰眼。勘傷奇重。姑以死係索錢無恥縱姦本夫，該犯被毆嚇戳，傷由刀尖鋒利所致。稍有可原。記緩，彙核。照實

道二十六年，川三十二本。侯老八妒姦斃命。金刃九傷，一致命骨破，一透過腹，另傷姦婦。情傷較重。雖先戳各傷均在不致命處所，末後致命重傷係由被拉情急所致，且死亦姦匪，究難擬緩。記彙核。　照緩

道二十六年，川三十四本。冉奇童妒姦斃命。石塊致命一傷，骨損；木器六傷，一骨微損。情傷不輕。惟死亦姦匪，各傷均係他物，且由抵禦所致，並有被其撞頭拼命急情。稍有可原。記緩，彙核。　照實

道二十六年，川三十五本。楊證漋姦匪致斃姦婦改嫁後夫。情節不好。姑以刃戳一傷，由於被毆抵禦情急所致，稍有可原。記緩，彙核。　照緩

道二十六年，川三十六本。梁　濬姦匪致斃縱姦本夫。木器三傷，一骨微損。毆情不輕。惟死者索錢無恥，該犯棒係奪獲，各傷均由抵禦所致。不無可原。記緩，彙核。　改實

道二十六年，奉十六本。田　詳姦匪妒姦斃命。金刃四傷，一骨微損，另劃二傷。情傷不輕。姑以死亦姦匪，該犯身受多傷，砍戳均由抵禦，且俱在不致命處所。稍有一綫可原。記緩，彙核。　照緩

道二十六年，奉留四本。楊明淙姦匪致斃縱姦本夫。手抓致命一傷，左腎子出；木器致命一傷，骨微損。勘傷較重。姑以衅非因姦，抓毆均由被按、被毆負痛抵禦所致；事後棄屍，並嚇令姦婦同逃，均係輕罪不議。稍有一綫可原。記緩准留。仍彙核。　照緩

道二十六年，陝九本。任代釗兩比均係姦匪，該犯械係奪獲，各傷均由抵禦，亦無損折重情。尚可原緩。記彙核。鐵器三傷，一致命。　照緩

道二十六年，陝十九本。辛學成兩比均係姦匪，衅起死者。該犯金刃三傷，均由被揪、被毆，受傷情急所致，亦無損折重情。尚可原緩。記彙核。　照緩

道二十六年，陝二十五本。張　氏姦婦刃斃姦夫瘋病之妻。情節不好。姑以死者瘋發取鬧，該氏阻擋起衅，與因姦挾忿兇毆者不同。且戳由情急抵禦，俱在不致命處所，尚無損折重情，亦與欺凌病人有間。稍有可原。記緩，核。

照緩

道二十六年，湖二十一本。鄒僖兒姦匪糾人黌夜尋毆，刃斃人命。情節不好。惟衅起死者妒姦，該犯嚇戳，究止一傷，死者並非徒手。稍有可原。記緩，彙核。

改實

道二十六年，湖二十六本。顔其沅雖係姦匪妒姦斃命，惟先毆各傷均由抵禦，亦無損折重情，且死由自行閃跌溺斃，非伊意料所及。尚可原緩。記彙核。

照緩

道二十六年，浙二十五本。嚴之才姦匪共毆致斃姦婦夫兄。喝令餘人石塊一傷，又自行拾石，一毆兩傷，致命骨損。情節不好。雖毆係他物，勘傷亦尚不爲多，且姦事業經寢息，案係照凡鬥定擬。究雖率緩。記候核。

照緩

道二十六年，浙留十四本。夏於東兩比均係姦匪，衅起争姦。該犯金刃四傷，二致命，另劃三傷。勘傷較多。惟死先逞兇，刀係奪獲，砍劃均由抵禦，且有被揪、被毆急情。稍有可原。記緩準留。仍彙核。

照實

道二十六年，山西五本。王泳才姦匪致斃縱姦本夫，事後棄屍，以致漂没，又仍與姦婦同住姦宿。情節不好。惟死者索錢無耻，該犯他物二傷，均由抵禦所致。起衅並非因姦，事後棄屍，尚無狡詐重情。至仍與姦婦同宿，亦因死者留伊同住，已有十餘年，與致斃後始行搬往者情節不同。稍有可原。記緩，彙核。

改實

道二十六年，山西八本。薛葆沅姦匪挾禁阻辱罵之嫌，糾毆致斃姦婦之兄。兇器十八傷，一致命，右手三指及右脚跟骨俱微損，十二在揪倒及躺

改實

地後。情傷較重。雖致命處傷無損折，餘人有刃扎骨損多傷，亦難不寔。記彙核。　照實

道二十六年，直二本。宮黑子姦匪聽糾斃命，于餘人按住後重迭石器，一傷骨斷。毆情不輕。惟死亦姦匪，傷係他物，且在肢體不致命處所。尚可原緩。記彙核。　照緩

道二十四年，川十三本。王　周姦匪妒姦，糾人要截中途，灌服鹽滷，致斃其命。情節不好。雖死亦姦匪，灌滷只欲令其吼咳成疾。未便率緩。記候核。　照實

道二十四年，川十四本。王洪義姦匪共毆斃命。金刃六傷，四致命，一透內，另劃一傷，情傷較重。惟死亦姦匪，各傷均由抵禦，末後重傷，尤有被揪急情，共毆亦非預糾。稍有一綫可原。記緩，彙核。　照實

道二十四年，川五十七本。趙寅魁姦匪刃斃理斥之人，復另傷一人，情節不好。惟受傷回戳究止不致命一傷，另傷一人亦由被按抵禦所致。稍有可原。記緩，候核。　照緩

道二十四年，川七十四本。秦花子姦匪斃命。金刃三傷，二致命，一透內，另劃一傷，情傷不輕。惟死非應捉姦之人，該犯戳劃均由抵禦急情。稍有一綫可原。記緩，彙核。　照緩

道二十四年，陝十本。黨京幅姦匪斃命。衅非因姦，奪鋤回毆四傷，係抵禦急情所致。死亦無恥縱姦本夫。不無可原。記緩，核。　照緩

道二十四年，陝二十四本。曾招來姦匪致斃理斥之人，情節不好。姑以死非應捕，脚踢僅止一傷，係被毆抵禦所致。稍有可原。記緩，候核。　照緩

道二十四年，陝新一本。張畢榮姦匪斃命。金刃五傷，二致命，另劃一傷，論傷不輕。惟死先因姦，戳劃均由抵禦，尚無損透重情。刀係奪自死者之手。稍有可原。記緩，彙核。　照緩

道二十年，湖七本。許傳導兩比均係姦匪。鐵器先毆三傷，倒地後又斧刃一傷，重至骨斷骨損。情傷不輕。惟斧由奪獲，各傷均在肢體不致命處所。稍有可原。記緩，彙核。　照緩

道二十四年，湖二十五本。李銀喜姦匪妒姦斃命。毆砍二傷，均致命骨損，情傷不輕。惟死亦姦匪，傷由抵禦，斧係奪自死者之手，刃傷究止一處。不無可原。記緩，彙核。　照緩

道二十四年，江西十一本。陳夏倌子姦匪共毆斃命。金刃一傷；木器二傷。均由抵禦所致，刀係奪獲，毆非預糾，死係縱姦本夫。尚可原緩。　照緩

道二十四年，河十三本。梁　氏姦婦與人兄弟通姦後，聽從其弟共毆致斃兄命。情節不好。惟死亦姦匪，刀割二傷確由被毆抵禦所致。稍有可原。記緩，彙核。　改實

道二十四年，山西九本。岳六則姦匪致斃姦婦縱姦之母。金刃八傷，四致命，二透内，另劃二傷。情傷俱重。雖死者將姦婦許給該犯爲妻，後復領回，欲圖另嫁，其理亦曲。該犯扎劃均由抵禦。究難不寔。記候核。　照實

道二十四年，直十本。韓幗玉姦匪糾毆斃命。于餘人按倒後，木器十三傷，十二重迭，二骨折，七骨損。情傷較重。雖死者圖姦伊通姦之婦，夤夜卧坑撒賴，亦非善類。該犯毆係他物，均在肢體不致命處所，衅起亦非因姦。未便率緩。記候核。　改實

道二十四年，直四本。張　胖姦匪圖買姦婦不遂，唆令誣姦赴官具控。迨被詐之人查其知詐，輒糾衆尋毆，致被姦婦夫叔又另傷二人，内一人

因傷成廢，情殊兇惡狡詐。雖傷不致命，死届一旬，且死非所欲謀毆之人，亦難不寔。仍記核。

照實

道二十六年，川六本。陳裕照妒姦斃命。木器十傷，七致命。一骨損，一骨微損。情傷較重。惟各傷究係他物，均由抵禦，且有被揪、被掟急情。另傷姦婦，亦由抵禦所致。稍有一綫可原。記緩，彙核。

照緩

道二十四年，陝二十八本。王自新姦匪糾毆致斃姦匪。鐵器四傷，二骨損；又金刃一傷。論傷不輕。惟衅起死者妒姦，該犯身先受傷，毆戳均在不致命處所。拾刀各傷，俱不用刃，餘人亦有骨損重傷。不無可原。記緩，彙核。

照緩

道二十五年，川四十五本。鄭瓊淋兩比均係姦匪妒姦。在死者木器九傷，俱由抵禦所致；且係奪自死者之手。稍有可原。記緩，彙核。

照緩

道十八年，福一本。陳阿大犯因姦匪，死亦縱姦無恥婦女。拳毆二傷，口咬一傷，均由被扭抵禦所致。起衅亦非因姦，自可原緩。仍記彙核。

照緩

道二十七年，浙一本。盧永青兩比均係姦盜匪徒。該犯金刃四傷，二致命，一透內，另劃三傷。傷不爲輕。惟衅起死者妒姦，各傷均由抵禦，且有被扭拚命急情；另傷一人，亦由抵禦所致。尚可原緩。記彙核。

照緩

道二十七年，川二十本。鄧　潰姦匪妒姦斃命。金刃二傷，一由肚腹透過右後脅，情傷均重。惟死先逞兇，刀係奪獲。先戳一傷，係在不致命處所，末後重傷，亦由死者撲攏勢猛所致。且死亦姦匪。未便率緩。記彙核。

改實

道二十七年，川五十二本。盧春狗姦匪糾毆致斃姦匪。該犯木器七傷，一致命，右後肋四條骨斷，倒地後復將石灰撒入兩眼。情傷較重。姑以衅起死者妒姦，該犯身先受傷，先毆各傷均係他物，重傷均由情急抵禦所致。至用石灰撒入兩眼，亦因死者稱欲報復，欲使其日不能行兇起見。稍有一綫可原。記緩，彙核。

道二十七年，奉十二本。趙谷㥕姦匪與姦婦共毆致斃縱姦本夫。該犯鐵器二十八傷，六重迭，一骨折，三骨損，均在倒地後。情傷均重。雖衅非因姦，各傷均在肢體不致命處所，共毆亦非預謀，亦難不寘。仍記核。　照實

道二十七年，奉二十本。傅勒琿姦匪共毆斃命。木器九傷，二重迭，五致命，一骨裂，一骨塌陷，腦出。勘傷較重。惟死係縱姦賣姦無耻之徒，該犯起衅亦非因姦，各傷均係他物，且由死者持刀戳扎抵禦所致，共毆亦非預謀。不無可原。記緩，彙核。　照實

道二十七年，陝九本。戴先㥕姦匪斃命。金刃二傷，一要害，一致命，俱透内。勘傷較重。惟衅起死者妒姦，扎由黑暗中被死者壓騎身上，用手亂抓，情急所致。稍有可原。記緩，彙核。　照緩

道二十三年，陝十七本。鄭　氏姦婦因姦致斃説破姦情之幼女。情節不好。姑以犯姦業經悔過，嚇毆究止他物一傷。稍有一綫可原。記緩，候核。死者年甫十二。　照緩

道二十三年，山東十二本。韓大鴻因姦將姦婦藏匿，致斃姦婦縱容之母。情節不好。惟身先向毆，傷係手足，尚可分案入緩，仍記，候核。　改實

道二十七年，湖二十本。向岩四姦匪妒姦斃命。金刃五傷，二致命，一骨損，另劃一傷，情傷較重。姑以死先逞兇，刀係奪獲，各傷均由抵禦，致命處傷無損透。至另傷姦婦，亦由抵禦所致，稍有可原。記緩，彙核。　照緩

道二十一年，川六十二本。易大江丐匪因姦斃命。石塊頭面一傷，額顱左右額角、鼻梁骨俱損，在坐地後。勘傷較重。姑以衅起死者妒姦，毆由被抓情急，稍有可原。記緩，彙核。　照緩

道二十一年，山西九本。屈辰仔因姦起衅刃斃人命。六傷，一要害透内，情節不好。姑以死亦姦匪，傷由抵禦，均在不致命處所，稍有可原。記緩，彙核。

照緩

道二十一年，直留二十五本。劉洛法姦匪因姦起衅致斃理斥本婦有服親屬。鐵器七傷，四致命，四在倒地後，又脚踢致命一傷。情節不好。雖死者並非聞知姦情往提，該犯邀人止欲同往理論，各傷亦無損折。未便率緩準留。記寔，候核。

改實

道二十八年，貴十本。陳美恩姦匪致斃縱姦本夫。斧刃致命一傷骨損，另劃一傷；又鐵器三傷，二致命。傷不爲輕。惟身迭受傷，斧係奪獲，各傷均由抵禦，起衅亦非因姦。尚可原緩。記，彙核。

照緩

道二十八年，廣東六本。梁氏姦婦商謀同死不允刃斃姦夫。金刃三傷，二致命透内，一骨損，另劃二傷。情節不好。姑以死者究屬姦匪，該氏戳劃各傷均由抵禦所致，且死越旬餘，不無一綫可原。記緩，彙核。

改實

道二十八年，川三十七本。陳五姦匪致斃縱姦本夫。他物四傷，均由抵禦所致，亦無損折重情。械係奪自死者之手，起衅亦非因姦。不無可原。記緩，彙核。　死者病中與該犯索錢買樂起衅。

照緩

道二十八年，川四十四本。劉洗燦姦匪斃命。死者亦非善類。該犯金刃二傷，均在不致命處所，且身先受傷，死者並非徒手；別傷一人，亦由奪刀致劃。不無可原。記緩，彙核。

照緩

道二十八年，奉五本。鄧連明兩比均係姦匪。該犯鐵器九傷，一致命，五在姦婦拉倒按住後；又拳毆一傷。情節較重。惟衅起死者妒姦。該犯先毆各傷均由抵禦，按倒後傷無致命，各傷均無損折重情，共毆亦非預糾。不無可原。記緩，彙核。

照緩

道二十八年，湖四本。阮中葵姦匪糾毆斃命。情節不輕，惟接刀並不用刃，毆止不致命一傷，死逾三旬，且死亦姦匪。尚可原緩。　照緩

道二十八年，湖二十三本。王老六姦匪妒姦斃命。木器三傷，一穿透骨損，一透內，另劃一傷。情傷較重。惟死亦姦匪，並先向逞兇，該犯傷由抵禦，均在不致命處所；槍係奪自死者之手，稍有可原。記緩，彙核。　照緩

道二十八年，江西二本。殷友亮姦匪手要害斃命。情節不好。惟死者買休姦婦爲妻，又復利資縱容，亦屬無耻之徒。該犯由負痛情急，往前往帶跌覆壓所致。起衅亦非因姦。至屍遭蒸檢，由於仵作誤報傷痕，向不以之加重。不無可原。記緩，彙核。　照緩

道二十八年，江西十二本。羅春潰姦匪斃命。金刃三傷，一致命透內，帶劃二傷。勘傷不輕。惟死者並非例許捉姦之人，輒向該犯勒索綫文，理亦不直。該犯刀係奪獲，身亦受傷，戳劃均由抵禦所致。尚可原緩。記彙核。　照緩

道二十八年，河三本。丁根七姦匪聽糾斃命。金刃頭面九傷，四致命，二在倒地後。情傷較重。惟衅非伊肇，死亦姦匪，各傷均無損折重情，未便率緩。記彙核。　改緩

道二十八年，河四本。范　狗姦匪刃斃縱姦本夫。二傷，一致命骨損，一透內，另劃一傷。傷不爲輕。惟槍由奪獲，扎由被揪、被按情急所致，起衅並非因姦。另傷姦婦，亦由抵禦。不無可原。記緩，彙核。　照緩

道二十八年，直十二本。程幅魁姦匪妒姦糾毆斃命。金刃五傷，二致命，一透內，一骨損，情傷較重。姑以死者亦非善類，先扎二傷均無損透，未後重傷係由抵禦及死者拉奪刀頭所致，稍有一綫可原。記緩，彙核。　照緩

道二十九年，川三本。張　謨姦妒斃命。金刃三傷，一致命透內，另劃一傷，勘傷較重。惟死先向毆，傷由抵禦，並有被抓、被按急情，且死

亦姦匪，稍有可原。記緩，彙核。

照緩　道二十九年，川三本。陳德征姦匪斃命。鋤刃三傷，二致命，三骨損；鋤柄三傷，二骨微損；又鋤背一傷。勘傷較重。惟衅起死者妒姦，鋤係奪自死者之手，各傷均由抵禦所致，不無可原。記緩，彙核。

照緩　道二十九年，川五本。鄧其汶姦匪斃命。金刃五傷，二致命，一透内，另劃二傷，口咬一傷。勘傷較重。惟死者藉端訛詐，亦屬罪人。該犯身受多傷，砍戳均由抵禦所致。不無可原。記緩，彙核。

照緩　道二十九年，川十七本。劉汶升妒姦共毆斃命。先毆石塊四傷，二骨損，一骨微損；跌地後石塊一傷，骨斷，又毆斷左手三指。勘傷較重。惟傷係他物，先毆各傷均不致命，跌地連毆均在肢體，共毆並非預糾，且死亦姦匪，不無可原。記緩，彙核。

照緩　道二十九年，安十二本。鄭同詳姦匪懷疑妒姦，致斃無干之婦女。金刃三傷，二致命，情節不好。姑以戳由被拉抵禦，尚無損折重情；另傷姦婦，亦由奪刀致劃，稍有一綫可原。記緩，彙核。

照緩　道二十九年，奉十三本。冷　恭姦匪斃命。金刃致命一傷，又另劃一傷，情節不輕。惟死者並非姦婦親屬，該犯嚇戳一傷，係由被由迭毆情急所致，稍有可原。記緩，彙核。姦匪刃斃撞遇斥詈之人。

照緩　道二十九年，湖九本。岳校志乘睡兇毆之案，各傷在頭面致命之處。向俱因其情近謀殺，酌入情實。此起姦匪斃命。巨刃先砍一傷骨損，正在死者睡熟之特，後砍一傷骨斷。情節不好。姑以衅起死者妒姦，二傷均在肢體不致命處所，且死近一旬，稍有一綫可原。記緩，彙核。

照緩　道二十九年，直九本。宋得魁姦匪致斃十二歲幼孩。金刃一傷，項頭連食氣嗓骨斷，情傷較重。雖由冀其畏懼跟走，且砍由死者撞頭勢猛收手不及所致，究難率緩，記彙核。

道二十九年，川十四本。雷添嬉姦匪斃命。金刃四傷，三致命，另劃二傷；又竹器十一傷，八致命；刀背致命二命傷勘傷較多。惟衅起死者妒姦，該犯刀由奪獲，各傷均由被扭、被毆、被抓，情急抵禦所致，亦無損折重情。稍有可原。記緩，彙核。　改實　照緩

咸元年，朝五本。張　五姦匪斃命。他物十八傷，一致命，一骨折，十七傷俱重迭。毆情不輕。惟死亦姦拐匪徒，傷由抵禦，其骨折及重迭各傷，均在不致命處所。尚可原緩。記候核。　照緩

咸二年，川十六本。汪於坤姦匪斃命。金刃五傷，又拳毆致命一傷。毆情不輕。惟衅起死者妒姦，該犯刀係奪獲，各傷均由抵禦，刃傷俱在肢體不致命處所，亦無損折重情。尚可原緩。記彙核。　照緩

咸二年，奉二本。性　嗣僧人妒姦糾毆斃命。該犯金刃三傷，一致命，二骨損；又鐵器四傷。情傷不輕。惟死亦姦匪，該犯先毆，刀不用刃，各傷均在未倒地以前。不無可原。記緩，候核。　照實

咸二年，陝五本。黨啓林姦匪斃命。金刃三傷，一要害奇重，情節不好。雖死先撲砍，刀係奪獲，重傷由被按毆傷情急所致。未便率緩。記候核。　照緩

咸二年，陝六本。梁洪棟兩比均係姦匪。金刃六傷，三致命要害，另劃一傷。情傷不輕。惟衅起死者妒姦，該犯刀係奪獲，末後重傷係由被情急冒戳所致。尚可原緩。記候核。　照緩

咸二年，新一本。陝洪占碌回民刃斃被姦之人。致命二傷，一透膜，另劃一傷，勘傷不輕。惟衅非因姦，戳由被揪情急。尚可原緩。記

彙核。

咸二年，湖三本。李　氏兩比均係婦女。鐵器三傷，均致命。且衅起妒姦，情節不好。姑以刀不用刃，傷無損折，末後重傷，亦有抵禦急情。稍有可原。記緩，候核。　照緩

咸二年，浙七本。王小地姦匪斃命。金刃十二傷，五致命，一骨損，另劃一傷。雖死者藉端勒索，扣住抵押棉衣不給，該犯刀係奪獲，傷由抵禦，亦難寬解。記候核。　照緩

咸二年，蘇六本。王　氏該氏因與死者義父姦好，捏作夫婦同居過度，與死者並無名分可言。至死者因裹足哭喊，該氏迭剪八傷，內三傷深至抵骨，且年僅十一，情殊兇殘。姑以尚無挾嫌重情，各傷均在肢體不致命處所，稍有一綫可原。記候核。　改實

道二十五年，貴十五本。錢　滿竊匪因索買贓錢文致斃人命。金刃三傷，一致命透內，另劃三傷。情不爲輕。惟死先向毆，戳由被抓、被揪，末後重傷亦由死者不肯放手所致。另傷三人，均由抵禦。稍有可原。記緩，彙核。　改實

道二十五年，川三十本。陳矮子竊匪疑人説破竊情，刃戳致命。一傷透内，情節不好。惟被抓、被按確由抵禦急情，不無一綫可原。記緩，彙核。　照實

道二十五年，川三十一本。廖江受竊匪被拏逃走，刃斃攔阻之七十老人。四傷，二致命，透内腸出，一浮皮穿透；另劃一傷。情節不好。惟死非應捕，各傷均由抵禦，未便率緩。記彙核。　照緩

道二十五年，川五十六本。劉滦機另匪致斃喊破竊情之人。金刃二傷，一砍落耳輪，一穿透；另鐵器四傷。情節不好。姑以死非應捕，傷由抵　照實

禦，且均在不致命處所。稍有一綫可原。記緩，候核。

照緩

道二十五年，川六十本。鄭 二窩匪斃命。鐵器六傷，五骨損；金刃一傷，另劃一傷；又木器四傷。勘傷較重。惟衅起不曲，刀係奪獲，毆戳均由抵禦，且在肢體不致命處所，重傷係刀不用刃。稍有可原。記緩，彙核。

照緩

道二十五年，陝一本。王路生兒窩匪糾毆斃命。木器九傷，四致命，一骨折，二骨微損。情傷俱不爲輕。惟死者亦係丐匪，且恃强奪伊窩贓，並逞兇將伊扎劃致傷，情殊兇暴。各傷均係他物，餘人亦有骨折重傷。稍有可原。記緩，彙核。

照緩

道二十五年，山東十五本。張 水窩匪共毆斃命。金刃六傷，一透過，傷不爲輕。惟死者獨用贓錢，其理更曲。該犯各傷均由抵禦，且俱在肢體不致命處所，共毆亦非預謀。尚可原緩。記彙核。

照緩

道二十六年，川四十七本。李汶魁窩匪共毆斃命。金刃一傷，由小腹透過右臂，情傷較重。雖死者攔往盤問，意欲截取窩贓，亦非善類，該犯戳由被揪、被按情急，且餘人在保病故，共毆亦非預謀。未便率緩。記彙核。

照緩

道二十六年，河十七本。牛 得兩比俱係窩匪。該犯金刃四傷，三骨損，一要害；骨斷在坐地後。勘傷固重。惟知事主欲控，先將贓首還，尚屬畏法。其因死者索分無給，逞兇撲砍，奪刀將其致斃，起衅並不爲曲。且砍由被追、被揪抵禦，坐地後要害重傷，確有揪辮不放急情。另傷一人，亦由抵禦所致。稍有一綫可原。記緩，彙核。

照緩

道二十六年，山西四本。寇六兒兩比俱係窩匪，該犯於餘人毆傷倒地後刃砍三傷，俱骨損。毆情不輕。惟衅起拉勸，各傷俱在肢體不致命處所。其另犯結夥行竊，究屬輕罪。稍有可原。記緩，彙核。

照緩

道二十六年，山東八本。趙 得窩匪斃命。金刃二傷，一致命透内骨折，一骨損，情傷不輕。惟死先糾竊，復獨用贓錢，其理更曲。該犯扎由抵禦，刀係奪自死者之手。尚可原緩記，彙核。

道二十四年，江西十本。王廣庭竊匪致斃道破竊情之人。情節不好。姑以被毆抵禦，石擲適斃，勘傷尚不爲多。稍有可原。記緩，彙核。　照緩

道二十四年，安一本。丁閏女兩比俱係竊匪。該犯金刃九傷，二致命，一骨斷，四骨損，六在倒地後；又砍落手指三個，另劃一傷。情傷俱重。雖死者借錢不遂輒向撲毆，且死越一旬，未便率緩。記彙核。　照緩

道二十四年，河五本。許　鳥竊匪致斃事主之弟。木器五傷，四致命，二骨損，三在倒地後。情節不好。姑以該犯原竊贓物業經首還，即屬無罪之人。死者欲令出立事據，日後被竊包賠贓物，未免過甚。該犯身亦受傷，各傷均係他物，不無可原。記緩，彙核。　改實

道二十四年，河二十一本。王子安竊匪致斃理斥之人。情節不好。惟傷係拳毆，死由昏暈在地，致被泥塞住口鼻氣閉，尚非該犯意料所及。稍有可原。記緩，核。　照緩

道二十三年，廣東五本。班　名竊匪致斃説破竊情之婦女。情節不好。惟毆戳二傷，由死者向毆向扭，抵禦所致，稍有一綫可原。記緩，彙核。　照緩

道二十七年，浙十本。周四梱竊匪斃命。鐵器五傷，二在卧地後；又用刀戳破左眼，剜出右眼睛；另劃一傷。情傷較重。姑以死者屢向索詐錢物，亦非善類。該犯先毆各傷均在不致命處所，亦無損折重情。末後剜戳眼睛，止冀使之成篤，且死近一旬。稍有一綫可原。記緩，彙核。　照緩

道二十七年，安三本。杜仲楨竊匪共毆斃命。金刃致命一傷，骨損，另劃三傷。傷不爲輕。惟死者知情，撐駕渡船，亦非善類。該犯斧係奪獲，劃砍均由抵禦，共毆亦非預謀；至事後攫取衣物，訊無圖財之心，向不以之加重。記緩，彙核。　照緩

照緩

道二十三年，山西十六本。李守和竊匪因死者説破竊情，輒糾毆致斃其命。情節不好。惟因被假役嚇詐錢文，查係死者唆使起衅，究與挾嫌毆斃眼綫者不同。案係亂毆，不知先後輕重，以該犯原謀擬抵，尚無當場喝令重情。似可援罪疑惟輕之義，寬其一綫。至棄屍河內，以致打撈無獲，訊係餘人起意，該犯並非幫同抬起，尚可不以之加重。記緩，核。

照緩

道二十二年，廣西二本。黄三兒竊匪於還贓寢事後，復因事主疑竊，代人查詢，毆斃其命。情節不好。惟刃戳二傷，均由抵禦，且死者亦係誤斃人命應抵正兇，不無可原。記緩，候核。

照緩

道二十二年，安八本。樊士中兩比均係竊匪，以三毆一。金刃六傷，二骨損，毆情不輕。惟死者私賺賣贓錢文，又先拔刀向扎，尤屬理曲逞兇。該犯刀係奪獲，扎由抵禦，各傷均在肢體不致命處所，共毆亦非預謀，不無可原。至棄屍係因畏罪起見，向不以之加重。記緩，候核。

照緩

道二十一年，山東十八本。范小百竊匪斃命。鐵器毆戳八傷，六致命，三透內，另劃傷六處，抓傷一處，情傷不輕。惟衅起口角，叉由奪獲，因係三齒，以致一戳三傷；且被揪、被撞確由急情，死即糾竊匪徒。尚可原緩。記彙核。

照緩

道二十八年，奉五本。王　淋竊匪共毆斃命。該犯金刃四傷，三致命，一透內；又鐵器四傷。情傷不輕。惟死先向毆，各傷均由抵禦，共毆亦非預糾，且死亦竊匪。不無可原。記緩，彙核。

照緩

道二十八年，山西五本。許幅懙竊匪共毆斃命。該犯金刃八傷，一致命，二骨損，一骨微損；又拉傷一處，骨微損。勘傷較重。惟死亦竊匪，且圖姦夥賊，其理更曲。該犯衅起理斥，致命處傷無損折，末後重傷，確由抵禦急情，共毆亦非預糾。稍有可原。記緩，彙核。

照緩

道二十八年，直三本。候　澡竊匪斃命。金刃一傷，筋斷；鐵器二傷，一重迭。傷不爲輕。惟刀係奪獲，各傷均在肢體不致命處所，鐵器各傷刀不用刃，且死亦竊匪；至夥賊挾嫌誣告致釀人命，該犯並未預謀，不以之加重。記緩，彙核。

道二十八年，直十二本。趙三兒竊匪斃命。木器十三傷，四重迭，二致命，二骨折，一耳輪斷。勘傷較重。惟死者屢次糾竊，該犯各傷均係他物，且由抵禦所致，致命處傷無損折，稍有可原。記緩，彙核。

照緩

道二十八年，直十七本。楊黑子竊匪致斃事主堂弟，情節不好。惟該犯行竊被獲，業向事主求饒寢息，並將贓物携回。死者復登門尋衅，向伊母抓傷，並向毆打。該犯救母情切，刃扎一傷，究由死者撲毆勢猛，收手不及所致。稍有可原。記緩，彙核。

照緩

道二十九年，浙四本。李執山竊匪致斃攔住盤問之人。金刃一傷，骨損。情節不好。惟死非應捕，嚇戳一傷，係由被拉情急圖脱所致，且傷不致命，死越旬餘。稍有可原。記緩，彙核。

照緩

道二十九年，川四十五本。高證敖竊匪刃斃前曾喊拿之人。情節不好。姑以該犯綹竊未成，經責釋完案，被毆抵扎一傷，係在不致命處所，亦無損折重情。稍有可原。記緩，彙核。

照緩

道二十六年，直六本。武　起誆誘平人幫同行竊。死者聞知竊情向罵，致斃其命。金刃要害一傷，食氣嗓俱斷。情傷俱重。雖傷由被揪情急，死者抬頭閃轉，收手不及所致，究難議緩。記核。

照緩　改實

一、續姦不遂，毆死悔過拒絶之婦，應入情寔。如死者並非悔過拒絶，因他故不允續姦而殺，及非因姦起衅致斃姦婦者，照尋常毆斃婦女之案，略爲加嚴。

道二十五年，貴十九本。蕭沅武姦匪致斃姦婦。金刃二傷，一致命透内，一要害。傷不爲輕。惟死非悔過拒絶，戳由被毆、被撞、被揪，情急抵禦所致，起衅亦非因姦。稍有可原。記緩，彙核。

照緩

道二十五年，廣西七本。李遂林姦匪刃斃姦婦。金刃二傷，一食氣嗓俱斷。勘傷固重。惟死者索錢無恥，該犯先戳一傷，係由被拒抵禦，末後重傷，亦由被撞情急，向後嚇戳，不期死者將頭抬起所致。尚可原緩。記彙核。

照緩

道二十五年，陝西十四本。陝進受姦匪刃斃姦婦。三傷，一致命透膜。情節較重。姑以死非悔過拒絕，各傷均由被毆、被揪抵禦所致。稍有可原。記緩，彙核。

照緩

道二十五年，江西十二本。朱石獅仔續姦不遂，刃斃悔過拒絕之婦。雖戳劃均由抵禦，亦難不寔。仍記核。

照實

道二十五年，安十七本。李九知續姦不遂，刃斃徒手姦婦。三傷，一致命透内，帶劃一傷。情傷不輕。惟死者索錢無恥，該犯先扎二傷均由抵禦，末後重傷，確由被揪拚命掙不脱身急情。稍有一綫可原。記緩，彙核。

照緩

道二十六年，廣西五本。陶汰幅續姦不遂，致斃拒絕之婦。金刃要害一傷，情節不好。雖死者向伊拒絕，係由恐被本夫撞見責打起見，尚與寔在悔過者有間，該犯戳由被揪情急，勘傷亦尚無損透。究難率緩。記彙核。

改實

道二十六年，川五本。吴幗葵姦匪續姦不遂，刃斃姦婦。致命四傷，另劃二傷，情傷較重。雖死者索錢無恥，並非悔過拒絕，該犯刀係奪獲，各傷均無損折，且死越旬餘，未便率緩。記彙核。

照緩

道二十六年，川十九本。王卯子姦匪續姦不遂，致斃姦婦。情節不好。惟死者索錢無恥，並非悔過拒絕。該犯奪刀並不用刃，傷由被抓、被撞抵禦急情所致。尚可原緩。記彙核。

照緩

道二十六年，川二十本。陳洪春姦匪續姦不遂，致斃姦婦。情節不好。惟死非悔過拒絕，該犯先向掌毆，一傷係由抵禦，末後被抓向推，亦由掙不脱身急情，且死由跌磕，究非該犯意料所及，稍有可原。記緩，彙核。

道二十六年，川四十一本。辜訓陷姦匪令死者之妻邀引姦婦與伊通姦，後因死者欲拉送官，致斃其命。金刃，二傷，一致命透内，又劃一傷。情節不好。姑以死者之妻並非與伊通姦，該犯戳劃各傷，均由被戳、被踢抵禦所致，末後重傷，亦由被其撲攏拚命急情。稍有一綫可原。記彙核。　照緩

道二十六年，川五十六本。劉漬姦匪刃斃姦婦。致命一傷，透内。傷不爲輕。惟死者索錢無耻，戳由被抓、被按急情，起衅亦非因姦。稍有可原。記緩，彙核。　照實

道二十六年，陝五本。蔣大欣姦匪刃斃姦婦。致命一傷透内，情傷不輕。惟死非悔過拒絶，扎由被揪情急。尚可原緩。記彙核。　照緩

道二十六年，陝九本。姚汶舉續姦不遂，刃斃姦婦。二傷，一致命骨損，情傷不輕。惟死者並非悔過拒絶，該犯身先受傷，刀係奪獲，各傷均由抵禦所致。尚可原緩。記彙核。　照緩

道二十六年，陝十四本。張根兒姦匪刃斃姦婦。致命一傷透内，傷不爲輕。推死非悔過拒絶，該犯嚇戳一傷，係由被其推搡所致。尚可原緩。記彙核。　病故

道二十六年，湖留三本。陳兆潢姦匪續姦不遂，刃斃姦婦。致命三傷，一骨破，二骨損，情傷較重。雖死者因索錢未給，不允續姦，與悔過拒絶不同。該犯身迭受傷，刀係奪獲，各傷均由抵禦所致。未便率緩準留。記彙核。　照緩

道二十六年，山西六本。向小小孩姦匪因姦婦失約另嫁，刃斃其命。致命一傷透内，情傷較重。姑以嚇扎一傷，究由被毆情急，死者撲攏勢猛，　照緩

收手不及所致，死者亦無悔過拒絶。稍有一綫可原。記緩，彙核。

道二十四年，雲二本。趙慨科姦匪因姦婦不肯同逃，刃斃其命。致命一傷透内，情節不好。惟死者因姦情甫破，商欲緩逃，與悔過拒絶者不同。該犯被毆抵禦回戳，究止一傷。稍有可原。記緩，候核。　照緩

道二十六年，江西七本。黄立昆姦通小功弟妻，復刃斃其命。致命一傷透内，另劃二傷，情節不好。雖因向索布疋起衅，與續姦不遂逞忿兇毆者稍覺有間，且身先受傷，戳劃均由被毆、被扭情急所致，刀係出自死者之手，未便率緩。記彙核。　照緩

道十九年，浙八本。陳信旺姦匪致斃姦婦。衅非因姦。刃戳要害一傷，食氣嗓俱破，確由被撲架嚇，死者撲攏勢猛所致。不無可原。記緩，彙核。　改實

道二十五年，江西四本。傅大依姦匪刃斃姦婦。要害一傷奇重，又另劃一傷，情節不好。雖死先逞兇，刀係奪獲，確由被揪、被撞急情，未便率緩。記候，彙核。　照緩

嘉二十一年，江西七本。余保仔姦匪因姦婦另有姦夫，盤詰不認，刃戳要害，傷重斃命。情同妒姦逞兇。姑以奪刀一傷。記出，彙核。　照緩

道二十六年，陝二十一本。蘇爾黨妒姦致斃姦婦。按倒後金刃迭扎五傷，情節較重。雖以刀係奪獲，各傷均無損折，率行議緩。記候，彙核。　照緩

道二十四年，川四本。黄潮富姦匪斃命。鋤刃四傷，二致命骨損，情傷不輕。惟衅非因姦，被抓、被撞確由抵禦急情，死亦無耻姦婦。尚可原緩。記彙核。　照緩

道二十四年，川留八十本。師守義姦匪妒姦致斃姦婦。金刃三傷，二致命，一透膜，一骨微損，情傷俱重。雖死亦無耻姦婦，該犯砍戳各傷均由被揪、被扭情急抵禦所致，未便率緩準留。仍候核。

道二十四年，陝二十一本。黃虎娃子續姦不遂，刃斃姦婦。二傷，一骨損，另劃一傷，情節不好。惟以扎由抵禦，傷無致命，且死者因索錢不給，將該犯拒絶，與悔過者不同。稍有可原。記緩，彙核。　照實

道二十四年，湖留三本。周湧幗姦匪致斃姦婦。膝跪一傷，係由被扭同跌撲壓所致，末後手叉重傷，確由被咬不放急情。稍有可原。記緩，準留。　照緩

道二十四年，江西十一本。李替罄姦通緦麻弟妻。復因妒姦起衅，致斃其命。情節不好。雖針戳三傷，均由抵禦所致，亦難不寔。記候核。　照緩

道二十四年，山西六本。李二圪旦姦匪致斃姦婦。金刃二傷，一致命透內，情節不好。惟死者嫌伊錢少嚷罵，本屬無耻，與悔過拒絶不同。傷由被毆情急。稍有可原。記緩，候核。　照實

道二十五年，川十七本。邵萬岑姦匪續姦不遂，刃斃姦婦。六傷，四致命，二透內，另劃一傷，情傷均重。雖死係問索銀圈等物無恥之婦，該犯戳劃各傷均由抵禦所致，刀係奪自死者之手，未便率緩。仍記，候核。　照緩

道二十四年，陝十五本。楊毛到續姦不遂，刃斃徒手姦婦。四傷，二致命，二透膜，另劃一傷，情節不好。雖死非悔過拒絶，該犯先扎二傷，係由被揪、被撞挣不脱身所致，末後重傷亦由被抓負痛急情，未便率緩。記候核。　照實

道二十年，川三十一本。陳　奇姦匪續姦不遂，刃斃姦婦。頭面致命五傷，四骨損，情傷俱重。雖死非悔過拒絶，該犯刀係奪獲，各傷均由抵禦。未便率緩。記候，彙核。　改實

照實

道二十七年，浙九本。陳周南妒姦刃斃姦婦。致命二傷，一透膜，情傷較重。惟死非悔過拒絕，該犯被拉掌批，戳由掙不脱身情急所致。稍有可原。記緩，彙核。

照緩

道二十七年，川二十三本。古淙華續姦不遂，刃斃姦婦。七傷，三致命，三骨損，二在坐地後；另傷右手二指，情傷較重。雖死者索錢無恥，並非悔過拒絕，該犯刀係奪獲，砍戳均由抵禦。跌地後連砍，確由被拉掙不脱身情急所致。究難率緩。記彙核。

照實

道二十七年，廣西十一本。黎溷揚續姦不遂，致斃拒絕之姦婦。情節不好。姑以死者因其夫回歸，恐被窺破，向伊推拒，與悔過拒絕者不同；該犯先向掌批，並未成傷。脚跌一傷，係由被其撲攏撞頭抵禦所致。稍有一綫可原。記緩，彙核。

照實

道二十七年，陝十九本。李幅善姦匪續姦不遂，致斃被姦男子。情節不好。惟死者索錢無恥，且死先逞兇，該犯刀係奪獲，刀扎二傷，脚踢一傷，均由抵禦所致，亦無損折重情。稍有可原。記緩，彙核。

照緩

道二十七年，陝二十二本。韓守機姦匪續姦不遂，刃斃姦婦。二傷，一要害氣嗓破，帶劃二傷，情傷較重。姑以死非悔過拒絕，該犯先扎一傷，係在不致命處所。末後重傷，係由走避，後被揪衣領向後冒扎所致。稍有一綫可原。記緩，彙核。

改實

道二十三年，貴二本。陳老辛姦匪誘令姦婦同逃，復因死者抱怨，刃斃其命。七傷，四致命，一透膜，情傷俱重。雖死非悔過拒絕，各傷均由被毆、被揪抵禦急情，亦難率緩，記候核。

改實

道二十三年，廣東十本。幸路生姦匪續姦不遂，致斃悔過拒絕之婦。鋤刃致命一傷，骨損，另劃六傷，情節不好。雖死先向毆，鋤係奪獲，嚇戳究止一傷，亦難率緩。記候核。

道二十三年，湖二十本。谷石生姦匪刃斃姦婦。三傷，一致命透膜，另劃三傷，情傷不輕。惟死非悔過拒絕，該犯身先受傷，戳劃均由抵禦，末後重傷，確由被扭、被撞急情。不無可原。記緩，彙核。　照實

道二十三年，山東十五本。宋　來姦匪致斃姦婦。金刃九傷，三致命，三透内，刃劃二傷，傷多且重。雖死者索錢無耻，該犯衅非因姦，刀係奪獲，各傷均由抵禦，亦難率緩。記候核。　照緩

道二十七年，雲一本。何在隴姦匪刃斃姦婦。致命一傷透膜傷不爲輕。惟死者本願嫁伊爲妻，經其姑作主另許，與悔過者不同。該犯嚇戳一傷，由被撞急情所致，且死近一旬，稍有可原。記緩，彙核。　照實

道二十二年，湖十五本。吴世梅姦匪刃斃姦婦。二傷，一骨裂，一骨微損，情傷不輕。惟死非悔過拒絕，該犯刀係奪獲，傷無致命。尚可原緩。記彙核。　照緩

道二十一年，川二十八本。游滿兒姦匪刃斃尋婦。四傷，一骨損，一骨微損，另劃五傷，情傷不輕。惟死非悔過拒絕，該犯刀係奪獲，傷無致命，且由被砍、被撲、被抓急情。未便率緩。記彙核。　照緩

道二十一年，川五十二本。倪占奎姦匪刃斃姦婦。九傷，一骨損，二致命，一透内在坐地後，另劃一傷；又鐵器，三傷。情傷俱重。雖死係無耻姦婦，各傷均由抵禦。究難率緩。記候，彙核。　照緩

照實

道二十一年，川六十五本。陶玉春姦匪刃斃姦婦，十傷，四致命，一透内，情傷俱重。雖死非悔過拒絕，各傷均由抵禦，未便率緩。記彙核。　照實

道二十一年，陝十八本。陳拾慘姦匪因姦刃斃姦婦。二傷，一致命透膜，情傷不輕。惟死者因無錢給付將其拒絕，與悔過不同；扎由情急，死屆一旬，不無可原。記緩，彙核。　照緩

道二十一年，陝新三本。托呼尼牙斯姦匪刃斃姦婦。三傷，一致命腸出，情傷不輕。惟傷由抵禦，死亦無恥姦婦，稍有可原。記緩，彙核。　照緩

道二十一年，熱三本。張　智姦匪致斃曾經拒絕之姦婦。金刃三傷，一致命透膜，一骨損，另劃二傷，情傷不輕。雖因索還原存錢文起釁，且砍扎均由抵禦急情，未便率緩。記彙核。　照緩

道二十八年，川三本。羅添碌姦匪致斃姦婦。手搭要害一傷，又鐵器二傷，情輕傷不輕。惟死者索錢無恥，該犯先毆二傷，刀不用刃，且在肢體不致命處所，手搭要害，係由被扭帶跌負痛急情所致。尚可原緩。記彙核。　改實

道二十八年，川八本。楊　二姦匪刃斃姦婦。二傷，一致命，一透內，另劃一傷，情節不好。惟死者並非悔過拒絕，該犯戳劃均由抵禦，且釁起戲言，亦與續姦不遂輒行逞兇者有間。尚可原緩。記彙核。　照緩

道二十八年，川二十五本。張大登續姦不遂刃斃姦婦。二傷，一致命透內，情傷較重。惟死者索錢無恥，並非悔過拒絕，該犯二傷，均由抵禦及情急所致。不無可原。記緩，彙核。　照緩

道二十八年，川二十七本。陳之美姦匪刃斃姦婦。要害一傷，食氣嗓破，勘傷較重。姑以該犯與死者通姦業已斷絕往來，迨因死者向索布錢，爭鬧起釁，確非因姦。且身先受傷，刀係奪獲，傷由死者頭往後仰所致，稍有可原。記緩，彙核。　照緩

道二十八年，川三十二本。王幗萬姦夫於搭要害致斃姦婦。情節不好。惟搭由帶跌撲壓，被捏情急冀護痛鬆手所致。起釁亦非因姦，尚可原緩。記　照緩

彙核。

道二十八年，廣東二本。譚貞學續姦不遂，刃斃姦婦。情節不好。惟死者索錢無耻，並非悔過拒絶，該犯奪刀，一傷係在肢體不致命處所，且由被毆抵禦所致。尚可原緩。記彙核。　照緩

道二十八年，湖十七本。張訓久姦通小功弟妻，因續姦不遂致斃其命。情節不好。雖持刀止圖嚇唬，本無欲毆之心；傷由死者向後掙扎，身被帶撲收手不及所致，尚非該犯意料所及。尚可原緩。記彙核。　照緩

道二十八年，江西二十本。陳明和續姦不遂，刃斃姦婦。二傷，一致命透内，另劃一傷，情傷較重。雖死者不允續姦，係由其姑管束嚴禁所致，尚非悔過，該犯戳劃均由抵禦，重傷究止一處，未便率緩。記彙核。　改實

道二十八年，河二本。梁　順姦匪致斃姦婦。金刃一傷，透内。情傷不輕。惟死非悔過拒絶，嚇扎一傷，確由被扭抵禦所致，且在不致命處所；另傷一人，係屬輕罪。不無可原。記緩，彙核。　照實

道二十八年，河十三本。闞有才姦通緦麻叔母，致斃其命。情節不好。姑以起衅尚非因姦，先劃一傷係由奪刀所致，迨被揪掙扎，一同失跌落塘，致令溺斃，尚非該犯意料所及。至姦通緦麻親屬，向不以内亂論，尚可不以之加重。稍有一綫可原。記緩，核。　照緩

嘉二十年，廣東四本。張狂七續姦不遂致斃拒姦幼孩。前搭傷已情兇近故，後復刃戳致命，重傷立斃，雖以被揪奪刀爲解。記寔，彙核。　照緩

道二十九年，陝十九本。李六十六續姦不遂，致斃姦婦。摔倒後金刃二傷，情節不好。惟死者索錢無恥，並非悔過拒絶；該犯先扎二傷，均在肢體不致命處所，亦無損折重情，且死逾二旬。稍有可原。記緩，彙核。　改實

照緩

道二十九年，陝十五本。負學任姦匪爭姦，刃斃姦婦。致命一透內，另劃二傷，勘傷較重。雖死本無恥，砍劃均由被抱、被攔及揪衣推搡所致，未便率緩。記彙核。

改實

道二十九年，河十七本。袁獅子姦匪妒姦致斃姦婦。金刃二傷，一右顋頰連要害透內，一骨損情傷較重。雖死者並非悔過拒絕，該犯刀係奪獲，先砍一傷係在肢體不致命處所，末後重傷係由被揪急情，另傷一人亦由抵禦所致。未便率緩。記彙核。

改實

道二十九年，陝三本。白叫花子姦匪刃斃姦婦。致命一傷骨損，勘傷較重。惟死者索錢無恥，並非悔過拒絕。該犯扎由情急，且由死者撲攏勢猛收手不及所致。不無可原。記緩，彙核。

照緩

道一十九年，山東六本。李丑仔姦匪刃斃悔過拒絕婦女。致命一傷透膜，另劃三傷，情節不好。雖該犯見死者經過，囑令坐息，與續姦不遂者不同；且扎劃均由抵禦，並由被揪、被按急情，未便率緩。記彙核。

改實

道一十三年，江西十三本。陸友俚續姦不遂，致斃姦婦。刀戳五傷，又另劃五傷，情傷較兇。雖以死非悔過拒絕，該犯刀係奪獲，身亦受傷，戳劃均由抵禦，各傷俱無致命損折，率行議緩。記候核。

照緩

道一十五年，川二十一本。鄭興友續姦不遂，共毆致斃徒手姦婦。該犯金刃五傷，一致命，一要害；又劃一傷，情傷俱重。自難以死非悔過拒絕，戳劃均由抵禦，各傷俱無損折，率行議緩。記候，彙核。

照實

咸二年，陝十九本。馬有才續姦不遂致斃姦婦，金刃致命一傷，透內腸出。確有被揪急情，死者並非悔過拒絕，尚有可原。記核。

照緩

咸二年，陝二十一本。洪萬春姦匪致斃姦婦。金刃五傷，三致命，三骨損，二骨微損，俱在頭面處所，三在倒地後，另劃一傷，情傷較重。雖死者因該犯無錢資助，不允續姦，並非悔過拒絶；該犯奪刃回戳，傷由抵禦，重傷實由被抓情急所致，未便率緩。記，彙核。　改實

咸二年，湖四本。龔應富姦匪致斃姦婦。金刃二傷，一穿透，一透內，另劃一傷，情傷不輕。惟衅非因姦，傷由抵禦。稍有一綫可原。記核。　照緩

咸二年，山西三本。孟金汰姦匪致斃姦婦。金刃四傷，二致命，一透內，另劃一傷，勘傷不輕。惟死者向伊索錢未給，將伊鐮刀扣留勒贖，實屬無耻，該犯各傷均由抵禦。尚可原緩。記候核。　照緩

咸二年，山西一本。薛得淦姦匪致斃姦婦。金刃七傷，四致命，二骨損，一透內，傷不爲輕。雖衅非因姦，死先向扎，各傷均由抵禦。未便率緩。記候核。　改實

趙紅山姦匪致斃姦婦。金刃五傷，二致命透內，另劃一傷。又另傷縱容之本夫，情節較重。雖死者因無錢資助，不允續姦，並非悔過拒絶；該犯被揪情急，砍由抵禦，亦難率緩。記候核。　改實

一、回民毆斃人命之案，如結夥持械，情兇傷重者，應入情寔。若僅係尋常鬥毆，不必加重。

道二十五年，朝三本。王幗瑞兩比均係回民，該氏先砍。金刃致命一傷，倒地後復連砍金刃，十一傷，一重迭骨折，五骨損，三骨微損，情傷均重。雖死者重利盤剥，其理本曲。該犯倒地連砍，俱在肢體不致命處所。究難率緩。記彙核。　照實

道二十六年，陝二本。馬五麥回民致斃彼造二命，係各斃各命。除一兇另擬情寔外，該犯聽糾斃命，金刃三傷，一透內；又木器二傷，一致命，傷不爲輕。惟身先受傷，刃戳各傷，均在不致命處所，且死亦回民，尚可原緩。記彙核。　照緩

道二十六年，陝二十二本。馬洒力害兩比均係回民，該犯糾毆斃命。金刃五傷，三骨損，二在倒地後，另劃一傷，毆情較重。惟死先逞兇登門尋釁，該犯戳劃各傷均在肢體不致命處所，且死越二旬，稍有可原。記緩，彙核。　照緩

道二十六年，陝新四本。馬四六兒回民斃命。金刃七傷，一要害，一透膜，另劃一傷，情傷不輕。惟死先逞兇，刀係奪獲，各傷均無損透。末後重傷，確由被摔跌地騎壓不放，情急冒扎所致。稍有可原。記緩，核。　照緩

道二十六年，湖八本。余權宗回民糾賭，共毆斃命。該犯金刃十一傷，致命透膜，一骨微損，勘傷較兇。雖刀係奪獲，死亦賭，共毆並非預謀。未便率緩。記彙核。　照緩

道二十六年，直十四本。李　十回民斃命。金刃十傷，二致命，一透内，二骨微損，另劃三傷，毆情不輕。惟死者無干尋釁，理不爲直。該犯身先受傷，砍劃均由被揪、被撞抵禦所致，稍有一綫可原。記緩，彙核。　照緩

道二十六年，直十六本。劉玉成回民斃命。木器致命八傷，鐵器一傷，均在按倒後。又拳毆一傷，另抓傷三處。毆情不輕。惟釁起不曲，各傷均無損折，尚可原緩。記彙核。　照緩

道二十四年，奉九本。馬得瑞回民共毆斃命。該犯金刃九傷，一致命，一骨損，勘傷固多。惟死先尋釁，各傷均在倒地以前，共毆亦非預糾，且死屆四旬，稍有可原。記緩，彙核。　照緩

道二十四年，陝五本。馬　富回民糾毆致斃債主。該犯先扎不致命一傷，倒地後於餘人共毆五傷，一致命透内，一重迭筋斷骨破，一骨損，另劃一傷，毆情較重。惟究係亂毆，不知先後輕重，以該犯原謀擬抵，並無喝逼攢毆重情。罪疑惟輕，不無一綫可原。記緩，候核。　照緩

道二十四年，陝二十二本。馬　明兩比均係回民，金刃六傷；坐地後，又木器八傷，五致命，一骨損；另拳傷一處，勘傷不輕。惟死者理曲逞兇，該犯刀由奪獲，刃戳各傷，均不致命，確由被撲、被踢、被揪急情，尚可原緩。記，彙核。　照緩

道二十四年，直二十本。馬傻管兩比均回民，該犯共毆斃命。木器十三傷，一重迭，四致命，一骨損，九在倒地後，勘傷較多。惟死者先將伊兄毆傷，該犯衅起護兄，各傷均係他物，重傷究止一處，共毆亦非預糾，且死越旬餘，尚可原緩。記彙核。　照緩

道二十四年，留二十六本。直　劉洛紅回民共毆斃命。該犯鐵器八傷，二骨折，均在揪倒後，毆情不輕。姑以毆非預糾，傷不致命，餘人亦有骨折重傷，死係丐匪，稍有可原。記緩準留。仍候核。　照緩

道二十二年，陝十八本。俞潰成回民結夥共毆斃命。該犯先毆，木器一傷骨折；倒地後，金刃十傷，八致命，二骨損，三透内；又另傷一人，勘傷較重。雖衅起理直，餘人亦有骨折重傷，未便率緩。記候核。　改實

道二十二年，陝留二本。賽黑子回民互毆致斃六命。除二兇業被毆斃，三兇另冊辦理外，該犯致斃當場殺人應抵正兇，向俱入緩，自應照辦，結到並準留養。

道二十八年，雲五本。黄振堂回民聽糾斃命。鐵器致命六傷，勘傷較多，惟衅非伊肇，各傷均係它物，亦無損折重情，不無可原。記緩，彙核。　照緩

道二十八年，陝九本。馬靈州回民斃命。毆扎二傷，均由抵禦所致。另傷一人，係屬輕罪。至脱逃多年就獲，向不以之加重，尚可原緩。　照緩

道二十八年，直九本。牛　四回民共毆斃命。鐵器二十四傷，三重迭，十九在餘人按倒後，毆情較重。惟死先逞兇，各傷均在肢體不致命處　照緩

所，亦無損折重情，械係奪自死者之手，共毆亦非預糾，且死近一旬，未便率緩。記彙核。　照實

道二十八年，直十九本。白　九兩比均係回民。該犯於餘人鈎倒後，鐵器七傷，一骨損。一骨折，勘傷較重。惟死係竊匪，因該犯誤賣竊贓，指爲販贓賊黨，其理本曲。該犯毆係他物，各傷均在肢體不致命處所；共毆亦非預糾，餘人亦有骨損重傷；另傷一人，亦由抵禦所致。尚可原緩。記彙核。　照緩

咸二年，陝新一本。洪占碌回民刃斃被姦之人。致命二傷，一透膜，另劃一傷，勘傷不輕。惟衅非因姦，戳由被揪情急，尚有可原。記彙核。　照緩

道二十五年，河十一本。殷保全汝屬兇徒糾毆斃命。石塊六傷，一骨損，四骨斷，俱在倒地後。又先毆木器。三傷。情傷較重。惟死者重索已還借項，並向辱駡毆逼，情殊兇横。該犯毆係他物，各傷均非致命。稍有可原。記緩，彙核。　照緩

道二十五年，河十一本。張二得南陽兇徒聽糾致斃所欲謀毆人之大功弟。金刃四傷，一由脊背透過胸膛，一透膜，另劃二傷，情傷均重。姑以衅非伊肇，身先受傷，扎劃均由抵禦。末後重傷究由死者起身勢猛所致，死非所欲謀毆之人。稍有一綫可原。記緩，彙核。　改實

道二十五年，河十二本。劉意思南陽府屬兇徒糾毆斃命。金刃二傷；鐵器，六傷，一重迭骨折，一骨損。倒地後，又鐵器致命傷一片。毆情固重。惟死者借穿衣服不還，反因該犯向索輒行斥駡，理甚不直。該犯先毆各傷由於被打抵禦，亦在肢體不致命處所，倒後刀不用刃，並無損折重情。至傷痕重迭成片，係因餘人所毆同一部位所致。不無可原。記緩，彙核。　照緩

道二十五年，河十五本。吳來幅汝屬兇徒聽從結捻，包送私鹽，聽糾斃命。金刃二傷，一要害，食氣嗓俱破。情傷俱重。雖死者截訛私鹽，亦非善類，該犯先扎一傷，係死者奪搶致扎；末後重傷，亦由被毆抵禦所致。其另犯行劫接贓係屬輕罪。未便率緩。記核。　改實

道二十六年，河十五本。張魁高南陽府屬兇徒聽糾斃命。金刃一傷，骨折，又木器三傷，一骨損。毆情不輕。惟衅非伊肇，各傷均無致命，末後

重傷係被按、被毆挣不脱身所致，且死越旬餘。尚可原緩。記彙核。

照緩　道二十六年，河十一本。王見典南陽府屬兇徒糾毆斃命。金刃六傷，一致命透内，另劃一傷。情傷較重。惟衅起不曲，各傷均由抵禦，重傷究止一處，且由死者撲去勢猛所致。稍有一綫可原。記緩，彙核。

照緩　道二十六年，河二十一本。何金祥汝屬兇徒糾毆斃命。金刃四傷，三骨損。毆情較重。姑以衅起索欠，各傷俱在肢體不致命處所，餘人亦有骨損重傷。稍有可原。記緩，彙核。

照緩　道二十六年，安七本。燕　愛潁屬兇徒聽糾斃命。金刃五傷，三致命，一透内，情傷較重。惟身先受傷，死非徒手，各傷均由抵禦所致；且死係賭匪。尚可原緩。記彙核。

照緩　道二十六年，安十七本。王三回孜潁屬兇徒，先因聽糾斃命案内幫毆有傷事發在逃，致斃眼綫幫捕之人。金刃二傷，一致命透内，另傷三人，情殊兇横。雖死者並非奉官差往，本無應捕之責；該犯身受多傷，扎由情急抵禦所致，且死越旬餘。另傷三人亦由以寡抵衆之勢。亦雖擬緩。記候核。

改實　道二十六年，安十七本。黄　玉差役主使斃命，又係潁屬兇徒結夥共毆。金刃二傷，一致命透内；木器三傷，一致命。情傷均重。雖死非所欲謀毆之人，亦無倚差嚇詐別情。未便率緩。記彙核。

改實　道二十六年，安十八本。蔡大梅潁屬兇徒糾毆斃命。金刃三傷，一骨損，傷不爲輕。惟身先受傷，劍係奪獲，重傷係在肢體不致命處所；且死逾三旬。尚可原緩。記彙核。

照緩　道二十六年，安二十本。張玉琢潁屬兇徒糾毆斃命。金刃四傷，一致命透内，勘傷較重。惟衅起不曲，先扎二傷在肢體不致命處所。末後重傷係由被砍抵禦所致。尚可原緩。記彙核。

道二十四年，川十五本。戚　拷穎屬兇徒糾毆斃命。金刃三傷，一骨微損，二筋骨俱斷，一在倒地後，又另劃一傷。勘傷不輕。惟釁起不曲，各傷俱在肢體不致命處所，餘人亦有骨損重傷，尚可原緩。

照緩

道二十四年，河十六本。胡喜沅南陽兇徒糾毆斃命。於餘人按倒後，金刃四傷，三骨損，一重迭，另毆鐵器一傷。情傷較重。惟釁起索欠，先毆一傷，刀不用刃。末後重傷，均在肢體不致命處所，意止欲令成廢。稍有可原。記緩，彙核。

照緩

道二十四年，河二十一本。葉　成汝屬兇徒糾毆致斃債主。於架至漫地後，喝令餘人幫同扳按，自用刀剜傷其兩眼睛斃命。又令餘人另剜一人眼睛成廢。情節較兇。姑以剥衣抵欠，釁起死者，該犯傷不致命，稍有一綫可原。記緩，候核。

照緩

道二十一年，河三本。張得領歸屬兇徒糾毆斃命。金刃一傷致命，另劃一傷，倒地後，木器十二傷。情傷不輕。惟曲在死者，砍由抵禦，倒地後傷係他物，各傷亦均無損折重情。不無可原。記緩，候核。

改實

道二十一年，河十一本。呂汶贊光屬兇徒糾毆斃命。拉出按倒後，金刃四傷，二骨損，一骨斷；又抓傷二處，毆情較兇。雖死者侵用錢文，其理本曲；該犯砍戳各傷，均在肢體不致命處所。未便率緩。記候，彙核。

照緩

道二十一年，河十六本。熊　牛光屬兇徒挾嫌糾毆斃命。於架出按倒後，金刃四傷，鐵器重迭一傷，一骨碎，一筋骨俱斷，二骨損。情傷俱不爲輕。雖傷非致命，砍止欲令成廢，餘人亦有骨損及砍落手指重傷。未便率緩。記彙核。

照緩

道二十八年，安六本。汪幗安鳳屬兇徒糾毆斃命。金刃三傷，一致命透過；又帶傷一處，情傷不輕。惟死先向毆，各傷均由抵禦；末後重

照實

傷，亦由掙拉槍杆推搡所致。尚可原緩。記彙核。

道二十八年，安七本。王寅鼎潁屬兇徒糾毆斃命。金刃五傷，三致命，一透內，一骨微損，另劃一傷，又鐵器致命一傷。情傷較重。姑以衅起　照緩
不曲，死先逞兇，各傷均由抵禦，且由被扭拚命急情。至餘人攢毆多傷，已在該犯走散之後。稍有可原。記緩，彙核。

道二十八年，安八本。陳湧志合肥兇徒糾毆斃命。金刃四傷，一筋骨俱斷，二骨損，情傷較重。惟死者扣車抵欠，理亦不直。該犯砍由抵禦，　照緩
各傷均在肢體不致命處所。負欠亦非昧賴，餘人亦有骨損多傷。尚有可原。記彙核。

道二十八年，安十四本。王應科致斃彼造二命，係各斃各命，除一兇另擬情寔外，該犯以潁屬兇徒糾毆斃命。金刃三傷，一由右胯深止小腹透　照緩
內。勘傷較重。姑以先砍二傷，均在肢體不致命處所，末後重傷，確由被揪搇毆，情急抵禦所致。且死非所欲謀毆之人。稍有可原。
記緩，彙核。

道二十八年，安二十本。黃庭選鳳屬兇徒糾毆斃命。於餘人砍傷倒地後，金刃致命一傷，骨損。復喝令刃砍四傷，皆骨損。毆情較重。姑以下手　改寔
砍止一傷，主使各傷均在肢體不致命處所，餘人亦有致命骨損重傷。稍有一綫可原。記緩，彙核。

道二十八年，安十五本。陳萬户鳳屬兇徒糾毆斃命。金刃致命二傷，俱骨損，另劃一傷，勘傷較重。惟身先受傷，刀係拾獲，戳劃各傷，均由抵　照緩
禦。不無可原。記緩，彙核。

道二十八年，安十五本。閆本海鳳屬兇徒糾毆斃命。金刃五傷，三骨損，勘傷較重。惟各傷均在肢體不致命處所，死逾二旬。且砍由骨損重傷之　照緩
餘人業經病故，已屬命有一抵。不無可原。記緩，彙核。

道二十八年，安十五本。王有志鳳屬兇徒聽糾斃命。刃傷要害，毆情不輕。惟衅非伊肇，扎由被毆抵禦所致，尚無損透重情。不無可原。記緩，　照緩

彙核。

（道二十八年，安四本。）馬　定穎屬兇徒糾毆斃命。金刃五傷，二致命，一筋斷，一在倒地後，勘傷較重。惟衅起不曲，重傷係在肢體不致命處所。不無可原。記緩，彙核。　照緩

（道二十九年，安十八本。）王　三鳳屬兇徒挾死者通言飭拿，致伊兄被官役格殺之嫌，糾衆致斃其命。金刃四傷，一骨斷，二骨損，情傷較重。惟死先撲毆，各傷均在肢體不致命處所，餘人亦有骨損重傷。且伊兄既已被格身死，死者又非在官之人。稍有可原。記緩，彙核。　照緩

（道二十九年，河十四本。）王雲淋南陽府屬兇徒糾毆斃命。金刃三傷，一骨折，砍落一手指一指甲。另劃一傷，骨損。鐵器，二傷，一骨折。又主使剜出左眼睛，刃劃一傷，石灰擦傷一處。毆情較兇。姑以死者先曾將伊砍傷，復占管夥開騾店，其理本曲。該犯毆砍各傷，均在不致命處所。其主使剜出左眼，止冀致令成廢。稍有一綫可原。記緩，彙核。　照緩　改實

（道二十九年，安八本。）張小春鳳屬回民糾毆斃命。金刃頭面致命四傷，一骨裂，一骨損，勘傷較重。惟衅起索欠，死先撲毆，各傷均由抵禦所致，且死越旬餘。稍有可原。記緩，彙核。　照緩

（道二十九年，河十五本。）尉歧詳歸屬兇徒糾毆斃命。金刃四傷，一透内，勘傷較重。惟死先揪毆，扎由抵禦，各傷均在不致命處所，且死非所欲謀毆之人。不無可原。記緩，彙核。　照緩

（咸二年，河十八本。）王　孟汝屬兇徒糾毆斃命。金刃五傷，一透内，三在倒地後，並將右眼睛帶出，右脚面砍落，勘傷不輕。惟衅起索欠，傷無致命，稍有一綫可原。記候核。　照緩

舊抄內定律例稿本 卷三

一、兵丁差役及糧船水手毆斃人命之案，如索詐、索賄，倚勢滋事，情節兇暴者，俱應入寔。其餘亦照常鬥，分別寔緩。

道二十五年，雲二本。李接淋差役主使斃命。情節較重。惟死者之子被人控係積匪，該犯往拏，係屬奉官差委，其邀雇多人，持械前往，訊係恐被糾衆拒捕起見。至事後向門丁求救，商改報詞，訊係由畏罪所致。即攫取財物，亦初無圖財之心。且下手傷重之從犯，及幫毆有傷之餘人，均經病故。似該犯不無一綫可原。記緩，候核。 照緩

道二十五年，川二十八本。魏應啓革兵刃斃熱夷，事後割落屍頭，欲揑稱格殺野夷，希圖免罪，並可冒賞。情節不好。雖鬥情尚輕，未便率緩。記候核。 照緩

道二十五年，川三十三本。楊　順雖係差役斃命，尚無倚勢兇毆重情。死由向追失跌磕墊。可以原緩。 照實

道二十五年，川五十三本。鄧文彩革兵斃命。金刃四傷，二致命，二骨損，另劃一傷，傷不爲輕。惟衅起死者，該犯砍由抵禦，末後重傷亦有被撞急情。尚可原緩。仍記候核。 照緩

道二十五年，福六本。吴　取革兵致斃嘆夷水手，係由被毆，接篙推拉，死者自行失足致溺。尚非該犯意料所及。可以原緩。結到準留。 照緩

道二十五年，安九本。陳泳汰差役共毆斃命。金刃八傷，三致命，一透內，一骨損，一骨微損，三在倒地後，勘傷固重。惟死者究係殺人應抵 照緩

正兇，該犯即係奉差往拏之人，定案時以該犯有挾嫌索詐情節，不得照擅殺應死罪人律擬杖，秋審衡情，似不無一綫可原。記緩，候核。

照緩

道二十六年，陝二十六本。林幗順差役共毆斃命，該犯木器九傷，二致命，勘傷較多。惟死者同居堂姪被控差傳，該犯令其帶領尋喚，起衅尚不爲曲，且各傷均係作物並無損折重情，共毆亦非預糾。稍有可原。記緩，候核。

照緩

道二十六年，安十七本。黄　玉差役主使斃命，又係穎屬兇徒結夥共毆。金刃二傷，一致命透内；木器三傷，一致命。情傷均重。雖死亦非欲謀毆之人，亦無倚差嚇詐別情。未便率緩。記候核。

改實

道二十四年，川四十七本。夏　潰奉票傳唤地鄰，所傳本係無罪之人，因其出外，疑係藏躲，輒欲進房搜看，致推跌婦女斃命。事後又賄囑捏供，屍遭蒸檢，情節不好。姑以死者失跌痰壅，非該犯意料所及。其因死者攔阻向推，亦尚無兇暴情狀。至賄囑捏供，係由畏罪起見，尚可不以之加重。稍有可原。記緩，候核。

照緩

道二十四年，山西十本。白泳清撤防兵丁在途共毆致斃車户。起衅理亦不直，顯係恃兵滋擾。情節不好。姑以脚踢究止一傷，稍有一綫可原。記緩，候核。

照緩

道二十四年，山西十六本。閆大盛差役主使斃命。他物十五傷，二致命，情節較重。惟該犯訪有賊犯在死者之兄家内居住，前往盤問，並無兇暴重情。死者趕至，先將夥役毆傷，理不爲直。該犯喝毆，各傷均無損折，且俱在倒地以前。稍有可原。記緩，候核。

照緩

道十一年，山西四本。朱景汶查此起原題，聲明該犯如寔有軍功，應酌入緩決，監禁二年，再行減等。現據該撫於具題後尾内聲稱，該犯曾在軍營當兵出力，有賞給軍功，有照可憑等語。自應查照原題，將該犯入於緩決，仍俟監禁二年，再行減等。該犯先毆斃人命，逃至葉爾羌等處充兵食糧，寄回家書，經伊母代首，提解審供不諱。見各項殺人自首門。

道二十二年，陝九本。趙　增差役斃命。先毆十二傷，三致命，一重迭；捆縛兩手後，又木器十傷，七致命。毆情不輕。惟死者於禁止屠沽期內，强令人代買酒肉，理本不直。該犯衅起理直，先被扯破衣襟，後又被毆成傷，因其違禁倚酒行兇，始行捆縛送究，亦與倚勢滋擾者不同。傷雖多，皆係木器，亦無損折重情。尚可原緩。記候核。　照緩

道二十一年，廣東十本。彭仕得兵丁挾嫌誣指平人，致令受傷淹斃。情節不好。未便以死由被人砍傷跌溺，非該犯意料所及爲解。記寔，候核。　照緩

道二十九年，川四十五本。馬紹華兵丁斃命。刃戳一傷，係在不致命處所，亦無損透重情。尚可原緩。　照實

道二十八年，蘇二本。馮　三兩比均係糧船水手，該犯金刃致命四傷，骨損；帶劃二傷；又磚毆一傷。勘傷較重。惟衅起索欠，死先逞兇，毆砍均由抵禦。且有被抓負痛急情，刀係出自死者之手。尚可原緩。記候核。　照緩

道二十八年，直六本。王淙禮革役假以緝捕爲由，忿争致斃人命。難以尚無詐嚇情事爲解。記寔，核。　照緩

道二十八年，朝三本。張沅珍兵丁致斃兵丁，兩次争毆。木器十四傷，五重迭，八致命，五在倒地後。勘傷較重。惟身先受傷，各傷均由抵禦，亦無損折重情，械係奪獲自死者之手，起衅亦不爲曲。稍有可原。記緩準留。仍候核。　照實

道二十九年，陝二本。寇　平差役斃命。奪刀一傷，係在不致命處所。且衅起索欠。共毆亦非預謀。至事後求人設法解救，訊由畏罪起見。迨屍兄到案誣認，係由該地方起意硬證所致。且尚未成招，旋即破案，可尚不以之加重。稍有可原。記緩，候核。　照緩

道二十九年，蘇留十四本。陳　如革役索詐，共毆致斃命。刃四傷，二致命，一透内，帶劃一傷，情節不好。惟死者窩留婦女姦宿，本非善類，並　照緩

先向逞兇。該犯戳由抵禦，重傷究止一處。稍有一綫可原。記緩準留。仍候核。

照緩

咸二年，湖十八本。戴　茂革役妄拏無辜，致斃人命。金刃二傷，一致命透内，又刃劃一傷，情節不好。惟該犯誤聞死者之弟係屬盜犯，希圖拏獲邀功，並無索詐拷打重情。且刀係奪獲，戳由抵禦。稍有一綫可原。仍記核。

改實

一、官司差人追徵錢糧，勾攝公事，抗拒不服，毆差致死之案，原以該犯非有罪之人，故不以拒捕殺人論。秋審亦當分別情傷，以定實緩。如情同拒捕者，俱應入實。

照緩

道二十五年，川六本。楊二喜雖係竊匪刃斃事主之子，惟該犯於行竊被獲釋放後，並非爲匪。迨事隔五年，因死者疑竊斥逐，金刃抵扎一傷適斃，不無可原。記緩，候核。

照實

道二十五年，川二十八本。彭守騫竊匪致斃另案奉票捕差。金刃一傷致命透膜，情近拒殺。雖戳由被拏情急，案係照凡鬥定擬。未便率緩。仍記候核。

照實

道二十五年，川三十五本。蘇長受舊匪欲圖復竊，共毆致斃差役。情節不好。雖死者並非奉差指拏，原題係照凡鬥問擬，毆止木器一傷。未便率緩。記候核。

照緩

道二十五年，川三十八本。張　二因弟夥劫犯案，被死者作綫指拏，毆斃其命，情節不好。姑以衅起事後口角，被毆、被碰並石塊三傷，並無損折，死由失跌致溺。論毆情尚不爲重，稍有一綫可原。記緩，候核。

照緩

道二十五年，川五十六本。王妹兒舊匪聽糾致斃差役，復另傷一人。情節不輕。惟衅起死者疑竊妄拏，戳由被按，一傷適斃。另傷一人，亦由抵禦所致。尚可原緩。記候核。

道二十五年，河十一本。王幅桂共毆致斃票傳之差役。該犯鐵器十傷，二重迭，一致命，三骨損；又金刃砍、劃各一傷。情傷較重。惟該犯被賊誣扳，本屬無罪之人；死者邀該犯進鋪飲茶，輒令出給茶錢，寔屬藉差滋擾。該犯先向毆砍，各傷均由抵禦；末後重傷，刀不用刃，且非致命處所。共毆亦非預謀。原題既照凡鬥定擬，不無可原。記緩，候核。

照緩

道二十六年，川一本。鄒玉南舊匪刃斃曾經引差指拏之人。情節不好。惟該犯先經行竊，業已到官科罪。迨因口角起衅，被按情急，嚇戳一傷適斃。尚可原緩。記候核。

照緩

道二十六年，川十七本。周　五雖係舊匪致斃捕役，惟衅起死者，石毆一傷，確由抵禦所致，尚可原緩。記候核。

照緩

道二十六年，川留二本。易狗兒竊匪事後致斃事主之子。刃戳致命，一傷透內，帶劃一傷，情節較重。惟該犯行竊被獲，賠錢寢事已隔一年有餘，其因夜間討火，致斃疑竊，奪刀嚇戳一傷適斃。另傷其父，亦由抵禦拳毆。稍有可原。記緩準留，仍候核。

照緩

道二十六年，奉九本。王功芒舊匪致斃另案眼綫。金刃一傷，由右腿透入小腹。勘傷較重。惟該犯先經犯竊，業已到官科罪，並未爲匪。傷由被抱，令人鎖拏，情急嚇戳所致。尚有可原。記緩，候核。

照緩

道二十六年，湖二十二本。陳伢子雖係舊匪致斃捕役，惟衅起死者疑竊混搜，戳、劃各止一傷，係在不致命處所。另傷一人，亦由抵禦所致。尚可原緩。記候核。

照緩

嚴之才姦候共毆，致斃姦婦夫兄。喝令餘人石毆一傷，又自行拾石一傷致命骨損。情節不好。維毆係他物，勘傷亦尚不爲多，且姦事業經寢息，案係照凡鬥定擬。究難率緩。記候核。

改實

道二十四年，雲五本。陳麽大共毆致斃差役。該犯金刃六傷，一骨微損，另劃三傷，論傷較多。惟死者奉票緝拏盜犯，該犯先不知情。衅起攔勸。各傷均由抵禦，且俱在肢體不致命處所，刀係奪自死者之手。尚可原緩。記候核。

照緩

道二十四年，雲九本。沈五十因伊父寄藏竊贓，戳斃提拏之事主。情節不好。惟該犯律得容隱，本屬無罪之人。定案時既照凡鬥定擬，衅起攔勸，戳止一傷，刀係奪自死者之手。尚可原緩。記候核。

照緩

道二十六年，江西二本。蕭學熊竊匪刃斃另案奉票緝賊捕役。情節不好。雖該犯非本案正賊，刃戳一傷亦在不致命處所，究難率緩。記候核。其屍身雖未撈獲，惟據在場目擊之蕭信等供證確鑿，應即據供定擬。

改實

道二十七年，廣東九本。何自寬雖係訛詐致斃人命，惟死者知情買娶誘拐之婦爲妻，亦有應得之罪。原題既照凡鬥定擬，被毆嚇戳一傷適斃，自可原緩。

照實

道二十四年，山西十一本。李安詳子雖係致斃勾攝公事差役。惟該犯契已投税，竝非負罪之人。其因死者竝非帶票，疑爲假冒，口角起衅，槍戳二傷，均有抵禦，亦與有心抗拒不同。原題照凡鬥定擬，秋審自可原緩。仍記核。

照緩

道二十七年，直十二本。唐中美拒毆追攝人致死。因本犯竝非有罪之人，向俱核其情傷，分別寔緩。此起傷無致命，越十日因風身死。定案時業因死係追攝之人，不得聲請改流，秋審原情，自可入緩。仍記核。

照緩

道二十七年，福二本。余木松致斃兵丁。鐵槍，致命一傷較重。惟該犯因堂兄私宰病牛被獲，前往探望查問袒護，欲令開釋者不同。且被毆情急，抵戳之傷，死者竝非徒手。尚可原緩。記候核。

照緩

道二十七年，福三本。魏五弟强割親屬田禾，致斃曾經查拏之差役。情節不好。惟死者業經革卯，該犯因口角將其毆斃，與拒捕追攝人不同。定案時，既照凡鬥定擬，該犯先毆，木器一傷，係由被毆抵禦，末後刃戳重傷，亦有護兄情急所致。稍有可原。記緩，候核。

照緩

道二十七年，川三十二本。熊泳盛致斃巡役。金刃六傷，二致命，一透內，另劃五傷。勘傷較重。惟死者經託查竊贓，因見該犯牽拉被竊馬匹，拉住盤問。該犯業將出貼招認情由剖辯，並欲役人質證，死者並不詳細查訊，輒行催押赴官，其理不得爲直。該犯刀係奪獲，先戳各傷，均在肢體不致命處所。末後重傷，確有被拚急情，不無可原。記緩，候核。

照緩

道二十三年，貴十七本。趙六斤竊匪致斃土司派令看守之人。鐵器致命一傷，骨損，又另傷一人。情節不好。姑以死者並非官役，原題係照凡鬥定擬。該犯鋤由奪獲，回毆究止一傷。其傷另一人，亦由抵禦所致。稍有一綫可原。記緩，候核。

照緩

道二十五年，廣東八本。莫　四央求釋放帶案之人不允，共毆致斃差役。鐵器，致命一傷骨損，情節不好。姑以死者所傳，並非奉票勾捕罪犯。該犯毆非預糾，戳止一傷，且死逾二旬，稍有可原。記緩。候核。

照緩

道二十五年，江西三本。方滿汰因兄毆斃人命被差查拏，共毆致斃差役。金刃四傷，一穿透，另傷差役一人。情節不好。雖衅起護父，各傷均在不致命處所，另傷亦由抵禦，未便率緩。記候核。

改實

道二十五年，山東十九本。奚來田共毆致斃差役。該犯金刃七傷，二致命，二骨碎，一骨損，帶劃三傷。情傷較重。惟死者奉票緝匪，向該犯查問下落；因該犯答覆不知，輒欲帶案；並拔刀逞兇，亦屬倚差滋擾。該犯扎劃均由抵禦，重傷俱在肢體不致命處，刀係出自死者之手，共毆亦非預謀，且死越旬餘。稍有可原。記緩，候核。

照緩

道二十六年，陜二十二本。馬應喜等馬應喜主使毆斃二命應實。張悅被毆奪械二傷，毆情尚輕。惟以防兵中途滋事致釀巨案，雖非該犯肇衅，究非案內致斃一命之人。未便分案入緩。仍記核。

（馬應喜）照實（張悦）改實

道二十六年，河六本。姬宗派共毆致斃差役。該犯金刃致命三傷，一骨損，砍傷不輕。惟衅起口角，死先逞兇，該犯身受多傷，砍由抵禦所致，共毆亦非預糾。稍有可原。記緩，候核。

照緩

道二十四年，川二十二本。蕭毛子竊匪毆斃差役。情節不好。惟死非持票勾拘之人，且衅起口角，械由奪獲，兩傷均係木器，亦有抵禦急情。不無可原。記緩，候核。

照緩

道二十四年，川五十七本。杜喜狗帶刀匪徒致斃欲拏兵丁。情節不好。惟死者奉票緝賊，該犯並非票內應行拘捕之人。金刃二傷，均由被扭情急抵禦所致，不無可原。記緩，候核。

照緩

道二十四年，湖二十八本。田丙子死非捕役。該犯並非應捕之人。衅起護母，砍戳二傷，均由抵禦；另傷一人，究屬輕罪。可以原緩。

照緩

道二十三年，川六十六本。曹四和包死係奉票緝拏伊堂兄差役。因伊兄脱逃被革，迨與路遇爭鬧，該犯輒與伊兄將其共毆致斃。情節不好。惟衅起攏勸，死先抓按，該犯戳由抵禦，各傷均在不致命處所，共毆亦非預謀，稍有可原。記緩，候核。

照緩

道二十三年，奉十八本。劉潰等妄疑差役誘拏，强留馬匹，仍糾約共毆致斃散役眼綫一命。情節不好。惟該犯等均非所勾拘之人，且抵戳各止一傷，稍有可原。記緩，候核。

照緩

道二十三年，蘇九本。趙大仕致斃差役。金刃六傷，一骨損，二骨斷，二透過，二在倒地後。傷不爲輕。惟該犯於伊兄代賊銷贓並不知情，各傷均在肢體不致命處所。倒地後二傷，亦由死者拉衣拚鬧，掙扎不脱所致。尚可原緩。記候核。

照緩

道二十五年，直九本。候泳魁致斃差役。金刃三傷，一致命透膜，一要害食氣嗓斷。又木器三傷，另劃二傷，情節不好。雖定案時因該犯應完錢糧業已交納過半，且聞欲稟究，即向央求聲明，與抗拒不服者不同。各傷亦有被毆、被揪、被撞抵禦急情。未便率緩。記候核。

照緩

道二十一年，浙二本。杜高發竊匪刃斃捕役。致命一傷透內，又另傷捕役一人，情節不好。雖被扭情急，戳止一傷，死者並非奉官緝拏，原題照凡鬥定擬。另傷一人亦由圖脱所致。未便率緩。記候核。

照緩

道二十一年，陝十五本。馬溵瀠抗傳差役至死之案，向以本非有罪之人，其犯罪拒捕不同，仍分別情傷定擬寔緩。此起拒毆致斃差役，槍杆九傷，三致命，三在倒地後。情傷較重。惟該犯本非有罪之人，且伊母病故，欲俟喪事完畢，自行投首，與有心抗拒不服者有間。各傷均係他物，亦無損折重情，未便率緩。記，候核。

照緩

道二十八年，陝十八本。陸成瀊死者雖係該犯價買義女，惟本圖轉鬻獲利，已無恩義可言。迨逼令賣姦不從，因燒熱鐵箸向烙，復主使毆打致斃其命。慘忍兇暴，難以不寔。記核。

照實

道二十八年，江西十一本。曹　氏姦婦與姦夫共毆致斃苟合成婚之夫。金刃致命二傷，一骨損，另劃二傷。情節較重。惟死者先經與伊通姦，迨私娶爲妻，復利資縱伊與人通姦，並令伊向姦夫借錢未允，即向棍駡，寔屬無恥之尤。該氏刀係奪獲，各傷均由抵禦，共毆亦非預糾。稍有可原。記緩，候核。

照實

道二十九年，奉十三本。胡有成拒毆追揖人之案，向俱核其情傷，分別寔緩。此起死者私代原派差役，催納地租，並非官派之人。該犯將其致斃，較拒毆追攝人爲輕。他物一傷，並無損折重情，且由護父起衅，尚可原緩。記候核。

照緩

道二十九年，湖二十二本。覃其桂販賣私監致斃巡役。訊係犯時不知，定案照凡鬥問擬。他物一傷，係由受傷抵禦所致，亦無損折重情。尚可原緩。記候核。

照緩

照緩

道二十九年，陝十四本。杜幗法抗傳毆差至死之案，向以本非有罪之人與犯拒捕不同，仍分別情傷，定擬寔緩。此起拒毆致斃差役。金刃二傷，另劃三傷。倒地後木器五傷，二致命，一骨折，一重迭。情傷較重。惟該犯因伊妻病重，不能分身前往聽審，其欠錢亦情願帶還銷案，與有心抗拒不服者有間。未便率緩。記核。

照實

道二十九年，陝二十一本。范朵毛竊匪致斃差役。金刃致命二傷，一透內。情節不好。雖死者並非奉票緝拏，且因口角起衅，戳由被毆情急所致。定案時係照鬥殺科斷，未便率緩。記候核。

改實

道二十九年，陝二十三本。王震芒竊匪致斃捕役。金刃致命一傷透膜，復刃傷一人，情節較重。嚇扎一傷，係由圖脱所致，且非死者所勾捕之人。究難率緩。記候核。

照實

道二十九年，山東七本。柴萬松傷皆他物，死係因風，鬥情尚不爲重。至該犯行竊胞姊牛隻，係親屬相盗，與寔犯竊盗不同，稍有一綫可原。記候核。

病故

道二十九年，山西五本。李　三竊匪犯賭，致斃捕役。金刃致命一傷，透内，情節不好。姑以死者並非奉官緝拏，該犯扎止一傷，砍由被揪情急所致。稍有可原。記緩核。

改實

咸二年，江西三本。余運千毆斃差役。情節較重。惟死者向催伊父應完錢糧，該犯答稱告知趕完，並無有心抗拒情事，不得謂之罪人。原題照鬥殺定案。死先向毆，脚踢一傷。尚可入緩。記候核。

照緩

道二十五年，陝六本。安潰潮强姦大功弟妻未成，刃斃理斥之人。要害一傷奇重，情節不好。雖死非應捕，砍由被揪情急，亦難不實。記候核。

道二十五年，陝十九本。李淙法賭匪致斃司領差役傳伊投審之人，又另傷差役。情節不好。惟死非應捕，該犯身亦受傷。他物二傷，均由抵禦所致，且死越旬餘。另傷差役，係屬輕罪。尚可原緩。記候核。改實

道二十五年，湖十八本。黃芳懊雖係經官票拏致斃往拏之人。惟該犯於人門首拾取被搶狼籍谷粒，致被牽控，本非罪人。死者係差役私邀代拏，亦與官差不同。奪刀抵戳一傷適斃。不無可原。記緩，候核。照緩

道二十五年，浙十六本。包東弟竊匪紐毆致斃捕保雇作眼綫之人。情節不好。姑以雇倩死者之捕保，並非奉官差緝。該犯向戳，究止一傷。稍有一綫可原。記緩，候核。照緩

道二十五年，江西十三本。龍添淋共毆致斃差役帶往之人。情節較重。惟死係縣差私帶白役，其傳案之人亦非有罪之犯。該犯拳毆一傷，刃戳一傷，均由抵禦所致。尚可原緩。記，候核。照緩

道二十五年，安十本。萬學孔姦匪刃斃扭拏之人。要害一傷透內，食氣嗓微損。情節不好。雖死非本夫糾令捉姦，扎由掙扎不脱情急所致，亦難不寔。記核。照緩

道二十五年，河六本。楊化雲等光、汝搶奪匪徒，聽糾致斃彼造三命。係各斃各命，除一兇病故外，該犯楊化雲，金刃三傷，一透內，一骨損。該犯孫生，金刃二傷，一致命透內，情傷較重。姑以死非應捕，且亦係光屬兇徒。該犯等聽糾往毆，由於聞其糾人報復，前往迎敵，餘人亦有骨損重傷。稍有一綫可原，記候核。改實

道二十六年，川十一本。舒洪炳收買另鹽，冀圖轉賣，刃斃理斥之人。四傷，二致命，一透內，一骨微損，情節不輕。惟死者責非應捕，該犯身照緩

先受傷，戳由抵禦，且有被抓、被按急情，刀係奪自死者之手。稍有可原。記候核。照緩

道二十六年，湖九本。周滿兒竊匪共毆致斃曾經喊同事主追趕之人。木器九傷，二致命，二骨損，又帶傷一處。情節均重。雖死非應捕，身先受傷，各傷均係他物，共毆亦非預糾。未便率緩。記候核。照實

道二十四年，浙五本。王豆腐乾四竊匪致斃眼綫幫同誘拏之人。金刃致命一傷骨損。情節不好。雖死者責非應捕，戳由被扭情急圖脱所致。未便率緩。記候核。照實

道二十五年，河十八本。張　導姦匪致斃禁絶往來之人。鐵器五傷，倒地後石塊八傷，一骨折，一重迭骨斷。情傷較重。雖死非應捕，該犯先毆各傷，均無損折，倒後迭毆，意止欲令成廢，各傷均在肢體不致命處所。亦未便率緩。記候核。照實

道二十六年，直九本。劉溵魁搶奪賣休之妻，致斃幫同喊捕之人。金刃致命一傷，透膜，情節不好。姑以死者責非應捕，嚇扎一傷係由情急所致，另傷二人亦由受傷抵禦，一由被趕情急。且所搶之人與賣休之夫亦屬律應離異，究與平空搶奪良婦稍有不同。不無一綫可原。記緩，候核。照緩

道二十四年，貴十三本。張閆年竊匪刃斃人命。情節不輕。惟死者並非應捕，該犯身迭受傷，刀係奪獲，嚇戳究止一傷。稍有可原。記緩，候核。照緩

道二十六年，山東十七本。王　淋竊匪挾嫌糾毆致斃領同差役往拏之人。金刃八傷，四骨折，一骨損，五在倒地後。情傷均重。雖死非應捕，各傷均在肢體不致命處所，且死近一旬，另犯迭竊多次係屬輕罪。究難不寔。記候核。照寔

道二十六年，安十五本。桂長兒竊匪刃斃喊叫捉賊之人。情節不好。姑以死非應捕，戳止不致命一傷，係由被其打落塘内，並被扭情急所致。稍

有一綫可原。記緩，候核。

照緩
道二十六年，安十七本。王三回孜穎屬兇徒，先應聽糾斃命案内，幫毆有傷事發在逃，致斃眼綫邀往幫捕之人。金刃二傷，一致命透内，另刃傷三人。情殊兇横。雖死者並非奉官差往，本無應捕之責。該犯身受多傷，扎由情急抵禦所致，且死越旬餘。另傷三人亦有以寡敵衆之勢。亦難不實。記核。

改寔
道二十六年，江西二本。萬年科竊匪斃命。金刃致命一傷透膜，另劃一傷。情傷不輕。惟死非應捕，該犯身先受傷，戳劃均由抵禦，死者亦非徒手。稍有可原。記緩，候核。

照緩
道二十七年，浙四本。吴元偉逃軍聽糾刃斃作綫幫拏之人。情節不好。雖死非應捕，兩傷均在不致命處所，且死越旬餘。未便率緩。記候核。

照寔
道 四 年，湖二十八本。楊再秀竊匪聽糾謀毆刃斃人命。情節不好。姑以戳由抵禦，且止不致命一傷。記緩，候核。

照緩
道二十五年，川五十六本。劉榮機竊匪致斃喊破竊情之人。金刃二傷，一砍落耳輪，一穿透；另鐵器四傷。情節不好。姑以死非應捕，傷由抵禦，且均在不致命處所。稍有一綫可原。記緩，候核。

照緩
道二十四年，川留七十九本。張正榜竊匪刃斃説破竊情之人。五傷，一致命。情節不好。姑以死非應捕，各傷均由抵禦，亦無損透重情。稍有一綫可原。記緩準留。仍候核。

照緩
道二十二十四年，廣西九本。劉全緑聽從開設花會匪徒，開拏逃走，致斃人命。情節較重。惟死者責非應捕，且有拋落柴枝起衅，該犯被扭情急，嚇戳究止一傷，尚可原緩。記候核。

照緩

道二十四年，湖五本。鄭剛土收買鴉片烟土，致斃保正邀往搜拏之人。情節不好。姑以死非應捕，原題係照凡鬥定擬，刃傷亦尚不爲多。稍有可原。記緩，候核。

照緩

道二十四年，湖八本。李　么竊匪被事主捕拏跑逃，路過死者屋前，因死者將夥賊揪住，輒敢攏護，致斃其命。金刃三傷，一由左胯透入小腹。情節不好。雖死非應捕，各傷均在不致命處所，重傷係被揪圖脱情急所致。未使率緩。記候核。

照寔

道二十四年，河七本。馬常順回民向軍配逃回，致斃欲將伊扭送之人。情節較重。惟死非應捕，其欲將該犯扭送，係爲報復私嫌起見。該犯毆扎各止一傷，均在不致命處所，且有被扭不放急情，不無可原。記緩，候核。

照緩

道二十七年，直十六本。孫　玉逃走喝毆致斃捕役眼綫。情節不輕。惟死者責非應捕，起衅亦非由緝拏該犯。衅起護母自毆。各傷均係他物，死越一旬，餘人亦由損折多傷，稍有一綫可原。記緩，候核。木器，七傷，一致命，一骨損，一骨折。

照緩

道十六年，湖二十六本。劉二伢竊匪共毆致斃受托查贓之人。金刃三傷；又鐵器，二傷，一骨斷，一骨損。情節較重。雖死非應捕，毆戳均由抵禦，各傷均在不致命處所。末後損斷重傷，刀不用刃。共毆亦非預糾。究難率緩。記候核。

照實

道二十七年，蘇三本。余　四竊匪共毆致斃撞破竊情之人。金刃三傷，一致命，二骨損。情節不好。惟死者責非應捕，該犯毆非預糾，傷由抵禦，餘人亦由骨損重傷。稍有可原。記緩，候核。

照緩

道二十七年，安二本。范小妮竊匪共毆致斃另案事主糾往捉賊之人。金刃二傷，一致命透内，情節不好。雖死非應捕，二傷均由抵禦，死者並非徒手。未使率緩。記候核。

道二十七年，川三十四本。劉超頂竊匪致斃逾七老人。情節不好。惟死非應捕，該犯被擲情急，嚇戳一傷，係在肢體不致命處所，亦無損折重情；且死越一旬，另傷一人亦由抵禦所致。尚可原緩。記候核。　照實

道二十七年，河二十本。張　孟兕徒行竊，在押脱逃，糾毆致斃原拏之差役。金刃致命一傷，又喝令餘人毆砍，金刃六傷，一致命透內，鐵器二傷，一致命重迭，均在架至漫地後。情傷均重。雖死者業已另案革役，即無應捕之責。該犯下手刃砍一傷，尚無損透。餘人亦另有剜眼，及骨損重傷。未便率緩。記候核。　照緩

道二十二年，川五本。劉和尚竊匪因幼孩道破竊情，共毆致斃。該犯金刃致命二傷，俱透內，又石毆四傷。情傷俱重。雖死非應捕，餘人亦有骨斷重傷。亦難不寔。記候核。　照實

道二十一年，安十六本。薛小安孜竊匪挾告知差役將伊獲案之嫌，糾毆斃命。倒地後，金刃三傷，二致命，另劃一傷。情傷不輕。雖死非應捕，傷無損透，餘人亦有骨斷重傷，且死近一旬。未便率緩。記候核。　照緩

道二十二年，河八本。曹　平姦拐匪徒。本夫托人尋獲姦婦，寄住死者之家。後與死者途遇，輒應被斥，將其刃砍致斃。三傷，俱骨損。事後復乘間旅帶姦婦同逃。情節不好。雖死非應捕，傷由抵禦。未便率緩。記候緩。　照實

道二十一年，直七本。孟　玉擬遣釋回舊匪，因圖竊致斃捕役幫緝之人。金刃三傷，二透內，一骨損，情節不好。惟死者並無應捕之責，該犯亦先不知係屬捕役，且傷無致命，餘人亦有骨折重傷。稍有可原。記緩，候核。　改實

道二十八年，雲六本。王　三雖係竊匪斃命，惟死者因伊曾經行竊，聽從另案事主往向查問，並非應捕。該犯錯戳二傷，均由抵禦所致，亦無　改實

損透重情，共毆尚非預糾。不無可原。記緩，候核。

道二十八年，川四十本。向四麻子夥盜犯案差緝，致斃捕役喊同幫捕之人。情節不好。雖死者責非應捕，該犯他物，二傷，均在不致命處所；由被抓奪鋤情急抵禦所致，死越一旬。其另犯臨時行強，在外瞭望一次，例得免死發遣，究屬輕罪。亦難不寔。記核。　照緩

道二十八年，湖十五本。吳幗喻姦拐匪徒致斃盤詰之人。金刃一傷，由左膊穿透臂膊。情傷不輕。惟死非應捕，嚇戳一傷係在肢體不致命處所。且由被扭掙扎不脱所致，死逾二旬。稍有一綫可原。記緩，核。　照實

道二十八年，湖十七本。楊老興竊盗致斃代捕役挑送行李之人。金刃八傷，七頭面致命，二骨損，二在坐地後。情傷均重。雖死非應捕，刀係奪獲，各傷均由抵禦所致，坐跌後連砍，亦有被扭不放急情。究難擬緩。記候核。　照緩

道二十八年，浙八本。王應科竊盗索還贜物，致斃中途將夥賊盤問之人。金刃致命二傷，帶劃二傷，情節不好。姑以死非應捕，先戳一傷，由於抵禦，末後嚇戳，係由被其拉倒喊叫情急所致。稍有一綫可原。記緩，候核。　改實

道二十八年，安三本。鄭烟匠姦匪斃命。刃傷較重。惟死非應捕，身迭受傷，嚇扎一傷，確由情急所致。不無可原。記緩，候核。　照緩

道二十八年，山東八本。陳迷漢捻匪行竊致斃查問捕拏之人。鐵器致命一傷，骨損，情節不好。姑以死者責非應捕，原題照凡鬥定擬。毆由情急，一傷適斃。其另犯結捻搶奪，係屬輕罪。稍有可原。記緩，候核。　照緩

道二十九年，川三十九本。余木匠姦匪斃命。金刃致命二傷，另劃三傷，傷不爲輕。惟死非應捕，各傷均由被扭、被按，情急抵禦所致，亦無損透重情。稍有可原。記緩，候核。　照緩

道二十九年，福二本。顔　露圖竊匪徒致斃中途疑竊扭住之人。鐵鑽致命二傷，一透内，另劃二傷，又膝脆一傷，手指抓傷三點，情節不好。姑以死非應捕，各傷均由被扭圖脱情急，及帶跌膝跪所致。稍有可原。記緩，候核。　照緩

道二十九年，浙四本。李執山竊匪致斃拉住盤問之人。金刃一傷，骨損。情節不好。惟死非應捕，嚇戳一傷係由被拉情急圖脱所致，且傷不致命，死越旬餘。稍有可原。記緩，核。　照緩

道二十九年，陝十一本。陳七瞎兒逃軍致斃人命。鋤刃致命一傷骨損，勘傷較重。惟死非應捕，鋤係奪獲，嚇毆一傷係由抵禦所致，且死近二旬。稍有可原。記緩，候核。　照緩

道二十九年，蘇留十四本。趙著青竊匪斃命。木器致命二傷，一骨損，一骨微損。倒地後傷，均由抵禦，戳瞎其右眼，情節不好。雖死非應捕，各傷均由抵禦。其戳瞎右眼，亦止欲令成廢。未便率緩。記候核。　照緩

道二十九年，山東十六本。皮大户竊匪致斃中途查問之人。金刃一傷，透膜。情節不好。姑以死非應捕，戳由被毆情急所致，且在不致命處所。稍有一綫可原。記緩，候核。　改實

一、乞丐斃命，並賭匪致斃賭匪之案，俱照常鬥，分别寔緩。若賭匪因賭起衅，致斃平人，應略爲加嚴。

道二十五年，川三本。汪大發兩比均係丐匪。該犯鐵器先毆十二傷，一致命，刃鋤致命五傷，另劃二傷，勘傷較多。惟衅起索欠，毆鋤均由抵禦，亦無損折及倒地迭毆重情。稍有可原。記緩，候核。　照緩

道二十五年，川五十五本。楊萬發丐匪糾毆致斃丐匪。金刃二傷，一致命，一要害。情傷不輕。惟死本强横，各傷均有被毆、被揪抵禦急情，負欠　照緩

亦非昧賴。稍有可原。記緩，候核。照緩

道二十五年，川五十六本。戴　鑾丐匪斃命金刃五傷，一由右腿透過右胯，另劃一傷。傷不爲輕。惟犯係廢疾，衅起索欠，傷由奪刀抵禦，且均在不致命處所。尚可原緩。記候核。照緩

道二十五年，蘇十一本。王小和尚雖係丐匪共毆致斃驅逐之人，惟該犯等並未至死者米行滋擾，一經驅逐，即行走避，尚無倚衆逞强情事。且戳由抵禦，一傷適斃，共毆亦非預謀，尚可原緩。記候核。照緩

道二十五年，河十二本。王不收口丐匪共毆斃命。金刃四傷，三骨損，又砍落手指一節，帶劃一傷。傷不爲輕。惟衅起不曲，刀係奪獲，各傷均在肢體不致命處所，共毆亦非預糾，且死越旬餘。尚可原緩。仍記候核。照緩

道二十六年，川十四本。隴遇春丐匪斃命。木器二十三傷，四致命，一骨損，一骨斷。勘傷較多。姑以死亦丐匪，估欲多分菜飯，其理本曲。該犯毆係他物，各傷均由被毆、被扭、被踢，抵禦所致，重傷係在肢體不致命處所。尚可原緩。記候核。照緩

道二十六年，川三十本。李　毛丐匪斃命。金刃致命一傷，透内，另劃一傷，又鐵器致命二傷。起衅起理亦不直。姑以先毆各傷，刀不用刃，亦無損折重情，末後刃傷，亦由情急抵禦所致。尚可原緩。記候核。照緩

道二十六年，湖十八本。梁少時丐匪斃命。刃戳致命一傷，透内，勘傷不輕。惟被扭、被按，戳由掙不脱身抵禦所致。尚可原緩。記候核。照緩

道二十六年，直四本。程　洪兩比均係丐匪。該犯木器十一傷，一重迭，九在倒地後。勘傷較多。惟死者索欠嚷鬧，其理甚曲。該犯衅起理勸。各傷均在肢體不致命處所，亦無損折重情。尚可原緩。記候核。

道二十六年，直十二本。趙　遂丐匪斃命。磚塊十四傷，八在致命頭面，三骨損。勘傷較多。惟衅起不曲，毆由抵禦。末後重傷，確由被揪不放負痛急情，且死亦丐匪。尚可原緩。記候核。　照緩

道二十四年，川四十三本。解法通丐匪斃命。金刃五傷，二致命，一骨損，帶劃二傷。勘傷不輕。惟刀係奪獲，各傷均由抵禦。尚可原緩。記候核。　照緩

道二十四年，山東一本。王　狗丐匪斃命。木器十一傷，一致命，二重迭，一骨微損，三骨折，一在倒地後。勘傷不輕。惟衅起索欠，先毆各傷，均由抵禦所致。倒地後致命一傷，砍由被抓負痛急情，且死亦丐匪。尚可原緩。記候核。　照緩

道二十七年，直十本。馬　五兩比均係丐匪。該犯金刃二傷，一要，一致命，均止透内。勘傷較重。惟先劃一傷，係由被毆情急，末後向砍，亦由被其奪刀抵禦所致，負欠亦非昧賴。尚可原緩。記候核。　照緩

道二十七年，奉留二本。劉成有丐匪共毆斃命。金刃九傷，三致命，二透内。勘傷較重。惟死者先奔毆，各傷均由抵禦，共毆亦非預糾，且死亦丐匪。尚可原緩準留。仍記候核。　照緩

道二十四年，福四本。顔允成幫充丐首毆斃行竊丐匪。木器傷，無損折，情傷俱輕。其事後移屍園内，復捏詞誣告，係因事主逼令驅逐致釀人命起見，尚可不以之加重。記緩，候核。　照緩

道二十三年，川二十三本。何井保丐匪斃命。金刃十傷，九致命，另劃二傷，又石塊致命一傷。勘傷較多。惟死者亦丐匪，將其乞之飯獨自食完，係屬理曲。該犯砍毆各傷均無損透，且有被扭、被撳急情。稍有可原。記緩，候核。　照緩

道二十八年，浙一本。車瘋子丐匪斃命。金刃致命三傷，勘傷不輕。惟死先撲毆，先戳二傷均由抵禦，末後向戳亦由受傷情急所致，各傷均無損透重情。尚可原緩。記候核。　照緩

道二十八年，浙七本。葉阿跳丐匪共毆斃命。按倒後金刃二傷，一筋斷，另劃一傷。並幫同按住，致餘人挖傷其兩眼睛。情節不好。惟挖眼係餘人起意，該犯戳劃各傷，均在肢體不致命處所，共毆亦非預糾，且死亦丐匪。尚可原緩。記候核。　照緩

道二十九年，山西二本。高旺旺仔丐匪糾毆斃命。於餘人攢毆多傷後，金刃二傷，一致命骨微損，一骨損。毆情不輕。惟死者平日兇横，自號丐頭，復將人散給麴饝，從中尅和，其理甚曲。該犯向砍二傷，均由死者取土抛撒所致。擦瞎兩眼，係餘人起意。尚可原緩。記候核。　照緩

咸二年，川二十三本。楊庭悰丐匪糾毆斃命。木器二十傷，二致命，六骨斷。情傷不輕。惟死者本理曲，且係亂毆，不知先後輕重，罪坐原謀之案。罪疑惟輕，尚可原緩，記候核。　照緩

咸二年，湖六本。倪焕頂丐匪聽糾斃命。該犯木器十傷，一致命，一骨斷。惟毆係他他物，傷俱在未倒地以前。尚可原緩。記候核。　照緩

道二十五年，奉五本。周　四賭匪共毆致斃賭匪。該犯於鎗傷後，刃砍三十餘傷，係在倒地後居多。情傷俱重。難以死者登門尋衅，毆非預糾爲解。記寔，核。　照實

道二十五年，奉十一本。劉甸一雖係賭匪斃命，究止刃戳不致命一傷，死亦糾賭匪徒。可以原緩。

邢鳳詳賭匪斃命。金刃六傷，一要害透内，另劃一傷，並劃傷三指。勘傷較重。惟死先糾賭，傷由抵禦。先扎各傷，均不深重，末後重傷，確由被拉倒地，按住不放急情。尚可原緩。記候核。　照緩

道二十五年，直十五本。冠洛底賭匪共毆斃命。於揪倒揿按後騎坐身上，鐵器十五傷，一骨折。情傷較重。姑以死者尋罵逞兇，該犯傷係他物，均在肢體不致命處所。重傷究止一處，共毆亦非預謀，且死亦賭匪。稍有可原。記緩，候核。　照緩

道二十六年，奉十三本。牛汶發賭匪斃命。刃戳一傷，由右腿透過右臂，勘傷較重。惟戳由被擲抵禦，傷在不致命處所，且死亦賭匪。尚可原緩。記候核。　照緩

道二十六年，湖八本。余權悰回民糾賭，共毆斃命。該犯金刃十傷，一致命透膜，一骨微損。勘傷較兇。雖刀係奪獲，死亦賭匪共毆，並非預謀。未便率緩。記候核。　照緩

道二十六年，湖十四本。張三牛雖係流犯在配因賭斃命。惟死先撲毆，該犯拳毆各傷均由抵禦所致，且死亦糾賭匪徒。可以原緩。　照緩

道二十六年，山西八本。郭得行賭匪聽糾斃命。金刃五傷，一要害，勘傷較多。惟各傷均無損透，耳有被揪、被撞急情，死亦糾賭匪徒。稍有可原。記緩，候核。　照緩

道二十六年，直七本。王　鎖賭匪斃命。金刃五傷，四透膜，二在倒地後。勘傷較重。惟刀係奪獲，各傷均在不致命處所，且死亦賭匪，尚可原緩。記候核。　照緩

道二十四年，奉五本。任　發兩比均係賭匪，金刃六傷，二致命透内。論傷不輕。惟死者因索賭欠剥取該犯衣服作抵，又復登門嚷罵揪毆，寔屬强横。該犯戳由抵禦，尚無倒地後迭致毆重情。記緩，候核。　照緩

道二十四年，奉六本。張義亭賭匪斃命。金刃致命五傷，一骨損，一骨微損，帶劃五傷，勘傷不輕。惟死先糾賭，該犯砍劃均由抵禦，刀係出自死者之手。不無可原，記緩，核。

照緩

道二十四年，湖十八本。陳懙家賭匪斃命。金刃八傷，一致命，二骨損，一筋斷，骨微損，二筋斷，另帶傷一處。論傷較重。惟死先糾賭，該犯刀係奪獲，各傷均由被砍、被踢抵禦所致。稍有可原。記緩，彙核。

照緩

劉　仲賭匪糾毆斃命。金刃六傷，一致命，二骨損，又另劃二傷。勘傷不輕。惟各傷均由抵禦，死係糾賭匪徒。稍有可原。記候核。

照緩

道二十四年，山西留二十二本。王模芒兩比俱係賭匪。該犯金刃七傷，三致命，一透內，一透膜。勘傷較多。惟死者糾賭逞兇，該犯身先受傷，各傷均由抵禦所致，刀係出自死者之手。尚可原緩。結到並準留養。記核。

照緩

道二十四年，直二十一本。紀改成賭匪糾毆斃命。石塊十傷，四重迭，一骨折，俱在揪按倒地後。毆情較兇。惟死先糾賭，復取穀穗抵償賭欠，其理本曲。該犯毆係他物，各傷均在肢體不致命處所，重傷究止一處，且死越旬餘。尚可原緩。記候核。

照緩

道二十七年，安十八本。葛順孜賭匪斃命。金刃二傷，一由舌根深至咽喉，另劃一傷。勘傷較重。惟死先拳毆，傷由抵禦，末後重傷，係因死者攏撲勢猛，收手不及所致。稍有可原。記緩，候核。

照緩

道二十一年，山西十七本。仝原善賭匪共毆斃命。該犯鐵器二十傷，二致命，二骨損，十一在倒地後。情傷不輕。惟情殷護兄，械由奪獲，倒地後傷在肢體不致命處所，死亦糾賭匪徒。尚可原緩。記候核。

照緩

道二十八年，貴三本。曹　雲賭匪斃命。刃傷較多，惟身先受傷，各傷均由抵禦，且在不致命處所，死係糾賭匪徒。尚可原緩。記候核。金刃五傷，二骨損，均不致命。

照緩

道二十八年，川五本。楊二麻子賭匪聽糾斃命。金刃三傷，二致命透内，另劃一傷，係在不致命處所。末後重傷，確由被揪情急所致。尚可原緩。記候核。

照緩

道二十八年，川十八本。楊克倫賭匪斃命。金刃八傷，二致命，一骨損，一骨微損。勘傷較重。惟死先糾賭，復重索賭欠，其理甚曲。該犯砍戳各傷，均由被扭情急抵禦所致，不無可原。記緩，候核。

照緩

道二十八年，川十九本。陳老六賭匪致斃理阻之人。情節不好。惟先毆各傷均係手足，末後刃傷，確由被揪、被按，情急抵禦所致。刀係奪自死者之手。尚可原緩。記候核。手足四傷，一致命，金刃一傷，致命透膜。

照緩

道二十八年，川二十九本。張學川賭匪兩次爭毆致斃人命。先毆石塊九傷，四致命。又起意糾毆，金刃四傷，二致命，一骨斷，帶劃一傷，毆情較重。姑以死先糾賭，該犯先毆各傷均係他物，亦無損折重情。迨後砍戳各傷，均由抵禦所致，且有被掽急情。稍有一綫可原。記緩，候核。

改實

道二十八年，奉四本。趙庭芳賭匪斃命。金刃七傷，一骨折，二骨微損，又鐵器一傷。勘傷較多。惟死者糾賭逞兇，該犯各傷均由抵禦，均在肢體不致命處所。刀係出自死者之手，且死屆四旬。尚可原緩。記候核。

照緩

道二十八年，奉道十一本。紀正剛賭匪斃命。金刃十三傷，一透内，二透過，另劃二傷。勘傷較多。惟死係賭糾匪徒，該犯身先受傷，各傷均由抵禦，且俱在肢體不致命處所。未便率緩。記候核。

改實

道二十八年，安十八本。曹西世賭匪共毆斃命。金刃八傷，一致命透内，一骨損。勘傷較重。惟死亦賭匪，該犯身亦受傷，各傷均由抵禦急情，刀係出自死者之手，共毆亦非預糾，餘人亦無骨損重傷。尚可原緩。記候核。

照緩

道二十八年，山西六本。韓汰交賭匪致斃欲行控究之人。木器四傷，三致命，一骨微損。情節不好。惟棒係奪獲，各傷均係他物，且由抵禦所致。另傷一人，亦由誤中。不無可原。記緩，候核。

照緩

道二十八年，直五本。高保汰賭匪聽糾斃命。木器八傷，二骨折，二在倒地後。鐵器五傷，俱在倒地後；又拳毆一傷。勘傷較多。姑以各傷均在不致命處所，倒地後傷無損折，餘人亦有骨損重傷。至糾毆另劃一人或廢，係屬輕罪。稍有一綫可原。記緩，候核。

照緩

道二十八年，山東十五本。高道畏兩比均係賭匪。該犯金刃六傷，二致命，一透膜，一由左手心透過手背，另劃一傷，勘傷較重。惟死先撲毆，各傷均由抵禦，並有被撞急情，且死係因風。尚可原緩。記候核。

照緩

道二十九年，奉一本。張庭楝賭匪强拉馬匹抵欠，共毆致斃人命。金刃五傷，三致命，一透内，一透過。情傷較重。姑以死者並非徒手，該犯戳由抵禦，毆非預糾，餘人亦有火器多傷，另傷其父係屬輕罪。稍有一綫可原。記緩，候核。

改實

道二十九年，奉十九本。王　義賭匪共毆斃命。該犯木器十傷，一致命，三骨折，四骨微損。勘傷較重。惟死先聚賭，該犯先毆一傷係由被毆抵禦所致，後毆各傷均在肢體不致命處所，共毆亦非預謀。尚可原緩。記候核。

照緩

道二十九年，河二本。王　章賭匪糾毆制縛，拷打致斃平人。於餘人毆扎多傷後，金刃重迭一傷，骨斷。情節不好。惟死者堂姪李本智家被竊，該犯本不知情，因死者稱欲控究，遂疑爲平空誣賴，起衅尚不爲曲。且傷在肢體，死越旬餘。李本智另被他人捆毆，亦與該犯無涉。稍有一綫可原。記緩，仍候核。

改實

咸二年，奉七本。董寶廣賭匪致斃人命。金刃二傷，一要害食氣嗓俱損，另劃二傷。勘傷較重。惟各傷均由抵禦，死係糾賭逼索賭欠之人。尚可原緩。記候核。

照緩

咸二年，奉九本。李　名賭匪共毆斃命。該犯石毆十一傷，八致命，一骨損。傷不爲輕。姑以死亦賭匪，傷係他物，共毆亦非預糾。尚可原緩。記候核。

照緩

咸二年，山東十七本。張導醇兩比均係賭匪。該犯金刃，十一傷，四致命，二透膜，一骨微損；又另劃三傷。勘傷甚多。雖死先向毆，扎劃均由抵禦，亦難率緩。記候核。

照寔

咸二年，直二本。趙　明賭匪斃命。金刃十三傷，九致命，一透膜；又劃傷三處。雖死係索詐差役，傷無損折，亦難不寔。記候核。

一、屏去人服食致死之案，如情節不甚兇暴者，亦酌量擬緩。

照實

道十七年，川留一本。丁維高死係十五幼孩。該犯他物，先毆四傷，復剥取衣帽，致令受凍身死。情節不好。姑以起衅理直，傷無致命損折。其剥取衣帽，止圖逼令還被，並無致死之心。不無一綫可原。記緩準留。仍候核。

照緩

道二十二年，山東二本。陳　昂竊剥事主衣服，致令受凍身死，因聞拏自首，律得免其所因。照「屏去人服食致死」辦理。

照緩

道二十四年，山西十一本。張　禮脱取鞋襪抵欠，致令兩足受凍，潰爛致斃，非其意料所及。且衅起理直，死越旬餘，可以原緩，仍記核。

照緩

道二十九年，浙三本。汪耕生嚴冬剥取棉衣，致令凍斃。情節較重。惟剥衣由於抵欠，未可責以兇惡。死者受凍致斃，非伊意料所及。至謂先經脱給馬掛，已足償抵，未見原物，殊難懸揣。記緩核。

一、以他物置人耳、鼻孔竅致死者，情同故殺者，應入情實。

道二十六年，四川四十三本。大蘇何氏他物傷，無損折，末後嚇毆，係在已經解放縛繩之後，可以原緩。此起該氏先喝令將死者手足捆縛，復用鹽滷灌其口內。　照緩

道二十六年，四川留二本。趙雲安先毆木器二傷，捆住後，又用燒酒灌其兩耳竅致斃。情節不好。惟死本舊匪，疑竊不爲無因。用酒灌耳，止冀致成幾廢，且死越旬餘。稍有可原。記緩準留。仍候核。　照緩

道二十五年，四川六十一本。任懷芳以穢物灌入婦女之口，致令受毒身死。情節不好。姑以死者理曲尋衅，該犯用糞嚇灌，止欲使其不敢再罵，並無致死之心。其受毒身死，寔非意料所及。不無可原。記候核。　照緩

道二十七年，四川三本。江開有灌服鹽滷斃命之案，向俱核其情節，分別寔緩。此起灌服糞汁，致斃七旬老人，情節較重。惟死者將茶罐向糞桶內丢棄，其理不得爲直。該犯起意灌糞，止冀其受穢泄忿，與明知鹽滷有毒，灌令成病者情稍有間。其受毒後，越五日身死，尚非該犯意料所及。稍有一綫可原。記緩，候核。　照緩　改實

一、部民毆本管官，折傷、刃傷者，俱擬情寔。其非本管官，以凡鬥論之案，如死者理曲，自取凌辱，情傷俱輕者，可以緩決；餘俱入實。

道二十五年，江西十三本。胡老五聽從鬧漕拒捕，爲從下手毆官，情殊藐法。　照實

道二十五年，朝一本。成　汰兵丁刃傷本管官，情殊藐法。　照實

道二十六年，浙十四本。董聲楊等董聲楊、何沅助聽從拒捕，毆傷兵丁汪分茌，隨同借事罷考。　照實

道二十四年，貴十四本。黄學五軍士聽從鬧堂，下手毆官，情殊藐法。　照實

道二十四年，福一本。許志洸兵丁致斃外委。金刃致命二傷透内，另劃一傷，又刀尖劃墊傷一處，傷不爲輕。惟死非本管汛弁，該犯舋起索欠，身迭受傷，戳劃均由抵禦，刀係出自死者之手。尚可原緩。記核。　照緩

道二十四年，浙一本。蔣計生刁徒聽從聚衆閧堂毆官，情殊藐法。　照實

道二十四年，浙一本。姚瀛洲聽從聚衆閧堂辱官。　照實

道二十四年，山西十六本。劉滿銀蒙古臺吉，有職無任，向不以職官論，仍按情傷輕重，分別寔緩。此起犯雖私租禁地，死者亦訛索錢文，兩比無甚曲直。該犯身先受傷，毆係他物，且死近二旬。可以原緩。不致命木器四傷，二骨損。　照緩

道二十七年，蘇九本。曹明等聽從抗糧滋鬧，復拒捕殺人。　照實

道二十七年，浙十四本。海仲魁回民挾委署千總將伊弟名糧稟革之嫌，致斃其命。情節不好。雖死非本管九品以上官，律同凡論。死者亦尚非伊弟本管營員，該犯拳毆、石毆各止一傷，死由跌震内損。未便率緩。記候核。　改實

一、鬥毆、共毆並各項命案，或父母肇舋，或父母囑令毆打致斃人命，父母因被毆氣忿，及畏罪、畏累、痛悔等情自盡，並非子孫犯罪，致父母愁急輕生，仍照各本律例定擬者，既不在加擬立決之例，應核其本案情節，分別寔

緩，毋庸加重辦理。

道二十五年，貴十本。李趕年毆由抵禦，他物傷，無損折，鬥情本輕。至伊母恐子問罪自縊身死，究與氣忿輕生者有間。不無一綫可原。記緩，核。　照緩

道二十五年，廣東七本。朱鎖幅毆斃降服緦尊，致伊母自盡。情節不好。惟衅起護母，他物一傷適斃。至伊母自盡，係由牧牛肇衅，慮恐拖累所致，與氣忿輕生者不同。稍有可原。記緩，核。　照緩

咸三年，陝八本。何泳發死雖婦女，究止奪刀抵禦一傷。至伊母恐子問罪，投河自盡，究與憂忿輕生者有間。向有入緩成案，似可援照辦理。記候核。　照緩

道二十九年，河十四本。王化獻伊子向死者之女調姦，致令自盡。因死者找向理論，刃斃其命。致命一傷，透內，情節不好。惟伊子釀命後出外躲避，該犯欲俟找回送究，尚非縱容袒護。且被毆情急，傷由死者撲攏勢猛，收手不及所致。死者並非徒手。稍有可原，記緩，候核。　照緩

一、乳母悶死幼孩之案，例無明文定案，俱照乾隆二十六年論旨擬絞。致雇主絕嗣者，情寔；未絕嗣者緩決。五十九年奉旨入寔。乾隆五十九年本。徐許氏案，奉旨：「嗣後遇有此等案件，訊係獨子，以致其宗絕嗣，即係出於無心，亦應入於秋審情寔。以昭平允。欽此。」並未指明未絕嗣者緩決。現在辦理絕嗣，均無論是否擬情寔。

道五年，朝四本。吳氏乳母悶死幼孩之案，檢查嘉慶年間辦過劉氏、王氏二起，俱係入寔，免勾。原奏並未聲明是否絕嗣。又查乾隆五十凡年徐許氏一起，係誤壓雇主過繼幼子致斃。伊雇主業已另繼，未至絕嗣，亦係入寔，免勾。此起自應照辦入實。仍於出語内聲明。謹將擬定出語一並呈閱。乳哺誤壓，死非意料。惟不小心照管，致斃幼孩，吳氏應情寔。　照實

舊抄内定律例稿本　卷四

一、輪姦爲從，及强姦已成，無論有無傷人，並誘姦幼女、幼童，雖和同姦之案，俱應入情寔。若冒姦已成之案，究與强姦不同，可以緩決。

道二十五年，雲一本。黄　狗誘姦。年甫幼童，已成。　照實

道二十五年，廣西二本。張淋受强姦室女已成，令羞忿自盡。　死係年甫十三本。　照實

道二十五年，川十本。王四海强姦室女未成，致令羞忿自盡。死係年甫十五。　照實

道二十五年，川二十八本。蓋紅發强姦室女已成。　照實

道二十六年，安八本。葉兆寶等聽從輪姦良女已成。　照實

俱照實

道二十三年，朝四本。岡　三强姦已成，向俱入寔。此起逼允成姦，僅止空言嚇唬，尚無損膚裂衣重情。且被姦之女，年已十四，與十二歲以下雖和同强者有别。定案時從嚴，照强姦律擬絞。聲明朝審時分别辦理，自應寬其一線。記緩，候核。　照緩

咸元年，朝五本。魯　二誘姦年甫十一幼童已成，畏懼中止。　照實

一、因盜而强姦未成者，俱入情寔。　俱照實

道二十六年，湖一本。劉秋兒等因盜强姦婦女未成。

一、因姦因盜威逼人致死者，俱入情寔。　照實

道二十五年，雲六本。張士友因姦威逼，致本夫自盡。

一、言語調，戲致婦女及良家子弟羞忿自盡，並污衊姦情，致婦女忿激自盡者，俱入情寔。

道二十五年，河十本。朱文選言語調戲，致室女羞忿自盡。　照實

道二十三年，河四本。劉　深揑姦誣衊，致被誣之人自盡。雖無寫揭字帖及編造歌謠情事，亦難不寔。記核。　照實

道二十八年，川四十三本。張懷田調姦未成，業經和息。後死者恐旁人恥笑，羞忿自盡。此起遵駁更正。　照實

道二十九年，河十四本。王騷狐用手調戲，致室女羞忿自盡。　至伊父王化猷先不知情，因張仁得向伊父告述，嚷駡撲毆，被伊父用鎗抵扎，致傷張仁得身死，應各按本例本律科斷。　照實

道二十一年，陝十一本。燕三欒揑寫穢語張貼，致良婦被誣自盡，情殊險詐。雖該犯意在挾制還錢，與無干污衊者有間。且於被控差拏逃避之後，該犯私行自盡，與一聞穢語，登時忿激輕生，稍有不同。亦難不寔。仍記，候核。　照實

一、强姦未成，刃傷婦者，應入情寔。　改實

道二十九年，朝一本。泳　陞本强姦以爲報復，似與逞淫者有間。惟被污之人本屬良婦，其夫又未與伊妹通姦，已難以該犯誤聽伊妹揑詞，曲

從原解，況該犯姦畢後，復令常與往來，是雖存報復之心，仍有縱淫之意。揆（天）情法，皆無可原。記寔，核。

一、因姦拒捕傷人案内，或致姦婦被殺，或致姦婦自盡，該犯本罪俱止擬徒者，仍核其拒捕情形，分别寔緩，不必加重。照實

道二十九年，川二本。羅證才雖係致斃小功弟，惟姦通死者之妻，事後拒捕刃斃其命，亂倫逞兇。定案既照凡人拒捕問擬，自難不寔。照實

一、男子被調姦自盡，比照强姦未成，或比照本婦羞忿自盡例定擬。僅止空言調戲者，可緩。

道二十七年，河五本。韓樂幅語言調戲，致良家子弟羞忿自盡，既比照致婦女自盡例問擬，自難不寔。改實

道二十八年，山西三本。謝汝鞍强姦男子未成，致令自盡，既比照本婦自盡例問擬，自難不寔。仍記核。照實

一、姦夫圖脱拒捕，刃傷折傷者，亦與竊盜圖脱拒捕，一律分别寔緩。特不以姦加重。如係强盜輪姦未成，因而拒捕刃傷者，俱入情寔。

道二十五年，山西十一本。馬管管姦匪拒捕刃傷之案，向照竊盜拒捕，分别情傷，定擬寔緩。此起扎止一傷，係由逃走被追所致。其由軍犯脱逃，係屬輕罪。且該犯已被毆成廢。不無一綫可原。記緩，候核。照緩

道二十六年，江西十四本。楊雙罄姦匪刃傷捕人，向俱照竊盜刃傷捕人分别寔緩。此起犯姦拒捕，刃劃本夫二傷，係由被扭掙扎不脱所致，尚無逞兇砍戳重情。記緩，候核。照緩

道二十三年，江西九本。李俚棟姦夫刃傷捕人，向與竊盜刃傷事主，一例同科。如圖脱刃拒在三傷以下，可以入緩。此起姦匪圖脱拒捕，戳劃各止一傷。又另劃傷一人，係在已被追獲之後，較之當場拒捕情節爲輕。似可原緩。記候核。

照緩

道二十九年，直二本。覺　和姦匪拒捕刃傷之案，向照竊盗拒捕分別實緩。此起犯姦刃扎捕人一傷，及劃三傷，均由被按情急。及自割衣襟誤劃，尚無格鬥重情。至該犯雖係僧人，究與犯姦又犯殺者有間。稍有可原。記緩，彙核。

照緩

一、姦夫擬抵之案，如係通姦有服親屬，有關內亂，外姻不在此例。並僧犯姦者，應入情寔；餘俱緩決。

道二十五年，川十二本。黄成春因姦釀命，究係本夫自殺其妻。

道二十八年，蘇七本。高善傳姦通大功弟妻，致被慘殺。亂倫釀命，難以不寔。仍記核。

改實

一、誘拐不知情，及强略人口，賣與境外人之案，如係用藥迷拐，及被誘之人尚無下落，如僅有下落，尚未追出給親完聚者，入緩，監禁十年，方准減等。道光十九年奏准通行。或誘拐二三案同時並發，內有一人尚無下落，並拐回姦宿，暨轉賣爲娼，或拐後又從而毆迫者，俱應入情寔。如無前項情節，雖誘拐多次，被誘之人均已給親完聚，俱可緩決。

照緩

道二十六年，福留。林二二誘拐不知情之案，秋審不論人數、次數，總以曾否給親完聚，分別寔緩。此起雖迭次誘拐已至八人，惟均已給親完聚。似尚可緩。結到並準留養。仍記，候核。

照緩

嘉十三年，湖二十本。朱文光誘拐一次，五幼孩俱已給親完聚，自應照歷年成案入緩。

改實

道二十一年，廣東一本。潘亞林該犯爲首誘拐三人，內有一人現無下落。且原題業已聲明應入情寔，似難以供出拐匪從犯姓名，率行議緩。記寔，候核。

道二十一年，廣東一本。陸亞沅等誘拐不知情之案，向不論人數、次數多寡，以被拐之人有無下落，分別入緩。此起該犯陸亞沅等，雖所拐人數較多，惟均已給親完聚，自應分案入緩。仍記核。

照緩

道二十四年，蘇四本。毛　氏拐賣婦女，與人爲妻，尚未成婚，被賣之人業已給親完聚，自可照向辦章程入緩。

照緩

道二十七年，朝一本。甄黑子誘拐不知情之案，向不論人數、次數多寡，以被誘之人有無下落，分別入緩。此起誘拐幼孩人數較多，惟均已給親完聚，向有似此入緩成案，尚可仿照入緩。仍記核。

照緩

道二十三年，廣東一本。李亞汰誘拐子女。被誘之人雖未給親完聚，業據供有下落，應緩。仍照奏定章程，如被誘之人始終未能完聚，俟監禁十年後，方準減等。

照緩

道二十二年，川六十八本。王在潮略賣人口出境，秋審向照誘拐不知情之案，以是否給親完聚，分別寔緩。此起雖業經供出買主姓名，究屬尚無下落。似難率行記緩。記候核。

照緩

道二十二年，福三本。魏　氏誘拐子女。被誘之人業已給親完聚，其拐後致令失節，究與强賣爲娼者不同。秋審向有似此入緩成案。記緩，候核。

病故

道二十一年，朝一本。李　三誘拐不知情，向以被誘之人有無下落，及拐後曾否毆逼，分別寔緩。此起該犯略誘幼孩，均已嚇逼閹割，較尋常毆逼爲重，未便以被誘之人業經到案，率行論緩。記寔，候核。

照實

嘉十七年，山東十四本。王汝淋周氏欲往探望外祖母，因姑不允，乘夜逃跑，黑暗不辨路徑，敲開該犯屋門，囑令伴送應允。行至中途，憶及次子尚無妻室，誘拐寄藏。周氏不依，該犯聲言不允定行殺害，令次子與周氏成親。因周氏時常尋鬧，憑媒賣與郭興顔爲妻。經郭興顔盤出寔情，通知氏翁，將周氏領回。

照緩

道二十八年，湖五本。袁秉心誘拐婦女，嫁賣與人成婚，情節較重。姑以被誘之人業已給親完聚，其家賣與人成婚，究與自行姦污者有間，向有人緩成案。尚可仿照入緩。仍記核。

病故

道二十八年，直八本。屈泳漳誘拐子女二次。被誘之人均已給親完聚，尚無毆打重情，不無可原。記緩，彙核。

照緩

道二十八年，朝一本。陳　氏誘拐子女。被誘之人俱已給親完聚，尚無嚇逼毆打重情。尚可原緩。

照緩

道二十九年，湖七本。廖辣四誘拐婦女。嫁賣尚未成婚，被誘之人業已給親完聚。尚可原緩。

照緩

道二十九年，廣東八本。陳大頭奇誘拐子女。被誘之人業已給親完聚，應照向辦章程入緩。仍記核。

病故

道二十九年，廣東八本。陳亞九誘拐幼孩二次。被誘之人俱已給親完聚，應照向辦章程入緩。仍記核。

照緩

道二十九年，廣東五本。龍亞就誘拐子女。雖未給親完聚，業已供有下落，是可仿照道光十九年謝得有案內奏定章程入緩。中被誘之人姑終不能完聚，應將該犯監禁。統計前後，監禁十年，方準減等。仍記緩。

照緩

道二十九年，廣東二十本。謝觀入捉人關禁勒贖，並未凌虐之案，罪擬軍。此起誘拐幼女，事後經其父查知，勒贖得贓，將被拐之人交還。定案時，因係起意誘拐圖賣，不得照捉人勒贖例擬軍。秋讞衡情，似與售賣得贓，旋經給親完聚者，無甚區別。自可一律入緩。

照緩

一、搶奪良家婦女姦占爲妻妾之案，如本婦先經願嫁，從中被人阻撓，該犯搶因姦污者，亦可酌入緩決。若無前項可原情節，係毆逼成姦者，應入情寔。

道二十五年，熱三本。馮　得搶奪良家婦女，姦占爲妻。　照寔

道二十六年，奉七本。周　喜糾搶與販婦女已成，例係由輕加重，秋審多入緩決。此起糾搶居喪改嫁之婦，比照與販婦女定擬。因與良婦不同。惟搶回後業經嚇逼成姦，究難不寔。仍記核。　照寔

道二十七年，奉五本。姬大倫搶奪婦女，業已嫁賣與人爲妻。雖因搶奪與伊通姦婦女，以致誤搶其女，與蓄意搶奪良婦者有間，亦無自行姦污情事。未便率緩，仍記核。　照寔

道二十九年，蘇八本。尤文起爲妻妾之案，如本婦先經願嫁，被人阻撓，因而搶回姦污者，向俱酌入緩決。此起搶奪婦女爲妾，被搶之人先與該犯通姦，已非良婦可比。該犯搶回作妾，又在經官斷離以後，較之搶奪先經願嫁之良婦，情節爲輕。至迭次控告致釀一命，訊非平空誣告。係屬輕罪，尚可不以之加重。稍有一線可原。記緩，彙核。　照緩

一、夥衆搶奪婦女爲從，及搶奪路行婦女爲從之案，道光五年奏定章程：嗣後聚衆夥謀搶奪婦女已成案内從犯，如業經入室，或雖未入室而後事姦污，或幫同架拉，或夥搶不止一次，或被搶數至三人，或係致釀人命案内幫同逼迫之犯，或係拒捕殺人案内在場助勢之犯，或本犯自行拒捕傷人，或由本犯領賣致被搶之人尚無下落者，擬入情寔。其無前項情事，擬入緩決。至聚衆搶奪路行婦女已成之案從犯，則以曾否動手爲斷，但經動手搶奪之犯，均入情寔。其未動手搶奪而有姦污及前項情事者，亦入情寔。如無前項情事，擬入緩決。其並未夥衆搶奪強賣首犯，如無寔在原情事，無論曾否被污，俱入情寔。

道二十五年，雲六本。朱洸富等聽從搶奪良婦已成。該犯等均止在外看人，並未入室，亦無幫同架拉情事。尚可原緩。記彙核。于素無瓜葛之家。　照緩

道二十五年，河九本。馬回黑子夥搶婦女爲從，僅止在外看人及分携搶得衣物，尚無入室架拉，並事後姦污情事。被搶之人，當時領回。自應照向辦章程入緩。　照緩

道二十五年，河十二本。高　毛聽從夥搶婦女已成。于首犯砸開屋門時，一同進内。迨搶出後，又輪流背負。係屬入室架拉。應寔。　照實

道二十六年，廣東四本。蘇亞樹等聽從搶奪婦女已成，尚無入室架拉，及事後姦污情事。按照奏定章程，本可入緩。惟該犯等均係聽從行劫盜犯，復聽從搶奪事主之妻已成，較之尋常夥搶婦女之案情節爲重。似難不寔。記彙核。二兇病故，一兇照實。　照實

道二十六年，奉十六本。齊盛等聽從聚衆搶奪婦女已成。該犯等訊止同往接應，並未入室亦無幫同架拉情事。尚可原緩。記彙核。　照緩

道二十五年，河十四本。馬本立聽從搶奪婦女已成。僅在門外等候，並護送同行，尚無入室架拉情事。至首犯將本婦姦占爲妻，已在該犯走散之後。尚可不以之加重。記緩，彙核。　照緩

道二十四年，奉一本。張　端聽從夥搶婦女一次，尚無入室架拉及隨同姦污情事。其聽從强借錢文未成，係屬輕罪。自應照向定章程入緩。　照緩

道二十四年，湖二十三本。張仲導等聚衆搶奪路行婦女，爲從一次。該犯等並未過船動手幫搶。至首犯與夥犯各將所搶婦污，該犯等並不知情。自應照向辦章程入緩。　俱照緩

道二十四年，安十三本。劉小雙聽從搶奪路行婦女。既經跳入船艙，即與入室無異。且事後又代爲雇轎，並押轎同行。情節甚重。雖無幫同架拉情事，亦難不寔。記候核。　改實

道二十四年，河八本。姬隴合聚衆搶奪興販婦女已成，例係由輕加重，秋審向多酌入緩決。此起糾搶興販婦女，尚無姦污重情，且被搶之人業已解回原籍。自可原緩。　照緩

道二十七年，川四十三本。蔡小老漢等聽從夥搶路行婦女已成。該犯魏受喜於幫同架拉，該犯蔡小老漢、劉吉星、董塊、張均私、李添嬉于拒捕殺人時，或同在幫毆，或在場助勢，均難不寔。仍記核。　俱照實

道二十七年，川四十三本。張篋匠等聽從搶奪路行婦女已成。該犯等僅止在坡瞭望，尚無幫同架拉情事。首犯將婦女姦污，該犯等並不知情；拒捕殺人亦在該犯等逃走之後。均尚可原緩。記彙核。

道二十三年，安四本。蘇懷人聽從搶奪婦女一次。僅止在外守候，並無入室架拉重情。至首犯將本婦姦污，已在該犯走散走之後。自應照向辦章程入緩。　俱照緩

道二十七年，湖三本。李杜秀等聽從夥搶婦女已成。該犯等均止在村外瞭望，尚無隨同入室及架拉情事。其另釀一命，該犯等並未在場幫同逼迫。應照道光五年奏定章程入緩。仍記核。　照緩

道二十一年，河八本。柳二等聽從搶奪婦女二次。數止三口。且內有二口並無入室架拉及姦污情事。似難不寔。記候核。　俱照緩

道二十一年，山西三本。崔泳興等查道光五年奏準章程：聚衆夥謀搶奪婦女已成，從犯如業經入室，或幫同架拉，入寔；無入室架拉情事者，入緩。此起張興泰、陳宇聽從入室搶拉，並至驚斃幼孩一命，自應入寔。此起至崔永興聽從夥搶一次，僅止在外把風，並未入室架拉，事後亦無姦污拒捕各情，且被搶之耿氏業已給親領回。該犯另犯夥同搶奪，係屬輕罪不議。自應入緩。記候核。　照實

張興泰、陳宇　照實

道二十八年，奉八本。關　青查律載：「因人連累致罪，若罪人首告得免，連累人亦準罪人原免法」等語。推原律意，蓋原其先無犯法之心，故得準罪人原免之法。此起聽從搶奪婦女，隨同入室，按照章程，應入情實。惟定案時，因首犯之父將被搶之人送還其母，將罪應斬決之首犯比律減軍，並因該犯係身自犯法，與因人連累迥殊，仍照爲從本律擬絞。若將該犯一律入實，是首先犯法之人既已得免駢誅，而隨同犯法之人轉至寔擬繯首，與連累至罪之律意不甚相符。平情而論，定案不準末減，所以懲其黨惡之罪；秋審量從寬典，又以原其因人犯法之心。且原題業經聲明秋審時量予區别，似尚可寬其一綫。記緩，核。

崔永興　照緩

道二十八年，奉十四本。郭　俊聽從聚衆搶奪婦女已成。該犯僅止隨同進院，並未入室，亦無幫同架拉情事。至首犯將本婦嚇逼成婚，已在該犯走散之後。尚可原緩。記彙核。

照緩

咸二年，河十八本。董　驢夥衆搶奪婦女已成，如未經入室，亦無幫同架拉，及姦污拒捕各情，向俱入緩。此起該犯僅止隨同護送，並無入室幫同架拉及姦污拒捕情事，且被搶之人業已給親完聚。自可原緩。

照緩

道二十六年，湖十本。馬相賢聽從聚衆搶奪婦女，致釀人命之案，道光五年奏定章程，以是否幫同逼迫分别寔緩。此起夥搶孀婦爲從，並未入室架拉。搶至伊家，死者哭稱死不改嫁，該犯不敢勉强，並找尋首犯欲行送回，尚無逼迫情事。惟首犯之起意搶奪，本欲給該犯成婚。死者之在伊家自盡，又在首從各犯走散二日之後，較之尋常夥搶婦女從犯情節爲重。未便率緩。記核。

改實

道二十二年，蘇三本。李幅等聽從夥搶婦女，並無入室架拉情事。至首犯將本婦謀斃滅口，該犯等均不知情。尚可原緩。記彙核。

俱照緩

道五年，山東四本。郝碩等夥搶婦女釀命之案，上年奏定章程内，只言拒殺而不言自盡，原係降重賅輕。此起王恪一犯，係入室架拉，應寔。至郝碩、楊柱二犯，僅止在外看驢。死者在郝碩家自盡，該犯等亦無幫同逼迫情事，較之拒殺案中並未助勢之餘犯，情節更輕。自應分案將郝碩、楊柱二犯入緩。楊柱結到準留。並奏明改緩。

道光二十三年，廣東十七本。王亞餘查道光五年本部奏定章程，聚衆搶奪婦女已成，致釀人命之案，如爲從之犯，並未幫同逼迫，仍以是否入室架拉，分別寔緩。此起聽從夥搶孀婦已成，僅止在外瞭望，尚無入室幫同架拉情事。至本婦自盡，該犯亦未幫同逼迫，歷有入緩成案，自應入緩。　照緩

道二十八年，安八本。周汶進糾夥搶奪良婦未成，致令自盡。雖尚無入室據搶情事，既經比照未被姦污因而自盡例問擬。似難不寔。仍記核。　照緩

道二十九年，廣東八本。李亞延等聽糾搶奪，因而聽從夥搶婦女。情節較重。姑以始終並未過船，搶出後亦無幫同架拉情事。稍有可原。記緩，彙核。　照實

道二十九年，廣東八本。李亞通搶奪婦女已成，該犯過船幫搶。　俱照緩

道二十九年，河十三本。郭　妞聽從搶奪婦女已成。惟僅止在外看人，並跟隨護送，尚無入室架拉情事。至夥犯拒捕殺人，該犯並未在場助勢。尚可原緩。記彙核。　照實

道二十九年，廣東六本。梁亞進聽從搶夥婦女已成。尚無幫同架拉情事，首犯拒捕殺人，該犯並幫毆。至該犯先經上艇同行，亦與搶人時逞兇入室者有間。惟究係搶奪婦女殺人在場目覩之犯，未便率緩。記彙核。　照緩

道二十一年，蘇大本。徐廣路搶奪路行婦女强賣。因並未夥衆，故罪止絞候。雖被搶之人尚未被污，亦難不寔。仍記核。直隸弟第册張二別呼一起，情事相仿。　改實

改實

一、聚衆搶奪婦女已成，爲首擬絞之犯，應酌入情寔。

道二十五年，奉五本。霍兆亮聚衆搶奪婦女未成，業已入室。　改實

道二十五年，山東五本。姚　五糾搶路行婦女未成，致失跌斃命。　照實

道二十六年，浙一本。張廣萬糾搶婦女已成，並未夥衆之案，較之聚衆夥搶案内之從犯爲重。雖被搶之人未被姦污，且已給親完聚，究難不寔。仍記核。　改實

道二十六年，河一本。甘立沅糾搶婦女未成，其曾否入室一節，該撫先後聲叙兩歧，礙難定擬寔緩，行令詳細研訊。茲據訊明，僅止擁進大門，尚未入室，自可酌量入緩。至夥犯拒捕殺人，已在該犯逃走之後，尚可不以之加重。仍記核。　照緩

一、川匪攔搶案内，無論殺人、傷人，爲首、爲從，應斬、絞監候者，俱入情寔。

道二十五年，川五本。謝錦龔子川匪攔搶拒傷事主。内一犯攔搶拒傷事主，罪應擬絞之唐沅禮畏罪自盡。　照實

道二十五年，川九本。余自益川匪兩次攔搶，毆傷事主多傷。川匪攔搶刃傷人，罪應擬斬之龍雨境並李老二病故。　照實

道二十九年，川三十二本。鄧平平川匪聽糾在野攔搶，數至十人以上。　照實

道二十五年，川十二本。冷二麻子川匪攔搶拒傷事主。搶奪殺人之斬犯蔣長受正法，攔搶傷人之絞犯王寅生病故。　照實

一、搶奪逾貫，雖未至五百兩，俱入情寔。如係一人乘間搶奪，尚無兇暴情狀者，可以緩決。

道七年，廣東四本。温　耀汛兵糾衆搶奪在洋遭風客船，計贓逾貫。以查拏姦黨之人，公行盜賊之事，殊屬藐法。且其時事主在岸守船看見

向追，該犯等攜贓跑走，不得謂非公然掠取。自未便較尋常搶奪逾貫，及船户因客船遭風，乘機盜賣客貨之案，辦理轉輕。應寔，仍記核。

道十年，江西六本。劉細妹仔搶贓逾貫之案，如係一人乘間搶奪，尚無兇暴情狀者，向有入緩成案。此起惡虧共夥八人，各自乘機上船搶奪。該犯以逾貫擬絞，雖原題聲明並非同謀共夥，究與一人向搶者不同，未便以尚無持械兇暴情事，率行論緩。仍記，候核。　照實

道二十七年，浙六本。徐泳汰乘火搶奪財物逾貫之案，秋審向俱入寔。此起事主因鄰家失火，業已攜眷逃走。該犯見其家内無人，起意搬取財物，迹近於竊。定案時照搶奪逾貫例問擬，已屬從嚴。秋審衡情，尚可寬其一綫。記緩，候核。　改實

道二十五年，浙四本。沈四觀共夥三人，糾搶客資逾貫，爲害行旅。　照緩

道二十五年，蘇二本。任　三一人搶奪逾貫向有入緩成案。此起獨自起意搶奪，計贓逾貫。雖無糾夥兇暴重情，惟致事主追捕落河身死，似難不寔。仍記核。　改實

道二十五年，蘇十二本。楊繼中搶奪拒捕火器致傷捕人，新例既照刃傷及折傷以上定擬，應按刃傷情節分別寔緩。此起搶奪拒捕，火器致傷二人，無圖脱真正急情。在刃傷案中，係應行入寔之案，似難不寔。仍記核。　改實

道二十六年，廣東留十三本。吴老惇糾搶逾貫，向不論是否贓逾五百兩，概入情寔。此起糾夥捏稱求乞，乘機搶奪逾貫，寔屬爲害閭閻，自應入寔。雖親老丁單，不準留養。仍記核。　改實

道二十六年，河留十三本。樊　雷糾搶客貨逾貫，例應入實。離夥犯當時被獲，起獲原藏送案，俾事主得領全賊。該犯等尚無兇暴重情，亦難議　照實

緩。記候核。

道二十二年，福四本。翁佑五搶奪逾貫之案，如係一人乘間搶奪，並無糾夥兇暴情事者，向俱酌入緩決。此起自應照辦。　照實

道二十四年，蘇三本。劉淙海糾搶五人，冒充差役，至客船搜查鴉片烟，乘機搶奪逾貫。　照緩

道二十七年，福四本。黃坤坤嘆夷先行逞兇，其時附近居民並該犯齊抵夷館評理，被通事嚇放鳥鎗，致砂子誤傷過民二人。居民人等逾加不平，將黑夷一人毆傷。夷人畏懼，將館内銀物正欲抬運，該犯起意共夥十一人，乘機搶奪，計贓一千九百八十四兩。　照實

道二十七年，湖八本。鄒現得搶奪逾貫之案，如係一人乘間攫取，尚無兇暴情狀，向俱酌入緩決。此起獨自徒手乘間搶奪，並無糾夥及兇暴情形，至事主因街市失火，背負絲線寄頓，業已行至中途，與當場乘危搶奪者情稍有間。不無一綫可原。記緩，核。　照緩

道二十二年，湖四本。洪　潰搶奪逾貫，例應入寔。此起該犯見胡大豐等船身碰石斷折，事主逃命，斷船順流漂下。起意糾夥，分駕劃船，趕將斷船鈎住，搶得銀物。是事主並未在場打撈貨物，設非該犯等鈎住船隻搬運，亦必隨流漂没。定案執法，不得不照搶奪問擬。秋讞衡情，似可寬其一綫。仍記，候核。　照實

道四年，貴五本。劉　懷搶奪逾貫，向不論曾否拒捕，及是否贓逾五百兩，俱照例擬寔。首犯雖未同行，究屬造意，亦歷有入寔成案。至用事條拒傷事主，係夥犯搶奪傷人，傷非金刃。擬軍專條，與該搶奪逾貫爲首，罪名無涉，似難以尚無肆行兇暴曲爲原解。應寔。　改實

道二十八年，雲六本。張紹川糾夥搶奪逾貫，雖未同行，事後業已分贓，記寔。核本省第七册董耀興、張紹川同。　照實

道二十八年，河十五本。王　淋糾搶客資逾貫，爲害行旅，向不論是否贓逾五百兩，概入情寔。應寔。

照實

一、搶奪拒捕刃傷及折傷，無論傷之多寡，俱應情寔。如被扭圖脱情急，刃劃一二傷者，亦可酌入緩決。

道二十五年，雲二本。桂壓甲搶奪拒捕，刃劃僅止一二傷者，向有入緩成案。此起劃止一傷，係被扭喊拏，情急圖脱所致，尚無兇暴重情。似可原。記候核。

道二十五年，雲六本。孫老二搶奪拒捕殺人，該犯爲從幫毆刃傷。

照緩

道二十五年，廣東一本。關亞旋搶奪拒捕刃劃一傷，係由被扭圖脱所致，尚無兇暴重情，向有入緩成案。記緩，彙核。其另犯搶奪罪止擬流。

照實

道二十五年，廣東二本。梁亞滿等張亞連糾搶家資逾貫，應寔。梁亞滿搶奪拒傷傷捕，刃劃雖止一傷，惟捕人僅向趕拏，該犯輒持刃向劃，並無被扭圖脱急情，亦難不寔。

照緩

道二十五年，廣東二本。伍亞六搶奪拒捕刃劃僅止一二傷者，向有入緩成案。此起刃劃一傷，係由被揪圖脱情急所致，尚無兇暴重情。至自割衣襟誤傷一人，罪止擬軍。尚可不以之加重。記緩，彙核。

俱照實

道二十年，熱三本。馬洸亮搶奪拒捕刃傷事主，如被揪情急圖脱，刃劃一二傷者，向有酌緩成案。此起刃劃一傷，係由事主搶奪失跌所致。較之有心拒捕，刃劃致傷情節更輕。自應原緩。仍記，彙核。

照緩

道二十六年，廣東五本。鍾亞穩搶奪刃傷捕人，復致趕捕之人落水掩斃情節。雖刃劃一傷係由被扭情急情節圖脱所致，另釀一命亦非該犯意料所及，其另犯行劫在外瞭望一次，係屬輕罪。究難擬緩。記核。

照緩

道十三年，廣東九本。招泰漳搶奪刃傷事主，如寔係被扭圖脱帶劃傷輕，向俱酌入緩決。此起招泰章聽糾伺搶，于夥犯抱住事主之時，該犯用刀割取兜肚，致將事主小腹帶傷，情近失誤，尚非有心拒捕。較之圖脱帶劃之案，情事略同。記緩，核。

改實　照緩

道六年，廣西四本。林亞五雖借貸起衅，惟砍傷事主，公然攫取財物，其情較重。原題既照搶奪定擬，未便較竊盜護贜刃傷之案，辦理轉輕。記寔，彙核。

照實

道二十六年，福建五本。張阿奇糾搶客資逾貫後護夥格鬥，刃劃事主成傷，自難不寔。

照實

道二十六年，山東十五本。李　氣搶奪刃傷事主，如寔係圖脱情急，帶劃一二傷者，向有酌緩成案。此起金刃先劃一傷，係因被揪情急圖脱，用力掙扎所致。後劃一傷，係由自割髮辮，以致誤劃。例止擬遣。稍有可原。記緩，彙核。

照緩

道二十七年，廣東一本。岑亞火搶奪刃傷事主，如寔係圖脱情急，帶劃一二傷者，向有酌緩成案。此起刃劃一傷，另帶一傷，係由恐被拏獲奪刀所致，並無被扭圖脱急情，未便率緩。記彙核。

改實

道二十七年，廣東四本。陳渾斯二搶奪刃傷捕人，如係情急圖脱，帶劃一二傷者，向有酌緩成案。此起刃劃一傷，係由恐被拏獲奪刀所致，並無被扭圖脱急情，未便率緩。記彙核。

改實

道二十七年，廣東八本。張亞妹等該犯張大蠢、鄺積得糾搶逾貫，應寔。該犯張亞妹搶奪刃傷船户，雖劃止一傷，惟一經趕拏，即拔刀相向，並無圖脱情急，亦難不寔。仍記核。

俱照實

道十三年，廣東留二十四本。潘楊保搶奪拒捕，刃劃事主一傷，確由被扭圖脱情急所致，尚可原緩。仍照向例，不準留養。

照緩

道十六年，山東二十四本。王　二搶奪拒捕，如被事主揪住情急圖脱，刃劃止一二傷者，向有酌緩成案。此起刃劃二傷係被事主用手奪刀，將刀抽回所致，與圖脱致劃者無異。至他物拒毆三傷，係屬輕罪，向不以之加重。記緩，彙核。

照緩

道十四年，廣東九本。劉亞佩搶奪拒捕，並無被揪圖脱急情。雖止刃劃一傷，亦難不寔。仍記，候核。

照實

道二十三年，江西十四本。蔡橋養聽從聚衆搶奪，因被事主瞽妻持刀攔阻，輒奪刀將其拒傷。雖劃止一傷，亦難不寔。

照實

道七年，廣東十六本。李亞佳搶奪刃傷事主，如已被扭住圖脱情急，刃劃傷輕，近年多有酌緩之案。此起刃劃雖止一傷，惟該犯未被扭獲輒即轉身拒捕，與寔在情急圖脱者不同。記寔，核。

照緩

道九年，雲一本。普小石頭徐中林糾搶逾貫，應寔，普小石頭雖止刃劃事主脚夫一傷，並無被揪圖脱急情，自難不寔。

改實

道二十七年，福二本。龔老滿搶奪拒捕刃劃事主一傷，確由被人扭住喊叫圖脱情急所致，尚無護贜、護夥及逞兇砍戳重情。其另犯聽從搶奪逾貫，均屬輕罪，尚可不以之加重。稍有可原。記緩，彙核。

照緩

道二十七年，廣西八本。鍾士成搶奪拒捕刃劃事主一二傷，向有入緩成案。此起刃劃一傷，確由被扭揪按情急圖脱所致。夥賊幫拒刃劃一傷，亦非由該犯喊救。惟事後搶取錢文逃走，雖與臨時護贜逞兇格鬥者稍覺有間。未便率緩。記彙核。

照緩

道二十七年，河十六本。李小雷糾夥攔搶得贜後，因見事主背取包袱逃走，復由後追及，割取包袱，致帶傷事主。情殊兇暴。雖傷由帶劃，似難原緩。謹記核。

道二十二年，河二本。朱三喜搶奪刃扎事主一傷，又驗止皮破血出，與劃傷相似。惟因掙奪錢褡向扎，並無圖脱急情可原。難以傷輕、人少、贓微爲解。記寔，候核。　改實

道二十一年，廣東六本。李亞東搶奪刃傷事主。如係圖脱情急，刃劃一傷，歷有入緩成案。此起雖被捉情急圖脱，刃劃一傷。惟事後與夥犯携贓回艇。檢查原揭，未經叙明是否贓在該犯之手。未便率緩。記候核。　照實

道二十一年，廣東七本。潘緒漳搶奪拒斃事主。該犯幫同刃劃成傷。惟所劃一傷，因被事主扭衣喊拏，情急圖脱所致，與逞兇拒捕不同。至事主被首犯銃斃，係因事主趕向撲捕，與因該犯被拏喊救，致首犯護夥拒斃事主亦屬有間。且首犯業經正法，該犯似可寬其一綫。記緩，仍候核。　照緩

道二十八年，湖二十六本。霍學田搶奪拒捕刃劃一傷，確由被事主揪按毆打情急圖脱所致，尚無護贓、護夥格鬥重情。至首犯拒斃事主，該犯業已跑走，非伊意料所反。稍有一綫可原。記緩，彙核。　病故

道二十八年，江西八本。彭盛洪搶奪拒捕殺人，該犯聽從幫毆。雖刃劃一傷，唯一聞首犯喝令，即持刀相向，情殊兇暴。自難不寔。　照緩

道二十八年，江西十五本。曹克嬌搶奪拒捕，刃劃事主二傷，另帶二傷。雖由被扭圖脱情急所致，惟奪刀向劃，迹近格鬥，且贓未撩棄，傷亦較多，難以議緩。記核。　照實

道二十九年，雲三本。葉五二搶奪拒捕，雖止刃劃二傷，惟當事主拉住衣包之時，輒用刀將包袱割斷，以致劃傷，情勢已涉兇暴。追奪搶衣包　照實

跑走，被事主揪住，又劃一傷，並未將贜擲棄，情急尤近護贜。雖有圖脱急情，究難議緩。記核。　改實

道二十九年，廣東五本。杜亞幅搶奪拒捕刃傷事主，並無被扭圖脱急情，且始終並未棄贜，寔屬護贜格鬥，自難不寔。記核。　病故

咸元年，朝二本。王四聖城兒搶奪拒捕刃傷事主。惟究止刃劃一傷，係由被揪不放情急所致，並無護贜、護夥重情。尚可原緩。仍記核。　照緩

咸二年，河九本。余　魁竊盜拒捕刃傷事主二人，向入情寔。若二人内有一劃傷，及二人俱係劃傷者，亦可酌緩。此起搶奪拒捕，刃傷二人，其情較竊盜爲重。雖原題未經聲明是否劃傷，亦難不寔。　照實

舊抄内定律例稿本　卷五

一、蒙古搶奪傷人，照蒙古例擬絞之案，如傷非金刃，傷輕平復，按照刑例罪止擬軍者，可以緩決。若傷係金刃，按照刑例罪止擬斬者，自難概寬。

道二十六年，山西新一本。桑　濟蒙古搶奪傷人，向以金刃及折傷以上，刑例罪應擬斬者，入寔。傷非金刃，傷輕平復，刑例罪止擬軍者入緩。此起搶奪拒捕爲首傷係他物，應入緩。仍記核。　照緩

道二十六年，熱四本。阿爾薩郎蒙古搶奪拒捕傷人之案，向來辦理章程，以金刃及折傷以上，刑例罪應擬斬者入實。傷非金刃，傷輕平復，刑例罪止擬軍者入緩。此起行竊拒傷事主，倒地後連毆多傷，情節較重。惟傷係他物，亦非折傷，且係偷竊拒捕，在刑例罪止加拒捕罪二等擬杖，較之搶奪他物拒捕傷人，應行擬軍者，擬罪尤輕。似可仿照入緩。　照緩

道二十四年，奉一本。同　寶搶奪傷人。非金刃，傷輕平復，按刑例罪止擬軍。此起照蒙古例擬絞，已較刑例加嚴，計贜亦未逾貫。秋審自可原緩。其另犯聽從夥竊一次，係屬輕罪。　照緩

道二十九年，山西綏遠城。多爾濟查蒙古搶奪傷人之案，如傷非金刃，傷輕平復，按刑例罪止擬軍者，向俱入緩。該犯馬鞭二傷，並無損折重情，尚可原緩。仍記核。　照緩

一、蒙古强劫什物未傷人，及搶奪十人以上，並計贜逾貫爲從者，俱入緩決。

道二十六年，山西新。章心等雖係疊次聽從十人以上，搶奪牲畜十匹以上，計贜逾貫，同時並發。惟係爲從，究未傷人，尚可不以之加重。記

緩準留。仍彙核。

道二十六年，熱四本。李英等聽從劫夥，十人以上，持械搶奪，在刑例罰止擬流。即蒙古原例，亦罪止擬遣。後經改爲絞候，係屬由輕加重。此起該犯等聽從在蒙古地方搶奪三次，同時並發，均未傷人。尚可原緩。本省第三册音布一起，留養册王幅來一起，均情節相同。

俱照緩

咸二年，山西新二本。拉布坦等查刑例，聚衆十人以上，持械搶奪，照糧船水手之例，首犯斬決，從犯擬流。此起糾夥十人以上，搶奪爲從，照蒙古例擬絞，並未傷人。似可入緩。記候核。

俱照緩

道二十四年，熱二本。泰　得蒙古行竊拒傷事主之案，如傷非金刃，傷輕平復，在刑例罪應擬軍者，向俱入於緩決。此起在蒙古地方行竊，他物拒傷事主二人，按照刑例，均罪止擬軍者。自可入緩。

俱照緩

道二十九年，山西新一本。貢楚克蒙古行竊拒捕，究與搶奪有間，遵旨秋審減等時遣發。此起夥賊拒傷二人，一係擲傷，一係刃傷。

照緩

咸二年，山西新三本。布　印行竊拒捕刃傷事主三人，在常犯中係必寔之案。惟查此起犯係蒙古，原題聲明秋審減等時發遣等語。查與理藩院例文相符，似應擬緩。記候核。

照緩

一、行竊庫銀餉鞘滿數爲首，並行劫官帑，在外瞭望接贓從犯，及糾竊衙署官物，計贓逾貫，雖未至五百兩，俱應情寔。

照實

道二十六年，蘇一本。葛　標偷竊衙署逾貫，計贓雖未至五百兩，亦難議緩。仍記核。

嘉十四年，朝。劉保成該犯懷恨在心，起意將其陷害，情罪止於坐誣，惟於行宮重地，輒將御筆字幅私行偷竊寔屬藐法。

改實

道十八年，浙三本。張阿義雖係行竊衙署逾貫之案，惟該犯見抵小後門進内行竊，並不知係學署，與有心藐法者不同。計贜亦未至五百兩，不無可原。記緩，候核。　照實　照緩

道二十三年，廣東十二本。劉亞潰糾竊衙署官物逾貫，計贜雖未至五百兩，似難擬緩。記核。　照實

道二十一年，朝三本。韓七十兒聽從行竊内庫多贜，情節固重。惟定案時係從本例滿流加至繯首，秋審查無辦過似此成案，應否入寔，恭候堂定。　照實

道二十八年，陝十本。賀圪旦子行竊衙署逾貫，向不論是否贜逾五百兩，概入情寔。自難不寔。　扣除

道二十一年，河十四本。史第三雖在衙署行竊，惟係住客行裝，並非官物，自應仍以贜未至五百兩入緩。仍記核。　照緩

道二十九年，陝二十三本。賀圪旦子雖係行竊衙署逾貫，惟據該撫查明，係屬官親衣物，並非本官之物；計贜未至五百兩。向有入緩成案，自可仿照辦理。仍記核。　照緩

一、竊贜滿貫之案，乾隆五十七年本部堂官面奉諭旨：逾五百兩者，情寔；未至五百兩，緩決。

道二十五年，蘇十本。顧　岩傭工業經辭息，即不得以雇工論。糾竊得贜亦未至五百兩，自可原緩。　照緩

道二十六年，蘇六本。張扣二傭工業已辭息，即不得以雇工論。鼠竊得贜逾貫，尚未至五百兩。可以原緩。　照緩

道二十七年，蘇七本。張得發等丐匪倚衆强討，攫取財物。情與搶奪無殊。雖贓未至五百兩，未便率緩。　照緩

道二十七年，河四本。楊得安等該犯楊得安鼠竊得贓，尚未至五百兩，應緩。該犯賈炭糾竊通判公寓逾貫，與行竊衙署不同，計贓亦未至五百兩，可以原緩。　俱照緩

道九年，廣東十一本。張滐沅丐匪聚家求乞，本爲閭閻之害。况明知事主家人少，糾邀多人，白日肆竊逾貫，情節不好。姑以乘間攫取，尚無强横情形，且計贓未至五百兩，業經全獲給主，稍有可原。記緩。　照緩

道二十八年，山西八本。陳東之丐匪聚衆求乞，糾竊逾貫，計贓未至五百兩，向有入緩成案。似可仿照入緩。仍記核。　照緩

一、跟蹤行竊逾貫之案，從前不問是否贓逾五百兩，俱入情寔。嘉慶十六年奏準，如獨自起意，及僅止二人，暫時跟隨，乘便攫取者，仍於尋常鼠竊一體分别寔緩。若糾衆已至三人，或假扮客商，晝則同行，夜則同住，志在必得者，但經滿貫，雖未至五百兩，亦入情寔。

道二十七年，河十六本。閆老五搭坐車輛同行，乘間鼠竊逾貫，與跟踪行竊者不同。計贓尚未至五百兩。可以原緩。　照緩

道二十二年，川三十五本。蕭洪順糾衆跟踪，行竊逾貫，係屬臨時起意，尚與蓄謀已久志在必得者有間，似應仍以贓未至五百兩入緩。記候核。　照緩

道二十八年，江西十三本。楊穩得雖係跟蹤掉竊，惟同夥僅止二人，跟蹤亦止一日，尚無公然攫取情事，計贓亦未至五百兩。尚可原緩。記彙核。　照緩

道二十九年，江西五本。黄亨衢糾搶鎔造錫餅，跟踪掉竊洋銀，計贓逾貫，與尋常鼠竊者不同。雖跟踪僅止一日，贓亦未至五百兩，未便率緩。記核。

一、夥衆丢包行竊，例應照搶奪定罪之案，但經逾貫，雖未至五百兩，倶應情寔。如係潛蹤掉竊，並非公然攫取，應照竊盗辦理者，十六年奏准，仍與尋常鼠竊，以是否藏逾五百兩，分别寔緩。其有跟蹤情事，亦照跟蹤行竊例，分别跟蹤久暫、夥犯多寡辦理。　照實

道二十一年，山東十九本。魏　五丢包誆竊原約。雖屬三人，究止二人同行，亦無强横情狀，計贓未至五百兩。尚可原緩。　照緩

道二十五年，河二十二本。李　興雖係結夥三人跟踪盗竊，惟適與事主途過，料有錢銀，隨與同行，乘便抽取。尚無跟蹤數日，及丢包誆騙，公然攫取情事。計贓亦未至五百兩，尚可原緩。仍記核。　照緩

一、竊賊二三次逾貫，同時並發，及積匪行竊一次逾貫，倶未至五百兩者，可以緩決。

道二十六年，蘇八本。林勝三兩次行竊逾貫，同時並發，與免死復犯者不同。自應仍以未至五百兩入緩。記彙核。二十八年浙江八本丁愼友案同。　照緩

道二十六年，朝二本。德　三兩次行竊逾貫，同時並發，較免死復犯怙惡不悛者爲輕，向倶入緩。此起糾竊二次逾貫，同一事主。且因托令照應家務，因而糾同其家雇工迭竊。情節稍重。惟究與勾通外人肆竊有間，贓倶未至五百兩，尚可原緩。仍記核。　照緩

道二十四年，湖十三本。鄭澤賢等鄭澤賢竊盗三犯，内三次贓逾五十兩，同特並發，應仍以贓未至五百兩入絞。陳淋兒行竊巡檢寓所逾貫，與偷竊衙署不同，記贓亦未至五百兩。倶可原緩。　倶照緩

道二十六年，蘇五本。蔡錫沅三次行竊逾貫，同時並發，例祇從一科斷，與免死後復犯死罪者不同。以一主爲重，計贓尚未至五百兩。稍有可原。記緩，核。

道二十七年，湖七本。劉喜才兩犯竊贓逾貫，同時並發，計贓均未至五百兩，尚可原緩。記彙核。道光二十一年浙江第六册與劉僖才同。　照緩

道二十二年，湖四本。胡　安兩犯行竊逾貫，同時並發，與免死復犯，怙惡不悛者有間，向仍以是否贓滿五百兩，分別寔緩。此起兩案俱在五百兩以下，其另犯行竊多次，均係輕罪，不以之加重。自應仍照向辦章程入緩。　照緩

道二十二年，浙二本。陳阿二竊盜三犯，内三次贓逾五十兩，係同時並發。自應仍以未至五百兩入緩。　照緩

道二十九年，安十六本。余立同兩犯糾竊逾貫，同時並發。與免死復犯者不同，計贓均未至五百兩。向有入緩成案，自可仿照入緩。仍記核。　照緩

道二十九年，浙十本。尤憬山兩犯竊贓逾貫，同時並發，與免死復犯者不同，計贓亦未至五百兩。向有入緩成案，似可原緩。記彙核。　照緩

道二十九年，直四本。劉　根鼠竊三犯，兩次贓逾五十兩，同時並發，均係聽從夥竊。至夥賊臨時行强，該犯在外等候，不知强情，向不以之加重。尚可原緩。記彙核。　照緩

一、糾竊未至五百兩，而夥賊臨時行强，該犯仍照滿貫擬絞者，亦可緩決。

道二十五年，安四本。李立松糾竊得贓，尚未至五百兩。至夥犯臨時行强，係在該犯躲避之後，該犯並未知强情，向不以之加重。自應入緩。　照緩

道二十六年，蘇十本。張小罄糾竊逾貫不知强情之案，向俱以是否贓逾五百兩，分別寔緩。此案糾夥行竊夥賊，臨時行强，計贓逾貫。該犯在外接贓，不知强情，贓亦未至五百兩。其另犯夥劫在外瞭望，及夥竊不知强情各一次，均屬輕罪。稍有一綫可原。記緩核。　照緩

道二十四年，川十四本。熊預漬糾竊逾貫，夥賊臨時行强之案，如首犯在外接贜，不知强情，向俱以贜未至五百兩入緩。此起該犯起意行竊，臨時不行，較之不知强情在外接贜者，情節爲輕，計贜尚未至五百兩，自可原緩。

照緩

道二十五年，福十五本。葉　插糾竊逾貫至夥賊臨時行强之案，如首犯在外接贜，並無商謀行强情事，向有入緩成案。此起糾夥行竊，甫抵事主門首，夥犯起意行强。該犯因與事主認識，在外把風，與僅止糾竊，並不知夥犯行强者不同，未便率緩。仍記，候核。

改實

道十九年，河七本。陳老四糾竊逾貫致夥賊臨時行强之案，如首犯在外接贜，並無商謀行强情事，向有入緩成案。此起甫抵事主屋外，夥犯起意行竊，由該犯在外把風，與僅止糾竊並不知夥犯行强者不同，未便率緩。記，候核。

改實

道二十八年，浙八本。景紅覺糾竊逾貫致夥賊臨時行强之案，如首犯在外接贜，並不知强情者，向有入緩成案。此起糾夥行竊，甫至事主門首，夥犯起意行强。該犯聽從在外接贜，與僅止糾竊不知强情者不同。計贜雖未至五百兩，難以擬緩。記核。

改實

道二十八年，山東五本。張　五鼠竊三犯，並未起意，爲首夥賊臨時行强，已在該犯逃走之後。至事後拒捕致傷差役，本罪業已至，按律應無所加，尚可不以之加重。記緩，彙核。

照緩

道二十九年，河十二本。許得意鼠竊得贜尚未至五百兩，夥賊拒傷事主時，該犯等已携贜先逃。可不以之加重，尚可原緩。

照緩

一、窩竊滿貫之案，例係並贜論罪，俱應情寔。若係暫時窩竊，非同積匪巨窩者，亦可酌入緩決。

道二十一年，直一本。張洛順窩竊逾貫之案，向多入寔。惟查窩主並贜論罪，例須造意方坐。若僅止起意窩竊，罪應擬軍。此起窩竊二十次，該犯並未造意同行。原題統計各贜，以逾貫擬絞，已屬從嚴。秋審衡情，自應酌量入緩，以示區別。仍記，候核。

照緩

一、前犯竊贓滿貫，及三犯擬絞，免死減釋，或在配復行竊逾貫，及三犯擬絞之案；又前後兩犯均係刃傷事主，或前犯刃傷事主，後犯滿貫，及三犯，或前犯滿貫，及三犯後犯刃傷事主，如此等類，均係怙終不悛。雖竊贓未至五百兩，刃傷止一二處，俱應情寔。

道二十五年，浙十四本。李阿順先因擬軍，越獄脱逃被獲，擬絞減軍後，復在逃行竊逾貫。究與兩犯竊贓逾貫者不同，計贓亦未至五百兩。其另犯迭竊，係屬輕罪。稍有一綫可原。記緩，候核。　照緩

道二十一年，浙九本。沈淙發前犯行竊滿貫擬絞（減）〔減〕軍，中途脱逃，復犯行竊逾貫。實屬怙惡不悔，難以贓未至五百兩爲解。記實，候核。　照實

一、因竊問擬遣軍流徒赦回，並別項遣軍流徒赦回，復行竊逾貫，或至三犯及刃傷事主者，仍按贓數及刃傷多寡辦理，不必加重。

嘉十五年，浙八本。張小勇糾竊逾貫，復臨時拒捕，推跌事主工人。又另案聽從行竊，入室搜贓，業因供出首盜，限内拏獲。　照緩

道二十四年，廣東十一本。張水金逃徒糾竊，贓未至五百兩。至另犯聽從行劫，在外把風，係屬輕罪，向不以之加重。自可入緩。　照緩

道二十年，山東十一本。孟傅忠刺匪擬軍減徒在逃，復犯姦拐。事發後，因差役奉票拘拿，輒起意糾夥拒捕，率跌後，刀械交加，致令骨折成廢，情節較重，似難率緩。記候核。　改實

一、回民糾夥三人以上，如内中有一民人，即不以三人論。行竊逾貫，雖未至五百兩，俱入情寔。如糾夥未及三人，或雖糾夥三人，並未執持兇器，贓亦未至五百兩者，均可酌入緩決。如回民結夥行竊刃傷事主，仍照尋常竊盜，一體分別辦理。

道二十五年，陝十三本。馬六十一回民糾夥三人以上，持械行竊逾貫，贓雖未至五百兩，亦難不寔。仍記候核。

道二十五年，直十一本。藍　四回民糾夥行竊，贓逾五百兩，係例寔之案。惟該犯因事主追趕，即將原贓撩棄，尚知畏法。檢查該省十七年張立一起，亦係行竊贓逾五百兩，因被捕役喊拏，將贓撩棄，事主得領全贓，外緩照緩在案，與此起情節相類似。可仿照入緩。仍記候核。共夥八人。

改實　照緩

道二十四年，雲九本。楊老五回民糾夥三人以上，持械行竊逾貫，情節不好。難以贓未至五百兩，率行議緩。記候核。

照實

道二十七年，直六本。張　才回民糾夥三人以上，持械，行竊逾貫。雖無倚衆逞兇情事，贓亦甫逾貫，究難擬緩。仍記核。

改實

道二十四年，陝新二本。馬中才回民結夥持械，行竊逾貫，向不論是否贓逾五百兩，概入情寔。自應入寔。

照實

道二十六年，陝二十一本。馬二娃回民結夥三人以上行竊逾貫，尚無執持器械情事，計贓亦未至五百兩，尚可原緩。仍記候核。

照緩

道二十八年，陝三本。馬應幅回民結夥持械行竊逾貫，向不論是否贓逾五百兩，概入情寔。此起回民結夥持械，行竊兩主，贓均在一百二十兩以上，自難不寔。仍記核。

照實

道二十九年，山東四本。王　户回民結夥持械行竊逾貫之案，向不論是否贓至五百兩，概入情寔。此起捻匪糾夥十八人，分携刀械，行竊逾貫。計贓雖未至五百兩，難以不寔。記核。

照實

一、船户、車夫、店家，有主客相依之義。但經行竊逾貫，雖未至五百兩，係屬爲害商旅，俱應入寔。如止船上水手，店内雇工及一切挑脚人等乘間鼠竊者，贓未至五百兩，若有勾引外人夥竊情事，入寔；餘俱緩決。

道二十五年，湖九本。皮士洸雖係挑夫行竊逾貫。惟事主與伊路遇同行，暫雇代挑行李，與長途攬載者不同。該犯乘隙竊逃，並無糾夥蓄謀情事，計贜亦未至五百兩。尚可原緩。記彙核。　照緩

道二十二年，浙十二本。王　其行竊學政行李，與行竊衙署不同。惟係挑夫糾夥肆竊，爲害行旅，未便與尋常鼠竊並論，計贜未至五百兩。率行擬緩。記彙核。　照緩

道二十四年，陝十九本。程萬玉車夫行竊外藩使人逾貫，情節較重。惟係逐站更換車夫，長途伴送，有主客相依之義者不同。鼠竊既未五百兩，尚可原緩。　照緩

道十三年，廣東六本。鄧已秀挑夫糾夥肆竊逾貫。雖與尋常鼠竊不同，惟究無勾引外人情事，計贜亦未至五百兩。稍有可原。記緩，候核。　照實

道二十七年，安十九本。胡炳信水手行竊逾貫，與船户有主客相依之誼者有間。該犯乘間獨竊，並無勾引外人情事，贜亦至未五百兩。尚可原緩。記彙核。　照實

道二十七年，川留五十四本。劉正洪脚夫行竊逾貫，情節較重。惟所糾均係脚夫，尚無勾引外人肆竊情事，計贜亦未至五百兩。稍有可原。據供親老丁單，應俟緩決一次減等後，再行查辦。記彙核。　照緩

道二十一年，湖十一本。黄德業店家行竊客資逾貫，情節不好。雖由事主戀姦誨盗所致，未便率緩。記候核。　照緩

道二十九年，廣東留。黄亞秋船户有主客相依之義，輒乘機誘令下艇，行竊逾貫，寔屬爲害行旅。計贜雖未至五百兩，亦難不寔。據供親老丁單，不準留養。仍記核。　照緩

道二十九年，廣東六本。褚六娣船户行竊逾貫有害行旅，雖計贓未至五百兩，亦無勾引外人情事，且係受雇剥運，與長途攬載，有主客相依之義者稍有不同。亦準議緩。記核。

照實

病故

一、船户等項盜賣客貨逾貫，雖贓未至五百兩，俱應情寔。如蓄計盜賣，故意將船挫破，及有心被火燒毀船隻、車輛，店房者，俱用心最爲險毒，入寔無疑。若寔係遭風失火，乘機盜賣客貨，從前間有緩案，近亦多入寔。

道二十六年，湖二本。李宏大船户盜賣引鹽逾貫，訊因遭風之用所致，尚無蓄意偷竊重情，贓亦未至五百兩。應照向辦成案入緩。

照緩

道二十六年，湖三本。王汰和船户盜賣引鹽逾貫，訊因遭風發漏修船之用所致，尚無蓄意偷竊情事，贓亦未至五百兩。向有入緩成案，此起自可照辦。

照緩

咸二年，湖七本。萬中信船户攬載客貨盜賣，計贓逾貫，情節較重。雖未至五百兩，亦難擬緩，記核。

照緩

一、行竊官員公寓逾貫，究與行竊衙署不同，未至五百兩，亦入緩決。

道二十七年，浙一本。徐阿五挑夫獨自行竊，尚無勾引外人情事，計贓亦未至五百兩。至所竊係官員公寓銀兩，究與衙署不同。尚可原緩。

照緩

嘉十五年，雲八本。金印斗偷竊官員公寓，非竊衙署可比，向仍照尋常鼠竊辦理。此案尚未至五百兩，自應入緩。

照緩

道二十一年，朝四本。汪　五行竊官員私宅，究與衙署不同。其另犯迭竊，亦屬輕罪不議，尚可以贓未至五百兩入緩。仍記核。

照緩

道二十二年，浙六本。毛魁頭行竊出使官員銀兩，究與衙署服物有間，且由犯時不知。其另犯逃流，係屬輕罪不議。自應仍以贓未至五百兩入緩。

一、偷竊蒙古四項牲畜三十匹，及二十匹以上，爲首入於情實，爲從入於緩決；十匹以上，爲首入於緩決。例内已有明文（搶奪牲畜，照偷竊分別辦理。道光二年奏定章程。）至内地民人盜牛二十隻以上，定例：以有妨農務，故不論贓數，擬以絞候，原較凡盜爲重。如秋審再行情實，則較之尋常盜馬匹等項，輕重大相懸遠，似應入於緩決。　照緩

道二十六年，山西新。達什葛勒桑蒙古搶奪牲畜三十匹以上之首犯，例入情實。此起糾搶騾馬五十餘匹，趕至野外，揀得大馬四匹，小馬八匹，其餘馬匹俱行棄下。查蒙古例載：蒙古偷竊牛馬，有五歲馬駒，以四匹爲一匹辦理等語。前行文理藩院查明，統計大馬小馬，應作若干匹核算去後。茲據覆稱：蒙古例内偷竊牛馬者，不論大小口齒，分別匹數辦理。搶奪者，勿論口齒，俱按匹數辦理等語。自應不計大馬小馬，統計匹數核辦。該犯糾搶馬匹，雖止揀得馬十二匹俵分，惟先得搶得五十餘匹，業經趕至野外，即屬已出攔圈。應以三十匹以上論，入於情實。仍記核。

道二十二年，山西新。密濟特蒙古搶奪牲畜三十匹以上，按向辦章程，應照偷竊牲畜三十匹以上例寔。查嘉慶七年理藩院奏准，蒙古偷竊牲畜死罪人犯，無論緩決情寔，俱准留養。嘉慶十三年，有直隸省劉富貴等一起，因原題聲明親老丁單，例應留養，惟係情寔人犯，進呈黄册時，礙難辦理。行令直隸總督查明，專摺具題在案。嗣後查無辦過成案。此起密濟特糾搶牲畜三十匹以上，原文審明親老丁單，係定邊在副將軍咨報。經理藩院會同本部，核與令入秋審。查該處例不具題，秋審寔緩後尾，與劉富貴等一起，可由直隸題請者不同。而其爲蒙古例准留養人犯，未便入於情寔黄册辦理則一。現在該犯是否親老丁單屬寔，未據該將軍咨報到部。似應會同理藩院奏明，于本年秋審册内暫行扣除。行令該將軍，查明如果該犯親老丁單屬寔，再行轉案奏請留養。如係虛捏，即將該犯歸入下手秋審辦理。庶與例案兩無歧誤。是否，仍恭候堂定。　照實

道二十六年，山西新。敦隊拜蒙古糾竊牲畜二十匹以上，爲首尚未傷人。　照實

道二十八年，熱二本。武添禄蒙古偷竊牲畜二十匹以上爲首，其另犯搶竊均屬輕罪。此起遵　旨入於緩決。　照緩

道十三年，山西新三本。貢楚克蒙古搶奪牲畜二十匹以上爲首。　照緩

道二十八年，山西新。吉里克蒙古糾竊牲畜二十匹以下爲首，究未傷人。　照實

道二十八年，山西新。扎拉扣蒙古糾搶牲畜三十匹以上爲首。　照緩

道二十八年，山西新。成　得蒙古糾搶牲畜二十匹以上爲首。　照實

咸二年，山西新二本。剛安索訥木郎中對查道光二年奏定章程：「蒙古偷竊牲畜四十匹以上，首犯入寔，從犯入緩。其搶劫什物内有牲畜在十匹以上者，照偷竊蒙古牲畜例，按其匹數，分别首從，擬以寔緩。」又查理藩院新例「偷牲畜二十匹以上，爲首擬緩，秋審擬以緩決」等語。此起該犯糾搶大馬二十匹，究與二十匹以上者有間，似應擬緩，記候核。　照實

一、奴婢行竊主財逾貫，未至五百兩，如係負恩勾引外賊肆竊者，應入情寔。其一人乘間鼠竊，可以緩決。至雇工、長隨及兵役、水火、扶人等，行竊本主、本管官財物逾貫，亦照此分别寔緩。

道二十六年，蘇五本。徐丫頭雖係雇工糾竊主財逾貫，惟夥賊本在典内暫住，究與勾引外人肆竊者不同。贓計亦未至五百兩，尚可原緩。記彙核。　照緩

道二十六年，朝三本。郭　五雇工糾約同主家人，偷竊主財逾貫，並無勾引外人情事，贓亦未至五百兩。尚可原緩。　照緩

道二十七年，直七本。吕　幅雇工糾邀同主雇工，行竊主財逾貫，究無勾引外人情事，贓亦未至五百兩，尚可原緩。仍照向辦章程，不準一次減等。記候核。　照緩

道二十七年，朝二本。王同豐學徒行竊鋪主貨物逾貫，尚無勾引外人情事，計贓亦未至五百兩。至耿克鰲自抹身死，係由張連珠向人虧言所致。定案時業因張連珠科以釀命之罪，似該犯即不以之加重。記緩核。　照緩

道二十七年，貴十二本。李么大雇工業被辭退，即不得以雇工論。糾竊逾貫贓亦未至五百兩，其他物拒毆成傷，係屬輕罪，向不以之加重。尚可原緩。　照緩

道二十一年，山東十三本。李　氏糾邀同主雇工行竊逾貫，尚無勾引外賊情事。其和誘爲從，係屬輕罪，尚可以贓亦未至五百兩。入緩。　照緩

一、竊贓滿貫未至五百兩，此外另有圖脱拒捕，或將事主推跌，或他物一二傷，情節不甚兇暴者，俱屬輕罪，仍以未至五百兩入緩。　照緩

道二十六年，安二十一本。李勢統竊盜拒捕，刃傷事主二人，內一人係刃劃傷輕者，向有入緩成案。此起行竊刃傷事主父子二人，金刃砍戳各二傷，又另犯糾竊逾貫一次，係屬身犯三項應絞罪名。雖拒由圖脱，尚無護贓、護夥重情事，另犯糾竊，計贓亦未至五百兩。究難擬緩。記候核。

道二十六年，蘇二本。陳　中鼠竊得贓，尚未至五百兩。其被扭圖脱，推跌事主未傷，係屬輕罪，向不以之加重。可以原緩。　照實

道二十二年，湖六本。徐苟子竊盜被揪、被毆，刃戳事主，一傷確由圖脱情急。其另犯行竊逾貫，贓亦未至五百兩，係屬同時並發，與先後兩犯怙惡不悛者不同。尚可原緩。仍記核。　照緩

道二十二年，河八本。胡　五竊贓未至五百兩，其圖脱他物拒傷事主平復，及聽從行竊，在院接贓，均屬輕罪。秋審應有似此入緩成案。記　照緩

緩，候核。

道十四年，浙十二本。李老大鼠竊得贜，尚未至五百兩。其拾石拒傷事主平復，係屬輕罪不議。可緩。

照緩

道二十八年，浙四本。陳瀶十鼠竊得贜，尚未至五百兩。其另犯共毆餘人係屬輕罪，即聽從行强接贜一次，亦例得免死發遣。尚可不以之加重。記緩，核。

照緩

道二十八年，直十五本。段　狠鼠竊得贜，尚未至五百兩。其另犯迭次搶劫，罪止擬軍，尚可不以加重。記緩，彙核。

照緩

道二十九年，河五本。余小志鼠竊得贜，尚未至五百兩。其用他物拒傷事主平復，按律無可復加，向不以之加重。記緩，核。

照緩

道二十九年，山東五本。楊沅立鼠竊得贜，尚未至五百兩。其另犯聽從行劫把風一次，例得免死發遣，向不以之加重。記緩，彙核。

照緩

一、竊盜臨時盜所拒捕，刃傷事主，俱入情寔，亦間有因止刃劃一傷入緩之案。查此項情節，亦有不同。如一聞事主聲喊，即持刀相向，情近於强。雖止一劃傷，自應入寔。若寔係被拉、被抱，劃由圖脱，與逃走後被追圖脱者，時異而情同，例予斬候，已有區分，似可酌量入緩。

道二十五年，河十二本。祁　保竊盜臨時盜所拒捕，如被捕情急刃劃一傷者，向有酌緩成案。此起劃止一傷，係因事主奪刀所致，尚與逞兇格鬥者有間。至先毆刀背一傷，係屬輕罪，尚不以之加重。惟並未被揪、被扭，究無急情可言，未便率緩。記候核。

照緩

道十九年，河十六本。馮三哈蟆竊盜盜所拒捕，刃劃事主三傷，情節不好。姑以攔住喊捕，確有圖脱急情，與逞兇格鬥者不同。尚有一綫可原。記緩，候核。

道二十七年，福一本。鍾幗泰逃軍糾竊臨時盜所護贓，刃砍事主一傷，復劃傷一人。又計贓逾貫，難以不寔。仍記核。　照緩

道二十一年，雲四本。許老三此起現據該撫覆稱，勘明事主住房係用土隔斷，並未統連等因，咨部。查該犯聞捕逸出堂屋，被事主趕向抓衣喊拏，情急圖脱，刃劃二傷，尚無護贓、護夥及格鬥情事。至用刃背拒傷事主，係屬輕罪，尚可原緩。記彙核。　改實

道二十八年，奉一本。韓付有竊盜臨時盜所拒捕格鬥，刃砍事主二人成傷，另毆傷一人，自難不寔。仍記核。　照緩

道二十九年，廣東三本。徐亞見竊盜臨時盜所拒捕，如被扭情急，刃劃一傷者，向有入緩成案。此起刃劃一傷，確由被扭撳按，情急圖脱所致，尚無護夥格鬥重情。彼時贓在夥賊之手，該犯並未商同護贓。不無一綫可原。記緩，彙核。　病故

道二十九年，直五本。尤得子竊盜臨時盜所拒捕，刃傷事主，情節較重。姑以劃止一傷，係由被揪圖脱所致，尚無護贓、護夥格鬥重情。至用刀背另拒一傷，又傷事主一人，罪止擬軍，尚可不以之加重。稍有一綫可原。記緩，彙核。　照緩

照緩

一、竊賊圖脱拒捕致斃事主，無論情傷輕重，俱入情寔。

道二十五年，雲三本。王受沅竊盜拒捕刃斃事主。　照緩

舊抄內定律例稿本　卷六

一、新屬相盜，拒斃捕人，仍以鬥殺絞候者，應入情實。此指無服親屬而言。若有服親屬相盜，拒殺卑幼，定案時依毆殺卑幼律擬絞者，不在此律。

道二十五年，川三十二本。楊仕淋竊盜臨時盜所故殺事主，業因親屬相盜，免其斬罪，法難再寬。秋審自應入寔。仍記候核。死係年甫九歲緦麻服妹，見謀故殺卑幼門。

照實

道二十六年，廣西一本。吴域秀竊匪圖脱，拒斃年甫十歲事主。因係親屬相盜，得免駢首。法難再寬。記寔，核。

照實

道二十一年，山東十二本。孫大汶行竊致斃緦麻雙瞽姪婦，案係故殺，與毆斃者不同。難以死係卑幼爲解。記寔。

照實

道二十五年，廣東四本。林其進行竊拒捕，刃斃大功兄妻，業因親屬相盜，得免駢首。秋讞難以不寔。記候核。

照緩

道二十九年，山東七本。柴萬松傷皆他物，死係因風，鬥情尚不爲重。至該犯行竊胞妹牛隻，係親屬相盜，與寔犯竊盜不同，稍有一綫可原。記緩，核。

病故

咸二年，安十一本。吴大玉雖係因竊拒斃幼女，惟死者究係該犯卑之婦。他物三傷，確由被扭圖脱所致，尚無逞忿殘殺情事。定案時既照毆死卑幼之婦本律問擬，秋審自可原緩。

照緩

咸二年，川二十五本。李老五糾竊小功伯母菸苒，致斃追捕之人。金刃致命二傷，一透内，一透膜。傷不爲輕。惟係親屬相盜，向不以罪人論。死者人係小功伯母家雇工，該犯刀係奪獲，戳有急情。尚可原緩。記候核。

一、殺死搶竊族人，例不照擅殺科斷，仍以謀、故、鬥殺定擬之案，道光七年，本部題覆福建馬幅周案内聲明：若拘於謀故殺人，向係入寔之例，概擬情寔，未免向隅，請酌入緩決，通行在案。嗣後如犯係雇工人及兄弟妻之類，定案時因係親屬相盜，不照擅殺科斷者，雖案係謀故，亦俱遵照入緩。　照緩

道二十五年，福一本。蔡月兒死者强割稻穀，係屬罪人。定案時，因親屬相盜，不得照擅殺定擬。秋讞衡情，自應照道光七年馬源開案内通行，入於緩決。

道二十五年，湖一本。孔廣槽死係行竊族人。　照緩

道二十五年，江西十本。葉石富火器致斃搶奪族人。定案時因係親屬搶奪，不得照擅殺科斷，應照道光七年馬源開案内通行，入於緩決。　照緩

道二十六年，川五本。鄭　才謀故殺行竊族人，不得照擅殺科斷之案，向俱照道光七年馬源開案内通行，入於緩決。此起死者誆騙該犯錢文，應照親屬相盜科罪。該犯聽從將其勒斃，在擅殺案中應照餘人例擬杖，與馬源開一案，在擅殺案中罪應擬絞，仍從重照故殺擬斬者本有區分。至誆騙財物，律準竊盜論，與寔犯竊盜微有不同。惟查盜田野穀麥等類，按律亦應準竊盜論。向來辦理故殺竊割田穀族人之案，亦俱援照通行入緩。此起自可照辦。仍記候核。　照緩

道二十六年，川二十四本。陳汶名謹按：擅殺人二三命之案，向俱酌入緩決辦理。此起連斃父子一家二命，死者均係行竊田水族人。定案時，因係親屬相盜，不照擅殺科斷，仍按毆死一家二命，例擬絞立決。經本部援引成案聲請，奉旨改爲監候，固未便仿照擅殺凡人二三命之案辦理。惟查道光七年福建省馬源開一起，係故殺行竊族人擬斬，曾經本部題明，入於緩決，通行各省遵辦。誠以定例之初，原因親屬不重盜，自不得與尋常擅殺之案概擬絞候。而秋審衡情，死者究屬罪人，即不得與尋常故殺之案概行入寔。蓋於執法之中，仍寓原　照緩

情之意。又查連斃一家二命，一鬥一擅之案，向亦酌量入緩。此起二命，均照鬥殺問擬，較之內有一命係寔犯擅殺者情節爲重。死者均係有罪之人，較之內有一命係寔犯鬥殺者情節爲輕。在舊案中既無所依據。至原題所因湖南省彭興立致斃行竊族人兄弟二命一起，係早經病故之犯，未入秋審辦理。此外並無恰合成案。復思凡人致斃竊放田水罪人，例雖照擅殺科斷。第田水究係無人看守之物，較之有人看守器物，情罪本有不同。況係親屬相盜。令該犯因此連斃其父子二命，業經援案由立決改爲監候，似未便率行擬緩。謹記出，恭候堂定。

改實

道二十三年，川二十六本。張成潰毆斃婦女。木器，四十一傷，二致命，一骨損，一骨微損。論傷甚多。惟衅起死者行竊，定案時係親屬相盜，不得照擅殺科斷。秋審似可原緩。

照緩

道二十一年，福五本。紀　講火器殺人之案，因係親屬搶竊殺傷，例不得照擅殺科斷，仍照律定擬者，經道光七年題明，酌入緩決，歷屆遵照辦理在案。此起因無服族伯搶奪伊母羊隻，該犯聞喊追趕，點銃嚇放適斃，核與入緩章程相符。至事後主使誣告，究係畏罪起見，且係輕罪不議，尚可不以之加重。記緩，候核。

照緩

道二十八年，廣東三本。黃土韜火器致斃行竊族人。定案時因係親屬相盜，不得照擅殺科斷，仍按故殺問擬。應遵照道光七年馮源開案內通行入緩。仍記核。

病故

道二十八年，江西六本。吴金杜等火器致斃行竊族人之案，道光七年馬源開案內奏明入於緩決，通行在定。此起致斃彼造五命，係各斃各命；除一兇病故外，該犯等下手致斃一命，均係盜砍伊祖墳樹株族人。定案時，因係親屬相盜，不得照擅殺科斷。若與尋常多命之案一律入寔，未免無所區別。查馬源開案內，係專指火器殺人及故殺而言，至多命一節，未經議及。惟火器殺人及四命以上，按照條款，均應入寔。在彼案既因不照擅殺，之故寬其有心逞兇，則此案亦可原其不照擅殺之故，寬其倚衆兇鬥。似可仿照通行，入於緩決。仍記核。

照緩

道二十九年，川三十七本。李孝娃共毆致斃七旬老人。該犯金刃六傷，一致命骨損，一由臂膊穿過胳膊，一透內。勘傷過重。惟死者偷竊柴葉，定案時因係親屬相盗，不得照擅殺問擬。秋讞原情，尚可入緩。記彙核。

道二十九年，奉三本。徐凌保死者搶奪該犯錢文，定案時係親屬相盗，不得照擅殺科斷。該犯殺非有心，死者均係緦麻卑幼，衡情尚有可原。惟究係連斃兄弟一家二命之案，未便率緩。記彙核。　照緩

咸二年，四川十八本。呂恒芳火器誤斃强採茶葉族叔，定案時，因係親屬相盗，不得照擅殺科斷。秋讞衡情，自可入緩。記候核。　照緩

道二十三年，四川五十八本。李玉連共毆斃命。該犯金刃，十七傷，九致命，三要害，一透內，另劃八傷。勘傷固多而且重。惟該犯誤買竊贜，本由死者囑令，放心承買。迨被賊人供出，死者又向該犯訛詐銀兩，並以如不給銀，即囑賊將伊扳害之言挾制，寔屬刁詐。原題以族人偶然挾詐，不照擅殺科斷。秋讞原情，自可寬其一綫。且各傷均在未倒地以前，並有護父及抵禦急情，要害重傷係由死者頭往後仰所致，共毆亦非預糾。尚可原緩。仍記候核。　照緩

一、竊盗已離盗所，拒捕刃傷事主，嘉慶八年奏準：如被扭圖脱，雖三傷俱問緩決。歷年來，凡護贜、護夥情同格鬥者入寔，其餘無前項情形，寔係圖脱情急，刃戳止二三傷，俱入緩決。（内劃傷及他物傷不計。）若金刃戳扎三傷以上者，仍入情寔。又被追而未被獲，無急情可原，輒糾夥轉身迎拒，情事兇横者，雖僅止金刃一二傷，亦不可輕議緩決。

道二十五年，雲三本。張小二竊盗拒殺事主，爲從幫毆刃傷之犯，如拒由圖脱，刃傷甚輕，又在首犯拒捕之先者，向可酌入緩決。至臨時盗所刃傷事主，如劃止一二傷，有被揪、被扭急情，並非護贜、護夥者，亦有入緩成案。此起臨時盗所拒殺事主，爲從幫毆刃傷。較之已離盗所拒殺爲從刃傷之犯，及盗所拒捕，僅止刃傷而未拒捕者，情節爲重。第查間原勘，既稱撬開堂屋門及左邊房門入室，又稱事主趕出堂屋，將該犯拏住。是在房内行竊，而在堂屋被拏。核與臨時盗所有間。定案雖依臨時盗所例，將首犯正法。而該犯爲從罪名，與已離盗所拒殺事主爲從幫毆刃傷者，同一絞候，似可仿照成案辦理。被拏圖脱劃止一傷，且在首犯拒捕之先，不無一綫生機。惟究係同場拒殺之案，未便率緩。記候核。　照緩

道二十六年，陝十一本。李庭明竊盜未離盜所，拒捕刃戳事主，二傷。又另帶傷事主一人。情節不好。雖該犯拒捕之時業已開出房門欲行逃走，且拒由被揪不放，情急圖脱所致，並無護贓護夥格鬥等情。究難議緩。記候核。

咸二年，直三本。高小鎖竊盜臨時盜所拒捕，刃傷事主。情節不好。雖夥犯已携贓先遁，該犯被揪情急，嚇扎一傷，情近圖脱。未便率緩。記候核。　改實

一、行竊遺落火煤，不期將事主燒斃，照因盜威逼人致死問擬斬候之例，係道光三年纂定。原奏聲明遺火燒斃一命，及二命而非一家者，酌入緩決；燒斃一家二命及三命非一家者，入於情寔。迨道光四年纂修條例時，復審明秋審案件應俟臨時酌核辦理，毋庸將入於情寔緩決之處纂入例內。查此項竊賊遺火事出無心，遇有燒斃一命者，自可酌入緩決；若至二命以上，則死者之情較慘，似不應率行入緩。竊剥事主衣服，致令凍斃，本犯投首免因。照屏去人服食致死擬絞者，亦間有酌緩成案。查道光二十二年山東第二册陳昂一起照緩。　照實

道二十一年，山東七本。張　春行竊遺落火煤，燒斃事主一命之案，道光三年奏定章程，酌入緩決。此起行竊遺落火煤延燒房屋，不期燒斃事主一命，尚非該犯意料所及。似可援照章程入緩。仍記核。本年山東省十五册劉汎標，與此案情事相同，緩。　照緩

道二十五年，河十四本。張禿孜行竊遺落火煤，燒斃事主一命，向有入緩成案。此起該犯因火煤將完，撩棄門外，被風吹入草堆，延燒房屋，致斃事主一命。尚非該犯意料所及，可以原緩。記彙核。道光二十二年江蘇第八册張沅一起，情事相同，緩。　照緩

一、竊賊圖脱拒捕，除他物另傷一人不計外，如刃傷事主至二人者，雖僅止一二傷，俱應情寔。若二人內有一劃傷，及二人俱係劃傷者，亦俱酌入緩決。

道六年，江西三本。鄒　六竊盜拒捕連傷事主二人，秋審舊例，應入情寔。迨歷年衡情酌辦，一一細加分晰，有圖脱刃傷二人，內有一人係被劃傷輕酌緩者；有所傷二人，雖一係劃傷，而均無被揪圖脱急情，仍入情寔者；有所傷二人，雖內有一人並非因被揪急情致傷，二人均止被劃傷，即酌入緩決者；有戳傷一人，劃傷一人，二人各被一傷，雖有一人非因被揪圖脱致傷，仍入緩決者。雖事涉繁瑣，而近事辦理。較若畫一。此起刃傷二人，一係事主工人，均應以事主論。其致傷事主，究由被其趕捉所致。止劃一傷，砍傷工人，則

確因被扭情急，且亦止一傷，似尚可寬其一綫，酌量入緩。仍記，候核。

道十七年，山東七本。郝良仔竊盜圖脱拒捕刃傷事主二人，俱係劃傷，向有入緩成案。此起刃劃事主三傷，確有被抱圖脱急情。其另劃事主之妻一傷，亦因幫捕奪刀所致，尚無護贜、護夥情事。自可原緩。記候核。　照緩

道二十五年，廣東四本。姚金欣竊盜拒捕，刃劃事主四傷，確由被拉圖脱情急所致。至另傷事主一人，亦止刃劃一傷，並無護贜、護夥情事。尚可原緩。記彙核。　照緩

道二十六年，河六本。劉　二竊盜拒捕，刃扎事主二傷，係由被扭圖脱情急，尚無護贜、護夥格鬥重情。另劃事主之母，亦由奪刀抽回所致。至先令夥賊幫拒，棍毆三傷，係屬輕罪，尚可不以之加重。記緩，彙核。　照緩

道二十四年，河二本。常　沅竊盜拒捕，刃傷事主二人。係由被追所致，各止刃劃一傷，尚無護贜、護夥重情。可緩，記核。　照緩

道二十四年，江西十三本。胡冬發竊盜拒捕，刃傷事主二人。係由被拏情急圓脱所致，尚無護贜、護夥各鬥情事。且各傷均係帶劃，尚可原緩。記彙核。　照緩

道二十七年，直十本。王成兒竊盜拒捕，刃傷事主之案，如內有一人係帶劃傷輕者，向俱酌入緩決。此起行竊拒捕，刃傷事主三人，較之刃傷二人者情節爲重。雖各傷均係刃劃，與逞兇砍戳者有間，且由事主三人一齊上前提住，圖脱情急所致，尚無護贜、護夥格鬥重情。未便率緩。記彙核。　照緩

道十三年，廣東二十四本。何亞狗竊盜被追，轉身拒捕。刃傷事主一人，情節兇横。雖各止刃劃一傷，亦難不寔。記候核。　改實

道二十七年，浙二本。何洪汶竊盜拒捕，刃劃事主一傷，工人二傷，確由被扭情急所致，並無護贜、護夥格鬥重情。尚可原緩。記彙核。　改實

道二十七年，安九本。彭雙六竊盜拒捕，刃傷事主二人。一由被扭情急圖脱者，一由事主奪刀，致被帶劃。且各止一傷，尚無護贜、護夥格鬥重情。稍有可原。記緩，彙核。　照緩

道二十四年，福二本。戴　民竊盜拒捕，刃劃事主，如有被扭急情，雖刃劃二人，尚有入緩。此起刃傷事主二人，確由被扭圖脱，並非護贜、護夥重情，且各止刃劃一傷，自可原緩。　照緩

道二十二年，貴十三本。伍應碌竊盜圖脱，拒捕刃戳事主二傷，另劃三傷，並戳傷其子。雖無護贜、護夥情事，亦難不寔。仍記核。　改實

道二十二年，廣東五本。翟進契竊盜拒捕，刃傷二人，情節不好。惟究係被扭圖脱情急所致，且各止刃劃一傷，尚無護贜、護夥格鬥重情。至另用刃背拒傷二人，係屬輕罪不議，可以原緩。記候核。　照緩

道二十二年，安四本。陳麻仔竊盜拒捕圖脱，刃戳事主二傷，如内有一人係劃傷者，尚俱酌入緩決。此起該犯砍傷翟成淋，僅止一處，其餘三傷及另傷其子，均係帶劃，尚可原緩。仍記彙核。　照緩

道二十一年，雲一本。鄧何順竊盜被追圖脱，刃傷事主三人。復因被拏挣不脱身，喊同夥賊幫拒，刃戳事主三傷。按例應坐該犯爲首。雖拒傷三人原驗戳劃未分，亦有被拏圖脱急情，亦難不寔。記核。　改實

道二十八年，川十八本。張甲娃竊盜喝令夥賊一齊拒捕，該犯下手刃傷二人，情同格鬥。雖拒由慮被捉獲，二人内一係刃戳一傷，一係劃傷，尚

無護贜重情。亦難不寔。記核。

道二十八年，雲四本。朱　理竊盜拒捕刃傷事主二人，勘傷均係帶劃。且由被揪圖脱情急所致，尚無護夥、護贜格鬥重情。稍有可原。記緩，彙核。　改實

道二十八年，河十九本。李　遂竊匪拒捕刃傷事主二人。究由被扭圖脱情急所致，尚無護贜、護夥格鬥重情，且二人均係劃傷，稍有可原。記彙核。　照緩

道二十九年，山東十六本。崔二紀竊盜拒捕刃扎事主一傷，確由被扭圖脱情急所致，尚無護贜、護夥格鬥重情。另刃傷一人，訊由自割衣襟誤劃，罪止擬軍，向不以之加重。不無可原。記彙核。　照緩

一、竊盜圖脱拒捕，僅止金刃一二傷，亦無兇暴情形，此外或事主追逐自行跌斃者。亦可緩決。　照緩

道二十四年，陝八本。馬金學回民行竊結夥三人以上者，即應擬軍，照民人之計贜治罪者爲重。回民行竊逾貫即應入寔，照民人之分別是否贜逾五百兩者爲重。此案回民糾夥三人行竊，刃傷事主，似不應與民人犯竊，刃傷事主，以未及四傷未緩者並論。記寔，候核。

道二十一年，陝十一本。馬沅兒雖係回民行竊拒傷事主，惟被揪圖脱拒砍一傷，並無護贜、護夥情事。至夥犯拒殺事主，該犯並未同場助勢，向有人緩成案。自應分案入緩。仍記，候核。　改實

道二十五年，川二十八本。蔣老六竊盜拒捕，刃戳事主二傷，均由被抓髮辮圖脱情急所致，並無護贜、護夥格鬥重情。至事主復被夥賊拒斃，係在該犯業已逃走之後，尚可不以之加重。記緩，彙核。爲從幫毆刃傷事主絞犯陳狗兒，緝獲另結。　照緩

道二十六年，湖二十二本。鄧老六竊盜拒捕，刃劃事主三傷，始終有被扭圖脱急情，尚無護贜、護夥格鬥情事。記緩，候核。　病故

道二十四年，川七十四本。王三篋匠辛自沅竊盜拒殺事主，爲首應寔。王三篋匠爲從幫毆刃傷，一戳一劃，均由被扭所致，且在首犯拒捕之先，並無護贓、護夥情事。惟究與首犯同場逞兇，未便率緩。記候核。 照緩

道二十五年，山東四本。王粗腰竊盜拒捕，刃扎事主一傷，另抓一傷，確由被揪情急圖脱所致。其另犯拒傷捕人，係屬輕罪，尚可不以之加重。記緩，候核。拒斃事主之斬犯谷喜，另擬情寔外。 照緩

道二十五年，直二本。孫　申竊盜被拉圖脱，刃砍事主二傷，係由被拉不放情急圖脱所致，並無護贓、護夥格鬥重情。尚可原緩。記彙核。 照緩

道二十五年，直二十一本。王大小竊盜拒捕，刃劃二傷，係由被揪情急圖脱所致，尚無護贓、護夥格鬥重情。其先因割辮誤劃二傷，係屬輕罪，向不以之加重。記緩，彙核。 照緩

道二十六年，廣東二本。農特源竊盜拒捕，刃劃事主二傷，係由被毆被踢所致，情近格鬥。惟二傷均深不及分，砍由刀尖帶劃，尚無護贓、護夥等情。夥犯拒斃事主之時，該犯亦未在場。稍有一綫可原。記緩。 照緩

道二十六年，陝六本。楊占雲竊盜拒捕，刀砍事主一傷，係由受傷情急回砍，尚無護贓、護夥重情。另劃一傷，亦由事主奪刀所致。尚可原緩。記彙核。 照緩

道二十六年，河六本。劉　四竊盜拒捕，刃扎捕人二傷，係由倒地被揫情急所致，尚無護贓、護夥格鬥等情。至另犯毆人成篤，究屬輕罪，尚可不以之加重。姑記緩，彙核。 照緩

道二十六年，直三本。李　三竊盜拒捕，刃砍事主二傷，帶劃四傷，確由被揪圖脱情急及事主奪刀致劃，尚無護贜、護夥格鬥重情。尚可原緩。記彙核。

照緩

道二十六年，直八本。李　六竊盜拒捕，刃扎捕人三傷，係由被揪圖脱情急所致，尚無護贜、護夥格鬥重情，末後刃劃一傷，訊因自割髮辮誤劃，係屬輕罪。尚可原緩。記彙核。

照緩

道二十六年，直十六本。張　八竊盜拒捕，刃劃事主一傷，係由被揪圖脱情急所致，尚無護贜、護夥格鬥重情。至喊同夥賊幫護兇器二傷，究屬輕罪。尚可原緩。記彙核。

照緩

道二十六年，山東十四本。王得二查行竊逾貫，另犯行竊得贜，向有入緩成案。此起行竊刃傷事主，另犯聽從臨時行强，在院接贜，二例均在强盜門内，較之行竊逾貫另犯行劫接贜之案，情節爲重。姑以刃扎一傷，係由事主上前攔捕，恐被捉獲所致，尚無護贜、護夥格鬥等情。其另犯行劫接贜一次，例得免死發遣，究屬輕罪不議。稍有一綫可原。記緩，候核。

照實

道二十六年，雲七本。李　楊竊盜拒捕，刃戳事主一傷，帶劃一傷，係由被抓掙不脱身所致，並無護贜、護夥重情。另咬一傷，係屬輕罪。尚可原緩。記彙核。

照緩

道二十六年，山東十七本。孟　三竊盜拒捕，刃劃事主三傷，係由被扭圖脱所致，尚無護贜、護夥格鬥重情。至先戳刃背一傷，係屬輕罪，向不以之加重。記緩，彙核。

照緩

道二十六年，安九本。胡　三竊盜被追拒捕，奪搶用柄先毆一傷；迨事主轉身欲逃，又刃戳一傷，情同格鬥。雖無護贜、護夥等情，未便率緩。記彙核。

照實

道二十六年，安十八本。張順孜竊盜拒捕，刃戳事主一傷，係由被扭情急圖脱所致，尚無護贓、護夥格鬥重情。共夥搶婦女未成，係屬輕罪，尚可不以之加重。記彙核。

照緩

道二十三年，廣東三本。李蝦律仔竊盜拒殺事主，爲從幫毆，刃傷之犯，如因圖脱情急，刃拒一二傷在首犯拒捕之先者，向有酌緩成案。此起聞捕即逃，其刃劃三傷，係被事主揪辮按及，自割髮辮，誤劃所致，確有圖脱急情。且俱在首犯拒捕之先，尚無護贓、護夥重情不無可原。記緩，候核。

照緩

胡三隴仔等胡三隴仔竊盜拒殺事主，爲首應寔。劉志五爲從幫毆刃傷，一砍一劃，均由被揪圖脱，且俱在首犯拒捕之先，並無護贓、護夥情事。惟究與首犯同場逞兇，未便率緩。記候核。

（胡三隴仔）照實（劉志五）照緩

道二年，山東七本。路　朋刃傷三處，其額顱與左額角係相連一傷，祇應以兩傷論。鐵器傷係屬輕罪，另劃亦止三傷，與逞兇肆行扎劃多傷不同。惟該犯雖被事主毆傷，並未被揪，輒逞兇拒捕，情近格鬥。應記出與四川黃幗洙案彙比，分別辦理。

改實

道二十三年，河十三本。張大毛竊盜護贓，刃傷事主，情節不好。惟刃劃究止一傷，係因慮被捉獲起見，與逞兇砍戳者有間。不無一綫可原。記緩，候核。

照緩

道二十五年，雲三本。張小二竊盜拒殺事主，爲從幫毆刃傷之犯，如拒由圖脱，刃傷甚輕，又在首犯拒捕之先者，向可酌入緩決。至臨時盜所刃傷事主，如劃止一二傷，有被扭、被揪急情，並無護贓、護夥者，亦有入緩成案。此起臨時盜所拒殺事主，爲從幫毆刃傷，較之已離盜所，拒殺爲從刃傷之犯，及盜所拒捕，僅止刃傷而未拒殺者，情節爲重。第查閱原勘，既稱撬開堂屋門及左邊房門入室，又稱事主趕出堂屋，將該犯拏住，是在門内行竊，而在堂屋被拏，核與臨時盜所同。定案時，雖依臨時盜所例將首犯正法，而該犯爲從罪名，與已離盜所拒殺事主爲從幫毆刃傷者，同一絞候，似可仿照成案辦理。被拏圖脱，劃止一傷，且在首犯拒捕之先，不無一綫生機。惟究係同場拒殺事主之案，未便率緩。記彙核。

道二十四年，川十四本。郭映剛竊盜拒捕，刃傷事主，先砍腦後一傷，係屬格鬥。雖無護贓、護夥情事，亦難不寔。記核。　照緩

道二十四年，川二十一本。李五兒竊盜圖脱，刃戳事主二傷，係由被扭受傷掙不脱身所致，尚無護贓、護夥格鬥重情。至另劃二傷，向不並計。尚可原緩。記彙核。　改實

道二十七年，直十八本。李二黑竊盜拒捕，刃扎事主二傷，帶劃一傷，均由被毆情急圖脱所致，尚無護贓、護夥格鬥重情。不無可原。記緩，彙核。其另犯竊贓逾貫爲重，係屬輕罪。　照緩

道二十四年，湖五本。李　相竊盜拒捕，刃戳事主三傷，係由被揪掙不脱身情急所致，並無護贓、護夥及格鬥重情。尚有可原。記緩，彙核。　照緩

道二十四年，河十三本。單小黑竊匪拒捕，刃扎事主二傷，確由被扭圖脱情急所致，尚無護贓、護夥格鬥重情。至另劃一傷，向不並計，自可不以之加重。記緩，候核。其另犯夥竊一次，係屬輕罪。　照緩

道二十四年，山東三本。孫來喜竊盜拒捕，刃扎事主二傷，又幫聲喊護，致夥賊幫扎二傷，情節不好。雖始終有被揪急情，其聲喊幫護，亦與喝令拒戳有間。尚無護贓、護夥重情。未便率緩。記核。　照緩

道二十四年，直十九本。郝洛可竊盜拒捕，刃扎事主一傷，係由被揪圖脱情急所致，尚無護贓、護夥格鬥重情。另劃二傷，向不並記。尚可原緩。記彙核。　改實

道二十七年，直十四本。白　大回民結夥拒捕，刃傷事主之案，向照尋常一體分別寔緩。此起行竊刃扎事主一傷，係由被揪掙不脱身所致，尚無　照緩

護贓、護夥格鬥重情。至夥賊另拒事主一人身死，該犯並無幫同拒毆情事，尚可不以之加重，稍有一綫可原。記緩，彙核。其另犯行竊，係屬輕罪。

照緩

道二十三年，廣東二十四本。何亞狗竊盜被追轉交拒捕，刃傷事主三傷，情殊兇横。雖各止刃劃一傷，亦難不寔。仍記候核。

照實

道二十七年，浙七本。陸三喜竊盜拒捕，刃劃事主三傷，係由受傷倒地，被事主扭住情急圖脱所致，尚無護贓、護夥格鬥重情，不無可原。記緩，彙核。

照緩

道二十七年，安二十二本。李小猴仔竊盜拒捕，刃戳事主一傷，另劃一傷，均由被追攔住，慮被扭獲，情急圖脱所致，尚無護贓、護夥格鬥重情。至夥賊另往拒事主一人身死，該犯並未幫同拒毆，稍有可原。記緩，彙核。

照緩

道二十七年，廣西一本。曾老四竊盜拒捕，刃砍事主二傷，帶劃三傷，均由被扭圖脱情急所致，並無護贓、護夥格鬥重情，不無可原。記緩，彙核。

照緩

道二十七年，陝十一本。李得兒回民結夥行竊，刃傷事主，向照尋常竊盜一體分別寔緩。此起行竊拒捕刃扎事主二傷，另劃五傷，係由被拉圖脱情急，及事主奪刀致劃。尚無護贓、護夥重情，稍有一綫可原。記緩，彙核。

照緩

道二十七年，貴九本。丁連升竊盜拒殺事主，爲從幫毆刃傷之犯，如拒捕在首犯之先，向俱核其情傷，分別寔緩。此起行竊拒捕刃戳事主一傷，係由被揪掙不脱身情急所致，尚無護贓、護夥格鬥重情。且在首犯拒捕之先，稍有可原。記緩，彙核。

照緩

道二十七年，湖一本。黃慶沅卑幼犯竊盜殺傷尊長從重，以凡盜殺傷科罪，自應照凡盜拒捕之案，一體分別寔緩。此起行竊拒捕刃戳緦麻服

『屬』一傷，係由被揪喊拏，情急圖脱所致。尚無護贓、護夥及格鬥重情。凡盜拒捕案中，應入緩決。該犯刃傷緦麻尊屬，罪止擬徒，業已拒捕加擬絞候，可不再行加重。記緩，核。　照緩

道二十七年，河十九本。鄭小義竊盜拒捕，刃砍事主一傷，係由被扭圖脱所致。尚無護贓、護夥格鬥重情。至另犯行竊他物拒傷事主二次，均屬輕罪，不以之加重。記緩，彙核。　照緩

道二十七年，山東一本。張二麻仔回民結夥行竊，刃傷事主之案，向照尋常竊盜一體分別寔緩。此起行竊拒捕刃扎事主一傷，帶劃二傷，均由被扭情急圖脱所致，尚無護贓、護夥格鬥重情。稍有一綫可原。記緩，彙核。　照緩

道二十七年，山東十四本。張大漢竊盜拒殺事主，該犯爲從幫毆，刃劃事主二傷，係與首犯同場。情節較重。姑以拒由被拉情急圖脱所致，並無護贓、護夥格鬥重情。首犯護夥拒捕，該犯並未喊救。至用刀自割髮辮另劃一傷，罪止擬軍，向不以之加重。稍有一綫可原。記緩，彙核。　照緩

道二十七年，山東十四本。趙來仔竊盜拒捕，刃扎事主三傷，帶劃二傷。始終有被扭不放，情急圖脱，及事主奪刀所致，尚無護贓、護夥重情。稍有可原。記緩，彙核。　照緩

道二十二年，貴五本。李倍常竊盜拒捕刃戳事主三傷，另劃二傷，確由被扭圖脱急情，尚無護贓、護夥格鬥情事。可以原緩。　照緩

道二十二年，貴十三本。伍應碌竊盜圖脱拒捕，刃戳事主二傷，另劃三傷，並戳傷其子。雖無護贓、護夥情事，亦難不寔。仍記核。應歸竊盜拒捕刃傷事主二人以上門。　照緩

道二十二年，湖十九本。趙式情竊盜拒捕，刃砍事主一傷，另劃二傷，又帶傷一處，論傷固不爲多。惟於事主鬆手之後，因其拾棍嚇砍致傷，情　照實

近格鬥。雖無護臟、護夥情事，未便率緩。記候核。

照緩

道二十二年，直二本。張二本竊盜圖脱拒捕，刃扎三傷，另劃四傷。確由被揪情急所致，尚無護臟、護夥重情。可緩。

照緩

道二十二年，直二十六本。王　二竊盜被揪圖脱拒捕，刃砍事主三傷，尚無護臟、護夥情事。至另劃三傷，係由自割髮辮所致，罪止擬軍，向不以之加重。記緩，彙核。

照緩

道二十一年，山東十一本。崔二塊竊盜圖脱拒捕，如無護臟、護夥及格鬥情事，金刃二三傷者，向俱酌入緩決。此起夥賊先逃，該犯逃出門外，被事主揪住，刃扎三傷。確由始終不放圖脱急情，並無護臟、護夥情事。至脚踢一傷，係屬輕罪。自可原緩。仍記彙核。

照緩

道二十八年，貴五本。秦老罄竊盜拒捕，刃戳事主二傷，另劃二傷，均由被扭圖脱情急所致，並無護臟、護夥格鬥重情。尚可原緩。記彙核。

病故

道二十八年，貴六本。王記訥竊盜護夥拒捕，刃砍事主成傷，並無被扭情急，自難不寔。仍記核。

照緩

道二十八年，奉十六本。張　丙竊盜轉身拒捕，刃劃事主成傷，情節不好。姑以劃止一傷，係由事主持搶奔戳，情急圖脱所致，尚無護臟、護夥重情。稍有可原。記緩，彙核。

照緩

道二十八年，陝十七本。劉胖子竊盜拒捕，刃戳事主二傷。究由被捉衣衿不放圖脱所致，尚無護臟、護夥格鬥重情。其拳毆一傷，係屬輕罪。稍有可原。記緩，彙核。

照緩

道二十八年，浙四本。陳何毛竊盜臨時盜所起意，糾人護夥，刃傷捕人，情節甚重。雖刃劃一傷已在夥賊挣脱以後，且刀在捕人之手，該犯用手向刀搪抵，不期回轉致劃，與持刀相向者有間，究難不寔。記核。

改實

道二十八年，河十三本。楊瞎子竊匪刃拒事主三傷。究由被事主等趕上捕拏，情急所致，尚無護贓、護夥重情。稍有一綫可原。記緩，彙核。

照緩

道二十二年，直二本。張和尚竊盜拒捕，刃扎事主一傷。係由被追慮恐拏獲所致，尚無護贓、護夥等情。至用他物另拒一傷，及另傷一人，均係輕罪。稍有一綫可原。記緩，彙核。

照緩

道二十八年，山東九本。車洪標竊盜拒捕，刃扎事主二傷，另劃二傷。係由被揪圖脱情急所致，尚無護贓、護夥重情。其先毆刀背一傷，係屬輕罪。至夥犯拒斃事主之時，該犯並未在場。稍有一綫可原。記緩，彙核。

照緩

道二十八年，山東十三本。夏奎竊匪拒捕，刃扎事主三傷，帶劃一傷。均由被揪圖脱情急所致，並無護贓格鬥重情。不無可原。記緩，彙核。

照緩

道二十八年，山東十八本。渠二竊盜拒捕，刃扎捕人三傷。確由被揪圖脱情急所致，尚無護贓、護夥格鬥重情。稍有可原。記緩，彙核。

照緩

道二十九年，安十三本。胡狗竊匪拒捕，刃扎捕人二傷。確由被扭情急圖脱所致，尚無護贓、護夥格鬥重情。不無可原。記緩，彙核。

照緩

道二十九年，湖三本。李幅竊盜拒捕，刃傷事主，又喝令夥賊幫毆刃傷之案，向以夥賊幫拒之傷與本犯刃拒各傷並計，四傷以上者，入寔；未至四傷者，酌入緩決。此起該犯下手刃戳二傷，又喊人幫護，致夥賊幫戳一傷，並計不及四傷，俱在被事主扭住掙扎不脱之時。至帶劃各傷，向不並計加重，稍有一綫可原。記緩，彙核。

照緩

道二十九年，河六本。高小墻竊盜拒捕，刃扎事主三傷。訊由被扭情急圖脱所致，尚無護贓、護夥格鬥重情。至夥賊護贓，另斃事主，該犯是否在場，檢查原揭所叙供詞，並未明晰聲叙。且係各拒各捕，尚可不以之加重。稍有可原。記緩，彙核。

道二十九年，河四本。兵　四竊盜拒捕，刃扎捕人二傷。確由被拉揢捉圖脱情急所致，尚無護贓、護夥情事。他物另傷一人，係屬輕罪，向不以之加重。稍有可原。記緩，彙核。　照緩

道二十九年，山東八本。劉王存竊盜拒捕，刃扎事主一傷，帶劃一傷。確由被揪圖脱所致，尚無護贓、護夥格鬥重情。至喊令幫護，致夥賊幫拒鐵器一傷，罪止擬軍，尚可不以之加重。記緩，彙核。　照緩

道二十九年，福三本。林賊頭寶被扭掙扎，同跌落河，溺斃事主。　照緩

咸二年，湖十本。楊　七竊盜拒捕，刃戳事主二傷，另劃一傷。係由被按、被拉情急圖脱所致，並無護贓、護夥重情。稍有可原。記彙核。　改實

咸二年，山西一本。張東連逃軍行竊，刃扎事主二傷，情節不輕。惟該犯先被事主毆傷，復被扭不放，扎由情急圖脱，並無護贓、護夥情事。尚可原緩。記候核。　照緩

一、竊賊圖脱拒捕，他物毆事主致廢疾篤疾者，較刃傷平復爲重，俱入情寔。若折傷平復，僅止骨節參差，或斷一指，折一齒，事主不致貽累終身者，亦可緩決。若盜田野穀禾等類，與寔犯竊盜不同。雖拒捕至廢疾，亦可酌入緩決。道光二十一年奉天省李復興案，明改緩通行。　照緩

道二十五年，陝新三本。趙大有竊盜護夥拒傷事主骨折，成廢，較之圖脱刃傷爲重，應寔。仍記核。　照實

道二十六年，奉十五本。史萬財求借不遂，糾夥肆竊。盜所木器拒傷事主成廢，復另毆事主之女多傷。情殊兇暴。記寔，核。　照實

道二十六年，直十七本。馬　二回民結夥行竊，刀傷事主左手腕，右手二指不能屈伸，係屬貽累終身。難以被揪圖脱，尚無護贓、護夥重情爲　照實

解。記寔，核。

道二十七年，山西四本。吴亥娃竊盜拒捕，刃砍事主一傷，致砍落手指一節，另劃三傷，情近格鬥。雖被毆止冀用刀格棒，致將其握棒手指砍落，與持刀抗拒有心兇砍者有間；且不至貽累終身。另劃各傷，亦由格落木棒時，事主彎身，以致帶劃。尚無護贜、護夥等情。究難率緩。記彙核。　照實

道二十二年，河六本。孔玉正盜田野穀麥，律止準竊盜論，係屬別項罪人。向來分别拒捕，成廢者入緩，成篤者入寔。業經上年通行各省在案。此起自應照辦。　改實

道二十二年，直十二本。李干把竊盜被揪圖脱，咬斷事主手指一節，與致成廢疾貽累終身者不同。其被獲後中途脱逃，究未到官，可不以之加重。記緩，核。　照緩

道二十一年，奉三本。李復興偷竊有人看守之高粱，拒傷事主右臂膊，以肋聚成廢。查拒捕折傷以上之案，如犯係竊賊，向俱以是否成廢分别實緩。如係别項罪人，向俱以是否成篤分别實緩。誠以别項罪人，如盜田野穀麥等類，律止準竊盜論，與尋常竊盜不同。若拒捕僅止刃傷，按律只應加拒捕罪二等。必須已成篤廢，方擬絞候。定案時，既較竊盜爲輕，秋審亦應稍有區别。歷經辦有成案。此起所竊既係地内高粱，拒捕又未成篤。原題係照罪人拒捕定擬，自應照向辦成案入緩。至另犯逃軍及訛竊各案，係屬輕罪不議，尚不以之加重。仍記，候核。　照緩

道二十九年，直七本。張　六竊盜拒捕，刃劃事主四傷，致左手指不能屈伸，情節不好。惟劃由被揪情急圖脱，及事主奪刀致劃，尚無護贜、護夥格鬥重情。其一指不能屈伸，與貽累終身者有間。稍有一綫可原。記緩，彙核。　改緩

一、兩賊同時拒一事主，及各自拒傷事主，各科各罪。如寔係圖脱情急，無彼此護夥兇横情節，金刃未至三傷以　照緩

上者，亦可緩。

道二十八年，山東九本。許莽等兩賊先後拒傷事主，係各拒各捕。該犯許妮刃扎一傷，該犯許莽刃劃二傷，均由被扭、被按圖脱所致，尚無護贓、護夥格鬥重情。均不無可原。記緩，彙核。 俱照緩

一、犯罪事發，官司差人持票拘捕，毆差成廢之案，當酌量有無兇横情節，分別寔緩。道光二十年，山東孟傳忠寔，奉天聶成沅緩。二十二年直隸申三老虎寔，湖廣張老麼緩。若毆所捕人至篤疾者，應入情寔。

道二十三年，廣西五本。姚文才別項罪人拒捕，向以是否成廢、成篤分別寔緩。此起逃徒拒傷差役，雖勘傷僅止成廢，且由畏罪圖脱所致，惟另劃傷差役一人，復喊令伊子將差役二人拒傷，情節較重，未便率緩。記候核。 改寔

道二十二年，湖十六本。張老么竊匪拒傷差役成廢，例以別項罪人論。且拒由圖脱，尚無兇暴重情。可以原緩。記候核。拒傷捕人成廢，尚與致成篤疾者不同。 照緩

道二十二年，直二十七本。申三老虎竊盗傷非事主，即照別項罪人拒捕定擬。秋審應以是否成篤，分別寔緩。此起竊匪圖脱拒傷捕役，尚未成篤。其另傷一人，係屬輕罪不議。應與本年湖廣第十六册張老么一起，一體酌量入緩。仍記候核。 照寔

道二十年，奉四本。聶成沅別項罪人拒捕成廢者，向有入緩成案。此起拐匪被拏，止圖糾人嚇散，乘空逃逸，與蓄意逞兇拒捕者有間。成廢傷係屬他物，較之山東孟傳忠一起，情稍可原。似可入緩。記候核。 照緩

道二十年，山東十一本。孟傳忠刺匪擬軍減徒在逃，復犯姦拐。事發後因差役奉票拘拏，輒起意糾夥拒捕，摔跌後刀械交加，致令骨折成廢。情節較重。似難率緩。記候核。 改寔

道二十九年，浙四本。趙洸淋別項罪入拒捕致成篤疾者，向入情實，僅成廢者向入緩決。此起窗竊分贓，例以別項罪人論。該犯拒傷弓兵右臁肋骨損，係屬廢疾。尚可仿照成案入緩。仍記核。　照實

一、搶竊殺人爲從幫毆之犯，自乾隆四十六年定例，不分他物、金刃，俱擬絞候，以後俱入情寔。嘉慶六年新例，金刃及他物折傷者擬絞，傷非金刃，未至折傷者擬遣。其例前定案之犯，於秋審上班後奏明。刃傷及他物折傷者情寔，他物未至折傷者緩決。八年，四川馮大勇一起，係竊匪圖脱拒捕，僅止刃劃一傷，另它物三傷，曾經奏明入緩。嗣後此等從犯，係竊案圖脱，一傷甚輕，無護贓、護夥及倚衆兇暴別情，俱入緩決。搶奪殺人從犯，情急圖脱，刃劃一二傷，與首犯拒捕不同，係定案時照爲從問擬者，亦可原情入緩。

道二十二年，廣東十本。陳亞垅搶奪殺人爲從，刃劃二三傷，確因圖脱情急者，向有入緩成案。此起搶奪拒捕刃劃事主二傷，係在首犯拒殺之先，且由恐被拏獲所致。惟究無被揪、被扭圖脱急情，未便率緩。記彙核。　照實

道二十二年，湖二十七本。黎雲信搶奪殺人爲從，幫毆刃傷，並無被揪、被扭圖脱急情，且刃傷後始行搶贓跑走，情節更兇。雖正犯殺人時，該犯未經同場，刃劃亦止一傷，究難不寔。記候核。　照實

道六年，廣東十五本。胡亞大搶奪較竊盜爲重，拒殺事主爲從，又較搶奪刃傷爲重，秋審向俱入寔。近年雖間有情急傷輕，酌核入緩之案，惟此起僅止被趕，並無圖脱急情，輒即持刀相向，雖止劃一傷，亦難曲爲解免。記寔，彙核。　改實

道二十九年，川四十六本。周　引擄捉匪徒，聽從拒捕，刃傷捕人。　照實

一、竊賊發塚開棺見屍剥取屍衣，及盜未殯、未埋屍棺三次者，俱應情寔。此例重在見屍。即或屍衣腐爛無存，及剥衣未得，被人撞遇逃者，亦入情寔。

嘉十年，福九本。劉兼三挾嫌發塚開棺，盜骨另埋。　照實

嘉九年，湖二十九本。曾成添圖占山地不遂，發塚開棺，拖出屍身洩忿。情殊殘忍。照緩

道十四年，蘇九本。任和尚發塚開棺行竊，復挾嫌割落屍頭，情殊殘忍。照實

道二十八年，直五本。楊添名發塚開棺，剥取屍衣，向俱入寔。惟該犯於夥犯被獲後，即將原贓交出，向事主首明，尚知畏法。定案時，因係侵損于人，未得量予末減。查共犯罪分首從，律法云「侵」爲竊盜財物，「損」爲鬥毆殺傷。至犯罪自首律内則止言損傷于人，而不言侵盜。蓋侵損于人，係分别首從之法；損傷于人，係犯罪自首之法。律意各有指歸，是以强盜例内，傷人之首盜自首，仍擬斬候；未傷人之首盜自首，則分别減軍。同一罪應斬決之犯，而自首之後，罪名生死懸殊者，重於損傷，而輕於侵盜也。此起開棺剥取屍衣，意在圖財，係屬侵盜。屍身未便殘毁，即非損傷。在罪應斬決之强盜，尚有從寬免死，則罪止擬絞之犯，似未便没其畏法之心，一律入寔。謹記出，恭候堂定。照實

咸二年，貴二本。王金堂發塚。弟妻開棺，剥取屍衣。照實

一、貪圖吉壤，發塚致壞人屍棺骸確者，亦以見屍科罪，應入情寔。如係山地被人盜埋、盜葬，及心疑盜葬，出於有因，而發塚壞人屍棺骸確者，亦可酌入緩決。照緩

道二十五年，福三本。寧邱子恐礙祖墳風水，掘骸另埋，向有入緩成案。此起開棺見屍，訊因家口不安，疑與祖墳有礙，往向理説，遷移不允，私自挖遷。核與圖竊屍衣不同，亦與貪圖吉壤有間，似尚可仿照入緩。仍記，候核。

一、指稱旱魃，刨墳毁屍，爲首擬絞者，如有挾讐洩忿情事，例應入寔。訊無嫌隙者，緩決。照緩

道二十年，山東三本。姜二花蘭指稱旱魃，刨墳毁屍之案，嘉慶九年奉有諭旨，照開棺見屍例科罪。如訊無嫌隨者，其應絞首犯予以緩決；有挾讎洩忿情事，入於情寔。並於是年纂入例册遵行。嗣後十四年山東省吴老四，及道光六年河南省譚定基，起意邀打旱魃，刨毁屍棺，

訊無挾嫌情事，自應照例入緩。上年準軍機處片交，將此案存。記候該省具題秋審到時，將擬定寔緩之處，先期知照。應記出，俟該省後尾到部後，備尾知照。

照緩

均因無挾讐情事，遵照入於秋審緩決在案。此起姜二花蘭，因天旱不雨，見解氏墳上潮濕，心疑屍成旱魃，隨起意刨墳毀屍。

書《舊抄内定律例稿本》後

在《沈家本未刻書集纂》中，《内定律例稿本》可能比其它各種都特殊。故在本書即將出版之際，寫上幾句話。

1994年初冬，筆者受北京大學派遣，作爲交换學者，前赴東瀛，進行爲期一年的學術研究。我的對應學校是位於東京的法政大學，研究課題爲《近代中國法律的變革與日本影響》。在北大從教十餘年，第一次告别北大講壇、告别自己的學生，遠走異國他鄉，心中有一種説不出來的味道。思緒綿綿中，飛機已跨越黄海，在成田機場降落。

從唐朝開始，到30年代抗戰爆發，中日兩國法律的互動關係，近代以來一直是兩國研究者關心的課題。在國内，我側重研究近代中國法律，特别是晚清和民初中國法律由傳統進入近代這一段。晚清法律改革的主持人，是近代中國法學的奠基者沈家本先生。因此，研究晚清法律改革，研究近代日本法律對中國法律的影響，也就無法迴避對沈氏其人、其事、其行、其作、其思想的探討。在這個過程中，我很感謝日本的同行朋友。因爲早在離國之前，我們就有不少通訊聯繫，從中得到不少的支持和幫助。這次東行逋達東京，便立即得到他們的熱情接待和多方關照。一年中，我能順利完成研究計劃，與這些朋友的支持密不可分。學術無國界，信然！

日本的生活節奏比國内快，到東京第二天我便投入自己的課題。整日泡在數量衆多的圖書館中，1995年4月，偶然發現這部藏於東洋文化研究所圖書館内的沈氏《内定律例稿本》。

初見這部稿本，我甚爲疑慮。十多年來，在我所見的沈氏著述中，無論是《吴興沈公子敦墓誌銘》、還是《沈寄簃先生遺書》所示沈氏未刻書目，抑或《清史稿》本記，野史所載、以及近幾年北京石經山所發現之沈氏遺墨、沈氏後人沈厚鐸先生所藏遺稿，都未見本書稿的記録。（本『集纂』中，由筆者整理標點藏於北京大學圖書館善本室的『刑案删存』和『刑部奏删新律例·最新法部通行章程』，上述處所雖無記載，但畢竟藏於國内。）職是之故，我的《沈家本年譜初編》《沈家本與中國法律現代化》、乃至《沈家本年譜長編》，均未將本書稿開列。在國内，朋友們都認爲我的性格太固執。也許就是這種固執，所以從發現這一稿本起，我便萌發不管是否真爲沈氏之作，也要將它携回國内的想法。良心和責任都要我不能將它拋棄不顧。這時，我要感謝臺灣中國法制史學會理事長黄静嘉先生。當我把東京的這一發現函告時，他立即電話對我説，無論如何也要想辦法携回，只有携回才能鑒别真僞。他的話，促我作出最後的決斷。

按照日本的規定，東洋文化研究所所藏的這類書稿，外國人如果要全卷拍照復制回國並予出版，必須由該所教授會議研究決定，而且拍照必須是日本本土的學術組織。爲此，我找到法政大學協助指導我在日本進行研究的法學部教授岡孝先生。他非常支持我的計劃，很快與法政大學現代法研究所所長金子征史教授商妥，由現代法研究所出面，將該書全部拍照。與此同時，商之原東京大學教授東洋文化研究所所長池田温先生。池田先生是一位對中國非常友好、熱情的長者。在他和東洋所濱下武志教授的幫助下，終於辦定各項手續。1995年10月，稿本復印件和翻刻出版許可書，和我一起西行回國。

《内定律例稿本》（内封作《舊抄内定律例稿本》）一函共六卷六册，線裝手抄，長23.3厘米，寬13.1厘米。各卷均有『歸安沈家本著』字樣。卷一目録頁有五處大小不同的紅色印章，卷二至卷六則缺少一處。經東洋文化研究所管理人員辯認，這些印章均非該所印鑑。沈家本先生的後裔沈厚鐸先生，保存乃祖部分印章。經一一查對，亦無與之相合者。爲確定本書稿到底是否爲沈氏所撰，厚鐸先生耐心檢視沈氏所有遺紙。最後終於在零篇斷佚中，發現一紙所記與本書稿卷三中之一則内容相同。兹將此紙所載全部録出，以供對照：

頁縫：『秋審實緩比較　　父母囑令毆打致斃後父母畏罪痛悔自盡』

正文：『何永發　　死者婦女，究止奪刀抵禦一傷。至伊母恐子問罪投河自盡，究與憂忿輕生者有間。向有入緩成案，似可援照辦理。記候，彙核。』（着重點爲筆者所加）

與《内定律例稿本》相對照，上述内容，除着重點三字外，其餘與卷三『父母囑令毆打致斃後父母畏罪痛悔自盡』類中之『何泳發』條下内容完全相同。着重點三字，稿本：『永』作『泳』，『者』作『雖』，『彙』字則被省略。『永』作『泳』，在清朝上報皇帝的文件中，是通行之法。如『孫文』作『孫汶』，『王樹文』作『王樹汶』等。從文意分析，『者』當爲『雖』之誤。『雖……究……』才合本案願意。『彙』爲省字，稿本隨處可見。

總之，稿本各卷既有沈家本著的署名，又在沈氏遺紙中能看到相同的存留内容。因此，厚鐸先生和我均認定本書稿出自沈氏之手無疑。那麽，爲什麽前列記述沈氏未刊書目之作，各種未刊書目均予記列，而此書稿獨缺呢？又爲什麽會輾轉流失日本呢？後一個問題，筆者無據不便妄論。至於前一個問題，愚以爲，乃因本書稿爲沈氏早期在刑部任職時習律之作，而被《墓誌銘》等撰述者所忽略所致。綜觀全書，其内容可分兩部分：各類案件和各類案件之提要。案件不是沈氏手辦的案件，而是清朝刑部秋審處在嘉慶、道光、咸豐三朝、特别是道光中後期審定各省秋審人犯的摘録。沈氏挑取其中有代表性的案件，以類相從，將其彙集成册。然後將秋審時，如何區分各類案件的『實』『緩』要件加以提要。全書共收各類案件1116起。所有案件，用詞均極精煉。開頭注明時間、何省册本，人犯姓名。下面内容大體是三部分，即：罪名，可原之情，處理意見。『秋審原情』，有無可原之情，是案件内容著墨最多之處。每案之後，均有紅色印字，或『照緩』，或『照實』，或『改實』，或『改緩』。這些，當爲皇帝的最後裁決。

《墓誌銘》和《清史稿》本傳均稱：沈氏早年在刑部即『以律鳴於時』，爲當時的刑部堂官所賞識，亦爲同僚所推服。但是，他的律學功力從何而來，對此，過去一直不甚了然。今讀此書，豁然自明。因此，本書不僅對研究清朝的秋審制度，研究中國法律的情理法傳統頗具價值，即研究沈氏早期學律生活，亦爲不可多得之作。

本書能列入沈氏未刻書集纂合並出版，是日本東京大學東洋文化研究所和法政大學現代法研究所，以及上面提及的和未提及的日本、臺灣學界朋友支持的結果。同時，也是中國社會科學院法學研究所韓延龍先生和中國社會科學出版社任明先生努力促成的結果。借本書出版的機會，我僅向所有國内外朋友致意，感謝您們對中國學術文化的理解與支持。我想，沈家本先生九泉有知，也會有同樣的感情！

李　貴　連

1995年4月1日

於北京大學蔚秀園二十七樓四零捌號寓所